U0613857

中華古籍保護計劃

ZHONG HUA GU JI BAO HU JI HUA CHENG GUO

·成果·

嘉興市圖書館
古籍普查登記目録

全國古籍普查登記目録・浙江嘉興

國家圖書館出版社
National Library of China Publishing House

圖書在版編目(CIP)數據

嘉興市圖書館古籍普查登記目録/嘉興市圖書館編. --北京:國家圖書館出版社,2017.9
(全國古籍普查登記目録)
ISBN 978-7-5013-6125-0

Ⅰ.①嘉… Ⅱ.①嘉… Ⅲ.①公共圖書館—古籍—圖書館目録—嘉興 Ⅳ.①Z838

中國版本圖書館CIP數據核字(2017)第127462號

書　　名　嘉興市圖書館古籍普查登記目録
著　　者　嘉興市圖書館　編
責任編輯　林　榮

出　　版　國家圖書館出版社(100034　北京市西城區文津街7號)
(原書目文獻出版社　北京圖書館出版社)
發　　行　010-66114536　66126153　66151313　66175620
66121706(傳真)　66126156(門市部)
E-mail　nlcpress@nlc.cn(郵購)
Website　www.nlcpress.com→投稿中心
經　　銷　新華書店
印　　裝　河北三河弘翰印務有限公司
版　　次　2017年9月第1版　2017年9月第1次印刷

開　　本　787×1092(毫米)　1/16
印　　張　43
字　　數　795千字

書　　號　ISBN 978-7-5013-6125-0
定　　價　360.00圓

《全國古籍普查登記目録》

工作委員會

主　任： 周和平

副主任： 張永新　詹福瑞　劉小琴　李致忠　張志清

委　員（按姓氏筆畫排序）：

于立仁　王水喬　王　沛　王紅蕾　王筱雯
方自今　尹壽松　包菊香　任　競　全　勤
李西寧　李　彤　李忠昊　李春來　李　培
李曉秋　吴建中　宋志英　努　木　林世田
易向軍　周建文　洪　琰　倪曉建　徐欣禄
徐　蜀　高文華　郭向東　陳荔京　陳紅彦
張　勇　湯旭巖　楊　揚　賈貴榮　趙　嫄
鄭智明　劉洪輝　歷　力　鮑盛華　韓　彬
魏存慶　鍾海珍　謝冬榮　謝　林　應長興

《全國古籍普查登記目録》

序　言

全國古籍普查登記工作是"中華古籍保護計劃"的首要任務,是全面開展古籍搶救、保護和利用工作的基礎,也是有史以來第一次由政府組織、參加收藏單位最多的全國性古籍普查登記工作。

2007年國務院辦公廳發佈《關於進一步加强古籍保護工作的意見》(國辦發[2007]6號),明確了古籍保護工作的首要任務是對全國公共圖書館、博物館和教育、宗教、民族、文物等系統的古籍收藏和保護狀況進行全面普查,建立中華古籍聯合目録和古籍數字資源庫。2011年12月,文化部下發《文化部辦公廳關於加快推進全國古籍普查登記工作的通知》(文辦發[2011]518號),進一步落實了全國古籍普查登記工作。根據文化部2011年518號文件精神,國家古籍保護中心擬訂了《全國古籍普查登記工作方案》,進一步規範了古籍普查登記工作的範圍、内容、原則、步驟、辦法、成果和經費。目前進行的全國古籍普查登記工作的中心任務是通過每部古籍的身份證——"古籍普查登記編號"和相關信息,建立古籍總臺賬,全面瞭解全國古籍存藏情况,開展全國古籍保護的基礎性工作,加强各級政府對古籍的管理、保護和利用。

《全國古籍普查登記工作方案》規定了全國古籍普查登記工作的三個主要步驟:一、開展古籍普查登記工作;二、在古籍普查登記基礎上,編纂出版館藏古籍普查登記目録,形成《全國古籍普查登記目録》;三、在古籍普查登記工作基本完成的前提下,由省級古籍保護中心負責編纂出版本省古籍分類聯合目録《中華古籍總目》分省卷,由國家古籍保護中心負責編纂出版《中華古籍總目》統編卷。

在黨和政府領導下,在各地區、各有關部門和全社會共同努力下,古籍普查登記工作得以扎實推進。古籍普查已在除臺、港、澳之外的全國各省級行政區域開展,普查内容除漢文古籍外,還包括各少數民族文字古籍,特别是於2010年分别啓動了新疆古籍保護和西藏古籍保護專項,因地制宜,開展古籍普查登記工作;國家古籍保護中心研製的"全國古籍普查登記平臺"已覆蓋到全國各省級古籍保護中心,並進一步研發了"中華古籍索引庫",爲及時展現古籍普查成果提供有力支持;截至目前,已有11375部古籍進入《國家珍貴古籍名録》,浙江、江蘇、山東、河北等省公佈了省級《珍貴古籍名録》,古籍分級保護機制初步形成。

《全國古籍普查登記目録》是古籍普查工作的階段性成果,旨在摸清家底,揭示館藏,反映古籍的基本信息。原則上每申報單位獨立成册,館藏量少不能獨立成册者,則在本省範圍内幾個館目合併成册。無論獨立成册還是合併成册,均編製獨立的書名筆畫索引附於書後。著録的必填基本項目有:古籍普查登記編號、索書號、題名卷數、著者(含著作方式)、版本、册數及存缺卷數。其他擴展項目有:分類、批校題跋、版式、裝幀形式、叢書子目、書影、破損狀況等。有條件的收藏單位多著録的一些擴展項目,也反映在《全國古籍普查登記目録》上。目録編排按古籍普查登記編號排序,内在順序給予各古籍收藏單位較大自由度,可按分類排列古籍普查登記編號,也可按排架號、按同書名等排列古籍普查登記編號,以反映各館特色。

此次全國古籍普查登記工作,克服了古籍數量多、普查人員少、普查難度大等各種困難,也得到了全國古籍保護工作者的極大支持。在古籍普查登記過程中,國家古籍保護中心、各省古籍保護中心爲此舉辦了多期古籍普查、古籍鑒定、古籍普查目録審校等培訓班,全國共1600餘家單位參加了培訓,爲古籍普查登記工作培養了大量人才。同時在古籍普查登記工作中,也鍛煉了普查員的實踐能力,爲將來古籍保護事業發展奠定了良好的基礎。

《全國古籍普查登記目録》的出版,將摸清我國古籍家底,爲古籍保護和利用工作提供依據,也將是古籍保護長期工作的一個里程碑。

國家古籍保護中心
2013年10月

《全國古籍普查登記目録》

編纂凡例

一、收録範圍爲我國境内各收藏機構或個人所藏，産生於 1912 年以前，具有文物價值、學術價值和藝術價值的文獻典籍，包括漢文古籍和少數民族文字古籍以及甲骨、簡帛、敦煌遺書、碑帖拓本、古地圖等文獻。其中，部分文獻的收録年限適當延伸。

二、以各收藏機構爲分册依據，篇幅較小者，適當合併出版。

三、一部古籍一條款目，複本亦單獨著録。

四、著録基本要求爲客觀登記、規範描述。

五、著録款目包括古籍普查登記編號、索書號、題名卷數、著者、版本、册數、存缺卷等。古籍普查登記編號的組成方式是：省級行政區劃代碼—單位代碼—古籍普查登記順序號。

六、以古籍普查登記編號順序排序。

七、編製各館藏目録書名筆畫索引附於書後，以便檢索。

《浙江省古籍普查登記目録》

工作委員會

主　任： 金興盛

副主任： 葉　菁

委　員： 倪　巍　徐曉軍　賈曉東　雷祥雄　劉曉清

徐　潔　李儉英　孫雍容　張愛琴　張純芳

金琴龍　樓　婷　陳泉標　鍾世傑　應　雄

陸深海　呂振興　徐兼明

《浙江省古籍普查登記目録》

編纂委員會

主　編： 徐曉軍

副主編： 童聖江　曹海花　褚樹青　莊立臻　徐益波

胡海榮　沈紅梅　劉　偉　王以儉　孫旭霞

占　劍　孫國茂　毛　旭　季彤曦

統校和編纂工作小組組長： 曹海花（浙江圖書館）

統校和編纂工作小組成員： 秦華英（浙江圖書館）

呂　芳（浙江圖書館）

干亦鈴（寧波市圖書館）

劉　雲（寧波市天一閣博物館）

周慧惠（寧波市天一閣博物館）

馬曉紅（餘姚市文物保護管理所）

陳瑾淵（温州市圖書館）

王　昉（温州市圖書館）

沈秋燕（嘉興市圖書館）

丁嫻明（嘉興市圖書館）

唐　微（紹興圖書館）

丁　瑛（紹興圖書館）

毛　慧（衢州市博物館）

《浙江省古籍普查登記目録》

序　言

浙江文化底蘊深厚，書籍刻印歷史悠久，前賢留下的著述浩如烟海，藏書雅閣及私人藏書爲數衆多，古籍資源十分豐富，幾乎縣縣有古籍，是全國古籍藏量較多的省份之一，是中華文化中具有獨特地域特色的重要一脉。保護好這些珍貴的古籍，對促進文化傳承、弘揚民族精神、維護國家統一及社會穩定具有重要作用。同時，加强古籍保護工作，也是加快建設文化大省、文化强省，努力推動文化浙江建設和社會主義文化大發展大繁榮的必然要求。

（一）

爲搶救、保護我國的珍貴古籍，繼承和弘揚優秀傳統文化，國務院辦公廳印發了《關於進一步加强古籍保護工作的意見》（國辦發[2007]6號），全國古籍普查登記工作是全國瞭解古籍存藏情況、建立古籍總臺賬、開展全國古籍保護的基礎性工作。爲認真貫徹落實"國辦發[2007]6號"文件精神，切實加强全省古籍的搶救、保護，浙江省人民政府辦公廳印發《關於進一步加强古籍保護工作的意見》（浙政辦發[2009]54號），提出2009年起要在全省範圍内開展古籍普查登記工作。2012年，浙江省古籍保護工作聯席會議下發《關於印發〈浙江省"中華古籍保護計劃"實施方案〉的通知》（浙文社[2012]30號），提出在"十二五"末基本完成全省古籍普查工作的目標。

試點先行、摸底調查、制定方案，建立制度、統籌指揮、上下齊心，引進人員、有效培訓、壯大隊伍，配置設備、補助經費、保障到位，編製手冊、明確款目、統一規則，著録完整、審核到位、保證質量，設立項目、表揚先進、激發熱情，在省委省政府的高度重視及其各部門的大力支持下，在國家古籍保護中心的積極指導和省文化廳的正確領導下，通過以上種種措施，"秉持浙江精神，幹在實處、走在前列、勇立潮頭"，全省公共圖書館、文物、教育、檔案、衛生五大系統共計95家公藏單位通力合作，到2017年4月底基本完成了全省的古籍普查登記工作。

通過普查，摸清了全省古籍文化遺産家底，揭示了全省各地區文化脉絡，形成了統一的古籍信息資料庫，建立了一支遍佈全省的古籍保護隊伍，爲下一步有針對性地開展古籍保護工作奠定堅實的基礎。鑒於全省在古籍普查和其他古籍保護工作中的突出表現，2014年，浙江圖書館、嘉興市圖書館、雲和縣圖書館獲得"全國古籍保護工作先進單位”稱號，浙江圖書館徐曉軍和曹海花、温州市圖書館王妍、紹興圖書館唐微、平湖市圖書館馬慧、衢州市博物館程勤等6人獲得“全國古籍保護工作先進個人”稱號。

（二）

全國古籍普查登記範圍爲1912年以前産生的文獻典籍。由於近代以來浙江私人藏書相當發達，民國期間也刻印了大量典籍，民國文獻在各藏書單位（尤其是基層單位）所藏歷史文獻中占據了相當大的比重。這些文獻形成了浙江文獻典藏的重要特色，是浙江傳統文化的重要組成部分。爲更加全面地掌握本省歷史文獻文化遺産現狀，浙江省將民國時期傳統裝幀書籍也納入普查範圍。

按照《全國古籍普查登記手册》要求，登記每部古籍的基本項目，必登項目有索書號、題名卷數、著者、版本、册數、存缺卷數，選登項目有分類、批校題跋、版式、裝幀形式、叢書子目、書影、破損狀況等内容。浙江省的古籍普查工作一直高標準、嚴要求，自始至終堅持平臺項目全著録，堅持文字信息和書影信息雙著録，登記每部書的索書號、分類、題名卷數、著者、卷數統計、版本、版式、裝幀、裝具、序跋、刻工、批校題跋、鈐印、叢書子目、定級及書影、定損及書影等16大項74小項的信息。

普查統計顯示，截至2017年4月30日，全省95家單位共藏有中國傳統裝幀書籍337405部2506633册，其中不分卷者計31737部96822册，分卷者計305668部2409811册11433371卷（實存8223803卷）：古籍（含域外本）219862部1754943册，不分卷者15777部54901册，分卷者204085部1700042册7934703卷；民國時期傳統裝幀書籍117543部751690册，不分卷者15960部41921册，分卷者101583部709769册3498668卷。

從版本定級來看，全省四級文獻最多，部數、册數數量占比分别爲84.75%、78.69%。三級次之，部數、册數數量占比13.12%、15.96%。一級、二級文獻共計5689部111722册，量雖不多，極爲珍貴，其破損程度較輕，基本都配置了裝具且裝具狀况良好，這是古籍分級保護體系的有力體現。

從文獻類型來看，古籍普查平臺采用六部分類，在傳統的經、史、子、集四部外加上類叢部、新學。從册數來看，全省文獻類叢部數量最多，占比29.40%，這其中很大一部分原因在於民國時期刊印了不少大型叢書。史部、集部、子部、經部分居第二至五位，數量占比分别爲28.98%、18.00%、13.49%、9.24%。新學數量最少，還不到1%。

從版本類型來看，全省古籍版本類型豐富，數量最多的是刻本，部數占比51.01%、册數占比55.03%。部數排在第二至四位的是鉛印本、石印本、抄本，分别占比17.71%、16.58%、5.19%。册數排在第二至四位的是鉛印本、石印本、影印本，分别占比14.27%、12.40%、11.38%，這與將民國傳統裝幀书籍納入古籍普查範圍有極大關係。稿、抄本部數占比6.9%、册數占比4.04%，總體占比不是很高，但在一、二級文獻中稿、抄本的比率比較高，一級中部數占比 20.49%、册數占比 70.25%，二級中部數占比 13.16%、册數占比 6.57%。

從版本年代來看，全省藏書從南北朝以迄民國，並有部分日本、朝鮮、越南本。其中，元及元以前共計 244 部 3357 册。明、清、民國三代共計 2486788 册，數量占比 99.21%：明代占比 5.95%、清代占比 63.27%、民國占比 29.99%。日本、朝鮮、越南三國本共計 1877 部 14522 册，部數、册數占比分别爲 0.56%、0.58%。

從批校題跋來看，337405 部文獻中有姓名可考的批校題跋共計 15374 部，其中集部批校題跋最多，占全部批校題跋的 38.73%、占集部文獻的 6.16%。稿本的批校題跋在相對應的版本類型中比例最高，爲 16.18%。且稿本中有多人批校題跋的量最多，多者一部稿本中的批校題跋者達 25 人，如浙江圖書館藏沈蕉青稿本《燈青茶嫩草》三卷中有孫麟趾等 25 人的批校題跋。從各館藏書的批校題跋者來看，有鮮明的館域特色，從一個側面體現了各館的文獻來源。

從鈐印來看，337405 部文獻中有 51509 部有收藏鈐印，各級文獻鈐印比例隨級别的增高而加大，一至四級文獻的鈐印占比分别爲 50.67%、49.38%、26.00%、12.90%。收藏鈐印從一個方面體現了某書的遞藏源流，鈐印多於 1 方者有 24840 部，鈐印多者達 54 方，如寧波市天一閣博物館藏清初毛氏汲古閣影宋抄本《集韻》十卷上鈐毛晉、毛扆、段玉裁、朱鼎煦四人共計 54 方印。

在普查的過程中，我們還利用普查成果積極申報《國家珍貴古籍名録》、評選《浙江省珍貴古籍名録》，建立珍貴古籍分級保護體系。截至目前，全省共有 871 部珍貴古籍入選前五批《國家珍貴古籍名録》，有 609 部古籍入選前三批《浙江省珍貴古籍名録》。

（三）

普查登記著録工作結束後，省古籍保護中心於 2016 年 6 月成立由浙江圖書館、寧波市圖書館、寧波市天一閣博物館、餘姚市文物保護管理所、温州市圖書館、嘉興市圖書館、紹興圖書館、衢州市博物館 8 家單位的 14 名普查業務骨幹組成的浙江省古籍普查登記目録統校和編纂工作小組，開始全省普查數據的統校和古籍普查登記目録的編纂工作。

浙江省的普查登記目録是將古籍和民國書籍分開的，全省統一規劃，分别出版《浙江省古籍普查登記目録》和《浙江省民國傳統裝幀書籍普查登記目録》。根據《全國古籍普查登記目録審校要求》《古籍普查登記表格整理規範》的要求，省古籍保護中心制定《浙江省古籍普查登記目録編纂工作方案》《浙江省古籍普查數據統校細則》，用於指導全省的數據統校和登記目録的編纂。統校和編纂工作程序如下：導出普查平臺上的數據，切分爲古籍、民國兩張表，按照設定的普查編號、索書號、分類、題名卷數、著者、版本、批校題跋、册數、存缺卷這幾項登記目録的出版款目對表格進行整理，整理後按照題名進行排列分給各統校員進行統校，統校結束後的數據按行政區域進行彙總交由分區負責人進行覆核，覆核結束後由省古籍保護中心一一寄給各館進行修改確認，經各館確認後由分區負責人進行最後審定。

在統校的過程中，爲了保證全省數據著録的一致，我們積極利用我國古籍整理研究的重大成果《中國古籍總目》（以下簡稱《總目》），每條書目一一對核《總目》，《總目》收者即標注《總目》頁碼，《總目》未收某版本者標注"無此版本"，《總目》未收者標注"無"，《總目》所收即浙江某館所藏者特殊標注，《總目》著録與普查信息有差異或一時無法判斷者標注"存疑"。拿浙江圖書館的近7萬條古籍數據來看，據不完全統計，除去複本，《總目》所收即浙江圖書館所藏者有1100多種，《總目》未收某一明確版本者有3200多種，《總目》未收者有8300多種。

全省95家單位中有93家單位有古籍數據，總條數計22萬條左右。根據分區域出版和達到一定條數可以單獨成書的原則，全省的古籍普查登記目録大致分爲以下19種：浙江圖書館；浙江大學圖書館；浙江省博物館等六家單位；杭州地區杭州圖書館等十家單位；寧波市圖書館；寧波市天一閣博物館；寧波地區餘姚市文物保護管理所等六家單位和舟山地區舟山市圖書館等两家單位；温州市圖書館；温州地區温州大學圖書館等九家單位；嘉興市圖書館；平湖市圖書館；嘉興地區海寧市圖書館等七家單位；紹興圖書館；紹興地區上虞市圖書館等九家單位；衢州地區衢州市博物館等三家單位和湖州地區湖州師範學院圖書館等七家單位；麗水地區麗水市圖書館等八家單位；臨海市圖書館；台州地區台州市黄巖區圖書館等七家單位；金華地區義烏市圖書館等十家單位。目前全省的古籍普查登記目録有多種已進入出版流程（各館數據以原普查編號從低到高的順序進行排列，由於著録時古籍和民國傳統裝幀書籍交替進行，而出版時是將二者分開的，所以會出現普查編號不連貫的現象，特此説明），民國傳統裝幀書籍的統校亦接近尾聲。古籍普查登記工作和普查登記目録的編纂，爲接下來《中華古籍總目・浙江卷》的編纂打下了良好的基礎。

浙江省古籍普查工作得到了各方的關心和支持。感謝各兄弟省份古籍同行的熱情幫助，感謝李致忠、張志清、吴格、陳先行、陳紅彦、陳荔京、羅琳、王清原、唱春蓮、李德生、石洪運、賈秀麗、范邦瑾等專家學者的悉心指導，藉力於此，普查工作才得以順利完成。

條數多，分佈廣，又出於衆手，儘管工作中我們一直爭取做到最好，但無論是已經著録的平臺數據還是即將付梓的登記目録，都難免存在紕漏，希望業界同仁不吝賜教，俾臻完善。

浙江省古籍保護中心

2017年7月

《嘉興市圖書館古籍普查登記目録》

編委會

主　任：沈紅梅

主　編：沈秋燕

副主編：吳美娟

編　委：丁娴明　周均海　張　莉　吳莉莉　馮　瑜

楊亞瓊　吳鴻雁　俞　琳

《嘉興市圖書館古籍普查登記目録》

前　言

在嘉興歷史上，自兩宋以來，逐漸形成了濃厚的私家藏書文化，較大規模的藏書樓也是代有所現。明代項元汴的天籟閣、項篤壽的萬卷樓、胡震亨父親胡彭述的好古堂，清代朱彝尊的曝書亭、吴騫的拜經樓、陳鱣的向山閣、蔣光煦的别下齋、汪氏家族的裘杼樓、張氏家族的涉園、孫琮的山曉閣，都是名噪一時的藏書樓；近代沈曾植的海日樓、金蓉鏡的雙桂堂、祝廷錫的知非樓，規模與藏書質量虽大爲遜色，但其藏書則基本得以保存並成爲公藏。

嘉興市圖書館的前身嘉郡圖書館成立於清光緒三十年（1904），是我國最早的公共圖書館之一。承載着嘉興歷史文化厚重積澱的嘉興市圖書館，已經走過了整整113年的不凡歷程。經過歷代鄉賢和幾代圖書館人的努力，嘉興市圖書館古籍達到近10萬册，其中善本1萬餘册。

嘉郡圖書館的圖書以鴛湖書院舊藏爲基礎，加之陶葆霖、金蓉鏡等創辦人以及嘉興一府七縣的士紳、藏書家的襄贊，甚至連湖州南潯的劉承幹也慷慨相贈。當時館藏圖書數量在2萬册左右，均爲綫裝本。1928年至1930年間，又接受了前嘉興知府許瑶光遺囑捐贈的圖書12000册，另外還接受了圖書館創始人之一金蓉鏡的高士祠藏書1364部6228册，以及他的信札、手稿等，圖書館館藏大爲充實。據1932年統計，嘉興縣立圖書館綫裝古籍有37642册，到1935年，館藏圖書51203册。1936年圖書館舉辦“文獻展覽會”，並選取部分展品參加全省文獻展覽會。

抗戰期間，圖書館館舍被日軍宣撫班占用，損失慘重，書籍祇剩下4萬餘册。尤爲慘痛的是，陸祖穀館長在日軍占領嘉興前挑選280部善本轉移至桐鄉濮院隱藏，1944年悉數被漢奸劫掠。新中國成立後，新成立的圖書館重整旗鼓，社會各界踴躍捐獻：孫顧贊玉捐獻雪映廬舊藏《檇李詩繫》等善本，鄭之章捐幾百種古籍，沈梓後裔捐獻《避寇日記》《養拙軒筆記》稿本，沈慈護、勞善文捐獻沈曾植奏摺雜件等。又先後接收精嚴寺中經弘一大師李叔同整理過的《乾隆大藏經》和竹林祝廷錫的知非樓藏書，以及佛學大師范古農藏的佛學綫裝書。還通過嘉興古舊書店收藏了一批有價值的古籍和舊書刊，逐漸達到今天的規模。

嘉郡圖書館成立之初，聘請譚新嘉先生編纂館藏目録，後又經董巽觀、莊一拂、吴藕汀、陶誠益等館員的整理，編爲書本式目録，以十進制圖書分類法進行分類。已編目録在2003年後逐步録入圖書館的采編集成系統，成爲機讀格式目録，共計10876條，近7萬册，其餘2萬餘册綫裝書已初步整理但未分類編目。

2007年，國務院辦公廳發佈《關於進一步加强古籍保護工作的意見》（國辦發［2007］6號），“中華古籍保護計劃”正式啓動實施。2009年，嘉興市圖書館成功入選第二批“全國古籍重點保護單位”。2010年，嘉興市文化廣電新聞出版局、嘉興市財政局聯合下發《嘉興市古籍普查工作方案》，正式啓動古籍普查工作。我們制定本單位普查方案，先對未編書進行整理編目，普查順序按善本、普本、原未編書依次進行。嘉興市圖書館是浙江省内開展古籍普查走在前列的單位，剛開始並没有現成經驗可供學習，衹能邊工作邊摸索。等全省普查工作全面鋪開時，我們已經探索出一套合理的工作流程，普查平臺的操作規則也已熟練掌握。開展工作，人是關鍵。在領導的支持下，我們通過從别的部門抽調人員、新招文獻學碩士研究生、引進項目工等途徑，組成普查團隊，從1人擴充到5人，或送出去培訓，或在實踐中提升。經過6個寒來暑往，2015年底順利完成古籍及民國古典裝幀文獻的普查，2016年5月完成財産核查。在全國古籍普查平臺録入數據12196條，共計92586册。

本目録將普查登記目録篩選整理成册，計收録數據8392條，凡清宣統三年（1911）前刊行之刻本、活字印本、稿本、抄本、鈐印本等皆在收録之列。在這些古籍中，不乏珍本佳槧、名家稿抄本，其中有17部5493册入選第一、第二、第三批《國家珍貴古籍名録》，還有27部163册入選第一、第二批《浙江省珍貴古籍名録》。歷代地方名士的稿本和抄本，如沈梓的《避寇日記》《養拙軒筆記》、沈可培的《濼源問答》、錢鈺的《曝書亭詩楠》、郭照的《隱吾草堂詩稿》《静寄齋詩稿》都未經刊行。嘉興市圖書館也是《中國古籍善本書目》的參加單位，有近百種善本收入《中國古籍善本書目》。

嘉興市圖書館館藏古籍方志一類頗具規模，大多由嘉興在外地任職的官員返鄉時帶回，後歸入圖書館。現存26個省市的地方志書458種，其中嘉興府縣、鄉鎮志49種，是《中國地方志聯合目録》的參加單位。《［光緒］嘉興府志》及《聞湖志稿》《新塍瑣志》等分别收入《中國地方志集成》（府縣志專輯）與《中國地方志集成》（鄉鎮志專輯）。館藏古籍的另一特色是地方文獻資源豐富。當地文人墨客的詩文總集與别集刊印較多，我们都盡力搜羅。他如地方名賢所撰之經、史、子部著作也兼收並蓄，實爲研究嘉興地方文史的寶庫。

本目録的編製，讓我們徹底摸清館藏古籍家底、各類分佈情況及保存狀態，積壓多年的未編書也廓清面貌。這將是下一步加强古籍保護、研究開發的基礎。依據本目録的統計分析，科學制定古籍原生態保護、數字化計劃。本目録的出版，也是向社會各界展示我們的保護成果,方便讀者查詢利用館藏文獻。

“中華古籍保護計劃”開展以來,嘉興市政府十分重視古籍保護工作,投入專項資金進行古籍數字化建設,我們邊普查邊推進古籍數字化工作,已完成 6721 冊 950724 拍。通過普查,我們對《乾隆大藏經》進行系統整理,對每一條子目進行核查,精確系統掌握其缺存狀態,在此基礎上,獲得市政府專項資金支持,2015 年,以故宫博物院藏《乾隆大藏經》雕版刷印補配,使這部佛學巨帙得以完璧。

爲徹底改善古籍保存條件,2009 年,嘉興市政府對嘉興市圖書館二期(古籍善本藏書樓)建設立項,2016 年正式動工。新館古籍書庫將嚴格按照文化部頒發的《圖書館古籍特藏書庫基本要求》進行設計施工,温濕度、空氣净化、光照防紫外綫、安全、消防等硬件符合文獻保存的相關要求,嘉興市圖書館的古籍保護工作將邁入科學的、可持續發展的新紀元。

本目録以古籍普查平臺數據爲基礎編製而成,歷經數年纔竣工。它的問世,凝聚了歷代館員的智慧與心血,也飽含着全體古籍普查員的辛勤汗水。在此,要感謝本館每一位以不同方式參與普查的同仁的付出。沈秋燕是普查項目主持人,並負責本目録的統校。普查組成員有周均海、丁嫻明、張莉、吳莉莉、馮瑜等,負責核查册次的是楊亞瓊、吳鴻雁、俞琳等,原古籍部主任吳美娟爲普查工作順利進行提供各種保障。另外,還要感謝浙江省古籍保護中心的有力領導與悉心指點,感謝嘉興市圖書館領導及上級主管部門嘉興市文化廣電新聞出版局對古籍保護與普查工作的全力支援,也要感謝業界專家與兄弟館同仁的無私幫助,感謝一直以來關心圖書館事業發展、關注地方文化研究的社會各界人士。最後,特别向 2014 年 10 月 6 日因病不幸逝世的原古籍部主任吳美娟女士致以深切緬懷和崇高敬意。

由於編者水平有限,加之古籍普查工作量浩大,編校時間又倉促,本目録難免存在疏漏訛誤之處,敬請專家和廣大讀者批評指正。

《嘉興市圖書館古籍普查登記目録》編委會

2017 年 6 月 20 日

目　　録

330000－1710－0000001　710/40　經部/春秋總義類/傳說之屬
欽定春秋傳說彙纂三十八卷首二卷　(清)王掞等撰　清康熙六十年(1721)武英殿刻本　二十四册

330000－1710－0000002　780/38　經部/四書類/總義之屬/專著
天蓋樓四書語錄四十六卷　(清)呂留良評選　(清)周在延編次　清康熙二十三年(1684)天蓋樓刻本　五册　存二十五卷(五至八、二十一至四十一)

330000－1710－0000003　922/66　史部/地理類/方志之屬/郡縣志
[康熙]紹興府志六十卷　(清)俞卿修　(清)周徐彩纂　清康熙五十八年(1719)刻雍正印本　二十四册

330000－1710－0000004　740/38　經部/詩類/傳說之屬
潁濱先生詩集傳十九卷　(宋)蘇轍撰　明萬曆刻本　二册

330000－1710－0000005　552/32　經部/四書類/總義之屬/傳說
晚邨天蓋樓偶評六卷　(清)呂留良撰　清康熙十七年(1678)刻本　十五册

330000－1710－0000006　552/32－2　經部/四書類/總義之屬/傳說
晚邨天蓋樓偶評六卷　(清)呂留良撰　清康熙十二年(1673)刻本　十三册

330000－1710－0000007　772/3　經部/叢編
十三經注疏三百三十五卷　明嘉靖李元陽江以達刻本　二十一册　存一種

330000－1710－0000008　730/8　經部/書類/傳說之屬
尚書古文疏證八卷　(清)閻若璩撰　**朱子古文書疑一卷**　(清)閻詠輯　清乾隆十年(1745)眷西堂刻本(卷三原缺)　十册

330000－1710－0000009　442/22　史部/傳記類/別傳之屬/年譜
楓山章文懿公[懋]年譜二卷　(明)阮鶚撰　明嘉靖三十三年(1554)唐鉞刻本　一册

330000－1710－0000010　660/1　子部/兵家類/兵法之屬
孫子參同五卷　(明)閔于忱輯　明萬曆四十八年(1620)閔氏松筠館刻朱墨套印本　祝廷錫過錄四庫總目提要　三册　存四卷(二至五)

330000－1710－0000011　780/11　經部/四書類/孟子之屬/傳說
孟子集註十四卷　(宋)朱熹集註　明刻本　十二册　存十二卷(一至十二)

330000－1710－0000012　812.1/35　集部/別集類/宋別集
韋齋集十二卷　(宋)朱松撰　**玉瀾集一卷**　(宋)朱槔撰　**蜀中草一卷**　(清)朱昇撰　清康熙四十九年(1710)新安朱昌辰刻本　二册　缺一卷(蜀中草)

330000－1710－0000013　811.5/1　集部/楚辭類
楚辭十七卷附錄一卷　(漢)王逸注　(宋)洪興祖　(宋)劉鳳補注　(明)陳深批點　明萬曆二十八年(1600)吳興凌毓枏刻朱墨套印本　四册

330000－1710－0000014　321/16　經部/小學類/文字之屬/說文/專著
重刊許氏說文解字五音韻譜十二卷　(宋)李燾編　明刻本　六册

330000－1710－0000015　812.2/727　集部/別集類/唐五代別集
李杜詩選十一卷　(明)張愈光編　(明)楊慎等評　明刻朱墨套印本　四册　存五卷(李詩選一至五)

330000－1710－0000016　332/22　經部/小學類/音韻之屬/韻書
古今韻會舉要小補三十卷　(明)方日升編輯　明萬曆建陽刻本　五册　存十五卷(三至十、十七至二十、二十八至三十)

330000－1710－0000017　812.2/6　集部/別集類/唐五代別集

集千家註杜工部詩集二十卷文集二卷　（唐）杜甫撰　（宋）黄鶴補注　**附録一卷**　明嘉靖十五年(1536)玉几山人刻本　十二册　存二十二卷(詩集一至二十、文集一至二)

330000－1710－0000018　515/24　史部/詔令奏議類/奏議之屬

楊黄門奏疏不分卷　（清）楊雍建撰　清康熙刻本　二册

330000－1710－0000019　812.2/480　集部/別集類/清別集

仙屏書屋初集詩録十六卷後録二卷　（清）黄爵滋撰　清道光二十六年(1846)涇縣翟金生泥活字印本　五册

330000－1710－0000020　332/9　經部/小學類/音韻之屬/古今韻説

古今韻略五卷　（清）邵長蘅撰　清康熙三十五年(1696)商丘宋犖刻本　五册

330000－1710－0000021　310/12　經部/小學類/訓詁之屬/字詁

增訂金壺字考十九卷二集二十一卷補録一卷補註一卷　（宋）釋適之編　（清）田朝恒續編　清乾隆二十四年至二十七年(1759－1762)貽安堂刻本　二册

330000－1710－0000022　310/11　經部/小學類/訓詁之屬/字詁

金壺字考二集二十一卷補録一卷補註一卷　（清）田朝恒編　清乾隆二十七年(1762)貽安堂刻本　四册

330000－1710－0000023　021/57　類叢部/類書類/通類之屬

通俗編三十八卷　（清）翟灝撰　清乾隆十六年(1751)仁和翟灝無不宜齋刻本　祝廷錫題記　十二册

330000－1710－0000024　321/39　經部/小學類/文字之屬/説文/專著

説文字原考略不分卷　（清）吳照撰　清抄本　二册

330000－1710－0000025　321/48　經部/小學類/文字之屬/説文/傳説

説文繫傳校録三十卷　（清）王筠撰　清末抄本　一册　存八卷(二十三至三十)

330000－1710－0000026　321/1　經部/小學類/文字之屬/説文/傳説

説文解字十五卷標目一卷　（漢）許慎撰　（宋）徐鉉等校定　清乾隆三十八年(1773)大興朱筠椒華吟舫刻本　八册

330000－1710－0000027　322/4　經部/小學類/文字之屬/字書/字典

六書故三十三卷六書通一卷　（宋）戴侗撰　清乾隆四十九年(1784)西蜀李鼎元師竹齋刻本　十六册

330000－1710－0000028　322/1　經部/小學類/文字之屬/字書/字典

大廣益會玉篇三十卷　（南朝梁）顧野王撰　（唐）孫強增加字　（宋）陳彭年等重修　**四聲五音九弄反紐圖一卷**　（唐）釋神珙撰　清康熙四十五年(1706)揚州刻本　五册　缺四卷(一至四)

330000－1710－0000029　322/12　經部/小學類/文字之屬/字書/字體

隸辨八卷　（清）顧藹吉撰　清乾隆八年(1743)天都黄晟刻本　八册

330000－1710－0000030　322/13　經部/小學類/文字之屬/字書/字體

隸辨八卷　（清）顧藹吉撰　清乾隆八年(1743)天都黄晟刻本　八册

330000－1710－0000031　322/24　經部/小學類/文字之屬/字書/字體

六書通十卷　（清）閔齊伋撰　（清）畢弘述篆訂　清刻本　五册

330000－1710－0000032　323/4　經部/小學類/訓詁之屬/爾雅

爾雅十一卷　（晉）郭璞注　（明）金蟠訂　明末永懷堂刻清印本　三册

330000－1710－0000033　323/40　經部/小學類/訓詁之屬/方言

新方言十一卷嶺外三州語一卷　章炳麟撰　清光緒三十四年(1908)日本鉛印本　一冊

330000－1710－0000034　324/9　經部/小學類/文字之屬/字書/字典

康熙字典十二集三十六卷總目一卷檢字一卷辨似一卷等韻一卷補遺一卷備考一卷　(清)張玉書等纂修　清康熙刻本　三十五冊　缺三卷(總目、檢字、辨似)

330000－1710－0000035　321/2　經部/小學類/文字之屬/說文/傳說

繫傳四十卷　(五代)徐鍇撰　(五代)朱翺反切　**附錄一卷**　(清)朱文藻編　清乾隆四十七年(1782)新安汪啓淑刻本　八冊

330000－1710－0000036　331/12　經部/小學類/音韻之屬/韻書

音韻輯要二十一卷　(清)王鵕撰　清乾隆刻本　四冊

330000－1710－0000037　22937　經部/小學類/訓詁之屬/方言

新方言十一卷嶺外三州語一卷　章炳麟撰　清光緒三十四年(1908)日本鉛印本　一冊

330000－1710－0000038　331/1　經部/小學類/音韻之屬/古今韻說

音學五書　(清)顧炎武撰　清康熙六年(1667)山陽張氏符山堂刻本　金蓉鏡題記　二十四冊

330000－1710－0000039　332/30　經部/小學類/音韻之屬/古今韻說

六書音均表五卷　(清)段玉裁撰　清乾隆四十一年(1776)富順官廨刻本　金蓉鏡題記　一冊

330000－1710－0000040　612/20　經部/三禮總義類/通禮雜禮之屬

朱子家禮八卷首一卷　(明)丘濬輯　(明)楊廷鈞補　清愛日堂刻本　金蓉鏡題記　六冊

330000－1710－0000041　710/8　經部/叢編

公是遺書三十七卷　(宋)劉敞撰　清乾隆十六年(1751)水西劉氏刻本　八冊

330000－1710－0000042　710/31　經部/易類/傳說之屬

御纂周易折中二十二卷首一卷　(清)李光地等纂　清康熙刻本　十六冊

330000－1710－0000043　730/26－27　經部/書類/分篇之屬

禹貢註節讀一卷禹貢圖說一卷　(清)馬俊良撰　清乾隆五十四年(1789)端溪書院刻本　二冊

330000－1710－0000044　710/35　經部/叢編

御纂七經二百九十四卷　(清)李光地等纂　清康熙至乾隆內府刻本　二十冊　存一種

330000－1710－0000045　710/37　經部/叢編

御纂七經二百九十四卷　(清)李光地等纂　清康熙至乾隆內府刻本　二十四冊　存一種

330000－1710－0000046　710/43　經部/周禮類/傳說之屬

欽定周官義疏四十八卷卷首一卷　(清)鄂爾泰纂　清道光至咸豐刻本　十七冊　存三十卷(卷首、一至十五、二十至二十一、二十四至三十五)

330000－1710－0000047　710/45　經部/叢編

御纂七經二百九十四卷　(清)李光地等纂　清同治六年(1867)浙江書局刻本　二十八冊　存一種

330000－1710－0000048　710/47　經部/叢編

御纂七經二百九十四卷　(清)李光地等纂　清同治六年(1867)浙江書局刻本　三十二冊　存一種

330000－1710－0000049　720/7　類叢部/叢書類/彙編之屬

武英殿聚珍版書(武英殿聚珍版叢書)一百三

十八種　清刻本　八冊　存一種

330000－1710－0000050　720/14　經部/易類/傳說之屬
易憲四卷卦歌一卷圖說一卷　(明)沈泓撰　清乾隆八年至九年(1743－1744)補堂刻本　三冊　存四卷(一至四)

330000－1710－0000051　720/13　經部/易類/傳說之屬
易憲四卷卦歌一卷圖說一卷　(明)沈泓撰　清乾隆八年至九年(1743－1744)補堂刻本　三冊

330000－1710－0000052　730/19　經部/書類/傳說之屬
尚書後案三十卷附後辨一卷　(清)王鳴盛撰　清乾隆四十五年(1780)禮堂刻本　八冊

330000－1710－0000053　720/37　經部/易類/專著之屬
讀易漢學私記一卷補一卷　(清)陳壽熊撰　清咸豐十一年(1861)陶模抄本　清陶模題記　一冊

330000－1710－0000054　730/15　經部/書類/專著之屬
尚書釋天六卷　(清)盛百二撰　清乾隆三十九年(1774)任城書院刻本　二冊

330000－1710－0000055　720/21　經部/叢編
通志堂經解一百四十種　(清)納蘭成德輯　清康熙十九年(1680)納蘭成德刻本　二十冊　存一種

330000－1710－0000056　730/9　經部/書類/傳說之屬
古文尚書十卷　(漢)馬融注　(漢)鄭玄注　(宋)王應麟撰集　(清)孫星衍補集　**尚書逸文二卷**　(清)江聲撰集　清乾隆六十年(1795)蘭陵孫氏問字堂刻本　一冊　存七卷(古文尚書一至七)

330000－1710－0000057　730/28　經部/書類/分篇之屬
禹貢錐指二十卷略例一卷圖一卷　(清)胡渭撰　清康熙漱六軒刻本　十冊

330000－1710－0000058　740/12　經部/叢編
絳跗閣經說三種五卷　(清)諸錦撰　清乾隆刻本　一冊　存一種

330000－1710－0000059　740/3　經部/叢編
倣宋相臺五經九十七卷附考證　(清)□□輯　清乾隆四十八年(1783)武英殿刻本　二冊　存一種

330000－1710－0000060　740/25　經部/詩類/詩序之屬
詩序廣義二十四卷　(清)姜炳璋撰　清嘉慶刻本　十冊

330000－1710－0000061　740/31　經部/詩類/傳說之屬
詩瀋二十卷　(清)范家相撰　清乾隆至嘉慶刻本　八冊

330000－1710－0000062　751/2　經部/三禮總義類/通禮雜禮之屬
五禮通考二百六十二卷首四卷總目二卷　(清)秦蕙田撰　清乾隆味經窩刻本　三十二冊　存一百十五卷(首一至四、正文六至十、十七至二十三、二十八至三十六、四十六至五十二、六十二至六十八、七十三至七十五、九十三至九十六、一百九至一百十九、一百三十一至一百五十、一百六十一至一百七十、一百七十四至一百八十四、二百三十一至二百三十三、二百四十至二百四十五、二百五十五至二百六十二)

330000－1710－0000063　751/4　經部/三禮總義類/通禮雜禮之屬
讀禮通考一百二十卷　(清)徐乾學撰　清康熙刻本　十三冊　存七十一卷(二十至三十一、三十八至四十二、四十八至六十三、六十八至七十八、八十四至八十八、九十三至一百八、一百十五至一百二十)

330000－1710－0000064　753/11　經部/

叢編
十三經注疏三百三十三卷　(明)□□輯　明崇禎元年至十二年(1628－1639)古虞毛氏汲古閣刻本　七册　存一種

330000－1710－0000065　720/32、720/32、752/11、751/12、812.1/253　經部/叢編
李氏成書五種　(清)李文炤撰　清四爲堂刻本　二十二册

330000－1710－0000066　751/13　經部/三禮總義類/通禮雜禮之屬
禮箋三卷　(清)金榜撰　清乾隆五十九年(1794)方起泰　胡國輔刻本　二册

330000－1710－0000067　751/14　經部/儀禮類/分篇之屬
昏禮通考二十四卷首一卷　(清)曹庭棟輯　清乾隆刻本　五册　存二十一卷(首、一至二、七至二十四)

330000－1710－0000068　751/16　經部/三禮總義類/通禮雜禮之屬
司馬氏書儀十卷　(宋)司馬光撰　清刻本　四册

330000－1710－0000069　751/19　經部/三禮總義類/通禮雜禮之屬
禮書一百五十卷　(宋)陳祥道撰　明崇禎張溥刻本　四册　存七十九卷(一至三十三、五十一至六十六、一百二十一至一百五十)

330000－1710－0000070　752/1　經部/叢編
九經補注八十三卷　(清)姜兆錫撰　清雍正至乾隆寅清樓刻本　六册　存十二卷(周禮輯義一至十二)

330000－1710－0000071　752/2　經部/周禮類/傳説之屬
周禮六卷　(漢)鄭玄注　(唐)陸德明音義　清乾隆五十二年(1787)福禮堂刻本　董宗善題記　六册

330000－1710－0000072　752/10　經部/周禮類/傳説之屬
宋葉文康公禮經會元節本四卷　(宋)葉時撰　(清)陸隴其點定　(清)許元淮删節並評　清乾隆五十年(1785)桐柏山房刻本　二册

330000－1710－0000073　754/9　經部/禮記類/專著之屬
禮記釐編十卷附録一卷　(清)潘相撰　清乾隆四十一年(1776)汲古閣刻咸豐元年(1851)印本　八册

330000－1710－0000074　753/8　經部/儀禮類/傳説之屬
儀禮章句十七卷　(清)吴廷華撰　清刻本　清孝通校　五册　存十五卷(一至六、九至十七)

330000－1710－0000075　753/16　經部/三禮總義類/名物制度之屬
大小宗通繹一卷附昭穆説一卷　(清)毛奇齡撰　金蓉鏡摘録　清光緒二年(1876)金蓉鏡抄本　金蓉鏡題簽　一册

330000－1710－0000076　753/17－18　經部/儀禮類/傳説之屬
儀禮經傳通解三十七卷　(宋)朱熹撰　**儀禮經傳通解續二十九卷**　(宋)黄榦　(宋)楊復撰　清康熙吕氏寶誥堂刻本　二十四册

330000－1710－0000077　754/11　經部/禮記類/傳説之屬
禮記省度四卷　(清)彭頤撰　清乾隆元年(1736)武林文治堂刻朱墨套印本　四册

330000－1710－0000078　771/1　經部/春秋左傳類/傳説之屬
春秋大事表五十卷附録一卷　(清)顧棟高輯　清乾隆十三年(1748)萬卷樓刻本　十五册

330000－1710－0000079　771/15　經部/春秋總義類/傳説之屬
春秋辨疑四卷　(宋)蕭楚撰　清咸豐五年(1855)刻本　二册

330000－1710－0000080　771/10　經部/春秋總義類/傳説之屬
二刻春秋心典傳本十二卷　(清)胡瑤光等纂輯　**春秋傳本十二卷**　(宋)胡瑗撰　清康熙

綸錫堂刻本　二冊

330000－1710－0000081　771/14　經部/春秋總義類/傳說之屬
春秋困學錄十二卷　(清)楊宏聲撰　清乾隆三十九年(1774)尊五堂刻本　四冊

330000－1710－0000082　771/21　經部/春秋總義類/傳說之屬
春秋指掌三十卷前二卷附二卷　(清)儲欣　(清)蔣景祁輯　清康熙二十七年(1688)天黎閣刻本　六冊

330000－1710－0000083　771/28　經部/春秋總義類/傳說之屬
春秋世本圖譜一卷　(清)陳厚耀撰　清乾隆五十七年(1792)蓬瀛一徑刻本　一冊

330000－1710－0000084　771/31　經部/春秋總義類/文字音義之屬
春秋三傳異文釋十二卷　(清)李富孫撰　清末抄本　四冊

330000－1710－0000085　772/8　經部/春秋左傳類/傳說之屬
春秋左傳杜林合註五十卷　(晉)杜預　(晉)林堯叟註釋　(唐)陸德明音義　(明)王道焜　(明)趙如源輯　明天啟問奇閣刻本　七冊　存二十五卷(一至三、二十至二十四、二十九至四十五)

330000－1710－0000086　772/5　經部/春秋左傳類/傳說之屬
春秋左傳杜注三十卷首一卷　(清)姚培謙撰　清乾隆十一年(1746)吳郡小鬱林陸氏刻本　十冊

330000－1710－0000087　772/18　類叢部/叢書類/自著之屬
春雨堂集四種　(清)朱元英撰　清乾隆刻本　二冊　存三種

330000－1710－0000088　780/20　集部/詩文評類/文評之屬
孟子文評一卷　(清)趙承謨撰　清乾隆三十五年(1770)刻本　一冊

330000－1710－0000089　812.2/144　類叢部/叢書類/自著之屬
心齋十種　(清)任兆麟撰　清乾隆五十年至五十五年(1785－1790)震澤任氏忠敏家塾刻本　三冊　存五種

330000－1710－0000090　780/23　類叢部/叢書類/自著之屬
朱子遺書　(宋)朱熹撰　清康熙禦兒呂氏寶誥堂刻本　二冊　存二種

330000－1710－0000091　780/27　經部/四書類/總義之屬/傳說
四書考異七十二卷　(清)翟灝撰　清末精專閣刻本　六冊　存三十六卷(總考一至三十六)

330000－1710－0000092　780/29　經部/四書類/總義之屬/專著
四書問盲一卷　(清)□□輯　清抄本　一冊

330000－1710－0000093　780/26　經部/四書類/總義之屬/傳說
朱子四書或問小註三十六卷　(清)徐方廣增注　清康熙四十七年(1708)陳彝則觀乎堂刻本　十二冊

330000－1710－0000094　780/33　經部/四書類/總義之屬/傳說
四書釋地一卷續一卷又續二卷三續一卷附孟子生卒年月考一卷　(清)閻若璩撰　清刻本　一冊　存一卷(又續)

330000－1710－0000095　780/48　經部/四書類/總義之屬/傳說
三魚堂四書大全三十九卷　(清)陸隴其輯
論語考異孟子考異　(宋)王應麟撰　清康熙四十一年(1702)當湖陸氏刻本　十七冊　缺四卷(大學一至二、論語一至二)

330000－1710－0000096　780/51　經部/四書類/總義之屬/傳說
朱註發明十九卷　(清)王掞撰　清刻本　七冊　存十三卷(一至四、七至八、十三至十九)

330000－1710－0000097　790/4　經部/孝經

類/傳說之屬

孝經通釋十卷總論一卷 （清）曹廷棟撰　清乾隆刻本　二册

330000－1710－0000098　780/50　經部/四書類/總義之屬/傳說

四書人物考四十卷 （明）薛應旂撰　明嘉靖刻本　一册　存五卷（四至八）

330000－1710－0000099　790/5　經部/孝經類/傳說之屬

孝經衍義一百卷首二卷 （清）葉方藹　（清）張英監修　（清）韓菼編　清康熙刻本　二十四册

330000－1710－0000100　412/33　史部/叢編

十七史一千五百七十四卷 （明）毛晉編　明崇禎元年至十七年（1628－1644）毛氏汲古閣刻本　二十四册　存一種

330000－1710－0000101　412/57　史部/紀傳類/正史之屬

前漢書一百卷 （漢）班固撰　明嘉靖德藩最樂軒刻本　三册　存二卷（二十五、二十七）

330000－1710－0000102　413/16　類叢部/叢書類/彙編之屬

經訓堂叢書二十一種 （清）畢沅編　清乾隆至嘉慶鎮洋畢氏刻本　七册　存三種

330000－1710－0000103　413/13　類叢部/叢書類/彙編之屬

經訓堂叢書二十一種 （清）畢沅編　清乾隆至嘉慶鎮洋畢氏刻本　二册　存一種

330000－1710－0000104　413/41　史部/史評類/詠史之屬

增定二十一史韻四卷首一卷末一卷續編四卷 （明）趙南星原編　（清）仲弘道增續　清康熙蘭雪堂刻本　十册

330000－1710－0000105　413/47　史部/叢編

史漢評林 （明）凌稚隆輯　明萬曆烏程凌氏刻本　四册　存一種

330000－1710－0000106　413/48　史部/紀傳類/正史之屬

漢書評林一百卷 （明）凌稚隆輯　明萬曆九年（1581）吳興凌稚隆刻本　一册　存一卷（一百）

330000－1710－0000107　413/61　史部/紀傳類/正史之屬

史記評林一百三十卷 （明）凌稚隆輯　明萬曆刻本　一册　存一卷（史記短長說一）

330000－1710－0000108　470/4　史部/編年類/斷代之屬

東萊先生音註唐鑑二十四卷 （宋）范祖禹撰　（宋）吕祖謙注　清刻本　十册

330000－1710－0000109　451/27　史部/雜史類/叢編之屬

宋遼金元別史五種 （清）邵遠平撰　清乾隆至嘉慶南沙席氏掃葉山房刻本　十六册　存一種

330000－1710－0000110　421/14　史部/編年類/通代之屬

通鑑擥要前編二卷正編十九卷續編八卷附錄一卷明史擥要八卷 （清）姚培謙　（清）張景星輯錄　清乾隆二十三年至二十六年（1758－1761）飛鴻堂刻本　二十八册　缺四卷（前編一、明史六至八）

330000－1710－0000111　421/21　史部/編年類/通代之屬

陸狀元增節音註精議資治通鑑一百二十卷目錄三卷首一卷 （宋）陸唐老集註　（明）毛晉考訂　明末毛氏汲古閣刻本　三册　存九卷（一百十二至一百二十）

330000－1710－0000112　421/27　史部/編年類/通代之屬

資治通鑑二百九十四卷 （宋）司馬光撰　（元）胡省三注　（明）陳仁錫評　**通鑑釋文辯誤十二卷** （元）胡省三撰　明天啟五年（1625）陳仁錫刻本　三册　存十二卷（通鑑釋文辯誤一至十二）

330000－1710－0000113　422/14　史部/編年類/通代之屬

竹書紀年統箋十二卷　（南朝梁）沈約注　（清）徐文靖撰　**竹書紀年前編一卷**　（清）徐文靖補箋　清乾隆十五年（1750）刻本　二冊　存七卷（一至六、前編一）

330000－1710－0000114　240/4－5　史部/地理類/山川之屬/水志

水經注釋四十卷首一卷附錄二卷水經注箋刊誤十二卷　（清）趙一清撰　清乾隆五十九年（1794）趙氏小山堂刻本　二十四冊

330000－1710－0000115　240/3　史部/地理類/山川之屬/水志

水經注四十卷　（北魏）酈道元撰　清蘇州翻刻武英殿聚珍本　十六冊

330000－1710－0000116　240/14　史部/地理類/山川之屬/水志

水道提綱二十八卷　（清）齊召南撰　清乾隆刻本　六冊　存二十一卷（一至十七、二十一至二十四）

330000－1710－0000117　812.4/10　類叢部/叢書類/彙編之屬

別下齋叢書初集二十三種　（清）蔣光煦編　清道光海昌蔣氏別下齋刻本　二冊　存七種

330000－1710－0000118　240/36　史部/地理類/水利之屬

山東運河備覽十二卷圖說一卷　（清）陸燿纂　清乾隆四十一年（1776）吳江陸燿切問齋刻本　六冊

330000－1710－0000119　430/14　類叢部/叢書類/彙編之屬

學津討原一百七十三種　（清）張海鵬編　清嘉慶十年（1805）虞山張氏曠照閣刻本　五冊　存三種

330000－1710－0000120　430/16　史部/紀事本末類/斷代之屬

三藩紀事本末四卷　（清）楊陸榮撰　清康熙五十六年（1717）刻乾隆印本　二冊

330000－1710－0000121　430/18　史部/雜史類/斷代之屬

平閩紀十三卷　（清）楊捷撰　清道光十年（1830）刻本　八冊

330000－1710－0000122　430/17　史部/紀事本末類/斷代之屬

交山平寇本末三卷　（清）夏駰述　（清）陸慶臻評　清康熙十一年（1672）刻本　一冊

330000－1710－0000123　430/22　類叢部/叢書類/自著之屬

甌北全集八種　（清）趙翼撰　清光緒三年（1877）滇南唐氏刻本　十二冊　存三種

330000－1710－0000124　430/27　史部/雜史類/斷代之屬

逆黨禍蜀記一卷　（清）汪堃撰　清同治五年（1866）不懼无悶齋刻本　一冊

330000－1710－0000126　441/138　史部/傳記類/總傳之屬/家乘

孔庭摘要一卷　（清）孔尚忻編　清康熙世澤堂刻本　一冊

330000－1710－0000127　441/2　史部/傳記類/總傳之屬/儒林

杏壇聖蹟四卷　（清）孔衍堬編　清康熙書林素位堂刻本　六冊

330000－1710－0000128　441/11　史部/傳記類/總傳之屬/通代

古懽錄八卷　（清）王士禛撰　清康熙刻雍正印本　一冊

330000－1710－0000129　441/27　史部/雜史類/斷代之屬

弇州史料前集三十卷後集七十卷　（明）王世貞撰　（明）董復表輯　明萬曆刻本　一冊　存三卷（前集二十五至二十七）

330000－1710－0000130　441/58　類叢部/叢書類/自著之屬

率祖堂叢書（金仁山先生遺書）八種附六種　（宋）金履祥撰　清雍正至乾隆金華金氏刻光緒十三年（1887）鎮海謝駿德補刻本　八冊

存附一種

330000－1710－0000131　812.1/263　類叢部/叢書類/自著之屬
沈歸愚詩文全集十四種　(清)沈德潛撰　清乾隆中教忠堂刻本　二十八冊　存十三種

330000－1710－0000132　451/15　史部/紀傳類/別史之屬
南唐書三十卷　(宋)馬令撰　明末刻本　一冊　存五卷(二十六至三十)

330000－1710－0000133　451/13　類叢部/叢書類/彙編之屬
抱經堂叢書十六種　(清)盧文弨編　清乾隆至嘉慶刻彙印本　六冊　存三種

330000－1710－0000134　451/22　史部/紀傳類/別史之屬
尚史七十二卷　(清)李鍇撰　清乾隆三十八年(1773)悅道樓刻本(世系圖配清抄本)　祝廷錫題記　二十八冊

330000－1710－0000135　451/23　類叢部/叢書類/自著之屬
樹經堂集三種　(清)謝啟昆撰　清乾隆至嘉慶刻本　四冊　存一種

330000－1710－0000136　470/7　史部/紀傳類/正史之屬
漢書評林一百卷　(明)凌稚隆輯　清刻本　二十六冊　存八十卷(一至六、二十七至一百)

330000－1710－0000137　480/1　史部/史抄類
歐陽文忠公新唐書抄二卷五代史抄二十卷　(明)茅坤輯並評　明末刻本　二冊　存六卷(新唐書抄一至二、五代史抄一至四)

330000－1710－0000138　421/3　史部/編年類/通代之屬
資治通鑑二百九十四卷　(宋)司馬光撰　(元)胡三省音注　(明)陳仁錫評　**通鑑釋文辯誤十二卷**　(元)胡三省撰　明天啟五年(1625)長洲陳仁錫刻本　三十二冊　存九十五卷(一至二十二、二十八至四十六、二百五十三至二百九十四、辨误一至十二)

330000－1710－0000139　491.1/9　類叢部/叢書類/自著之屬
蘇齋叢書十八種　(清)翁方綱撰　清乾隆至嘉慶刻彙印本　六冊　存二種

330000－1710－0000140　491.1/22　類叢部/叢書類/自著之屬
朱近漪所著書　(清)朱楓撰　清乾隆刻本　八冊　存七種

330000－1710－0000141　491.2/7　史部/金石類/金之屬/通考
古器志存一卷　(清)爾壽山人臨摹　清光緒三十二年(1906)抄本　一冊

330000－1710－0000142　491.2/8　史部/金石類/金之屬/圖像
泊如齋重修宣和博古圖錄三十卷　(宋)王黼等撰　明萬曆十六年(1588)泊如齋刻本　祝廷錫題簽並記　四冊　存十三卷(三至八、十三至十四、二十至二十四)

330000－1710－0000143　491.2/4　史部/金石類/金之屬/通考
積古昔齋鐘鼎款識一卷　(清)石硯主人臨摹　清抄本　清石硯主人題簽並記　一冊

330000－1710－0000144　511.1/12　史部/政書類/通制之屬
文獻通考紀要二卷　清乾隆博陵尹會一刻本　二冊

330000－1710－0000145　511.1/7　史部/政書類/通制之屬
文獻通考詳節二十四卷　(元)馬端臨撰　(清)嚴虞惇輯　清乾隆二十九年(1764)嚴有禧繩武堂刻本　十一冊　缺一卷(十四)

330000－1710－0000146　511.3/5　史部/政書類/通制之屬
通志略五十二卷　(宋)鄭樵撰　明嘉靖二十九年(1550)陳宗夔等刻本(氏族三至六補配清抄本)　十八冊　缺三卷(藝文七、校讐、圖

譜）

330000－1710－0000147　511.3/6　史部/政書類/通制之屬

通志略五十二卷　（宋）鄭樵撰　明嘉靖二十九年（1550）陳宗夔等刻清乾隆十三年（1748）于敏中金匱山房印本（七音略一至二配清抄本）　十八册

330000－1710－0000148　512.2/2　史部/政書類/通制之屬

五代會要三十卷　（宋）王溥撰　清刻本　八册

330000－1710－0000149　512.3/7　史部/傳記類/總傳之屬/儒林

闕里文獻考一百卷首一卷末一卷　（清）孔繼汾撰　清乾隆二十七年（1762）刻本　八册

330000－1710－0000150　513/12　史部/職官類/官制之屬

職官四十六卷附勛階考一卷　（清）朱彝尊録　清秀水朱氏抄本　一册　存二十六卷（二十二至四十六、勛階考）

330000－1710－0000151　514/2　史部/詔令奏議類/詔令之屬

大清聖祖合天弘運文武睿哲恭儉寬裕孝敬誠信中和功德大成仁皇帝聖訓六十卷　清刻本　十二册　缺二卷（十一至十二）

330000－1710－0000152　514/4　史部/詔令奏議類/詔令之屬

雍正上諭不分卷（元年至十三年）　（清）允禄等編　清雍正乾隆刻本　十八册

330000－1710－0000153　515/2　史部/詔令奏議類/奏議之屬

陸宣公奏議四卷　（唐）陸贄撰　**陸宣公年譜輯略一卷**　（清）江榕輯　清乾隆刻本　四册

330000－1710－0000154　514/5　史部/詔令奏議類/詔令之屬

硃批諭旨不分卷　（清）鄂爾泰等輯　清乾隆三年（1738）刻朱墨套印本　五册

330000－1710－0000155　515/10－11　類叢部/叢書類/自著之屬

李文襄公文集二種附一種　（清）李之芳撰　（清）李鍾麟編　清康熙刻彤錫堂彙印本　十二册　存一種附一種

330000－1710－0000156　515/75　子部/雜著類/雜説之屬

金蓉鏡雜俎一卷　金蓉鏡撰　清宣統刻本　吴慶坻校點並跋　一册

330000－1710－0000157　515/76　史部/詔令奏議類/奏議之屬

同光間各大臣密摺一卷　（清）陶模輯　清光緒陶模抄本　清陶模批評　一册

330000－1710－0000158　516/72　集部/別集類/清別集

守禾日紀六卷　（清）盧崇興撰　清乾隆刻本　六册

330000－1710－0000159　521/10　史部/政書類/通制之屬

憲政編查館草定行政綱目一卷　（清）憲政編查館撰　清光緒至宣統忻氏不暇嬾齋抄本　倪禹功題記　一册

330000－1710－0000160　524/2　史部/政書類/律令之屬/律例

新增成案所見集三十七卷二集十九卷三集二十一卷　（清）馬世璘編　**成案所見四集十八卷**　（清）謝奎　（清）王又槐編　清乾隆五十八年至嘉慶十年（1793－1805）再思堂　三餘堂刻本　四十七册　存八十三卷（一集四至十四、十六至十七、十九至二十、二十二至三十五，二集一至十九，三集一至二十一，四集一至十四）

330000－1710－0000161　523/4　史部/政書類/律令之屬/刑制

三流道里表不分卷　（清）徐本等纂修　清刻本　二册

330000－1710－0000162　516/52　史部/職官類/官箴之屬

為政忠告四卷　(元)張養浩撰　清道光十三年(1833)芸葉軒刻本　二冊

330000－1710－0000163　534/5　史部/政書類/邦計之屬/鹽法
兩淮鹽法志四十卷首一卷　(清)王世球撰　清乾隆十三年(1748)刻本　二十冊

330000－1710－0000164　524/11　史部/政書類/律令之屬/法驗
補註洗冤錄集證四卷附刊檢骨圖格一卷　(清)王又槐輯　(清)李觀瀾補輯　(清)阮其新補注　(清)童濂刪　**作吏要言一卷**　(清)葉鎮撰　(清)朱椿增　清道光二十三年(1843)江都鍾淮刻三色套印本　四冊

330000－1710－0000165　551/24　史部/傳記類/科舉録之屬/諸貢録
嘉慶辛酉科各直省拔貢錄一卷　(清)胡開益編　清抄本　一冊

330000－1710－0000166　533/22　史部/政書類/邦計之屬/賦稅
嘉興求減浮糧書一卷　金蓉鏡撰　清末稿本　一冊

330000－1710－0000167　551/27　史部/傳記類/科舉録之屬
國朝歷科館選錄不分卷　(清)沈廷芳輯　(清)陸費墀　(清)沈世緯重訂　清乾隆刻本　一冊

330000－1710－0000169　611/1　類叢部/叢書類/彙編之屬
廣漢魏叢書八十種　(明)何允中編　清嘉慶刻本　二冊　存一種

330000－1710－0000170　612/63　子部/儒家類/儒學之屬/俗訓
孝行庸言十四卷　(清)李雍熙撰　清康熙三十九年(1700)李氏翠飛巖館刻本　一冊

330000－1710－0000171　612/122　子部/儒家類/儒學之屬/性理
淑艾錄十四卷　(清)張履祥撰　(清)祝淦輯　清乾隆刻本　一冊

330000－1710－0000172　612/143　史部/史抄類
讀史綴筆不分卷　(清)陶葆廉輯　清光緒稿本　祝廷錫題記　一冊

330000－1710－0000173　620/8、620/9　史部/職官類/官箴之屬
佐治藥言一卷續一卷学治臆說二卷續說一卷說贅一卷　(清)汪輝祖撰　清道光二十四年(1844)陳金詔刻本　清金振聲題名　二冊

330000－1710－0000174　039/75　類叢部/叢書類/自著之屬
王漁洋遺書三十八種　(清)王士禛撰　清刻本　五十一冊　存二十八種

330000－1710－0000176　680/8　子部/雜著類/雜說之屬
人物志三卷　(三國魏)劉邵撰　(北魏)劉昞注　清乾隆九年(1744)彭家屏刻本　一冊

330000－1710－0000177　021/29　史部/時令類
古今類傳四卷　(清)董穀士　(清)董炳文輯　清康熙三十一年(1692)未學齋刻本　二冊

330000－1710－0000178　011/8　史部/目録類/總録之屬/官修
浙江採集遺書總錄十一卷　(清)沈初等輯　清乾隆三十九年(1774)浙江布政使王亶望刻本　十冊

330000－1710－0000180　014/15　史部/傳記類/總傳之屬/姓名
希姓錄五卷　(明)楊慎撰　明萬曆刻本　一冊

330000－1710－0000181　021/9　類叢部/類書類/通類之屬
新編古今事文類聚前集六十卷後集五十卷續集二十八卷別集三十二卷　(宋)祝穆編　**新編古今事文類聚新集三十六卷外集十五卷**　(元)富大用編　明萬曆金陵唐富春德壽堂刻本　三冊　存四卷(前集一、六至七、十二)

330000－1710－0000182　021/21　類叢部/

類書類/專類之屬

五車韻瑞一百六十卷 (明)淩稚隆輯 明刻本 十册 存五十九卷(二十三至三十四、六十一至六十七、七十九至八十七、九十三至一百二、一百四十至一百六十)

330000－1710－0000183 021/24 類叢部/類書類/通類之屬

潛確居類書一百二十卷 (明)陳仁錫輯 明崇禎刻本 四册 存十三卷(六十一至六十三、八十四至八十五、九十一至九十四、一百二至一百五)

330000－1710－0000184 021/26 類叢部/類書類/通類之屬

山堂肆考二百四十卷 (明)彭大翼撰 (明)張幼學編 明刻本 九册 存五十六卷(宫集卷九至十四、二十三至三十五、四十二至四十八、商集卷一至十二、三十一至四十八)

330000－1710－0000185 021/25 類叢部/類書類/通類之屬

新刊唐荆川先生稗編一百二十卷目録三卷 (明)唐順之編 (明)張國詔 (明)顧爾志校 明萬曆刻本 十册 存四十六卷(四十二至四十六、五十一至八十二、九十一至九十九)

330000－1710－0000186 021/28 類叢部/類書類/通類之屬

類書纂要三十三卷 (清)周魯輯 清康熙三年(1664)侯杲天和堂刻本 十册 存二十三卷(一至十、十六至十七、二十三至三十三)

330000－1710－0000187 021/30 類叢部/類書類/通類之屬

類林新詠三十六卷 (清)姚之駰撰 清康熙四十七年(1708)刻本 十册

330000－1710－0000188 021/31 類叢部/類書類/通類之屬

淵鑑類函四百五十卷目録四卷 (清)張英 (清)王士禛等輯 清康熙刻雍正印本 一百三十五册 存四百四十四卷(四至四十九、五十三至四百五十)

330000－1710－0000189 021/32 類叢部/類書類/專類之屬

佩文韻府一百六卷 (清)張玉書 (清)蔡升元等輯 **韻府拾遺一百六卷** (清)汪灝 (清)何焯等輯 清康熙至雍正刻本 清楊實鏞題記 一百十一册 存二百八卷(佩文韻府一至十六、十八至五十九、六十一至七十五、七十七至八十一、八十三至一百六,韻府拾遺一至一百六)

330000－1710－0000190 021/35 類叢部/類書類/通類之屬

御定駢字類編二百四十卷 (清)吳士玉 (清)沈宗敬等輯 清雍正刻本 九十三册 存一百七十四卷(三至六、九至二十四、二十七至二十八、三十三至四十六、四十九至六十、六十三至七十二、七十五至九十、九十三至一百六、一百九至一百十四、一百二十一至一百二十二、一百二十九至一百四十三、一百四十九至一百六十一、一百六十五至一百六十八、一百七十三至一百七十六、一百七十九至二百二、二百四至二百十八、二百二十三至二百三十四、二百三十六)

330000－1710－0000191 021/41 類叢部/類書類/通類之屬

廣事類賦四十卷 (清)華希閔撰 清乾隆二十九年(1764)劍光閣刻本 八册

330000－1710－0000192 021/53 類叢部/類書類/通類之屬

省軒考古類編十二卷 (清)柴紹炳撰 (清)姚廷謙評 清雍正四年(1726)澹成堂雲間刻本 四册

330000－1710－0000193 021/55 類叢部/類書類/通類之屬

讀書紀數略五十四卷 (清)宫夢仁輯 清刻本 二十册

330000－1710－0000194 021/56 類叢部/類書類/專類之屬

格致鏡原一百卷 (清)陳元龍撰 清康熙五十六年(1717)刻雍正十三年(1735)印本 十

八冊　存七十三卷(一至四十九、五十三至五十六、六十五至六十八、七十三至八十八)

330000－1710－0000195　021/60　類叢部/類書類/專類之屬
錦字箋四卷　(清)黄澐撰　清雍正刻本　二冊

330000－1710－0000196　021/62　子部/雜著類/雜纂之屬
宋稗類鈔八卷　(清)潘永因輯　清康熙刻本　八冊

330000－1710－0000197　110/7　子部/天文曆算類/曆法之屬
類編曆法通書大全三十卷　(元)宋魯珍通書　(元)何士泰曆法　(明)熊宗立類編　明刻本　六冊　存二十一卷(四至十七、二十至二十三、二十八至三十)

330000－1710－0000198　021/84　類叢部/類書類/專類之屬
王先生十七史蒙求十六卷　(宋)王令撰　清康熙四十九年(1710)海陽程宗璜刻本　二冊

330000－1710－0000199　038/8　子部/叢編
諸子彙函□□種　(明)歸有光編　明天啟刻本　二十六冊　存九十八種

330000－1710－0000200　110/4　子部/天文曆算類/曆法之屬
天元曆理全書十二卷首一卷　題(清)徐發撰　清康熙刻本　十八冊

330000－1710－0000201　816/22　類叢部/叢書類/自著之屬
王漁洋遺書三十八種　(清)王士禛撰　清刻本　一冊　存一種

330000－1710－0000202　110/8　子部/術數類/占候之屬
玉曆通政經三卷　題(唐)李淳風撰　清乾隆十九年(1754)抄本　二冊

330000－1710－0000203　110/12　子部/天文曆算類
兼濟堂纂刻梅勿庵先生曆算全書二十八種　(清)梅文鼎撰　(清)魏荔彤輯　(清)楊作枚訂補　清雍正元年(1723)栢鄉魏荔彤刻本　祝廷錫題記　十七冊　存二十四種

330000－1710－0000204　131/13　子部/天文曆算類/算書之屬
學算佩觽二卷　(清)陶葆廉撰　清光緒稿本　二冊

330000－1710－0000206　141/2　子部/術數類/陰陽五行之屬
陰陽五要奇書六種　(明)江之棟輯　清乾隆五十五年(1790)姑蘇顧氏樂真堂刻本　六冊

330000－1710－0000207　141/4　子部/術數類/陰陽五行之屬
通德類情十三卷　(清)沈重華輯　清乾隆三十六年(1771)刻本　八冊

330000－1710－0000208　141/11　子部/術數類/陰陽五行之屬
陰陽五要奇書六種　(明)江之棟輯　(清)顧鶴庭重輯　清乾隆五十五年(1790)姑蘇顧氏樂真堂刻本　一冊　存一種

330000－1710－0000209　145/12　子部/術數類/相宅相墓之屬
玄空大五行真傳口訣一卷金書秘奥一卷　□□輯　清嘉慶抄本　一冊

330000－1710－0000210　143/2　子部/術數類/命書相書之屬
新刻袁柳庄先生秘傳相法二卷　(明)袁忠徹撰　(明)雲林子校正　明末刻本　一冊　存一卷(一)

330000－1710－0000211　145/11　子部/術數類/相宅相墓之屬
地理辨正五卷　(清)蔣平階錄　(清)董涵錄　(清)濮銘重錄　清嘉慶抄本　清濮銘題記　二冊

330000－1710－0000212　145/13　子部/術數類/相宅相墓之屬
傳家歸厚錄一卷　(清)冷啟撰　清嘉慶董氏

抄本　清董涵批　董巽觀題記　一冊

330000－1710－0000213　145/14　子部/術數類/相宅相墓之屬
玉函真義一卷　(清)冷啟手授　(清)蔣平堦述　清嘉慶抄本　一冊

330000－1710－0000214　145/10　子部/術數類/相宅相墓之屬
陽宅集成八卷　(清)姚廷鑾輯　清乾隆十六年(1751)刻本　八冊

330000－1710－0000215　145/15　子部/術數類/相宅相墓之屬
玉函真義一卷　(清)冷啟手授　(清)蔣平堦述　清乾隆抄本　清祝懋正題記　祝廷錫題簽　一冊

330000－1710－0000216　145/16　子部/術數類/相宅相墓之屬
新刻羅經解三卷　(明)熊汝嶽撰　(明)吳天洪批點　明萬曆刻本　一冊　存一卷(三)

330000－1710－0000217　253/2　類叢部/叢書類/彙編之屬
武英殿聚珍版書(武英殿聚珍版叢書)一百三十八種　清乾隆蘇州刻本　三冊　存一種

330000－1710－0000218　144/1　類叢部/叢書類/彙編之屬
士禮居黃氏叢書十九種附四種　(清)黃丕烈編　清嘉慶至道光吳縣黃氏刻本　四冊　存一種

330000－1710－0000219　144/8　子部/術數類/占卜之屬
大六壬大全十三卷　(清)郭載騋編　清康熙懷慶楊衙刻本(卷十補配清抄本)　十三冊

330000－1710－0000220　261/5　子部/醫家類/類編之屬
薛氏醫按二十四種　(明)吳琯編　清刻本　一冊　存一種

330000－1710－0000221　110/9　子部/天文曆算類/曆法之屬
大清便用萬年曆一卷　(清)李沺撰　清光緒醉月山房活字印本　一冊

330000－1710－0000222　261/10　子部/醫家類/傷寒金匱之屬/傷寒論
張仲景傷寒論辯證廣註十四卷首一卷中寒論辯證廣註三卷首一卷　(清)汪琥撰　清康熙刻本　三冊　存七卷(傷寒論辯證廣註首、一至六)

330000－1710－0000223　110/10－1　子部/天文曆算類/曆法之屬
大清光緒三十二年歲次丙午時憲書一卷　清光緒刻套印本　秦錫圭題簽並記　金蓉鏡題記　一冊

330000－1710－0000224　211/1　新學/算學/數學
格物測算大成十卷　(清)丁韙良撰　清光緒二十三年(1897)復古書齋石印本　十二冊

330000－1710－0000226　110/2　子部/天文曆算類/曆法之屬
歷代長術輯要十卷附古今推步諸術攷二卷　(清)汪曰楨撰　清光緒四年(1878)刻本　四冊

330000－1710－0000227　110/5、131/52、827.1/3　子部/天文曆算類
御製律曆淵源五種　(清)允祿　(清)允祉等纂修　清雍正二年(1724)武英殿刻乾隆七年(1742)續刻印本　二十六冊　存三種

330000－1710－0000228　110/6　子部/天文曆算類/天文之屬
御製曆象考成上編十六卷下編十六卷後編十卷　(清)允祿　(清)允祉纂修　清光緒二十三年(1897)雙梧書屋石印本　二十六冊

330000－1710－0000229　110/13　史部/地理類
李氏五種　(清)李兆洛撰　清同治九年至十一年(1870－1872)合肥李鴻章刻本　三冊　存一種

330000－1710－0000230　110/14　史部/時

令類

月令粹編二十四卷圖說一卷 （清）秦嘉謨撰 清嘉慶十七年(1812)江都秦嘉謨琳琅仙館刻本 六册 存二十四卷(一至二十四)

330000－1710－0000231 120/1 子部/天文曆算類/算書之屬

李氏遺書十一種 （清）李鋭撰 清道光三年(1823)儀徵阮元刻本 六册 存十種

330000－1710－0000232 120/2 子部/天文曆算類/天文之屬

天文問答四卷 （清）王亨統輯 清光緒三十年(1904)渝城普通書室刻本 四册

330000－1710－0000233 120/4 子部/天文曆算類/天文之屬

高厚蒙求九種 （清）徐朝俊撰 清嘉慶至道光雲間徐氏刻本 四册 存八種

330000－1710－0000234 120/3 子部/術數類/占候之屬

中西星要十二卷 （清）倪榮桂輯 清嘉慶八年(1803)樹滋堂刻道光印本 四册 存七卷(西法命盤圖說、談天緒言、天文管窺一至三、祿命要覽一至二)

330000－1710－0000235 120/9 新學/天學

談天十八卷附表一卷 （英國）侯失勒撰 （英國）偉烈亞力口譯 （清）李善蘭筆述 清咸豐九年(1859)墨海鉛印本 三册

330000－1710－0000236 262/1 子部/醫家類/診法之屬/脈經脈訣

丹溪朱氏脈因証治二卷 （元）朱震亨撰 （清）湯望久校輯 清乾隆四十年(1775)湯望久刻掃葉山房印本 二册

330000－1710－0000237 262/2 子部/醫家類/診法之屬/脈經脈訣

圖註脈訣辨真四卷脈訣附方一卷 題(晉)王叔和撰 （明）張世賢注 清康熙刻本 一册 缺二卷(三至四)

330000－1710－0000238 120/5 子部/天文曆算類/天文之屬

星土釋三卷首一卷 （清）李松林輯 清光緒十年(1884)刻本 二册

330000－1710－0000239 261/58 子部/醫家類/綜合之屬/通論

醫宗必讀五卷首一卷 （明）李中梓撰 清尚友堂刻本 四册 存五卷(首、一至四)

330000－1710－0000240 120/6 子部/天文曆算類/天文之屬

天文示斯十四卷 （清）洞微子輯 清光緒四年(1878)陝西石門松僊閣刻本 六册

330000－1710－0000241 262/9 子部/醫家類/方書之屬/歷代方書

體仁彙編六卷 （明）彭用光撰 明嘉靖二十三年(1544)蔡經刻本 一册 存一卷(一)

330000－1710－0000242 262/10 子部/醫家類/診法之屬/脈經脈訣

脉經一卷 題(晉)王叔和撰 清抄本 一册

330000－1710－0000243 120/7 子部/農家農學類/總論之屬

農候雜占四卷 （清）梁章鉅撰 清同治十二年(1873)浙江書局刻本 二册

330000－1710－0000244 120/14 史部/地理類/輿圖之屬/坤輿

星垣度數地域經緯圖說一卷 清刻本 一册

330000－1710－0000245 120/11 子部/農家農學類/農藝之屬/農曆農諺

年占籤錄一卷 清光緒十一年(1885)子明抄本 清子明題記 一册

330000－1710－0000246 812.2/686 類叢部/叢書類/彙編之屬

漸西村舍彙刊(漸西村舍叢刻)四十四種 （清）袁昶編 清光緒十六年至二十四年(1890－1898)桐廬袁氏刻本 四十四册 存二十三種

330000－1710－0000247 120/12 子部/天文曆算類/曆法之屬

大清光緒六年歲次庚辰七政經緯宿度五星伏

見目錄一卷　清光緒六年(1880)刻本　一冊

330000－1710－0000248　680/5　類叢部/叢書類/彙編之屬
祕書廿一種　(清)汪士漢編　清刻本　一冊　存一種

330000－1710－0000249　120/16　子部/天文曆算類/曆法之屬
七十二候表一卷　(清)羅以智撰　**七十二候表校錄一卷**　(清)江標撰　清光緒八年(1882)海昌羊復禮刻本　一冊

330000－1710－0000250　131/2　子部/天文曆算類/算書之屬
九章算術細草圖說九卷海島算經細草圖說一卷　(三國魏)劉徽注　(唐)李淳風等注釋　(清)李潢細草　(清)沈欽裴補草　清光緒二十二年(1896)上海文淵山房石印本　四冊

330000－1710－0000251　812.1/426　集部/別集類/清別集
退谷文集十五卷詩集七卷　(清)黃越撰　**附行述一卷**　(清)白麟撰　清雍正五年(1727)光裕堂刻本　十六冊

330000－1710－0000252　131/18　子部/天文曆算類/算書之屬
諸物起數目源流不分卷　清末稿本　一冊

330000－1710－0000253　131/5　子部/天文曆算類/算書之屬
新編筭學啟蒙三卷　(元)朱世傑撰　**筭學啓蒙識誤一卷**　(清)羅士琳撰　清同治九年(1870)刻本　三冊　存三卷(新編筭學啟蒙一至三)

330000－1710－0000254　131/6　子部/天文曆算類/算書之屬
九數通考十一卷首一卷末一卷　(清)屈曾發撰　清乾隆三十七年(1772)豫簪堂刻同治十一年(1872)常熟潘欲仁補刻本　六冊

330000－1710－0000255　131/7　子部/天文曆算類/算書之屬
數學精詳十一卷首一卷末一卷　(清)屈曾發輯　清光緒二十四年(1898)巴蜀善成堂刻本　六冊

330000－1710－0000256　131/8　子部/天文曆算類/算書之屬
九數通考十一卷首一卷末一卷　(清)屈曾發撰　清光緒二十三年(1897)味經刊書處刻本　八冊

330000－1710－0000257　451/43　類叢部/叢書類/郡邑之屬
嶺南遺書五十九種　(清)伍崇曜編　清道光十一年至同治二年(1831－1863)南海伍氏粵雅堂文字歡娛室刻光緒三十三年(1907)彙印本　十三冊　存三種

330000－1710－0000258　131/10　子部/天文曆算類/算書之屬
算牖四卷　(清)許桂林撰　清道光十年(1830)刻本　二冊

330000－1710－0000259　827.1/9　經部/樂類/律呂之屬
重刻恭簡公志樂二十卷　(明)韓邦奇圖解　清乾隆十一年(1746)鏞川薛宗泗式古堂刻本　十冊　存十七卷(一至十七)

330000－1710－0000260　120/10　新學/天學
談天十八卷首一卷附表一卷　(英國)侯失勒撰　(英國)偉烈亞力口譯　(清)李善蘭筆述　清同治十三年(1874)鉛印本　三冊

330000－1710－0000261　811.1/115　集部/總集類/郡邑之屬
縉雲文徵二十卷補編一卷　(清)湯成烈編錄　清光緒二年(1876)刻本　八冊

330000－1710－0000262　131/11　子部/天文曆算類/算書之屬
學算筆談十二卷　(清)華蘅芳撰　清光緒二十八年(1902)算學館鉛印本　四冊

330000－1710－0000263　131/12　子部/天文曆算類/算書之屬
行素軒算稿九種　(清)華蘅芳撰　清光緒二

十五年(1899)崇新書社刻本　六册　存一種

330000－1710－0000264　131/14　子部/天文曆算類/算書之屬
謝穀堂算學三種　(清)謝家禾撰　清光緒江南機器製造總局刻本　一册

330000－1710－0000265　131/25　子部/天文曆算類/算書之屬
學計韻言一卷　(清)江衡撰　清光緒二十一年(1895)陝西味經售書處刻本　一册

330000－1710－0000266　822/4　子部/藝術類/書畫之屬/書法書品
漢溪書法通解八卷　(清)戈守智撰　清乾隆霽雲閣刻本　祝廷錫過錄題簽並題記　二册

330000－1710－0000267　131/1　子部/天文曆算類/算書之屬
海島算經一卷　(三國魏)劉徽撰　(唐)李淳風等注釋　清乾隆刻本　一册

330000－1710－0000268　131/24　子部/天文曆算類/算書之屬
毖緯瑣言一卷　(清)厲之鍔撰　清嘉慶五年(1800)邢壽恭刻本　一册

330000－1710－0000269　131/19　子部/天文曆算類/算書之屬
學算椎輪不分卷　(清)□□撰　清抄本　二册

330000－1710－0000270　131/36　子部/天文曆算類/算書之屬
合數述二卷　(清)林紹清撰　清光緒十四年(1888)刻本　二册

330000－1710－0000271　131/41　子部/天文曆算類/算書之屬
算學鴻裁□□卷　(清)□□輯　清光緒石印本　一册　存一卷(四)

330000－1710－0000272　131/40　新學/算學/代數
代數通藝錄十六卷　(清)方愷撰　清光緒二十四年(1898)小倉山房石印本　六册

330000－1710－0000273　131/38　子部/天文曆算類/算書之屬
數學上編十三卷附答數一卷　(清)曹汝英撰　清光緒二十九年(1903)羊城刻本　四册

330000－1710－0000274　131/42　子部/天文曆算類/算書之屬
萍課演算不分卷　毛宗藩撰　清光緒三十四年(1908)會稽顧氏刻本　一册

330000－1710－0000277　131/45　子部/天文曆算類/算書之屬
同文算學課藝四卷　(清)席淦　(清)貴榮編　清光緒二十二年(1896)石印本　四册

330000－1710－0000278　131/44　子部/天文曆算類/算書之屬
同文算學課藝四卷　(清)席淦　(清)貴榮編　清光緒二十三年(1897)娛萊小築石印本　一册

330000－1710－0000279　131/46　子部/天文曆算類/算書之屬
康齋游藝四卷　(清)陳其晉撰　清光緒刻本　二册

330000－1710－0000280　131/50　子部/天文曆算類/算書之屬
椿老祘艸一卷　(清)椿老撰　(清)潘苇臣評閱　清末抄本　一册

330000－1710－0000281　131/47　子部/天文曆算類/算書之屬
游藝課草初集一卷　(清)聽自然江逸叟輯　清光緒二十四年(1898)刻本　一册

330000－1710－0000282　131/51　子部/天文曆算類/算書之屬
數學精詳十一卷首一卷末一卷　(清)屈曾發輯　清光緒二十二年(1896)格致書室石印本　五册

330000－1710－0000283　131/48　子部/天文曆算類/算書之屬
游藝齋算學課藝初集一卷　(清)朱仁積編　清光緒二十六年至二十七年(1900－1901)刻

本　一册

330000－1710－0000284　131/39　新學/算學/代數
代數鑰七卷　(清)黄慶澄撰　清光緒刻本　七册

330000－1710－0000285　132/5　新學/算學/代數
代數須知一卷　(英國)傅蘭雅撰　清光緒十三年(1887)刻本　一册

330000－1710－0000286　132/6　新學/算學/微積
代微積拾級十八卷　(美國)羅密士撰　(英國)偉烈亞力口譯　(清)李善蘭筆述　清光緒二十三年(1897)上海石印本　四册

330000－1710－0000287　131/57　子部/天文曆算類/算書之屬
數學精詳十一卷首一卷末一卷　(清)屈曾發輯　清同治十年(1871)學海堂補刻本　六册

330000－1710－0000289　132/8　子部/天文曆算類/算書之屬
幾何原本十五卷　(意大利)利瑪竇　(英國)偉烈亞力口譯　(明)徐光啟　(清)李善蘭筆受　清同治四年(1865)金陵刻本　七册　存十一卷(一至十一)

330000－1710－0000290　132/12　新學/算學/形學
形學備旨十卷開端一卷　(美國)狄考文選譯　(清)鄒立文筆述　清光緒二十三年(1897)鉛印本　二册

330000－1710－0000291　133/1　子部/天文曆算類/算書之屬
梅氏籌算三卷　(清)梅文鼎撰　(清)梅穀成　(清)梅玕成輯　清光緒十三年(1887)陝西求友齋刻本　二册

330000－1710－0000292　141/1　子部/術數類/陰陽五行之屬
五行大義五卷　(隋)蕭吉撰　清嘉慶九年(1804)刻本　四册

330000－1710－0000293　263/4　子部/醫家類/醫案之屬
張氏醫案不分卷　(清)張千里撰　(清)邵慶槐輯　清抄本　清紫雲　清古緣氏題簽並記　二册

330000－1710－0000294　141/6　子部/術數類/陰陽五行之屬
欽定協紀日月表一卷　(清)余榮寬編　**附寶鏡圖一卷**　(三國蜀)諸葛亮撰　清咸豐十年(1860)刻本　二册

330000－1710－0000295　141/3　子部/術數類/陰陽五行之屬
欽定協紀辨方書三十六卷　(清)允祿　(清)張照等纂修　清宣統三年(1911)石印本　八册

330000－1710－0000296　141/9　子部/術數類/命書相書之屬
乾元秘旨不分卷　(清)舒繼英撰　清刻本　一册

330000－1710－0000297　141/5　子部/術數類/陰陽五行之屬
諏吉述正二十五卷　(清)張祖同輯　清光緒二十三年(1897)湖南思賢書局刻本　十二册

330000－1710－0000299　144/5　類叢部/叢書類/自著之屬
五經歲徧齋校書三種　(清)翟云升輯　清道光東萊翟氏刻本　十册

330000－1710－0000300　144/11　經部/易類/傳說之屬
鄭氏爻辰補六卷圖一卷　(清)戴棠撰　清道光二十九年(1849)燕山書屋刻本　三册

330000－1710－0000301　141/7　子部/術數類/陰陽五行之屬
董氏諏吉新書一卷續編一卷　(明)董潛撰　清光緒十八年(1892)刻本　二册

330000－1710－0000302　240/1　史部/地理類/山川之屬/水志
水經注四十卷　(北魏)酈道元撰　清乾隆刻

本　八冊

330000－1710－0000303　143/1　子部/術數類/命書相書之屬

新刊合併官板音義評注淵海子平五卷　（宋）徐升編　清福建余氏刻本　二冊

330000－1710－0000304　144/4　經部/易類/易占之屬

焦氏易林十六卷　（漢）焦贛撰　**易林元籥十測一卷**　（明）盛如林撰　清味經堂刻本　六冊

330000－1710－0000305　240/10　史部/地理類/山川之屬/水志

水經注釋地四十卷補遺二卷水道直指一卷　（清）張匡學撰　清嘉慶二年（1797）新安張氏上池書屋刻本　一冊　存七卷（十五至二十一）

330000－1710－0000306　240/6　史部/地理類/山川之屬/水志

水經注圖一卷附録一卷　（清）汪士鐸撰　清咸豐胡林翼刻同治元年（1862）重修本　金蓉鏡題記　一冊

330000－1710－0000307　145/1　類叢部/叢書類/彙編之屬

知服齋叢書三十種　（清）龍鳳鑣編　清光緒順德龍氏刻本　一冊　存一種

330000－1710－0000308　145/2　子部/術數類/相宅相墓之屬

撼龍經批注校補不分卷疑龍經批注校補三卷　（唐）楊益撰　（清）高其倬批點　（清）寇宗集注　（清）榮錫勳校補　清光緒十八年（1892）湖南共賞書局刻本　三冊　存撼龍經批注校補

330000－1710－0000309　145/4　子部/術數類/相宅相墓之屬

水龍經五卷　（清）蔣平階輯　清咸豐上海節孝祠刻本　三冊　存四卷（一至四）

330000－1710－0000310　145/7　子部/術數類/相宅相墓之屬

都天寶照經注疏一卷　（唐）楊益著　（清）劉文瀾述　清道光十五年（1835）刻本　一冊

330000－1710－0000311　145/5　子部/術數類/相宅相墓之屬

地理匯參八卷　（清）尹光忠輯并著　清同治九年（1870）刻本　五冊　存六卷（乾部、坎部、巽部、離部、坤部、兌部）

330000－1710－0000312　145/8　子部/術數類/相宅相墓之屬

地理辨正五卷　（清）蔣平階補傳　（清）姜垚辨正　清埽葉山房刻本　二冊

330000－1710－0000313　145/9　子部/術數類/相宅相墓之屬

楊曾地理元文四種附二種　（清）端木國瑚注　清道光五年（1825）刻本　三冊　存五種

330000－1710－0000314　211/2　史部/目録類/專録之屬

東西學書録總敘二卷　沈桐生撰　清光緒二十三年（1897）讀有用書齋刻本　二冊

330000－1710－0000315　212/5　新學/電學

電學圖說五卷　（英國）傅蘭雅譯　清光緒十三年（1887）上海益智書會刻本　一冊

330000－1710－0000316　240/12　史部/地理類/水利之屬

續行水金鑑一百五十六卷首一卷　（清）俞正燮等纂　清道光十二年（1832）河庫道署刻本　十二冊　存三十八卷（四至十四、三十六至三十九、六十五至六十八、七十七至八十四、一百十一至一百十二、一百十九至一百二十一、一百三十三至一百三十八）

330000－1710－0000317　214/1　新學/動植物學/植物學

植物圖說四卷　（英國）傅蘭雅撰　清光緒二十一年（1895）上海益智書會刻本　一冊

330000－1710－0000318　214/2　子部/農家農學類/鳥獸蟲之屬

百獸圖說一卷論一卷百鳥圖說一卷　（清）韋門道氏撰　清光緒八年（1882）上海益智書會

刻本　二册

330000－1710－0000319　215/2　新學/兵制/槍炮

魚雷圖說問答九卷　(清)黎晉賢編　清光緒十六年(1890)天津石印本　二册

330000－1710－0000320　144/12　子部/術數類/占候之屬

白猿經三卷　(清)□□輯　清抄本　三册

330000－1710－0000321　212/6　新學/工藝/雜藝

電氣問答一卷　(清)□□輯　清末抄本　一册

330000－1710－0000322　240/35　史部/地理類/水利之屬

河北采風錄四卷　(清)王鳳生撰　清道光六年(1826)河朔官舍刻本　四册

330000－1710－0000323　215/7　新學/兵制/子藥

克鹿卜後膛鋼礮子藥圖說四卷　(清)郝薌(清)關鐘崤纂　(清)何青雲繪　清光緒十七年(1891)天津石印本　三册

330000－1710－0000324　240/41　史部/地理類/山川之屬/水志

南湖考一卷　(明)陳紡學撰　**節錄餘杭縣南湖事略一卷南湖誌考一卷**　(清)陳善撰　清光緒五年(1879)浙江官書局刻本　一册

330000－1710－0000325　240/40　史部/地理類/山川之屬/水志

蜀水考四卷　(清)陳登龍撰　(清)朱錫穀補注　(清)陳一津分疏　清光緒五年(1879)楊氏清泉精舍刻本　二册

330000－1710－0000326　240/17　史部/地理類/水利之屬

濬河事例一卷　(清)盛沅纂　清光緒十九年(1893)刻本　一册

330000－1710－0000327　812.1/529　類叢部/叢書類/自著之屬

蒼莨集三種　(清)孫鼎臣撰　清咸豐刻本　十册

330000－1710－0000328　240/23　史部/地理類/水利之屬

浙西水利備考不分卷　(清)王鳳生撰　清道光四年(1824)江聲帆影閣刻本　四册

330000－1710－0000329　144/6　子部/術數類/占候之屬

大唐開元占經一百二十卷　(唐)瞿曇悉達等撰　清光緒恒德堂刻本　二十四册

330000－1710－0000330　240/25　史部/地理類/水利之屬

浙西橫橋堰水利記一卷　(清)徐用福輯　清光緒二十四年(1898)刻本　陸仲襄題記　一册

330000－1710－0000331　240/26　史部/地理類/水利之屬

淮揚水利圖說一卷淮揚治水論一卷　(清)馮道立撰　清道光十九年(1839)馮道立西園刻本　一册

330000－1710－0000332　144/9　子部/術數類/占卜之屬

六壬數論十八卷　(清)汪紱纂　清光緒二十五年(1899)刻本　二册　存四卷(一至二、十七至十八)

330000－1710－0000333　144/7　子部/術數類/占候之屬

大唐開元占經一百二十卷　(唐)瞿曇悉達等撰　清光緒恒德堂刻本　十四册　存六十六卷(一至十一、三十二至三十五、四十一至四十六、六十至九十六、一百四至一百十一)

330000－1710－0000334　240/29　史部/地理類/水利之屬

上虞五鄉水利紀實一卷　(清)金鼎撰　清光緒三十四年(1908)柯莊謙守齋刻本　一册

330000－1710－0000335　240/2　史部/地理類/水利之屬

水經注四十卷首一卷　(北魏)酈道元撰　王

先謙校　**水經注附錄一卷**　（清）趙一清輯　清光緒二十三年（1897）新化三味書室刻本　二十冊

330000－1710－0000336　240/28　史部/地理類/水利之屬
上虞塘工紀畧二卷續一卷三續一卷　（清）連仲愚撰　清光緒十三年（1887）連氏枕湖樓刻本　一冊

330000－1710－0000337　240/42　史部/地理類/水利之屬
河工器具圖說四卷　（清）麟慶撰　清道光十六年（1836）雲蔭堂刻本　二冊

330000－1710－0000338　240/46　史部/地理類/水利之屬
五省溝洫圖說一卷　（清）沈夢蘭撰　清光緒六年（1880）江蘇書局刻本　一冊

330000－1710－0000339　240/43　史部/地理類/山川之屬/水志
讀水經注小識四卷　龐鴻書撰　清光緒三十年（1904）石印本　一冊　存二卷（三至四）

330000－1710－0000340　251/2　史部/政書類/邦計之屬
續富國策四卷　（清）陳熾撰　清光緒二十四年（1898）上海飛鴻閣石印本　三冊　缺一卷（四）

330000－1710－0000341　240/45　史部/地理類/水利之屬
海塘輯要十卷首一卷　（英國）韋更斯撰　（英國）傅蘭雅口譯　（清）趙元益筆譯　**海塘輯要附釋一卷**　（英國）馬立德撰　清同治六年（1867）刻本　二冊

330000－1710－0000342　251/3　類叢部/叢書類/彙編之屬
津河廣仁堂所刻書八十四種　（清）□□編　清光緒津河廣仁堂刻本　一冊　存一種

330000－1710－0000343　251/4　子部/農家農學類/總論之屬
農務實業新編二卷　（清）王上達撰　清宣統二年（1910）浙杭萬春農務局刻本　二冊

330000－1710－0000344　215/11　新學/兵制/海軍
水雷問答一卷　（清）王平撰　清抄本　一冊

330000－1710－0000346　223/4　新學/礦務/礦學
婺源銀場錄一卷　（清）廖樹蘅撰　清宣統三年（1911）刻本　一冊　存一卷（一）

330000－1710－0000347　251/1　子部/農家農學類/總論之屬
重訂增補陶朱公致富全書四卷　（明）陳繼儒輯　（清）石巖逸叟增補　清光緒杭城聚文堂刻本　四冊

330000－1710－0000348　230/1　史部/政書類/考工之屬/營造
工程做法七十四卷　（清）允禮等纂　清刻本　十六冊

330000－1710－0000349　141/10　子部/天文曆算類/天文之屬
天步真原一卷　（波蘭）穆尼閣撰　（清）薛鳳祚譯　清抄本　一冊

330000－1710－0000350　258/1　新學/農政/畜牧
美國養雞法一卷　（日本）鏑木由五郎　（日本）横尾健太撰　（日本）藤香秀樹譯　清光緒北洋官報局石印本　一冊

330000－1710－0000353　240/37　史部/叢編
大興徐氏三種　（清）徐松撰　清道光刻本　八冊

330000－1710－0000354　251/6　子部/農家農學類/農藝之屬/災害防治
捕蝗要訣一卷除蝻八要一卷　（清）錢炘和撰　清光緒十七年（1891）江蘇書局刻本　一冊

330000－1710－0000355　251/5　子部/農家農學類/總論之屬
農事私議二卷附墾荒裕國策一卷　羅振玉撰

清光緒二十七年(1901)嶺海報局鉛印本　二冊　存二卷(農事私議一至二)

330000－1710－0000356　267/9　子部/醫家類/診法之屬/其他診法

舌鏡心法二卷　(清)王景韓撰　清末抄本　亞韓題簽　一冊

330000－1710－0000357　265/2　子部/醫家類/外科之屬/通論

重訂外科正宗十二卷　(明)陳實功撰　(清)張鶩翼重訂　清乾隆五十八年(1793)刻本　二冊

330000－1710－0000358　253/11　子部/農家農學類/蠶桑之屬

小鄭蠶譜一卷　鄭之章輯　清末稿本　董巽觀跋　一冊

330000－1710－0000359　251/7　子部/農家農學類/總論之屬

欽定授時通考七十八卷　(清)鄂爾泰等撰　清乾隆七年(1742)武英殿刻嘉慶十三年(1808)增刻本　一冊　存六卷(四十一至四十六)

330000－1710－0000360　253/9　子部/農家農學類/蠶桑之屬

蠶桑萃編十五卷首一卷　(清)衛杰撰　清光緒二十六年(1900)浙江書局刻本　八冊

330000－1710－0000361　267/6　子部/醫家類/溫病之屬/瘟疫

瘟疫明辨四卷末一卷　(清)戴天章撰　清乾隆至嘉慶抄本　清張千里題識並校　一冊

330000－1710－0000362　612/186　子部/儒家類/儒學之屬/性理

新鐫性理節要八卷　(明)蘇文韓輯　明萬曆刻本　四冊

330000－1710－0000363　253/8　子部/農家農學類/蠶桑之屬

蠶桑輯要一卷　(清)鄭文同撰　清光緒刻本　一冊

330000－1710－0000364　253/7　新學/農政/蠶務

飼蠶新法一卷　(清)鄭愷撰　清光緒二十八年(1902)刻本　一冊

330000－1710－0000365　267/3　子部/醫家類/類編之屬

薛氏醫按十六種　(明)薛己編　明崇禎元年(1628)朱明刻本　四冊　存一種

330000－1710－0000366　268/6　子部/醫家類/方書之屬/單方驗方

類症普濟本事方十卷　(宋)許叔微撰　清乾隆四十二年(1777)雲間王氏刻本　八冊

330000－1710－0000367　268/29　子部/醫家類/方書之屬/成方藥目

孫真人備急千金要方九十三卷目錄二卷　(唐)孫思邈撰　清康熙二十八年(1689)喻成龍刻本　八冊　存六十一卷(一至五、二十四至四十九、六十四至九十三)

330000－1710－0000368　253/6　子部/農家農學類/蠶桑之屬

柞蠶簡法一卷　(清)徐瀾編輯　清宣統元年(1909)安徽勸業道署鉛印本　一冊

330000－1710－0000369　253/5　子部/農家農學類/蠶桑之屬

野蠶錄四卷首一卷　(清)王元綎撰　清宣統元年(1909)安慶同文官印書館鉛印本　二冊

330000－1710－0000370　253/4　類叢部/叢書類/彙編之屬

津河廣仁堂所刻書八十四種　(清)□□編　清光緒津河廣仁堂刻本　一冊　存一種

330000－1710－0000371　261/9　子部/醫家類/傷寒金匱之屬/傷寒論

傷寒論集註十卷附傷寒論集註外篇四卷　(漢)張機撰　(清)徐赤集註　(清)吳士鎮增訂　清乾隆十七年(1752)瓜涇徐氏刻本　四冊　存四卷(一至四)

330000－1710－0000372　323/45　經部/小學類/文字之屬/字書

萬言肆雅一卷　(清)屈曾發撰　清乾隆三十七年(1772)刻本　清沈子鈺題簽　一册

330000－1710－0000373　310/10　經部/小學類/訓詁之屬/字詁
班馬字類五卷　(宋)婁機撰　清末抄本　二册

330000－1710－0000374　493/6　子部/工藝類/文房四寶之屬/硯
端溪研志三卷首一卷　(清)吳繩年撰　清乾隆二十二年(1757)刻本　一册

330000－1710－0000375　512.5/5　史部/政書類/軍政之屬/兵制
欽定戶部軍需則例九卷續纂一卷兵部軍需則例五卷工部軍需則例一卷　(清)阿桂等纂　清刻本　二册

330000－1710－0000376　514/9　子部/儒家類/儒學之屬/禮教
聖諭廣訓直解一卷　(清)世宗胤禛撰　(清)□□直解　清末刻本　二册

330000－1710－0000377　516/66　史部/政書類/通制之屬
廣治平略四十四卷　(清)蔡方炳撰　清康熙刻本　九册　存三十六卷(五至八、十三至四十四)

330000－1710－0000378　516/39　史部/詔令奏議類/奏議之屬
撫豫宣化錄四卷　(清)田文鏡撰　清雍正五年(1727)田文鏡刻本　九册

330000－1710－0000379　610/2　類叢部/叢書類/彙編之屬
古逸叢書二十六種　(清)黎庶昌編　清光緒八年至十年(1882－1884)黎庶昌日本東京使署影刻本　六册　存一種(荀子)

330000－1710－0000380　561/1　子部/兵家類/兵法之屬
武備志二百四十卷　(明)茅元儀輯　明天啟刻本　三册　存十二卷(二至十三)

330000－1710－0000381　610/17　子部/儒家類/儒家之屬
孔氏家語十卷　(三國魏)王肅注　清光緒十八年(1892)上海掃葉山房據宋刻本影印本　四册

330000－1710－0000382　610/20　子部/儒家類/儒家之屬
孔聖家語二卷　明萬曆四十七年(1619)刻本　一册　存一卷(上)

330000－1710－0000383　610/18　子部/儒家類/儒學之屬/性理
淵鑒齋御纂朱子全書六十六卷　(清)李光地等纂修　清康熙刻本　二十三册　存五十卷(一至十四、十七至四十四、五十二至五十三、六十一至六十六)

330000－1710－0000384　612/6　子部/儒家類/儒學之屬/性理
慈溪黃氏日抄分類九十七卷古今紀要十九卷　(宋)黃震撰　清乾隆三十二年(1767)新安汪佩鍔珠樹堂刻本(卷八十一、八十九、九十二原缺)　三十一册　存一百十一卷(一至八十、八十二至八十八、九十至九十一、九十三至九十七,紀要一至十七)

330000－1710－0000385　612/67、816/14　類叢部/叢書類/自著之屬
汪龍莊先生遺書四種　(清)汪輝祖撰　清咸豐元年(1851)清河龔裕刻本　四册

330000－1710－0000386　612/1　子部/儒家類/儒學之屬/經濟
大學衍義四十三卷　(宋)真德秀撰　清乾隆刻本　四册

330000－1710－0000387　612/7　子部/儒家類/儒學之屬
陽明先生集要十五卷附年譜一卷　(明)王守仁撰　(明)施邦曜編　明崇禎臨海王立準刻本　二册　存三卷(經濟編一至三)

330000－1710－0000388　612/13　子部/儒家類/儒學之屬/性理

讀書錄十一卷續錄十二卷　(明)薛瑄撰　清康熙刻本　四册

330000－1710－0000389　612/15　子部/儒家類/儒學之屬/性理
延平李先生師弟子荅問一卷後錄一卷　(宋)朱熹編　**延平荅問補錄一卷**　(明)周木輯　清光緒二年(1876)延平府署刻本　二册

330000－1710－0000390　612/29　子部/儒家類/儒學之屬/蒙學
小学集解六卷　(明)吴訥撰　清康熙三十六年(1697)趙鳳翔等刻本　二册

330000－1710－0000391　612/30　子部/儒家類/儒學之屬/蒙學
小學註六卷首一卷　(明)陳選集注　清乾隆二十七年(1762)古吴校經堂刻本　二册

330000－1710－0000392　612/31　子部/儒家類/儒學之屬/蒙學
小學六卷　(宋)朱熹撰　(明)陳選集注　(清)高愈纂注　清乾隆十七年(1752)刻本　二册

330000－1710－0000393　612/36　子部/儒家類/儒學之屬/性理
御纂性理精義十二卷　(清)李光地等纂修　清刻本　五册

330000－1710－0000394　612/45　子部/儒家類/儒學之屬/性理
北溪先生字義二卷補遺一卷附嚴陵講義一卷　(宋)陳淳撰　清康熙五十三年(1714)戴嘉禧愛荆堂刻本　二册

330000－1710－0000395　612/32　子部/儒家類/儒學之屬/蒙學
小學書註解十卷　(宋)朱熹撰　(明)史敌英注解　明末刻本　四册

330000－1710－0000396　612/56　子部/儒家類/儒學之屬/性理
餘山先生遺書十卷附餘山先生行狀一卷　(清)勞史撰　(清)桑調元　(清)沈廷芳編　清乾隆須友堂刻本　二册

330000－1710－0000397　612/94　子部/儒家類/儒學之屬/性理
正蒙集説十七卷　(清)楊方達撰　清乾隆刻本　二册

330000－1710－0000398　612/46　子部/儒家類/儒學之屬/性理
鵝湖講學會編十二卷　(清)鄭之僑編輯　(清)受業門人校　清乾隆九年(1744)述堂刻本　四册

330000－1710－0000399　612/110　子部/儒家類/儒學之屬/性理
下學編十四卷　(清)祝洤輯　清乾隆二十二年(1757)刻本　三册

330000－1710－0000400　612/130　子部/儒家類/儒學之屬/性理
畜德錄二十卷　(清)席啟圖輯　清康熙二十五年(1686)繩武堂刻本　十册

330000－1710－0000401　612/174　子部/儒家類/儒學之屬/勸學
程氏家塾讀書分年日程三卷綱領一卷　(元)程端禮撰　清康熙二十八年(1689)當湖陸氏刻本　一册

330000－1710－0000402　612/160　子部/儒家類/儒學之屬/性理
榕村語錄續集十六卷榕村家書一卷河洛奏對一卷　(清)李光地撰　清末丁紹裘抄本　董大題記　九册

330000－1710－0000403　922/70　史部/地理類/方志之屬/郡縣志
[康熙]蕭山縣志二十一卷　(清)鄒勷　(清)劉儼修　(清)蔡時敏　(清)蔡含生纂　清康熙三十二年(1693)刻本　二册　存十二卷(一至七、十至十四)

330000－1710－0000404　613/7　子部/雜著類/雜考之屬
能改齋漫錄十八卷　(宋)吴曾撰　清乾隆臨嘯書屋木活字印本　八册

330000－1710－0000405　613/9　子部/雜著

類/雜說之屬

齊東野語二十卷 (宋)周密撰 明刻本 一冊 存八卷(七至九、十三至十五、十九至二十)

330000－1710－0000406 613/17 子部/雜著類/雜考之屬

丹鉛總錄二十七卷 (明)楊慎撰 清乾隆三十年(1765)楊袒刻本 三冊 存十二卷(一至五、十一至十七)

330000－1710－0000407 613/20 子部/雜著類/雜考之屬

管城碩記三十卷 (清)徐文靖撰 清乾隆九年(1744)毛大鵬刻本 八冊

330000－1710－0000408 613/25 子部/雜著類/雜考之屬

日知錄三十二卷 (清)顧炎武撰 清康熙三十四年(1695)遂初堂刻雍正印本 八冊

330000－1710－0000409 613/26 子部/雜著類/雜考之屬

日知錄三十二卷 (清)顧炎武撰 清康熙三十四年(1695)遂初堂刻雍正印本 祝廷錫題跋 十二冊

330000－1710－0000410 613/27 子部/雜著類/雜考之屬

日知錄三十二卷 (清)顧炎武撰 清乾隆五十八年(1793)刻本 十三冊

330000－1710－0000411 613/38 子部/雜著類/雜考之屬

古今釋疑十八卷附錄一卷 (清)方中履撰 清康熙二十一年(1682)汗青閣刻本 十冊

330000－1710－0000412 613/66 子部/雜著類/雜考之屬

香墅漫鈔四卷 (清)曾廷枚撰 清乾隆五十二年(1787)南城曾氏家塾刻本 二冊 存二卷(一、三)

330000－1710－0000413 620/3 子部/叢編

刪定荀子一卷刪定管子一卷 (清)方苞刪定 清乾隆刻本 四冊

330000－1710－0000414 660/4 子部/兵家類/武術技巧之屬

射法正宗一卷 (清)天眉撰 稿本 一冊

330000－1710－0000415 660/3 史部/傳記類/總傳之屬

新鐫旁批詳註總斷廣名將譜二十卷 (明)黃道周註斷 明崇禎十六年(1643)刻清康熙重修本 十一冊 存十八卷(一至八、十一至二十)

330000－1710－0000416 660/17 子部/兵家類/兵法之屬

武經七書彙解七卷首一卷末一卷 (清)朱墉撰 清康熙懷山園刻本 八冊 缺二卷(二、五)

330000－1710－0000417 660/8 子部/兵家類/兵法之屬

治平勝算全書十二卷 (清)年羹堯編 清中期抄本 十冊 存八卷(一至三、五、八至九、十一至十二)

330000－1710－0000418 680/13 子部/雜著類/雜纂之屬

學箎二卷 (明)趙撝謙撰 清刻本 祝廷錫過錄 一冊 存一卷(二)

330000－1710－0000419 680/12 類叢部/叢書類/自著之屬

高文襄公集(高文襄公文集)十四種 (明)高拱撰 清康熙新鄭高氏籠春堂刻彙印本 一冊 存一種

330000－1710－0000420 680/15 類叢部/叢書類/自著之屬

何燕泉三種 (明)何孟春撰 清乾隆刻光緒六年(1880)修補印本 十三冊 存一種

330000－1710－0000421 333/3 集部/詞類/詞韻之屬

學宋齋詞韻一卷 (清)吳烺 (清)江昉 (清)吳鏜 (清)程名世輯 清乾隆三十年(1765)刻本 二冊

330000－1710－0000422 680/17 子部/雜

著類/雜說之屬
鶴林玉露十六卷 （宋）羅大經撰 明刻本 三冊 存十卷(一至七、十一至十三)

330000－1710－0000423 491.5/1 史部/金石類
金石三例 （清）盧見曾編 清嘉慶十六年(1811)饒向榮刻本 清韓兆桐過錄清何紹業摹批 清王芑孫批並題記 二冊

330000－1710－0000424 515/1 集部/别集類/唐五代别集
唐陸宣公翰苑集二十四卷首一卷 （唐）陸贄撰 （清）張佩芳注釋 清乾隆希音堂刻本 六冊

330000－1710－0000425 333/4 集部/詞類/詞譜之屬
榕園詞韻一卷 （清）吳寧撰 清乾隆四十九年(1784)刻本 二冊

330000－1710－0000426 613/45 子部/雜著類/雜編之屬
初學辨體不分卷 （清）徐與喬輯評 清康熙刻本 十冊

330000－1710－0000427 691/6 子部/道家類
莊子因六卷 （清）林雲銘撰 清康熙刻本 三冊

330000－1710－0000428 692/9 子部/宗教類/佛教之屬/論疏
御製揀魔辨異錄八卷 （清）世宗胤禛撰 清雍正十一年(1733)武英殿刻本 四冊

330000－1710－0000429 692/4 子部/宗教類/佛教之屬/諸宗
指月錄三十二卷 （明）瞿汝稷輯 明末海明刻本 一冊 存一卷(三十一)

330000－1710－0000430 691/9 子部/道家類
道德南華二經評註合刻十二卷 （明）歸有光輯 （明）文震孟訂 明天啟四年(1624)文氏竺塢刻本 一冊 存一種

330000－1710－0000431 692/19 子部/宗教類/佛教之屬/論疏
御製揀魔辨異錄八卷 （清）世宗胤禛撰 清雍正十一年(1733)刻本 四冊

330000－1710－0000432 691/16 子部/宗教類/道教之屬
性命圭旨五卷 題(宋)尹清和撰 （明）施天容刪訂 清抄本 一冊

330000－1710－0000433 691/15 子部/宗教類/道教之屬/雜著
新鋟葛稚川内篇四卷外篇四卷 （晉）葛洪撰 （明）盧舜治評 清康熙刻本 八冊

330000－1710－0000434 692/10 子部/宗教類/佛教之屬/論疏
御錄經海一滴六卷 （清）世宗胤禛撰 清雍正十三年(1735)内府刻本 六冊

330000－1710－0000435 811.2/1 集部/總集類/選集之屬/通代
古詩源十四卷 （清）沈德潛輯 清刻本 四冊

330000－1710－0000436 811.2/2 集部/總集類/選集之屬/通代
古詩源十四卷 （清）沈德潛輯 清康熙至雍正刻本 四冊

330000－1710－0000437 771/32 經部/春秋總義類/專著之屬
新刻葉李二先生選註春秋二卷 （明）葉向高輯 （明）李庭機注 明刻本 一冊

330000－1710－0000439 811.2/16 集部/總集類/選集之屬/斷代
東嵒艸堂評訂唐詩鼓吹十卷 （金）元好問輯 （元）郝天挺註 （明）廖文炳解 （清）朱三錫評 清乾隆刻本 六冊

330000－1710－0000440 811.2/19 集部/總集類/選集之屬/斷代
中晚唐詩叩彈集十二卷續集三卷 （清）杜詔 （清）杜庭珠輯 清康熙四十三年(1704)采山亭刻本 四冊

330000－1710－0000441　693/9　子部/宗教類/其他宗教之屬/伊斯蘭教
天方典禮擇要解二十卷後編一卷　(清)劉智撰　清乾隆五年(1740)童國選等刻本　六册

330000－1710－0000442　811.2/10　集部/總集類/選集之屬/斷代
御定全唐詩録一百卷詩人年表一卷　(清)徐倬等輯　清康熙四十五年(1706)揚州詩局刻本　二十三册　缺一卷(詩人年表)

330000－1710－0000443　811.2/17　集部/總集類/彙編之屬
唐宋八家詩八種　(清)姚培謙編　清雍正六年(1728)遂安堂刻本　十二册

330000－1710－0000444　811.2/11　集部/總集類/選集之屬/斷代
御定全唐詩録一百卷詩人年表一卷　(清)徐倬等輯　清康熙四十五年(1706)揚州詩局刻本　三十二册　缺一卷(詩人年表)

330000－1710－0000445　811.2/40　集部/總集類/選集之屬/斷代
宋四名家詩　(清)周之鱗　(清)柴升編　清康熙刻本　三册　存二種

330000－1710－0000446　811.2/22　集部/總集類/選集之屬/斷代
唐雅同聲五十卷目録二卷　(明)毛懋宗輯　明萬曆十六年(1588)毛謙刻崇禎六年(1633)清乾隆二十四年(1759)餘慶堂遞修本　十六册

330000－1710－0000447　811.2/30　集部/總集類/選集之屬/斷代
增定應制唐詩箋註二卷　(明)高棅編　(明)郭濬點定　(明)周明輔　(明)周明翊糸訂　(明)譚元春鑒正　清初刻本　一册

330000－1710－0000448　811.2/33　集部/總集類/選集之屬/通代
玉臺新詠十卷　(陳)徐陵編　(清)吳兆宜原注　(清)程琰刪補　清乾隆刻清末印本　三册　存八卷(三至十)

330000－1710－0000449　811.2/36　集部/總集類/彙編之屬
宋詩鈔初集八十四種　(清)吕留良　(清)吳之振　(清)吳爾堯編　清康熙十年(1671)洲錢吳氏鑑古堂刻本　三十二册　存八十三種

330000－1710－0000450　811.2/56　集部/總集類/選集之屬/斷代
明詩别裁集十二卷　(清)沈德潛　(清)周準輯　清乾隆刻本　四册

330000－1710－0000451　811.2/46　集部/總集類/選集之屬/斷代
元詩選六卷補遺一卷　(清)顧奎光輯　(清)陶瀚　(清)陶玉禾評　清乾隆刻本　八册

330000－1710－0000452　811.2/48　集部/總集類/選集之屬/斷代
明詩綜一百卷　(清)朱彝尊輯　(清)汪森等評　清康熙刻雍正朱氏六峯閣印本　三十二册

330000－1710－0000453　811.2/57　集部/總集類/選集之屬/斷代
欽定國朝詩别裁集三十二卷　(清)沈德潛纂評　清乾隆二十六年(1761)刻本　十二册

330000－1710－0000454　811.2/58　集部/總集類/選集之屬/斷代
國朝詩别裁集三十六卷　(清)沈德潛輯並評　清乾隆二十四年(1759)蔣重光刻本　九册　存二十七卷(一至二十一、三十一至三十六)

330000－1710－0000455　811.2/59　集部/總集類/選集之屬/斷代
國朝詩别裁集選六卷首一卷末一卷附録一卷　(清)沈德潛纂　(清)錢玨録　清乾隆錢玨抄本　清錢玨識　清辛批　三册

330000－1710－0000456　811.2/66　集部/别集類/清别集
御製詩三集一百卷目録十二卷　(清)高宗弘曆撰　清乾隆浙江刻本　四十册

330000－1710－0000457　811.2/49　集部/

總集類/選集之屬/斷代

明詩綜一百卷　(清)朱彝尊輯　(清)汪森等評　清康熙刻雍正朱氏六峯閣印本　三十二册

330000－1710－0000458　811.2/70　集部/總集類/選集之屬/斷代

七子詩選十四卷　(清)沈德潛選　清乾隆刻本　一册　存七卷(一至七)

330000－1710－0000459　811.2/72　集部/別集類/清別集

御製全史詩四卷　(清)仁宗顒琰撰　清嘉慶內府刻本　四册

330000－1710－0000460　811.2/69　集部/總集類/選集之屬/斷代

國朝八家四六文鈔(八家四六文鈔)八種　(清)劉執玉選編　清乾隆三十二年(1767)劉執玉詒燕樓刻本　八册

330000－1710－0000461　811.2/82　集部/總集類/郡邑之屬

越風三十卷　(清)商盤輯　清乾隆三十七年(1772)山陰王大治刻嘉慶十六年(1811)徐兆補修本　十册

330000－1710－0000462　811.2/93　集部/總集類/郡邑之屬

梅會詩選十二卷二集十六卷三集四卷附刻一卷　(清)李稻塍　(清)李集輯　清乾隆三十二年(1767)寸碧山堂刻本　一册　存七卷(梅會詩選一至七)

330000－1710－0000463　811.2/83　集部/總集類/郡邑之屬

越中三子詩三卷　(清)郭毓輯　清乾隆二十一年(1756)刻本　三册

330000－1710－0000464　811.2/134　集部/總集類/郡邑之屬

國朝山左詩鈔六十卷　(清)盧見曾輯　清乾隆二十三年(1758)德州盧見曾雅雨堂刻本(卷四十五至六十配另一雅雨堂印本)　二十册

330000－1710－0000465　811.2/39　集部/總集類/選集之屬/斷代

宋四名家詩　(清)周之鱗　(清)柴升編　清康熙刻本　四册　存三種

330000－1710－0000466　811.2100　集部/總集類/郡邑之屬

濮川詩鈔四十三卷　(清)沈堯咨輯　清乾隆五年(1740)刻本　八册

330000－1710－0000467　811.2/158　集部/總集類/選集之屬/斷代

感舊集十六卷　(清)王士禛輯　(清)盧見曾補傳　清乾隆十七年(1752)德州盧氏刻本　清金蓉鏡批　清吳仰賢題記　八册

330000－1710－0000468　811.2/122　集部/總集類/選集之屬/郡邑

吳門雜咏十二卷　(清)徐元灝輯　清康熙三十八年(1699)刻本　一册　存八卷(五至十二)

330000－1710－0000469　811.2/144　集部/總集類/郡邑之屬

柳洲詩集十卷　(清)毛蕃等選　清初刻本　四册　存七卷(一至七)

330000－1710－0000470　811.2/166　集部/總集類/選集之屬/通代

扶輪集十四卷　(清)黃傳祖輯　明崇禎刻本　一册　存二卷(三至四)

330000－1710－0000471　811.2/169　集部/總集類/選集之屬/斷代

本朝五言近體瓣香集十六卷　(清)許英輯並注　清乾隆二十八年(1763)心逸堂刻本　三册

330000－1710－0000472　811.2/160　集部/總集類/選集之屬/通代

本事詩十二卷　(清)徐釚輯　(清)李本宜增訂　清雍正承芳堂刻本　四册

330000－1710－0000473　811.2/170　集部/總集類/課藝之屬

庚辰集五卷　(清)紀昀輯　清乾隆二十七年

(1762)學源堂刻本　二冊

330000－1710－0000474　811.2/172　集部/總集類/選集之屬/通代
咏物詩選八卷　(清)俞琰輯　清雍正刻本　一冊　存四卷(一至四)

330000－1710－0000475　811.2/203　集部/總集類/酬唱之屬
和聲唱和詩十二卷　(清)馮元正輯　清乾隆刻本　一冊

330000－1710－0000476　811.2/231　集部/別集類/清別集
百一草堂集唐三刻二卷附刻二編二卷　(清)柴才撰　(清)顧大本　(清)邱甸編　清乾隆二十五年(1760)三十二年(1767)百一草堂刻本　一冊

330000－1710－0000477　811.2/250　集部/總集類/選集之屬/通代
名媛詩歸三十六卷　(清)鍾惺點次　明末刻本　十二冊

330000－1710－0000478　811.2/251　集部/總集類/選集之屬/通代
歷朝名媛詩詞十二卷　(清)陸昶輯　清乾隆三十八年(1773)吳門陸昶紅樹樓刻本　四冊　存十卷(三至十二)

330000－1710－0000479　8112.2/252　集部/總集類/選集之屬/斷代
本朝名媛詩鈔六卷　(清)胡孝思　(清)朱珖輯　清乾隆三十一年(1766)胡孝思刻本　二冊

330000－1710－0000480　811.2/265　集部/總集類/選集之屬/斷代
洛如詩鈔六卷　(清)朱彝尊輯　清康熙四十七年至四十八年(1708－1709)陸氏尊道堂刻本　二冊

330000－1710－0000481　811.2/269　集部/總集類/選集之屬/斷代
金詩選四卷　(清)顧奎光輯　(清)陶玉禾評　清乾隆十六年(1751)刻本　一冊　存二卷(一至二)

330000－1710－0000482　811.2/273　集部/總集類/選集之屬/斷代
唐詩排律七卷　(清)牟欽元輯　(清)牟瀜箋注　清康熙五十四年(1715)東山牟欽元刻本　四冊

330000－1710－0000483　812.2/1　集部/別集類/漢魏六朝別集
陶靖節詩集四卷　(晉)陶潛撰　(清)蔣薰評　**附東坡和陶詩一卷**　(宋)蘇軾撰　**律陶一卷**　(明)王思任輯　**敦好齋律陶纂一卷**　(清)黃槐開輯　清康熙刻本　一冊　存四卷(一至四)

330000－1710－0000484　812.2/3　集部/別集類/漢魏六朝別集
陶靖節集八卷附錄一卷　(晉)陶潛撰　明崇德堂刻本　一冊

330000－1710－0000485　811.5/8　集部/楚辭類
楚辭節註六卷　(清)姚培謙撰　**楚辭叶音一卷**　(清)劉維謙撰　清乾隆六年(1741)刻本　一冊

330000－1710－0000486　812.2/8　集部/別集類/唐五代別集
杜工部集二十卷　(唐)杜甫撰　(清)錢謙益箋註　清康熙刻本　六冊

330000－1710－0000487　812.2/7　集部/別集類/唐五代別集
杜工部集二十卷　(唐)杜甫撰　(清)盧坤輯評　清道光刻六色套印本　七冊　存十八卷(三至二十)

330000－1710－0000488　812.2/10　集部/別集類/唐五代別集
杜工部集二十卷　(唐)杜甫撰　(清)盧坤輯評　清道光刻六色套印本　六冊　存十五卷(三至十七)

330000－1710－0000489　811.2/314　集部/總集類/選集之屬/斷代

才調集十卷 (五代)韋縠輯 清康熙四十三年(1704)汪氏垂雲堂刻本 四册

330000－1710－0000490 811.2/321 集部/總集類/郡邑之屬

河汾諸老詩集八卷 (元)房祺編 明崇禎毛氏汲古閣刻本 汪大鐵題記 一册

330000－1710－0000491 811.4/8 集部/詞類/類編之屬

三家宫詞三卷二家宫詞二卷 (明)毛晉編 明虞山毛氏緑君亭刻本 一册

330000－1710－0000492 811.4/30 集部/戲劇類/雜劇之屬

吟風閣二卷 (清)楊潮觀撰 清乾隆二十九年(1764)楊氏恰好處刻本 四册

330000－1710－0000493 811.2/297 集部/總集類/彙編之屬

詩詞雜俎十二種 (明)毛晉輯 明天啓至崇禎海虞毛氏汲古閣刻本 一册 存二種

330000－1710－0000494 812.2/15 集部/别集類/唐五代别集

杜詩詳註二十五卷首一卷附編二卷 (唐)杜甫撰 (清)仇兆鰲輯註 清康熙刻本 二十七册 缺一卷(十一)

330000－1710－0000495 812.2/17 集部/别集類/唐五代别集

杜詩會稡二十四卷首一卷 (唐)杜甫撰 (清)張遠箋 清康熙二十七年(1688)刻本 八册

330000－1710－0000496 812.2/18 集部/别集類/唐五代别集

杜詩集説二十卷 (唐)杜甫撰 (清)江浩然輯 **杜工部年譜一卷** (清)朱鶴齡撰 清乾隆四十三年(1778)刻本 十二册

330000－1710－0000497 812.2/19 集部/别集類/唐五代别集

讀杜心解六卷首二卷 (清)浦起龍撰 清雍正二年至三年(1724－1725)寧我齋刻本 八册

330000－1710－0000498 812.2/22 集部/别集類/唐五代别集

李太白文集三十六卷 (唐)李白撰 (清)王琦輯注 清乾隆刻本 八册 存二十五卷(二至四、八至二十六、三十四至三十六)

330000－1710－0000500 811.2/228 集部/别集類/唐五代别集

韓昌黎詩集編年箋注十二卷 (唐)韓愈撰 (清)方世舉考訂 (清)盧見曾刪定 清乾隆二十三年(1758)德州盧見曾雅雨堂刻本 六册

330000－1710－0000501 812.2/24 集部/别集類/唐五代别集

分類補註李太白詩二十五卷 (唐)李白撰 (明)許自昌校 明萬曆許自昌刻清印本 五册 存十八卷(四至十八、二十三至二十五)

330000－1710－0000502 812.2/28 集部/别集類/唐五代别集

李義山詩集十六卷 (唐)李商隱撰 (清)姚培謙箋 清乾隆五年(1740)姚氏松桂讀書堂刻本 四册

330000－1710－0000503 812.2/25、29、34 集部/總集類/彙編之屬

唐詩百名家全集 (清)席啓寓輯 清康熙四十一年(1702)洞庭席氏琴川書屋刻本 五册 存三種

330000－1710－0000504 812.2/32 集部/别集類/唐五代别集

溫飛卿詩集七卷别集一卷集外詩一卷附録諸家詩評一卷 (唐)溫庭筠撰 (明)曾益注 (清)顧予咸補注 (清)顧嗣立續注 清康熙三十六年(1697)長洲顧氏秀野草堂刻本 一册 缺一卷(諸家詩評)

330000－1710－0000505 812.2/33 集部/别集類/唐五代别集

孟東野詩集十卷 (唐)孟郊撰 (宋)劉辰翁 (宋)國材評 明末吳興凌濛初刻朱墨套印本 一册 存二卷(一至二)

330000－1710－0000506　812.2/49　集部/別集類/宋別集

石湖居士詩集三十四卷　(宋)范成大撰　(清)顧嗣立等重訂　清康熙二十七年(1688)顧氏依園刻本　清金蓉鏡題跋　陸祖穀題記　董巽觀題跋　二册　存二十二卷(一至二十二)

330000－1710－0000507　812.2/52　集部/別集類/宋別集

放翁詩選四卷首一卷　(宋)陸游撰　(清)王復禮輯　清康熙刻本　一册

330000－1710－0000508　812.2/51　集部/別集類/宋別集

劍南詩鈔六卷　(宋)陸游撰　(清)楊大鶴選　清康熙二十四年(1685)毗陵楊氏刻本　四册

330000－1710－0000509　812.2/38　集部/別集類/清別集

御製擬白居易新樂府四卷　(清)高宗弘曆撰　清乾隆刻本　四册

330000－1710－0000510　812.2/36　集部/別集類/唐五代別集

白香山詩長慶集二十卷後集十七卷別集一卷補遺二卷　(唐)白居易撰　(清)汪立名編訂　**白香山年譜舊本一卷**　(宋)陳振孫撰　**白香山年譜一卷**　(清)汪立名撰　清康熙四十一年至四十二年(1702－1703)汪立名一隅草堂刻本　十二册

330000－1710－0000511　812.2/59　集部/別集類/宋別集

黄詩全集五十八卷　(宋)黄庭堅撰　清乾隆五十四年(1789)南康謝氏樹經堂刻本　二十册

330000－1710－0000512　812.2/91　集部/別集類/元別集

雁門集六卷　(元)薩都剌撰　清乾隆刻本　二册

330000－1710－0000513　812.2/37　集部/別集類/唐五代別集

白香山詩長慶集二十卷後集十七卷別集一卷補遺二卷　(唐)白居易撰　(清)汪立名編訂　**白香山年譜舊本一卷**　(宋)陳振孫撰　**白香山年譜一卷**　(清)汪立名撰　清康熙四十一年至四十二年(1702－1703)汪立名一隅草堂刻本　十六册

330000－1710－0000514　812.2/54　類叢部/叢書類/彙編之屬

武英殿聚珍版書(武英殿聚珍版叢書)一百三十八種　清刻本　三册　存一種

330000－1710－0000515　812.2/67　集部/別集類/宋別集

施註蘇詩四十二卷目錄二卷　(宋)蘇軾撰　(宋)施元之　(宋)顧禧注　(清)顧嗣立　(清)邵長蘅　(清)宋至　補　**蘇詩續補遺二卷**　(清)馮景補註　**王註正譌一卷**　(清)邵長蘅撰　**東坡先生年譜一卷**　(宋)王宗稷編　清康熙刻本　十四册

330000－1710－0000516　812.2/93　集部/別集類/清別集

石臼前集九卷後集七卷　(清)邢昉著　(清)宋至　(清)王孚校　清康熙刻本　六册

330000－1710－0000517　812.2/85　集部/別集類/明別集

青邱高季迪先生詩集十八卷遺詩一卷扣舷集一卷鳧藻集五卷首一卷附錄一卷　(明)高啟撰　(清)金檀輯注　清雍正六年(1728)桐鄉金檀文瑞樓刻本　十册

330000－1710－0000518　812.2/83　集部/別集類/明別集

青邱高季迪先生詩集十八卷遺詩一卷扣舷集一卷鳧藻集五卷首一卷附錄一卷　(明)高啟撰　(清)金檀輯注　清雍正六年(1728)桐鄉金檀文瑞樓刻本　十册

330000－1710－0000520　812.2/117　集部/別集類/清別集

漁洋山人精華錄訓纂十卷目錄二卷年譜注補二卷辯訛一卷　(清)王士禛撰　(清)惠棟注

補　清乾隆惠氏紅豆齋刻本　二十四册

330000－1710－0000521　812.2/84　集部/別集類/明別集

青邱高季迪先生詩集十八卷遺詩一卷扣舷集一卷鳧藻集五卷首一卷附錄一卷　(明)高啟撰　(清)金檀輯注　清雍正六年(1728)桐鄉金檀文瑞樓刻清後印本　三册　存九卷(首、六至九、十五至十八)

330000－1710－0000522　812.2/243　集部/別集類/清別集

詠歸亭詩鈔八卷　(清)李果撰　清乾隆十七年(1752)養雲亭刻本　二册

330000－1710－0000523　423/12　史部/編年類/通代之屬

綱鑑正史約三十六卷　(明)顧錫疇撰　明崇禎刻本　十六册

330000－1710－0000524　511.1/1　史部/政書類/通制之屬

文獻通考三百四十八卷　(元)馬端臨撰　清乾隆十二年(1747)武英殿刻本　八十八册

330000－1710－0000525　211/62　子部/儒家類/儒家之屬

新序十卷　(漢)劉向撰　明末刻本　二册

330000－1710－0000527　514/3　史部/詔令奏議類/詔令之屬

大清世宗敬天昌運建中表正文武英明寬仁信毅大孝至誠憲皇帝聖訓三十六卷　清刻本　十册　存三十二卷(一至三十、三十五至三十六)

330000－1710－0000528　491.2/18　史部/金石類/總志之屬/通考

重定金石契不分卷　(清)張燕昌撰　清嘉慶刻本　四册

330000－1710－0000529　491.1/3　史部/金石類/總志之屬

金石錄三十卷　(宋)趙明誠撰　清乾隆二十七年(1762)德州盧見曾雅雨堂刻本　十册

330000－1710－0000530　039/164　類叢部/叢書類/自著之屬

鐵如意室叢稿八種　(清)郭容光撰　稿本　清張鳴珂題記　清張鳴珂校　丁輔之題記　清郭容光題簽　十八册

330000－1710－0000531　612/33　子部/儒家類/儒學之屬/蒙學

小學集註六卷　(明)陳選集注　清乾隆十年(1745)蓮花書院刻本　四册

330000－1710－0000532　533/24　史部/政書類/邦計之屬/賦税

嘉禾額欵簿一卷　金蓉鏡撰　清末金蓉鏡抄本　一册

330000－1710－0000533　211/63　史部/傳記類/日記之屬

庚申避寇瑣記一卷(清咸豐十年)吳門記遊錄一卷遊當湖小紀一卷　(清)郭容光撰　稿本　一册

330000－1710－0000534　710/18　經部/群經總義類/圖說之屬

六經圖二十四卷　(清)鄭之僑編　清乾隆九年(1744)潮陽鄭之僑述堂刻本　十二册

330000－1710－0000535　816/30　史部/傳記類/日記之屬

蒙廬日記不分卷(清光緒九年一月至十年二月)　(清)沈景脩撰　清光緒九年至十年(1883－1884)稿本　朱其石題簽　一册

330000－1710－0000536　511.2/2　史部/政書類

三通　清乾隆十二年至十四年(1747－1749)武英殿刻本　二十八册　存一種

330000－1710－0000537　751/5　經部/叢編

通志堂經解一百四十種一千八百六十卷　(清)納蘭成德輯　清康熙十九年(1680)納蘭成德刻本　二册　存一種

330000－1710－0000538　751/6　經部/叢編

通志堂經解一百四十種一千八百六十卷　(清)納蘭成德輯　清同治十二年(1873)粵東

書局刻本　二冊　存一種

330000－1710－0000539　753/13－14　經部/叢編
通志堂經解一百四十種　(清)納蘭成德輯　清康熙十九年(1680)納蘭成德刻本　六冊　存一種

330000－1710－0000540　753/4(752/6)　經部/叢編
通志堂經解一百四十種　(清)納蘭成德輯　清康熙十九年(1680)納蘭成德刻本　七冊　存二種

330000－1710－0000551　562/3　新學/政治法律/刑法
陸軍刑法二篇　(日本)陸軍省撰　(清)陳武譯　清光緒二十九年(1903)京都三益堂鉛印本　一冊

330000－1710－0000553　039/122　史部/政書類/邦計之屬/荒政
農政叢書四卷　(清)俞森輯　清康熙刻本　一冊

330000－1710－0000555　612/9　子部/儒家類/儒學之屬
陽明先生集要十五卷附年譜一卷　(明)王守仁撰　(明)施邦曜編　清乾隆五十二年(1787)濟美堂刻本　十冊

330000－1710－0000556　612/91　類叢部/叢書類/彙編之屬
小四書四種　(明)朱升編　清雍正刻本　二冊

330000－1710－0000558　811.1/6　集部/總集類/選集之屬/通代
文選補遺四十卷　(元)陳仁子輯　清乾隆二年(1737)陳文煜刻本　二十冊

330000－1710－0000559　039/123　史部/政書類/邦計之屬/荒政
荒政叢書十種　(清)俞森輯　(明)陳芳生等校　清康熙二十九年(1690)刻本　三冊

330000－1710－0000560　811.1/10　集部/總集類/選集之屬/通代
重訂文選集評十五卷首一卷末一卷　(清)于光華輯　清乾隆刻本　十四冊　缺二卷(九、十三)

330000－1710－0000561　811.1/11　集部/總集類/選集之屬/通代
文選音義八卷　(清)余蕭客撰　清乾隆二十三年(1758)靜勝堂刻本　二冊　存四卷(一至四)

330000－1710－0000562　811.1/66　集部/總集類/選集之屬/通代
唐宋八家文讀本三十卷　(清)沈德潛輯　清乾隆十五年(1750)小欝林刻本　十五冊

330000－1710－0000563　811.1/45　集部/總集類/氏族之屬
新喻三劉文集六卷首一卷　(宋)劉敞等撰　(清)暨用其輯　清乾隆十五年(1750)水西劉氏刻本　四冊

330000－1710－0000564　811.1/105　集部/別集類/清別集
樂善堂全集四十卷目錄四卷　(清)高宗弘曆撰　清乾隆刻本　十冊

330000－1710－0000565　811.4/A2　集部/詞類/總集之屬
古香岑草堂詩餘四集十七卷　(明)□□輯　明末刻本　四冊　存九卷(新集一至五、別集一至二、續集一至二)

330000－1710－0000566　812.1/506　類叢部/叢書類/自著之屬
鹿洲全集九種　(清)藍鼎元撰　清雍正十年(1732)刻本　二十冊

330000－1710－0000567　811.4/A12　集部/詞類/總集之屬
瑤華集二十二卷附二卷詞人姓氏爵里表一卷　(清)蔣景祁撰　清康熙二十五年(1686)天藜閣刻本　八冊

330000－1710－0000568　811.4/A32　集部/

詞類/詞譜之屬

詞律二十卷 (清)萬樹撰 清康熙二十六年(1687)萬氏堆絮園刻康熙二十七年(1688)吴承學重修本 祝廷錫校並題記 六冊

330000－1710－0000569 811.1/52 集部/總集類/選集之屬/通代

古文淵鑒六十四卷 (清)徐乾學等輯注 清康熙二十四年(1685)内府刻四色套印本 三十七冊 缺十三卷(十三、二十、三十二、三十四至三十五、三十八、四十九至五十一、五十七至五十九、六十二)

330000－1710－0000570 811.1/114 集部/總集類/郡邑之屬

金華文畧二十卷 (清)王崇炳輯 清康熙四十八年(1709)蘭谿唐屺菴刻乾隆七年(1742)金華夏氏補刻咸豐至同治學耨堂印本 十冊

330000－1710－0000571 811.4/A17 集部/詞類/總集之屬

詞綜三十八卷 (清)朱彝尊輯 (清)汪森增定 (清)柯崇樸編次 (清)周篔辨譌 (清)王昶補纂 **明詞綜十二卷國朝詞綜四十八卷國朝詞綜二集八卷** (清)王昶輯 清嘉慶七年(1802)青浦王氏三泖漁莊刻本 二十冊

330000－1710－0000572 811.1/44 集部/總集類/氏族之屬

合諸名家評註三蘇文選十八卷 (宋)蘇洵 (宋)蘇軾 (宋)蘇轍撰 (明)楊慎輯 (明)李維楨評注 清康熙二十七年(1688)製錦堂刻本 十冊

330000－1710－0000573 811.4/B7 集部/曲類/曲韻曲譜曲律之屬

納書楹曲譜正集四卷續集四卷補遺四卷外集二卷玉茗堂四夢全譜八卷 (清)葉堂撰 清乾隆五十七年至五十九年(1792－1794)葉懷庭納書楹刻本 八冊 存八卷(納書楹玉茗堂四夢曲譜一至八)

330000－1710－0000574 811.4/B8－9 集部/曲類/曲韻曲譜曲律之屬

納書楹曲譜正集四卷續集四卷補遺四卷外集二卷玉茗堂四夢全譜八卷 (清)葉堂撰 清乾隆五十七年至五十九年(1792－1794)葉懷庭納書楹刻本 八冊 存八卷(續集一至四、補遺一至四)

330000－1710－0000575 811.4/A10 集部/詞類/類編之屬

精選古今詩餘醉十五卷 (明)潘游龍輯 明崇禎九年(1636)海陽胡正言十竹齋刻本 二冊 存六卷(三至四、十二至十五)

330000－1710－0000576 811.4/B10 集部/曲類/曲韻曲譜曲律之屬

納書楹曲譜正集四卷續集四卷補遺四卷外集二卷玉茗堂四夢全譜八卷 (清)葉堂撰 清乾隆五十七年至五十九年(1792－1794)葉懷庭納書楹刻本 十冊 存十卷(正集一至四、續集一至四、外集一至二)

330000－1710－0000577 812.1/33 集部/別集類/宋別集

晦庵先生朱文公文集一百卷續集五卷別集七卷目錄二卷 (宋)朱熹撰 (清)臧眉錫等訂 清康熙二十七年(1688)蔡方炳刻本 三十冊

330000－1710－0000578 811.6/4 集部/總集類/選集之屬/斷代

國朝律賦揀金錄初刻十二卷 (清)朱一飛輯 清乾隆刻本 四冊

330000－1710－0000579 811.5/4 集部/楚辭類

楚辭燈四卷 (清)林雲銘撰 清康熙刻本 二冊

330000－1710－0000580 811.4/A18 集部/詞類/總集之屬

詞綜三十六卷 (清)朱彝尊輯 (清)汪森增定 (清)柯崇樸編次 (清)周篔辨譌 清康熙十七年(1678)汪氏求杼樓刻三十年(1691)增刻本 六冊 存三十卷(一至三十)

330000－1710－0000581 812.1/425 集部/

別集類/清別集

唐堂集五十卷補遺二卷續集八卷冬録一卷 (清)黄之雋撰　清乾隆刻本　二十册

330000－1710－0000582　812.1/34　集部/別集類/宋別集

朱子詩鈔四卷文鈔二十卷 (宋)朱熹撰　(清)杜庭珠輯　清康熙二十七年(1688)采山亭刻本　五册

330000－1710－0000583　811.6/5　集部/總集類/選集之屬/斷代

律賦揀金録四卷 (清)朱一飛輯　清乾隆刻本　四册

330000－1710－0000584　811.4/B46　集部/戲劇類/傳奇之屬

桃花扇傳奇二卷 (清)孔尚任撰　清康熙四十七年(1708)西園刻本　小溪批　四册

330000－1710－0000585　811.6/9　集部/總集類/選集之屬/通代

六朝文絜四卷 (清)許槤評選　清道光五年(1825)海昌許氏享金寶石齋刻朱墨套印本　四册

330000－1710－0000586　13130　子部/天文曆算類/算書之屬

白芙堂算學叢書 (清)丁取忠輯　清同治至光緒長沙古荷花池精舍刻本　十一册　存二十九種

330000－1710－0000587　812.1/4　集部/別集類/唐五代別集

李太白文集三十六卷 (唐)李白撰　(清)王琦輯注　清乾隆寶笏樓刻二十五年(1760)增刻本　十三册　存三十五卷(二至三十六)

330000－1710－0000588　812.1/7　集部/別集類/唐五代別集

李義山文集十卷 (唐)李商隱撰　(清)徐樹穀箋　(清)徐炯注　清康熙四十七年(1708)崑山徐氏花谿草堂刻本　三册

330000－1710－0000589　811.4/B32　集部/戲劇類/傳奇之屬

桃花扇傳奇二卷 (清)孔尚任撰　清刻本　四册

330000－1710－0000590　812.1/8　集部/別集類/唐五代別集

玉谿生詩箋註三卷首一卷樊南文集箋註八卷 (唐)李商隱撰　(清)馮浩箋注　**年譜一卷** (清)馮浩輯　清乾隆四十五年(1780)德聚堂刻嘉慶元年(1796)增刻本　八册

330000－1710－0000591　812.2/103　集部/別集類/明別集

嶠雅二卷 (明)鄺露撰　清光緒影印本　金薰題簽　二册

330000－1710－0000592　812.1/25　集部/別集類/唐五代別集

唐陸宣公集二十二卷 (唐)陸贄撰　清刻本　五册

330000－1710－0000593　812.1/48　集部/別集類/宋別集

陶山集十六卷 (宋)陸佃撰　清刻本　六册

330000－1710－0000594　812.1/89　集部/別集類/元別集

吴草廬先生文集八卷 (元)吴澄撰　(明)王寓輯　明末木活字印本　四册

330000－1710－0000595　211/61　子部/小説家類/雜事之屬

世説新語六卷 (南朝宋)劉義慶撰　(南朝梁)劉孝標注　(明)吴中珩校　**世説新語補一卷** (明)何良俊撰　明萬曆吴中珩刻本　踐實主人題記　彭華堂題簽　二册

330000－1710－0000596　812.1/59　集部/別集類/宋別集

龍川文集三十卷 (宋)陳亮撰　清康熙四十八年(1709)永康陳氏聚星堂刻本　五册

330000－1710－0000597　812.1/61　集部/別集類/宋別集

楊文節公文集四十二卷首一卷末一卷詩集四十二卷誠齋文節先生錦繡策二卷 (宋)楊萬里撰　清乾隆五十九年至六十年(1794－

1795)帶經軒刻本　十一冊　存六十卷(詩集一至六、十四至三十五,文集二至十七、二十二至三十七)

330000－1710－0000598　812.1/65　集部/別集類/宋別集

水心文集二十九卷　(宋)葉適撰　清乾隆二十年(1755)刻本　十六冊

330000－1710－0000599　812.1/75　集部/別集類/宋別集

安陽集五十卷　(宋)韓琦撰　**忠獻韓魏王家傳十卷**　(明)郭瑛校　清乾隆刻本　十冊

330000－1710－0000600　812.1/93　集部/別集類/元別集

松雪齋集十卷外集一卷　(元)趙孟頫撰　清清德堂刻本　六冊

330000－1710－0000601　812.1/107　集部/別集類/明別集

呂新吾先生去偽齋文集十卷　(明)呂坤撰　清康熙十三年(1674)呂慎多刻本　六冊

330000－1710－0000602　812.1/116　集部/別集類/明別集

何大復先生集三十八卷附錄一卷　(明)何景明撰　清乾隆十五年(1750)何氏賜策堂刻本　八冊

330000－1710－0000603　812.1/115　集部/別集類/明別集

清江貝先生詩集十卷詩餘一卷文集三十卷　(明)貝瓊撰　(清)金檀編　清康熙五十八年(1719)桐鄉金檀燕翼堂刻本　六冊

330000－1710－0000604　812.1/148　集部/別集類/明別集

升菴外集一百卷　(明)楊慎撰　(明)焦竑輯　清道光二十四年(1844)桂湖刻本　十三冊　存五十七卷(四至九、三十六至四十五、五十至七十八、八十三至九十四)

330000－1710－0000605　812.1/147　集部/別集類/明別集

太史升菴全集八十一卷目錄二卷附年譜一卷　(明)楊慎撰　(明)楊有仁輯　(清)周參元校　清乾隆六十年(1795)新都周氏養拙山房刻本　三十二冊　缺一卷(年譜)

330000－1710－0000606　812.1/128　集部/別集類/明別集

茅鹿門先生文集三十六卷　(明)茅坤撰　明萬曆刻本　四冊　存十一卷(六至十三、二十三至二十五)

330000－1710－0000607　812.1/142　集部/別集類/明別集

馮少墟集二十二卷續集六卷　(明)馮從吾撰　清康熙陝西洪琮刻清重修本　十八冊　缺一卷(續集)

330000－1710－0000608　131/21　類叢部/叢書類/彙編之屬

味經時務齋課稿叢鈔□□種　(清)時務齋編　清光緒二十三年(1897)味經刊書處刻本　四冊　存五種

330000－1710－0000609　133/2　子部/天文曆算類/算書之屬

矩齋籌算六種附一種　勞乃宣撰　清光緒刻本　二十三冊

330000－1710－0000610　132/10　子部/天文曆算類/算書之屬

測海山房中西算學叢刻初編　(清)測海山房主人輯　清光緒二十二年(1896)上海璣衡堂石印本　七冊　存二種

330000－1710－0000611　131/55　子部/天文曆算類/算書之屬

下學菴勾股六術一卷　(清)項名達撰　清末石印本　一冊

330000－1710－0000612　131/53　子部/天文曆算類/算書之屬

四元玉鑑細草三卷四象細草假令之圖一卷附補增一卷　(清)羅士琳撰　**四元釋例一卷**　(清)易之瀚撰　清末石印本　五冊　存四卷(二至三、附補增、四元釋例)

330000－1710－0000613　131/54　子部/天

文曆算類/算書之屬

中西算學集要五種 (清)周毓英輯 清光緒刻本 三册 存二種

330000－1710－0000614 131/56 子部/天文曆算類/算書之屬

算學一卷 清末石印本 一册

330000－1710－0000615 132/9 子部/天文曆算類/算書之屬

古今算學叢書第三輯 (清)劉鐸編 清光緒二十四年(1898)算學書局石印本 三册 存一種

330000－1710－0000616 812.1/152 集部/别集類/明别集

楊忠愍公全集四卷 (明)楊繼盛撰 清康熙刻本 二册

330000－1710－0000617 812.1/157 集部/别集類/明别集

趙大司馬文集四卷 (明)趙大佑撰 明刻本 三册

330000－1710－0000618 131/27 子部/天文曆算類/算書之屬

翠薇山房數學十四種 (清)張作楠撰 清嘉慶至道光金華張氏翠微山房刻本 三册 存二種

330000－1710－0000619 812.1/165 集部/别集類/明别集

兩谿文集二十四卷詩集四卷 (明)劉球撰 清乾隆三十五年(1770)三十八年(1773)安成劉氏刻本 七册

330000－1710－0000620 131/28 類叢部/叢書類/自著之屬

游藝錄三種附擬罪言一卷 (清)李洄撰 清光緒二十年(1894)醉月山房刻本 七册 缺一卷(擬罪言)

330000－1710－0000621 720/16 類叢部/叢書類/自著之屬

陶廬叢刻二十種 王樹枏撰 清光緒至民國新城王氏刻本 十四册

330000－1710－0000622 812.1/179 集部/别集類/清别集

安序堂文鈔三十卷 (清)毛際可撰 (清)林雲銘 (清)嚴允肇評 清康熙刻本 四册 存二十卷(六至二十五)

330000－1710－0000623 812.1/183 集部/别集類/清别集

集虚齋學古文十二卷附離騷經解畧一卷 (清)方棨如撰 清乾隆十九年(1754)佩古齋刻本 六册

330000－1710－0000624 812.1/178 集部/别集類/清别集

鶴棲堂稿詩五卷文五卷 (清)尤侗撰 清乾隆刻本 一册 存五卷(文一至五)

330000－1710－0000625 812.1/229 集部/别集類/清别集

白華前稿六十卷 (清)吳省欽撰 清乾隆四十八年(1783)刻本 十册

330000－1710－0000626 812.1/200 集部/别集類/清别集

文莫室文不分卷 王樹枏撰 清光緒刻本 一册

330000－1710－0000627 133/10 子部/天文曆算類/算書之屬

梅氏叢書輯要三十種六十二卷首一卷 (清)梅文鼎撰 (清)梅瑴成重編 清光緒十四年(1888)上海龍文書局石印本 一册 存五種

330000－1710－0000628 812.1/210 集部/别集類/清别集

曝書亭集八十卷附錄一卷 (清)朱彝尊撰

笛漁小稾十卷 (清)朱昆田撰 清康熙五十三年(1714)朱稻孫刻雍正印本 四十册 存八十卷(一至八十)

330000－1710－0000629 131/29 子部/天文曆算類/算書之屬

鍾秀盦子學算學十二種附經算二種 (清)李鏐輯 清光緒二十四年(1898)石印本(元學釋例原缺) 四册

330000－1710－0000630　812.1/264　集部/別集類/清别集
天鑑堂集八卷附勵志雜録一卷　(清)沈近思撰　清乾隆四年(1739)沈遷等刻本　四册

330000－1710－0000631　812.1/212　集部/別集類/清别集
竹坨文類二十六卷　(清)朱彝尊撰　清康熙刻本　二册　存二十卷(一至二十)

330000－1710－0000632　812.1/274　集部/別集類/清别集
秋泉居士集十七卷　(清)汪士鋐撰　清乾隆清蔭堂刻本　六册

330000－1710－0000633　130/13　子部/天文曆算類/算書之屬
白芙堂算學叢書　(清)丁取忠輯　清光緒二十二年(1896)石印本　八册　存四十九種

330000－1710－0000634　812.1/277　集部/別集類/清别集
澹木齋文集三卷詩集四卷　(清)周啟嶲撰　清康熙刻本　二册

330000－1710－0000635　812.1/246　集部/別集類/清别集
笠翁一家言全集十六卷　(清)李漁撰　清雍正芥子園刻世德堂印本　十六册

330000－1710－0000636　812.1/311　集部/別集類/清别集
壯悔堂文集十卷遺稿一卷四憶堂詩集六卷　(清)侯方域撰　(清)賈開宗等評點　清乾隆刻本　六册

330000－1710－0000637　812.1/303　類叢部/叢書類/自著之屬
施愚山先生全集五種附一種　(清)施閏章撰　清康熙至乾隆刻彙印本　二十四册

330000－1710－0000638　812.1/312　集部/別集類/清别集
壯悔堂文集十卷侯朝宗古文逸稿一卷四憶堂詩集六卷　(清)侯方域撰　清順治侯氏刻本　四册　存九卷(壯悔堂文集一至五、八至十,逸稿)

330000－1710－0000639　812.1/334　集部/總集類/選集之屬/斷代
切問齋文鈔三十卷　(清)陸燿輯　清乾隆四十一年(1776)吳門劉萬傳局刻本　六册

330000－1710－0000640　812.1/335　集部/別集類/清别集
三魚堂文集十二卷外集六卷　(清)陸隴其撰　清康熙四十年(1701)刻本　四册　存十六卷(文集一至十二、外集一至四)

330000－1710－0000641　812.1/338　集部/別集類/清别集
陳學士文集十八卷　(清)陳儀撰　清乾隆十八年(1753)陳氏蘭雪齋刻本　八册

330000－1710－0000642　812.1/337　集部/別集類/清别集
紫竹山房詩集十二卷文集二十卷　(清)陳兆崙著　**年譜一卷**　(清)陳玉繩編　清乾隆刻本　八册

330000－1710－0000643　812.1/339　集部/別集類/清别集
培遠堂偶存稿十卷　(清)陳弘謀撰　清吳門刻本　四册

330000－1710－0000644　812.1/352　類叢部/叢書類/自著之屬
高文恪公集十一種　(清)高士奇撰　清康熙高氏朗潤堂刻本　一册　存一種

330000－1710－0000645　812.1/367　集部/別集類/清别集
匠門書屋文集三十卷　(清)張大受撰　清雍正七年(1729)顧詒祿刻本　四册

330000－1710－0000646　811.4/B15、17　集部/戲劇類/總集之屬/雜劇
清容外集九種　(清)蔣士銓撰　清乾隆蔣氏紅雪樓刻本　七册　存六種

330000－1710－0000647　812.1/392　集部/別集類/清别集

思綺堂文集十卷　(清)章藻功撰　清康熙六十一年(1722)刻本　十冊

330000－1710－0000648　811.4/B16　集部/戲劇類/總集之屬/雜劇
清容外集九種　(清)蔣士銓撰　清乾隆蔣氏紅雪樓刻本　五冊　存六種

330000－1710－0000649　811.4/B14　集部/戲劇類/總集之屬/雜劇
清容外集九種　(清)蔣士銓撰　清乾隆蔣氏紅雪樓刻本　二冊　存二種

330000－1710－0000650　812.1/404　集部/別集類/清別集
芝庭文稾八卷　(清)彭啓豐撰　清乾隆刻本　四冊

330000－1710－0000651　812.1/403　類叢部/叢書類/家集之屬
長洲彭氏家集九種　(清)彭祖賢編　清同治至光緒刻本　六冊　存一種

330000－1710－0000652　812.1/438　集部/別集類/清別集
趙恭毅公剩藁八卷　(清)趙申喬撰　(清)趙侗斆編　**赵裘萼公剩稿四卷**　(清)趙熊詔撰　清乾隆二年(1737)趙侗斆刻本　五冊

330000－1710－0000653　812.1/445　集部/別集類/清別集
經義齋集十八卷　(清)熊賜履撰　清康熙二十九年(1690)刻後印本　八冊　存十五卷(二至九、十二至十八)

330000－1710－0000654　812.1/458　集部/別集類/清別集
樊榭山房集八卷文集十卷續集十卷　(清)厲鶚撰　清乾隆刻本　三冊

330000－1710－0000655　812.1/461　集部/別集類/清別集
秋塍文鈔十二卷　(清)魯曾煜撰　清乾隆九年(1744)鳴野山房刻本　四冊

330000－1710－0000656　812.1/526　集部/別集類/清別集
午亭文編五十卷　(清)陳廷敬撰　(清)林佶輯錄　清康熙四十七年(1708)林佶刻乾隆印本　三十冊

330000－1710－0000657　812.1/553　集部/別集類/清別集
南沙文集八卷附二卷　(清)洪若皐撰　清康熙刻本(附卷二原缺)　七冊　存七卷(二至八)

330000－1710－0000659　812.1/554　集部/別集類/漢魏六朝別集
江醴陵集二卷　(南朝梁)江淹撰　(明)張溥閱　清末抄本　二冊

330000－1710－0000661　812.1/555　集部/別集類/清別集
姚惜抱先生文錄一卷附惜抱軒詩一卷　(清)姚鼐撰　**附惲子居文一卷**　(清)惲敬撰　清道光李齡壽抄本　清辛坨題簽　一冊

330000－1710－0000662　812.1/578　集部/別集類/明別集
白沙子全集十卷古詩教解二卷首一卷末一卷　(明)陳獻章撰　(明)湛若水輯解　清乾隆三十六年(1771)陳氏碧玉樓刻本　八冊　缺二卷(首、末)

330000－1710－0000664　812.2/148　類叢部/叢書類/自著之屬
北田集四種　(清)江浩然撰　清乾隆二十七年(1762)刻本　二冊　存一種

330000－1710－0000665　812.2/56　集部/別集類/宋別集
參寥子詩集十二卷　(宋)釋道潛撰　明崇禎汪汝謙刻本　一冊　存二卷(一至二)

330000－1710－0000667　812.2/134　集部/別集類/清別集
梨雲近藁一卷　(清)王韡撰　清道光稿本　清浙西□史　清祝源　清桐花舊友　清李華　清祝萬青　清許彥士　清陳壽疇　清曾元齡　清舞廷鳳　清雪邨題記　清壽齋批　祝

廷錫題簽　清笠湖衰叟評閱並記　一冊

330000－1710－0000668　812.2/158　集部/別集類/清別集

羅若山房詩稿一卷　(清)朱楷撰　清末稿本　一冊

330000－1710－0000669　812.2/159　集部/別集類/清別集

小曝書亭學吟稿二卷　(清)朱裔昌著　清末抄本　一冊

330000－1710－0000670　812.2/182　集部/別集類/清別集

曝書亭集詩註二十四卷　(清)朱彝尊撰　(清)楊謙注　**年譜一卷**　(清)楊謙撰　清楊氏木山閣刻本(卷二十三至二十四原缺)　八冊

330000－1710－0000671　812.2/201、814.3/64　類叢部/叢書類/自著之屬

南野堂全集三種　(清)吳文溥撰　清乾隆至嘉慶刻本(詩集卷首、一至三配清刻本)　七冊　存二種

330000－1710－0000672　812.2/189　集部/別集類/清別集

古劍書屋詩鈔八卷文鈔二卷　(清)吳廷楨撰　清乾隆刻本　沈又梅題記並過錄鐵保及汪翰等人詩　四冊

330000－1710－0000673　812.2/230　類叢部/叢書類/自著之屬

悔齋集八種　(清)汪楫撰　清康熙至雍正刻彙印本　一冊　存二種

330000－1710－0000674　812.2/244　集部/別集類/清別集

楚南集九卷　(清)李樹穀撰　清乾隆刻本　二冊　存六卷(一至六)

330000－1710－0000675　812.2/253　集部/別集類/清別集

秋錦山房集十卷　(清)李良年撰　(清)李潮偕編　清康熙三十五年(1696)李潮偕刻本　清謙齋主人題記　三冊

330000－1710－0000676　812.2/254　集部/別集類/清別集

茹古閣遺集一卷　(清)李三才撰　清乾隆四十二年(1777)李壽昌刻本　一冊

330000－1710－0000677　812.2/248　類叢部/叢書類/彙編之屬

函海一百五十二種　(清)李調元編　清乾隆綿州李氏萬卷樓刻嘉慶十四年(1809)李鼎元重校印本　一冊

330000－1710－0000678　812.2/289　集部/別集類/清別集

蔗餘集四卷　(清)金陳登撰　清乾隆二十年(1755)留餘堂刻本　二冊

330000－1710－0000679　812.2/311　集部/別集類/清別集

葦間詩集五卷　(清)姜宸英撰　清康熙五十二年(1713)唐執玉刻本　二冊

330000－1710－0000680　812.2/326　集部/別集類/清別集

敬業堂詩集四十八卷　(清)查慎行撰　清康熙五十八年(1719)刻本　六冊

330000－1710－0000681　812.2/337　集部/別集類/清別集

通介堂詩稿不分卷　(清)徐湛恩撰　(清)徐績編次　清乾隆三十九年(1774)刻本　二冊

330000－1710－0000682　812.2/366　類叢部/叢書類/自著之屬

高文恪公集十一種　(清)高士奇撰　清康熙刻本　十六冊

330000－1710－0000683　812.2/206　集部/別集類/清別集

環碧主人賸稿二卷　(清)沈亨惠撰　(清)吳受福輯　清光緒吳受福抄本　清張鳴柯批校並題記　一冊

330000－1710－0000684　812.2/242　集部/別集類/清別集

采芝山人詩存一卷　(清)汪亮撰　(清)費融編　清乾隆五十六年(1791)刻本　一冊

330000－1710－0000685　812.2/192　集部/別集類/清別集

吳詩集覽二十卷補注二十卷吳詩談藪二卷拾遺一卷　(清)吳偉業撰　(清)靳榮藩注並輯　清乾隆四十年(1775)淩雲亭刻本　十六冊

330000－1710－0000686　812.2/221　集部/別集類/清別集

環碧主人賸稿一卷　(清)沈亨惠撰　清光緒二十三年(1897)小穜字林刻本　一冊

330000－1710－0000687　812.2/386　集部/別集類/清別集

陳檢討詩鈔十卷　(清)陳維崧撰　(清)蔣景祁等輯　清康熙二十三年(1684)天藜閣刻本　四冊

330000－1710－0000688　812.2/387　集部/別集類/清別集

道榮堂文集六卷首一卷滄洲近詩十卷　(清)陳鵬年撰　清乾隆二十七年(1762)刻本　六冊　存十卷(滄州近詩一至十)

330000－1710－0000689　812.2/418　集部/別集類/清別集

懷清堂集二十卷首一卷　(清)湯右曾撰　清乾隆十一年(1746)刻本　六冊

330000－1710－0000690　812.2/421　集部/別集類/清別集

白蕤詩集十六卷附一卷　(清)張開東撰　(清)杜光德選　清乾隆五十四年(1789)張兆騫棗存園刻本　八冊

330000－1710－0000691　812.2/430　集部/別集類/清別集

懷永堂詩存二卷　(清)張逢年撰　清乾隆刻本　二冊

330000－1710－0000692　812.2/461　集部/別集類/清別集

逗雨齋詩草十卷附旋香詞一卷　(清)許肇封撰　清嘉慶六年(1801)刻本　二冊

330000－1710－0000693　812.2/466　集部/別集類/清別集

松桂堂全集三十七卷南泩集三卷延露詞三卷　(清)彭孫遹撰　清乾隆八年(1743)彭景曾等刻本　五冊　存三十七卷(一至三十七)

330000－1710－0000694　812.2/504　集部/別集類/清別集

間唫草堂集一卷　(清)楊杜撰　清乾隆稿本　一冊

330000－1710－0000695　812.2/477　集部/別集類/清別集

臨野堂詩集十三卷　(清)鈕琇撰　清康熙刻本　一冊

330000－1710－0000696　812.2/511　集部/別集類/清別集

松厓詩鈔三十二卷　(清)管幹珍撰　清刻本　六冊

330000－1710－0000697　812.2/515　集部/別集類/清別集

壬午匝歲雜感疊韻詩一卷　(清)趙吉士撰　清康熙刻本　五冊

330000－1710－0000698　812.2/517　集部/別集類/清別集

飴山詩集二十卷　(清)趙執信撰　清乾隆十七年(1752)因園刻本　四冊

330000－1710－0000699　812.2/540　集部/別集類/清別集

絳跗閣詩稿十一卷　(清)諸錦著　(清)管樂編　清乾隆二十七年(1762)諸氏刻本　四冊

330000－1710－0000700　812.2/544　集部/別集類/清別集

牧齋初學集詩註二十卷有學集詩註十四卷　(清)錢謙益撰　(清)錢曾箋註　清康熙刻玉詔堂印本　四冊　存十四卷(有學集詩註一至十四)

330000－1710－0000701　812.2/681　集部/別集類/清別集

吳詩集覽二十卷補注二十卷吳詩談藪二卷拾遺一卷　(清)吳偉業撰　(清)靳榮藩注並輯　清乾隆四十年(1775)淩雲亭刻本　二十冊

330000－1710－0000702　812.2/547　集部/別集類/清別集
香樹齋詩集十八卷續集三十六卷　(清)錢陳羣撰　清乾隆刻本　十四冊

330000－1710－0000703　812.2/548　集部/別集類/清別集
蘀石齋詩集五十卷　(清)錢載撰　清乾隆刻本　四冊　存四十九卷(一至四十九)

330000－1710－0000704　812.2/556　集部/別集類/清別集
補巢書屋詩集十卷　(清)錢夢鈴撰　清乾隆三十四年(1769)刻本　一冊　存五卷(六至十)

330000－1710－0000705　812.2/657　集部/總集類/彙編之屬
元人集十種　(明)毛晉編　明崇禎十一年(1638)毛晉汲古閣刻本　六冊　存一種

330000－1710－0000706　812.2/583　集部/別集類/清別集
響泉集二十八卷　(清)顧光旭撰　清乾隆四十一年(1776)无锡顧光旭刻乾隆五十年(1785)五十八年(1793)增補本　八冊

330000－1710－0000707　812.2/605　集部/別集類/清別集
芥子彌禪師鈯斧草一卷　(清)釋超乾輯　清順治十七年(1660)刻本　一冊

330000－1710－0000708　812.2/659　集部/別集類/清別集
海珊詩鈔十二卷補遺三卷　(清)嚴遂成撰　清乾隆十九年(1754)驥溪世綸堂刻本(卷十二補遺中原缺)　二冊

330000－1710－0000709　812.2/726　集部/別集類/唐五代別集
溫飛卿詩集七卷別集一卷集外詩一卷附錄諸家詩評一卷　(唐)溫庭筠撰　(明)曾益注　(清)顧予咸補注　(清)顧嗣立續注　清康熙三十六年(1697)長洲顧氏秀野草堂刻本　四冊　缺一卷(諸家詩評)

330000－1710－0000710　812.2/755　集部/別集類/清別集
蘀石齋詩集五十卷　(清)錢載撰　清乾隆刻本(卷五十配清抄本)　六冊

330000－1710－0000711　812.2/549　集部/別集類/清別集
蘀石齋詩集五十卷　(清)錢載撰　清光緒四年(1878)蘇州府署刻本　八冊

330000－1710－0000712　812.2/741　集部/別集類/唐五代別集
讀杜心解六卷首二卷　(清)浦起龍撰　清雍正二年至三年(1724－1725)寧我齋刻本　劉貽慎題記　十冊

330000－1710－0000713　812.2/746　集部/別集類/清別集
小山吟館詩稿一卷　(清)張淮撰　稿本　一冊

330000－1710－0000714　812.5/17　集部/別集類/清別集
陳迦陵儷體文集十卷　(清)陳維崧撰　清康熙二十八年(1689)陳宗石患立堂刻本　三冊

330000－1710－0000715　812.5/28　集部/別集類/清別集
陳檢討集二十卷　(清)陳維崧撰　(清)程師恭注　清康熙刻本　四冊

330000－1710－0000716　812.5/31　集部/總集類/選集之屬/通代
歷朝賦楷八卷首一卷　(清)王修玉輯　清康熙二十五年(1686)王修玉天鑑樓刻本　二冊　缺四卷(五至八)

330000－1710－0000717　813/15　集部/詩文評類/詩評之屬
漁洋詩話三卷　(清)王士禛撰　清乾隆刻本　一冊

330000－1710－0000718　813/36　集部/詩文評類/文評之屬
文心雕龍十卷　(南朝梁)劉勰撰　(清)黃叔琳輯注　清刻本　二冊

330000－1710－0000719　813/1　集部/詩文評類/詩評之屬
宋詩紀事一百卷　(清)厲鶚　(清)馬曰琯輯　清乾隆十一年(1746)厲鶚樊榭山房刻本　三十二册

330000－1710－0000720　813/65　集部/總集類/選集之屬/通代
古文翼八卷　(清)唐德宜輯並評　(清)季福襄重訂　清乾隆六年(1741)唐德宜刻本　八册

330000－1710－0000721　815/18　集部/别集類/清别集
尺牘偶存十一卷　(清)張潮撰　清乾隆四十五年(1780)張潮心齋刻本　三册　存八卷(一至二、六至十一)

330000－1710－0000722　814.2/25　集部/曲類/彈詞之屬
天雨花三十回　(清)陶貞懷撰　清道光二十一年(1841)刻本　十册

330000－1710－0000723　815/19　集部/别集類/清别集
靜惕堂尺牘八卷　(清)曹溶撰　(清)黄汝銓選　清康熙三十九年(1700)黄汝銓揖峰亭刻本　四册

330000－1710－0000724　815/20　集部/總集類/尺牘之屬
曹李尺牘合選二卷　(清)曹溶　(清)李良年撰　(清)茅復輯　清慎餘堂刻本　二册

330000－1710－0000725　814.1/32　集部/小說類/長篇之屬
東周列國全志二十三卷一百八回　(清)蔡奡評點　清義合齋刻本　二十四册

330000－1710－0000726　814.1/66　集部/小說類/長篇之屬
臯鶴堂批評第一奇書金瓶梅一百回　(明)笑笑生撰　(清)張竹坡評　清康熙三十四年(1695)刻後印本　十六册

330000－1710－0000727　814.1/182　集部/小說類/短篇之屬
聊齋志異十六卷　(清)蒲松齡撰　(清)王士禛評　清乾隆三十一年(1766)趙起杲清柯亭刻本　十六册

330000－1710－0000728　814.3/32　子部/雜著類/雜說之屬
七修類藁五十一卷續藁七卷　(明)郎瑛撰　清乾隆四十年(1775)耕烟草堂刻本　十六册　存五十一卷(類藁一至五十一)

330000－1710－0000729　814.3/40　子部/雜著類/雜纂之屬
倘湖樵書初編六卷二編六卷　(清)來集之撰　清乾隆五十三年(1788)來廷楫等倘湖小築刻本　十二册

330000－1710－0000730　814.3/42　子部/雜著類/雜編之屬
雕丘雜錄十八卷　(清)梁清遠撰　清康熙二十年至二十一年(1681－1682)梁允桓刻本　芝栖題記　三册

330000－1710－0000731　814.3/39　子部/雜著類/雜纂之屬
玉芝堂談薈三十六卷首一卷　(明)徐應秋輯　明崇禎刻清康熙四十二年(1703)乾隆三十八年(1773)道光二十九年(1849)光緒元年(1875)遞修本(卷二十一配清抄本)　三十六册

330000－1710－0000732　814.3/43　子部/雜著類/雜纂之屬
寄園寄所寄十二卷　(清)趙吉士輯　清刻本　十二册

330000－1710－0000733　814.3/47　子部/雜著類/雜說之屬
池北偶談二十六卷　(清)王士禛撰　清文粹堂刻本　八册

330000－1710－0000734　814.3/78　集部/别集類/清别集
閒情偶寄十六卷　(清)李漁撰　清康熙十年(1671)翼聖堂刻本　四册

330000－1710－0000735　814./45　史部/目録類/版本之屬/書影

因樹屋書影十卷　(清)周亮工撰　清雍正三年(1725)懷德堂刻本　六册

330000－1710－0000736　814.3/46　史部/目録類/版本之屬/書影

因樹屋書影十卷　(清)周亮工撰　清康熙六年(1667)賴古堂刻本　六册

330000－1710－0000737　814.3/63　子部/雜著類/雜編之屬

讀山樓談藪一種一卷熙朝小品四種四卷　(清)朱崑輯　稿本　一册

330000－1710－0000738　814.3/125　子部/小説家類/異聞之屬

竹邨見聞偶誌一卷雜誌一卷　(清)趙學昌纂輯　稿本　一册

330000－1710－0000739　814.3/119　子部/雜著類/雜纂之屬

顧廣譽箚記一卷　(清)顧廣譽輯　清末顧鴻昇抄本　清顧鴻昇題跋　一册

330000－1710－0000740　814.3/236　子部/雜著類/雜纂之屬

清異錄二卷　(宋)陶穀撰　**表異錄二十卷**　(明)王志堅輯　清康熙四十七年(1708)刻本　四册

330000－1710－0000741　821/1　子部/藝術類/書畫之屬/書法書品

墨池編二十卷　(宋)朱長文撰　**印典八卷**　(清)朱象賢輯　清雍正十一年(1733)吳郡朱氏刻本　十六册

330000－1710－0000742　821/7　子部/藝術類/書畫之屬

鐵網珊瑚二十卷　(明)都穆編　清乾隆二十三年至二十四年(1758－1759)都繼貴刻本　六册

330000－1710－0000743　822/2　子部/藝術類/書畫之屬/法帖

淳化祕閣法帖考正十卷附古今法帖考一卷論書賸語一卷　(清)王澍撰　清天都秋水藕花居刻本　四册

330000－1710－0000744　823.1/6　史部/傳記類/總傳之屬/技藝

國朝畫徵錄三卷續錄二卷　(清)張庚撰　**明人附錄一卷**　(明)黎遂球　(明)袁樞撰　清乾隆四年(1739)睢州蔣泰　湯之昱刻本　二册　缺一卷(明人附錄)

330000－1710－0000745　823.1/7　子部/藝術類/書畫之屬/總論

江邨銷夏錄三卷　(清)高士奇撰　清康熙三十二年(1693)刻寶芸堂印本　四册

330000－1710－0000746　823.1/17　子部/藝術類/書畫之屬/總論

畫禪室隨筆四卷　(明)董其昌撰　清康熙大魁堂刻本　二册

330000－1710－0000747　823.1/40　子部/藝術類/書畫之屬/總論

庚子銷夏記八卷附閒者軒帖考一卷　(清)孫承澤撰　清乾隆二十六年(1761)刻本　四册

330000－1710－0000748　822/8　子部/藝術類/書畫之屬/書法書品

廣文字會寶不分卷　(明)朱文治輯　明萬曆閩建書林葉見遠刻本　四册

330000－1710－0000749　824/37　史部/傳記類/總傳之屬/技藝

飛鴻堂印人傳八卷　(清)汪啟淑撰　清乾隆刻本　二册

330000－1710－0000750　823.2/25　子部/農家農學類/總論之屬

御製耕織圖四十六幅　(清)聖祖玄燁等撰文　(清)焦秉貞繪　清乾隆初內府刻朱墨套印本　二册

330000－1710－0000751　824/31　子部/藝術類/篆刻之屬/印論

篆刻鍼度八卷　(清)陳克恕述　(清)妙果山人抄　清抄本　清金石刻畫齋主人　祝廷錫題記　二册

330000－1710－0000752　828/1　子部/藝術類/遊藝之屬/棋弈

四子譜二卷　（清）過百齡輯　清乾隆五十一年（1786）金閶書業堂刻本　董巽觀題記　二冊

330000－1710－0000753　039/17　類叢部/叢書類/彙編之屬

祕書廿一種　（清）汪士漢編　清康熙七年（1668）新安汪氏據明吳琯刻增訂古今逸史本重編修版本　十五冊　存十八種

330000－1710－0000754　828/15　子部/藝術類/遊藝之屬/棋弈

弈理指歸圖三卷　（清）施紹闇撰　（清）錢長澤繪　清乾隆三十六年（1771）笙雅堂刻本　三冊　存二卷（一、三）

330000－1710－0000755　827.1/1　經部/樂類/律呂之屬

樂律全書十五種　（明）朱載堉撰　明萬曆鄭藩刻增修本　六冊　存二種

330000－1710－0000756　827.1/2　經部/樂類/律呂之屬

樂律全書十五種　（明）朱載堉撰　明萬曆鄭藩刻增修本　一冊　存一種

330000－1710－0000757　828/5　子部/藝術類/遊藝之屬/棋弈

餐菊齋譜不分卷　（清）周鼎撰　清末抄本　二冊

330000－1710－0000758　828/6　子部/藝術類/遊藝之屬/棋弈

五大家譜不分卷　清末抄本　三冊

330000－1710－0000759　039/12　類叢部/叢書類/彙編之屬

貸園叢書初集十二種四十九卷　（清）周永年編　清乾隆五十四年（1789）歷城周氏竹西書屋重編印益都李文藻等刻本　十二冊

330000－1710－0000760　039/209、830/6、814.3/208、814.3/1、814.3/9、814.3/244、830/10、814.3/18　類叢部/叢書類/彙編之屬

津逮祕書十五集一百四十種　（明）毛晉編　明崇禎虞山毛氏汲古閣刻本　十二冊　存八種

330000－1710－0000761　039/1　類叢部/叢書類/彙編之屬

增訂漢魏叢書八十六種　（清）王謨編　清乾隆五十六年（1791）金谿王氏刻本　金蓉鏡題記　五十四冊　存七十八種

330000－1710－0000762　814.3/205　子部/雜著類/雜纂之屬

冷齋夜話十卷　（宋）釋惠洪撰　明萬曆會稽商氏半埜堂刻稗海本　佚名過錄四庫全書總目提要　一冊　存一種

330000－1710－0000763　038/14、670/16、814.3/12、613/5、814.3/210、814.3/21、814.3/8、814.3/24、613/10、814.3/209　類叢部/叢書類/彙編之屬

稗海四十八種續集二十二種　（明）商濬編　明萬曆商氏半埜堂刻清康熙振鷺堂重編補刻本　十八冊　存十七種

330000－1710－0000764　814.3/5　子部/小說家類/雜事之屬

世說新語三卷　（南朝宋）劉義慶撰　（南朝梁）劉孝標注　明萬曆二十五年（1597）趙氏野鹿園刻本　三冊

330000－1710－0000765　039/14、780/7、811.2/319、814.3/26　類叢部/叢書類/彙編之屬

知不足齋叢書一百九十六種　（清）鮑廷博編　（清）鮑士恭續編　清乾隆三十七年至道光三年（1772－1823）長塘鮑氏刻彙印本（樂府補遺一卷、蛻巖詞二卷、論語集解義疏十卷、洞霄詩集十四卷、洞霄圖志卷五至六、丙寅北行日譜一卷配民國影印本）　二百三十一冊　存一百八十四種

330000－1710－0000766　332/10　經部/小學類/音韻之屬/韻書

康熙甲子史舘新刊古今通韻十二卷　（清）毛奇齡撰　清康熙二十四年（1685）刻本　董巽

觀過錄　十二册

330000－1710－0000767　332/38　經部/小學類

楝亭五種　(清)曹寅編　清康熙四十五年(1706)揚州使院刻本　五册　存一種

330000－1710－0000768　331/3　經部/小學類/音韻之屬/注音

類音八卷　(清)潘耒撰　清康熙五十一年(1712)吳江潘氏遂初堂刻雍正鶯湖蘇歗堂印本　四册

330000－1710－0000769　412/1　史部/紀傳類/正史之屬

史記一百三十卷　(漢)司馬遷撰　(明)鍾惺批評　明天啟五年(1625)沈國元大來堂刻本(卷二十二至二十三、九十八、一百二十七至一百二十八原缺)　二十册

330000－1710－0000770　421/1－1　史部/紀傳類/正史之屬

史記一百三十卷　(漢)司馬遷撰　(宋)裴駰集解　(唐)司馬貞索隱　(唐)張守節正義　明萬曆二年至三年(1574－1575)南京國子監刻本　十六册

330000－1710－0000771　412/43　史部/紀傳類/正史之屬

二十一史二千五百六十七卷　明刻明清遞修本　二十五册　存二種

330000－1710－0000772　412/440、412/441、440/412　史部/紀傳類/正史之屬

二十一史二千五百六十七卷　明萬曆二十三年至三十四年(1595－1606)北京國子監刻本　七十二册　存三種

330000－1710－0000773　412/51　史部/紀傳類/正史之屬

遼史一百十六卷　(元)脱脱等撰　明嘉靖八年(1529)南京國子監刻明清遞修本　十册

330000－1710－0000775　412/56　史部/紀傳類/正史之屬

三國志六十五卷　(晉)陳壽撰　(南朝宋)裴松之注　清乾隆四年(1739)武英殿刻二十四史本　清孫爾準校注　清沈衍純題記　十册

330000－1710－0000776　451/21　史部/紀傳類/別史之屬

藏書六十八卷續藏書二十七卷　(明)李贄撰　(明)陳仁錫評　明崇禎刻本　九册　存四十卷(藏書一至九、二十二至二十六、三十二至三十五、四十七至五十一、六十三至六十八,續藏書五至十、十七至二十一)

330000－1710－0000777　421/15　史部/編年類/通代之屬

重訂王鳳洲先生綱鑑會纂四十六卷續宋元紀二十三卷　(明)王世貞撰　(明)陳仁錫訂　明末刻清初聚錦堂印本　四十八册

330000－1710－0000778　470/1　史部/史評類/史論之屬

史通通釋二十卷　(清)浦起龍撰　清乾隆十七年(1752)浦氏求放心齋刻本　六册

330000－1710－0000779　015/6　史部/傳記類/總傳之屬/家乘

[浙江嘉興]秀水朱氏家乘□□卷　(清)朱德遴等纂修　清康熙抄本　清吳授芝題記　一册　存一卷(四)

330000－1710－0000780　015/1　史部/傳記類/總傳之屬/家乘

[浙江嘉興]董氏家譜十二卷　(明)董廷獻纂修　明萬曆四十八年(1620)刻清康熙嘉慶增修本　清董涵跋　董宗善題簽　董巽觀題記　十二册

330000－1710－0000781　812.1/81　史部/傳記類/別傳之屬

蘇長公外紀十二卷　(明)王世貞輯　(明)璩之璞校補　明萬曆二十二年(1594)璩氏燕石齋刻本　三册　存五卷(二至三、六至八)

330000－1710－0000782　014/5　史部/傳記類/總傳之屬/姓名

古今萬姓統譜一百四十卷歷代帝王姓系統譜六卷氏族博考十四卷　(明)凌迪知輯　明萬

曆刻本　二册　存四卷(歷代帝王姓系統譜一至四)

330000－1710－0000783　413/9　史部/史抄類
漢書雋不分卷　(明)陳許廷輯並評　明崇禎刻本　十册

330000－1710－0000784　511.1/13　史部/政書類/通制之屬
文獻通考三百四十八卷　(元)馬端臨撰　明末刻映旭齋印本　一百册

330000－1710－0000785　413/46　史部/史抄類
史記拔奇二卷　(明)詹惟修輯　明萬曆刻本　二册

330000－1710－0000786　921/25　史部/地理類/輿圖之屬/郡縣
廣東輿圖十二卷　(清)蔣伊　(清)韓作棟撰　(清)盧士　(清)劉任繪圖　清康熙二十四年(1685)刻本　六册

330000－1710－0000787　441/69　史部/傳記類/總傳之屬/斷代
東林列傳十二卷末二卷　(清)陳鼎撰　清康熙五十年(1711)售山山壽堂刻本　十册

330000－1710－0000788　515/37　史部/詔令奏議類/奏議之屬
荊川先生右編四十卷　(明)唐順之輯　(明)劉曰寧補　明萬曆南京國子監刻本(序、目次、卷一配清抄本)　十五册　存二十七卷(一至十二、十七至十八、二十一至二十七、三十二至三十五、三十九至四十)

330000－1710－0000789　240/13　史部/地理類/水利之屬
問水漫錄四卷　(清)盛百二輯　清乾隆四十九年(1784)盛百二柚堂刻本　二册

330000－1710－0000790　451/54　史部/地理類/外紀之屬
東西洋考十二卷　(明)張燮撰　明萬曆四十六年(1618)金陵王起宗刻本　四册

330000－1710－0000791　921/30　史部/地理類/雜志之屬
廣東新語二十八卷　(清)屈大均撰　清康熙水天閣刻本　十册

330000－1710－0000792　441/33　史部/傳記類/總傳之屬/通代
霅溪外傳十八卷　(清)陳鼎撰　清康熙三十七年(1698)陳鼎刻本　六册

330000－1710－0000793　240/11　史部/地理類/水利之屬
行水金鑑一百七十五卷首一卷　(清)傅澤洪撰　清雍正三年(1725)淮陽官舍刻本　三十七册

330000－1710－0000794　038/76　史部/目錄類/專録之屬
經義考三百卷　(清)朱彝尊撰　**經義考總目二卷**　(清)盧見曾編　清康熙秀水朱氏曝書亭刻乾隆十九年至二十年(1754－1755)德州盧見曾續刻本(卷二八六、二九九至三百原缺)　四十八册　缺三卷

330000－1710－0000795　943/47　史部/地理類/外紀之屬
敕諜奉使錄三種　(清)汪楫纂　清康熙二十五年(1686)刻本　三册

330000－1710－0000796　441/5　史部/傳記類/總傳之屬/列女
列女傳十六卷　(漢)劉向撰　(明)汪道昆輯　(明)仇英繪圖　明萬曆新安汪氏刻清乾隆四十四年(1779)鮑廷博知不足齋印本　金蓉鏡題記　八册

330000－1710－0000797　512/26　史部/政書類/通制之屬
三國會要不分卷　(清)錢儀吉撰　稿本　二册

330000－1710－0000798　021/12　類叢部/類書類/專類之屬
廣博物志五十卷　(明)董斯張　(明)楊鶴輯　明萬曆吳興高暉堂刻本　十八册

330000－1710－0000799　922/34　史部/地理類/方志之屬/郡縣志

［正德］嘉善縣志六卷　（明）倪璣修　（明）孫璧等纂　清抄本　四册

330000－1710－0000800　922/21　史部/地理類/方志之屬/郡縣志

［弘治］嘉興府志三十二卷　（明）柳琰修（明）曾春纂　（明）林光校正　清抄本　陸惟鋆題記　雁石校　一册　存四卷（二十一至二十四）

330000－1710－0000801　923/6　史部/地理類/方志之屬/郡縣志

［同治］新塍瑣志十四卷首一卷　（清）鄭鳳鏘纂　清同治稿本　四册

330000－1710－0000802　011/16　史部/目録類/總録之屬/官修

行人司書目不分卷　（明）曾守身等編　清乾隆抄本　一册

330000－1710－0000803　613/59　子部/雜著類/雜考之屬

灤源問答十二卷　（清）沈可培撰　稿本　祝廷錫題跋　二册

330000－1710－0000804　613/60　子部/雜著類/雜考之屬

灤源問答十二卷　（清）沈可培撰　稿本　祝廷錫題記　一册　存四卷（一至四）

330000－1710－0000805　814.3/100　子部/雜著類/雜説之屬

經鉏堂褉誌八卷　（宋）倪思撰　明萬曆三十年（1602）金有華刻本　二册

330000－1710－0000806　610/1　子部/儒家類/儒家之屬

荀子二十卷　（唐）楊倞注　明刻本　清燮臣題記　二册　存十五卷（一至五、十一至二十）

330000－1710－0000807　620/11　子部/法家類

管韓合刻四十四卷　（明）趙用賢編　明刻本　四册　存三十四卷（管子一至二十四、韓非子十一至二十）

330000－1710－0000808　451/77　史部/雜史類/斷代之屬

金陵野鈔一卷附南都死難紀畧一卷　（清）顧苓撰　清末抄本　一册

330000－1710－0000809　491.2/9　史部/金石類/金之屬

重修宣和博古圖録三十卷　（宋）王黼等撰　明萬曆二十七年（1599）于承祖刻本　八册

330000－1710－0000810　261/51　子部/醫家類/綜合之屬/通論

訂補明醫指掌十卷　（明）皇甫中撰　（明）王肯堂等訂補　明天啟二年（1622）葑溪邵達刻本　六册

330000－1710－0000811　827.2/10　子部/藝術類/音樂之屬/樂譜

琴譜六卷　（明）楊表正撰　明萬曆金陵三山街書肆唐富春刻本　四册　存四卷（三至六）

330000－1710－0000812　680/1　子部/雜家類

呂氏春秋二十六卷　（漢）高誘注　明末朱夢龍刻本　八册

330000－1710－0000813　021/7　類叢部/類書類/專類之屬

新增説文韻府羣玉二十卷　（元）陰時夫輯（元）陰中夫注　明萬曆十八年（1590）王元貞刻本　八册　存十六卷（一至二、七至二十）

330000－1710－0000814　021/10　類叢部/類書類/通類之屬

古今合璧事類備要前集六十九卷後集八十一卷續集五十六卷　（宋）謝維新輯　**別集九十四卷外集六十六卷**　（宋）虞載輯　明嘉靖三十一年至三十五年（1552－1556）夏相刻本　八册　存六十六卷（外集一至六十六）

330000－1710－0000815　266/21　子部/醫家類/婦科之屬/通論

女科經綸八卷　（清）蕭壎撰　清乾隆四十六

年(1781)湖郡有鴻齋刻本　四册

330000－1710－0000816　670/1　子部/小説家類/異聞之屬

山海經十八卷　(晉)郭璞傳　(明)吳中珩校　明吳中珩刻本　二册

330000－1710－0000817　814.3/4　子部/小説家類/雜事之屬

世説新語補二十卷附釋名一卷　(南朝宋)劉義慶撰　(南朝梁)劉孝標注　(明)何良俊增補　(明)王世貞定　(明)王世懋批釋　(明)張文柱校注　明萬曆十三年(1585)張文柱刻本　七册　存十五卷(一至四、八至十八)

330000－1710－0000818　204/24　子部/小説家類/雜事之屬

世説補菁華四卷　(明)狄期進輯　明萬曆二十九年(1601)狄期進刻本　一册

330000－1710－0000819　204/25　子部/小説家類/雜事之屬

世説通語四卷　(明)狄期進輯　明萬曆三十五年(1607)狄期進刻本　一册

330000－1710－0000820　021/17－20　類叢部/叢書類/彙編之屬

文林綺繡五種五十九卷　(明)凌迪知編　明萬曆四年至五年(1576－1577)吳興凌氏桂芝館刻本　十一册　存四種

330000－1710－0000821　021/11　類叢部/類書類/專類之屬

經濟類編一百卷　(明)馮琦輯　明萬曆三十二年(1604)周家棟等虎林刻本　四十二册　存七十卷(三至六、九至十九、二十二至二十八、三十七至五十、五十五至五十七、五十九至六十二、六十四至六十九、七十一至七十四、七十九至八十三、八十五至八十八、九十、九十二至九十六、九十九至一百)

330000－1710－0000822　021/15　類叢部/類書類/通類之屬

合訂正續註釋群書備考原本八卷　(明)袁黃撰　(明)袁儼注　明末刻本　四册

330000－1710－0000823　021/14　類叢部/類書類/通類之屬

增訂二三場羣書備考四卷　(明)袁黃撰　(明)袁儼注　(明)沈昌世增　明崇禎大觀堂刻本　八册

330000－1710－0000824　021/16　類叢部/類書類/通類之屬

彙苑詳註三十六卷　(明)王世貞輯　(明)鄒善長增訂　明萬曆刻本(序、目錄配清抄本)　九册　存二十一卷(一至七、二十一至三十四)

330000－1710－0000825　612/27　子部/儒家類/儒學之屬/性理

近思續録十四卷　(宋)蔡模輯　清康熙二十八年(1689)呂氏天蓋樓刻本　一册

330000－1710－0000826　612/8　子部/儒家類/儒學之屬/性理

傳習録四卷　(明)王守仁撰　明嘉靖三年(1524)南大吉刻本　一册

330000－1710－0000827　261/57　子部/醫家類/類編之屬

薛氏醫按十六種　(明)薛己編　明崇禎元年(1628)朱明刻本　十九册　存十四種

330000－1710－0000828　261/28　子部/醫家類/傷寒金匱之屬/金匱要略

張仲景金匱要畧論註二十四卷　(清)徐彬撰　清刻本　六册

330000－1710－0000829　612/5　子部/儒家類/儒學之屬/性理

朱子語類一百四十卷　(宋)朱熹撰　(宋)黎靖德輯　清康熙刻本　金蓉鏡過録　金蓉鏡題記　二十四册

330000－1710－0000830　812.2/40　集部/別集類/宋別集

王荆文公詩五十卷補遺一卷　(宋)王安石撰　(宋)李壁箋注　清乾隆五年至六年(1740－1741)張宗松清綺齋刻本　四册

330000－1710－0000831　814.3/44　子部/儒家類/儒學之屬/性理
罍菴雜述二卷附一卷　(明)朱朝瑛撰　清康熙十一年(1672)周煒刻本　二冊

330000－1710－0000832　660/5　子部/兵家類/兵器之屬
貫風篇一卷　(清)紀鑑撰　清康熙十八年(1679)居仁堂刻本　一冊

330000－1710－0000833　014/6－7　史部/傳記類/總傳之屬/姓名
自號錄一卷　(宋)徐光溥撰　**別名錄九卷**　(清)葛萬里撰　清抄本　四冊

330000－1710－0000834　206/11　史部/傳記類/總傳之屬/技藝
無聲詩史七卷　(清)姜紹書撰　清康熙五十九年(1720)嘉興李光暎觀妙齋刻本　二冊

330000－1710－0000835　823.1/40B　子部/藝術類/書畫之屬/總論
庚子銷夏記八卷附間者軒帖考一卷　(清)孫承澤撰　清乾隆二十六年(1761)刻本　四冊

330000－1710－0000836　670/3　子部/小說家類/異聞之屬
山海經廣注十八卷讀山海經語一卷山海經雜述一卷圖五卷　(清)吳任臣撰　清乾隆五十一年(1786)金閶書業堂刻本　五冊　存二十四卷(一至十八、圖一至五、雜述)

330000－1710－0000837　827.2/1　子部/藝術類/音樂之屬/樂譜
五知齋琴譜八卷　(清)徐祺撰　(清)周魯封輯　清乾隆十一年(1746)懷德堂刻本　四冊

330000－1710－0000838　814.3/19　子部/雜著類/雜纂之屬
清異錄二卷　(宋)陶穀撰　清康熙四十七年(1708)陳世修刻本　祝廷錫題簽　一冊

330000－1710－0000839　827/3　子部/藝術類/音樂之屬/樂譜
琴譜新聲六卷首一卷　(清)曹尚絅等撰　(清)祝鳳喈評　清嘉慶六年(1801)春草堂刻本　四冊

330000－1710－0000840　021/27　類叢部/類書類/專類之屬
喻林一葉二十四卷　(明)徐元太輯　(明)王蘇刪纂　清乾隆五十九年(1794)劉寶筤桑寄生齋刻本　八冊

330000－1710－0000841　814.3/52　類叢部/叢書類/自著之屬
晴川八識　(清)孫之騄撰　清刻本　四冊　存一種

330000－1710－0000842　660/7　子部/兵家類/兵法之屬
水陸攻守戰略秘書七種　(清)澼絖道人編　清咸豐三年(1853)侯官林氏銅活字本　三冊　存一種

330000－1710－0000843　691/17　子部/宗教類/道教之屬/經文
新刊道書全集　(清)閻鶴洲編　明萬曆十九年(1591)刻清康熙二十一年(1682)周在延重修本　八冊　存十五種

330000－1710－0000844　120/13　子部/天文曆算類/天文之屬
周年昏旦星象圖一卷　(清)□□繪　清朱墨繪本　祝廷錫題跋並題簽　一冊

330000－1710－0000845　811.5/3　集部/楚辭類
楚辭集註八卷辯證二卷後語八卷　(宋)朱熹撰　(明)蔣之翹補輯並評校　**楚辭附覽二卷總評一卷**　(明)蔣之翹輯　明天啓六年(1626)蔣之翹刻本　六冊　存十二卷(楚辭後語一至八、辯證一至二、附覽一至二)

330000－1710－0000846　811.5/2　集部/楚辭類
楚辭集註八卷辯證二卷後語六卷　(宋)朱熹撰　明萬曆二十五年(1597)吉府刻本　二冊　存六卷(後語一至六)

330000－1710－0000847　021/13　類叢部/類書類/通類之屬

新刊天下四民便覽萬寶全書三十二卷　(明)周文煥　(明)周文煒輯　明周文煥　周文煒萬卷樓刻本　十四冊　存三十一卷(一至二十二、二十四至三十二)

330000－1710－0000848　811.6/21　集部/總集類/彙編之屬
四六類編十三卷　(明)李日華輯　(明)魯重民補訂　明崇禎十三年(1640)魯重民　钱蔚起刻本　十二冊

330000－1710－0000849　811.1/1　集部/總集類/選集之屬/通代
六臣註文選六十卷　(南朝梁)蕭統輯　(唐)李善　(唐)呂延濟　(唐)劉良　(唐)張銑　(唐)李周翰　(唐)呂向註　明嘉靖刻本　養玄子題記　孫憨生題記　十八冊　存四十八卷(一至八、十二至十五、十八至四十七、五十五至六十)

330000－1710－0000850　811.1/8　集部/總集類/選集之屬/通代
文選十二卷　(南朝梁)蕭統輯　(明)張鳳翼纂注　明萬曆刻本　祝廷錫題記　十二冊

330000－1710－0000851　811.1/28　集部/總集類/選集之屬/斷代
元文類七十卷目錄三卷　(元)蘇天爵編　明末脩德堂刻本　三十冊

330000－1710－0000852　811.6/18　集部/總集類/選集之屬/斷代
鐫昭代名公四六類編二十四卷補遺一卷　(明)汪時躍輯　明萬曆四十二年(1614)汪尚寬刻本　十四冊　缺一卷(十九)

330000－1710－0000853　811.2/51　集部/總集類/選集之屬/斷代
國雅二十卷續四卷　(明)顧起綸輯　**國雅品一卷**　(明)顧起綸撰　明萬曆元年(1573)勾吳顧氏奇字齋刻本　十冊　存二十卷(國雅一至二十)

330000－1710－0000854　811.1/21　集部/總集類/選集之屬/通代
史漢文統十五卷　(明)童養正輯　明崇禎刻本　八冊　存二種

330000－1710－0000855　812.1/146　集部/別集類/明別集
張龍湖先生文集十五卷　(明)張治撰　(清)彭思眷編　清雍正四年(1726)彭思眷刻墨香閣印本　四冊

330000－1710－0000856　206/32　集部/別集類/元別集
清閟閣遺稿十五卷　(元)倪瓚撰　**雲林世系圖一卷**　(明)倪卓輯　明萬曆倪珵刻清康熙重修本　六冊

330000－1710－0000857　811.2/35　集部/總集類/選集之屬/通代
樂府詩集一百卷目錄二卷　(宋)郭茂倩輯
唐風集三卷　(唐)杜荀鶴撰　明崇禎虞山毛氏汲古閣刻本　九冊　缺三十二卷(五十四至七十四、八十五至九十五)

330000－1710－0000858　812.1/100　集部/別集類/明別集
重刻渼陂王太史先生全集二十七卷　(明)王九思撰　明嘉靖十二年(1533)王獻等刻二十四年(1545)翁萬達增修崇禎十三年(1640)張宗孟遞刻重修本　十一冊　存十九卷(渼陂集一至十六、續集一至三)

330000－1710－0000859　812.1/123　集部/別集類/明別集
太函集一百二十卷目錄六卷　(明)汪道昆撰　明萬曆刻本　四十冊

330000－1710－0000860　812.1/139　集部/別集類/明別集
陳恭介公文集十二卷　(明)陳有年撰　明萬曆陳啟孫刻本　一冊　存一卷(五)

330000－1710－0000861　811.2/18　集部/總集類/選集之屬/斷代
貫華堂選批唐才子詩甲集七言律八卷　(清)金人瑞輯　(清)金雍注　清初刻本　六冊

330000－1710－0000862　811.2/21　集部/

總集類/選集之屬/斷代

唐音統籤一千三十三卷 (明)胡震亨編 清康熙刻本 金蓉鏡題簽並記 四十冊 存二百六十五卷(五百五十三至八百十七)

330000－1710－0000863 811.2/23 集部/總集類/選集之屬/斷代

重訂唐詩別裁集二十卷 (清)沈德潛輯 清乾隆二十八年(1763)教忠堂刻本 六冊

330000－1710－0000864 038/3A 類叢部/叢書類/彙編之屬

寶顏堂祕笈二百二十八種 (明)陳繼儒編 明萬曆至泰昌繡水沈氏刻本 二冊 存八種

330000－1710－0000865 811.1/47 集部/總集類/選集之屬/通代之屬

集古評釋西山真先生文章正宗二十四卷 (宋)真德秀輯 (明)唐順之批點 (明)俞思沖補訂 明萬曆四十六年(1618)武林野計齋刻本 十二冊

330000－1710－0000866 812.1/82 集部/總集類/彙編之屬

唐宋八大家文鈔一百四十四卷 (明)茅坤編 明萬曆七年(1579)歸安茅一桂刻本 八冊 存一種

330000－1710－0000867 812.2/264 集部/總集類/彙編之屬

二家詩鈔二十卷 (清)邵長蘅編 清康熙三十四年(1695)刻本 二冊 存一種

330000－1710－0000868 811.2/1A 集部/總集類/彙編之屬

七十二家集 (明)張燮編 明天啟至崇禎刻本 二冊 存一種

330000－1710－0000869 811.4/18 集部/曲類/曲選之屬

吴歈萃雅四卷 (明)周之標輯 明萬曆刻本 一冊 存一卷(利集)

330000－1710－0000870 206/33 集部/總集類/氏族之屬

三蘇文匯六十卷 (明)錢穀 (明)茅坤 (明)鍾惺評定 明末刻本 九冊 存四十卷(東坡文匯一至四十)

330000－1710－0000871 812.1/169 集部/別集類/明別集

震川先生集三十卷別集十卷附録一卷補編一卷 (明)歸有光撰 (清)歸莊校勘 (清)錢謙益選定 (清)歸玠編輯 清康熙十年至十四年(1671－1675)常熟歸莊 歸玠等刻本 十冊

330000－1710－0000872 038/3B 類叢部/叢書類/彙編之屬

寶顏堂祕笈二百二十八種 (明)陳繼儒編 明萬曆至泰昌繡水沈氏刻本 十七冊 存六十三種

330000－1710－0000873 812.1/72 集部/別集類/宋別集

重刻黃文節山谷先生文集三十卷 (宋)黃庭堅撰 明王鳳翔光啟堂刻本 四冊 存二十三卷(五至二十七)

330000－1710－0000874 206/35 集部/總集類/選集之屬/斷代

宋百家詩存 (清)曹廷棟編 清乾隆六年(1741)嘉善曹氏二六書堂刻本 二十冊

330000－1710－0000875 206/34 集部/總集類/彙編之屬

唐四家詩八卷 (清)汪立名編 清康熙三十四年(1695)天都汪立名刻本 二冊 存一種

330000－1710－0000876 811.2/63 集部/總集類/選集之屬/斷代

國朝詩的六十二卷 (清)陶煊 (清)張璨輯 清康熙六十年(1721)陶煊廣陵刻本 二十四冊

330000－1710－0000877 811.2/67 集部/總集類/選集之屬/斷代

詩觀初集十二卷二集十四卷三集十三卷閨秀別卷一卷 (清)鄧漢儀輯 清康熙鄧漢儀慎墨堂刻本 六冊 存十二卷(詩觀初集一至十二)

330000－1710－0000878　812.2/3A　集部/別集類/漢魏六朝別集
陶靖節集十卷　(晉)陶潛撰　明密娛齋刻本　四册

330000－1710－0000879　812.1/92　集部/別集類/元別集
趙文敏公松雪齋全集十卷外集一卷續集一卷　(元)趙孟頫撰　清康熙五十二年(1713)海上曹培廉城書室刻本　六册

330000－1710－0000880　812.2/46　集部/別集類/宋別集
南軒先生詩集七卷　(宋)張栻撰　清康熙三十三年(1694)武林張氏遙述堂刻本　一册

330000－1710－0000881　811.2/90　集部/總集類/郡邑之屬
沈南疑先生檇李詩繫四十二卷　(清)沈季友輯　清康熙四十九年(1710)金南鍈敦素堂刻本　屈爔題記并注　四十册

330000－1710－0000882　812.2/60　集部/別集類/宋別集
黄詩全集三十九卷　(宋)黄庭堅撰　清道光黄氏木活字印本　清爨山跋　十八册

330000－1710－0000883　812.1/74　集部/別集類/宋別集
海瓊玉蟾先生文集六卷續集二卷　(宋)葛長庚撰　(明)朱權重輯　明萬曆刻本　祝醒獅過録研經室四庫未收書目提要並題記　八册

330000－1710－0000884　516/27　類叢部/叢書類/自著之屬
偶園二十四種　(清)金安清撰　稿本　清張履勛跋並校字　十三册　存二種

330000－1710－0000885　812.1/114　集部/別集類/明別集
清江貝先生詩集十卷文集三十卷　(明)貝瓊撰　(清)金檀編　清康熙五十八年(1719)桐鄉金檀燕翼堂刻本　六册

330000－1710－0000886　812.1/156　集部/別集類/明別集
巽隱程先生詩集二卷文集二卷　(明)程本立撰　清康熙五十八年(1719)金檀燕翼堂刻本　二册

330000－1710－0000887　812.1/158　集部/別集類/明別集
趙文肅公文集二十三卷　(明)趙貞吉撰　清道光十九年(1839)内江趙富辰木活字印本　十册

330000－1710－0000888　812.1/129　集部/別集類/明別集
春草齋文集選六卷詩集選一卷附錄一卷　(明)烏斯道撰　(清)熊伯龍選　(清)黄敬修評　清康熙慈谿烏震刻本　金蓉鏡題簽並記　六册

330000－1710－0000889　812.1/137　集部/別集類/明別集
白沙子全集六卷首一卷　(明)陳獻章撰　(清)何九疇重編　清康熙四十九年(1710)何九疇　顧嗣協刻理堂印本　六册

330000－1710－0000890　812.2/114　集部/別集類/清別集
帶經堂集九十二卷　(清)王士禛撰　(清)程哲編　清康熙四十九年至五十年(1710－1711)程氏七略堂刻本　二十册

330000－1710－0000891　812.2/115　類叢部/叢書類/自著之屬
王漁洋遺書三十八種　(清)王士禛撰　清刻本　二册　存一種

330000－1710－0000892　812.2/157　集部/別集類/清別集
笛漁小稿十卷　(清)朱昆田撰　清康熙五十三年(1714)刻本　四册

330000－1710－0000893　811.1/107　子部/雜著類/雜纂之屬
昇雲集八卷附湖州府志纂要一卷　(清)湯新撰　稿本　清湯新批注　清大觀題記　十九册

330000－1710－0000894　812.1/273　集部/

總集類/選集之屬/斷代

國朝三家文鈔三十二卷 (清)宋犖 (清)許汝霖編 清康熙三十三年(1694)刻本 五册 存十二卷(汪鈍翁文鈔一至十二)

330000－1710－0000895 812.1/259－261 集部/總集類/氏族之屬

李氏家集四種 (清)李菊房編 清康熙刻乾隆二十四年(1759)金氏續刻本 十二册 存三種

330000－1710－0000896 812.1/366 集部/別集類/清別集

樸村集三十九卷 (清)張雲章撰 清康熙五十三年(1714)刻本 一册 存六卷(文集一至六)

330000－1710－0000897 812.1/144 集部/別集類/清別集

白雲集十七卷 (清)張貢撰 清乾隆十七年(1752)刻本 五册

330000－1710－0000898 812.1/241 集部/別集類/清別集

玉亭集十四卷雜說一卷 (清)吳高增撰 清乾隆刻本 二册

330000－1710－0000899 812.1/282 集部/別集類/清別集

邵子湘全集三十卷 (清)邵長蘅撰 清康熙三十二年至三十八年(1693－1699)青門艸堂刻本 八册

330000－1710－0000900 812.2/415 集部/別集類/清別集

墨麟詩十二卷 (清)馬維翰撰 清刻本 四册

330000－1710－0000901 812.2/263 集部/別集類/清別集

綿津山人詩集三十一卷附楓香詞一卷漫堂說詩一卷 (清)宋犖撰 清康熙刻本 四册

330000－1710－0000902 812.2/236 集部/別集類/清別集

桐石草堂集九卷 (清)汪仲鈖撰 清乾隆二十年(1755)刻本 章綬銜跋並圈點 一册

330000－1710－0000903 814.1/74 集部/小説類/長篇之屬

紅樓夢一百二十回 (清)曹霑 (清)高鶚撰 (清)王希廉評 清道光十二年(1832)吳縣王氏刻本 佚名批評 佚名題簽 三十二册

330000－1710－0000904 812.4/5 集部/詞類/別集之屬

白石道人歌曲四卷別集一卷 (宋)姜夔撰 清乾隆八年(1743)陸鍾輝刻白石道人四種本 清鄭文焯校題簽並記 清張祥齡跋 一册

330000－1710－0000905 812.2/334 集部/別集類/清別集

蕉問館詩鈔八卷 (清)唐謨撰 稿本 清錢發榮題辭並注 清唐天波題記 清陳鸞封題簽並記 四册

330000－1710－0000906 812.2/592 集部/別集類/清別集

曝書亭詩榊三卷 (清)朱彝尊撰 (清)錢珏輯 清嘉慶元年(1796)錢廷燭抄本 清錢廷燭校 二册

330000－1710－0000907 811.4/52 集部/詞類/別集之屬

金梁夢月詞二卷懷夢詞一卷鴻雪詞二卷 (清)周之琦撰 清道光刻本 清莫友芝題簽 一册

330000－1710－0000908 812.2/411 集部/別集類/清別集

稻䆉集詩鈔一卷 (清)陳沆撰 清乾隆刻本 一册

330000－1710－0000909 812.2/372 集部/別集類/清別集

隱吾草堂詩稿二卷静寄齋詩稿一卷 (清)郭照撰 清光緒二十五年至二十六年(1899－1900)郭似壎抄本 清張鳴珂校 郭似壎題記 吳受福題詩 三册

330000－1710－0000910 812.1/131 集部/別集類/明別集

夏桂洲先生文集十八卷　(明)夏言撰　**夏桂洲先生年譜一卷**　(明)林日瑞編　明崇禎十一年(1638)吳一璘斤桂艸堂刻清康熙五十八年(1719)吳橋重修本　祝醒獅識　四冊　存七卷(文集一至六、年譜)

330000－1710－0000911　812.2/229　集部/別集類/清別集
籬隱園刪存詩七卷　(清)汪浩然撰　清康熙刻本　二冊

330000－1710－0000912　812.1/138　集部/別集類/明別集
已吾集十四卷　(明)陳際泰撰　**壺山集三卷**　(清)陳孝威撰　**癡山集六卷**　(清)陳孝逸撰　清順治臨川李來泰白下刻本　二冊　缺九卷(壺山集一至三、癡山集一至六)

330000－1710－0000913　812.1/101　集部/別集類/明別集
隴首集一卷　(明)王與胤撰　**附錄一卷**　(清)汪琬等撰　清康熙刻雍正印本　一冊

330000－1710－0000914　812.1/344　集部/別集類/清別集
硯農文集八卷　(清)陳元穎撰　清抄本　二冊

330000－1710－0000915　812.2/601　集部/別集類/清別集
鶴洲殘稿二卷　(清)朱彝爵撰　(清)桑調元編定　清乾隆六年(1741)朱嵩齡修汲堂刻本　一冊

330000－1710－0000916　812.2/92　集部/別集類/明別集
綠槐堂藁二十二卷　(明)王交撰　明隆慶五年(1571)王益荃刻本　二冊　存十卷(一至十)

330000－1710－0000917　812.2/327　集部/別集類/清別集
查浦詩鈔十二卷　(清)查嗣瑮撰　清康熙六十一年(1722)刻本　二冊

330000－1710－0000918　812.2/355A　集部/別集類/清別集
弢甫集十四卷附旌門錄一卷墓表一卷　(清)桑調元撰　清乾隆七年(1742)蘭陔草堂刻本　二冊　存十四卷(弢甫集一至十四)

330000－1710－0000919　512.2/355B　集部/別集類/清別集
弢甫五嶽集五種　(清)桑調元撰　清乾隆二十一年(1756)修汲堂刻本　六冊

330000－1710－0000920　660/2　子部/兵家類/兵法之屬
武學經傳句解十卷　(明)王圻註釋　明萬曆七年(1579)金陵吳繼宗懷德堂刻大業堂印本　一冊　存四卷(一至二、九至十)

330000－1710－0000921　811.4/32　集部/詞類/別集之屬
九曲漁莊詞二卷　(清)沈濤撰　稿本　一冊

330000－1710－0000922　039/78　類叢部/叢書類/自著之屬
古香堂叢書十二種　(清)王初桐撰　清乾隆五十八年至嘉慶十二年(1793－1807)刻本　八冊

330000－1710－0000923　923/12　史部/地理類/方志之屬/郡縣志
[宣統]聞川志稿二十卷　(清)唐佩金輯　清宣統三年(1911)嘉興新泰印刷所鉛印本　陶葆廉書並校　一冊　存四卷(一至四)

330000－1710－0000924　8112.2/47　集部/總集類/選集之屬/斷代
元詩集鈔不分卷　(清)李尚白選　清初抄本　十冊

330000－1710－0000925　812.2/412　集部/別集類/清別集
蓬萊閣詩錄四卷　(清)陳克家撰　清咸豐抄本　二冊

330000－1710－0000927　922/181　史部/地理類/方志之屬/郡縣志
[光緒]龍山縣鄉土志一卷　(清)□□撰　清光緒抄本　一冊

330000－1710－0000928　923/13　史部/地理類/方志之屬/郡縣志

[嘉慶]濮川所聞記六卷續編二卷　(清)金淮等纂　**垂訓樸語一卷**　(清)陳其德撰　清嘉慶刻本　四冊

330000－1710－0000929　710/19　經部/群經總義類/文字音義之屬

影鈔宋刊本九經直音校補一卷　(清)周學濬撰　清同治稿本　一冊

330000－1710－0000931　814.1/67　集部/小說類/長篇之屬

第一奇書一百回　(明)蘭陵笑笑生撰　(清)張竹坡批評　清崇經堂刻本　三十二冊

330000－1710－0000932　923/30　史部/地理類/方志之屬/郡縣志

[光緒]周莊鎮志六卷首一卷　(清)陶煦重輯　**附貞豐里庚甲見聞錄二卷**　(清)陶煦撰　清光緒八年(1882)元和陶氏儀一堂刻本　二冊　缺五卷(周莊鎮志二至六)

330000－1710－0000936　923/37　史部/地理類/山川之屬/山志

東山志十卷　(清)謝起龍撰　清宣統二年(1910)謝璟木活字印本　二冊

330000－1710－0000938　910/1　史部/地理類/總志之屬/斷代

元和郡縣圖志四十卷目錄二卷　(唐)李吉甫撰　**闕卷逸文一卷**　(清)孫星衍輯　**元和郡縣補志九卷**　(清)嚴觀輯　清光緒六年(1880)金陵書局刻本(十九至二十、二十三至二十四、三十五至三十六原缺)　二冊　存十一卷(十八、二十一至二十二、二十五至三十二)

330000－1710－0000939　910/7　史部/地理類/總志之屬/通代

讀史方輿紀要歷代州域形勢十卷　(清)顧祖禹撰　清道光三十年(1850)黃冕刻本　十冊

330000－1710－0000940　910/2　史部/地理類/總志之屬/斷代

太平寰宇記二百卷目錄二卷　(宋)樂史撰　(清)陳蘭森補闕　清刻本　七冊　存四十卷(一百六至一百四十、一百四十六至一百五十)

330000－1710－0000941　910/10　史部/載記類

華陽國志十二卷　(晉)常璩撰　**補三州郡縣目錄一卷**　(清)廖寅撰　清嘉慶十九年(1814)廖寅題襟館刻本　四冊

330000－1710－0000942　910/6　史部/地理類/總志之屬/通代

讀史方輿紀要一百三十卷輿圖要覽四卷　(清)顧祖禹撰　清光緒二十六年(1900)廣雅書局刻本　七十四冊

330000－1710－0000943　910/14　史部/地理類/專志之屬/寺觀

洛陽伽藍記五卷　(北魏)杨衒之撰　**集證一卷**　(清)吴若準集證　清光緒二十九年(1903)說劍齋刻朱印本　金蓉鏡批校並記　一冊

330000－1710－0000944　323/46　經部/小學類/訓詁之屬/爾雅

爾雅蒙求二卷　(清)李拔式撰　清抄本　一冊

330000－1710－0000945　910/11　史部/載記類

華陽國志十二卷　(晉)常璩撰　**補三州郡縣目錄一卷**　(清)廖寅撰　清嘉慶十九年(1814)題襟館刻本　四冊

330000－1710－0000946　910/3.1　史部/地理類/總志之屬/斷代

廣輿記二十四卷圖一卷　(明)陸應陽輯　(清)蔡方炳增輯　清康熙刻本　十冊　存二十三卷(二至二十四)

330000－1710－0000947　910/4　史部/地理類/總志之屬/通代

增訂廣輿記二十四卷　(明)陸應陽纂　(清)蔡方炳增輯　清康熙四十六年(1707)吳郡寶

翰樓刻本　十六册

330000－1710－0000949　921/2　類叢部/叢書類/自著之屬

沈歸愚詩文全集十四種　(清)沈德潛撰　清乾隆教忠堂刻本　一册　存一種

330000－1710－0000950　910/5　類叢部/叢書類/自著之屬

北江全集七種　(清)洪亮吉撰　清乾隆至嘉慶刻彙印本　金蓉鏡題記　十二册　存一種

330000－1710－0000951　910/23　史部/地理類/雜志之屬

石柱記箋釋五卷　(清)鄭元慶箋撰　清康熙四十一年(1702)刻本　清許榮奎題簽　清許榮奎題記　董宗善過錄　二册

330000－1710－0000952　921/8　史部/地理類/方志之屬/郡縣志

[乾隆]江南通志二百卷首四卷序目一卷　(清)尹繼善　(清)趙國麟修　(清)黄之雋纂　清乾隆元年(1736)刻本　七十八册　缺七卷(一至三、一百四十一至一百四十二、一百九十九至二百)

330000－1710－0000953　921/13　史部/地理類/方志之屬/通志

[雍正]陕西通志一百卷首一卷　(清)劉於義等修　(清)沈青崖纂　清雍正十三年(1735)刻乾隆印本　九十四册　缺六卷(四十、四十三至四十五、六十四、九十五)

330000－1710－0000955　922/23　史部/地理類/方志之屬/郡縣志

[康熙]嘉興府志十六卷　(清)吳永芳修　(清)錢以塏等纂　清康熙六十年(1721)刻本　汪大鋐題記　二十册

330000－1710－0000956　921/22　史部/地理類/雜志之屬

滇攷二卷　(清)馮甦撰　清康熙刻本　二册

330000－1710－0000957　110/10　子部/天文曆算類/曆法之屬

大清宣統二年歲次庚戌時憲書一卷　清宣統刻朱墨套印本　金蓉鏡摘記　與330000－1710－0000223合訂一册

330000－1710－0000958　110/11　子部/天文曆算類/曆法之屬

大清宣統三年歲次辛亥時憲書一卷　清宣統刻朱墨套印本　一册

330000－1710－0000959　922/32　史部/地理類/方志之屬/郡縣志

[康熙]秀水縣志十卷　(清)任之鼎修　(清)范正輅纂　清康熙二十四年(1685)刻本(卷一至三配清抄本)　十册

330000－1710－0000960　922/22　史部/地理類/方志之屬/郡縣志

[康熙]嘉興府志十八卷首一卷末一卷　(清)袁國梓等纂修　清康熙二十一年(1682)刻本　十册　缺一卷(末)

330000－1710－0000961　922/97　史部/地理類/方志之屬/郡縣志

[乾隆]湯溪縣志十卷首一卷　(清)陳鍾炅修　(清)馮宗城等纂　清乾隆四十八年(1783)刻本　六册

330000－1710－0000962　922/69　史部/地理類/方志之屬/郡縣志

[康熙]會稽縣志二十八卷首一卷　(清)王元臣修　(清)董欽德　(清)金炯纂　清康熙二十二年(1683)刻本　六册　缺五卷(二十二至二十六)

330000－1710－0000963　922/67　史部/地理類/方志之屬/郡縣志

[乾隆]紹興府志八十卷首一卷　(清)李亨特修　(清)平恕　(清)徐嵩纂　清乾隆五十七年(1792)刻本　四十六册

330000－1710－0000964　922/112　史部/地理類/方志之屬/郡縣志

[乾隆]遂安縣志十卷　(清)周世恩　(清)李成渠修　(清)鄭爚　(清)姜士崙等纂　清乾隆十八年(1753)刻本　四册

330000－1710－0000965　922/200　史部/地

理類/方志之屬/郡縣志

[乾隆]口北三廳志十六卷首一卷 (清)黄可潤纂修 清乾隆二十三年(1758)刻本 六册

330000－1710－0000966 922/78 史部/地理類/方志之屬/郡縣志

[康熙]新昌縣志十八卷 (清)劉作樑修 (清)吕曾枏纂 清康熙十年(1671)刻本 四册

330000－1710－0000967 922/161 史部/地理類/方志之屬/郡縣志

[乾隆]南昌府志七十六卷首一卷末一卷 (清)陳蘭森等修 (清)謝啓昆纂 清乾隆五十四年(1789)刻本 十八册 存三十八卷(首、一至四、七至二十三、二十七至四十二)

330000－1710－0000968 922/201 史部/地理類/雜志之屬

日下舊聞四十二卷 (清)朱彝尊輯 (清)朱昆田補遺 清康熙二十七年(1688)刻本(序、目録、卷一配清末抄本) 二十册

330000－1710－0000969 922/117 史部/地理類/方志之屬/郡縣志

[乾隆]溫州府志三十卷首一卷 (清)李琬修 (清)齊召南 (清)汪沆纂 清乾隆二十七年(1762)刻本 四十二册

330000－1710－0000970 922/203 史部/地理類/方志之屬/郡縣志

[乾隆]棲霞縣志十卷 (清)衛萇纂修 清乾隆二十年(1755)刻本 四册

330000－1710－0000971 922/205 史部/地理類/方志之屬/郡縣志

[康熙]濮州志六卷 (清)張實斗修 (清)南洙源纂 清康熙十二年(1673)刻本 六册

330000－1710－0000972 922/251 史部/地理類/方志之屬/郡縣志

[乾隆]龍泉縣志十二卷首一卷 (清)蘇遇龍修 (清)沈光厚等纂 清乾隆二十七年(1762)刻本 四册

330000－1710－0000973 922/206 史部/地理類/方志之屬/郡縣志

[康熙]濮州續志二卷 (清)郅介修 (清)任煥纂 清康熙五十年(1711)刻本 一册

330000－1710－0000974 922/208 史部/地理類/方志之屬/郡縣志

[乾隆]孟縣志十卷 (清)仇汝瑚修 (清)馮敏昌纂 清乾隆五十五年(1790)刻本 十册

330000－1710－0000975 941/14 史部/地理類/山川之屬/山志

廣雁蕩山志二十八卷首一卷末一卷 (清)曾唯輯 清乾隆五十五年(1790)曾唯依緑園刻本 八册

330000－1710－0000977 922/214 史部/地理類/方志之屬/郡縣志

[乾隆]醴泉縣志十四卷圖一卷 (清)蔣騏昌修 (清)孫星衍纂 清乾隆四十九年(1784)刻本 四册

330000－1710－0000979 941/22 史部/地理類/山川之屬/山志

清涼山志十卷 (明)釋秋厓原纂 (明)釋鎮澄編 (清)釋阿王老藏修正 清乾隆二十年(1755)刻本 一册 存六卷(一至六)

330000－1710－0000980 941/37 史部/地理類/山川之屬/水志

太湖備考十六卷首一卷 (清)金友理撰 **湖程紀略一卷** (清)吴曾撰 清乾隆十五年(1750)藝蘭圃刻本 八册

330000－1710－0000981 941/30 史部/地理類/山川之屬/山志

南嶽志八卷 (清)高自位編 (清)曠敏本纂 清乾隆十八年(1753)開雲樓刻本 四册

330000－1710－0000982 941/61 史部/地理類/雜志之屬

嘉府典故纂要八卷 (清)王惟梅輯 清乾隆五十四年(1789)環翠書屋刻本 三册

330000－1710－0000983 923/46 史部/地理類/方志之屬/郡縣志

[乾隆]乍浦志六卷首一卷末一卷續纂二卷　(清)宋景關纂　清乾隆二十二年(1757)刻五十七年(1792)增刻本　二册

330000－1710－0000984　941/54　史部/地理類/山川之屬/山志
天台山全志十八卷　(清)張聯元輯　清康熙刻本　清雙杲道人題記　五册　缺一卷(十七)

330000－1710－0000985　942/6　史部/政書類/軍政之屬/邊政
籌海圖編十三卷　(明)鄭若曾撰　明隆慶鄭應龍刻本　六册　存六卷(三至四、六、八至九、十二)

330000－1710－0000986　943/16　集部/總集類/酬唱之屬
鴛鴦湖櫂歌五卷　(清)朱彝尊　(清)譚吉璁撰　(清)陸以諴　(清)張燕昌續　清乾隆四十年(1775)朱芳衡刻本　一册

330000－1710－0000987　943/4　史部/地理類/山川之屬/水志
西湖志纂十五卷首一卷末一卷　(清)沈德潛　(清)傅王露等撰　清乾隆二十七年(1762)刻本　八册

330000－1710－0000988　950/8　史部/地理類/雜志之屬
琉球國志略十六卷首一卷　(清)周煌撰　清乾隆二十四年(1759)漱潤堂刻本　二册

330000－1710－0000989　943/27　史部/地理類/方志之屬
[乾隆]西域聞見錄八卷首一卷　(清)七十一撰　清乾隆四十二年(1777)刻本　二册

330000－1710－0000990　943/17　集部/總集類/酬唱之屬
鴛鴦湖櫂歌五卷　(清)朱彝尊　(清)譚吉璁撰　(清)陸以諴　(清)張燕昌續　清乾隆四十年(1775)朱芳衡刻本　二册　存二卷(鴛央湖櫂歌一百首、鴛央湖櫂歌八十八首和韻)

330000－1710－0000991　943/50　史部/地理類/山川之屬/水志
西湖志纂十五卷首一卷末一卷　(清)沈德潛　(清)傅王露等撰　清乾隆二十七年(1762)刻本　五册　缺一卷(首)

330000－1710－0000993　943/20　集部/總集類/郡邑之屬
聞川泛櫂集四卷　(清)宋景龢輯　清乾隆三十五年(1770)刻本　一册　存二卷(一至二)

330000－1710－0000994　910/9　史部/地理類/總志之屬/斷代
大清一統志三百五十六卷　(清)蔣廷錫　(清)王安國等纂修　清道光二十九年(1849)江蘇陽湖薛子瑜木活字印本(卷一百八十一、一百八十九配清抄本)　一百十九册　存三百五十三卷(一至二百四十五、二百四十九至三百五十六)

330000－1710－0000996　910/17　史部/地理類/方志之屬/郡縣志
補新疆方輿紀要論一卷　(清)吴廷燮撰　清光緒二十八年(1902)鉛印本　一册

330000－1710－0000997　910/19　史部/地理類/總志之屬/通代
天下郡國利病書一百二十卷　(清)顧炎武撰　清光緒二十七年(1901)上海圖書集成印書局鉛印本　二十八册

330000－1710－0000998　910/16　史部/地理類/雜志之屬
六朝事迹編類十四卷　(宋)張敦頤撰　清光緒十三年(1887)李濱寶章閣刻本　四册

330000－1710－0000999　921/1　史部/地理類/方志之屬/通志
[雍正]敕修浙江通志二百八十卷首三卷　(清)李衛　(清)嵇曾筠等修　(清)沈翼機　(清)傅王露等纂　清光緒二十五年(1899)浙江書局刻本　一百二十册

330000－1710－0001002　910/20　史部/地理類/總志之屬/斷代
方輿類纂二十八卷首一卷　(清)顧祖禹撰

（清）溫汝能輯　清嘉慶十三年（1808）文畬堂刻本　二十冊　存十八卷（首、一、四至六、十一至十六、十八、二十至二十三、二十五至二十六）

330000－1710－0001004　921/10　史部/地理類/方志之屬/通志
［道光］安徽通志二百六十卷首六卷　（清）陶澍　（清）鄧廷楨等修　（清）李振庸　（清）韓玖纂　清道光十年（1830）刻本　二十七冊　存七十四卷（八十至八十四、一百二十七至一百三十、一百四十五至一百五十二、一百五十六至一百六十七、一百七十至一百七十二、二百十一至二百十四、二百十九至二百二十三、二百二十六至二百二十七、二百三十至二百六十）

330000－1710－0001005　921/3　史部/地理類/雜志之屬
浙江全省輿圖並水陸道里記不分卷　（清）宗源瀚等纂　清光緒二十年（1894）石印本　二十冊

330000－1710－0001007　921/15　史部/地理類/方志之屬/通志
［乾隆］盛京通志四十八卷　（清）宋筠等修　（清）魏樞等纂　清乾隆元年（1736）刻咸豐二年（1852）雷以諴校補印本　二十冊

330000－1710－0001008　921/19　史部/地理類/方志之屬
滇繫四十卷　（清）師範纂輯　清嘉慶十一年（1806）二餘堂刻本　三十七冊　缺一卷（二）

330000－1710－0001009　921/11　史部/地理類/方志之屬/通志
［雍正］山西通志二百三十卷　（清）覺羅石麟修　（清）儲大文纂　清嘉慶十六年（1811）衡齡校刻本　四十三冊　存九十六卷（一至二十八、三十二至四十一、四十六至六十六、八十九至九十四、九十八至一百十四、二百十七至二百三十）

330000－1710－0001010　921/20　史部/地理類/雜志之屬
蜀典十二卷　（清）張澍撰　清光緒二年（1876）尊經書院刻本　四冊

330000－1710－0001011　921/23　史部/地理類/方志之屬/通志
［光緒］湖南通志二百八十八卷首八卷末十九卷　（清）李翰章等修　（清）曾國荃等纂　清光緒十一年（1885）刻本　一百六十六冊　存二卷（二百二十三至二百二十四）

330000－1710－0001012　921/24　史部/地理類/雜志之屬
湖南疆域驛傳總纂十卷輿圖一卷　（清）慳硿山館輯　清光緒十四年（1888）刻本　六冊

330000－1710－0001013　921/26　史部/地理類/雜志之屬
西藏賦一卷　（清）和寧撰　清嘉慶二年（1797）刻本　一冊

330000－1710－0001016　922/3　史部/地理類/方志之屬/郡縣志
咸淳臨安志一百卷　（宋）潛說友纂　**校栞咸淳臨安志札記三卷**　（清）黃士珣撰　清道光十年（1830）錢塘汪氏振綺堂刻本（卷九十八至一百原缺）　二十四冊

330000－1710－0001017　922/4　史部/地理類/方志之屬/郡縣志
［乾隆］杭州府志一百十卷首六卷　（清）鄭澐修　（清）邵晉涵等纂　清乾隆四十九年（1784）刻本　十六冊　存三十六卷（七十一至七十八、八十至八十六、九十至一百十）

330000－1710－0001021　922/8　史部/地理類/方志之屬/郡縣志
［康熙］錢塘縣志三十六卷首一卷　（清）魏嵝修　（清）裘璉等纂　清康熙刻乾隆印本　六冊　存十六卷（四至十二、三十至三十六）

330000－1710－0001022　541/1　史部/地理類/雜志之屬
湖南疆域驛傳總纂十卷輿圖一卷　（清）慳硿山館輯　清光緒十四年（1888）刻本　十冊　缺一卷（圖）

330000－1710－0001023　922/12　史部/地理類/方志之屬/郡縣志

海昌備志五十二卷附錄二卷　（清）錢泰吉等纂修　清道光二十六年至二十七年（1846－1847）刻本　十四冊

330000－1710－0001024　922/9　史部/地理類/方志之屬/郡縣志

嘉靖海寧縣志九卷首一卷附錄一卷　（明）蔡完修　（明）董穀纂　清光緒二十四年（1898）許仁沐刻本　二冊

330000－1710－0001026　922/14　史部/地理類/方志之屬/郡縣志

［光緒］富陽縣志二十四卷首一卷　（清）汪文炳等修　（清）蔣敬時等纂　清光緒三十二年（1906）刻本　六冊　存二十一卷（三至八、十至二十四）

330000－1710－0001027　812.2/626、812.1/482、611/5、253/3、270/8、441/10、922/10　類叢部/叢書類/彙編之屬

清風室叢刊二十種　（清）錢保塘編　清同治十年至民國二十五年（1871－1936）海寧錢氏清風室刻本　十冊　存八種

330000－1710－0001028　612/107　類叢部/叢書類/彙編之屬

清風室叢刊二十種　（清）錢保塘編　清同治十年至民國二十五年（1871－1936）海寧錢氏清風室刻本　一冊　存一種

330000－1710－0001030　922/15　史部/地理類/方志之屬/郡縣志

富陽縣新舊志校記二卷　朱壽保撰　清光緒三十三年（1907）溫州翰墨林石印本　一冊

330000－1710－0001034　922/18　史部/地理類/方志之屬/郡縣志

［宣統］臨安縣志八卷首一卷末一卷　（清）彭循堯修　（清）董運昌　（清）周鼎纂　清宣統二年（1910）木活字印本　三冊　存七卷（一至五、八、末）

330000－1710－0001035　922/25　史部/地理類/方志之屬/郡縣志

［道光］嘉興府志六十卷首三卷　（清）于尚齡纂修　清道光二十年（1840）刻本　十七冊　存二十七卷（首一、三至七、十五至十七、十九至二十九、四十五至四十六、四十九、五十一至五十二、五十四至五十五）

330000－1710－0001036　922/17　史部/地理類/方志之屬/郡縣志

光緒餘杭縣志稿不分卷　（清）褚成博纂　清光緒三十二年（1906）刻本　一冊

330000－1710－0001037　922/24　史部/地理類/方志之屬/郡縣志

［嘉慶］嘉興府志八十卷首三卷　（清）伊湯安修　（清）馮應榴　（清）沈啓震纂　清嘉慶六年（1801）刻本　三冊　存七卷（首一至三、二十五至二十八）

330000－1710－0001038　922/26　史部/地理類/方志之屬/郡縣志

［道光］嘉興府志六十卷首三卷　（清）于尚齡纂修　清道光二十年（1840）刻本　一冊　存二卷（十九至二十）

330000－1710－0001039　921/12　史部/地理類/方志之屬/通志

［光緒］山西通志一百八十四卷首一卷　（清）曾國荃　（清）張煦等修　（清）王軒　（清）楊篤等纂　清光緒十八年（1892）刻本　金蓉鏡題記　十四冊　存十五卷（一至五、八十九至九十八）

330000－1710－0001041　922/27　史部/地理類/方志之屬/郡縣志

［光緒］嘉興府志八十八卷首二卷　（清）許瑤光修　（清）吳仰賢等纂　清光緒三年至四年（1877－1878）嘉興鴛湖書院刻五年（1879）重印本　四十八冊

330000－1710－0001042　922/28　史部/地理類/方志之屬/郡縣志

［康熙］嘉興縣志九卷　（清）何鋕修　（清）王庭　（清）徐發纂　清康熙二十四年（1685）刻本　四冊　存四卷（二至五）

330000－1710－0001043　922/29　史部/地理類/方志之屬/郡縣志
[光緒]嘉興縣志三十七卷首二卷末一卷　(清)趙惟崳修　(清)石中玉　(清)吳受福纂　清光緒三十四年(1908)刻本　二十四册

330000－1710－0001044　922/35　史部/地理類/方志之屬/郡縣志
[嘉慶]重修嘉善縣志二十卷首一卷　(清)萬相賓纂修　清嘉慶五年(1800)刻本　十二册

330000－1710－0001045　922/36　史部/地理類/方志之屬/郡縣志
[光緒]重修嘉善縣志三十六卷首一卷　(清)江峯青修　(清)顧福仁纂　清光緒二十年(1894)刻本　十六册

330000－1710－0001047　922/38　史部/地理類/方志之屬/郡縣志
[光緒]重修嘉善縣志三十六卷首一卷　(清)江峯青修　(清)顧福仁纂　**[民國]校勘光緒嘉善縣志劄記一卷**　孫傳樞　唐步雲等纂　清光緒二十年(1894)刻民國七年(1918)重印本(校勘光緒嘉善縣志劄記為民國八年(1919)鉛印本)　十七册

330000－1710－0001048　922/40　史部/地理類/方志之屬/郡縣志
[光緒]平湖縣志二十五卷首一卷末一卷　(清)彭潤章等修　(清)葉廉鍔等纂　**平湖殉難錄一卷**　(清)彭潤章輯　清光緒十二年(1886)刻本　十三册

330000－1710－0001049　922/43　史部/地理類/方志之屬/郡縣志
[光緒]石門縣志十一卷首一卷　(清)余麗元等纂修　清光緒四年至五年(1878－1879)刻本　十册

330000－1710－0001050　922/39　史部/地理類/方志之屬/郡縣志
[光緒]海鹽縣志二十二卷首一卷末一卷　(清)王彬修　(清)徐用儀纂　清光緒三年(1877)蔚文書院刻本　十四册

330000－1710－0001051　922/41　史部/地理類/方志之屬/郡縣志
[嘉慶]桐鄉縣志十二卷　(清)李廷輝修　(清)徐志鼎等纂　清嘉慶四年(1799)刻本　一册　存一卷(十)

330000－1710－0001052　922/42　史部/地理類/方志之屬/郡縣志
光緒桐鄉縣志二十四卷首四卷　(清)嚴辰纂　**楊園淵源錄四卷**　(清)沈曰富輯　清光緒十三年(1887)蘇州陶漱藝齋刻本　二十四册

330000－1710－0001053　922/46　史部/地理類/方志之屬/郡縣志
[同治]湖州府志九十六卷首一卷　(清)宗源瀚　(清)楊榮緒　(清)郭式昌修　(清)周學濬　(清)陸心源　(清)汪曰楨纂　清同治十一年至十三年(1872－1874)愛山書院刻光緒九年(1883)印本　四十册

330000－1710－0001054　922/47　史部/地理類/方志之屬/郡縣志
[光緒]烏程縣志三十六卷　(清)郭式昌　(清)潘玉璿　(清)馮健修　(清)周學濬　(清)汪曰楨纂　清光緒六年至七年(1880－1881)刻本　十二册

330000－1710－0001055　922/48　史部/地理類/方志之屬/郡縣志
[光緒]歸安縣志五十二卷首一卷　(清)李昱修　(清)陸心源纂　清光緒八年(1882)刻本　十六册

330000－1710－0001056　922/49　史部/地理類/方志之屬/郡縣志
[同治]長興縣志三十二卷　(清)趙定邦修　(清)周學濬　(清)丁寶書纂　**[光緒]長興志拾遺二卷首一卷**　(清)朱鎮纂　清同治十三年至光緒元年(1874－1875)刻十八年(1892)邵同珩　孫德祖增補重校刻民國二年(1913)印本([光緒]長興志拾遺為清光緒二十三年(1897)刻本)　十四册　缺四卷(二十三至二十六)

330000－1710－0001057　922/51　史部/地

理類/方志之屬/郡縣志

[同治]孝豐縣志十卷首一卷 (清)劉濬修 (清)潘宅仁等纂 清光緒五年(1879)刻二十九年(1903)補刻本 四册 缺一卷(四)

330000－1710－0001058 922/50 史部/地理類/方志之屬/郡縣志

[同治]安吉縣志十八卷首一卷 (清)汪榮 (清)劉蘭敏修 (清)張行孚 (清)丁寶書纂 清同治十三年(1874)刻本 十六册

330000－1710－0001061 922/54 史部/地理類/方志之屬/郡縣志

[雍正]寧波府志三十六卷首一卷 (清)曹秉仁等修 (清)萬經等纂 清道光二十六年(1846)刻本 十六册

330000－1710－0001062 922/57 史部/地理類/方志之屬/郡縣志

[光緒]鎮海縣志四十卷 (清)于萬川修 (清)俞樾等纂 清光緒五年(1879)鯤池書院刻本 十六册

330000－1710－0001063 922/58 史部/地理類/方志之屬/郡縣志

[道光]象山縣志二十四卷首一卷 (清)童立成 (清)吳錫疇修 (清)馮登府等纂 清道光十四年(1834)刻本(卷四、十六至十七配清抄本) 董大跋 七册 缺三卷(十三至十五)

330000－1710－0001064 922/59 史部/地理類/方志之屬/郡縣志

[光緒]慈谿縣志五十六卷附編一卷 (清)楊泰亨 (清)馮可鏞纂 (清)劉一桂校補 清光緒二十五年(1899)德潤書院刻民國三年(1914)慈谿縣公署印本 二十二册 缺六卷(二十二至二十四、五十二至五十四)

330000－1710－0001065 922/60 史部/地理類/方志之屬/郡縣志

[光緒]奉化縣志四十卷首一卷 (清)李前泮修 張美翊等纂 清光緒三十四年(1908)刻本 十二册

330000－1710－0001067 922/62 史部/地理類/方志之屬/郡縣志

[光緒]定海廳志三十卷首一卷 (清)史致馴修 (清)陳僑 (清)黄以周纂 清光緒十年至十一年(1884－1885)黄樹藩刻本 十册

330000－1710－0001070 922/68 史部/地理類/方志之屬/郡縣志

[嘉慶]山陰縣志三十卷首一卷 (清)徐元梅修 (清)朱文翰等纂 清嘉慶八年(1803)刻本 七册 存二十九卷(首、一至十六、十九至三十)

330000－1710－0001074 922/74 史部/地理類/方志之屬/郡縣志

[光緒]餘姚縣志二十七卷首一卷末一卷 (清)周炳麟修 (清)邵友濂 (清)孫德祖纂 清光緒二十五年(1899)刻本 十六册

330000－1710－0001075 922/76 史部/地理類/方志之屬/郡縣志

[嘉定]剡錄十卷 (宋)史安之修 (宋)高似孫纂 清道光八年(1828)李式圃刻本 二册

330000－1710－0001076 922/73 史部/地理類/方志之屬/郡縣志

[光緒]諸暨縣志六十一卷 陳遹聲修 (清)蔣鴻藻纂 清宣統二年(1910)刻本 十一册 缺二十二卷(一、十七至二十三、二十七至四十)

330000－1710－0001077 922/75 史部/地理類/方志之屬/郡縣志

[光緒]上虞縣志校續五十卷首一卷末一卷 (清)儲家藻修 (清)徐致靖纂 清光緒二十四年至二十五年(1898－1899)刻本 十七册 缺十一卷(五至十五)

330000－1710－0001078 922/77 史部/地理類/方志之屬/郡縣志

[同治]嵊縣志二十六卷首一卷末一卷 (清)嚴思忠 (清)陳仲麟修 (清)蔡以瑺等纂 清同治九年(1870)刻本 九册 存二十卷(首、一至十一、二十至二十六、末)

330000－1710－0001082　922/83　史部/地理類/方志之屬/郡縣志

[康熙]臨海縣志十五卷首一卷　(清)洪若臯纂　清康熙二十二年(1683)刻同治至光緒重印本　五册　缺六卷(六至十一)

330000－1710－0001083　922/84　史部/地理類/方志之屬/郡縣志

[光緒]黄巖縣志四十卷首一卷黄巖集三十二卷首一卷　(清)陳寶善　(清)孫憙修　(清)王棻纂　(清)陳鍾英　(清)鄭錫滜續修　(清)王詠霓續纂　清光緒三年(1877)刻本　二十三册　缺十二卷(黄巖集二十一至三十二)

330000－1710－0001084　922/234　史部/地理類/方志之屬/郡縣志

[同治]鄞縣志七十五卷　(清)戴枚修　(清)張恕　(清)董沛等纂　清光緒三年(1877)刻四年(1878)增刻本　三十四册

330000－1710－0001085　922/86　史部/地理類/方志之屬/郡縣志

光緒仙居志二十四卷首一卷仙居集二十四卷　(清)王壽頤　(清)潘紀恩修　(清)王棻　(清)李仲昭纂　清光緒二十年(1894)木活字印本　十七册　存四十六卷(首、一至十二、十六至二十四,仙居集一至二十四)

330000－1710－0001086　922/56　史部/地理類/方志之屬/郡縣志

[同治]鄞縣志七十五卷　(清)戴枚修　(清)張恕　(清)董沛等纂　清光緒三年(1877)刻四年(1878)增刻本　二十三册　存五十一卷(一至十六、二十至二十四、四十六至七十五)

330000－1710－0001087　922/88　史部/地理類/方志之屬/郡縣志

嘉慶太平縣志十八卷首一卷　(清)慶霖修　(清)戚學標等纂　清光緒二十二年(1896)刻本　十册

330000－1710－0001088　922/87　史部/地理類/方志之屬/郡縣志

光緒寧海縣志二十四卷首一卷　(清)王瑞成　(清)程雲驤修　(清)張濬等纂　清光緒二十八年(1902)刻民國四年(1915)重印本　十册　存二十一卷(首、一至九、十四至二十四)

330000－1710－0001089　922/89　史部/地理類/方志之屬/郡縣志

光緒太平續志十八卷首一卷　(清)陳汝霖修　(清)王棻等纂　清光緒二十二年(1896)刻本　六册　存十四卷(首、一至三、九至十八)

330000－1710－0001090　922/90　史部/地理類/方志之屬/郡縣志

[康熙]金華府志三十卷首一卷　(清)張藎修　(清)沈麟趾等纂　清宣統元年(1909)嵩連石印本　十册　存二十五卷(首、四至二十、二十四至三十)

330000－1710－0001092　922/92　史部/地理類/方志之屬/郡縣志

光緒蘭谿縣志八卷首一卷附補遺一卷　(清)秦簧　(清)邵秉經修　(清)唐壬森纂　清光緒十三年至十五年(1887－1889)刻本　八册

330000－1710－0001094　922/94　史部/地理類/方志之屬/郡縣志

[嘉慶]義烏縣志二十二卷首一卷　(清)諸自穀修　(清)程瑜　(清)李錫齡纂　清嘉慶七年(1802)刻本　十册

330000－1710－0001095　922/95　史部/地理類/方志之屬/郡縣志

[嘉慶]武義縣志十二卷首一卷　(清)張營堠修　(清)周家駒纂　清宣統二年(1910)石印本　六册

330000－1710－0001096　922/99　史部/地理類/方志之屬/郡縣志

[康熙]衢州府志四十卷首一卷　(清)楊廷望　(清)金玉衡纂修　清光緒八年(1882)劉國光刻本　杜寶光題記　十二册　存三十六卷(首、一至三、六至七、十一至四十)

330000－1710－0001098　922/101　史部/地理類/方志之屬/郡縣志

[嘉慶]西安縣志四十八卷首一卷 （清）姚寶煃修 （清）范崇楷等纂 清嘉慶十六年(1811)刻民國六年(1917)桂鑄西補刻本 十二册

330000－1710－0001099 922/100 史部/地理類/方志之屬/郡縣志
[嘉慶]西安縣志四十八卷首一卷 （清）姚寶煃修 （清）范崇楷等纂 清嘉慶十六年(1811)刻本 八册 存三十三卷(首、一至二十七、四十四至四十八)

330000－1710－0001101 922/103 史部/地理類/方志之屬/郡縣志
[康熙]龍游縣誌十二卷首一卷 （清）盧燦修 （清）余恂等纂 清光緒八年(1882)刻本 五册 缺二卷(九至十)

330000－1710－0001103 922/105 史部/地理類/方志之屬/郡縣志
[光緒]常山縣志六十八卷首一卷末一卷 （清）李瑞鍾修 （清）朱昌泰等纂 清光緒十二年(1886)刻本 十册 存五十卷(首、一至三十五、四十至四十六、六十三至六十八、末)

330000－1710－0001104 922/106 史部/地理類/方志之屬/郡縣志
[同治]江山縣志十二卷首一卷末一卷 （清）王彬 （清）孫晉梓修 （清）朱寶慈等纂 清同治十二年(1873)文溪書院刻本 八册

330000－1710－0001105 922/107 史部/地理類/方志之屬/郡縣志
[光緒]開化縣志十四卷首一卷 （清）徐名立 （清）潘紹詮修 （清）潘樹棠纂 清光緒二十四年(1898)刻本 八册 缺二卷(八至九)

330000－1710－0001106 922/109 史部/地理類/方志之屬/郡縣志
[光緒]建德縣志二十一卷首一卷 （清）謝仁澍 （清）吳俊修 （清）俞觀旭 （清）孫詒謀纂 清光緒十八年(1892)刻本 八册 缺二卷(十二至十三)

330000－1710－0001108 922/111 史部/地理類/方志之屬/郡縣志
[光緒]淳安縣志十六卷首一卷 （清）劉世寧修 （清）李詩續修 （清）陳中元 （清）竺士彥續纂 清光緒十年(1884)刻本 八册

330000－1710－0001109 814.3/123 子部/雜著類/雜說之屬
養拙軒筆記不分卷 （清）沈梓撰 稿本 六册

330000－1710－0001110 922/128 史部/地理類/方志之屬/郡縣志
[同治]麗水縣志十五卷 （清）彭潤章等纂修 清同治十三年(1874)刻本 八册

330000－1710－0001111 922/113 史部/地理類/方志之屬/郡縣志
[乾隆]遂安縣志十卷首一卷 （清）鄒錫疇修 （清）方引彥等纂 清光緒十六年(1890)桂林唐濟木活字印本 七册

330000－1710－0001112 922/114 史部/地理類/方志之屬/郡縣志
[光緒]壽昌縣志十一卷 （清）貝蘊章修 （清）黄標等纂 清末抄本 八册 缺三卷(四至六)

330000－1710－0001114 922/116 史部/地理類/方志之屬/郡縣志
[光緒]分水縣志十卷首一卷末一卷 （清）陳常鏵 （清）馮圻修 （清）臧承宣等纂 清光緒三十二年(1906)刻本 五册 缺一卷(八)

330000－1710－0001115 922/120 史部/地理類/方志之屬/郡縣志
[光緒]永嘉縣志三十八卷首一卷 （清）張寶琳修 （清）王棻 （清）孫詒讓纂 清光緒八年(1882)溫州維新書局刻本 二十册 存三十二卷(首、一至十二、二十至三十八)

330000－1710－0001116 922/121 史部/地理類/方志之屬/郡縣志
[光緒]樂清縣志十六卷首一卷 （清）李登雲 （清）錢寶鎔修 （清）石蘊輝繪圖 清光緒二十七年(1901)東甌郭誼刻民國元年(1912)

重印本　十四册　缺一卷(八)

330000－1710－0001117　922/122　史部/地理類/方志之屬/郡縣志
[嘉慶]瑞安縣志十卷首一卷　(清)張德標修　(清)王殿金　(清)黄徵義纂　清嘉慶十三年至十四年(1808－1809)刻本　七册　缺一卷(八)

330000－1710－0001118　922/123　史部/地理類/方志之屬/郡縣志
[乾隆]平陽縣志二十卷首一卷　(清)徐恕　(清)孫謙　(清)張南英纂修　清乾隆二十五年(1760)刻民國七年(1918)重修本　六册　存十四卷(一至十二、十九至二十)

330000－1710－0001120　922/125　史部/地理類/方志之屬/郡縣志
[同治]泰順分疆錄十二卷首一卷　(清)林鶚纂　(清)林用霖續纂　清光緒四年至五年(1878－1879)林氏望山堂刻本　六册

330000－1710－0001121　922/118　史部/地理類/方志之屬/郡縣志
[乾隆]温州府志三十卷首一卷　(清)李琬修　(清)齊召南　(清)汪沆纂　清乾隆二十七年(1762)刻同治四年(1865)修版印本　十册　缺十一卷(二十至三十)

330000－1710－0001122　922/126　史部/地理類/方志之屬/郡縣志
[光緒]玉環廳志十四卷首一卷　(清)杜冠英　(清)胥壽榮修　(清)吕鴻燾纂　**補遺一卷續增一卷**　(清)胡鍾駿撰　清光緒六年(1880)刻十四年(1888)增刻本　八册

330000－1710－0001123　922/127　史部/地理類/方志之屬/郡縣志
[光緒]處州府志三十卷首一卷末一卷　(清)潘紹詒修　(清)周榮椿纂　清光緒三年(1877)刻本　二十七册　缺二卷(二十四至二十五)

330000－1710－0001124　922/96　史部/地理類/方志之屬/郡縣志
[光緒]浦江縣志十五卷首一卷附殉難錄二卷　(清)善廣修　(清)張景青纂　清光緒二十三年(1897)刻三十一年(1905)補刻本　十四册　缺一卷(十)

330000－1710－0001125　922/119　史部/地理類/方志之屬/郡縣志
[乾隆]温州府志三十卷首一卷　(清)李琬修　(清)齊召南　(清)汪沆纂　清乾隆二十七年(1762)刻同治四年(1865)修版民國四年(1915)補刻本　十六册　存二十二卷(首、六至十九、二十二至二十八)

330000－1710－0001126　910/22、812.2/75、451/49、922/80、921/21　類叢部/叢書類/郡邑之屬
台州叢書九種　(清)宋世犖輯　清嘉慶至道光臨海宋氏刻本　二十册　存七種

330000－1710－0001127　922/129　史部/地理類/方志之屬/郡縣志
[光緒]青田縣志十八卷首一卷　(清)雷銑修　(清)王棻纂　清光緒元年至二年(1875－1876)刻本　十五册　缺一卷(十一)

330000－1710－0001128　922/130　史部/地理類/方志之屬/郡縣志
[光緒]縉雲縣志十六卷首一卷末一卷　(清)何乃容　(清)葛華修　(清)潘樹棠纂　清光緒二年至七年(1876－1881)刻本　十二册

330000－1710－0001129　922/131　史部/地理類/方志之屬/郡縣志
[光緒]松陽縣志十二卷首一卷　(清)支恒椿修　(清)丁鳳章等纂　清光緒元年(1875)刻本　六册

330000－1710－0001130　922/134　史部/地理類/方志之屬/郡縣志
[同治]雲和縣志十六卷首一卷　(清)伍承吉修　(清)涂冠續修　(清)王士鈖纂　清咸豐七年至同治三年(1857－1864)刻本　六册

330000－1710－0001131　922/132　史部/地理類/方志之屬/郡縣志

[光緒]龍泉縣志十二卷首一卷 (清)顧國詔修 (清)張世堉纂 清光緒四年(1878)刻本 六冊

330000－1710－0001132 922/133 史部/地理類/方志之屬/郡縣志

[光緒]慶元縣志十二卷首一卷 (清)林步瀛 (清)史恩緯修 (清)史恩緒等纂 清光緒三年(1877)刻本 十冊

330000－1710－0001133 922/135 史部/地理類/方志之屬/郡縣志

[光緒]宣平縣志二十卷首一卷 (清)皮樹棠修 (清)祝鳳梧纂 清光緒四年(1878)刻本 八冊

330000－1710－0001134 922/136 史部/地理類/方志之屬/郡縣志

景定建康志五十卷 (宋)馬光祖修 (宋)周應合纂 清嘉慶六年(1801)金陵孫忠愍祠刻本 十二冊 存三十五卷(五至九、十四至十八、二十二至三十八、四十三至五十)

330000－1710－0001135 922/138 史部/地理類/方志之屬/郡縣志

[康熙]揚州府志四十卷 (清)金鎮修 (清)崔華 (清)張萬壽續修 (清)王方歧續纂 清康熙二十四年(1685)刻本 四冊 存十五卷(十六至二十、二十三至二十五、二十九至三十二、三十六至三十八)

330000－1710－0001136 922/139 史部/地理類/方志之屬/郡縣志

[光緒]丹陽縣志三十六卷首一卷 (清)劉誥 (清)凌焯等修 (清)徐錫麟 (清)姜璘纂 清光緒十一年(1885)鴻鳳書院刻本 八冊

330000－1710－0001137 922/137 史部/地理類/方志之屬/郡縣志

同治上江兩縣志二十九卷首一卷 (清)莫祥芝 (清)沈國翰 (清)甘紹盤修 (清)汪士鐸等分修 (清)吳崧慶校錄兼繪圖 清同治十三年(1874)刻本 十二冊

330000－1710－0001138 039/118 類叢部/叢書類/郡邑之屬

台州叢書九種 (清)宋世犖輯 清嘉慶至道光臨海宋氏刻本 二冊 存一種

330000－1710－0001139 922/140 史部/地理類/方志之屬/郡縣志

[光緒]溧水縣志二十二卷首一卷 (清)傅觀光 (清)施春膏修 (清)丁維誠纂 清光緒九年(1883)刻本 六冊

330000－1710－0001140 922/143 史部/地理類/方志之屬/郡縣志

[光緒]海門廳圖志二十卷首一卷 (清)俞麟年等修 (清)孫壽祺 (清)王汝騏纂 清光緒二十六年(1900)刻本 四冊

330000－1710－0001141 922/81 類叢部/叢書類/郡邑之屬

續台州叢書十種 楊晨編 清光緒二十四年(1898)翁氏刻本 四冊 存一種

330000－1710－0001142 922/141 史部/地理類/方志之屬/郡縣志

[咸豐]邳州志二十卷首一卷 (清)董用威 (清)馬軼羣修 (清)魯一同纂 清咸豐元年(1851)刻光緒二十一年(1895)印本 六冊

330000－1710－0001143 922/144 史部/地理類/方志之屬/郡縣志

[光緒]通州直隸州志十六卷首一卷末一卷 (清)梁悅馨 (清)莫祥芝修 (清)季念詒 (清)沈鍠纂 清光緒元年(1875)刻本 三冊 存三卷(九、十二、十五)

330000－1710－0001145 922/142 史部/地理類/方志之屬/郡縣志

光緒贛榆縣志十八卷 (清)王豫熙修 (清)張謇纂 清光緒十四年(1888)刻本 四冊

330000－1710－0001146 922/145 史部/地理類/方志之屬/郡縣志

[光緒]泰興縣志二十六卷首一卷末一卷 (清)楊激雲修 (清)顧曾烜纂 清光緒十二年(1886)刻本 十冊

330000－1710－0001147　922/148　史部/地理類/方志之屬/郡縣志
[乾隆]蘇州府志八十卷首一卷　(清)雅爾哈善　(清)傅椿修　(清)習寯　(清)王峻纂　清乾隆十三年(1748)刻本　十三册　存三十三卷(首、一至二十一、五十八至六十三、七十二至七十六)

330000－1710－0001149　922/146　史部/地理類/方志之屬/郡縣志
[元豐]吴郡圖經續記三卷　(宋)朱長文纂修　清同治十二年(1873)江蘇書局刻本　一册

330000－1710－0001150　922/149　史部/地理類/方志之屬/郡縣志
[道光]蘇州府志一百五十卷首十卷　(清)宋如林　(清)羅琦修　(清)石韞玉纂　清道光四年(1824)刻本　三十册　存一百二十六卷(首一至十、一至一百十六)

330000－1710－0001151　922/150　史部/地理類/方志之屬/郡縣志
[同治]蘇州府志一百五十卷首三卷　(清)李銘皖　(清)譚鈞培修　(清)馮桂芬纂　清光緒八年(1882)江蘇書局刻本　六册　存七卷(首三、二十八、三十六至三十八、五十九至六十)

330000－1710－0001155　922/153　史部/地理類/方志之屬/郡縣志
[光緒]嘉定縣志三十二卷首一卷　(清)程其珏修　(清)楊震福等纂　清光緒七年至八年(1881－1882)刻本　十六册

330000－1710－0001156　922/155　史部/地理類/方志之屬/郡縣志
[嘉慶]松江府志八十四卷首二卷圖一卷　(清)宋如林修　(清)孫星衍　(清)莫晉纂　清嘉慶二十二年至二十三年(1817－1818)刻本　二十一册

330000－1710－0001157　922/154　史部/地理類/方志之屬/郡縣志
[光緒]川沙廳志十四卷首一卷末一卷　(清)陳方瀛修　(清)俞樾等纂　清光緒五年(1879)刻本　祝廷錫題記　五册　存十二卷(首、一至十一)

330000－1710－0001158　922/156　史部/地理類/方志之屬/郡縣志
[光緒]松江府續志四十卷首一卷圖一卷　(清)博潤修　(清)姚光發等纂　清光緒十年(1884)刻本　十二册

330000－1710－0001159　922/157　史部/地理類/方志之屬/郡縣志
[光緒]重修奉賢縣志二十卷首一卷末一卷　(清)韓佩金修　(清)張文虎等纂　清光緒四年(1878)刻本　六册

330000－1710－0001160　922/163　史部/地理類/方志之屬/郡縣志
[同治]都昌縣志十六卷首一卷　(清)狄學耕修　(清)劉庭煇　(清)黄昌蕃纂　清同治十一年(1872)刻本　四册　存九卷(首、一至八)

330000－1710－0001161　922/164　史部/地理類/方志之屬/郡縣志
[同治]九江府志五十四卷首一卷末一卷　(清)達春布修　(清)黄鳳樓　(清)歐陽燾纂　清同治十三年(1874)刻本　二十四册

330000－1710－0001162　622/158　史部/地理類/方志之屬/郡縣志
[光緒]青浦縣志三十卷首二卷末一卷　(清)汪祖綬等修　(清)熊其英　(清)邱式金纂　清光緒五年(1879)尊經閣刻本　十二册

330000－1710－0001163　922/159　史部/地理類/方志之屬/郡縣志
[光緒]青浦縣志三十卷首二卷末一卷　(清)汪祖綬等修　(清)熊其英　(清)邱式金纂　清光緒五年(1879)尊經閣刻本　十一册　缺三卷(二十二至二十四)

330000－1710－0001164　922/160　史部/地理類/方志之屬/郡縣志
[嘉慶]徽縣志八卷　(清)張伯魁纂修　清嘉慶十四年(1809)刻本　四册　存六卷(三至

八）

330000－1710－0001165　922/165　史部/地理類/方志之屬/郡縣志

[康熙]贛州府志七十八卷首一卷　（清）黄汝銓修　（清）張尚瑗纂　清康熙五十二年(1713)刻雍正印本　二冊　存八卷(二十三至二十八、七十至七十一)

330000－1710－0001166　922/166　史部/地理類/方志之屬/郡縣志

[同治]宜昌府志十六卷首一卷　（清）聶光鑾修　（清）王柏心　（清）雷春沼纂　清同治五年(1866)刻本　十三冊　缺二卷(十五至十六)

330000－1710－0001167　922/167　史部/地理類/方志之屬/郡縣志

[同治]長沙縣志三十六卷首一卷　（清）劉采邦等修　（清）張延珂　（清）袁繼翰纂　清同治十年(1871)刻本　二十冊

330000－1710－0001168　922/168　史部/地理類/方志之屬/郡縣志

[光緒]善化縣志三十四卷首一卷　（清）吴兆熙　（清）冒沅修　（清）張先掄　（清）韓炳章纂　清光緒三年(1877)刻本　九冊　存十四卷(二十一至三十四)

330000－1710－0001169　922/169　史部/地理類/方志之屬/郡縣志

[嘉慶]湘潭縣志四十卷　（清）張雲璈等修　（清）周系英纂　清嘉慶二十三年(1818)刻本　十冊　存二十三卷(一至二、六至九、十二至十六、二十三至三十二、三十九至四十)

330000－1710－0001170　922/171　史部/地理類/方志之屬/郡縣志

[光緒]湘陰縣圖志三十四卷首一卷末一卷　（清）郭嵩燾纂修　清光緒六年(1880)湘陰縣志局刻本　十四冊

330000－1710－0001171　922/170　史部/地理類/方志之屬/郡縣志

[光緒]湘潭縣志十二卷　（清）陳嘉榆等修　王闓運等纂　清光緒十五年(1889)刻本　十冊

330000－1710－0001172　922/172　史部/地理類/方志之屬/郡縣志

[光緒]邵陽縣鄉土志四卷首一卷　（清）陳吳萃　（清）施啟宇　（清）上官廉修　（清）姚炳奎纂修　清光緒三十三年(1907)刻本　四冊

330000－1710－0001173　922/174　史部/地理類/方志之屬/郡縣志

[光緒]桃源縣志十七卷首一卷末一卷　（清）余良棟修　（清）劉鳳苞纂　清光緒十八年(1892)刻本　十六冊

330000－1710－0001174　922/173　史部/地理類/方志之屬/郡縣志

[嘉慶]常德府志四十八卷首一卷附文徵九卷首一卷叢談三卷　（清）應先烈修　（清）陳楷禮纂　清嘉慶十八年(1813)刻本　二十二冊

330000－1710－0001175　922/175　史部/地理類/方志之屬/郡縣志

[光緒]零陵縣志十五卷附補遺一卷　（清）嵇有慶　（清）徐保齡修　（清）劉沛纂　清光緒二年(1876)刻本　八冊

330000－1710－0001176　922/177　史部/地理類/方志之屬/郡縣志

[宣統]永綏廳志三十卷首一卷　（清）董鴻勳纂修　清宣統元年(1909)鉛印本　十二冊

330000－1710－0001177　922/180　史部/地理類/方志之屬/郡縣志

[同治]永順縣志八卷首一卷末一卷　（清）魏式曾　（清）唐賡修　（清）李龍章纂　清同治十三年(1874)刻本　一冊　存二卷(首、一)

330000－1710－0001178　922/176　史部/地理類/方志之屬/郡縣志

[乾隆]辰州府志五十卷首一卷　（清）席紹葆等修　（清）謝鳴謙　（清）謝鳴盛纂　清乾隆三十年(1765)刻本　十八冊　缺二卷(四十九至五十)

330000－1710－0001179　922/182　史部/地理類/方志之屬/郡縣志

[光緒]龍山縣志十六卷首一卷補刻一卷（清）符爲霖修　（清）呂懋恒纂　（清）謝寶文續修　（清）劉沛續纂　清光緒四年(1878)刻本　六冊

330000－1710－0001180　922/178　史部/地理類/方志之屬/郡縣志

[道光]晃州廳志四十四卷首一卷末一卷（清）俞克振修　（清）梅嶧纂　清道光五年(1825)刻本　三冊　存三十六卷(首、一至十一、二十一至四十四)

330000－1710－0001181　922/183　史部/地理類/方志之屬/郡縣志

[同治]保靖縣志十二卷首一卷（清）林繼欽　（清）龔南金修　（清）袁祖綬纂　清同治十年(1871)刻本　八冊

330000－1710－0001182　922/179　史部/地理類/方志之屬/郡縣志

[同治]黔陽縣志六十卷首一卷（清）陳鴻作等修　（清）楊大誦　（清）易燮堯纂　清同治十三年(1874)刻本　十二冊

330000－1710－0001183　922/184　史部/地理類/方志之屬/郡縣志

[同治]桑植縣志八卷首一卷（清）周來賀修　（清）陳錦等纂　清同治十二年(1873)刻光緒十九年(1893)增刻本　五冊

330000－1710－0001184　922/185　史部/地理類/方志之屬/郡縣志

[光緒]古丈坪廳志十六卷（清）董鴻勳纂修　清光緒三十三年(1907)古丈廳署鉛印本　九冊　存十五卷(一至十五)

330000－1710－0001185　922/186　史部/地理類/方志之屬/郡縣志

[同治]直隸澧州志二十六卷首三卷（清）何玉棻修　（清）魏式曾纂　清同治刻本　二十二冊

330000－1710－0001186　922/187　史部/地理類/方志之屬/郡縣志

[嘉慶]直隸郴州總志四十三卷首一卷末一卷（清）朱偓等修　（清）陳昭謀纂　清光緒十九年(1893)木活字印本　二十六冊

330000－1710－0001187　922/188　史部/地理類/方志之屬/郡縣志

[道光]直隸靖州志十二卷首一卷（清）魏德畹纂修　（清）隆恩續修　（清）汪尚友續纂　清道光十七年(1837)刻本　十六冊

330000－1710－0001188　922/189　史部/地理類/方志之屬/郡縣志

[光緒]靖州鄉土志四卷首一卷　金蓉鏡纂　清光緒三十四年(1908)刻本　二冊

330000－1710－0001189　922/190　史部/地理類/方志之屬/郡縣志

[同治]綏寧縣志四十卷首一卷（清）方傳質修　（清）龍鳳翥纂　清同治六年(1867)刻本　九冊

330000－1710－0001190　922/191　史部/地理類/方志之屬/郡縣志

[嘉慶]通道縣志十卷首一卷（清）蔡象衡修　（清）羅臨遠　（清）李逢生纂　清嘉慶二十年(1815)刻本　四冊

330000－1710－0001191　922/192　史部/地理類/方志之屬/郡縣志

[嘉慶]會同縣志十二卷首一卷（清）朱澍　（清）陳心炳修　（清）夏昌言　（清）羅琳之纂　清嘉慶二十四年(1819)刻本　五冊　缺四卷(五至八)

330000－1710－0001192　922/193　史部/地理類/方志之屬/郡縣志

[光緒]重修會同縣志十四卷首一卷（清）孫炳煜等修　（清）黄世昌等纂　清光緒二年(1876)刻本　八冊

330000－1710－0001193　922/195　史部/地理類/方志之屬/郡縣志

[同治]桂陽直隸州志二十七卷首一卷（清）汪敩灝修　王闓運纂　清同治七年(1868)刻

本　十三册

330000－1710－0001194　922/194　史部/地理類/方志之屬/郡縣志
[嘉慶]直隸桂陽州志四十三卷首一卷　(清)袁成烈修　(清)曹昌　(清)劉德濬　(清)李煥有纂　清嘉慶二十三年(1818)刻本　十四册

330000－1710－0001195　922/196　史部/地理類/方志之屬/郡縣志
[嘉慶]羅江縣志十卷　(清)李調元纂修　清嘉慶七年(1802)刻本　二册

330000－1710－0001196　922/197　史部/地理類/方志之屬/郡縣志
[同治]增修酉陽直隸州總志二十二卷首一卷末一卷　(清)王鱗飛等修　(清)馮世瀛　(清)冉崇文纂　清同治三年(1864)刻本　二十四册

330000－1710－0001197　922/198　史部/地理類/方志之屬/郡縣志
[乾隆]永清縣志二十五卷附文徵五卷　(清)周震榮修　(清)章學誠纂　清乾隆四十四年(1779)刻嘉慶十八年(1813)補刻本　四册

330000－1710－0001198　922/199　史部/地理類/方志之屬/郡縣志
[康熙]長垣縣志八卷　(明)張文炫修　(清)宗琮增修　(清)王元烜增纂　明萬曆三十一年(1603)刻清康熙十九年(1680)三十九年(1700)遞增刻本　二册　存二卷(四、七)

330000－1710－0001199　922/207　史部/地理類/方志之屬/郡縣志
[雍正]通許縣志十卷　(清)王應珮修　(清)韓鼎　(清)景份纂　清雍正八年(1730)刻本　一册　存三卷(四至六)

330000－1710－0001200　922/204　史部/地理類/方志之屬/郡縣志
[康熙]東阿縣志十二卷　(清)劉沛先修　(清)王吉臣纂　清康熙四年(1665)刻本　二册　存六卷(七至十二)

330000－1710－0001201　922/209　史部/地理類/方志之屬/郡縣志
[乾隆]信陽州志十二卷首一卷　(清)張鉞修　(清)萬侯纂　清乾隆十四年(1749)刻本　八册

330000－1710－0001202　922/210　史部/地理類/方志之屬/郡縣志
[光緒]光州志十二卷首一卷　(清)楊修田修　(清)馬佩玖等纂　清光緒十三年(1887)刻本　十二册

330000－1710－0001203　922/211　史部/地理類/方志之屬/郡縣志
[道光]承德府志六十卷首二十六卷　(清)海忠纂修　(清)廷杰　(清)李世寅重訂　清光緒十三年(1887)刻本　二十四册

330000－1710－0001204　922/212　史部/地理類/方志之屬/郡縣志
[熙寧]長安志二十卷　(宋)宋敏求纂　**長安志圖三卷**　(元)李好文撰　(清)畢沅校　清光緒十七年(1891)思賢講舍刻本　五册

330000－1710－0001205　922/216　史部/地理類/方志之屬/郡縣志
[光緒]潮陽縣志二十二卷首一卷　(清)周恒重修　(清)張其翻纂　清光緒十年(1884)刻本　十册

330000－1710－0001206　922/215　史部/方志類
[正德]武功縣志三卷首一卷　(明)康海纂　清同治十二年(1873)湖北崇文局書刻本　一册

330000－1710－0001207　922/218　史部/地理類/方志之屬/郡縣志
宜興荆溪舊志五種　(清)□□輯　清光緒八年(1882)刻本　一册　存一種

330000－1710－0001208　922/217　史部/地理類/方志之屬/郡縣志
[光緒]饒平縣志二十五卷圖一卷　(清)劉抃修　(清)惠登甲增修　(清)黃德容　(清)

翁荃增纂　清康熙二十六年(1687)刻光緒九年(1883)增刻本　八册　缺五卷(十四至十八)

330000－1710－0001209　922/219　史部/地理類/方志之屬/郡縣志
[同治]續輯漢陽縣志二十八卷　(清)黄式度　(清)王庭楨修　(清)王柏心纂　清同治七年(1868)刻本　一册　存三卷(七至九)

330000－1710－0001212　922/224　史部/地理類/方志之屬/郡縣志
[嘉慶]廣陵事畧七卷　(清)姚文田輯　清嘉慶十七年(1812)歸安姚氏開封節院刻本　四册　存五卷(一至五)

330000－1710－0001214　922/229　史部/地理類/方志之屬/郡縣志
乾道臨安志十五卷　(宋)周淙纂　清光緒二十年(1894)孫氏壽松堂刻本(卷四至十五原缺)　清孫峻左題記　二册

330000－1710－0001216　922/231　史部/地理類/方志之屬/郡縣志
[嘉慶]餘杭縣志四十卷　(清)張吉安修　(清)朱文藻纂　(清)崔應榴　(清)董作棟續纂　清光緒六年(1880)王崧辰木活字印本　十二册

330000－1710－0001218　922/222　史部/地理類/方志之屬/郡縣志
[乾隆]澳門記畧二卷首一卷末一卷　(清)印光任　(清)張汝霖纂　清抄本　一册　存二卷(首、一)

330000－1710－0001219　922/233　史部/地理類/方志之屬/郡縣志
[光緒]海鹽縣志二十二卷首一卷末一卷　(清)王彬修　(清)徐用儀纂　清光緒三年(1877)蔚文書院刻本　十六册

330000－1710－0001220　922/235　史部/地理類/方志之屬/郡縣志
[乾隆]奉化縣志十四卷首一卷　(清)曹膏　(清)唐宇霈修　(清)陳琦纂　清光緒木活字印本　十册

330000－1710－0001225　922/240　史部/地理類/方志之屬/郡縣志
[光緒]諸暨縣志六十一卷　陳遹聲修　(清)蔣鴻藻纂　清宣統二年(1910)刻本　十八册

330000－1710－0001226　922/241　史部/地理類/方志之屬/郡縣志
[光緒]上虞縣志校續五十卷首一卷末一卷　(清)儲家藻修　(清)徐致靖纂　清光緒二十四年至二十五年(1898－1899)刻本　二十册

330000－1710－0001229　922/245　史部/地理類/方志之屬/郡縣志
[光緒]分水縣志十卷首一卷末一卷　(清)陳常鏵　(清)馮圻修　(清)臧承宣等纂　清光緒三十二年(1906)刻民國三十年(1941)重印本　六册

330000－1710－0001238　923/1　史部/地理類/方志之屬/郡縣志
[光緒]梅里志十八卷　(清)楊謙纂　(清)李富孫補輯　(清)余楙續補　清光緒三年(1877)仁濟堂刻本　六册

330000－1710－0001239　922/254　史部/地理類/方志之屬/郡縣志
[同治]安吉縣志十八卷首一卷　(清)汪榮　(清)劉蘭敏修　(清)張行孚　(清)丁寶書纂　清同治十三年(1874)刻本　十四册　存十六卷(二至十一、十三至十八)

330000－1710－0001240　922/255　史部/地理類/方志之屬/郡縣志
[同治]滑縣志十二卷　(清)姚錕修　(清)徐光第纂　清同治六年(1867)刻本　一册　存一卷(五)

330000－1710－0001241　922/256　史部/地理類/方志之屬/郡縣志
[嘉慶]邛州直隸州志四十六卷首一卷　(清)吳鞏修　(清)王來遴纂　清嘉慶二十三年(1818)刻本　三册　缺三十五卷(七至三十八、四十四至四十六)

330000－1710－0001242　923/4　史部/地理類/專志之屬/園林

竹垞小志五卷　(清)阮元訂　(清)楊蟠等輯　清嘉慶三年(1798)七錄書閣刻本　二冊

330000－1710－0001244　923/14　史部/地理類/雜志之屬

東畬雜記附幽湖百詠一卷　(清)沈廷瑞　(清)沈濤撰　(清)沈梓補　清光緒十三年至十四年(1887－1888)濮院沈氏紅藥山房刻本　一冊

330000－1710－0001245　923/16　史部/地理類/方志之屬/郡縣志

海鹽澉水誌二卷　(宋)羅叔韶修　(宋)常棠纂　清抄明刻鹽邑志林本　一冊

330000－1710－0001251　923/19　史部/地理類/雜志之屬

續當湖外志八卷附當湖忠義紀略一卷　(清)馬承昭輯　清光緒元年(1875)白榆邨舍刻本　二冊

330000－1710－0001254　923/17　類叢部/叢書類/郡邑之屬

鹽邑志林四十一種附一種　(明)樊維城彙編　明刻清印本　二冊　存五種

330000－1710－0001255　923/18　史部/傳記類/總傳之屬/郡邑

當湖外志八卷　(清)馬承昭輯　清光緒元年(1875)刻本　二冊

330000－1710－0001257　923/26　史部/地理類/方志之屬/郡縣志

[咸豐]南潯鎮志四十卷首一卷　(清)汪曰楨撰　清同治二年(1863)刻本　祝廷錫題簽　十冊　存四十一卷(首、一至四十)

330000－1710－0001260　923/35　史部/地理類/方志之屬/郡縣志

[嘉慶]北湖小志六卷首一卷　(清)焦循纂　清嘉慶十三年(1808)揚州阮氏刻本　二冊

330000－1710－0001261　923/31　史部/地理類/方志之屬/郡縣志

[道光]平望志十八卷首一卷　(清)翁廣平纂　清光緒十三年(1887)吳江黃兆檉刻本　五冊　存十六卷(首、一至十五)

330000－1710－0001262　923/32　史部/地理類/方志之屬/郡縣志

[光緒]平望續志十二卷首一卷　(清)黃兆檉纂　清光緒十三年(1887)吳江黃兆檉刻本　四冊

330000－1710－0001263　923/33　史部/地理類/方志之屬/郡縣志

重輯楓涇小志十卷首一卷　(清)曹相駿纂　(清)許光墉增纂　**楓溪竹枝詞一卷**　(清)沈蓉城撰　清光緒十七年(1891)鉛印本　二冊　缺二卷(四至五)

330000－1710－0001264　923/34　史部/地理類/方志之屬/郡縣志

[宣統]續修楓涇小志十卷首一卷　(清)程兼善纂　清宣統三年(1911)鉛印本　三冊　存八卷(三至十)

330000－1710－0001266　923/40　史部/地理類/方志之屬/郡縣志

[光緒]忠義鄉志二十卷首一卷　(清)吳文江纂　清光緒二十七年(1901)刻本　五冊　缺四卷(九至十二)

330000－1710－0001267　923/43　史部/地理類/專志之屬/書院

陝甘味經書院志八卷　(清)劉光蕡撰　清光緒二十年(1894)陝西味經售書處刻本　一冊

330000－1710－0001268　923/44　史部/地理類/專志之屬/書院

重脩南溪書院志四卷首一卷　(清)楊毓健等撰　清同治九年(1870)刻本　四冊

330000－1710－0001271　923/45　史部/政書類/軍政之屬/兵制

杭州八旗駐防營志略二十五卷　(清)張大昌輯　清光緒十九年(1893)浙江書局刻本　六冊

330000－1710－0001272　930/2　史部/地理

類/方志之屬/通志
[道光]西域考古錄十八卷 (清)俞浩撰 清道光二十七年(1847)刻本 六冊

330000－1710－0001273 930/4 史部/地理類/方志之屬/郡縣志
[嘉慶]西陲要略四卷 (清)祁韻士纂 清道光十七年(1837)筠淥山房刻本 一冊

330000－1710－0001274 930/5 史部/地理類/方志之屬/郡縣志
[嘉慶]西陲要略四卷 (清)祁韻士纂 清光緒八年(1882)總理衙門鉛印本 二冊

330000－1710－0001275 930/3 史部/地理類/雜志之屬
西域釋地一卷 (清)祁韻士撰 清道光十六年(1836)筠淥山房刻本 一冊

330000－1710－0001276 930/6 史部/政書類/軍政之屬/邊政
朔方備乘六十八卷首十二卷 (清)何秋濤撰 清光緒石印本 四冊 存四十三卷(首一至十二、一至十三、二十三至四十)

330000－1710－0001277 930/6－1 史部/政書類/軍政之屬/邊政
朔方備乘六十八卷首十二卷 (清)何秋濤撰 清光緒石印本 七冊 存七十一卷(首一至十二、一至三十四、四十四至六十八)

330000－1710－0001278 930/6－2 史部/政書類/軍政之屬/邊政
朔方備乘六十八卷首十二卷 (清)何秋濤撰 清光緒石印本 二冊 存二十三卷(一至十五、六十至六十七)

330000－1710－0001279 930/7 史部/叢編類
北徼彙編十九種 (清)何秋濤輯 清同治四年(1865)京都龍威閣刻本 五冊 存十五種

330000－1710－0001280 930/9 史部/地理類/外紀之屬
薄海番域錄十二卷 (清)邵大緯撰 清道光九年(1829)武定邵氏刻本 六冊

330000－1710－0001281 930/11 史部/地理類/雜志之屬
蒙古游牧記十六卷 (清)張穆撰 清同治六年(1867)壽陽祁氏刻本 四冊

330000－1710－0001282 930/10 史部/地理類/雜志之屬
溪蠻叢笑一卷 (宋)朱輔撰 清抄本 一冊

330000－1710－0001283 930/12 史部/雜史類/外紀之屬
皇朝藩部要略十八卷世系表四卷 (清)祁韻士撰 清光緒十年(1884)浙江書局刻本 八冊

330000－1710－0001285 930/13 史部/雜史類/外紀之屬
皇朝藩部要略十八卷世系表四卷 (清)祁韻士撰 清道光筠淥山房刻本 五冊 存十八卷(要略一至十八)

330000－1710－0001286 941/3 史部/地理類/山川之屬/山志
西天目祖山志八卷首一卷末一卷補遺一卷 (明)釋廣賓撰 (清)釋際界增訂 清光緒二年(1876)刻本 四冊

330000－1710－0001287 941/2 史部/地理類/山川之屬/山志
西天目祖山志八卷首一卷末一卷補遺一卷 (明)釋廣賓撰 (清)釋際界增訂 清嘉慶九年(1804)刻本 三冊 存八卷(三至八、末、補遺)

330000－1710－0001290 941/9 史部/地理類/山川之屬/山志
重修南海普陀山志二十卷首一卷 (清)秦耀曾輯 清道光十二年(1832)刻本 四冊

330000－1710－0001291 941/10 史部/地理類/山川之屬/山志
重修南海普陀山志二十卷首一卷 (清)秦耀曾編 清道光十二年(1832)刻民國四年(1915)佛經流通處重修本 四冊

330000－1710－0001293 941/12 史部/地

理類/山川之屬/山志

天台山方外志要十卷 （清）齊召南纂 清乾隆三十二年（1767）刻本 四冊

330000－1710－0001295 941/13 史部/地理類/山川之屬/山志

爛柯山志十三卷 （清）鄭永禧輯 清光緒三十三年（1907）不其山館刻本 四冊

330000－1710－0001296 941/15 史部/地理類/山川之屬/山志

廣雁蕩山志二十八卷首一卷末一卷 （清）曾唯輯 清乾隆五十五年（1790）曾唯依綠園刻嘉慶十三年（1808）增刻本 八冊 缺二卷（二十八、末）

330000－1710－0001299 941/18 史部/地理類/山川之屬/山志

靈巖志略一卷 （清）王鎬撰 清石印本 一冊

330000－1710－0001300 421/23、430/12、430/13、941/19、441/30、814.3/53、814.3/111、814.3/112、612/79、812.2/73、811.2/43、012/9 類叢部/叢書類/彙編之屬

峭帆樓叢書十八種 趙詒琛編 清宣統三年至民國八年（1911－1919）新陽趙氏峭帆樓刻本 二十一冊 存十六種

330000－1710－0001304 941/26 史部/地理類/山川之屬/山志

九疑山志四卷 （清）吳繩祖纂 清嘉慶元年（1796）吳氏退思齋刻同治增補印本 二冊

330000－1710－0001306 941/27 史部/地理類/山川之屬/山志

龍潭山志七卷首一卷末一卷 （清）康阜纂 清光緒五年（1879）刻本 七冊 存八卷（首、一至三、五至七、末）

330000－1710－0001308 941/28 史部/地理類/山川之屬/山志

盤山志十卷首一卷補遺四卷 （清）釋智朴撰 （清）王士禛 （清）朱彝尊訂 清康熙三十五年（1696）刻本 三冊 存十二卷（首、一至二、六至十、補遺一至四）

330000－1710－0001309 941/29 史部/地理類/山川之屬/山志

泰山志二十卷 （清）金棨撰 清嘉慶刻本 十冊

330000－1710－0001310 941/32 史部/地理類/山川之屬/山志

華嶽志八卷首一卷 （清）李榕撰 清道光十一年（1831）楊翼武清白別墅刻本 四冊

330000－1710－0001311 941/33 史部/地理類/山川之屬/山志

華嶽志八卷首一卷 （清）李榕撰 清道光十一年（1831）楊翼武清白別墅刻光緒九年（1883）楊昌濬重修本 顏成贈款 四冊

330000－1710－0001312 941/35 史部/地理類/專志之屬/寺觀

天童寺志十卷首一卷 （清）德介 （清）聞性道撰 清康熙刻嘉慶增補本 四冊

330000－1710－0001314 941/38 史部/地理類/山川之屬/水志

續海塘新志四卷 清刻本 四冊

330000－1710－0001316 941/41 史部/地理類/水利之屬

荆州萬城隄志十卷首一卷末一卷 （清）倪文蔚纂 清光緒二年（1876）刻二十一年（1895）舒惠補刻本 六冊

330000－1710－0001317 941/42 史部/地理類/水利之屬

荆州萬城隄續志十卷首一卷末一卷 （清）舒惠撰 **荆州萬城隄後續志一卷** （清）余肇康撰 清光緒二十年（1894）二十二年（1896）刻本（荆州萬城隄續志卷二、十原缺） 五冊

330000－1710－0001318 941/43 史部/地理類/山川之屬/山志

萬山綱目二十一卷 （清）李誠撰 清光緒二十六年（1900）刻本 八冊

330000－1710－0001319 941/44 史部/地

理類/山川之屬/山志

京口三山志　(清)□□輯　清同治至光緒刻本　四冊　存一種

330000－1710－0001320　941/45　史部/地理類/山川之屬/山志

石鐘山志十六卷首一卷　(清)李成謀　(清)丁義方撰　清光緒九年(1883)聽濤眺雨軒刻本　八冊

330000－1710－0001321　941/46　史部/地理類/山川之屬/山志

武夷山志二十四卷首一卷　(清)董天工撰　清道光二十六年至二十七年(1846－1847)籍溪羅氏五夫尺木軒刻本　八冊

330000－1710－0001322　941/47　史部/地理類/專志之屬/祠墓

岳廟志略十卷首一卷　(清)馮培輯　清嘉慶八年(1803)刻本　一冊　缺二卷(九至十)

330000－1710－0001323　941/48　史部/地理類/專志之屬/祠墓

吳山伍公廟志六卷首一卷附一卷　(清)金文淳纂修　(清)沈永青增輯　清光緒二年(1876)刻本　一冊

330000－1710－0001324　941/51　史部/地理類/專志之屬/祠墓

平湖陸氏景賢祠志四卷　(明)□□輯　(清)陸龍光增輯　清光緒六年(1880)刻本　二冊

330000－1710－0001326　943/8、941/50、941/34、943/5、943/9、922/7、922/6、943/3、922/2　類叢部/叢書類/郡邑之屬

武林掌故叢編一百九十種　(清)丁丙編　清光緒三年至二十六年(1877－1900)錢塘丁氏嘉惠堂刻本([乾道]臨安志卷四至十五、南宋館閣錄卷一原缺)　三十四冊　存十三種

330000－1710－0001327　941/52　史部/地理類/專志之屬/祠墓

曹江孝女廟誌八卷首一卷末一卷補遺一卷　(清)金廷棟輯　(清)唐煦春增輯　清光緒八年(1882)五社公所刻本　二冊

330000－1710－0001328　941/55　史部/地理類/山川之屬/山志

鼓山志十四卷首一卷　(清)黄任脩輯　清乾隆刻光緒二年(1876)重修本　六冊

330000－1710－0001329　930/15　史部/地理類/雜志之屬

帕米爾圖敘例一卷　(清)錢恂　(德國)金理楷撰　**英人楊哈思班游記一卷**　(英國)楊哈思班撰　**俄人康穆才甫斯基游記一卷**　(俄國)康穆才甫斯基撰　**英人戈登游記一卷**　(英國)戈登撰　清光緒木活字印本　一冊

330000－1710－0001331　941/56　史部/地理類/山川之屬/山志

孤嶼志八卷首一卷　(清)陳舜咨輯　清嘉慶十四年(1809)介和堂刻本　五冊

330000－1710－0001335　941/60　史部/地理類/雜志之屬

嘉府典故纂要八卷　(清)王惟梅輯　清光緒元年(1875)徐應良刻本　二冊

330000－1710－0001336　941/62　史部/地理類/雜志之屬

嘉府典故纂要續編八卷　(清)王惟梅輯　清嘉慶四年(1799)環翠書屋刻本　五冊

330000－1710－0001337　941/39　史部/地理類/山川之屬/水志

南湖考一卷　(明)陳幼學撰　**節錄餘杭縣南湖事略一卷南湖誌考一卷**　(清)陳善撰　清光緒五年(1879)浙江官書局刻本　一冊

330000－1710－0001338　942/1　史部/政書類/軍政之屬/邊政

三省邊防備覽十四卷　(清)嚴如熤輯　清道光二年(1822)刻本　四冊

330000－1710－0001339　942/2　史部/政書類/軍政之屬/邊政

苗防備覽二十二卷　(清)嚴如熤撰　清嘉慶二十五年(1820)漵浦嚴氏刻本　八冊

330000－1710－0001340　942/3　史部/政書類/軍政之屬/邊政

苗防備覽二十二卷　(清)嚴如熤撰　清道光二十三年(1843)溆浦嚴氏刻本　六冊

330000－1710－0001341　942/5　史部/地理類/防務之屬/海防
洋防輯要二十四卷　(清)嚴如熤撰　清道光十八年(1838)刻本　十二冊

330000－1710－0001342　942/4　史部/政書類/軍政之屬/邊政
湖南苗防屯政考十五卷首一卷補編一卷　(清)但湘良撰　清光緒九年(1883)蒲圻但氏刻本　十六冊　缺一卷(一)

330000－1710－0001343　943/7　史部/地理類/山川之屬/水志
湖山便覽十二卷圖說一卷　(清)翟灝等撰　清乾隆三十年(1765)刻本　一冊　存二卷(五至六)

330000－1710－0001344　943/10　史部/地理類/專志之屬/祠墓
兩浙防護陵寢祠墓錄不分卷　(清)阮元輯　清光緒十五年(1889)浙江書局刻本　二冊

330000－1710－0001345　943/1　史部/地理類/山川之屬/水志
西湖志四十八卷　(清)李衛　(清)程元章修　(清)傅王露撰　清乾隆吴家龍刻本　十五冊　存三十五卷(一至二、五至十二、十五至十九、二十六至四十、四十四至四十八)

330000－1710－0001347　943/2　史部/地理類/山川之屬/水志
西湖志四十八卷　(清)李衛　(清)程元章修　(清)傅王露撰　清光緒四年(1878)浙江書局刻本　二十冊

330000－1710－0001348　533/5、533/7、515/57、943/12　史部/政書類/邦計之屬
兩浙宦游紀畧四種　(清)戴槃撰　清同治七年(1868)刻本　四冊　存二種

330000－1710－0001350　943/21　史部/地理類/雜志之屬
鸚鵡湖櫂歌一卷　(清)陸增撰　清道光十六年(1836)刻本　一冊

330000－1710－0001351　943/18　史部/地理類/雜志之屬
南湖百詠一卷　(清)吴萃恩撰　清同治五年(1866)嘉興吴氏小匏庵刻本　一冊

330000－1710－0001352　943/22　史部/地理類/雜志之屬
鸚鵡湖櫂歌一卷　(清)陸增撰　清宣統二年(1910)華雲閣鉛印本　一冊

330000－1710－0001353　943/24　史部/地理類/雜志之屬
鹽溪漁唱一卷　周光瑞撰　清宣統二年(1910)華雲閣鉛印本　一冊

330000－1710－0001354　943/23　史部/地理類/雜志之屬
泖水鄉歌一卷　俞金鼎撰　清宣統三年(1911)華雲閣鉛印本　祝廷錫題記　一冊

330000－1710－0001355　943/25　史部/地理類/遊記之屬/紀勝
霞客遊記十卷外編一卷　(明)徐弘祖著　(明)季夢良編　(明)楊名時閲　(明)李寄輯　**補編一卷**　(清)葉廷甲輯　清嘉慶十三年(1808)葉氏水心齋刻本　十冊　缺一卷(外編)

330000－1710－0001356　943/26　史部/地理類/遊記之屬/紀勝
徐霞客遊記十卷　(明)徐弘祖撰　**外編一卷**　(清)徐鎮輯　**補編一卷**　(清)葉廷甲輯　清光緒七年(1881)瘦景山房木活字印本　六冊　存七卷(三、五至七、九至十,補編)

330000－1710－0001357　516/64　史部/政書類/邦計之屬
兩浙宦遊記畧不分卷　(清)戴槃撰　清同治刻本　二冊

330000－1710－0001358　943/28　史部/地理類/遊記之屬/紀行
辛卯侍行記六卷　(清)陶保廉撰　清光緒二十三年(1897)養樹山房刻本　金蓉鏡題記

六册

330000－1710－0001359　943/31　史部/地理類/遊記之屬/紀行
河海崑崙錄四卷　裴景福撰　清宣統元年(1909)上海文明書局鉛印本　四册

330000－1710－0001360　516/79　史部/政書類/邦計之屬
兩浙宦游紀畧四種　(清)戴槃撰　清同治七年(1868)刻本　八册

330000－1710－0001361　533/6　史部/政書類/邦計之屬
兩浙宦游紀畧四種　(清)戴槃撰　清同治七年(1868)刻本　一册　存一種

330000－1710－0001362　943/30　史部/地理類/遊記之屬/紀行
藏輶隨記一卷　陶思曽撰　清宣統三年(1911)鉛印本　一册

330000－1710－0001363　943/32　新學/游記
滿洲旅行記二卷　(日本)小越平隆撰　(清)克齋譯　清光緒二十八年(1902)上海廣智書局鉛印本　二册

330000－1710－0001367　943/39　史部/地理類/遊記之屬/紀行
郴遊錄一卷　金蓉鏡撰　清光緒三十二年(1906)學務處鉛印本　金蓉鏡批　一册

330000－1710－0001368　943/40　史部/地理類/遊記之屬/紀行
郴遊錄一卷郴州集一卷　金蓉鏡撰　清光緒三十二年(1906)學務處鉛印本　一册

330000－1710－0001369　942/46　史部/地理類/外紀之屬
環遊地球新錄四卷　(清)李圭撰　清光緒四年(1878)鉛印本　四册

330000－1710－0001370　943/43　史部/地理類/外紀之屬
扶桑兩月記一卷　羅振玉撰　清光緒二十八年(1902)教育世界社石印本　一册

330000－1710－0001371　943/44　子部/雜著類/雜記之屬
談瀛錄六卷　(清)袁祖志撰　清光緒十七年(1891)上海同文書局石印本　二册

330000－1710－0001372　943/48　史部/政書類/儀制之屬/典禮
南巡盛典一百二十卷　(清)高晉等纂修　清乾隆三十六年(1771)武英殿刻本　十七册　存四十卷(一至三十一、九十二至九十八、一百四至一百五)

330000－1710－0001373　943/51　史部/地理類/專志之屬/宫殿
三輔黄圖六卷附補遺一卷　(漢)□□撰　(清)畢沅校　清光緒十七年(1891)思賢講舍刻本　一册

330000－1710－0001374　943/52　史部/地理類/雜志之屬
京師地名對二卷　(明)巴哩克杏芬輯　清光緒二十七年(1901)刻本　二册

330000－1710－0001375　943/49　史部/地理類
小方壺齋輿地叢鈔十二帙補編十二帙再補編十二帙　(清)王錫祺輯　清光緒十七年至二十三年(1891－1897)上海著易堂鉛印本　十三册　存一百二十五種

330000－1710－0001376　943/53　史部/金石類/郡邑之屬
湘城訪古錄十七卷首一卷　(清)陳運溶撰　清光緒二十年(1894)刻本　六册

330000－1710－0001377　943/14　史部/地理類/山川之屬/水志
莫愁湖志六卷首一卷　(清)馬士圖撰　清光緒刻本　一册　存二卷(五至六)

330000－1710－0001378　943/56　集部/別集類/清別集
新溪櫂歌一卷　(清)鄭鏞撰　清道光二十三年(1843)刻本　鄭之章題簽並記　呂遇岩題

記　一冊

330000－1710－0001379　943/57　集部/別集類/清別集

聞川綴舊詩二卷　(清)唐佩金撰　清宣統三年(1911)小桃花庵鉛印本　一冊

330000－1710－0001380　943/58　史部/地理類/雜志之屬

海上竹枝詞一卷　(清)朱文柄撰　清宣統元年(1909)集成圖書公司鉛印本　一冊

330000－1710－0001381　943/57－2　集部/別集類/清別集

聞川綴舊詩二卷　(清)唐佩金撰　清宣統三年(1911)小桃花庵鉛印本　一冊

330000－1710－0001383　943/60　史部/地理類/雜志之屬

入都路程便覽十卷　(清)陳茂垣編　(清)陳善曾輯　清咸豐八年(1858)刻本　一冊

330000－1710－0001384　943/61　史部/地理類/遊記之屬/紀行

冬集紀程一卷附詩一卷　(清)周廣業撰　清道光二十年(1840)種松書塾刻本　一冊

330000－1710－0001386　943/62　史部/地理類/雜志之屬

乍浦紀事詩一卷　(清)盧奕春撰　清宣統二年(1910)平湖高廷梅華雲閣鉛印本　一冊

330000－1710－0001387　923/42　集部/別集類/清別集

紹興東湖書院通藝堂記一卷通藝堂詩錄序一卷庚子雜詩序一卷陶墓塘阡表一卷　陶濬宣撰　清光緒二十四年至二十七年(1898－1901)刻本　一冊

330000－1710－0001388　950/1　史部/地理類/外紀之屬

海國圖志六十卷　(清)魏源撰　清道光二十九年(1849)古微堂刻本　二十冊

330000－1710－0001389　950/2　史部/地理類/外紀之屬

海國圖志一百卷　(清)魏源撰　清同治七年(1868)陳善圻南海縣署刻本　二十三冊　缺四卷(二十至二十三)

330000－1710－0001390　950/3　史部/地理類/外紀之屬

海國圖志一百卷首一卷　(清)魏源撰　清光緒二年(1876)平慶涇固道署刻本　二十四冊

330000－1710－0001391　943/42　史部/地理類/遊記之屬/紀行

使東雜詠一卷使東述略一卷　(清)何如璋撰　清光緒刻本　一冊

330000－1710－0001392　950/5　史部/地理類/外紀之屬

英法俄德四國志略四卷　(清)沈敦和輯譯　清光緒二十二年(1896)上海圖書集成印書局鉛印本　一冊

330000－1710－0001393　950/6　史部/地理類/外紀之屬

安南志畧二十卷首一卷　(元)黎崱撰　清光緒十年(1884)上海樂善堂鉛印本(原缺卷十)　四冊

330000－1710－0001394　950/7　新學/地學/地志學

地理全志不分卷　(英國)慕維廉撰　清光緒九年(1883)上海美華書館鉛印本　一冊

330000－1710－0001395　950/9　史部/地理類/外紀之屬

日本國志四十卷首一卷　(清)黃遵憲輯　清光緒二十四年(1898)浙江書局刻本　十冊

330000－1710－0001396　950/10　史部/地理類/外紀之屬

瀛環志略十卷　(清)徐繼畬撰　清道光二十八年(1848)刻本　六冊

330000－1710－0001397　950/11　史部/地理類/外紀之屬

瀛環志略十卷　(清)徐繼畬撰　清抄本　一冊　存一卷(一)

330000－1710－0001398　950/14　史部/地理類/外紀之屬

海國圖志一百卷首一卷　(清)魏源撰　清光緒十三年(1887)巴蜀善成堂刻本　金蓉鏡批點　三十二册

330000－1710－0001399　950/12　史部/地理類/外紀之屬

五洲地理志略三十六卷首一卷　王先謙撰　清宣統二年(1910)湖南學務公所刻本　九册　缺四卷(五至七、附圖)

330000－1710－0001400　950/15　史部/地理類/外紀之屬

瀛環志略十卷　(清)徐繼畬撰　清光緒二十一年(1895)上海寶文局石印本　四册

330000－1710－0001401　960/1　史部/地理類/總志之屬/斷代

方輿全圖總說五卷　(清)顧祖禹撰　清光緒二十七年(1901)二林齋石印本　四册

330000－1710－0001402　960/4、960/5、960/6　史部/地理類/雜志之屬

江浙閩沿海圖說三卷附海島表三卷　(清)朱正元撰　清光緒二十五年至二十八年(1899－1902)鉛印本　三册

330000－1710－0001403　960/2　史部/地理類/輿圖之屬/郡縣

分省府圖不分卷　清刻本　一册

330000－1710－0001404　960/3　史部/地理類/輿圖之屬/水圖

中國沿海圖不分卷　(清)□□撰　清末刻本　十二幅

330000－1710－0001405　960/4－2、960/6－2　史部/地理類/雜志之屬

江浙閩沿海圖說三卷附海島表三卷　(清)朱正元撰　清光緒二十五年至二十八年(1899－1902)鉛印本　二册　存二種

330000－1710－0001406　922/55　史部/地理類/方志之屬/郡縣志

[咸豐]鄞縣志三十二卷首一卷　(清)張銑修　(清)周道遵纂　清咸豐五年至六年(1855－1856)刻本　十一册　缺十卷(二十三至三十二)

330000－1710－0001407　960/4－3　史部/地理類/雜志之屬

江浙閩沿海圖說三卷附海島表三卷　(清)朱正元撰　清光緒二十五年至二十八年(1899－1902)鉛印本　一册　存一種

330000－1710－0001408　960/4－4　史部/地理類/雜志之屬

江浙閩沿海圖說三卷附海島表三卷　(清)朱正元撰　清光緒二十五年至二十八年(1899－1902)鉛印本　一册　存一種

330000－1710－0001409　960/7　新學/地學/地理學

地球説畧一卷　(美國)禕理哲撰　清咸豐六年(1856)寧波華花聖經書房鉛印本　一册

330000－1710－0001410　960/8　史部/地理類/外紀之屬

五洲圖考不分卷　(清)龔柴　(清)許彬撰　清光緒二十八年(1902)上海徐家滙印書館鉛印本　四册

330000－1710－0001411　960/12　史部/地理類/輿圖之屬/全國

皇朝直省地輿全圖不分卷　(清)湖北官書局編　清同治三年(1864)湖北官書局刻本　二十六幅

330000－1710－0001412　960/10　新學/全體學

萬國輿圖一卷新增萬國總説一卷　(清)陳兆桐撰　(清)李節齋繪　清光緒石印本　一册

330000－1710－0001413　960/9　新學/全體學

萬國輿圖一卷新增萬國總説一卷　(清)陳兆桐撰　(清)李節齋繪　清光緒十二年(1886)上海同文書局石印本　一册

330000－1710－0001415　960/14　史部/地理類/總志之屬

歷代輿地沿革險要圖一卷　楊守敬　饒敦秩撰　清光緒三十二年(1906)刻朱墨套印本　一冊

330000－1710－0001417　970/4　史部/地理類/總志之屬
地學歌略一卷　葉瀚　葉瀾撰　清光緒東甌郭文元堂刻本　一冊

330000－1710－0001418　970/5　史部/地理類/總志之屬
圖史提綱三卷　(清)胡宣慶編　清光緒十七年(1891)長沙胡氏刻本　一冊

330000－1710－0001419　970/6　史部/地理類/總志之屬
地理問答六卷　(清)王亨統撰　清光緒三十二年(1906)日新書社刻本　六冊

330000－1710－0001422　960/15　史部/地理類/輿圖之屬/軍事
中國江海險要圖誌二十二卷首一卷補編五卷附圖五卷　(英國)海軍海圖官局編　陳壽彭譯　清光緒二十七年(1901)經世文社石印本　十五冊

330000－1710－0001423　960/16－2　史部/地理類/輿圖之屬/郡縣
湖北全省經緯圖一卷　(清)□□編　清末刻朱印本　一冊

330000－1710－0001424　960/16　史部/地理類/輿圖之屬/郡縣
湖北全省經緯圖一卷　(清)□□編　清末刻朱印本　一冊

330000－1710－0001425　960/17　史部/地理類/輿圖之屬/全國
皇朝一統輿地全圖一卷　(清)六承如輯　(清)馮焌光增補　(清)欸乃軒主人續增　清光緒石印本　二冊

330000－1710－0001426　960/18　新學/交涉/公法
五大洲圖說一卷　(清)□□撰　**萬國公法一卷**　(清)朱克敬撰　**各國路程日記一卷**　(清)李圭撰　**括地畧一卷**　(清)□□撰　清光緒石印本　一冊

330000－1710－0001427　970/7　史部/地理類/水利之屬
海塘擥要十二卷首一卷　(清)楊鑅輯　清嘉慶十六年(1811)刻本　九冊　缺三卷(一、九、十一)

330000－1710－0001428　011/1　史部/目録類/總録之屬/官修
欽定四庫全書總目二百卷首一卷　(清)紀昀等撰　清同治七年(1868)廣東書局刻本　一百冊

330000－1710－0001429　011/4　史部/目録類/總録之屬/官修
欽定四庫全書總目二百卷首四卷　(清)紀昀等撰　清宣統二年(1910)存古齋石印本　三十一冊　存一百九十八卷(首一至四、一至三十七、四十四至二百)

330000－1710－0001434　011/2　史部/目録類/總録之屬/官修
欽定四庫全書總目提要二百卷首一卷　(清)紀昀　(清)陸錫熊　(清)孫士毅纂　**四庫未收書目提要五卷**　(清)阮元其他　清光緒十四年(1888)上海漱六山莊石印本　二十冊

330000－1710－0001435　011/3　史部/目録類/總録之屬/官修
欽定四庫全書簡明目錄二十卷首一卷　(清)紀昀等撰　清光緒五年(1879)會稽徐友蘭墨潤堂鉛印本　十一冊　缺三卷(九至十一)

330000－1710－0001440　011/12　史部/目録類/總録之屬/彙刻
彙刻書目初編十卷　(清)顧修輯　清嘉慶四年(1799)刻本　六冊

330000－1710－0001443　011/13　史部/目録類/總録之屬/彙刻
彙刻書目初編十卷　(清)顧修輯　**續編五卷新編一卷補編一卷**　(清)陳光照輯　清光緒元年(1875)長洲陳氏無夢園刻本　十二冊

存十二卷(一至十、續編一至二)

330000－1710－0001445　011/29　史部/目録類/總録之屬/地方
溫州經籍志三十六卷　(清)孫詒讓撰　清末抄本　金蓉鏡題記　十一册　存十六卷(一至六、九至十八)

330000－1710－0001446　011/25　史部/目録類/專録之屬
皇清經解橫直縮編目十六卷　(清)淩忠照編　(清)張紹銘分輯　清光緒十八年(1892)上海古香閣石印本　四册

330000－1710－0001447　011/30　史部/目録類/總録之屬/地方
縉雲溫州定海台州經籍志考不分卷　(清)孫詒讓撰　稿本　二册

330000－1710－0001448　011/32　史部/目録類/總録之屬/地方
杭州藝文志十卷　吳慶坻編　清光緒三十四年(1908)長沙刻本　五册

330000－1710－0001449　011/34　史部/目録類/總録之屬/私撰
天一閣見存書目四卷首一卷末一卷　(清)薛福成撰　清光緒十五年(1889)無錫薛福成甬上崇實書院刻本　四册

330000－1710－0001450　011/36　史部/目録類/總録之屬/私撰
行素堂目睹書錄十卷　(清)朱記榮編　清光緒十年至十一年(1884－1885)吳縣朱記榮槐廬刻本　十册

330000－1710－0001451　011/39　史部/目録類/總録之屬/彙刻
葉氏存古叢書四種　葉銘輯　清宣統二年(1910)西泠印社鉛印本　二册

330000－1710－0001455　011/42　史部/目録類/總録之屬/私撰
豐順丁氏持靜齋書目四卷附一卷　(清)丁日昌藏并撰　(清)江標重編　清光緒二十一年(1895)元和江標長沙刻本　一册

330000－1710－0001456　011/105　史部/目録類/總録之屬/彙刻
葉氏存古叢書四種　葉銘輯　清宣統二年(1910)西泠印社鉛印本　二册

330000－1710－0001457　011/51　史部/目録類/專録之屬
畿輔叢書已刻書目一卷未刻書目一卷　(清)王灝編　清光緒刻本　一册

330000－1710－0001463　011/55　史部/目録類/專録之屬
匋齋臧石目一卷　(清)端方撰　清光緒二十九年(1903)鉛印本　一册

330000－1710－0001465　011/46　史部/目録類/總録之屬/私撰
古越藏書樓書目二十卷首一卷　(清)徐樹蘭撰　清光緒三十年(1904)崇實書局石印本　四册　存十三卷(首、一至九、十二至十四)

330000－1710－0001469　011/47　史部/目録類/總録之屬/私撰
如園架上書鈔目五卷補一卷　(清)蕭名湖撰　(清)蕭士恒增補　清光緒二十四年(1898)益陽蕭氏如園刻本　二册

330000－1710－0001486　011/77　史部/目録類/總録之屬/私撰
普通學書錄四卷　(清)黃慶澄撰　清光緒二十七年(1901)杭州小學堂刻本　一册

330000－1710－0001488　011/78　史部/目録類/專録之屬
中西普通書目表一卷　(清)黃慶澄編　清光緒二十四年(1898)上海算學報館刻本　一册

330000－1710－0001489　011/79　史部/目録類/專録之屬
東西學書錄二卷附一卷　徐維則輯　清光緒二十五年(1899)石印本　三册

330000－1710－0001491　011/80　史部/目録類/專録之屬
西學書目表三卷附一卷讀西學書法一卷　梁啓超撰　清光緒二十二年(1896)時務報館石

印本　一册　缺一卷(讀西學書法)

330000－1710－0001500　011/95　史部/目録類/專録之屬
殿板十三經總目一卷附校勘記總目一卷　清抄本　一册

330000－1710－0001505　011/109、011/121　史部/目録類/總録之屬/彙刻
江刻書目三種　(清)江標輯　清光緒元和江氏師鄦室刻蘇州振新書社印本　二册

330000－1710－0001507　011/118　類叢部/叢書類/自著之屬
半巖廬所箸書九種　(清)邵懿辰撰　清宣統三年至民國二十年(1911－1931)仁和邵氏家祠刻本　十册　存一種

330000－1710－0001517　011/131　史部/目録類/總録之屬/彙刻
彙刻書目二十卷　(清)顧修輯　(清)朱學勤補　清光緒十二年至十五年(1886－1889)上海福瀛書局刻本　二十册

330000－1710－0001519　012/2　史部/目録類/書志之屬/提要
直齋書録解題二十二卷　(宋)陳振孫撰　清光緒九年(1883)江蘇書局刻本　六册

330000－1710－0001520　012/4　史部/目録類/通論之屬/掌故瑣記
皕宋樓藏書源流考一卷　(日本)島田翰撰　清光緒三十三年(1907)武進董康京師刻本　一册

330000－1710－0001521　012/8　史部/目録類/書志之屬/提要
善本書室藏書志四十卷附錄一卷　(清)丁丙輯　清光緒二十七年(1901)錢塘丁氏刻本　十六册

330000－1710－0001522　012/10　史部/目録類/版本之屬/專考
宋元本行格表二卷附錄一卷　(清)江標輯　(清)劉肇隅編　清光緒二十三年(1897)湘潭劉肇隅刻本　金蓉鏡題記　二册

330000－1710－0001523　012/18、812.1/395、812.2/456　類叢部/叢書類/自著之屬
影山草堂六種　(清)莫與儔　(清)莫友芝撰　清咸豐至光緒刻本　六册　存四種

330000－1710－0001525　012/24　史部/目録類/總録之屬/私撰
書目答問五卷別錄一卷國朝著述諸家姓名略一卷　(清)張之洞撰　清光緒十四年(1888)上海蜚英館石印本　二册

330000－1710－0001526　012/23　史部/目録類/總録之屬/私撰
書目答問五卷別錄一卷國朝著述諸家姓名略一卷　(清)張之洞撰　清光緒刻本　二册

330000－1710－0001527　012/13　史部/目録類/通論之屬/掌故瑣記
曝書雜記三卷　(清)錢泰吉撰　清同治七年(1868)刻本　金振聲題記句讀並批校　元忠批校　一册

330000－1710－0001530　012/22、012/26　史部/目録類/總録之屬/私撰
書目答問五卷別錄一卷國朝著述諸家姓名略一卷輶軒錄一卷　(清)張之洞撰　清光緒四年(1878)吳縣潘霨刻本　二册

330000－1710－0001532　012/12、012/20、495/5、812.5/6、814.3/62　類叢部/叢書類/彙編之屬
潘刻五種　(清)恩燾輯　清同治至光緒刻光緒二十九年(1903)北京翰文齋印本　六册

330000－1710－0001533　012/30　史部/目録類/總録之屬/私撰
讀書敏求記四卷　(清)錢曾撰　清雍正刻本　一册　存二卷(二至三)

330000－1710－0001534　012/32　史部/目録類/通論之屬/掌故瑣記
藏書紀事詩七卷　葉昌熾撰　清宣統二年(1910)刻本　六册

330000－1710－0001535　012/33　史部/目録類/專録之屬

經義考三百卷 （清）朱彝尊撰 **經義考總目二卷** （清）盧見曾編 清光緒二十三年（1897）浙江書局刻本（卷二八六、二九九至三百原缺） 金蓉鏡批注 五十冊 缺三卷（二百八十六、二百九十九至三百）

330000－1710－0001536 012/35 史部/目録類/書志之屬/題跋

士禮居藏書題跋記六卷 （清）黄丕烈撰 清光緒十年（1884）吴縣潘祖蔭滂喜齋刻本 四冊

330000－1710－0001538 012/34 史部/目録類/書志之屬/提要

藝風藏書記八卷 繆荃孫撰 清光緒二十六年至二十七年（1900－1901）江陰繆氏刻本 汪大鐵題記 二冊

330000－1710－0001549 012/46 史部/紀傳類/正史之屬

舊唐書二百卷 （後晉）劉昫撰 **逸文十二卷** （清）岑建功輯 **校勘記六十六卷** （清）羅士琳等校勘 清道光二十六年（1846）甘泉岑建功懼盈齋刻本 一冊 存二卷（校勘記二十八至二十九）

330000－1710－0001552 013/1 子部/雜著類/雜考之屬

羣書校補一百卷 （清）陸心源輯 清光緒歸安陸氏刻本（卷十七、二十七至三十三原缺） 二十四冊

330000－1710－0001553 013/3、013/4 史部/目録類/總録之屬/私撰

楹書隅録五卷續編四卷 （清）楊紹和藏並撰 清光緒二十年（1894）聊城楊氏海源閣刻本 七冊 缺一卷（五）

330000－1710－0001554 013/5 史部/目録類/書志之屬/提要

日本訪書志十六卷 楊守敬撰 清光緒二十三年至二十七年（1897－1901）宜都楊守敬鄰蘇園刻本 金蓉鏡題記 八冊

330000－1710－0001559 014/3 史部/傳記類/總傳之屬/姓名

元和姓纂十卷 （唐）林寶撰 （清）孫星衍（清）洪瑩補 清光緒六年（1880）金陵書局刻本 金蓉鏡批注 四冊

330000－1710－0001560 014/9 史部/傳記類/總傳之屬/姓名

史姓韻編二十四卷 （清）汪輝祖撰 清光緒二十九年（1903）上海文瀾書局石印本 七冊 缺三卷（十三至十五）

330000－1710－0001561 014/10 史部/傳記類/總傳之屬/姓名

史姓韻編六十四卷 （清）汪輝祖撰 清光緒上海中西書局石印本 一冊 存四十六卷（一至四十六）

330000－1710－0001563 014/11 史部/傳記類/總傳之屬/通代

校正尚友錄二十二卷 （明）廖用賢纂 （清）張伯琮補輯 清光緒十九年（1893）上海蜚英館石印本 四冊

330000－1710－0001564 014/14 史部/傳記類/總傳之屬/姓名

歷代名賢列女氏姓譜一百五十七卷 （清）蕭智漢輯 清嘉慶二十年（1815）刻本 六十冊 存五十四卷（二、五至八、十一至十五、二十二至二十三、二十八、三十五至三十六、四十七、六十一、七十二、七十六、八十五至八十七、九十、九十二至九十四、九十六至一百一、一百四、一百八、一百十至一百十一、一百十四、一百十六至一百二十二、一百二十五至一百二十六、一百二十八至一百二十九、一百三十五、一百四十三、一百四十五至一百四十六、一百四十九至一百五十）

330000－1710－0001565 015/3 史部/傳記類/總傳之屬/家乘

［浙江嘉興］嘉禾宋氏支譜不分卷 （清）宋詩源纂修 清光緒三年（1877）刻本 一冊

330000－1710－0001568 015/2 史部/傳記類/總傳之屬/家乘

［浙江嘉興］嘉興譚氏家譜十卷首一卷 （清）

譚之樑纂修　清光緒三十一年(1905)慎遠義莊刻本　六册

330000－1710－0001570　015/8　史部/傳記類/總傳之屬/家乘

[浙江嘉興]聞湖盛氏家乘不分卷　(清)盛沅等纂修　清宣統三年(1911)刻本　四册

330000－1710－0001572　015/7　史部/傳記類/總傳之屬/家乘

[浙江嘉興]檇李吴氏族譜不分卷　(清)吳璠纂修　清咸豐九年(1859)稿本　二册

330000－1710－0001575　015/14　史部/傳記類/總傳之屬/家乘

[浙江温陵]溫陵陳氏分支海鹽宗譜不分卷　(清)陳致遠纂修　清宣統元年(1909)文圃堂刻本　一册

330000－1710－0001577　015/15　史部/傳記類/總傳之屬/家乘

[湖南寧鄉]寧鄉黃氏族譜釋例二卷　(清)黃培英輯　清光緒十四年(1888)黃氏敦倫堂木活字印本　一册

330000－1710－0001580　015/20　史部/傳記類/總傳之屬/家乘

[江蘇崑山]初刻遷崑李氏家譜十卷　(清)李緗纂修　李傳元續纂修　清光緒十四年(1888)刻民國九年(1920)崇儉堂續刻本　八册

330000－1710－0001583　015/23　史部/傳記類/總傳之屬/家乘

[廣東南海]南海學正黃氏家譜節本八卷首一卷　黃任恒纂修　清宣統三年(1911)保粹堂刻本　二册

330000－1710－0001585　015/24　史部/傳記類/總傳之屬/家乘

[陝西大荔]西埜楊氏壬申譜不分卷　(清)楊樹椿纂修　清光緒十六年(1890)刻本　一册

330000－1710－0001586　015/25　史部/傳記類/總傳之屬/家乘

[浙江嘉興]吳氏家乘不分卷　清光緒刻本　一册　存名宦錄、鄉賢錄

330000－1710－0001587　015/26　史部/傳記類/總傳之屬/家乘

[安徽休寧]休寧蓀田山上張氏家譜不分卷　(明)張應兆纂修　(清)張□□續修　清抄本　一册

330000－1710－0001589　015/27　史部/傳記類/總傳之屬/家乘

[浙江嘉興]如在堂重修俞氏家譜不分卷　(清)俞長發輯　稿本　一册

330000－1710－0001590　015/29　史部/傳記類/總傳之屬/家乘

[江蘇吳江]潁川陳氏近譜不分卷世系圖二卷世系表二卷　(清)陳堦琛等纂修　清嘉慶七年(1802)陳氏禊湖刻本　清徐山民校次蝯題簽並記　四册

330000－1710－0001591　015/13－2　史部/傳記類/總傳之屬/家乘

[浙江海寧]海昌祝氏宗譜十六卷首一卷　(清)祝萬青　(清)祝葆慈纂修　清道光二十九年(1849)西瑩清淑堂刻本　十册　存十二卷(二至十一、十五至十六)

330000－1710－0001592　015/30　史部/傳記類/總傳之屬/家乘

[浙江嘉興]秀水朱氏家乘二卷　(清)朱守葆纂修　清乾隆二十八年(1763)秀水朱氏刻本　一册

330000－1710－0001593　015/13－3　史部/傳記類/總傳之屬/家乘

[浙江海寧]海昌祝氏宗譜三十二卷　(清)祝光綬等纂修　清光緒七年(1881)西瑩清淑堂刻本　五册　存十一卷(十七至十八、二十三至三十一)

330000－1710－0001596　670/10　類叢部/叢書類/彙編之屬

函海一百五十二種　(清)李調元編　清乾隆綿州李氏萬卷樓刻嘉慶十四年(1809)李鼎元重校印本　一册　存一種

330000－1710－0001597　015/34　史部/傳記類/總傳之屬/家乘

[浙江嘉興]何氏支譜不分卷　(清)何廷模等纂修　清道光刻本　一册

330000－1710－0001599　015/13－4　史部/傳記類/總傳之屬/家乘

[浙江海寧]海昌祝氏宗譜十六卷首一卷　(清)祝光綬等纂修　清光緒七年(1881)西瑩清淑堂刻本　四册　存五卷(四、七至十)

330000－1710－0001600　015/34－1　史部/傳記類/總傳之屬/家乘

[浙江嘉興]何氏支譜不分卷　(清)何廷模等纂修　清道光刻本　一册

330000－1710－0001601　015/36　子部/藝術類/書畫之屬/書法書品

嘉興陳氏祭田記一卷　(清)俞樾撰　(清)錢應溥書　清光緒石印本　一册

330000－1710－0001602　015/13－5　史部/傳記類/總傳之屬/家乘

[浙江海寧]海昌祝氏重脩宗譜十六卷首一卷　(清)祝志琦修　(清)祝光綬編　清光緒七年(1881)西瑩清淑堂刻民國增補印本　五册　存四卷(五至六、九、十一)

330000－1710－0001604　015/37　史部/傳記類/總傳之屬/家乘

[浙江嘉興]雁湖陶氏宗譜不分卷　(清)□□輯　清忠孝堂稿本　一册

330000－1710－0001606　016/1　子部/農家農學類/園藝之屬/總志

佩文齋廣羣芳譜一百卷目錄二卷　(清)汪灝等撰　清刻本　四十八册

330000－1710－0001607　016/2　子部/農家農學類/園藝之屬/總志

二如亭群芳譜二十九卷首一卷　(明)王象晉撰　清初書業古講堂刻本　二十四册

330000－1710－0001608　016/3　子部/農家農學類/園藝之屬/瓜果

檇李譜一卷題詞一卷　(清)王逢辰撰　清同治九年(1870)竹里槐花吟館王氏刻本　一册

330000－1710－0001609　016/4　子部/農家農學類/園藝之屬/花卉

蘭説小譜一卷　(清)朱克柔輯　清光緒十四年(1888)吉金貞石山房抄本　一册

330000－1710－0001618　021/1　類叢部/類書類/通類之屬

北堂書鈔一百六十卷首一卷　(唐)虞世南撰　(清)孔廣陶校注　清光緒十四年(1888)南海孔氏三十有三萬卷堂刻本　二十册

330000－1710－0001619　016/13　子部/藝術類/音樂之屬/樂譜

琵琶譜三卷　(清)王君錫　(清)陳牧夫傳譜　(清)華文彬等參訂　清抄本　清沈相猷題記　一册　存一卷(上)

330000－1710－0001621　021/2　類叢部/類書類/通類之屬

藝文類聚一百卷　(唐)歐陽詢輯　清光緒五年(1879)華陽宏達堂刻本　二十三册　存五十六卷(一、四至五、十四至十五、十九至二十三、二十六至二十七、三十六至五十一、六十一至六十六、七十五至八十、八十三至八十五、八十八至一百)

330000－1710－0001622　021/3　類叢部/類書類/通類之屬

太平御覽一千卷目錄十五卷　(宋)李昉等輯　清南海李氏刻光緒十八年(1892)學海堂印本　一百二十册

330000－1710－0001623　021/4　類叢部/類書類/通類之屬

玉海二百卷附刻辭學指南四卷詩考一卷詩地理考六卷漢藝文志考證十卷通鑑地理通釋十四卷漢制考四卷踐阼篇一卷周易鄭康成注一卷姓氏急就篇二卷急就篇補注四卷周書王會補注一卷小學紺珠十卷六經天文編二卷通鑑荅問五卷　(宋)王應麟撰　清嘉慶十一年(1806)江寧藩署刻本　六十册

330000－1710－0001624　021/5　類叢部/類

書類/通類之屬

玉海二百四卷附刻十三種 (宋)王應麟撰 **校補玉海瑣記二卷王深甯先生年譜一卷** (清)張大昌撰 清光緒九年至十六年(1883-1890)浙江書局刻本 二十冊 缺二百五卷(玉海一至二百四、王深甯年譜)

330000-1710-0001625 021/33 類叢部/類書類/專類之屬

佩文韻府一百六卷 (清)張玉書 (清)蔡升元等輯 **韻府拾遺一百六卷** (清)汪灝 (清)何焯等輯 清光緒十三年(1887)上海點石齋石印本 五十冊 存一百六卷(佩文韻府一至一百六)

330000-1710-0001626 021/36 類叢部/類書類/專類之屬

子史精華一百六十卷 (清)吳士玉 (清)吳襄等輯 清刻本 三十二冊

330000-1710-0001627 021/39 類叢部/類書類/專類之屬

韻府約編二十四卷 (清)鄧愷輯 清乾隆刻本 十三冊 存十三卷(十二至二十四)

330000-1710-0001628 021/37 類叢部/類書類/專類之屬

子史精華一百六十卷 (清)吳士玉 (清)吳襄等輯 清光緒十年(1884)上海同文書局石印本 八冊

330000-1710-0001629 021/38 類叢部/類書類/通類之屬

子史精華三十卷 (清)吳士玉 (清)吳襄等輯 清光緒九年(1883)上海點石齋石印本 二冊

330000-1710-0001630 021/40 類叢部/類書類/通類之屬

子史摘錄四十卷 (清)少筠輯 清抄本 八冊 存十五卷(一至四、六至十四、二十五、二十七)

330000-1710-0001631 021/42 類叢部/類書類/通類之屬

廣廣事類賦三十二卷 (清)吳世旃撰 清嘉慶元年(1796)刻本 祝廷錫題簽並記 四冊

330000-1710-0001632 021/43 類叢部/類書類/通類之屬

續廣事類賦三十三卷 (清)王鳳喈撰並注 清嘉慶六年(1801)刻本 十冊 存十八卷(六、八、十二、十四至十七、二十至三十)

330000-1710-0001633 021/44 類叢部/類書類/通類之屬

事類賦補遺十四卷 (清)張均編 清嘉慶十六年(1811)刻本 七冊 存十二卷(三至十四)

330000-1710-0001634 021/45 類叢部/類書類/專類之屬

類類聯珠初編三十二卷二編十二卷 (清)李堃編 (清)李椿林增補 清同治九年(1870)刻本 四冊

330000-1710-0001635 021/46 集部/總集類/選集之屬/通代

分類賦學雞跖集三十卷附錄一卷 (清)張維城輯 清道光十二年(1832)張維城槃花吟館刻本 八冊

330000-1710-0001636 021/47 類叢部/類書類/通類之屬

事類統編九十三卷首一卷 (清)林意誠輯 清道光十九年(1839)栢溪林氏味經堂刻本 四十八冊

330000-1710-0001637 021/48 類叢部/類書類/通類之屬

增補事類統編九十三卷首一卷 (清)黃葆真輯 清光緒三年(1877)羣玉書屋刻本 四十八冊

330000-1710-0001638 021/50 類叢部/類書類/通類之屬

策學總纂大成四十六卷目錄二卷 (清)蔡壽祺輯 清光緒七年(1881)京都琉璃廠聚文堂刻本 十六冊

330000-1710-0001639 021/49 類叢部/

類書類/通類之屬

策學備纂三十二卷首一卷　(清)蔡啟盛　(清)吳熲炎等輯　清光緒十四年(1888)上海點石齋石印本　四十七册

330000－1710－0001640　021/51　類叢部/類書類/通類之屬

策府統宗六十五卷目錄一卷　(清)劉昌齡輯　清光緒十七年(1891)同文書局石印本　二十册

330000－1710－0001641　021/52　新學/格致總

時務通考三十一卷首一卷　(清)王奇英等編　清光緒二十三年(1897)點石齋石印本　二十册

330000－1710－0001642　021/58　類叢部/叢書類/自著之屬

郝氏遺書三十三種　(清)郝懿行撰　清嘉慶至光緒刻彙印本　六册　存一種

330000－1710－0001643　021/54　子部/雜著類/雜纂之屬

古學記問錄十五卷　(清)吳蔚文編輯　清同治刻本　六册

330000－1710－0001644　021/61　類叢部/類書類/專類之屬

四字類賦二十七卷　(清)張師載撰　清道光二十九年(1849)樂彼園刻本　四册

330000－1710－0001645　021/59　類叢部/類書類/專類之屬

稱謂錄三十二卷　(清)梁章鉅撰　清光緒元年至十年(1875－1884)福州梁恭辰刻本　八册

330000－1710－0001646　021/63　類叢部/類書類/通類之屬

通俗編選不分卷　(清)翟灝撰　(清)季綸全選訂　清光緒二十六年(1900)江陰季氏栩園刻本　一册

330000－1710－0001647　021/65、691/12、613/22、039/32　類叢部/叢書類/彙編之屬

湖海樓叢書十二種　(清)陳春編　清嘉慶蕭山陳氏刻二十四年(1819)彙印本　九册　存四種

330000－1710－0001648　021/64　類叢部/類書類/通類之屬

奩史一百卷拾遺一卷　(清)王初桐輯　清嘉慶二年(1797)古香堂刻本　七册　存二十七卷(一至二十、六十五至六十七、九十七至一百)

330000－1710－0001649　021/66　史部/編年類/通代之屬

資治通鑑大全四百二十八卷　(明)陳仁錫輯　明崇禎刻金閶大歡堂印本　一册　存五卷(甲子會紀一至五)

330000－1710－0001650　021/69　史部/編年類/斷代之屬

紀元編三卷末一卷　(清)李兆洛撰　(清)六承如輯　清刻本　一册　存一卷(上)

330000－1710－0001651　021/71　類叢部/類書類/通類之屬

初學記三十卷　(唐)徐堅等輯　**校勘三十卷**　(清)黄加焜等撰　清光緒十四年(1888)黄氏蘊石齋刻本　十六册

330000－1710－0001652　021/72　類叢部/類書類/通類之屬

小嫏嬛山館衡刊類書二十種　(清)□□編　清同治十二年(1873)錦文堂刻本　十二册

330000－1710－0001653　021/75　類叢部/類書類/通類之屬

古事比五十二卷　(清)方中德輯　清光緒二十一年(1895)上海寶善局石印本　六册

330000－1710－0001654　021/76　經部/群經總義類/類編之屬

五經類纂十六卷　(清)秦伯龍　(清)秦躍龍輯　清雍正六年(1728)清尋閣刻本　二册　存八卷(一至四、九至十二)

330000－1710－0001656　021/77　類叢部/類書類/通類之屬

事類賦三十卷 (宋)吳淑撰並注 清刻本 四册 存二十一卷(一至九、十九至三十)

330000－1710－0001657 021/78 類叢部/類書類/通類之屬
三才彙編六卷 (清)龔在升撰 (清)顧珵美增補 清康熙刻本 一册 存二卷(五至六)

330000－1710－0001658 021/79 子部/宗教類/其他宗教之屬/基督教
集說詮真不分卷 (清)黄伯禄輯 清光緒刻本 一册

330000－1710－0001659 021/82 類叢部/類書類/通類之屬
角山樓增補類腋六十七卷 (清)姚培謙輯 (清)趙克宜增輯 清咸豐七年(1857)趙克宜角山樓刻咸豐十年(1860)重修本 二十四册

330000－1710－0001660 230/3 新學/工藝/工學
工學精義一卷 (英國)雷德鄧尼撰 陳壽彭譯 清光緒二十九年(1903)武昌繙譯學堂鉛印本 一册

330000－1710－0001662 021/83 子部/醫家類/養生之屬
衛濟餘編五卷 (清)王纕堂編 清經綸堂刻本 六册

330000－1710－0001669 251/12 子部/農家農學類/總論之屬
補農書二卷 (明)沈□撰 (清)張履祥補 清光緒二十三年(1897)然藜閣木活字印本 一册

330000－1710－0001671 261/4 子部/醫家類/醫經之屬/難經
圖註八十一難經辨真四卷 (明)張世賢撰 清乾隆四十五年(1780)武林萬卷堂刻本 二册

330000－1710－0001672 251/8 新學/農政
湖北農學十二種 (清)湖北農務局譯 清光緒湖北農務局石印本 十一册 存十一種

330000－1710－0001673 261/6 子部/醫家類/傷寒金匱之屬/傷寒論
傷寒論七卷 (漢)張機撰 (清)張志聰註釋 (清)高世栻纂集 清抄本 一册

330000－1710－0001674 261/8 子部/醫家類/傷寒金匱之屬/傷寒論
張仲景傷寒論貫珠集八卷 (清)尤怡輯註 清嘉慶十五年(1810)朱陶性木活字印本 三册 缺一卷(二)

330000－1710－0001675 261/11 子部/醫家類/傷寒金匱之屬/傷寒論
尚論張仲景傷寒論重編三百九十七法二卷後四卷首一卷 (清)喻昌撰 清刻本 一册 存一卷(下)

330000－1710－0001676 261/13 子部/醫家類/傷寒金匱之屬/傷寒論
余註傷寒論翼四卷 (清)柯琴撰 清光緒十九年(1893)會稽孫氏刻本 二册

330000－1710－0001678 261/16、261/17 子部/醫家類/醫經之屬/内經
黄帝内經素問集注九卷黄帝内經靈樞集注九卷 (清)張志聰撰 清光緒十六年(1890)浙江書局刻本 十四册

330000－1710－0001679 261/18 子部/醫家類/醫理之屬/綜合
醫林改錯二卷 (清)王清任撰 清光緒十五年(1889)掃葉山房刻本 單培根跋 二册

330000－1710－0001680 261/20 子部/醫家類/溫病之屬/其他溫疫病證
溫病條辨六卷首一卷 (清)吳瑭撰 清光緒十九年(1893)上海圖書集成印書局鉛印本 四册

330000－1710－0001681 261/22 子部/醫家類/溫病之屬/其他溫疫病證
溫熱經緯五卷 (清)王士雄撰 清抄本 三册 存三卷(三至五)

330000－1710－0001682 261/21 子部/醫家類/溫病之屬/其他溫疫病證

溫熱經緯五卷　(清)王士雄撰　清同治十三年(1874)湖北崇文書局刻本　四冊

330000－1710－0001684　261/25　子部/醫家類/傷寒金匱之屬/金匱要略

金匱心典三卷　(清)尤怡撰　清光緒七年(1881)崇德書院刻本　黄忠彥　張質彬題記　三冊

330000－1710－0001685　261/26　子部/醫家類/傷寒金匱之屬/金匱要略

金匱翼八卷　(清)尤怡撰　清嘉慶十八年(1813)長洲徐錦心太平軒刻本　五冊　存五卷(一、四至七)

330000－1710－0001686　261/27　子部/醫家類/傷寒金匱之屬/金匱要略

金匱玉函經二註二十二卷補方一卷　(宋)趙以德　(趙良仁)衍義　(清)周揚俊補注　**十藥神書一卷**　(元)葛乾孫撰　清道光十三年(1833)元和李清俊養恬齋刻本　六冊

330000－1710－0001688　261/30　子部/醫家類/醫理之屬/綜合

醫學答問四卷　(清)梁玉瑜傳　(清)陶保廉錄　清光緒二十三年(1897)刻本　四冊

330000－1710－0001689　261/31　子部/醫家類/綜合之屬/合刻、合抄

景岳全書六十四卷　(明)張介賓撰　清刻本　二十九冊　存五十七卷(五至七、十一至六十四)

330000－1710－0001690　261/32　子部/醫家類/綜合之屬/合刻、合抄

景岳全書六十四卷　(明)張介賓撰　清乾隆三十三年(1768)吳郡藜照樓刻本　一冊　存六卷(一至六)

330000－1710－0001692　021/23　類叢部/類書類/專類之屬

新刻物原一卷　(明)羅頎撰　明胡氏文會堂刻格致叢書本　祝廷錫題記並校　一冊

330000－1710－0001693　261/34　子部/醫家類/綜合之屬/通論

御纂醫宗金鑑九十卷首一卷　(清)吳謙等纂修　清乾隆刻本　二十三冊　存三十六卷(十六至二十七、三十至三十三、三十五、三十八至三十九、六十二、六十七、七十一至七十九、八十一至八十二、八十七至九十)

330000－1710－0001694　021/8　類叢部/類書類/專類之屬

新增說文韻府羣玉二十卷　(元)陰時夫輯　(元)陰中夫注　明萬曆刻文光堂重修本　十冊

330000－1710－0001695　261/36　子部/醫家類/類編之屬

中西醫學羣書第一集國粹部十種　(清)陳俠君編　清光緒三十三年(1907)上海六藝書局石印本　十一冊

330000－1710－0001696　261/35　子部/醫家類/綜合之屬/通論

古吳童氏重校醫宗必讀十卷　(明)李中梓撰　清光緒三十年(1904)上海鴻文堂書局石印本　五冊

330000－1710－0001697　261/37　子部/醫家類/類編之屬

中西匯通醫書五種　唐宗海撰　清光緒三十四年(1908)上海千頃堂書局石印本　十二冊

330000－1710－0001702　261/42　子部/醫家類/類編之屬

徐氏醫書八種　(清)徐大椿撰　清光緒十八年(1892)湖北官書處刻本　九冊　缺三卷(醫學源流論一、傷寒論類方、慎疾芻言)

330000－1710－0001703　261/43　子部/醫家類/類編之屬

當歸草堂醫學叢書初編十種　(清)丁丙編　清光緒四年(1878)錢塘丁氏當歸草堂刻本　十二冊

330000－1710－0001704　261/44　子部/醫家類/類編之屬

余氏總集□□卷　(清)余楙編　清光緒刻本　三冊

330000－1710－0001705　261/45　子部/醫家類/類編之屬

東垣十書附二種　清刻本　九冊　存九種

330000－1710－0001706　261/2、261/3、261/48　子部/醫家類/類編之屬

周氏醫學叢書(周澂之評注醫書　周氏彙刻醫學叢書)初集十二種二集十一種三集六種　(清)周學海編　清光緒至宣統池陽周氏刻宣統三年(1911)福慧雙脩館彙印本　三十四冊　存初集八種、二集四種、三集四種

330000－1710－0001708　261/49　子部/醫家類/綜合之屬/通論

訂正東醫寶鑑二十三卷目録二卷　(朝鮮)許浚撰　清光緒上海校經山房石印本　四冊

330000－1710－0001709　261/50　子部/醫家類/綜合之屬/通論

古今名醫彙粹八卷　(清)羅美輯　清道光三年(1823)埽葉山房刻本　八冊

330000－1710－0001710　261/52　子部/醫家類/類編之屬

六科證治準繩(六科準繩)　(明)王肯堂撰　清光緒十八年(1892)上海圖書集成印書局鉛印本　四十冊

330000－1710－0001711　261/53、268/28　子部/醫家類/綜合之屬/通論

醫醇賸義四卷醫方論四卷　(清)費伯雄撰　清光緒三年(1877)刻本　六冊

330000－1710－0001712　261/54　子部/醫家類/推拿按摩外治之屬

理瀹駢文不分卷略言一卷續增略言三卷附存濟堂藥局修合施送方并加藥法一卷治心病方一卷　(清)吳師機撰　清同治四年至光緒元年(1865－1875)刻本　四冊

330000－1710－0001714　261/59　子部/醫家類/醫話醫論之屬

三家醫話　(清)王士雄編　清咸豐元年至三年(1851－1853)重慶堂刻本　一冊

330000－1710－0001715　262/5、262/6、262/7、262/8　子部/醫家類/類編之屬

圖註八十一難經辨真四卷圖註脈訣辨真四卷脈訣附方一卷　(明)張世賢撰　**瀕湖脈學一卷奇經八脈考一卷**　(明)李時珍撰　清光緒浙江亦西齋刻本　六冊

330000－1710－0001717　262/3　子部/醫家類/針灸之屬/經絡腧穴

經脈圖考四卷　(清)陳惠疇撰　清光緒四年(1878)刻本　一冊　存一卷(四)

330000－1710－0001718　263/1　子部/醫家類/醫案之屬

三世醫驗五卷附陸氏自製各方一卷　(明)陸嶽撰　(明)陸桂　(清)陸士龍輯　清道光十八年(1838)刻本　清雲國題記　清銘清題簽　四冊

330000－1710－0001720　264/2　子部/醫家類/本草之屬/神農本草經

本經疏證十二卷續疏六卷本經序疏要八卷　(清)鄒澍撰　清光緒常州長年醫局刻本　六冊　存十二卷(本經疏證一至十二)

330000－1710－0001723　263/8　子部/醫家類/醫案之屬

增補臨證指南醫案八卷　(清)葉桂撰　清光緒三十二年(1906)上海龍文書局石印本　二冊

330000－1710－0001727　264/4　子部/醫家類/本草之屬/本草雜著

藥品化義十三卷　(清)賈所學撰　(清)李延是補訂　清康熙刻本　二冊

330000－1710－0001728　264/7、264/8　子部/醫家類/本草之屬/本草藥性

珍珠囊指掌補遺藥性賦四卷　(金)李杲輯　**雷公炮製藥性解六卷**　(明)李中梓輯　清光緒二十年(1894)上海文瑞樓鉛印本　二冊

330000－1710－0001729　264/6　子部/醫家類/本草之屬/本草藥性

藥性一卷　(清)□□撰　清抄本　一冊

330000－1710－0001731　264/11、268/30

子部/醫家類/方書之屬/歷代方書

醫方集解二十三卷本草備要八卷 (清)汪昂撰 清光緒十七年(1891)上洋珍藝局鉛印本 二册 存六卷(醫方集解一至五、本草備要一)

330000－1710－0001733 264/12 子部/醫家類/本草之屬/歷代綜合本草

本草綱目五十二卷 (明)李時珍撰 清光緒三十三年(1907)上海華商集成圖書公司鉛印本 一册 存八卷(二十三至三十)

330000－1710－0001735 265/3 子部/醫家類/喉科口齒之屬

重樓玉鑰一卷 (清)鄭宏綱撰 **洞主仙師白喉治法忌表抉微一卷** (清)徐鄂輯並注 清光緒二十六年(1900)杭州刻本 一册

330000－1710－0001737 265/5 子部/醫家類/喉科口齒之屬/通論

喉科心法二卷 (清)沈善謙撰 清光緒三十年(1904)石印本 一册

330000－1710－0001738 264/14 子部/醫家類/本草之屬/歷代綜合本草

本草綱目五十二卷附圖二卷瀕湖脈學一卷脈訣攷證一卷奇經八脈攷一卷 (明)李時珍撰 清順治十四年(1657)張朝璘刻本 五册 存十卷(三至四、十一至十五,瀕湖脈學,脈訣攷證,奇經八脈攷)

330000－1710－0001742 265/9 子部/醫家類/外科之屬/通論

外科十法一卷 (清)程國彭撰 清雍正十一年(1733)新安江耀舟書稼軒刻本 一册

330000－1710－0001743 265/11 子部/醫家類/外科之屬/外科方

新刊外科正宗六卷 (明)陳實功撰 清永言堂刻本 何亞韓題簽 五册 缺一卷(三)

330000－1710－0001744 265/12 子部/醫家類/眼科之屬

啟矇真諦二種 (清)胡崧輯 清光緒二十七年(1901)嘉興許鼒龢姚寶炘刻本 一册

330000－1710－0001745 265/10 子部/醫家類/外科之屬/通論

瘍醫大全四十卷 (清)顧世澄撰 清乾隆三十八年(1773)藝古堂刻本 十三册 存十三卷(二十三、二十五至二十七、二十九、三十三至四十)

330000－1710－0001746 265/13 子部/醫家類/外科之屬/通論

瘍科臨證心得集三卷瘍科心得集方彙三卷補遺一卷家用膏丹丸散方一卷 (清)高秉鈞撰輯 **景岳新方歌不分卷** (清)吴辰燦 (清)高秉鈞等撰 清光緒五年(1879)無錫日升山房刻本 四册

330000－1710－0001747 266/1 子部/醫家類/兒科之屬/驚風

驚風辨證必讀書二卷 (清)劉德馨輯 **附刻陳澍賢急驚風證論一卷** (清)陳澍賢撰 清光緒二十七年(1901)上元江氏刻本 一册

330000－1710－0001748 266/2 子部/醫家類/類編之屬

保赤彙編 (清)朱之榛編 清光緒五年(1879)蘇州刻本 三册

330000－1710－0001750 266/6 子部/醫家類/類編之屬

婦嬰至寶五種八卷 (清)徐尚慧編 (清)王兆鼇增編 清同治十二年(1873)王兆鼇刻光緒五年(1879)印本 一册

330000－1710－0001751 266/3 子部/醫家類/推拿按摩外治之屬

推拿廣意三卷 (清)熊應雄輯 (清)陳世凱訂 清金閶書業堂刻本 二册

330000－1710－0001752 266/8 子部/醫家類/類編之屬

薛氏醫按二十四種 (明)吴琯編 清漁古山房刻本 六册 存一種

330000－1710－0001753 266/7 子部/醫家類/兒科之屬/通論

保赤要言五卷首一卷 王德森輯 清宣統二

年(1910)刻民國八年(1919)印本　盛曉光單培根題記　一冊

330000－1710－0001754　266/4　子部/醫家類/推拿按摩外治之屬

推拿廣意三卷　(清)熊應雄輯　(清)陳世凱訂　清光緒石印本　一冊

330000－1710－0001755　266/9　子部/醫家類/婦科之屬/產科

新編女科指掌五卷　(清)葉其蓁撰　清刻本　五冊

330000－1710－0001756　266/11　子部/醫家類/婦科之屬/通論

女科仙方二卷　(清)傅山撰　抄本　一冊　存一卷(下)

330000－1710－0001757　266/15、266/16　子部/醫家類/婦科之屬

傅青主女科二卷產後編二卷　(清)傅山撰　清道光七年(1827)王奎章刻本　二冊　存二卷(女科上、產後編下)

330000－1710－0001758　266/18　子部/醫家類/綜合之屬/雜著

筆花醫鏡四卷　(清)江涵暾撰　清光緒十一年(1885)田氏刻本(卷三至四配清刻本)　二冊

330000－1710－0001760　266/19　子部/醫家類/婦科之屬/產科

大生要旨五卷　(清)唐千頃撰　**增訂大生要旨一卷**　(清)仇文映纂　(清)歐陽維鏊補纂　清光緒十九年(1893)刻本　二冊

330000－1710－0001761　267/2　子部/醫家類/綜合之屬/通論

赤水玄珠三十卷　(明)孫一奎撰　明萬曆刻清初印本　四冊　存八卷(五至七、十七至二十一)

330000－1710－0001762　267/1　子部/醫家類/綜合之屬/通論

醫壘元戎十二卷　(元)王好古撰　明萬曆屠本畯刻本　一冊　存二卷(五至六)

330000－1710－0001763　267/4　子部/醫家類/方書之屬

丹溪先生治法心要八卷　(元)朱震亨撰　清宣統元年(1909)武林蕭氏鉛印本　二冊

330000－1710－0001764　267/5　子部/醫家類/類編之屬

己任編八卷　(清)楊乘六編　清道光十年(1830)涵古堂年刻本　一冊

330000－1710－0001766　267/8　子部/醫家類/類編之屬

貽善堂四種須知　(清)朱本中撰　清康熙刻本　一冊　存一種

330000－1710－0001768　267/10　子部/醫家類/溫病之屬/瘟疫

鼠疫約編附中西防疫新論說一卷　(清)吳宣崇撰　(清)羅汝蘭增輯　清宣統二年(1910)安徽官紙印刷局鉛印本　一冊

330000－1710－0001769　267/11　子部/醫家類/溫病之屬/痧症

痧症玉衡要語一卷　清抄本　一冊

330000－1710－0001770　267/14　子部/醫家類/喉科口齒之屬/喉痧

疫痧草三卷　(清)陳耕道撰　清光緒三十年(1904)魏塘紫陽氏鉛印本　一冊

330000－1710－0001771　268/1　子部/醫家類/方書之屬/單方驗方

絳雪園古方選注不分卷　(清)王子接輯　清雍正刻本　三冊

330000－1710－0001772　267/15　子部/醫家類/類編之屬

中西匯通醫書五種　(清)唐宗海撰　清光緒三十四年(1908)上海千頃堂書局石印本　二冊　存一種(血證論八卷)

330000－1710－0001773　267/18　子部/醫家類/兒科之屬/痘疹

增補痘疹玉髓金鏡錄真本一卷　(明)翁仲仁撰　清康熙刻本　一冊

330000－1710－0001774　268/2　子部/醫家類/綜合之屬/通論

聖濟總録纂要二十六卷　(清)程林輯　清康熙刻本　十二册

330000－1710－0001776　268/4　子部/醫家類/方書之屬/歷代方書

雞峯普濟方三十卷　(宋)張鋭撰　清道光八年(1828)長洲汪士鐘藝芸書舍刻本(卷二至三、六、八原缺)　八册　缺八卷(十二至十三、十五至十六、十九至二十、二十九至三十)

330000－1710－0001777　268/10　子部/醫家類/方書之屬/歷代方書

醫方集解三卷　(清)汪昂撰　清刻本　二册　存二卷(二至三)

330000－1710－0001778　268/11　子部/醫家類/方書之屬/單方驗方

歌方集論四卷人身譜一卷　(清)祝源撰　清光緒十七年(1891)棱香館刻本　四册　存四卷(一至四)

330000－1710－0001781　268/15　子部/醫家類/喉科口齒之屬

喉癥三方一卷　(清)唐大烈　(清)薛雪合訂　清抄本　一册

330000－1710－0001782　268/14　子部/醫家類/喉科口齒之屬/白喉

白喉驗方一卷　清抄本　一册

330000－1710－0001783　268/17　子部/醫家類/方書之屬/單方驗方

御醫秘方醫書一卷　(清)□□撰　清抄本　清張廷濟題簽　一册

330000－1710－0001784　268/16　子部/醫家類/喉科口齒之屬/白喉

喉症靈驗方一卷　清光緒十七年(1891)鉛印本　一册

330000－1710－0001785　268/18　子部/醫家類/兒科之屬/痘疹

痘科方一卷　(清)□□輯　清抄本　一册

330000－1710－0001790　268/23　子部/醫家類/方書之屬/歷代方書

唐王燾先生外臺秘要方四十卷　(唐)王燾撰　清光緒二十四年(1898)上海圖書集成印書局鉛印本　十册

330000－1710－0001791　268/25　子部/醫家類/兒科之屬/痘疹

鄭氏瘄畧一卷附壽世良方摘要一卷　(清)鄭啟壽撰　清光緒三十年(1904)養心廬主人石印本　一册

330000－1710－0001792　268/26　子部/醫家類/方書之屬/單方驗方

驗方新編二十四卷　(清)鮑相璈輯　清光緒十九年(1893)上海鴻寶齋石印本　六册

330000－1710－0001793　268/31　子部/醫家類/方書之屬/單方驗方

孫真人千金方衍義三十卷　(唐)孫思邈撰　(清)張璐衍義　清嘉慶六年(1801)掃葉山房刻本　二册　存二卷(十七、三十)

330000－1710－0001794　268/32　子部/醫家類/方書之屬/歷代方書

醫方集解二十一卷　(清)汪昂撰　清光緒五年(1879)掃葉山房刻本　八册

330000－1710－0001795　268/33　子部/醫家類/方書之屬/成方藥目

鹿芝館陳家園選料各項蠟丸加製滋補小丸蠟丸一卷　(清)鹿芝館主人編　清光緒元年(1875)鹿芝館刻本　一册

330000－1710－0001798　270/1　新學/醫學/衛生學

衛生要旨不分卷　(美國)嘉約翰口譯　(清)海琴氏校正　清光緒九年(1883)益智書會刻本　一册

330000－1710－0001800　270/3　子部/醫家類/綜合之屬/通論

慎疾芻言一卷　(清)徐大椿撰　清新疆軍裝局刻本　一册

330000－1710－0001801　270/4　子部/醫家

類/綜合之屬/雜著

何氏家學一卷　（清）何□□撰　清抄本　一冊

330000－1710－0001802　270/5　新學/醫學/衛生學

人與微生物爭戰論一卷　（英國）禮敦根講述　清光緒鉛印本　清端方題簽並題記　一冊

330000－1710－0001803　310/3　經部/小學類

小學類編六種附三種合五十九卷　（清）李祖望編　清咸豐至光緒江都李氏半畝園刻本　二冊　存附一種

330000－1710－0001804　310/1　史部/目録類/專録之屬

小學考五十卷　（清）謝啟昆撰　清光緒十四年（1888）浙江書局刻本　二十冊

330000－1710－0001805　310/5　經部/小學類/文字之屬/字書/字典

通俗字林辨證五卷　（清）唐壎輯　清咸豐六年（1856）錫山丁氏刻本　清許瑤光題簽題記並句讀圈點　二冊

330000－1710－0001806　310/4　經部/小學類/文字之屬

小學鉤沈續編四十八種八卷附補遺一卷　（清）顧震福撰　清光緒十八年（1892）山陽顧氏刻本　金蓉鏡題簽並記　四冊

330000－1710－0001808　321/3　經部/小學類/文字之屬/說文/傳說

繫傳四十卷　（五代）徐鍇撰　（五代）朱翺反切　**校勘記三卷**　（清）祁寯藻撰　清光緒二年（1876）平江吳氏刻本　七冊　存三十四卷（一至二十七、三十七至四十，校勘記一至三）

330000－1710－0001809　321/4　類叢部/叢書類/自著之屬

王菉友著述九種　（清）王筠撰　清道光至咸豐刻本　二冊　存一種

330000－1710－0001810　310/6　類叢部/類書類/通類之屬

玉海二百卷附刻辭學指南四卷詩考一卷詩地理考六卷漢藝文志考證十卷通鑑地理通釋十四卷漢制考四卷踐阼篇一卷周易鄭康成注一卷姓氏急就篇二卷急就篇補注四卷周書王會補注一卷小學紺珠十卷六經天文編二卷通鑑荅問五卷　（宋）王應麟撰　清嘉慶十一年（1806）江寧藩署刻本　一冊　存四卷（急就篇一至四）

330000－1710－0001811　021/80　類叢部/類書類/通類之屬

玉海二百四卷附刻十三種　（宋）王應麟撰　**校補玉海瑣記二卷王深甯先生年譜一卷**　（清）張大昌撰　清光緒九年至十六年（1883－1890）浙江書局刻本　三冊　存八卷（小學紺珠一至八）

330000－1710－0001812　321/5　經部/小學類/文字之屬/說文

說文解字注十五卷附六書音韻表五卷　（清）段玉裁撰　**說文部目分韻一卷**　（清）陳煥編　清同治七年（1868）丁日昌蘇州刻本　十五冊　存十五卷（一至十五）

330000－1710－0001813　321/6　經部/小學類/文字之屬/說文/傳說

段氏說文解字注三十二卷附六書音均表五卷　（清）段玉裁撰　清光緒七年至八年（1881－1882）查燕緒等蘇州刻本　二十四冊

330000－1710－0001814　321/7　經部/小學類/文字之屬/說文/傳說

段氏說文注訂八卷　（清）鈕樹玉撰　清道光三年（1823）吳縣鈕樹玉非石居刻同治五年（1866）碧螺山館重修本　一冊

330000－1710－0001815　321/8　經部/小學類/文字之屬/說文

說文解字義證五十卷　（清）桂馥撰　清同治九年（1870）湖北崇文書局刻本　三十二冊

330000－1710－0001816　321/9　經部/小學類/文字之屬/說文

說文解字校錄十五卷說文刊誤一卷說文玉篇校錄一卷　（清）鈕樹玉撰　清光緒十一年

(1885)江蘇書局刻本　十一册　存十一卷(一、三至十二)

330000－1710－0001817　321/10　經部/小學類/文字之屬/說文/傳說

說文解字五百四十部目一卷　(清)胡荄甫撰　清同治五年(1866)刻本　一册

330000－1710－0001818　321/13　經部/小學類/文字之屬/說文/專著

說文解字羣經正字二十八卷　(清)邵瑛撰　清嘉慶二十一年(1816)桂隱書屋刻本　八册

330000－1710－0001819　321/12　經部/小學類/文字之屬/說文/專著

唐寫本說文解字木部箋異一卷　(清)莫友芝撰　**仿唐寫本說文解字木部一卷**　(漢)許慎撰　清同治三年(1864)湘鄉曾國藩安慶行營刻本　清錢發榮題簽並記　一册

330000－1710－0001820　321/20　類叢部/叢書類/自著之屬

邃雅堂全集九種　(清)姚文田撰　清嘉慶至光緒歸安姚氏刻本　四册　存一種

330000－1710－0001821　321/19　經部/小學類/文字之屬/說文

說文通檢十四卷首一卷末一卷　(清)黎永椿撰　清光緒二年(1876)崇文書局刻本　二册

330000－1710－0001822　321/17　經部/小學類/文字之屬/說文/傳說

說文解字句讀三十卷　(清)王筠撰　清刻本　十六册

330000－1710－0001823　321/21　經部/小學類/文字之屬/說文/傳說

說文發疑六卷　(清)張行孚撰　清光緒九年(1883)安吉張氏邗上寓廬刻本　三册

330000－1710－0001824　321/22　經部/小學類/文字之屬/字書/訓蒙

文字蒙求四卷　(清)王筠撰　清光緒十三年(1887)梁谿浦氏刻本　清友薇題簽並題記　一册

330000－1710－0001825　321/18　經部/小學類/文字之屬/說文

王氏說文三種一百三卷　(清)王筠撰　清道光至咸豐刻同治四年(1865)彙印本　十二册　存二種

330000－1710－0001826　321/23　經部/小學類/文字之屬/說文/專著

說文分韻易知錄五卷部首重文五卷說文分畫易知錄一卷　(清)許巽行撰　清光緒五年(1879)華亭許嘉德刻松江葆素堂許氏印本　十册

330000－1710－0001827　321/24　經部/小學類/文字之屬/說文

說文通訓定聲十八卷分部檢韻一卷說雅一卷古今韻準一卷　(清)朱駿聲撰　(清)朱鏡蓉參訂　**行述一卷**　(清)朱孔彰撰　清道光二十九年(1849)刻咸豐元年(1851)朱孔彰臨嘯閣補刻本　二十八册

330000－1710－0001828　321/25　經部/小學類/文字之屬/字書/字典

復古編二卷　(宋)張有撰　**校正一卷附錄一卷**　(清)葛鳴陽撰　**曾樂軒稿一卷**　(宋)張維撰　**安陸集一卷**　(宋)張先撰　清光緒八年(1882)淮南書局刻本　三册

330000－1710－0001829　321/29　經部/小學類/文字之屬/說文

說文引經攷證七卷說文引經互異說一卷　(清)陳瑑撰　清同治十三年(1874)湖北崇文書局刻本　二册

330000－1710－0001830　321/30　經部/小學類/文字之屬/說文

說文逸字辨證二卷　(清)鄭珍撰　(清)李楨辨證　清光緒十一年(1885)善化李氏畹蘭室刻本　二册

330000－1710－0001831　321/31　經部/小學類/文字之屬/說文/專著

說文辨字正俗八卷　(清)李富孫撰　清同治九年(1870)校經廎刻本　四册

330000－1710－0001832　321/33　經部/小學類/文字之屬/說文

說文提要一卷　(清)陳建侯撰　清同治十二年(1873)湖北崇文書局刻本　二冊

330000－1710－0001833　321/35　經部/小學類/文字之屬/說文

說文新附攷六卷續攷一卷　(清)鈕樹玉撰　清同治十三年(1874)湖北崇文書局刻本　二冊

330000－1710－0001834　321/34　經部/小學類/文字之屬/說文

說文新附攷六卷續攷一卷　(清)鈕樹玉撰　清嘉慶六年(1801)非石居刻同治七年(1868)碧螺山館補刻本　二冊

330000－1710－0001835　321/36　經部/小學類/文字之屬/說文

說文逸字二卷附錄一卷　(清)鄭珍撰　清咸豐八年(1858)望山堂刻鄭子尹遺書本　金蓉鏡批　三冊

330000－1710－0001838　321/40　經部/小學類/文字之屬/說文/專著

說文古籀補十四卷補遺一卷附錄一卷　(清)吳大澂撰　清光緒十二年(1886)上海點石齋石印本　二冊

330000－1710－0001840　812.2/743　集部/別集類/清別集

巢經巢詩鈔九卷　(清)鄭珍撰　清咸豐二年(1852)刻四年(1854)印鄭子尹遺書本　張振維跋　龍崗山樵題記　二冊

330000－1710－0001842　321/45　經部/群經總義類/文字音義之屬

羣經字詁七十二卷檢字一卷　(清)段諤廷撰　(清)黃本驥編訂　清道光二十九年(1849)黔陽楊氏刻本　二十冊

330000－1710－0001843　321/47　經部/小學類/文字之屬/說文

說文新附攷六卷　(清)鄭珍撰　清光緒十四年(1888)山陰許氏枕碧山館刻本　金蓉鏡題簽並批　六冊

330000－1710－0001845　332/4、322/5、332/43　經部/小學類/叢編

姚氏叢刻三種　(清)姚覲元輯　清光緒二年(1876)歸安姚覲元川東官舍刻本　二十九冊

330000－1710－0001846　322/3　經部/小學類/文字之屬/字書/字體

佩觿三卷　(宋)郭忠恕撰　清刻本　一冊

330000－1710－0001847　322/6　經部/小學類/文字之屬/字書/字體

六書通十卷　(清)閔齊伋撰　(清)畢弘述篆訂　清光緒四年(1878)繡谷留耕堂刻本　五冊

330000－1710－0001848　322/9－1　經部/小學類/文字之屬/字書/字體

藝文備覽十二集一百二十卷檢字一卷補詳字義十四卷　(清)沙木注　清嘉慶十一年(1806)長白阿克當阿粵東榷署刻十三年(1808)增刻印本　八冊　存四十九卷(子六至十、辰一至五、巳一至五、午六至十、申一至五、酉一至五、亥六至十、補詳字義一至十四)

330000－1710－0001849　322/9－2　經部/小學類/文字之屬/字書/字體

藝文備覽十二集一百二十卷檢字一卷補詳字義十四卷　(清)沙木注　清嘉慶刻本　十一冊　存三十七卷(子三至五,寅一至五、八至十,卯五至七,巳五至十,午一至三,申三至五,酉五至十,戌一至五)

330000－1710－0001850　322/10　經部/小學類/文字之屬/字書/字體

鐘鼎字源五卷附錄一卷　(清)汪立名撰　清光緒二年至五年(1876－1879)洞庭秦氏麟慶堂刻本　三冊

330000－1710－0001851　322/7　經部/小學類/文字之屬/字書/字體

六書通摭遺十卷　(清)畢星海輯　清嘉慶六年(1801)海鹽畢星海基聞堂刻本　四冊

330000－1710－0001852　322/11　經部/小

學類/文字之屬/字書/字體

考正篆書在昔篇二卷 (清)王鼎釋 (清)楊沂孫書 清光緒十一年(1885)上海碧梧山莊石印本 一冊

330000－1710－0001854 322/16 經部/小學類/訓詁之屬/字詁

字說一卷 (清)吳大澂撰 清光緒十九年(1893)長沙思賢講舍刻本 一冊

330000－1710－0001855 322/18 經部/群經總義類/文字音義之屬

十經文字通正書十四卷 (清)錢坫撰 清嘉慶二年(1797)文章大吉樓刻本 二冊

330000－1710－0001856 322/17 經部/小學類/文字之屬/字書

字學舉隅不分卷 (清)黄本驥 (清)龍啟瑞撰 清同治十二年(1873)琉璃廠龍文齋刻本 一冊

330000－1710－0001857 322/19 集部/總集類/選集之屬/通代

文選通叚字會四卷 (清)杜宗玉撰 清光緒二十二年(1896)孝感學署刻本 四冊

330000－1710－0001859 322/20 經部/小學類/文字之屬/字書

字學七種二卷 (清)李祕園撰 (清)張邦泰校訂 清光緒十二年(1886)京師松竹齋刻本 一冊

330000－1710－0001860 720/35、730/4、752/3、753/1、323/2 經部/叢編

十三經單注 清同治七年(1868)湖北崇文書局刻本 十九冊 存五種

330000－1710－0001861 323/1 經部/小學類/訓詁之屬/爾雅

爾雅三卷 (晉)郭璞注 (唐)陸德明音義 清嘉慶二十二年(1817)順德張青選清芬閣刻本 三冊

330000－1710－0001862 323/3 經部/小學類/訓詁之屬/爾雅

爾雅三卷 (晉)郭璞注 (唐)陸德明音釋 清光緒三年(1877)永康胡氏退補齋刻本 三冊

330000－1710－0001863 323/7 經部/小學類/訓詁之屬/爾雅

爾雅郭註補正三卷 (清)戴鎣撰 清光緒十一年(1885)海陽韓氏刻本 六冊

330000－1710－0001864 323/8 經部/小學類/訓詁之屬/爾雅

爾雅音圖三卷 (晉)郭璞註 (清)姚之麟摹圖 清光緒十年(1884)上海同文書局石印本 二冊

330000－1710－0001865 323/10 經部/小學類/訓詁之屬/爾雅

爾雅正郭三卷 (清)潘衍桐撰 清光緒十七年(1891)刻本 金蓉鏡題簽批並記 一冊

330000－1710－0001866 323/11 經部/小學類/訓詁之屬/爾雅

爾雅直音二卷 (清)孫偘輯 清嘉慶十五年(1810)彬蔚齋刻本 二冊

330000－1710－0001867 323/20 經部/小學類/訓詁之屬/群雅

釋名疏證補八卷續釋名補遺共一卷疏證補坿一卷 (漢)劉熙撰 王先謙輯 清光緒二十二年(1896)刻本 金蓉鏡注 三冊

330000－1710－0001868 323/23 經部/小學類/訓詁之屬/群雅

稗雅四卷 (清)龍彪輯 清道光五年(1825)寄南雲齋刻本 四冊

330000－1710－0001869 323/18、323/44 經部/小學類/訓詁之屬/群雅

廣雅疏證十卷博雅音十卷 (清)王念孫撰 清嘉慶元年(1796)刻本 十二冊

330000－1710－0001870 323/24 經部/小學類/訓詁之屬/群雅

駢雅訓篹十六卷首一卷 (明)朱謀㙔撰 (清)魏茂林訓篹 清光緒七年(1881)成都瀹雅齋刻本 八冊

330000－1710－0001871　323/29　經部/小學類/訓詁之屬/群雅

拾雅二十卷　(清)夏味堂撰　(清)夏紀堂注　清嘉慶二十四年(1819)夏氏遂园刻本　八冊

330000－1710－0001872　323/37　經部/小學類/訓詁之屬/譯語

輶軒使者絕代語釋別國方言十三卷首一卷　(漢)揚雄撰　(晉)郭璞注　**續方言二卷**　(清)杭世駿撰　**續方言補一卷**　(清)程際盛撰　清光緒十七年(1891)長沙思賢講舍刻本　三冊

330000－1710－0001874　324/40　經部/小學類/文字之屬/字書/字典

康熙字典十二集三十六卷總目一卷檢字一卷辨似一卷等韻一卷補遺一卷備考一卷　(清)張玉書等纂修　清光緒二十年(1894)上海點石齋石印本　六冊

330000－1710－0001875　323/42　經部/四書類/總義之屬/文字音義

四書字詁七十八卷檢字一卷　(清)段謂廷撰　(清)黃本驥編訂　清道光二十九年(1849)黔陽楊氏刻咸豐七年(1857)楊基善補刻本　二十冊

330000－1710－0001876　323/43　經部/小學類/訓詁之屬/爾雅

爾雅三卷　(晉)郭璞注　(唐)陸德明音義　清光緒九年(1883)湘西經濟書局刻本　四冊

330000－1710－0001877　323/47　經部/小學類/訓詁之屬/爾雅

爾雅新義二十卷　(宋)陸佃撰　清嘉慶十三年(1808)陸氏三間草堂刻本　一冊　存五卷(十一至十五)

330000－1710－0001878　331/3－1　經部/小學類/音韻之屬/注音

類音八卷　(清)潘耒撰　清康熙五十一年(1712)吳江潘氏遂初堂刻雍正鶯湖蘇歗堂印本　四冊

330000－1710－0001879　331/4　經部/小學類/音韻之屬/等韻

音學辨微一卷　(清)江永撰　清宣統元年(1909)上海國學保存會影印本　一冊

330000－1710－0001880　324/3　經部/小學類/文字之屬/字書/字典

康熙字典十二集三十六卷總目一卷檢字一卷辨似一卷等韻一卷補遺一卷備考一卷　(清)張玉書等纂修　清光緒十六年(1890)上海同文書局石印本　六冊

330000－1710－0001881　515/62　史部/詔令奏議類/奏議之屬

進呈簡字譜錄摺一卷　勞乃宣撰　清光緒三十四年(1908)京華印書局鉛印本　一冊

330000－1710－0001882　324/5　經部/小學類/文字之屬/字書/字典

康熙字典十二集三十六卷總目一卷檢字一卷辨似一卷等韻一卷補遺一卷備考一卷　(清)張玉書等纂修　清光緒十三年(1887)上海積山書局石印本　六冊

330000－1710－0001885　332/6　類叢部/類書類/撰類之屬

韻藻述五卷　(明)楊慎撰　清道光七年(1827)長白福申刻本　二冊

330000－1710－0001886　332/3　經部/小學類/音韻之屬/韻書

集韻十卷　(宋)丁度等撰　清康熙四十五年(1706)揚州使院刻嘉慶十九年(1814)桐城方葆巖補刻本　十冊

330000－1710－0001887　332/11　經部/小學類/音韻之屬

今韻三辨三種　(清)孫同元撰　清道光十九年至二十三年(1839－1843)刻本　三冊

330000－1710－0001888　332/12　經部/小學類/音韻之屬/韻書

韻詁五卷補遺一卷　(清)方濬頤輯　清光緒四年(1878)淮南書局刻本　六冊

330000－1710－0001889　332/13　經部/小

學類/音韻之屬/韻書

韻學驪珠二卷 (清)沈乘麐輯 清光緒十八年(1892)華亭顧文善齋刻本 二冊

330000－1710－0001890 331/5 經部/小學類/音韻之屬/等韻

李氏音鑑六卷首一卷 (清)李汝珍撰 清嘉慶十五年(1810)寶善堂刻同治七年(1868)木樨山房印本 四冊

330000－1710－0001891 324/8 經部/小學類/文字之屬/字書/字典

字彙四集 (清)陳淏子撰 清古渝善成堂刻本 一冊 存二卷(元、亨)

330000－1710－0001892 332/14 經部/小學類/音韻之屬/韻書

韻辨附文五卷 (清)沈兆霖撰 清道光二十三年(1843)宏道書院刻本 四冊

330000－1710－0001893 324/4 經部/小學類/文字之屬/字書/字典

康熙字典十二集三十六卷總目一卷檢字一卷辨似一卷等韻一卷補遺一卷備考一卷 (清)張玉書等纂修 清道光七年(1827)刻本 王仲襄題記 四十冊

330000－1710－0001895 331/8 經部/小學類/韻書/注音

簡字譜錄五種五卷 勞乃宣撰 清光緒三十二年(1906)金陵刻本 一冊 存一種

330000－1710－0001896 331/9 經部/小學類/音韻之屬/等韻

切韻指掌圖一卷 (宋)司馬光撰 清宣統二年(1910)豐城熊羅宿舊補史堂刻本 一冊

330000－1710－0001897 331/10 經部/小學類/音韻之屬/古今韻說

音學質疑六卷 (清)彭焯南撰 清刻本 一冊 存二卷(五至六)

330000－1710－0001898 331/11 經部/群經總義類/文字音義之屬

經書字音辨要九卷 (清)楊名颺輯 清道光十年(1830)式好堂刻本 一冊 存四卷(一至四)

330000－1710－0001899 332/15 經部/小學類/音韻之屬/韻書

韻字辨同五卷 (清)彭元瑞撰 清乾隆二十九年(1764)彭元瑞刻本 一冊

330000－1710－0001900 332/16 經部/小學類/音韻之屬/韻書

韻學辨中備五卷 (清)張亨釪撰 清咸豐十年(1860)廣東尊所聞齋刻三色套印本 二冊

330000－1710－0001901 332/17 經部/小學類/音韻之屬/韻書

佩文廣韻匯編五卷 (清)李元祺輯 清同治十一年(1872)金陵書局刻本 二冊

330000－1710－0001902 332/21 經部/小學類/音韻之屬/韻書

字類標韻六卷 (清)華綱輯 清光緒二十二年(1896)文林書局石印本 六冊

330000－1710－0001903 332/20 經部/小學類/文字之屬/字書/字典

經韻集字析解二卷全韻字數一卷 (清)熊守謙撰 (清)彭良敞集注 清道光十三年(1833)河南撫署刻本 一冊 缺一卷(經韻集字析解二)

330000－1710－0001904 332/23 經部/小學類/音韻之屬/韻書

廣韻五卷 (宋)陳彭年等重修 清康熙刻本 一冊 存一卷(三)

330000－1710－0001905 332/24 經部/小學類/文字之屬/說文/專著

許氏說文解字雙聲疊韻譜一卷 (清)鄧廷楨撰 清光緒九年(1883)上海同文書局石印本 一冊

330000－1710－0001906 332/28 經部/小學類/音韻之屬/古今韻說

韻目表一卷 (清)錢學嘉撰 清光緒七年(1881)歸安錢氏刻朱印本 一冊

330000－1710－0001908 332/32 類叢部/

叢書類/自著之屬
張師筠著述三種 （清）張燮承撰　清咸豐至同治刻本　一册　存一種

330000－1710－0001910　332/33　經部/小學類/音韻之屬/等韻
等韻一得内篇一卷外篇一卷　勞乃宣撰　清光緒二十四年(1898)吳橋官廨刻本　二册

330000－1710－0001912　332/35　經部/小學類/音韻之屬/注音
簡字全譜一卷　勞乃宣撰　清光緒三十三年(1907)刻本　一册

330000－1710－0001913　332/36　經部/小學類/音韻之屬/注音
簡字譜錄五種五卷　勞乃宣撰　清光緒三十二年(1906)金陵刻本　一册　存一種

330000－1710－0001914　332/37　經部/小學類/韻書/注音
簡字譜錄五種五卷　勞乃宣撰　清光緒三十二年(1906)江寧刻本　一册　存一種(重訂合聲簡字譜)

330000－1710－0001916　333/2　集部/詞類/詞韻之屬
詞林正韻三卷發凡一卷 （清）戈載撰　清光緒十七年(1891)思賢講舍刻本　二册

330000－1710－0001918　333/7　經部/小學類/音韻之屬/韻書
詩韻含英題解十卷 （清）甘蘭友輯　清刻本　二册　缺三卷(五至七)

330000－1710－0001919　333/6　集部/詩文評類/詩評之屬
聲調譜三卷談龍錄一卷 （清）趙執信撰　清乾隆二十四年(1759)德州盧見曾雅雨堂刻本　一册

330000－1710－0001920　333/8　經部/小學類/音韻之屬/韻書
佩文詩韻釋要五卷 （清）周兆基輯　（清）孫詒經重輯　清光緒四年(1878)刻本　一册　存二卷(四至五)

330000－1710－0001922　413/1　史部/紀傳類/正史之屬
史記志疑三十六卷 （清）梁玉繩撰　**補遺一卷** （清）梁學昌輯　清光緒十四年(1888)餘姚朱氏刻本　十二册

330000－1710－0001923　411/6　史部/史抄類
廿四史約編八卷首一卷 （清）鄭元慶撰　清末石印本　八册

330000－1710－0001924　411/7　史部/史抄類
廿一史約編八卷首一卷 （清）鄭元慶撰　清康熙三十六年(1697)鄭元慶刻本　八册

330000－1710－0001925　413/2－1　史部/紀傳類/正史之屬
校刊史記集解索隱正義札記五卷 （清）張文虎撰　清同治十一年(1872)金陵書局刻本　二册

330000－1710－0001926　413/3　史部/紀傳類/正史之屬
歸方評點史記合筆六卷 （清）王拯輯　清同治五年(1866)王拯廣州刻本　四册

330000－1710－0001927　413/2－2　史部/紀傳類/正史之屬
史記集解索隱正義一百三十卷 （漢）司馬遷撰　（南朝宋）裴駰集解　（唐）司馬貞索隱　（唐）張守節正義　清同治五年至九年(1866－1870)金陵書局刻本　一册　存四卷(一至四)

330000－1710－0001929　413/5－1　史部/紀傳類/正史之屬
後漢書補注二十四卷 （清）惠棟撰　清嘉慶九年(1804)德裕堂刻本　四册

330000－1710－0001930　413/10　史部/紀傳類/正史之屬
三國志證聞三卷 （清）錢儀吉撰　清光緒十一年(1885)江蘇書局刻本　二册

330000－1710－0001931　413/6　史部/紀傳

類/正史之屬

兩漢刊誤補遺十卷附錄一卷 (宋)吳仁傑撰 清同治七年(1868)金陵書局木活字印本 二册

330000－1710－0001932 413/7 史部/地理類/總志之屬/斷代

漢書地理志補注一百三卷 (清)吴卓信撰 清道光二十八年(1848)涇縣包氏刻本 二十册

330000－1710－0001933 413/14 史部/地理類/總志之屬/斷代

晉書地理志新補正五卷 (清)畢沅撰 清光緒十八年(1892)長沙思賢講舍刻本 一册

330000－1710－0001934 413/15 史部/地理類/總志之屬/斷代

晉太康三年地記一卷王隱晉書地道記一卷 (清)□□輯 清光緒十七年(1891)長沙思賢講舍刻本 一册

330000－1710－0001935 413/17 史部/紀傳類/正史之屬

魏書官氏志疏證一卷 陳毅撰 清光緒二十三年(1897)刻本 金蓉鏡句讀並注 一册

330000－1710－0001936 413/5－2 史部/紀傳類/正史之屬

後漢書注又補一卷 (清)沈銘彝撰 清道光十七年(1837)唐寳衔刻同治八年(1869)補刻本 一册

330000－1710－0001937 413/21 史部/紀傳類/正史之屬

舊唐書二百卷 (後晉)劉昫撰 **逸文十二卷** (清)岑建功輯 **校勘記六十六卷** (清)羅士琳等校勘 清道光二十九年(1849)岑浛岑鎔懼盈齋刻同治十一年(1872)定遠方氏補刻本 三册 存十二卷(逸文一至十二)

330000－1710－0001938 413/23 史部/地理類/外紀之屬

唐書西域傳注一卷 (清)沈惟賢撰 清光緒二十四年(1898)刻本 金蓉鏡跋 一册

330000－1710－0001939 413/24 史部/紀傳類/正史之屬

唐書宰相世系表訂譌十二卷 (清)沈炳震撰 清刻本 六册

330000－1710－0001940 413/25 史部/紀傳類/正史之屬

遼史拾遺二十四卷 (清)厲鶚撰 清光緒元年(1875)江蘇書局刻本 八册

330000－1710－0001941 413/26 史部/紀傳類/正史之屬

遼史拾遺二十四卷 (清)厲鶚撰 清道光元年(1821)錢塘汪氏振綺堂刻本 四册

330000－1710－0001942 413/27 史部/紀傳類/正史之屬

遼史拾遺補五卷 (清)楊復吉撰 清光緒三年(1877)江蘇書局刻本 一册

330000－1710－0001943 413/28 史部/地理類/總志之屬/斷代

遼史地理志考五卷 (清)李慎儒撰 清光緒二十八年(1902)丹徒李氏刻本 金蓉鏡題記 二册

330000－1710－0001944 413/33 史部/雜史類/斷代之屬

元祕史李注補正十五卷續補一卷 (清)高寶銓撰 清光緒二十八年(1902)刻本 二册

330000－1710－0001945 413/30、413/31、413/32 史部/編年類/斷代之屬

遼金元三史語解四十六卷 (清)高宗弘曆編 清光緒四年(1878)江蘇書局刻本 十册

330000－1710－0001946 413/35 史部/紀傳類/正史之屬

元史譯文證補三十卷 (清)洪鈞撰 清光緒二十三年(1897)元和陸氏刻本(卷七至八、十三、十六至至十七、十九至二十一、二十五、二十八原缺) 四册

330000－1710－0001947 413/34 史部/紀傳類/正史之屬

元史譯文證補三十卷 (清)洪鈞撰 清光緒

二十三年(1897)元和陸氏刻本(卷七至八、十三、十六至至十七、十九至二十一、二十五、二十八原缺)　六册

330000－1710－0001949　413/42　史部/史表類/通代之屬
廿一史四譜五十四卷　(清)沈炳震撰　清同治十年(1871)武林吳氏清來堂刻本　十六册

330000－1710－0001950　413/45　史部/紀傳類/正史之屬
唐書合鈔二百六十卷　(清)沈炳震撰　**補正六卷首一卷**　(清)丁子復撰　清嘉慶十五年至十八年(1810－1813)吳門海昌查世倓刻本　七十四册

330000－1710－0001951　413/44　史部/編年類/通代之屬
紀元通攷十二卷　(清)葉維庚撰　清同治十一年(1872)刻本　四册

330000－1710－0001952　413/49　史部/史評類/考訂之屬
讀史舉正八卷　(清)張熷撰　清南漪書屋刻本　二册

330000－1710－0001953　413/50　史部/史評類/考訂之屬
廿二史劄記三十六卷首一卷補遺一卷　(清)趙翼撰　清光緒二十八年(1902)文淵山房石印本　六册

330000－1710－0001954　413/51　類叢部/叢書類/自著之屬
甌北全集八種　(清)趙翼撰　清乾隆至嘉慶湛貽堂刻本　八册　存一種

330000－1710－0001955　413/53　史部/紀傳類/別史之屬
弘簡錄二百五十四卷　(明)邵經邦撰　清康熙刻本(卷八十六至二百五十四配清康熙刻清印本)　三十七册　存二百五卷(一至十四、十九至三十、三十七至四十三、八十五至八十七、八十六至二百五十四)

330000－1710－0001956　413/54　史部/紀傳類/別史之屬
續弘簡錄元史類編四十二卷　(清)邵遠平撰　清康熙四十五年(1706)刻本　十一册　存二十九卷(一至十、十四至二十六、三十三至三十五、三十九至四十一)

330000－1710－0001957　413/58　史部/紀傳類/正史之屬
漢書補注一百卷首一卷　王先謙撰　清光緒二十六年(1900)長沙王氏虛受堂刻本　二十八册　存八十三卷(首、一至二十一、二十七至八十三、九十七至一百)

330000－1710－0001958　413/55　史部/雜史類/斷代之屬
世本十卷　(清)秦嘉謨輯補　清嘉慶二十三年(1818)琳琅仙館刻本　六册

330000－1710－0001959　413/60　史部/紀傳類/正史之屬
元書一百二卷首一卷　曾廉撰　清宣統三年(1911)邵陽曾氏層漪堂刻本　二十册

330000－1710－0001963　421/2　史部/編年類/通代之屬
資治通鑑二百九十四卷　(宋)司馬光撰　(元)胡三省音注　**通鑑釋文辯誤十二卷**　(元)胡三省撰　清嘉慶二十一年(1816)鄱陽胡克家影元刻同治八年(1869)江蘇書局重修本　一百册

330000－1710－0001965　421/5、421/8　史部/編年類/斷代之屬
續資治通鑑長編五百二十卷目錄二卷　(宋)李燾撰　**續資治通鑑長編拾補六十卷**　(清)黄以周等編　(清)張大昌輯注　清光緒七年(1881)九年(1883)浙江書局刻本　一百三十六册

330000－1710－0001966　421/6　史部/編年類/通代之屬
資治通鑑補二百九十四卷　(明)嚴衍撰　清光緒二年(1876)武進盛氏思補樓木活字印本　七十九幅　缺四卷(二百二十八至二百三十一)

330000－1710－0001967　421/7　史部/編年類/通代之屬

續資治通鑑二百二十卷　(清)畢源撰　清光緒石印本　二十八册

330000－1710－0001968　421/9　史部/編年類/通代之屬

御批歷代通鑑輯覽一百二十卷　(清)傅恒等撰　(清)楊述曾纂修　清同治十年(1871)浙江書局刻朱墨套印本　四十八册

330000－1710－0001969　412/10　史部/編年類/通代之屬

御批歷代通鑑輯覽一百二十卷　(清)傅恒等撰　(清)楊述曾纂修　清同治十三年(1874)文星書局刻朱墨套印本　六十册

330000－1710－0001970　421/11　史部/編年類/通代之屬

御批歷代通鑑輯覽一百二十卷　(清)傅恒等撰　(清)楊述曾等纂修　清光緒十一年(1885)同文書局石印本　二十册

330000－1710－0001971　421/12　史部/編年類/通代之屬

御批歷代通鑑輯覽一百二十卷　(清)傅恒等撰　(清)楊述曾等纂修　清光緒三十年(1904)上海商務印書館鉛印本　二十三册　存一百十五卷(一至二十五、三十一至一百二十)

330000－1710－0001972　421/13　史部/編年類/通代之屬

歷代通鑑纂要九十二卷　(明)李東陽　(明)劉機等撰　清光緒二十三年(1897)廣雅書局刻本　三十二册

330000－1710－0001973　421/17　史部/編年類/通代之屬

尺木堂綱鑑易知錄二十卷　(清)吳乘權等輯　清光緒十三年(1887)上海點石齋石印本　十册

330000－1710－0001974　421/16　史部/編年類/通代之屬

緯文堂綱鑑易知錄九十二卷明鑑易知錄十五卷　(清)吳乘權　(清)周之炯　(清)周之燦輯　清緯文堂刻本　二十八册　存六十四卷(綱鑑易知錄一至六十四)

330000－1710－0001975　421/18　史部/編年類/通代之屬

尺木堂明鑑易知錄十五卷　(清)吳乘權等輯　清光緒鉛印本　二册

330000－1710－0001980　422/2　史部/編年類/斷代之屬

明紀六十卷　(清)陳鶴輯　(清)陳克家補　清同治十年(1871)江蘇書局刻本　二十册

330000－1710－0001981　422/3　史部/史抄類

岣嶁鑑撮四卷　(清)曠敏本編　清嘉慶二十三年(1818)刻本　清祝韻梅批校　六册

330000－1710－0001982　422/4　史部/編年類/通代之屬

資治通鑑外紀十卷目錄五卷　(宋)劉恕撰　(清)胡克家注補　清同治十年(1871)江蘇書局刻本　十册

330000－1710－0001983　421/22　史部/編年類/通代之屬

司馬溫公稽古錄二十卷附校勘記一卷　(宋)司馬光撰　清光緒五年(1879)江蘇書局刻本　四册

330000－1710－0001984　422/5　史部/史表類/斷代之屬

四裔編年表四卷　李鳳苞輯　清光緒江南製造總局刻本　四册

330000－1710－0001985　422/6　史部/編年類/斷代之屬

十朝東華錄五百二十五卷同治朝東華續錄一百卷　王先謙　潘頤福撰　清光緒二十年(1894)二十五年(1899)上海積山書局石印本　六十六册　缺二十七卷(嘉慶一至十一、十八至二十三,同治一至三、七至十、十五至十七)

330000－1710－0001986　422/7　史部/編年類/斷代之屬

東華録三十二卷　(清)蔣良騏撰　清京都琉璃廠刻本　八册

330000－1710－0001987　422/1　史部/編年類/斷代之屬

兩漢紀六十卷　(宋)王銍輯　明嘉靖二十七年(1548)吳郡黄姬水刻本　一册　存四卷(後漢紀二十三至二十六)

330000－1710－0001988　422/8、422/9、422/10、422/11　史部/編年類/斷代之屬

東華録天命朝四卷天聰朝十一卷崇德朝八卷順治朝三十六卷康熙朝一百十卷雍正朝二十六卷東華續録乾隆朝一百二十卷嘉慶朝五十卷　王先謙編　清光緒五年(1879)刻本　一百八册　存二百五十六卷(雍正朝一至二十六、乾隆朝一至一百二十、嘉慶朝一至五十、道光朝一至六十)

330000－1710－0001989　422/12　史部/編年類/斷代之屬

東華續録(咸豐朝)六十九卷　潘頤福編　清光緒十八年(1892)上海圖書集成印書局鉛印本　十六册

330000－1710－0001990　422/16　史部/編年類/斷代之屬

竹書紀年集證五十卷首一卷　(清)陳逢衡撰　清嘉慶十八年(1813)裛露軒刻本　十六册

330000－1710－0001991　422/13　史部/編年類/斷代之屬

東華續録(光緒朝)二百二十卷　(清)朱壽朋編　清宣統元年(1909)上海集成圖書公司鉛印本　六十四册

330000－1710－0001992　423/1　史部/編年類/通代之屬

資治通鑑目録三十卷　(宋)司馬光撰　清道光三十年(1850)儀徵吳熙載刻本　六册

330000－1710－0001993　423/2－1　史部/編年類/通代之屬

資治通鑑綱目五十九卷　(宋)朱熹撰　(明)陳仁錫評　**續編一卷**　(明)陳桱撰　(明)陳仁錫評　**續資治通鑑綱目二十七卷**　(明)商輅等撰　(明)陳仁錫評　**資治通鑑綱目前編二十五卷**　(明)南軒撰　(明)陳仁錫評　明崇禎三年(1630)陳仁錫刻本　二十册　存二十八卷(綱目三十一至三十二、三十四至三十五、三十八、四十四至四十九、五十五至五十九、前編十四至二十五)

330000－1710－0001994　423/2－2　史部/編年類/通代之屬

資治通鑑綱目五十九卷　(宋)朱熹撰　(明)陳仁錫評閲　明崇禎三年(1630)陳仁錫刻本　一册　存一卷(三十八)

330000－1710－0001995　423/2－3423/3、423/4　史部/編年類/通代之屬

御批資治通鑑綱目全書一百九卷　(清)聖祖玄燁編　(清)宋犖校　清康熙刻本　十四册　存二十六卷(綱目一、三至七、九至十四、前編外紀一、前編一至八、十五至十六、舉要一至三)

330000－1710－0001996　423/9　史部/編年類/通代之屬

資治通鑑綱目發明五十九卷　(宋)尹起莘撰　清雍正八年至十一年(1730－1733)刻嘉慶重修同治十三年(1874)補刻本　四册

330000－1710－0001997　423/6、423/7　史部/編年類/通代之屬

御批資治通鑑綱目全書一百九卷　(清)聖祖玄燁編　(清)宋犖校　清光緒石印本　十二册　存五十卷(綱目三至五、二十四至二十八、三十四至四十二、四十七至五十九、前編三至八、續編五至九、十四至二十二)

330000－1710－0001998　423/8　史部/編年類/通代之屬

御撰資治通鑑綱目三編四卷　(清)張廷玉等撰　清光緒十二年(1886)上海點石齋石印本　二册

330000－1710－0001999　423/11　史部/編

年類/通代之屬

讀通鑑綱目條記二十卷首一卷 (清)李述來撰 清嘉慶刻本 六冊

330000－1710－0002000 423/13 史部/雜史類/斷代之屬

小腆紀傳六十五卷 (清)徐鼒撰 **小腆紀傳補遺六卷** (清)徐承禮撰 清光緒十三年至十四年(1887－1888)六合徐氏金陵刻本 十八冊

330000－1710－0002001 423/14 史部/雜史類/斷代之屬

小腆紀年附考二十卷 (清)徐鼒撰 清咸豐十一年(1861)刻本 十二冊

330000－1710－0002002 423/15 史部/雜史類/斷代之屬

小腆紀年附考二十卷 (清)徐鼒撰 清光緒十二年(1886)扶桑使廨鉛印本 清愛月山樵題記 十二冊

330000－1710－0002003 430/2 史部/紀事本末類/通代之屬

繹史一百六十卷附世系圖一卷年表一卷 (清)馬驌撰 清刻本(卷十九至二十二、七十三至七十六配清光緒三十年(1904)浙江書局刻本) 四十四冊

330000－1710－0002004 430/1 史部/紀事本末類/通代之屬

繹史一百六十卷附世系圖一卷年表一卷 (清)馬驌撰 清光緒二十三年(1897)武林尚友齋石印本 二十四冊

330000－1710－0002005 430/3 史部/紀事本末類/通代之屬

通鑑紀事本末二百三十九卷 (宋)袁樞撰 (明)張溥論正 明末刻本 十七冊 存九十一卷(一至二、七至二十八、三十八至七十五、八十二至一百一、一百九十二、二百十四至二百二十一)

330000－1710－0002006 430/5 史部/紀事本末類/斷代之屬

三朝北盟會編二百五十卷首一卷 (宋)徐夢莘撰 **校勘記二卷補遺一卷** (清)袁祖安校勘並補遺 清光緒三年至五年(1877－1879)如皋袁祖安越東鉛印本 四十冊

330000－1710－0002007 430/4、430/8 史部/紀事本末類

歷朝紀事本末七種 (清)陳如升 (清)朱記榮輯 清光緒十四年(1888)上海書業公所鉛印本 七冊 存二種

330000－1710－0002008 430/9 史部/紀事本末類/斷代之屬

明史紀事本末八十卷 (清)谷應泰撰 清順治十五年(1658)刻本 六冊 存四十二卷(一至十六、四十七至六十、六十九至八十)

330000－1710－0002009 430/6、430/7 史部/紀事本末類

歷朝紀事本末九種 (清)陳如升 (清)朱記榮輯 (清)慎記主人增輯 清光緒二十五年(1899)上海慎記書莊石印本 七冊 存二種

330000－1710－0002010 430/23 史部/紀事本末類/斷代之屬

聖武記十四卷 (清)魏源撰 清道光二十二年(1842)魏源古微堂刻二十六年(1846)重修本 六冊

330000－1710－0002011 430/24 史部/雜史類/斷代之屬

中西紀事二十四卷首一卷 (清)夏燮撰 清末刻本 六冊

330000－1710－0002012 430/25 史部/紀事本末類/斷代之屬

平定粵匪紀略十八卷附記四卷 (清)杜文瀾撰 清同治十年(1871)京都聚珍齋木活字印本 十冊

330000－1710－0002013 430/28 史部/雜史類/斷代之屬

吳中平寇記八卷 (清)錢勖撰 清同治刻本 二冊

330000－1710－0002014 430/29 史部/雜

史類/斷代之屬
淮軍平捻記十二卷 (清)周世澄撰 清同治刻本 六册

330000－1710－0002015 970/1 史部/地理類
李氏五種 (清)李兆洛撰 清光緒上海蜚英館石印本 四册 存二種

330000－1710－0002016 430/30 史部/雜史類/斷代之屬
豫軍紀略十二卷 (清)尹耕雲等纂 清同治十三年(1874)福州刻本 五册 缺二卷(三至四)

330000－1710－0002017 430/31 史部/雜史類/斷代之屬
湘軍志十六卷首一卷 王闓運撰 清光緒二十八年(1902)湖南書局刻本 四册

330000－1710－0002018 430/33 史部/政書類/邦計之屬/貿易
國朝柔遠記二十卷 (清)王之春輯 清光緒十七年(1891)廣雅書局刻本 八册

330000－1710－0002019 430/34、430/35 新學/史志/戰記
中東戰紀本末八卷首一卷末一卷續編四卷首一卷末一卷三編四卷 (美國)林樂知撰並譯 蔡爾康輯 **文學興國策二卷** (美國)林樂知譯 清光緒二十二年(1896)二十三年(1897)二十六年(1900)上海廣學會鉛印本 祝廷錫題簽並記 三册 存九卷(中東戰紀本末首、一至二,續編首、一至四、末)

330000－1710－0002020 430/32 史部/雜史類/斷代之屬
湘軍志十六卷 王闓運撰 清光緒十二年(1886)成都墨香書屋刻本 四册

330000－1710－0002021 430/36 史部/紀事本末類/斷代之屬
平定粵寇紀略十八卷附記四卷 (清)杜文瀾撰 清同治稿本 二册 存六卷(十七至十八、附記一至四)

330000－1710－0002022 440/32 史部/傳記類/别傳之屬/事狀
皇清誥授光祿大夫贈太子少保予謚勤肅頭品頂戴兵部尚書都察院右都御史兩廣總督顯考方之府君行述一卷 陶葆廉 陶保霖撰 清光緒刻本 一册

330000－1710－0002024 440.2/2 史部/傳記類/别傳之屬/事狀
[丁立誠]哀輓錄一卷 丁上左等編 清宣統三年(1911)鉛印本 一册

330000－1710－0002026 440.2/1 史部/傳記類/别傳之屬/事狀
曾文正公[曾國藩]榮哀錄一卷 (清)黄翼升等撰 清同治十一年(1872)刻本 一册

330000－1710－0002032 970/1－2 史部/地理類
李氏五種 (清)李兆洛撰 清光緒二十四年(1898)掃葉山房石印本 三册 存一種

330000－1710－0002035 970/2 史部/地理類
李氏五種 (清)李兆洛撰 清光緒四年(1878)順德馬貞榆刻本 八册 存二種

330000－1710－0002037 970/2－2 史部/地理類
李氏五種 (清)李兆洛撰 清光緒四年(1878)順德馬貞榆刻本 一册 存一種

330000－1710－0002040 950/13 史部/地理類/外紀之屬
輿地彙鈔十三卷附圖二卷 (清)馬冠群輯 清光緒二十年(1894)蘇州文瑞樓石印本 一册 缺九卷(一至九)

330000－1710－0002057 441/1 史部/傳記類/總傳之屬/通代
歷代帝王史贊彙錄不分卷 (清)□□輯 清抄本 四册

330000－1710－0002058 441/3 史部/傳記類/總傳之屬/仕宦
歷代名臣言行錄二十四卷 (清)朱桓輯 清

嘉慶刻本　三十五冊

330000－1710－0002059　441/4　史部/傳記類/總傳之屬/仕宦
歷代節義名臣錄十卷　(清)陳炳纂　清光緒十二年(1886)金陵刻本　十冊

330000－1710－0002060　441/7　史部/傳記類/總傳之屬/列女
列女傳八卷　(漢)劉向撰　(清)梁端校注　清道光十七年(1837)錢唐汪氏振綺堂刻同治十三年(1874)汪曾學粵東補刻本　二冊

330000－1710－0002061　441/9　史部/傳記類/總傳之屬/列女
歷代名媛圖說二卷　清光緒五年(1879)上海點石齋石印本　二冊

330000－1710－0002062　441/8　史部/傳記類/總傳之屬/列女
列女傳八卷　(漢)劉向撰　(清)梁端校注　清道光十七年(1837)錢塘汪氏振綺堂刻同治十三年(1874)汪曾學粵東補刻光緒元年(1875)印本　四冊

330000－1710－0002063　441/12　史部/史抄類
讀史鏡古編三十二卷　(清)潘世恩輯　清道光鳳池園刻本　八冊

330000－1710－0002064　441/13　史部/傳記類/總傳之屬/郡邑
吳郡名賢圖傳贊二十卷　(清)顧沅輯　(清)孔繼垚繪　清道光九年(1829)長洲顧氏刻本　六冊

330000－1710－0002065　441/14　史部/傳記類/總傳之屬/郡邑
婺書八卷　(明)吳之器撰　清光緒二十六年(1900)刻本　三冊　存五卷(一至五)

330000－1710－0002066　441/16　史部/傳記類/總傳之屬/文苑
唐才子傳十卷　(元)辛文房撰　**唐才子傳考異一卷**　(清)陸芝榮撰　清嘉慶十年(1805)蕭山陸芝榮三間草堂刻本　一冊　存五卷(一至五)

330000－1710－0002067　441/17　類叢部/叢書類/自著之屬
潛園總集十七種　(清)陸心源撰　清同治至光緒刻本　一百五十七冊　存十三種

330000－1710－0002068　441/19　史部/傳記類/別傳之屬/事狀
鄂國金佗稡編二十八卷續編三十卷　(宋)岳珂編　清光緒九年(1883)浙江書局刻本　十二冊

330000－1710－0002069　441/20　史部/傳記類/別傳之屬/事狀
鄂國金佗稡編二十八卷續編三十卷　(宋)岳珂編　清光緒九年(1883)浙江書局刻本　六冊　存三十卷(續編一至三十)

330000－1710－0002070　441/22　史部/傳記類/總傳之屬/仕宦
宋名臣言行錄前集十卷後集十四卷續集八卷別集二十六卷外集十七卷　(宋)□□輯　清初刻本　四冊　存二十四卷(前集一至十、後集一至十四)

330000－1710－0002071　441/23　史部/傳記類/總傳之屬/仕宦
宋名臣言行錄前集十卷後集十四卷續集八卷別集二十六卷外集十七卷　(宋)□□輯　清同治七年(1868)臨川桂氏刻本　十二冊

330000－1710－0002073　814. 1/17、814. 3/196、814. 1/81、814. 1/100、430/15、814. 3/109、430/21、039/21、950/4、814. 3/182、814. 3/197　類叢部/叢書類/彙編之屬
申報館叢書正集五十七種附錄三種　(清)尊聞閣主編　**續集一百四十二種**　(清)蔡爾康編　清光緒申報館鉛印本　清丹翁題記　清薪農題簽并過錄　八十八冊　存十五種

330000－1710－0002074　441/24　史部/傳記類/別傳之屬
范文正公言行錄三卷年譜言行摘錄一卷　(清)崔廷璋輯　清光緒十三年(1887)施州崔

廷璋刻本　一册

330000－1710－0002075　441/25　史部/傳記類/别傳之屬
韓魏公言行録一卷　(清)崔廷璋輯　清光緒十三年(1887)刻本　一册

330000－1710－0002076　441/26　史部/編年類/通代之屬
通紀直解十四卷續解二卷　(明)張嘉和輯　明崇禎刻清初續刻本　五册　存十三卷(四至十六)

330000－1710－0002077　441/34　史部/傳記類/總傳之屬/斷代
昭代名人尺牘小傳二十四卷　(清)吴修撰　清道光六年(1826)刻本　金蓉鏡題記　二册

330000－1710－0002078　441/36　史部/傳記類/總傳之屬/郡邑
吴門三相[潘世恩　翁心存　彭藴章]傳略不分卷　(清)管晏輯　清同治至光緒刻本　一册

330000－1710－0002079　441/31　史部/傳記類/總傳之屬/斷代
啟禎野乘一集十六卷　(清)鄒漪撰　明崇禎十七年(1644)柳圍草堂刻清康熙五年(1666)重修本　四册　存四卷(二、四至六)

330000－1710－0002080　441/32　史部/傳記類/總傳之屬/忠孝
前明忠義别傳三十二卷　(清)汪有典撰　清道光二十五年(1845)墨花齋木活字本　八册

330000－1710－0002081　441/38　史部/傳記類/總傳之屬/忠孝
自靖録考略八卷外編一卷　(清)高承埏撰　(清)高佑釲補　(清)王逢辰考證　清咸豐八年(1858)嘉興竹里王氏槐華吟館刻本　四册

330000－1710－0002082　811.1/33、012/6　類叢部/叢書類/自著之屬
潛園總集十七種　(清)陸心源撰　清同治至光緒刻本　二十四册　存二種

330000－1710－0002083　411/39　史部/傳記類/總傳之屬/斷代
國朝先正事略六十卷　(清)李元度撰　清同治五年至八年(1866－1869)循陔草堂刻本　二十四册

330000－1710－0002085　930/1　類叢部/叢書類/彙編之屬
漸西村舍彙刊(漸西村舍叢刻)四十四種　(清)袁昶編　清光緒十六年至二十四年(1890－1898)桐廬袁氏刻本　一册　存一種

330000－1710－0002087　441/42、441/43　史部/傳記類/總傳之屬/仕宦
滿洲名臣傳四十八卷漢名臣傳三十二卷　(清)國史館撰　清刻本　三十四册　存三十四卷(漢名臣二至三、十六、二十六,滿名臣二至五、七至九、十一、十三、十六、十九至二十、三十、三十二至四十八)

330000－1710－0002088　922/228、812.1/476　類叢部/叢書類/自著之屬
錢頤壽中丞全集正編三種續編二種　(清)錢寶琛撰　清同治七年至光緒六年(1868－1880)錢鼎銘刻本　十一册　存四種

330000－1710－0002089　441/44、441/45　史部/傳記類/總傳之屬/斷代
貳臣傳十二卷逆臣傳四卷　(清)國史館撰　清都城琉璃廠半松居士木活字印本　八册　存四卷(逆臣傳一至四)

330000－1710－0002090　441/46　史部/傳記類/别傳之屬
景陸粹編八卷首一卷末一卷　(清)許仁沐輯　清光緒二十四年(1898)許仁沐平湖刻本　六册

330000－1710－0002091　441/47　史部/傳記類/别傳之屬
景陸粹編八卷首一卷末一卷　(清)許仁沐輯　清光緒二十四年(1898)許仁沐平湖刻本　金蓉鏡句讀並題記　六册

330000－1710－0002093　441/50　史部/傳

記類/總傳之屬/文苑

西湖三祠名賢考畧三卷首一卷 (清)戴啓文撰 清光緒三十年(1904)丹徒戴啓文刻本 二册

330000 – 1710 – 0002095 441/53 史部/傳記類/總傳之屬

從政觀法錄三十卷 (清)朱方增撰 清道光十年(1830)刻本 六册

330000 – 1710 – 0002096 515/55、930/14 類叢部/叢書類/自著之屬

滇南四種 姚文棟撰 清光緒刻本 三册 存二種

330000 – 1710 – 0002097 441/54 史部/傳記類/别傳之屬/事狀

趙岂堂公崇祀名宦錄一卷 (清)□□輯 清道光二十七年(1847)刻本 一册

330000 – 1710 – 0002098 491.2/5、495/8、921/18 類叢部/叢書類/彙編之屬

觀自得齋叢書二十三種别集六種 (清)徐士愷編 清光緒十三年至二十年(1887 – 1894)石埭徐氏刻本 四册 存三種

330000 – 1710 – 0002099 441/56 史部/傳記類/總傳之屬/仕宦

鶴徵錄八卷首一卷 (清)李集輯 (清)李富孫 (清)李遇孫續輯 **鶴徵後錄十二卷首一卷** (清)李富孫輯 清嘉慶十五年(1810)李氏漾葭老屋刻同治十一年(1872)桐鄉沈德溥補刻本 六册

330000 – 1710 – 0002101 910/15 史部/地理類/方志之屬/郡縣志

吴地記一卷 (唐)陸廣微撰 **吴地記後集一卷** (宋)□□輯 清同治十二年(1873)江蘇書局刻本 一册

330000 – 1710 – 0002102 441/59 史部/傳記類/總傳之屬/仕宦

碧血錄五卷 (清)莊仲方撰 (清)夏鸞翔繪圖 清光緒八年(1882)上海同文書局石印本 五册

330000 – 1710 – 0002103 941/7、814.3/88、812.1/533 類叢部/叢書類/彙編之屬

雲自在龕叢書五集十九種 繆荃孫輯 清光緒江陰繆氏刻本 金蓉鏡跋 八册 存三種

330000 – 1710 – 0002104 441/60 史部/雜史類/斷代之屬

蜀碧四卷附記一卷 (清)彭遵泗撰 清刻本 二册

330000 – 1710 – 0002105 441/61 史部/傳記類/總傳之屬/斷代

欽定勝朝殉節諸臣錄十二卷首一卷 (清)紀昀 (清)陸錫熊 (清)孫士毅纂 清嘉慶二年(1797)謝啟昆刻本 四册 缺二卷(十一至十二)

330000 – 1710 – 0002106 441/62 史部/傳記類/總傳之屬/郡邑

浙江忠義錄十卷表八卷又一卷續編二卷續表九卷 (清)浙江采訪忠義總局編 清同治六年(1867)浙江采訪忠義總局刻光緒元年(1875)續刻本 二十三册 存二十七卷(一至十,表一至六、八,續編一,續表一至九)

330000 – 1710 – 0002107 441/63 史部/傳記類/總傳之屬/忠孝

江西忠義錄十二卷首一卷 (清)沈葆楨編 清同治十二年(1873)刻本 四册 刪

330000 – 1710 – 0002108 441/64 史部/傳記類/總傳之屬/忠孝

中興蘇浙表忠錄三十六卷續錄八卷 (清)王希曾輯 清光緒二十九年(1903)刻本 八册

330000 – 1710 – 0002109 441/65 史部/地理類/雜志之屬

金山衛佚史一卷 姚光撰 清宣統三年(1911)金山姚光鉛印本 一册

330000 – 1710 – 0002110 441/69 – 1 史部/傳記類/總傳之屬/列女

梅溼節孝錄四卷續編一卷補編一卷 (清)岳洙傳編 清道光十七年(1837)朱鏌流方閣刻本 一册

330000－1710－0002111　441/66　史部/地理類/方志之屬/郡縣志

[光緒]平湖縣志二十五卷首一卷末一卷　(清)彭潤章等修　(清)葉廉鍔等纂　**平湖殉難錄一卷**　(清)彭潤章輯　清光緒十二年(1886)刻本　一册　存一卷(平湖殉難錄)

330000－1710－0002114　441/68　史部/傳記類/總傳之屬/列女

皇朝貞孝節烈文編六卷　(清)汪正輯　清仁和汪氏香溪節烈祠刻本　六册

330000－1710－0002115　441/71　史部/傳記類/別傳之屬

表貞錄[李筠]一卷　(清)李齡壽編　清光緒十五年(1889)杭州刻本　祝廷錫題記　一册

330000－1710－0002116　441/72　史部/傳記類/總傳之屬/列女

小桃源朱氏三世九節錄一卷　(清)朱寶篪輯　清光緒七年(1881)刻本　一册

330000－1710－0002117　441/74　史部/傳記類/總傳之屬/郡邑

紹興府節孝全錄一卷　(清)杜寶霱等纂　清咸豐刻本　一册

330000－1710－0002118　441/75　史部/傳記類/總傳之屬/列女

忻氏兩世旌節事略一卷　(清)忻錦崖輯　清宣統二年(1910)木活字印本　一册

330000－1710－0002122　441/77　史部/傳記類/總傳之屬/列女

嚴郡節孝徵信錄六卷首一卷　(清)洪時濟等輯　清道光刻本　一册

330000－1710－0002124　441/78　史部/傳記類/總傳之屬/斷代

周列士傳一卷　(清)顧壽楨撰　清同治五年(1866)見素抱樸齋刻本　一册

330000－1710－0002126　441/97　史部/傳記類/別傳之屬/事狀

先考兵科掌印給事中張公行狀一卷　張壽鏞撰　清宣統三年(1911)石印本　一册

330000－1710－0002130　441/98　史部/傳記類/別傳之屬/事狀

金石大家歸安吴平齋先生行述一卷　(清)吴承潞撰　清光緒吴門毛上珍刻本　一册

330000－1710－0002133　441/83　史部/傳記類/別傳之屬/事狀

褚硯耘公[廷琯]隱德記一卷　褚源深等撰　清宣統二年(1910)鉛印本　一册

330000－1710－0002134　441/99　史部/傳記類/別傳之屬/事狀

朱文恪公行實一卷　(明)□□撰　明天啟刻本　一册

330000－1710－0002139　441/89　史部/傳記類/別傳之屬/事狀

廬陵劉乙徵先生家傳一卷　(清)劉人駿等撰　清光緒二十八年(1902)刻本　一册

330000－1710－0002140　441/100　史部/傳記類/別傳之屬/事狀

皇清誥授光祿大夫贈太子少保予謚勤肅頭品頂戴兵部尚書都察院右都御史兩廣總督顯考方之府君行述一卷　陶葆廉　陶保霖撰　清光緒刻本　一册

330000－1710－0002142　441/103　史部/傳記類/別傳之屬/事狀

皇清誥授榮祿大夫賞戴花翎一品封典二品頂戴記名簡放江蘇儘先補用道代理蘇州關監督顯考伊甫府君行述一卷　(清)錢振聲撰　清光緒刻本　一册

330000－1710－0002143　441/104　史部/傳記類/別傳之屬/事狀

誥授資政大夫署廣西巡撫顯考少村府君行述一卷　吴受福撰　清同治刻本　一册

330000－1710－0002144　441/106　史部/傳記類/別傳之屬/事狀

嘉興金式庵行狀一卷　金蓉鏡撰　清光緒刻本　一册

330000－1710－0002146　441/110　史部/傳記類/別傳之屬/事狀

皇清誥授奉政大夫文淵閣校理翰林院侍講湖南學政顯考海門府君行述一卷 （清）張憲和撰 **墓志銘并壙志一卷** （清）王拯 （清）毓達撰 清同治刻本 一册

330000－1710－0002151 441/105 史部/傳記類/别傳之屬/事狀

誥授榮祿大夫贈内閣學士銜一品封典二品銜花翎署永定河道直隸候補道兼襲雲騎尉世職金公行狀一卷 （清）熊祖詒撰 **贈内閣學士銜署永定河道金公墓誌銘一卷** （清）袁昶譔 清光緒刻本 一册

330000－1710－0002153 441/111 史部/傳記類/别傳之屬/事狀

皇清誥授奉政大夫晉封通議大夫廣東潮州府黄岡同知顯考雲鶴府君暨誥封宜人晉封淑人顯妣朱太淑人行述一卷 （清）徐用儀 （清）徐用福撰 清同治刻本 一册

330000－1710－0002158 441/114 史部/傳記類/别傳之屬/事狀

誥授通奉大夫賞戴花翎二品銜署浙江溫處兵備道上元宗公行狀一卷 （清）秦賓珉撰 清光緒石印本 陶濬宣題簽 一册

330000－1710－0002159 441/115 類叢部/叢書類/彙編之屬

西京清麓叢書正編三十二種續編二十七種外編二十四種 （清）賀瑞麟編 清同治至民國傳經堂刻本 一册 存一種

330000－1710－0002160 441/116 史部/傳記類/别傳之屬/事狀

皇清增貢生鄂士府君［戴邦棣］行狀一卷 （清）戴以恒 （清）戴其恒撰 清同治刻本 一册

330000－1710－0002167 441/123 史部/傳記類/總傳之屬

泰西各國名人言行錄十六卷 （清）張兆蓉輯 清光緒石印本 六册

330000－1710－0002168 941/31、829/9、691/30 類叢部/叢書類/彙編之屬

麗廔叢書九種 葉德輝編 清光緒三十二年至宣統元年（1906－1909）長沙葉氏刻本 金蓉鏡題簽並記 八册 存七種

330000－1710－0002170 441/124 新學/史志/臣民傳記

外國人物論四卷 （清）陳伯龍輯 清光緒二十九年（1903）上海書局石印本 四册

330000－1710－0002174 441/131 史部/傳記類/總傳之屬/斷代

碑傳集一百六十卷首二卷末二卷 （清）錢儀吉輯 清光緒十九年（1893）江蘇書局刻本 六十册

330000－1710－0002175 441/132 史部/傳記類/總傳之屬/斷代

續碑傳集八十六卷首二卷 繆荃孫纂 清宣統二年（1910）江楚編譯書局刻本 十三册 存四十七卷（四十至八十六）

330000－1710－0002176 441/133 史部/傳記類/總傳之屬/郡邑

兩浙名賢錄六十二卷 （明）徐象梅撰 清光緒二十六年（1900）浙江書局刻本 六十二册

330000－1710－0002177 441/134 史部/傳記類/别傳之屬/事狀

寒松老人自序一卷 （清）張鳴珂撰 清光緒三十年（1904）刻本 子梅題記 一册

330000－1710－0002178 441/135 史部/傳記類/總傳之屬/家乘

趨庭記述二卷 （清）經元善輯 清光緒二十三年（1897）上虞經氏刻暨石印本 祝廷錫題記 二册

330000－1710－0002179 441/137 史部/傳記類/總傳之屬/斷代

敏求軒述記十六卷 （清）陳世箴輯 清道光二十八年（1848）刻本 四册 存八卷（一至四、七至八、十一至十二）

330000－1710－0002180 441/139 史部/傳記類/總傳之屬/郡邑

闡揚德政錄二卷 （清）程夢麟輯 清道光十

三年(1833)程夢麟刻本　二冊

330000－1710－0002181　441/140　史部/傳記類/總傳之屬/仕宦
歷代名臣言行錄二十四卷　(清)朱桓輯　清光緒十七年(1891)上海廣百宋齋鉛印本　十二冊

330000－1710－0002186　441/146　史部/傳記類/總傳之屬/通代
廿二史言行略四十二卷　(清)過元畋輯　清嘉慶十五年(1810)拜經齋刻本　十冊　存三十卷(一至十一、十九至三十七)

330000－1710－0002189　441/150　史部/傳記類/別傳之屬/事狀
庸閒老人自敘一卷　(清)陳其元撰　清光緒刻本　一冊

330000－1710－0002193　441/155　史部/傳記類/別傳之屬/事狀
媿室先生事略一卷　(清)高而謙　(清)高鳳謙述　(清)林長民填諱　清宣統石印本　一冊

330000－1710－0002194　265/1　子部/醫家類/眼科之屬
銀海指南二卷　(清)顧錫撰　清嘉慶十五年(1810)桐鄉顧錫刻本　一冊

330000－1710－0002195　442/1　史部/傳記類/別傳之屬/年譜
孔子編年五卷　(宋)胡仔編　清同治九年(1870)胡湛刻本　二冊

330000－1710－0002196　441/157　史部/傳記類/別傳之屬/事狀
茸城宋養初侍御遺事述一卷　(清)宋樹基輯　清光緒二十七年(1901)宋樹基石印本　一冊

330000－1710－0002197　442/2、442/3　史部/傳記類/別傳之屬/年譜
孔孟編年　(清)狄子奇輯　清光緒十三年(1887)浙江書局刻本　二冊

330000－1710－0002198　442/4　史部/傳記類/別傳之屬/年譜
孔孟編年　(清)狄子奇輯　清光緒十三年(1887)浙江書局刻本　二冊

330000－1710－0002199　442/5　史部/傳記類/別傳之屬/年譜
關帝年譜一卷　(清)柯汝霖編　清咸豐元年(1851)刻本　一冊

330000－1710－0002200　943/29、943/45、240/38　類叢部/叢書類/自著之屬
得一齋雜著四種　(清)黄楙材撰　清光緒二十二年(1896)桐城江召棠刻本　三冊　存三種

330000－1710－0002201　442/6　史部/傳記類/別傳之屬/年譜
關帝年譜一卷　(清)柯汝霖編　清宣統二年(1910)平湖柯志頤　柯培鼎鉛印本　一冊

330000－1710－0002202　943/38　史部/地理類/遊記之屬/紀行
萬里行程記一卷　(清)祁韻士撰　清刻本　金蓉鏡批　一冊

330000－1710－0002204　943/63　類叢部/叢書類/自著之屬
覆瓿集十三種附一種　(清)張文虎撰　清同治至光緒刻本　一冊　存一種

330000－1710－0002205　442/15　史部/傳記類/別傳之屬/年譜
朱子年譜四卷考異四卷附錄朱子論學切要語二卷附校勘記三卷　(清)王懋竑撰并輯　(清)王炳校勘　清同治九年(1870)永康應氏刻本　金蓉鏡題記　四冊

330000－1710－0002207　442/16　史部/傳記類/別傳之屬/年譜
延平四先生年譜四卷　(清)毛念恃編　清乾隆十年(1745)張坦刻本　二冊

330000－1710－0002208　943/37　類叢部/叢書類/自著之屬
林文忠公遺集四種　(清)林則徐撰　清光緒

刻本　十八册

330000－1710－0002209　442/17　史部/傳記類/别傳之屬/年譜

許魯齋先生年譜一卷魯齋心法約編一卷　(清)鄭士範編　清光緒六年(1880)周宗釗正誼堂刻本　一册

330000－1710－0002211　442/9　史部/傳記類/别傳之屬/年譜

宋本韓柳二先生年譜八卷　(清)馬曰璐編　清雍正七年(1729)廣陵馬氏小玲瓏山館刻本　一册　存一種

330000－1710－0002212　442/20　史部/傳記類/别傳之屬/年譜

段容思先生[堅]年譜紀畧一卷　(明)彭澤編　清道光四年(1824)佩蘭堂刻本　一册

330000－1710－0002214　442/21　史部/傳記類/别傳之屬/年譜

明李文正公[東陽]年譜七卷　(清)法式善纂輯　(清)唐仲冕增補　清嘉慶十四年(1809)刻本　二册

330000－1710－0002215　442/23、612/11　集部/别集類/明别集

王文成公全集十六卷　(明)王守仁撰　清道光六年(1826)湖南湘潭王文德刻本　金蓉鏡題記並注　十六册

330000－1710－0002216　442/24　史部/傳記類/别傳之屬/年譜

太常公年譜一卷　(清)錢泰吉輯　清光緒三十年(1904)錢志澄刻本　一册

330000－1710－0002217　442/11　類叢部/類書類/通類之屬

玉海二百四卷附刻十三種　(宋)王應麟撰　**校補玉海瑣記二卷王深甯先生年譜一卷**　(清)張大昌撰　清光緒九年至十六年(1883－1890)浙江書局刻本　一册　存一卷(王深甯先生年譜)

330000－1710－0002219　442/25　史部/傳記類/别傳之屬/年譜

戚少保年譜耆編十二卷首一卷　(明)戚祚國彙纂　(明)戚昌國集錄　清道光二十七年(1847)王氏刻光緒四年(1878)仙遊崇勳祠補刻本　四册

330000－1710－0002220　442/26、442/34　類叢部/叢書類/自著之屬

留書種閣集九種　(清)黄炳垕編輯　清同治六年至光緒二十年(1867－1894)餘姚黄氏留書種閣刻本　二册　存二種

330000－1710－0002225　014/4　類叢部/叢書類/彙編之屬

岱南閣叢書二十種　(清)孫星衍編　清嘉慶刻本　八册　存一種

330000－1710－0002226　442/32　史部/傳記類/總傳之屬/人表

疑年錄四卷　(清)錢大昕編　**續疑年錄四卷**　(清)吳修編　清嘉慶十八年(1813)海鹽吳修刻二十三年(1818)增補本　二册

330000－1710－0002227　014/2　類叢部/叢書類/彙編之屬

函海一百五十二種　(清)李調元編　清乾隆綿州李氏萬卷樓刻嘉慶十四年(1809)李鼎元重校印本　一册　存一種

330000－1710－0002228　012/15　類叢部/叢書類/彙編之屬

張氏適園叢書七種　張鈞衡編　清宣統三年(1911)上海國學扶輪社鉛印本　一册　存一種

330000－1710－0002231　442/36　史部/傳記類/别傳之屬/年譜

顧亭林先生年譜一卷　(清)張穆編　清道光二十四年(1844)刻本　一册

330000－1710－0002232　442/38　史部/傳記類/年譜之屬

顏習齋先生年譜二卷　(清)李塨撰　清光緒五年(1879)定州王氏謙德堂刻畿輔叢書本　金蓉鏡題記　二册

330000－1710－0002233　442/39　史部/傳

記類/別傳之屬/年譜

閻潛丘先生年譜一卷 （清）張穆編　清道光二十七年（1847）祁氏刻本　一册

330000－1710－0002234　442/30　類叢部/叢書類/彙編之屬

當歸草堂叢書八種 （清）丁丙編　清同治二年至五年（1863－1866）錢塘丁氏刻本　一册　存一種

330000－1710－0002235　442/41　類叢部/叢書類/彙編之屬

津河廣仁堂叢書八十四種 （清）□□編　清光緒津河廣仁堂刻本　一册　存一種

330000－1710－0002238　442/44　史部/傳記類/別傳之屬/年譜

泰舒胡先生年譜一卷 （清）王永祺編　清光緒二十九年（1903）歙縣胡氏刻本　一册

330000－1710－0002239　442/49　史部/傳記類/別傳之屬/年譜

誥授振威將軍許公年譜一卷 （清）許松年撰　清宣統二年（1910）許爾卣油印本　一册

330000－1710－0002240　442/55　史部/傳記類/別傳之屬/年譜

章午峯先生［邦元］年譜一卷日記一卷 （清）章家祚編　清光緒十八年（1892）刻本　一册

330000－1710－0002242　039/208、442/45　類叢部/叢書類/自著之屬

春融堂集三種 （清）王昶撰　清嘉慶青浦王氏塾南書舍刻本　二册　存二種

330000－1710－0002243　442/57　史部/傳記類/別傳之屬/年譜

潘文勤公年譜一卷 潘祖年編　清光緒刻本　一册

330000－1710－0002244　442/51　類叢部/叢書類/彙編之屬

萬青軒全書五種 （清）萬斛泉撰　清光緒刻本　一册　存一種

330000－1710－0002245　442/52　集部/別集類/清別集

沈文忠公集十卷自訂年譜一卷 （清）沈兆霖撰　（清）沈雲驥誌　（清）單懋謙填諱　（清）汪綬之等校　清同治八年（1869）刻本　一册　存一卷（年譜）

330000－1710－0002249　442/40　類叢部/叢書類/彙編之屬

國粹叢書四十九種 （清）國學保存會編　清光緒至宣統鉛印本　一册　存一種

330000－1710－0002250　442/58　史部/傳記類/別傳之屬/年譜

阿文成公［阿桂］年譜三十四卷 （清）那彥成編　（清）王昶勘定　（清）盧蔭溥增修　清嘉慶十八年（1813）刻本　三十一册　缺一卷（二）

330000－1710－0002252　442/62　史部/傳記類/別傳之屬/年譜

紫雲先生［錢汝霖］年譜一卷 （清）錢聚仁輯　清光緒十三年（1887）海鹽錢發榮刻本　一册

330000－1710－0002255　442/63　史部/傳記類/別傳之屬/年譜

朱竹垞先生年譜一卷 （清）楊謙纂　清嘉慶木山閣刻民國十年（1921）補修本　一册

330000－1710－0002256　014/8、814.3/17　類叢部/叢書類/彙編之屬

十萬卷樓叢書五十一種 （清）陸心源編　清光緒歸安陸氏刻本　二册　存二種

330000－1710－0002258　812.2/181　集部/別集類/清別集

曝書亭集詩註二十四卷 （清）朱彝尊撰　（清）楊謙注　**年譜一卷** （清）楊謙撰　**曝書亭集詞註七卷** （清）李富孫撰　清楊氏木山閣刻民國十年（1921）陸祖穀補刻本（卷二十三至二十四原缺　詞註配清嘉慶刻本）　十册

330000－1710－0002259　442/64　史部/傳記類/別傳之屬/年譜

陸清獻公年譜一卷 （清）吳光西編次　（清）

吳宸徵　(清)李鉉輯　清光緒七年(1881)武林薇署刻本　一册

330000－1710－0002260　442/68　史部/傳記類/别傳之屬/年譜

皇清誥授榮禄大夫工部左侍郎兼署錢法堂事務加一級顯考鼎甫府君年譜一卷　(清)沈宗涵　(清)沈宗濟撰　清道光三十年(1850)刻本　一册

330000－1710－0002262　442/65　類叢部/叢書類/彙編之屬

津河廣仁堂叢書八十四種　(清)□□編　清光緒津河廣仁堂刻本　三册　存一種

330000－1710－0002263　442/70　史部/傳記類/别傳之屬/年譜

皇清敕授修職郎誥封朝議大夫顯考警石府君年譜一卷　(清)錢應溥撰　清同治三年(1864)刻本　一册

330000－1710－0002265　442/67　史部/傳記類/别傳之屬/年譜

文端公年譜三卷　(清)錢儀吉編　(清)錢志澄增訂　清光緒二十年(1894)刻本　三册

330000－1710－0002269　268/9、144/10、266、10/814.1/6　類叢部/叢書類/彙編之屬

十萬卷樓叢書五十一種　(清)陸心源編　清光緒歸安陸氏十萬卷樓刻本　十五册　存四種

330000－1710－0002270　691/1　子部/道家類

老子河上公注二篇　題(漢)河上公注　(宋)王用之重校　清道光二十五年(1845)竹山堂刻本　四册

330000－1710－0002272　144/14　類叢部/叢書類/自著之屬

德清俞氏書　(清)俞樾撰　清同治十年(1871)刻本　一册　存一種

330000－1710－0002275　442/77　史部/傳記類/别傳之屬/年譜

雷塘庵主弟子記八卷　(清)張鑑録　(清)阮常生等續編　清道光二十一年(1841)甘泉羅士琳刻咸豐儀徵阮氏琅嬛仙館補刻本　二册

330000－1710－0002278　442/78　類叢部/叢書類/家集之屬

長洲彭氏家集九種　(清)彭祖賢編　清同治至光緒刻本　一册　存一種

330000－1710－0002282　451/1　史部/雜史類/斷代之屬

國語正義二十一卷　(清)董增齡撰　清光緒六年(1880)會稽章氏式訓堂刻本　八册

330000－1710－0002283　451/2　類叢部/叢書類/自著之屬

振綺堂遺書五種　(清)汪遠孫撰　清道光刻民國十一年(1922)錢唐汪氏彙印本　五册　存一種

330000－1710－0002284　451/3　史部/雜史類/斷代之屬

國語二十一卷　(三國吳)韋昭注　**校刊明道本韋氏解國語札記一卷**　(清)黄丕烈撰　**明道本考異四卷**　(清)汪遠孫撰　清同治八年(1869)湖北崇文書局刻本　五册

330000－1710－0002285　451/4　史部/雜史類/斷代之屬

國語二十一卷　(三國吳)韋昭注　**校刊明道本韋氏解國語札記一卷**　(清)黄丕烈撰　**明道本考異四卷**　(清)汪遠孫撰　清光緒二十八年(1902)新化三味書室刻本　八册

330000－1710－0002286　451/5　史部/雜史類/斷代之屬

國語二十一卷　(三國吳)韋昭注　**校刊明道本韋氏解國語札記一卷**　(清)黄丕烈撰　**明道本考異四卷**　(清)汪遠孫撰　清光緒三年(1877)永康胡氏退補齋刻本　五册

330000－1710－0002287　451/6　史部/雜史類/斷代之屬

國語二十一卷　(三國吳)韋昭注　**校刊明道本韋氏解國語札記一卷**　(清)黄丕烈撰　**明道本考異四卷**　(清)汪遠孫撰　清光緒二年

(1876)成都尊經書院刻本　五冊

330000－1710－0002288　451/8　史部/雜史類/斷代之屬

戰國策三十三卷　(漢)高誘注　**重刻剡川姚氏本戰國策札記三卷**　(清)黃丕烈撰　清同治八年(1869)湖北崇文書局刻本　五冊

330000－1710－0002289　451/9　史部/雜史類/斷代之屬

戰國策三十三卷　(漢)高誘注　**重刻剡川姚氏本戰國策札記三卷**　(清)黃丕烈撰　清光緒三年(1877)永康胡氏退補齋刻本　五冊

330000－1710－0002290　451/11　史部/雜史類/斷代之屬

重訂國語國策合註　(三國吳)韋昭註　(宋)鮑彪註　清武林三餘堂刻本　六冊　缺二十六卷(戰國策八至三十三)

330000－1710－0002291　451/12　史部/雜史類

十六國春秋一百卷　(北魏)崔鴻撰　(清)汪日桂重訂　清光緒十二年(1886)湖北官書處刻本　十二冊

330000－1710－0002292　451/16　史部/史抄類

路史節讀十卷　(宋)羅泌撰　(清)廖文錦節訂　清光緒二十七年(1901)刻本　四冊

330000－1710－0002293　451/14　史部/載記類

華陽國志十二卷　(晉)常璩撰　**補三州郡縣目錄一卷**　(清)廖寅撰　清嘉慶十九年(1814)廖氏題襟館刻本　二冊　存七卷(五至十、華附一)

330000－1710－0002294　451/17　史部/雜史類/通代之屬

重訂路史全本四十七卷　(宋)羅泌撰　(宋)羅苹注　(明)吳弘基等重編　清嘉慶六年(1801)酉山堂刻本　二十冊

330000－1710－0002295　451/18　史部/雜史類

路史四十七卷　(宋)羅泌撰　(宋)羅苹注　明萬曆三十九年(1611)廣陵喬可傳刻清光緒二年(1876)紅杏山房重修本　十四冊　存四十一卷(前紀一至九、後紀一至十三、國名紀一至九、發揮一至六、餘論一至四)

330000－1710－0002296　451/24　史部/雜史類/斷代之屬

晉畧六十六卷　(清)周濟撰　清光緒二年(1876)味雋齋刻本　六冊　存四十卷(表二至五、列傳一至三十六)

330000－1710－0002297　451/25　史部/載記類

十國春秋一百十四卷　(清)吳任臣撰　**拾遺一卷備考一卷**　(清)周昂輯　清乾隆五十三年(1788)昭文周氏刻本　二十三冊　缺一卷(一)

330000－1710－0002299　451/26　類叢部/叢書類/自著之屬

藤花亭十七種　(清)梁廷枏撰　清道光八年至十三年(1828－1833)刻本　八冊　存四種

330000－1710－0002300　013/6　類叢部/叢書類/彙編之屬

武英殿聚珍版書(武英殿聚珍版叢書)一百三十八種　清光緒二十五年(1899)廣雅書局刻本　十八冊　存一種

330000－1710－0002301　451/28　史部/紀傳類/別史之屬

潛菴先生擬明史稿二十卷　(清)湯斌撰　(清)田蘭芳評　清刻本　三冊　存四卷(四至五、九至十)

330000－1710－0002302　451/29　史部/紀傳類/正史之屬

明史稿三百十卷目錄三卷　(清)王鴻緒撰　清雍正敬慎堂刻本　三十四冊　存二百一卷(本紀一至十九,志一至三、七至十三、二十三至五十、五十九至七十七,表一至九,列傳六(下)至十八、三十二至三十八、四十六至七十七、八十八至九十三、一百十二至一百十七、一百四十九至二百)

330000－1710－0002303　451/31　史部/雜史類/斷代之屬

南疆繹史勘本三十卷首二卷　(清)溫睿臨撰　(清)李瑤勘定　**繹史摭遺十八卷卹謚考八卷**　(清)李瑤撰　清道光十年(1830)都城琉璃廠半松居士刻本　二十四册

330000－1710－0002304　451/36　史部/雜史類/斷代之屬

元朝祕史十卷續集二卷　清光緒三十四年(1908)葉氏觀古堂刻本　六册

330000－1710－0002305　451/37　史部/雜史類/斷代之屬

錢塘遺事十卷　(元)劉一清撰　清嘉慶四年(1799)席氏掃葉山房刻本　一册

330000－1710－0002306　451/39　子部/雜著類/雜説之屬

萬曆野獲編三十卷補遺四卷　(明)沈德符撰　清抄本　二册　存四卷(十六至十八、補遺四)

330000－1710－0002307　451/38　子部/雜著類/雜説之屬

野獲編三十卷補遺四卷　(明)沈德符撰　清道光七年(1827)錢塘姚祖恩扶荔山房刻本　二十册

330000－1710－0002308　451/40　史部/雜史類/斷代之屬

明季北略二十四卷明季南略十八卷　(清)計六奇撰　清都城琉璃廠半松居士木活字印本　十六册

330000－1710－0002309　451/42　史部/雜史類/斷代之屬

明季南略十八卷　(清)計六奇撰　清光緒十三年(1887)上海圖書集成印書局鉛印本　四册

330000－1710－0002310　451/41　史部/雜史類/斷代之屬

明季南略十八卷　(清)計六奇撰　清都城琉璃廠半松居士木活字印本　十册

330000－1710－0002311　451/44　史部/雜史類/斷代之屬

二申野錄八卷　(清)孫之騄撰　清道光二十一年(1841)吟香館刻光緒二十七年(1901)印本　二册

330000－1710－0002312　451/45　史部/雜史類/斷代之屬

二申野錄八卷　(清)孫之騄撰　清初刻本　二册

330000－1710－0002313　451/46　史部/雜史類/斷代之屬

明末五小史(明季五藩實錄)不分卷　(清)三餘氏輯　清京都琉璃廠異史氏刻本　六册

330000－1710－0002314　451/48　史部/政書類/儀制之屬/典禮

明宫史八卷　(明)劉若愚編　清宣統二年(1910)上海國學扶輪社鉛印本　祝錫廷題記並句讀　二册

330000－1710－0002316　451/51　史部/雜史類/斷代之屬

皇朝紀略一卷　(清)何琪輯　清光緒二十七年(1901)上海普通學書室鉛印本　一册

330000－1710－0002317　451/52　史部/地理類/雜志之屬

欽定滿洲源流考二十卷首一卷　(清)阿桂等撰　清光緒十九年(1893)杭州便益書局石印本　四册

330000－1710－0002318　451/53　史部/地理類/外紀之屬

日本源流考二十二卷　王先謙撰　清光緒二十八年(1902)思賢書局刻本　十册

330000－1710－0002320　451/71　新學/地學/地理學

英國藍皮書二卷　(英國)英駐九江領事撰　(清)鄭貞來譯　清光緒二十九年(1903)湖北洋務譯書局鉛印本　二册

330000－1710－0002322　451/60　史部/雜史類/斷代之屬

光緒二十四年中外大事彙記十二卷首四卷末一卷　(清)佗城倚劍生撰　清光緒二十四年(1898)廣智報局鉛印本　十四冊

330000－1710－0002323　451/62　史部/政書類/軍政之屬/邊政

中俄界約斠注七卷首一卷　錢恂撰　清光緒二十年(1894)上海醉六堂刻本　二冊

330000－1710－0002324　451/63　史部/政書類/公牘檔冊之屬

致伊藤陸奥照會等不分卷　(清)□□撰　清光緒石印本　一冊

330000－1710－0002325　451/64　史部/政書類/邦交之屬

中外交涉類要表四卷光緒通商綜覈表十六卷附中西紀年周始表一卷　(清)錢學嘉撰　清光緒二十年(1894)刻本　二冊

330000－1710－0002326　451/65　新學/交涉/交涉

交涉要覽類編四卷二集二卷　(清)陳鈺輯　(清)鄭貞來譯　清光緒二十八年(1902)湖北洋務譯書局鉛印本　四冊　缺二卷(二集一至二)

330000－1710－0002327　451/66　類叢部/叢書類/自著之屬

歸查叢刻十一種　(清)謝希傳撰　清光緒二十四年(1898)東山草堂鉛印本　一冊　存四種

330000－1710－0002328　451/67　新學/史志/別國史

支那通史七卷　(日本)那珂通世編　清光緒二十五年(1899)上海東文學社石印本　五冊　存四卷(一至四)

330000－1710－0002329　451/68　新學/交涉/案牘

法國黄皮書上海撤兵冊一卷　(清)曾仰東譯　清光緒湖北洋務譯書局刻本　一冊

330000－1710－0002330　451/70　新學/地學/地理學

英國第三冊藍皮書一卷　(英國)李敦撰　(清)黄文浩譯　清光緒二十九年(1903)湖北洋務譯書局刻本　一冊

330000－1710－0002331　451/72　新學/交涉/案牘

英國第七冊藍皮書四卷　(清)鄭貞來譯　清光緒二十九年(1903)湖北洋務譯書局鉛印本　四冊

330000－1710－0002332　451/69　新學/交涉/案牘

法國黄皮書滇省交涉公文一卷　(清)曾仰東譯　清光緒湖北洋務譯書局刻本　一冊

330000－1710－0002333　451/75　史部/史抄類

清史攬要八卷　(日本)增田貢撰　清光緒二十八年(1902)梯雲室石印本　四冊

330000－1710－0002337　452/1　新學/史志/諸國史

萬國通鑑四卷　(美國)謝衛樓撰　(清)趙如光譯　清光緒二十八年(1902)上海書局石印本　五冊

330000－1710－0002338　452/2　新學/史志/諸國史

泰西十八周史攬要十八卷　(英國)雅各偉德撰　(英國)季理斐成章譯　(清)李鼎星述稿　清光緒二十七年(1901)上海廣學會鉛印本　六冊

330000－1710－0002339　452/3　新學/史志/諸國史

泰西新史攬要二十四卷　(英國)馬懇西撰　(英國)李提摩太釋　清光緒二十三年(1897)上海美華書館鉛印本　八冊

330000－1710－0002340　452/4　新學/史志/別國史

節本泰西新史攬要八卷　(英國)李提摩太譯　周慶雲節錄　清光緒二十七年(1901)周慶雲夢坡室刻本　二冊

330000－1710－0002341　452/5　新學/史

志/别國史

東洋史要二卷坿圖一卷　(日本)桑元隲藏撰　樊炳清譯　清光緒東文學社石印本　一冊　存一卷(上)

330000－1710－0002342　452/7　新學/史志/諸國史

歐羅巴通史不分卷　(日本)箕作元八　(日本)峰岸米撰　(清)胡景伊等譯　清光緒二十六年(1900)東亞譯書會鉛印本　四冊

330000－1710－0002343　452/6　新學/史志/諸國史

西洋史要四卷　(日本)小川銀次郎撰　(清)薩端等譯　清光緒三十二年(1906)上海金粟齋鉛印本　二冊

330000－1710－0002344　452/9　新學/史志/諸國史

歐洲十九世紀史不分卷　(美國)軒利普格質頓撰　麥鼎華譯　清光緒二十八年(1902)上海廣智書局鉛印本　一冊

330000－1710－0002346　452/8　新學/史志/諸國史

歐洲近世史一卷　(英國)闞磻師撰　(清)顧培基譯　**日本政體史一卷**　(日本)秦政治郎撰　(清)李志仁譯　清末勵學譯社刻本　一冊

330000－1710－0002347　452/10　新學/史志/諸國史

歷史叢書□□種　清光緒上海商務印書館鉛印本　一冊　存一種

330000－1710－0002348　452/11　新學/報章

西國近事彙編三十六卷　(美國)金楷理　(美國)林樂知口譯　(清)姚棻　(清)蔡錫齡筆述　清光緒上海機器製造局刻本暨鉛印本　二十七冊　缺一卷(光緒庚辰一)

330000－1710－0002349　452/12　新學/史志/諸國史

歷史叢書□□種　清光緒上海商務印書館鉛印本　一冊　存一種

330000－1710－0002350　452/13　新學/史志/别國史

英國文明史不分卷　(英國)勃克魯撰　(清)南洋公學譯　清光緒二十九年(1903)南洋公學譯書院鉛印本　五冊

330000－1710－0002351　332/5、451/34、451/35、827.2/8　類叢部/叢書類/彙編之屬

邵武徐氏叢書二十三種　(清)徐榦編　清光緒邵武徐氏刻本　五冊　存四種

330000－1710－0002352　452/17　新學/史志/戰記

戰史叢書□□種　清光緒上海商務印書館鉛印本　一冊　存一種

330000－1710－0002353　452/18　新學/史志/政記

最近俄羅斯政治史一卷　(日本)富士英譯　清光緒二十八年(1902)譯書彙編社鉛印本　一冊

330000－1710－0002354　452/19　新學/史志/别國史

俄史輯譯四卷　(英國)闞斐迪譯　(清)徐景羅重譯　清光緒十四年(1888)益智書會刻本　四冊

330000－1710－0002355　452/20　新學/史志/别國史

俄羅斯三卷　(法國)波留撰　(日本)林毅陸原譯　(日本)中島端重譯　清光緒三十年(1904)上海商務印書館鉛印本　三冊

330000－1710－0002356　452/21　新學/史志/諸國史

歷史叢書□□種　清光緒上海商務印書館鉛印本　一冊　存一種

330000－1710－0002357　452/22　新學/史志/别國史

中等教育日本歷史二卷附錄諸國封建沿革畧一卷　(日本)萩野由之撰　劉大猷譯　清光緒二十七年(1901)教育世界社石印本　二冊

存二卷(下、附錄)

330000－1710－0002359　452/25　新學/雜著/叢編

江南製造局譯書　(清)江南製造局編　清光緒江南製造局刻本暨鉛印本　二冊　存一種

330000－1710－0002362　452/24　新學/史志/戰記

印度蠶食戰史三卷　(日本)澁江保撰　(清)汪郁年譯　清末勵學譯社刻本　一冊

330000－1710－0002365　461/1、461/2　史部/雜史類

皇朝掌故彙編内編六十卷首一卷外編四十卷首一卷　張壽鏞等輯　清光緒二十八年(1902)求實書社鉛印本　五十六冊

330000－1710－0002367　470/2　史部/史評類/史論之屬

史通通釋二十卷附錄一卷　(清)浦起龍撰　清光緒二十五年(1899)上海通時書局石印本　八冊

330000－1710－0002368　470/3　經部/春秋左傳類/專著之屬

東萊博議四卷　(宋)呂祖謙撰　**增補虛字注釋一卷**　(清)馮泰松點定　清光緒二十四年(1898)上海書局石印本　二冊

330000－1710－0002369　470/5　史部/史評類/史論之屬

歷代史論十二卷宋史論三卷元史論一卷　(明)張溥撰　**左傳史論二卷**　(清)高士奇撰　**明史論四卷**　(清)谷應泰撰　清光緒五年(1879)西江裴氏刻本　十冊

330000－1710－0002370　470/6　史部/史評類/史論之屬

歷代史論十二卷宋史論三卷元史論一卷　(明)張溥撰　**明史論四卷**　(清)谷應泰撰　**左傳史論二卷**　(清)高士奇撰　清光緒二十三年(1897)粵東文陞閣刻本　十冊　缺四卷(明史論一至四)

330000－1710－0002373　470/10　史部/史評類/史論之屬

史通削繁四卷　(清)紀昀撰　清道光十三年(1833)涿州盧坤兩廣節署刻朱墨套印本　四冊

330000－1710－0002374　691/2　子部/道家類

老子道德經註二卷附錄一卷釋文一卷校勘記一卷　清刻本　二冊

330000－1710－0002375　470/11　史部/史評類/史論之屬

史通削繁四卷　(清)紀昀撰　清光緒元年(1875)湖北崇文書局刻本　金蓉鏡題記　四冊

330000－1710－0002376　470/12　史部/編年類/斷代之屬

欽定明鑑二十四卷首一卷　(清)胡敬等輯　清嘉慶二十三年(1818)刻本　十二冊

330000－1710－0002378　470/16　史部/史評類/史論之屬

讀史論畧一卷　(清)杜詔撰　清光緒元年(1875)京都琉璃廠龍雲齋刻本　一冊

330000－1710－0002379　470/17　史部/史評類/詠史之屬

讀史碎金六卷讀史碎金註八十卷　(清)胡文炳輯　清光緒元年(1875)刻本　十四冊　存十四卷(一,讀史碎金註六至七、六十一、六十三至六十六、六十九至七十三、八十)

330000－1710－0002380　470/7－2　史部/紀傳類/正史之屬

漢書評林一百卷　(明)凌稚隆輯　清刻本　十冊　存二十一卷(七至二十七)

330000－1710－0002381　470/18　史部/史評類/史論之屬

論史拾遺一卷　(清)□茹輯　清光緒五年(1879)枕湖樓刻本　一冊

330000－1710－0002382　470/19　史部/編年類/通代之屬

讀通鑑綱目劄記二十卷　(清)章邦元撰　清

光緒十六年(1890)銅陵章氏刻本　八册

330000－1710－0002383　470/20　類叢部/叢書類/自著之屬

槐軒全集二十一種附九種　(清)劉沅輯　清咸豐至民國刻彙印本　十册　存一種

330000－1710－0002384　452/16　新學/雜著/叢編

江南製造局譯書　(清)江南製造局編　清光緒江南製造局刻本暨鉛印本　二册　存一種

330000－1710－0002385　470/21　史部/紀傳類/正史之屬

孫月峯先生批評漢書一百卷　(漢)班固撰　(明)孫鑛評　明末馮元仲天益山刻本　四册　存二十卷(一至七、四十五至五十四、六十六至六十八)

330000－1710－0002386　470/22　史部/史評類/史論之屬

東萊先生音註唐鑑二十四卷　(宋)范祖禹撰　(宋)吕祖謙注　清同治十三年(1874)蓉城尊經書院刻本　四册

330000－1710－0002387　132/13　新學/算學/形學

測量全璧初集十一卷　(清)曾仰東編譯　清光緒二十九年(1903)湖北洋務譯書局刻本　五册

330000－1710－0002388　480/3　史部/史抄類

史緯三百三十卷首一卷　(清)陳允錫輯　清康熙三十年至三十三年(1691－1694)陳允錫刻本　九册　存二十五卷(二百六十至二百六十五、二百七十二至二百七十四、二百八十二至二百八十五、二百九十二至二百九十五、二百九十九至三百、三百九至三百十一、三百二十六至三百二十八)

330000－1710－0002389　480/2　史部/史抄類

史緯三百三十卷首一卷　(清)陳允錫輯　清康熙三十年至三十三年(1691－1694)陳允錫刻本　三十一册　存一百三卷(四十一至五十二、六十一至六十六、七十至八十四、九十三至九十九、一百八至一百十四、一百十八至一百二十七、一百三十一至一百四十五、一百五十五至一百五十七、一百七十五至一百八十、一百八十四至一百八十六、一百九十三至一百九十七、三百六至三百十四、三百十九至三百二十三)

330000－1710－0002390　691/4　子部/道家類

老子道德經輯註二卷首一卷末一卷　(清)鄧晅撰　清嘉慶九年(1804)鎮江郡署刻本　二册

330000－1710－0002391　491.1/1、491.1/2　類叢部/叢書類/彙編之屬

三長物齋叢書二十六種　(清)黄本驥編　清道光湘陰蔣環刻光緒四年(1878)古香齋印本　六册　存二種

330000－1710－0002392　452/26、212/1　新學/雜著/叢編

江南製造局譯書　(清)江南製造局編　清光緒江南製造局刻本暨鉛印本　三册　存二種

330000－1710－0002393　131/23、132/7、132/11、132/14、132/15、132/16、132/17　新學/雜著/叢編

江南製造局譯書　(清)江南製造局編　清光緒江南製造局刻本暨鉛印本　二十二册　存七種

330000－1710－0002394　221/1、221/2、221/3、217/1　新學/雜著/叢編

江南製造局譯書　(清)江南製造局編　清光緒江南製造局刻本暨鉛印本　十三册　存四種

330000－1710－0002395　710/54、491.1/4　類叢部/叢書類/彙編之屬

涉聞梓舊二十五種　(清)蔣光煦輯　清咸豐元年(1851)海昌蔣氏宜年堂刻六年(1856)重編本　五册　存二種

330000－1710－0002396　491.1/5　史部/金石類/總志之屬

金石續編二十一卷首一卷　(清)陸耀遹撰　(清)陸增祥校訂　清光緒十九年(1893)上海寶善石印本　六册

330000－1710－0002397　213/1、215/1、215/3、215/4、215/5、215/6　新學/雜著/叢編

江南製造局譯書　(清)江南製造局編　清光緒江南製造局刻本暨鉛印本　十三册　存六種

330000－1710－0002398　212/2、212/3、212/4　新學/雜著/叢編

江南製造局譯書　(清)江南製造局編　清光緒江南製造局刻本暨鉛印本　十二册　存三種

330000－1710－0002399　216/1、216/2、216/3、141/12　新學/雜著/叢編

江南製造局譯書　(清)江南製造局編　清光緒江南製造局刻本暨鉛印本　十三册　存四種

330000－1710－0002401　222/1、222/2、222/3、222/4、223/1、223/2　新學/雜著/叢編

江南製造局譯書　(清)江南製造局編　清光緒江南製造局刻本暨鉛印本　二十七册　存六種

330000－1710－0002402　230/4、542/1、542/2、960/11　新學/雜著/叢編

江南製造局譯書　(清)江南製造局編　清光緒江南製造局刻本暨鉛印本　十三册　存五種

330000－1710－0002403　491.1/10　史部/金石類/郡邑之屬/文字

兩浙金石志十八卷補遺一卷　(清)阮元撰　清道光四年(1824)廣州刻本　十八册

330000－1710－0002404　491.1/11　史部/金石類/郡邑之屬/文字

兩浙金石志十八卷補遺一卷　(清)阮元撰　清光緒十六年(1890)浙江書局刻本　十二册

330000－1710－0002407　561/17　新學/雜著/叢編

江南製造局譯書　(清)江南製造局編　清光緒江南製造局刻本暨鉛印本　一册　存四種

330000－1710－0002408　561/19、561/21、561/22、561/23、516/24　新學/雜著/叢編

江南製造局譯書　(清)江南製造局編　清光緒江南製造局刻本暨鉛印本　十一册　存五種

330000－1710－0002409　562/1　新學/雜著/叢編

江南製造局譯書　(清)江南製造局編　清光緒江南製造局刻本暨鉛印本　三册　存一種

330000－1710－0002410　561/28、561/29、561/30、562/2、562/10、562/11、562/13　新學/雜著/叢編

江南製造局譯書　(清)江南製造局編　清光緒江南製造局刻本暨鉛印本　十三册　存七種

330000－1710－0002411　562/5、562/6　新學/雜著/叢編

江南製造局譯書　(清)江南製造局編　清光緒江南製造局刻本暨鉛印本　十六册　存一種

330000－1710－0002412　561/16　新學/兵制/槍炮

礮法昂度子落高低遠近畫譜一卷　(清)丁乃文撰　清光緒刻本　一册

330000－1710－0002413　491.1/15　史部/金石類/郡邑之屬/文字

常山貞石志二十四卷　(清)沈濤譔　清光緒二十年(1894)靈溪精舍刻本　十册

330000－1710－0002414　491.1/16　史部/金石類/郡邑之屬

栝蒼金石志十二卷續志四卷　(清)李遇孫輯　(清)鄒柏森校補　清同治十三年(1874)浉江處州府署刻本　六册

330000－1710－0002415　491.1/17　史部/

金石類/郡邑之屬

東甌金石志十卷附金石志初校記一卷 （清）戴咸弼撰　清光緒二年(1876)浙江溫州郡庠木活字印本　四冊

330000－1710－0002417　470/14　類叢部/叢書類/自著之屬

章氏遺書二種 （清）章學誠撰　清道光十二年至十三年(1832－1833)章華紱刻本　五冊

330000－1710－0002418　812.1/177、470/13　類叢部/叢書類/自著之屬

西堂全集四種附一種 （清）尤侗撰　清康熙刻本　九冊　存三種

330000－1710－0002421　321/37、470/9　類叢部/叢書類/自著之屬

船山遺書五十八種 （清）王夫之撰　清同治四年(1865)湘鄉曾國荃金陵刻本　十一冊　存二種

330000－1710－0002423　131/26　類叢部/叢書類/彙編之屬

南菁書院叢書四十一種　王先謙　繆荃孫編　清光緒十四年(1888)江陰南菁書院刻本　一冊　存一種

330000－1710－0002424　491.1/20　類叢部/叢書類/彙編之屬

經訓堂叢書二十一種 （清）畢沅編　清乾隆至嘉慶鎮洋畢氏刻本　二冊　存一種

330000－1710－0002425　730/21、730/25、740/8、754/19、323/6、323/12、323/13、323/39、323/21、310/7、491.4/2　類叢部/叢書類/彙編之屬

廣雅書局叢書一百五十九種　徐紹棨編　清光緒廣雅書局刻民國九年(1920)番禺徐紹棨彙編重印本　二十七冊　存十一種

330000－1710－0002426　613/35、612/28、413/12　類叢部/叢書類/彙編之屬

廣雅書局叢書一百五十九種　徐紹棨編　清光緒廣雅書局刻民國九年(1920)番禺徐紹棨彙編重印本　金蓉鏡批　十冊　存三種

330000－1710－0002427　491.1/21　史部/金石類/郡邑之屬

關中金石記八卷 （清）畢沅撰　**目錄一卷** （清）蔡錫棟編　**附記一卷** （清）蔡汝霖輯　清道光二十七年(1847)渭邑焦興儒醇敬堂刻本　五冊

330000－1710－0002428　491.1/23　史部/金石類/郡邑之屬/目録

安陽縣金石錄十二卷 （清）武億 （清）趙希璜撰　清嘉慶四年(1799)刻本　四冊

330000－1710－0002429　751/8、413/11、413/22、011/20、811.5/9、811.5/10、620/2、812.2/66、812.2/50　類叢部/叢書類/彙編之屬

廣雅書局叢書一百五十九種　徐紹棨編　清光緒廣雅書局刻民國九年(1920)番禺徐紹棨彙編重印本　十五冊　存九種

330000－1710－0002430　491.1/26　史部/金石類/總志之屬/目録

竹崦盦金石目錄五卷 （清）趙魏藏并撰　清宣統元年(1909)錢塘吴士鑑長沙刻本　四冊

330000－1710－0002431　230/5　類叢部/叢書類/彙編之屬

廣雅書局叢書一百五十九種　徐紹棨編　清光緒廣雅書局刻民國九年(1920)番禺徐紹棨彙編重印本　一冊　存一種

330000－1710－0002432　491.1/27　類叢部/叢書類/自著之屬

魏稼孫先生全集三種 （清）魏錫曾撰　清光緒九年(1883)羊城刻本　四冊　存二種

330000－1710－0002433　413/56　類叢部/叢書類/彙編之屬

廣雅書局叢書一百五十九種　徐紹棨編　清光緒廣雅書局刻民國九年(1920)番禺徐紹棨彙編重印本　六冊　存一種

330000－1710－0002434　323/13　經部/小學類/訓詁之屬/群雅

小爾雅訓纂六卷 （清）宋翔鳳撰　清光緒刻

廣雅書局叢書朱印本　一册

330000－1710－0002435　491.1/31　史部/目録類/專録之屬

嗚沙山石室祕錄一卷　羅振玉述　清宣統國粹學報社鉛印本　一册

330000－1710－0002436　491.1/32　史部/金石類/石之屬/目録

十二硯齋金石過眼錄十八卷　(清)汪鋆撰　清光緒元年(1875)刻本　四册

330000－1710－0002437　610/11、610/12、610/9、611/4、610/13、144/2、670/18　子部/叢編

子書百家一百一種　(清)崇文書局編　清光緒元年(1875)湖北崇文書局刻本　七册　存一種

330000－1710－0002438　610/8　子部/叢編

子書百家一百一種　(清)崇文書局編　清光緒元年(1875)湖北崇文書局刻本　一册　存二種

330000－1710－0002439　144/3、680/18、611/2、814.1/2、814.1/4　子部/叢編

子書百家一百一種　(清)崇文書局編　清光緒元年(1875)湖北崇文書局刻民國元年(1912)鄂官書處重印本　十七册　存五種

330000－1710－0002440　670/15、670/17　子部/叢編

子書百家一百一種　(清)崇文書局編　清光緒元年(1875)湖北崇文書局刻本　二册　存二種

330000－1710－0002441　142/1、814.1/3　子部/叢編

子書百家一百一種　(清)崇文書局編　清光緒元年(1875)湖北崇文書局刻本　金蓉鏡批　四册　存二種

330000－1710－0002442　491.1/33　史部/金石類/總志之屬

金石萃編一百六十卷　(清)王昶撰　清嘉慶十年(1805)青浦王氏經訓堂刻本　三十二册

330000－1710－0002443　773/9、422/15、620/14、610/7、610/10、610/15、660/15、620/1、620/16、640/4、620/13、680/21、680/20、691/34　子部/叢編

二十二子(二十二子彙函)　(清)浙江書局編　清光緒元年至三年(1875－1877)浙江書局刻本　五十八册　存十四種

330000－1710－0002444　491.1/34　史部/金石類/總志之屬

金石萃編一百六十卷　(清)王昶撰　清嘉慶十年(1805)青浦王氏經訓堂刻同治十年(1871)嘉善錢寶傳補刻本　六十册

330000－1710－0002446　620/12、680/2、670/5、691/33　子部/叢編

二十二子(二十二子彙函)　(清)浙江書局編　清光緒元年至三年(1875－1877)浙江書局刻本　十七册　存四種

330000－1710－0002447　812.1/292、812.1/295、516/22　類叢部/叢書類/自著之屬

潛廬全集五種附一種　金蓉鏡撰　清光緒三十四年(1908)宣統二年(1910)刻本　四册

330000－1710－0002448　491.2/1　類叢部/叢書類/彙編之屬

後知不足齋叢書四十七種　(清)鮑廷爵編　清同治至光緒常熟鮑氏刻本　一册　存一種

330000－1710－0002451　215/9　類叢部/叢書類/彙編之屬

弢園叢書□□種　(清)王韜編　清光緒鉛印本　一册　存一種

330000－1710－0002452　491.2/3　史部/金石類/金之屬/圖像

攀古廔彝器款識二卷　(清)潘祖蔭撰　清同治十一年(1872)京師潘氏滂喜齋刻本　二册

330000－1710－0002453　491.2/6　史部/金石類/總志之屬/題跋

清儀閣題跋不分卷　(清)張廷濟撰　清光緒十九年(1893)錢塘丁立誠刻本　四册

330000－1710－0002454　491.2/10　史部/

金石類/總志之屬/圖像

求古精舍金石圖四卷 (清)陳經撰 清嘉慶二十三年(1818)烏程陳經說劍樓刻本 三册

330000－1710－0002455 515/72 類叢部/叢書類/自著之屬

游藝錄三種附擬罪言一卷 (清)李洄撰 清光緒二十年(1894)醉月山房刻本 一册 存一卷(擬罪言)

330000－1710－0002456 141/13 類叢部/叢書類/彙編之屬

後知不足齋叢書四十七種 (清)鮑廷爵編 清同治至光緒常熟鮑氏刻本 一册 存一種

330000－1710－0002457 310/9 類叢部/叢書類/彙編之屬

後知不足齋叢書四十七種 (清)鮑廷爵編 清同治至光緒常熟鮑氏刻本 二册 存一種

330000－1710－0002459 142/2 類叢部/叢書類/彙編之屬

古棠書屋叢書十八種 (清)孫澍 (清)孫錤編 清道光鵝溪孫氏刻本 四册 存一種

330000－1710－0002460 491.2/11 史部/金石類/總志之屬/文字

海東金石苑四卷 (清)劉喜海撰 清光緒七年(1881)衢州張德容二銘艸堂刻本 金蓉鏡題記 四册

330000－1710－0002461 740/21、491.1/25 類叢部/叢書類/郡邑之屬

金華叢書六十八種 (清)胡鳳丹編 清同治七年至光緒八年(1868－1882)永康胡氏退補齋刻民國補刻本 四册 存二種

330000－1710－0002463 812.1/170 類叢部/叢書類/郡邑之屬

金華叢書六十八種 (清)胡鳳丹編 清同治七年至光緒八年(1868－1882)永康胡氏退補齋刻民國補刻本 八册 存一種

330000－1710－0002464 145/17 子部/術數類/相宅相墓之屬

地理大全一集形勢真訣三十卷二集理氣秘旨二十五卷 (明)李國木輯 明崇禎金陵懷德堂刻本 一册 存二卷(一集形勢真訣二十一至二十二)

330000－1710－0002465 253/12 子部/農家農學類

農學叢書□□種 (清)上海農學會 (清)江南總農會輯 清光緒上海農學會 江南總農會石印本 一册 存一種

330000－1710－0002466 261/47 子部/醫家類/類編之屬

沈氏尊生書五種 (清)沈金鰲撰輯 清光緒二十一年(1895)圖書集成書局石印本 十一册 存一種

330000－1710－0002468 261/23 子部/醫家類/類編之屬

徐氏醫書六種 (清)徐大椿撰 清雍正五年至乾隆二十二年(1727－1757)半松齋刻本 一册 存二種

330000－1710－0002470 266/14 子部/醫家類/婦科之屬/產科

胎產護生篇一卷 (明)李長科輯 清李光明莊刻本 一册

330000－1710－0002471 261/56、270/6、267/13 子部/醫家類/類編之屬

潛齋醫書五種 (清)王世雄撰 清光緒二十二年(1896)上海圖書集成印書局鉛印本 三册 存三種

330000－1710－0002472 268/5、266/12、269/1 子部/醫家類/類編之屬

當歸草堂醫學叢書初編十二種 (清)丁丙編 清光緒四年(1878)錢塘丁氏當歸草堂刻九年(1883)、十年(1884)增刻本 三册 存四種

330000－1710－0002475 268/27 子部/醫家類/方書之屬/單方驗方

四科簡效方四卷 (清)王士雄撰 清光緒十一年(1885)越州徐氏刻本 二册

330000－1710－0002476 491.2/14 史部/

金石類/金之屬

長安獲古編二卷補編一卷 (清)劉喜海撰 清同治東武劉氏刻光緒三十一年(1905)丹徒劉鶚補刻本 二冊

330000－1710－0002477 266/20 子部/醫家類/類編之屬

薛氏醫按二十四種 (明)吳琯編 明萬曆刻本 一冊 存一種

330000－1710－0002478 268/24 類叢部/叢書類/彙編之屬

士禮居黃氏叢書十九種附四種 (清)黃丕烈編 清嘉慶至道光吳縣黃氏刻本 一冊 存一種

330000－1710－0002479 270/9 類叢部/叢書類/自著之屬

疇隱盧叢書□□種 丁福保撰 清光緒無錫丁氏疇隱廬石印本 一冊

330000－1710－0002480 270/7 類叢部/叢書類/彙編之屬

埽葉山房叢鈔二十六種 (清)席威編 清同治至光緒刻光緒九年(1883)彙印本 二冊 存一種

330000－1710－0002482 253/13 類叢部/叢書類/彙編之屬

漸西村舍彙刊(漸西村舍叢刻)四十四種 (清)袁昶編 清光緒十六年至二十四年(1890－1898)桐廬袁氏刻本 二冊 存二種

330000－1710－0002483 310/2 經部/小學類/文字之屬/字書

小斆答問一卷 章炳麟撰 清宣統元年(1909)刻本 一冊

330000－1710－0002485 323/22、323/19、323/16、323/27、310/5 類叢部/叢書類/彙編之屬

玲瓏山館叢書七十種 (清)□□編 清光緒十五年(1889)藝林山房刻本 十一冊 存五種

330000－1710－0002487 491.2/17 史部/金石類/金之屬/圖像

陶齋吉金續錄二卷 (清)端方撰 清宣統元年(1909)金陵石印本 二冊

330000－1710－0002489 321/38 類叢部/叢書類/彙編之屬

金峨山館叢書(望三益齋叢書)十一種 (清)郭傳璞輯 清光緒八年至十六年(1882－1890)鄞郭氏刻二十年(1894)鎮海邵氏彙印本 一冊 存三種

330000－1710－0002490 812.1/448 類叢部/叢書類/彙編之屬

金峨山館叢書(望三益齋叢書)十一種 (清)郭傳璞編 清光緒八年至十六年(1882－1890)鄞郭氏刻二十年(1894)鎮海邵氏彙印本 四冊 存一種

330000－1710－0002491 321/49 經部/小學類/文字之屬

重文二卷 (清)丁午撰 清光緒八年(1882)刻田園雜著朱印本 一冊

330000－1710－0002492 811.2/235 類叢部/叢書類/郡邑之屬

武林掌故叢編一百九十種 (清)丁丙編 清光緒三年至二十六年(1877－1900)錢塘丁氏嘉惠堂刻本([乾道]臨安志卷四至十五、南宋館閣錄卷一原缺) 一冊 存一種

330000－1710－0002494 321/14 類叢部/叢書類/彙編之屬

函海一百五十二種 (清)李調元編 清乾隆綿州李氏萬卷樓刻嘉慶十四年(1809)李鼎元重校印本 四冊 存一種

330000－1710－0002497 322/8 類叢部/叢書類/自著之屬

觀象廬叢書十八種 (清)呂調陽撰 清光緒十四年(1888)葉長高刻本 五冊 存一種

330000－1710－0002498 323/5、720/9、740/32、754/15、812.1/309 類叢部/叢書類/自著之屬

郝氏遺書三十三種 (清)郝懿行撰 清嘉慶

至光緒刻彙印本　四十四冊　存十一種

330000－1710－0002499　491.3/3　史部/金石類/石之屬/文字

小蓬萊閣金石文字十卷　(清)黄易撰　清道光刻本　五冊

330000－1710－0002500　771/23　類叢部/叢書類/自著之屬

郝氏遺書三十三種　(清)郝懿行撰　清嘉慶至光緒刻彙印本　三冊　存一種

330000－1710－0002501　771/23－2　類叢部/叢書類/自著之屬

郝氏遺書三十三種　(清)郝懿行撰　清嘉慶至光緒刻彙印本　一冊　存一種

330000－1710－0002502　491.3/4　史部/金石類/石之屬/文字

石鼓文纂釋一卷　(清)趙烈文撰　清光緒十一年(1885)刻本　一冊

330000－1710－0002503　323/30　類叢部/叢書類/自著之屬

止園叢書二十三種　(清)史夢蘭撰　清道光至光緒刻本　四冊　存一種

330000－1710－0002505　812.2/313、812.2/314、813/52、322/23、751/9、772/11、331/6、323/25　類叢部/叢書類/自著之屬

洪北江全集二十一種　(清)洪亮吉撰　清光緒三年至五年(1877－1879)洪用懃授經堂刻本　二十九冊　存九種

330000－1710－0002506　491.3/5　史部/金石類/金之屬

奇觚室吉金文述二十卷首一卷　(清)劉心源撰　清光緒二十八年(1902)石印本　十冊

330000－1710－0002508　332/2　經部/小學類/音韻之屬/古今韻説

音學五書五種　(清)顧炎武撰　清光緒十六年(1890)思賢講舍刻本　八冊　存一種

330000－1710－0002509　613/65、324/1、710/50、710/13　經部/小學類/文字之屬/説文

王氏説文四種　(清)王念孫　(清)王引之撰　清嘉慶至道光高郵王氏刻本　五十七冊

330000－1710－0002511　332/42　經部/小學類

雷刻八種　(清)雷浚撰　清同治至光緒吴縣雷氏刻本　二冊　存一種

330000－1710－0002512　332/41、812.1/70　類叢部/叢書類/郡邑之屬

永嘉叢書十三種　(清)孫衣言編　清同治至光緒瑞安孫氏詒善祠塾刻本　二冊　存二種

330000－1710－0002513　332/27　子部/小學類/文字之屬/説文/專著

説文字原韻表二卷　(清)胡重撰　清嘉慶十六年(1811)秀水金氏月香書屋刻本　一冊

330000－1710－0002514　491.3/8　類叢部/叢書類/自著之屬

潛研堂全書十六種　(清)錢大昕撰　清乾隆至嘉慶刻道光二十年(1840)錢師光重修印本　二冊　存一種

330000－1710－0002515　332/18　經部/小學類/音韻之屬/韻書

韻歧五卷　(清)江昱綴輯　清光緒七年(1881)刻本　金蓉鏡批　二冊

330000－1710－0002516　332/26　類叢部/叢書類/自著之屬

四録堂類集九種　(清)嚴可均撰　清嘉慶至道光刻本　一冊　存一種

330000－1710－0002517　011/27　類叢部/類書類/通類之屬

玉海二百四卷附刻十三種　(宋)王應麟撰
校補玉海瑣記二卷王深甯先生年譜一卷
(清)張大昌撰　清光緒九年至十六年(1883－1890)浙江書局刻本　二冊　存十卷(漢藝文志攷證一至十)

330000－1710－0002518　491.3/11　史部/金石類/總志之屬/文字

觀妙齋藏金石文攷略十六卷　(清)李光暎撰

清雍正刻本　七冊　存七卷(七、九至十、十三至十六)

330000－1710－0002519　413/57　史部/史抄類
漢書蒙拾三卷後漢書蒙拾二卷　(清)杭世駿撰　清光緒十年(1884)上海同文書局石印本　一冊　存二卷(後漢書蒙拾一至二)

330000－1710－0002521　011/49　類叢部/叢書類/彙編之屬
古逸叢書二十六種　(清)黎庶昌編　清光緒八年至十年(1882－1884)黎庶昌日本東京使署影刻本　一冊　存一種

330000－1710－0002522　011/10　類叢部/叢書類/彙編之屬
讀畫齋叢書四十六種　(清)顧修編　清嘉慶四年至十六年(1799－1811)桐川顧氏刻本　七冊　存一種

330000－1710－0002523　012/11　類叢部/叢書類/自著之屬
觀古堂所著書二十種　葉德輝撰　清光緒長沙葉氏刻民國八年(1919)重編印本　金蓉鏡批校　一冊　存一種

330000－1710－0002525　491.3/12　史部/金石類/總志之屬/文字
隨軒金石文字九種　(清)徐渭仁輯　清道光十七年(1837)二十四年(1844)春暉堂刻同治七年(1868)補刻本　四冊

330000－1710－0002526　011/17　史部/目録類/總録之屬/彙刻
觀古堂書目叢刊十五種　葉德輝輯　清光緒二十八年(1902)至民國湘潭葉氏刻本　二冊　存一種

330000－1710－0002527　011/33　類叢部/叢書類/郡邑之屬
粟香室叢書五十九種　金武祥編　清光緒至民國江陰金氏刻本　一冊　存一種

330000－1710－0002528　011/24　史部/目録類/總録之屬/史志
補晉書經籍志四卷　吳士鑑撰　清光緒二十一年(1895)刻本　一冊

330000－1710－0002529　491.3/13　類叢部/叢書類/自著之屬
嘉定錢氏潛研堂全書二十種　(清)錢大昕撰　清光緒十年(1884)長沙龍氏家塾刻本　八冊　存一種

330000－1710－0002531　011/22　史部/目録類/總録之屬/史志
補後漢書藝文志一卷攷十卷　曾樸撰　清光緒二十一年(1895)錫山文苑閣木活字印本　六冊

330000－1710－0002532　011/23　史部/目録類/總録之屬/史志
補晉書藝文志六卷　(清)文廷式撰　清宣統元年(1909)長沙鉛印本　六冊

330000－1710－0002533　011/120　類叢部/叢書類/彙編之屬
觀古堂所刊書二十一種　葉德輝編　清光緒二十一年至三十三年(1895－1907)長沙葉氏刻本　一冊　存一種

330000－1710－0002534　613/57　經部/小學類/訓詁之屬
恒言録六卷　(清)錢大昕撰　清光緒二十八年(1902)烏程張熙鉛印本　二冊

330000－1710－0002535　613/29　類叢部/叢書類/自著之屬
潛研堂全書十六種　(清)錢大昕撰　清乾隆至嘉慶刻道光二十年(1840)錢師光重修印本　十冊　存一種

330000－1710－0002536　812.2/546　類叢部/叢書類/自著之屬
潛研堂全書十六種　(清)錢大昕撰　清乾隆至嘉慶刻道光二十年(1840)錢師光重修印本　八冊　存一種

330000－1710－0002537　812.1/475　類叢部/叢書類/自著之屬
潛研堂全書十六種　(清)錢大昕撰　清乾隆

至嘉慶刻道光二十年(1840)錢師光重修印本　十二冊　存一種

330000－1710－0002540　491.4/6　史部/金石類/金之屬/文字

嘯堂集古錄考異二卷　(宋)王俅撰　**嘯堂集古錄考異二卷**　(清)張蓉鏡考異　清嘉慶十七年(1812)鴛湖張氏醉經堂刻本　一冊　存二卷(嘯堂集古錄考異一至二)

330000－1710－0002541　011/31　史部/目録類/總録之屬/史志

台州經籍考不分卷　(清)□□撰　稿本　二冊

330000－1710－0002545　011/128(2)　類叢部/叢書類/彙編之屬

小石山房叢書三十八種　(清)顧湘編　清道光刻同治十三年(1874)虞山顧氏補刻本　一冊　存一種

330000－1710－0002546　421/24　類叢部/叢書類/彙編之屬

十萬卷樓叢書五十一種　(清)陸心源編　清光緒歸安陸氏刻本　二冊　存一種

330000－1710－0002549　491.4/7　史部/金石類/郡邑之屬/目録

京畿金石考二卷　(清)孫星衍撰　清光緒十年(1884)孫谿槐廬家塾刻紫色初印本　董巽觀題記　一冊

330000－1710－0002550　430/26、811.4/34A　類叢部/叢書類/彙編之屬

曼陀羅華閣叢書十六種　(清)杜文瀾編　清咸豐至同治秀水杜氏刻光緒十八年(1892)上海掃葉山房修補印本　六冊　存二種

330000－1710－0002551　491.4/8　史部/金石類/郡邑之屬

墨妙亭碑目攷二卷附攷一卷　(清)張鑑撰　清光緒十年(1884)江蘇書局刻本　二冊

330000－1710－0002553　812.1/341、730/23、441/35　類叢部/叢書類/自著之屬

三山陳氏家刻左海全集十種　(清)陳壽祺撰　清嘉慶至道光刻本　九冊　存三種

330000－1710－0002554　491.1/4　類叢部/叢書類/自著之屬

陸庵所著書三種　羅振玉撰　清光緒刻本　一冊

330000－1710－0002555　441/37、814.3/100　類叢部/叢書類/彙編之屬

問影樓叢刻初編九種　胡思敬編　清光緒三十四年至民國二年(1908－1913)新昌胡氏南昌刻本暨鉛印本　三冊　存二種

330000－1710－0002557　730/31、740/33　類叢部/叢書類/彙編之屬

崇文書局彙刻書三十一種　(清)崇文書局編　清光緒元年至三年(1875－1877)湖北崇文書局刻本　四冊　存二種

330000－1710－0002558　814.3/3　類叢部/叢書類/彙編之屬

崇文書局彙刻書三十一種　(清)崇文書局編　清光緒元年至三年(1875－1877)湖北崇文書局刻本　四冊　存一種

330000－1710－0002559　753/3、814.3/10、814.3/13、441/6、441/15、240/9、814.3/6、814.3/7　類叢部/叢書類/彙編之屬

崇文書局彙刻書三十一種　(清)崇文書局編　清光緒元年至三年(1875－1877)湖北崇文書局刻本　十七冊　存七種

330000－1710－0002560　612/176、612/104、612/35　類叢部/叢書類/彙編之屬

津河廣仁堂叢書八十四種　(清)□□編　清光緒津河廣仁堂刻本　七冊　存三種

330000－1710－0002561　812.1/118　類叢部/叢書類/彙編之屬

津河廣仁堂叢書八十四種　(清)□□編　清光緒津河廣仁堂刻本　四冊　存一種

330000－1710－0002562　441/52、612/106、612/118、814.3/93、812.1/301、812.1/192　類叢部/叢書類/彙編之屬

津河廣仁堂叢書八十四種　(清)□□編　清

光緒津河廣仁堂刻本　十八册　存六種

330000－1710－0002563　515/23、612/23、612/65、612/44、612/88、612/83、516/58、815/24、612/93、612/119、612/155、816/7、612/117　類叢部/叢書類/彙編之屬

津河廣仁堂叢書八十四種　（清）□□編　清光緒津河廣仁堂刻本　十五册　存十四種

330000－1710－0002564　910/21、827.1/7、814.3/51、827.1/4、827.1/6、413/20、120/15　類叢部/叢書類/彙編之屬

正覺樓叢刻（正覺樓叢書）二十九種　（清）崇文書局編　清光緒崇文書局刻本　十一册　存七種

330000－1710－0002566　412/2、412/30、412/35、412/37、412/39、412/45、412/46、412/48、412/52　史部/紀傳類/正史之屬

二十四史　清同治至光緒五省官書局據汲古閣本等合刻光緒五年（1879）湖北書局彙印本　三百四册　存九種

330000－1710－0002569　412/31　史部/紀傳類/正史之屬

二十四史　清同治至光緒五省官書局據汲古閣本等合刻光緒五年（1879）湖北書局彙印本　十六册　存一種

330000－1710－0002573　412/34　史部/紀傳類/正史之屬

後漢書九十卷　（南朝宋）范曄撰　（唐）李賢注　**志三十卷**　（晉）司馬彪撰　（南朝梁）劉昭注　清同治十二年（1873）嶺東使署刻本　十六册

330000－1710－0002574　412/29　史部/紀傳類/正史之屬

漢書一百卷　（漢）班固撰　（唐）顔師古注　清同治十二年（1873）嶺東使署刻本　十六册

330000－1710－0002575　412/53　史部/史抄類

史記選六卷　（清）儲欣選評　清刻本　二册　存四卷（三至六）

330000－1710－0002577　412/3　類叢部/叢書類/彙編之屬

古香齋袖珍十種　清同治至光緒南海孔氏刻本　三十二册　存一種

330000－1710－0002580　412/50　史部/紀傳類/别史之屬

晉記六十八卷首一卷　（清）郭倫撰　清乾隆五十一年（1786）有斐堂刻本　六册　存三十卷（首、一至二十九）

330000－1710－0002584　491.4/23　史部/金石類/郡邑之屬

墨妙亭碑目攷二卷附攷一卷　（清）張鑑撰　清光緒十年（1884）江蘇書局刻本　二册

330000－1710－0002586　412/6、412/7、412/7、412/8、412/10、412/11、412/12、412/13、412/14、412/15、412/16、412/17、412/18、412/19、412/20　史部/紀傳類/正史之屬

二十四史　清光緒二十九年（1903）五洲同文局石印本　六百九十一册　存二十三種

330000－1710－0002587　491.5/2　史部/金石類

行素草堂金石叢書十九種　（清）朱記榮輯　清光緒吳縣朱氏刻十四年（1888）彙印本　一册　存一種

330000－1710－0002588　491.5/3　史部/金石類

金石全例□□種　（清）朱記榮輯　清光緒刻十八年（1892）吳縣朱氏彙印本　一册　存一種

330000－1710－0002592　493/5　類叢部/叢書類/彙編之屬

嘯園叢書五十七種　（清）葛元煦編　清光緒二年至七年（1876－1881）仁和葛氏刻本　一册　存一種

330000－1710－0002594　495/1、823.1/3　類叢部/叢書類/自著之屬

石泉書屋全集六種　（清）李佐賢撰　清咸豐至光緒利津李氏刻本　三十二册　存二種

330000－1710－0002595　495/6　類叢部/叢書類/家集之屬

觀古閣叢刻十五種　(清)鮑康編　清嘉慶十一年至光緒二十一年(1806－1895)歙縣鮑氏刻本　二册　存一種

330000－1710－0002596　494/1　類叢部/叢書類/彙編之屬

得月簃叢書初刻十種次刻十種五十二卷　(清)榮譽編　清道光長白榮氏刻本　一册　存一種

330000－1710－0002600　511.1/5　史部/政書類/通制之屬

皇朝續文獻通考三百二十卷　劉錦藻撰　清光緒三十一年(1905)烏程劉錦藻堅匏盦鉛印本　八十八册

330000－1710－0002601　511.1/9、511.1/10、511.1/11　史部/政書類/通制之屬

三通考輯要　湯壽潛輯　清光緒二十五年(1899)圖書集成局鉛印本　六十册

330000－1710－0002602　511.2/3　史部/政書類

九通　清光緒二十七年(1901)上海圖書集成局鉛印本　九册　存一種

330000－1710－0002603　511.1/2、511.1/3、511.1/4、511.2/1、511.2/4、511.2/5、511.3/1、511.3/3、511.3/4　史部/政書類

九通　清光緒八年至二十二年(1882－1896)浙江書局刻本　金蓉鏡題記　八百九十六册　缺十一卷(文獻通考二十九至三十、二百六十七至二百七十一、二百八十至二百八十三)

330000－1710－0002604　511.1/8、511.2/6　史部/政書類

九通　清光緒八年至二十二年(1882－1896)浙江書局刻本　四册　存二種

330000－1710－0002605　511.2/7　史部/政書類/通制之屬

三通志輯要　清光緒二十八年(1902)上海編譯局石印本　四册　存一種

330000－1710－0002606　511.1/6　史部/政書類/通制之屬

文獻通考正續合編三十二卷首一卷　(清)盧宣旬編　清嘉慶武寧盧宣旬略識字齋刻本　二十四册

330000－1710－0002607　511.4/1　史部/政書類/通制之屬

欽定三通考證三卷　清光緒二十八年(1902)貫吾齋石印本　一册

330000－1710－0002608　511.4/2　史部/政書類/通制之屬

三通序不分卷　(清)吳巖輯　(清)康綸筠校　清道光十三年(1833)江夏周恭壽刻本　四册

330000－1710－0002609　511.4/3　子部/叢編

經史百家序錄六種　邵章輯　清光緒二十八年(1902)會文學社石印本　四册　存一種

330000－1710－0002610　512.1/3、512.1/7、512.1/6　史部/政書類/通制之屬

欽定大清會典八十卷目錄一卷事例九百二十卷目錄八卷圖一百三十二卷目錄二卷　(清)托津等撰　清嘉慶二十五年(1820)武英殿刻本　四百十五册　缺六十五卷(會典十五至二十一、事例三百四十五至三百四十六、三百五十至三百七十二、六百十七至六百三十、七百九十九至八百十七)

330000－1710－0002611　512.1/2　史部/政書類/通制之屬

欽定大清會典一百卷首一卷　(清)崑岡等撰　清宣統元年(1909)南洋官書局石印本　十二册

330000－1710－0002612　512.1/4　類叢部/叢書類/彙編之屬

漸西村舍彙刊(漸西村舍叢刻)四十四種　(清)袁昶編　清光緒十六年至二十四年(1890－1898)桐廬袁氏刻本　一册　存一種

330000－1710－0002613　512.1/5　史部/政

書類/通制之屬

會典簡明錄一卷　(清)張祥河輯　清光緒鉛印本　一冊

330000－1710－0002614　512.2/3　史部/政書類/通制之屬

五代會要三十卷　(宋)王溥撰　清抄本　一冊　存五卷(十四至十八)

330000－1710－0002615　512.3/8　史部/政書類/儀制之屬/典禮

文廟禮器樂舞圖譜不分卷　(清)葉伯英輯　清光緒十二年(1886)陝西藩署刻本　一冊

330000－1710－0002616　512.3/1　史部/政書類/儀制之屬/典禮

大清通禮五十四卷　(清)來保等纂修　(清)穆克登額等續纂　清刻本　十二冊

330000－1710－0002618　512.3/10　史部/政書類/儀制之屬/典禮

[同治]大婚禮節一卷　(清)禮部輯　清同治刻本　一冊

330000－1710－0002619　512.4/1　史部/編年類/斷代之屬

明大政纂要六十三卷　(明)譚希思編　清光緒二十一年(1895)湖南思賢書局刻本　二十八冊

330000－1710－0002620　512.3/2　史部/政書類/儀制之屬/典禮

文廟祀典考五十卷首一卷　(清)龐鍾璐輯　清光緒四年(1878)刻本　八冊

330000－1710－0002621　512.3/3　史部/政書類/儀制之屬/典禮

文廟通考六卷首一卷　(清)牛樹梅撰　清同治十一年(1872)浙江書局刻本　二冊

330000－1710－0002622　512.3/4　史部/政書類/儀制之屬/典禮

文廟通考六卷首一卷　(清)牛樹梅撰　清同治十一年(1872)浙江書局刻本　二冊

330000－1710－0002623　512.4/3　史部/編年類/斷代之屬

皇朝政典挈要八卷　(日本)增田貢撰　(清)毛淦補編　清光緒二十七年(1901)知新書局石印本　四冊

330000－1710－0002624　512.4/2　史部/政書類/通制之屬

康熙政要二十四卷　章梫撰　清宣統二年(1910)鉛印本　十二冊

330000－1710－0002625　512.4/4　史部/政書類/通制之屬

光緒政要三十四卷　(清)沈桐生輯　清宣統元年(1909)上海崇義堂石印本　二十九冊　存三十二卷(三至三十四)

330000－1710－0002626　512.5/1　史部/政書類/通制之屬

欽定工部則例一百十六卷　(清)文煜等修　(清)岳琪等纂　清光緒刻本　三十九冊

330000－1710－0002627　512.5/2　史部/政書類/律令之屬/律例

欽定工部續增則例一百三十六卷　(清)曹振庸等修　(清)保亮等纂　清嘉慶二十四年(1819)刻本　二十七冊

330000－1710－0002628　512.5/3　史部/政書類/律令之屬/律例

欽定吏部則例八十七卷　(清)恩桂等修　(清)薛鳴臯等纂　清道光二十三年(1843)刻本　二十冊　存五十二卷(吏部處分則例一至五十二)

330000－1710－0002629　512.5/4　史部/政書類/律令之屬/律例

吏部考功司則例一卷　清道光刻本　一冊

330000－1710－0002630　512.5/6　史部/政書類/律令之屬/律例

欽定吏部處分則例五十二卷　清刻本　二十二冊　存四十八卷(五至五十二)

330000－1710－0002631　512.5/7　史部/政書類/邦交之屬

約章分類輯要三十八卷首一卷　(清)蔡乃煌

纂　清光緒二十六年(1900)湖南商務局刻本　三十冊

330000－1710－0002633　512.5/8、512.5/9　史部/政書類/律令之屬/律例
大清律例纂修條例不分卷　清嘉慶武英殿刻本　四冊

330000－1710－0002634　512.3/6　史部/政書類/儀制之屬/典禮
文廟丁祭譜一卷　(清)藍鍾瑞等撰　清同治七年(1868)江蘇書局刻本　一冊

330000－1710－0002635　512.5/15　史部/政書類/軍政之屬
海防事例一卷海防事例簡明條款一卷海防新例一卷　(清)戶部編　清光緒刻本　一冊

330000－1710－0002636　512.5/10　史部/政書類/律令之屬/律例
大清律纂修條例不分卷　清道光刻本　一冊

330000－1710－0002637　512.5/11　史部/政書類/律令之屬/律例
各部通行條例十卷　清同治浙江藩署刻本　八冊

330000－1710－0002638　512.5/12、512.5/13　史部/政書類/邦計之屬/賦稅
增修籌餉事例條款不分卷籌餉事例一卷增修現行常例一卷　清同治刻本　三冊

330000－1710－0002639　512.5/14　史部/政書類/軍政之屬
海防事例不分卷　清光緒刻本　三冊

330000－1710－0002640　512.5/16　史部/政書類/律令之屬
治浙成規八卷　清道光刻本　八冊

330000－1710－0002642　512.5/19　史部/政書類/公牘檔冊之屬
公文式一卷　(清)仝寶廉編　清宣統三年(1911)河北公園法政講習所鉛印本　一冊

330000－1710－0002643　512.5/20　史部/政書類/邦計之屬/荒政
湖北賑捐請獎章程一卷　清光緒刻本　一冊

330000－1710－0002644　512.5/17　史部/詔令奏議類/奏議之屬
新章大八程一卷鄭工新例一卷　(清)戶部編　清光緒刻本　一冊

330000－1710－0002646　512.6/1　史部/政書類/邦計之屬/荒政
重刊救荒補遺書二卷　(宋)董煟撰　(元)張光大增　(明)朱熊補　(明)王崇慶釋斷　清同治八年(1869)楚北崇文書局刻本　二冊

330000－1710－0002647　512.6/2　史部/政書類/邦計之屬/荒政
荒政輯要九卷首一卷　(清)汪志伊纂　清同治八年(1869)楚北崇文書局刻本　二冊

330000－1710－0002648　512.6/3　史部/政書類/邦計之屬/荒政
欽定康濟錄四卷　(清)陸曾禹撰　(清)倪國璉釐正　清同治三年(1864)浙江撫署刻本　三冊

330000－1710－0002649　512.6/4　子部/雜著類/雜纂之屬
樂善錄十卷首一卷　(清)丁丙輯　清光緒二十七年(1901)錢塘丁氏刻本　八冊

330000－1710－0002650　512.6/5　史部/政書類/邦計之屬/荒政
籌濟編三十二卷首一卷　(清)楊景仁撰　清光緒四年(1878)楊氏詒硯齋刻本　六冊

330000－1710－0002651　512.6/6　史部/政書類/邦計之屬/荒政
得一錄十六卷　(清)余治輯　清同治八年(1869)刻本　四冊　存八卷(三至十)

330000－1710－0002652　512.6/7　史部/政書類/邦計之屬
連氏義田事略三卷　(清)連芳　(清)連蘅撰　清光緒十四年(1888)上虞連氏枕湖樓刻本　一冊

330000－1710－0002653　512.7/1　史部/政

書類/通制之屬

吾學錄初編二十四卷 (清)吳榮光撰 清道光十二年(1832)南海吳氏筠清館刻本 八冊

330000－1710－0002654 513/2 史部/職官類/官制之屬

樞垣記略二十八卷 (清)梁章鉅撰 (清)朱智等續纂 清光緒鉛印本 六冊

330000－1710－0002655 512.7/3 史部/政書類/儀制之屬/專志/謚法

前明諸臣謚法考一卷 (清)□□輯 清抄本 一冊

330000－1710－0002657 513/1 史部/職官類/官制之屬/專志

皇朝詞林典故六十四卷 (清)朱珪等撰 清嘉慶十年(1805)武英殿刻本 三十四冊

330000－1710－0002658 513/4 史部/傳記類/職官録之屬/總録

[清光緒十二年]浙江同官錄不分卷 (清)許應鑅編 清光緒十二年(1886)刻本 五冊

330000－1710－0002659 513/6 史部/傳記類/職官録之屬/歷朝

[清宣統元年春季]安徽袖珍同官錄四卷 清宣統元年(1909)藩經歷司鉛印本 一冊 存一卷(四)

330000－1710－0002660 513/7 史部/傳記類/職官録之屬/總録

湖南全省現任文職同官錄一卷 清光緒抄暨木活字印本 二冊

330000－1710－0002661 513/8 史部/傳記類/職官録之屬/總録

[清光緒三十一年]湖北省浙江同官錄不分卷 (清)浙江會館輯 清光緒三十一年(1905)浙江會館刻本 三冊

330000－1710－0002662 513/9 史部/傳記類/職官録之屬/總録

[清宣統元年秋季]爵秩全覽不分卷 清宣統元年(1909)刻本 六冊

330000－1710－0002663 513/10 史部/傳記類/職官録之屬/總録

[清光緒三十四年冬季]大清搢紳全書四卷 清光緒三十四年(1908)京都榮寶齋刻本 四冊

330000－1710－0002665 513/13 史部/傳記類/職官録之屬/總録

[清光緒十二年冬季]大清搢紳全書四卷 清光緒十二年(1886)榮祿堂刻本 二冊 存二卷(三至四)

330000－1710－0002666 514/11 子部/儒家類/儒學之屬/禮教/鑑戒

聖祖仁皇帝庭訓格言一卷 (清)世宗胤禛述 清同治至光緒刻本 一冊

330000－1710－0002667 514/12－2 子部/儒家類/儒學之屬/禮教/鑑戒

聖祖仁皇帝庭訓格言一卷 (清)世宗胤禛述 清同治至光緒刻本 一冊

330000－1710－0002669 516/68、516/69、516/53、516/60、514/13 史部/職官類/官箴之屬

牧令全書二十三卷 (清)丁日昌輯 清同治七年(1868)江蘇書局刻本 十四冊

330000－1710－0002670 514/7、514/8 子部/儒家類/儒學之屬/禮教

聖諭廣訓一卷 (清)世宗胤禛撰 清刻本 二冊

330000－1710－0002671 515/8 史部/詔令奏議類/奏議之屬

王大司農疏稿一卷 (明)王宗臬撰 清嘉慶十八年(1813)福德堂刻本 一冊

330000－1710－0002672 515/9 史部/詔令奏議類/奏議之屬

明大司馬盧公奏議十卷文集一卷詩集一卷首一卷 (明)盧象昇撰 清光緒元年(1875)會稽施惠刻本 八冊

330000－1710－0002673 515/12 史部/詔令奏議類/奏議之屬

李肅毅伯奏議十三卷　(清)李鴻章撰　(清)章洪鈞　(清)吴汝綸輯　清光緒石印本　十三册

330000－1710－0002674　514/10　史部/詔令奏議類/詔令之屬

聖諭十六條附律易解一卷　(清)聖祖玄燁撰　(清)夏炘繹　清同治九年(1870)江蘇書局刻本　一册

330000－1710－0002675　514/14　史部/詔令奏議類/詔令之屬

上諭條奏七十卷(清咸豐十一年至光緒三十三年)　清光緒刻本　九十六册

330000－1710－0002676　515/3　史部/詔令奏議類/奏議之屬

唐陸宣公奏議全集四卷首一卷　(唐)陸贄撰　(清)汪銘謙輯　清同治五年(1866)楊文盛刻本　四册

330000－1710－0002677　515/4　史部/詔令奏議類/奏議之屬

註陸宣公奏議十五卷首一卷　(唐)陸贄撰　(宋)郎曄註　清光緒七年(1881)歸安姚氏咫進齋刻本　四册

330000－1710－0002678　515/5　史部/詔令奏議類/奏議之屬

陸宣公奏議願學編二卷　(唐)陸贄撰　(清)蔡方炳評輯　清刻本　四册

330000－1710－0002680　515/7　史部/詔令奏議類/奏議之屬

關中奏議鈔十二卷　(明)楊一清撰　**附王李諸公書簡一卷**　(明)王守仁等撰　清嘉慶二十一年(1816)雲南五筆書院刻本　十二册

330000－1710－0002681　515/17　史部/詔令奏議類/奏議之屬

左文襄公奏疏初編三十八卷續編七十六卷三編六卷　(清)左宗棠撰　清光緒十六年(1890)上海圖書集成局鉛印本　二十册

330000－1710－0002682　515/18　史部/詔令奏議類/奏議之屬

馬端敏公奏議八卷　(清)馬新貽撰　清光緒二十年(1894)閩浙督署刻本　四册

330000－1710－0002684　515/13、812.1/251　類叢部/叢書類/自著之屬

李文恭公遺集三種　(清)李星沅撰　清同治四年(1865)芋香山館刻本　二十八册　存二種

330000－1710－0002686　515/14　史部/詔令奏議類/奏議之屬

曾文正公奏議十卷首一卷末一卷補編四卷　(清)曾國藩撰　(清)薛福成編　清同治十三年(1874)上海吴氏醉六堂刻本　十册　缺四卷(補編一至四)

330000－1710－0002687　515/21　史部/詔令奏議類/奏議之屬

錢敏肅公奏疏七卷　(清)錢鼎銘撰　清光緒六年(1880)錢氏存素堂刻本　四册

330000－1710－0002689　515/25　史部/詔令奏議類/奏議之屬

竹坡侍郎奏議二卷　(清)寶廷撰　清光緒二十七年(1901)刻本　二册

330000－1710－0002690　515/15　史部/詔令奏議類/奏議之屬

曾文正公奏議十卷首一卷末一卷　(清)曾國藩撰　(清)薛福成編　清同治十二年至十三年(1873－1874)蘇郡刻本　十册

330000－1710－0002691　515/16、812.1/423、816/18　類叢部/叢書類/自著之屬

曾惠敏公遺集四種　(清)曾紀澤撰　清光緒十九年(1893)江南製造總局鉛印本　八册

330000－1710－0002693　812.2/642　類叢部/叢書類/自著之屬

曾惠敏公遺集四種　(清)曾紀澤撰　清光緒十九年(1893)江南製造總局鉛印本　一册　存一種

330000－1710－0002695　515/26　史部/詔令奏議類/奏議之屬

許竹篔先生出使函稿十四卷奏疏錄存二卷

(清)許景澄撰　清光緒鉛印本　五册

330000－1710－0002696　515/29　集部/別集類/清別集

胡文忠公遺集八十六卷首一卷　(清)胡林翼撰　(清)鄭敦謹　(清)曾國荃輯　(清)胡鳳丹重編　清同治六年(1867)刻本　三十二册

330000－1710－0002697　515/35　史部/詔令奏議類/奏議之屬

沈文肅公政書七卷首一卷　(清)沈葆楨撰　清光緒六年(1880)吳門節署刻本　十二册

330000－1710－0002698　515/36　史部/詔令奏議類/奏議之屬

沈文肅公政書七卷首一卷　(清)沈葆楨撰　清光緒六年(1880)吳門節署刻本　八册

330000－1710－0002699　515/38　史部/詔令奏議類/奏議之屬

奏疏摘鈔一卷　(清)曾國藩等撰　清光緒錄蕉書屋抄本　一册

330000－1710－0002700　515/39　史部/職官類/官箴之屬

學仕錄十六卷　(清)戴肇辰輯　清同治六年(1867)刻本　八册

330000－1710－0002701　515/40　史部/職官類/官箴之屬

越事備考諭旨一卷奏議三卷芻言六卷案署二卷愚說一卷　(清)劉名譽撰　清光緒二十一年(1895)桂林劉名譽刻本(原缺愚說)　四册

330000－1710－0002702　515/31　集部/別集類/清別集

胡文忠公遺集十卷首一卷　(清)胡林翼撰　(清)閻敬銘　(清)厲雲官　(清)盛康輯　清同治刻本　七册　缺一卷(首)

330000－1710－0002703　515/32　集部/別集類/清別集

胡文忠公遺集十卷首一卷　(清)胡林翼撰　(清)閻敬銘　(清)厲雲官　(清)盛康輯　清同治七年(1868)醉六堂刻本　三册

330000－1710－0002704　515/41　史部/詔令奏議類/奏議之屬

撫吴封事八卷撫楚封事一卷撫黔封事一卷督漕封事一卷輯瑞陳言一卷　(清)慕天顔撰　清康熙慕氏刻道光四年(1824)慕鑒補刻本　十册

330000－1710－0002705　515/42　史部/政書類/公牘檔册之屬

谿州官牘四卷　(清)張修府撰　清同治四年(1865)刻本　四册

330000－1710－0002706　515/43　史部/政書類/公牘檔册之屬

贛中寸牘一卷　汪鍾霖撰　清光緒三十四年(1908)鉛印本　一册

330000－1710－0002707　515/34　史部/政書類/公牘檔册之屬

于清端公政書八卷外集一卷首編一卷　(清)于成龍撰　(清)蔡方炳輯　清康熙四十六年(1707)于準刻本　三册　存三卷(一至二、八)

330000－1710－0002708　515/44　史部/政書類/公牘檔册之屬

圭山存牘一卷　(清)李鍾玨撰　清光緒二十一年(1895)李鍾玨寧陽官廨刻本　一册

330000－1710－0002709　515/45　史部/政書類/公牘檔册之屬

寧陽存牘一卷　(清)李鍾玨撰　清光緒二十四年(1898)粵東省城刻本　一册

330000－1710－0002710　515/46　史部/政書類/公牘檔册之屬

滇牘偶存不分卷　(清)何紹祺撰　清道光何氏刻本　一册

330000－1710－0002711　814.3/117　集部/別集類/清別集

棣懷堂隨筆十一卷首一卷末一卷　(清)李象鵾撰　清同治十三年(1874)李氏刻本　七册

330000－1710－0002712　515/47　集部/別集類/清別集

棣懷堂隨筆十一卷首一卷末一卷　（清）李象鵾撰　清同治十三年（1874）李氏刻本　二冊　存二卷（十至十一）

330000－1710－0002713　515/48　史部/政書類/公牘檔冊之屬
麻陽平匪自治文書一卷平匪事略一卷附撫憲俞奏片一卷　（清）汪兆涵撰　清光緒二十八年（1902）長沙刻本　一冊

330000－1710－0002714　515/49　史部/詔令奏議類/奏議之屬
研舫文鈔一卷　（清）孫鏘撰　清宣統刻本　一冊

330000－1710－0002716　515/51　史部/政書類/公牘檔冊之屬
尺園佐治摘存一卷續紀一卷　韓靄堂輯　清宣統元年至二年（1909－1910）石印本　二冊

330000－1710－0002717　515/54　史部/詔令奏議類/奏議之屬
罪言存略一卷　（清）郭嵩燾撰　清光緒十四年（1888）天津時報館鉛印本　一冊

330000－1710－0002718　812.1/493　類叢部/叢書類/自著之屬
庸庵全集七種　（清）薛福成撰　清光緒二十三年（1897）上海醉六堂石印本　六冊　存三種

330000－1710－0002719　816/16　類叢部/叢書類/自著之屬
庸庵全集七種　（清）薛福成撰　清光緒二十三年（1897）上海醉六堂石印本　三冊　存一種

330000－1710－0002720　812.1/492　集部/別集類/清別集
庸盦海外文編四卷　（清）薛福成撰　清光緒二十一年（1895）陳光淞刻本　四冊

330000－1710－0002721　515/63　史部/政書類/邦交之屬
籌洋芻議一卷　（清）薛福成撰　清光緒十三年（1887）醉六堂刻本　一冊

330000－1710－0002723　515/53　集部/別集類/清別集
庸盦海外文集四卷　（清）薛福成撰　清光緒二十二年（1896）石印本　二冊

330000－1710－0002724　515/52、812.1/490　類叢部/叢書類/自著之屬
庸庵全集七種　（清）薛福成撰　清光緒十年至二十四年（1884－1898）無錫薛氏刻本　六冊　存二種

330000－1710－0002725　812.1/491　類叢部/叢書類/自著之屬
庸庵全集七種　（清）薛福成撰　清光緒十年至二十四年（1884－1898）無錫薛氏刻本　三冊　存一種

330000－1710－0002726　515/58　史部/政書類/邦交之屬
修改商約條陳一卷　（清）□□輯　清鉛印本　一冊

330000－1710－0002727　515/59　類叢部/叢書類/自著之屬
沈子愚書四種　（清）沈祖燕撰　清光緒三十二年至宣統元年（1906－1909）刻本　三冊　存三種

330000－1710－0002728　515/60　史部/政書類/公牘檔冊之屬
文牘偶存一卷　（清）謝希傅撰　清光緒鉛印本　一冊

330000－1710－0002729　515/61　史部/詔令奏議類/奏議之屬
奏請於簡易識字學塾内附設簡字一科並變通地方自治選民資格摺一卷　勞乃宣撰　清宣統元年（1909）京師京華印書局鉛印本　一冊

330000－1710－0002730　515/64　史部/政書類/軍政之屬/邊政
邊事彙鈔十二卷續鈔八卷　（清）朱克敬輯　清光緒六年（1880）長沙刻本　八冊

330000－1710－0002731　515/71　史部/詔令奏議類/奏議之屬

浙省礮廠捐輸請奬摺抵并各官坤名單等奏摺不分卷 清道光抄本 一冊

330000－1710－0002732 515/73 史部/政書類/公牘檔冊之屬
通行告示稾稿一卷 清咸豐抄本 一冊

330000－1710－0002735 515/65 子部/雜著類/雜説之屬
破邪論不分卷 清光緒三十四年(1908)潛廬刻本 一冊

330000－1710－0002737 515/66 史部/詔令奏議類/奏議之屬
歷代名臣奏議選三十卷 (清)趙承恩輯 清末刻本 一冊 存一卷(明三)

330000－1710－0002738 515/68 史部/詔令奏議類/奏議之屬
祝大宗伯疏稿一卷 (清)祝慶蕃撰 清光緒五年(1879)祝氏刻本 一冊

330000－1710－0002739 515/69 史部/詔令奏議類/奏議之屬
彭剛直公奏稿八卷 (清)彭玉麟撰 (清)俞樾輯 清末鉛印本 一冊 存二卷(一至二)

330000－1710－0002740 516/1 子部/儒家類/儒學之屬/經濟
朱子議政錄一卷 (清)刑廷莢輯 清光緒二十五年(1899)涇上刻本 一冊

330000－1710－0002741 516/2 子部/雜著類/雜説之屬
盛世危言十四卷 (清)鄭觀應輯撰 清光緒鉛印本 八冊

330000－1710－0002742 516/12 新學/理學/理學
經術公理學四卷 宋育仁撰 清光緒三十年(1904)上海同文社鉛印本 二冊

330000－1710－0002743 516/13 新學/雜著
時事新論十二卷圖説一卷 (英國)李提摩太撰 清光緒二十年(1894)上海廣學會石印本 三冊

330000－1710－0002744 516/14 新學/議論/論政
論議集成一卷 清光緒鉛印本 一冊

330000－1710－0002745 516/15 新學/議論/通論
十九世紀大勢變遷通論一卷 (日本)大隈重信等撰 (清)吳銘譯 清光緒二十八年(1902)上海廣智書局鉛印本 一冊

330000－1710－0002746 516/16 新學/議論/論政
新政真詮六卷 (清)何啟 (清)胡禮垣撰 清光緒二十七年(1901)格致新報鉛印本 六冊

330000－1710－0002748 516/25 子部/儒家類/儒學之屬/經濟
易言一卷 鄭觀應撰 清光緒上海淞隱閣鉛印本 一冊

330000－1710－0002750 516/26 史部/政書類/雜録之屬
戊戌變法摧議一卷 陳衍撰 清光緒二十七年(1901)刻本 一冊

330000－1710－0002751 516/27－2 子部/儒家類/儒學之屬/經濟
易言二卷 鄭觀應撰 清光緒六年(1880)中華印務總局鉛印本 二冊

330000－1710－0002752 516/28 子部/宗教類/其他宗教之屬/基督教
教務紀略四卷首一卷末一卷 (清)李剛己輯 (清)魏家驊等修訂 清光緒三十一年(1905)南洋官報局刻本 四冊

330000－1710－0002753 516/29 子部/宗教類/其他宗教之屬/基督教
正教奉傳不分卷 (清)黄伯禄輯 (清)上海慈母堂續增 清光緒三十四年(1908)上海慈母堂鉛印本 二冊

330000－1710－0002754 516/30 史部/政

書類/邦交之屬

支那教案論不分卷 (英國)宓克撰 嚴復譯 清光緒南洋公學譯書院鉛印本 一冊

330000－1710－0002756 516/32 新學/全體學

民種學二卷 (德國)哈伯蘭撰 (英國)魯威原譯 (清)林紓 (清)魏易譯 清光緒二十九年(1903)北京大學堂譯書局鉛印本 一冊

330000－1710－0002758 516/35 史部/地理類/外紀之屬

泰西各國采風記五卷時務論一卷 宋育仁撰 清光緒二十二年(1896)袖海山房石印本 四冊

330000－1710－0002759 516/36 史部/政書

管刻洋務抉要易言二卷 (清)杞憂生撰 清光緒十三年(1887)管可籌齋刻本 四冊

330000－1710－0002760 516/37 新學/議論/通論

中外策問大觀二十八卷 雷瑨編輯 清光緒二十九年(1903)硯耕山莊石印本 十冊

330000－1710－0002761 516/38 史部/政書類

分類時務通纂三百卷 (清)陳昌紳輯 清光緒二十八年(1902)上海文瀾書局石印本 三十八冊 存二百四十六卷(五至八十九、九十四至一百、一百九至一百十二、一百二十至一百四十、一百四十九至一百九十一、二百一至二百二十九、二百三十三至二百四十四、二百五十四至二百九十八)

330000－1710－0002762 516/40 子部/儒家類/儒學之屬/禮教/鑑戒

浙江巡撫部院程條諭一卷 (清)程□□撰 清道光刻本 一冊

330000－1710－0002763 516/41 集部/總集類/選集之屬/斷代

皇朝經世文編一百二十卷姓名總目二卷生存姓名一卷 (清)賀長齡輯 清道光七年(1827)刻本 六十一冊 存七十五卷(一至二十五、三十一至三十三、三十五至八十一)

330000－1710－0002764 516/19 史部/政書類

校邠廬抗議二卷 (清)馮桂芬著 清光緒二十四年(1898)上海書局鉛印本 二冊

330000－1710－0002765 516/3 子部/雜著類/雜說之屬

危言四卷 湯震撰 清光緒二十一年(1895)石印本 二冊

330000－1710－0002766 516/20 新學/議論/論政

富國策三卷 (英國)法思德撰 汪鳳藻譯 清光緒六年(1880)同文館鉛印本 三冊

330000－1710－0002767 516/4 子部/雜著類/雜說之屬

危言二卷 (清)邵作舟著 清光緒二十四年(1898)上海商務印書館鉛印本 二冊

330000－1710－0002768 516/5 子部/儒家類/儒學之屬/經濟

管刻易言二卷 (清)杞憂生撰 清光緒十二年(1886)管可壽齋刻本 二冊

330000－1710－0002769 516/6 子部/儒家類/儒學之屬/經濟

變法平議一卷 張謇撰 清光緒鉛印本 一冊

330000－1710－0002770 516/9 子部/雜著類/雜說之屬

庸書内篇二卷外篇二卷 (清)陳熾撰 清光緒二十三年(1897)上海書局石印本 一冊 存一卷(内篇上)

330000－1710－0002771 516/7 子部/儒家類/儒學之屬/經濟

時務論等一卷 金蓉鏡撰 清宣統刻本 一冊

330000－1710－0002772 516/24 子部/儒家類/儒學之屬/經濟

邵氏危言二卷　(清)邵作舟撰　清光緒二十七年(1901)嶺海報館鉛印本　一冊　存一卷(一)

330000－1710－0002773　516/8　史部/地理類/外紀之屬
泰西各國采風記五卷時務論一卷　宋育仁撰　清光緒二十二年(1896)袖海山房石印本　一冊　存一卷(時務論)

330000－1710－0002774　516/10　子部/雜著類/雜說之屬
求己錄三卷　陶葆廉編　清光緒刻本　三冊

330000－1710－0002775　516/11　新學/議論/論政
政治汎論二卷後編二卷　(美國)威爾遜撰　麥鼎華譯　清光緒二十九年(1903)上海廣智書局鉛印本　四冊

330000－1710－0002776　516/42　集部/總集類/選集之屬/斷代
皇朝經世文編一百二十卷姓名總目二卷　(清)賀長齡輯　清光緒十五年(1889)上海廣百宋齋鉛印本　二十四冊

330000－1710－0002777　516/45　集部/總集類/選集之屬/斷代
皇朝經世文續編一百二十卷　(清)葛士濬輯　清光緒十四年(1888)上海圖書集成局鉛印本　三十二冊

330000－1710－0002778　516/46　集部/總集類/選集之屬/斷代
皇朝經世文三編八十卷　(清)陳忠倚輯　清光緒二十七年(1901)上海書局石印本　十六冊

330000－1710－0002779　516/43　集部/總集類/選集之屬/斷代
皇朝經世文續編一百二十卷姓名總目二卷　(清)盛康輯　盛宣懷編次　清光緒二十三年(1897)武進盛氏思補樓刻本　八十冊

330000－1710－0002780　516/47　集部/總集類/選集之屬/斷代
皇朝經世文新編二十一卷　麥仲華輯　清光緒上海大同譯書局石印本　一冊　存一卷(一)

330000－1710－0002781　516/48　子部/儒家類/儒學之屬/禮教/鑑戒
臣鑒錄二十卷　(清)蔣伊輯　清光緒二十五年(1899)刻本　十冊

330000－1710－0002782　516/49　類叢部/類書類/專類之屬
巾經纂二十卷　(清)宋宗元撰　清同治十年(1871)刻本　五冊

330000－1710－0002783　516/44　集部/總集類/選集之屬/斷代
皇朝經世文續編一百二十卷　(清)葛士濬輯　清光緒十七年(1891)上海廣百宋齋鉛印本　二十四冊

330000－1710－0002784　516/55　史部/職官類/官箴之屬
實政錄七卷　(明)呂坤撰　清同治十一年(1872)浙江書局刻本　六冊

330000－1710－0002785　516/56　史部/職官類/官箴之屬
圖民錄四卷　(清)袁守定撰　清乾隆四十二年(1777)陳守詒刻本　一冊

330000－1710－0002786　516/50　史部/叢編
入幕須知五種附一種　(清)張廷驤輯　清光緒十三年(1887)元和張廷驤刻本　五冊　存四種

330000－1710－0002787　516/51　史部/職官類/官箴之屬
為政忠告四卷　(元)張養浩撰　清道光十一年(1831)碧鮮齋刻本　二冊

330000－1710－0002788　516/57　子部/儒家類/儒學之屬
袁易齋先生圖民錄四卷　(清)袁守定撰　清同治十二年(1873)湘鄉楊昌濬刻本　二冊

330000－1710－0002789　516/52－2　史部/職官類/官箴之屬

為政忠告四卷　(元)張養浩撰　清道光十一年(1831)碧鮮齋刻本　二冊

330000－1710－0002790　516/59　史部/職官類/官箴之屬

剛大中丞子良公撫晉課吏館訓言一卷　(清)剛子良撰　清光緒二十二年(1896)刻本　一冊

330000－1710－0002791　516/61　史部/職官類/官箴之屬

學治要言一卷　(清)左宗棠編　清光緒十五年(1889)陝西藩署刻本　一冊

330000－1710－0002792　516/62　史部/職官類/官箴之屬

自歷言一卷　(清)文海撰　清光緒九年(1883)南海黄璟黎陽官廨刻本　一冊

330000－1710－0002793　516/63　史部/雜史類/斷代之屬

巡城瑣記一卷　(清)陸毅撰　清光緒三十一年(1905)刻本　一冊

330000－1710－0002794　516/65　史部/政書類/邦計之屬

兩浙宦遊記略擇要附乙卯浙闈擬墨乙卯浙闈疊韻一卷　(清)戴槃撰　清咸豐十一年(1861)刻本　一冊

330000－1710－0002795　516/67　史部/職官類/官箴之屬

牧令書二十三卷保甲書四卷　(清)徐棟輯　清道光二十八年(1848)李煒刻本　二十一冊　存二十三卷(牧令書一至二十三)

330000－1710－0002796　516/74　新學/議論/通論

羣學肄言十六卷　(英國)斯賓塞爾撰　嚴復譯　清光緒二十九年(1903)上海文明書局鉛印本　四冊

330000－1710－0002798　516/76　子部/儒家類/儒學之屬/經濟

經世博議二卷　(清)任源祥撰　(清)瞿源洙集評　(清)孫敨運纂　清光緒二十八年(1902)經義史館石印本　四冊

330000－1710－0002800　516/80　子部/儒家類/儒學之屬/經濟

明夷待訪錄一卷　(清)黄宗羲撰　清光緒二十三年(1897)上海鴻文局石印本　一冊

330000－1710－0002801　516/81　史部/政書類/通制之屬

五洲各國政治考八卷　錢恂輯　清光緒二十七年(1901)石印本　六冊

330000－1710－0002802　516/70　子部/儒家類/儒學之屬/經濟

實學文導二卷　(清)傅雲龍撰　清光緒二十一年(1895)石印本　二冊

330000－1710－0002803　516/71　史部/政書類

校邠廬抗議不分卷　(清)馮桂芬著　清光緒九年(1883)津河廣仁堂刻本　一冊

330000－1710－0002804　516/82　史部/雜史類/外紀之屬

日本新政考二卷　(清)顧厚焜撰　清光緒十四年(1888)石印本　二冊

330000－1710－0002805　516/83　史部/地理類/外紀之屬

萬國近政考略十六卷　(清)鄒弢撰　清光緒二十二年(1896)三借廬鉛印本　四冊

330000－1710－0002806　516/86　新學/史志/政記

英國樞政志十四卷　(英國)圖雷爾撰　清光緒二十八年(1902)南洋公學譯書院鉛印本　一冊

330000－1710－0002807　516/87　新學/政治法律

政學叢書□□種　清光緒上海商務印書館鉛印本　十冊　存四種

330000－1710－0002808　516/84　新學/史

志/政記

法國政教考略四卷　(清)劉式訓撰譯　清光緒鉛印本　一册

330000－1710－0002809　516/85　新學/政治法律/政治

歐美政治要義十八章　(清)戴鴻慈　(清)端方編　清光緒三十四年(1908)上海商務印書館石印本　四册

330000－1710－0002810　516/89　史部/職官類/官制之屬/通志

萬國官制志三卷　(清)馮斯欒撰　清光緒二十八年(1902)上海廣智書局鉛印本　一册

330000－1710－0002812　516/102　史部/政書類/公牘檔册之屬

吉林省農安縣丁未報告書不分卷　李澍恩編　清光緒三十四年(1908)鉛印本　一册

330000－1710－0002813　516/102－2　史部/政書類/公牘檔册之屬

吉林省農安縣戊申報告書不分卷　李澍恩編　清宣統元年(1909)鉛印本　一册

330000－1710－0002814　516/111－3　史部/政書類/通制之屬

浙江諮議局第二屆常年會議決案不分卷　(清)浙江諮議局輯　清宣統三年(1911)鉛印本　一册

330000－1710－0002815　516/111－4　史部/政書類/通制之屬

浙江諮議局第一屆常年會議事錄不分卷　(清)浙江諮議局編　清宣統鉛印本　一册

330000－1710－0002820　516/111－5　史部/政書類/通制之屬

浙江諮議局第一屆常年會議事錄不分卷　(清)浙江諮議局編　清宣統鉛印本　一册

330000－1710－0002824　516/111　史部/政書類/通制之屬

浙江諮議局議決案不分卷　(清)浙江諮議局編　清宣統鉛印本　一册

330000－1710－0002825　516/111－2　史部/政書類/通制之屬

浙江諮議局第一屆常年會議決案不分卷第二屆常年會議決案不分卷　(清)浙江諮議局編　清宣統鉛印本　一册

330000－1710－0002826　516/112　史部/政書類/通制之屬

浙江諮議局議員質問書一卷附巡撫諮詢事件一卷　(清)浙江諮議局編　清宣統鉛印本　一册　缺一卷(巡撫諮詢事件)

330000－1710－0002827　516/105　史部/政書類/通制之屬

浙江巡撫審訂諮議局議案錄八編　(清)浙江諮議局編　清宣統三年(1911)官報兼印刷局鉛印本　八册

330000－1710－0002833　516/117　史部/政書類/邦計之屬

浙路代表旅津紳商廢章保律公牘一卷　朱福詵等編　清宣統二年(1910)鉛印本　一册

330000－1710－0002844　517/13　新學/報章

選報不分卷　(清)上海選報館編輯　清光緒二十八年(1902)上海選報館鉛印本　十一册

330000－1710－0002847　517/15　新學/報章

時務報不分卷(清光緒二十二年至二十四年)　(清)梁啟超等編　清光緒二十二年至二十四年(1896－1898)上海時務報館石印暨鉛印本　十册

330000－1710－0002849　517/19－20　新學/報章

預備立憲會公報不分卷(清光緒三十四年至宣統元年)　(清)預備立憲會編輯所編　清光緒三十四年至宣統元年(1908－1909)上海預備立憲會編輯所鉛印本　祝廷錫跋　十册

330000－1710－0002854　517/25　史部/政書類/公牘檔册之屬

秦中書局彙報不分卷(清光緒二十一年至二

十四年）（清）秦中書局編　清光緒二十四年（1898）秦中書局鉛印本　六册

330000－1710－0002855　517/26　史部/詔令奏議類/奏議之屬
閣鈔彙編不分卷（清光緒三十一年至三十二年）（清）華北書局編　清光緒三十一年至三十二年（1905－1906）北京琉璃廠華北書局鉛印本　三十三册

330000－1710－0002859　521/3　新學/政治法律/政治
英國憲法史不分卷（日本）松平康國編　麥孟華譯　清光緒二十九年（1903）上海廣智書局鉛印本　三册

330000－1710－0002864　517/35　新學/報章
教育世界不分卷（清）教育世界社編　清光緒二十七年至二十九年（1901－1903）教育世界社石印本　五十九册

330000－1710－0002865　517/36、517/39　新學/報章
教育世界不分卷（清）教育世界社編　清光緒二十七年至二十九年（1901－1903）教育世界社石印本　十一册

330000－1710－0002867　517/41　新學/報章
湘報文編三卷（清）湘報館編　清光緒上海廣智書局鉛印本　三册

330000－1710－0002869　521/1　新學/政治法律/政治
國憲汎論三卷（日本）小野梓著（清）陳鵬譯　清光緒二十九年（1903）上海廣智書局鉛印本　三册

330000－1710－0002870　521/2　新學/政治法律/律例
憲法精理二卷　周逵編譯　清光緒二十九年（1903）上海廣智書局鉛印本　一册

330000－1710－0002871　521/4、521/5、522/6　新學/政治法律
政學叢書□□種　清光緒上海商務印書館鉛印本　三册　存三種

330000－1710－0002872　521/7　史部/政書類/律令之屬/律例
憲法古義三卷　湯壽潛撰　清光緒三十一年（1905）上海點石齋書局鉛印本　一册

330000－1710－0002873　521/8　新學/政治法律/律例
日本帝國憲法義解一卷（日本）伊藤博文撰（清）沈紘譯　清光緒二十七年（1901）鉛印本　一册

330000－1710－0002874　521/9　史部/詔令奏議類/奏議之屬
憲政編查館奏遴員派充本館一二等諮議官摺附清單一卷（清）憲政編查館編　清宣統元年（1909）鉛印本　一册

330000－1710－0002875　521/12　史部/政書類/律令之屬/律例
律法須知二卷（清）呂芝田撰　清光緒十三年（1887）廣州刻本　二册

330000－1710－0002876　521/13　史部/政書類/律令之屬/律例
法訣啟明二卷（清）升泰撰　清光緒五年（1879）升泰刻本　二册

330000－1710－0002877　521/14　史部/政書類/律令之屬/律例
寄簃文存八卷（清）沈家本撰　清光緒三十三年（1907）修訂法律館鉛印本　二册

330000－1710－0002878　521/15　新學/議論/論政
公民必讀初編一卷　孟昭常撰　清光緒三十三年（1907）預備立憲公會鉛印本　一册

330000－1710－0002879　522/1　史部/政書類/律令之屬/律例
漢律類纂一卷　張鵬一輯　清光緒三十三年（1907）奉天格致學堂鉛印本　陸仲襄題記　一册

330000－1710－0002880　522/3　史部/政書類/律令之屬/律例

故唐律疏議三十卷　(唐)長孫無忌等撰　**律音義一卷**　(宋)孫奭等撰　**宋提刑洗冤集錄五卷**　(宋)宋慈編　清光緒十七年(1891)江蘇書局刻本　八冊

330000－1710－0002881　522/2　史部/政書類/律令之屬/律例

故唐律疏議三十卷　(唐)長孫無忌等撰　清光緒十六年(1890)沈家本等京師敘雪堂刻本　十一冊　存二十八卷(一至十五、十八至三十)

330000－1710－0002882　522/4　史部/政書類/律令之屬/律例

古今法制表十六卷　(清)孫榮編　清光緒三十二年(1906)四川瀘州學正署刻本　十冊

330000－1710－0002883　522/5　新學/政治法律/制度

法國歷代司法院之組織一卷　陳籙識　清光緒三十一年(1905)鉛印本　一冊

330000－1710－0002884　522/7　史部/政書類/律令之屬

大清法規大全憲政部七卷首一卷法律部十三卷首一卷民政部十五卷首一卷財政部十四卷首一卷外交部十三卷首一卷吏政部二十三卷首一卷實業部十五卷首一卷教育部三十卷首一卷旗藩部二卷首一卷禮制部九卷首一卷交通部五卷首一卷　清宣統政學社石印本　四十冊

330000－1710－0002886　522/10　史部/政書類/律令之屬/律例

大清光緒宣統新法令分類總目一卷　商務印書館編譯所編纂　清宣統二年(1910)上海商務印書館鉛印本　一冊

330000－1710－0002887　522/11　史部/政書類/律令之屬/律例

大清光緒新法令十三卷附錄一卷　商務印書館編譯所編纂　清宣統二年(1910)上海商務印書館鉛印本　二十冊

330000－1710－0002888　522/12　史部/政書類/律令之屬/刑制

大清宣統新法令不分卷　商務印書館輯　清宣統三年(1911)上海商務印書館鉛印本　三十五冊

330000－1710－0002889　522/13　史部/政書類/律令之屬/刑制

大清宣統新法令不分卷　商務印書館輯　清宣統二年(1910)上海商務印書館鉛印本　二冊　存冊十、十二

330000－1710－0002890　522/14　新學/政治法律

日本法規大全二十五卷首一卷　(清)劉崇傑等譯　**日本法規解字一卷**　錢恂　董鴻禕編　清光緒三十三年(1907)上海商務印書館鉛印本　八十冊

330000－1710－0002891　522/15　史部/政書類/律令之屬/律例

大清律纂修條例不分卷　清同治九年(1870)刻本　一冊

330000－1710－0002892　522/17　史部/政書類/律令之屬/律例

大清律例彙輯便覽四十卷附督捕則例二卷五軍道里表一卷三流道里表一卷　清同治十一年(1872)湖北讞局刻本　二十七冊　存四十卷(一至四十)

330000－1710－0002893　522/16　史部/政書類/律令之屬/律例

清律例增修統纂集成四十卷　(清)刑部撰　(清)陶駿　(清)陶念霖增修　清光緒十一年(1885)武林清來堂刻本　二十一冊　存三十七卷(一至二十二、二十六至四十)

330000－1710－0002894　522/18　史部/政書類/律令之屬/律例

大清律例增修統纂集成四十卷督捕則例二卷　(清)姚潤輯　(清)陶駿　(清)陶念霖增輯　清光緒三十一年(1905)上海文淵山房鉛印本　二十四冊

330000－1710－0002895　522/19　史部/政書類/律令之屬/律例
大清律例新修統纂集成四十卷　(清)沈之奇註　(清)姚潤纂輯　(清)胡煦　(清)陳俊生增輯　清道光九年(1829)刻本　二十冊

330000－1710－0002896　523/1　史部/政書類/律令之屬/刑制
大清刑律草案二編　沈家本等纂修　清光緒三十三年(1907)法律館鉛印本　三冊

330000－1710－0002897　523/2　史部/政書類/律令之屬/刑制
大清刑事民事訴訟法不分卷　(清)沈家本　(清)伍廷芳等編纂　清光緒學務處鉛印本　一冊

330000－1710－0002898　523/14　新學/政治法律/刑法
新刑律修正案彙錄不分卷　勞乃宣編　清宣統二年(1910)鉛印本　一冊

330000－1710－0002899　523/3　史部/政書類/律令之屬/刑制
核訂現行刑律不分卷　沈家本編　清宣統元年(1909)鉛印本　二冊

330000－1710－0002901　523/6　史部/政書類/律令之屬/刑制
大清現行刑律案語不分卷　沈家本　俞廉三輯　清宣統元年(1909)北京法律館鉛印本　十六冊

330000－1710－0002902　523/7　史部/政書類/律令之屬/律例
律例便覽八卷諸圖一卷　(清)蔡嵩年　(清)蔡逢年編　**處分則例圖要六卷**　(清)蔡逢年編　清同治四年(1865)刻本　四冊　存八卷(律例便覽一至八)

330000－1710－0002903　524/1　史部/政書類/律令之屬/判牘
刑部比照加減成案三十二卷首一卷　(清)許槤訂　清道光十四年(1834)刻本　十六冊

330000－1710－0002904　523/8　史部/政書類/律令之屬/律例
處分則例圖要六卷　(清)蔡逢年編　清同治四年(1865)刻本　二冊

330000－1710－0002905　523/9　史部/政書類/律令之屬/治獄
鍾雲亭中丞聽訟緝匪條約一卷　(清)鍾雲亭撰　清同治刻本　一冊

330000－1710－0002906　523/10　史部/政書類/律令之屬/律例
通行章程二卷　(清)刑部纂修　清光緒十三年(1887)京都琉璃廠欽文書局刻本　二冊

330000－1710－0002907　523/11　史部/政書類/律令之屬/律例
通行章程續編二卷　(清)刑部纂修　清光緒刻本　一冊

330000－1710－0002908　523/12、523/13、523/16－1　史部/政書類/律令之屬/律例
大清律例彙輯便覽四十卷督捕則例二卷五軍道里表一卷三流道里表一卷　清同治十一年(1872)湖北讞局刻本　二冊　缺四十卷(一至四十)

330000－1710－0002909　523/16－2　史部/政書類/律令之屬/律例
大清律例彙輯便覽四十卷督捕則例附纂二卷五軍道里表一卷三流道里表一卷　清刻本　一冊　存二卷(督捕則例附纂一至二)

330000－1710－0002910　524/3　史部/政書類/律令之屬/治獄
棠陰比事一卷　(宋)桂萬榮撰　清同治十三年(1874)海昌陳錫麟天津刻本　二冊

330000－1710－0002911　524/5　史部/政書類/律令之屬/刑制
刑案彙編十六卷首一卷　(清)周守赤等輯　清光緒二十二年(1896)胡汝立等木活字印本　十六冊

330000－1710－0002913　524/8　史部/政書類/律令之屬/法驗
檢驗考證二卷　(清)王祖蔭輯　清光緒二十

五年(1899)王祖蔭刻本　二冊

330000－1710－0002914　524/9　史部/政書類/律令之屬/法驗

寶鑑編補註二卷　(清)欒理瑩等補注　清光緒六年(1880)刻本　二冊

330000－1710－0002915　524/10　史部/叢編

不礙軒讀律六種　(清)王有孚輯　清嘉慶十二年(1807)刻本　三冊

330000－1710－0002916　524/12　史部/政書類/律令之屬/法驗

重刊補註洗冤錄集證五卷　(清)王又槐輯　(清)李觀瀾補輯　(清)阮其新補註　(清)張錫蕃重訂　清道光刻本　四冊

330000－1710－0002917　524/13　史部/政書類/律令之屬/法驗

洗冤錄解一卷　(清)姚德豫撰　清刻本　一冊

330000－1710－0002918　524/14　史部/政書類/律令之屬/治獄

折獄龜鑑八卷　(宋)鄭克撰　(清)胡文炳校訂　**折獄龜鑑補六卷**　(清)胡文炳輯　清光緒四年(1878)蕭州胡文炳蘭石齋刻本　八冊

330000－1710－0002919　524/15　史部/政書類/律令之屬/治獄

駁案新編三十二卷　(清)全士潮等輯　清光緒十年(1884)刻本　十八冊　存二十五卷(二至三、六、九至十、十二至十三、十五至三十二)

330000－1710－0002920　525/2　史部/叢編

常熟丁氏叢書二種　丁國鈞撰　清光緒木活字印本　二冊　存一種

330000－1710－0002921　524/16　史部/政書類/律令之屬/治獄

駁案續編七卷　(清)全士潮等輯　清嘉慶刻本　六冊

330000－1710－0002922　525/3　新學/交涉/公法

萬國公法四卷　(美國)惠頓撰　(美國)丁韙良譯　清同治三年(1864)京都崇實館刻本　四冊

330000－1710－0002923　524/17　史部/政書類/律令之屬/治獄

刑案一卷　清抄本　五冊

330000－1710－0002924　525/4　新學/交涉/公法

公法會通十卷　清光緒六年(1880)美華書館鉛印本　五冊

330000－1710－0002925　525/1　新學/政治法律

中國古世公法論略一卷　(美國)丁韙良撰　清光緒十年(1884)鉛印本　一冊

330000－1710－0002926　526/1　史部/政書類/邦交之屬

各國立約始末記三十卷首二卷　陸元鼎編　清光緒三十二年(1906)上海商務印書館鉛印本　二十二冊

330000－1710－0002927　526/2　史部/政書類/邦交之屬

通商條約章程成案彙編三十卷　(清)李鴻章編　清光緒鉛印本　十二冊

330000－1710－0002928　526/3　史部/政書類/邦交之屬

續通商條約章程成案彙編八卷　李有棻等輯　清光緒二十五年(1899)秦中書局鉛印本　四冊

330000－1710－0002929　526/4　史部/政書類/邦計之屬/貿易

通商約章類纂三十五卷首一卷　(清)張開運等編　清光緒十二年(1886)天津官書局刻本　二十一冊

330000－1710－0002930　526/5　史部/政書類/邦交之屬

各國約章纂要六卷首一卷附錄一卷　勞乃宣等輯　清光緒十七年(1891)吳橋官廨刻本

四冊

330000－1710－0002931　526/6　史部/政書類/邦計之屬/貿易

奧斯馬加國條約三卷　(清)總理各國事務衙門編　清同治八年(1869)刻本　一冊

330000－1710－0002932　531/1　新學/商務/商學

財政四綱四卷　錢恂編　清光緒二十七年(1901)鉛印本　二冊

330000－1710－0002933　531/2　新學/政治法律/制度

中國財政紀畧一卷　(日本)東邦協會纂　吳銘譯　清光緒二十八年(1902)上海廣智書局鉛印本　一冊

330000－1710－0002934　531/3　新學/政治法律

政學叢書□□種　清光緒上海商務印書館鉛印本　一冊　存一種

330000－1710－0002935　531/4　新學/政治法律/制度

中國度支考一卷　(英國)哲美森編　清光緒二十三年(1897)上海廣學會鉛印本　一冊

330000－1710－0002936　526/7　史部/政書類/邦計之屬/貿易

韓國條約一卷　清光緒二十五年(1899)鉛印本　一冊

330000－1710－0002937　531/5　類叢部/叢書類/自著之屬

練青軒類稾□□種　沈林一撰　清光緒鉛印本　一冊　存二種

330000－1710－0002939　531/9　史部/政書類/邦計之屬/戶政

光緒會計錄三卷　(清)李希聖纂　清光緒上海時務報館石印本　二冊

330000－1710－0002940　531/6　史部/政書類/邦計之屬/衡制

中西度量權衡備考一卷　鄧端勷撰　清光緒二十八年(1902)湖北鐵政洋務局刻本　一冊

330000－1710－0002941　531/12　新學/商務/商學

原富八卷　(英國)斯密亞丹撰　嚴復譯　清光緒二十八年(1902)上海南洋公學譯書院鉛印本　八冊

330000－1710－0002944　531/13　史部/政書類/邦計之屬

財政叢書二十一種　(清)昌言報館輯　清光緒二十九年(1903)上海商務印書館鉛印本　一冊　存一種

330000－1710－0002945　531/14　新學/商務/商學

國債論一卷　(日本)織田一著　清光緒二十七年(1901)譯林編輯所鉛印本　一冊

330000－1710－0002946　531/15　新學/雜著/叢編

江南製造局譯書　(清)江南製造局編　清光緒江南製造局刻本暨鉛印本　六冊　存一種

330000－1710－0002949　532/2　史部/政書類/邦計之屬

浙江財政款目源流摘要不分卷　清光緒鉛印本　一冊

330000－1710－0002950　532/3　史部/政書類/邦計之屬/衡制

奏定度量權衡畫一制度圖說總表推行章程不分卷　(清)農工商部編　清光緒三十四年(1908)農工商部鉛印本　一冊

330000－1710－0002951　532/4　史部/政書類/邦計之屬/賦稅

釐捐新章一卷　(清)浙江釐捐總局撰　清光緒五年(1879)浙江釐捐總局刻本　一冊

330000－1710－0002956　532/9　新學/商務/稅則

英國印花稅章程一卷續編一卷　(清)沈鑑譯　楊葆寅編　清光緒二十五年(1899)吳興陸氏上海印書公會石印本　一冊　存一卷(一)

330000－1710－0002957　532/10　史部/政書類/公牘檔冊之屬

光緒二十一年通商各關華洋貿易總冊不分卷　(清)上海通商海關造冊處譯　清光緒二十二年(1896)鉛印本　一冊

330000－1710－0002958　533/1　史部/政書類/邦計之屬/賦税

江蘇省減賦全案八卷　(清)曾國藩等撰　清同治五年(1866)刻本　八冊

330000－1710－0002959　533/4　史部/政書類/邦計之屬/營田

安省奏辦清賦查報田糧總冊一卷　清刻本　二冊

330000－1710－0002960　533/2　史部/政書類/邦計之屬/賦税

浙江減賦全案十卷　(清)覺羅興奎等纂　清同治十二年(1873)浙江刻本　十冊

330000－1710－0002962　533/3　史部/政書類/邦計之屬/賦税

安徽清釐田賦案牘輯存十二卷　清光緒刻本　六冊

330000－1710－0002966　533/12　史部/政書類/邦計之屬/地政

蠡縣查辦升科章程一卷　(清)勞□□撰　清光緒刻本　一冊

330000－1710－0002967　533/13　史部/政書類/邦計之屬/賦税

釐定功過章程一卷　清光緒刻本　一冊

330000－1710－0002968　533/14　史部/政書類/邦計之屬/賦税

詳定功過詳章一卷　清光緒刻本　一冊

330000－1710－0002970　533/16　史部/政書類/邦計之屬/賦税

咸嘉浦崇城山六縣各局卡抽收紅黑茶釐金章程一卷　(清)咸嘉浦崇城山六縣茶釐專局編　清光緒十年(1884)刻本　一冊

330000－1710－0002971　533/17　史部/政書類/邦計之屬/賦税

湖北牙釐總局章程一卷　(清)湖北通省牙釐總局編　清光緒刻本　一冊

330000－1710－0002972　533/18　史部/政書類/邦計之屬/賦税

湖北通省牙釐總局今將酌核總散各局卡新舊歲收常額銀錢數目并釐定月支原額及奉文議加酌減實支各數分別開單彙列一卷　(清)湖北通省牙釐總局編　清光緒刻本　一冊

330000－1710－0002973　533/19　史部/政書類/邦計之屬/賦税

蔣辛田先生流民十二圖一卷奏疏一卷　(清)蔣伊撰　**蘇松財賦圖一卷**　(清)周夢顏撰　**蘇松田賦考三卷**　(清)邵廣憲撰　清道光十四年(1834)耕硯田齋刻本　三冊　存三卷(蘇松田賦考一至三)

330000－1710－0002975　533/21　史部/政書類/邦計之屬/地政

禁革征糧浮勒全案一卷　肖魯甫　詹熙輯　清宣統二年(1910)木活字印本　詹麟來題記　一冊

330000－1710－0002977　534/1　史部/政書類/邦計之屬/鹽法

欽定重修兩浙鹽法志三十卷首二卷　(清)馮培　(清)潘庭筠等纂修　清嘉慶七年(1802)刻本　二十四冊

330000－1710－0002978　534/2　史部/政書類/邦計之屬/鹽法

欽定重修兩浙鹽法志三十卷首二卷　(清)馮培　(清)潘庭筠等纂修　清同治十三年(1874)楊昌濬刻本　二十四冊

330000－1710－0002979　534/3　史部/政書類/邦計之屬/鹽法

兩浙鹽法續纂備考十二卷　(清)楊昌濬等纂修　清同治十三年(1874)刻本　十二冊

330000－1710－0002980　534/4　史部/政書類/邦計之屬/鹽法

兩淮鹽法志一百六十卷首一卷　(清)王定安

等纂修　清光緒三十一年(1905)金陵刻本　六十四册

330000－1710－0002981　534/6　史部/政書類/邦計之屬/鹽法

淮南鹽法紀畧十卷　(清)龐際雲等纂　清同治十二年(1873)淮南書局刻本　十册

330000－1710－0002982　534/7　類叢部/叢書類/自著之屬

程中丞全集六種　程德全撰　清宣統鉛印本　三册　存一種

330000－1710－0002983　534/8　史部/政書類/邦計之屬/鹽法

清查餘岱曬鹽案畧一卷　清光緒七年(1881)刻本　一册

330000－1710－0002984　534/9　史部/政書類/邦計之屬/鹽法

鹽法議略二卷　(清)王守基撰　清光緒十二年(1886)粵東刻本　二册

330000－1710－0002985　534/10　史部/政書類/邦計之屬/鹽法

溫處鹽務紀要一卷　(清)趙舒翹輯　**溫處鹽務紀要續編不分卷**　(清)沈壽銘輯　清光緒十九年(1893)二十一年(1895)甌江官舍刻本　二册

330000－1710－0002987　535/1　史部/政書類/邦計之屬/貿易

商部奏定新章五種　(清)商部編　清光緒二十九年(1903)北京琉璃廠第一書局鉛印本　一册

330000－1710－0002988　535/2　史部/政書類/律令之屬/律例

欽定大清商律破產律一卷　(清)商部制訂　清光緒三十二年(1906)學務處鉛印本　一册

330000－1710－0002989　535/3　新學/商務/商學

中國工商業攷一卷　(日本)緒方南溟撰　(日本)古城貞吉譯　清光緒二十三年(1897)廣業書局刻本　一册

330000－1710－0002990　535/4　新學/商務/商學

商學四卷　(清)張相文編譯　(清)阜豐商業學社輯　清光緒三十一年(1905)上海商學公會鉛印本　一册　存一卷(一)

330000－1710－0002993　535/8　新學/礦務

漢冶萍煤鐵礦有限公司註冊商辦第二屆帳略一卷　清宣統二年(1910)鉛印本　一册

330000－1710－0002994　535/7　史部/政書類/公牘檔册之屬

帳簿二種　清咸豐光緒稿本　張鳳題記　二册

330000－1710－0002995　541/2　史部/地理類/雜志之屬

湖南省至鄰省接壤限行程途清册不分卷　清光緒至宣統學務處鉛印本　二册

330000－1710－0002996　541/3　史部/地理類/雜志之屬

湖南四至水陸程途清册不分卷　清光緒至宣統學務處鉛印本　二册

330000－1710－0002997　541/4　史部/地理類/雜志之屬

湖南鋪遞程途清册不分卷　清光緒至宣統學務處鉛印本　一册

330000－1710－0002998　541/5　史部/政書類/邦計之屬/漕運

江蘇海運全案十二卷附道光丙戌海運記一卷　(清)賀長齡等撰　清道光六年(1826)刻本　八册　存八卷(二至八、十一)

330000－1710－0002999　543/1　史部/政書類/公牘檔册之屬

籌辦萍鄉鐵路公牘四卷首一卷末一卷附浙江鐵路條呈一卷　顧家相撰　清光緒三十年(1904)三十二年(1906)刻本　二册

330000－1710－0003000　551/1　史部/政書類/儀制之屬/專志/科舉校規

欽定學政全書八十六卷首一卷　(清)童璜等撰　清嘉慶十七年(1812)武英殿刻本　二十

四册

330000－1710－0003001　543/2　史部/政書類/邦計之屬

商辦浙江全省鐵路有限公司股東會第一次議事錄一卷　清光緒三十二年(1906)鉛印本　一册

330000－1710－0003002　543/3　史部/政書類/律令之屬

奏准商辦浙江全省鐵路有限公司章程不分卷　湯壽潛編　清光緒三十四年(1908)鉛印本　一册

330000－1710－0003003　544/1　史部/地理類/水利之屬

上海浦東塘工善後局案附建築置器册報不分卷　(清)上海浦東塘工善後局輯　清宣統二年(1910)上海時中書局鉛印本　二十五册

330000－1710－0003005　551/2　子部/儒家類/儒學之屬/勸學

國朝先正學規彙鈔不分卷　(清)黄舒昺輯　清同治七年(1868)湘潭紹濂書屋刻本　二册

330000－1710－0003006　551/3　史部/政書類/儀制之屬/專志/科舉校規

欽定科場條例六十卷首一卷　(清)奎潤等修　(清)詹鴻謨等纂　清光緒十三年(1887)刻本　二十七册　缺一卷(二十)

330000－1710－0003007　551/4　子部/兵家類/兵法之屬

兵法史略學八卷　陳慶年編　清光緒兩湖書院木活字印本　金蓉鏡題記　一册　存一卷(八)

330000－1710－0003008　551/5　史部/政書類/儀制之屬/專志/科舉校規

奏定學堂章程不分卷　(清)張百熙　(清)榮慶　(清)張之洞撰　清光緒二十九年(1903)鉛印本　五册

330000－1710－0003009　551/6　子部/儒家類/儒學之屬/勸學

令德堂章程一卷　清光緒二十四年(1898)刻本　符婁庭題記　一册

330000－1710－0003010　551/7　史部/政書類/儀制之屬/專志/科舉校規

同文館章程一卷　清光緒鉛印本　一册

330000－1710－0003011　551/8　子部/儒家類/儒學之屬/勸學

學規七種附錄三則　(清)賀瑞麟纂輯　清光緒十六年(1890)強勉學堂刻本　一册

330000－1710－0003012　551/9　子部/儒家類/儒學之屬/勸學

里塾規條一卷　勞乃宣撰　清光緒十八年(1892)刻本　一册

330000－1710－0003013　551/22　史部/傳記類/科舉録之屬/諸貢録

明貢舉考畧二卷國朝貢舉考畧三卷補一卷　(清)黄崇蘭輯　(清)趙學曾續輯　清道光五年(1825)金閶經義堂刻本　六册

330000－1710－0003014　551/10　子部/儒家類/儒學之屬

學政私議一卷　羅振玉撰　清光緒二十七年(1901)上海教育世界社影印本　一册

330000－1710－0003015　551/23　史部/傳記類/科舉録之屬/總録

貢舉考畧一卷附各省學政一卷　清抄本　一册

330000－1710－0003017　551/25　史部/傳記類/科舉録之屬/歷科登科録

國朝兩浙科名錄不分卷　(清)黄安綬輯　清咸豐七年(1857)京師刻本　二册

330000－1710－0003018　551/12　新學/史志/政記

日本文部省沿革略一卷　清光緒刻本　一册

330000－1710－0003019　551/13　新學/學校

日本學校章程三種　(日本)古城貞吉譯　清光緒二十四年(1898)時務報館石印本　一册

330000－1710－0003020　551/14、551/15

新學/政治法律

政學叢書□□種　清光緒上海商務印書館鉛印本　二　存二種

330000－1710－0003021　551/16　新學/學校

倫敦大學校章程二卷　姚於仁譯　清光緒三十年(1904)湖北洋務局編譯科鉛印本　一冊

330000－1710－0003022　551/26　史部/傳記類/科舉録之屬/諸貢録

簡易明經通譜各行省優貢全錄不分卷　(清)龍雲齋主人輯　清宣統二年(1910)京師琉璃廠刻本　四冊　刪

330000－1710－0003023　551/17　新學/學校

英國依丁堡大學校攷要一卷　(清)陳肇章譯　清光緒湖北洋務譯書局刻本　一冊

330000－1710－0003024　551/18　新學/學校

法國商務學堂章程三種　羅懋勳　李孟實譯　清光緒湖北洋務譯書局刻本　三冊

330000－1710－0003025　551/28　類叢部/叢書類/彙編之屬

函海一百五十二種　(清)李調元編　清乾隆綿州李氏萬卷樓刻嘉慶十四年(1809)李鼎元道光五年(1825)李朝夔重校補刻本　一冊　存一種

330000－1710－0003028　551/30　史部/傳記類/科舉録之屬

海寧采芹錄二卷　朱逢辰輯　清宣統三年(1911)鉛印本　二冊

330000－1710－0003029　551/33　史部/傳記類/科舉録之屬/總録

昆陵科第考八卷　(清)趙充之編　(清)錢鑄菴　(清)莊南村續編　(清)陸黻恩　(清)史致謌　(清)湯成烈校補　清同治七年(1868)刻本　二冊

330000－1710－0003031　551/34　集部/詩文評類/制藝之屬

科名捷訣一卷　(清)丁心齋撰　清同治八年(1869)刻本　一冊

330000－1710－0003032　551/35　集部/詩文評類/制藝之屬

制義叢話二十四卷題名一卷　(清)梁章鉅撰　清咸豐九年(1859)知足知不足齋刻本　一冊　存五卷(一至五)

330000－1710－0003033　551/36　子部/雜著類/雜編之屬

清秘述聞十六卷　(清)法式善編　清嘉慶四年(1799)刻本　六冊

330000－1710－0003034　551/37　子部/雜著類/雜編之屬

清秘述聞十六卷　(清)法式善編　**清秘述聞續十六卷**　(清)王家相　(清)魏茂林　(清)錢維福編　**清秘述聞補二卷**　(清)錢維福編　清光緒十四年(1888)嘉善錢維福刻本　八冊

330000－1710－0003035　551/38　子部/雜著類/雜纂之屬

槐廳載筆二十卷　(清)法式善撰　清嘉慶四年(1799)刻本　二冊　存十卷(一至十)

330000－1710－0003036　551/39　子部/雜著類/雜纂之屬

槐廳載筆二十卷　(清)法式善撰　清嘉慶四年(1799)刻本　四冊　存十二卷(一至十二)

330000－1710－0003037　551/40　經部/小學類/文字之屬/字書/通論

翰苑校對臨文便覽一卷　(清)張仰山輯　清同治十三年(1874)松竹齋刻本　一冊

330000－1710－0003038　551/41　史部/傳記類/科舉録之屬/諸貢録

國朝湖州府科第表不分卷　(清)戴璐輯　(清)沈鋐補輯　(清)錢振常續輯　清同治十一年(1872)會館清遠堂刻光緒七年(1881)續刻十七年(1891)增刻本　二冊

330000－1710－0003039　552/1　類叢部/類書類/專類之屬

縮本精選經藝淵海不分卷　(清)常安室主人輯　清光緒十一年(1885)上海點石齋石印本　十冊

330000－1710－0003040　552/2－1　集部/別集類/清別集
書經集句文稿選文二卷　(清)戴棨撰　(清)戴啓文校　清咸豐十一年(1861)賜禮堂刻本　三冊

330000－1710－0003041　552/3　集部/別集類/清別集
書經集句文稿續編選本二卷　(清)戴棨撰　(清)戴啟文校　清同治八年(1869)刻本　二冊

330000－1710－0003042　552/4　集部/別集類/清別集
書經集句賦稿選本一卷續選一卷　(清)戴棨撰　清咸豐十一年(1861)同治八年(1869)賜禮堂刻本　二冊

330000－1710－0003043　552/2－2　集部/別集類/清別集
書經集句文稾續選一卷　(清)戴棨撰　(清)戴啟文校　清同治八年(1869)賜禮堂刻本　一冊

330000－1710－0003044　552/9　集部/詩文評類/制藝之屬
制義體要十九卷　(清)陳兆崙輯　(清)孫衣言校補　清光緒三年(1877)湖北崇文書局刻本　四冊

330000－1710－0003045　552/5　經部/易類/傳說之屬
易經卦名試帖選本一卷續選一卷　(清)戴棨撰　清咸豐十一年(1861)賜禮堂刻本　一冊　存一卷(試帖選本)

330000－1710－0003046　552/6　集部/總集類/選集之屬/通代
欽定四書文　(清)方苞輯　清光緒石印本　五冊　存一種

330000－1710－0003047　552/7　經部/群經總義類/傳說之屬
四書五經義策論初編不分卷　韓韋編　清光緒二十七年(1901)文彙書局鉛印本　五冊

330000－1710－0003048　552/11　集部/總集類/課藝之屬
學海堂課藝三編　(清)杜蓮衢鑒定　清光緒五年(1879)刻本　二冊

330000－1710－0003049　552/8　子部/儒家類/儒學之屬
婺學治事文編二卷　(清)繼良輯　清光緒二十四年(1898)金華府署刻本　二冊

330000－1710－0003051　552/13　集部/總集類/課藝之屬
萍鄉課士新藝四卷續編四卷課士略說一卷　顧家相纂　清光緒二十七年至二十八年(1901－1902)會稽顧氏萍鄉縣署刻本　七冊　存八卷(一至四、續編一至四)

330000－1710－0003052　552/14　集部/別集類/清別集
翼雲閣制藝初集一卷海秋制藝後集一卷　(清)湯鵬撰　清道光群經堂刻本　六冊

330000－1710－0003053　552/15　集部/總集類/課藝之屬
江左校士錄一卷　(清)黃體芳輯　清光緒十二年(1886)上洋石印本　四冊

330000－1710－0003054　552/16　經部/四書類/總義之屬
四書典林三十卷四書古人典林十二卷　(清)江永輯　清光緒二年(1876)海陵書屋刻本　八冊

330000－1710－0003055　552/17　集部/別集類/清別集
舊雨草堂時文一卷　(清)陳康祺撰　清同治九年(1870)寧郡蔣文照刻本　一冊

330000－1710－0003056　552/18　集部/別集類/清別集
許竹篔時文一卷　(清)許景澄撰　清同治九年(1870)刻本　一冊

330000－1710－0003057　552/19　集部/别集類/清别集

存我軒偶録不分卷　(清)陸鍾渭撰　清光緒二十七年(1901)文彙書局鉛印本　二册

330000－1710－0003058　552/20　集部/總集類/課藝之屬

閩中課士律賦不分卷　(清)路德等撰　**續編不分卷**　(清)胡保謌等撰　清光緒十年(1884)上海江左書林刻本　二册

330000－1710－0003059　552/21　類叢部/叢書類/自著之屬

沈蓮溪全集六種　(清)沈濂撰　清道光至咸豐秀水沈氏始言堂刻本　一册　存一種

330000－1710－0003060　552/23　集部/别集類/清别集

陳子惠制藝不分卷　(清)陳榮紹撰　清光緒二年(1876)陳氏刻本　一册

330000－1710－0003061　552/24　集部/别集類/清别集

憶雲集試帖一卷籥雲集試帖一卷墨花吟館文鈔一卷　(清)嚴辰撰　清光緒刻本　二册

330000－1710－0003062　552/25　集部/别集類/清别集

愛虞堂稿不分卷　(清)徐兆英撰　清光緒十年(1884)刻本　二册

330000－1710－0003063　613/24　類叢部/叢書類/自著之屬

沈蓮溪全集六種　(清)沈濂撰　清道光至咸豐秀水沈氏始言堂刻本　六册　存一種

330000－1710－0003064　812.2/220　類叢部/叢書類/自著之屬

沈蓮溪全集六種　(清)沈濂撰　清道光至咸豐秀水沈氏始言堂刻本　三册　存一種

330000－1710－0003065　552/26　史部/傳記類/科舉録之屬/歷科鄉試録

浙西鄭氏鄉試硃卷彙存十一卷　清光緒刻本　鄭之章題跋　一册

330000－1710－0003066　561/3　子部/兵家類/兵法之屬

武備制勝□□卷　清刻本　三册　存十一卷(三至六、二十一至二十七)

330000－1710－0003067　552/27　集部/别集類/清别集

補勤時藝軼存一卷　(清)陳錦撰　清光緒元年(1875)橘蔭軒刻本　一册

330000－1710－0003068　552/28　集部/别集類/清别集

葭洲書屋遺稿一卷　(清)劉安瀾撰　劉錦藻編　清光緒二十六年(1900)劉錦藻刻本　一册

330000－1710－0003069　552/30　類叢部/叢書類/彙編之屬

小種字林叢刻七種　吴受福編　清光緒刻本　一册　存一種

330000－1710－0003070　552/31　集部/别集類/清别集

一簾花影樓試律詩一卷附律賦一卷　(清)朱鳳毛撰　清光緒十五年(1889)刻本　一册　存一卷(詩)

330000－1710－0003071　552/33、552/34　史部/傳記類/科舉録之屬/總録

浙江貢卷彙訂不分卷(清同治元年至光緒三十年)　清光緒刻本　十二册

330000－1710－0003072　561/7　子部/兵家類/兵法之屬

中西兵法四種　(清)左宗棠校刊　清光緒二十四年(1898)上海源記書局石印本　二册

330000－1710－0003073　552/35　集部/總集類/郡邑之屬

魏塘漱芳集不分卷　(清)江峯青輯　清光緒二十一年(1895)刻本　四册

330000－1710－0003074　561/2　子部/兵家類/兵法之屬

洴澼百金方十四卷首一卷　(清)袁宫桂撰　清道光二十年(1840)刻本　八册

330000－1710－0003075　561/5　子部/兵家類/兵法之屬

兵法集鑑六卷　(清)史策先撰　清咸豐六年(1856)正定府署刻本　四冊　缺一卷(三)

330000－1710－0003076　561/4　子部/兵家類/兵法之屬

兵訓輯畧十二卷　(清)姚錫禧編　清刻本　四冊

330000－1710－0003077　561/11　新學/兵制/海軍

防海新論十八卷　(德國)希理哈撰　(英國)傅蘭雅口譯　(清)華蘅芳筆述　清同治刻本　六冊

330000－1710－0003078　561/12　史部/地理類/防務之屬/海防

洋防輯要二十四卷　(清)嚴如熤撰　清道光十八年(1838)刻本　十一冊

330000－1710－0003079　561/13　新學/兵制/陸軍

洋務用軍必讀三卷各國旗圖一卷　(清)朱克敬撰　清光緒十年(1884)挹秀山房刻本　二冊　存三卷(一至三)

330000－1710－0003080　561/14　子部/兵家類/武術技巧之屬

手臂錄四卷　(清)吳殳撰　**峨嵋槍法一卷**　(清)釋普恩立法　(清)釋程真如達意　**夢綠草堂槍法一卷**　(清)釋洪轉撰　清光緒九年(1883)掃葉山房刻本　一冊

330000－1710－0003081　561/15　子部/兵家類/兵器之屬

長江礮臺芻議一卷　(清)姚錫光撰　清光緒木活字印本　一冊

330000－1710－0003082　561/18　子部/兵家類/兵法之屬

城堡新義一卷　(德國)波寧撰　清光緒石印本　一冊

330000－1710－0003083　561/25　新學/兵制/陸軍

普通目兵須知二卷　田獻章　李炳之　段其樹編　清光緒三十二年(1906)江西教練處影印本　二冊

330000－1710－0003084　561/6　集部/別集類/清別集

鶼唫附草一卷附鍼砭錄一卷　(清)董毓琦撰　清光緒二十五年至二十六年(1899－1900)刻本　祝廷錫題記　一冊

330000－1710－0003085　561/26　新學/學校

日本軍事教育編不分卷　錢恂編　清光緒二十六年(1900)鉛印本　一冊

330000－1710－0003086　561/27　新學/政治法律

政學叢書□□種　清光緒上海商務印書館鉛印本　一冊　存一種

330000－1710－0003087　561/8　子部/兵家類/兵法之屬

兵學新法十三篇不分卷　沈桐生撰　清光緒二十七年(1901)會稽沈氏家塾刻本　一冊

330000－1710－0003088　561/31　新學/兵制/海軍

外國師船圖表八卷雜說三卷圖一卷　(清)許景澄等編　清光緒二十二年(1896)浙江官書局石印本　四冊

330000－1710－0003089　561/32　新學/兵制/海軍

旗燈通語不分卷　清光緒石印本　二冊

330000－1710－0003092　610/14、641/16　子部/叢編

二十二子(二十二子彙函)　(清)浙江書局編　清光緒元年至三年(1875－1877)浙江書局刻本　三冊　存二種

330000－1710－0003093　612/2　子部/儒家類/儒學之屬/經濟

大學衍義四十三卷　(宋)真德秀撰　清同治十一年(1872)浙江書局刻本　十冊

330000－1710－0003094　610/4　子部/儒家類/儒家之屬

荀子二十卷首一卷　(唐)楊倞注　王先謙集解　清光緒十七年(1891)長沙思賢講舍刻本　六冊

330000－1710－0003095　610/5　類叢部/叢書類/自著之屬

郝氏遺書三十三種　(清)郝懿行撰　清嘉慶至光緒刻彙印本　一冊　存一種

330000－1710－0003098　612/3、612/4　子部/儒家類/儒學之屬/經濟

大學衍義輯要六卷　(宋)真德秀撰　(清)陳弘謀輯　**大學衍義補輯要十二卷首一卷**　(明)邱濬撰　(清)陳弘謀輯　清道光二十二年(1842)寶恕堂刻本　十六冊

330000－1710－0003099　612/12　子部/儒家類/儒學之屬/性理

王陽明先生傳習錄三卷　(明)王守仁撰　清光緒三十一年(1905)邵陽魏允恭石印本　一冊

330000－1710－0003100　612/14　子部/儒家類/儒學之屬/性理

朱子講學輯要編十卷　(清)龍炳垣輯　清同治六年(1867)刻本　四冊

330000－1710－0003101　612/16　子部/儒家類/儒學之屬/性理

朱子約編八卷　(清)鄭士範輯　清光緒十九年(1893)鳳翔周鼎刻本　二冊

330000－1710－0003102　612/18　類叢部/叢書類/彙編之屬

西京清麓叢書正編三十二種續編二十七種外編二十四種　(清)賀瑞麟編　清同治至民國傳經堂刻本　一冊　存一種

330000－1710－0003103　612/17、612/24　類叢部/叢書類/彙編之屬

西京清麓叢書正編三十二種續編二十七種外編二十四種　(清)賀瑞麟編　清同治至民國傳經堂刻本　三冊　存二種

330000－1710－0003104　612/19　子部/儒家類

東聽雨堂刊書　(清)張承燮輯　清光緒二十七年(1901)膠州聽雨何時軒刻本　一冊　存一種

330000－1710－0003105　612/22　子部/儒家類/儒學之屬/性理

朱子原訂近思錄十四卷　(清)江永集注　(清)王鼎校次　清光緒十五年(1889)刻本　四冊

330000－1710－0003107　612/25　子部/儒家類/儒學之屬/性理

朱子原訂近思錄集注十四卷考訂朱子世家一卷　(清)江永撰　清同治七年(1868)楚北崇文書局刻本　四冊　缺一卷(考訂朱子世家)

330000－1710－0003109　613/34　子部/儒家類/儒學之屬/蒙學

小學集注六卷首一卷末一卷　(明)陳選集注　**校勘記一卷**　(清)吳棠撰　清同治二年(1863)吳棠刻本　四冊

330000－1710－0003110　612/37　子部/儒家類/儒學之屬/性理

御纂性理精義課本四卷　勞乃宣編　清光緒二十八年(1902)浙江大學堂鉛印本　二冊

330000－1710－0003111　612/38　子部/儒家類/儒學之屬/性理

程氏性理字訓一卷　(宋)程端蒙撰　(宋)程若庸補輯　清同治八年(1869)永康應寶時上海榷署刻本　一冊

330000－1710－0003112　612/39　類叢部/叢書類/郡邑之屬

畿輔叢書一百二十六種　(清)王灝編　清光緒五年至十八年(1879－1892)定州王氏謙德堂刻三十二年(1906)彙印本　三冊　存二種

330000－1710－0003113　612/40　子部/儒家類/儒學之屬

正學編八卷　(清)潘世恩輯　(清)潘曾瑋疏解　清同治六年(1867)刻本　四冊

330000－1710－0003114　612/43　子部/儒家類/儒學之屬/勸學
顏氏學記十卷　(清)戴望撰　清同治十年(1871)冶城山館刻本　四册

330000－1710－0003115　612/41　子部/儒家類/儒學之屬
先儒趙子(趙復)言行錄二卷　(清)陳廷鈞輯　清同治九年(1870)楚北崇文書局刻本　二册

330000－1710－0003116　612/47　子部/儒家類/儒學之屬/禮教
禮學五種　(清)王廷俊編　清同治九年(1870)王廷俊棣華書屋刻本　八册　存四種

330000－1710－0003117　612/48　經部/三禮總義類/通禮雜禮之屬
四禮翼連璧三卷　清光緒蘭州固本堂刻本　一册

330000－1710－0003118　612/49　子部/儒家類/儒學之屬/經濟
繹志十九卷　(清)胡承諾撰　清同治十一年(1872)浙江書局刻本　八册

330000－1710－0003119　612/50　子部/儒家類/儒學之屬/性理
子問二卷　(清)劉沅撰　清咸豐二年(1852)雙江劉氏刻本　三册

330000－1710－0003120　612/51　子部/儒家類/儒學之屬/俗訓
人譜六卷首一卷　(明)劉宗周撰　清咸豐十年(1860)金谿趙承恩刻本　四册

330000－1710－0003121　612/52　子部/儒家類/儒學之屬/禮教/鑑戒
蕺山先生人譜一卷附類記二卷　(明)劉宗周撰　清刻本　二册

330000－1710－0003122　612/54　子部/儒家類/儒學之屬/性理
二曲擇要一卷　(清)李顒撰　清光緒十八年(1892)馬忠信堂刻本　一册

330000－1710－0003123　612/53　子部/儒家類/儒學之屬/俗訓
人譜三卷　(明)劉宗周撰　**人譜類記六卷**　(清)方願英輯　清嘉慶二十年(1815)文蔭堂刻本　二册

330000－1710－0003124　612/55　子部/儒家類/儒學之屬/勸學
先正遺規四卷　(清)汪正輯　清光緒十九年(1893)浙江書局刻本　嚴景商題款　二册

330000－1710－0003125　612/57　子部/儒家類/儒學之屬/蒙學
人範六卷　(清)蔣元輯　(清)顧廣譽增輯　清光緒十六年(1890)守拙軒刻本　二册

330000－1710－0003126　612/58　子部/儒家類/儒學之屬/蒙學
人範六卷首一卷澹村文存一卷　(清)蔣元輯　(清)顧廣譽增輯　清光緒十六年(1890)平湖縣學署刻本　二册

330000－1710－0003129　612/61　新學/議論/通論
羣學肄言十六卷　(英國)斯賓塞爾撰　嚴復譯　清光緒二十九年(1903)上海文明書局鉛印本　四册

330000－1710－0003131　612/64　子部/儒家類/儒學之屬/禮教/家訓
旌義編七種　清刻本　祝廷錫跋　一册

330000－1710－0003132　612/66　類叢部/叢書類/自著之屬
汪龍莊先生遺書四種　(清)汪輝祖撰　清光緒八年至十二年(1882－1886)山東書局刻本　一册　存一種

330000－1710－0003133　612/68　子部/儒家類/儒學之屬/禮教/家訓
雙節堂庸訓六卷　(清)汪輝祖撰　清同治七年(1868)楚北崇文書局刻本　二册

330000－1710－0003134　612/69　子部/儒家類/儒學之屬/禮教/鑑戒
得頤堂範言二卷　(清)鄒湘倜撰　清同治五

年(1866)新化鄒氏刻本　一册

330000－1710－0003136　612/70　子部/儒家類/儒學之屬/禮教/家訓

家言類纂六卷　(清)牛作麟撰　清同治刻本　一册

330000－1710－0003137　612/71　類叢部/叢書類/自著之屬

求是齋雜存六種　(清)彭崧毓撰　清同治刻本　一册　存一種

330000－1710－0003138　612/73　子部/儒家類/儒學之屬/禮教/家訓

裕昆要錄一卷　(清)陳延益輯　清光緒十一年(1885)刻本　二册

330000－1710－0003139　612/74　子部/儒家類/儒學之屬/禮教/家訓

重定齊家寶要二卷　(清)張文嘉輯　清青藜閣刻本　二册

330000－1710－0003140　612/75　子部/儒家類/儒學之屬/禮教/鑑戒

垩室錄感一卷　(清)李顒撰　清光緒二年(1876)西安刻本　一册

330000－1710－0003141　612/76　子部/儒家類/儒學之屬/禮教/家訓

辨志堂家訓節鈔一卷　(清)劉澥編　清光緒二十年(1894)劉氏青門刻本　一册

330000－1710－0003142　612/89　子部/儒家類/儒學之屬/性理

學旨要略一卷　(清)楊樹椿撰　清光緒十年(1884)扈森刻本　一册

330000－1710－0003143　612/77　子部/儒家類/儒學之屬/禮教

最樂編五卷　(明)魏大中撰　(明)高道淳輯　明刻本　四册　存四卷(二至五)

330000－1710－0003144　612/78　子部/儒家類/儒學之屬/性理

聾叟却老編十卷續一卷附一卷　(清)莊基永輯　清乾隆六十年(1795)莊氏刻本　一册　存四卷(一至四)

330000－1710－0003145　612/80　子部/儒家類/儒學之屬/禮教/鑑戒

豫養編六卷　(清)薛于瑛編　清光緒七年(1881)王守恭等刻本　一册

330000－1710－0003146　612/87　子部/儒家類/儒學之屬/勸學

曾文正公勸學篇示直隸士子一卷　(清)曾國藩撰　清光緒勞氏刻本　一册

330000－1710－0003147　612/90　類叢部/叢書類/家集之屬

長洲彭氏家集九種　(清)彭定求撰　(清)湯金釗輯　清同治至光緒刻本　一册　存一種

330000－1710－0003148　612/81　子部/儒家類/儒學之屬/禮教/家訓

治家格言衍義一卷　(清)朱用純注　清光緒十三年(1887)嚴江余澤春蓴溪山館刻本　一册

330000－1710－0003149　612/82　類叢部/叢書類/彙編之屬

西京清麓叢書正編三十二種續編二十七種外編二十四種　(清)賀瑞麟編　清同治至民國刻本　一册　存一種

330000－1710－0003150　612/84　子部/儒家類/儒學之屬/勸學

勸學篇二卷　(清)张之洞撰　清光緒二十四年(1898)浙江刻本　一册

330000－1710－0003151　612/86　子部/儒家類/儒學之屬/勸學

勸學篇二卷　(清)張之洞撰　清光緒廣雅書局刻本　一册

330000－1710－0003152　612/92　類叢部/叢書類/彙編之屬

小石山房叢書三十八種　(清)顧湘編　清道光刻同治十三年(1874)虞山顧氏補刻本　一册　存一種

330000－1710－0003153　612/100　子部/儒

家類/儒學之屬/蒙學

呂近溪小兒語一卷續小兒語一卷女小兒語一卷 (明)呂得勝撰 **小兒語補一卷** (清)天谷老人撰 **老學究語一卷** (清)李惺撰 **宮南莊醒世格言一卷** 宮南莊撰 清同治四年(1865)隴右牛樹梅刻本 一冊

330000-1710-0003154 612/95 類叢部/叢書類/自著之屬

釀齋訓蒙雜編五種 (清)鮑東里撰 清光緒二十八年(1902)雲南官書局刻本 張鳳題記 一冊 存四種

330000-1710-0003155 612/96 子部/儒家類/儒學之屬/蒙學

養蒙金鑑二卷首一卷 (清)林之望編 清光緒元年(1875)鄂垣藩署刻本 二冊

330000-1710-0003156 612/97 子部/儒家類/儒學之屬/禮教

養蒙書十種 (清)賀瑞麟輯 清同治三年(1864)蘭州官書局刻本 一冊

330000-1710-0003157 612/98 子部/儒家類/儒學之屬/蒙學

啓蒙十戒一卷 (清)白玉亮撰 清光緒二十三年(1897)西安刻本 一冊

330000-1710-0003158 612/99 子部/儒家類/儒學之屬/性理

正蒙二卷 (宋)張載撰 (清)李光地注 清刻本 二冊

330000-1710-0003159 612/101 子部/儒家類/儒學之屬/蒙學

訓學良規一卷 (清)陳彝撰 清光緒十二年(1886)凌燮等鉅鹿官署刻本 一冊

330000-1710-0003160 612/102 子部/儒家類/儒學之屬/勸學

鄉塾正誤一卷 (清)李江撰 清光緒二十二年(1896)惜分陰齋刻本 一冊

330000-1710-0003161 612/103 子部/法家類

弟子職正音一卷 (清)王筠撰 清道光刻本 一冊

330000-1710-0003162 612/108 子部/儒家類/儒學之屬/禮教/女範

女小學一卷 (清)賀瑞麟編 清光緒五年(1879)岐山武氏守禮書堂刻本 一冊

330000-1710-0003163 612/109 子部/儒家類/儒學之屬/禮教/女範

女誡淺釋一卷附校勘記一卷 (漢)班昭撰 (清)勞紡釋 清光緒二十五年(1899)秀水陶葆廉守拙之居刻本 一冊

330000-1710-0003164 612/111 子部/儒家類/儒學之屬/性理

呻吟語六卷補遺一卷 (明)呂坤撰 清道光長白鄂山刻本 六冊

330000-1710-0003165 612/112 子部/儒家類/儒學之屬

有諸己齋格言叢書 (清)閻敬銘輯 清光緒十四年(1888)山西解州書院刻本 二冊 存一種

330000-1710-0003167 612/114 集部/總集類/氏族之屬

寧都三魏集 (清)林時益編 清道光二十五年(1845)寧都謝庭綬珍溪紱園書塾刻本 二冊 存一種

330000-1710-0003168 612/120 子部/儒家類/儒學之屬/俗訓

日知薈說四卷 (清)高宗弘曆撰 清乾隆元年(1736)江蘇刻本 一冊 存一卷(四)

330000-1710-0003169 612/116 類叢部/叢書類/彙編之屬

西京清麓叢書正編三十二種續編二十七種外編二十四種 (清)賀瑞麟編 清同治至民國傳經堂刻本 一冊 存一種

330000-1710-0003170 612/115 類叢部/叢書類/自著之屬

汪雙池先生叢書二十種附浙刻雙池遺書十二種 (清)汪紱撰 清道光至光緒刻光緒二十三年(1897)長安趙舒翹等彙印本 一冊 存

一種

330000－1710－0003171　612/121　子部/雜著類/雜纂之屬
身世準繩二卷　(清)李迪光輯　清咸豐二年(1852)刻本　二冊

330000－1710－0003172　612/125　子部/儒家類/儒學之屬/性理
持志塾言二卷　(清)劉熙載撰　清同治六年(1867)刻本　一冊

330000－1710－0003173　612/124　子部/儒家類/儒學之屬/禮教/鑑戒
鐸語一卷　(清)柯汝霖撰　清光緒二十八年(1902)柯培鼎鉛印本　一冊

330000－1710－0003174　612/131　子部/儒家類/儒學之屬/性理
庸言四卷　(清)余光遴撰　清咸豐二年(1852)露薾草堂刻本　二冊

330000－1710－0003175　612/132　類叢部/叢書類/家集之屬
玉山朱氏遺書二種　(清)諸可寶編　清光緒二十六年(1900)玉山書院刻本　二冊　存一種

330000－1710－0003176　612/133　子部/儒家類/儒學之屬/禮教
省吾錄二編二卷　(清)余華撰　清咸豐元年(1851)露薾草堂刻本　一冊

330000－1710－0003177　612/134　子部/儒家類/儒學之屬/禮教
陸清獻公治嘉格言一卷　(清)陸隴其撰　清同治七年(1868)上海道署刻本　一冊

330000－1710－0003179　612/136　子部/儒家類/儒學之屬/禮教
五種遺規　(清)陳弘謀輯並撰　清刻本　八冊

330000－1710－0003180　612/137　子部/儒家類/儒學之屬/禮教
五種遺規　(清)陳弘謀輯並撰　清道光十年(1830)培遠堂刻本　十一冊　存四種

330000－1710－0003181　612/138、612/140　子部/儒家類/儒學之屬/禮教
五種遺規　(清)陳弘謀輯並撰　清同治四年至五年(1865－1866)刻本　二冊　存二種

330000－1710－0003182　612/139　子部/儒家類/儒學之屬/禮教
五種遺規　(清)陳弘謀輯並撰　清道光十年(1830)培遠堂刻本　三冊　存一種

330000－1710－0003183　612/141　子部/儒家類/儒學之屬/禮教
五種遺規　(清)陳弘謀輯並撰　清光緒十六年(1890)陝西求友齋刻本　一冊　存一種

330000－1710－0003184　612/126　子部/儒家類/儒學之屬/性理
求志編三卷　(清)呂緝熙撰　清道光三十年(1850)六安寶倉堂刻本　一冊

330000－1710－0003185　612/127　子部/雜著類/雜說之屬
嘐嘐言六卷首一卷末一卷　(清)郭柏蔭撰　清同治十年(1871)湯銘新刻本　一冊

330000－1710－0003187　612/128　子部/雜著類/雜說之屬
筆疇一卷　(明)王達撰　清刻本　一冊

330000－1710－0003188　612/129　子部/儒家類/儒學之屬/性理
潛室陳先生木鍾集十一卷　(宋)陳埴撰　清同治六年(1867)陳思燏東甌郡齋刻本　四冊

330000－1710－0003189　612/142　史部/職官類/官箴之屬
在官法戒錄四卷　(清)陳弘謀撰　清同治十二年(1873)杭州刻本　二冊

330000－1710－0003190　612/144　史部/史抄類
史鑑節要便覽六卷　(清)鮑東里撰　清同治十二年(1873)崇文書局刻本　二冊

330000－1710－0003193　612/147　子部/儒

家類/儒學之屬/勸學

程氏家塾讀書分年日程三卷綱領一卷 (元)程端禮撰 清同治八年(1869)江蘇書局刻本 二册

330000－1710－0003194 612/148 子部/儒家類/儒學之屬/勸學

程氏家塾讀書分年日程三卷綱領一卷 (元)程端禮撰 清同治七年(1868)湖北崇文書局刻本 二册

330000－1710－0003195 612/149 子部/儒家類/儒學之屬/勸學

程氏家塾讀書分年日程三卷綱領一卷 (元)程端禮撰 清同治十年(1871)東川書院刻本 二册

330000－1710－0003197 612/151 子部/雜著類/雜說之屬

讀書鏡八卷 (明)陳繼儒撰 清光緒四年(1878)涇陽怡立方味經書院刻本 二册

330000－1710－0003198 612/152 子部/儒家類/儒學之屬/勸學

先正讀書訣一卷 (清)周永年輯 清光緒四年(1878)歷城周兆慶蜀地刻本 一册

330000－1710－0003199 612/158 子部/雜著類/雜考之屬

讀書記五十六卷 (清)何焯撰 清光緒六年(1880)苕溪吴氏刻本 十四册

330000－1710－0003201 612/154 子部/儒家類/儒學之屬/禮教

讀書做人譜一卷 (清)龍炳垣輯 清同治十一年(1872)徐先路等平江刻本 一册

330000－1710－0003202 612/157 類叢部/叢書類/彙編之屬

正誼堂全書六十三種續刻五種 (清)張伯行編 (清)楊浚重編 清同治五年(1866)福州正誼書院刻同治八年至光緒十三年(1869－1887)續刻本 一册 存一種

330000－1710－0003203 612/156 新學/議論/通論

讀西學書法一卷 梁啟超撰 清光緒刻本 一册

330000－1710－0003204 612/159 子部/雜著類/雜考之屬

義門讀書記五十八卷 (清)何焯撰 (清)蔣維鈞輯 清乾隆三十四年(1769)蔣維鈞刻本 十四册

330000－1710－0003206 612/162 史部/傳記類/總傳之屬/儒林

理學宗傳二十六卷 (清)孫奇逢撰 (清)魏一鼇等編 清光緒六年(1880)浙江書局刻本 十二册

330000－1710－0003207 612/163 史部/傳記類/總傳之屬/儒林

道學淵源錄一百卷首一卷 (清)黄嗣東輯 **補錄補傳一卷** (清)黄慶曾補輯 清光緒三十四年(1908)鳳山學舍鉛印本 十四册

330000－1710－0003208 612/164 史部/傳記類/總傳之屬/儒林

宋元學案一百卷首一卷考畧一卷 (清)黄宗羲撰 (清)全祖望修定 (清)王梓材 (清)馮雲濠校並考 清光緒五年(1879)長沙寄廬刻本 祝廷錫跋 四十册

330000－1710－0003209 612/165 史部/傳記類/總傳之屬/儒林

明儒學案六十二卷師説一卷附案一卷 (清)黄宗羲撰 清康熙三十年(1691)萬言三十二年(1693)賈樸雍正十三年至乾隆四年(1735－1739)慈溪鄭性二老閣刻光緒八年(1882)馮全垓修補本 金蓉鏡批並題記 二十四册

330000－1710－0003210 612/170 類叢部/叢書類/自著之屬

湯文正公全集七種 (清)湯斌撰 清同治九年(1870)蘇廷魁等刻本 二册 存一種

330000－1710－0003211 612/167 史部/傳記類/總傳之屬/儒林

儒林宗派十六卷 (清)萬斯同撰 清宣統三年(1911)上海國學扶輪社鉛印本 二册

330000－1710－0003213　612/169、612/171、612/185　類叢部/叢書類/彙編之屬

西京清麓叢書正編三十二種續編二十七種外編二十四種　(清)賀瑞麟編　清同治至民國傳經堂刻本　七冊　存三種

330000－1710－0003214　612/187　子部/儒家類/儒學之屬/蒙學

小學後編一卷　(清)尹嘉銓輯　清同治三年(1864)刻本　一冊

330000－1710－0003216　612/172　史部/傳記類/總傳之屬/家乘

[浙江紹興]後郇周氏淵源錄十三卷　(清)周源纂修　清道光十二年(1832)周源引碧齋刻本　八冊

330000－1710－0003217　612/177　子部/儒家類/儒學之屬/性理

西山先生真文忠公讀書記四十卷　(宋)真德秀撰　清同治三年(1864)刻本　三十冊

330000－1710－0003219　612/179　子部/儒家類/儒學之屬/性理

思辨錄輯要前集二十二卷後集十三卷　(清)陸世儀撰　清道光十七年(1837)嘉興沈維鐈刻本　二冊　存九卷(一至四、十八至二十二)

330000－1710－0003220　612/180　子部/儒家類/儒學之屬/勸學

倭文端公為學大指一卷　(清)倭仁撰　清光緒十四年(1888)刻本　一冊

330000－1710－0003221　612/181　子部/醫家類/類編之屬

保赤彙編　(清)朱之棒編　清光緒五年(1879)蘇州刻本　一冊　存一種

330000－1710－0003222　612/184　子部/儒家類/儒學之屬/勸學

尹涇論學一卷　(清)徐玉于　(清)趙省庵輯　清光緒十六年(1890)交河温其鏞刻本　一冊

330000－1710－0003223　612/182　子部/儒家類/儒學之屬/蒙學

小學韻語一卷　(清)羅澤南撰　清咸豐六年(1856)浙江書局刻本　嚴景商題記　一冊

330000－1710－0003224　613/1　子部/雜著類/雜考之屬

校訂困學紀聞三箋二十卷　(宋)王應麟撰　(清)閻若璩等箋　(清)屠繼序校補　清嘉慶九年(1804)刻本　八冊

330000－1710－0003225　612/183　子部/儒家類/儒學之屬/禮教/家訓

治家格言繹義一卷　(清)戴翊清撰　清光緒十五年(1889)刻本　一冊

330000－1710－0003226　613/2　子部/雜著類/雜考之屬

困學紀聞注二十卷　(清)翁元圻撰　清道光五年(1825)餘姚翁氏守福堂刻本　十二冊

330000－1710－0003227　613/8　類叢部/叢書類/彙編之屬

知不足齋叢書一百九十六種　(清)鮑廷博編　(清)鮑士恭續編　清乾隆三十七年至道光三年(1772－1823)長塘鮑氏刻彙印本　一冊　存一種

330000－1710－0003228　613/3　子部/雜著類/雜考之屬

困學紀聞二十卷　(宋)王應麟撰　清乾隆桐鄉汪垕桐華書塾刻本　六冊

330000－1710－0003229　613/11　類叢部/叢書類/彙編之屬

嘯園叢書五十七種　(清)葛元煦編　清光緒二年至七年(1876－1881)仁和葛氏刻本　二冊　存一種

330000－1710－0003230　613/12　子部/雜著類/雜說之屬

容齋隨筆十六卷續筆十六卷三筆十六卷四筆十六卷五筆十卷　(宋)洪邁撰　明崇禎馬元調刻清康熙洪璟重修本　四冊　存三十三卷(隨筆九至十六、續筆九至十六、三筆一至八、四筆一至九)

330000－1710－0003231　613/13　類叢部/叢書類/彙編之屬

崇文書局彙刻書三十一種　(清)崇文書局編　清光緒元年至三年(1875－1877)湖北崇文書局刻本　二冊　存一種

330000－1710－0003233　613/15　類叢部/叢書類/彙編之屬

嘯園叢書五十七種　(清)葛元煦編　清光緒二年至七年(1876－1881)仁和葛氏刻本　一冊　存一種

330000－1710－0003234　613/4　類叢部/叢書類/彙編之屬

湖海樓叢書十二種　(清)陳春編　清嘉慶蕭山陳氏刻二十四年(1819)彙印本　三冊　存一種

330000－1710－0003236　613/6　子部/雜著類/雜考之屬

補筆談三卷續筆談一卷　(宋)沈括撰　**夢溪筆記校字記一卷**　(清)陶福祥訂　清刻本　一冊

330000－1710－0003237　613/19　類叢部/叢書類/家集之屬

叢睦汪氏遺書十九種　(清)汪篁編　清光緒十二年(1886)錢唐汪氏長沙刻本　一冊　存一種

330000－1710－0003238　613/28　子部/雜著類/雜考之屬

日知錄集釋三十二卷刊誤二卷續刊誤二卷　(清)黃汝成撰　清光緒三年(1877)刻本　十六冊

330000－1710－0003239　613/30　子部/雜著類/雜考之屬

十駕齋養新錄二十卷餘錄三卷　(清)錢大昕撰　**錢辛楣先生年譜一卷續編一卷**　(清)錢慶曾撰　清光緒二年(1876)浙江書局刻本　八冊

330000－1710－0003240　613/31　類叢部/叢書類/彙編之屬

嘯園叢書五十七種　(清)葛元煦編　清光緒二年至七年(1876－1881)仁和葛氏刻本　五冊　存一種

330000－1710－0003241　612/34　子部/雜著類/雜考之屬

癸巳存稿十五卷　(清)俞正燮撰　清光緒十年(1884)李宗煝武林刻本　六冊

330000－1710－0003242　613/36　子部/雜著類/雜考之屬

無邪堂答問五卷　(清)朱一新撰　清光緒二十一年(1895)廣東順德龍氏葆真堂刻本　五冊

330000－1710－0003243　613/37　子部/雜著類/雜考之屬

灤源問答十二卷　(清)沈可培撰　清嘉慶二十年(1815)嘉興沈銘彝雪浪齋刻道光七年(1827)重印本　四冊

330000－1710－0003246　613/42　子部/雜著類/雜考之屬

蛾術編八十二卷　(清)王鳴盛撰　清道光二十一年(1841)吳江沈氏世楷堂刻本　十三冊　存六十二卷(二至五、十五至五十七、六十六至八十)

330000－1710－0003249　613/46　經部/群經總義類/傳說之屬

經訓比義三卷　(清)黃以周撰　清光緒二十二年(1896)南菁講舍刻本　二冊

330000－1710－0003250　613/47　子部/儒家類/儒學之屬/性理

漢學商兌三卷　(清)方東樹撰　清光緒二十六年(1900)浙江書局刻本　四冊

330000－1710－0003251　613/48　類叢部/叢書類/彙編之屬

益雅堂叢書　(清)傅世珣編　清光緒九年(1883)山西書局刻本　四冊　存三種

330000－1710－0003252　613/49　子部/儒家類/儒學之屬

漢儒通義七卷　(清)陳澧輯　清光緒二十五

年(1899)蔭立堂刻本　三冊

330000－1710－0003253　613/50　類叢部/叢書類/自著之屬
四益宧叢書□□種　孫德謙撰　清宣統二年(1910)江蘇存古學堂鉛印本　一冊　存一種

330000－1710－0003254　613/51　子部/雜著類/雜考之屬
孔子改制考二十一卷　康有爲撰　清光緒上海大同譯書局石印本　一冊　存一卷(四)

330000－1710－0003255　613/52　經部/群經總義類/傳說之屬
新學僞經考十四卷　康有為撰　清光緒十七年(1891)武林望雲樓石印本　七冊

330000－1710－0003256　613/58　經部/小學類/訓詁之屬/群雅
邇言六卷　(清)錢大昭撰　清光緒四年(1878)仁和葛氏刻本　二冊

330000－1710－0003257　613/53　集部/別集類/清別集
述學內篇三卷補遺一卷外篇一卷別錄一卷附錄一卷校勘記一卷　(清)汪中撰　(清)汪喜孫編　清同治八年(1869)揚州書局刻本　金蓉鏡題記　汪大鐵批　二冊

330000－1710－0003258　613/54　類叢部/叢書類/彙編之屬
心矩齋叢書十一種　(清)蔣鳳藻編　清光緒長洲蔣氏刻本　四冊　存一種

330000－1710－0003259　613/61　子部/雜著類/雜考之屬
東塾讀書記二十五卷　(清)陳澧撰　清光緒二十四年(1898)紉蘭書館刻本　五冊　存十五卷(一至十二、十五至十六、二十一)

330000－1710－0003260　613/55　子部/雜著類/雜考之屬
札迻十二卷　(清)孫詒讓撰　清光緒二十年(1894)籀庼刻二十一年(1895)重修本　四冊

330000－1710－0003261　613/62　子部/儒家類/儒學之屬/性理
讀書記八卷　(清)郝懿行輯　清光緒三十四年(1908)湖北洪江分州署刻本　四冊

330000－1710－0003262　613/64　子部/雜著類/雜考之屬
讀書雜志八十二卷餘編二卷　(清)王念孫撰　清光緒二十年(1894)上海醉六堂石印本　八冊

330000－1710－0003263　613/63　子部/雜著類/雜考之屬
讀書脞錄七卷　(清)孫志祖撰　清光緒十三年(1887)醉六堂刻本　四冊

330000－1710－0003264　613/67　類叢部/叢書類/彙編之屬
宏達堂叢書□□種　清光緒宏達堂刻本　二冊　存一種

330000－1710－0003265　613/68　史部/目録類/書志之屬/提要
開有益齋讀書志六卷金石文字記一卷續志一卷　(清)朱緒曾撰　清光緒六年(1880)金陵翁氏茹古閣刻本　四冊

330000－1710－0003266　613/69　子部/雜著類/雜考之屬
校訂困學紀聞集證二十卷　(宋)王應麟撰　(清)閻若璩等箋　(清)萬希槐集證　清嘉慶十八年(1813)掃葉山房刻清後印本　十二冊

330000－1710－0003267　613/70　經部/小學類/文字之屬/說文
王氏說文四種　(清)王念孫　(清)王引之撰　清光緒二十一年(1895)上海鴻文書局石印本　九冊　存二種

330000－1710－0003268　613/71　經部/叢編類
十三經札記二十二卷附十六卷　(清)朱亦棟撰　清光緒四年(1878)武林竹簡齋刻本　六冊　存十六卷(羣書札記一至十六)

330000－1710－0003269　613/72　史部/傳記類/別傳之屬

洙泗考信錄四卷　(清)崔述撰　清嘉慶二十三年(1818)太谷孔廣沅益恭堂刻本　二冊

330000－1710－0003270　613/73　子部/雜著類/雜考之屬

日知錄集釋三十二卷刊誤二卷續刊誤二卷　(清)黄汝成撰　清刻本　十冊　存二十一卷(一至二十一)

330000－1710－0003274　620/4　子部/法家類

韓非子集解二十卷首一卷　(清)王先慎撰　清光緒二十二年(1896)刻本　六冊

330000－1710－0003275　613/76　類叢部/叢書類/自著之屬

琴志樓叢書四十六種　易順鼎撰　清光緒刻本　一冊　存一種

330000－1710－0003276　620/5　子部/法家類

管子地員篇注四卷　(清)王紹蘭撰　清光緒十七年(1891)蕭山胡熽棻寄虹山館刻本　四冊

330000－1710－0003277　620/6　類叢部/叢書類/自著之屬

汪龍莊先生遺書四種　(清)汪輝祖撰　清光緒八年至十二年(1882－1886)山東書局刻本　二冊　存二種

330000－1710－0003278　620/7　史部/職官類/官箴之屬

學治臆説二卷續説一卷説贅一卷　(清)汪輝祖撰　清光緒二十二年(1896)甘肅藩署刻本　一冊

330000－1710－0003279　640/1　子部/叢編

墨子十六卷篇目考一卷　(清)畢沅注　清光緒元年(1875)湖北崇文書局刻子書百家本　董巽觀題記　四冊

330000－1710－0003280　613/78　子部/雜著類/雜考之屬

點勘記二卷　(清)歐陽泉撰　清光緒四年(1878)江蘇書局刻本　二冊

330000－1710－0003282　640/2　類叢部/叢書類/自著之屬

湘綺樓全書十八種　王闓運撰　清光緒至宣統刻本　四冊　存一種

330000－1710－0003283　650/1　子部/叢編

子書百家一百一種　(清)崇文書局編　清光緒元年(1875)湖北崇文書局刻民國元年(1912)鄂官書處重印本　四冊　存一種

330000－1710－0003284　660/9　類叢部/叢書類/彙編之屬

岱南閣叢書二十種　(清)孫星衍編　清乾隆至嘉慶蘭陵孫氏刻本　三冊　存一種

330000－1710－0003285　660/10　子部/兵家類/兵法之屬

讀史兵略四十六卷　(清)胡林翼撰　清咸豐十一年(1861)武昌節署刻本　十六冊

330000－1710－0003287　620/10　史部/職官類/官箴之屬

佐治藥言一卷　(清)汪輝祖著　清光緒二十二年(1896)甘肅藩署刻本　一冊

330000－1710－0003288　670/2　子部/小説家類/異聞之屬

山海經十八卷　(晉)郭璞傳　(明)吳中珩校　清刻本　一冊

330000－1710－0003289　660/11　子部/兵家類/兵法之屬

紀效新書十八卷首一卷　(明)戚繼光撰　清道光二十一年(1841)虎林西泉氏刻本　八冊

330000－1710－0003290　660/12　子部/兵家類/兵法之屬

紀效新書十八卷首一卷　(明)戚繼光撰　清咸豐三年(1853)慎德堂刻本　六冊

330000－1710－0003291　670/4　子部/小説家類/異聞之屬

山海經廣注十八卷　(清)吳任臣撰　清康熙刻本　四冊

330000－1710－0003292　660/13　子部/兵

家類/操練之屬

練兵實紀九卷雜集六卷 （明）戚繼光撰 清光緒京都琉璃廠刻本 八册

330000－1710－0003293 670/6 子部/小說家類/異聞之屬

山海經箋疏十八卷圖讚一卷訂譌一卷敘錄一卷 （清）郝懿行撰 清光緒七年(1881)郝聯薇順天府東路廳署刻本 金蓉鏡題記 四册

330000－1710－0003294 670/7 子部/小說家類/異聞之屬

山海經箋疏十八卷敘錄一卷圖讚一卷訂譌一卷 （清）郝懿行撰 清光緒十二年(1886)上海還讀樓刻本 四册

330000－1710－0003295 670/9 子部/小說家類/異聞之屬

山海經廣注十八卷讀山海經語一卷雜述一卷圖五卷 （清）吳任臣撰 清乾隆刻本 一册 存三卷(雜述、圖一至二)

330000－1710－0003296 660/14 子部/兵家類/操練之屬

練兵實紀九卷雜集六卷 （明）戚繼光撰 清刻本 六册

330000－1710－0003297 660/16 子部/兵家類/兵法之屬

孫吳司馬法八卷 （清）孫星衍輯 **武經集要一卷** （清）徐亦訂 清光緒十五年(1889)浙江書局刻本 一册 缺一卷(武經集要)

330000－1710－0003298 660/16－2 子部/兵家類/兵法之屬

武經集要一卷 （清）徐亦撰 清同治元年(1862)浙江書局刻本 一册

330000－1710－0003299 670/13 子部/小說家類/異聞之屬

穆天子傳六卷 （晉）郭璞注 （清）郝懿行補注 清光緒三十四年(1908)潛廬刻本 一册

330000－1710－0003301 680/6 子部/雜著類/雜說之屬

風俗通義十卷 （漢）應劭撰 （明）鍾惺評 明末刻本 三册

330000－1710－0003302 680/7 類叢部/叢書類/彙编之屬

廣漢魏叢書八十種 （明）何允中編 明萬曆二十年(1592)刻本 一册 存一種

330000－1710－0003303 680/9 子部/叢編

二十五子彙函 （清）鴻文書局編 清光緒十九年(1893)上海鴻文書局石印本 一册 存二種

330000－1710－0003304 680/11 類叢部/叢書類/彙編之屬

愚谷叢書□□種 （清）吳騫輯 清乾隆至嘉慶刻本 一册 存一種

330000－1710－0003305 680/16 類叢部/叢書類/自著之屬

何燕泉三種 （明）何孟春撰 清乾隆刻光緒六年(1880)修補印本 十三册 存一種

330000－1710－0003307 680/22 子部/雜著類/雜說之屬

潛書四卷 （清）唐甄撰 **西蜀唐圃亭先生行畧一卷** （清）王聞遠撰 清光緒九年(1883)中江李氏刻本 三册

330000－1710－0003308 691/5 子部/道家類

莊子註三卷 王闓運撰 清同治八年(1869)刻本 一册

330000－1710－0003309 691/13 類叢部/叢書類/自著之屬

燕禧堂五種 （清）任大椿輯撰 清乾隆刻本 一册 存二種

330000－1710－0003310 691/14 子部/道家類

文子纘義十二卷 （宋）杜道堅撰 清光緒九年(1883)湘左曹耀湘刻本 三册 存十卷(一至六、九至十二)

330000－1710－0003311 691/8 類叢部/叢書類/輯佚之屬

黃氏逸書考二百七十四種附六種 （清）黃奭輯　清道光甘泉黃氏刻民國十四年(1925)王鑒修補印本　二冊　存一種

330000－1710－0003312　691/18　子部/宗教類/道教之屬

道書十二種(指南針) （清）劉一明撰　清嘉慶二十四年(1819)常郡護國庵刻本　一冊　存二種

330000－1710－0003313　691/10　子部/道家類

南華真經影史九卷 （清）周拱辰撰　清嘉慶八年(1803)檇李周氏聖雨齋刻本　二冊　存七卷(一至七)

330000－1710－0003314　691/7　子部/道家類

莊子集解八卷　王先謙撰　清宣統元年(1909)思賢書局刻本　三冊

330000－1710－0003315　691/11　類叢部/叢書類/彙編之屬

石研齋四種 （清）秦恩復編　清乾隆至道光江都秦氏享帚精舍刻本　一冊　存一種

330000－1710－0003316　691/19　子部/宗教類/道教之屬/方法

濬性淵源一卷 （明）涵谷子撰　清光緒刻本　一冊

330000－1710－0003317　691/20　子部/宗教類/道教之屬/雜著

雲笈七籤一百二十二卷 （宋）張君房撰　清抄本　六冊　存二十三卷(二至四、十六至二十、三十三至三十六、三十八至四十一、四十五至五十一)

330000－1710－0003318　691/21　子部/宗教類/道教之屬/道藏

道藏輯要 （清）蔣予浦輯　清嘉慶刻本　二冊　存一種

330000－1710－0003321　691/32、691/22　子部/宗教類/道教之屬/道藏

道藏輯要 （清）蔣予蒲輯　清嘉慶刻本　八冊　存三種

330000－1710－0003322　691/24　子部/宗教類/道教之屬/經文

玉樞寶經一卷 （唐）呂嵒讚解　清光緒十五年(1889)王懿榮刻本　一冊

330000－1710－0003323　691/25　子部/宗教類/道教之屬/經文

玉樞經註一卷 （清）單允宜等校讐　（清）施達繕正　（清）宋元安梓行　清光緒三十一年(1905)會稽接薪樓刻本　一冊

330000－1710－0003324　691/28　子部/宗教類/道教之屬/方法

火流星三卷 （清）鍾慧敏纂　清宣統元年(1909)海昌鍾慧敏刻本　四冊

330000－1710－0003325　691/29　子部/宗教類/道教之屬

道書十二種(指南針) （清）劉一明撰　清嘉慶二十四年(1819)常郡護國庵刻本　一冊　存二種

330000－1710－0003326　691/26　子部/宗教類/道教之屬

太乙總真度仙道經四卷　清刻本　一冊　存二卷(一至二)

330000－1710－0003327　691/35　子部/術數類/數學之屬

集注太玄十卷 （宋）司馬光撰　清光緒元年(1875)湖北崇文書局刻本　一冊

330000－1710－0003329　691/27　史部/傳記類/總傳之屬/釋道

金蓋心燈八卷山署一卷 （清）閔苕旉撰　（清）鮑廷博注　（清）鮑錕評　清道光元年(1821)刻本　六冊

330000－1710－0003331　691/38　子部/道家類

老子章義二卷 （清）姚鼐撰　清同治九年(1870)桐城吳氏邗上刻本　一冊

330000－1710－0003332　693/1　子部/雜著

類/雜說之屬

說教一卷　(清)彭光譽撰　清光緒二十二年(1896)琉璃廠文光齋刻本　一冊

330000-1710-0003334　693/2　子部/宗教類/其他宗教之屬/基督教

古教彙參三卷　(英國)韋廉臣撰　(清)董樹堂筆　清光緒七年(1881)益智書會刻本　三冊

330000-1710-0003336　693/4　子部/宗教類/其他宗教之屬/基督教

代疑編一卷　(明)楊廷筠撰　**楊淇園先生超性事蹟一卷**　(清)丁志麟撰　清刻本　一冊

330000-1710-0003337　693/5　子部/宗教類/其他宗教之屬/基督教

性理真詮四卷首一卷　(法國)孙璋撰　清光緒十五年(1889)上海慈母堂鉛印本　金蓉鏡跋　四冊

330000-1710-0003338　693/6　子部/宗教類/其他宗教之屬/基督教

蘭生略述遺譜一卷　彭蘭生述　清光緒三十年(1904)倫敦會木活字印本　一冊

330000-1710-0003340　693/8　子部/宗教類/其他宗教之屬/基督教

集說詮真提要不分卷　(清)黃伯祿輯　清光緒五年(1879)上海慈母堂刻十年(1884)重印本　一冊

330000-1710-0003341　693/10　子部/宗教類/其他宗教之屬/伊斯蘭教

天方性理圖傳五卷首一卷　(清)劉智撰　清同治敬畏堂刻本　六冊

330000-1710-0003342　693/11　子部/宗教類/其他宗教之屬/伊斯蘭教

正教真詮二卷首一卷　(清)王岱輿撰　清嘉慶六年(1801)粵東城南清真堂刻本　五冊

330000-1710-0003343　693/12　子部/雜著類/雜說之屬

歸潛記乙編一卷附一卷丙編一卷丁編三卷戊編一卷辛編之三一卷癸編之二一卷附一卷　錢恂撰　清宣統元年(1909)刻本　金蓉鏡題記　一冊

330000-1710-0003344　693/13　新學/議論/通論

中西關係略論四卷　(美國)林樂知撰　清光緒七年(1881)漢口福音堂刻本　一冊

330000-1710-0003345　693/14　類叢部/叢書類/自著之屬

汪雙池先生叢書二十種附浙刻雙池遺書十二種　(清)汪紱撰　清道光至光緒刻光緒二十三年(1897)長安趙舒翹等匯印本　二冊　存一種

330000-1710-0003346　693/15　集部/總集類/氏族之屬

蔡氏九儒書九種　(清)蔡有鵾編　(清)蔡重補編　清刻本　三冊　存二種

330000-1710-0003347　693/16　類叢部/叢書類/自著之屬

拾餘四種　(清)劉沅撰　清道光二十五年(1845)四川刻本　二冊

330000-1710-0003348　693/17　子部/雜著類/雜說之屬

槐軒約言一卷　(清)劉沅撰　清道光二十五年(1845)四川刻本　一冊

330000-1710-0003349　693/18　子部/雜著類/雜說之屬

浮邱子十二卷　(清)湯鵬撰　(清)湯俶昭等輯　清同治四年(1865)湘陰李黼堂刻本　四冊

330000-1710-0003350　693/19　子部/雜著類/雜纂之屬

新刊王太史彙選諸子類語四卷　(明)王衡輯　清刻本　二冊　存二卷(一至二)

330000-1710-0003352　693/21　新學/理學/理學

天演論二卷　(英國)赫胥黎撰　嚴復譯　清光緒二十七年(1901)富文書局石印本　一冊

330000－1710－0003353　693/22　新學/理學/理學
天演論二卷　(英國)赫胥黎撰　嚴復譯　清光緒二十四年(1898)侯官嗜奇精舍石印本　一册

330000－1710－0003354　693/23　子部/雜著類/雜說之屬
仁學一卷　(清)譚嗣同撰　清光緒二十七年(1901)國民報社鉛印本　一册

330000－1710－0003357　693/26　史部/傳記類/總傳之屬/儒林
閩儒學則一卷　(清)章鋆編　清同治三年(1864)章鋆榕城刻本　一册

330000－1710－0003358　693/27　類叢部/叢書類/自著之屬
耐安類稿五種　(清)陳偉撰　清光緒二十二年(1896)梅叔瀚等刻本　六册

330000－1710－0003361　693/28　史部/政書類/儀制之屬/典禮
臨水尊經閣祀典錄二卷　(清)金衍宗輯　清咸豐三年(1853)甌江學舍刻本　一册

330000－1710－0003362　693/29　子部/雜著類/雜說之屬
定武學記二卷　(清)賈恩紱撰　米逢吉錄　清光緒三十二年(1906)山東官印書局鉛印本　一册

330000－1710－0003363　693/30　子部/儒家類/儒學之屬/經濟
告君錄一卷　(清)仁齋先生撰　清光緒十四年(1888)夏縣柴聚五刻本　一册

330000－1710－0003365　693/31　子部/雜著類/雜纂之屬
諸子詹詹錄二卷　(清)袁樹輯　清光緒二十一年(1895)善化章藻助經濟堂刻本　二册

330000－1710－0003371　710/1　經部/叢編
皇清經解一百九十卷首一卷正訛記一卷　(清)阮元輯　清光緒十一年(1885)上海點石齋石印本　二十四册

330000－1710－0003372　710/2　經部/群經總義類/文字音義之屬
經籍纂詁一百六卷補遺一百六卷首一卷　(清)阮元撰　清嘉慶十七年(1812)扬州阮元琅環仙館刻本　四十八册

330000－1710－0003373　710/3　經部/群經總義類/文字音義之屬
經籍纂詁一百六卷補遺一百六卷首一卷　(清)阮元撰　清光緒二十年(1894)上海鴻寶齋石印本　十二册

330000－1710－0003375　710/5　經部/叢編
璜川吴氏經學叢書十五種　(清)吳志忠等輯　清道光十年(1830)寶仁堂刻本　一册　存一種

330000－1710－0003376　710/6　經部/叢編
省吾堂四種二十五卷　(清)蔣光弼輯　清常熟蔣氏省吾堂刻本　五册　存二種

330000－1710－0003377　710/7　經部/群經總義類/傳說之屬
七經問答一卷　姚永樸撰　清光緒三十二年(1906)安徽高等學堂鉛印本　一册

330000－1710－0003378　710/10　類叢部/叢書類/自著之屬
蘊蒔山莊遺著四種　(清)吳修祜撰　清光緒十年至十五年(1884－1889)木活字印本　一册　存一種

330000－1710－0003379　710/11　經部/群經總義類/文字音義之屬
十三經拾遺十六卷　(清)王朝璩撰　清嘉慶五年(1800)王氏寧州學署尋孔顏樂處刻本　四册

330000－1710－0003381　710/14　經部/群經總義類/傳說之屬
經義述聞三十二卷　(清)王引之撰　清光緒七年(1881)上海文瑞樓鉛印本　十六册

330000－1710－0003382　710/20－1　經部/群經總義類/傳說之屬
九經五十一卷附四卷　(明)秦鏷訂正　清心

逸齋刻本　十一冊

330000－1710－0003383　710/15　經部/群經總義類/傳說之屬
經義述聞三十二卷　(清)王引之撰　清光緒七年(1881)上海文瑞樓鉛印本　四冊　缺二卷(三十一至三十二)

330000－1710－0003384　710/16、710/23　類叢部/叢書類/自著之屬
焦氏叢書九種附一種　(清)焦循撰　清嘉慶至道光江都焦氏雕菰樓刻本　五冊　存三種

330000－1710－0003385　710/21　經部/群經總義類/傳說之屬
七經偶記十四卷　(清)汪德鉞撰　清道光十二年(1832)汪時漣長汀木活字印本　四冊

330000－1710－0003386　69710/29　經部/叢編
通藝錄十九種附二種　(清)程瑤田撰　清嘉慶刻本　二十四冊

330000－1710－0003387　710/22　類叢部/叢書類/輯佚之屬
漢魏遺書鈔一百四種　(清)王謨輯　清嘉慶三年(1798)金谿王氏刻本　十一冊　存五十三種

330000－1710－0003388　710/20－2　經部/群經總義類/傳說之屬
九經五十一卷附四卷　(明)秦鏷訂正　清刻本　一冊　存四卷(春秋一至四)

330000－1710－0003389　710/26　經部/群經總義類/文字音義之屬
經典釋文三十卷　(唐)陸德明撰　**經典釋文攷證三十卷**　(清)盧文弨撰　清同治十年(1871)粵秀山文瀾閣刻本　十二冊

330000－1710－0003390　710/27　經部/群經總義類/文字音義之屬
經典釋文三十卷　(唐)陸德明撰　**經典釋文攷證三十卷**　(清)盧文弨撰　清同治八年(1869)湖北崇文書局刻本　十二冊

330000－1710－0003391　710/25　子部/雜著類/雜纂之屬
經餘必讀八卷　(清)雷琳　(清)錢樹棠　(清)錢樹立輯　清嘉慶八年(1803)大中堂刻本　四冊

330000－1710－0003392　710/28　經部/群經總義類/傳說之屬
有竹石軒經句說二十四卷　(清)吳英撰　清嘉慶十八年至二十三年(1813－1818)有竹石軒刻本　七冊　存十卷(一至二、五至十、二十三至二十四)

330000－1710－0003393　710/30　經部/讖緯類/總義之屬
古微書三十六卷　(明)孫瑴輯　清嘉慶二十一年(1816)禹航陳世望對山問月樓刻本　六冊

330000－1710－0003394　710/32、710/35、710/38、710/41、710/42　經部/叢編
御纂七經二百八十卷首十一卷序三卷　(清)李光地等撰　清同治六年至九年(1867－1870)浙江書局刻本　八十二冊　存五種

330000－1710－0003395　710/46　經部/叢編
御纂七經二百八十卷首十一卷序三卷　(清)李光地等撰　清紫陽書院刻本　六十四冊　存一種

330000－1710－0003396　710/34　經部/叢編
御纂七經二百八十卷首十一卷序三卷　(清)李光地等撰　清同治六年至九年(1867－1870)浙江書局刻本　十冊　存一種

330000－1710－0003397　710/36　經部/叢編
御纂七經二百八十卷首十一卷序三卷　(清)李光地等撰　清同治六年至九年(1867－1870)浙江書局刻本　十六冊　存一種

330000－1710－0003398　710/39　經部/叢編

御纂七經二百八十卷首十一卷序三卷　(清)李光地等撰　清同治十一年(1872)江西書局刻本　十冊　存一種

330000－1710－0003399　710/44　經部/叢編

御纂七經二百八十卷首十一卷序三卷　(清)李光地等撰　清同治六年至九年(1867－1870)浙江書局刻本　二十四冊　存一種

330000－1710－0003400　710/48　類叢部/叢書類/彙編之屬

經策通纂二種　(清)吳頴炎　(清)陳通聲等纂　清光緒十四年(1888)上海點石齋石印本　三十二冊　存一種

330000－1710－0003401　710/49　經部/群經總義類/傳說之屬

古經解鉤沉三十卷　(清)余蕭客撰　清乾隆六十年(1795)刻道光二十年(1840)京江魯氏重修本　十二冊

330000－1710－0003402　812.2/310、710/51　類叢部/叢書類/自著之屬

春在堂全書三十六種　(清)俞樾撰　清同治至光緒刻光緒末彙印本　五冊　存二種

330000－1710－0003403　710/52　經部/群經總義類/傳說之屬

通介堂經說十二卷　(清)徐灝撰　清刻本　四冊

330000－1710－0003404　814.3/250　類叢部/叢書類/自著之屬

春在堂全書三十六種　(清)俞樾撰　清同治至光緒刻光緒末彙印本　六冊　存一種

330000－1710－0003406　710/55　集部/總集類/課藝之屬

經義模範一卷　(明)□□輯　清云自在龕刻本　一冊

330000－1710－0003407　812.2/308　集部/別集類/清別集

春在堂詩編六卷　(清)俞樾撰　清同治七年(1868)杭州刻本　二冊

330000－1710－0003408　812.1/524　子部/雜著類/雜說之屬

春在堂論編一卷　(清)俞樾撰　清刻本　一冊

330000－1710－0003409　710/56　類叢部/叢書類/家集之屬

叢睦汪氏遺書十九種　(清)汪篯編　清光緒十二年(1886)錢塘汪氏長沙刻本　一冊　存一種

330000－1710－0003410　710/57　子部/雜著類/雜考之屬

羣書疑辨十二卷　(清)萬斯同撰　清嘉慶二十一年(1816)供石亭刻本　六冊

330000－1710－0003412　710/60、710/61、710/62、710/63、710/64、710/65、710/66、710/67　經部/叢編

重刊宋本十三經注疏四百十六卷附十三經注疏校勘記四百十六卷　(清)阮元撰　(清)盧宣旬摘錄　清嘉慶二十年(1815)南昌府學刻道光六年(1826)盱江朱華臨重校印本　四十二冊　存八種

330000－1710－0003413　710/59　經部/叢編

重刊宋本十三經注疏七十五卷附十三經注疏校勘記七十五卷　(清)阮元撰　(清)盧宣旬摘錄　**校勘記識語四卷**　(清)汪文臺撰　清光緒十三年(1887)上海點石齋石印本　三十二冊

330000－1710－0003414　710/68、710/69　經部/叢編

重刊宋本十三經注疏四百十六卷附十三經注疏校勘記四百十六卷　(清)阮元撰　(清)盧宣旬摘錄　清嘉慶二十年至二十一年(1815－1816)南昌府學刻本　二十三冊　存二種

330000－1710－0003418　710/98　經部/叢編

十三經札記二十二卷附十六卷　(清)朱亦棟撰　清光緒四年(1878)武林竹簡齋刻本　五冊　存十二種

330000－1710－0003419　710/96－1　經部/群經總義類/傳說之屬

皇朝五經彙解二百七十卷　(清)朱鏡清輯　清光緒十九年(1893)上海積山書局石印本　三十冊　存二百十六卷(一至十二、二十一至三十二、四十一至八十、八十一至一百四、一百七至一百二十八、一百三十六至一百六十、一百八十一至二百十二、二百二十二至二百七十)

330000－1710－0003420　大藏經1　子部/宗教/佛教之屬/大藏

乾隆大藏經　清雍正十三年至乾隆三年(1735－1738)刻本(三十九卷原缺)　五千五百九十三冊　存一千四百三十四種

330000－1710－0003421　720/1　經部/易類/傳說之屬

周易本義四卷附圖說一卷卦歌一卷筮儀一卷　(宋)朱熹撰　清同治十年(1871)刻本　二冊

330000－1710－0003422　710/96－2　經部/群經總義類/傳說之屬

皇朝五經彙解二百七十卷　(清)朱鏡清輯　清光緒十九年(1893)上海積山書局石印本　四冊　存三十八卷(九十九至一百六、一百三十七至一百四十八、一百五十九至一百六十八、二百五十至二百五十七)

330000－1710－0003423　720/2　經部/叢編

漢魏二十一家易注三十三卷　(清)孫堂輯　清嘉慶四年(1799)平湖孫堂映雪草堂刻本　六冊

330000－1710－0003424　710/99　經部/叢編

御纂七經二百八十卷首十一卷序三卷　(清)李光地等撰　清光緒十七年(1891)上海鴻寶齋石印本　二十四冊

330000－1710－0003425　720/4　類叢部/叢書類/彙編之屬

雅雨堂藏書十三種　(清)盧見曾編　清乾隆二十一年(1756)德州盧氏雅雨堂刻增修本　一冊　存一種

330000－1710－0003426　720/11　經部/易類/傳說之屬

易說醒四卷首一卷末一卷　(明)洪守美撰　清同治十一年(1872)新豐刻本　三冊

330000－1710－0003427　720/5　經部/叢編

五經要義一百三十四卷　(宋)魏了翁撰　清光緒江蘇書局刻本　四冊　存十一卷(周易要義首、一至十)

330000－1710－0003428　720/6　經部/易類/傳說之屬

周易傳義音訓八卷首一卷　(宋)程頤傳　(宋)朱熹本義　(宋)呂祖謙音訓　**易學啓蒙一卷**　(宋)朱熹撰　清咸豐六年(1856)浦城與古齋祝鳳喈金陵刻本　八冊

330000－1710－0003429　720/8　經部/易類/傳說之屬

陳氏易說四卷附錄一卷　(清)陳壽熊撰　(清)諸福坤　(清)陶惟坻輯　清光緒二十一年(1895)陶惟坻木活字印本　二冊

330000－1710－0003432　720/15　類叢部/叢書類/自著之屬

焦氏叢書九種附一種　(清)焦循撰　清嘉慶至道光江都焦氏雕菰樓刻本　一冊　存一種

330000－1710－0003433　720/17、720/18　類叢部/叢書類/自著之屬

焦氏叢書九種附一種　(清)焦循撰　清嘉慶至道光江都焦氏雕菰樓刻本　三冊　存三種

330000－1710－0003434　720/19　類叢部/叢書類/彙編之屬

經訓堂叢書二十一種　(清)畢沅編　清乾隆至嘉慶鎮洋畢氏刻本　二冊　存一種

330000－1710－0003435　720/20　經部/易類/易占之屬

統運占易不分卷　(清)陳芝誥撰　清光緒二十六年(1900)湖北書局刻本　一冊

330000－1710－0003436　720/22　經部/易

類/傳說之屬

周易指三十八卷易例一卷易圖五卷易斷辭一卷附錄一卷 (清)端木國瑚撰 清刻本 二十冊

330000－1710－0003437 子/佛家/1 子部/宗教類/佛教之屬/經疏

大方廣圓覺經大疏十六卷 (唐)釋宗密撰 清宣統元年(1909)金陵刻經處刻本 三冊 存十二卷(五至十六)

330000－1710－0003438 720/23、720/24 類叢部/叢書類/自著之屬

張臯文箋易詮全集十六種 (清)張惠言撰 清嘉慶八年至道光十年(1803－1830)刻本 四冊 存二種

330000－1710－0003440 720/25 類叢部/叢書類/自著之屬

焦氏叢書九種附一種 (清)焦循撰 清嘉慶至道光江都焦氏雕菰樓刻本 一冊 存二種

330000－1710－0003441 子/佛家/3 史部/目録類/專録之屬

閱藏知津四十四卷總目四卷 (清)釋智旭輯 清光緒十八年(1892)金陵刻經處刻本 五冊 存二十三卷(總目一至四、一至十九)

330000－1710－0003442 720/26 類叢部/叢書類/自著之屬

槐軒全集二十一種附九種 (清)劉沅撰 清咸豐至民國刻彙印本 一冊 存一種

330000－1710－0003443 720/27 經部/易類/傳說之屬

周易廣義六卷 (清)潘元懋撰 清刻本 一冊 存一卷(二)

330000－1710－0003451 720/31 經部/叢編

十三經讀本一百五十二卷 (清)□□編 清同治金陵書局刻本 二冊 存一種

330000－1710－0003452 720/33 經部/易類/傳說之屬

周易審義四卷 (清)張惠言撰 清咸豐七年(1857)刻本 四冊

330000－1710－0003455 720/34 經部/易類/傳說之屬

周易擇言六卷 (清)鮑作雨撰 清同治三年(1864)瑞安項傳梅甌城刻本 六冊

330000－1710－0003457 子/佛家/12 子部/宗教類/佛教之屬/經

大般涅槃經四十卷 (北涼)釋曇無讖譯 清同治十三年(1874)刻本 十一冊

330000－1710－0003460 720/38 經部/易類/傳說之屬

易說六卷 (清)惠士奇撰 清嘉慶十五年(1810)璜川吳氏真意堂刻本 二冊

330000－1710－0003461 730/1 經部/叢編

十三經古注二百九十卷 (明)金蟠 (明)葛鼒校 明崇禎十二年(1639)永懷堂刻清同治八年(1869)浙江書局校修本 三冊 存一種

330000－1710－0003462 730/2 經部/書類/傳說之屬

書經集傳六卷 (宋)蔡沈撰 清光緒三年(1877)永康退補齋胡氏刻本 四冊

330000－1710－0003463 730/3 經部/叢編

五經 清光緒十九年(1893)浙江書局刻本 四冊 存一種

330000－1710－0003465 子/佛家/14 子部/宗教類/佛教之屬/經疏

大方廣佛華嚴經疏鈔會本二百二十卷 (唐)釋實叉難陀譯 (唐)釋澄觀撰 清刻本 四十二冊 存一百六十二卷(五十九至二百二十)

330000－1710－0003466 子/佛家/16 子部/宗教類/佛教之屬/經疏

觀楞伽阿跋多羅寶經記四卷畧科一卷 (南朝宋)釋求那跋陀羅譯 (明)釋德清筆記 明萬曆刻本 二冊

330000－1710－0003467 730/5 經部/書類/傳說之屬

書經圖說五十卷 (清)孫家鼐等修 清光緒三十一年(1905)石印本 八册 存三十卷(二十一至五十)

330000－1710－0003468 730/6 類叢部/叢書類/彙編之屬
望三益齋叢書十種 (清)吴棠編 清咸豐至光緒吴氏望三益齋刻本 四册 存一種

330000－1710－0003469 子/佛家/17 史部/傳記類/總傳之屬/釋道
居士傳五十六卷 (清)彭紹升撰 清光緒金陵刻經處刻本 四册

330000－1710－0003470 730/7 類叢部/叢書類/自著之屬
柏堂遺書(方柏堂全集)八種附一種 (清)方宗誠撰 清光緒元年至十二年(1875－1886)桐城方氏刻本 一册 存一種

330000－1710－0003471 730/10 經部/書類/傳說之屬
尚書考異六卷 (清)梅鷟撰 清光緒十八年(1892)浙江書局刻本 四册

330000－1710－0003472 730/11 類叢部/叢書類/自著之屬
湘綺樓全書十八種 王闓運撰 清光緒至宣統刻本 金蓉鏡批注 四册 存一種

330000－1710－0003473 子/佛家/18 集部/别集類/清别集
有懷堂詩藁六卷文藁二十二卷 (清)韓菼撰 清康熙四十二年(1703)韓氏有懷堂刻本 二册 存四卷(十四至十七)

330000－1710－0003475 子/佛家/20 子部/宗教類/佛教之屬/諸宗
大乘止觀法門釋要六卷 (明)釋智旭撰 清光緒二十二年(1896)刻本 一册 存三卷(四至六)

330000－1710－0003476 730/13 經部/書類/傳說之屬
尚書大傳五卷 (漢)伏勝撰 (漢)鄭玄注 (清)陳壽祺輯校 清道光十年(1830)廣州刻本 三册

330000－1710－0003478 730/14 經部/叢編
通志堂經解一百四十種 (清)納蘭成德輯 清康熙十九年(1680)納蘭成德刻本 一册 存一種

330000－1710－0003481 730/16 經部/書類/文字音義之屬
尚書隸古定釋文八卷 (清)李遇孫撰 清嘉慶九年(1804)馬錦刻本 二册

330000－1710－0003482 子/佛家/24 子部/宗教類/佛教之屬/律
四分律删鋪隨機羯磨徵文鈔十二卷 (唐)釋道宣注 (清)釋德成述 清康熙刻本 二册 存六卷(七至十二)

330000－1710－0003483 730/17 類叢部/叢書類/自著之屬
煙嶼樓集四種 (清)徐時棟撰 清同治至光緒刻彙印本 二册 存一種

330000－1710－0003484 730/18 類叢部/叢書類/自著之屬
寶樹堂遺書三種 (清)郭夢星撰 清光緒二十一年(1895)濰縣郭氏刻本 一册

330000－1710－0003485 子/佛家/25 子部/宗教類/佛教之屬/經
地藏菩薩本願經一卷 (唐)釋實叉難陀譯
南宋江陰軍乾明院羅漢尊號碑記一卷 (明)高道素手録 清蔣思銘刻本 一册

330000－1710－0003486 子/佛家/26 子部/宗教類/佛教之屬
雲棲法彙二十八種七十四卷 (明)釋袾宏撰 (明)王宇春等輯 清同治十二年(1873)刻本 二十册

330000－1710－0003487 730/20 經部/書類/傳說之屬
尚書孔傳參正三十六卷 王先謙撰 清光緒三十年(1904)虚受堂刻本 六册

330000－1710－0003488　730/22　類叢部/叢書類/自著之屬

儆居遺書十一種　(清)黄式三撰　清同治至光緒刻本　二册　存一種

330000－1710－0003489　730/24　經部/書類/分篇之屬

禹貢本義一卷　(清)楊守敬撰　清光緒三十二年(1906)鄂城菊灣刻本　一册

330000－1710－0003490　730/30　經部/書類/分篇之屬

禹貢會箋十二卷圖一卷山水总目一卷　(清)徐文靖撰　(清)趙弅訂　清同治十三年(1874)慈溪何氏常惺惺齋刻本　四册

330000－1710－0003491　730/32　經部/叢編

通志堂經解一百四十種　(清)納蘭成德輯　清康熙十九年(1680)納蘭成德刻本　一册　存一種

330000－1710－0003492　730/33　經部/書類/傳説之屬

尚書附考證五卷　清刻本　一册

330000－1710－0003494　子/佛家/27　子部/宗教類/佛教之屬

雲棲法彙二十八種七十四卷　(明)釋袾宏撰　(明)王宇春等輯　清嘉慶十九年(1814)刻本　十五册　缺三卷(戒疏發隱一、四,彌陀疏鈔一)

330000－1710－0003496　740/1　經部/詩類/傳説之屬

詩經集傳八卷　(宋)朱熹撰　清同治十年(1871)刻本　四册

330000－1710－0003497　740/2　經部/詩類/傳説之屬

詩經集傳八卷　(宋)朱熹撰　清光緒三年(1877)永康退補齋胡氏刻本　四册

330000－1710－0003498　子/佛家/28　子部/宗教類/佛教之屬

雲棲法彙二十八種七十四卷　(明)釋袾宏撰　(明)王宇春等輯　清嘉慶十九年(1814)刻本　七册　存二十一種

330000－1710－0003500　子/佛家/30　子部/宗教類/佛教之屬/論

成唯識論十卷　(天竺)護法等菩薩造　(唐)釋玄奘譯　清光緒二十二年(1896)金陵刻經處刻本　二册

330000－1710－0003501　子/佛家/31　子部/宗教類/佛教之屬/經疏

占察善惡業報經疏二卷　(隋)釋菩提登譯　(清)釋智旭述　**占察善惡業報經玄義一卷占察善惡業報經行法一卷**　(清)釋智旭輯　清同治七年(1868)清芬堂刻本　二册

330000－1710－0003502　子/佛家/32　子部/宗教類/佛教之屬/論

般若燈論十五卷　(天竺)龍樹菩薩造偈　(天竺)釋分别明釋論　(唐)釋波羅頗迦羅密多羅譯　清光緒二十四年(1898)金陵刻經處刻本　三册

330000－1710－0003503　740/4　經部/詩類/傳説之屬

詩經集傳八卷　(宋)朱熹撰　清同治三年(1864)浙江撫署刻本　四册　存八卷(一至八)

330000－1710－0003505　740/5、740/9　類叢部/叢書類/自著之屬

湘綺樓全書十八種　王闓運撰　清光緒至宣統刻本　三册　存一種

330000－1710－0003507　740/10　經部/詩類/傳説之屬

毛詩要義二十卷　(宋)魏了翁撰　清光緒八年(1882)莫祥芝上海影宋刻本　六册　存十一卷(一至十一)

330000－1710－0003512　740/6　經部/詩類/傳説之屬

詩經瑯環體註合纂八卷　(清)范翔鑒定　(清)沈世楷輯　清嘉慶十八年(1813)碧梧齋刻本　四册

330000－1710－0003513　740/11　經部/詩類/專著之屬

毛詩天文考一卷　(清)洪亮吉撰　清咸豐元年(1851)刻本　一冊

330000－1710－0003515　740/7　類叢部/叢書類/自著之屬

平湖顧氏遺書五種　(清)顧廣譽撰　清光緒三年(1877)顧鴻昇刻本　十冊　存二種

330000－1710－0003517　子/佛家/41　子部/宗教類/佛教之屬/論疏

唯識開蒙問答二卷　(元)釋雲峰集　清宣統三年(1911)揚州藏經禪院刻本　二冊

330000－1710－0003518　740/14　經部/詩類/傳說之屬

毛詩稽古編三十卷　(清)陳啟源撰　**附攷一卷**　(清)費雲倬撰　清光緒九年(1883)上海同文書局石印本　六冊

330000－1710－0003519　740/15、16、17　經部/詩類/三家詩之屬

陳氏毛詩五種　(清)陳奐撰　清道光至咸豐吳門南園陳氏掃葉山房刻本　十一冊　缺二卷(詩毛氏傳疏一至二)

330000－1710－0003520　子佛家/40　子部/宗教類/佛教之屬/經疏

法華指掌疏七卷懸示一卷科判一卷事義一卷　(清)釋通理撰　清乾隆十四年(1749)刻本　十冊　缺一卷(一)

330000－1710－0003523　740/18　類叢部/叢書類/自著之屬

槐軒全集二十一種附九種　(清)劉沅撰　清咸豐至民國刻彙印本　二冊　存一種

330000－1710－0003525　740/19　類叢部/叢書類/家集之屬

侯官陳氏遺書　(清)陳壽祺　(清)陳喬樅撰　清嘉慶至同治三山陳氏刻本　一冊　存一種

330000－1710－0003527　740/20　類叢部/叢書類/彙編之屬

武英殿聚珍版書(武英殿聚珍版叢書)一百三十八種　清乾隆四十二年(1777)福建刻道光至同治遞修光緒二十一年(1895)增刻本　三冊　存一種

330000－1710－0003530　740/24　經部/詩類/詩序之屬

詩序辨說一卷　(宋)朱熹撰　清刻本　一冊

330000－1710－0003532　740/26　類叢部/叢書類/家集之屬

叢睦汪氏遺書十九種　(清)汪篕編　清光緒十二年(1886)錢唐汪氏長沙刻本　二冊　存一種

330000－1710－0003533　740/27　經部/詩類/傳說之屬

御纂詩義折中二十卷　(清)傅恒　(清)陳兆崙等纂　清刻本　六冊

330000－1710－0003535　740/29　類叢部/叢書類/自著之屬

柏堂遺書(方柏堂全集)八種附一種　(清)方宗誠撰　清光緒元年至十二年(1875－1886)桐城方氏刻本　一冊　存一種

330000－1710－0003537　740/30　類叢部/叢書類/自著之屬

新化彭笙陔所著書四種　(清)彭焯南撰　清光緒刻本　二冊　存一種

330000－1710－0003538　740/34　類叢部/叢書類/彙編之屬

增訂漢魏叢書八十六種　(清)王謨編　清乾隆五十六年(1791)金谿王氏刻本　一冊　存一種

330000－1710－0003540　740/36　類叢部/叢書類/自著之屬

平湖顧氏遺書五種　(清)顧廣譽撰　清光緒三年(1877)顧鴻昇刻本　十冊　存二種

330000－1710－0003541　740/39　類叢部/叢書類/自著之屬

焦氏叢書九種附一種　(清)焦循撰　清嘉慶至道光江都焦氏雕菰樓刻本　一冊　存一種

330000－1710－0003542　740/37　類叢部/叢書類/自著之屬

平湖顧氏遺書五種　(清)顧廣譽撰　清光緒三年(1877)顧鴻昇刻本　十册　存二種

330000－1710－0003544　子/佛家/50　子部/宗教類/佛教之屬/經疏

大方廣佛新華嚴經合論一百二十卷首一卷　(唐)釋實叉難陀譯　(唐)李通玄撰論　(唐)釋志寧釐經合論　清同治金陵刻經處刻本　十五册　存六十卷(五十三至一百十二)

330000－1710－0003545　751/1　經部/三禮總義類/通禮雜禮之屬

五禮通考二百六十二卷首四卷總目二卷　(清)秦蕙田撰　清光緒六年(1880)江蘇書局刻本　一百册

330000－1710－0003548　730/12　類叢部/叢書類/自著之屬

湘綺樓全書十八種　王闓運撰　清光緒至宣統刻本　金蓉鏡批注　一册　存一種

330000－1710－0003549　751/3　經部/三禮總義類/通禮雜禮之屬

讀禮通考一百二十卷　(清)徐乾學撰　清光緒七年(1881)江蘇書局刻本　三十二册

330000－1710－0003551　751/10　經部/四書類/論語之屬/專著

鄉黨圖考十卷　(清)江永撰　清嘉慶二十年(1815)聚秀堂刻本　六册

330000－1710－0003552　751/7　經部/三禮總義類/通禮雜禮之屬

三禮從今三卷　(清)黄本驥撰　清道光二十四年(1844)刻本　一册

330000－1710－0003553　751/11　經部/三禮總義類/通禮雜禮之屬

朱子家禮五卷　(宋)朱熹撰　(清)郭嵩燾校訂　清光緒十七年(1891)思賢講舍刻本　一册

330000－1710－0003555　751/15　經部/三禮總義類/名物制度之屬

求古錄禮說十六卷補遺一卷　(清)金鶚撰　**校勘記三卷**　(清)王士駿輯　清光緒二年(1876)吳縣孫憙刻本　十册

330000－1710－0003556　751/20　經部/三禮總義類/通論之屬

禮書通故五十卷　(清)黄以周撰　清光緒十九年(1893)黄氏試館刻本　二册　存六卷(二十五至三十)

330000－1710－0003557　751/17　經部/三禮總義類/通禮雜禮之屬

禮書綱目八十五卷首三卷　(清)江永編　清嘉慶十五年(1810)婺源俞氏刻本　十册　存四十七卷(七至十二、十八至二十七、三十三至四十五、六十一至六十九、七十三至八十一)

330000－1710－0003561　752/4　經部/周禮類/傳說之屬

周禮十二卷　(漢)鄭玄注　(唐)陸德明音義　清光緒三年(1877)永康胡氏退補齋刻本　六册

330000－1710－0003562　752/5　經部/叢編

十三經古注二百九十卷　(明)葛鼒　(明)金蟠校　明崇禎十二年(1639)永懷堂刻清同治八年(1869)浙江書局校修本　四册　存一種

330000－1710－0003564　752/7　經部/三禮總義類/名物制度之屬

天子肆獻祼饋食禮三卷　(清)任啟運撰　清光緒十一年(1885)浙江書局刻本　一册

330000－1710－0003565　752/8　類叢部/叢書類/自著之屬

儆季雜著五種附二種　(清)黄以周撰　清光緒二十年至二十一年(1894－1895)江蘇南菁講舍刻本　二册　存一種

330000－1710－0003566　752/9　經部/周禮類/傳說之屬

禮說十四卷大學說一卷　(清)惠士奇撰　清嘉慶二年(1797)上海彭霖蘭陔書屋刻本　四册

330000－1710－0003568　752/12　經部/周禮類/傳說之屬

周禮正義八十六卷　(清)孫詒讓撰　清光緒三十一年(1905)鉛印本　十八册

330000－1710－0003569　752/14　經部/三禮總義類/名物制度之屬

任鈞臺先生遺書四卷　(清)任啟運撰　清嘉慶十三年(1808)彭信等刻本　四册

330000－1710－0003570　子/佛家/60　子部/宗教類/佛教之屬

諸佛世尊如來菩薩尊者名稱歌曲感應一卷大明太宗文皇帝御制序讚文一卷　(明)成祖朱棣撰　清刻本　一册

330000－1710－0003571　752/13　經部/周禮類/傳說之屬

周禮政要二卷　(清)孫詒讓撰　清光緒二十八年(1902)瑞安普通學堂刻本　二册

330000－1710－0003572　子/佛家/61　子部/宗教類/佛教之屬/諸宗

百丈叢林清規證義記九卷首一卷　(唐)釋懷海撰　(清)釋儀潤證義　清同治十年(1871)刻本　二册　存四卷(一至四)

330000－1710－0003573　753/2　經部/叢編

十三經古注二百九十卷　(明)金蟠　(明)葛鼒校　明崇禎十二年(1639)永懷堂刻清同治八年(1869)浙江書局校修本　四册　存一種

330000－1710－0003574　753/5　經部/儀禮類/逸禮之屬

儀禮逸經一卷傳一卷　(元)吴澄撰　清道光十五年(1835)吴氏刻本　一册

330000－1710－0003575　753/6　經部/儀禮類/傳說之屬

儀禮釋官九卷首一卷　(清)胡匡衷撰　清同治八年(1869)績谿胡肇智刻本　四册

330000－1710－0003576　753/7　經部/儀禮類/專著之屬

儀禮節讀一卷　(清)秋學禮輯　清嘉慶二十四年(1819)小方壺刻本　一册

330000－1710－0003577　753/9　經部/儀禮類/傳說之屬

儀禮鄭注句讀十七卷附監本正誤一卷石本誤字一卷　(清)張爾岐撰　清同治七年(1868)金陵書局刻本　四册

330000－1710－0003578　子/佛家/62　子部/宗教類/佛教之屬/總録

淄門崇行録十卷　(明)釋袾宏輯　清嘉慶四年(1799)京都拈花寺刻本　一

330000－1710－0003579　753/10　經部/叢編

五經要義　(宋)魏了翁撰　清光緒江蘇書局刻本　十一册　存一種

330000－1710－0003581　子/佛家/64　子部/宗教類/佛教之屬/經疏

大方廣圓覺修多羅了義經直解二卷　(唐)釋佛陀多羅譯　(明)釋德清解　清光緒十年(1884)杭城昭慶寺慧空經房刻本　一册　存一卷(上)

330000－1710－0003584　753/12　經部/儀禮類/傳說之屬

儀禮正義四十卷　(清)胡培翬撰　(清)楊大堉補　清咸豐二年(1852)刻同治七年(1868)補刻本　二十册

330000－1710－0003585　子/佛家/67　子部/宗教類/佛教之屬/經

覺世真經圖說訓解□□卷　清刻本　一册　存一卷(三)

330000－1710－0003586　753/19　經部/儀禮類/傳說之屬

儀禮十七卷　(漢)鄭玄注　(唐)陸德明音義　清光緒三年(1877)永康胡氏退補齋刻本　四册

330000－1710－0003588　754/1　經部/禮記類/傳說之屬

禮記集說十卷　(元)陳澔撰　清同治三年(1864)浙江撫署刻本　十册

330000－1710－0003589　754/2　經部/禮記

類/傳說之屬

禮記集說十卷　(元)陳澔集說　清同治五年(1866)金陵書局刻本　十冊

330000－1710－0003591　子/佛家/70　子部/宗教類/佛教之屬/律

毘尼日用切要一卷　(明)釋袾宏輯　清刻本　一冊

330000－1710－0003593　754/3　經部/禮記類/傳說之屬

禮記集說十卷　(元)陳澔撰　清同治七年(1868)楚北崇文書局刻本　十冊

330000－1710－0003594　子/佛家/72　子部/宗教類/佛教之屬/經疏

楞伽阿跋多羅寶經科解十卷　(明)釋普真貴撰　明天啟六年(1626)刻本　十冊

330000－1710－0003595　754/5　經部/叢編

十三經古注二百九十卷　(明)葛鼒　(明)金蟠校　明崇禎十二年(1639)永懷堂刻清同治八年(1869)浙江書局校修本　八冊　存一種

330000－1710－0003596　754/4　經部/禮記類/傳說之屬

禮記集說十卷　(元)陳澔撰　清光緒三年(1877)永康退補齋胡氏刻本　十冊

330000－1710－0003597　754/8　類叢部/叢書類/自著之屬

槐軒全集二十一種附九種　(清)劉沅撰　清咸豐至民國刻彙印本　七冊　存一種

330000－1710－0003598　子/佛家/73　子部/宗教類/佛教之屬/論

中論六卷　(天竺)龍樹菩薩造　(天竺)釋青目釋　(後秦)釋鳩摩羅什譯　清光緒揚州藏經院刻本　二冊

330000－1710－0003600　754/13　經部/三禮總義類/通論之屬

禮書通故五十卷　(清)黃以周撰　清光緒十九年(1893)黃氏試館刻本　三十二冊

330000－1710－0003601　754/12　經部/禮記類/傳說之屬

禮記集解六十一卷尚書顧命解一卷　(清)孫希旦撰　清咸豐十年至同治七年(1860－1868)瑞安孫氏盤谷草堂刻本　二十冊

330000－1710－0003603　子/佛家/76　集部/別集類/清別集

百城集三十卷　(清)釋道忞撰　清康熙十四年(1675)刻本　五冊　存二十五卷(六至三十)

330000－1710－0003604　754/14　類叢部/叢書類/自著之屬

湘綺樓全書十八種　王闓運撰　清光緒至宣統刻本　十二冊　存一種

330000－1710－0003605　754/17　經部/大戴禮記類/正文之屬

大戴禮記十三卷　(漢)戴德撰　清刻本　一冊

330000－1710－0003607　子/佛家/77　子部/宗教類/佛教之屬

雲棲法彙二十八種七十四卷　(明)釋袾宏撰　(明)王宇春等輯　清同治刻本　四冊　存六種

330000－1710－0003608　754/21　史部/政書類/儀制之屬/典禮

直省釋奠禮樂記六卷首一卷末一卷　(清)應寶時等輯　清同治十二年(1873)仁和吳恒長洲顧澐刻本　四冊

330000－1710－0003609　754/18　類叢部/叢書類/自著之屬

有恆心齋集六種附一種　(清)程鴻詔撰　清同治刻本　二冊　存一種

330000－1710－0003610　754/20　經部/三禮總義類/名物制度之屬

明堂圖說一卷　熊羅宿撰　清宣統二年(1910)刻本　一冊

330000－1710－0003611　子/佛家/78　子部/宗教類/佛教之屬

雲棲法彙二十八種七十四卷　(明)釋袾宏撰

（明）王宇春等輯　清同治刻本　十册

330000－1710－0003612　754/22　史部/政書類/儀制之屬/典禮

直省釋奠禮樂記六卷首一卷末一卷　（清）應寶時等輯　清光緒十七年（1891）廣東藩署刻本　四册

330000－1710－0003613　771/2　經部/春秋總義類/專著之屬

春秋輿圖一卷　（清）顧棟高撰　清乾隆十三年至十四年（1748－1749）萬卷樓刻本　一册

330000－1710－0003614　771/3　經部/叢編

古經解彙函十六種附小學彙函十四種　（清）鍾謙鈞等輯　清同治十二年（1873）粵東書局刻本　三册　存古經解彙函一種

330000－1710－0003617　771/6　經部/春秋總義類/傳說之屬

春秋三傳十六卷首一卷　陸氏三傳釋文音義十六卷　（唐）陸德明撰　清同治十年（1871）刻本　十四册

330000－1710－0003618　子/佛家/81　子部/宗教類/佛教之屬/經疏

佛說梵網經菩薩心地品合註七卷附玄義一卷　（後秦）釋鳩摩羅什譯　（明）釋智旭註　（清）釋道昉訂　清同治十三年（1874）金陵刻經處刻本　五册

330000－1710－0003619　771/5　經部/春秋總義類/傳說之屬

春秋三傳十六卷首一卷　陸氏三傳釋文音義十六卷　（唐）陸德明撰　清同治三年（1864）浙江撫署刻本　十四册

330000－1710－0003623　子/佛家/85　子部/宗教類/佛教之屬/總録

釋迦如來應化事蹟不分卷　（清）釋永珊識　清光緒二十三年（1897）揚州藏經院石印本　二册

330000－1710－0003624　771/8　類叢部/叢書類/自著之屬

柏堂遺書（方柏堂全集）八種附一種　（清）方宗誠撰　清光緒元年至十二年（1875－1886）桐城方氏刻本　八册　存一種

330000－1710－0003625　771/9　經部/春秋總義類/傳說之屬

此木軒春秋闕如編八卷　（清）焦袁熹撰　清嘉慶十二年（1807）錢熙彥、錢熙載刻本　四册

330000－1710－0003627　771/16　經部/春秋總義類/傳說之屬

春秋正旨一卷　（明）高拱撰　清道光至咸豐刻本　一册

330000－1710－0003628　子/佛家/87　子部/宗教類/佛教之屬/總録

釋迦譜十卷　（南朝梁）釋僧祐輯　清光緒三十四年（1908）武昌刻本　四册

330000－1710－0003629　子/佛家/88　子部/宗教類/佛教之屬/諸宗

萬善同歸集六卷　（宋）釋延壽撰　清同治十一年（1872）杭州昭慶慧空經房刻本　二册

330000－1710－0003630　子/佛家/89　子部/宗教類/佛教之屬/經疏

大方廣圓覺經大疏十六卷　（唐）釋宗密撰　清宣統元年（1909）金陵刻經處刻本　一册　存四卷（一至四）

330000－1710－0003631　771/20　經部/春秋總義類/專著之屬

春秋雜案十卷　（清）趙佑撰　清刻本　一册　存四卷（四至七）

330000－1710－0003632　771/11　經部/春秋總義類/傳說之屬

春秋屬辭十五卷　（元）趙汸撰　清刻本　一册　存四卷（一至四）

330000－1710－0003633　771/12　類叢部/類書類/專類之屬

春秋經傳類聯三十三卷　（清）王繩曾撰　（清）屈作梅補注　清嘉慶七年（1802）紉蘭堂刻本　二册

330000－1710－0003634　771/22　經部/叢編

璜川吳氏經學叢書十五種　(清)吳志忠等輯　清道光十年(1830)寶仁堂刻本　六冊　存一種

330000－1710－0003635　771/13　類叢部/叢書類/自著之屬

槐軒全集二十一種附九種　(清)劉沅撰　清咸豐至民國刻彙印本　七冊　存一種

330000－1710－0003637　子/佛家/91　子部/宗教類/佛教之屬/諸宗

宗鏡錄一百卷　(宋)釋延壽輯　清光緒二十五年(1899)江北刻經處刻本　十冊　存五十卷(六至五十五)

330000－1710－0003638　子/佛家/92　子部/宗教類/佛教之屬/經疏

佛說阿彌陀經疏鈔四卷　(明)釋袾宏撰　清光緒十八年(1892)金陵刻經處刻本　二冊　存二卷(一至二)

330000－1710－0003641　772/1　經部/叢編

十三經註疏三百三十三卷　(明)□□輯　明崇禎元年至十二年(1628－1639)古虞毛氏汲古閣刻本　六冊　存一種

330000－1710－0003643　子/佛家/95　子部/宗教類/佛教之屬/論疏

大乘起信論疏二卷首一卷　(陳)釋真諦譯　(唐)釋法藏疏　(唐)釋宗密注　清光緒三年(1877)長沙刻經處刻本　二冊

330000－1710－0003644　771/25　類叢部/叢書類/自著之屬

儆居遺書十一種　(清)黃式三撰　清同治至光緒刻本　一冊　存一種

330000－1710－0003645　子/佛家/96　子部/宗教類/佛教之屬/經疏

大方廣佛華嚴經疏鈔懸談二十八卷　(唐)釋澄觀撰　清光緒三十三年(1907)金陵刻經處刻本　七冊　存二十五卷(四至二十八)

330000－1710－0003646　771/26　經部/春秋總義類/傳說之屬

春秋世族譜二卷　(清)陳厚耀撰　**補一卷**　(清)葉蘭撰　清刻本　二冊

330000－1710－0003649　771/27　類叢部/叢書類/彙編之屬

邵武徐氏叢書二十三種　(清)徐榦編　清光緒邵武徐氏刻本　一冊　存一種

330000－1710－0003650　772/6　經部/春秋左傳類/傳說之屬

春秋左傳杜注三十卷首一卷　(清)姚培謙撰　清光緒九年(1883)江南書局刻本　十冊

330000－1710－0003651　771/29　經部/春秋總義類/專著之屬

春秋楚地疆域表一卷　(清)彭焯南撰　清光緒二十三年(1897)鄒代佑二玉山館刻本　一冊

330000－1710－0003653　771/33　經部/叢編

古經解彙函十六種附小學彙函十四種　(清)鍾謙鈞等輯　清同治十二年(1873)粵東書局刻本　四冊　存古經解彙函一種

330000－1710－0003654　772/7　經部/叢編

十三經古注二百九十卷　(明)金蟠　(明)葛鼒校　明崇禎十二年(1639)永懷堂刻清同治八年(1869)浙江書局校修本　十冊　存一種

330000－1710－0003655　子/佛家/98　子部/宗教類/佛教之屬/經

大方廣佛華嚴經八十卷　(唐)釋實叉難陀譯　**入不思議解脫境界普賢行願品一卷**　(唐)釋般若譯　**華嚴普賢行願懺儀一卷**　(宋)釋淨源編集　**復菴和尚華嚴綸貫一卷**　(宋)釋復菴撰　**華嚴大經處會品目卷帙總要之圖一卷**　清同治七年(1868)刻本　二十八冊

330000－1710－0003656　772/9　經部/春秋左傳類/傳說之屬

春秋經傳集解三十卷　(晉)杜預撰　**春秋年表一卷**　(宋)岳珂刊補　**春秋名號歸一圖二卷**　(五代)馮繼先撰　清光緒三年(1877)永

康胡氏退補齋刻本　十二冊

330000－1710－0003657　772/12　經部/春秋左傳類/傳說之屬

春秋左氏傳賈服註輯述二十卷　（清）李貽德撰　清光緒八年(1882)江蘇書局刻本　六冊

330000－1710－0003661　772/14　類叢部/叢書類/彙編之屬

函海一百五十二種　（清）李調元編　清乾隆綿州李氏萬卷樓刻嘉慶十四年(1809)李鼎元道光五年(1825)李朝夔重校補刻本　一冊　存二種

330000－1710－0003663　772/15　經部/叢編

璜川吳氏經學叢書十五種　（清）吳志忠輯　清道光十年(1830)寶仁堂刻本　一冊　存一種

330000－1710－0003669　772/20　經部/春秋左傳類/傳說之屬

左繡三十卷首一卷　（清）馮李驊　（清）陸浩評輯　**春秋經傳集解三十卷**　（晉）杜預原本　（唐）陸德明音釋　（宋）林堯叟附註　（清）馮李驊增訂　清康熙五十九年(1720)華川書屋刻本　四冊　存三十卷(左繡四至七、二十至三十、春秋經傳集解四至七、二十至三十)

330000－1710－0003670　772/19　類叢部/叢書類/彙編之屬

風雨樓叢書二十三種　鄧實編　清宣統順德鄧氏鉛印本　一冊　存一種

330000－1710－0003671　773/1　經部/春秋公羊傳類/傳說之屬

春秋公羊傳十一卷　（漢）何休注　（唐）陸德明音義　清光緒三年(1877)永康胡氏退補齋刻本　四冊

330000－1710－0003672　子/佛家/106　子部/宗教類/佛教之屬/經

大方廣佛華嚴經六十卷　（南朝宋）釋佛陀跋陀羅等譯　清光緒七年(1881)常熟刻經處刻本　十五冊　存五十六卷(五至六十)

330000－1710－0003673　773/2、774/2　經部/叢編

十三經古注二百九十卷　（明）金蟠　（明）葛鼒校　明崇禎十二年(1639)永懷堂刻清同治八年(1869)浙江書局校修本　六冊　存二種

330000－1710－0003674　子/佛家/107　子部/宗教類/佛教之屬/論疏

大乘起信論疏筆削記會閱十卷首一卷　（唐）釋法藏述疏　（唐）釋宗密録註　（宋）釋子璿修記　（清）釋續法會編　清光緒十五年(1889)刻本　十冊

330000－1710－0003675　子/佛家/108　子部/宗教類/佛教之屬/經疏

大佛頂如來密因修證了義諸菩薩萬行首楞嚴經文句十卷　（清）釋智旭撰　清光緒元年(1875)刻本　三冊　存四卷(七至十)

330000－1710－0003677　子/佛家/109　子部/宗教類/佛教之屬/論疏

大乘百法明門論一卷八識規矩頌一卷　（明）釋廣益纂釋　清光緒四年(1878)刻本　一冊

330000－1710－0003678　773/3　經部/春秋公羊傳類/傳說之屬

春秋公羊經傳解詁十二卷　（漢）何休學　清道光四年(1824)揚州汪氏問禮堂影刻宋紹熙本　二冊

330000－1710－0003679　773/4　經部/春秋公羊傳類/傳說之屬

春秋公羊傳箋十一卷　王闓運撰　清光緒二十六年(1900)東州刻本　金蓉鏡題記　六冊

330000－1710－0003680　子/佛家/111　子部/宗教類/佛教之屬/論疏

成唯識論觀心法要十卷　（清）釋智旭撰　清光緒二十六年(1900)揚州藏經院刻本　四冊　存四卷(一至四)

330000－1710－0003682　子/佛家/113　子部/宗教類/佛教之屬

註心賦四卷　（宋）釋延壽撰　清光緒三年

(1877)金陵刻經處刻本　四冊

330000－1710－0003683　773/8　經部/春秋總義類/專著之屬

春秋繁露十七卷附錄一卷　（漢）董仲舒撰　（明）孫鑛評　清康熙董文昌刻乾隆董氏補刻本　一冊　存二卷（一至二）

330000－1710－0003684　774/1　經部/春秋穀梁傳類/傳說之屬

春秋穀梁傳十二卷　（晉）范甯集解　（唐）陸德明音義　清同治七年（1868）湖北崇文書局刻本　二冊

330000－1710－0003685　子/佛家/114　子部/宗教類/佛教之屬/經疏

大方廣佛華嚴經普賢行願品別行疏鈔十五卷　（唐）釋澄觀疏　（唐）釋宗密鈔　**大方廣佛華嚴經普賢行願品疏科文一卷**　（唐）釋宗密撰　清光緒三十二年（1906）金陵刻經處刻本　三冊　缺七卷（九至十五）

330000－1710－0003686　子/佛家/115　子部/宗教類/佛教之屬/經疏

大佛頂如來密因修證了義諸菩薩萬行首楞嚴經文句十卷玄義二卷　（清）釋智旭撰　清同治十三年（1874）刻本　十冊

330000－1710－0003687　子/佛家/116　子部/宗教類/佛教之屬/經

佛說七俱胝佛母准提大明陀羅尼一卷大悲心咒持誦簡法一卷受八關戒斎發一卷香讚一卷佛說阿彌陀經一卷金剛經啟請一卷金剛般若波羅密經一卷般若波羅密多心經一卷妙法蓮華經觀世音菩薩普門品一卷高山經一卷　清刻本　一冊

330000－1710－0003688　773/6、773/7　經部/春秋公羊傳類/專著之屬

公羊臆三卷讀公羊注記疑三卷　（清）張憲和撰　清光緒刻本　四冊

330000－1710－0003689　774/4　經部/春秋穀梁傳類/傳說之屬

春秋穀梁經傳補注二十四卷首一卷末一卷　（清）鍾文烝補注　清光緒二年（1876）嘉善鍾氏信美室刻本　八冊

330000－1710－0003690　774/5　經部/春秋穀梁傳類/傳說之屬

春秋穀梁傳十二卷　（晉）范甯集解　（唐）陸德明音義　清光緒三年（1877）永康胡氏退補齋刻本　四冊

330000－1710－0003692　780/2　經部/四書類/論語之屬/傳說

論語十卷　（宋）朱熹集注　清刻本　二冊

330000－1710－0003693　780/3、780/13　經部/叢編

十三經古注二百九十卷　（明）葛鼒　（明）金蟠校　明崇禎十二年（1639）永懷堂刻清同治八年（1869）浙江書局校修本　五冊　存三種

330000－1710－0003695　780/5　經部/四書類/論語之屬/傳說

論語古訓十卷附一卷　（清）陳鱣撰　清光緒九年（1883）浙江書局刻本　二冊

330000－1710－0003696　780/6　經部/叢編

古經解彙函十六種附小學彙函十四種　（清）鍾謙鈞等輯　清同治十二年（1873）粵東書局刻本　一冊　存古經解彙函一種

330000－1710－0003698　子/佛家/118　子部/宗教類/佛教之屬/經

金剛般若波羅蜜經一卷　（後秦）釋鳩摩羅什譯　**般若波羅蜜多心經一卷**　（唐）釋玄奘譯　**佛說阿彌陀經附發願文一卷**　**佛說觀彌勒菩薩上生兜率陀天經一卷**　（南朝宋）沮渠京声譯　**佛說彌勒下生經一卷**　（後秦）釋鳩摩羅什譯　**佛說觀彌勒菩薩下生經一卷**　竺法護譯　清同治至民國刻本　一冊

330000－1710－0003699　子/佛家/119　子部/宗教類/佛教之屬/律

沙彌律儀要畧不分卷　（明）釋袾宏輯　（清）釋源諒補校　清光緒二十五年（1899）刻本　一冊

330000－1710－0003701　子/佛家/121　子

部/宗教類/佛教之屬/諸宗
念佛起緣彌陀觀偈直解一卷　(清)張淵撰
法藏比丘四十八願一卷十念法門一卷　清同治刻本　一册

330000－1710－0003702　子/佛家/123　子部/宗教類/佛教之屬/經疏
佛説阿彌陀經疏鈔擷一卷　(後秦)釋鳩摩羅什譯　(明)釋袾宏疏鈔　(清)徐槐廷擷　清同治六年(1867)刻本　一册

330000－1710－0003704　780/8　類叢部/叢書類/自著之屬
榕村全書三十二種附十種　(清)李光地撰　清道光九年(1829)李維迪刻本　一册　存一種

330000－1710－0003706　780/17　類叢部/叢書類/自著之屬
焦氏叢書九種附一種　(清)焦循撰　清嘉慶至道光江都焦氏雕菰樓刻本　十一册　存一種

330000－1710－0003707　780/10　子部/儒家類/儒家之屬
孔子集語二十二卷　(清)羅惇衍輯　清咸豐稿本　祝廷錫題記　一册　存四卷(一至四)

330000－1710－0003708　780/12　經部/四書類/孟子之屬/傳説
孟子章句七卷　(宋)朱熹撰　清刻本　三册

330000－1710－0003709　780/18　類叢部/叢書類/彙編之屬
文選樓叢書三十三種　(清)阮亨編　清嘉慶至道光儀徵阮氏刻本　十一册　存一種

330000－1710－0003711　子/佛家/124　子部/宗教類/佛教之屬/經
佛教西來玄化應運略錄一卷　(宋)程輝編
佛説四十二章經一卷　(漢)釋迦葉摩騰(漢)釋竺法蘭譯　**佛遺教經一卷**　(後秦)釋鳩摩羅什譯　**八大人覺經一卷**　(漢)釋安世高譯　清同治九年(1870)金陵刻經處刻本　一册

330000－1710－0003712　780/19　經部/四書類/孟子之屬/傳説
孟子要略五卷　(宋)朱熹撰　(清)劉傳瑩輯　清光緒二十八年(1902)廣雅書局刻本　一册

330000－1710－0003713　子/佛家/122　子部/宗教類/佛教之屬/諸宗
教觀綱宗釋義紀三卷　(明)釋智旭撰　**始終心要一卷**　(唐)釋湛然撰　(宋)釋從義注
三千有門頌畧解一卷　(宋)陳瓘撰　(明)釋真覺畧解　清光緒二十七年(1901)刻本　二册　缺一卷(教觀綱宗釋義紀二)

330000－1710－0003714　子/佛家/125　子部/宗教類/佛教之屬/論
發菩提心論二卷　(印度)天親菩薩造　(後秦)釋鳩摩羅什譯　清光緒十四年(1888)江北刻經處刻本　一册

330000－1710－0003717　子/佛家/127　子部/宗教類/佛教之屬/經疏
釋教三字經一卷　(明)釋廣真撰　(清)釋敏修注　清同治十一年(1872)杭州慧空經房刻本　一册

330000－1710－0003719　780/24　經部/四書類/總義之屬/傳説
四書改錯二十二卷　(清)毛奇齡撰　清嘉慶十六年(1811)金孝柏學圃刻本　金蓉鏡題記　六册

330000－1710－0003720　780/25　經部/四書類/總義之屬/傳説
四書反身錄八卷首一卷　(清)李顒撰　清道光十一年(1831)浙江書局刻本　四册

330000－1710－0003721　780/28　類叢部/叢書類/彙編之屬
西京清麓叢書正編三十二種續編二十七種外編二十四種　(清)賀瑞麟編　清同治至民國傳經堂刻本　一册　存一種

330000－1710－0003722　780/30　經部/四書類/總義之屬/傳説

四書正體十九卷校定字音一卷 (清)呂世鏞輯 清玉山堂刻本 五冊 缺五卷(論語一至五)

330000－1710－0003723 子/佛家/129 子部/宗教類/佛教之屬/論疏
相宗八要解八種八卷 (明)釋明昱撰 清光緒二十八年(1902)金陵刻經處刻本 一冊 存二種

330000－1710－0003724 780/31 經部/四書類/總義之屬/傳說
四書類典賦二十四卷 (清)甘紱撰 清刻本 八冊 存十五卷(三至十七)

330000－1710－0003725 780/32 經部/四書類/總義之屬/專著
四書典制彙編八卷 (清)胡掄撰 清刻本 二冊 存四卷(三至六)

330000－1710－0003726 780/34 經部/四書類/總義之屬/專著
四書偶談內外編二卷 (清)戚學標撰 清刻本 三冊

330000－1710－0003729 780/35 經部/四書類/總義之屬/傳說
四書續談內編二卷補一卷外編二卷補一卷 (清)戚學標撰 清嘉慶二十四年(1819)四明青照樓刻本 四冊

330000－1710－0003733 780/36 經部/四書類/總義之屬
四書古註羣義彙解九種九十四卷 (清)□□輯 清光緒十四年(1888)上海點石齋石印本 十六冊

330000－1710－0003734 子/佛家/135 經部/四書類/中庸之屬/傳說
蕅益中庸直指一卷 (明)釋智旭撰 清刻本 一冊

330000－1710－0003736 780/37 經部/四書類/總義之屬/傳說
四書味根錄三十七卷 (清)金澂撰 清光緒十二年(1886)上海積山書局石印本 三冊 缺十四卷(孟子一至十四)

330000－1710－0003737 780/39 經部/四書類/總義之屬/傳說
四書集註十九卷 (宋)朱熹撰 清同治十一年(1872)金陵書局刻本 一冊 存二卷(大學、中庸)

330000－1710－0003738 780/40 經部/四書類/總義之屬/傳說
四書集註十九卷 (宋)朱熹撰 清光緒湖北官書處刻本 金蓉鏡批 一冊 存二種

330000－1710－0003739 780/41 經部/四書類/總義之屬/傳說
四書集註十九卷 (宋)朱熹撰 **疑字辨一卷** 清光緒三年(1877)永康胡氏退補齋刻本 金蓉鏡批 一冊 存二卷(大學、中庸)

330000－1710－0003740 780/42 類叢部/叢書類/自著之屬
槐軒全集二十一種附九種 (清)劉沅撰 清咸豐至民國刻彙印本 一冊 存一種

330000－1710－0003742 780/44 經部/四書類/大學之屬/傳說
讀大學記二卷 董鴻勳撰 清宣統刻本 二冊

330000－1710－0003744 780/46 經部/四書類/中庸之屬/傳說
中庸輯畧二卷 (宋)石𡼖集錄 (宋)朱熹刪定 清光緒三年(1877)沃州餘慶堂刻本 二冊

330000－1710－0003745 780/49 類叢部/叢書類/自著之屬
榕村全書三十二種附十種 (清)李光地撰 清道光九年(1829)李維迪刻本 二冊 存一種

330000－1710－0003746 780/52 類叢部/叢書類/自著之屬
浮谿艸堂叢書四種 (清)宋翔鳳撰輯 清嘉慶至道光宋氏浮溪草堂刻本 一冊 存一種

330000－1710－0003747　790/2　經部/孝經類/傳說之屬

孝經一卷　(唐)玄宗李隆基注　(唐)陸德明音義　**孝經刊誤一卷**　(宋)朱熹著　清光緒三年(1877)永康胡氏退補齋刻本　一冊

330000－1710－0003748　790/3　經部/孝經類/傳說之屬

孝經一卷附校刊記一卷　(唐)玄宗李隆基注　(唐)陸德明音義　清光緒六年(1880)山西濬文書局刻本　一冊

330000－1710－0003750　811.1/2　集部/總集類/選集之屬/通代

文選六十卷　(南朝梁)蕭統輯　(唐)李善注　**文選考異十卷**　(清)胡克家撰　清同治八年(1869)湖北崇文書局刻本　二十四冊

330000－1710－0003751　811.1/3　集部/總集類/選集之屬/通代

文選六十卷　(南朝梁)蕭統輯　(唐)李善注　清同治八年(1869)金陵書局刻本　十冊

330000－1710－0003753　子/佛家/139　子部/宗教類/佛教之屬/諸宗

念佛四大要訣一卷玉峯法師傳一卷　(清)釋古崑撰　清光緒七年(1881)刻本　一冊

330000－1710－0003754　811.1/4　集部/總集類/選集之屬/通代

文選六十卷　(南朝梁)蕭統輯　(唐)李善注　(清)何焯評　清乾隆三十四年至三十七年(1769－1772)長洲葉氏海錄軒刻朱墨套印本　十一冊

330000－1710－0003755　子/佛家/139－2　子部/宗教類/佛教之屬/律

沙彌律儀要畧不分卷　(明)釋袾宏輯　(清)釋源諒補校　清光緒二十五年(1899)刻本　一冊

330000－1710－0003757　811.1/5　集部/總集類/選集之屬/通代

文選六十卷　(南朝梁)蕭統輯　(唐)李善注　**文選考異十卷**　(清)胡克家撰　清光緒六年(1880)四明林植梅刻本　二十四冊

330000－1710－0003759　811.1/2－2　集部/總集類/選集之屬/通代

文選六十卷　(南朝梁)蕭統輯　(唐)李善注　(清)何焯評　清乾隆三十四年至三十七年(1769－1772)長洲葉氏海錄軒刻朱墨套印本　一冊　存五卷(二十一至二十五)

330000－1710－0003760　811.1/7　集部/總集類/選集之屬/通代

文選補遺四十卷首一卷　(元)陳仁子輯　清道光二十五年(1845)刻本　十冊

330000－1710－0003762　811.1/9　集部/總集類/選集之屬/通代

昭明文選集成六十卷首二卷　(南朝梁)蕭統輯　(清)方廷珪評注　清乾隆三十二年(1767)古榕方氏倣范軒刻本　十一冊　存二十二卷(六至七、十四至二十二、二十九至三十四、三十七至三十八、五十八至六十)

330000－1710－0003763　811.1/12　集部/總集類/選集之屬/通代

古文苑二十一卷　(宋)章樵注　清光緒十二年(1886)江蘇書局刻本　四冊

330000－1710－0003764　811.1/13　集部/總集類/選集之屬/通代

續古文苑二十卷　(清)孫星衍輯　清光緒九年(1883)江蘇書局刻本　六冊

330000－1710－0003766　811.1/14　類叢部/叢書類/彙編之屬

新斠平津館叢書十集三十四種　(清)孫星衍編　清光緒十年至十五年(1884－1889)吳縣朱氏槐廬家塾刻本　八冊　存一種

330000－1710－0003770　子/佛家/147　子部/宗教類/佛教之屬/諸宗

教觀綱宗一卷教觀綱宗釋義一卷　(明)釋智旭撰　清光緒刻本　一冊

330000－1710－0003772　811.1/15　集部/總集類/選集之屬/通代

全上古三代秦漢三國六朝文七百四十一卷

(清)嚴可均輯　清光緒二十年(1894)黄岡王毓藻廣州刻本　九十七册　缺二十四卷(全晉文三十至三十六、全宋文一至十七)

330000－1710－0003773　子/佛家/149　子部/宗教類/佛教之屬/論疏
大乘起信論裂網疏六卷　(清)釋智旭撰　清光緒金陵書局刻本　一册

330000－1710－0003775　811.1/16　集部/總集類/彙編之屬
漢魏六朝一百三家集(漢魏六朝百三名家集)　(明)張溥編　清光緒三年(1877)滇南唐氏壽考堂刻本　二十九册　存三十九種

330000－1710－0003780　子/佛家/155　子部/宗教類/佛教之屬
道説紀餘四集四卷　(清)了一居士輯　清光緒三十二年(1906)刻本　二册　存二卷(三至四)

330000－1710－0003781　811.1/18　集部/總集類/選集之屬/通代
三國兩晉南北朝文選□□卷　(清)錢士馨　(清)陸上瀾選　清初來復堂刻本　五册　存四卷(三國文一至三、兩晉文一)

330000－1710－0003782　811.1/19　集部/總集類/彙編之屬
六朝四家全集　(清)胡鳳丹輯　清同治九年(1870)永康胡氏退補齋刻本　六册

330000－1710－0003783　811.1/22　集部/總集類/選集之屬/通代
漢魏六朝女子文選二卷　張維輯　清宣統三年(1911)海鹽朱是刻本　一册

330000－1710－0003784　811.1/17　集部/總集類/彙編之屬
漢魏六朝名家集初刻四十種　丁福保輯　清宣統三年(1911)上海文明書局鉛印本　三十册

330000－1710－0003787　811.1/23　集部/總集類/選集之屬/斷代
欽定全唐文一千卷目錄三卷　(清)董誥等輯　清嘉慶十九年(1814)内府刻本　三百二十册

330000－1710－0003788　子/佛家/158　子部/宗教類/佛教之屬/經
佛説四諦七經七卷　清光緒六年(1880)金陵刻經處刻本　一册

330000－1710－0003790　子/佛家/160　子部/儒家類/儒學之屬/禮教/鑑戒
御製勸善要言一卷　(清)世祖福臨撰　清刻本　一册

330000－1710－0003791　子/佛家/161　子部/宗教類/佛教之屬/諸宗
念佛四大要訣一卷玉峯法師傳一卷　(清)釋古崑撰　清光緒七年(1881)刻本　一册

330000－1710－0003792　811.1/24　集部/總集類/選集之屬/斷代
欽定全唐文一千卷目錄三卷　(清)董誥等輯　清嘉慶十九年(1814)内府刻本　二百九十六册　缺十卷(四百六十九至四百七十二、五百三十四至五百三十六、六百六十三至六百六十五)

330000－1710－0003795　子/佛家/164　子部/宗教類/佛教之屬/諸宗
安樂集二卷　(唐)釋道綽撰　清光緒二十三年(1897)金陵刻經處刻本　一册

330000－1710－0003796　811.1/25　集部/總集類/選集之屬/斷代
唐文粹一百卷　(宋)姚鉉輯　清光緒九年(1883)江蘇書局刻本　十六册

330000－1710－0003797　子/佛家/165　子部/宗教類/佛教之屬
佛爾雅八卷　(清)周春撰　清嘉慶二十一年(1816)刻本　一册

330000－1710－0003798　子/佛家/166　子部/宗教類/佛教之屬/經咒
佛頂光明摩訶薩怛多般怛囉無上神咒一卷附密宗綱要譯釋陀羅尼九章　(清)釋續法輯　清光緒十三年(1887)刻本　一册

330000－1710－0003799　子/佛家/167　子部/宗教類/佛教之屬/論

金剛般若波羅蜜經破空論一卷心經釋要一卷波羅蜜經觀心釋一卷　(明)釋智旭撰　清同治十年(1871)如皋刻經處刻本　一册

330000－1710－0003800　811.1//26　集部/總集類/選集之屬/斷代

宋文鑑一百五十卷目録三卷　(宋)吕祖謙輯　清光緒十二年(1886)江蘇書局刻本　十四册　存八十六卷(一至二十、五十二至六十二、七十二至一百十七、一百三十九至一百四十四、目録一至三)

330000－1710－0003802　811.1/27　集部/總集類/選集之屬/斷代

金文最六十卷首一卷　(清)張金吾輯　清光緒二十一年(1895)蘇州書局刻本　十二册　存四十七卷(首、一至十六、三十一至六十)

330000－1710－0003805　811.1/29　集部/總集類/選集之屬/斷代

明文在一百卷　(清)薛熙輯　清光緒十五年(1889)江蘇書局刻本　十册

330000－1710－0003806　811.1/30　集部/總集類/選集之屬/斷代

金文雅十六卷作者考一卷　(清)莊仲方輯　清道光二十一年(1841)木活字印本　四册

330000－1710－0003807　811.1/31　集部/總集類/選集之屬/通代

古文五删五十二卷　(明)張溥輯　明末段君定刻本　三册　存八卷(唐文粹三至十)

330000－1710－0003810　子/佛家/173　子部/宗教類/佛教之屬

西齋淨土詩四卷　(明)釋梵琦撰　清光緒九年(1883)金陵刻經處刻本　一册

330000－1710－0003811　811.1/36　集部/總集類/選集之屬/通代

御選唐宋文醇五十八卷目録一卷　(清)高宗弘曆輯　清光緒三年(1877)浙江書局刻本　二十册

330000－1710－0003812　811.1/38　集部/總集類/選集之屬/通代

唐宋八大家類選十四卷　(清)儲欣輯　清光緒二十四年(1898)上海漱石山房石印本　五册　存十二卷(一至二、五至十四)

330000－1710－0003813　子/佛家/174　子部/宗教類/佛教之屬/經

金剛般若波羅蜜經句解易知一卷　(後秦)釋鳩摩羅什譯　**感應故事一卷**　清光緒二十九年(1903)刻本　一册

330000－1710－0003814　811.1/37　類叢部/叢書類/彙編之屬

正誼堂全書六十三種續刻五種　(清)張伯行編　(清)楊浚重編　清同治五年(1866)福州正誼書院刻同治八年至光緒十三年(1869－1887)續刻本　十册　存一種

330000－1710－0003815　811.1/39　集部/總集類/彙編之屬

陳太僕批選八家文鈔　(清)陳兆崙編　清光緒二十六年(1900)天津文美齋石印本　金蓉鏡題記　六册

330000－1710－0003816　811.1/41　集部/總集類/選集之屬/斷代

聖宋文選全集三十二卷　(宋)□□輯　清光緒八年(1882)郯城于氏影宋刻本　八册

330000－1710－0003817　811.1/40　集部/總集類/選集之屬/斷代

唐人三家集三種　(清)秦恩復編　清道光十年(1830)江都秦氏石研齋刻本　四册

330000－1710－0003820　子/佛家/177　經部/易類

沈穀成先生易學四種十八卷　(清)沈善登撰　清光緒桐鄉沈氏豫恕堂刻本　三册　存一種

330000－1710－0003821　子/佛家/178　子部/宗教類/佛教之屬/經咒

佛頂光明摩訶薩怛多般怛囉無上神咒一卷附密宗綱要譯釋陀羅尼九章　(清)釋續法輯

清刻本　一冊

330000－1710－0003822　子/佛家/179　子部/宗教類/佛教之屬/經疏

梵網經菩薩戒本二卷　(後秦)釋鳩摩羅什譯　(唐)釋法藏疏　清刻本　一冊　存二卷(一至二)

330000－1710－0003825　811.1/42　集部/總集類/彙編之屬

三宋人集　不著撰者　清光緒七年(1881)碧琳瑯館刻本　六冊

330000－1710－0003826　811.1/48　集部/別集類/宋別集

西山真文忠公全集八種　(宋)真德秀撰　清同治三年(1864)刻本　八冊　存一種

330000－1710－0003827　811.1/43　集部/總集類/氏族之屬

三蘇全集四種　(清)儲欣編　清刻本　九冊　存二種

330000－1710－0003828　811.1/46　集部/總集類/選集之屬/斷代

南宋文範七十卷外編四卷作者考二卷　(清)莊仲方輯　清道光十七年(1837)木活字印本　十六冊

330000－1710－0003829　811.1/49　集部/總集類/選集之屬/通代

文章正宗復刻三十卷續十二卷　(宋)真德秀編　清同治三年(1864)刻本　四冊　存十二卷(續文章正宗復刻一至十二)

330000－1710－0003830　811.1/50　集部/總集類/選集之屬/通代

文苑珠林四卷　(清)蔣超伯撰　清同治三年(1864)高涼郡齋刻通齋全集本　金蓉鏡批　二冊

330000－1710－0003831　子/佛家/182　子部/宗教類/佛教之屬/經疏

佛說阿彌陀經要解便蒙鈔三卷　(清)釋智旭解　(清)釋達默鈔　(清)釋達林參訂　清光緒二十三年(1897)刻本　三冊

330000－1710－0003832　子/佛家/183　子部/宗教類/道教之屬/雜著

苦口良藥一卷　(清)江駕鵬撰　清道光二十八年(1848)刻本　一冊

330000－1710－0003833　子/佛家/184　子部/宗教類/佛教之屬/經

仁王護國般若波羅密多經二卷　(後秦)釋鳩摩羅什譯　清刻本　一冊

330000－1710－0003835　子/佛家/186　子部/宗教類/佛教之屬/論

十住毗婆沙論十五卷　(後秦)釋鳩摩羅什譯　清光緒二十一年(1895)江北刻經處刻本　三冊

330000－1710－0003837　811.1/53　集部/總集類/選集之屬/通代

古文淵鑒六十四卷　(清)徐乾學等輯注　清同治十二年(1873)浙江書局刻本　三十二冊

330000－1710－0003838　811.1/54　集部/總集類/選集之屬/通代

古文眉詮七十九卷首一卷　(清)浦起龍輯　清乾隆九年(1744)蘇州三吳書院刻本　七冊　存三十四卷(五至十四、三十五至三十九、四十五至四十八、五十四至六十八)

330000－1710－0003839　811.1/55　集部/總集類/選集之屬/通代

古文詞畧二十四卷　(清)梅曾亮選　清同治六年(1867)合肥李氏刻本　五冊

330000－1710－0003840　811.1/56　集部/總集類/選集之屬/通代

書業堂重訂古文釋義新編八卷　(清)余誠評註　(清)余芝糸閱　清刻本　六冊　存六卷(一至六)

330000－1710－0003841　811.1/51　集部/總集類/選集之屬/通代

文苑英華選六十卷　(清)宮夢仁輯　清康熙四十一年(1702)刻本　十二冊　存四十六卷(一至十六、二十至三十、三十五至四十二、四十七至五十二、五十六至六十)

330000－1710－0003846　子/佛家/192　子部/宗教類/佛教之屬/律
菩薩戒本經一卷菩薩戒本經箋要一卷　(晉)釋曇無讖譯　(明)釋智旭箋　清同治九年(1870)光緒六年(1880)金陵刻經處刻本　一册

330000－1710－0003847　811.1/57　集部/總集類/選集之屬/通代
古文辭類纂七十五卷　(清)姚鼐輯　清同治八年(1869)刻本　十六册

330000－1710－0003848　811.1/58　集部/總集類/選集之屬/通代
續古文辭類纂三十四卷　王先謙輯　清光緒八年(1882)長沙王氏虚受堂刻本　八册

330000－1710－0003850　811.1/59　集部/總集類/選集之屬/通代
古文辭類纂七十四卷　(清)姚鼐輯　**續古文辭類纂三十四卷**　王先謙輯　清光緒三十三年(1907)上海商務印書館鉛印本　七册　存六十卷(古文辭類纂三十一至七十四、續古文辭類纂一至十六)

330000－1710－0003851　811.1/60　集部/總集類/選集之屬/通代
續古文辭類纂二十八卷　(清)黎庶昌輯　清光緒十五年(1889)上海商務印書館鉛印本　六册　存十三卷(一至十三)

330000－1710－0003854　811.1/63　集部/總集類/選集之屬/通代
經史百家雜鈔二十六卷　(清)曾國藩輯　清光緒三十二年(1906)上海商務印書館鉛印本　十二册

330000－1710－0003856　811.1/65　集部/總集類/選集之屬/通代
桐城吴氏古文讀本十三卷　(清)吴汝綸評選　清光緒二十九年(1903)北京華北書局鉛印本　四册

330000－1710－0003865　811.1/64　集部/總集類/選集之屬/通代
涵芬樓古今文鈔一百卷　吴曾祺輯　清宣統二年(1910)上海商務印書館鉛印本　九十六册　缺四卷(一、八十七、九十九、一百)

330000－1710－0003866　811.1/70、811.1/71　集部/總集類/選集之屬/斷代
山曉閣選明文全集二十四卷續集八卷　(清)孫琮輯並評　清康熙刻本　十五册　存二十六卷(二至二十、二十三至二十四、續一至三、七至八)

330000－1710－0003872　子/佛家/205　子部/宗教類/佛教之屬/總録
證性錄二卷　(明)王養性証　(明)吴自弘校　**文成會答問一卷**　(明)饑若耶問　(明)王養性答頌　明末刻本　一册

330000－1710－0003873　811.1/72　集部/總集類/選集之屬/斷代
國朝文匯甲前集二十卷甲集六十卷乙集七十卷丙集三十卷丁集二十卷　(清)國學扶輪社輯　清宣統元年(1909)上海國學扶輪社石印本　三十九册　存七十八卷(甲前集一至十四、十九至二十,甲集三至十、十三至二十二、二十五至三十、四十七至四十八,乙集二十一至二十二,丙集一至三十,丁集十三至十四、十七至十八)

330000－1710－0003874　子/佛家/206　子部/宗教類/佛教之屬/諸宗
寶藏論一卷　(後秦)釋僧肇撰　清光緒二十三年(1897)金陵刻經處刻本　一册

330000－1710－0003875　子/佛家/207　史部/傳記類/總傳之屬/釋道
高僧傳初集至四集　(清)楊文會輯　清光緒十年至十八年(1884－1892)金陵刻經處　江北刻經處刻本　四册　存一種

330000－1710－0003876　子/佛家/208　史部/傳記類/總傳之屬/釋道
高僧傳初集至四集　(清)楊文會輯　清光緒十年至十八年(1884－1892)金陵刻經處　江北刻經處刻本　九册　存一種

330000－1710－0003877　811.1/73　集部/總集類/選集之屬/斷代

八旗文經五十六卷作者攷三卷敘錄一卷　(清)盛昱　(清)楊鍾羲輯　清光緒二十七年(1901)武昌刻朱印本　金蓉鏡題記　十二冊

330000－1710－0003878　子佛家/209　史部/傳記類/總傳之屬/釋道

高僧傳初集至四集　(清)楊文會輯　清光緒十年至十八年(1884－1892)金陵刻經處　江北刻經處刻本　八冊　存一種

330000－1710－0003879　811.1/75　集部/總集類/選集之屬/斷代

湖海文傳七十五卷目錄一卷　(清)王昶輯　清道光十七年(1837)經訓堂刻同治五年(1866)印本　十冊

330000－1710－0003880　子/佛家/210　史部/傳記類/總傳之屬/釋道

高僧傳初集至四集　(清)楊文會輯　清光緒十年至十八年(1884－1892)金陵刻經處　江北刻經處刻本　二冊　存一種

330000－1710－0003881　子/佛家/211　子部/宗教類/道教之屬

救生船四卷末一卷　清光緒二年(1876)刻本　二冊　缺二卷(一至二)

330000－1710－0003882　子/佛家/212　子部/宗教類/佛教之屬/經疏

心經旁解合忝一卷　(清)王何功纂輯　**金剛般若波羅蜜經旁解一卷**　(後秦)釋鳩摩羅什譯　(清)雲峰大師乩釋　**金剛經受持靈驗記一卷**　(清)吳尚采輯　清刻本　一冊

330000－1710－0003885　811.1/77　類叢部/叢書類/自著之屬

留青采珍集□□種　(清)陳枚選　(清)陳德裕校　清康熙憑山閣刻本　十七冊　存四種

330000－1710－0003889　811.1/78　集部/總集類/彙編之屬

國朝二十四家文鈔二十四卷　(清)徐斐然輯　清乾隆六十年(1795)刻本　六冊

330000－1710－0003890　子/佛家/215　子部/宗教類/佛教之屬/諸宗

禪門日誦諸經一卷　清同治十二年(1873)刻本　一冊

330000－1710－0003894　子/佛家/219　類叢部/叢書類/彙編之屬

學津討原一百七十三種　(清)張海鵬編　清嘉慶十年(1805)虞山張氏照曠閣刻本　一冊　存一種

330000－1710－0003896　子/佛家/221　子部/雜著類/雜說之屬

二十二史感應錄二卷　(清)彭希涑輯　清光緒四年(1878)刻本　一冊

330000－1710－0003898　811.1/81　集部/總集類/彙編之屬

乾坤正氣集一百一十種五百七十四卷首一卷　(清)姚瑩　(清)顧沅　(清)潘錫恩輯　清道光二十八年(1848)涇縣潘氏袁江節署刻同治五年(1866)新建吳坤修皖江重印本　二百冊　缺一卷(四百九十四)

330000－1710－0003899　811.1/82　集部/總集類/郡邑之屬

湖南文徵一百九十卷首一卷目錄六卷姓氏傳四卷　(清)羅汝懷輯　清同治十年(1871)湘潭羅汝懷刻本　九十九冊　缺一卷(後編一)

330000－1710－0003904　子/佛家/227　子部/宗教類/佛教之屬/經疏

佛說阿彌陀經要解一卷　(姚秦)釋鳩摩羅什譯　(明)釋智旭解　**般若波羅蜜多經述問補註一卷**　清宣統元年(1909)石印本　一冊

330000－1710－0003905　811.1/83　集部/總集類/郡邑之屬

國朝中州文徵五十四卷首一卷　(清)蘇源生編　清道光二十三年至二十五年(1843－1845)刻本　二十八冊

330000－1710－0003906　811.1/84　集部/總集類/郡邑之屬

中州名賢文表内集三十卷　(明)劉昌輯　清

康熙四十五年(1706)錢塘汪氏刻本　一冊　存八卷(七至十四)

330000－1710－0003909　子/佛家/230　子部/叢編
伍柳僊宗　(明)伍守楊　(清)柳華陽等撰　(清)鄧徽績輯　清宣統二年(1910)刻本　一冊　存一種

330000－1710－0003910　811.1/86　集部/總集類/郡邑之屬
滇南文畧不分卷　(清)袁文揆　(清)張登瀛輯　清肆雅堂刻本　十一冊

330000－1710－0003911　子/佛家/231　子部/宗教類/佛教之屬
佛爾雅八卷　(清)周春撰　清嘉慶二十一年(1816)刻本　一冊

330000－1710－0003913　子/佛家/233　子部/宗教類/佛教之屬/經
仁王護國般若波羅蜜經二卷　(後秦)釋鳩摩羅什譯　清刻本　一冊

330000－1710－0003914　子/佛家/234　子部/宗教類/佛教之屬/論
唯識二十論一卷　(印度)世親菩薩造　(唐)釋玄奘譯　**唯識二十論述記四卷**　(唐)釋窺基撰　清宣統二年(1910)江西刻經處刻本　二冊

330000－1710－0003915　811.1/87　集部/總集類/郡邑之屬
松陵文錄二十四卷　(清)淩淦輯　清同治十三年(1874)刻本　八冊

330000－1710－0003916　811.1/89　類叢部/叢書類/家集之屬
丹徒戴氏叢刻七種　(清)戴肇辰編　清同治至光緒刻本　十一冊　存二種

330000－1710－0003917　811.1/90　類叢部/叢書類/家集之屬
丹徒戴氏叢刻七種　(清)戴肇辰編　清光緒三年(1877)廣陵刻本　六冊　存一種

330000－1710－0003918　811.1/91　集部/總集類/選集之屬/斷代
陸陳二先生詩文鈔　(清)葉裕仁輯　清同治九年至光緒二年(1870－1876)安道書院刻本　八冊　缺一卷(桴亭先生文鈔續鈔)

330000－1710－0003919　811.1/92　集部/總集類/氏族之屬
海虞三陶先生集合刻三種　(清)楊沂孫輯　清光緒七年(1881)楊同福貴池縣署刻本　董巽觀題記　八冊

330000－1710－0003921　811.1/93　集部/總集類/氏族之屬
藤溪朱氏文略八卷　朱承業輯　清宣統三年(1911)刻本　三冊　存五卷(四至八)

330000－1710－0003925　811.1/97　集部/總集類/郡邑之屬
當湖文繫初編二十八卷　(清)朱壬林纂輯　清光緒十五年(1889)刻本　十二冊

330000－1710－0003936　811.1/95　類叢部/叢書類/家集之屬
繡水王氏家藏集十四種　(清)王相輯　清咸豐五年(1855)王聚之刻本　七冊　缺十一卷(清貽堂存藁一至四、無止境初存藁一至六、集外詩)

330000－1710－0003941　811.1/99　類叢部/叢書類/郡邑之屬
海昌叢載三十二種　(清)羊復禮編　清光緒海昌羊氏傳卷樓粵東刻本　七冊　存二十九種

330000－1710－0003947　811.1/108　集部/別集類/清別集
蓮漪文鈔八卷　(清)汪曰楨輯　清咸豐九年至同治二年(1859－1863)刻本　二冊

330000－1710－0003948　子/佛家/254　子部/雜著類/雜說之屬
註釋心相全編二卷　(宋)希夷先生　(宋)麻衣道人合編　(清)秦子瞻註譯　(清)李朝宗募刊　**種牛痘之害說一卷**　(清)戴福康書

吳處厚青葙親記三十六相一卷　清宣統影印本　一册

330000－1710－0003949　811.1/110　集部/總集類/選集之屬/通代

古文辭類纂十五卷　(清)姚鼐輯　**續古文辭類纂十卷**　王先謙輯　清光緒二十年(1894)上海圖書集成印書局鉛印本　八册

330000－1710－0003950　811.1/109　集部/總集類/選集之屬/通代

文選十卷　(南朝梁)蕭統輯　(唐)李善注

文選考異十卷　(清)胡克家撰　清同治八年(1869)湖北崇文書局刻本　四册　存十卷(考異一至十)

330000－1710－0003952　811.1/111　集部/總集類/選集之屬/斷代

西漢文二十卷東漢文二十卷　(明)張采輯　明崇禎刻本　五册　存十卷(西漢文一至四、九至十,東漢文十五至十八)

330000－1710－0003953　811.1/112　集部/總集類/選集之屬/通代

文選章句二十八卷　(明)陳與郊撰　明萬曆二十五年(1597)刻本　二册　存六卷(十六至二十一)

330000－1710－0003954　子/佛家/256　子部/宗教類/佛教之屬/諸宗

憨山大師浄宗法要一卷附進修法要一卷　(清)趙鉞輯　清道光二十四年(1844)杭州昭慶寺慧空經房刻本　一册

330000－1710－0003961　811.1/104　集部/總集類/選集之屬/通代

悦心集四卷　(清)世宗胤禛輯　清雍正四年(1726)刻本　二册

330000－1710－0003963　811.1/106　集部/總集類/選集之屬/通代

古文警怡閒居涉錄八卷　(清)施希賢錄　清抄本　八册

330000－1710－0003964　811.1/116　集部/總集類/選集之屬/斷代

同人集十二卷　(清)冒襄輯　清光緒八年(1882)冒觀光刻本　十二册

330000－1710－0003966　811.2/3　集部/總集類/選集之屬/通代

古詩源十四卷　(清)沈德潛輯　清光緒十七年(1891)湖南思賢書局刻本　四册

330000－1710－0003968　811.2/4　集部/總集類/選集之屬/通代

漁洋山人古詩選三十二卷　(清)王士禛(王士禎)選　清同治五年(1866)金陵書局刻本　八册

330000－1710－0003969　811.2/5　集部/總集類/選集之屬/通代

文選各家詩集四卷　(清)陳光明輯　清光緒五年(1879)醉經堂刻本　二册

330000－1710－0003971　子/佛家/263　子部/宗教類/佛教之屬/經疏

徑中徑又徑徵義三卷首一卷　(清)張師誠輯　(清)徐槐廷注　清光緒刻本　一册

330000－1710－0003979　子/佛家/270　子部/宗教類/佛教之屬/經疏

圓覺經略疏之鈔二十五卷　(唐)釋宗密撰　清宣統三年(1911)揚州藏經院刻本　五册

330000－1710－0003980　子/佛家/271　子部/宗教類/佛教之屬/諸宗

念佛警策二卷　(清)彭紹升撰　清光緒三年(1877)刻本　一册

330000－1710－0003981　811.2/9　集部/總集類/選集之屬/斷代

全唐詩九百卷目錄十二卷　(清)曹寅等輯　清康熙四十四年至四十六年(1705－1707)揚州詩局刻本　三十三册　存二百三十卷(見綜合附注)

330000－1710－0003982　811.2/12　集部/總集類/選集之屬/斷代

唐人萬首絶句選七卷　(清)王士禛輯　清康熙洪氏松花書屋刻同治九年(1870)修補本　二册

330000－1710－0003984　811.2/14　集部/總集類/選集之屬/斷代

唐詩三百首註疏六卷　(清)孫洙編　(清)章燮注　清道光十五年(1835)建德章燮刻本　六冊

330000－1710－0003986　811.2/13　集部/總集類/選集之屬/斷代

唐人萬首絕句選七卷　(清)王士禛輯　清光緒二十三年(1897)金陵書局刻本　二冊

330000－1710－0003988　子/佛家/275　子部/宗教類/佛教之屬/諸宗

華嚴經旨歸一卷修華嚴奧旨妄盡還源觀一卷華嚴經義海百門一卷　(唐)釋法藏撰　清光緒刻本　一冊

330000－1710－0003989　811.2/15　集部/總集類/選集之屬/斷代

唐四家詩集二十卷附二種　(清)胡鳳丹輯　清光緒十三年(1887)湖北官書處刻本　金蓉鏡批　五冊　存四種

330000－1710－0003991　811.2/20　集部/總集類/選集之屬/斷代

唐詩快十六卷選詩前後諸詠一卷　(清)黃周星輯　清康熙刻本　三冊　存十一卷(唐詩快六至十六)

330000－1710－0003992　811.2/25　集部/總集類/選集之屬/斷代

才調集十卷　(五代)韋縠輯　清康熙四十三年(1704)汪氏垂雲堂刻本　一冊　存二卷(一至二)

330000－1710－0003993　811.2/31　集部/總集類/選集之屬/通代

御選唐宋詩醇四十七卷目錄二卷　(清)高宗弘曆輯　清光緒七年(1881)浙江書局刻本　二十冊

330000－1710－0003994　811.2/26　集部/總集類/選集之屬/斷代

才調集補註十卷　(五代)韋縠輯　(清)殷元勳箋注　(清)宋邦綏補注　清光緒二十年(1894)江蘇書局刻本　四冊

330000－1710－0003995　811.2/27　集部/總集類/選集之屬/斷代

唐中興間氣集二卷　(唐)高仲武輯　清光緒十九年(1893)武進費氏刻本　二冊

330000－1710－0003996　811.2/32　集部/總集類/選集之屬/通代

御選唐宋詩醇四十七卷目錄二卷　(清)高宗弘曆輯　清光緒十九年(1893)湖南思賢講舍刻本　二十冊

330000－1710－0003997　811.2/28　集部/總集類/選集之屬/斷代

河嶽英靈集三卷　(唐)殷璠輯　明刻本　一冊

330000－1710－0003998　811.2/29　集部/總集類/選集之屬/斷代

唐省試詩十卷類書春東陸秋西陸攷悞一卷　(清)陳訏箋評　清康熙刻本　二冊

330000－1710－0004003　811.2/37　集部/總集類/選集之屬/斷代

宋詩選輯不分卷　(清)密齋氏訂　清抄本　二冊

330000－1710－0004005　子/佛家/281　子部/宗教類/佛教之屬/經疏

略釋新華嚴經修行次第決疑論四卷　(唐)李通立撰　清同治九年(1870)如皋刻經處刻本　二冊

330000－1710－0004007　811.2/38　集部/總集類/選集之屬/斷代

宋百家詩存　(清)曹廷棟編　清乾隆六年(1741)嘉善曹氏二六書堂刻本　三冊　存二十七種

330000－1710－0004008　子/佛家/282　子部/宗教類/佛教之屬/經疏

無量壽經起信論三卷觀無量壽佛經約論一卷阿彌陀經約論一卷　(清)彭紹升撰　清同治十一年(1872)如皋刻經處刻本　一冊

330000－1710－0004011　子/佛家/283　子部/宗教類/佛教之屬/經疏

大方廣佛華嚴經要解一卷　(宋)釋戒環集　清同治十一年(1872)金陵刻經處刻本　一册

330000－1710－0004012　子/佛家/284　子部/宗教類/佛教之屬/諸宗

華嚴金師子章一卷華嚴經明法品内立三寶章一卷流轉章一卷法界緣起章一卷圓音章一卷法身章一卷十世章一卷玄義章一卷　(唐)釋法藏撰　清光緒二十一年(1895)金陵刻經處刻本　一册

330000－1710－0004013　子/佛家/285　子部/宗教類/佛教之屬/諸宗

華嚴一乘十玄門一卷華嚴五十要問答二卷　(唐)釋智儼撰　清光緒二十二年(1896)金陵刻經處刻本　一册

330000－1710－0004014　子/佛家/286　子部/宗教類/佛教之屬/經

佛説無量壽經二卷　(三國魏)釋康僧鎧譯　清同治十三年(1874)金陵刻經處刻本　一册

330000－1710－0004015　811.2/41　史部/史評類/詠史之屬

南宋雜事詩七卷　(清)沈嘉轍等撰　清同治十一年(1872)淮南書局刻本　四册

330000－1710－0004016　811.2/52　集部/總集類/彙編之屬

弘正四傑詩集　(清)張百熙編　清光緒二十一年(1895)長沙張氏湘雨樓刻本　十六册

330000－1710－0004018　811.2/53　集部/總集類/郡邑之屬

南園前五先生詩五卷首一卷　(明)葛徵奇輯　**南園後五先生詩二十五卷首一卷**　(清)陳文藻輯　**附刻南園花信詩一卷**　(明)黎遂球輯　清同治九年(1870)南海陳氏樵山草堂刻本　八册

330000－1710－0004019　811.2/8　集部/總集類/彙編之屬

唐詩百名家全集　(清)席啓寓輯　清康熙四十一年(1702)洞庭席氏琴川書屋刻本　四十册　存七十一種

330000－1710－0004021　子/佛家/287　子部/宗教類/佛教之屬/諸宗

念佛百問一卷　(清)釋悟開撰　清同治五年(1866)刻本　一册

330000－1710－0004023　子/佛家/289　子部/宗教類/佛教之屬

雲棲法彙二十八種七十四卷　(明)釋袾宏撰　(明)王宇春等輯　清光緒二十三年至二十五年(1897－1899)金陵刻經處刻本　二册　存二種

330000－1710－0004024　子/佛家/290　子部/宗教類/佛教之屬/經疏

佛説梵網經菩薩心地品合註七卷　(後秦)釋鳩摩羅什譯　(明)釋智旭註　(清)釋道昉訂　**佛説梵網經菩薩心地品玄義一卷**　(明)釋智旭述　(清)釋道昉訂　**菩薩戒羯磨文釋一卷**　(唐)釋玄奘譯　(明)釋智旭釋　**菩薩戒本經一卷**　(晉)釋曇無讖譯　**重定授菩薩戒法一卷學菩薩戒法一卷梵網經懺悔行法一卷毘尼後集問辨一卷**　(明)釋智旭述　清同治十三年(1874)金陵刻經處刻本　五册

330000－1710－0004025　子/佛家/291　子部/宗教類/佛教之屬/諸宗

賢首五教儀開蒙增註五卷附華嚴經品會大義一卷　(清)釋通理撰　清宣統元年(1909)揚州藏經院刻本　一册　存一卷(五)

330000－1710－0004030　811.2/60　集部/總集類/選集之屬/斷代

列朝詩集乾集二卷甲集前編十一卷甲集二十二卷乙集八卷丙集十六卷丁集十六卷閏集六卷　(清)錢謙益輯　清順治九年(1652)毛氏汲古閣刻本　二十五册　存四十六卷(甲集前編八至九,甲集五至十二、十九至二十二,乙集四至八,丙集一至十三,丁集一至二、五至九、十一至十四,閏集一至三)

330000－1710－0004031　811.2/61　集部/總集類/選集之屬/通代

歷朝詩約選九十二卷　(清)劉大櫆輯　清光緒二十一年至二十三年(1895－1897)文徵閣刻本　二十四冊

330000－1710－0004033　子/佛家/297　子部/宗教類/道教之屬/戒律
萬善先資集四卷　(清)周思仁撰　清刻本　二冊

330000－1710－0004034　811.2/62　集部/總集類/選集之屬/斷代
國朝詩鐸二十六卷首一卷　(清)張應昌輯　清同治八年(1869)永康應氏秀芝堂刻本　十四冊

330000－1710－0004035　811.2/64　集部/總集類/選集之屬/斷代
欽定熙朝雅頌集一百六卷首集二十六卷餘集二卷　(清)鐵保等輯　清嘉慶九年(1804)刻本　二十四冊

330000－1710－0004036　811.2/65　集部/總集類/選集之屬/斷代
國朝正雅集九十九卷首一卷　(清)符葆森輯　清咸豐六年至七年(1856－1857)京師半畝園刻本　二十四冊

330000－1710－0004037　子/佛家/298　子部/宗教類/佛教之屬/經
金剛般若波羅蜜經二卷　(後秦)鳩摩羅什譯　**般若波羅蜜多心經一卷**　(唐)玄奘譯　清光緒二十二年(1896)真州張淨觀刻本　二冊

330000－1710－0004039　811.2/55　集部/總集類/選集之屬/斷代
唐詩別裁集十卷　(清)沈德潛輯　清康熙刻本　清祝振批跋　三冊　缺四卷(三至六)

330000－1710－0004040　811.2/55－2　集部/總集類/選集之屬/斷代
唐詩別裁集十卷　(清)沈德潛輯　清康熙刻本　四冊

330000－1710－0004041　811.2/68　集部/總集類/彙編之屬
國初十大家詩鈔十種　(清)王相編　清道光十年(1830)秀水王氏信芳閣木活字印本　二十冊

330000－1710－0004042　子/佛家/301　子部/宗教類/佛教之屬/諸宗
淨業知津一卷闢邪一卷　(清)釋悟開撰　清同治十三年(1874)金陵刻經處刻本　一冊

330000－1710－0004047　子/佛家/304　子部/宗教類/佛教之屬
勸發菩提心文一卷　(清)釋實賢撰　清光緒刻本　一冊

330000－1710－0004049　811.2/76、811.2/77　集部/總集類/郡邑之屬
兩浙輶軒續錄五十四卷補遺六卷　(清)潘衍桐輯　清光緒十七年(1891)浙江書局刻本　四十冊

330000－1710－0004051　811.2/78　集部/總集類/郡邑之屬
國朝杭郡詩輯三十二卷姓氏韻編一卷　(清)吳顥輯　(清)吳振棫重輯　清同治十三年(1874)錢塘丁氏刻本　十二冊

330000－1710－0004052　811.2/75　集部/總集類/郡邑之屬
兩浙輶軒錄四十卷　(清)阮元輯　清嘉慶仁和朱氏碧溪草堂　錢塘陳氏種榆仙館刻本　三十二冊

330000－1710－0004053　811.2/79　集部/總集類/郡邑之屬
國朝杭郡詩續輯四十六卷姓氏韻編一卷　(清)吳振棫輯　清光緒二年(1876)錢塘丁氏刻本　十六冊

330000－1710－0004055　子/佛家/308　子部/宗教類/佛教之屬
勸發菩提心文一卷　(清)釋實賢撰　清光緒刻本　一冊

330000－1710－0004056　子/佛家/309　子部/宗教類/佛教之屬/諸宗
淨業知津一卷闢邪一卷　(清)釋悟開撰　清同治十三年(1874)金陵刻經處刻本　一冊

330000－1710－0004057　子/佛家/310　子部/宗教類/佛教之屬/經

金剛般若波羅蜜經一卷　(後秦)釋鳩摩羅什譯　清光緒十五年(1889)金陵刻經處刻本　一册

330000－1710－0004058　811.2/80　集部/總集類/郡邑之屬

國朝杭郡詩三輯一百卷　(清)丁申　(清)丁丙編　清光緒十九年(1893)錢塘丁氏刻本　三十册　存七十三卷(一至四十九、七十五至八十六、八十九至一百)

330000－1710－0004059　811.2/81　集部/總集類/郡邑之屬

貞豐詩萃五卷　(清)陶煦輯　清咸豐十一年至同治三年(1861－1864)元和陶煦儀一堂刻本　二册

330000－1710－0004060　811.2/84　集部/總集類/郡邑之屬

浙西六家詩鈔六卷　(清)吳應和等撰　清道光七年(1827)紫薇山館刻本　六册

330000－1710－0004061　子/佛家/311　子部/宗教類/佛教之屬/經

戒殺放生文一卷附放生義一卷　(明)釋袾宏等撰　清光緒三十二年(1906)金陵刻經處刻本　一册

330000－1710－0004064　811.2/86　集部/總集類/郡邑之屬

國朝湖州詩錄三十四卷　(清)陳焯輯　**補編二卷**　(清)鄭祖琛輯　**續錄十六卷**　(清)鄭佶輯　清道光十年至十一年(1830－1831)小谷口刻本　十八册

330000－1710－0004069　子/佛家/316　子部/宗教類/佛教之屬

雲棲法彙二十八種七十四卷　清光緒二十三年至二十五年(1897－1899)金陵刻經處刻本　一册　存一種

330000－1710－0004070　811.2/91　集部/總集類/郡邑之屬

續檇李詩繫四十卷　(清)胡昌基輯　清宣統三年(1911)刻本　二十册

330000－1710－0004071　子/佛家/317　子部/宗教類/佛教之屬

道説紀餘初集一卷　(清)了一居士輯　清光緒二十六年(1900)刻本　一册

330000－1710－0004072　子/佛家/318　子部/宗教類/佛教之屬/經疏

藥師琉璃光如來本願功德經一卷　(唐)釋玄奘譯　清同治十一年(1872)刻本　一册

330000－1710－0004075　811.2/92　集部/總集類/郡邑之屬

聞湖詩三鈔八卷　(清)李道悠輯　清光緒十九年(1893)刻本　二册

330000－1710－0004076　811.2/94　集部/總集類/郡邑之屬

梅里詩輯二十八卷　(清)許燦輯　**續梅里詩輯十二卷補遺一卷**　(清)沈愛蓮編　清道光三十年(1850)嘉興縣齋刻本　六册

330000－1710－0004077　811.2/98　集部/總集類/郡邑之屬

硤川詩鈔二十卷首一卷詞鈔一卷　(清)曹宗載輯　(清)顧瀾校　清光緒十八年(1892)雙山講舍刻本　四册

330000－1710－0004078　811.2/99　集部/總集類/郡邑之屬

硤川詩續鈔十六卷詞續鈔一卷　(清)許仁沐　蔣學堅輯　清光緒二十一年(1895)雙山講舍刻本　六册

330000－1710－0004079　811.2/102　集部/總集類/郡邑之屬

鴛湖六子詩稿六卷　(清)宋咸熙選定　(清)金芬集訂　清刻本　二册

330000－1710－0004085　811.2/103　集部/總集類/郡邑之屬

鴛水聯唫集二十卷　(清)岳鴻慶撰　清道光二十一年(1841)刻本　四册

330000－1710－0004086　子/佛家/324　子部/宗教類/佛教之屬/論

十二門論宗致義記三卷　(唐)釋法藏撰　清光緒二十一年(1895)金陵刻經處刻本　一冊

330000－1710－0004087　子/佛家/325　子部/宗教類/佛教之屬

永嘉真覺大師證道歌一卷　(唐)釋玄覺撰　(宋)釋彥琪注　清光緒三十四年(1908)刻本　一冊

330000－1710－0004088　子/佛家/326　子部/宗教類/佛教之屬/經疏

徑中徑又徑徵義三卷首一卷　(清)張師誠輯　(清)徐槐廷注　清光緒刻本　一冊

330000－1710－0004089　811.2/104　集部/總集類/氏族之屬

三朱遺編　(清)楊伯潤輯　清光緒十五年(1889)嘉興楊氏刻本　一冊

330000－1710－0004090　子/佛家/327　子部/宗教類/佛教之屬/論

百論二卷　(印度)提婆菩薩造　(天竺)婆藪開士釋　(後秦)釋鳩摩羅什譯　**十八空論一卷**　(陳)釋真諦譯　**廣百論本一卷**　(天竺)聖天菩薩造　(唐)釋玄奘譯　清宣統三年(1911)揚州天寧寺刻本　一冊

330000－1710－0004091　811.2/105　集部/總集類/氏族之屬

新安先集二十卷附崇祀錄一卷　(清)朱之榛輯　清同治十三年(1874)蘇州刻光緒補刻本　七冊

330000－1710－0004094　811.2/109　集部/總集類/氏族之屬

石門吳氏家集　清光緒十八年(1892)世同堂刻本　四冊

330000－1710－0004096　子/佛家/329　子部/宗教類/佛教之屬/經咒

瑜伽燄口施食要集一卷首一卷　(清)釋德基輯　(清)釋寶華述　清光緒三年(1877)金陵刻經處刻本　一冊

330000－1710－0004097　811.2/108　集部/總集類/氏族之屬

慎行堂三世詩存三種　徐寶炘　徐寶華輯　清咸豐九年(1859)民國九年(1920)刻民國九年(1920)匯印本　三冊

330000－1710－0004100　811.2/111　集部/總集類/氏族之屬

鄭氏外戚詩鈔二卷　清光緒二十八年(1902)刻本　一冊

330000－1710－0004102　811.2/117　集部/總集類/郡邑之屬

國朝松江詩鈔六十四卷　(清)姜兆翀輯　清嘉慶十三年(1808)敬和堂刻本　十五冊　存六十卷(一至四、九至六十四)

330000－1710－0004107　811.2/118　集部/總集類/郡邑之屬

徐州詩徵八卷　(清)桂中行輯　清光緒十七年(1891)刻本　四冊

330000－1710－0004108　811.2/119　集部/總集類/郡邑之屬

朐海詩存十六卷二集十卷　(清)許喬林編　(清)程東壁參訂　清道光海州許氏刻本　二冊　缺八卷(詩存一至八)

330000－1710－0004109　811.2/120　集部/總集類/氏族之屬

清河五先生詩選八卷　(清)朱為弼輯　清道光九年(1829)刻本　四冊

330000－1710－0004110　子/佛家/331　子部/宗教類/佛教之屬/總録

林間錄二卷後集一卷　(宋)釋德洪撰　清光緒二十七年(1901)揚州藏經院刻本　二冊

330000－1710－0004111　811.2/121　集部/總集類/氏族之屬

重鐫清河五先生詩選八卷　(清)朱為弼選錄　**續補清河一先生詩選二卷**　(清)徐申錫選錄　清同治八年(1869)平湖張顯周刻光緒二十八年(1902)南園印本　二冊

330000－1710－0004112　子/佛家/332　子

部/宗教類/佛教之屬/經疏
大佛頂首楞嚴經疏解蒙鈔六十卷首一卷 (清)錢謙益撰 清光緒十五年(1889)蘇州瑪瑙經房刻本 二十冊

330000－1710－0004113 811.2/123 類叢部/叢書類/彙編之屬
文選樓叢書三十三種 (清)阮亨編 清嘉慶至道光阮元刻道光二十二年(1842)阮亨彙印本 十冊 存一種

330000－1710－0004118 811.2/124 集部/總集類/氏族之屬
金陵朱氏家集三十種 (清)朱緒曾輯 清道光二十年(1840)刻本 二冊 存二十九種

330000－1710－0004120 811.2/146 集部/總集類/郡邑之屬
黔詩紀略三十三卷 (清)莫友芝輯 清同治十二年(1873)遵義唐氏夢研齋金陵刻本 八冊

330000－1710－0004124 811.2/130 集部/總集類/郡邑之屬
青山詩選六卷 (清)姚瀚等撰 (清)桂超萬等輯 清同治十三年(1874)皖城刻本 一冊

330000－1710－0004125 811.2/128 集部/別集類/清別集
茹芝山館詩鈔一卷 (清)徐鼎勳著 **長春花館試帖一卷** (清)徐元璋撰 清光緒刻本 一冊

330000－1710－0004126 811.2/131 集部/總集類/氏族之屬
涇臯遺詩彙覽十四卷末一卷 (清)顧維銻編次 清道光十一年(1831)顧臯刻本 四冊

330000－1710－0004127 811.2/129 類叢部/叢書類/彙編之屬
荔牆叢刻十三種續刊二種 (清)汪曰楨編 清同治至光緒烏程汪氏刻本 一冊 存一種

330000－1710－0004129 811.2/135 集部/總集類/郡邑之屬
國朝山右詩存二十四卷附集八卷 (清)李錫麟 (清)王攀 (清)李素輯錄 清嘉慶六年(1801)刻本 十六冊

330000－1710－0004132 子/佛家/341 子部/宗教類/佛教之屬/經疏
大方廣圓覺修多羅了義經略疏二卷 (唐)釋宗密撰 清光緒三十年(1904)揚州藏經院刻本 一冊 存二卷(上)

330000－1710－0004136 子/佛家/346 子部/宗教類/佛教之屬/諸宗
禪宗永嘉集一卷 (唐)釋玄覺撰 (宋)釋行靖注 清道光十三年(1833)刻本 一冊

330000－1710－0004137 子/佛家/345 子部/宗教類/佛教之屬/經疏
觀楞伽阿跋多羅寶經記四卷 (南朝宋)釋求那跋陀羅譯 (明)釋德清筆記 清光緒三年(1877)刻本 一冊 存一卷(四)

330000－1710－0004139 子/佛家/348 子部/宗教類/佛教之屬
重刻佛祖道影四卷 (清)釋守一編 清光緒六年(1880)刻本 四冊

330000－1710－0004140 811.2/136 集部/總集類/郡邑之屬
國朝中州詩鈔三十二卷 (清)楊淮輯 清道光二十三年(1843)雅集山房刻本 十二冊

330000－1710－0004141 811.2/137 集部/總集類/郡邑之屬
沅湘耆舊集二百卷前編四十卷 (清)鄧顯鶴輯 清道光二十四年(1844)新化鄧氏小九華山樓刻本 四十八冊

330000－1710－0004142 811.2/138 集部/總集類/郡邑之屬
資江耆舊集六十卷 (清)鄧顯鶴編輯 (清)歐陽紹洛校 清道光十九年(1839)刻本 十一冊

330000－1710－0004143 811.2/139 集部/總集類/酬唱之屬
衡湘泉清集四卷首一卷 (清)李揚華編 清光緒四年(1878)衡陽刻本 三冊

330000－1710－0004144　811.2/140　集部/總集類/酬唱之屬

湘湄驪唱一卷續刻附刻一卷　(清)夏獻雲等撰　清光緒十二年(1886)刻本　一冊

330000－1710－0004145　811.2/141　集部/總集類/彙編之屬

慈雲閣詩鈔九種十二卷　(清)左宗棠輯　清同治十二年(1873)刻本　四冊

330000－1710－0004146　811.2/142　集部/總集類/郡邑之屬

嶺南三大家詩選二十四卷　(清)王隼編　清同治七年(1868)南海陳氏刻本　五冊

330000－1710－0004147　811.2/143　集部/總集類/郡邑之屬

粵東七子詩六卷　(清)盛大士輯　清道光二年(1822)刻本　二冊

330000－1710－0004148　811.2/145　集部/總集類/郡邑之屬

滇南詩選八卷　(清)趙本敭　(清)張履程輯　清道光元年(1821)刻本　四冊

330000－1710－0004151　子/佛家/351　子部/宗教類/佛教之屬/經

佛說觀無量壽佛經一卷　(南朝宋)釋畺良耶舍譯　清同治十年(1871)刻本　一冊

330000－1710－0004153　子/佛家/353　子部/宗教類/佛教之屬/諸宗

西方要決釋疑通規一卷　題(唐)釋窺基撰　清末金陵刻經處刻本　一冊

330000－1710－0004155　子/佛家/355　子部/宗教類/佛教之屬/經疏

佛說阿彌陀經義疏一卷　(宋)釋元照撰　清光緒二十四年(1898)金陵刻經處刻本　一冊

330000－1710－0004158　811.2/147　集部/總集類/郡邑之屬

黔詩紀略後編三十卷　(清)莫庭芝　(清)黎汝謙輯　**黔詩紀略補三卷**　(清)陳田輯　清宣統三年(1911)陳夔龍京師刻本　九冊　存三十一卷(一至三、八至三十二、補一至三)

330000－1710－0004159　811.2/148　集部/總集類/郡邑之屬

國朝畿輔詩傳六十卷　(清)陶樑輯　清道光十九年(1839)紅豆樹館刻本　八冊　存三十卷(一至三十)

330000－1710－0004161　811.1/149　集部/總集類/選集之屬/斷代

湖海詩傳四十六卷　(清)王昶輯　清嘉慶八年(1803)松江文萃堂刻本　十六冊

330000－1710－0004162　子/佛家/359　子部/宗教類/道教之屬

敬竈全書不分卷　(清)惕心憫世道人編　清光緒六年(1880)松隱閣刻本　一冊

330000－1710－0004165　811.2/152　集部/總集類/選集之屬/斷代

東華絕句十卷　(清)黃容　(清)王維翰輯　清康熙十八年(1679)刻道光元年(1821)印本　四冊

330000－1710－0004167　811.2/153　集部/總集類/選集之屬/斷代

言志詩輯六卷論詩囈語一卷　(清)汪昶輯　清同治十三年(1874)元雨書屋刻本　四冊

330000－1710－0004170　子/佛家/363　子部/宗教類/佛教之屬

大方廣圓覺修多羅了義經二卷　(唐)釋佛陀多羅譯　清同治八年(1869)金陵刻經處刻本　一冊

330000－1710－0004171　子/佛家/364　子部/宗教類/佛教之屬

大方廣圓覺修多羅了義經二卷　(唐)釋佛陀多羅譯　清同治八年(1869)金陵刻經處刻本　一冊

330000－1710－0004172　811.2/154　集部/總集類/選集之屬/斷代

言志詩輯補不分卷　(清)汪昶輯　清光緒元年(1875)元雨書屋刻本　一冊

330000－1710－0004173　字/佛家/365　子部/宗教類/佛教之屬/總録

翻譯名義集二十卷　(宋)釋法雲編　清光緒四年(1878)金陵刻經處刻本　五冊　存十七卷(一至十三、十七至二十)

330000－1710－0004175　子/佛家/367　子部/宗教類/佛教之屬/論
唯識二十論一卷　(印度)世親菩薩造　(唐)釋玄奘譯　**唯識二十論述記四卷**　(唐)釋窺基撰　清宣統二年(1910)江西刻經處刻本　二冊

330000－1710－0004176　子/佛家/368　子部/宗教類/佛教之屬/論
唯識二十論一卷　(印度)世親菩薩造　(唐)釋玄奘譯　**唯識二十論述記四卷**　(唐)釋窺基撰　清宣統二年(1910)江西刻經處刻本　二冊

330000－1710－0004177　811.2/155　集部/總集類/彙編之屬
故友詩錄十四種附一種　(清)蔡壽祺編　清同治八年至九年(1869－1870)京師瑯嬛別館刻本　六冊　存八種

330000－1710－0004178　子/佛家/321　子部/宗教類/佛教之屬/律
四分戒本一卷　(後秦)釋佛陀耶舍　(後秦)釋竺佛念譯　清刻本　一冊

330000－1710－0004179　811.2/159　集部/總集類/選集之屬/斷代
懷舊集十二卷續集六卷又續集二卷女士詩錄一卷　(清)吳翌鳳輯　清嘉慶十八年(1813)刻本　十八冊　缺六卷(一至六)

330000－1710－0004180　811.2/161　集部/總集類/選集之屬/斷代
如蘭集二十卷　(清)董柴輯　清乾隆刻嘉慶四年(1799)重修本　二冊　存六卷(一至六)

330000－1710－0004181　811.2/162　集部/總集類/彙編之屬
詒安堂全集十六種　(清)王慶勳輯　清道光二十八年(1848)上海王氏刻本　二冊　存一種

330000－1710－0004182　811.2/163　集部/總集類/酬唱之屬
清尊集十六卷　(清)汪遠孫輯　清道光十九年(1839)錢塘汪氏振綺堂刻本　六冊

330000－1710－0004183　811.2/167　集部/總集類/選集之屬/斷代
所至錄八卷　(清)盧戊原等輯　清咸豐四年至七年(1854－1857)翰墨林刻本　五冊

330000－1710－0004185　811.2/168　集部/別集類/清別集
香屑集十八卷首一卷末一卷　(清)黃之雋撰　(清)陳邦直注　清雍正十二年(1734)陳邦直刻本　一冊　存十卷(十至十八、末)

330000－1710－0004187　811.2/173　類叢部/叢書類/郡邑之屬
武林往哲遺箸五十六種後編十種　(清)丁丙編　清光緒三年至二十六年(1877－1900)錢塘丁氏嘉惠堂刻本([乾道]臨安志卷四至十五、南宋館閣錄卷一原缺)　董巽觀題記　一冊　存一種

330000－1710－0004188　811.2/171　集部/總集類/選集之屬/通代
佩文齋詠物詩選四百八十六卷　(清)汪霦等輯　清康熙四十六年(1707)內府刻本　二十七冊　存一百九十四卷(天、日、月、星、河漢、風、雷電、雲、霞、雨、霧、露、石、石壁、假山、眾山、水總類、海、江、曲江、淮水、河、漢水、洛水、湘水、湖、川、渚、浦、谿、澗、潭、洲、渡、潮、池、溝、灘瀨、井、泉、溫泉、瀑布、眾水、宮殿、門闕、省掖、館閣、院、苑、臺榭、閣、莊、園林、別業、車、簡閱、狩獵、征伐、從軍、出塞、告捷、凱旋、行營、陳圖、書籍、五經、史、讀書、書法總類、御書、篆書、真書、草書、書札、碑、筆、墨、硯、紙、箋、畫、琴、琴石、瑟、箏、琵琶、箜篌、茄、角、觱篥、方響、雜樂器、香、燈燭、火、煙、薪炭、佛寺、佛、僧、浮圖、僧家雜類、仙觀、仙、松、柏、檜、杉、榆槐、梧桐、榕、椿、楠、桑、楸、牡丹、芍藥、瑞香、木芙蓉、茉莉、夾竹桃、薔薇、月季、刺桐、荼蘼、凌霄、藤花、山丹、素馨、玉瓏鬆、瓊花、蘭、蕙、芝、萱、菊、花、葵、杜

鵑花、水仙、金沙花、金錢花、罌粟、玉簪花、鳳仙、雞冠、牛、羊、犬、豕、鹿、狐、猿、狼、貍、兔、貓、鼠、猩猩、雜獸、總禽鳥類、鳳、孔雀、鶴、白鳥、翠鳥、鸊鷉、鶺鴒、天鵞、梟、竹雞、鷲、鴨、雞、雜鳥、龍、魚、蠏、龜、車螯、蚌蛤、蛙、總蟲類、蠶、蟬、蝶、蜂、蜻蜓、蜘蛛、螢、促織、蠹魚、蚊蠅、雜蟲）

330000－1710－0004191　811.2/174　集部/總集類/選集之屬/通代

御定歷代題畫詩類一百二十卷　（清）陳邦彥輯　清康熙四十六年（1707）内府刻本　三冊　存十四卷（二十二至三十五）

330000－1710－0004202　811.2/175　子部/藝術類/書畫之屬/題跋

讀畫齋題畫詩十九卷　（清）顏修輯　清嘉慶東山草堂刻本　八冊

330000－1710－0004207　子/佛家/387　子部/宗教類/佛教之屬/經

金光明最勝王經十卷　（唐）釋義淨譯　清同治十年（1871）常熟刻經處刻本　一冊　存五卷（六至十）

330000－1710－0004208　811.2/176　子部/藝術類/書畫之屬/題跋

讀畫齋題畫詩十九卷　（清）顏修輯　清嘉慶讀畫齋刻本　一冊

330000－1710－0004209　子/佛家/388　子部/宗教類/佛教之屬

佛爾雅八卷　（清）周春撰　清嘉慶二十一年（1816）刻本　一冊　存四卷（一至四）

330000－1710－0004214　子/佛家/393　類叢部/叢書類/郡邑之屬

武林掌故叢編一百九十種　（清）丁丙編　清光緒三年至二十六年（1877－1900）錢塘丁氏嘉惠堂刻本（［乾道］臨安志卷四至十五、南宋館閣錄卷一原缺）　一冊　存一種

330000－1710－0004216　811.2/178　集部/總集類/題詠之屬

槜李曹氏圖冊合刻一卷　（清）曹咸熙輯　清光緒九年（1883）曹維城桂林迎旭齋刻本　一冊

330000－1710－0004217　811.2/179　集部/總集類/酬唱之屬

龍湖槜李題詞一卷　（清）李培增編　清光緒二十八年（1902）刻本　一冊

330000－1710－0004218　811.2/180　集部/總集類/酬唱之屬

龍湖槜李題詞續刻一卷　（清）李培增編　清光緒二十九年（1903）李培增刻本　一冊

330000－1710－0004219　811.2/181　集部/總集類/題詠之屬

小桃花龕圖題詞一卷　（清）沈景修等撰　清光緒石印本　一冊

330000－1710－0004220　811.2/182　集部/别集類/清别集

逢吉堂焚餘稿一卷　（清）黄錫深撰　（清）黄春輯　**逢吉堂焚餘稿題詞一卷**　（清）黄春編　清光緒二十八年（1902）三十年（1904）南海黄春刻本　一冊

330000－1710－0004221　811.2/183　子部/藝術類/書畫之屬/題跋

孝竹貞松圖題詠一卷　張定繪　朱照輯　清宣統二年（1910）集成圖書公司影印本　一冊

330000－1710－0004223　子/佛家/396　子部/宗教類/佛教之屬/經

戒殺放生文一卷　（明）釋袾宏等撰　清光緒三十年（1904）刻本　一冊

330000－1710－0004227　子/佛家/400　子部/宗教類/佛教之屬/經咒

大悲咒集成二卷往生咒譯註一卷　（清）周達權撰　清光緒七年（1881）刻本　一冊

330000－1710－0004228　811.2/184　集部/總集類/題詠之屬

麓雲仙館圖題詠集一卷　（清）陳守如輯　清光緒八年（1882）刻本　一冊

330000－1710－0004229　811.2/185　集部/

總集類/題詠之屬

蓬萊仙境圖題詠集一卷 (清)徐思潮輯 清光緒三十四年(1908)竹外桃花仙館刻本 一册

330000－1710－0004231 811.2/189 集部/總集類/題詠之屬

同人題贈録四卷 (清)何春巢編 清嘉慶二年(1797)刻本 一册

330000－1710－0004232 811.2/156、811.2/157 集部/别集類/清别集

小重山房詩詞全集三十二卷 (清)張祥河撰 清光緒刻本 十二册 缺一卷(詩舲續槀十七)

330000－1710－0004233 子/佛家/401 子部/宗教類/佛教之屬/經咒

大悲咒集成二卷往生咒譯註一卷 (清)周達權撰 清光緒七年(1881)刻本 一册

330000－1710－0004234 子/佛家/402 子部/宗教類/佛教之屬

直指向上正法二卷 釋圓明撰 清光緒石印本 一册 存一卷(上)

330000－1710－0004235 811.2/177 集部/總集類/題詠之屬

洞陽遺集一卷 (清)陳良品著 清光緒十六年(1890)刻本 一册

330000－1710－0004236 子/佛家/403 子部/宗教類/佛教之屬

梵網經菩薩戒一卷 (後秦)釋鳩摩羅什譯 清乾隆五十年(1785)刻本 一册

330000－1710－0004245 811.2/195 集部/總集類/選集之屬/斷代

淮海同聲集二十卷 (清)劉鳳誥輯 清嘉慶刻本 一册 存五卷(一至五)

330000－1710－0004254 811.2/198 集部/總集類/選集之屬/斷代

百老吟一卷後編一卷三編一卷附編一卷 錢溯耆輯 清宣統二年至民國四年(1910－1915)太倉錢氏聽邠館刻本 三册

330000－1710－0004256 子/佛家/408 子部/宗教類/佛教之屬/經

佛説七俱胝佛母准提大明陀羅尼一卷大悲心咒持誦簡法一卷受八關戒斎發一卷香讃一卷佛説阿彌陀經一卷金剛經啟請一卷金剛般若波羅密經一卷般若波羅密多心經一卷妙法蓮華經觀世音菩薩普門品一卷高山經一卷發願文一卷 清刻本 一册

330000－1710－0004257 子/佛家/409 子部/宗教類/佛教之屬/經

佛説七俱胝佛母準提大明陀羅尼一卷大悲心咒持誦簡法一卷受八關戒斎發一卷香讃一卷佛説阿彌陀經一卷金剛經啟請一卷金剛般若波羅密經一卷般若波羅密多心經一卷妙法蓮華經觀世音菩薩普門品一卷高山經一卷發願文一卷 清刻本 一册

330000－1710－0004258 子/佛家/410 子部/宗教類/佛教之屬

佛爾雅八卷 (清)周春撰 清嘉慶二十一年(1816)刻本 一册

330000－1710－0004259 子/佛家/411 史部/政書類/公牘檔册之屬

樊山政書二十卷 樊增祥撰 清宣統二年(1910)金陵湯明林聚珍書局鉛印本 一册 存二卷(五至六)

330000－1710－0004260 子/佛家/412 子部/宗教類/佛教之屬/經

佛説觀無量壽佛經一卷 (南朝宋)釋畺良耶舍譯 清同治十年(1871)刻本 一册

330000－1710－0004262 子/佛家/414 子部/宗教類/佛教之屬/經

金剛般若波羅蜜經二卷 (清)俞樾注 清光緒十年(1884)刻本 一册

330000－1710－0004269 子/佛家/421 子部/宗教類/佛教之屬/諸宗

念佛四大要訣一卷玉峯法師傳一卷 (清)釋古崑撰 清光緒七年(1881)刻本 一册

330000－1710－0004276 子/佛家/428 子

部/宗教類/佛教之屬/經
地藏菩薩本願經一卷往生淨土要法一卷 清刻本 一冊

330000－1710－0004280 子/佛家/429 子部/宗教類/佛教之屬/經疏
大方廣佛華嚴經著述集要二十三種 （清）楊文會輯 清同治八年至民國六年（1869－1917）如臯刻經處 雞園刻經處 長沙刻經處 金陵刻經處等刻本 一冊 存一種

330000－1710－0004282 子/佛家/431 子部/宗教類/佛教之屬/律
毘尼關要事義一卷 （清）釋德基輯 **四分戒本一卷** （後秦）釋佛陀耶舍 （後秦）釋竺佛念譯 清刻本 一冊

330000－1710－0004283 811.2/204 集部/總集類/酬唱之屬
梧笙唱和初集二卷 （清）李星沅 （清）郭潤玉輯 清道光十七年（1837）刻本 二冊

330000－1710－0004284 811.2/205 集部/總集類/酬唱之屬
碧蘿吟館唱和詩詞三卷 （清）馬錦編 清道光三年（1823）刻本 一冊

330000－1710－0004287 811.2/207 集部/總集類/酬唱之屬
計樹園唱和詩存一卷 （清）萬廷蘭集刻 清嘉慶十一年（1806）梅臯刻本 一冊

330000－1710－0004288 子/佛家/434 子部/宗教類/佛教之屬
雲棲法彙二十八種七十四卷 （明）釋袾宏撰 （明）王宇春等輯 清光緒二十五年（1899）刻本 五冊 存三種

330000－1710－0004290 811.2/208 集部/總集類/酬唱之屬
池陽唱和集二卷 王詠霓輯 清光緒三十三年（1907）鉛印本 一冊

330000－1710－0004291 811.2/209 類叢部/叢書類/自著之屬
寒松閣叢錄 （清）張鳴珂等撰 清光緒刻本 一冊 存一種

330000－1710－0004292 811.2/210 集部/總集類/酬唱之屬
丙子元旦唱和詩一卷 （清）潘曾瑋等撰 清刻本 一冊

330000－1710－0004304 811.2/229 集部/總集類/選集之屬/通代
詩林韶濩選二十卷 （清）顧嗣立輯 （清）周煌重輯 清乾隆二十九年（1764）漱潤堂刻本 一冊 存六卷（一至六）

330000－1710－0004305 811.2/211 集部/總集類/酬唱之屬
己庚消寒倡和詩一卷 王闓運等撰 清宣統二年（1910）鉛印本 一冊

330000－1710－0004310 子/佛家/442 子部/宗教類/佛教之屬/諸宗
教觀綱宗釋義紀三卷 （明）釋智旭撰 **始終心要一卷** （唐）釋湛然撰 （宋）釋從義注
三千有門頌畧解一卷 （宋）陳瓘撰 （明）釋真覺畧解 清光緒二十七年（1901）刻本 二冊 存二卷（上、下）

330000－1710－0004311 811.2/212 集部/總集類/酬唱之屬
剡溪唱和詩一卷 （清）徐元綬輯 清光緒二十九年（1903）鉛印本 一冊

330000－1710－0004312 811.2/213 集部/别集類/清别集
觀劇絕句二卷 （清）金德瑛撰 清光緒學務處鉛印本 一冊

330000－1710－0004314 811.2/230 類叢部/叢書類/彙編之屬
如不及齋叢書（如不及齋彙鈔）十三種 （清）陳坤編 清同治至光緒錢塘陳氏粵東刻本 一冊 存一種

330000－1710－0004315 子/佛家/444 子部/宗教類/道教之屬
敬竈全書不分卷 （清）惕心憫世道人編 清光緒六年（1880）松隱閣刻本 一冊

330000－1710－0004330　811.2/233　集部/別集類/清別集

百美新詠一卷集詠一卷圖傳一卷　(清)顔希源撰　清嘉慶顔希源刻本　二册

330000－1710－0004334　811.2/236　集部/總集類/選集之屬/斷代

夔門送行詩二卷續編一卷　(清)潘樹嘉等撰　清光緒刻本　一册

330000－1710－0004335　811.2/234　集部/總集類

西泠消寒集二卷附録一卷　(清)秦緗業輯　清同治十三年(1874)刻本　一册

330000－1710－0004336　811.2/237　集部/別集類/清別集

隨安居詩鈔一卷　(清)吴金梁撰　**藕舫焚餘詩草三卷**　(清)吴重熙撰　清光緒二十六年(1900)吴蔭培京師刻本　一册

330000－1710－0004337　811.2/239　集部/總集類/酬唱之屬

冰桃集一卷　(清)徐士琛輯　清宣統二年(1910)徐士琛刻本　一册

330000－1710－0004338　811.2/238　集部/總集類/彙編之屬

濬令大伾詩一卷　(清)程光溥撰　**登大伾詩一卷**　(清)官懋斌撰　**玉洞藏稿一卷**　(清)劉德新撰　**濬州雜詩五首一卷**　(清)黄璟撰　清光緒刻本　一册

330000－1710－0004341　子/佛家/463　子部/宗教類/佛教之屬/經咒

瑜伽燄口施食要集一卷　(清)釋德基輯　(清)釋寶華述　清同治十二年(1873)刻本　一册

330000－1710－0004343　子/佛家/462　子部/宗教類/佛教之屬/經疏

大佛頂首楞嚴經玄義四卷　(明)釋傳燈撰　清光緒十四年(1888)刻本　一册　存二卷(一至二)

330000－1710－0004344　子/佛家/461　子部/宗教類/佛教之屬/諸宗

天台四教儀一卷　(高麗)釋諦觀輯　**附始終心要一卷**　(唐)釋湛然撰　(宋)釋從義注　清光緒三十二年(1906)刻本　一册

330000－1710－0004347　子/佛家/465　子部/宗教類/佛教之屬/經疏

般若心經口義別一卷　(明)釋大璸撰　**般若波羅蜜多心經一卷**　(唐)釋玄奘譯　清宣統元年(1909)揚州藏經院刻本　一册

330000－1710－0004358　子/佛家/470　子部/宗教類/佛教之屬/經疏

佛説阿彌陀經義疏一卷　(宋)釋元照撰　清光緒二十四年(1898)金陵刻經處刻本　一册

330000－1710－0004363　811.2/253　集部/總集類/選集之屬/斷代

唐宫閨詩二卷女校書詩一卷女冠詩一卷　(清)劉雲份輯　清末影印夢香閣本　一册　存二卷(一至二)

330000－1710－0004367　811.2/255　集部/總集類/選集之屬/斷代

國朝閨閣詩鈔一百卷　(清)蔡殿齊編　清道光二十四年(1844)蔡氏嫏嬛別館刻本　十册

330000－1710－0004369　811.2/257　集部/總集類/選集之屬/斷代

粧樓摘艷十卷首一卷　(清)錢三錫輯　清道光十三年(1833)香雨軒刻本　四册

330000－1710－0004372　子/佛家/476　子部/宗教類/佛教之屬/論疏

大乘起信論科注一卷　(陳)釋真諦譯　(清)桂伯華注　清光緒三十年(1904)武昌廬陵黄氏刻本　一册

330000－1710－0004374　子/佛家/478　子部/宗教類/佛教之屬/經疏

華嚴法界玄鏡三卷　(唐)釋澄觀撰　**注華嚴法界觀門一卷**　(唐)釋宗密撰　清光緒二十一年(1895)金陵刻經處刻本　一册

330000－1710－0004376　子/佛家/479　子部/宗教類/佛教之屬/經疏

無量壽經起信論三卷觀無量壽佛經約論一卷阿彌陀經約論一卷 （清）彭紹升撰　清同治十一年(1872)如臯刻經處刻本　一冊

330000－1710－0004377　子/佛家/480　子部/宗教類/佛教之屬/論
大乘中觀釋論十卷 （天竺）釋安慧造　（宋）釋惟浄等譯　清光緒三十四年(1908)金陵刻經處刻本　二冊

330000－1710－0004378　811.2/260　集部/總集類/選集之屬/通代
五七言今體詩鈔十八卷 （清）姚鼐輯　清同治五年(1866)金陵書局刻本　二冊

330000－1710－0004379　811.2/261　集部/總集類/彙編之屬
秋水池堂詩集五卷洮瓊館詞一卷 （清）袁棠撰　**媚學齋詩存一卷** （清）袁陶牲撰　**獨笑軒詩稿二卷餅桃花館詞一卷** （清）袁戎撰　**秋夢齋詩集二卷** （清）顧虬撰　清嘉慶刻本　二冊

330000－1710－0004381　811.2/263　集部/總集類/酬唱之屬
冶春詞一卷 （清）孫長熙輯　清道光十八年(1838)刻本　一冊

330000－1710－0004382　811.2/264　集部/總集類/題詠之屬
養素園詩四卷 （清）王鈞輯　清光緒七年(1881)竹素堂刻本　一冊

330000－1710－0004383　811.2/266　集部/總集類/酬唱之屬
豁公手錄詩不分卷 （清）豁眉　（清）元璟撰　清抄本　祝廷錫跋　一冊

330000－1710－0004384　811.2/271　集部/別集類/清別集
測海集六卷 （清）彭紹升撰　清同治四年(1865)長洲彭恩高等刻本　二冊

330000－1710－0004387　811.2/270　集部/總集類/選集之屬/通代
元明詩選四卷 （清）蔡振中輯　清刻本　一冊　存一卷(二)

330000－1710－0004388　子/佛家/481　子部/宗教類/佛教之屬/論疏
大乘法界無差別論疏二卷 （唐）釋法藏撰　清光緒二十一年(1895)金陵刻經處刻本　一冊

330000－1710－0004389　811.2/272　集部/總集類/選集之屬/斷代
山滿樓箋註唐詩七言律六卷 （清）趙臣瑗輯　清山滿樓刻本　五冊

330000－1710－0004390　子/佛家/482　子部/宗教類/佛教之屬/經疏
入楞伽心玄義一卷 （唐）釋法藏撰　清光緒十八年(1892)金陵刻經處刻本　一冊

330000－1710－0004391　子/佛家/483　子部/宗教類/佛教之屬/諸宗
肇論略注六卷 （明）釋德清撰　清光緒十四年(1888)金陵刻經處刻本　二冊

330000－1710－0004395　子/佛家/487　子部/宗教類/佛教之屬/論
集諸法寶最上義論二卷金剛針論一卷菩提心離相論一卷大乘破有論一卷集大乘相論二卷六十頌如理論一卷佛母般若波羅蜜多圓集要義論一卷 （宋）釋施護譯　清刻本　一冊

330000－1710－0004396　811.2/274　集部/總集類/選集之屬/斷代
唐詩箋註十卷 （清）黃叔燦箋注　（清）王廷琬閲　清刻本　二冊　存五卷(一至三、六至七)

330000－1710－0004397　811.2/279　集部/總集類/選集之屬/斷代
國朝詩選十四卷 （清）彭廷梅選　（清）張大法　（清）易祖愉輯　清乾隆據經樓刻本　一冊　存一卷(六)

330000－1710－0004398　811.2/277　集部/總集類/彙編之屬
十種唐詩選 （清）王士禛編　清康熙三十一年(1692)南芝堂刻本　祝廷錫題跋　一冊

存三種

330000－1710－0004399　子/佛家/488　子部/宗教類/佛教之屬
大乘起信論一卷　(天竺)馬鳴菩薩造　(陳)釋真諦譯　清光緒二十四年(1898)金陵刻經處刻本　一冊

330000－1710－0004400　子/佛家/489　子部/宗教類/佛教之屬
大乘起信論一卷　(天竺)馬鳴菩薩造　(陳)釋真諦譯　清光緒二十四年(1898)金陵刻經處刻本　一冊

330000－1710－0004403　811.2/281　集部/總集類/選集之屬/通代
蘭茗集一卷　(清)王昶選　清抄本　一冊

330000－1710－0004405　811.2/275　集部/總集類/選集之屬/斷代
唐詩觀瀾集二十四卷唐人小傳一卷　(清)李因培輯　清刻本　一冊　存五卷(十六至二十)

330000－1710－0004406　811.2/283　集部/總集類/題詠之屬
雙桂軒贈言集一卷附竹梅同慶編一卷　(清)祝赫編　清光緒刻本　一冊

330000－1710－0004407　811.2/284　集部/總集類/題詠之屬
蘭蕙同心錄不分卷　(清)許鼐龢撰　清光緒十七年(1891)石印本　一冊

330000－1710－0004408　811.2/276　集部/總集類/選集之屬/斷代
古唐詩選七卷　(明)李攀龍選　(清)吳人注　清刻本　一冊　存三卷(五至七)

330000－1710－0004410　811.2/285　集部/別集類/清別集
吳詩集覽二十卷補註二十卷吳詩談藪二卷拾遺一卷　(清)吳偉業撰　(清)靳榮藩注並輯　清乾隆四十年(1775)淩雲亭刻本　一冊　存二卷(十八至十九)

330000－1710－0004412　811.2/286　集部/總集類/題詠之屬
杜節婦題詞合鈔一卷　(清)陳鴻誥等撰　清光緒抄本　一冊

330000－1710－0004414　811.2/287　類叢部/叢書類/彙編之屬
荔牆叢刻十三種續刊二種　(清)汪曰楨編　清同治至光緒烏程汪氏刻本　一冊　存三種

330000－1710－0004415　子/佛家/494　子部/宗教類/佛教之屬
四念處四卷　(隋)釋智顗說　(唐)釋灌頂記　清光緒三年(1877)江北刻經處刻本　一冊

330000－1710－0004416　811.2/288　集部/總集類/選集之屬/通代
古詩歸十五卷唐詩歸三十六卷梅花百詠八卷　(明)鍾惺　(明)譚元春輯　明刻本　二冊　存八卷(唐詩歸一至四、十三至十六)

330000－1710－0004418　子/佛家/495　子部/宗教類/佛教之屬/論疏
大乘起信論裂網疏六卷　(清)釋智旭撰　清光緒金陵書局刻本　一冊

330000－1710－0004423　811.2/294　集部/總集類/郡邑之屬
禊湖詩拾三卷首一卷　(清)徐達源編輯　清嘉慶十年(1805)孚遠堂刻本　一冊

330000－1710－0004424　811.2/295　集部/總集類/選集之屬/斷代
洞庭遊草一卷　(清)陳大謨等撰　清刻本　一冊

330000－1710－0004425　811.2/296　集部/總集類/酬唱之屬
小桃源室聯吟詩存一卷　(清)徐元章輯　清同治五年(1866)刻本　一冊

330000－1710－0004429　子/佛家/497　子部/雜著類/雜說之屬
仙佛真傳直解不分卷　清同治四年(1865)刻本　一冊

330000－1710－0004433　子/佛家/501　子部/宗教類/佛教之屬/諸宗

禪關策進一卷　(明)釋袾宏輯　清光緒二十四年(1898)金陵刻經處刻本　一冊

330000－1710－0004437　332/8、430/10、922/147、215/10　類叢部/叢書類/彙編之屬

守山閣叢書一百十二種　(清)錢熙祚編　清道光二十四年(1844)金山錢氏重編增刻墨海金壺本　五冊　存四種

330000－1710－0004438　子/佛家/505　子部/宗教類/佛教之屬/總録

佛法金湯編十六卷　(清)釋心泰編　清光緒十二年(1886)長沙刻經處刻本　三冊

330000－1710－0004445　子/佛家/510　子部/宗教類/佛教之屬/諸宗

六祖大師法寶壇經一卷附錄一卷　(唐)釋慧能撰　(唐)釋法海等輯　清光緒二十年(1894)湖南永順府刻本　一冊

330000－1710－0004449　811.2/304　集部/總集類/酬唱之屬

茂苑吟秋集一卷　羅長裿等撰　清光緒三十二年(1906)刻本　一冊

330000－1710－0004455　子/佛家/516　子部/宗教類/佛教之屬/經

金剛般若波羅蜜經一卷　(後秦)釋鳩摩羅什譯　清刻本　一冊

330000－1710－0004458　子/佛家/517　子部/宗教類/佛教之屬/經

摩訶般若波羅密多心經一卷　(明)何道全注　清同治八年(1869)茗南緣筠書屋刻本　一冊

330000－1710－0004464　子/佛家/520　子部/宗教類/道教之屬

敬竈全書不分卷　(清)愓心憫世道人編　清光緒六年(1880)松隱閣刻本　一冊

330000－1710－0004469　811.2/312　史部/地理類/遊記之屬

金牛湖漁唱一卷　(清)張雲璈撰　**京師竹枝詞一卷**　(清)金掌絲撰　**揚州竹枝詞一卷**　(清)董偉業撰　**松江衢歌一卷**　(清)陳金浩撰　**聞川櫂歌一卷**　(清)宋景龢撰　**鸚鵡湖櫂歌一卷**　(清)陸增撰　清思竹山房抄本　一冊

330000－1710－0004474　子/佛家/535　子部/宗教類/佛教之屬/經

佛說觀無量壽佛經一卷　(南朝宋)釋畺良耶舍譯　清同治十年(1871)刻本　一冊

330000－1710－0004477　子/佛家/538　子部/宗教類/佛教之屬/論疏

唯識開蒙問答二卷　(元)釋雲峰集　清宣統三年(1911)揚州藏經禪院刻本　二冊

330000－1710－0004478　子/佛家/539　史部/傳記類/總傳之屬/列女

善女人傳二卷　(清)彭際清撰　清同治十一年(1872)常熟刻本　一冊

330000－1710－0004481　子/佛家/541　子部/宗教類/佛教之屬/諸宗

西歸直指五卷　(清)周夢顏輯　清光緒十一年(1885)金陵刻經處刻本　一冊

330000－1710－0004482　子/佛家/542　子部/宗教類/佛教之屬

佛祖心燈一卷宗教律諸家演派一卷摘錄聖武記之卷五溯查西藏剌麻來源一卷　(清)釋守一編　清光緒十六年(1890)金陵刻經處刻本　一冊

330000－1710－0004489　811.2/317　類叢部/叢書類/彙編之屬

嘯園叢書五十七種　(清)葛元煦編　清光緒二年至七年(1876－1881)仁和葛氏刻本　一冊　存一種

330000－1710－0004492　811.2/322　集部/詩文評類/詩評之屬

湘上詩緣錄四卷新安詩萃一卷　(清)張修府撰　清光緒十四年(1888)長沙刻本　一冊

330000－1710－0004493　38/5　類叢部/叢書類/自著之屬

高文襄公集十四種附年譜　(明)高拱撰　清康熙新鄭高氏龍春堂刻彙印本　五册　存四種

330000－1710－0004494　811.4/1　集部/詞類/總集之屬
御選歷代詩餘一百二十卷　(清)聖祖玄燁定　(清)沈辰垣等輯　清康熙四十六年(1707)内府刻本　十二册　存六十卷(四至十八、二十三至二十六、三十一至四十、五十至五十三、六十三至六十七、七十三至七十八、八十五至九十、一百五至一百十四)

330000－1710－0004499　038/4　類叢部/叢書類/自著之屬
呂新吾全集二十二種　(明)呂坤撰　明萬曆刻清同治至光緒修補印本　十八册　存十八種

330000－1710－0004500　811.4/3　集部/詞類/類編之屬
百名家詞鈔　(清)聶先　(清)曾王孫編　清康熙金閶綠蔭堂刻本　十二册

330000－1710－0004505　038/7　類叢部/叢書類/自著之屬
楊園先生全集十九種附一種　(清)張履祥撰　清同治元年(1862)刻本　六册　存十一種

330000－1710－0004506　038/6　類叢部/叢書類/自著之屬
楊園先生全集十九種附一種　(清)張履祥撰　清同治十年(1871)江蘇書局刻本　十三册　存十一種

330000－1710－0004513　038/10　子部/儒家類/儒學之屬
二程全書六十七卷　(宋)程顥　(宋)程頤撰　清小嫏嬛山館刻本　二十册

330000－1710－0004515　038/11　史部/雜史類/斷代之屬
明季稗史彙編十六種　(清)留雲居士輯　清都城琉璃廠刻本　敏修跋　十六册

330000－1710－0004516　038/12　類叢部/叢書類/彙編之屬
古今說海一百三十五種　(明)陸楫等編　清宣統元年(1909)上海集成圖書公司鉛印本　十二册

330000－1710－0004517　811.4/A6　集部/詞類/類編之屬
三家詞合刻　清道光二十一年(1841)刻本　二册

330000－1710－0004523　子/佛家/551　子部/宗教類/佛教之屬/經疏
金剛般若波羅蜜經宗通九卷　(後秦)釋鳩摩羅什譯　(明)曾鳳儀注　清光緒十一年(1885)金陵刻經處刻本　二册

330000－1710－0004524　811.4/4　集部/詞類/總集之屬
古今詞選十二卷　(清)沈時棟輯　清康熙五十五年(1716)沈氏瘦吟樓刻本　二册　存七卷(六至十二)

330000－1710－0004528　子/佛家/555　子部/宗教類/佛教之屬/經
大方等大集賢護經五卷　(隋)釋闍那崛多　(隋)釋笈多等譯　清同治十二年(1873)江北刻經處刻本　一册

330000－1710－0004529　811.4/A5　集部/詞類/總集之屬
二十四家詞選一卷　(清)陳禥永定　清種德堂刻本　一册

330000－1710－0004530　子/佛家/556　子部/宗教類/佛教之屬/經疏
大佛頂如來密因修證了義諸菩薩萬行首楞嚴經通議十卷補遺一卷首楞嚴經懸鏡一卷首楞嚴經通議提綱略科一卷　(明)釋德清撰　清光緒二十年(1894)金陵刻經處刻本　六册

330000－1710－0004531　038/13　類叢部/叢書類/彙編之屬
說郛一百二十弓一千二百八十種　(明)陶珽編　**說郛續四十六五百三十八種**　(明)陶珽編　(清)李際期重訂　明末刻清順治三年

(1646)兩浙督學周南李際期宛委山堂印本　四冊　存三十二種

330000－1710－0004533　子/佛家/558　子部/宗教類/佛教之屬/經疏

大佛頂經序指味疏一卷　(元)釋唯則撰序　釋諦閑述疏　清光緒二十八年(1902)慈谿西方寺刻本　一冊

330000－1710－0004535　子/佛家/560　子部/宗教類/佛教之屬

高峰大師語錄一卷　(元)釋元妙撰　清光緒十五年(1889)金陵刻經處刻本　一冊

330000－1710－0004539　038/15　類叢部/叢書類/自著之屬

春浮園集七種　(明)蕭士瑋撰　清光緒十八年(1892)蕭氏聞餘軒刻本　四冊

330000－1710－0004540　811.4/A9　集部/詞類/類編之屬

詞學叢書六種二十三卷　(清)秦恩復編　清嘉慶至道光江都秦氏享帚精舍刻本　五冊　存一種

330000－1710－0004541　811.4/A11　集部/詞類/總集之屬

中興以來絕妙詞選十卷　(宋)黄昇輯　清抄本　四冊

330000－1710－0004543　811.4/A13　集部/詞類/總集之屬

詞選二卷　(清)張惠言輯　**附錄一卷**　(清)鄭善長輯　**續詞選二卷**　(清)董毅輯　清同治六年(1867)刻本　董巽觀題記　二冊

330000－1710－0004544　811.4/A14　集部/詞類/總集之屬

詞選二卷　(清)張惠言輯　**附錄一卷**　(清)鄭善長輯　**續詞選二卷**　(清)董毅輯　清道光十年(1830)刻本　一冊

330000－1710－0004546　子/佛家/565　子部/宗教類/佛教之屬/諸宗

大乘止觀法門釋要六卷　(明)釋智旭撰　清光緒二十二年(1896)刻本　一冊　存三卷(一至三)

330000－1710－0004548　子/佛家/566　子部/宗教類/佛教之屬/經疏

大方廣佛新華嚴經合論一百二十卷首一卷　(唐)釋實叉難陀譯　(唐)李通玄撰論　(唐)釋志寧釐經合論　**大方廣佛華嚴經入不思議解脱境界普賢行願品一卷**　(唐)釋般若譯　清同治十一年(1872)金陵刻經處刻本　十五冊　缺六十卷(五十三至一百十二)

330000－1710－0004549　039/3－1　類叢部/叢書類/彙編之屬

廣漢魏叢書八十種　(明)何允中編　清嘉慶刻本　七十八冊　存七十九種

330000－1710－0004550　811.4/A20　集部/詞類/總集之屬

國朝詞綜續編二十四卷　(清)黄燮清輯　清同治十二年(1873)武昌刻本　八冊

330000－1710－0004551　039/3－2、140/8　類叢部/叢書類/彙編之屬

廣漢魏叢書八十種　(明)何允中編　清嘉慶刻本　二冊　存二種

330000－1710－0004554　811.4/A22　類叢部/叢書類/自著之屬

求志堂存稾彙編八種　(清)周濟撰　清光緒周恭壽刻本　一冊　存四種

330000－1710－0004555　039/4　類叢部/叢書類/輯佚之屬

漢魏遺書鈔一百四種　(清)王謨輯　清嘉慶三年(1798)金谿王氏刻本　十二冊　存四十六種

330000－1710－0004556　811.4/A23　集部/詞類/總集之屬

詩餘偶鈔六卷　王先謙輯　清光緒十六年(1890)長沙王先謙刻本　一冊

330000－1710－0004558　039/5　類叢部/叢書類/彙編之屬

武英殿聚珍版書(武英殿聚珍版叢書)一百三十八種　清同治十三年(1874)江西書局刻本

五十六册　存三十七種

330000－1710－0004560　子/佛家/568　子部/宗教類/佛教之屬/諸宗

宗鏡錄一百卷　（宋）釋延壽輯　清光緒二十五年（1899）江北刻經處刻本　十册　存五十卷（一至五、五十六至一百）

330000－1710－0004565　811.4/27　集部/詞類/總集之屬

湖州詞徵二十四卷　朱祖謀輯　清宣統三年（1911）章震福刻本　四册

330000－1710－0004566　039/6　經部/叢編

通志堂經解一百三十九種　（清）納蘭成德輯　清同治十二年（1873）粤東書局刻本　四百七十五册　存一百三十八種

330000－1710－0004571　811.4/A30　集部/詞類/類編之屬

紅香館詞輯一卷　（清）金蓉編　**梅里詞選一卷**　（清）薛廷文編　清乾隆抄本　一册

330000－1710－0004573　811.4/A31　集部/詞類/類編之屬

彊邨所刻詞甲編七種乙編七種　朱祖謀撰　清宣統元年（1909）至民國刻本　六册　存十一種

330000－1710－0004576　811.4/A33　集部/詞類/詞譜之屬

詞律拾遺八卷　（清）徐本立纂　清同治十二年（1873）吳下刻本　二册

330000－1710－0004594　子/佛家/587　子部/宗教類/佛教之屬/論疏

選佛譜六卷　（清）釋智旭撰　清光緒十七年（1891）金陵刻經處刻本　二册

330000－1710－0004595　039/7　經部/叢編

皇清經解續編一千四百三十卷　王先謙輯　清光緒十四年（1888）江陰南菁書院刻本（卷三十原缺）　三百三十八册　缺七卷（五十四至五十六、一千四百十九至一千四百二十二）

330000－1710－0004598　811.4/A49　集部/詞類/類編之屬

宋名家詞六十一種九十卷　（明）毛晉編　明崇禎虞山毛氏汲古閣刻本　二册　存四種

330000－1710－0004599　子/佛家/590　子部/宗教類/佛教之屬

弘明集十四卷　（南朝梁）釋僧祐輯　清光緒二十二年（1896）金陵刻經處刻本　二册　存七卷（八至十四）

330000－1710－0004607　811.4/A50　集部/詞類/總集之屬

國朝常州詞錄三十一卷　繆荃孫校輯　清光緒二十二年（1896）江陰繆氏雲自在龕刻本　十二册

330000－1710－0004609　811.4/A51　史部/史評類/詠史之屬

十國宫詞一卷　（清）吳省蘭撰　清同治十二年（1873）淮南書局刻本　一册

330000－1710－0004610　039/8、039/9　經部/叢編

古經解彙函十六種附小學彙函十四種　（清）鍾謙鈞等輯　清同治十二年（1873）粤東書局刻本　六十四册

330000－1710－0004613　子/佛家/570　子部/宗教類/佛教之屬/經疏

楞嚴經指掌疏十卷事義十卷懸示一卷　（清）釋通理撰　清光緒二十七年（1901）維揚藏經院刻本　十二册

330000－1710－0004614　811.4/B4　集部/戲劇類/雜劇之屬

倚晴樓七種曲　（清）黄燮清撰　清光緒七年（1881）海鹽馮肇曾刻本　十册

330000－1710－0004616　811.4/B5　集部/戲劇類/雜劇之屬

倚晴樓七種曲　（清）黄燮清撰　清光緒七年（1881）海鹽馮肇曾刻本　二册　存一種

330000－1710－0004617　811.4/B6　集部/戲劇類/雜劇之屬

倚晴樓七種曲　（清）黄燮清撰　清光緒七年

(1881)海鹽馮肇曾刻本　一冊　存一種

330000－1710－0004618　811.4/B11　集部/曲類/曲韻曲譜曲律之屬

遏雲閣曲譜初集不分卷　(清)王錫純輯　(清)李秀雲拍正　清光緒十九年(1893)著易堂鉛印本　十二冊

330000－1710－0004620　子/佛家/598　子部/宗教類/佛教之屬/經疏

金剛般若波羅蜜經宗通九卷　(後秦)釋鳩摩羅什譯　(明)曾鳳儀注　清光緒十一年(1885)金陵刻經處刻本　二冊

330000－1710－0004621　子/佛家/599　子部/宗教類/佛教之屬/經疏

佛說仁王護國般若波羅蜜經疏五卷　(隋)釋智顗撰　(唐)釋灌頂記　清刻本　二冊

330000－1710－0004623　039/10　經部/叢編

十三經註疏三百三十三卷　(明)□□輯　明崇禎常熟毛氏汲古閣刻清乾隆四十年(1775)虞山席世宣補刻本　金蓉鏡題跋　一百七十二冊

330000－1710－0004626　811.4/B13　集部/戲劇類/雜劇之屬

四節記等不分卷　清刻本　十三冊

330000－1710－0004627　811.4/B19　集部/戲劇類/傳奇之屬

補天記二卷三十六齣　(清)范希哲撰　清刻本　一冊　存一卷(二)

330000－1710－0004631　811.4/B25　集部/曲類/曲韻曲譜曲律之屬

繪圖綴白裘十二集四十八卷　(清)玩花主人輯　(清)錢德蒼增輯　清光緒二十一年(1895)石印本　三冊　存十二卷(八集一至四、九集一至四、十二集一至四)

330000－1710－0004633　811.4/B26　集部/曲類/彈詞之屬

天雨花三十回　(清)陶貞懷撰　清同治六年(1867)緯文堂刻本　十三冊　存二十回(一、四至七、十至十一、十五至二十二、二十四、二十七至三十)

330000－1710－0004634　子/佛家/602　子部/宗教類/佛教之屬

法苑珠林一百卷　(唐)釋道世撰　清道光七年(1827)刻本　三十二冊

330000－1710－0004636　811.4/A44　集部/詞類/總集之屬

絕妙好詞七卷附浩然齋詞話一卷　(宋)周密輯　**浩然齋詞話一卷**　(宋)周密撰　清康熙二十四年(1685)刻高士奇清吟堂刻本(浩然齋詞話配抄本)　一冊

330000－1710－0004638　811.4/A43　集部/詞類/總集之屬

絕妙好詞箋七卷　(宋)周密輯　(清)查爲仁　(清)厲鶚箋　**絕妙好詞續鈔一卷**　(清)余集輯　**絕妙好詞又續鈔一卷**　(清)徐楙補錄　清刻本　三冊　缺二卷(一至二)

330000－1710－0004642　811.4/A45、811.4/A46　集部/詞類/類編之屬

詞學叢書六種二十三卷　(清)秦恩復編　清嘉慶至道光江都秦氏享帚精舍刻本　二冊　存一種

330000－1710－0004643　子/佛家/607　子部/宗教類/佛教之屬/律

毘尼止持會集十六卷首一卷　(清)釋讀體集　清光緒十八年(1892)刻本　八冊

330000－1710－0004644　811.4/A47　集部/曲類/散曲之屬

新鐫古今大雅南宮詞紀六卷北宮詞紀六卷　(明)陳所聞選　(明)陳邦泰輯　明萬曆刻本　二冊　存三卷(南宮詞紀五至六、北宮詞紀三)

330000－1710－0004646　039/11　經部/叢編

重刊宋本十三經注疏四百十六卷附十三經注疏校勘記四百十六卷　(清)阮元撰　(清)盧宣旬摘錄　清嘉慶二十年(1815)南昌府學刻

道光六年(1826)盱江朱華臨重校同治十二年(1873)江西書局重修本　一百七十二册　存十三種

330000－1710－0004647　子/佛家/609　子部/宗教類/佛教之屬/經疏
妙法蓮華經台宗會義十六卷　(明)釋智旭撰　清光緒五年(1879)刻本　十六册

330000－1710－0004648　811.4/A48　集部/詞類/總集之屬
蘭皐明詞匯選八卷　(清)胡胤瑗　(清)李葵生　(清)顧璟芳輯　**詩餘近選三卷**　(清)顧璟芳等撰　清刻本　一册　存三卷(匯選一、五至六)

330000－1710－0004649　子/佛家/610　子部/宗教類/佛教之屬
佛宗平議三卷附别録一卷　黄嗣艾撰　清光緒三十二年(1906)刻本　二册

330000－1710－0004650　子/佛家/611　子部/宗教類/佛教之屬/經
佛教西來玄化應運略録一卷　(宋)程輝編　**佛説四十二章經一卷**　(漢)釋迦葉摩騰　(漢)釋竺法蘭譯　**佛遺教經一卷**　(後秦)釋鳩摩羅什譯　**八大人覺經一卷**　(漢)釋安世高譯　清同治九年(1870)金陵刻經處刻本　一册

330000－1710－0004651　子/佛家/612　子部/宗教類/佛教之屬/諸宗
樂邦文類五卷　(宋)釋宗曉輯　清刻本　五册

330000－1710－0004653　子/佛家/614　子部/宗教類/佛教之屬/總録
重訂教乘法數十二卷　(清)釋超海等輯　清光緒四年(1878)杭州昭慶寺慧空經房刻本　六册

330000－1710－0004654　子/佛家/615　子部/宗教類/佛教之屬/經
大乘本生心地觀經八卷　(唐)釋般若等譯　清乾隆十五年(1750)刻本　一册　存四卷(五至八)

330000－1710－0004655　811.4/B28　集部/戲劇類/雜劇之屬
元曲選十集一百卷　(明)臧懋循編　明萬曆刻本　一册　存三種

330000－1710－0004656　子/佛家/617　子部/宗教類/佛教之屬/經疏
大乘本生心地觀經淺註八卷懸示一卷科文一卷　(清)釋來舟撰　清康熙三十五年(1696)刻本　十册

330000－1710－0004657　811.4/29　集部/戲劇類/傳奇之屬
晉春秋傳奇二卷　(清)蔡廷弼撰　(清)宛委山人校訂　(清)蔣士銓點定　清刻本　二册

330000－1710－0004659　子/佛家/619　子部/宗教類/佛教之屬/論
阿毘達磨俱舍論三十卷　(天竺)世親菩薩造　(唐)釋玄奘譯　清宣統三年(1911)常州天寧寺刻本　四册　存二十卷(十一至三十)

330000－1710－0004661　811.4/B31　集部/戲劇類/傳奇之屬
紅樓夢傳奇八卷　(清)陳鍾麟撰　清道光十五年(1835)粤東汗青齋刻本　八册

330000－1710－0004662　811.4/B33　集部/曲類/彈詞之屬
新刊鳳雙飛全傳五十二回　(清)□□撰　清光緒二十五年(1899)上海書局石印本　二十六册

330000－1710－0004667　子/佛家/625　史部/傳記類/總傳之屬/釋道
禪林僧寶傳三十卷臨濟宗旨一卷　(宋)釋惠洪撰　**補禪林僧寶傳一卷**　(宋)釋慶老撰　清光緒五年至六年(1879－1880)常熟刻經處刻本　二册　缺十卷(一至十)

330000－1710－0004668　子/佛家/626　子部/宗教類/佛教之屬/經疏
維摩詰所説經折衷疏六卷　(明)釋大賢撰　清金陵刻經處刻本　一册　存二卷(一至二)

330000－1710－0004670　子/佛家/628　子部/宗教類/佛教之屬/論疏

相宗八要直解八卷　（明）釋智旭撰　清同治九年（1870）金陵刻經處刻本　一冊　存四卷（五至八）

330000－1710－0004671　子/佛家/629　子部/宗教類/佛教之屬/經疏

圓覺經析義疏四卷卷首一卷　（清）釋通理撰　清光緒三十三年（1907）揚州藏經院刻本　一冊　存一卷（四）

330000－1710－0004674　039/13　類叢部/叢書類/彙編之屬

知不足齋叢書一百九十六種　（清）鮑廷博編　（清）鮑士恭續編　清乾隆三十七年至道光三年（1772－1823）長塘鮑氏刻彙印本　九十五冊　存七十八種

330000－1710－0004675　子/佛家/631　子部/宗教類/佛教之屬/論疏

成唯識論觀心法要十卷　（清）釋智旭撰　清光緒二十六年（1900）揚州藏經院刻本　六冊　存六卷（五至十）

330000－1710－0004679　子/佛家/634　子部/宗教類/佛教之屬/經疏

梵網經菩薩戒本二卷　（後秦）釋鳩摩羅什譯　（唐）釋法藏疏　清刻本　一冊　存二卷（一至二）

330000－1710－0004682　036/151　史部/目録類/總録之屬/官修

欽定古今圖書集成一萬卷目錄四十卷　（清）蔣廷錫　（清）陳夢雷等輯　清光緒十年（1884）上海圖書集成印書局鉛印本　一千三百四十九冊　存八千二百四十一卷（乾象典五至五十六、六十五至一百，歲功典七至一百十六、曆法典一至五、十二至五十、九十四至一百十九、一百二十八至一百四十，庶徵典一至六、十二至一百七十七，坤輿典一至三十七、四十四至四十七、五十至一百四十，職方典五至八、十至二百十七、二百二十六至三百十一、三百十九至三百二十四、三百四十七至三百九十七、四百六至四百三十三、四百四十二至四百六十九、四百八十五至五百八十二、五百八十九至八百八、八百四十至八百六十六、八百七十四至九百四十八、九百六十三至一千一百九、一千一百十六至一千一百九十五、一千二百六十至一千三百二十、一千三百二十八至一千四百六十五，山川典一至三十九、四十六至五十七、六十三至二百六十二，邊裔典一至七十五、九十二至一百三十四，皇極典一至二百五十七、二百六十四至三百，宮闈典一至一百四十、官常典一至五十九、六十六至八十九、一百二至二百五十七、二百八十七至二百九十三、三百二十四至三百三十一、三百四十七至三百五十三、三百七十四至四百二十一、四百三十九至四百七十三、四百九十七至四百九十八、五百十一至六百三十八、六百九十一至八百，家範典一至一百十六、交誼典一至一百二十、氏族典一至二百八十六、三百一至三百六、三百十九至三百五十三、三百六十二至三百九十六、四百五至四百四十一、四百六十四至四百七十二、四百八十五至四百九十二、五百至五百七、五百三十三至六百二十一、六百二十七至六百四十，人事典一至二十六、三十三至一百十二，閨媛典一至三百七十六、藝術典一至六、十一至十七、三十五至三十九、六十一至七十、七十六至一百十、一百十六至一百二十五、一百三十一至二百二十六、二百三十二至三百四十九、三百五十六至三百六十、三百六十六至四百二十一、四百二十七至四百三十六、四百六十一至四百六十四、六百五十二至六百五十六、七百四十四至七百五十九、七百六十六至八百二十四，神異典一至二百五、二百十三至二百十九、二百二十七至二百七十四、二百八十一至二百九十二，禽蟲典一至一百三十二、一百四十至一百四十六、一百八十二至一百九十二，草木典一至十八、二十四至三百二十，經籍典一至二十一、三十五至四十四、一百十至一百五十、一百五十八至一百六十三、一百七十一至一百七十九、一百八十五至一百九十六、二百三至二百五十八、二百六十四至二百九十、三百四至三百十、三百十七至三百八十五、三百九十至四百十二、四百十八至四百四十、四百四十七至四百六十八、四百七十五至五百，學行典一至六、四十四至一百九十九、二百十二至二百三十五，文學典七至八十五、九十六至一百四十二、一百四十九至一百七十三、一百八十一至一百八十八、一百九十五至二百六十，字學典六十一至八十六、九十三至九十八、一百十至一百六十，選舉典一至三十、三十七至一百三十六，銓衡典十二至十七、二十九至一百二十，食貨典一至九十四、一百一至三百六十，禮儀典一至一百二十七、一百三十四至三百四十八，樂律典一至一百三十六、戎政典十八至七十九、八十五至九十六、一百十五至二百三十三、二百四十至三百，考工典一至二百五十二、祥刑典一至三十七、四十二至一百八十）

330000－1710－0004683　子/佛家/636　子部/宗教類/佛教之屬/經

佛教西來玄化應運略錄一卷　（宋）程輝編　**佛說四十二章經一卷**　（漢）釋迦葉摩騰（漢）釋竺法蘭譯　**佛遺教經一卷**　（後秦）釋鳩摩羅什譯　**八大人覺經一卷**　（漢）釋安世高譯　清同治九年（1870）金陵刻經處刻本　一冊

330000－1710－0004685　子/佛家/639　子部/宗教類/佛教之屬/經

佛說觀無量壽佛經一卷　（南朝宋）釋畺良耶舍譯　清同治十年（1871）刻本　一冊

330000－1710－0004686　子/佛家/640　子部/宗教類/佛教之屬/經

佛說觀無量壽佛經一卷　（南朝宋）釋畺良耶舍譯　清同治十年（1871）金陵刻經處刻本　一冊

330000－1710－0004687　子/佛家/641　子部/宗教類/佛教之屬/諸宗

靈峰蕅益大師選定淨土十要十卷　（清）釋智旭輯　（清）釋成時評點節略　清光緒二十年（1894）揚州廣陵藏經禪院刻本　二冊　存六種

330000－1710－0004688　811.4/B34　集部/曲類/彈詞之屬

新編鳳雙飛全傳五十二回　（清）程蕙英撰　清抄本　三十一冊　存三十八回（一至二、四至十七、十九、二十五、二十八、三十至三十五、三十九至四十、四十二至五十二）

330000－1710－0004693　子/佛家/646　子部/宗教類/佛教之屬

道說紀餘二集一卷　（清）了一居士輯　清光緒三十年（1904）刻本　一冊

330000－1710－0004694　811.4/B40　集部/戲劇類/傳奇之屬

繪圖後西廂記四卷十六齣首一卷　（清）湯世瀠撰　（清）胡來照評點　清光緒二十年（1894）上海奎光閣石印本　二冊

330000－1710－0004695　子/佛家/647　子部/宗教類/佛教之屬/總録

翻譯名義集二十卷　（宋）釋法雲編　清光緒四年（1878）金陵刻經處刻本　一冊　存三卷（十四至十六）

330000－1710－0004696　子/佛家/648　子部/宗教類/佛教之屬/經疏

大方廣圓覺修多羅了義經略疏二卷　（唐）釋宗密撰　清光緒三十年（1904）揚州藏經院刻本　一冊　存一卷（上）

330000－1710－0004697　039/15　類叢部/叢書類/彙編之屬

續知不足齋叢書十七種　（清）高承勳編　清渤海高氏刻本　十五冊　存十三種

330000－1710－0004699　811.4/B41　集部/戲劇類/雜劇之屬

繪圖目連救母全傳四卷　清光緒二十年（1894）上海書局石印本　四冊

330000－1710－0004702　039/16　類叢部/叢書類/彙編之屬

士禮居黃氏叢書十九種附四種　（清）黃丕烈編　清光緒十三年（1887）上海蜚英館石印本　三十冊　存十九種

330000－1710－0004704　子/佛家/650　子部/宗教類/佛教之屬/諸宗

天台四教儀集註十卷　(元)釋蒙潤撰　清光緒三十四年(1908)揚州藏經院刻本　四册

330000－1710－0004707　811.4/B47　集部/戲劇類/傳奇之屬

長生殿傳奇二卷五十折　(清)洪昇撰　清光緒十三年(1887)上海蜚英館石印本　二册

330000－1710－0004708　811.5/5　集部/楚辭類

楚辭貫一卷　(清)董國英論釋　清道光二十五年(1845)博川正誼齋刻本　一册

330000－1710－0004709　811.5/6　類叢部/叢書類/自著之屬

湘綺樓全書十八種　王闓運撰　清光緒至宣統刻本　一册　存一種

330000－1710－0004710　811.5/7　類叢部/叢書類/彙編之屬

崇惠堂叢書　清儀徵李氏刻本　一册　存一種

330000－1710－0004711　子/佛家/653　子部/宗教類/佛教之屬/論疏

成唯識論述記六十卷　(唐)釋窺基撰　清光緒二十七年(1901)金陵刻經處刻本　二十册

330000－1710－0004712　039/20　類叢部/叢書類/彙編之屬

讀畫齋叢書四十六種　(清)顧修編　清嘉慶四年至十六年(1799－1811)桐川顧氏刻本　六册　存七種

330000－1710－0004713　子/佛家/654　子部/宗教類/佛教之屬/經

金剛般若波羅蜜經一卷　(後秦)釋鳩摩羅什譯　**千手千眼觀世音菩薩廣大圓滿無礙大悲心陀羅尼咒經一卷**　(唐)釋伽梵達摩譯　清刻本　祝廷錫題記　一册

330000－1710－0004714　子/佛家/655　子部/宗教類/佛教之屬/經疏

佛說阿彌陀經疏鈔四卷　(明)釋袾宏撰　清光緒十八年(1892)金陵刻經處刻本　二册　存二卷(三至四)

330000－1710－0004715　811.5/11　集部/楚辭類

離騷草木史九卷離騷拾細一卷　(清)周拱辰撰　清嘉慶八年(1803)檇李周氏刻本　一册　存三卷(一至三)

330000－1710－0004717　子/佛家/657　子部/宗教類/佛教之屬/論

十住毗婆沙論十五卷　(後秦)釋鳩摩羅什譯　清光緒二十一年(1895)江北刻經處刻本　三册

330000－1710－0004718　子/佛家/658　子部/宗教類/佛教之屬/總録

釋迦如來應化事蹟不分卷　(清)釋永珊編繪　清光緒二十三年(1897)石印本　一册

330000－1710－0004719　811.5/12　類叢部/叢書類/自著之屬

周孟侯先生全書五種　(清)周拱辰撰　清道光二十七年(1847)刻光緒元年(1875)補刻本　三册　存一種

330000－1710－0004720　子/佛家/659　子部/宗教類/佛教之屬/總録

釋氏稽古略四卷　(元)釋覺岸撰　**釋鑑稽古略續集三卷**　(明)釋幻輪撰　清光緒十二年(1886)釋清道刻本　五册

330000－1710－0004721　811.4/B48　集部/戲劇類/雜劇之屬

增像第六才子書四卷　(元)王德信　(元)關漢卿撰　(清)金人瑞評　清光緒十三年(1887)石印本　四册

330000－1710－0004722　811.5/13　集部/楚辭類

離騷九歌釋不分卷　(清)畢大琛集注　清光緒十八年(1892)補學齋刻本　四册

330000－1710－0004723　039/19　類叢部/叢書類/彙編之屬

奇晉齋叢書十六種　(清)陸烜編　清乾隆三

十四年(1769)平湖陸烜奇晉齋刻本　四冊

330000－1710－0004724　子/佛家/660　子部/宗教類/佛教之屬/大藏

頻伽精舍校刊大藏經　清宣統元年至民國二年(1909－1913)迦陵羅詩氏頻伽精舍上海鉛印本暨石印本　九冊　存二十二種

330000－1710－0004726　039/18　類叢部/叢書類/彙編之屬

龍威秘書一百六十九種　(清)馬俊良編　清刻本　六冊　存一種

330000－1710－0004727　811.5/15　類叢部/叢書類/彙編之屬

崇文書局彙刻書三十一種　(清)崇文書局編　清光緒元年至三年(1875－1877)湖北崇文書局刻本　一冊　存一種

330000－1710－0004730　子/佛家/663　集部/別集類/清別集

百城集三十卷　(清)釋道忞撰　清康熙十四年(1675)刻本　一冊　存六卷(一至六)

330000－1710－0004731　811.6/2　集部/總集類/選集之屬/斷代

唐人賦鈔六卷　(清)邱先德輯　清同治十三年(1874)木樨香山館刻本　六冊

330000－1710－0004732　039/22　類叢部/叢書類/彙編之屬

藝海珠塵二百六種　(清)吳省蘭編　清嘉慶南匯吳氏聽彝堂刻道光三十年(1850)金山錢氏漱石軒增刻重印本　金蓉鏡題記　四十一冊　存一百四十種

330000－1710－0004733　811.6/1　集部/總集類/選集之屬/通代

御定歷代賦彙一百四十卷外集二十卷逸句二卷補遺二十二卷目錄三卷　(清)陳元龍輯　清康熙四十五年(1706)內府刻本　一冊　存三卷(四十一至四十三)

330000－1710－0004734　子/佛家/664　子部/宗教類/佛教之屬

法苑珠林一百卷　(唐)釋道世撰　清宣統二年(1910)毘陵天寧寺刻本　三十冊

330000－1710－0004735　811.6/7　類叢部/類書類/專類之屬

駢文類纂四十六卷　王先謙輯　清光緒二十八年(1902)思賢書局刻本　二十四冊

330000－1710－0004736　811.6/6　集部/總集類/選集之屬/通代

駢體文鈔三十一卷　(清)李兆洛輯　清光緒八年(1882)上海刻本　八冊

330000－1710－0004739　子/佛家/666　子部/宗教類/佛教之屬/經疏

大方廣佛華嚴經疏鈔懸談二十八卷首一卷　(唐)釋澄觀撰　清光緒三十三年(1907)金陵刻經處刻本　一冊　缺二十五卷(四至二十八)

330000－1710－0004740　子/佛家/667　子部/宗教類/佛教之屬/論疏

相宗八要直解八卷　(明)釋智旭撰　清同治九年(1870)金陵刻經處刻本　二冊

330000－1710－0004743　811.6/8　集部/總集類/選集之屬/斷代

南北朝文鈔二卷　(清)彭兆蓀輯　清嘉慶四年(1799)刻本　二冊

330000－1710－0004746　811.6/15　集部/總集類/選集之屬/斷代

八家四六文註八卷首一卷　(清)吳鼒輯　(清)許貞幹注　清光緒十七年(1891)刻本　十六冊

330000－1710－0004748　子/佛家/671　子部/宗教類/佛教之屬/經

悲華經十卷　(晉)釋曇無讖譯　清同治十年(1871)杭州昭慶寺慧空經房刻本　二冊　存六卷(一至六)

330000－1710－0004751　子/佛家/674　子部/宗教類/佛教之屬/論疏

相宗八要直解八卷　(明)釋智旭撰　清同治九年(1870)金陵刻經處刻本　一冊　存四卷(一至四)

330000－1710－0004752　811.6/16　集部/總集類/選集之屬/斷代

國朝八家四六文鈔(八家四六文鈔)八種　(清)吳鼒編　清較經堂刻本　八册

330000－1710－0004754　811.6/19　集部/詩文評類/詩評之屬

歷代賦話十四卷續歷代賦話十四卷　(清)浦銑輯　**復小齋賦話二卷**　(清)浦銑撰　清乾隆五十三年(1788)刻本　一册　存十四卷(歷代賦話一至十四)

330000－1710－0004758　812/.1/1　類叢部/叢書類/彙編之屬

西京清麓叢書正編三十二種續編二十七種外編二十四種　(清)賀瑞麟編　清同治至民國傳經堂刻本　四册　存一種

330000－1710－0004759　子/佛家/679　子部/宗教類/佛教之屬/經

大方廣佛華嚴經入不思議解脱境界普賢行願品一卷　(唐)釋般若譯　清武進劉翰清刻本　一册

330000－1710－0004761　811.6/14　集部/總集類/選集之屬/斷代

國朝駢體正宗十二卷　(清)曾燠輯　清光緒十三年(1887)上海蜚英舘石印本　五册　缺二卷(三至四)

330000－1710－0004762　811.6/13　集部/總集類/選集之屬/斷代

唐駢體文鈔十七卷　(清)陳均纂　清嘉慶二十五年(1820)海昌陳氏刻本　四册

330000－1710－0004763　811.6/17　集部/總集類/選集之屬/斷代

四六法海十二卷　(明)王志堅輯　明天啟七年(1627)刻本　一册　存一卷(六)

330000－1710－0004764　811.6/20　集部/總集類/選集之屬/通代

駢體南鍼十六卷　(清)汪傳懿輯　清同治五年(1866)容我讀齋刻本　三册　存六卷(三至六、十三至十四)

330000－1710－0004766　039/23　類叢部/叢書類/彙編之屬

函海一百五十二種　(清)李調元編　清乾隆綿州李氏萬卷樓刻嘉慶十四年(1809)李鼎元道光五年(1825)李朝夔重校補刻本　五十二册　存七十種

330000－1710－0004767　812.1/3　集部/别集類/漢魏六朝别集

庾子山集十六卷總釋一卷　(北周)庾信撰　(清)倪璠註　**年譜一卷**　(清)倪璠撰　清金閶書業堂刻本　十二册

330000－1710－0004769　子/佛家/682　子部/宗教類/佛教之屬/經疏

妙法蓮華經玄義釋籤四十卷　(隋)釋智者大師說　(隋)釋灌頂記　(唐)釋湛然釋　清光緒七年(1881)昭慶律寺經房刻本　二十册

330000－1710－0004770　字/佛家/683　子部/宗教類/佛教之屬/論

唯識二十論一卷　(印度)世親菩薩造　(唐)釋玄奘譯　**唯識二十論述記四卷**　(唐)釋窺基撰　清宣統二年(1910)江西刻經處刻本　二册

330000－1710－0004771　812.1/14　集部/總集類/彙編之屬

韓柳全集一百四卷　(明)蔣之翹編　明崇禎六年(1633)蔣之翹三徑艸堂刻本　一册　存三卷(唐韓昌黎集一至三)

330000－1710－0004772　子/佛家/684　子部/宗教類/佛教之屬/總録

翻譯名義集二十卷　(宋)釋法雲編　清光緒四年(1878)金陵刻經處刻本　三册　存十卷(一至十)

330000－1710－0004773　812.1/11　類叢部/叢書類/彙編之屬

結一廬朱氏賸餘叢書四種　(清)朱澂編　清光緒三十一年(1905)仁和朱氏刻本　五册　存一種

330000－1710－0004774　子/佛家/4774　史

部/地理類/外紀之屬

大唐西域記十二卷　(唐)釋玄奘譯　(唐)釋辯機撰　清宣統元年(1909)常州天寧寺刻本　四冊

330000－1710－0004775　812.1/15　集部/別集類/唐五代別集

昌黎先生集四十卷外集十卷遺文一卷　(唐)韓愈撰　(宋)廖瑩中校正　明東吳徐氏東雅堂刻本　三冊　存十一卷(三至十三)

330000－1710－0004777　812.1/16　集部/別集類/唐五代別集

顧華陽集三卷　(唐)顧況撰　**補遺一卷**　(清)顧球輯　清同治元年(1862)顧氏雙峯堂刻民國二十年(1931)重印本　二冊

330000－1710－0004778　812.1/13　集部/別集類/唐五代別集

昌黎先生全集四十卷外集十卷遺文一卷傳一卷　(唐)韓愈撰　(明)葛鼒校　清宣統三年(1911)石印本　十冊

330000－1710－0004781　子/佛家/687　子部/宗教類/佛教之屬/經疏

大方廣圓覺修多羅了義經直解二卷　(唐)釋佛陀多羅譯　(明)釋德清解　清光緒十年(1884)杭州昭慶寺刻本　二冊

330000－1710－0004782　子/佛家/688　子部/宗教類/佛教之屬/律

大方便佛報恩經七卷　清同治十一年(1872)金陵刻經處刻本　二冊

330000－1710－0004783　子/佛家/689　子部/宗教類/佛教之屬/經疏

大佛頂首楞嚴經疏解蒙鈔六十卷佛頂五錄八卷　(清)錢謙益撰　清光緒十五年(1889)蘇州瑪瑙經房刻本　四冊　存四卷(七至九、佛頂五錄六)

330000－1710－0004785　子/佛家/690　史部/目錄類/專録之屬

閱藏知津四十四卷總目四卷　(清)釋智旭輯　清光緒十八年(1892)金陵刻經處刻本　五冊　存二十五卷(二十至四十四)

330000－1710－0004786　812.1/26　集部/別集類/宋別集

王臨川文集四卷　(宋)王安石撰　清宣統二年(1910)上海會文堂書局石印本　四冊

330000－1710－0004788　子/佛家692　類叢部/叢書類/自著之屬

楊仁山居士遺著十三種　(清)楊文會撰　清光緒至民國金陵刻經處刻本　一冊　存二種

330000－1710－0004790　812.1/9　集部/別集類/唐五代別集

沈下賢文集十二卷　(唐)沈亞之撰　清光緒二十一年(1895)刻本　魏元曠記　二冊

330000－1710－0004791　字/佛家/693　子部/宗教類/佛教之屬/總録

翻譯名義集二十卷　(宋)釋法雲編　清光緒四年(1878)金陵刻經處刻本　三冊　存十卷(十一至二十)

330000－1710－0004793　子/佛家/695　子部/宗教類/佛教之屬/經

御製大雲輪請雨經一卷太上祈雨龍王真經三卷　清同治九年(1870)湖北崇文書局刻本　一冊

330000－1710－0004794　子/佛家/696　子部/宗教類/佛教之屬/經

大般泥洹經六卷　(晉)釋法顯　(晉)釋覺賢譯　清宣統元年(1909)常州天寧寺刻本　二冊

330000－1710－0004802　812.1/6　集部/別集類/唐五代別集

李太白文集三十卷　(唐)李白撰　清光緒十四年(1888)湖北官書處刻本　四冊

330000－1710－0004807　812.1/28　集部/別集類/清別集

深寧先生文鈔八卷　(宋)王應麟撰　**王深寧先生年譜一卷**　(清)陳僅輯　(清)張恕編　清道光九年(1829)紫藤花館刻本　八冊　存八卷(一至八)

330000－1710－0004809　039/24　類叢部/叢書類/彙編之屬
粤雅堂叢書一百八十四種　(清)伍崇曜編　清道光二十九年至光緒十一年(1849－1885)南海伍氏刻彙印本　八十六冊　存五十九種

330000－1710－0004810　812.1/31　集部/別集類/宋別集
重刊文信國公全集十七卷首一卷　(宋)文天祥撰　清道光二十五年(1845)刻本　十二冊

330000－1710－0004811　812.1/32　集部/別集類/宋別集
和靖尹先生文集十卷　(宋)尹焞撰　清光緒九年(1883)劉傳經堂刻本　二冊

330000－1710－0004812　812.1/40　集部/別集類/宋別集
廬陵周益國文忠公集十三種　(宋)周必大撰　清道光二十八年(1848)歐陽棨瀛塘別墅刻咸豐元年(1851)續刻本　二十二冊　存十種

330000－1710－0004813　子/佛家/701　子部/宗教類/佛教之屬/諸宗
壇經一卷附六祖大師事畧一卷　(唐)釋慧能撰　(唐)釋法海等輯　清同治十一年(1872)如皋刻經處刻本　一冊

330000－1710－0004815　子/佛家/703　子部/宗教類/佛教之屬/諸宗
法界宗五祖略記一卷賢首五教儀開蒙一卷　(清)釋續法輯　清光緒二十二年(1896)金陵刻經處刻本　一冊

330000－1710－0004816　子/佛家/704　子部/宗教類/佛教之屬/論
立世阿毗曇論十卷　(陳)釋真諦譯　清宣統二年(1910)常州天寧寺刻經處刻本　三冊

330000－1710－0004818　子/佛家/706　子部/宗教類/佛教之屬/經
佛說無量壽經二卷　(三國魏)釋康僧鎧譯　清同治十三年(1874)金陵刻經處刻本　一冊

330000－1710－0004819　子/佛家/707　子部/宗教類/佛教之屬/經疏
維摩詰所說經折衷疏六卷　(明)釋大賢撰　清金陵刻經處刻本　二冊　缺二卷(一至二)

330000－1710－0004820　812.1/38　集部/別集類/宋別集
盱江先生全集三十七卷　(宋)李覯撰　清光緒十九年(1893)刻本　八冊

330000－1710－0004821　812.1/41　集部/別集類/宋別集
浮沚集九卷　(宋)周行己撰　清同治八年(1869)刻本　二冊　存六卷(四至九)

330000－1710－0004822　039/25　類叢部/叢書類/彙編之屬
二酉堂叢書(張氏叢書)二十一種　(清)張澍輯　清道光元年(1821)武威張氏二酉堂刻本　六冊

330000－1710－0004823　812.1/42　集部/別集類/宋別集
宋宗忠簡公集八卷　(宋)宗澤撰　(宋)樓鑰輯　(清)王延曾重輯　清乾隆二十六年(1761)刻本　二冊

330000－1710－0004824　812.1/43　類叢部/叢書類/彙編之屬
半畝園叢書三十種　(清)吳坤修編　清同治新建吳氏皖城刻本　二冊　存一種

330000－1710－0004825　039/26　類叢部/叢書類/彙編之屬
賜硯堂叢書新編四十種　(清)顧沅編　清道光十年(1830)長洲顧氏刻本　八冊

330000－1710－0004826　812.1/36　集部/別集類/宋別集
杜清獻公集十九卷首一卷末一卷附一卷　(宋)杜範撰　清同治九年(1870)吳縣孫熹刻本　四冊

330000－1710－0004827　子/佛家/708　子部/宗教類/佛教之屬/經疏
藥師瑠璃光如來本願功德經直解二卷　(清)釋靈耀撰　清宣統二年(1910)常州天寧寺刻本　一冊

330000－1710－0004829　812.1/44　類叢部/叢書類/彙編之屬

正誼堂全書六十三種續刻五種　(清)張伯行編　(清)楊浚重編　清同治五年(1866)福州正誼書院刻同治八年至光緒十三年(1869－1887)續刻本　三冊　存一種

330000－1710－0004830　812.1/47　類叢部/叢書類/自著之屬

陸放翁全集六種　(宋)陸游撰　明末海虞毛氏汲古閣刻清初毛扆增刻彙印本　七冊　存二種

330000－1710－0004831　812.1/49　集部/別集類/宋別集

象山先生全集三十六卷　(宋)陸九淵撰　**附錄少湖徐先生學則辯一卷**　(明)徐階撰　清宣統二年(1910)江左書林鉛印本　八冊

330000－1710－0004832　039/27、332/19　類叢部/叢書類/彙編之屬

守山閣叢書一百十二種　(清)錢熙祚編　清道光二十四年(1844)金山錢氏重編增刻墨海金壺本　四十一冊　存四十二種

330000－1710－0004835　子/佛家/712　子部/宗教類/佛教之屬/經疏

大佛頂首楞嚴經疏解蒙鈔六十卷佛頂五錄八卷　(清)錢謙益撰　清光緒十五年(1889)蘇州瑪瑙經房刻本　八冊　存十卷(二至八、佛頂五錄一至三)

330000－1710－0004839　812.1/50　集部/別集類/宋別集

燭湖集二十卷附編二卷　(宋)孫應時撰　(清)孫景洛等輯　清嘉慶八年(1803)孫氏靜遠軒刻本　六冊

330000－1710－0004843　812.1/51　集部/別集類/宋別集

西山先生真文忠公文集五十五卷目錄二卷補遺一卷附心政經二卷政經後一卷年譜一卷　(宋)真德秀撰　清同治四年(1865)浦城真氏拱極堂刻本　十一冊

330000－1710－0004849　039/28　類叢部/叢書類/彙編之屬

古棠書屋叢書十八種　(清)孫澍　(清)孫錤編　清道光鵝溪孫氏刻本　十七冊　存十二種

330000－1710－0004865　039/29　類叢部/叢書類/彙編之屬

海山仙館叢書五十六種　(清)潘仕成編　清道光二十五年至咸豐元年(1845－1851)番禺潘氏刻光緒十一年(1885)增刻彙印本　一百十一冊

330000－1710－0004866　812.1/52　集部/別集類/宋別集

節孝先生文集三十卷事實一卷附載一卷語錄一卷　(宋)徐積撰　清宣統三年(1911)山陽徐氏刻本　六冊

330000－1710－0004869　812.1/53　集部/別集類/宋別集

淮海集十七卷後集二卷詞一卷補遺一卷續補遺一卷　(宋)秦觀撰　**淮海文集攷證一卷**　(清)王敬之　(清)茆泮林　(清)金長福撰　**重編淮海先生年譜節要一卷**　(清)秦瀛編　(清)王敬之節要　清道光十七年(1837)王敬之等刻二十一年(1841)增刻本　四冊

330000－1710－0004870　子/佛家/741　集部/別集類/清別集

徧行堂續集十六卷　(清)釋今釋撰　清康熙二十年(1681)廣州刻本　二冊　存五卷(一至五)

330000－1710－0004871　812.1/57　類叢部/叢書類/彙編之屬

西京清麓叢書正編三十二種續編二十七種外編二十四種　(清)賀瑞麟編　清同治至民國傳經堂刻本　四冊　存一種

330000－1710－0004875　812.1/55　類叢部/叢書類/彙編之屬

武英殿聚珍版書(武英殿聚珍版叢書)一百三十八種　清乾隆武英殿木活字印本　三冊　存一種

330000－1710－0004877　812.1/62　集部/別集類/宋別集

南豐先生元豐類藁五十三卷　（宋）曾鞏撰　清康熙五十六年(1717)長洲顧崧齡刻本　二冊　存十四卷(四至九、三十九至四十六)

330000－1710－0004878　子/佛家/746　子部/宗教類/佛教之屬/經疏

法華指掌疏七卷懸示一卷科判一卷事義一卷　（清）釋通理撰　清刻本　六冊　缺五卷(三至七)

330000－1710－0004880　子/佛家/748　子部/宗教類/佛教之屬/論疏

成唯識論觀心法要十卷　（清）釋智旭撰　清光緒二十六年(1900)揚州藏經院刻本　十冊

330000－1710－0004881　812.1/64　集部/別集類/宋別集

石林居士建康集八卷補遺一卷　（宋）葉夢得撰　**石林先生兩鎮建康紀年略一卷**　（清）葉廷琯撰　清道光二十四年(1844)吳中葉氏刻本　二冊

330000－1710－0004882　812.1/63　類叢部/叢書類/彙編之屬

漸西村舍彙刊(漸西村舍叢刻)四十四種　（清）袁昶編　清光緒十六年至二十四年(1890－1898)桐廬袁氏刻本　二冊　存一種

330000－1710－0004884　子/佛家/750　子部/宗教類/佛教之屬/經疏

楞伽阿跋多羅寶經四卷　（南朝宋）釋求那跋陀羅譯　（明）釋智旭疏義　**楞伽阿跋多羅寶經玄義一卷**　（明）釋智旭撰　清宣統元年(1909)常州天寧寺刻本　五冊

330000－1710－0004886　039/30　類叢部/叢書類/彙編之屬

青照堂叢書八十五種　（清）李元春輯　清道光十五年(1835)朝邑劉際清等刻本　九十六冊　存八十二種

330000－1710－0004887　812.1/56　類叢部/叢書類/彙編之屬

武英殿聚珍版書(武英殿聚珍版叢書)一百三十八種　清刻本　三冊　存一種

330000－1710－0004888　812.1/58　集部/別集類/宋別集

後山先生集二十四卷首一卷　（宋）陳師道撰　清光緒十一年(1885)番禺陶氏愛廬刻本　四冊

330000－1710－0004889　812.1/67　類叢部/叢書類/彙編之屬

武英殿聚珍版書(武英殿聚珍版叢書)一百三十八種　清乾隆四十二年(1777)福建刻道光至同治遞修光緒二十一年(1895)增刻本　二冊　存一種

330000－1710－0004891　子/佛家/753　子部/宗教類/佛教之屬/經

大薩遮尼乾子受記經十卷　（北魏）釋菩提留支譯　清光緒十九年(1893)江北刻經處刻本　二冊

330000－1710－0004892　子/佛家/754　子部/宗教類/佛教之屬/經疏

維摩詰所說經註八卷　（後秦）釋鳩摩羅什譯　（後秦）釋僧肇注　清光緒十三年(1887)金陵刻經處刻本　二冊

330000－1710－0004893　子/佛家/755　子部/宗教類/佛教之屬/經疏

佛說阿彌陀經要解便蒙鈔三卷　（清）釋智旭解　（清）釋達默鈔　（清）釋達林參訂　清光緒二十三年(1897)刻本　三冊

330000－1710－0004895　511.3/2　史部/政書類

九通　清乾隆刻本　四十冊　存一種

330000－1710－0004896　812.1/76　子部/藝術類/音樂之屬/琴學

松風草堂謝琴文鈔一卷詩鈔八卷聯吟首一卷聯吟附末一卷　（清）吳景潮編　清嘉慶二十年(1815)新安吳氏武林松風草堂刻本　一冊　存三卷(詩鈔一至三)

330000－1710－0004897　039/31　類叢部/

叢書類/彙編之屬

宜稼堂叢書七種 (清)郁松年編 清道光二十年至二十二年(1840－1842)上海郁氏刻本 八十冊

330000－1710－0004901 子/佛家/757 子部/宗教類/佛教之屬/諸宗

淨土聖賢錄九卷 (清)彭希涑撰 清乾隆刻本 四冊

330000－1710－0004902 812.1/78 集部/別集類/宋別集

蘇魏公文集七十二卷首一卷目錄二卷附錄一卷 (宋)蘇頌撰 清道光二十二年(1842)刻本 十冊

330000－1710－0004903 子/佛家/758 子部/宗教類/佛教之屬/諸宗

淨土聖賢錄九卷 (清)彭希涑撰 **淨土聖賢錄續編四卷** (清)胡珽撰 **種蓮集一卷** (清)陳本仁輯 清光緒元年(1875)錢塘許靈虛刻本 二冊 缺九卷(一至九)

330000－1710－0004904 子/佛家/759 子部/宗教類/佛教之屬/經疏

妙法蓮華經指掌疏七卷 (清)通理述 清宣統元年(1909)江北刻經處刻本 六冊 存六卷(二至七)

330000－1710－0004907 子/佛家/762 子部/宗教類/佛教之屬/經疏

佛說觀無量壽佛經疏妙宗鈔四卷 (宋)釋智顗疏 (宋)釋知禮輯 清同治十二年(1873)刻本 二冊

330000－1710－0004908 子/佛家/763 子部/宗教類/佛教之屬/經疏

大佛頂如來密因修證了義諸菩薩萬行首楞嚴經釋要十卷 (唐)釋般剌密帝譯 (宋)釋道歡釋要 清刻本 四冊

330000－1710－0004909 子/佛家/764 子部/宗教類/佛教之屬/諸宗

賢首五教儀開蒙增註五卷附華嚴經品會大義一卷 (清)釋通理撰 清宣統元年(1909)揚州藏經院刻本 五冊

330000－1710－0004910 812.1/79 集部/總集類/氏族之屬

三蘇全集四種 (清)弓翊清校 清道光十二年(1832)眉州三蘇祠刻本 十四冊 存一種

330000－1710－0004911 子/佛家/765 子部/宗教類/佛教之屬/諸宗

淨土聖賢錄九卷 (清)彭希涑撰 **淨土聖賢錄續編四卷** (清)胡珽撰 **種蓮集一卷** (清)陳本仁輯 清光緒元年(1875)錢塘許靈虛刻本 三冊 存九卷(一至九)

330000－1710－0004912 812.1/80 集部/別集類/宋別集

訂補坡仙集鈔三十八卷 (宋)蘇軾撰 (明)李贄輯 (明)陳繼儒訂補 明刻本 一冊 存二卷(一至二)

330000－1710－0004913 812.1/85 集部/別集類/宋別集

歐陽文忠公全集一百五十三卷附錄五卷 (宋)歐陽修撰 **年譜一卷** (宋)胡柯編 明刻本 七冊 存三十五卷(四十五至五十二、六十五至六十九、七十六至八十八、一百二至一百十)

330000－1710－0004914 039/32 類叢部/叢書類/彙編之屬

湖海樓叢書十二種 (清)陳春編 清嘉慶蕭山陳氏刻二十四年(1819)彙印本 二十七冊 缺九卷(永嘉先生八面鋒一至九)

330000－1710－0004915 039/33 類叢部/叢書類/彙編之屬

當歸草堂叢書十三種 (清)丁丙編 清同治錢塘丁氏刻本 十冊

330000－1710－0004916 039/34 類叢部/叢書類/彙編之屬

明辨齋叢書三十二種 (清)余肇鈞編 清同治元年至九年(1862－1870)長沙余氏刻本 二十四冊 存二十二種

330000－1710－0004917 子/佛家/766 子

部/宗教類/佛教之屬/諸宗

法界宗五祖略記一卷賢首五教儀開蒙一卷 (清)釋續法輯 清光緒二十二年(1896)金陵刻經處刻本 一冊

330000－1710－0004920 子/佛家/769 子部/宗教類/佛教之屬/論

唯識二十論一卷 (印度)世親菩薩造 (唐)釋玄奘譯 **唯識二十論述記四卷** (唐)釋窺基撰 清宣統二年(1910)江西刻經處刻本 二冊

330000－1710－0004922 子/佛家/771 子部/宗教類/佛教之屬/論疏

御製揀魔辨異錄八卷 (清)世宗胤禛撰 清雍正十一年(1733)内府刻本 四冊

330000－1710－0004923 039/35 類叢部/叢書類/彙編之屬

小石山房叢書三十八種 (清)顧湘編 清道光刻同治十三年(1874)虞山顧氏補刻本 董宗善題記 十六冊

330000－1710－0004924 子/佛家/772 子部/宗教類/佛教之屬/總録

一切經音義二十五卷 (唐)釋玄應撰 **補訂新譯大方廣佛華嚴經音義二卷** (唐)釋慧苑撰 **華嚴經音義敘錄一卷** (清)臧庸輯 **刻華嚴經音義校勘記一卷** (清)曹籀撰 清同治八年(1869)曹籀刻本 四冊 存二十七卷(一至二十五、補訂新譯大方廣佛華嚴經音義一至二)

330000－1710－0004925 039/36 類叢部/叢書類/彙編之屬

功順堂叢書 (清)潘祖蔭編 清光緒吳縣潘氏刻本 十九冊 存十三種

330000－1710－0004926 812.1/83 集部/別集類/宋別集

羅鄂州小集六卷 (宋)羅願撰 **羅郢州遺文一卷** (宋)羅頌撰 清光緒十九年(1893)黟縣李氏刻本 二冊

330000－1710－0004927 812.1/84 類叢部/叢書類/彙編之屬

正誼堂全書六十三種續刻五種 (清)張伯行編 (清)楊浚重編 清同治五年(1866)福州正誼書院刻同治八年至光緒十三年(1869－1887)續刻本 二冊 存一種

330000－1710－0004928 039/37 類叢部/叢書類/彙編之屬

昭代叢書合刻十集五百六十種附一種 (清)張潮 (清)張漸輯 (清)楊復吉 (清)沈楙悳續編 清道光吳江沈氏世楷堂刻本 十五冊 存五十五種附一種

330000－1710－0004929 子/佛家/773 經部/易類

沈毅成先生易學四種十八卷 (清)沈善登撰 清光緒桐鄉沈氏豫恕堂刻本 四冊 存一種

330000－1710－0004930 子/佛家/774 子部/宗教類/佛教之屬/經疏

觀楞伽阿跋多羅寶經記四卷 (南朝宋)釋求那跋陀羅譯 (明)釋德清筆記 清光緒三年(1877)刻本 六冊 存三卷(二至四)

330000－1710－0004932 812.1/88 類叢部/叢書類/郡邑之屬

武林往哲遺箸五十六種後編十種 (清)丁丙編 清光緒三年至二十六年(1877－1900)錢塘丁氏嘉惠堂刻本([乾道]臨安志卷四至十五、南宋館閣錄卷一原缺) 金蓉鏡題記 一冊 存一種

330000－1710－0004933 812.1/90 類叢部/叢書類/彙編之屬

漸西村舍彙刊(漸西村舍叢刻)四十四種 (清)袁昶編 清光緒十六年至二十四年(1890－1898)桐廬袁氏刻本 四冊 存一種

330000－1710－0004935 812.1/91 集部/別集類/明別集

新喻梁石門先生集十卷首一卷末一卷 (明)梁寅撰 清光緒十五年(1889)刻本 六冊

330000－1710－0004936 812.1/95 類叢

部/叢書類/彙編之屬

古棠書屋叢書十八種 (清)孫澍 (清)孫錤編 清道光鵝溪孫氏刻本 十六冊 存一種

330000－1710－0004937 039/40 類叢部/叢書類/彙編之屬

月河精舍叢鈔五種 (清)丁寶書編 清光緒苕溪丁氏刻本 十冊 存四種

330000－1710－0004938 812.1/97 集部/別集類/元別集

昌霅文集二卷 (元)袁君賢撰 清光緒二年(1876)木活字印本 二冊

330000－1710－0004939 039/42 類叢部/叢書類/彙編之屬

榆園叢刻十五種附一種 (清)許增編 清同治至光緒刻本 十冊 存十二種

330000－1710－0004940 812.1/96 類叢部/叢書類/彙編之屬

古棠書屋叢書十八種 (清)孫澍 (清)孫錤編 清道光十七年(1837)刻民國元年(1912)存古書局補刻本 十六冊 存一種

330000－1710－0004941 039/39 類叢部/叢書類/彙編之屬

崇文書局彙刻書三十一種 (清)崇文書局編 清光緒元年至三年(1875－1877)湖北崇文書局刻本 六十二冊 存二十六種

330000－1710－0004942 039/41 類叢部/叢書類/彙編之屬

咫進齋叢書三十五種 (清)姚覲元編 清光緒九年(1883)歸安姚氏刻本 三十冊

330000－1710－0004943 812.1/98 集部/別集類/明別集

王文成公全書三十八卷 (明)王守仁撰 清光緒浙江書局刻本 二十四冊

330000－1710－0004944 039/43 類叢部/叢書類/彙編之屬

重刊拜經樓叢書七種 (清)吳騫編 清光緒十一年(1885)會稽章氏鄂渚刻本 八冊

330000－1710－0004946 039/44 類叢部/叢書類/彙編之屬

重校拜經樓叢書(重定拜經樓叢書)十種 (清)吳騫原編 (清)朱記榮補輯 清光緒二十年(1894)吳縣朱氏校經堂補刻本 十冊

330000－1710－0004948 812.1/99 集部/別集類/明別集

西昌王抑菴集四十卷首一卷 (明)王直撰 清同治六年(1867)王敨鑅刻本 八冊

330000－1710－0004949 812.1/102 集部/別集類/明別集

方正學先生遜志齋集二十四卷拾補一卷外紀一卷校勘記一卷 (明)方孝孺撰 (清)張紹謙纂定 清同治十二年(1873)吳縣孫熹刻本 十六冊

330000－1710－0004951 子/佛家/778 子部/宗教類/佛教之屬/大藏

頻伽精舍校刊大藏經 清宣統元年至民國二年(1909－1913)迦陵羅詩氏頻伽精舍上海鉛印本暨石印本 十冊 存七種

330000－1710－0004953 039/46 類叢部/叢書類/彙編之屬

半厂叢書初編十種 (清)譚獻編 清同治至光緒仁和譚氏刻本 二十冊 存八種

330000－1710－0004954 812.1/112 集部/別集類/明別集

巽川祁先生文集十六卷附錄二卷 (明)祁順撰 清康熙二年(1663)祁文友在茲堂刻本 四冊

330000－1710－0004955 子/佛家/779 子部/宗教類/佛教之屬/大藏

頻伽精舍校刊大藏經 清宣統元年至民國二年(1909－1913)迦陵羅詩氏頻伽精舍上海鉛印本暨石印本 十冊 存三十二種

330000－1710－0004956 039/47 類叢部/叢書類/彙編之屬

槐廬叢書四十六種 (清)朱記榮編 清光緒吳縣朱氏槐廬家塾刻本 金蓉鏡批跋 六十

二册　存三十八種

330000－1710－0004957　812.1/104、812.1/105　集部/别集類/明别集
左氏雙忠集　（明）左輝春校刊　清道光湘鄉左氏詠史齋刻本　八册

330000－1710－0004958　812.1/108　集部/别集類/明别集
淩谿先生集十八卷　（明）朱應登撰　清道光十五年（1835）宜禄堂刻本　四册

330000－1710－0004959　812.1/106　集部/别集類/明别集
史忠正公集四卷　（明）史可法撰　**首一卷末一卷**　（清）史山清輯　清咸豐六年（1856）史兆霖刻本　二册

330000－1710－0004960　812.1/109　集部/别集類/明别集
山帶閣集三十三卷附録一卷　（明）朱曰藩撰　清道光十五年（1835）宜禄堂刻本　六册

330000－1710－0004962　子/佛家/780　子部/宗教類/佛教之屬/大藏
頻伽精舍校刊大藏經　清宣統元年至民國二年（1909－1913）迦陵羅詩氏頻伽精舍上海鉛印本暨石印本　十一册　存四種

330000－1710－0004964　812.1/117　集部/别集類/明别集
燕泉何先生遺藁十卷　（明）何孟春撰　清光緒六年（1880）刻本　四册

330000－1710－0004965　子/佛家/781　子部/宗教類/佛教之屬/大藏
頻伽精舍校刊大藏經　清宣統元年至民國二年（1909－1913）迦陵羅詩氏頻伽精舍上海鉛印本暨石印本　十册　存三種

330000－1710－0004966　812.1/120　集部/别集類/清别集
變雅堂文集四卷詩集十卷詩集補遺一卷　（清）杜濬撰　**變雅堂遺集附録一卷**　（清）方苞等撰　清同治九年（1870）劉維楨鄂垣刻本　八册

330000－1710－0004967　812.1/119　集部/别集類/清别集
變雅堂全集六卷　（清）杜濬撰　**諸家評記二卷**　（清）方苞等撰　清道光二十三年（1843）刻本　六册

330000－1710－0004969　子/佛家/782　子部/宗教類/佛教之屬/大藏
頻伽精舍校刊大藏經　清宣統元年至民國二年（1909－1913）迦陵羅詩氏頻伽精舍上海鉛印本暨石印本　十册　存三十種

330000－1710－0004970　812.1/122　集部/别集類/明别集
宋文憲公全集八十三卷潛溪録六卷首一卷　（明）宋濂撰　（清）孫鏘輯　清宣統成都刻本　二十八册

330000－1710－0004971　039/47－2　類叢部/叢書類/彙編之屬
新斠平津館叢書十集三十四種　（清）孫星衍編　清光緒十年至十五年（1884－1889）吴縣朱氏槐廬家塾刻本　八册　存一種

330000－1710－0004972　039/48　類叢部/叢書類/彙編之屬
正覺樓叢刻（正覺樓叢書）二十九種　（清）崇文書局編　清光緒崇文書局刻本　金蓉鏡批校　三十六册

330000－1710－0004973　812.1/124　集部/别集類/明别集
金忠節公文集八卷　（明）金聲撰　清道光七年（1827）嘉魚官署刻本　六册

330000－1710－0004974　812.1/125　集部/别集類/清别集
徧行堂集十六卷　（清）釋今釋撰　清宣統三年（1911）上海國學扶輪社鉛印本　八册

330000－1710－0004975　812.1/126　集部/别集類/明别集
枝山文集四卷　（明）祝允明撰　清同治十三年（1874）元和祝氏刻本　二册

330000－1710－0004976　子/佛家/783　子

部/宗教類/佛教之屬/大藏
頻伽精舍校刊大藏經　清宣統元年至民國二年(1909－1913)迦陵羅詩氏頻伽精舍上海鉛印本暨石印本　十冊　存八十七種

330000－1710－0004978　812.1/130　集部/別集類/明別集
夏節愍全集十卷首一卷末一卷補遺一卷續補遺一卷　(明)夏完淳撰　(清)陳均編　(清)莊師洛輯　清嘉慶十二年(1807)刻本　二冊

330000－1710－0004979　812.1/132　集部/別集類/明別集
垂楊館集十一卷　(明)郭孔建撰　**經傳正誤一卷**　(清)郭孔太輯　清光緒七年(1881)刻本　二冊

330000－1710－0004980　812.1/133　集部/別集類/明別集
陶元暉中丞遺集二卷首一卷　(明)陶朗先撰　清光緒二十四年(1898)蘭州書局鉛印本　一冊

330000－1710－0004983　812.1/136　類叢部/叢書類/自著之屬
孫文恭公遺書七種　(明)孫應鼇撰　清宣統二年(1910)上海南洋官書局鉛印本　八冊

330000－1710－0004984　812.1/140　集部/別集類/明別集
止止堂集五卷　(明)戚繼光撰　清光緒十四年(1888)山東書局刻本　四冊

330000－1710－0004985　039/49　類叢部/叢書類/彙編之屬
玉函山房輯佚書六百二十二種附一種　(清)馬國翰輯　清光緒十八年(1892)湖南思賢書局刻本　金蓉鏡批　一百二十冊　存五百九十三種附一種

330000－1710－0004986　812.1/121　集部/別集類/明別集
懷麓堂全集一百卷首一卷　(明)李東陽撰　清嘉慶八年(1803)隴下學易堂刻本　二十冊

330000－1710－0004987　812.1/141　集部/別集類/明別集
鹿忠節公集二十一卷　(明)鹿善繼撰　清刻本　六冊

330000－1710－0004988　子/佛家/784　子部/宗教類/佛教之屬/大藏
頻伽精舍校刊大藏經　清宣統元年至民國二年(1909－1913)迦陵羅詩氏頻伽精舍上海鉛印本暨石印本　十一冊　存十六種

330000－1710－0004989　812.1/143　集部/別集類/清別集
霜紅龕集四十卷　(清)傅山撰　**附錄三卷年譜一卷**　丁寶銓輯　清宣統三年(1911)山陽丁氏刻本　十二冊

330000－1710－0004990　子/佛家/785　子部/宗教類/佛教之屬/大藏
頻伽精舍校刊大藏經　清宣統元年至民國二年(1909－1913)迦陵羅詩氏頻伽精舍上海鉛印本暨石印本　七冊　存五十一種

330000－1710－0004991　812.1/145　集部/別集類/清別集
楊園先生全集五十四卷　(清)張履祥撰　**張楊園先生年譜一卷**　(清)蘇惇元編　清同治十年(1871)江蘇書局刻本　十六冊

330000－1710－0004992　子/佛家/786　子部/宗教類/佛教之屬/大藏
頻伽精舍校刊大藏經　清宣統元年至民國二年(1909－1913)迦陵羅詩氏頻伽精舍上海鉛印本暨石印本　五冊　存十五種

330000－1710－0004993　812.1/150　集部/別集類/明別集
楊忠愍公集四卷　(明)楊繼盛撰　清光緒九年(1883)甘肅藩署刻本　四冊

330000－1710－0004994　812.1/151　類叢部/叢書類/彙編之屬
正誼堂全書六十三種續刻五種　(清)張伯行編　(清)楊浚重編　清同治五年(1866)福州正誼書院刻同治八年至光緒十三年(1869－

1887)續刻本　一冊　存一種

330000－1710－0004995　子/佛家/787　子部/宗教類/佛教之屬/大藏

頻伽精舍校刊大藏經　清宣統元年至民國二年(1909－1913)迦陵羅詩氏頻伽精舍上海鉛印本暨石印本　九冊　存四十五種

330000－1710－0004996　812.1/149　集部/別集類/明別集

楊忠烈公文集十卷補遺一卷表忠錄一卷末一卷年譜一卷　(明)楊漣撰　(清)楊徵午等校訂　清道光十三年(1833)世美堂刻本　六冊　存十二卷(文集一至十、表忠錄、末)

330000－1710－0004998　子/佛家/788　子部/宗教類/佛教之屬/大藏

頻伽精舍校刊大藏經　清宣統元年至民國二年(1909－1913)迦陵羅詩氏頻伽精舍上海鉛印本暨石印本　六冊　存八種

330000－1710－0004999　812.1/160　集部/別集類/明別集

黃漳浦集五十卷首一卷目錄二卷　(明)黃道周撰　(清)陳壽祺重編　**漳浦黃先生年譜二卷**　(明)莊起儔編　清道光八年至十年(1828－1830)福州陳氏刻本　二十四冊

330000－1710－0005000　子/佛家/789　子部/宗教類/佛教之屬/大藏

頻伽精舍校刊大藏經　清宣統元年至民國二年(1909－1913)迦陵羅詩氏頻伽精舍上海鉛印本暨石印本　十冊　存一百十八種

330000－1710－0005001　812.1/161　集部/別集類/明別集

蔡忠烈公遺集四卷　(明)蔡道憲撰　(清)鄧顯鶴編　夏獻雲重編　清光緒六年(1880)閩館刻民國十八年(1929)補刻本　四冊

330000－1710－0005002　子/佛家/790　子部/宗教類/佛教之屬/大藏

頻伽精舍校刊大藏經　清宣統元年至民國二年(1909－1913)迦陵羅詩氏頻伽精舍上海鉛印本暨石印本　七冊　存一種

330000－1710－0005003　子/佛家/791　子部/宗教類/佛教之屬/大藏

頻伽精舍校刊大藏經　清宣統元年至民國二年(1909－1913)迦陵羅詩氏頻伽精舍上海鉛印本暨石印本　四冊　存一種

330000－1710－0005004　子/佛家/792　子部/宗教類/佛教之屬/大藏

頻伽精舍校刊大藏經　清宣統元年至民國二年(1909－1913)迦陵羅詩氏頻伽精舍上海鉛印本暨石印本　九冊　存一百三十六種

330000－1710－0005005　039/50　類叢部/叢書類/彙編之屬

暢園叢書甲函六種　(清)張邁編　清光緒二十年(1894)始豐張氏四明刻本　四冊

330000－1710－0005006　812.1/162　集部/別集類/明別集

蓉川集四卷首一卷　(明)齊之鸞撰　清光緒二十三年(1897)桐城徐氏刻本　二冊

330000－1710－0005007　812.1/163　集部/別集類/明別集

劉子全書四十卷首一卷　(明)劉宗周撰　(清)董瑒編　清道光四年至十五年(1824－1835)蕭山王宗炎等刻本　十六冊　存三十二卷(首、一至二十、二十七至三十一、三十四至三十九)

330000－1710－0005008　812.1/164　集部/別集類/明別集

劉蕺山先生集二十四卷首一卷　(明)劉宗周撰　清乾隆十六年(1751)證人堂刻本　十二冊

330000－1710－0005009　812.1/166　集部/別集類/明別集

劉忠宣公遺集　(明)劉大夏撰　清光緒元年(1875)刻本　六冊

330000－1710－0005010　812.1/167　集部/別集類/明別集

太師誠意伯劉文成公集二十卷首一卷　(明)劉基撰　清光緒二十六年(1900)浙江書局刻

本　十册

330000－1710－0005011　812.1/168　集部/别集類/明别集
瞿忠宣公集十卷　(明)瞿式耜撰　清道光十五年(1835)常熟蔣因培　許廷誥刻本　四册

330000－1710－0005012　039/51　類叢部/叢書類/彙編之屬
邵武徐氏叢書二十三種　(清)徐榦編　清光緒邵武徐氏刻本　十七册　存十一種

330000－1710－0005014　039/53　類叢部/叢書類/彙編之屬
惜陰軒叢書三十四種續編一種　(清)李錫齡編　清光緒十四年(1888)長沙惜陰書局刻本　金蓉鏡題記　一百十七册　存三十四種

330000－1710－0005015　子/佛家/793　子部/宗教類/佛教之屬/大藏
頻伽精舍校刊大藏經　清宣統元年至民國二年(1909－1913)迦陵羅詩氏頻伽精舍上海鉛印本暨石印本　十四册　存一百七十四種

330000－1710－0005016　039/53－2　子部/醫家類/類編之屬
保赤彙編　(清)朱之榛編　清光緒五年(1879)蘇州刻本　一册　存一種

330000－1710－0005017　039/54　類叢部/叢書類/彙編之屬
元和江氏靈鶼閣叢書五十六種　(清)江標輯　清光緒元和江氏湖南使院刻本　四十五册　缺一種(聽園西疆雜述詩四卷)

330000－1710－0005018　039/55　類叢部/叢書類/彙編之屬
留垞叢刻八種　楊鍾義編　清光緒十六年至宣統二年(1890－1910)刻本　楊鍾羲寫記　六册　存八種

330000－1710－0005019　039/56　類叢部/叢書類/彙編之屬
澤古齋重鈔十二集一百十四種　(清)陳璜輯　清道光三年(1823)上海陳氏據借月山房彙鈔刊版重編刻本　二十四册　存三十二種

330000－1710－0005020　子/佛家/794　子部/宗教類/佛教之屬/大藏
頻伽精舍校刊大藏經　清宣統元年至民國二年(1909－1913)迦陵羅詩氏頻伽精舍上海鉛印本暨石印本　十三册　存二百三十二種

330000－1710－0005021　子/佛家/795　子部/宗教類/佛教之屬/大藏
頻伽精舍校刊大藏經　清宣統元年至民國二年(1909－1913)迦陵羅詩氏頻伽精舍上海鉛印本暨石印本　九册　存四種

330000－1710－0005022　812.1/171　集部/别集類/明别集
重刻一峰先生集八卷首一卷附録二卷　(明)羅倫撰　清光緒二年(1876)木活字印本　六册

330000－1710－0005023　039/57　類叢部/叢書類/彙編之屬
隨盦徐氏叢書十種續編十種　徐乃昌編　清光緒至民國南陵徐氏刻本　二十四册

330000－1710－0005024　812.1/173　集部/别集類/明别集
鈐山堂集四十卷　(明)嚴嵩撰　清嘉慶十一年(1806)嚴氏刻本　八册

330000－1710－0005026　812.1/175　集部/别集類/明别集
緑曉齋自選全集四卷首一卷末一卷　(明)卜舜年撰　清道光十年(1830)秀水鄭照刻本　一册

330000－1710－0005027　812.1/181　集部/别集類/清别集
望溪先生文集十八卷集外文十卷集外文補遺二卷　(清)方苞撰　**方望溪先生年譜一卷年譜附録一卷**　(清)蘇惇元輯　清咸豐元年(1851)戴鈞衡刻二年(1852)增刻本　十六册

330000－1710－0005028　039/58　類叢部/叢書類/自著之屬
儆季雜著五種附二種　(清)黄以周撰　清光緒二十年至二十一年(1894－1895)江蘇南菁

講舍刻本　十冊

330000－1710－0005029　039/59　類叢部/叢書類/彙編之屬
花雨樓叢鈔十一種續鈔十一種附一種　（清）張壽榮編　清光緒八年至十四年（1882－1888）蛟川張氏花雨樓刻本　五冊　存五種

330000－1710－0005031　812.1/180　類叢部/叢書類/自著之屬
方學博全集五種　（清）方坰撰　清光緒元年（1875）王大經武昌藩署刻本　六冊

330000－1710－0005032　812.1/182　集部/別集類/清別集
一拳石齋文鈔二卷詩鈔二卷　（清）方龍光撰　清刻本　二冊

330000－1710－0005033　039/61　類叢部/叢書類/彙編之屬
古逸叢書二十六種　（清）黎庶昌編　清光緒八年至十年（1882－1884）黎庶昌日本東京使署影刻本　三十四冊　存十七種

330000－1710－0005034　812.1/184　集部/別集類/清別集
萬善花室文稿六卷　（清）方履籛撰　**附錄一卷**　（清）李兆洛等撰　清光緒十二年（1886）小峏山館刻本　二冊

330000－1710－0005035　039/61－2　類叢部/叢書類/彙編之屬
古逸叢書二十六種　（清）黎庶昌編　清光緒八年至十年（1882－1884）黎庶昌日本東京使署影刻本　二冊　存二種

330000－1710－0005036　812.1/185　集部/別集類/清別集
獨善堂文集八卷　（清）王大經撰　（清）周右編　清嘉慶二十二年（1817）周右春暉堂刻本　四冊

330000－1710－0005037　039/62　史部/雜史類
荆駝逸史五十種　（清）陳湖逸士輯　清道光古槐山房木活字印本　二十七冊　存四十七種

330000－1710－0005038　812.1/186　集部/別集類/清別集
淵雅堂全集五十六卷附錄二種六卷　（清）王芑孫撰　清嘉慶八年至九年（1803－1804）汪榮光等刻增修本　十二冊　缺十三卷（淵雅堂編年詩藁十八至二十、惕甫未定藁十七至二十六）

330000－1710－0005039　812.1/187　集部/別集類/清別集
綠雪堂遺集二十卷　（清）王衍梅撰　清道光二十年（1840）刻本　六冊

330000－1710－0005040　039/63　類叢部/叢書類/彙編之屬
五朝小說五百二十三種　（明）□□編　明末刻說郛及說郛續重編印本　十二冊　存一百六十二種

330000－1710－0005041　812.1/188　集部/別集類/清別集
葆淳閣集二十四卷附易說二卷　（清）王杰撰　**王文端公［王杰］年譜一卷**　（清）阮元編　清嘉慶二十年（1815）阮元刻本　十二冊

330000－1710－0005042　812.1/189　集部/別集類/清別集
舊香居文稿十卷　（清）王寶仁撰　清道光二十一年（1841）六安學舍刻本　四冊

330000－1710－0005043　812.1/190　集部/總集類/選集之屬/彙編之屬
詒安堂全集十六種　（清）王慶勳輯　清道光咸豐上海王氏刻本　四冊　存一種

330000－1710－0005044　812.1/191　集部/別集類/清別集
愼其餘齋文集二十卷　（清）王贈芳撰　清咸豐四年（1854）留香書屋刻本　四冊

330000－1710－0005045　812.1/193　集部/別集類
虛受堂文集十六卷詩存十七卷　王先謙撰　清光緒二十六年至二十八年（1900－1902）平

江蘇氏刻本　十冊

330000－1710－0005052　039/64　類叢部/叢書類/彙編之屬
學古堂日記四十種　(清)雷浚　(清)汪之昌編　清光緒十六年(1890)刻二十二年(1896)續刻本　二十六冊

330000－1710－0005053　812.1/194　集部/別集類/清別集
喟觚齋文錄二卷詩錄一卷　(清)王兆涵撰　清光緒二十八年(1902)長沙刻本　三冊

330000－1710－0005054　812.1/195　類叢部/叢書類/自著之屬
湘綺樓全書十八種　王闓運撰　清光緒至宣統刻本　金蓉鏡題記　四冊　存一種

330000－1710－0005065　812.1/201　集部/別集類/清別集
慎盦文鈔二卷詩鈔二卷　(清)左宗植撰　清光緒元年(1875)刻本　四冊

330000－1710－0005067　812.1/203　類叢部/叢書類/自著之屬
獨學廬全稿七種　(清)石韞玉撰　清乾隆至嘉慶刻本　二冊　存三種

330000－1710－0005073　812.1/204　集部/別集類/清別集
任勇烈公遺集不分卷　(清)任舉撰　**二峩草堂遺稿一卷**　(清)任承恩撰　清道光元年(1821)河東蔣光復刻本　三冊

330000－1710－0005074　子/佛家/810　子部/宗教類/佛教之屬/大藏
頻伽精舍校刊大藏經　清宣統元年至民國二年(1909－1913)迦陵羅詩氏頻伽精舍上海鉛印本暨石印本　四冊　存七種

330000－1710－0005075　子/佛家/811　子部/宗教類/佛教之屬/大藏
頻伽精舍校刊大藏經　清宣統元年至民國二年(1909－1913)迦陵羅詩氏頻伽精舍上海鉛印本暨石印本　一冊　存二種

330000－1710－0005076　812.1/207　集部/別集類/清別集
鮚埼亭集外編五十卷　(清)全祖望撰　(清)董秉純編　(清)蔣學鏞審訂　(清)汪繼培重編　清嘉慶十六年(1811)刻本　十二冊

330000－1710－0005078　812.1/208　集部/別集類/清別集
全謝山文鈔十六卷　(清)全祖望撰　清宣統二年(1910)上海國學扶輪社鉛印本　七冊　缺二卷(十三至十四)

330000－1710－0005079　子/佛家/813　子部/宗教類/佛教之屬/大藏
頻伽精舍校刊大藏經　清宣統元年至民國二年(1909－1913)迦陵羅詩氏頻伽精舍上海鉛印本暨石印本　二冊　存二十二種

330000－1710－0005080　子/佛家/814　子部/宗教類/佛教之屬/大藏
頻伽精舍校刊大藏經　清宣統元年至民國二年(1909－1913)迦陵羅詩氏頻伽精舍上海鉛印本暨石印本　一冊　存一種

330000－1710－0005081　子/佛家/815　子部/宗教類/佛教之屬/大藏
頻伽精舍校刊大藏經　清宣統元年至民國二年(1909－1913)迦陵羅詩氏頻伽精舍上海鉛印本暨石印本　一冊　存一種

330000－1710－0005082　子/佛家/816　子部/宗教類/佛教之屬/大藏
頻伽精舍校刊大藏經　清宣統元年至民國二年(1909－1913)迦陵羅詩氏頻伽精舍上海鉛印本暨石印本　五冊　存一種

330000－1710－0005083　812.1/209　集部/別集類/清別集
江忠烈公遺集二卷附錄一卷首一卷　(清)江忠源撰　**江忠烈公行狀一卷附江狀節公行狀一卷**　(清)左宗棠　(清)郭嵩燾撰　清同治十二年(1873)刻本　三冊

330000－1710－0005084　039/68　類叢部/叢書類/彙編之屬

張氏適園叢書七種　張鈞衡輯　清宣統三年(1911)上海國學扶輪社鉛印本　十冊

330000－1710－0005085　812.1./211　集部/别集類/清别集
曝書亭集外稿八卷　(清)朱彝尊撰　(清)馮登府　(清)朱墨林輯　清嘉慶二十二年(1817)刻道光二年(1822)印本　祝廷錫題記　六冊

330000－1710－0005086　812.1/205　集部/别集類/清别集
清芬樓遺稿四卷　(清)任啟運撰　清光緒十四年(1888)任氏家塾刻本　二冊

330000－1710－0005087　812.1/213　集部/别集類/清别集
清谷文鈔六卷　(清)朱辰應撰　(清)楊志麟輯　清嘉慶七年(1802)楊志麟刻本　金蓉鏡批校　二冊

330000－1710－0005088　812.1/214　集部/别集類/清别集
朱強甫集三卷　(清)朱克柔撰　清光緒三十二年(1906)心不滅齋武昌刻本　一冊

330000－1710－0005089　039/69　類叢部/叢書類/彙編之屬
荔牆叢刻十三種　(清)汪曰楨編　清同治至光緒烏程汪氏刻本　十六冊

330000－1710－0005090　812.1/215　集部/别集類/清别集
清芬閣集十二卷　(清)朱采撰　清光緒三十四年(1908)歸安趙氏鉛印本　七冊　缺一卷(十)

330000－1710－0005091　812.1/206　集部/别集類/清别集
鮚埼亭集三十八卷全氏世譜一卷年譜一卷經史問答十卷　(清)全祖望撰　清嘉慶九年(1804)餘姚史夢蛟借樹山房刻本　十二冊

330000－1710－0005092　子/佛家/817　子部/宗教類/佛教之屬/大藏
頻伽精舍校刊大藏經　清宣統元年至民國二年(1909－1913)迦陵羅詩氏頻伽精舍上海鉛印本暨石印本　五冊　存七種

330000－1710－0005093　039/70　集部/總集類/氏族之屬
海鹽張氏涉園叢刻七種　張元濟輯　清宣統三年(1911)海鹽張氏鉛印本　八冊

330000－1710－0005094　子/佛家/818　子部/宗教類/佛教之屬/大藏
頻伽精舍校刊大藏經　清宣統元年至民國二年(1909－1913)迦陵羅詩氏頻伽精舍上海鉛印本暨石印本　四冊　存二種

330000－1710－0005095　子/佛家/819　子部/宗教類/佛教之屬/大藏
頻伽精舍校刊大藏經　清宣統元年至民國二年(1909－1913)迦陵羅詩氏頻伽精舍上海鉛印本暨石印本　四冊　存九種

330000－1710－0005097　812.1/216　集部/别集類/清别集
治經堂詩集十四卷文集四卷　(清)朱錦琮撰　清道光刻本　六冊

330000－1710－0005098　812.1/217　集部/别集類/清别集
鶴天鯨海焚餘稿六卷　(清)朱昌頤撰　清同治五年(1866)海昌朱氏德馨堂刻本　二冊

330000－1710－0005099　812.1/218　集部/别集類/清别集
求聞過齋詩集六卷文集四卷　(清)朱方增撰　清光緒十九年至二十年(1893－1894)海鹽朱氏刻本　五冊

330000－1710－0005107　812.1/221　集部/别集類/清别集
茮聲館集八卷首一卷　(清)朱為弼撰　清咸豐二年(1852)刻本　四冊

330000－1710－0005111　子/佛家/825　子部/宗教類/佛教之屬/經疏
十不二門指要鈔詳解二卷　(唐)釋湛然釋籤　(宋)釋可度詳解　(明)釋正謐分會　清福德因緣堂刻本　四冊

330000－1710－0005113　子/佛家/826　子部/宗教類/佛教之屬/論

阿毘達磨法蘊足論十卷　(天竺)大目乾連尊者造　(唐)釋玄奘譯　清宣統二年(1910)常州天寧寺刻本　三册　缺三卷(六至八)

330000－1710－0005114　039/74　類叢部/叢書類/自著之屬

顧亭林先生遺書十種補遺十一種　(清)顧炎武撰　(清)席威　(清)朱記榮編　清蓬瀛閣刻吳縣朱記榮增刻光緒十一年(1885)彙印本　清韓鴻序題記　十六册

330000－1710－0005115　子/佛家/827　子部/宗教類/佛教之屬/諸宗

賢首五教儀六卷　(清)釋續法輯　清末刻本　二册

330000－1710－0005116　子/佛家/828　子部/宗教類/佛教之屬/論疏

大乘起信論疏記會本六卷　(陳)釋真諦譯　(新羅)釋元曉疏　清光緒二十五年(1899)金陵刻經處刻本　二册

330000－1710－0005117　子/佛家/829　史部/傳記類/總傳之屬/釋道

神僧傳九卷　(明)成祖朱棣撰　清宣統元年(1909)常州天寧寺刻本　四册

330000－1710－0005119　子/佛家/831　子部/宗教類/佛教之屬

弘明集十四卷　(南朝梁)釋僧祐輯　清光緒二十二年(1896)金陵刻經處刻本　二册　存七卷(一至七)

330000－1710－0005121　子/佛家/833　子部/宗教類/佛教之屬/總録

釋迦譜十卷　(南朝梁)釋僧祐輯　清光緒三十四年(1908)武昌刻本　四册

330000－1710－0005126　子/佛家/837　子部/宗教類/佛教之屬/論疏

相宗八要解八種八卷　(明)釋明昱撰　清光緒二十八年(1902)金陵刻經處刻本　三册

330000－1710－0005127　子/佛家/838　子部/宗教類/佛教之屬/諸宗

密雲圓悟禪師天童直說十卷　(明)釋道忞　(明)釋通雲　(明)釋通門編　清刻本　四册

330000－1710－0005128　子/佛家/839　子部/宗教類/佛教之屬/論

大乘阿毗達磨雜集論十六卷　(天竺)安慧菩薩糅　(唐)釋玄奘譯　清宣統三年(1911)刻本　三册

330000－1710－0005129　子/佛家/842　子部/宗教類/佛教之屬/經疏

梵網經菩薩戒本疏十卷　(唐)釋法藏撰　清光緒二十五年(1899)金陵刻經處刻本　二册

330000－1710－0005130　子/佛家/840　子部/宗教類/佛教之屬/論疏

大乘起信論義記七卷別記一卷　(唐)釋法藏撰　清光緒二十三年至二十四年(1897－1898)金陵刻經處刻本　二册

330000－1710－0005131　子/佛家/841　集部/别集類/宋别集

鐔津文集十九卷首一卷　(宋)釋契嵩撰　清光緒二十八年(1902)揚州藏經院刻本　四册

330000－1710－0005133　子/佛家/844　子部/宗教類/佛教之屬/經疏

妙法蓮華經擊節一卷　(明)釋德清撰　清乾隆三年(1738)刻本　一册

330000－1710－0005134　039/79　類叢部/叢書類/自著之屬

西河合集一百十九種　(清)毛奇齡撰　清嘉慶元年(1796)蕭山陸氏凝瑞堂刻本　一百册

330000－1710－0005135　子/佛家/845　子部/宗教類/佛教之屬/經疏

觀楞伽阿跋多羅寶經記四卷　(南朝宋)釋求那跋陀羅譯　(明)釋德清筆記　清光緒三年(1877)刻本　二册　存二卷(二至三)

330000－1710－0005136　812.1/224　類叢部/叢書類/家集之屬

嶺西五家詩文集　黃蓟輯　清同治三年至四年(1864－1865)刻本　四册　存十四卷(怡

志堂文集一至六、詩集一至八)

330000－1710－0005137 子/佛家/846 子部/宗教類/佛教之屬/總録

省庵法師語錄二卷 (清)釋實賢撰 (清)彭紹升重訂 **西方發願文註一卷** (明)釋袾宏 **東海若解一卷** (唐)柳宗元撰 清咸豐元年(1851)刻本 一冊

330000－1710－0005138 子/佛家/847 子部/宗教類/佛教之屬

大明三藏法數五十卷 (明)釋一如等集註 清光緒六年(1880)刻本 十六冊

330000－1710－0005139 子/佛家/848 子部/宗教類/佛教之屬

佛説四分戒本一卷 (後秦)釋佛陀耶舍 (後秦)釋竺佛念譯 (唐)釋道宣刪定 清光緒二十五年(1899)刻本 一冊

330000－1710－0005140 子/佛家/849 史部/傳記類/總傳之屬/釋道

古清涼傳二卷 (唐)釋慧祥撰 **廣清涼傳三卷** (宋)釋延一撰 **續清涼傳二卷** (宋)張商英撰 清光緒十年(1884)吳縣蔣氏雙唐碑館刻本 一冊

330000－1710－0005141 812.1/225 集部/別集類/清別集

朱止泉先生文集八卷 (清)朱澤澐撰 (清)朱光進輯 **附行狀一卷** 清光緒二十七年(1901)朱孫茀刻本 二冊

330000－1710－0005142 子/佛家/850 子部/宗教類/佛教之屬/諸宗

六祖大師法寶壇經一卷 (唐)釋慧能撰 (唐)釋法海等輯 清刻本 一冊

330000－1710－0005143 子/佛家/851 子部/宗教類/佛教之屬/經

大佛頂如來密因修證了義諸菩薩萬行首楞嚴經十卷 (唐)釋般剌密帝譯 (唐)釋彌伽釋迦譯語 (唐)房融筆受 (明)王應乾參標 清光緒二十五年(1899)刻本 一冊 存三卷(一至三)

330000－1710－0005144 子/佛家/852 子部/宗教類/佛教之屬/諸宗

牧牛圖頌一卷附淨修指要一卷 (明)釋普明撰 (明)釋袾宏輯 清光緒元年(1875)杭州昭慶慧空經房刻本 一冊

330000－1710－0005145 子/佛家/853 子部/宗教類/佛教之屬/經疏

大佛頂如來密因修證了義諸菩薩萬行首楞嚴經玄義二卷 (清)釋智旭撰 清刻本 一冊

330000－1710－0005146 039/87 類叢部/叢書類/自著之屬

焦氏叢書九種附一種 (清)焦循撰 清嘉慶至道光江都焦氏雕菰樓刻光緒二年(1876)衡陽魏氏補刻本 十八冊 存七種

330000－1710－0005147 子/佛家/854 子部/宗教類/佛教之屬/經

佛説梵網經二卷 (後秦)釋鳩摩羅什譯 清同治十年(1871)刻本 一冊

330000－1710－0005148 子/佛家/855 子部/宗教類/佛教之屬/諸宗

華嚴原人論合解二卷 (唐)釋宗密論 (元)釋圓覺解 (明)楊嘉祚刪合 清同治十一年(1872)刻本 一冊

330000－1710－0005149 子/佛家/856 子部/宗教類/佛教之屬/經疏

佛説阿彌陀經疏鈔擷一卷 (後秦)釋鳩摩羅什譯 (明)釋袾宏疏鈔 (清)徐槐廷擷 清光緒二年(1876)刻本 一冊

330000－1710－0005150 子/佛家/857 史部/傳記類/別傳之屬/年譜

大覺普濟能仁國師[釋能琇]年譜二卷 (清)釋超琦輯 清同治十三年(1874)刻本 一冊

330000－1710－0005151 670/8 子部/小説家類/異聞之屬

山海經廣注十八卷讀山海經語一卷山海經雜述一卷圖五卷 (清)吳任臣撰 清康熙刻本 六

330000－1710－0005152 812.1/226 集部/

别集類/清别集
揅經室一集十四卷二集八卷三集五卷四集二卷四集詩十一卷外集五卷　(清)阮元撰　(清)阮亨輯　清道光三年(1823)儀徵阮氏文選樓刻本　四十八册

330000－1710－0005153　子/佛家/858　史部/傳記類/總傳之屬/釋道
蓮宗九祖傳畧一卷　(清)釋悟開編　清道光四年(1824)刻本　一册

330000－1710－0005154　812.1/87　類叢部/叢書類/彙編之屬
武英殿聚珍版書(武英殿聚珍版叢書)一百三十八種　清乾隆江蘇刻本　二册　存一種

330000－1710－0005155　611/3　類叢部/叢書類/彙編之屬
武英殿聚珍版書(武英殿聚珍版叢書)一百三十八種　清乾隆江蘇刻本　一册　存一種

330000－1710－0005156　039/79－2　經部/四書類/總義之屬/傳説
四書改錯二十二卷　(清)毛奇齡撰　清嘉慶十六年(1811)金孝柏學圃刻本　六册

330000－1710－0005157　812.1/69　類叢部/叢書類/彙編之屬
武英殿聚珍版書(武英殿聚珍版叢書)一百三十八種　清乾隆四十二年(1777)福建刻道光至同治遞修光緒二十一年(1895)增刻本　二册　存一種

330000－1710－0005158　812.1/227　類叢部/叢書類/自著之屬
悔餘庵集三種　(清)何栻撰　清同治四年(1865)鳩江戎幄刻本　十册　存二種

330000－1710－0005159　812.2/80、812.2/86　類叢部/叢書類/彙編之屬
武英殿聚珍版書(武英殿聚珍版叢書)一百三十八種　清乾隆浙江刻本　四册　存二種

330000－1710－0005160　670/14　類叢部/叢書類/彙編之屬
增訂漢魏叢書八十六種　(清)王謨編　清乾隆五十六年(1791)金谿王氏刻本　一册　存一種

330000－1710－0005161　039/80　類叢部/叢書類/彙編之屬
問經堂叢書二十七種　(清)孫馮翼編　清嘉慶承德孫氏刻本　一册　存一種

330000－1710－0005162　552/10　集部/總集類/課藝之屬
格致書院課藝不分卷　(清)王韜編　清光緒弢園鉛印本　十三册　存不分卷八次(丙戌、丁亥、戊子、己丑、庚寅、辛卯、癸巳、壬辰)

330000－1710－0005163　子/佛家/859　子部/宗教類/佛教之屬/經疏
維摩經疏八卷　(隋)釋智者大師説　(唐)釋湛然略　清光緒八年(1882)刻本　六册　存六卷(一至六)

330000－1710－0005164　子/佛家/860　子部/宗教類/佛教之屬/論疏
大乘百法明門論一卷八識規矩頌一卷　(明)釋廣益纂釋　清光緒四年(1878)刻本　一册

330000－1710－0005165　子/佛家/861　子部/宗教類/佛教之屬/經疏
大佛頂首楞嚴經玄義四卷　(明)釋傳燈撰　清光緒十四年(1888)天台山真覺寺刻本　三册

330000－1710－0005166　子/佛家/862　子部/宗教類/佛教之屬/諸宗
龍舒增廣淨土文十二卷　(宋)王日休撰　明刻本　一册

330000－1710－0005167　子/佛家/863　子部/宗教類/佛教之屬
雲棲法彙二十八種七十四卷　(明)釋袾宏撰　(明)王宇春等輯　清同治十二年(1873)刻本　四册　存四種

330000－1710－0005168　子/佛家/864　子部/宗教類/佛教之屬/諸宗
往生集三卷附普勸為人必修淨土一卷　(明)釋袾宏輯　清同治七年(1868)寧城三元堂刻

本　一册

330000－1710－0005173　子/佛家/869　子部/宗教類/佛教之屬
慈悲道場懺法十卷前一卷　（南朝梁）武帝蕭衍撰　清道光二十二年（1842）瑪瑙寺刻本　三册

330000－1710－0005176　子/佛家/872　子部/宗教類/佛教之屬/律
毘尼日用切要香乳記二卷　（清）釋書玉箋記　清光緒五年（1879）華山律堂刻本　二册

330000－1710－0005177　子/佛家/873　子部/宗教類/佛教之屬
大方廣圓覺修多羅了義經二卷　（唐）釋佛陀多羅譯　清同治十二年（1873）刻本　一册

330000－1710－0005180　子/佛家/876　子部/宗教類/佛教之屬/經疏
藥師琉璃光如來本願功德經一卷　（唐）釋玄奘譯　清同治十一年（1872）如皋刻經處刻本　一册

330000－1710－0005181　子/佛家/877　子部/宗教類/佛教之屬/經
佛説仁王護國般若波羅蜜經神寶記四卷　（宋）釋善月撰　清光緒十四年（1888）江北刻經處刻本　一册

330000－1710－0005182　811.2/95　集部/總集類/郡邑之屬
竹里詩萃十六卷　（清）李道悠編　清光緒二十一年（1895）蔣十詠廬刻本　清忍茹題贈　四册

330000－1710－0005183　子/佛家/878　子部/宗教類/佛教之屬/經
仁王護國般若波羅蜜經二卷　（姚秦）釋鳩摩羅什譯　清光緒二十年（1894）刻本　一册

330000－1710－0005192　812.1/228　集部/别集類/清别集
義門先生集十二卷附義門家書四卷　（清）何焯撰　**附録一卷義門弟子姓氏録一卷**　清宣統元年（1909）平江吴氏廣州刻本　六册

330000－1710－0005193　812.1/230　類叢部/叢書類/自著之屬
香蘇山館全集十五種　（清）吴嵩梁撰　清道光二十三年（1843）刻本　十二册　缺一卷（香蘇山館詞）

330000－1710－0005194　812.1/231　集部/别集類/清别集
求自得之室文鈔十二卷附尚絅廬詩存二卷　（清）吴嘉賓撰　清同治五年（1866）吴嘉善廣州刻本　六册

330000－1710－0005195　812.1/232　集部/别集類/清别集
柈湖文録八卷首一卷詩録六卷首一卷釣者風一卷　（清）吴敏樹撰　清同治八年（1869）長沙刻本　八册

330000－1710－0005196　812.1/233　集部/别集類/清别集
小酉腴山館詩集八卷文集十二卷小酉腴山館主人自著年譜二卷　（清）吴大廷撰　清光緒五年（1879）刻本　八册

330000－1710－0005197　039/81　類叢部/叢書類/自著之屬
求己堂八種　（清）施彦士輯　清嘉慶至道光崇明施氏求己堂刻本　九册

330000－1710－0005198　子/佛家/886　子部/宗教類/佛教之屬/經
佛説受十善戒經一卷　（漢）□□譯　**十善業道經一卷**　（唐）釋實叉難陀譯　**法律三昧經一卷**　（三國吴）釋支謙譯　清光緒二年（1876）刻本　一册

330000－1710－0005199　子/佛家/887　子部/宗教類/佛教之屬/經
佛説無量壽經二卷　（三國魏）釋康僧鎧譯　清刻本　一册

330000－1710－0005200　812.1/234　集部/别集類/清别集
初月樓文鈔十卷詩鈔四卷　（清）吴德旋撰　**後一卷**　清光緒九年（1883）木活字印本

四册

330000－1710－0005201　子/佛家/888　子部/宗教類/佛教之屬/經
地藏菩薩本願經三卷　(唐)釋實叉難陀譯　清光緒八年(1882)刻本　一册

330000－1710－0005202　子/佛家/889　子部/宗教類/佛教之屬/論
華嚴原人論合解二卷　(唐)釋宗密論　(元)釋圓覺解　(明)楊嘉祚刪合　清同治十一年(1872)刻本　一册

330000－1710－0005203　子/佛家/890　子部/宗教類/佛教之屬/律
經律異相二卷　(南朝梁)釋寶唱輯　清同治十三年(1874)刻本　一册

330000－1710－0005204　子/佛家/891　子部/宗教類/佛教之屬/諸宗
秘藏指南二卷　(清)趙鉞編　清同治八年(1869)杭州昭慶經房刻本　一册

330000－1710－0005205　子/佛家/892　子部/宗教類/佛教之屬/經
千手千眼觀世音菩薩廣大圓滿無礙大悲心陀羅尼咒經一卷　(唐)釋伽梵達摩譯　清咸豐元年(1851)刻本　一册

330000－1710－0005206　039/82　類叢部/叢書類/自著之屬
郝氏遺書三十三種　(清)郝懿行撰　清嘉慶至光緒刻彙印本　五册　存四種

330000－1710－0005207　039/84　類叢部/叢書類/自著之屬
杭大宗七種叢書　(清)杭世駿撰　清乾隆杭賓仁羊城刻本　四册　存一種

330000－1710－0005208　039/83　類叢部/叢書類/自著之屬
藤花亭合刻十種　(清)梁廷枏撰　清道光八年至十年(1828－1830)刻本　十二册

330000－1710－0005209　812.1/236　集部/别集類/清别集
榴實山莊文稿一卷詩鈔六卷詞鈔一卷試律二卷　(清)吳存義撰　清同治至光緒刻本　四册　缺二卷(試律一至二)

330000－1710－0005210　子/佛家/893　子部/宗教類/佛教之屬/經
大佛頂如來密因修證了義諸菩薩萬行首楞嚴經十卷　(唐)釋般剌密帝譯　(唐)釋彌伽釋迦譯語　(唐)房融筆受　(明)王應乾參標　清光緒二十五年(1899)刻本　一册　存三卷(一至三)

330000－1710－0005211　子/佛家/894　子部/宗教類/佛教之屬/經
佛説無量壽經二卷　(三國魏)釋康僧鎧譯　清刻本　一册

330000－1710－0005212　子/佛家/895　子部/宗教類/佛教之屬/經
大般涅槃經十三録□□卷　清道光二十二年(1842)刻本　一册　存一卷(一)

330000－1710－0005213　子/佛家/896　子部/宗教類/佛教之屬/諸宗
淨土隨學二卷　(清)釋古崑輯　清光緒元年(1875)杭州昭慶寺慧空經房刻本　一册

330000－1710－0005214　812.1/235　集部/别集類/清别集
敦壽廬詩集十卷　(清)吳恩熙撰　清光緒二十六年(1900)吳蔭培刻本　二册

330000－1710－0005215　039/85　史部/地理類
李氏五種　(清)李兆洛撰　清同治九年至十一年(1870－1872)合肥李鴻章刻本　十册

330000－1710－0005216　子/佛家/897　子部/宗教類/佛教之屬/論
唐玄奘法師八識規矩母頌一卷附八識總論頌二卷　(唐)釋玄奘撰頌　(清)釋性起論釋　(清)釋善漳等録　清光緒三年(1877)刻本　一册　存一卷(八識規矩母頌)

330000－1710－0005218　子/佛家/899　子部/宗教類/佛教之屬/經疏

大方廣圓覺修多羅了義經直解二卷 (唐)釋佛陀多羅譯 (明)釋德清解 清光緒十年(1884)杭州昭慶寺刻本 一册 存一卷(下)

330000-1710-0005219 子/佛家/900 子部/宗教類/佛教之屬/經

大佛頂如來密因修證了義諸菩薩萬行首楞嚴經十卷 (唐)釋般剌密帝 (唐)釋彌伽釋迦譯 清咸豐十一年(1861)刻本 一册 存四卷(七至十)

330000-1710-0005220 子/佛家/901 子部/宗教類/佛教之屬/經咒

瑜伽燄口施食要集一卷 (清)釋德基輯 (清)釋寶華述 清同治十二年(1873)刻本 一册

330000-1710-0005222 子/佛家/903 子部/宗教類/佛教之屬/諸宗

徹悟禪師遺稿二卷 (清)釋際醒撰 (清)釋了亮 (清)釋了梅等輯 清同治七年(1868)刻本 一册

330000-1710-0005223 812.1/238 集部/別集類/清別集

有正味齋駢體文二十四卷續集八卷詩集十六卷詩續集八卷詞集八卷詞續集二卷外集五卷 (清)吴錫麒撰 清嘉慶十三年(1808)刻本 三册 存十七卷(詩集六至十、駢體文九至十六、詞集一至四)

330000-1710-0005224 子/佛家/904 子部/宗教類/佛教之屬/經

金光明經四卷 (晉)釋曇無讖譯 清同治八年(1869)釋古株刻本 一册

330000-1710-0005226 子/佛家 905 子部/宗教類/佛教之屬/經疏

藥師琉璃光如來本願功德經一卷 (唐)釋玄奘譯 清光緒二十八年(1902)刻本 一册

330000-1710-0005227 039/86 類叢部/叢書類/自著之屬

春在堂全書三十六種 (清)俞樾撰 清同治至光緒刻光緒末彙印本 八册 存九種

330000-1710-0005228 子/佛家/906 子部/宗教類/佛教之屬/經疏

藥師琉璃光如來本願功德經一卷 (唐)釋玄奘譯 清光緒二十八年(1902)刻本 一册

330000-1710-0005229 子/佛家/907 子部/宗教類/佛教之屬/經疏

佛説阿彌陀經畧解一卷 (明)釋大佑撰 清同治十三年(1874)刻本 一册

330000-1710-0005231 子/佛家/908 子部/宗教類/佛教之屬

浄業痛策一卷 (清)釋照瑩輯 **佛説阿彌陀經禮想儀一卷** (清)釋古崑輯 **戀西大師浄土必求一卷** 清光緒三年(1877)刻本 一册

330000-1710-0005232 子/佛家/909 子部/宗教類/佛教之屬/經疏

佛説觀無量壽佛經附圖頌一卷 (南朝宋)釋畺良耶舍譯 (明)釋傳燈圖並頌 清同治七年(1868)刻本 一册

330000-1710-0005233 812.1/242 集部/別集類/清別集

石鐘山人遺稿二卷附誥授奉政大夫湖南辰州府分防乾州同知吴公年譜一卷 (清)吴鐄撰 清光緒二十一年(1895)小種字林刻本 一册

330000-1710-0005235 039/88 類叢部/叢書類/自著之屬

琴志樓叢書四十六種 易順鼎撰 清光緒刻本 七册 存十三種

330000-1710-0005238 子/佛家/911 子部/宗教類/佛教之屬/經

覺世真經圖説訓解□□卷 清刻本 一册 存一卷(二)

330000-1710-0005239 子/佛家/912 子部/宗教類/佛教之屬/諸宗

三千有門頌畧解一卷 (明)釋真覺解 **三千有門頌一卷** (宋)陳瓘述 清光緒十一年(1885)杭州昭慶寺慧空經房刻本 一册

330000-1710-0005240 子/佛家/913 子

部/宗教類/佛教之屬
大方廣圓覺修多羅了義經二卷 (唐)釋佛陀多羅譯 清光緒元年(1875)刻本 一册

330000－1710－0005241 子/佛家/914 子部/宗教類/佛教之屬/經疏
佛説阿彌陀經畧解一卷 (明)釋大佑撰 清同治十三年(1874)刻本 一册

330000－1710－0005242 子/佛家/915 子部/宗教類/佛教之屬/經
大方廣佛華嚴經八十卷 (唐)釋實叉難陀譯 **大方廣佛華嚴經入不思議解脱境界普賢行願品一卷** (唐)釋般若譯 清同治五年(1866)刻本 八册

330000－1710－0005243 812.1/245 集部/別集類/清別集
愚谷文存十四卷續編二卷補遺一卷拜經樓詩集十二卷續編四卷萬花漁唱一卷拜經樓詩話四卷 (清)吴騫撰 清嘉慶十六年(1811)刻本 四册 存十六卷(文存一至十四、續編一至二)

330000－1710－0005248 039/89 類叢部/叢書類/自著之屬
朱氏羣書 (清)朱駿聲撰 清光緒八年(1882)臨嘯閣刻本 五册

330000－1710－0005252 812.1/247 集部/別集類/清別集
童山文集二十卷補遺一卷詩集四十二卷附蠢翁詞二卷 (清)李調元撰 清乾隆綿州李氏萬卷樓刻道光五年(1825)李朝夔補刻本 十二册

330000－1710－0005254 039/90 類叢部/叢書類/自著之屬
洪北江全集二十一種 (清)洪亮吉撰 清光緒三年至五年(1877－1879)洪用懃授經堂刻本 十九册 存十五種

330000－1710－0005255 812.1/249 集部/別集類/清別集
受祺堂文集四卷續刻四卷 (清)李因篤撰 清道光七年(1827)十年(1830)刻本 八册

330000－1710－0005256 039/91 經部/叢編
鄭氏佚書二十三種 (漢)鄭玄撰 (清)袁鈞輯 清光緒十四年(1888)浙江書局刻本 十册

330000－1710－0005257 812.1/250 集部/別集類/清別集
來紫堂合集三卷 (清)李天秀撰 (清)李祖望輯 清咸豐二年(1852)止足園刻本 二册

330000－1710－0005258 812.1/248 集部/別集類/清別集
南園詩文鈔十一卷 (清)李紘撰 清嘉慶二十五年(1820)李友棟刻本 八册

330000－1710－0005259 812.1/252 集部/別集類/明別集
寒支初集十卷二集四卷李寒支先生歲紀一卷 (清)李世熊撰 (清)李向旻編 清同治十三年(1874)刻本 十四册

330000－1710－0005260 039/92 類叢部/叢書類/自著之屬
觀象廬叢書十八種 (清)呂調陽撰 清光緒十四年(1888)葉長高刻本 四十六册 缺二卷(商周彝器釋銘五至六)

330000－1710－0005261 812.1/254 集部/別集類/清別集
小芋香館遺集十二卷 (清)李杭撰 清咸豐元年(1851)刻本 四册

330000－1710－0005263 812.1/258 集部/別集類/清別集
匏齋遺稾五卷 (清)李齡壽撰 清光緒二十二年(1896)五畝園刻本 一册 存二卷(一至二)

330000－1710－0005265 812.1/255 集部/別集類/清別集
養一齋文集二十卷 (清)李兆洛撰 清光緒四年(1878)刻本 八册

330000－1710－0005267　039/93　類叢部/叢書類/自著之屬

槐軒全集二十一種附九種　(清)劉沅撰　清咸豐至民國刻彙印本　一百四冊　存二十一種

330000－1710－0005268　812.1/262　集部/别集類/清别集

校經廎文稾十八卷　(清)李富孫撰　清道光元年(1821)讀書臺刻本　六冊

330000－1710－0005272　812.1/256　類叢部/叢書類/自著之屬

李文清公遺書八卷首一卷　(清)李棠階撰　清光緒八年(1882)河北分守道署刻本　四冊

330000－1710－0005273　812.1/267　類叢部/叢書類/家集之屬

沈端恪公遺書二種　(清)沈曰富編　清同治十二年(1873)浙江書局刻本　六冊

330000－1710－0005274　812.1/265　集部/别集類/清别集

沈文忠公集十卷自訂年譜一卷　(清)沈兆霖撰　清同治八年(1869)刻本　四冊

330000－1710－0005277　812.1/268　集部/别集類/清别集

春星草堂集文二卷詩五卷隨筆二卷　(清)沈丙瑩撰　清光緒三十二年(1906)刻本　四冊

330000－1710－0005283　子/佛家/935　子部/宗教類/道教之屬/戒律

太上感應篇纘義二卷　(清)俞樾撰　清同治十年(1871)刻本　一冊

330000－1710－0005284　812.1/270　集部/别集類/清别集

頤綵堂文集十六卷詩鈔十卷劍舟律賦二卷經進文藁一卷駢體文鈔二卷　(清)沈叔埏撰　**聖禾鄉農詩鈔四卷**　(清)沈玨撰　清光緒九年(1883)沈宗濟刻本　十冊

330000－1710－0005286　812.1/266　類叢部/叢書類/自著之屬

蛾術堂集十四種　(清)沈豫撰　清道光十八年(1838)蕭山沈氏漢讀齋刻本　二冊　存一種

330000－1710－0005290　子/佛家/939　子部/宗教類/佛教之屬/諸宗

靈峰蕅益大師選定淨土十要十卷　(清)釋智旭輯　(清)釋成時評點節略　清光緒二十年(1894)揚州廣陵藏經禪院刻本　一冊　存一種

330000－1710－0005293　812.1/269　集部/别集類/清别集

補讀書齋遺稾十卷集外稾一卷　(清)沈維鐈撰　**皇清誥授榮祿大夫工部左侍郎兼署錢法堂事務加一級顯考鼎甫府君年譜一卷**　(清)沈宗涵　(清)沈宗濟撰　清光緒元年(1875)廣州刻二十五年(1899)增刻本　五冊

330000－1710－0005295　812.1/283　集部/别集類/清别集

半巖廬遺集二卷　(清)邵懿辰撰　清光緒三十四年(1908)邵章等刻本　二冊

330000－1710－0005298　子/佛家/940　子部/宗教類/佛教之屬

雲棲法彙二十八種七十四卷　(明)釋袾宏撰　(明)王宇春等輯　清同治刻本　五冊　存十種

330000－1710－0005299　812.1/288　集部/别集類/清别集

道古堂文集四十八卷詩集二十六卷集外文一卷集外詩一卷　(清)杭世駿撰　**軼事一卷**　(清)汪曾唯輯　清乾隆四十一年(1776)刻光緒十四年(1888)汪增唯振綺堂增修本　十六冊

330000－1710－0005300　812.1/275　集部/别集類/清别集

四一居士文鈔六卷詩鈔二卷　(清)汪德鉞撰　(清)臧庸編次　清木活字印本　三冊

330000－1710－0005301　子/佛家/941　子部/宗教類/佛教之屬/諸宗

淨土捷要一卷　(明)釋德清撰　清宣統二年

(1910)鉛印本　一册

330000－1710－0005302　812.1/289　集部/别集類/清别集

紀文達公遺集三十二卷　(清)紀昀撰　(清)紀樹馨編　清嘉慶十七年(1812)紀樹馥刻本　二十册

330000－1710－0005303　子/佛家/942　子部/宗教類/佛教之屬/經

佛説七俱胝佛母準提大明陀羅尼一卷大悲心咒持誦簡法一卷受八關戒斎發一卷　清刻本　一册

330000－1710－0005305　子/佛家/944　子部/宗教類/佛教之屬/經

大方廣佛華嚴經入不思議解脱境界普賢行願品一卷　(唐)釋般若譯　清刻本　一册

330000－1710－0005306　039/97　類叢部/叢書類/家集之屬

項城袁氏家集　丁振鐸編　清宣統三年(1911)清芬閣鉛印本　五十六册

330000－1710－0005307　812.1/278　集部/别集類/清别集

草亭先生文集二卷詩集四卷補遺一卷　(清)周篆撰　(清)翁廣平輯　清嘉慶二十五年(1820)晚香堂刻本　二册

330000－1710－0005308　812.1/279　集部/别集類/清别集

聖雨齋詩文集十卷問魚篇二卷　(明)周拱辰撰　清道光三年(1823)聖雨齋刻本　六册

330000－1710－0005310　812.1/290　集部/别集類/清别集

甌隱芻言二卷　(清)金衍宗撰　清咸豐五年(1855)金衍宗刻本　一册

330000－1710－0005311　812.1/285　集部/别集類/清别集

西陂類稿五十卷　(清)宋犖撰　清康熙毛扆宋懷金　高岑刻本　一册　存三卷(二十四至二十六)

330000－1710－0005312　812.1/291　集部/别集類/清别集

思詒堂詩稿十二卷文稿一卷　(清)金衍宗撰　清同治五年(1866)刻本　一册　存一卷(文稿)

330000－1710－0005313　812.1/316　集部/别集類/清别集

遜學齋文鈔十二卷首一卷末一卷文續鈔五卷詩鈔十卷詩續鈔五卷　(清)孫衣言撰　清同治三年(1864)十二年(1873)刻本　十二册

330000－1710－0005319　子/佛家/947　子部/宗教類/佛教之屬/諸宗

淨土捷要一卷　(明)釋德清撰　清宣統二年(1910)鉛印本　一册

330000－1710－0005322　812.1/295　集部/别集類/清别集

金潛谷先生遺書五卷　(清)金雲五撰　清光緒十五年(1889)金氏東陵珠峰書室刻本　二册

330000－1710－0005323　子/佛家/949　子部/宗教類/佛教之屬/諸宗

靈峰蕅益大師選定淨土十要十卷　(清)釋智旭輯　(清)釋成時評點節略　清光緒二十年(1894)揚州廣陵藏經禪院刻本　一册　存一種

330000－1710－0005327　812.1/296　集部/别集類/清别集

躬耻齋文鈔二十卷文後編六卷詩鈔十四卷詩後編七卷　(清)宗稷辰撰　清咸豐元年(1851)九年(1859)越峴山館刻本　十六册　存二十六卷(文鈔一至二十、文後編一至六)

330000－1710－0005331　812.1/297　集部/别集類/清别集

函樓文鈔九卷　(清)易佩紳撰　清光緒二十年(1894)龍陽易氏刻本　一册　存四卷(五至八)

330000－1710－0005332　039/105　類叢部/叢書類/郡邑之屬

檇李遺書二十六種 (清)孫福清輯 清光緒四年(1878)秀水孫氏望雲仙館刻本 清古杭優鉢羅室主誌 二十三冊 存二十五種

330000-1710-0005333 812.1/298 類叢部/叢書類/自著之屬

惜抱軒全集十種 (清)姚鼐撰 清同治五年(1866)李瀚章省心閣刻本 二十三冊 缺四卷(文集五至八)

330000-1710-0005334 812.1/310 集部/別集類/清別集

倭文端公遺書十一卷首二卷 (清)倭仁撰 清同治刻本 八冊

330000-1710-0005335 812.1/299 集部/別集類/清別集

惜抱軒集八十八卷 (清)姚鼐撰 清光緒九年(1883)桐城徐宗亮刻本 金蓉鏡題記 四冊 存二十六卷(文集一至十六、後集一至十)

330000-1710-0005337 子/佛家/946 史部/傳記類/別傳之屬

杭州海潮寺普照禪師塔銘一卷 (清)張大昌撰 **杭州海潮寺文錄一卷** (清)釋普照撰 (清)釋顯振等編 **普照禪師淨業記一卷** (清)丁丙撰 清光緒十四年(1888)刻本 一冊

330000-1710-0005338 039/103 類叢部/叢書類/郡邑之屬

武林掌故叢編一百九十種 (清)丁丙輯 清光緒三年至二十六年(1877-1900)錢塘丁氏嘉惠堂刻本([乾道]臨安志卷四至十五、南宋館閣錄卷一原缺) 董巽觀題記 二百八冊 存一百八十七種

330000-1710-0005340 812.1/304 集部/別集類/清別集

石笥山房集二十四卷 (清)胡天游撰 清咸豐二年(1852)山陰胡鳴泰刻本 金蓉鏡批 十冊

330000-1710-0005341 812.1/305 集部/別集類/清別集

研六室文鈔十卷補遺一卷附墓志銘一卷行狀一卷 (清)胡培翬撰 清光緒四年(1878)胡培系世澤樓刻本 四冊

330000-1710-0005342 812.1/306 集部/別集類/清別集

退補齋詩存十六卷二編十卷文存十二卷二編五卷 (清)胡鳳丹撰 清同治十二年(1873)光緒七年(1881)永康胡氏退補齋刻本 十四冊

330000-1710-0005345 子/佛家/957 子部/宗教類/佛教之屬/經疏

藥師琉璃光如來本願功德經一卷 (唐)釋玄奘譯 清同治十一年(1872)如皋刻經處刻本 一冊

330000-1710-0005347 812.1/300 集部/別集類/清別集

瓶山草堂集六卷 (清)姚光晉撰 (清)俞樾編 清同治十年(1871)吳下刻本 一冊

330000-1710-0005348 812.1/314 集部/別集類/清別集

唐確慎公集十卷首一卷末一卷 (清)唐鑑撰 清光緒元年(1875)善化賀瑗刻本 六冊

330000-1710-0005352 812.1/313 集部/別集類/清別集

壯悔堂文集十卷遺稿一卷四憶堂詩集六卷 (清)侯方域撰 (清)賈開宗等評點 清乾隆刻本 六冊

330000-1710-0005353 812.1/308 集部/別集類/清別集

經韻樓集十二卷 (清)段玉裁撰 清光緒十年(1884)秋樹根齋刻本 八冊

330000-1710-0005354 812.1/315 集部/別集類/清別集

孫仰晦先生文集七卷末一卷 (清)孫希朱撰 清同治十年(1871)刻本 二冊

330000-1710-0005355 812.1/317 集部/別集類/清別集

硯舫文鈔一卷　(清)孫鏘撰　清光緒三十二年(1906)刻本　一冊

330000－1710－0005360　812.1/320　類叢部/叢書類/彙編之屬
清白士集六種附一種　(清)梁玉繩撰　清嘉慶至道光刻本　五冊　存四種

330000－1710－0005362　812.1/321　集部/別集類/清別集
頻羅庵遺集十六卷　(清)梁同書撰　清嘉慶二十二年(1817)陸貞一杭州刻本　四冊　存十二卷(一至九、十四至十六)

330000－1710－0005363　812.1/324　集部/別集類/清別集
竹香齋古文二卷　(清)茹敦和撰　清刻本　一冊

330000－1710－0005365　812.1/323－2　新學/議論/通論
飲冰室自由書二卷　梁啓超撰　清光緒二十七年(1901)日本清議報館鉛印本　一冊

330000－1710－0005368　812.1/331　類叢部/叢書類/自著之屬
陸桴亭先生遺書二十二種　(清)陸世儀撰　(清)唐受祺編　清光緒二十五年(1899)太倉唐受祺京師刻本　十八冊　存二十種

330000－1710－0005369　子/佛家/963　子部/宗教類/佛教之屬/經疏
佛說盂蘭盆經一卷　(晉)釋竺法護譯　**佛說盂蘭盆經新疏一卷**　(清)釋智旭新疏　(清)釋道昉訂　清刻本　一冊

330000－1710－0005370　812.1/326　集部/別集類/清別集
憺園全集三十六卷　(清)徐乾學撰　清光緒九年(1883)嘉興金吳瀾刻本　十六冊

330000－1710－0005371　039/104　類叢部/叢書類/郡邑之屬
武林往哲遺箸五十六種後編十種　(清)丁丙編　清光緒三年至二十六年(1877－1900)錢塘丁氏嘉惠堂刻本([乾道]臨安志卷四至十五、南宋館閣錄卷一原缺)　六十三冊　存三十八種

330000－1710－0005373　812.1/327　集部/別集類/清別集
滋德堂集一卷附梅花幻影圖題詞一卷　(清)徐元第撰　清宣統三年(1911)徐士琛刻本　一冊

330000－1710－0005374　812.1/330　集部/別集類/清別集
息養廬文集十一卷　(清)徐錦華撰　清光緒二十五年(1899)徐士琛寶善堂刻本　六冊

330000－1710－0005375　812.1/329　集部/別集類/清別集
靈素堂駢體文一卷詩鈔四卷　(清)徐錦撰　清光緒十二年(1886)刻本　一冊

330000－1710－0005376　812.1/328　集部/別集類/清別集
漱芳閣集十卷　(清)徐士芬撰　清同治十一年(1872)刻本　二冊

330000－1710－0005377　子/佛家/965　子部/宗教類/佛教之屬/諸宗
念佛四大要訣一卷玉峯法師傳一卷　(清)釋古崑撰　清光緒七年(1881)刻本　一冊

330000－1710－0005378　子/佛家/966　子部/宗教類/佛教之屬/論
唯識二十論一卷　(印度)世親菩薩造　(唐)釋玄奘譯　**唯識二十論述記四卷**　(唐)釋窺基撰　清宣統二年(1910)江西刻經處刻本　一冊　缺二卷(唯記二十論述記三至四)

330000－1710－0005381　子/佛家/969　子部/宗教類/佛教之屬/經
佛教西來玄化應運略錄一卷　(宋)程輝編　**佛說四十二章經一卷**　(漢)釋迦葉摩騰　(漢)釋竺法蘭譯　**佛遺教經一卷**　(後秦)釋鳩摩羅什譯　**八大人覺經一卷**　(漢)釋安世高譯　清同治九年(1870)金陵刻經處刻本　一冊

330000－1710－0005383　子/佛家/971　子

部/宗教類/佛教之屬

大明太宗文皇帝御製序讚文十篇不分卷 (明)成祖朱棣撰　清刻本　一冊

330000－1710－0005384　812.1/336　集部/別集類/清別集

三魚堂文集十二卷外集六卷賸言十二卷 (清)陸隴其撰　**附錄一卷**　清同治七年(1868)楊昌濬武林薇署刻本　六冊

330000－1710－0005386　812.1/340　集部/別集類/清別集

蔚園文稿四卷　(清)陳衍撰　清道光二十六年(1846)世馨堂補刻本　二冊

330000－1710－0005387　子/佛家/973　子部/宗教類/佛教之屬/諸宗

原人論一卷　(唐)釋宗密撰　清同治十三年(1874)雞園刻經處刻本　一冊

330000－1710－0005388　子/佛家/974　子部/宗教類/佛教之屬

龐居士語錄一卷詩頌二卷　(唐)龐蘊撰　(唐)于頔編　清咸豐元年(1851)蘇州錢氏刻本　一冊

330000－1710－0005389　812.1/343　集部/別集類/清別集

刪後詩存十卷文集十六卷　(清)陳梓撰　清嘉慶二十年(1815)胡氏敬義堂刻本　十二冊

330000－1710－0005390　子/佛家/976　子部/宗教類/佛教之屬/經疏

妙法蓮華經指掌疏觀音普門品別行一卷 (清)釋通理撰　清乾隆刻本　一冊

330000－1710－0005391　812.1/342　集部/別集類/清別集

太乙舟文集八卷　(清)陳用光撰　**觀象居詩鈔二卷**　(清)陳蘭瑞撰　清道光二十三年(1843)陳大煥孝友堂武昌刻本　八冊

330000－1710－0005392　子/佛家/977　子部/宗教類/佛教之屬/經疏

妙法蓮華經指掌疏觀音普門品別行一卷 (清)釋通理撰　清乾隆刻本　一冊

330000－1710－0005393　812.1/333　集部/別集類/清別集

寶奎堂集十二卷　(清)陸錫熊撰　清嘉慶十五年(1810)無求安居刻本　四冊

330000－1710－0005394　039/109　類叢部/叢書類/郡邑之屬

婁東雜著(棣香齋叢書)五十六種　(清)邵廷烈輯　清道光十三年(1833)太倉東陵氏刻本　八冊

330000－1710－0005397　812.1/345　集部/別集類/清別集

靜遠堂集三卷　(清)陳壽熊撰　清光緒十八年(1892)蘇州五畝園刻本　二冊

330000－1710－0005399　039/110　類叢部/叢書類/郡邑之屬

越中文獻輯存書十種十八卷　(清)紹興公報社編印　清宣統二年至民國元年(1910－1912)紹興公報社鉛印本　六冊

330000－1710－0005400　子/佛家/978　子部/宗教類/佛教之屬/經疏

妙法蓮華經指掌疏觀音普門品別行一卷 (清)釋通理撰　清乾隆刻本　一冊

330000－1710－0005401　子/佛家/979　子部/宗教類/佛教之屬/經疏

大佛頂如來密因修證了義諸菩薩萬行首楞嚴經如說十卷　(明)鍾惺參輯　(明)賀中男標定　明天啓弘覺山房刻本　二冊

330000－1710－0005403　子/佛家/980　子部/宗教類/佛教之屬/經疏

佛說阿彌陀經要解一卷　(後秦)釋鳩摩羅什譯　(清)釋智旭解　清乾隆五十年(1785)刻本　一冊

330000－1710－0005404　子/佛家/981　子部/宗教類/佛教之屬/總録

雲棲淨土彙語一卷念佛三要一卷　(明)釋袾宏撰　清乾隆六十年(1795)北京拈花寺念佛堂刻本　一冊

330000－1710－0005405　812.1/354　集部/

别集類/清别集

續東軒遺集四卷　(清)高均儒撰　清光緒七年(1881)刻本　三册

330000－1710－0005406　812.1/353　類叢部/叢書類/自著之屬

洣西草堂集三種　(清)高如岱撰　清嘉慶十五年(1810)任城樂成堂刻本　一册　存一種

330000－1710－0005407　039/112　類叢部/叢書類/自著之屬

陸子全書十八種　(清)陸隴其撰　清光緒刻本　三十六册

330000－1710－0005411　子/佛家/982　子部/宗教類/佛教之屬/諸宗

淨土格言一卷　清康熙四十三年(1704)刻本　一册

330000－1710－0005413　子/佛家/984　子部/宗教類/佛教之屬

知儒編一卷　(明)周夢秀撰　明刻本　一册

330000－1710－0005415　812.1/355　類叢部/叢書類/自著之屬

高陶堂遺集四種　(清)高心夔撰　清光緒八年(1882)平湖朱氏經注經齋刻本　四册

330000－1710－0005418　812.1/350　集部/别集類/清别集

陶文毅公全集六十四卷首一卷末一卷　(清)陶澍撰　清道光二十年(1840)淮北士民刻本　三册　存七卷(三十五至三十六、四十至四十四)

330000－1710－0005419　子/佛家/987　子部/宗教類/佛教之屬/經

佛説無量壽經二卷　(三國魏)釋康僧鎧譯　**佛説觀無量壽佛經一卷**　(南朝宋)釋畺良耶舍譯　**佛説阿彌陀經一卷**　(後秦)釋鳩摩羅什譯　**大方廣佛華嚴經入不思議解脱境界普賢行願品一卷**　(唐)釋般若譯　清同治十三年(1874)金陵刻經處刻本　一册

330000－1710－0005420　子/佛家/988　子部/宗教類/佛教之屬/經疏

般若波羅蜜多心經註解一卷　(唐)釋玄奘譯　(明)釋宗泐　(明)釋如玘注　**金剛般若波羅蜜經註解一卷**　(後秦)釋鳩摩羅什譯　(明)釋宗泐　(明)釋如玘注　清光緒二年(1876)長沙刻經處刻本　一册

330000－1710－0005421　812.1/357　集部/别集類/清别集

袁文合箋十六卷　(清)袁枚撰　(清)王廣業合箋　清光緒八年(1882)青箱塾刻本　八册

330000－1710－0005422　812.1/356　集部/别集類/清别集

袁文箋正十六卷補注一卷　(清)袁枚撰　(清)石韞玉箋　清嘉慶十七年(1812)鶴壽山堂刻本　四册

330000－1710－0005423　812.1/360　集部/别集類/清别集

于湖文錄九卷　(清)袁昶撰　清刻本　四册

330000－1710－0005424　812.1/361　集部/别集類/清别集

復初齋文集三十五卷　(清)翁方綱撰　清道光十六年(1836)刻光緒三年至四年(1877－1878)重校補刻本　十册

330000－1710－0005425　812.1/362　集部/别集類/清别集

抱潤軒文集十卷　(清)馬其昶撰　清宣統元年(1909)安徽官紙印刷局石印本　一册

330000－1710－0005426　812.1/365　類叢部/叢書類/自著之屬

靈芬館集十種　(清)郭麐撰　清嘉慶至道光刻本　一册　存一種

330000－1710－0005428　812.1/363　集部/總集類/郡邑之屬

桐鄉畢氏遺著三卷　(清)畢灝　(清)畢槐撰　清宣統三年(1911)刻本　一册

330000－1710－0005429　812.1/364　類叢部/叢書類/彙編之屬

天開圖畫樓全稿七種　(清)郭柏蔭撰　清刻本　十册

330000－1710－0005430　812.1/368　集部/別集類/清別集

養素堂文集三十五卷首一卷　(清)張澍撰　清道光十五年(1835)棗華書屋刻本　十六册

330000－1710－0005431　812.1/370　集部/別集類/清別集

嘉樹山房集二十卷外集二卷　(清)張士元撰　清嘉慶二十四年(1819)刻本　四册

330000－1710－0005432　子/佛家/989　子部/叢編

釋氏十三經　□□輯　清同治十三年(1874)金陵刻經處刻本　七册　存七種

330000－1710－0005433　子/佛家/990　史部/傳記類/總傳之屬/釋道

仙佛真傳章句直解不分卷　清同治四年(1865)刻本　一册

330000－1710－0005434　812.1/371　集部/別集類/清別集

月齋文集八卷詩集四卷　(清)張穆撰　(清)吳履敬　(清)吳式訓編　清咸豐八年(1858)壽陽祁寯藻北京刻本　六册

330000－1710－0005435　812.1/369　集部/別集類/清別集

陶園文集八卷詩集二十四卷詩餘二卷附六如亭傳奇二卷　(清)張九鉞撰　清道光二十三年(1843)張氏賜錦樓刻本　十二册

330000－1710－0005437　812.1/377　集部/別集類/清別集

積石文稿十八卷詩存四卷鱠餘編一卷　(清)張履撰　**南池唱和詩存一卷**　(清)張履(清)張海珊撰　清光緒二十年(1894)刻本　八册

330000－1710－0005438　812.1/372　集部/別集類/清別集

秀野山房詩草一卷雜著一卷二集抱甕吟一卷摅梧草一卷梅花詩一卷附集二卷　(清)張世焯撰　清道光二年(1822)刻本　三册

330000－1710－0005439　子/佛家/992　子部/宗教類/佛教之屬/經疏

維摩詰所說經無我疏十二卷　(明)釋傳燈撰　清光緒二十三年(1897)天台山真覺寺刻本　六册

330000－1710－0005440　812.1/375　集部/別集類/清別集

茗柯文初編一卷二編二卷三編一卷四編一卷　(清)張惠言撰　清光緒七年(1881)刻本　金蓉鏡跋　二册

330000－1710－0005441　812.1/376　集部/別集類/清別集

濂亭文集八卷　(清)張裕釗撰　(清)查燕緒編　清光緒八年(1882)查氏木漸齋蘇州刻本　二册

330000－1710－0005444　812.1/373　集部/別集類/清別集

張亨甫全集二十七卷文集六卷首一卷　(清)張際亮撰　(清)李雲誥輯　清咸豐建寧孔慶衢刻同治六年(1867)李雲誥補刻本　十册

330000－1710－0005445　子/佛家/995　子部/宗教類/佛教之屬/經疏

楞伽阿跋多羅寶經註解四卷　(南朝宋)釋求那跋多羅譯　(明)釋宗泐　(明)释如玘注　清光緒四年(1878)長沙刻經處刻本　二册

330000－1710－0005446　812.1/378　集部/別集類/清別集

躬厚堂集二十五卷　(清)張金鏞撰　清同治三年至光緒四年(1864－1878)刻本　六册

330000－1710－0005448　812.1/379　集部/別集類/清別集

抱璞亭詩集十六卷初錄五卷文集十卷　(清)張湘任撰　**能閒草堂藁一卷**　(清)沈鑫撰　清光緒元年(1875)刻本　六册

330000－1710－0005449　子/佛家/997　子部/宗教類/佛教之屬/經疏

佛說阿彌陀經要解便蒙鈔三卷　(清)釋智旭解　(清)釋達默鈔　(清)釋達林參訂　清光緒二十三年(1897)刻本　三册

330000－1710－0005451　812.1/374　集部/別集類/清別集

筠心堂存稿八卷　（清）張孝時撰　清光緒五年（1879）刻本　四册

330000－1710－0005454　812.1/380　集部/別集類/清別集

嬰山小園詩集十六卷晚年手定藁五卷　（清）張誠撰　清光緒元年（1875）刻本　四册　存十六卷（六至十六、手定稿一至五）

330000－1710－0005455　812.1/382　類叢部/叢書類/自著之屬

寒松閣集五種　（清）張鳴珂撰　清光緒十年至二十四年（1884－1898）嘉興張氏刻本　六册

330000－1710－0005457　812.1/384　集部/別集類/清別集

柏梘山房文集十六卷文續集一卷詩集十卷詩續集二卷駢體文二卷　（清）梅曾亮撰　清咸豐六年（1856）楊以增　楊紹穀等慎修書屋刻本　六册

330000－1710－0005458　812.1/381　集部/別集類/清別集

嬰山小園文集六卷　（清）張誠撰　清光緒二十一年（1895）刻本　二册

330000－1710－0005459　子/佛家/1001　子部/宗教類/佛教之屬/諸宗

百丈叢林清規證義記九卷首一卷　（唐）釋懷海撰　（清）釋儀潤證義　**地輿名目一卷**　（清）釋儀潤輯　清同治十年（1871）刻本　四册　缺六卷（一至五、首）

330000－1710－0005460　子/佛家/1002　子部/宗教類/佛教之屬

梵網經菩薩戒一卷　（後秦）釋鳩摩羅什譯　清順治八年（1651）刻本　一册

330000－1710－0005461　812.1/388　集部/別集類/清別集

玉井山館集二十四卷　（清）許宗衡撰　清同治刻本　五册

330000－1710－0005462　812.1/386　集部/別集類/清別集

鑑止水齋集二十卷　（清）許宗彦撰　清咸豐八年（1858）德清許延穀刻本　六册

330000－1710－0005463　子/佛家/1003　子部/宗教類/佛教之屬/經

四經薈刊　（清）永瑢輯　清乾隆刻本　四册

330000－1710－0005465　812.1/385　集部/別集類/清別集

石鼓硯齋文鈔二十卷詩鈔三十二卷試帖二卷直廬集八卷　（清）曹文埴撰　**先文敏公行狀一卷**　（清）曹振鏞撰　清嘉慶五年（1800）曹振鏞刻本　六册　缺四十二卷（詩鈔一至三十二、試帖一至二、直廬集一至八）

330000－1710－0005469　039/117　類叢部/叢書類/郡邑之屬

金華叢書六十八種　（清）胡鳳丹編　清同治七年至光緒八年（1868－1882）永康胡氏退補齋刻民國補刻本　七册　存九種

330000－1710－0005472　812.1/387　類叢部/叢書類/郡邑之屬

海昌叢載三十二種　（清）羊復禮編　清光緒海昌羊氏傳卷樓粤東刻本　一册　存一種

330000－1710－0005473　812.1/396　集部/別集類/清別集

悝諟齋初稿十卷　喻長霖撰　清宣統三年（1911）鉛印本　六册

330000－1710－0005475　子/佛家/1006　史部/政書類/公牘檔册之屬

嘉郡普濟育嬰堂徵信錄不分卷　清光緒三十三年至宣統元年（1907－1909）鉛印本　一册

330000－1710－0005476　子/佛家/1007　史部/政書類/公牘檔册之屬

嘉郡普濟育嬰堂徵信錄不分卷　清光緒三十四年至宣統元年（1908－1909）鉛印本　一册

330000－1710－0005478　812.1/397　集部/別集類/清別集

蘇盦文錄二卷駢文錄五卷詩錄八卷詞錄一卷

（清）楊葆光撰　清光緒九年（1883）杭州刻本　五册

330000－1710－0005479　812.1/398　集部/別集類/清別集
四知堂文集三十六卷首一卷崇祀錄一卷　（清）楊錫紱撰　清刻本　四册　存十四卷（一至二、十四至十九、三十一至三十六）

330000－1710－0005480　812.1/399　集部/別集類/清別集
汲庵文存六卷　（清）楊象濟撰　清光緒七年（1881）杭州刻本　四册

330000－1710－0005481　812.1/400　類叢部/叢書類/郡邑之屬
湖州叢書十二種　（清）陸心源編　清光緒湖城義塾刻本　二册　存一種

330000－1710－0005482　039/116　類叢部/叢書類/郡邑之屬
畿輔叢書一百二十六種　（清）王灝編　清光緒五年至十八年（1879－1892）定州王氏謙德堂刻三十二年（1906）彙印本　十四册　存二種

330000－1710－0005483　812.1/405　集部/別集類/清別集
墨香閣文集十三卷首一卷末一卷　（清）彭維新撰　清道光二年（1822）彭氏刻本　四册

330000－1710－0005486　子/佛家/1011　子部/宗教類/佛教之屬/經
佛説梵網經二卷　（後秦）釋鳩摩羅什譯　清昭慶貝葉齋刻本　一册

330000－1710－0005487　812.1/391　類叢部/叢書類/自著之屬
湯文正公全集七種　（清）湯斌撰　清同治九年（1870）蘇廷魁等刻本　十五册　存三種

330000－1710－0005488　812.1/406　類叢部/叢書類/自著之屬
彭文敬公集五種　（清）彭藴章撰　清道光至同治刻同治彙印本　十二册　存三種

330000－1710－0005490　子/佛家/1013　子部/宗教類/佛教之屬
弁山久默和尚柴林語一卷　（清）釋智聆錄　清刻本　一册

330000－1710－0005491　039/119　類叢部/叢書類/郡邑之屬
永嘉叢書十三種　（清）孫衣言編　清同治至光緒瑞安孫氏詒善祠塾刻本　金蓉鏡題記　五十册　存十一種

330000－1710－0005492　812.1/407　集部/別集類/清別集
求是齋文存二卷詩存二卷　（清）彭崧毓撰　清同治十一年（1872）養園刻本　四册

330000－1710－0005493　039/128　新學/雜著/叢編
科學叢書第一集八種　（清）樊炳清編　清光緒二十七年（1901）教育世界出板所石印本　三册　存一種

330000－1710－0005494　812.1/408　集部/別集類/清別集
小謨觴館詩集八卷續集二卷詩餘附錄二卷文集四卷續集二卷　（清）彭兆蓀撰　清同治十三年（1874）刻本　六册

330000－1710－0005495　812.1/410　集部/別集類/清別集
二林居集二十四卷　（清）彭紹升撰　清嘉慶四年（1799）刻本　四册

330000－1710－0005496　812.1/409　集部/別集類/清別集
小謨觴館詩集注八卷詩餘注一卷詩續集注二卷續集詩餘注一卷文集注四卷文續集注二卷　（清）彭兆蓀撰　（清）孫元培　（清）孫長熙注　清光緒二十年（1894）泉唐汪氏刻本　八册

330000－1710－0005497　812.1/402　集部/別集類/清別集
恩餘堂經進初藁十二卷續藁二十二卷三藁十一卷策問存課二卷知聖道齋讀書跋尾二卷

（清）彭元瑞撰　清刻本　十八册

330000－1710－0005499　039/129　類叢部/叢書類/彙編之屬
白話叢書第一集六種　裘廷梁編　清光緒二十七年（1901）石印本　四册

330000－1710－0005502　812.1/415　集部/别集類/清别集
寒香館文鈔八卷詩鈔四卷　（清）賀熙齡撰　**皇清誥授朝議大夫掌四川道監察御史加二級前翰林院編修京畿道監察御史提督湖北學政賀蔗農先生崇祀鄉賢錄一卷**　清道光二十八年（1848）刻本　四册

330000－1710－0005503　812.1/412　集部/别集類/清别集
大雲山房文稿初集四卷二集四卷言事二卷　（清）惲敬撰　清同治二年（1863）惲世臨刻本　十册

330000－1710－0005504　812.1/416　集部/别集類/清别集
孟亭居士文稿五卷詩稿四卷經進稾一卷　（清）馮浩撰　清嘉慶七年（1802）桐鄉馮集梧刻本　八册

330000－1710－0005505　812.1/413　集部/别集類/清别集
大雲山房文稿初集四卷二集四卷　（清）惲敬撰　清光緒十四年（1888）刻本　金蓉鏡跋　八册

330000－1710－0005506　812.1/414　集部/别集類/清别集
耐菴詩存三卷文存六卷文存首一卷　（清）賀長齡撰　清咸豐十一年（1861）刻本　三册　存六卷（文存一至六）

330000－1710－0005507　039/120　子部/叢編
子書百家一百一種　（清）崇文書局編　清光緒元年（1875）湖北崇文書局刻本　金蓉鏡題記並批註　一百九册

330000－1710－0005508　812.1/417　集部/别集類/清别集
石經閣文集不分卷　（清）馮登府撰　清道光刻本　一册

330000－1710－0005509　812.1/418　集部/别集類/清别集
顯志堂稿十二卷　（清）馮桂芬撰　清光緒二年（1876）吴縣馮氏校邠盧刻本　十册

330000－1710－0005510　812.1/421　集部/别集類/清别集
曾文正公文鈔四卷附刻一卷　（清）曾國藩撰　清同治十一年（1872）蘇郡刻本　二册　存四卷（一至四）

330000－1710－0005513　812.1/419　類叢部/叢書類/自著之屬
有恆心齋集六種附一種　（清）程鴻詔撰　清同治刻本　十二册　存五種

330000－1710－0005515　812.1/428　集部/别集類/清别集
醉山草堂集四卷　（清）黄仲騏撰　清光緒六年（1880）溈寧學署刻本　金蓉鏡題記　四册

330000－1710－0005516　812.1/429　集部/别集類/清别集
元穆文鈔一卷日記三卷　（清）杜俞撰　清光緒十四年（1888）杜氏成都刻本　二册

330000－1710－0005518　812.1/430　集部/别集類
夢南雷齋文鈔二卷綮言三種三卷　黄壽袞撰　清宣統三年（1911）石印本　三册

330000－1710－0005521　812.1/420　集部/别集類/清别集
密齋文集不分卷　（清）程同文撰　清刻本　一册

330000－1710－0005522　812.1/427　集部/别集類/清别集
木雞書屋文鈔四卷文二集六卷三集八卷四集六卷五集六卷　（清）黄金臺撰　清道光五年至咸豐元年（1825－1851）刻同治十年（1871）黄晉駖心窗樓補刻本　八册

330000－1710－0005523　812.1/431　集部/別集類/清別集
壺舟文存二卷　(清)黄濬著　清宣統三年(1911)太平陳氏枕經閣木活字印本　一册

330000－1710－0005526　812.1/435　集部/別集類/清別集
田硯齋文集二卷　(清)褚榮槐撰　(清)褚元升輯　清光緒六年(1880)刻本　一册

330000－1710－0005527　812.1/422　集部/別集類/宋別集
曾文定公全集二十卷首一卷末一卷　(宋)曾鞏撰　清康熙三十一年(1692)南豐彭期七業堂刻本　三册　存三卷(二至四)

330000－1710－0005528　812.1/433　集部/別集類/清別集
裘文達公文集六卷補遺一卷恭和御製詩六卷詩集十二卷奏議一卷　(清)裘曰修撰　清嘉慶八年(1803)裘行簡刻同治十一年(1872)修補本　六册

330000－1710－0005532　普0000007　子部/天文曆算類/天文之屬
中西天文學講義一卷　清光緒三十二年(1906)上海震東學社刻本　一册

330000－1710－0005535　普0000010　史部/政書類/邦計之屬/荒政
救荒百策一卷　(清)寄湘漁父撰　清光緒十年(1884)刻本　一册

330000－1710－0005536　812.1/439　集部/別集類/清別集
趙恭毅公剩藁八卷　(清)趙申喬撰　(清)趙侗斆編　清光緒十八年(1892)浙江書局刻本　四册

330000－1710－0005537　039/130　類叢部/叢書類/彙編之屬
古今説部叢書二百七十二種　國學扶輪社編　清宣統二年至民國二年(1910－1913)上海國學扶輪社鉛印本　十九册　存一百十七種

330000－1710－0005538　812.1/441　集部/別集類/清別集
趙忠節公遺墨一卷　(清)趙景賢撰　**溫次言先生詩録一卷**　(清)溫汝超撰　清光緒八年(1882)歸安趙氏刻本　一册

330000－1710－0005539　普0000011　經部/周禮類/傳説之屬
周官精義十二卷　(清)連斗山輯　清刻本　一册　存四卷(六至九)

330000－1710－0005541　普0000013　經部/叢編
十三經註疏三百三十三卷　(明)□□輯　明崇禎元年至十二年(1628－1639)古虞毛氏汲古閣刻本　二册　存一種

330000－1710－0005543　812.1/444　類叢部/叢書類/自著之屬
清獻堂全編八種　(清)趙佑撰　清乾隆刻本　十七册　缺五卷(春秋雜案四至八)

330000－1710－0005544　普0000012　經部/叢編
十三經註疏三百三十三卷　(明)□□輯　明崇禎元年至十二年(1628－1639)古虞毛氏汲古閣刻本　五册　存一種

330000－1710－0005545　812.1/440　集部/別集類/清別集
讀書堂綵衣全集四十六卷　(清)趙士麟撰　(清)梁永淳等輯　(清)趙宸黼編　清光緒十九年(1893)浙江書局刻本　十二册

330000－1710－0005546　普0000014　子部/儒家類/儒家之屬
孔子家語十卷　(三國魏)王肅注　明崇禎永懷堂刻本　一册　存五卷(六至十)

330000－1710－0005548　812.1/449　集部/別集類/清別集
養一齋集二十六卷首一卷劄記九卷詞三卷詩話十卷李杜詩話三卷四書文不分卷試帖一卷　(清)潘德輿撰　清道光至同治刻本　十册　存三十一卷(首、一至二十六、詞一至三、試帖)

330000－1710－0005550　812.1/450　集部/別集類/清別集
東津館文集三卷　(清)潘曾沂撰　清咸豐八年(1858)刻本　一冊　存一卷(一)

330000－1710－0005551　812.1/451　集部/別集類/清別集
有真意齋文集不分卷　(清)潘世恩撰　清同治十二年(1873)刻本　二冊

330000－1710－0005552　812.1/452　集部/別集類/清別集
三松堂詩集二十卷詩續集六卷文集四卷水雲笛譜一卷三松自訂年譜一卷　(清)潘奕雋撰　清同治九年至十一年(1870－1872)潘遵祁刻本　八冊　缺二卷(水雲笛譜、三松自訂年譜)

330000－1710－0005553　普0000015　經部/叢編
五經體注大全　(清)嚴氏家塾主人輯　清光緒十八年(1892)鴻寶齋石印本　二冊　存三種

330000－1710－0005554　812.1/453　集部/別集類/清別集
呑松閣集三十六卷補遺四卷　(清)鄭虎文撰　(清)馮敏昌編　清嘉慶十四年(1809)馮敏昌等刻本　八冊

330000－1710－0005555　812.1/457　集部/別集類/清別集
嘯古堂文集八卷　(清)蔣敦復撰　清同治七年(1868)應寶時上海道署刻本　二冊

330000－1710－0005556　039/121　子部/叢編
二十二子(二十二子彙函)　(清)浙江書局編　清光緒元年至三年(1875－1877)浙江書局刻本　六十六冊　存二十種

330000－1710－0005557　812.1/460　集部/別集類
樊山集二十八卷續集二十八卷公牘三卷時文一卷批判十五卷　樊增祥撰　**二家詠古詩一卷二家試帖二卷二家詞鈔五卷**　樊增祥編　清光緒十九年至三十二年(1893－1906)刻本　六冊　存二十四卷(一至二十四)

330000－1710－0005558　812.1/459　集部/別集類/清別集
樊榭山房全集四十二卷　(清)厲鶚撰　清光緒十年(1884)汪氏振綺堂刻本　十冊

330000－1710－0005559　普0000016　子部/醫家類/方書之屬/單方驗方
增廣驗方新編十六卷　(清)鮑相璈輯　清同治十三年(1874)刻本　九冊

330000－1710－0005560　普0000017　史部/傳記類/總傳之屬/技藝
國朝畫徵錄三卷續錄二卷　(清)張庚撰　**明人附錄一卷**　(明)黎遂球　(明)袁樞撰　清光緒十九年(1893)上海積山書局石印本　一冊　缺二卷(續錄一至二)

330000－1710－0005561　812.1/454　集部/別集類/清別集
補學軒文集四卷續刻散體四卷駢體二卷續刻駢體二卷　(清)鄭獻甫撰　清同治十一年至光緒二年(1872－1876)況逢春桂林刻本　十二冊

330000－1710－0005563　普0000018　子部/醫家類/類編之屬
婦嬰至寶三種六卷　(清)徐尚慧編　清同治五年(1866)刻本　一冊

330000－1710－0005564　812.1/464　集部/別集類/清別集
劉孟塗集四十四卷　(清)劉開撰　清道光六年(1826)姚氏檗山草堂刻本　八冊

330000－1710－0005566　039/124　子部/天文曆算類/算書之屬
翠薇山房數學十四種　(清)張作楠撰　清嘉慶至道光金華張氏翠微山房刻本　十六冊

330000－1710－0005567　812.1/465　集部/別集類/清別集
劉孟塗文集十卷駢體文二卷　(清)劉開撰

清光緒十二年(1886)刻本　四冊

330000－1710－0005569　812.1/462　集部/別集類/清別集
魯山木先生文集十二卷首一卷外集二卷　(清)魯仕驥撰　清道光十一年(1831)陳用光刻本　三冊　存六卷(文集三至四、七至八,外集一至二)

330000－1710－0005571　普0000021　集部/別集類/清別集
平湖橫橋堰圖說一卷寄廬詩勝一卷新溪櫂歌一卷　(清)余楙撰　清光緒刻本　一冊

330000－1710－0005573　普0000023　子部/術數類/相宅相墓之屬
增補地理直指原真三卷首一卷　(清)釋如玉撰　清刻本　四冊　存四卷(首下、上之上下、中之上)

330000－1710－0005574　普0000024　集部/別集類/清別集
有正味齋駢文箋注九卷　(清)吳錫麒撰　(清)葉聯芬注　清同治七年(1868)慈谿葉氏刻本　二冊

330000－1710－0005575　812.1/477　集部/別集類/清別集
錢牧齋文鈔不分卷　(清)錢謙益撰　清宣統元年(1909)國學扶輪社鉛印本　四冊

330000－1710－0005577　普0000025　集部/總集類/郡邑之屬
國朝畿輔詩傳六十卷　(清)陶樑輯　清道光十九年(1839)紅豆樹館刻本　八冊　存二十八卷(三十一至五十八)

330000－1710－0005579　普0005000　類叢部/類書類/通類之屬
欽定古今圖書集成一萬卷目錄三十二卷　(清)蔣廷錫　(清)陳夢雷等輯　清光緒十年(1884)上海圖書集成書局鉛印本　三冊　存一卷(目錄)

330000－1710－0005580　812.1/479　集部/別集類/清別集
香樹齋詩集十八卷詩續集三十六卷文集二十八卷文續鈔五卷　(清)錢陳羣撰　清乾隆十六年(1751)刻同治九年(1870)唐翰題　光緒十一年(1885)錢志澄補修本　二十四冊

330000－1710－0005581　普0000026　經部/四書類/總義之屬/傳說
四書典林三十卷　(清)江永輯　清刻本　八冊　存二十一卷(十至三十)

330000－1710－0005582　普0000027　集部/小說類/長篇之屬
增評加批金玉緣圖說十二卷一百二十回首一卷　(清)曹霑　(清)高鶚撰　(清)蝶薌仙史評訂　清光緒三十二年(1906)上海桐蔭軒石印本　十二冊　缺二十八回(十九至三十八、七十四至八十一)

330000－1710－0005584　812.1/469　集部/別集類/清別集
古紅梅閣集八卷附錄一卷　(清)劉履芬　(清)劉觀藻撰　**紫藤花館詩餘一卷**　(清)劉觀藻撰　清光緒六年(1880)蘇州刻本　二冊

330000－1710－0005585　普0000029　集部/總集類/選集之屬/斷代
國朝駢體正宗十二卷　(清)曾燠輯　清刻本　一冊　存二卷(十一至十二)

330000－1710－0005587　普0000030　類叢部/叢書類/自著之屬
亭林遺書十種　(清)顧炎武撰　清刻本　二冊　存二種

330000－1710－0005588　812.1/468　集部/別集類/清別集
高石齋文鈔三卷射洪縣修志議一卷　(清)劉光謨撰　清光緒十年(1884)四川富順縣刻本　三冊

330000－1710－0005589　812.1/471　集部/別集類/唐五代別集
劉文房集四卷　(唐)劉長卿撰　清婺源江忠賡刻本　二冊

330000－1710－0005590　普0000031　史部/

政書類/通制之屬

文獻通考纂二十四卷 (元)馬端臨撰 (明)胡震亨輯 明天啓六年(1626)劉氏刻本 一册 存四卷(七至十)

330000-1710-0005591 039/148 類叢部/叢書類/自著之屬

歸查叢刻十一種 (清)謝希傳撰 清光緒二十四年(1898)東山草堂鉛印本 四册 存七種

330000-1710-0005592 039/126 新學/雜著/叢編

西學富强叢書六十五種 (清)張蔭桓編 清光緒二十二年(1896)上海鴻文書局石印本 六十册 存六十八種

330000-1710-0005593 812.1/463 集部/别集類/清别集

託素齋詩集四卷文集六卷附仁恕堂筆記一卷 (清)黎士弘撰 清道光十六年(1836)木活字印本 八册 缺三卷(文集一至三)

330000-1710-0005594 812.1/466 集部/别集類/清别集

劉禮部集十二卷 (清)劉逢禄撰 清道光十年(1830)思誤齋刻本 六册

330000-1710-0005595 812.1/467 集部/别集類/清别集

存悔齋集二十八卷外集四卷 (清)劉鳳誥撰 清道光刻本 八册

330000-1710-0005596 812.1/484 集部/别集類/清别集

寒松堂全集十二卷年譜一卷 (清)魏象樞撰 清嘉慶十六年(1811)魏煜刻本 十三册

330000-1710-0005597 812.1/480 集部/别集類/清别集

衎石齋記事稾十卷續稾十卷刻楮集四卷旅逸小稾二卷 (清)錢儀吉撰 清光緒六年(1880)錢彝甫刻本 十二册

330000-1710-0005598 812.1/481 集部/别集類/清别集

甘泉鄉人稿二十四卷餘稿二卷 (清)錢泰吉撰 **皇清敕授修職郎誥封朝議大夫顯考警石府君年譜一卷** (清)錢應溥撰 **四水子遺著一卷** (清)錢友泗撰 **邠農偶吟稿一卷** (清)錢炳森撰 清同治十一年(1872)鍾氏刻光緒七年(1881)十一年(1885)錢氏青溪官舍增刻本 七册

330000-1710-0005599 普0000032 經部/詩類/傳說之屬

詩經集傳 (宋)朱熹撰 清咸豐八年(1858)蘇州老埽業山房刻本 一册 存一卷(一)

330000-1710-0005601 812.1/483 集部/别集類/清别集

飄香室文詩遺稿一卷 (清)駱樹英撰 清光緒鉛印本 一册

330000-1710-0005603 普0000035 新學/理學/理學

天演論二卷 (英國)赫胥黎撰 嚴復譯 清光緒二十二年(1896)富文書局石印本 一册

330000-1710-0005604 普00036 史部/詔令奏議類/奏議之屬

奏爲遵擬不分卷 清刻本 一册

330000-1710-0005605 普00037 子部/雜著類/雜考之屬

十駕齋養新餘錄三卷 (清)錢大昕撰 **錢辛楣先生年譜一卷續編一卷** (清)錢慶曾撰 清嘉慶刻本 一册

330000-1710-0005606 普0000038 集部/總集類/郡邑之屬

浙西六家詩鈔六卷 (清)吳應和等撰 清道光七年(1827)紫薇山館刻本 一册 存三卷(一至三)

330000-1710-0005607 普0000039 類叢部/叢書類/彙編之屬

正誼堂全書六十三種續刻五種 (清)張伯行編 (清)楊浚重編 清同治五年(1866)福州正誼書院刻同治八年至光緒十三年(1869-1887)續刻本 一册 存一種

330000－1710－0005608　普 0000040　史部/傳記類/總傳之屬/儒林

學案小識十四卷　(清)唐鑑撰　清刻本　四冊　存四卷(五至八)

330000－1710－0005609　普 0000041　子部/兵家類/兵法之屬

兵法史略學二卷　陳慶年編　清光緒二十五年(1899)兩湖書院正學堂刻本　一冊　存一卷(二)

330000－1710－0005611　812.1/489　集部/別集類/清別集

藝風堂文集七卷外集一卷　繆荃孫撰　清光緒二十七年(1901)刻本　四冊

330000－1710－0005612　812.1/485　集部/別集類/清別集

也居山房文集八卷詩集十卷補錄一卷　(清)魏承祝撰　清同治九年(1870)慶餘堂刻本　四冊　存十八卷(文集一至八、詩集一至十)

330000－1710－0005613　812.1/486　集部/別集類/清別集

四此堂稿十卷　(清)魏際瑞撰　清同治二年(1863)謝階玉　謝階珍刻本　六冊

330000－1710－0005614　812.1/487　集部/別集類/明別集

茅簷集八卷　(明)魏學洢撰　明刻本　一冊　存三卷(一至三)

330000－1710－0005615　812.1/488　集部/別集類/清別集

古微堂文集十卷　(清)魏源撰　清宣統二年(1910)上海國學扶輪社鉛印本　二冊　存八卷(外集一至八)

330000－1710－0005616　812.1/494　集部/別集類/清別集

存研樓文集十六卷　(清)儲大文撰　(清)張耀先等輯　清光緒元年(1875)靜遠堂刻本　八冊

330000－1710－0005617　812.1/495　類叢部/叢書類/郡邑之屬

畿輔叢書一百二十六種　(清)王灝編　清光緒五年至十八年(1879－1892)定州王氏謙德堂刻三十二年(1906)彙印本　四冊　存一種

330000－1710－0005618　812.1/496　集部/別集類/清別集

滑疑集八卷　(清)韓錫胙撰　(清)宗稷辰重編　清同治十三年(1874)浙江處州府署刻本　四冊

330000－1710－0005619　812.1/497　集部/別集類/清別集

敬孚類稿十六卷　(清)蕭穆撰　清光緒三十二年至三十三年(1906－1907)刻朱印本　五冊　存五卷(一至二、五至七)

330000－1710－0005620　039/126－2　新學/雜著/叢編

富強叢書　(清)袁俊德編　清光緒二十三年(1897)小倉山房石印本　二冊　存二種

330000－1710－0005621　812.1/500　集部/總集類/選集之屬/斷代

戴段合刻二種　(清)張壽榮輯　清光緒十年(1884)鎮海張氏刻本　金蓉鏡題記　四冊　存一種

330000－1710－0005622　普 0000048　集部/別集類/清別集

曝書亭集詩註二十四卷　(清)朱彝尊撰　(清)楊謙注　**年譜一卷**　(清)楊謙撰　清刻本　一冊　存一卷(年譜)

330000－1710－0005623　039/127　新學/雜著/叢編

西政叢書三十二種　梁啓超編　清光緒二十三年(1897)上海慎記書莊石印本　三十二冊

330000－1710－0005624　普 0000043　史部/史抄類

史記菁華錄六卷　(清)姚祖恩輯　清道光四年(1824)吳興姚氏扶荔山房刻朱墨套印本　五冊　缺一卷(一)

330000－1710－0005625　812.1/498　集部/別集類/清別集

敬孚類稿十六卷 (清)蕭穆撰　清光緒三十二年至三十三年(1906－1907)刻本　四册

330000－1710－0005626　普 0000044　經部/易類/傳説之屬

易憲四卷卦歌一卷圖説一卷 (明)沈泓撰　清乾隆八年至九年(1743－1744)補堂刻本　二册　存四卷(三至四、卦歌、圖説)

330000－1710－0005627　812.1/503　集部/别集類/清别集

墨花吟館文鈔二卷詩鈔十六卷感舊懷人集二卷 (清)嚴辰撰　清光緒刻本　七册

330000－1710－0005628　普 0000045　經部/小學類/文字之屬/字書/字典

康熙字典十二集三十六卷總目一卷檢字一卷辨似一卷等韻一卷補遺一卷備考一卷 (清)張玉書等纂修　清刻本　一册　存一卷(丑集下)

330000－1710－0005630　普 0000046　經部/叢編

十三經古注二百九十卷 (明)金蟠 (明)葛鼒校　明崇禎十二年(1639)永懷堂刻清同治八年(1869)浙江書局校修本　一册　存二種

330000－1710－0005631　812.1/505　類叢部/叢書類/自著之屬

羅忠節公遺集八種 (清)羅澤南撰　清咸豐至同治刻本　十册

330000－1710－0005632　普 0000047　史部/傳記類/總傳之屬/技藝

藝林悼友録初集一卷二集一卷附録一卷 (清)郭容光編　清光緒十八年(1892)鐵如意室刻本　二册

330000－1710－0005633　812.1/499　集部/别集類/清别集

研露齋文鈔三卷詩鈔八卷 (清)饒學曙撰　清道光七年(1827)刻本　三册　存三卷(文鈔一至三)

330000－1710－0005634　普 0000049　集部/總集類/選集之屬/通代

駢體文鈔三十一卷 (清)李兆洛輯　清道光元年(1821)合河康氏家塾刻同治六年(1867)婁江徐氏補刻本　一册　存六卷(十三至十八)

330000－1710－0005635　812.1/507　集部/别集類/清别集

顧虞東文録八卷 (清)顧鎮撰　清道光十七年(1837)海虞顧氏小石山房刻本　一册

330000－1710－0005636　普 0000050　經部/叢編

萬充宗先生經學五書 (清)萬斯大撰　清乾隆二十四年至二十六年(1759－1761)萬福辨志堂刻本　一册　存一種

330000－1710－0005637　普 0000051　集部/總集類/課藝之屬

雲間小課三卷　清光緒七年(1881)琴雀軒刻本　一册　存一卷(中)

330000－1710－0005638　812.1/509　集部/别集類/清别集

孟晉齋文集五卷 (清)顧壽楨撰　**孟晉齋年譜一卷** (清)顧家相撰　清同治五年(1866)見素抱樸齋刻本　三册

330000－1710－0005639　812.1/508　類叢部/叢書類/自著之屬

亭林遺書十種 (清)顧炎武撰　清康熙吴江潘氏遂初堂刻本　六册　存八種

330000－1710－0005640　812.1/501　集部/别集類/清别集

南山集十四卷補遺三卷年譜一卷 (清)戴名世撰　清光緒二十六年(1900)木活字印本　八册

330000－1710－0005641　普 0000052　子部/雜著類/雜考之屬

札樸十卷 (清)桂馥撰　清嘉慶十八年(1813)山陰李宏信小李山房刻本　二册　存三卷(一至三)

330000－1710－0005642　普 0000053　子部/雜著類/雜纂之屬

容齋隨筆十六卷續筆十六卷三筆十六卷四筆十六卷五筆十卷　(宋)洪邁撰　清刻本　一冊　存六卷(四筆六至十一)

330000－1710－0005643　普0000054　史部/金石類/總志之屬/文字
金石文字記六卷　(清)顧炎武撰　清刻本　一冊　存三卷(一至三)

330000－1710－0005644　普0000055　集部/總集類/選集之屬/斷代
國朝文錄八十二卷　(清)姚椿輯　清咸豐元年(1851)終南山館刻本　五冊　存十八卷(一、二十七至三十一、四十八至五十九)

330000－1710－0005646　039/131　類叢部/叢書類/彙編之屬
香艷叢書三百二十六種　(清)蟲天子輯　清宣統上海國學扶輪社鉛印本　三十九冊　存二百二十六種

330000－1710－0005648　普0000056　集部/別集類/清別集
楊園先生全集五十四卷　(清)張履祥撰　**張楊園先生年譜一卷**　(清)蘇惇元編　清同治十年(1871)江蘇書局刻本　十三冊　缺十四卷(六至八、十五至十九、四十九至五十四)

330000－1710－0005649　812.1/518　集部/別集類/清別集
定盦文集三卷續集四卷續錄一卷古今體詩二卷己亥雜詩一卷詞選一卷詞錄一卷　(清)龔自珍撰　清同治七年(1868)刻本　四冊

330000－1710－0005651　812.1/510　集部/別集類/清別集
白茅堂集四十六卷　(清)顧景星撰　**耳提錄一卷**　(清)顧昌輯　清康熙四十三年(1704)刻乾隆二十年(1755)白茅堂續刻光緒二十八年(1902)補刻本　十七冊　存四十一卷(一至十四、二十至四十六)

330000－1710－0005653　812.1/511　類叢部/叢書類/自著之屬
平湖顧氏遺書五種　(清)顧廣譽撰　清光緒三年(1877)顧鴻昇刻本　四冊　存三種

330000－1710－0005654　812.1/520　集部/別集類/清別集
定盦文集三卷續集四卷續錄一卷古今體詩二卷己亥雜詩一卷　(清)龔自珍撰　清同治七年(1868)刻本　二冊　存四卷(續集一至四)

330000－1710－0005655　812.1/512　類叢部/叢書類/自著之屬
平湖顧氏遺書五種　(清)顧廣譽撰　清光緒三年(1877)顧鴻昇刻本　十冊　存三種

330000－1710－0005656　812.1/46　集部/別集類/宋別集
唐眉山詩集十卷文集十四卷　(宋)唐庚撰　清雍正三年(1725)汪亮采南陔草堂木活字印本　三冊

330000－1710－0005657　812.1/513　集部/別集類/清別集
悔過齋未定稿七卷　(清)顧廣譽撰　清咸豐七年(1857)刻本　金蓉鏡校　二冊

330000－1710－0005658　812.1/519　集部/別集類/清別集
定盦文集三卷續集四卷文集補編四卷文集補續錄一卷古今體詩二卷雜詩一卷詞選一卷詞錄一卷附龔孝珙手抄本一卷文拾遺一卷　(清)龔自珍撰　**定盦先生年譜一卷**　吳昌綬編　清宣統元年(1909)上海國學扶輪社鉛印本　六冊　存十七卷(文集續集一至四、文集補編一至四、文集補一至三、文集補續錄、文拾遺、別集一至二、龔孝珙手抄本、年譜)

330000－1710－0005660　812.1/521　集部/別集類/清別集
定山堂古文小品二卷　(清)龔鼎孳撰　清光緒十年(1884)刻本　二冊

330000－1710－0005661　普0000057　子部/醫家類/方書之屬/單方驗方
驗方新編十六卷　(清)鮑相璈輯　清同治十二年(1873)刻本　三冊　存三卷(四至六)

330000－1710－0005663　普0000058　子部/

醫家類/方書之屬/單方驗方
驗方新編十六卷 (清)鮑相璈輯　清刻本　一冊　存一卷(九)

330000－1710－0005664　普0000059　子部/醫家類/溫病之屬/痧症
痧症全書三卷 (清)王凱輯　清光緒四年(1878)上洋大魁楨記刻本　一冊

330000－1710－0005665　普0000060　子部/醫家類/方書之屬/單方驗方
四科簡效方四卷 (清)王士雄撰　清光緒十一年(1885)越州徐氏刻本　一冊

330000－1710－0005666　812.1/525　集部/別集類/宋別集
東坡養生集十二卷 (宋)蘇軾撰　(明)王如錫編　明崇禎八年(1635)白下王如錫箬庵刻本　七冊　缺五卷(一、五至六、九、十一)

330000－1710－0005670　普0000063　子部/醫家類/類編之屬
十藥神書注解一卷 (元)葛可久編　(清)陳念祖注　(清)林壽萱韻　**急救奇痧方一卷附經驗百病內外一卷** (清)□□輯　**霍亂論二卷** (清)王士雄述　清道光十八年(1838)鉛印本　一冊

330000－1710－0005671　普0000064　子部/醫家類/方書之屬/單方驗方
四科簡效方四卷 (清)王士雄撰　清咸豐四年(1854)刻本　一冊

330000－1710－0005673　普0000066　子部/醫家類/類編之屬
陳修園醫書□□種 (清)陳念祖等撰　清石印本　一冊　存一種

330000－1710－0005674　普0000067　子部/醫家類/方書之屬/單方驗方
增評童氏醫方集解二十三卷 (清)汪昂撰　清光緒二十二年(1896)上海圖書集成印書局鉛印本　一冊　存五卷(十至十四)

330000－1710－0005675　普0000068　子部/醫家類/醫案之屬
三家醫案合刻 (清)吳金壽編　清道光十一年(1831)刻本　三冊

330000－1710－0005676　812.1/528　集部/別集類/清別集
適園賸稿一卷 (清)余霖著　清宣統二年(1910)鉛印本　一冊

330000－1710－0005678　812.1/530　集部/總集類/氏族之屬
寧都三魏全集八十三卷 (清)林時益編　清康熙刻本　十冊　存一種

330000－1710－0005679　812.1/532　集部/別集類/明別集
震川先生集三十卷別集十卷附錄一卷補編一卷 (明)歸有光撰　(清)歸莊校勘　(清)錢謙益選定　(清)歸玠編輯　清光緒元年(1875)常熟歸氏刻本　六冊　存十八卷(一至六、二十六至三十,別集一至四、九至十,附錄)

330000－1710－0005680　812.1/531　集部/別集類/清別集
竹堂集一卷 (清)馬慶蓉撰　清刻本　一冊

330000－1710－0005685　812.1/542　類叢部/叢書類/彙編之屬
正誼堂全書六十三種續刻五種 (清)張伯行編　(清)楊浚重編　清同治五年(1866)福州正誼書院刻同治八年至光緒十三年(1869－1887)續刻本　一冊　存一種

330000－1710－0005686　812.1/538　集部/別集類/清別集
忠雅堂文集十二卷 (清)蔣士銓撰　清嘉慶二十一年(1816)藏園刻本　六冊

330000－1710－0005688　812.1/539　集部/別集類/清別集
菽原堂初集十卷 (清)查初揆撰　清嘉慶八年(1803)刻本　二冊

330000－1710－0005689　039/133　類叢部/叢書類/彙編之屬
國粹叢書四十九種 (清)國學保存會編　清

光緒至宣統鉛印本　祝廷錫題記　三十八册　存二十四種

330000－1710－0005690　812.1/543　類叢部/叢書類/自著之屬
橘蔭軒全集七種　(清)陳錦撰　清光緒山陰陳氏橘蔭軒刻本　七册　存二種

330000－1710－0005691　812.1/541　集部/別集類/清別集
有正味齋駢體文二十四卷詩集十六卷詞集八卷　(清)吴錫麟撰　清嘉慶十三年(1808)刻本　十一册

330000－1710－0005692　812.1/544　集部/別集類/清別集
二曲集四十六卷　(清)李顒撰　清光緒三年(1877)彭懋謙刻本　三册　存十一卷(二十五至二十七、三十四至三十八、四十二至四十四)

330000－1710－0005693　812.1/546　集部/別集類/宋別集
宋宗忠簡公全集十二卷首一卷末一卷　(宋)宗澤撰　(清)宗文燦輯　清康熙四十三年至四十五年(1704－1706)宗文燦等刻本　一册　存二卷(十二、末)

330000－1710－0005694　812.1/549　集部/別集類/清別集
郡乘代言一卷　(清)陳衍虞撰　清道光十九年(1839)補刻本　一册

330000－1710－0005695　普0000069　史部/地理類/山川之屬/山志
虎邱山志十卷首一卷　(清)顧湄撰　清宣統三年(1911)集羣圖書館鉛印本　一册　存六卷(五至十)

330000－1710－0005697　普0000070　集部/別集類/清別集
忠雅堂文集十二卷　(清)蔣士銓撰　清嘉慶二十一年(1816)藏園刻本　六册

330000－1710－0005699　812.1/551　集部/別集類/宋別集
朱子集一百四卷目錄二卷　(宋)朱熹撰　清咸豐十年至同治元年(1860－1862)浙江紫霞洲祠堂刻本　十六册　存三十九卷(五至十一、二十一至三十六、六十三至六十四、六十九至八十二)

330000－1710－0005702　039/134　類叢部/叢書類/彙編之屬
正誼堂全書六十三種續刻五種　(清)張伯行編　(清)楊浚重編　清同治五年(1866)福州正誼書院刻同治八年至光緒十三年(1869－1887)續刻本　一百二十一册　存六十二種

330000－1710－0005703　812.1/562　集部/別集類/清別集
古微堂内集三卷外集七卷　(清)魏源撰　清光緒四年(1878)揚州淮南書局刻本　四册

330000－1710－0005704　812.1/550　集部/別集類/宋別集
朱子大全文集一百卷續集五卷別集七卷　(宋)朱熹撰　**附文集正偽一卷文集記疑一卷正譌記疑補遺一卷**　(清)賀瑞麟撰　清光緒二年(1876)王氏傳經堂刻本　四十八册

330000－1710－0005706　812.1/552　集部/別集類/宋別集
歐陽文忠公全集一百五十三卷首一卷附錄五卷　(宋)歐陽修撰　清嘉慶二十四年(1819)歐陽衡刻本　十二册　存七十三卷(一至五、八十六至一百五十三)

330000－1710－0005707　812.1/557　類叢部/叢書類/自著之屬
煙嶼樓集四種　(清)徐時棟撰　清同治至光緒刻彙印本　八册　存一種

330000－1710－0005708　812.1/564　集部/別集類/清別集
培遠堂偶存稿文檄四十八卷　(清)陳弘謀撰　清光緒二十二年(1896)鄂藩署鉛印本　二十四册

330000－1710－0005710　812.1/566　集部/別集類/宋別集

岳忠武王文集八卷首一卷末一卷　（宋）岳飛撰　（清）黄邦寧輯　清光緒十二年（1886）上海簡玉山房刻本　四冊

330000－1710－0005711　普0000072　史部/地理類/遊記之屬/紀行
辛卯侍行記六卷　（清）陶保廉撰　清光緒二十三年（1897）養樹山房刻本　一冊　存一卷（五）

330000－1710－0005712　812.1/558　類叢部/叢書類/彙編之屬
半厂叢書初編十種　（清）譚獻編　清同治至光緒仁和譚氏刻本　六冊　存三種

330000－1710－0005713　普0000073　史部/政書類/邦交之屬
約章分類輯要三十八卷首一卷　（清）蔡乃煌輯　清光緒二十六年（1900）刻本　十二冊　存十七卷（二至三、七至九、十三至十六、十八、二十二至二十七、三十一）

330000－1710－0005715　812.1/567　集部/別集類/清別集
小倉山房詩集三十六卷續三卷文集三十五卷外集八卷　（清）袁枚撰　清乾隆刻增修本　二十冊

330000－1710－0005716　812.1/568　集部/別集類/清別集
青谿漫稿二十四卷　（清）倪岳撰　清光緒二十六年（1900）嘉惠堂刻本　六冊

330000－1710－0005718　039/135　類叢部/叢書類/彙編之屬
南菁書院叢書四十一種　王先謙　繆荃孫編　清光緒十四年（1888）江陰南菁書院刻本　四十八冊

330000－1710－0005719　812.1/570　集部/別集類/清別集
鐵橋漫稿八卷　（清）嚴可均撰　清光緒十一年（1885）長洲蔣氏心矩齋刻本　四冊

330000－1710－0005720　812.1/571　集部/別集類/清別集
秋盦詩草一卷詞草一卷題跋一卷　（清）黄易撰　清宣統二年（1910）石印本　一冊

330000－1710－0005721　普0000074　類叢部/叢書類/彙編之屬
新陽趙氏叢刊十四種　（清）趙元益編　清光緒十一年至二十八年（1885－1902）新陽趙氏刻本　一冊　存一種

330000－1710－0005722　普0000075　類叢部/叢書類/彙編之屬
小石山房叢書三十八種　（清）顧湘編　清道光刻同治十三年（1874）虞山顧氏補刻本　一冊　存二種

330000－1710－0005724　普0000076　類叢部/叢書類/彙編之屬
正誼堂全書六十三種續刻五種　（清）張伯行編　（清）楊浚重編　清同治五年（1866）福州正誼書院刻同治八年至光緒十三年（1869－1887）續刻本　一冊　存一種

330000－1710－0005725　812.1/577　集部/別集類/唐五代別集
唐陸宣公集二十二卷　（唐）陸贄撰　清雍正元年（1723）年羹堯刻本　六冊

330000－1710－0005726　039/136　類叢部/叢書類/彙編之屬
凌氏傳經堂叢書三十二種　（清）凌鎬　（清）凌鏞編　清嘉慶至道光吴興凌氏刻本　十六冊　存二十六種

330000－1710－0005728　812.1/565　集部/別集類/清別集
蓮溪先生文存二卷　（清）沈濂撰　清光緒十七年（1891）廣州刻本　一冊

330000－1710－0005729　普0000079　集部/總集類/酬唱之屬
鴛鴦湖櫂歌五卷　（清）朱彝尊　（清）譚吉璁撰　（清）陸以誠　（清）張燕昌續　清乾隆四十年（1775）朱芳衡刻本　二冊

330000－1710－0005730　812.1/569　集部/別集類/清別集

重桂堂集十一卷　(清)許正綬撰　清光緒十年(1884)許傳霽　許傳霈刻本　二册

330000－1710－0005731　812.1/572　集部/别集類/清别集
白榆村舍記事稿四卷　(清)馬承昭撰　清末綺春閣鉛印本　一册　存一卷(二)

330000－1710－0005734　812.1/574　類叢部/叢書類/彙編之屬
風雨樓叢書二十三種　鄧實編　清宣統順德鄧氏鉛印本　一册　存一種

330000－1710－0005736　普0000080　集部/别集類/清别集
定盦文集三卷續集四卷文集補編四卷文集補續錄一卷古今體詩二卷雜詩一卷詞選一卷詞錄一卷附龔孝珙手抄本一卷文拾遺一卷　(清)龔自珍撰　**定盦先生年譜一卷**　吴昌綬編　清宣統元年(1909)上海國學扶輪社鉛印本　六册　存十二卷(續集一至四、文集補編一至四、文集補續錄、詞選、詞錄、文拾遺)

330000－1710－0005738　039/137　類叢部/叢書類/彙編之屬
津河廣仁堂叢書八十四種　(清)□□編　清光緒津河廣仁堂刻本　十册　存七種

330000－1710－0005739　812.1/579　集部/總集類/選集之屬/斷代
切問齋文鈔三十卷首一卷　(清)陸燿輯　清道光五年(1825)刻本　十册

330000－1710－0005740　普0000082　集部/别集類/清别集
定盦文集三卷續集四卷文集補編四卷文集補續錄一卷古今體詩二卷雜詩一卷詞選一卷詞錄一卷附龔孝珙手抄本一卷文拾遺一卷　(清)龔自珍撰　**定盦先生年譜一卷**　吴昌綬編　清宣統元年(1909)上海國學扶輪社鉛印本　六册　存十三卷(文集一至三、續集一至四、文集補編一至四、文集補續錄、文拾遺)

330000－1710－0005742　普0000083　史部/地理類/方志之屬/郡縣志
[光緒]梅里志十八卷　(清)楊謙纂　(清)李富孫補輯　(清)余楙續補　清光緒三年(1877)仁濟堂刻本　一册　存九卷(十至十八)

330000－1710－0005746　普0000084　史部/地理類/方志之屬/郡縣志
[同治]湖州府志九十六卷首一卷　(清)宗源瀚　(清)楊榮緒　(清)郭式昌修　(清)周學濬　(清)陸心源　(清)汪曰楨纂　清同治十一年至十三年(1872－1874)愛山書院刻本　一册　存二卷(二十七至二十八)

330000－1710－0005747　812.1/580　集部/别集類/明别集
周忠介公燼餘集三卷　(明)周順昌撰　**周吏部年譜一卷忠介遺事一卷**　(明)殷獻臣編　清光緒二十九年(1903)唐文治刻本　一册　缺一卷(忠介遺事)

330000－1710－0005748　812.1/582　集部/别集類/清别集
古微堂文集十卷　(清)魏源撰　(清)黄象離輯　清宣統元年(1909)上海國學扶輪社鉛印本　六册

330000－1710－0005749　普0000085　史部/地理類/方志之屬/郡縣志
[同治]蘇州府志一百五十卷首三卷　(清)李銘皖　(清)譚鈞培修　(清)馮桂芬纂　清光緒八年(1882)江蘇書局刻本　二册　存四卷(一百三十二至一百三十三、一百四十六至一百四十七)

330000－1710－0005751　812.1/588　集部/别集類/清别集
養一齋文集二十卷補遺一卷文集續編六卷詩集八卷校字一卷　(清)李兆洛撰　清道光二十四年(1844)刻本　十二册

330000－1710－0005752　812.1/592　集部/别集類/清别集
受恒受漸齋集十二卷　(清)沈曰富撰　清光緒十三年(1887)刻本　四册

330000－1710－0005756　812.2/9　集部/別集類/唐五代別集

杜工部集二十卷附錄一卷年譜一卷諸家詩話一卷唱酬題詠附錄一卷　(唐)杜甫撰　(清)錢謙益箋註　清宣統二年(1910)上海集成圖書公司鉛印本　四册　缺一卷(年譜)

330000－1710－0005759　普0000086　史部/史評類/考訂之屬

廿二史考異二十三卷　(清)錢大昕撰　清上海鴻寶齋石印本　六册

330000－1710－0005760　812.2/11　集部/別集類/唐五代別集

杜工部集二十卷首一卷　(唐)杜甫撰　清光緒十三年(1887)玉勾草堂刻本　十二册

330000－1710－0005761　普0000087　子部/雜著類/雜説之屬

初學讀書要略四種　葉瀚撰　清光緒二十三年(1897)仁和葉氏刻本　一册

330000－1710－0005763　普0000089　子部/儒家類/儒學之屬/蒙學

增註啟蒙課本不分卷　(清)汪洵書　清光緒三十一年(1905)石印本　一册

330000－1710－0005765　812.2/12　類叢部/叢書類/彙編之屬

古逸叢書二十六種　(清)黎庶昌編　清光緒八年至十年(1882－1884)黎庶昌日本東京使署影刻本　一册　存一種

330000－1710－0005766　812.2/13　集部/別集類/唐五代別集

杜詩詳註二十五卷首一卷附編二卷　(唐)杜甫撰　(清)仇兆鰲輯注　清康熙芸生堂刻本　五册　存十一卷(三至七、十八至二十一、二十四至二十五)

330000－1710－0005771　812.2/26　集部/別集類/唐五代別集

昌黎先生詩增註証訛十一卷　(唐)韓愈撰　(清)黄鉞增注証訛　**昌黎先生年譜一卷**　(清)黄鉞編　清道光二十八年(1848)黄中民刻咸豐七年(1857)四明鮑氏二客軒印本　二册

330000－1710－0005773　812.2/2　集部/別集類/漢魏六朝別集

陶靖節集十卷　(晉)陶潛撰　明刻本　一册　存四卷(五至八)

330000－1710－0005774　812.2/4　集部/別集類/漢魏六朝別集

陶淵明文集十卷　(晉)陶潛撰　清光緒五年(1879)番禺俞秀山刻本　三册

330000－1710－0005775　039/149　子部/叢編

教育叢書初集十一種二集十五種三集十一種　(清)教育世界社編譯　清光緒教育世界出板所刻本暨石印本　二十册　存二十七種

330000－1710－0005776　812.2/5　集部/別集類/漢魏六朝別集

陶淵明文集十卷　(晉)陶潛撰　清宣統二年(1910)上海著易堂書局石印本　四册

330000－1710－0005777　812.2/39　集部/別集類/唐五代別集

新雕校證大字白氏諷諫一卷　(唐)白居易撰　清光緒十九年(1893)刻本　一册

330000－1710－0005778　812.2/42　集部/別集類/宋別集

韋齋集十二卷　(宋)朱松撰　**玉瀾集一卷**　(宋)朱槔撰　清康熙刻本　二册　存六卷(一至六)

330000－1710－0005779　812.2/43　類叢部/叢書類/彙編之屬

籑喜廬叢書五種　(清)傅雲龍編　清光緒十五年(1889)德清傅氏日本東京刻本　一册　存一種

330000－1710－0005780　普0000090　新學/雜著/叢編

富強叢書正集七十七種續集一百二十一種　(清)袁俊德編　清光緒二十五年(1899)二十七年(1901)小倉山房石印本　十册　存二十

一種

330000－1710－0005782　普0000091　新學/化學
化學大成　(清)上海璣衡堂輯　清光緒二十二年(1896)上海璣衡堂石印本　二十冊

330000－1710－0005783　812.2/27　集部/別集類/唐五代別集
韓昌黎詩集編年箋注十二卷　(唐)韓愈撰　(清)方世舉考訂　(清)盧見曾刪定　清宣統二年(1910)海寧陳氏石印本　七冊　存七卷(四至六、八、十至十二)

330000－1710－0005784　812.2/31　集部/別集類/唐五代別集
李長吉歌詩四卷首一卷外集一卷　(唐)李賀撰　(清)王琦彙解　清乾隆王氏寶笏樓刻本　一冊　存三卷(三至四、外集)

330000－1710－0005786　812.2/55　集部/別集類/宋別集
宛陵先生文集六十卷　(宋)梅堯臣撰　清宣統二年(1910)上海據清康熙徐惇復白華書屋刻本影印本　十冊

330000－1710－0005788　812.2/58　集部/別集類/宋別集
東山詩選二卷　(宋)葛紹體撰　清光緒二十七年(1901)太平陳樹鈞刻本　一冊

330000－1710－0005789　812.2/61　集部/別集類/宋別集
歐陽文忠公詩集十二卷　(宋)歐陽修撰　明世綵堂刻本　三冊

330000－1710－0005791　812.2/35　集部/總集類/彙編之屬
元白長慶集一百四十一卷　(明)馬元調編　明萬曆三十二年至三十四年(1604－1606)松江馬元調魚樂軒刻本　三冊　存二十二卷(白氏長慶集十六至二十、三十九至四十八、五十八至六十四)

330000－1710－0005792　812.2/64　集部/別集類/宋別集
蘇文忠公詩編註集成四十六卷集成總案四十五卷諸家雜綴酌存一卷蘇海識餘四卷牋詩圖一卷　(清)蘇軾撰　(清)王文誥輯注　清光緒十四年(1888)浙江書局刻本　二十三冊

330000－1710－0005793　普0000092　集部/總集類/選集之屬/通代
文選附輯一卷　(明)錢士馨　(明)陸上瀾選　明末刻本　一冊

330000－1710－0005798　812.2/65　集部/別集類/宋別集
蘇文忠公詩編註集成四十六卷集成總案四十五卷諸家雜綴酌存一卷蘇海識餘四卷牋詩圖一卷　(清)蘇軾撰　(清)王文誥輯注　清嘉慶二十四年(1819)武林王氏韻山堂刻道光補刻本　二冊　存十三卷(集成總案十四至二十六)

330000－1710－0005799　812.2/68　類叢部/叢書類/彙編之屬
古香齋袖珍十種　清同治至光緒南海孔氏刻本　五冊　存一種

330000－1710－0005800　039/143　類叢部/叢書類/自著之屬
汪雙池先生叢書二十種附浙刻雙池遺書十二種　(清)汪紱撰　清道光至光緒刻光緒二十三年(1897)長安趙舒翹等彙印本　一百三十二冊　存十七種

330000－1710－0005801　812.2/47　類叢部/叢書類/彙編之屬
武英殿聚珍版書(武英殿聚珍版叢書)一百三十八種　清乾隆浙江刻本　二冊　存一種

330000－1710－0005802　812.2/69　集部/總集類/彙編之屬
西江詩派韓饒二集　沈曾植編　清宣統二年(1910)姚埭沈氏刻本　一冊　存一種

330000－1710－0005803　812.2/70　集部/總集類/彙編之屬
西江詩派韓饒二集　沈曾植編　清宣統二年(1910)姚埭沈氏刻朱印本　二冊　存一種

330000－1710－0005804　普0000096　集部/別集類/清別集
煙霞萬古樓文集六卷　(清)王曇撰　清道光二十年(1840)刻本　一冊　存三卷(四至六)

330000－1710－0005805　812.2/74　類叢部/叢書類/彙編之屬
玉海堂景宋元本叢書二十種別行二種　劉世珩編　清光緒至民國貴池劉氏玉海堂影刻本　一冊　存一種

330000－1710－0005807　普0000098　經部/四書類/論語之屬/傳說
論語古訓十卷附一卷　(清)陳鱣撰　清光緒九年(1883)浙江書局刻本　一冊　缺六卷(五至十)

330000－1710－0005809　普0000099　集部/別集類/清別集
田硯齋詩集六卷　(清)褚榮槐撰　褚源深編　清宣統二年(1910)嘉興褚覺鈴鉛印本　一冊　存三卷(一至三)

330000－1710－0005810　812.2/78　集部/別集類/金別集
元遺山詩集箋注十四卷首一卷末一卷　(金)元好問撰　(元)張德輝類次　(清)施國祁箋注　清道光二年(1822)南潯蔣氏瑞松堂刻本　金蓉鏡題記　四冊

330000－1710－0005811　812.2/87　集部/別集類/元別集
所安遺集一卷附錄一卷　(元)陳泰撰　清光緒六年(1880)武林節署刻本　一冊

330000－1710－0005812　812.2/79　集部/別集類/金別集
元遺山詩集箋注十四卷首一卷末一卷　(金)元好問撰　(元)張德輝類次　(清)施國祁箋注　清道光七年(1827)苕溪吳氏醉六堂刻本　金蓉鏡批　四冊

330000－1710－0005815　812.2/81　集部/別集類/元別集
梅道人遺墨不分卷　(元)吳鎮撰　清光緒二年(1876)刻本　一冊

330000－1710－0005817　普0000102　集部/別集類/清別集
傳樸堂詩稿四卷補遺一卷竹樊山莊詞一卷　(清)葛金烺撰　清光緒二十一年(1895)刻本　一冊　缺三卷(一至三)

330000－1710－0005818　普0000103　子部/宗教類/佛教之屬
覺世真經圖說訓解三卷　(清)朱逵吉撰　清道光十七年(1837)貽善堂刻本　一冊　存一卷(一)

330000－1710－0005819　812.2/89　集部/別集類/明別集
鐵厓樂府註十卷咏史註八卷逸編註八卷　(元)楊維楨撰　(清)樓卜瀍註　清乾隆三十九年(1774)聯桂堂刻光緒十四年(1888)諸暨樓氏崇德堂重修本　十二冊

330000－1710－0005820　812.2/94　集部/別集類/明別集
高塘龍眠集七卷　(明)李騰芳撰　(清)黃兆白選　清同治八年(1869)刻本　一冊

330000－1710－0005822　812.2/98　集部/別集類/明別集
海叟集四卷附錄一卷集外詩一卷　(明)袁凱撰　清宣統三年(1911)江西印刷局石印本　二冊

330000－1710－0005824　普0000104　史部/傳記類/總傳之屬/斷代
碑傳集一百六十卷首二卷末二卷　(清)錢儀吉輯　清光緒十九年(1893)江蘇書局刻本　十冊　存二十七卷(八十二至一百八)

330000－1710－0005825　普0000105　集部/別集類/清別集
曝書亭集八十卷附錄一卷　(清)朱彝尊撰
笛漁小稾十卷　(清)朱昆田撰　清康熙刻本　十三冊　存六十六卷(一至六十六)

330000－1710－0005826　812.2/100　集部/總集類/彙編之屬

陳沈兩先生稿　(明)陳淳撰　(明)陳仁錫編　明萬曆四十三年(1615)古吳陳氏閱帆堂刻本　一冊　存一種

330000－1710－0005827　普0000106　集部/別集類/清別集

補讀書齋遺稾十卷　(清)沈維鐈撰　清光緒元年(1875)廣州刻本　三冊　存八卷(一至五、八至十)

330000－1710－0005828　812.2/106　類叢部/叢書類/自著之屬

一粟廬合集三種　(清)于源撰　清道光刻本　二冊　存一種

330000－1710－0005830　812.2/101　集部/別集類/明別集

東田遺稿二卷　(明)張羽撰　清康熙五十六年(1717)三鳳堂刻本　一冊　存一卷(一)

330000－1710－0005831　812.2/102　集部/別集類/明別集

重刊張愈光先生詩集六卷　(明)張含撰　清道光十三年(1833)保山范仕義刻本　清許瑤光題跋　四冊

330000－1710－0005835　012/1　類叢部/叢書類/彙編之屬

武英殿聚珍版書(武英殿聚珍版叢書)一百三十八種　清乾隆江蘇刻本　十二冊　存一種

330000－1710－0005836　812.2/112　集部/別集類/清別集

暖春書屋詩刪三卷　(清)方俊撰　清咸豐十年(1860)秦中刻本　一冊

330000－1710－0005837　812.2/113　集部/別集類/清別集

吟梅仙館絕句詩一卷　(清)方韻僊撰　清光緒四年(1878)刻本　清趙詒琛題記　一冊

330000－1710－0005838　812.2/119　集部/別集類/清別集

願學堂詩鈔二十八卷　(清)王宗燿撰　清咸豐十年(1860)鄞縣王氏刻本　四冊

330000－1710－0005839　812.2/116　集部/別集類/清別集

漁洋山人精華錄箋注十二卷補一卷附年譜一卷　(清)王士禛撰　(清)金榮箋注　(清)徐淮纂輯　清康熙五十一年(1712)鳳翽堂刻本　清何義門　清查慎行校　祝廷錫過錄清曹咸熙題記　五冊　缺二卷(十一至十二)

330000－1710－0005840　512.2/5　類叢部/叢書類/彙編之屬

武英殿聚珍版書(武英殿聚珍版叢書)一百三十八種　清乾隆武英殿木活字印本　七冊　存一種

330000－1710－0005841　812.2/120　集部/別集類/清別集

小隱山樵詩草二卷　(清)王義祖撰　清光緒二年(1876)木活字印本　二冊

330000－1710－0005842　普0000107　集部/別集類/清別集

補讀書齋遺稾十卷　(清)沈維鐈撰　清光緒元年(1875)廣州刻本　三冊　存八卷(一至五、八至十)

330000－1710－0005844　普0000108　集部/別集類/清別集

補讀書齋遺稾十卷　(清)沈維鐈撰　清光緒元年(1875)廣州刻本　三冊　缺三卷(一至三)

330000－1710－0005845　812.2/96　集部/別集類/明別集

載石堂詩稾二卷　(明)宋之繩撰　清光緒四年(1878)刻本　二冊

330000－1710－0005846　普0000109　集部/別集類/清別集

補讀書齋遺稾十卷　(清)沈維鐈撰　清光緒元年(1875)廣州刻本　二冊　缺五卷(一至五)

330000－1710－0005847　512.1/1　史部/政書類/通制之屬

欽定大清會典一百卷　(清)允祹等總裁　清

刻本　二十冊

330000－1710－0005848　812.2/130　集部/別集類/清別集
煙霞萬古樓詩殘藁一卷　(清)王曇撰　清光緒二十六年(1900)寒松閣刻本　一冊

330000－1710－0005849　812.1/54　類叢部/叢書類/彙編之屬
武英殿聚珍版書(武英殿聚珍版叢書)一百三十八種　清同治十三年(1874)江西書局刻本　五冊　存一種

330000－1710－0005850　812.2/121　集部/別集類/清別集
韻山堂詩集七卷補遺一卷　(清)王文誥撰　清光緒十四年(1888)浙江書局刻本　一冊

330000－1710－0005857　812.2/128　集部/別集類/清別集
小鹿柴遺稿二卷　(清)王鏞撰　清道光五年(1825)刻本　一冊

330000－1710－0005858　812.2/122　集部/別集類
湘綺樓詩十四卷　王闓運撰　清光緒三十三年(1907)衡陽刻本　金蓉鏡題記　四冊

330000－1710－0005859　812.2/133　集部/別集類/清別集
閩嶠游草二卷　(清)王成瑞撰　清光緒三十一年(1905)華雲閣鉛印本　一冊

330000－1710－0005860　812.2/123　集部/別集類/清別集
雪蕉齋詩鈔四卷補編一卷　(清)王德馨撰
鍼餘集殘稿一卷　(清)邵匹蘭撰　**留硯山房遺草一卷**　(清)王朝清撰　清光緒二十六年至三十年(1900－1904)刻本　二冊

330000－1710－0005861　812.2/139　集部/別集類/清別集
眠琴閣詩七卷詞一卷　(清)史悠咸撰　清光緒二十年(1894)廣州廣雅書局刻本　二冊

330000－1710－0005862　普0000110　集部/詞類/別集之屬
曝書亭集詞註七卷　(清)朱彝尊撰　(清)李富孫注　清嘉慶十九年(1814)嘉興李氏校經廎刻本　一冊　存三卷(一至三)

330000－1710－0005863　812.2/140　集部/別集類/清別集
史山詩二卷　(清)史璜撰　清道光九年(1829)刻本　一冊

330000－1710－0005864　普0000111　集部/詩文評類/文評之屬
文心雕龍十卷　(南朝梁)劉勰撰　(清)黄叔琳輯注　(清)紀昀評　清道光十三年(1833)盧坤兩廣節署刻朱墨套印本　四冊

330000－1710－0005866　039/145　類叢部/叢書類/彙編之屬
益雅堂叢書四十種　(清)傅世洵編　清光緒九年(1883)文選樓刻本　三十冊

330000－1710－0005867　普0000112　集部/總集類/選集之屬/斷代
元詩選十集一百十卷首一卷　(清)顧嗣立輯　清康熙三十三年(1694)顧氏秀野草堂刻嘉慶三年(1798)補刻本　八冊　存九卷(癸上、癸下、壬上、壬下、辛上、辛下、庚上、庚下、己下)

330000－1710－0005868　812.2/129　類叢部/叢書類/家集之屬
繡水王氏家藏集十四種　(清)王相輯　清咸豐五年(1855)王褧之刻本　二冊　存一種

330000－1710－0005869　812.2/135　集部/別集類/清別集
毛翰林詩集五十四卷　(清)毛奇齡撰　清刻本　八冊

330000－1710－0005870　812.2/142　集部/別集類/清別集
二峩草堂遺稿一卷　(清)任承恩撰　清嘉慶八年(1803)刻本　一冊

330000－1710－0005871　812.2/136　集部/別集類/清別集

瀨中集十四卷首一卷　（清）毛奇齡撰　清康熙刻本　二冊　存六卷（首、一至三、六至七）

330000－1710－0005872　812.2/143　集部/別集類/清別集
心齋詩稿二卷　（清）任兆麟撰　清嘉慶刻本　一冊

330000－1710－0005873　812.2/137　集部/別集類/清別集
戲鷗居詩鈔九卷　（清）毛大瀛撰　清嘉慶刻增修本　二冊　存五卷（三至七）

330000－1710－0005874　普0000113　集部/別集類/清別集
求聞過齋詩集六卷文集四卷　（清）朱方增撰　清光緒十九年（1893）刻本　一冊　存三卷（詩集四至六）

330000－1710－0005875　812.2/145　類叢部/叢書類/彙編之屬
張氏適園叢書七種　張鈞衡編　清宣統三年（1911）上海國學扶輪社鉛印本　一冊　存二種

330000－1710－0005876　812.2/138　類叢部/叢書類/彙編之屬
王益吾所刻書十種　王先謙編　清光緒九年至十年（1883－1884）長沙王氏刻本　一冊　存二種

330000－1710－0005877　039/146　類叢部/叢書類/彙編之屬
佚存叢書十七種　（日本）林衡編　清光緒八年（1882）上海黄氏木活字印本　三十六冊

330000－1710－0005878　普0000114　集部/別集類/清別集
甘泉鄉人餘稿二卷　（清）錢泰吉撰　**皇清敕授修職郎誥封朝議大夫顯考警石府君年譜一卷**　（清）錢應溥撰　清光緒十一年（1885）刻本　一冊

330000－1710－0005879　812.2/147　集部/別集類/清別集
眠琴閣詩鈔十二卷續編三卷　（清）呂廷煇撰　清同治二年（1863）黔中刻本　四冊

330000－1710－0005880　普0000116　史部/詔令奏議類/奏議之屬
唐陸宣公奏議讀本四卷首一卷　（唐）陸贄撰　（清）汪銘謙輯　（清）馬傳庚評點　清道光九年（1829）貽安堂刻本　一冊　存一卷（四）

330000－1710－0005881　普0000117　史部/詔令奏議類/奏議之屬
唐陸宣公奏議讀本四卷首一卷　（唐）陸贄撰　（清）汪銘謙輯　（清）馬傳庚評點　清光緒二十六年（1900）會稽馬家鼎石印本　一冊　存二卷（三至四）

330000－1710－0005882　普0000115　集部/別集類/清別集
甘泉鄉人餘稿二卷　（清）錢泰吉撰　**皇清敕授修職郎誥封朝議大夫顯考警石府君年譜一卷**　（清）錢應溥撰　清光緒十一年（1885）刻本　一冊

330000－1710－0005883　812.2/149　集部/別集類/清別集
伏敔堂詩錄十五卷續錄二卷首一卷附錄一卷　（清）江湜撰　清同治元年至二年（1862－1863）刻本　四冊

330000－1710－0005885　812.2/151　集部/別集類/清別集
小萬卷齋精進藁四卷詩稿三十二卷續稿四卷　（清）朱琦撰　清道光六年至九年（1826－1829）精刻本　十冊

330000－1710－0005886　普0000118　史部/詔令奏議類/奏議之屬
許竹篔先生出使函稿十四卷　（清）許景澄撰　清光緒鉛印本　二冊　存七卷（八至十四）

330000－1710－0005887　普0000119　史部/政書類/公牘檔冊之屬
痰氣集三卷　金蓉鏡撰　清光緒三十四年（1908）刻本　一冊

330000－1710－0005888　普0000120　子部/儒家類/儒學之屬/經濟

時務論等二卷　金蓉鏡撰　清宣統刻本　一冊

330000－1710－0005889　812.2/152　集部/別集類/清別集

小滄溟館初集六卷二集九卷三集十二卷四集六卷五集五卷　(清)朱瀚撰　清道光十三年至咸豐八年(1833－1858)刻本　六冊　存十五卷(初集一至六、二集一至九)

330000－1710－0005890　普0000121　子部/天文曆算類/算書之屬

矩齋籌算六種附一種　勞乃宣撰　清光緒刻本　十一冊　存三種

330000－1710－0005891　812.2/162　集部/別集類/清別集

秋籟閣詩集十卷　(清)朱珏撰　清道光九年(1829)刻本　一冊

330000－1710－0005892　812.2/163　集部/別集類/清別集

妙吉祥室詩鈔十三卷詩餘一卷雜存一卷　(清)朱葵之撰　清光緒十年(1884)古義安郡署刻本　六冊

330000－1710－0005893　812.2/153　集部/別集類/清別集

小木子詩三刻六卷　(清)朱休度撰　清嘉慶三年至十七年(1798－1812)刻彙印本　二冊　存三卷(壺山自吟稿一至三)

330000－1710－0005894　039/157　類叢部/叢書類/郡邑之屬

粟香室叢書五十九種　金武祥編　清光緒至民國江陰金氏刻本　五冊　存五種

330000－1710－0005895　812.2/154　集部/別集類/清別集

小木子詩三刻六卷　(清)朱休度撰　清嘉慶三年至十七年(1798－1812)刻彙印本　一冊　存二卷(壺山自吟稿一至二)

330000－1710－0005896　812.2/155　集部/別集類/清別集

小木子詩三刻六卷　(清)朱休度撰　清嘉慶三年至十七年(1798－1812)刻彙印本　一冊　存二卷(俟寧居偶詠一至二)

330000－1710－0005897　812.2/164　集部/別集類/清別集

碧琅玕館詩鈔三卷　(清)朱炳清撰　清光緒十六年(1890)刻本　一冊

330000－1710－0005898　812.2/156　集部/別集類/清別集

小木子詩三刻六卷　(清)朱休度撰　清嘉慶三年至十七年(1798－1812)刻彙印本　一冊　存一卷(梓廬舊稾)

330000－1710－0005899　812.2/165　集部/別集類/清別集

晚翠樓詩鈔四卷　(清)朱炳清撰　清光緒十六年(1890)刻本　二冊

330000－1710－0005900　812.2/166　集部/別集類/清別集

聽秋館吟稿六卷　(清)朱承鉽撰　清光緒十六年(1890)刻本　二冊

330000－1710－0005901　普0000122　集部/總集類/氏族之屬

四水子遺著一卷　(清)錢友泗撰　**郃農偶吟稿一卷**　(清)錢炳森撰　清同治十一年(1872)刻本　一冊

330000－1710－0005902　812.2/167　集部/別集類/清別集

健初詩鈔四卷附文鈔一卷　(清)朱光暄撰　清光緒二十二年(1896)十三古印齊刻本　二冊

330000－1710－0005903　039/158　類叢部/叢書類/家集之屬

如臯冒氏叢書三十四種附二種　冒廣生輯　清光緒至民國如臯冒氏刻本　二冊　存二種

330000－1710－0005904　812.2/168　集部/別集類/清別集

竹南精舍詩鈔四卷　(清)朱泰脩撰　清光緒八年(1882)刻民國四年(1915)補刻本　二冊

330000－1710－0005906　812.2/161　集部/別集類/清別集

茮聲館詩集十六卷　(清)朱為弼撰　清道光二十八年(1848)鋤經堂刻本　四册

330000－1710－0005908　812.2/174　集部/別集類/清別集

幹山草堂小藁四卷　(清)何其偉撰　清嘉慶二十一年(1816)刻本　一册　缺一卷(四)

330000－1710－0005909　812.2/175　集部/別集類/清別集

東洲艸堂詩鈔二十七卷詩餘一卷　(清)何紹基撰　清同治六年(1867)長沙無園刻本　六册

330000－1710－0005911　812.2/176　集部/別集類/清別集

退學詩齋詩集五卷　(清)何耿繩撰　(清)鮑康編　清同治十二年(1873)鮑康刻本　一册

330000－1710－0005912　812.2/177　集部/別集類/清別集

心盦詩存三卷詩外一卷　(清)何兆瀛撰　清光緒富文齋刻本　一册　存二卷(丙子、戊寅)

330000－1710－0005913　普0000124　史部/編年類/通代之屬

資治通鑑二百九十四卷　(宋)司馬光撰　(宋)胡三省音注　(明)陳仁錫評　**通鑑釋文辯誤十二卷**　(元)胡三省撰　明天啟五年(1625)長洲陳仁錫刻本　四十九册　存一百六十卷(一百三十二至二百二十、二百二十四至二百九十四)

330000－1710－0005915　812.2/178　集部/別集類/清別集

青琅玕館詩鈔一卷　(清)何之鼎撰　清宣統華雲閣鉛印本　一册

330000－1710－0005916　812.2/179　集部/詞類/別集之屬

曝書亭集詞註七卷　(清)朱彝尊撰　(清)李富孫注　清嘉慶十九年(1814)嘉興李氏校經廎刻道光九年(1829)補刻本　四册

330000－1710－0005917　812.2/173　集部/別集類/清別集

雙藤書屋詩集十二卷詩課題目一卷試帖二卷　(清)何道生撰　**月波舫遺稿一卷**　(清)何熙績撰　清道光元年(1821)何熙績　何耿繩刻本　四册

330000－1710－0005918　812.2/183　集部/別集類/清別集

曝書亭集詩註二十四卷　(清)朱彝尊撰　(清)楊謙注　**年譜一卷**　(清)楊謙撰　**曝書亭集詞註七卷**　(清)李富孫撰　清楊氏木山閣刻民國十年(1921)陸祖穀補刻本(卷二十三至二十四原缺　詞註補配清嘉慶刻本)　祝廷錫圈點　十二册

330000－1710－0005919　812.2/180　集部/別集類/清別集

曝書亭集詩註二十四卷　(清)朱彝尊撰　(清)楊謙注　**年譜一卷**　(清)楊謙撰　**曝書亭集詞註七卷**　(清)李富孫撰　清楊氏木山閣刻民國十年(1921)陸祖穀補刻本(卷二十三至二十四原缺　詞註配清嘉慶刻本)　金蓉鏡記並批校　十二册

330000－1710－0005920　039/160　類叢部/叢書類/自著之屬

拙盦叢稿　(清)朱一新撰　清光緒二十二年(1896)順德龍氏葆真堂刻本　一册　存一種

330000－1710－0005921　812.2/184　集部/別集類/清別集

曝書亭集箋注二十三卷　(清)朱彝尊撰　(清)孫銀槎輯注　清嘉慶五年(1800)三有堂刻九年(1804)補刻本　四册

330000－1710－0005922　812.2/190　集部/別集類/清別集

素修堂詩集二十四卷後集六卷補遺一卷　(清)吳蔚光撰　清嘉慶十六年(1811)古金石齋刻本　八册

330000－1710－0005924　普0000126　子部/

術數類/相宅相墓之屬

地理辨正疏五卷首一卷末一卷 (清)張心言撰 清道光九年(1829)培杏書屋刻本 四册

330000－1710－0005926 812.2/186 集部/別集類/清別集

染學齋詩集十卷 (清)余元遴撰 清咸豐二年(1852)露蕭草堂刻本 二册

330000－1710－0005927 812.2/187 集部/別集類/清別集

十華小築詩鈔四卷 (清)余本愚撰 清光緒十一年(1885)刻本 一册

330000－1710－0005928 普0000125 史部/金石類/璽印之屬

靈芬館印存二卷 (清)郭麐篆刻 清光緒二十年(1894)昌羊室刻鈐印本 二册

330000－1710－0005929 812.2/191 集部/別集類/清別集

梅村集四十卷目錄二卷 (清)吳偉業撰 清康熙八年(1669)顧湄等刻本 四册 存二十卷(一至二十)

330000－1710－0005932 普0000127 集部/別集類/清別集

小蓬壺仙館賦鈔一卷 (清)姚濟雯撰 清同治十一年(1872)姚文枏刻本 一册

330000－1710－0005933 021/22 類叢部/類書類/通類之屬

天中記六十卷 (明)陳耀文輯 明刻本 十七册 存三十四卷(一至十四、十九至三十八)

330000－1710－0005935 812.2/188 集部/別集類/清別集

南園詩鈔四卷 (清)吾德懋撰 清道光元年(1821)刻本 一册

330000－1710－0005936 812.2/193 集部/別集類/清別集

又其次齋詩集七卷 (清)吳世涵撰 清咸豐二年(1852)宜園刻本 四册

330000－1710－0005937 812.2/195 集部/別集類/清別集

三恥齋初稿十四卷 (清)吳坤修撰 清同治四年(1865)鳩江戎幄刻本 三册

330000－1710－0005939 812.2/197 集部/別集類/清別集

黃葉邨莊詩集八卷續集一卷後集一卷 (清)吳之振撰 清光緒四年(1878)吳康壽刻本 四册

330000－1710－0005943 182.2/202 集部/別集類/清別集

自怡集八卷 (清)吳錫麟撰 清嘉慶十二年(1807)刻本 三册

330000－1710－0005945 812.2/203 集部/別集類/清別集

小匏庵詩存六卷末一卷 (清)吳仰賢撰 清光緒四年(1878)刻本 三册

330000－1710－0005946 812.2/205 類叢部/叢書類/彙編之屬

小種字林叢刻七種 (清)吳受福編 清光緒刻本 一册 存一種

330000－1710－0005948 812.2/204 類叢部/叢書類/彙編之屬

小種字林叢刻七種 (清)吳受福編 清光緒刻本 一册 存二種

330000－1710－0005949 039/163 類叢部/叢書類/自著之屬

一隅草堂藁十七種外集十三種 (清)計楠撰 清嘉慶刻本 十四册 存二十七種

330000－1710－0005950 812.2/210 集部/別集類/清別集

古琴樓詩鈔二卷 (清)吳松撰 清宣統二年(1910)高廷梅鉛印本 一册

330000－1710－0005951 812.2/209 類叢部/叢書類/自著之屬

蘐畤山莊遺著四種 (清)吳修祜撰 清光緒十年至十五年(1884－1889)木活字印本 一册 存一種

330000－1710－0005952　普0000131　集部/別集類/清別集

頤綵堂文集十六卷詩鈔十卷劍舟律賦二卷經進文藁一卷駢體文鈔二卷　（清）沈叔埏撰　**聖禾鄉農詩鈔四卷**　（清）沈玨撰　清光緒九年（1883）沈宗濟刻本　一册　存五卷（一至五）

330000－1710－0005953　普0000132　史部/地理類/方志之屬/郡縣志

［乾隆］海寧州志十六卷首一卷　（清）戰效曾修　（清）高瀛洲纂　清乾隆四十一年（1776）刻本　一册　存二卷（三至四）

330000－1710－0005956　普0000135　集部/詞類/別集之屬

曝書亭集詞註七卷　（清）朱彝尊撰　（清）李富孫注　清嘉慶十九年（1814）嘉興李氏校經廎刻本　一册　存四卷（四至七）

330000－1710－0005957　812.2/211　集部/別集類/清別集

在山草堂詩稿十七卷　（清）吳文照撰　清道光八年（1828）刻本　四册

330000－1710－0005958　普0000136　史部/傳記類/總傳之屬/家乘

［浙江海寧］靈泉許氏重纂家譜十二卷首一卷末一卷　（清）許克勤等纂修　清光緒十六年（1890）刻本　十四册

330000－1710－0005959　812.2/212　集部/別集類/清別集

拜經樓詩集十二卷續編四卷萬花漁唱一卷　（清）吳騫撰　清嘉慶八年至十七年（1803－1812）海寧吳騫刻本　四册

330000－1710－0005960　812.2/213　集部/別集類/清別集

拜經樓詩集續編四卷再續編一卷　（清）吳騫撰　清嘉慶八年至十七年（1803－1812）海寧吳騫刻本　一册

330000－1710－0005961　812.2/214　集部/別集類/清別集

沈氏羣峯集五卷外集一卷韓詩故一卷　（清）沈清端著　清嘉慶元年（1796）鶴壽山堂刻本　二册　存六卷（一至五、外集）

330000－1710－0005963　812.2/216　集部/別集類/清別集

畫理齋詩稿一卷　（清）沈㲄撰　**華影吹笙閣遺稿一卷**　（清）戴小瓊撰　清道光九年（1829）刻本　一册

330000－1710－0005964　812.2/219　集部/別集類/清別集

頤綵堂詩鈔十卷　（清）沈叔埏撰　清道光二十八年（1848）刻本　二册

330000－1710－0005965　039/165－1　類叢部/叢書類/自著之屬

琴志樓叢書四十六種　易順鼎撰　清光緒刻朱印本　二册　存二種

330000－1710－0005966　普0000138　子部/宗教類/佛教之屬/經

金剛般若波羅蜜經二卷　（後秦）釋鳩摩羅什譯　（南朝梁）蕭統分　（明）憨山大師定　清咸豐四年（1854）上海文瑞樓石印本　一册　存一卷（卷上）

330000－1710－0005967　普0000139　子部/宗教類/佛教之屬/經疏

維摩經疏八卷　（隋）釋智者大師說　（唐）釋湛然略　清光緒八年（1882）刻本　一册　存一卷（七）

330000－1710－0005968　812.2/222　集部/別集類/清別集

又希齋集四卷　（清）沈範孫撰　清咸豐三年（1853）刻本　清寄漁題記　一册

330000－1710－0005969　812.2/223　集部/別集類/清別集

蒙廬詩存四卷外集一卷　（清）沈景脩撰　清光緒二十一年（1895）杭州刻本　一册

330000－1710－0005970　812.2/224　集部/別集類/清別集

澹退齋古今體詩一卷組齋試帖一卷澹退楹聯

一卷　(清)沈琮寶撰　清光緒三十一年(1905)刻本　一冊

330000－1710－0005971　812.2/235－2　集部/別集類/清別集
松聲池館詩存四卷　(清)汪璐撰　清光緒十五年(1889)錢塘汪曾唯振綺堂刻本　一冊

330000－1710－0005972　812.2/233　集部/別集類/清別集
心知堂詩稿十八卷　(清)汪仲洋撰　清道光七年(1827)刻本　二冊　存九卷(一至九)

330000－1710－0005973　普0000140　史部/詔令奏議類/奏議之屬
竹坡侍郎奏議二卷　(清)寶廷撰　清光緒二十七年(1901)刻本　二冊

330000－1710－0005974　普0000142　集部/總集類/選集之屬/通代
瀛奎律髓四十九卷　(元)方回輯　清康熙五十年至五十一年(1711－1712)吳寶芝黄葉邨莊刻本　三冊　存十五卷(一至五、二十七至三十三、四十七至四十九)

330000－1710－0005976　812.2/234　集部/別集類/清別集
柏井集六卷　(清)汪昶撰　清同治九年(1870)菜根書屋刻本　二冊

330000－1710－0005977　普0000143　經部/禮記類/傳說之屬
禮記集說十卷　(元)陳澔撰　清光緒三年(1877)永康胡氏退補齋刻本　九冊　缺一卷(二)

330000－1710－0005979　812.2/235　類叢部/叢書類/彙編之屬
振綺堂叢刊八種　(清)□□輯　清嘉慶至光緒汪氏振綺堂刻本　一冊　存一種

330000－1710－0005981　812.2/227　集部/別集類/清別集
三千藏印齋詩鈔八卷　(清)沈淮撰　清道光刻本　六冊

330000－1710－0005982　普0000137　新學/議論/通論
時事新論圖說一卷　(英國)李提摩太編繪　清光緒二十年(1894)上海廣學會鉛印本　一冊

330000－1710－0005983　812.2/237　集部/別集類/清別集
古梅谿舘二集詩八卷　(清)汪澍撰　清道光九年(1829)刻本　二冊

330000－1710－0005984　812.2/232　類叢部/叢書類/自著之屬
振綺堂遺書五種　(清)汪遠孫撰　清道光刻民國十一年(1922)錢唐汪氏彙印本　一冊　存一種

330000－1710－0005985　812.2/238　集部/別集類/清別集
彡石齋集一卷　(清)汪又辰撰　清嘉慶二十二年(1817)刻本　一冊

330000－1710－0005986　812.2/228　集部/別集類/清別集
南遊小草三卷補遺一卷　(清)沈朱點撰　清光緒二年(1876)刻本　二冊

330000－1710－0005987　812.2/231　集部/別集類/清別集
煮石山房小藁一卷　(清)汪鳴珂撰　清嘉慶九年(1804)刻本　一冊

330000－1710－0005988　普0000144　史部/史評類/史論之屬
史通削繁四卷　(清)紀昀撰　清道光十三年(1833)涿州盧坤兩廣節署刻朱墨套印本　四冊

330000－1710－0005990　812.2/239　集部/別集類/清別集
厚石齋集十二卷　(清)汪孟鋗撰　清刻本　四冊

330000－1710－0005992　812.2/240　集部/別集類/清別集
葆沖書屋詩集四卷外集二卷附詩餘一卷

（清）汪如洋撰　清嘉慶刻本　四册

330000－1710－0005993　812.2/241　集部/別集類/清別集
葆沖書屋詩集四卷外集二卷附詩餘一卷　（清）汪如洋撰　清嘉慶刻本　二册

330000－1710－0005994　039/165－3　類叢部/叢書類/自著之屬
鄂中叢刻　易順鼎撰　清光緒三十年（1904）鉛印本　一册　存一種

330000－1710－0005995　普0000146　史部/地理類/方志之屬/郡縣志
［光緒］嘉興縣志三十七卷首二卷末一卷　（清）趙惟崳修　（清）石中玉　（清）吳受福纂　清光緒三十四年（1908）刻本　三册　存九卷（十六至十八、三十一至三十六）

330000－1710－0005996　普0000147　集部/總集類/尺牘之屬
昭代名人尺牘二十四卷小傳二十四卷　（清）吳修輯　清光緒三十四年（1908）西泠印社影印本　二十四册　存二十四卷（昭代名人尺牘一至二十四）

330000－1710－0005998　普0000148　集部/總集類/尺牘之屬
昭代名人尺牘二十四卷小傳二十四卷　（清）吳修輯　清光緒三十四年（1908）西泠印社影印本　二十四册　存二十四卷（昭代名人尺牘一至二十四）

330000－1710－0005999　039/169　類叢部/叢書類/郡邑之屬
畿輔叢書一百二十六種　（清）王灝編　清光緒五年至十八年（1879－1892）定州王氏謙德堂刻三十二年（1906）彙印本　五册　存一種

330000－1710－0006000　812.2/245　集部/別集類/清別集
蕉雨山房詩集七卷香苹試帖一卷小芙蓉幕詩餘題詞一卷　（清）李家瑞撰　清道光三十年（1850）刻本　一册

330000－1710－0006001　812.2/246　集部/別集類/清別集
味間齋遺草五卷　（清）李象鵠撰　清光緒三年（1877）李權鑠等刻本　一册

330000－1710－0006002　039/167　子部/雜著類/雜纂之屬
翼教叢編六卷附一卷　（清）蘇輿輯　清光緒二十四年（1898）武昌刻本　三册　存六卷（一至六）

330000－1710－0006003　普0000149　類叢部/叢書類/自著之屬
鹿洲全集九種　（清）藍鼎元撰　清刻本　十八册　存六種

330000－1710－0006004　普0000150　經部/春秋左傳類/傳說之屬
左傳事緯十二卷　（清）馬驌撰　清光緒三十四年（1908）上海文瑞樓石印本　三册　存六卷（三至八）

330000－1710－0006005　普0000151　經部/小學類/文字之屬/字書/字典
康熙字典十二集三十六卷總目一卷檢字一卷辨似一卷等韻一卷補遺一卷備考一卷　（清）張玉書等纂修　清末石印本　一册　存九卷（寅集上中下、卯集上中下、辰集上中下）

330000－1710－0006006　039/168　史部/傳記類/別傳之屬
宜堂類編二十五卷　（清）丁中立編　清光緒二十六年（1900）錢塘丁氏嘉惠堂刻本　八册

330000－1710－0006007　812.2/247　類叢部/叢書類/彙編之屬
佚叢甲集□□種　張南裓編　清光緒三十三年（1907）南裓草堂鉛印本　一册　存一種

330000－1710－0006009　812.2/262　集部/別集類/清別集
近水樓遺稿一卷　（清）忻恕撰　**附詩一卷**　（清）忻肇寅撰　清宣統二年（1910）忻錦崖木活字印本　一册

330000－1710－0006010　812.2/249　集部/別集類/清別集

七月廝作一卷 (清)李詳撰 清光緒三十二年(1906)金陵書坊鉛印本 一冊

330000－1710－0006012 812.2/258 集部/別集類/清別集

放鷴亭稿二卷 (清)李廷昰撰 清宣統三年(1911)華雲閣鉛印本 一冊

330000－1710－0006015 812.2/261 集部/別集類/明別集

茶村詩鈔八卷 (明)杜濬撰 清道光二十三年(1843)刻本 二冊 存六卷(一至六)

330000－1710－0006016 普0000153 類叢部/叢書類/彙編之屬

天開圖畫樓全稿七種 (清)郭柏蔭撰 清刻本 六冊 存一種

330000－1710－0006017 812.2/265 集部/別集類/清別集

綿津山人詩集三十一卷附楓香詞一卷漫堂說詩一卷 (清)宋犖撰 清康熙刻本 二冊 存十五卷(八至二十二)

330000－1710－0006018 普0000154 集部/別集類/清別集

蘇龕文錄二卷駢文錄五卷詩錄八卷詞錄一卷 (清)楊葆光撰 清光緒九年(1883)杭州刻本 一冊 存三卷(詩錄七至八、詞錄)

330000－1710－0006021 普0000155 集部/總集類/彙編之屬

唐宋八大家文鈔 (明)茅坤編 明崇禎四年(1631)茅著刻本 四冊 存一種

330000－1710－0006023 812.2/252 集部/總集類/酬唱之屬

赴湘贈答一卷 (清)繼昌輯 清光緒二十七年(1901)刻朱印本 一冊

330000－1710－0006024 812.2/266 集部/別集類/清別集

紅杏軒詩鈔十六卷續一卷 (清)宋世犖撰 清道光十四年(1834)刻本 四冊 存一種

330000－1710－0006025 812.2/255 集部/別集類/清別集

求有益齋詩鈔八卷 (清)李道悠撰 清光緒二十六年(1900)刻本 四冊

330000－1710－0006026 812.2/256 集部/別集類/清別集

攬青閣詩鈔二卷夢春盧詞一卷 (清)李貽德撰 **旱花集一卷** (清)吳筠撰 清同治六年(1867)刻本 二冊

330000－1710－0006027 812.2/257 集部/別集類/清別集

梅花百詠一卷 (清)李確撰 清宣統二年(1910)華雲閣鉛印本 一冊

330000－1710－0006028 039/171 新學/幼學

蒙學叢書一百十一種 (清)蒙學書報局編 清光緒石印本 二十九冊 存四十八種

330000－1710－0006030 812.2/268 集部/別集類/清別集

嬾雲山莊詩鈔六卷 (清)邵棠撰 清咸豐六年(1856)刻本 二冊

330000－1710－0006031 812.2/269 集部/別集類/清別集

三畝草堂詩鈔五卷 (清)邱光華撰 清嘉慶二十年(1815)刻本 一冊

330000－1710－0006032 普0000156 集部/總集類/彙編之屬

唐宋八大家文鈔一百六十六卷 (明)茅坤編 明崇禎刻本 一冊 存一種

330000－1710－0006033 普0000157 集部/別集類/唐五代別集

樊南文集詳註八卷 (唐)李商隱撰 (清)馮浩編訂 清乾隆德聚堂刻本 三冊 存六卷(一至六)

330000－1710－0006034 普0000158 集部/別集類/清別集

思綺堂文集十卷 (清)章藻功撰 清康熙六十一年(1722)刻本 十冊

330000－1710－0006035　812.2/270　集部/別集類/清別集
琴源山房遺詩六卷　（清）言友恂撰　清同治七年（1868）刻本　二册

330000－1710－0006036　812.2/271　集部/別集類/清別集
雲臥山房集二卷首一卷　（清）周嘉猷撰　清咸豐二年（1852）留耕堂刻本　二册

330000－1710－0006037　812.2/272　集部/別集類/清別集
駕雲螭室詩録六卷　（清）周文禾撰　清光緒十四年（1888）宋道南滬上文藝齋刻本　一册

330000－1710－0006038　812.2/277　集部/別集類/清別集
漚羅盦詩稿八卷　（清）法良撰　清道光二十七年（1847）刻本　四册

330000－1710－0006039　812.2/278　集部/別集類/清別集
翁山詩外二十卷　（清）屈大均撰　清宣統二年（1910）上海國學扶輪社鉛印本（卷二十原缺）　六册　存九卷（一至六、八至九、十五）

330000－1710－0006040　812.2/279　集部/別集類/清別集
躬耻齋詩鈔十四卷首一卷後編七卷　（清）宗稷辰撰　清咸豐九年（1859）會稽宗氏九曲山房刻本　七册　缺七卷（詩後編一至七）

330000－1710－0006041　812.2/274　集部/別集類/清別集
范湖草堂圖題解不分卷　（清）周閑撰　清咸豐八年（1858）刻本　一册

330000－1710－0006042　普0000159　集部/別集類/清別集
適園賸稿一卷　（清）余霖著　清宣統二年（1910）鉛印本　一册

330000－1710－0006051　812.2/282　集部/別集類/清別集
宣南集一卷嶺南集一卷嶺南集補遺一卷甬東集一卷　易順鼎撰　清光緒鉛印本　一册

330000－1710－0006052　812.2/283　集部/別集類/清別集
芝隱室詩存七卷附存一卷續存一卷　（清）長善撰　清同治十年（1871）廣州將軍節署刻本　六册

330000－1710－0006053　812.2/284　集部/總集類/郡邑之屬
西泠五布衣遺箸　（清）丁丙輯　清同治至光緒錢塘丁氏當歸草堂刻本　二册　存一種

330000－1710－0006054　普0000162　子部/宗教類/道教之屬
關聖帝君訓世真經合集不分卷　（清）周理榮編　清光緒二十五年（1899）刻本　一册

330000－1710－0006055　812.2/286　集部/別集類/清別集
詩存四卷觀劇絶句一卷附鄉賢崇祀録一卷（清）金德瑛撰　清光緒二十五年（1899）刻本　二册

330000－1710－0006057　普0000164　集部/總集類/選集之屬/斷代
國朝駢體正宗續編八卷　（清）張鳴珂輯　清光緒十四年（1888）寒松閣刻本　一册　存二卷（三至四）

330000－1710－0006059　普0000167　經部/易類
沈穀成先生易學四種十八卷　（清）沈善登著　清光緒桐鄉沈氏豫恕堂刻本　一册　存一種

330000－1710－0006060　普0000168　類叢部/叢書類/自著之屬
平湖顧氏遺書五種　（清）顧廣譽撰　清光緒三年（1877）顧鴻昇刻本　三册　存二種

330000－1710－0006061　普0000169　史部/地理類/方志之屬/郡縣志
［光緒］嘉興府志八十八卷首二卷　（清）許瑤光修　（清）吳仰賢等纂　清光緒三年至四年（1877－1878）嘉興鴛湖書院刻五年（1879）重印本　六册　缺八十一卷（一至七、十至五十

一、五十三至六十一、六十三至七十九、八十三至八十八)

330000－1710－0006062　普 0000170　史部/地理類/方志之屬/郡縣志
[光緒]嘉興縣志三十七卷首二卷末一卷　(清)趙惟崳修　(清)石中玉　(清)吳受福纂　清光緒三十四年(1908)刻本　一册　存一卷(二十一)

330000－1710－0006063　普 0000171　類叢部/叢書類/自著之屬
平湖顧氏遺書五種　(清)顧廣譽撰　清光緒三年(1877)顧鴻昇刻本　二册　存二種

330000－1710－0006064　812.2/291　集部/别集類/清别集
凝雪書屋詩集二卷　(清)金永昌撰　清嘉慶十二年(1807)刻本　紫山居士題記　二册

330000－1710－0006065　812.2/285　集部/别集類/清别集
硯香詩稿一卷　(清)金瑛撰　清刻本　沈維清題記　一册

330000－1710－0006066　039/173　類叢部/叢書類/自著之屬
甌北全集八種　(清)趙翼撰　清光緒三年(1877)滇南唐氏刻本　五十五册

330000－1710－0006067　812.2/287　類叢部/叢書類/彙編之屬
雙楳景闇叢書十六種　葉德輝編　清光緒至宣統長沙葉氏郎園刻本　一册　存一種

330000－1710－0006069　812.2/292　集部/别集類/清别集
古春詩稿二卷　(清)金菖撰　清嘉慶十二年(1807)刻本　一册

330000－1710－0006070　812.2/290　集部/别集類/清别集
養痾集一卷　(清)金綸撰　清道光十年(1830)刻本　一册

330000－1710－0006071　812.2/293　集部/别集類/清别集
思貽堂詩集六卷　(清)金衍宗撰　清光緒至宣統鉛印本　二册

330000－1710－0006072　812.2/294　集部/别集類/清别集
思詒堂詩稿十二卷文稿一卷　(清)金衍宗撰　清同治五年(1866)刻本　四册　缺一卷(文稿)

330000－1710－0006073　812.2/299　集部/别集類/清别集
味雪齋詩鈔二卷　(清)郁載瑛撰　清刻本　一册

330000－1710－0006074　812.2/301　集部/别集類/清别集
大梅山館集五十五卷　(清)姚燮撰　清道光十三年至咸豐六年(1833－1856)大梅山館刻本　十册　存一種

330000－1710－0006076　812.2/303　集部/别集類/清别集
姚鏡塘先生全集十卷　(清)姚學塽撰　清光緒九年(1883)東陽學署尊經閣刻本　六册

330000－1710－0006077　812.2/305　集部/别集類
愼宜軒詩八卷　姚永概撰　清宣統二年(1910)安徽官紙印刷局鉛印本　一册

330000－1710－0006081　812.2/297　集部/别集類
長梧集四卷　(清)金大登撰　稿本　二册　存二卷(一、四)

330000－1710－0006082　普 0000173　類叢部/叢書類/彙編之屬
玲瓏山館叢書七十種　(清)□□編　清光緒十五年(1889)萩林山房刻本　七册　存六種

330000－1710－0006083　812.2/300　集部/别集類/清别集
懷芬館詩鈔四卷　(清)姚仁瑛撰　清光緒元年(1875)刻本　一册

330000－1710－0006084　812.2/302　集部/別集類/清別集

吟香閣詩草一卷　（清）姚僊霞撰　清光緒九年（1883）刻本　一冊

330000－1710－0006088　812.2/318　集部/別集類/清別集

改亭集十六卷　（清）計東撰　清康熙刻本　二冊　存六卷（一至六）

330000－1710－0006089　普 0000174　類叢部/叢書類/彙編之屬

武英殿聚珍版書（武英殿聚珍版叢書）一百三十八種　清刻本　四冊　存一種

330000－1710－0006090　普 0000175　類叢部/叢書類/郡邑之屬

檇李遺書二十六種　（清）孫福清輯　清光緒四年（1878）秀水孫氏望雲仙館刻本　三冊　存三種

330000－1710－0006092　812.2/319　集部/別集類/清別集

蟄庵詩鈔一卷　（清）計燮鈞撰　清宣統二年（1910）華雲閣鉛印本　一冊

330000－1710－0006094　812.2/306　集部/別集類/清別集

石函集十卷　（清）俞顯撰　清乾隆六十年（1795）秀水俞壽康刻本　一冊　存三卷（六至八）

330000－1710－0006095　812.2/321　集部/別集類/清別集

寄廬梅花詩一卷　（清）施洪烈撰　清宣統二年（1910）華雲閣鉛印本　一冊

330000－1710－0006096　812.2/322　集部/別集類/清別集

閩南遊草一卷　（清）范鴻書撰　**焦桐集一卷**　（清）鄭靜蘭撰　清光緒二十六年（1900）刻本　一冊

330000－1710－0006097　812.2/307　集部/別集類/清別集

晚香堂詩鈔二卷續鈔二卷　（清）俞蘭臺撰　清嘉慶十六年（1811）刻本　二冊

330000－1710－0006098　812.2/323　集部/別集類/清別集

可石小草一卷　（清）段琦撰　清嘉慶元年（1796）刻本　一冊

330000－1710－0006099　812.2/324　集部/別集類/清別集

悅親樓詩集三十卷　（清）祝德麟撰　清嘉慶二年（1797）祝氏悅親樓姑蘇刻本　八冊

330000－1710－0006100　普 0000176　類叢部/叢書類/彙編之屬

拜經樓叢書（愚谷叢書）二十三種　（清）吳騫編　清乾隆至嘉慶海昌吳氏刻彙印本　一冊　存二種

330000－1710－0006101　普 0000177　集部/曲類/散曲之屬

新鐫古今大雅南宮詞紀六卷北宮詞紀六卷　（明）陳所聞選　（明）陳邦泰輯　明萬曆三十二年至三十三年（1604－1605）秣陵陳所聞繼志齋刻本　二冊　存二卷（南宮詞紀三、北宮詞紀六）

330000－1710－0006102　普 0000178　史部/紀傳類/正史之屬

前漢書一百卷　（漢）班固撰　（唐）顏師古注　清刻本　二冊　存六卷（二十二至二十七）

330000－1710－0006104　普 0000180　史部/傳記類/總傳之屬/儒林

聖學宗傳十八卷　（明）周汝登撰　明萬曆三十三年（1605）王世韜等刻本　四冊　存七卷（三至九）

330000－1710－0006105　普 0000181　史部/政書類/邦交之屬

約章分類輯要三十八卷首一卷　（清）蔡乃煌輯　清光緒二十六年（1900）湖南商務局刻本　三冊　存四卷（六、十七、三十三至三十四）

330000－1710－0006107　812.2/325　集部/別集類/清別集

芥舟詩集八卷　（清）祝萬年撰　清刻本

一册

330000－1710－0006108　812.2/328　集部/别集類/清别集
春園吟稿十六卷　（清）查有新撰　清嘉慶刻道光增刻本　二册　存六卷（一至三、八至十）

330000－1710－0006110　812.2/332　集部/别集類/清别集
陶山詩錄十二卷前錄二卷露蟬吟詞鈔一卷詞續鈔一卷　（清）唐仲冕撰　清嘉慶十六年（1811）崇川酌民言堂刻本　四册

330000－1710－0006113　812.2/333　集部/别集類/清别集
春星草堂詩集二卷　（清）唐際虞撰　清光緒二十一年（1895）刻本　一册

330000－1710－0006114　039/176　類叢部/叢書類/自著之屬
二思堂叢書六種五十一卷　（清）梁章鉅撰　清光緒元年（1875）福州梁氏刻本　十六册

330000－1710－0006115　812.2/338　類叢部/叢書類/自著之屬
煙嶼樓集四種　（清）徐時棟撰　清同治至光緒刻彙印本　一册　存一種

330000－1710－0006117　812.2/339　集部/别集類/清别集
藤薇室詩鈔二卷　（清）徐瀛撰　清同治四年（1865）刻本　一册

330000－1710－0006119　812.2/340　類叢部/叢書類/自著之屬
煙嶼樓集四種　（清）徐時棟撰　清同治至光緒刻彙印本　四册　存二種

330000－1710－0006125　812.2/341　集部/别集類/清别集
花磚重影集二卷　（清）徐琪撰　清光緒二十九年（1903）刻本　一册

330000－1710－0006127　812.2/329　集部/别集類/清别集
退遂齋詩鈔八卷續集四卷　（清）倪鴻撰　清光緒七年（1881）泉州刻本　四册　存八卷（詩鈔一至八）

330000－1710－0006128　812.2/342　類叢部/叢書類
南園叢書　清光緒至宣統鉛印本暨刻本　一册

330000－1710－0006129　812.2/343　集部/别集類/清别集
綠滿廬詩存一卷　（清）徐士琛撰　清光緒三十三年（1907）刻本　一册

330000－1710－0006131　普0000190　新學/雜著/叢編
西學啓蒙十六種　（英國）赫德編　（英國）艾約瑟譯　清光緒二十四年（1898）上海圖書集成印書居鉛印本　十册　存十種

330000－1710－0006133　普0000192　史部/雜史類/斷代之屬
吴越春秋六卷　（漢）趙曄撰　（宋）徐天祜音注　清刻本　二册

330000－1710－0006135　039/178　類叢部/叢書類/彙編之屬
懷豳雜俎十二種　徐乃昌編　清光緒至宣統南陵徐氏刻本　十册

330000－1710－0006136　812.2/344　類叢部/叢書類/彙編之屬
小穜字林叢刻七種　（清）吴受福編　清光緒刻本　一册　存一種

330000－1710－0006138　812.2/345　集部/别集類/清别集
天生吾廬存稿三卷　（清）徐元琛撰　清光緒二十九年（1903）華雲閣鉛印本　祝廷錫題記　一册

330000－1710－0006140　812.2/347　集部/别集類/清别集
頤園詩存二卷　（清）徐焕藻撰　清光緒二十五年（1899）刻本　一册

330000－1710－0006141　普 0000196　子部/儒家類/儒學之屬/性理
薛文清公讀書錄十一卷讀書續錄十二卷　(明)薛瑄撰　清康熙石門呂氏天蓋樓刻本　五冊　缺二卷(續錄一至二)

330000－1710－0006143　普 0000197　類叢部/類書類/專類之屬
王先生十七史蒙求十六卷　(宋)王令撰　**李氏蒙求補注六卷**　(唐)李瀚撰　(清)金三俊補注　清光緒五年(1879)粵東文雅齋刻本　六冊

330000－1710－0006145　812.2/312　集部/別集類/清別集
尊聞堂詩集十六卷　(清)胡兆春撰　清同治六年(1867)刻本　六冊

330000－1710－0006148　812.2/352　集部/別集類/清別集
好深湛思室詩存二十二卷　(清)孫義鈞撰　清同治十二年(1873)武林孫憙刻本　四冊

330000－1710－0006150　812.2/353　集部/別集類/清別集
退宜堂詩集六卷　(清)孫垓撰　清光緒十五年(1889)刻本　金蓉鏡題記　二冊

330000－1710－0006151　普 0000198　史部/傳記類/總傳之屬/仕宦
滿洲名臣傳四十八卷漢名臣傳三十二卷　(清)國史館撰　清京都琉璃廠榮錦書坊刻本　二十五冊　存二十五卷(滿洲名臣一、三至六、八、十至十一、三十三至四十一,漢名臣一至五、三十至三十二)

330000－1710－0006152　812.2/356　集部/別集類/清別集
翠螺閣詩稾四卷詞稾一卷　(清)凌祉媛撰　**舞鏡集一卷**　(清)丁丙撰　清咸豐四年(1854)丁氏延慶堂刻本　一冊　缺一卷(詩稾一)

330000－1710－0006154　普 0000199　史部/目録類/書志之屬/題跋
士禮居藏書題跋記六卷　(清)黄丕烈撰　清末石印本　二冊

330000－1710－0006156　812.2/357　集部/別集類/清別集
涵村詩集十卷　(清)秦文超撰　清光緒六年(1880)秦簧刻本　五冊

330000－1710－0006159　812.2/358　集部/別集類/清別集
靈巖山人詩集四十卷　(清)畢沅撰　**弇山畢公年譜一卷**　(清)史善長撰　清嘉慶四年(1799)畢氏經訓堂刻本　一冊　存六卷(二十二至二十七)

330000－1710－0006160　普 0000203　子部/醫家類/喉科口齒之屬/白喉
白喉治法忌表抉微不分卷　(清)徐鄂輯並注　清光緒三十二年(1906)刻本　一冊

330000－1710－0006162　812.2/359　集部/別集類/清別集
悔齋詩稿四卷　(清)畢應辰撰　清光緒元年(1875)南昌縣署刻本　二冊

330000－1710－0006163　812.2/309　集部/別集類/清別集
印雪軒詩鈔十六卷　(清)俞鴻漸撰　清同治十三年(1874)刻本　二冊

330000－1710－0006165　812.2/362　集部/別集類/清別集
漸西村人詩十三卷　(清)袁昶撰　(清)瀨鄉樵隱編次　清光緒十六年(1890)鉛印本　三冊

330000－1710－0006166　普 0000205　子部/儒家類/儒學之屬/蒙學
小學六卷　(宋)朱熹撰　(明)陳選集注　(清)高愈纂注　清光緒二十年(1894)刻本　二冊

330000－1710－0006169　普 0000208　史部/紀傳類/正史之屬
校刊史記集解索隱正義札記五卷　(清)張文虎撰　清同治十一年(1872)金陵書局刻本

二册

330000－1710－0006170　812.2/363　集部/别集類/清别集

安般簃詩續鈔(安般簃集)十卷　(清)袁昶撰　清光緒十六年(1890)鉛印本　三册　存八卷(一至八)

330000－1710－0006171　812.2/365　集部/别集類/清别集

袁忠節公遺詩補刻三卷　(清)西溪老漚(袁昶)撰　清宣統元年(1909)鉛印本　一册

330000－1710－0006172　812.2/367　集部/别集類/清别集

讀史詠評詩稿一卷　(清)高清標著　**巾幗名流詩稿一卷**　(清)高彦文著　清光緒十六年(1890)平湖祥記印書館鉛印本　一册

330000－1710－0006173　812.2/375　集部/别集類/清别集

懷白軒詩鈔八卷　(清)陸初望撰　清同治五年(1866)皖城刻本　二册

330000－1710－0006175　普0000209　集部/曲類/曲韻曲譜曲律之屬

樂府傳聲二卷　(清)徐大椿　清光緒七年(1881)刻本　二册

330000－1710－0006176　812.2/368　集部/别集類/清别集

復齋詩鈔一卷　(清)高登奎撰　清光緒二十九年(1903)華雲閣鉛印本　一册

330000－1710－0006177　普0000210　子部/儒家類/儒學之屬/性理

呂子節錄補遺二卷　(明)呂坤撰　(清)陳宏謀評輯　清刻本　一册　存一卷(下)

330000－1710－0006178　812.2/370　集部/别集類/清别集

味琴室詩鈔不分卷　(清)時元熙撰　清宣統三年(1911)華雲閣木活字印本　一册

330000－1710－0006180　普0000212　集部/别集類/清别集

寒松閣詩一卷　(清)張鳴珂撰　清光緒三十年(1904)石印本　一册

330000－1710－0006181　812.2/376　集部/别集類/清别集

真息齋詩鈔四卷續鈔一卷　(清)陸費瑔撰　清同治九年(1870)陸費氏履厚堂刻本　二册

330000－1710－0006182　普0000213　集部/别集類/清别集

甌香館集十二卷首一卷末一卷　(清)惲格撰　(清)蔣光煦輯　清掃葉山房石印本　六册

330000－1710－0006183　普0000214　子部/雜著類/雜説之屬

黄孀餘話八卷　(清)陳錫路撰　清光緒二年(1876)刻本　二册

330000－1710－0006184　812.2/377　集部/别集類/清别集

青芙蓉閣詩鈔六卷　(清)陸元鋐撰　清嘉慶刻本　二册

330000－1710－0006185　普0000215　類叢部/類書類/專類之屬

新增説文韻府羣玉二十卷　(元)陰時夫輯　(元)陰中夫注　清大文堂刻本　二十册

330000－1710－0006186　812.2/371　集部/别集類/清别集

滄江詩集十卷　(清)郭綏之撰　(清)黎庶昌選　清刻本　四册

330000－1710－0006187　812.2/378　集部/别集類/清别集

抱月軒詩鈔三卷　(清)陸樹蘭撰　清抄本　一册

330000－1710－0006188　812.2/379　集部/别集類/清别集

粤遊草一卷　(清)陸敦倫撰　清光緒八年(1882)刻本　一册

330000－1710－0006189　812.2/380　史部/地理類/雜志之屬

當湖竹枝詞一卷　(清)陸棋斗撰　清宣統二

年(1910)華雲閣鉛印本　一册

330000－1710－0006190　812.2/373　集部/別集類/清別集
隱吾草堂集二卷　(清)郭照撰　清刻朱印本　一册

330000－1710－0006191　812.2/381　集部/別集類/清別集
甪西吟榭詩鈔一卷　(清)陸超陞撰　(清)沈宏濟　(清)姜文浩校字　清宣統三年(1911)華雲閣鉛印本　一册

330000－1710－0006192　039/182　類叢部/叢書類/彙編之屬
說鈴前集三十七種後集十六種　(清)吳震方編　清嘉慶四年(1799)刻本　三十二册

330000－1710－0006193　812.2/374　集部/別集類/清別集
篁村集十二卷　(清)陸錫熊撰　清嘉慶十三年至十四年(1808－1809)無求安居松江刻本　四册

330000－1710－0006195　812.2/382　集部/別集類/清別集
最樂山莊詩鈔七卷　(清)陸齊壽撰　清咸豐二年(1852)刻本　一册　存四卷(一至四)

330000－1710－0006196　812.2/383　集部/別集類/清別集
通藝堂詩錄二卷　(清)陶濬宣撰　清光緒二十六年(1900)漳州環玉樓十八年(1902)刻本　一册

330000－1710－0006197　普0000216　史部/史抄類
二十一史約編八卷首一卷　(清)鄭元慶撰　清光緒六年(1880)刻本　八册

330000－1710－0006198　812.2/390　集部/別集類/清別集
撼山草堂遺稾三卷補錄一卷　(清)陳起書撰　清同治五年(1866)刻本　一册

330000－1710－0006199　812.2/391　集部/別集類/清別集
知非齋詩鈔一卷　(清)陳鍾英撰　清同治十一年(1872)杭州刻本　一册

330000－1710－0006200　812.2/392　類叢部/叢書類/自著之屬
橘蔭軒全集七種　(清)陳錦撰　清光緒山陰陳氏橘蔭軒刻本　八册　存一種

330000－1710－0006203　812.2/388　集部/別集類/清別集
繼雅堂詩集三十四卷　(清)陳僅撰　清道光二十七年(1847)刻本　六册

330000－1710－0006204　812.2/393　集部/別集類/清別集
晚香齋吟草一卷　(清)陳沺撰　清光緒十一年(1885)刻本　陳九如題記　一册

330000－1710－0006205　812.2/389　集部/別集類/清別集
蓮塘詩鈔四卷　(清)陳世熙撰　清咸豐元年(1851)刻本　一册

330000－1710－0006206　812.2/394　類叢部/叢書類/自著之屬
湘煙小錄二種　(清)陳裴之撰　清光緒十二年(1886)上海王氏刻本　一册

330000－1710－0006208　812.2/395　集部/別集類/清別集
春暉草堂詩存一卷　(清)陳本欽撰　清光緒七年(1881)台州府署刻本　一册

330000－1710－0006209　812.2/396　類叢部/叢書類/彙編之屬
房山山房叢書　陳洙編　清宣統至民國江浦陳氏刻民國九年(1920)彙印本　一册　存一種

330000－1710－0006210　812.2/397　集部/別集類
散原精舍詩二卷　陳三立撰　清宣統二年(1910)上海商務印書館鉛印本　二册

330000－1710－0006212　812.2/399　集部/

別集類/清別集
味某華館詩初集六卷詩二集四卷　(清)陳鴻誥撰　清刻本　一冊　存六卷(初集一至六)

330000－1710－0006213　812.2/400　集部/別集類/清別集
織雲樓詩集五卷　(清)陳貞撰　清光緒六年(1880)甬上刻本　一冊

330000－1710－0006214　812.2/401　集部/別集類/清別集
水山詩草二卷　(清)陳秀撰　**古石山房集一卷**　(清)沈莊毓撰　清刻本　一冊

330000－1710－0006218　812.2/405　集部/別集類/清別集
小信天巢詩鈔十八卷續鈔一卷　(清)陳石麟撰　清嘉慶十一年至十四年(1806－1809)刻本　一冊　存二卷(十至十一)

330000－1710－0006219　812.2/409　集部/別集類/清別集
勝蓮花室詩鈔六卷　(清)陳翰芬撰　清光緒十八年(1892)刻本　一冊

330000－1710－0006220　812.2/406　集部/別集類/清別集
綠蕉館詩鈔四卷　(清)陳景高撰　清同治十三年(1874)刻本　二冊

330000－1710－0006223　812.2/407　集部/別集類/清別集
向日堂詩集十六卷　(清)陳寅撰　清道光二年(1822)刻本　四冊

330000－1710－0006224　普0000218　史部/金石類/總志之屬
二銘艸堂金石聚十六卷　(清)張德容輯　清同治十一年(1872)刻本　十六冊

330000－1710－0006226　812.2/413　集部/別集類/清別集
井養草堂詩鈔二卷　(清)馬承福撰　清咸豐五年(1855)刻本　一冊

330000－1710－0006227　812.2/414　集部/別集類/清別集
懷玉山人詩集十卷　(清)馬學乾撰　清道光六年(1826)居易堂刻本　二冊

330000－1710－0006229　812.2/417　集部/別集類/清別集
是程堂集十四卷二集四卷　(清)屠倬撰　清嘉慶十九年至二十五年(1814－1820)真州官舍刻本　四冊　缺二卷(十七至十八)

330000－1710－0006230　812.2/419　集部/別集類/清別集
海秋詩集二十六卷後集一卷　(清)湯鵬撰　清道光十八年(1838)刻同治十二年(1873)湯壽銘增修本　十冊

330000－1710－0006231　普0000220　集部/別集類/清別集
同懷詩稿四卷(翠微軒詩稿三卷省非軒詩稿一卷)　(清)俞嗣烈撰　清同治十年(1871)刻本　一冊

330000－1710－0006232　812.2/420　集部/別集類/清別集
琴隱園詩集三十六卷詞集四卷　(清)湯貽汾撰　清光緒元年(1875)武進曹氏刻本　七冊　存三十六卷(詩一至三十二、詞一至四)

330000－1710－0006233　普0000221　子部/醫家類/傷寒金匱之屬/傷寒論
劉河間傷寒三書二十卷　(金)劉完素撰　明萬曆十三年(1585)吳諫金陵刻本　三冊　存一種

330000－1710－0006234　普0000222　子部/醫家類/外科之屬/通論
外證醫案彙編四卷　(清)余景和輯　清光緒二十年(1894)會稽孫氏刻本　四冊

330000－1710－0006238　812.2/422　集部/別集類/清別集
南華山人詩鈔十六卷賜詩更和集六卷賦一卷　(清)張鵬翀撰　清乾隆十年(1745)刻本　一冊　存四卷(南華山人詩鈔十三至十六)

330000－1710－0006239　812.2/423　集部/

別集類/清別集

綠槐書屋詩稿二卷附録五卷　(清)張綸英撰　清道光二十五年(1845)刻本　一册

330000－1710－0006241　812.2/424　集部/別集類/清別集

豔雪堂詩集四卷　(清)張晉撰　清咸豐元年(1851)刻本　四册

330000－1710－0006242　812.2/428　類叢部/叢書類/自著之屬

桂馨堂集八種　(清)張廷濟撰　清道光至咸豐刻本　一册　存二種

330000－1710－0006243　812.2/425　集部/別集類/清別集

習静樓詩草四卷　(清)張鯤撰　清同治六年(1867)刻本　一册

330000－1710－0006244　812.2/429　集部/別集類/清別集

寒松閣詩一卷　(清)張鳴珂撰　清光緒三十年(1904)石印本　一册

330000－1710－0006245　812.2/426　集部/別集類/清別集

鐵瓶詩鈔九卷雜存二卷　(清)張岳齡撰　清光緒刻本　一册　存五卷(詩鈔一至五)

330000－1710－0006246　812.2/426－2　集部/別集類/清別集

鐵瓶詩鈔九卷雜存二卷　(清)張岳齡撰　清光緒刻本　一册　存二卷(雜存一至二)

330000－1710－0006247　812.2/427　類叢部/叢書類/自著之屬

桂馨堂集八種　(清)張廷濟撰　清道光至咸豐刻本　張天放題記　四册　存六種

330000－1710－0006248　812.2/431　集部/別集類/清別集

粺洲詩鈔九卷　(清)張誥撰　清嘉慶元年(1796)刻本　一册　存七卷(一至七)

330000－1710－0006249　812.2/432　集部/別集類/清別集

潛園詩存四卷　(清)張天翔撰　**卷仙樓遺稿一卷刻翠集一卷**　(清)章韻撰　清光緒二十五年(1899)乍浦劉翰墨齋刻本　二册

330000－1710－0006250　812.2/433　集部/別集類/清別集

伊蔚草廬詩存一卷　(清)張顯周撰　清光緒十五年(1889)刻本　一册

330000－1710－0006251　普0000226　史部/地理類/雜志之屬

鸚鵡湖櫂歌一卷　(清)陸增撰　清宣統二年(1910)華雲閣鉛印本　一册

330000－1710－0006252　普0000227　集部/別集類/清別集

天生吾廬存稿三卷　(清)徐元琛撰　清光緒二十九年(1903)華雲閣鉛印本　一册

330000－1710－0006253　普0000228　史部/目録類/總録之屬/私撰

經籍舉要一卷附錄吴晴舫學使告示六條一卷附家塾課程一卷附中江講院添設季課示一卷　(清)龍啟瑞撰　清光緒十九年(1893)中江講院刻本　一册

330000－1710－0006255　039/188　類叢部/叢書類/彙編之屬

正覺樓叢刻(正覺樓叢書)二十九種　(清)崇文書局編　清光緒崇文書局刻本　八册　存八種

330000－1710－0006257　普0000230　史部/史評類/史論之屬

史闕十四卷　(清)張岱撰　(清)鄭佶編　清道光四年(1824)烏程徐鴻本刻七年(1827)印本　六册

330000－1710－0006259　普0000232　史部/地理類/方志之屬/郡縣志

杭州府志不分卷　清抄本　一册

330000－1710－0006260　812.2/435　集部/別集類/清別集

張弘遽詩不分卷　(清)張尚瑗撰　清康熙稿本　祝廷錫批　一册

330000－1710－0006261　普000233　子部/雜著類/雜編之屬
筆記不分卷　清抄本　一冊

330000－1710－0006263　普000234　史部
五洲列國名等不分卷　清抄本　一冊

330000－1710－0006264　普000235　子部/藝術類/篆刻之屬/印論
篆學津梁不分卷　(清)張宏牧撰　清抄本　一冊

330000－1710－0006265　普000236　集部/別集類/清別集
續近人詩錄不分卷　(清)郭似壎輯　清抄本　一冊

330000－1710－0006266　普0000237　子部/小說家類/雜事之屬
酉陽雜俎二十卷續集十卷　(唐)段成式撰　清光緒三年(1877)湖北崇文書局刻本　四冊　存二十卷(一至二十)

330000－1710－0006268　812.2/437　集部/別集類/清別集
簡松草堂詩集二十卷三影閣筝語四卷　(清)張雲璈撰　清嘉慶刻本　八冊

330000－1710－0006271　812.2/444　集部/別集類/清別集
東山樓詩續稾八卷　(清)曹宗載撰　清道光五年(1825)刻本　一冊　缺四卷(一至四)

330000－1710－0006273　812.2/442　集部/別集類/清別集
鶴舫詩鈔三卷　(清)章士弼撰　清道光稿本　清余楙題記　一冊

330000－1710－0006276　812.2/445　集部/別集類/清別集
寫韻軒小藁二卷　(清)曹貞秀撰　清嘉慶八年至二十五年(1803－1820)刻本　一冊

330000－1710－0006278　普0000238　經部/詩類/傳說之屬
詩經集傳八卷詩序辨說一卷　(宋)朱熹撰　清同治五年(1866)金陵書局刻本　五冊

330000－1710－0006279　812.2/443　集部/別集類/清別集
巽齋詩草五卷　(清)曹鼎成撰　清道光十二年(1832)惜陰書屋刻本　一冊

330000－1710－0006280　普0000239　類叢部/叢書類/自著之屬
大鶴山房全書十種　鄭文焯撰　清光緒至民國刻民國九年(1920)蘇州交通圖書館彙印本　二冊　存三種

330000－1710－0006282　普0000240　子部/儒家類/儒家之屬
荀子二十卷校勘補遺一卷　(周)荀況撰　(唐)楊倞注　(清)謝墉輯校　清乾隆五十一年(1786)刻本　八冊

330000－1710－0006286　812.2/447　集部/別集類/清別集
月塘書屋詩存十一卷　(清)楊延亮撰　清道光二十四年(1844)張于寧同治十二年(1873)蔡壽祺娜嬛別館增刻本　二冊

330000－1710－0006290　普000244　史部/傳記類/別傳之屬/事狀
暨陽輿頌一卷　(清)江陰禮延書院輯　清光緒二十四年(1898)江陰禮延書院刻本　一冊

330000－1710－0006293　812.2/450　集部/別集類/清別集
南湖草堂詩集八卷外集一卷掃紅詞鈔一卷語石齋畫識一卷　(清)楊伯潤撰　清光緒二十一年(1895)刻本　二冊

330000－1710－0006294　812.2/452　集部/別集類/清別集
息笠庵詩集六卷　(清)楊韻撰　清光緒八年(1882)嘉興楊氏滬城刻本　二冊

330000－1710－0006295　812.2/451　集部/別集類/清別集
汲庵詩存八卷　(清)楊象濟撰　清光緒八年(1882)西泠刻本　四冊

330000－1710－0006296　812.2/453　集部/别集類/清别集

維園詩鈔一卷　(清)楊建撰　清光緒十三年(1887)上海刻本　一册

330000－1710－0006298　812.2/454　集部/别集類/清别集

曇花一現草一卷　(清)楊文蘭撰　清宣統三年(1911)滌塵書屋鉛印本　一册

330000－1710－0006299　812.2/459　集部/别集類/清别集

雪門詩草十四卷　(清)許瑤光撰　清同治十三年(1874)刻本　六册

330000－1710－0006300　812.2/455　集部/别集類/清别集

維周詩鈔十六卷　(清)程之楨撰　清同治十一年(1872)程氏確園刻本　四册

330000－1710－0006301　812.2/460　集部/别集類/清别集

雪門詩草十六卷　(清)許瑤光撰　清光緒二十四年(1898)刻本　八册

330000－1710－0006304　812.2/457　集部/别集類/清别集

休休吟五卷　(清)莊歆撰　清嘉慶十一年(1806)莊仲方刻本　一册

330000－1710－0006305　普0000245　子部/醫家類/類編之屬

東垣十書附二種　清文奎堂刻本　二册　存三種

330000－1710－0006306　812.2/467　類叢部/叢書類/自著之屬

仙心閣集四種　(清)彭慰高撰　清光緒刻本　二册　存一種

330000－1710－0006307　039/196　新學/雜著/叢編

勵學譯編六種　(清)勵學譯社編　清光緒二十七年至二十八年(1901－1902)刻本　十二册

330000－1710－0006308　812.2/468　類叢部/叢書類/自著之屬

橘蔭軒全集七種　(清)陳錦撰　清光緒山陰陳氏橘蔭軒刻本　二册　存一種

330000－1710－0006311　普0000247　集部/總集類/彙編之屬

宋詩鈔初集八十四種　(清)吕留良　(清)吴之振　(清)吴爾堯編　清康熙十年(1671)洲錢吴氏鑑古堂刻本　十二册　存六十二種

330000－1710－0006312　812.2/470　集部/别集類/清别集

粤西集一卷　(清)賈敦臨撰　清宣統二年(1910)華雲閣鉛印本　一册

330000－1710－0006314　812.2/472　集部/别集類/清别集

佳山堂詩集十卷　(清)馮溥撰　清康熙十九年(1680)古吴朱士儒刻本　一册　存一卷(一)

330000－1710－0006318　812.2/465　集部/别集類/清别集

賞雨茅屋詩集十八卷　(清)曾燠撰　清嘉慶二十四年(1819)刻道光三年(1823)重刻本　一册　存四卷(一至四)

330000－1710－0006319　812.2/473　集部/别集類/清别集

掃紅亭吟稿十四卷　(清)馮雲鵬撰　清道光九年(1829)掃紅亭刻本　五册　存九卷(四至八、十一至十四)

330000－1710－0006320　812.2/476　集部/别集類/清别集

一硯樓詩草一卷　(清)鄔同壽撰　清宣統元年(1909)刻本　一册

330000－1710－0006324　039/199、039/200　類叢部/叢書類/輯佚之屬

漢學堂叢書二百三十種　(清)黄奭輯　清道光甘泉黄氏刻光緒印本　十二册　存二種

330000－1710－0006325　812.2/479　集部/别集類/清别集

秋江集註六卷　(清)黄任撰　(清)王元麟註　清道光二十三年(1843)王氏東山家塾刻本　六册

330000－1710－0006327　812.2/481　集部/別集類/清別集
百藥山房詩初集十卷　(清)黄若濟撰　清道光九年(1829)刻本　二册

330000－1710－0006329　812.2/486　集部/別集類/清別集
莫宧文草一卷詩草一卷　黄壽袞撰　清光緒三十四年(1908)山陰黄璟石印本　二册

330000－1710－0006331　普0000251　史部/史評類/史論之屬
衡陽王夫子薑齋史論一卷　(清)王夫之撰　清抄本　一册

330000－1710－0006332　普0000252　類叢部/叢書類/彙編之屬
廣漢魏叢書八十種　(明)何允中編　清嘉慶刻本　二册　存一種

330000－1710－0006334　普0000253　子部/醫家類/溫病之屬/其他溫疫病證
大頭瘟等不分卷　清抄本　一册

330000－1710－0006336　812.2/489　集部/別集類/清別集
知止盦詩錄六卷詩餘一卷聯語一卷　(清)黄宗起撰　**退齋詩存一卷**　黄世礽撰　清宣統二年(1910)試金石室刻本　二册

330000－1710－0006337　812.2/482　集部/別集類/清別集
倚晴樓集五種　(清)黄燮清撰　清咸豐至同治海鹽黄氏拙宜園刻本　四册　存一種

330000－1710－0006338　普0000254　史部/目録類/總録之屬/徵訪
徵訪明季遺書目一卷　劉世珩編　清宣統二年(1910)鉛印本　一册

330000－1710－0006339　普0000255　經部/小學類/訓詁之屬/群雅
埤雅二十卷　(宋)陸佃撰　清康熙刻本　二册　存十卷(六至十五)

330000－1710－0006341　812.2/483　集部/別集類/清別集
倚晴樓集五種　(清)黄燮清撰　清咸豐至同治海鹽黄氏拙宜園刻本　四册　存一種

330000－1710－0006342　普000257　子部/醫家類/本草之屬/歷代綜合本草
本草分經補註一卷　(清)錢仙隱增訂　**本草分經編類一卷**　(清)錢如意輯　清光緒三年(1877)鉄如意室抄本　一册

330000－1710－0006343　812.2/484　集部/別集類/清別集
熙春閣詩草三卷　(清)黄仁政撰　清同治八年(1869)益疇堂刻本　一册

330000－1710－0006344　039/205　332/1　經部/叢編
澤存堂五種　(清)張士俊輯　清光緒十四年(1888)上海蜚英館石印本　七册　存四種

330000－1710－0006345　812.2/485　類叢部/叢書類/彙編之屬
知服齋叢書三十種　(清)龍鳳鑣編　清光緒順德龍氏刻本　二册　存二種

330000－1710－0006347　812.2/491　集部/總集類/氏族之屬
計樹園詩存四種　(清)萬青選輯　清光緒五年(1879)萬青選刻本　一册　存一種

330000－1710－0006349　812.2/493　類叢部/叢書類/自著之屬
尉山堂全集五種　(清)萬斛泉撰　清光緒刻本　四册　存一種

330000－1710－0006350　普0000258　子部/醫家類/醫經之屬/内經
醫經原旨六卷　(清)薛雪撰　清乾隆十九年(1754)薛氏掃葉莊刻本　六册

330000－1710－0006351　812.2/494　集部/別集類/清別集

柘坡居士集十二卷 （清）萬光泰撰　清抄本　硯翁題記　一册　存三卷（一至三）

330000－1710－0006352　039/202　類叢部/叢書類/自著之屬
春在堂全書三十六種 （清）俞樾撰　清同治至光緒刻光緒末彙印本　十五册　存四種

330000－1710－0006353　普0000259　子部/儒家類/儒學之屬/經濟
中説二卷 （隋）王通撰　清刻本　一册

330000－1710－0006354　普0000260　類叢部/叢書類/自著之屬
甌北全集八種 （清）趙翼撰　清光緒三年（1877）滇南唐氏刻本　一册　存一種

330000－1710－0006355　普0000261　子部/小説家類/雜事之屬
世説新語六卷 （南朝宋）劉義慶撰　（南朝梁）劉孝標注　（宋）劉辰翁評　明刻本　二册　缺二卷（卷上之上、下）

330000－1710－0006356　普0000262　類叢部/叢書類/彙編之屬
榆園叢刻十五種附一種 （清）許增編　清同治至光緒刻本　一册　存一種

330000－1710－0006357　812.2/495　集部/別集類/清別集
傳樸堂詩稿四卷補遺一卷竹樊山莊詞一卷 （清）葛金烺撰　**附錄一卷** （清）譚獻（清）許景澄　（清）沈曾植撰　**弢華館詩稿一卷** （清）葛嗣溁撰　清光緒二十一年（1895）刻三十三年（1907）補刻民國增修本　二册

330000－1710－0006362　普0000266　經部/小學類/文字之屬/字書/字體
六書準四卷 （清）馮鼎調撰　清康熙刻本　一册

330000－1710－0006363　812.2/497　集部/別集類/清別集
經古篋存草四卷 （清）葉廉鍔撰　清宣統三年（1911）刻本　二册

330000－1710－0006367　812.2/499　集部/別集類/清別集
養素居詩初編一卷二編一卷 （清）董燿撰　清光緒十八年（1892）刻本　二册

330000－1710－0006368　812.2/501　集部/別集類/清別集
江行雜詠一卷詩餘一卷 （清）褚全德撰　清光緒十八年（1892）上海刻本　一册

330000－1710－0006369　812.2/502　集部/別集類/清別集
田硯齋詩集六卷 （清）褚榮槐撰　褚源深編　清宣統二年（1910）嘉興褚覺鈐鉛印本　二册

330000－1710－0006371　039/210　集部/別集類/清別集
章實齋先生遺書六卷附錄一卷 （清）章學誠撰　清宣統二年（1910）霍邱王潛剛鉛印本　四册

330000－1710－0006372　普0000268　集部/別集類/清別集
漁洋山人精華錄訓纂十卷目錄二卷年譜注補二卷辯訛一卷 （清）王士禛撰　（清）惠棟注補　清乾隆惠氏紅豆齋刻本　十二册

330000－1710－0006373　812.2/508　集部/別集類/清別集
夢綠草堂詩鈔十二卷附鳳蕭集二卷首一卷末一卷 （清）蔡壽祺撰　清咸豐七年（1857）京師刻本　五册　存十二卷（夢綠草堂詩鈔一至十二）

330000－1710－0006374　812.2/505　集部/別集類/清別集
觀幻山房詩草二卷紀遊補稿一卷 （清）釋際淵撰　清道光三年（1823）刻本　一册

330000－1710－0006375　812.2/506　集部/別集類/清別集
甌香館詩草六卷 （清）惲格撰　清嘉慶二十二年（1817）黄桂璘抄本　清黄桂璘題記　一册　存三卷（四至六）

330000－1710－0006376　039/211　經部/叢編

古經解彙函十六種附小學彙函十四種續附十種　(清)鍾謙鈞等輯　清光緒十四年(1888)上海蜚英館石印本　二十册

330000－1710－0006378　812.2/509　集部/別集類/清別集

便佳居詩選一卷　(清)蔡德淳撰　清道光六年(1826)刻本　一册

330000－1710－0006380　812.2/520　集部/別集類/清別集

雪杖山人詩集八卷　(清)鄭炎撰　(清)顧列星輯　**友陶居士集一卷**　(清)鄭典撰　清嘉慶五年(1800)鄭師尚刻本　四册

330000－1710－0006382　812.2/512　集部/別集類/清別集

鶴村詩集四卷　(清)熊兆松撰　清刻本　一册

330000－1710－0006384　812.2/522　集部/別集類/清別集

南村草堂文鈔二十卷詩鈔二十四卷　(清)鄧顯鶴撰　清道光八年至咸豐元年(1828－1851)刻本　四册　存十六卷(一至十六)

330000－1710－0006386　812.2/513　集部/別集類/清別集

鶴村三集一卷　(清)熊兆松撰　清刻本　一册

330000－1710－0006387　812.2/523　集部/別集類/清別集

白香亭詩集二卷和陶詩一卷　(清)鄧輔綸撰　清光緒十九年(1893)東河督署刻本　二册

330000－1710－0006388　812.2/524　集部/別集類/清別集

西倉遺稿七卷　(清)趙蕙芬撰　清道光十四年(1834)刻本　二册

330000－1710－0006390　039/212　類叢部/叢書類/彙編之屬

藝苑捃華四十八種　(清)顧之逵編　清同治七年(1868)刻本　十三册　存四十一種

330000－1710－0006391　812.2/516　集部/別集類/清別集

婃雅堂詩集十二卷　(清)趙文哲撰　清乾隆刻本　一册　存六卷(一至六)

330000－1710－0006392　普0000273　集部/楚辭類

楚辭章句十七卷　(漢)王逸撰　(宋)洪興祖補注　清同治十一年(1872)金陵書局刻本　四册

330000－1710－0006393　812.2/525　集部/別集類/清別集

遂初堂詩集十六卷文集二十卷別集四卷　(清)潘耒撰　清雍正刻本　四册　存十六卷(詩集一至十六)

330000－1710－0006394　812.2/527　集部/別集類/清別集

餘香草堂集四卷　(清)潘孝基撰　清嘉慶十九年(1814)刻本　一册

330000－1710－0006396　812.2/526　集部/別集類/清別集

西圃詩集九卷詞一卷詩續集四卷詩補遺一卷詞續一卷詞三續一卷題畫詩一卷續題畫詩一卷文集四卷文集補遺一卷　(清)潘遵祁撰　清同治十一年至光緒二十三年(1872－1897)刻本　六册

330000－1710－0006397　812.2/519　集部/別集類/清別集

海藏樓詩不分卷　鄭孝胥撰　清光緒二十八年(1902)武昌刻本　一册

330000－1710－0006398　普0000275　子部/農家農學類

農學叢書□□種　(清)上海農學會　(清)江南總農會輯　清光緒上海農學會　江南總農會石印本　一册　存一種

330000－1710－0006400　039/125　經部/小學類/訓詁之屬/群雅

五雅全書三十七卷　(明)郎奎金輯　清嘉慶

九年(1804)刻本　八冊

330000－1710－0006401　812.2/528　集部/別集類/清別集
小餘香詩鈔六卷　(清)潘鴻謨撰　清嘉慶二十四年(1819)石蟦閣刻本　二冊

330000－1710－0006402　812.2/529　集部/別集類/清別集
補過山房詩鈔五卷　(清)潘畯撰　清光緒三十三年(1907)刻本　二冊

330000－1710－0006403　039/217　經部/小學類/文字之屬/說文
苗氏說文四種　(清)苗夔撰　清道光至咸豐壽陽祁氏漢專亭刻本　八冊

330000－1710－0006404　普000277　經部/詩類/傳說之屬
三刻黃維章先生詩經娜嬛體註八卷　(宋)朱熹撰　(清)范翔重訂　清乾隆十九年(1754)刻本　四冊

330000－1710－0006405　812.2/530　集部/別集類/清別集
磵東詩鈔十卷　(清)歐陽輅撰並編　清道光十年(1830)刻本　二冊

330000－1710－0006409　812.2/531　集部/別集類/清別集
忠雅堂詩集二十七卷補遺二卷銅絃詞附南北曲二卷　(清)蔣士銓撰　清嘉慶三年(1798)揚州刻本　八冊

330000－1710－0006410　普000281　子部/叢編
子書百家一百一種　(清)崇文書局編　清光緒元年(1875)湖北崇文書局刻本　一冊　存一種

330000－1710－0006411　812.2/532　集部/別集類/清別集
青荃詩集四卷　(清)蔣夔撰　清嘉慶七年(1802)刻本　一冊

330000－1710－0006412　812.2/550　集部/別集類/清別集
衎石齋記事稾十卷續稾十卷刻楮集四卷旅逸小稾二卷　(清)錢儀吉撰　清道光十二年(1832)刻本　一冊　存六卷(刻楮集一至四、旅逸小稾一至二)

330000－1710－0006414　812.2/533　集部/別集類/清別集
思無邪齋詩鈔十卷　(清)蔣浩撰　清嘉慶二十四年(1819)刻本　二冊

330000－1710－0006415　812.2/534　集部/別集類/清別集
蔣石林先生遺詩三卷　(清)蔣之翹撰　(清)李道悠　(清)沈景脩編　清光緒二十二年(1896)刻本　一冊

330000－1710－0006416　812.2/552　集部/別集類/清別集
閩游集二卷　(清)錢儀吉撰　清咸豐十一年(1861)刻本　一冊

330000－1710－0006417　812.2/535　集部/別集類/清別集
懷亭詩錄六卷詞錄二卷　(清)蔣學堅撰　清光緒二十一年(1895)刻本　四冊

330000－1710－0006418　039/216　經部/小學類/叢編
姚氏叢刻三種　(清)姚覲元輯　清光緒二年(1876)歸安姚覲元川東官舍刻本　二十八冊

330000－1710－0006419　812.2/536　集部/詞類/別集之屬
消愁集二卷附詩一卷　(清)沈蔣英撰　郭鑒編次　清光緒三十三年至三十四年(1907－1908)刻本　一冊

330000－1710－0006424　普000284　集部/總集類/選集之屬/斷代
列朝詩集乾集二卷甲集前編十一卷甲集二十二卷乙集八卷丙集十六卷丁集十六卷閏集六卷　(清)錢謙益輯　清順治九年(1652)毛氏汲古閣刻本　八冊　存十八卷(乙集七至八、丙集一至十三、丁集十四至十六)

330000－1710－0006425　812.2/554　集部/別集類/清別集

小鏡湖莊詩集三卷　(清)錢青撰　清嘉慶刻本　一册

330000－1710－0006426　812.2/539　集部/別集類/清別集

璞齋集詩六卷詞一卷　(清)諸可寶撰　**清足居集一卷蕉窗詞一卷**　(清)鄧瑜撰　清光緒二十二年(1896)玉峰官舍刻本　四册

330000－1710－0006427　812.2/541　集部/別集類/清別集

五百四峯堂詩鈔二十五卷　(清)黎簡撰　清同治十三年(1874)南海陳氏刻光緒儒雅堂重修本　二册　存四卷(二十至二十一、二十四至二十五)

330000－1710－0006428　812.2/542　史部/地理類/雜志之屬

乍浦紀事詩一卷　(清)盧奕春撰　清宣統二年(1910)平湖高廷梅華雲閣鉛印本　一册

330000－1710－0006430　812.2/557　集部/別集類/清別集

松風老屋詩稿十六卷詩餘二卷　(清)錢清履撰　清嘉慶刻本　一册　存二卷(三至四)

330000－1710－0006432　039/218　經部/小學類

雷刻四種　(清)雷浚輯　清光緒二年至十年(1876－1884)吴縣雷氏刻本　六册

330000－1710－0006433　普 000285　史部/職官類/官箴之屬

牧令全書二十三卷　(清)丁日昌輯　清同治七年(1868)江蘇書局刻本　一册　存一種

330000－1710－0006436　812.2/543　集部/別集類/清別集

寄影軒詩鈔四卷暗香疏影齋詞鈔一卷　(清)志潤撰　清光緒三十年(1904)上海新昌書局鉛印本　五册

330000－1710－0006437　普 000287　經部/小學類/音韻之屬/注音

傳音快字一卷　(清)蔡錫勇撰　清光緒三十一年(1905)湖北官書局刻本　一册

330000－1710－0006438　812.2/545　集部/別集類/清別集

初學集二十卷　(清)錢謙益撰　(清)錢曾箋注　清宣統三年(1911)上海國學扶輪社石印本　十册　缺三卷(一至三)

330000－1710－0006439　普 000289　子部/雜著類/雜纂之屬

兩般秋雨盦隨筆八卷　(清)梁紹壬撰　清光緒著易堂鉛印本　四册

330000－1710－0006445　039/219　經部/叢編

許學叢刻九種九卷　(清)許頌鼎　(清)許溎祥輯　清光緒十三年(1887)海寧許氏古均閣刻本　四册

330000－1710－0006446　812.2/560　集部/別集類/清別集

古微堂詩集十卷　(清)魏源撰　清同治九年(1870)新化鄒漢池長沙寶慶郡館刻本　清許瑤光題記　四册

330000－1710－0006448　812.2/563　集部/別集類/清別集

海六詩鈔八卷　(清)鍾駕鰲撰　清嘉慶刻本　二册

330000－1710－0006449　812.2/564　集部/別集類/清別集

靜遠草堂詩槀二卷　(清)鍾洪春著　清嘉慶刻本　二册

330000－1710－0006450　812.2/562　集部/別集類/清別集

敬承堂憶存二卷詩稿删存一卷守撫紀畧一卷　(清)鍾峻撰　清同治十三年(1874)木活字印本　二册　存二卷(憶存一至二)

330000－1710－0006451　812.2/565　集部/別集類/清別集

藤香館詩删存四卷詞删存二卷　(清)薛時雨撰　清光緒五年(1879)刻本　五册

330000－1710－0006453　普 000294　集部/小說類/長篇之屬

四大奇書第一種五十一卷一百二十回　(明)羅本撰　(清)金人瑞批　(清)毛宗崗評　清刻本　二十冊

330000－1710－0006454　812.2/566　集部/別集類/清別集

易簡齋詩鈔四卷　(清)和瑛撰　清道光三年(1823)刻本　二冊

330000－1710－0006457　812.2/574　集部/別集類/清別集

餐花室詩稿十一卷詩餘二卷　(清)嚴錫康撰　清咸豐刻本　三冊

330000－1710－0006458　812.2/575　集部/別集類/清別集

香雪齋詩鈔四卷　(清)嚴鈖撰　清光緒十九年(1893)桐溪嚴氏刻本　二冊

330000－1710－0006459　812.2/567　集部/別集類/清別集

譎麐堂遺集四卷　(清)戴望撰　清宣統三年(1911)歸安陸氏刻本　二冊

330000－1710－0006461　812.2/569　集部/別集類/清別集

戴簡恪遺集八卷　(清)戴敦元撰　清同治十一年(1872)刻本　四冊

330000－1710－0006463　812.2/571　集部/別集類/清別集

蟲鳥吟十卷　(清)蕭德宣撰　清同治五年(1866)刻本　二冊

330000－1710－0006464　812.2/572　集部/別集類/清別集

健修堂詩集二十二卷　(清)邊浴禮撰　清咸豐刻本　五冊

330000－1710－0006465　812.2/576　集部/別集類/清別集

宜琴樓遺稿一卷　(清)嚴鋮撰　清光緒二十三年(1897)刻本　一冊

330000－1710－0006466　812.2/577　集部/別集類/清別集

嬾雲樓詩鈔四卷　(清)嚴錦撰　清光緒二十五年(1899)桐谿嚴氏梧州刻本　二冊

330000－1710－0006467　812.2/578　集部/別集類/清別集

清嘯樓詩鈔一卷　(清)嚴謹撰　**舍芳館詩草一卷**　(清)嚴澂華撰　清同治六年(1867)刻光緒十年(1884)增刻本　一冊

330000－1710－0006468　812.2/579　集部/別集類/清別集

品簫樓詩草不分卷　(清)嚴杏徵撰　清抄本　一冊

330000－1710－0006469　普 000297　史部/地理類/專志之屬/宮殿

御製圓明園圖詠二卷　(清)高宗弘曆撰　(清)鄂爾泰等注　清光緒十三年(1887)天津石印書屋石印本　二冊

330000－1710－0006471　812.2/580　集部/別集類/清別集

聽月樓遺稿二卷　(清)嚴恒撰　清光緒二十八年(1902)上海小長蘆館石印本　一冊

330000－1710－0006472　812.2/581　集部/別集類/清別集

亭林詩集五卷　(清)顧炎武撰　清光緒二年(1876)湖南書局刻本　二冊

330000－1710－0006473　普 000299　集部/別集類/清別集

味諫果齋詩集六卷文集二卷別集二卷外集一卷詩餘一卷　(清)王汝金撰　(清)戴元謙編　清光緒八年(1882)錢江刻本　七冊　存八卷(詩集一至五、別集一至二、外集)

330000－1710－0006474　812.2/582　集部/別集類/清別集

顧亭林先生詩箋注十七卷首一卷　(清)顧炎武撰　(清)徐嘉箋注　**顧亭箋注校補一卷**　(清)李詳等撰　清光緒二十三年(1897)徐氏味靜齋刻本　六冊

330000－1710－0006475　普 000300　經部/春秋穀梁傳類/傳說之屬
春秋穀梁經傳補注二十四卷首一卷末一卷　(清)鍾文烝補注　清光緒二年(1876)嘉善鍾氏信美室刻本　八册

330000－1710－0006476　普 000301　集部/詩文評類/詩評之屬
石林詩話三卷　(宋)葉夢得撰　清道光二十四年(1844)東洞庭山葉氏刻本　一册

330000－1710－0006477　普 000302　集部/別集類/清別集
述學內篇三卷補遺一卷外篇一卷別錄一卷附錄一卷校勘記一卷　(清)汪中撰　(清)汪喜孫編　清同治八年(1869)揚州書局刻本　清孟輝題記　二册

330000－1710－0006478　812.2/584　集部/別集類/清別集
讀畫齋百疊蘇韻別集四卷　(清)顧修撰　清嘉慶十四年(1809)刻本　一册

330000－1710－0006479　812.2/587　集部/別集類/清別集
養心光室詩槀八卷　(清)顧福仁撰　清光緒十四年(1888)刻本　二册

330000－1710－0006480　812.2/585　集部/別集類/清別集
玉笥山房要集四卷附文一卷　(清)顧廷綸撰　清光緒十二年(1886)顧家相刻本　一册

330000－1710－0006481　普 000303　集部/別集類/唐五代別集
杜詩詳註二十五卷首一卷附編二卷　(唐)杜甫撰　(清)仇兆鰲輯註　清康熙刻本　二十七册　缺一卷(附編上)

330000－1710－0006482　812.2/586　集部/別集類/清別集
鶴巢詩存一卷　(清)顧淳慶撰　**行述一卷　介卿遺艸一卷**　(清)顧家樹撰　清光緒十二年(1886)顧家相刻本　一册　缺一卷(行述)

330000－1710－0006483　普 000304　經部/易類/傳說之屬
周易集解十七卷　(唐)李鼎祚撰　清嘉慶二十三年(1818)木瀆周孝垓枕經樓刻本　四册

330000－1710－0006484　812.2/588　集部/別集類/明別集
雪溪漁唱集鈔三卷附錄一卷　(明)蘇平撰　清道光十八年(1838)刻本　一册

330000－1710－0006485　普 000305　集部/總集類/選集之屬/通代
增批古文觀止十二卷　(清)吳乘權　(清)吳大職輯　清光緒二十七年(1901)浙紹墨潤堂石印本　一册

330000－1710－0006488　812.2/590、812.2/591　類叢部/叢書類/彙編之屬
懷豳雜俎十二種　徐乃昌編　清光緒至宣統南陵徐氏刻本　三册　存三種

330000－1710－0006489　812.2/593　集部/別集類/清別集
四憶堂詩集六卷遺稿一卷　(清)侯方域撰　清同治刻本　二册

330000－1710－0006490　普 000307　子部/醫家類/本草之屬/歷代綜合本草
本草從新十八卷　(清)吳儀洛輯　清刻本　五册　存十六卷(二至十七)

330000－1710－0006491　812.2/594　集部/別集類/清別集
四憶堂詩集六卷遺稿一卷　(清)侯方域撰　清宣統二年(1910)上海掃葉山房石印本　二册

330000－1710－0006493　普 000309　史部/目錄類/書志之屬/題跋
開有益齋讀書志六卷金石文字記一卷續志一卷　(清)朱緒曾述　清光緒六年(1880)金陵翁氏茹古閣刻本　三册　存六卷(一至六)

330000－1710－0006494　普 000310　子部/藝術類/遊藝之屬/聯語
莫愁湖楹聯便覽一卷　(清)釋壽安編　清光緒五年(1879)刻本　一册

330000－1710－0006495　普000311　集部/別集類/清別集

漫齋詩稿五卷　(清)康詠撰　清宣統二年(1910)石印本　一冊

330000－1710－0006496　145/3　子部/術數類/相宅相墓之屬

水龍經五卷　(清)蔣平階輯　清抄本　董巽觀題記　四冊

330000－1710－0006497　812.2/595　集部/別集類/清別集

夢樓選集四卷　(清)王文治撰　**甌北選集五卷**　(清)趙翼撰　**童山選集二卷**　(清)李調元撰　清嘉慶元年(1796)抄本　一冊

330000－1710－0006498　812.2/596　集部/別集類/清別集

益翁詩稿二卷　(清)錢元昌撰　稿本　祝廷錫題記　一冊

330000－1710－0006499　812.2/602　集部/別集類/清別集

雞牕續稾十二卷三續稾十卷　(清)宋槤撰　**潛齋詩鈔一卷**　(清)倪子度撰　稿本　一冊　存七卷(續稾八至十二、三續稾六、潛齋詩鈔)

330000－1710－0006500　812.2/597　集部/別集類/清別集

援花新詠不分卷　(清)金文照撰　稿本　清陸脩潔題詩　一冊

330000－1710－0006501　812.2/603　集部/別集類/清別集

幸餘求定稿十二卷　(清)姚濬昌撰　清光緒刻本　四冊

330000－1710－0006502　812.2/598　集部/別集類/清別集

詠史小樂府百首不分卷　(清)祝氏撰　清抄本　清祝聖　祝廷錫題記　一冊

330000－1710－0006503　812.2/604　集部/別集類/清別集

唾餘集三卷　(清)釋禪一撰　清嘉慶二十一年(1816)刻本　一冊

330000－1710－0006504　普0000312　集部/別集類/唐五代別集

韓集點勘四卷　(清)陳景雲撰　清同治九年(1870)江蘇書局刻本　一冊

330000－1710－0006506　812.2/606　集部/別集類/清別集

松隱老人集二卷　(清)超璋記錄　清初刻本　一冊

330000－1710－0006508　812.2/609　集部/別集類/清別集

來蝶軒詩一卷　(清)延清撰　清光緒刻本　一冊

330000－1710－0006509　812.2/610　集部/別集類/清別集

鬱華閣遺集四卷　(清)盛昱撰　清光緒二十八年(1902)楊鐘羲武昌刻留垞叢刻朱印本　一冊　存一種

330000－1710－0006511　812.2/599　集部/別集類/清別集

孟來山詩集一卷　(清)徐育發選　清抄本　一冊

330000－1710－0006512　普0000315　經部/叢編

九經補注八種　(清)姜兆錫撰　清雍正至乾隆寅清樓刻本　三冊　存一種

330000－1710－0006514　812.2/600　集部/別集類

詩品詩選一卷　清抄本　一冊

330000－1710－0006517　812.2/611　集部/別集類/清別集

飛鴻延年紀事詩一卷　(清)觀海對潮樓主人撰　清宣統二年(1910)鉛印本　一冊

330000－1710－0006519　812.2/615　集部/別集類/唐五代別集

香籢集發微一卷　(唐)韓偓撰　(清)震鈞注　**韓承旨年譜一卷**　(清)震鈞撰　清宣統三

年(1911)刻本　一册

330000－1710－0006521　普000319　集部/别集類/宋别集
曾南豐文集四卷　(宋)曾鞏撰　清宣統二年(1910)上海會文堂書局石印本　二册

330000－1710－0006523　812.2/616　類叢部/叢書類/家集之屬
香海盦叢書□□種　(清)徐琪輯　清仁和徐氏刻光緒二十年(1894)彙印本　一册　存一種

330000－1710－0006525　812.2/617　集部/别集類/清别集
吉石齋集二卷　(清)汪彝銘撰　清嘉慶九年(1804)刻本　二册

330000－1710－0006526　812.2/646　集部/别集類/清别集
詩集一卷　(清)□□輯　稿本　一册

330000－1710－0006527　812.2/618　集部/别集類/宋别集
苕溪集五十五卷　(宋)劉一止撰　清宣統三年(1911)刻本　一册　存八卷(一至八)

330000－1710－0006530　812.2/621　類叢部/叢書類/彙編之屬
西京清麓叢書正編三十二種續編二十七種外編二十四種　(清)賀瑞麟編　清同治至民國刻本　一册　存二種

330000－1710－0006531　812.2/625　類叢部/叢書類/自著之屬
桂馨堂集八種　(清)張廷濟撰　清道光至咸豐刻本　四册　存六種

330000－1710－0006532　812.2/627　集部/别集類/清别集
默齋詩草二卷　(清)左賡虞撰　(清)左兆薇　(清)左元履編　清光緒十一年(1885)刻本　一册　存一卷(一)

330000－1710－0006533　812.2/628　集部/别集類/清别集
自春堂詩集十二卷　(清)楊鑄撰　清道光九年(1829)楊氏石瓢仙館刻本　二册　存六卷(一至六)

330000－1710－0006534　普0000322　子部/醫家類/綜合之屬/通論
御纂醫宗金鑑九十卷首一卷　(清)吳謙等纂修　清咸豐四年(1854)吳經元堂刻本　四十二册

330000－1710－0006535　812.2/629　集部/别集類/明别集
簡齋公詩册一卷　(明)陳之問撰　清道光二十六年(1846)因餘堂刻本　一册

330000－1710－0006536　812.2/630　集部/别集類/清别集
烏目山房詩存六卷　(清)蔣因培撰　(清)楊文蓀編　清道光二十三年(1843)海寧楊氏述鄭齋刻本　二册

330000－1710－0006537　812.2/631　類叢部/叢書類/彙編之屬
古棠書屋叢書十八種　(清)孫樹　(清)孫錤編　清道光鵝溪孫氏刻本　二册　存一種

330000－1710－0006538　812.2/632　類叢部/叢書類/彙編之屬
古棠書屋叢書十八種　(清)孫樹　(清)孫錤編　清道光鵝溪孫氏刻本　一册　存一種

330000－1710－0006539　812.2/633　類叢部/叢書類/彙編之屬
古棠書屋叢書十八種　(清)孫樹　(清)孫錤編　清道光鵝溪孫氏刻本　一册　存一種

330000－1710－0006540　812.2/634　集部/别集類/清别集
自得齋吟草一卷　(清)徐槐廷撰　清光緒六年(1880)刻本　一册

330000－1710－0006541　812.2/635　集部/别集類/清别集
紅薔吟館詩稿一卷　(清)鎖瑞芝撰　清光緒六年(1880)刻本　一册

330000－1710－0006542　812.2/644　集部/別集類/清別集

遙擲稾二十卷　(清)馮武撰　清康熙寶稼堂刻本　二冊　缺十卷(香草吟、樂饑詠、�溪集、療忘集、萍子集、冰鷺集、老淚草、耄言一至二、梅遊雜詠)

330000－1710－0006543　普0000323　史部/政書類/邦計之屬/荒政

重刊救荒補遺書二卷　(宋)董煟撰　(元)張光大增　(明)朱熊補　(明)王崇慶釋斷　清同治八年(1869)楚北崇文書局刻本　二冊

330000－1710－0006544　善0001　史部/地理類/山川之屬/水志

西湖志纂十五卷首一卷末一卷　(清)沈德潛　(清)傅王露等撰　清乾隆二十七年(1762)刻本　二冊　存十一卷(二至十二)

330000－1710－0006545　812.2/622　集部/別集類/唐五代別集

讀杜小箋三卷讀杜二箋二卷　(清)錢謙益箋　清宣統三年(1911)上海國學扶輪社石印本　一冊

330000－1710－0006546　普0000324　類叢部/叢書類/彙編之屬

正誼堂全書六十三種續刻五種　(清)張伯行編　(清)楊浚重編　清同治五年(1866)福州正誼書院刻同治八年至光緒十三年(1869－1887)續刻本　一冊　存一種

330000－1710－0006547　普0000325　類叢部/叢書類/彙編之屬

崇文書局彙刻書三十一種　(清)崇文書局編　清光緒元年至三年(1875－1877)湖北崇文書局刻本　二冊　存一種

330000－1710－0006552　善0002　史部/地理類/山川之屬/水志

西湖志四十八卷　(清)李衛　(清)程元章修　(清)傅王露撰　清雍正十三年(1735)兩浙鹽驛道庫刻乾隆印本　十二冊　缺三卷(二至三、三十七)

330000－1710－0006554　普0000321　史部/史抄類

廿一史約編八卷首一卷　(清)鄭元慶撰　清光緒十三年(1887)上海鴻文書局石印本　四冊

330000－1710－0006555　812.2/647　集部/別集類/唐五代別集

杜詩分類全集五卷　(唐)杜甫撰　(明)傅振商輯　(清)張縉彥　(清)谷應泰　(清)汪憺漪輯定　清順治十六年(1659)還讀齋刻本　一冊　存一卷(三)

330000－1710－0006556　善0003　集部/別集類/清別集

吳詩集覽二十卷補註二十卷吳詩談藪二卷拾遺一卷　(清)吳偉業撰　(清)靳榮藩注並輯　清乾隆四十年(1775)淩雲亭刻本　十冊　存二十三卷(吳詩集覽十一至二十,補註十一至二十,吳詩談藪一至二、拾遺)

330000－1710－0006558　812.2/636　集部/別集類/唐五代別集

杜詩鏡銓二十卷附諸家論杜一卷　(清)楊倫撰　清乾隆刻本　三冊　存九卷(二至七、十九至二十、附)

330000－1710－0006559　812.2/637　集部/別集類/清別集

唫耀山房詩八卷　(清)龔禔身撰　清道光四年(1824)刻本　一冊　存四卷(五至八)

330000－1710－0006560　812.2/649　集部/總集類/彙編之屬

李杜全集　(明)許自昌編　明萬曆三十年(1602)長洲許自昌刻本　一冊　存一種

330000－1710－0006561　812.2/638　集部/別集類/清別集

韻篁樓吟稾二卷　(清)王文瑞撰　清刻本　二冊

330000－1710－0006562　812.2/648　集部/別集類/清別集

楊文定公詩集八卷　(清)楊名時撰　清刻本

一册　存二卷(七至八)

330000－1710－0006563　善 0004　經部/叢編
御纂七經二百八十卷首十一卷序三卷　(清)李光地等撰　清康熙至乾隆刻本　三册　存二種

330000－1710－0006564　812.2/639　類叢部/叢書類/自著之屬
田間全集五種　(清)錢澄之撰　清康熙刻本　二册　存一種

330000－1710－0006565　812.2/640　集部/總集類/彙編之屬
唐宋八家詩八種　(清)姚培謙編　清雍正六年(1728)遂安堂刻本　二册　存二種

330000－1710－0006566　812.2/650　類叢部/叢書類/彙編之屬
漸西村舍彙刊(漸西村舍叢刻)四十四種　(清)袁昶編　清光緒十六年至二十四年(1890－1898)桐廬袁氏刻本　一册　存一種

330000－1710－0006570　善 0005　經部/三禮總義類/通禮雜禮之屬
五禮通考二百六十二卷首四卷總目二卷　(清)秦蕙田撰　清乾隆金匱秦蕙田味經窩刻本　九册　存四十一卷(一百六十六至一百七十七、一百八十二至一百九十一、一百九十八至二百、二百五至二百九、二百四十六至二百四十九、二百五十六至二百六十二)

330000－1710－0006571　812.2/643　類叢部/叢書類/自著之屬
隨園三十種　(清)袁枚撰　清乾隆至嘉慶刻本　七册　存一種

330000－1710－0006572　普 0000329　經部/詩類/傳說之屬
詩經集傳八卷　(宋)朱熹撰　清刻本　四册

330000－1710－0006574　普 0000330　經部/叢編
十三經註疏三百三十三卷　(明)□□輯　清刻本　八册　存一種

330000－1710－0006576　普 0000331　經部/叢編
十三經古注二百九十卷　(明)金蟠　(明)葛鼒校　明崇禎十二年(1639)永懷堂刻清同治八年(1869)浙江書局校修本　三册　存一種

330000－1710－0006578　善 0006　集部/總集類/酬唱之屬
鴛鴦湖櫂歌五卷　(清)朱彝尊　(清)譚吉璁撰　(清)陸以誠　(清)張燕昌續　清乾隆四十年(1775)朱芳衡刻本　一册　存二卷(鴛鴦湖櫂歌一百首次朱太史竹垞原韻、鴛央湖櫂歌一百首)

330000－1710－0006580　善 0007　集部/戲劇類/總集之屬/雜劇
清容外集九種　(清)蔣士銓撰　清乾隆蔣氏紅雪樓刻本　一册　存一種

330000－1710－0006581　善 0008　集部/別集類/清別集
樂善堂全集定本三十卷　(清)高宗弘曆撰　清乾隆二十四年(1759)内府刻本　二册　存七卷(二十四至三十)

330000－1710－0006582　812.2/660　集部/別集類/清別集
延綠草堂詩存四卷　(清)祝德輿撰　清道光十九年(1839)刻本　一册

330000－1710－0006583　812.2/658　集部/別集類/清別集
缾水齋詩集十七卷別集二卷　(清)舒位撰　清嘉慶二十一年(1816)揚州巴氏刻本　六册

330000－1710－0006584　善 0009　類叢部/叢書類/自著之屬
真西山全集(西山真文忠公全集　真文忠公全集)七種　(宋)真德秀撰　清康熙真氏家祠刻乾隆至同治三年(1864)遞修本　祝廷錫題記　二册　存一種

330000－1710－0006585　普 0000333　子部/儒家類/儒學之屬/性理
呂子節錄四卷補遺二卷　(明)呂坤撰　(清)

陳弘謀評輯　清嘉慶十三年(1808)刻本　三冊　缺一卷(補遺下)

330000－1710－0006588　812.2/667　集部/別集類/清別集

倚閣吟二卷　(清)李璠撰　清嘉慶十三年(1808)刻本　一冊

330000－1710－0006589　812.2/661　集部/別集類/清別集

兩當軒集二十卷補遺二卷附錄四卷　(清)黄景仁撰　**兩當軒集攷異二卷**　(清)黄志述撰　清宣統二年(1910)掃葉山房石印本　六冊

330000－1710－0006590　812.2/662　集部/別集類/清別集

聽泉遺詩三卷　(清)李菖撰　清嘉慶元年(1796)刻本　一冊

330000－1710－0006591　812.2/668　集部/別集類/清別集

春郊詩集四卷　(清)徐畿撰　清嘉慶刻本　一冊

330000－1710－0006592　812.2/663　集部/別集類/清別集

虹橋詩稿不分卷　(清)朱廷芝撰　**小琴詩稿一卷**　(清)高以寀撰　清嘉慶十五年(1810)刻本　一冊

330000－1710－0006595　812.2/669　集部/總集類/氏族之屬

慎行堂三世詩存三種　徐寶炘　徐寶華輯　清咸豐至民國刻本　一冊　存一種

330000－1710－0006596　善 0010　類叢部/叢書類/自著之屬

沈歸愚詩文全集十四種　(清)沈德潛撰　清乾隆教忠堂刻本　五冊　存二種

330000－1710－0006597　812.2/664　集部/別集類/清別集

梵隱堂詩存十卷　(清)釋祖觀撰　清同治五年(1866)通濟盦刻本　一冊　存三卷(一至三)

330000－1710－0006598　812.2/670　集部/別集類/清別集

萍蹤集六卷　(清)吳蘭森撰　清咸豐元年(1851)刻本　一冊

330000－1710－0006599　812.2/665　集部/別集類/清別集

蘆坪詩稿一卷　(清)葛維嵩撰　清嘉慶十三年(1808)刻本　一冊

330000－1710－0006600　812.2/666　集部/別集類/清別集

桂軒小稿二卷詩餘一卷　(清)朱仁榮撰　清嘉慶刻本　一冊

330000－1710－0006601　善 0011　類叢部/叢書類/自著之屬

沈歸愚詩文全集十四種　(清)沈德潛撰　清乾隆教忠堂刻本　六冊　存三種

330000－1710－0006602　812.2/671　集部/別集類/清別集

通隱堂詩存四卷　(清)張京度撰　清同治六年(1867)五百梅花草堂刻本　二冊

330000－1710－0006604　812.2/676　集部/別集類/清別集

佚名詩不分卷　(清)□□撰　稿本　一冊

330000－1710－0006606　812.2/677　集部/別集類/漢魏六朝別集

靖節先生集十卷　(晉)陶潛撰　(清)陶澍注　**靖節先生集諸本序錄一卷**　(清)陶澍編輯　**靖節先生年譜攷異二卷**　(清)陶澍撰　清光緒九年(1883)江蘇書局刻本　四冊

330000－1710－0006607　善 0012　集部/總集類/選集之屬/斷代

明詩綜一百卷　(清)朱彝尊輯　(清)汪森等評　清康熙刻雍正朱氏六峯閣印本　三十冊　存九十五卷(一至三十四、四十至一百)

330000－1710－0006608　812.2/678　集部/別集類/清別集

秋樹讀書樓遺集十六卷　(清)史善長撰　清道光十六年(1836)柳樹芳勝溪草堂刻本

四冊

330000－1710－0006609　812.2/679　集部/別集類/清別集
板橋集五種　(清)鄭燮撰　清同治七年(1868)大文堂刻本　四冊

330000－1710－0006611　812.2/680　集部/別集類/清別集
十杉亭帖體詩鈔五卷續編二卷　(清)吴楷撰　清道光六年(1826)九年(1829)左竹山房刻本　二冊　存四卷(二至五)

330000－1710－0006612　普0000335　集部/總集類/彙編之屬
國朝八家四六文鈔八種　(清)吴鼒編　清較經堂刻本　一冊　存一種

330000－1710－0006614　普0000336　經部/小學類/文字之屬/説文/專著
説文古籀補十四卷補遺一卷附録一卷　(清)吴大澂撰　清光緒十年(1884)石印本　一冊

330000－1710－0006615　普0000337　經部/叢編
十三經讀本一百五十二卷　(清)□□編　清同治金陵書局刻本　四冊　存一種

330000－1710－0006616　普0000338　經部/叢編
漢魏二十一家易注三十三卷　(清)孫堂輯　清嘉慶四年(1799)平湖孫堂映雪草堂刻本　一冊　存五種

330000－1710－0006617　812.2/684　集部/別集類/清別集
香葉草堂詩存一卷　(清)羅聘撰　清嘉慶元年(1796)刻道光十四年(1834)印本　一冊

330000－1710－0006620　善0013　集部/總集類/選集之屬/斷代
明詩綜一百卷　(清)朱彝尊輯　(清)汪森等評　清康熙刻本(卷四十五至四十七配清抄本)　六冊　存二十二卷(四十至四十二、四十五至四十九、七十二至八十、八十八至九十二)

330000－1710－0006621　812.2/687　集部/別集類/宋別集
南軒先生詩集七卷詞一卷賦一卷　(宋)張栻撰　清抄本　一冊

330000－1710－0006622　普000340　子部/小説家類/異聞之屬
神州雜俎不分卷　清石印本　一冊

330000－1710－0006623　812.2/688－1　史部/史評類/詠史之屬
明史雜詠四卷　(清)嚴遂成撰　清乾隆刻本　一冊

330000－1710－0006625　812.2/688－2　集部/別集類/清別集
紫亭詩鈔二卷續鈔一卷　(清)李辰垣撰　清道光十六年(1836)李鈞刻本　二冊

330000－1710－0006626　普0000342　史部/叢編之屬
石鼓文定本五種　(清)沈梧撰　清光緒十六年(1890)沈氏古華山館刻本　五冊

330000－1710－0006628　普0000344　新學/農政
湖北農學十二種　(清)湖北農務局譯　清光緒湖北農務局石印本　一冊　存一種

330000－1710－0006629　善0014　集部/總集類/選集之屬/斷代
明詩綜一百卷　(清)朱彝尊輯　(清)汪森等評　清康熙刻雍正朱氏六峯閣印本　十一冊　存五十二卷(二十七至四十三、四十八至五十一、五十五至五十八、七十二至九十二、九十五至一百)

330000－1710－0006630　善0015　集部/總集類/選集之屬/斷代
明詩綜一百卷　(清)朱彝尊輯　(清)汪森等評　清康熙刻雍正朱氏六峯閣印本　四冊　存十二卷(四十至四十一、五十四至五十六、七十四至八十)

330000－1710－0006632　812.2/690　集部/別集類/清別集

澤雅堂詩集六卷　(清)施補華撰　清同治十一年(1872)刻本　二册

330000－1710－0006633　812.2/691　集部/別集類/清別集
賜書樓詩草一卷　(清)胡亦常撰　清嘉慶十八年(1813)刻本　一册

330000－1710－0006634　善0016　集部/總集類/選集之屬/斷代
明詩綜一百卷　(清)朱彝尊輯　(清)汪森等評　清康熙刻雍正朱氏六峯閣印本　十八册　存五十九卷(一至七、十二至十八、二十一、二十二、二十七至三十二、四十二至四十三、四十八至五十、五十六至六十一、六十五至六十七、七十六至七十八、八十一至一百)

330000－1710－0006635　812.2/692　集部/別集類/清別集
思誤齋詩鈔二卷附詩餘一卷　(清)章簡撰　清光緒二十六年(1900)刻本　一册　存二卷(一至二)

330000－1710－0006636　812.2/693　集部/詞類/詞話之屬
白雨齋詞話八卷詞存一卷詩鈔一卷　(清)陳廷焯撰　清光緒二十年(1894)海寧許正詩等刻本　一册　缺八卷(詞話一至八)

330000－1710－0006637　812.2/694　集部/詩文評類/詩評之屬
聲調前譜一卷後譜一卷談龍錄一卷　(清)趙執信撰　清抄本　一册

330000－1710－0006638　普000341　類叢部/叢書類/自著之屬
東海褰冥氏三十以前舊學四種　(清)譚嗣同撰　清光緒二十八年(1902)石印本　一册　存一種

330000－1710－0006645　普0000345　經部/易類/傳說之屬
周易述四十卷　(清)惠棟集注並疏　清乾隆二十五年(1760)德州盧見曾雅雨堂刻本(卷八、二一、二十六、二十九至三十原缺,卷二十四至二十五、二十七至二十八、三十一至四十未刻)　八册

330000－1710－0006647　善0019　集部/別集類/清別集
曝書亭集八十卷附錄一卷　(清)朱彝尊撰
笛漁小稾十卷　(清)朱昆田撰　清康熙五十三年(1714)朱稻孫刻雍正印本　六册　存四十卷(一至二十四、三十三至四十、四十九至五十六)

330000－1710－0006650　善0020　集部/別集類/清別集
曝書亭集八十卷附錄一卷　(清)朱彝尊撰
笛漁小稾十卷　(清)朱昆田撰　清康熙五十三年(1714)朱稻孫刻雍正印本　十一册　存六十卷(一至二十六、四十三至五十一、五十六至八十)

330000－1710－0006662　812.2/713　集部/別集類/清別集
淡韵樓詩一卷　(清)許誦珠撰　清光緒三十三年(1907)刻本　一册

330000－1710－0006664　普0000347　子部/儒家類/儒學之屬/蒙學
小學集注六卷　(明)陳選集注　清同治六年(1867)金陵書局刻本　二册

330000－1710－0006670　善0017　集部/別集類/清別集
曝書亭集八十卷附錄一卷　(清)朱彝尊撰
笛漁小稾十卷　(清)朱昆田撰　清康熙五十三年(1714)朱稻孫刻本　二册　存八卷(三十二至三十五、五十二至五十五)

330000－1710－0006671　普0000348　子部/儒家類/儒學之屬/蒙學
小學集注六卷　(明)陳選集注　清同治六年(1867)金陵書局刻本　二册

330000－1710－0006673　善0018　集部/別集類/清別集
曝書亭集八十卷附錄一卷　(清)朱彝尊撰
笛漁小稾十卷　(清)朱昆田撰　清康熙五十

三年(1714)朱稻孫刻本　三冊　存十四卷(四十二至五十五)

330000－1710－0006675　普 000349　史部/史抄類

史事簡鈔四卷　(清)邵大緯輯　清道光十年(1830)刻本　六冊

330000－1710－0006676　普 0000350　集部/別集類/明別集

太師誠意伯劉文成公集二十卷首一卷　(明)劉基撰　清康熙劉元奇刻雍正萬里補刻乾隆括芝南田果育堂印本　十冊

330000－1710－0006677　善 0021　史部/地理類/山川之屬/山志

廣雁蕩山志二十八卷首一卷末一卷　(清)曾唯輯　清乾隆五十五年(1790)曾唯依綠園刻本　五冊　缺十一卷(二至九、二十三至二十五)

330000－1710－0006678　普 0000351　類叢部/叢書類/彙編之屬

正誼堂全書六十三種續刻五種　(清)張伯行編　(清)楊浚重編　清同治五年(1866)福州正誼書院刻同治八年至光緒十三年(1869－1887)續刻本　二冊　存一種

330000－1710－0006679　普 0000352　集部/別集類/清別集

漁洋山人精華錄箋注十二卷補一卷附年譜一卷　(清)王士禛撰　(清)金榮箋注　(清)徐淮纂輯　清康熙五十一年(1712)鳳翽堂刻乾隆二年(1737)印本　六冊

330000－1710－0006680　善 0022　史部/紀事本末類/斷代之屬

三藩紀事本末四卷　(清)楊陸榮撰　清康熙五十六年(1717)刻雍正印本　一冊　存二卷(一至二)

330000－1710－0006681　普 0000353　經部/小學類/文字之屬/字書

小斅荅問一卷　章炳麟撰　清宣統元年(1909)刻本　一冊

330000－1710－0006682　普 0000354　集部/別集類/唐五代別集

比紅兒詩一卷　(唐)羅虬撰　清抄本　一冊

330000－1710－0006686　善 0024　經部/易類/傳說之屬

周易本義經二卷傳十卷易圖一卷五贊一卷筮儀一卷　(宋)朱熹撰　清康熙至雍正內府影刻宋咸淳吳革本　二冊　缺一卷(周易本義經二)

330000－1710－0006689　普 0000355　集部/小說類/長篇之屬

西遊真詮一百回　(清)陳士斌詮解　清刻本　一冊　存五回(九十六至一百)

330000－1710－0006691　普 0000356　集部/小說類/長篇之屬

西遊原旨二十四卷一百回　(清)劉一明解　清嘉慶二十四年(1819)常德縣同善社刻本　二十三冊

330000－1710－0006693　善 0023　史部/詔令奏議類/詔令之屬

雍正上諭不分卷(存元年至七年)　(清)世宗胤禛撰　(清)允祿等編　清雍正至乾隆刻本　十八冊

330000－1710－0006694　普 0000357　集部/小說類/長篇之屬

東周列國全志二十三卷一百八回　(清)蔡奡評點　清英德堂刻本　二十三冊　缺一卷(二十二)

330000－1710－0006695　812.2/738　集部/別集類/唐五代別集

白香山詩長慶集二十卷後集十七卷別集一卷補遺二卷　(唐)白居易撰　(清)汪立名編訂　**白香山年譜舊本一卷**　(宋)陳振孫撰　**白香山年譜一卷**　(清)汪立名撰　清康熙四十一年至四十二年(1702－1703)汪立名一隅草堂刻本　十二冊

330000－1710－0006696　812.2/740　類叢部/叢書類/自著之屬

翦秋簃叢書□□種　(清)史久榕撰　清光緒十六年(1890)刻本　一册　存一種

330000－1710－0006699　812.2/742　集部/別集類/宋別集
寇忠愍公詩集三卷　(宋)寇準撰　清擁百廬抄本　一册

330000－1710－0006704　812.2/739　集部/別集類/清別集
躬厚堂集二十五卷　(清)張金鏞撰　清同治三年至光緒四年(1864－1878)刻本　清許瑤光題記　二册　缺八卷(雜文一至八)

330000－1710－0006705　普000360　子部/雜著類/雜纂之屬
酬世名筆五卷　周星魁編次　清抄本　六册

330000－1710－0006707　善0025　集部/總集類/彙編之屬
宋詩鈔初集八十四種　(清)吕留良　(清)吴之振　(清)吴爾堯編　清康熙十年(1671)洲錢吴氏鑑古堂刻本　沈曾植題記　三册　存八種

330000－1710－0006708　普0000361　集部/小説類/長篇之屬
第一才子書三國志演義三卷一百二十回三國志演義第一才子書不分卷一百二十回　(明)羅本撰　清抄本　二册

330000－1710－0006710　普0000363　集部/總集類/題詠之屬
國朝詠物詩選一卷　清抄本　一册

330000－1710－0006711　普0000364　子部/雜著類/雜説之屬
輟耕錄三十卷　(明)陶宗儀撰　明刻清初廣文堂印本　八册

330000－1710－0006713　普0000366　集部/別集類/清別集
醉吟草六卷　(清)劉大容撰　(清)孫鍾選　清咸豐元年(1851)紫芝草堂刻本　一册

330000－1710－0006714　812.2/745　集部/別集類/清別集
鐵硯山房稿一卷　(清)鄧石如撰　清刻本　一册

330000－1710－0006715　善0026　集部/總集類/彙編之屬
宋詩鈔初集八十四種　(清)吕留良　(清)吴之振　(清)吴爾堯編　清康熙十年(1671)洲錢吴氏鑑古堂刻本　一册　存三種

330000－1710－0006716　普0000367　集部/詞類/別集之屬
太素齋詞鈔二卷　(清)勸方錡撰　清光緒十年(1884)陳仲泉刻本　一册

330000－1710－0006720　812.2/747　集部/別集類/清別集
浦南白屋詩稿二卷　(清)丁宜福撰　清光緒六年(1880)茸城顧文善刻本　一册

330000－1710－0006722　善0027　集部/總集類/彙編之屬
宋詩鈔初集八十四種　(清)吕留良　(清)吴之振　(清)吴爾堯編　清康熙十年(1671)洲錢吴氏鑑古堂刻本　二册　存七種

330000－1710－0006727　善0028　集部/總集類/彙編之屬
宋詩鈔初集八十四種　(清)吕留良　(清)吴之振　(清)吴爾堯編　清康熙十年(1671)洲錢吴氏鑑古堂刻本　二册　存七種

330000－1710－0006728　812.2/753　集部/別集類/清別集
燼餘居唫艸一卷　(清)蒯文佩撰　稿本　一册

330000－1710－0006729　善0029　集部/總集類/彙編之屬
宋詩鈔初集八十四種　(清)吕留良　(清)吴之振　(清)吴爾堯編　清康熙十年(1671)洲錢吴氏鑑古堂刻本　六册　存二十種

330000－1710－0006730　812.2/758　集部/別集類/清別集
吕晚邨詩一卷　(清)吕留良撰　清抄本

一册

330000－1710－0006731　普 0000371　集部/總集類/選集之屬/斷代
唐人萬首絕句選七卷　(清)王士禛輯　清光緒二十三年(1897)金陵書局刻本　二册

330000－1710－0006732　812.2/754　集部/別集類/宋別集
姜白石集九卷集外詩一卷　(宋)姜夔撰　**附錄諸賢酬贈詩一卷**　清鮑廷博知不足齋刻本　清退菴批　二册　存八卷(白石道人詩集一至二、集外詩一、白石道人歌曲一至四、別集一)

330000－1710－0006734　812.4/2　集部/詞類/類編之屬
宋名家詞六十一種九十卷　(明)毛晉編　明崇禎虞山毛氏汲古閣刻本　一册　存二種

330000－1710－0006735　812.4/1　集部/詞類/別集之屬
六一詞一卷　(宋)歐陽修撰　明崇禎虞山毛氏汲古閣刻宋名家詞本　董巽觀　姚寶令題記　二册　存一種

330000－1710－0006736　812.2/757　集部/別集類/清別集
玉笙樓詩續錄一卷　(清)沈壽榕撰　清光緒十年(1884)刻本　一册

330000－1710－0006738　善 0030　集部/總集類/彙編之屬
宋詩鈔初集八十四種　(清)呂留良　(清)吳之振　(清)吳爾堯編　清康熙十年(1671)洲錢吳氏鑑古堂刻本　十三册　存三十六種

330000－1710－0006740　812.4/18　集部/詞類/別集之屬
太素齋詞鈔二卷　(清)勒方錡撰　清光緒十年(1884)陳仲泉刻本　一册

330000－1710－0006741　812.4/3　集部/詞類/別集之屬
夢窗甲乙丙丁稿四卷補遺一卷　(宋)吳文英撰　**重校夢窗詞札記一卷**　朱祖謀撰　清光緒三十四年(1908)歸安朱祖謀無著盦刻本　一册

330000－1710－0006742　812.4/4　集部/詞類/別集之屬
夢窗甲乙丙丁稿四卷補遺一卷　(宋)吳文英撰　**重校夢窗詞札記一卷**　朱祖謀撰　清光緒三十四年(1908)歸安朱祖謀無著盦刻本　董巽觀題記　一册　存二卷(一至二)

330000－1710－0006743　812.4/7　集部/詞類/類編之屬
詞學叢書六種　(清)秦恩復編　清嘉慶至道光秦氏享帚精舍刻本　一册

330000－1710－0006744　812.4/19　類叢部/叢書類/彙編之屬
榆園叢刻十五種附一種　(清)許增編　清同治至光緒刻本　二册　存一種

330000－1710－0006745　812.4/8　集部/詞類/別集之屬
夢玉詞一卷　(清)陳斐之撰　清道光四年(1824)刻本　一册

330000－1710－0006746　812.4/9　集部/別集類/清別集
飲水詩集一卷詞集一卷　(清)納蘭成德撰　清道光刻本　一册

330000－1710－0006747　812.4/11　集部/詞類/別集之屬
楞華室詞鈔二卷　(清)沈世良撰　清咸豐四年(1854)刻本　一册

330000－1710－0006748　善 0031　集部/別集類/清別集
敬齋文集十二卷補編一卷　(清)吳高增撰　清乾隆刻本　一册　缺六卷(一至六)

330000－1710－0006749　812.4/12　類叢部/叢書類/彙編之屬
懷豳雜俎十二種　徐乃昌編　清光緒至宣統南陵徐氏刻本　一册　存一種

330000－1710－0006750　普 0000373　史部/

政書類/公牘檔冊之屬

郡堂徵信錄不分卷　(清)杜子瀾題　清光緒七年(1881)刻本　一冊

330000－1710－0006751　普 0000374　類叢部/叢書類/彙編之屬

半厂叢書初編十種　(清)譚獻編　清同治至光緒仁和譚氏刻本　四冊　存一種

330000－1710－0006752　812.4/13　類叢部/叢書類/自著之屬

靈芬館集十種　(清)郭麐撰　清嘉慶至道光刻本　一冊　存一種

330000－1710－0006753　812.4/14　類叢部/叢書類/自著之屬

靈芬館集十種　(清)郭麐撰　清嘉慶至道光刻本　一冊　存一種

330000－1710－0006754　普 0000375　經部/詩類/三家詩之屬

韓詩外傳十卷　(漢)韓嬰撰　(清)趙懷玉　(清)周廷寀校注　**補逸一卷**　(清)趙懷玉輯　**校注拾遺一卷**　(清)周宗杬撰　清光緒元年(1875)盱眙吳氏望三益齋刻本　四冊

330000－1710－0006755　812.4/15　類叢部/叢書類/自著之屬

香禪精舍集十種附一種另附四種　(清)潘鍾瑞撰　清光緒長洲潘氏香禪精舍刻本　二冊　存一種

330000－1710－0006756　善 0032　集部/別集類/清別集

邵子湘全集三十卷　(清)邵長蘅撰　清康熙三十二年至三十八年(1693－1699)青門艸堂刻本　一冊　存四卷(青門旅稾三至六)

330000－1710－0006757　812.4/20　集部/詞類/別集之屬

彊邨詞四卷　朱祖謀撰　清光緒三十一年(1905)刻本　二冊

330000－1710－0006759　普 0000376　集部/別集類/唐五代別集

昌黎先生詩增註証訛十一卷　(唐)韓愈撰　(清)黃鉞增注証訛　**昌黎先生年譜一卷**　(清)黃鉞編　清道光二十八年(1848)黃中民刻咸豐七年(1857)四明鮑氏二客軒印本　八冊

330000－1710－0006761　普 0000377　集部/總集類/選集之屬/斷代

重訂唐詩別裁集二十卷　(清)沈德潛輯　清乾隆刻本　十冊

330000－1710－0006762　812.4/27　集部/詞類/別集之屬

攓雲閣詞一卷　(清)徐灝撰　清宣統三年(1911)南京刻民國十四年(1925)北京補刻朱印本　一冊

330000－1710－0006763　812.4/22　集部/詞類/別集之屬

水雲樓詞續一卷　(清)蔣春霖撰　清同治十二年(1873)刻本　董巽觀題跋並題記　一冊

330000－1710－0006764　普 0000378　類叢部/叢書類/彙編之屬

經策通纂二種　(清)吳潁炎　(清)陳通聲等纂　清光緒十四年(1888)上海點石齋石印本　十六冊　存一種

330000－1710－0006766　善 0034　集部/別集類/清別集

曝書亭集詩註二十四卷　(清)朱彝尊撰　(清)楊謙注　**年譜一卷**　(清)楊謙撰　清楊氏木山閣刻本(卷二十三至二十四原缺)　七冊　存十九卷(一至十九)

330000－1710－0006767　善 0033　集部/別集類/清別集

曝書亭集詩註二十四卷　(清)朱彝尊撰　(清)楊謙注　**年譜一卷**　(清)楊謙撰　清楊氏木山閣刻本(卷二十三至二十四原缺)　一冊　存三卷(四至六)

330000－1710－0006769　812.4/23　集部/詞類/別集之屬

眉綠樓詞八卷　(清)顧文彬撰　清光緒十年(1884)元和顧氏刻本　一冊　存一種(跨鶴

吹笙譜一卷)

330000－1710－0006770　812.4/24　集部/詞類/别集之屬
濯絳宧存稾一卷　劉毓盤撰　清宣統元年(1909)刻本　一册

330000－1710－0006771　812.4/24－1　集部/詞類/别集之屬
濯絳宧存稾一卷　劉毓盤撰　清宣統元年(1909)刻本　一册

330000－1710－0006772　812.4/24－3　集部/詞類/别集之屬
濯絳宧存稾一卷　劉毓盤撰　清宣統元年(1909)刻本　一册

330000－1710－0006773　812.4/25　類叢部/叢書類/自著之屬
大鶴山房全書十種　鄭文焯撰　清光緒至民國刻民國九年(1920)蘇州交通圖書館彙印本　二册　存二種

330000－1710－0006775　善0035　子部/農家農學類/園藝之屬/總志
二如亭群芳譜二十九卷首一卷　(明)王象晉撰　明末刻本　四册　存六卷(首、天譜一、花譜二至四、卉譜一)

330000－1710－0006777　812.4/34　集部/詞類/别集之屬
蘇菴詩餘五卷　(清)唐壎撰　清同治十二年(1873)福州吳玉田刻本　阿硯題記并批　二册

330000－1710－0006778　812.4/33　集部/詞類/别集之屬
種水詞四卷　(清)曹言純撰　清道光十一年(1831)由卷徵賢堂刻本　一册　存二卷(步瑟集一至二)

330000－1710－0006780　善0036　子部/農家農學類/園藝之屬/總志
二如亭群芳譜二十九卷首一卷　(明)王象晉撰　明末刻清康熙重修本　八册　存二十卷(天譜三、歲譜一至四、果譜二至四、竹譜一、茶譜一、桑麻葛譜一、棉譜一、藥譜一至三、木譜一至二、花譜一、穀譜一、蔬譜一)

330000－1710－0006781　普0000379　類叢部/叢書類/自著之屬
養餘齋全集四種附三種　(清)柳樹芳撰　清道光中勝溪草堂刻本　一册　存一種

330000－1710－0006782　812.4/43　集部/别集類/清别集
拙宜園集二卷　(清)黄燮清撰　清咸豐六年(1856)刻本　一册

330000－1710－0006784　普000381　集部/小説類/長篇之屬
繪圖費娥劍不分卷　(清)蔣景緘撰　清宣統元年(1909)時事報館石印本　一册

330000－1710－0006785　普0000382　經部/四書類/論語之屬/傳説
二論詳解四卷　(清)劉忠輯　清李光明莊刻本　二册　存二卷(二至三)

330000－1710－0006786　普0000383　類叢部/叢書類/彙編之屬
半厂叢書初編十種　(清)譚獻編　清同治至光緒仁和譚氏刻本　一册　存一種

330000－1710－0006788　812.4/45　集部/詞類/别集之屬
香銷酒醒詞一卷附曲一卷　(清)趙慶熺撰　清同治七年(1868)西泠王氏刻本　一册

330000－1710－0006790　普0000384　集部/别集類/清别集
一指窩詩録一卷詩餘一卷　(清)釋達塵撰　清道光二十四年(1844)刻本　一册　存一卷(詩録)

330000－1710－0006791　普0000385　類叢部/叢書類/自著之屬
西堂全集四種附一種　(清)尤侗撰　清康熙刻本　一册　存一種

330000－1710－0006792　善0037　集部/别集類/明别集

楊忠愍公集四卷 （明）楊繼盛撰 清康熙海陵朱氏刻本 一册 存二卷（一至二）

330000－1710－0006793 普0000386 經部/四書類/論語之屬/傳說

論語十卷 （宋）朱熹集注 清掃葉山房刻本 一册

330000－1710－0006797 812.4/37 集部/詞類/別集之屬

夢春廬詞一卷 （清）李貽德撰 **早花集一卷** （清）吴筠撰 清同治六年（1867）朱蘭刻本 一册

330000－1710－0006798 812.4/49 集部/詞類/別集之屬

葵窗詞稿一卷 （宋）周端臣撰 清光緒十四年（1888）刻藍印本 一册

330000－1710－0006799 812.4/50 集部/詞類/別集之屬

耨雲軒詞二卷 （清）馬汾撰 清道光二十八年（1848）嘉興馬夢餘家刻本 一册

330000－1710－0006800 812.4/51 集部/詞類/別集之屬

井華詞二卷 （清）沈景修撰 清光緒二十五年（1899）刻本 一册

330000－1710－0006803 812.4/38 集部/詞類/別集之屬

稻香館粲香詞四卷補遺一卷 （清）方受穀撰 清光緒十二年（1886）禾郡稻香館刻本 二册

330000－1710－0006805 812.4/39 集部/詞類/別集之屬

雙柏詞一卷 （清）金鴻佺撰 清宣統元年（1909）上海商務印書館鉛印本 一册

330000－1710－0006808 812.4/42 集部/別集類/清別集

倚晴樓集五種 （清）黄燮清撰 清咸豐至同治海鹽黄氏拙宜園刻本 一册 存一種

330000－1710－0006809 普0000387 經部/叢編

十三經註疏三百三十三卷 （明）□□輯 明崇禎元年至十二年（1628－1639）古虞毛氏汲古閣刻本 六册 存一種

330000－1710－0006810 普0000388 子部/醫家類/方書之屬/歷代方書

唐王燾先生外臺秘要方四十卷 （唐）王燾撰 清同治十三年（1874）廣東翰墨園刻本 十四册 存十四卷（二十七至四十）

330000－1710－0006811 812.4/55 集部/詞類/別集之屬

雪香龕詞草一卷 （清）汪世梅撰 清刻本 一册

330000－1710－0006812 812.4/56 集部/詞類/別集之屬

水流雲莊館草稾一卷 稿本 一册

330000－1710－0006814 善0038 集部/總集類/選集之屬/斷代

元詩選十集一百十卷首一卷 （清）顧嗣立輯 清康熙三十三年（1694）顧氏秀野草堂刻本 一册 存二集戊集六種

330000－1710－0006815 812.4/60 集部/詞類/別集之屬

聊齋詞一卷 （清）蒲松齡撰 清宣統二年（1910）上海國學扶輪社鉛印本 臧松年誌 一册

330000－1710－0006816 善0039 集部/總集類/選集之屬/斷代

元詩選十集一百十卷首一卷 （清）顧嗣立輯 清康熙三十三年（1694）顧氏秀野草堂刻本 九册 存一百零二種

330000－1710－0006819 812.5/1 集部/別集類/清別集

佩弦齋文存二卷首一卷駢文存一卷詩存一卷試帖存一卷律賦存一卷雜存二卷 （清）朱一新撰 清光緒二十二年（1896）葆真堂刻本 四册 存六卷（駢文存、詩存、試帖存、律賦存、雜存一至二）

330000－1710－0006820　812.5/7　集部/別集類/清別集

聊復齋律賦一卷　(清)□□撰　稿本　一冊

330000－1710－0006822　812.4/64　集部/別集類/清別集

璞齋集詩七卷詞一卷　(清)諸可寶撰　清光緒二十二年(1896)刻增修本　一冊　存一卷(詞)

330000－1710－0006823　812.5/2　集部/別集類/清別集

頤綵堂文集十六卷劍舟律賦二卷駢體文鈔二卷　(清)沈叔埏撰　清嘉慶二十三年(1818)沈維鐈武昌刻本　一冊　存二卷(劍舟律賦一至二)

330000－1710－0006824　812.5/9　集部/別集類/清別集

竹南精舍駢儷文稿一卷　(清)朱泰脩撰　清同治刻本　一冊

330000－1710－0006825　812.5/10　集部/別集類/清別集

虛白山房駢體文二卷詩集四卷　(清)朱鳳毛撰　清光緒十五年(1889)朱一新廣州刻本　二冊

330000－1710－0006828　812.5/16　集部/別集類/清別集

陳檢討集二十卷　(清)陳維崧撰　(清)程師恭注　清道光二年(1822)金閶步月樓刻本　六冊

330000－1710－0006830　812.5/18　集部/別集類

一山文存十二卷　章梫撰　清宣統鉛印本　一冊　存一卷(駢體一)

330000－1710－0006831　普0000392　子部/醫家類/婦科之屬/通論

女科證治準繩五卷　(明)王肯堂輯　清脩敬堂刻本　五冊

330000－1710－0006833　812.5/12　集部/別集類/清別集

越縵堂駢體文四卷散體文一卷　(清)李慈銘撰　清光緒二十三年(1897)常熟曾氏虛霩居刻本　四冊

330000－1710－0006836　普0000395　集部/別集類/宋別集

林和靖詩集四卷拾遺一卷　(宋)林逋撰　清宣統二年(1910)上海文瑞樓石印本　二冊

330000－1710－0006837　812.5/13　集部/別集類/清別集

湖唐林館駢體文二卷　(清)李慈銘撰　清光緒十年(1884)刻本　一冊

330000－1710－0006840　812.5/14　集部/別集類/清別集

怡雲廬駢體文一卷詩鈔一卷　(清)金安瀾撰　清同治九年(1870)滬城刻本　一冊

330000－1710－0006842　812.5/20　集部/別集類/清別集

蘇龕文錄二卷駢文錄五卷詩錄八卷詞錄一卷　(清)楊葆光撰　清光緒九年(1883)杭州刻本　一冊　存四卷(駢文錄二至五)

330000－1710－0006843　善0040　集部/別集類/明別集

茅鹿門先生文集三十六卷　(明)茅坤撰　明萬曆刻本　一冊　存二卷(三十五至三十六)

330000－1710－0006844　812.5/21　集部/別集類/清別集

示樸齋駢體文六卷　(清)錢振倫撰　清同治六年(1867)袁浦崇實書院刻本　一冊

330000－1710－0006845　812.5/22　類叢部/叢書類/自著之屬

蘉時山莊遺著四種　(清)吳修祜撰　清光緒十年至十五年(1884－1889)木活字印本　一冊

330000－1710－0006846　812.5/23　集部/別集類/清別集

有正味齋駢體文二十四卷　(清)吳錫麒撰　(清)王廣業箋　清咸豐九年(1859)青箱塾刻本　八冊

330000－1710－0006847　善 0041　集部/別集類/明别集

徐文長文集三十卷　(明)徐渭撰　(明)袁宏道批點　**四聲猿一卷**　(明)徐渭編　明萬曆四十二年(1614)鍾人傑刻本　一册　存四卷(一至四)

330000－1710－0006848　813/7　集部/總集類/選集之屬/通代

瀛奎律髓刊誤四十九卷　(元)方回輯　(清)紀昀勘誤　清嘉慶五年(1800)侯官李光垣雙桂堂刻本　八册

330000－1710－0006849　812.5/25　集部/别集類/清别集

有正味齋駢體文箋注十六卷補注一卷　(清)吴錫麒撰　(清)葉聯芬注　清道光二十年(1840)慈谿葉氏刻本　八册　存十六卷(一至十六)

330000－1710－0006850　普 0000398　史部/紀傳類/正史之屬

二十四史　清光緒二十八年(1902)史學會社石印本　二十册　存三種

330000－1710－0006851　善 0042　集部/别集類/宋别集

晦庵先生朱文公文集一百卷續集五卷别集七卷目錄二卷　(宋)朱熹撰　(清)臧眉錫等訂　清康熙二十七年(1688)蔡方炳刻本　十九册　存五十七卷(文集一至十、十五至二十七、三十四至四十、四十六至五十一、五十七至五十八、八十二至八十四、九十五至一百,續集一至三,别集一至七)

330000－1710－0006852　812.5/24　集部/别集類/清别集

有正味齋集十六卷詩續集八卷駢體文續集八卷詞續集二卷外集二卷　(清)吴錫麟撰　清嘉慶刻本　五册　存二十卷(詩續集一至八、駢體文續集一至八、詞續集一至二、外集一至二)

330000－1710－0006853　813/8　集部/詩文評類/詩評之屬

歷代詩話二十七種　(清)何文焕編　**歷代詩話考索一卷**　(清)何文焕撰　清乾隆三十五年(1770)何氏刻本　四册　存一種

330000－1710－0006855　812.5/26　集部/别集類/清别集

確山先生駢體文四卷　(清)宋世犖撰　清嘉慶二十五年(1820)李氏惜陰軒刻本　二册　存一種

330000－1710－0006856　普 0000399　史部/編年類/通代之屬

御批歷代通鑑輯覽一百二十卷　(清)傅恒等撰　(清)楊述曾等纂修　清光緒十八年(1892)上海書局石印本　二十四册

330000－1710－0006858　812.5/30　集部/總集類/選集之屬/通代

六朝文絜四卷　(清)許槤評選　清道光五年(1825)海昌許氏享金寶石齋刻本　清拜石題記　一册

330000－1710－0006859　善 0043　子部/農家農學類/園藝之屬/總志

佩文齋廣羣芳譜一百卷目錄二卷　(清)汪灝等撰　清康熙四十七年(1708)内府刻本　三十八册　存九十八卷(一至九十、九十三至九十六、九十九至一百、目錄上下)

330000－1710－0006860　普 0000402　類叢部/類書類/通類之屬

增廣留青新集二十四卷　(清)伊□□重編　(清)沈鼎銘　(清)馮善長校讎　清光緒二十五年(1899)石印本　十二册

330000－1710－0006861　普 0000403　子部/雜著類/雜説之屬

香祖筆記十二卷　(清)王士禛撰　清宣統三年(1911)上海掃葉山房石印本　四册

330000－1710－0006863　812.5/29　集部/别集類/清别集

大梅山館集五十五卷　(清)姚燮撰　清道光十三年至咸豐六年(1833－1856)大梅山館刻本　三册　存一種

330000－1710－0006866　813/3　集部/詩文評類/詩評之屬
元詩紀事二十四卷　陳衍輯　清光緒十二年(1886)侯官陳衍石遺室鉛印本　金蓉鏡記　六冊

330000－1710－0006867　813/4　集部/詩文評類/詩評之屬
苕溪漁隱叢話前集六十卷後集四十卷　(宋)胡仔撰　清乾隆五年至六年(1740－1741)楊佑啟耘經樓刻本　五冊　存五十卷(前集一至十、二十一至六十)

330000－1710－0006868　813/10　類叢部/叢書類/彙編之屬
小石山房叢書三十八種　(清)顧湘編　清道光刻同治十三年(1874)虞山顧氏補刻本　一冊　存二種

330000－1710－0006869　813/5　集部/詩文評類/詩評之屬
苕溪漁隱叢話前集六十卷後集四十卷　(宋)胡仔撰　清乾隆五年至六年(1740－1741)楊佑啟耘經樓刻本　二冊　存二十卷(後集二十一至四十)

330000－1710－0006870　813/6　集部/詩文評類/詩評之屬
詩人玉屑二十卷　(宋)魏慶之撰　清古松堂刻本　六冊

330000－1710－0006871　普0044　子部/農家農學類/園藝之屬/總志
佩文齋廣羣芳譜一百卷目錄二卷　(清)汪灝等撰　清康熙四十七年(1708)內府刻本　三十四冊　存七十卷(一至十、十三至十五、十八至四十、四十五至四十九、五十二至五十三、五十九至六十、六十四至六十七、七十三至八十三、八十七至八十八、九十一至九十五、九十八、目錄上下)

330000－1710－0006874　普0000405　集部/總集類/選集之屬/斷代
皇朝經世文編一百二十卷姓名總目二卷　(清)賀長齡輯　清光緒二十二年(1896)上海掃葉山房鉛印本　二十四冊

330000－1710－0006876　普0000406　子部/農家農學類/園藝之屬/總志
佩文齋廣羣芳譜一百卷目錄二卷　(清)汪灝等撰　清康熙四十七年(1708)內府刻本　四十七冊　存一百卷(一至一百)

330000－1710－0006877　813/17　集部/詩文評類/詩評之屬
匏廬詩話三卷　(清)沈濤撰　清道光二十年(1840)刻本　一冊

330000－1710－0006878　813/18　類叢部/叢書類/彙編之屬
張氏適園叢書七種　張鈞衡編　清宣統三年(1911)上海國學扶輪社鉛印本　一冊　存一種

330000－1710－0006879　普0000407　集部/總集類/選集之屬/斷代
皇朝經世文續編一百二十卷　(清)葛士濬輯　清光緒十四年(1888)上海圖書集成局鉛印本　三十二冊

330000－1710－0006880　813/19　集部/詩文評類/詩評之屬
停雲閣詩話八卷　(清)李家瑞撰　清咸豐五年(1855)刻本　二冊

330000－1710－0006882　813/21　集部/詩文評類/詩評之屬
小匏庵詩話十卷　(清)吳仰賢輯　清光緒八年(1882)刻本　六冊

330000－1710－0006884　813/22　集部/詩文評類/詩評之屬
射鷹樓詩話二十四卷　(清)林昌彝撰　清咸豐元年(1851)刻本　二冊　存八卷(一至八)

330000－1710－0006885　普0000409　集部/總集類/選集之屬/斷代
皇朝經世文續編一百二十卷　(清)葛士濬輯　清光緒二十四年(1898)上海書局石印本　二十冊

330000－1710－0006886　813/26　集部/詩文評類/詩評之屬

小滄浪詩話四卷　(清)张變承輯　清咸豐九年(1859)古汲郡賀氏藏真壽室刻本　二册

330000－1710－0006887　普0000410　集部/總集類/選集之屬/斷代

皇朝經世文編一百二十卷姓名總目二卷　(清)賀長齡輯　清光緒十五年(1889)上海廣百宋齋鉛印本　二十四册

330000－1710－0006888　813/27　集部/詩文評類/詩評之屬

帶經堂詩話三十卷首一卷　(清)王士禛撰　(清)張宗柟輯　清同治十二年(1873)廣州藏脩堂刻本　十二册

330000－1710－0006889　813/30　集部/詩文評類/詩評之屬

鄉詩摭譚正集十卷續十卷　(清)楊希閔撰　清宣統二年(1910)新建夏敬莊刻本　六册

330000－1710－0006890　813/31　集部/别集類/清别集

養一齋集二十六卷首一卷劄記九卷詞三卷詩話十卷李杜詩話三卷四書文不分卷試帖一卷　(清)潘德輿撰　清道光十六年(1836)刻本　四册　存十三卷(詩話一至十、李杜詩話一至三)

330000－1710－0006891　普0000411　集部/總集類/選集之屬/斷代

皇朝經世文續編一百二十卷　(清)葛士濬輯　清光緒十七年(1891)上海廣百宋齋鉛印本　二十四册

330000－1710－0006892　813/32　集部/詩文評類/詩評之屬

緝雅堂詩話二卷　(清)潘衍桐撰　清光緒十七年(1891)杭州刻本　一册

330000－1710－0006893　813/33　集部/詞類/詞話之屬

蓮子居詞話四卷　(清)吳衡照輯　清道光十二年(1832)錢唐汪氏振綺堂刻同治六年(1867)重修本　一册

330000－1710－0006894　813/34　集部/詞類/詞話之屬

蓮子居詞話四卷　(清)吳衡照輯　清同治九年(1870)永康胡氏退補齋刻本　董巽觀跋　二册

330000－1710－0006896　普0000412　集部/總集類/選集之屬/斷代

皇朝經世文編一百二十卷姓名總目二卷　(清)賀長齡輯　清光緒十五年(1889)上海廣百宋齋鉛印本　二十册

330000－1710－0006898　813/37　集部/詩文評類/文評之屬

文心雕龍十卷　(南朝梁)劉勰撰　(清)黄叔琳輯注　(清)紀昀評　清道光十三年(1833)盧坤兩廣節署刻朱墨套印本　四册

330000－1710－0006900　813/44　集部/詩文評類/文評之屬

四六叢話三十三卷選詩叢話一卷　(清)孫梅撰　清嘉慶三年(1798)吳興舊言堂刻本　十二册

330000－1710－0006901　813/38　史部/史評類/史論之屬

東萊先生古文關鍵二卷　(宋)吕祖謙評　(宋)蔡文子註　(清)徐樹屏考異　清光緒二十四年(1898)江蘇書局刻本　二册

330000－1710－0006902　普0000415　集部/總集類/選集之屬/斷代

國朝六家詩鈔八卷　(清)劉執玉選編　清宣統二年(1910)上海澄衷學堂石印本　六册

330000－1710－0006904　普0000417　類叢部/叢書類/自著之屬

隨園三十種　(清)袁枚撰　清刻本　九册　存四種

330000－1710－0006906　813/45　類叢部/叢書類/彙編之屬

海山仙館叢書五十六種　(清)潘仕成編　清道光二十五年至咸豐元年(1845－1851)番禺

潘氏刻光緒十一年(1885)增刻彙印本　四冊　存一種

330000－1710－0006907　813/46　類叢部/叢書類/自著之屬
惺齋先生雜著九種　(清)王元啟撰　清乾隆刻本　一冊　存一種

330000－1710－0006908　813/39　集部/總集類/選集之屬/通代
謝疊山先生文章軌範七卷　(宋)謝枋得輯　清光緒二十一年(1895)湖北官書處刻三色套印本　二冊

330000－1710－0006909　813/47　集部/詩文評類/郡邑之屬
全浙詩話五十四卷　(清)陶元藻輯　(清)陶廷珍　(清)陶廷琡編　清嘉慶元年(1796)怡雲閣刻本　四冊　存十卷(一、三十五至四十、五十二至五十四)

330000－1710－0006911　813/48　集部/詩文評類/詩評之屬
菱溪詩話一卷　(清)余宣撰　清同治三年(1864)刻本　一冊

330000－1710－0006912　普 0000420　集部/總集類/選集之屬/斷代
皇朝經世文編一百二十卷姓名總目二卷　(清)賀長齡輯　清光緒二十五年(1899)上海中西書局石印本　二十四冊　存六十二卷(一至五、二十一至二十五、三十六至四十、五十一至六十五、八十一至九十、一百一至一百二十、總目一至二)

330000－1710－0006913　813/40　類叢部/叢書類/自著之屬
古桐書屋六種　(清)劉熙載撰　清同治至光緒刻本　二冊　存一種

330000－1710－0006916　813/49　集部/詩文評類/詩評之屬
靜志居詩話二十四卷　(清)朱彝尊撰　(清)姚祖恩輯　清嘉慶二十四年(1819)錢塘姚祖恩扶荔山房刻本　一冊　存二卷(二十一至二十二)

330000－1710－0006917　813/43　新學/理學/文學
國文典二卷　(日本)兒島獻吉郎撰　(清)丁永鑄譯　清光緒三十一年(1905)上海文明書局鉛印本　二冊

330000－1710－0006918　普 0000421　類叢部/叢書類/彙編之屬
祕書廿一種　(清)汪士漢編　清嘉慶九年(1804)新安汪氏刻本　二冊　存六種

330000－1710－0006919　813/54　集部/詩文評類/詩評之屬
詩體明辨二十六卷　(清)徐師曾撰　清順治十五年(1658)還讀齋刻本　一冊　存三卷(八至十)

330000－1710－0006921　813/50　集部/總集類/彙編之屬
六朝四家全集　(清)胡鳳丹輯　清同治九年(1870)永康胡氏退補齋刻本　一冊　存一種

330000－1710－0006922　普 0000424　史部/政書類/職官之屬/官制
歷代職官表六卷　(清)黄本驥纂　清光緒八年(1882)王氏校刻本　二冊

330000－1710－0006923　813/51　類叢部/叢書類/自著之屬
靈芬館集十種　(清)郭麐撰　清嘉慶至道光刻本　一冊　存一種

330000－1710－0006924　普 0000425　子部/醫家類/綜合之屬/通論
醫方論四卷　(清)費伯雄撰　清同治五年(1866)耕心堂刻本　二冊

330000－1710－0006925　普 0000426　集部/別集類/清別集
甌北詩鈔十九卷　(清)趙翼撰　清同治十三年(1874)紅杏山房刻本　六冊

330000－1710－0006926　813/53　集部/詩文評類/詩評之屬

閩川閨秀詩話四卷　(清)梁章鉅撰　清道光二十九年(1849)刻本　一册　存二卷(三至四)

330000－1710－0006927　普 0000427　子部/儒家類/儒學之屬/性理
近思錄集解十四卷　(宋)葉采撰　清乾隆刻本　六册

330000－1710－0006928　普 0000428　集部/別集類/清別集
有正味齋集十六卷　(清)吳錫麒撰　清嘉慶刻本　四册

330000－1710－0006929　善 0045　史部/地理類/雜志之屬
日下舊聞四十二卷　(清)朱彝尊輯　(清)朱昆田補遺　清康熙二十六年至二十七年(1687－1688)刻本　二册　存六卷(三十七至四十二)

330000－1710－0006930　813/55　集部/詩文評類/詩評之屬
新刻詩學大成二十四卷　(明)李攀龍輯　明刻本　二册　存十卷(十五至二十四)

330000－1710－0006931　813/56　集部/總集類/選集之屬/斷代
國朝駢體正宗評本十二卷補編一卷　(清)曾燠輯　(清)姚燮評　(清)張壽榮參　清光緒十一年(1885)鎮海張氏花雨樓刻朱墨套印本　二册　存四卷(三至四、七至八)

330000－1710－0006932　善 0046　集部/別集類/清別集
漁洋山人精華錄箋注十二卷補一卷附年譜一卷　(清)王士禛撰　(清)金榮箋注　(清)徐淮纂輯　清康熙五十一年(1712)鳳翽堂刻乾隆二年(1737)印本　二册　存六卷(附錄、年譜、一至三、五)

330000－1710－0006933　813/57　集部/詩文評類/詩評之屬
隨園詩話十六卷補遺十卷　(清)袁枚撰　清道光二十四年(1844)聚盛堂刻本　五册　存十卷(一至十)

330000－1710－0006934　普 0000429　集部/別集類/漢魏六朝別集
庾子山集十六卷總釋一卷　(北周)庾信撰　(清)倪璠註　**年譜一卷**　(清)倪璠撰　清金閶書業堂刻本　十二册

330000－1710－0006935　善 0047　集部/戲劇類/總集之屬/雜劇
清容外集九種　(清)蔣士銓撰　清乾隆蔣氏紅雪樓刻本　一册　存一種

330000－1710－0006938　813/59　類叢部/叢書類/彙編之屬
函海一百五十二種　(清)李調元編　清乾隆綿州李氏萬卷樓刻嘉慶十四年(1809)李鼎元道光五年(1825)李朝夔重校補刻本　三册　存一種

330000－1710－0006940　普 0000431　集部/曲類/曲選之屬
重訂綴白裘新集合編十二集四十八卷　(清)玩花主人輯　(清)錢德蒼增輯　清嘉慶十八年(1813)刻本　三十二册

330000－1710－0006941　普 0000432　史部/史抄類
二十一史約編八卷首一卷　(清)鄭元慶撰　清紫文閣刻本　六册　缺二卷(石、絲)

330000－1710－0006942　普 0000433　子部/藝術類/篆刻之屬/印譜
雪廬百印不分卷續不分卷　(清)王琛輯並注　清光緒二十五年(1899)刻鈐印本　二册

330000－1710－0006943　善 0048　集部/總集類/選集之屬/斷代
元白長慶集一百四十一卷　(明)馬元調編　明萬曆三十二年至三十四年(1604－1606)松江馬元調魚樂軒刻本　十三册　存六十四卷(白氏長慶集目錄一至二、一至十八、二十三至六十五、附錄)

330000－1710－0006945　813/64　集部/詩文評類/詩評之屬

眉山詩案廣證六卷　(清)張鑑撰　清光緒十年(1884)江蘇書局刻本　二册

330000－1710－0006947　善0049　史部/紀事本末類/通代之屬
繹史一百六十卷附世系圖一卷年表一卷　(清)馬驌撰　清康熙刻本　二十五册　存八十卷(世系圖、年表、一至七、十四至三十、四十至四十四、五十一至五十五、八十一至八十六、八十九至一百二十六)

330000－1710－0006948　814.1/8　子部/小說家類/異聞之屬
仙蹤記略三卷補遺一卷續集三卷續集補遺一卷　(清)張鶴輯　清光緒八年(1882)刻本　八册

330000－1710－0006949　814.1/1　子部/小說家類/異聞之屬
拾遺記十卷　(晉)王嘉撰　(南朝梁)蕭綺錄　明刻本　一册

330000－1710－0006950　814.1/5　史部/傳記類/别傳之屬/事狀
吕祖全傳一卷　(唐)吕洞賓撰　(清)汪象旭輯　清光緒十一年(1885)刻本　四册

330000－1710－0006951　814.1/11　子部/小說家類/異聞之屬
珠邨談怪十卷續集二卷　(清)朱翊清撰　清光緒二十年(1894)上海崇文書局石印本　四册

330000－1710－0006952　814.1/12　子部/小說家類/異聞之屬
夜譚隨錄十二卷　(清)霽園主人撰　清光緒十三年(1887)鴻寶齋石印本　二册

330000－1710－0006954　善0050　史部/紀事本末類/通代之屬
繹史一百六十卷附世系圖一卷年表一卷　(清)馬驌撰　清康熙刻本　十三册　存七十三卷(二十七至四十三、四十九至六十七、一百二十至一百四十三、一百四十八至一百六十)

330000－1710－0006956　814.1/13　子部/小說家類/異聞之屬
諧鐸十二卷　(清)沈起鳳撰　清光緒二十一年(1895)上海書局石印本　四册

330000－1710－0006959　814.1/10　子部/小說家類/異聞之屬
燕山外史二卷　(清)陳球撰　清醇雅堂刻本　一册

330000－1710－0006960　普0000436　集部/别集類/宋别集
蘇文忠公詩編註集成四十六卷集成總案四十五卷諸家雜綴酌存一卷蘇海識餘四卷牋詩圖一卷　(清)蘇軾撰　(清)王文誥輯注　清嘉慶二十四年(1819)武林王氏韻山堂刻道光補刻本　二十四册

330000－1710－0006961　普0000437　集部/别集類/宋别集
王臨川全集一百卷目錄二卷　(宋)王安石撰　清光緒九年(1883)聽香館刻本　十六册

330000－1710－0006963　善0051　集部/總集類/郡邑之屬
續檇李詩繫四十卷　(清)胡昌基輯　清宣統三年(1911)刻本　二十册

330000－1710－0006966　善0052　集部/總集類/郡邑之屬
鴛水聯唫集二十卷　(清)岳鴻慶撰　清道光二十一年(1841)刻本　四册

330000－1710－0006967　善0053　新學/政治法律/刑法
新刑律修正案彙錄不分卷　勞乃宣編　清宣統二年(1910)鉛印本　一册

330000－1710－0006968　善0054　新學/政治法律/刑法
新刑律修正案彙錄不分卷　勞乃宣編　清宣統二年(1910)鉛印本　一册

330000－1710－0006969　善0055　集部/詞類/别集之屬
曝書亭集詞註七卷　(清)朱彝尊撰　(清)李

富孫注　清嘉慶十九年(1814)嘉興李氏校經廎刻道光九年(1829)補刻本　四册

330000－1710－0006970　814.1/15　集部/小說類/短篇之屬
淞隱漫錄十二卷　(清)王韜撰　清光緒十年(1884)上海點石齋石印本　八册

330000－1710－0006972　814.1/18　子部/小說家類/異聞之屬
天涯聞見錄四卷　(清)魏祝亭撰　清光緒二十二年(1896)積山書局石印本　四册

330000－1710－0006973　814.1/19　子部/小說家類/異聞之屬
拍案驚異十八卷　(清)程世爵撰　清光緒二十二年(1896)上海福記石印本　四册

330000－1710－0006974　善0056　集部/詞類/別集之屬
曝書亭集詞註七卷　(清)朱彝尊撰　(清)李富孫注　清嘉慶十九年(1814)嘉興李氏校經廎刻道光九年(1829)補刻本　四册

330000－1710－0006975　善0057　集部/詞類/別集之屬
曝書亭集詞註七卷　(清)朱彝尊撰　(清)李富孫注　清嘉慶十九年(1814)嘉興李氏校經廎刻道光九年(1829)補刻本　四册

330000－1710－0006976　814.1/20　子部/小說家類/諧謔之屬
笑談新錄六卷　(清)繆蓮仙撰　清光緒二十四年(1898)上海書局石印本　六册

330000－1710－0006977　814.1/21　子部/小說家類/異聞之屬
才情集十卷　(明)吳敬所輯　清光緒二十年(1894)上海晉記書莊鉛印本　四册

330000－1710－0006978　善0058　集部/詞類/別集之屬
曝書亭集詞註七卷　(清)朱彝尊撰　(清)李富孫注　清嘉慶十九年(1814)嘉興李氏校經廎刻道光九年(1829)補刻本　四册

330000－1710－0006979　普0000441　集部/別集類/明別集
楊忠愍公集四卷附靈驗記一卷　(明)楊繼盛撰　清光緒十一年(1885)刻本　一册　存四卷(一至四)

330000－1710－0006980　普0000442　集部/別集類/清別集
椽筆樓詩初集二卷　(清)胡鉉撰　清宣統三年(1911)國光書局鉛印本　二册

330000－1710－0006981　814.1/22　集部/小說類/短篇之屬
閨閣才子奇書十二卷首一卷　(清)鴛湖煙水散人撰　清光緒十九年(1893)石印本　四册

330000－1710－0006982　普0000443　集部/別集類/漢魏六朝別集
庾子山集十六卷總釋一卷　(北周)庾信撰　(清)倪璠註　**年譜一卷**　(清)倪璠撰　清道光十九年(1839)同文堂刻本　十二册

330000－1710－0006983　814.1/26　集部/小說類/長篇之屬
劉淵亭大帥事實三十二回　(清)管斯駿撰　清光緒二十一年(1895)石印本　四册

330000－1710－0006984　善0059　集部/詞類/別集之屬
曝書亭集詞註七卷　(清)朱彝尊撰　(清)李富孫注　清嘉慶十九年(1814)嘉興李氏校經廎刻道光九年(1829)補刻本　四册

330000－1710－0006985　814.1/29　集部/小說類/長篇之屬
前七國孫龐演義四卷二十回　清石印本　一册　存二卷(三至四)

330000－1710－0006986　814.1/23　子部/小說家類/異聞之屬
游俠異聞初集四卷　(清)張文澤輯　清光緒二十一年(1895)凌雲閣石印本　八册

330000－1710－0006987　814.1/30　集部/小說類/長篇之屬
新編批評繡像後七國樂田演義四卷十八回

(清)徐震撰　清光緒二十年(1894)上海積山書局石印本　二冊

330000－1710－0006988　814.1/31　集部/小說類/長篇之屬
新刻繡像走馬春秋四卷十六回　清掃葉山房刻本　四冊

330000－1710－0006989　善0060　集部/詞類/別集之屬
稻香館粲香詞四卷補遺一卷　(清)方受穀撰　清光緒十二年(1886)禾郡稻香館刻本　二冊

330000－1710－0006990　814.1/33　集部/小說類/長篇之屬
繡像東周列國志二十七卷一百八回　(清)蔡奡評點　清光緒三十一年(1905)上海商務印書館鉛印本　十二冊

330000－1710－0006991　814.1/24　子部/小說家類/異聞之屬
瓊林霏屑八卷　(清)望海樓主人輯　清光緒三十二年(1906)上海鴻文書局石印本　八冊

330000－1710－0006992　善0061　集部/詞類/別集之屬
雙柏詞一卷　(清)金鴻佺撰　清宣統元年(1909)上海商務印書館鉛印本　一冊

330000－1710－0006993　814.1/25　史部/雜史類
吳友如繪圖平長毛書一卷　(清)吳嘉猷繪　清光緒十九年(1893)上海石印本　二冊

330000－1710－0006994　814.1/34　集部/小說類/長篇之屬
繡像西漢演義八卷一百回　(明)甄偉撰　清光緒十八年(1892)廣百宋齋鉛印本　四冊

330000－1710－0006995　814.1/40　集部/小說類/長篇之屬
說唐前傳十卷六十八回說唐薛家府傳六卷四十二回說唐小英雄傳首二卷　(清)如蓮居士撰　清光緒二十年(1894)珍藝書局石印本　六冊

330000－1710－0006996　814.1/41　集部/小說類/長篇之屬
繪圖薛平貴全傳　(清)□□撰　清石印本　二冊　存一種

330000－1710－0006997　814.1/42　集部/小說類/長篇之屬
繡像異說征西後集薛家將全傳六卷一百回　(清)如蓮居士編輯　清光緒二十一年(1895)文宜書局石印本　六冊

330000－1710－0006998　814.1/43　集部/小說類/長篇之屬
說唐征西全傳十卷九十回　清光緒十九年(1893)上海古香閣石印本　四冊

330000－1710－0006999　814.1/44　集部/小說類/長篇之屬
新刻離合劍蓮子瓶全集三十二回　清道光二十二年(1842)綠雲軒刻本　四冊

330000－1710－0007000　814.1/45　集部/小說類/長篇之屬
新刻繪圖粉粧樓全傳十二卷八十回　(清)竹溪山人撰　清光緒十八年(1892)上海文海書局石印本　四冊

330000－1710－0007001　814.1/35　集部/小說類/長篇之屬
圖像三國志演義第一才子書六十卷首一卷一百二十回　(明)羅貫中撰　(清)金聖嘆評　(清)毛宗崗增評　清光緒十六年(1890)廣百宋齋鉛印本　十二冊

330000－1710－0007002　814.1/36　集部/小說類/長篇之屬
繡像三國演義續編十二卷　(明)陳氏尺蠖齋評釋　清光緒十九年(1893)上海廣百宋齋鉛印本　八冊

330000－1710－0007003　814.1/38　集部/小說類/長篇之屬
新鐫全像通俗演義隋煬帝艷史八卷四十回　(明)齊東野人撰　清光緒二十一年(1895)上海書局石印本　六冊

330000－1710－0007004　814.1/46　集部/小說類/長篇之屬

繪圖睢陽忠毅錄四卷十六回　(清)素庵主人編　清光緒二十年(1894)上海書局石印本　四册

330000－1710－0007005　814.1/47　集部/小說類/長篇之屬

忠孝勇烈奇女傳四卷三十二回　清光緒二十二年(1896)上海古香閣石印本　四册

330000－1710－0007006　814.1/48　集部/小說類/長篇之屬

殘唐五代史演義傳六卷六十回　(明)羅本撰　(明)湯顯祖評　清光緒十七年(1891)上海書局石印本　二册

330000－1710－0007007　814.1/49　集部/小說類/長篇之屬

西遊真詮四卷一百回　(清)陳士斌詮解　清寶華樓刻本　六册

330000－1710－0007008　814.1/39　集部/小說類/長篇之屬

說唐前傳十卷六十八回說唐薛家府傳六卷四十二回說唐小英雄傳首二卷　(清)如蓮居士撰　清刻本　十七册

330000－1710－0007009　814.1/50　集部/小說類/長篇之屬

西遊原旨二十四卷一百回　(清)劉一明解　清嘉慶二十四年(1819)刻本　十二册

330000－1710－0007010　814.1/53　集部/小說類/長篇之屬

繪圖宋太祖三下南唐四卷五十三回　(清)好古主人撰　清光緒二十七年(1901)瑞記書莊石印本　四册

330000－1710－0007011　814.1/51　集部/小說類/長篇之屬

繪圖繡像西遊記八卷　(明)吳承恩撰　(清)陳士斌詮解　清宣統元年(1909)文盛書局石印本　八册

330000－1710－0007012　814.1/54　集部/小說類/長篇之屬

增像玉茗堂批點按鑑參補北宋楊家將全傳十卷五十回　(明)研石山樵訂正　清光緒十八年(1892)上海文選書局石印本　四册

330000－1710－0007013　814.1/52　集部/小說類/長篇之屬

繪圖西遊記後傳六卷　清光緒二十年(1894)康華書屋石印本　六册

330000－1710－0007014　814.1/60　集部/小說類/長篇之屬

增像玉茗堂批點按鑑纂補南宋志傳(繡像飛龍傳)十卷　(清)研石山樵訂正　清光緒二十二年(1896)上海十萬卷樓石印本　四册

330000－1710－0007015　814.1/55　集部/小說類/長篇之屬

增像玉茗堂批點按鑑參補北宋楊家將全傳十卷五十回　(清)研石山樵訂正　清光緒錦章書局石印本　四册

330000－1710－0007016　814.1/56　集部/小說類/長篇之屬

繡像金臺全傳十二卷六十回　清光緒二十一年(1895)上海中西書局石印本　六册

330000－1710－0007017　814.1/57　集部/曲類/彈詞之屬

繡像宋史奇書十二卷六十六回　清光緒十九年(1893)上海書局鉛印本　六册

330000－1710－0007018　814.1/58　集部/曲類/彈詞之屬

繪圖呼家將欽賜紫金鞭忠孝全傳四卷　清光緒十八年(1892)齋堂石印本　四册

330000－1710－0007019　814.1/59　集部/小說類/長篇之屬

繡像金鞭記十卷　清末上海書局石印本　十册

330000－1710－0007021　普0000445　子部/藝術類/書畫之屬/畫譜

每日古事畫不分卷　(清)輿論時事報編　清宣統元年(1909)石印本　五册

330000－1710－0007024　普 000448　集部/小說類/短篇之屬

繪圖哀情小說婉嫗將軍不分卷　清石印本　一冊

330000－1710－0007027　普 000450　子部/小說家類/異聞之屬

神州畫報不分卷　清石印本　二冊

330000－1710－0007028　普 0000451　新學/報章

杭州白話報不分卷　(清)杭州白話報館編　清光緒刻本　一冊

330000－1710－0007031　814.1/73　集部/小說類/長篇之屬

紅樓夢一百二十回　(清)曹霑撰　(清)高鶚撰　清三讓堂刻本　十四冊　存八十五回(一至八十五)

330000－1710－0007032　普 000453　集部/別集類/清別集

香品禪室詩集一卷　(清)釋超源撰　清宣統元年(1909)海上存古學社木活字印本　一冊

330000－1710－0007033　814.1/72　集部/小說類/長篇之屬

增評補像全圖金玉緣一百二十回首一卷　(清)曹霑　(清)高鶚撰　(清)王希廉　(清)張新之　(清)姚燮評　清末石印本　十五冊

330000－1710－0007034　普 0000454　集部/別集類/唐五代別集

昌黎先生集四十卷外集十卷遺文一卷　(唐)韓愈撰　(宋)廖瑩中校正　清同治八年(1869)江蘇書局刻本　十冊

330000－1710－0007035　普 0000455　集部/別集類/清別集

鈍翁文集十六卷　(清)汪琬撰　清宣統二年(1910)上海國學扶輪社石印本　八冊

330000－1710－0007036　814.1/75　集部/小說類/長篇之屬

增圖石頭記後編八卷三十二回　(清)□□撰　清古越誦芬閣鉛印本　四冊

330000－1710－0007037　814.1/76　集部/小說類/長篇之屬

後紅樓夢三十回附二回　(清)逍遙子撰　清刻本　十二冊

330000－1710－0007038　普 000456　集部/別集類/清別集

木雞書屋文集不分卷　(清)黄金臺撰　清錢君儀抄本　一冊

330000－1710－0007042　814.1/64　集部/小說類/長篇之屬

結水滸全傳七十卷七十回末一卷　(清)俞萬春撰　清光緒二十二年(1896)慎記書莊石印本　八冊

330000－1710－0007043　普 0000461　類叢部/叢書類/自著之屬

錢頤壽中丞全集正編三種續編二種　(清)法式善撰　清同治七年至光緒六年(1868－1880)錢鼎銘刻本　一冊　存一種

330000－1710－0007044　普 0000460　子部/藝術類/書畫之屬/題跋

王秋澗先生題跋不分卷　清刻本　一冊

330000－1710－0007045　814.1/65　集部/小說類/長篇之屬

後水滸蕩平四大寇傳六卷四十九回　(明)陳忱撰　清光緒二十一年(1895)石印本　六冊

330000－1710－0007046　814.1/80　集部/小說類/長篇之屬

全像紅樓圓夢四卷　清光緒二十三年(1897)上海書局石印本　四冊

330000－1710－0007047　普 0000462　集部/別集類/清別集

望溪先生文集十八卷集外文十卷集外文補遺二卷　(清)方苞撰　**方望溪先生年譜一卷年譜附録一卷**　(清)蘇惇元輯　清咸豐元年(1851)戴鈞衡刻二年(1852)增刻本　十五冊　缺二卷(集外文四至五)

330000－1710－0007048　814.1/83　集部/小說類/長篇之屬
繪圖鴛鴦夢四卷十六回　(清)南嶽道人撰　(清)清溪醉客評　清光緒二十一年(1895)上海書局石印本　四册

330000－1710－0007049　814.1/69　集部/小說類/長篇之屬
新鐫繪圖花影奇情傳四卷　清光緒二十五年(1899)上海書局石印本　四册

330000－1710－0007050　814.1/70　集部/小說類/長篇之屬
新鐫繪圖花影奇情傳二集四卷二十四回　清光緒二十五年(1899)上海書局石印本　四册

330000－1710－0007051　814.1/82　集部/小說類/長篇之屬
紅樓夢影二十四回　(清)西湖散人撰　清光緒三年(1877)北京聚珍堂活字印本　四册

330000－1710－0007052　814.1/84　集部/小說類/長篇之屬
蝴蝶媒四卷十六回　(清)南岳道人撰　(清)青谿醉客評　清刻本　四册

330000－1710－0007053　814.1/77　集部/小說類/長篇之屬
續紅樓夢三十卷　(清)秦子忱撰　清嘉慶四年(1799)抱甕軒刻本　十册

330000－1710－0007054　814.1/85　集部/小說類/長篇之屬
閨門秘術四卷五十回　清光緒二十七年(1901)石印本　四册

330000－1710－0007055　814.1/78　集部/小說類/長篇之屬
繡像綺樓重夢六卷四十八回　(清)蘭皋主人撰　清光緒二十四年(1898)上海書局石印本　六册

330000－1710－0007056　814.1/86　集部/小說類/長篇之屬
繪圖三生姻緣八卷　(清)松雲氏撰　清光緒二十九年(1903)日新書局石印本　八册

330000－1710－0007057　814.1/87　集部/小說類/長篇之屬
繡像綠牡丹全傳六卷六十四回　清光緒十八年(1892)上海書局石印本　四册

330000－1710－0007058　814.1/88　集部/小說類/長篇之屬
忠孝節義二度梅全傳六卷四十回　(清)惜陰堂主人撰　(清)繡虎堂主人評　清光緒十八年(1892)上海袖海山房石印本　四册

330000－1710－0007059　812.2/346　集部/別集類/清別集
逃莽詩草(滄浮子詩鈔)十卷　(清)徐豫貞撰　(清)鄧漢儀　(清)黄雲仙選　清乾隆五十年(1785)刻本　二册

330000－1710－0007060　814.1/89　集部/小說類/短篇之屬
第九才子書平鬼傳四卷十回　(清)劉璋撰　清光緒十九年(1893)上海古香閣石印本　四册

330000－1710－0007061　814.1/90　集部/小說類/長篇之屬
繪圖皆大歡喜四卷二十回　(清)天花藏舉撰　清光緒二十年(1894)鉛印本　四册

330000－1710－0007062　814.1/91　集部/曲類/彈詞之屬
新編玉燕姻緣傳記六卷七十七回　(清)□□撰　清光緒二十一年(1895)石印本　六册

330000－1710－0007063　814.1/92　集部/小說類/長篇之屬
新編雷峰塔奇傳五卷　(清)全福堂主人校訂　清經文堂刻本　四册

330000－1710－0007064　普0000463　集部/別集類/清別集
望三益齋詩文鈔十卷　(清)吳棠撰　清同治十三年(1874)成都使署刻本　一册　存六卷(一至六)

330000－1710－0007065　普0000464　集部/別集類/清別集

寶雲山館詩稿一卷 （清）畢長豫撰 清宣統三年（1911）畢光祖刻本 一册

330000－1710－0007066 814.1/93 集部/小說類/長篇之屬
繪圖繡像巧冤家四卷二十九回 清光緒三十二年（1906）上海書局石印本 四册

330000－1710－0007067 814.1/94 集部/小說類/長篇之屬
繪圖繡像烈女驚魂傳四卷 清光緒二十七年（1901）江南書局石印本 四册

330000－1710－0007068 普0000465 集部/別集類/清別集
棲僻園詩鈔二卷 （清）朱蓮燭撰 **靜濤齋詩草一卷** （清）朱時謙撰 清道光十八年（1838）刻本 一册

330000－1710－0007070 普0000466 經部/群經總義類/文字音義之屬
十三經集字摹本不分卷分畫便查一卷韻有經無各字摘録一卷 （清）彭玉雯撰 清道光二十九年（1849）江右彭玉雯刻本 八册

330000－1710－0007072 普0000467 集部/別集類/清別集
琴東野屋集十二卷 （清）蔣寶齡撰 清咸豐二年（1852）刻本 一册 存六卷（一至六）

330000－1710－0007074 普0000468 子部/儒家類/儒學之屬/蒙學
六藝綱目二卷附發原一卷字原一卷 （元）舒天民述 （元）舒恭注 （元）趙宜中附注 **重刊六蓺綱目札記** （清）管禮耕校録 清光緒八年（1882）汪鳴鑾籀書誃刻本 二册

330000－1710－0007075 普0000469 集部/別集類/清別集
四憶堂詩集六卷遺稿一卷 （清）侯方域撰 清光緒十年（1884）刻本 二册

330000－1710－0007077 814.1/95 集部/小說類/長篇之屬
繡像明季英雄珍珠錦繡袍四卷四十回 清光緒二十六年（1900）文宜書局石印本 三册 缺一卷（二）

330000－1710－0007078 普0000471 類叢部/叢書/自著之屬
養晦堂集五種 （清）劉蓉撰 清光緒三年（1877）十一年（1885）思賢講舍刻本 一册 存一種

330000－1710－0007079 814.1/96 集部/小說類/長篇之屬
繪圖仙卜奇緣全傳八卷四十回 （清）吳毓恕撰 清光緒二十三年（1897）上海書局石印本 六册

330000－1710－0007081 814.1/97 集部/小說類/長篇之屬
繪圖天緣巧配十二樓十二卷 （清）李笠翁撰 清末上海文宜書局石印本 四册

330000－1710－0007082 普0000473 子部/醫家類/綜合之屬/通論
醫方論四卷 （清）費伯雄撰 清石印本 一册

330000－1710－0007083 814.1/102 集部/小說類/長篇之屬
繪圖新史奇觀八卷二十二回 （清）蓬蒿子撰 清光緒十八年（1892）上海珍藝局鉛印本 四册

330000－1710－0007085 814.1/98 集部/小說類/長篇之屬
混元盒五毒全傳二十回 清同治十年（1871）授經堂刻本 六册

330000－1710－0007086 善0065 集部/總集類/氏族之屬
慎行堂三世詩存三種 徐寶炘 徐寶華輯 清咸豐九年（1859）民國九年（1920）刻民國九年（1920）匯印本 三册

330000－1710－0007087 814.1/99 集部/小說類/長篇之屬
繪圖第八才子書白圭志四卷首一卷十六回 （清）崔象川撰 清光緒二十一年（1895）上海書局石印本 二册

330000－1710－0007088　814.1/103　集部/小說類/長篇之屬

金石緣全傳八卷二十四回　清同治四年(1865)刻本　四冊

330000－1710－0007089　814.1/101　集部/小說類/長篇之屬

繪圖第一情書聽月樓全傳四卷二十回　清光緒十九年(1893)石印本　二冊

330000－1710－0007090　普0000475　子部/醫家類/類編之屬

喻氏醫書三種　(清)喻昌撰　清光緒上海埽葉山房石印本　五冊

330000－1710－0007092　普0000477　子部/醫家類/醫案之屬

三家醫案合刻　(清)吳金壽編　清光緒三十三年(1907)上洋海左書局石印本　一冊

330000－1710－0007094　814.1/104　集部/小說類/長篇之屬

繪圖才子奇緣四卷三十二回　清光緒二十五年(1899)石印本　四冊

330000－1710－0007095　善0066　集部/總集類/氏族之屬

慎行堂三世詩存三種　徐寶炘　徐寶華輯　清咸豐九年(1859)民國九年(1920)刻民國九年(1920)匯印本　三冊

330000－1710－0007096　普0000479　子部/醫家類/醫案之屬

三家醫案合刻　(清)吳金壽編　清光緒三十三年(1907)石印本　一冊

330000－1710－0007097　814.1/105　集部/小說類/長篇之屬

繡像贈履奇情傳四卷二十回　清光緒三十二年(1906)上海書局石印本　四冊

330000－1710－0007098　814.1/111　集部/小說類/長篇之屬

繡像鐵冠圖四卷五十回　(清)南畝老農輯　清光緒二十一年(1895)上海書局石印本　四冊

330000－1710－0007099　814.1/112　集部/小說類/長篇之屬

繪像鐵花仙史二十六回　(清)雪封山人輯　(清)一嘯居士評點　清光緒十八年(1892)鉛印本　四冊

330000－1710－0007100　814.1/106　集部/小說類/長篇之屬

圖像三寶太監下西洋通俗演義十六卷一百回　(明)羅懋登撰　清宣統元年(1909)上海江左書林石印本　八冊

330000－1710－0007101　善0067　集部/總集類/氏族之屬

新安先集二十卷　(清)朱之榛輯　清同治十三年(1874)蘇州刻本　六冊

330000－1710－0007102　814.1/113　集部/小說類/長篇之屬

繡像蜃樓外史六卷　(清)夢花居士編　清光緒二十一年(1895)石印本　五冊　缺一卷(三)

330000－1710－0007103　814.1/107　集部/小說類/長篇之屬

繪圖海公大紅袍全傳四卷六十回　(明)李春芳編　清光緒十九年(1893)上海書局鉛印本　四冊

330000－1710－0007104　814.1/108　集部/小說類/長篇之屬

新輯海公小紅袍全傳四卷四十二回　清光緒二十五年(1899)甯寶箴軒石印本　四冊

330000－1710－0007105　814.1/114　集部/小說類/長篇之屬

驚富新書四卷四十回　清維經堂刻本　二冊

330000－1710－0007106　814.1/109　集部/小說類/長篇之屬

常言道(富翁傳)四卷十六回　(清)落魄道人編　清嘉慶十九年(1814)刻本　四冊

330000－1710－0007107　814.1/110　集部/小說類/長篇之屬

于少保萃忠全傳十卷　(明)孫高亮撰　清咸

豐三年(1853)賓翰樓刻本　四冊

330000－1710－0007108　814.1/115　集部/小說類/長篇之屬
繪圖草木春秋四卷三十二回　(清)江洪撰　清上海文宜書局石印本　四冊

330000－1710－0007109　814.1/116　集部/小說類/長篇之屬
飛跎全傳四卷　(清)鄒必顯撰　清同治十一年(1872)聚文堂刻本　四冊

330000－1710－0007113　814.1/117　集部/小說類/長篇之屬
繪圖銀如意四卷　清光緒二十五年(1899)衛記書局石印本　四冊

330000－1710－0007114　普0000481　集部/總集類/選集之屬/通代
得月樓賦鈔甲編不分卷乙編不分卷丙編不分卷丁編不分卷　(清)張元灝選評　清道光二十八年(1848)刻本　八冊

330000－1710－0007116　814.1/129　集部/小說類/長篇之屬
續兒女英雄全傳八卷三十二回　(清)趙子衡撰　清光緒二十四年(1898)京都宏文書局石印本　六冊

330000－1710－0007117　814.1/119　集部/小說類/短篇之屬
西湖佳話古今遺蹟十六卷　(清)墨浪子撰　清光緒十九年(1893)上海寶文書局石印本　四冊

330000－1710－0007118　善0070　集部/總集類/酬唱之屬
龍湖檇李題詞續刻一卷　(清)李培增編　清光緒二十九年(1903)李培增刻本　一冊

330000－1710－0007119　814.1/121　集部/小說類/長篇之屬
金粉錄四卷三十回　(清)燕山逸叟撰　清光緒二十五年(1899)石印本　四冊

330000－1710－0007120　814.1/122　集部/小說類/長篇之屬
新刻天花藏批評平山冷燕四卷二十回　(清)荻岸散人編次　清刻本　四冊

330000－1710－0007121　814.1/123　集部/小說類/長篇之屬
增補齊省堂儒林外史六十回　(清)吴敬梓撰　清光緒二十五年(1899)慎記書莊石印本　四冊

330000－1710－0007122　814.1/124　集部/小說類/長篇之屬
繪圖石點頭六卷　(清)天然癡叟撰　(清)墨憨主人評　清光緒二十一年(1895)上海書局石印本　四冊

330000－1710－0007123　814.1/126　集部/小說類/長篇之屬
繪像奇書大觀十六卷　清光緒二十年(1894)文林書局石印本　四冊

330000－1710－0007124　善0071　集部/總集類/酬唱之屬
鴛鴦湖櫂歌五卷　(清)朱彝尊　(清)譚吉璁撰　(清)陸以誠　(清)張燕昌續　清乾隆四十年(1775)朱芳衡刻本　一冊

330000－1710－0007125　814.1/125　集部/小說類/長篇之屬
繪圖續今古奇觀六卷三十回　(清)即空觀主人撰　清光緒二十年(1894)石印本　六冊

330000－1710－0007126　普0000483　子部/醫家類/類編之屬
陳修園醫書七十種　(清)陳念祖等撰　清宣統元年(1909)上海廣雅啓新書局石印本　八冊　存二十二種

330000－1710－0007127　善0072　集部/總集類/題詠之屬
檇李曹氏圖冊合刻一卷　(清)曹咸熙輯　清光緒九年(1883)曹維城桂林迎旭齋刻本　一冊

330000－1710－0007129　814.1/134　集部/小說類/長篇之屬

繡像永慶昇平前傳二十四卷九十七回 (清)郭廣瑞撰 清光緒二十一年(1895)上海書局石印本 六冊

330000－1710－0007130 814.1/135 集部/小說類/長篇之屬
新刊繡像全圖永慶昇平後傳二十五卷一百回 (清)貪夢道人撰 清光緒二十年(1894)上海書局石印本 六冊

330000－1710－0007133 814.1/136 集部/小說類/長篇之屬
繡像永慶昇平前傳二十四卷九十七回 (清)郭廣瑞撰 **繡像永慶昇平後傳二十五卷一百回** (清)貪夢道人撰 清光緒二十年(1894)上海書局石印本 十二冊

330000－1710－0007134 814.1/127 集部/小說類/長篇之屬
續英烈傳四卷三十四回 (明)空谷老人輯 清鉛印本 四冊

330000－1710－0007135 普 0000486 子部/醫家類/綜合之屬/通論
醫方論四卷 (清)費伯雄撰 清同治四年(1865)石印本 一冊

330000－1710－0007136 814.1/137 集部/小說類/長篇之屬
聖朝鼎盛八集七十六回 清光緒十九年(1893)上海英商五彩公司石印本 三冊 存九回(十四至二十二)

330000－1710－0007137 814.1/138 集部/小說類/長篇之屬
繪圖萬年青三集十一回 清光緒二十年(1894)上海書局石印本 二冊 存二回(二十七至二十八)

330000－1710－0007139 814.1/139 集部/小說類/長篇之屬
繪圖萬年青四集六回 清光緒二十二年(1896)上海書局石印本 三冊

330000－1710－0007140 814.1/128 集部/小說類/長篇之屬
兒女英雄傳評話四十回首一回 (清)文康撰 (清)董恂評 清光緒四年(1878)著易堂書局鉛印本 六冊

330000－1710－0007142 814.1/130 集部/小說類/長篇之屬
繪圖花月因緣十六卷五十二回 (清)魏秀仁撰 (清)棲霞居士評 清光緒十九年(1893)上海書局鉛印本 六冊

330000－1710－0007143 814.1/131 集部/小說類/長篇之屬
品花寶鑑六卷六十回 (清)陳森撰 清鉛印本 六冊

330000－1710－0007145 814.1/149 集部/小說類/長篇之屬
繡像施公案清烈傳二集十卷 清光緒二十七年(1901)文宜書局石印本 四冊

330000－1710－0007147 814.1/150 集部/小說類/長篇之屬
四續施公案十卷五十回 清光緒二十六年(1900)上海文宜書局石印本 四冊

330000－1710－0007148 善 0075 集部/總集類/氏族之屬
三朱遺編 (清)楊伯潤輯 清光緒十五年(1889)嘉興楊氏刻本 一冊

330000－1710－0007149 814.1/151 集部/小說類/長篇之屬
新撰五續施公案清烈傳四卷 清光緒二十六年(1900)上海文宜書局石印本 四冊

330000－1710－0007152 814.1/152 集部/小說類/長篇之屬
新撰六續施公案清烈傳四卷 清光緒二十六年(1900)上海文宜書局石印本 四冊

330000－1710－0007153 814.1/140 集部/小說類/長篇之屬
聖朝鼎盛萬年清八集七十六回 清石印本 四冊 存四集(五至八)

330000－1710－0007155 814.1/153 集部/

小說類/長篇之屬

九續施公案清烈傳四卷 清光緒二十八年(1902)上海文宜書局石印本 四冊

330000-1710-0007156 814.1/154 集部/小說類/長篇之屬

施公案十續四卷 清光緒二十八年(1902)上海文宜書局石印本 四冊

330000-1710-0007157 814.1/141 集部/小說類/短篇之屬

繪圖三公奇案二十卷 清光緒十七年(1891)上洋正誼書局鉛印本 六冊

330000-1710-0007158 814.1/142 集部/小說類/長篇之屬

新刊全續彭公案八卷首一卷 (清)貪夢道人撰 清光緒二十四年(1898)上海書局石印本 四冊

330000-1710-0007159 814.1/143 集部/小說類/長篇之屬

新刊續彭公案十卷八十回 (清)貪夢道人撰 清光緒二十二年(1896)上海書局石印本 六冊

330000-1710-0007160 814.1/155 集部/小說類/長篇之屬

新輯左公平西全傳四卷三十二回 清光緒二十七年(1901)元記書局石印本 四冊

330000-1710-0007161 814.1/156 集部/小說類/長篇之屬

繪圖湘軍平逆傳四卷八回 (清)醴泉居士撰 清光緒二十五年(1899)上海書局石印本 四冊

330000-1710-0007162 814.1/157 集部/小說類/長篇之屬

繪圖平金川四卷三十二回 (清)張小山撰 清光緒二十五年(1899)石印本 二冊

330000-1710-0007163 814.1/144 集部/小說類/長篇之屬

新刻再續彭公案八卷首一卷 (清)貪夢道人撰 清光緒二十三年(1897)上海書局石印本 四冊

330000-1710-0007164 814.1/158 集部/小說類/長篇之屬

新輯文廣平南全傳四卷二十二回 清光緒二十五年(1899)上海書局石印本 四冊

330000-1710-0007166 814.1/159 集部/小說類/長篇之屬

畫圖緣四卷 清刻本 清岳誦先題記 四冊

330000-1710-0007168 814.1/145 集部/小說類/長篇之屬

施案奇聞八卷九十七回 清道光十九年(1839)宏道堂刻本 二冊

330000-1710-0007171 814.1/160 集部/小說類/長篇之屬

石印昇仙傳演義八卷 清光緒十九年(1893)上海書局石印本 四冊

330000-1710-0007173 普0000482 史部/政書類/邦計之屬

兩浙官游紀畧四種 (清)戴槃撰 清同治七年(1868)刻本 一冊 存三種

330000-1710-0007174 814.1/161 集部/小說類/長篇之屬

繡像義勇四俠閨媛傳六卷五十回 清光緒二十六年(1900)石印本 六冊

330000-1710-0007175 814.1/162 集部/小說類/長篇之屬

繪圖劍俠飛仙傳十二卷四十回 清光緒二十六年(1900)文宜書局石印本 四冊

330000-1710-0007176 814.1/163 集部/小說類/長篇之屬

繪圖劍俠飛仙傳六卷四十回 清光緒二十六年(1900)上海文宜書局石印本 四冊

330000-1710-0007177 814.1/146 集部/小說類/長篇之屬

繪圖施大京兆奇案八卷九十八回 清光緒文宜書局石印本 四冊

330000-1710-0007178 普0000487 子部/

醫家類/類編之屬

東垣十書附二種 清光緒石印本 二冊 存四種

330000－1710－0007179 814.1/147 集部/小說類/長篇之屬

續纂施公案三十六卷一百回 清光緒十九年(1893)刻本 十冊

330000－1710－0007180 814.1/148 集部/小說類/長篇之屬

施公奇案三集十卷 清光緒二十二年(1896)文海書局石印本 四冊

330000－1710－0007183 814.1/164 集部/小說類/長篇之屬

新出八劍七俠大鬧三門街演義前傳四卷六十回後傳四卷六十回 清光緒二十九年(1903)上海文宜書局石印本 七冊 缺一卷(前傳三)

330000－1710－0007184 善0084 集部/總集類/氏族之屬

鄭氏外戚詩鈔二卷 清光緒二十八年(1902)刻本 一冊

330000－1710－0007185 普0000490 子部/儒家類/儒學之屬/蒙學

小學六卷小學題辭一卷小學書題一卷小學總論一卷 (宋)朱熹撰 (明)吳訥集解 清同治八年(1869)江蘇書局刻本 清徐舟題簽並記 二冊

330000－1710－0007186 814.1/165 集部/小說類/長篇之屬

劍俠奇蹤六卷六十回 (清)桃花館主編次 清光緒二十三年(1897)上海書局石印本 六冊 缺一卷(六)

330000－1710－0007187 善0085 類叢部/叢書類/自著之屬

寒松閣集五種 (清)張鳴珂撰 清光緒十年至二十四年(1884－1898)嘉興張氏刻本 二冊 存三種

330000－1710－0007188 814.1/166 集部/小說類/長篇之屬

繡像七劍十三俠續集六卷六十回 (清)桃花館主撰 清光緒二十七年(1901)石印本 六冊

330000－1710－0007189 普0000491 集部/別集類/清別集

胡文忠公遺集十卷首一卷 (清)胡林翼撰 (清)閻敬銘 (清)厲雲官 (清)盛康輯 清同治五年(1866)刻本 八冊

330000－1710－0007190 普0000492 史部/職官類/官箴之屬

牧令全書二十三卷 (清)丁日昌輯 清同治七年(1868)江蘇書局刻本 七冊 存一種

330000－1710－0007191 814.1/167 集部/小說類/長篇之屬

五劍十八義後集四卷三十二回 清光緒二十七年(1901)上海書局石印本 四冊

330000－1710－0007192 善0086 類叢部/叢書類/自著之屬

寒松閣集五種 (清)張鳴珂撰 清光緒十年至二十四年(1884－1898)嘉興張氏刻本 五冊 存四種

330000－1710－0007193 814.1/168 集部/小說類/長篇之屬

繪圖仙俠五花劍六卷三十回 孫玉聲撰 清光緒二十七年(1901)笑林報館鉛印本 孫玉聲識 六冊

330000－1710－0007194 814.1/171 集部/小說類/長篇之屬

新出奇異雙鐔記二卷二十回 (清)鐵菴隱士撰 清光緒二十七年(1901)上海書局石印本 四冊

330000－1710－0007195 814.1/179 集部/小說類/長篇之屬

忠烈俠義傳一百二十回 (清)石玉崑撰 清光緒八年(1882)聚珍堂木活字印本 二十四冊

330000－1710－0007196 814.1/169 集部/

小說類/長篇之屬

繪圖陰陽閗異説傳奇四卷　清光緒二十二年(1896)上海書局石印本　二册

330000－1710－0007199　814.1/170　集部/小說類/長篇之屬

新輯查潘鬥勝香國綺談四卷三十回　(清)鐵盦隱士編　清光緒二十七年(1901)石印本　四册

330000－1710－0007200　善 0088　集部/總集類/郡邑之屬

硤川詩鈔二十卷首一卷詞鈔一卷　(清)曹宗載輯　(清)顧瀾校　清光緒十八年(1892)雙山講舍刻本　六册

330000－1710－0007202　814.1/172　集部/小說類/長篇之屬

繪圖滬江歡樂夢四卷　(清)太癡生撰　清光緒二十年(1894)石印本　四册

330000－1710－0007203　814.1/183　集部/小說類/長篇之屬

繪圖增像第五才子書水滸全傳七十回　(元)施耐庵撰　(清)金人瑞評　清光緒十三年(1887)上海廣百宋齋鉛印本　七册　存五十四回(八至六十一)

330000－1710－0007204　814.1/175　集部/小說類/長篇之屬

海天鴻雪記二十回　(清)二春居士撰　(清)李伯元評　清光緒三十年(1904)鉛印本　一册

330000－1710－0007206　814.1/173　集部/小說類/長篇之屬

醫界現形記四卷二十二回　(清)郁聞堯撰　清光緒三十二年(1906)上海商務印書館鉛印本　四册

330000－1710－0007207　814.1/184　子部/小說家類/異聞之屬

燕山外史註釋八卷　(清)陳球撰　(清)傅聲谷注　清光緒上海袖海山房石印本　二册

330000－1710－0007208　814.1/186　集部/小說類/長篇之屬

飛龍全傳十二卷六十回　(清)吳璿撰　清嘉慶二年(1797)廣蔭堂刻本　十二册

330000－1710－0007209　814.1/187　集部/小說類/長篇之屬

風塵劍俠三卷　(清)漱六山房著　清末藝學社抄本　三册

330000－1710－0007216　814.1/178　子部/宗教類/道教之屬

新刻黃掌綸先生評訂神仙鑑三集二十二卷　(清)徐衢述　(清)李理贊　清刻本　二十册　缺一卷(首集一)

330000－1710－0007217　814.1/194　集部/小說類/長篇之屬

綉像繪圖大明正德皇遊江南傳七卷四十五回　(清)何夢梅撰　清光緒二十六年(1900)上海源記書莊石印本　四册

330000－1710－0007218　814.1/195　集部/小說類/長篇之屬

繪圖兒女濃情傳六卷五十回　(清)陳朗撰　(清)董孟汾評釋　清宣統二年(1910)萃英書局石印本　六册

330000－1710－0007224　普 0000496　集部/詞類/類編之屬

四印齋所刻詞三十一種　(清)王鵬運編　清光緒十四年(1888)桂林王氏四印齋刻本　一册　存二種

330000－1710－0007225　普 0000497　史部/詔令奏議類/奏議之屬

唐陸宣公奏議讀本四卷首一卷　(唐)陸贄撰　(清)汪銘謙輯　(清)馬傳庚評點　清光緒二十六年(1900)會稽馬家鼎石印本　二册

330000－1710－0007227　普 0000498　集部/別集類/清別集

梅村詩集箋注十八卷　(清)吳偉業撰　(清)吳翌鳳箋注　清嘉慶十九年(1814)嚴榮滄浪吟榭刻本　十一册　存十七卷(二至十八)

330000－1710－0007229　814.1/198　集部/

小說類/長篇之屬
金蓮仙史四卷二十四回　(清)潘昶撰　清光緒三十四年(1908)刻本　四冊

330000－1710－0007231　善0094　史部/傳記類/總傳之屬/技藝
藝林悼友錄初集一卷二集一卷附錄一卷　(清)郭容光編　清光緒十八年(1892)鐵如意室刻本　倪禹功題記　二冊

330000－1710－0007232　善0095　史部/詔令奏議類/奏議之屬
館閣楷摺一卷　(清)朱善祥臨　清末抄本　一冊

330000－1710－0007233　814.1/199　集部/小說類/長篇之屬
女舉人十七回　(清)如如女史撰　清光緒二十九年(1903)上海同人社石印本　清丹翁題記　一冊

330000－1710－0007234　814.1/189　集部/小說類/長篇之屬
聖朝鼎盛萬年清八集七十六回　清光緒二十年(1894)上海書局石印本　二冊　存一集(三)

330000－1710－0007237　814.1/190　集部/小說類/長篇之屬
聖朝鼎盛萬年清八集七十六回　清光緒二十年(1894)上海書局石印本　三冊　存一集(四)

330000－1710－0007240　814.2/1　集部/曲類/彈詞之屬
六集鍾國母十四卷　守拙主人考訂　清刻本　十四冊

330000－1710－0007241　814.1/191　子部/小說家類/異聞之屬
諧鐸十二卷　(清)沈起鳳撰　清光緒二十一年(1895)上海書局石印本　四冊

330000－1710－0007242　814.1/192　集部/小說類/長篇之屬
說唐薛家府傳六卷四十二回　(清)如蓮居士撰　清光緒十九年(1893)上海寶文書局石印本　四冊

330000－1710－0007244　814.2/8　集部/曲類/彈詞之屬
繪圖小金錢全傳二十四卷　清光緒二十六年(1900)上海書局石印本　四冊

330000－1710－0007245　普0000501　經部/小學類/訓詁之屬/爾雅
爾雅三卷　(晉)郭璞注　(唐)陸德明音義　清嘉慶二十二年(1817)順德張青選清芬閣刻本　一冊　存一卷(上)

330000－1710－0007246　普0000502　史部/史評類/史論之屬
歷代史略六卷　柳詒徵撰　清光緒二十八年(1902)江楚書局刻本　八冊

330000－1710－0007247　814.2/9　集部/曲類/彈詞之屬
增像西湖緣真跡圖詠四卷　(清)陳遇乾撰　清光緒十九年(1893)上海書局石印本　四冊

330000－1710－0007248　普0000503　類叢部/叢書類/彙編之屬
融經館叢書十一種　(清)徐友蘭編　清光緒六年至十一年(1880－1885)會稽徐氏八杉齋刻本　六冊　存一種

330000－1710－0007249　814.2/10　集部/曲類/彈詞之屬
繪圖白蛇傳後集四卷十六回　(清)錦燾撰　清光緒二十一年(1895)恒德堂石印本　四冊

330000－1710－0007250　814.2/11　集部/曲類/彈詞之屬
新增全圖文武香毬三十六卷七十二回　(清)二樂軒主人撰　清光緒十九年(1893)上海書局石印本　六冊

330000－1710－0007251　善0096　類叢部/叢書類/自著之屬
陸子全書十八種　(清)陸隴其撰　清光緒刻本　一冊　存一種

330000－1710－0007252　814.2/12　集部/曲類/彈詞之屬

新刻時調說唱八仙緣十二回　(清)朱梅庭輯　清光緒二十年(1894)上海書局石印本　二册

330000－1710－0007253　普0000504　新學/史志/政記

新譯列國歲計政要三卷　(清)白作霖譯　傅運森譯　清光緒二十七年(1901)海上譯社鉛印本　二册

330000－1710－0007254　善0097　集部/總集類/選集之屬/斷代

國朝駢體正宗續編八卷　(清)張鳴珂輯　清光緒十四年(1888)寒松閣刻本　一册　存二卷(五至六)

330000－1710－0007257　814.2/13　集部/曲類/彈詞之屬

繪圖玉如意四卷十六回　清光緒二十五年(1899)香港石印書局石印本　四册

330000－1710－0007258　814.2/15　集部/曲類/彈詞之屬

繪真記四卷四十回　(清)邀月樓主人撰　(清)朱素仙校　清光緒二十一年(1895)上海書局石印本　四册

330000－1710－0007259　善0098　史部/政書類/公牘檔册之屬

嘉興府商會章程一卷附奏定商會簡明章程二十六條　(清)嘉興府商會編　清光緒二十九年(1903)嘉興飛鴻印字館鉛印本　一册

330000－1710－0007260　814.2/17　集部/曲類/彈詞之屬

繪圖孝義真蹟珠塔緣四卷　(清)馬如飛撰　清光緒二十年(1894)上海書局石印本　四册

330000－1710－0007263　814.2/2　集部/曲類/彈詞之屬

新刻古本劉成美忠節全傳十四卷　清光緒二十五年至二十六年(1899－1900)上海書局石印本　十二册

330000－1710－0007264　814.2/18　集部/曲類/彈詞之屬

新刻綉像雙金錠全傳六卷六回　清光緒二十年(1894)上海書局石印本　二册

330000－1710－0007265　814.2/19　集部/曲類/彈詞之屬

繡像說唱麒麟豹傳十卷六十回　(清)陸士珍撰　清光緒元年(1875)金聲堂刻本　十册

330000－1710－0007266　814.2/20　集部/曲類/彈詞之屬

校正勸善因果惡報錄八卷　清光緒三十年(1904)石印本　八册

330000－1710－0007268　814.2/3　集部/曲類/曲選之屬

新編韓湘子九度文公道情全本三卷　清光緒八年(1882)愛蓮堂刻本　二册

330000－1710－0007269　814.2/21　集部/曲類/彈詞之屬

繡像全圖再生緣全傳二十卷　(清)陳端生撰　清光緒二十一年(1895)上海筆記書局石印本　二十册

330000－1710－0007270　814.2/22　集部/曲類/彈詞之屬

繪圖繡像四雲亭新書全傳二十四回　(清)彭靚娟撰　清光緒二十五年(1899)鉛印本　八册

330000－1710－0007271　814.2/23　集部/曲類/彈詞之屬

增廣繪像四香緣傳十六卷　清光緒二十年(1894)上海書局石印本　四册

330000－1710－0007272　814.2/5　集部/曲類/曲藝之屬

繡像小八義十二卷一百二十回　清光緒二十一年(1895)上海觀瀾閣書局石印本　六册

330000－1710－0007273　814.2/24　集部/曲類/彈詞之屬

繪圖筆生花十六卷三十二回　(清)邱心如撰　清光緒二十年(1894)袖海山房石印本

八册

330000－1710－0007275　814.2/26　集部/曲類/彈詞之屬
繡像十五貫十六卷　(清)馬永清撰　清咸豐四年(1854)惜陰書屋刻本　四册

330000－1710－0007277　普0000509　子部/雜著類/雜考之屬
日知錄集釋三十二卷刊誤二卷續刊誤二卷　(清)黄汝成撰　清同治八年(1869)廣州述古堂刻本　十六册

330000－1710－0007278　普0000510　集部/總集類/選集之屬/斷代
唐四家詩集二十卷附二種　(清)胡鳳丹輯　清同治九年(1870)永康胡氏退補齋刻本　五册　存四種

330000－1710－0007279　814.2/27　集部/曲類/彈詞之屬
繡像萬花樓全傳四卷三十六回　清光緒二十二年(1896)上海文宜書局石印本　四册

330000－1710－0007280　814.2/6　集部/曲類/彈詞之屬
錦上花四十八回　(清)修月閣主人撰　清嘉慶十八年(1813)善成堂刻本　八册

330000－1710－0007281　814.2/7　集部/曲類/彈詞之屬
新刻玉釧緣全傳三十二卷　(清)西湖居士撰　清上海大成書局石印本　二十四册

330000－1710－0007282　814.2/28　集部/曲類/彈詞之屬
繡像落金扇六卷五十回　(清)夏斐文撰　清光緒二十六年(1900)上海書局石印本　六册

330000－1710－0007283　普0000511　集部/總集類/選集之屬/通代
六朝唐賦讀本不分卷　(清)馬傳庚選註　清同治十三年(1874)京都馬氏玉燕書巢刻本　二册

330000－1710－0007284　814.2/29　集部/曲類/彈詞之屬
繪圖前笑中緣金如意全傳四卷二十二回　清光緒十九年(1893)上海書局石印本　四册

330000－1710－0007285　814.2/30　集部/曲類/彈詞之屬
續刻笑中緣圖説四卷　(清)馨齋居士撰　清光緒十九年(1893)上海書局石印本　四册

330000－1710－0007286　814.2/31　集部/曲類/彈詞之屬
繪圖後玉蜻蜓四卷　清光緒二十四年(1898)石印本　四册

330000－1710－0007288　814.2/33　集部/曲類/彈詞之屬
繪圖新編時調大雙蝴蝶四卷　(清)杏橋主人撰　清光緒二十一年(1895)肇記書局石印本　四册

330000－1710－0007290　善0102　類叢部/叢書類/自著之屬
陸子全書十八種　(清)陸隴其撰　清光緒刻本　一册　存一種

330000－1710－0007291　善0103　集部/别集類/清别集
寒松閣詩一卷　(清)張鳴珂撰　清光緒三十年(1904)石印本　一册

330000－1710－0007292　善0104　集部/别集類/清别集
寒松閣詩一卷　(清)張鳴珂撰　清光緒三十年(1904)石印本　朱其石題記　一册

330000－1710－0007294　普0000513　集部/戲劇類/傳奇之屬
藏園九種曲　(清)蔣士銓撰　清經綸堂刻本　十二册　缺一卷(冬青樹二)

330000－1710－0007295　普0000512　集部/總集類/選集之屬/通代
文選六十卷　(南朝梁)蕭統輯　(唐)李善注　清同治八年(1869)金陵書局刻本　十册

330000－1710－0007296　814.2/35　集部/

曲類/彈詞之屬

新刊繡像節義奇情全傳四卷 （清）夏竹軒撰　清光緒二十七年(1901)上海書局石印本　四册

330000－1710－0007298　814.2/36　集部/曲類/彈詞之屬

新刻瓦連蓬天賜雙生牙痕記四卷三十回 清光緒三十三年(1907)鑄記書莊石印本　四册

330000－1710－0007300　814.2/37　集部/曲類/彈詞之屬

增廣繪像百鳥圖傳十二卷 （清）徐品南撰　清光緒二十四年(1898)石印本　四册

330000－1710－0007303　善0110　集部/別集類/清別集

躬厚堂集二十五卷 （清）張金鏞撰　清同治三年至光緒四年(1864－1878)刻本　一册　存四卷(詩初錄一至四)

330000－1710－0007304　普0000514　新學/史志/別國史

東洋史要二卷 （日本）桑元隲藏撰　樊炳清譯　清光緒二十五年(1899)東文學社石印本　四册

330000－1710－0007305　善0111　類叢部/叢書類/自著之屬

桂馨堂集八種 （清）張廷濟撰　清道光至咸豐刻本　三册　存三種

330000－1710－0007308　814.2/38　集部/曲類/彈詞之屬

新增繡像玉連環二十卷四十回 （清）朱素仙撰　清光緒二十二年(1896)上海書局石印本　六册

330000－1710－0007309　814.3/14　子部/小說家類/異聞之屬

太平廣記五百卷目錄十卷 （宋）李昉等輯　清刻本　三十八册　缺五卷(目錄一至五)

330000－1710－0007310　善0112　類叢部/叢書類/彙編之屬

正誼堂全書六十三種續刻五種 （清）張伯行編　（清）楊浚重編　清同治五年(1866)福州正誼書院刻同治八年至光緒十三年(1869－1887)續刻本　三册　存一種

330000－1710－0007311　814.2/39　集部/曲類/彈詞之屬

繪圖巧奇冤全傳十卷 清光緒二十年(1894)珍藝書局石印本　六册

330000－1710－0007312　普0000517　集部/戲劇類/雜劇之屬

增像第六才子書六卷 （元）王德信　（元）關漢卿撰　（清）金人瑞評　清光緒二十七年(1901)上海書局石印本　一册

330000－1710－0007313　814.2/40　集部/曲類/彈詞之屬

千秋恨初集十二卷十二回 （清）頑石子撰　清光緒八年(1882)頑石山房刻本　四册

330000－1710－0007316　814.2/42　集部/曲類/彈詞之屬

二十一史彈詞輯註十卷 （明）楊慎編　（清）孫德威輯註　清康熙刻本　一册

330000－1710－0007317　814.2/44　集部/曲類/彈詞之屬

娛萱草彈詞三十二卷 （清）橘道人撰　清光緒二十年(1894)刻本　六册

330000－1710－0007322　814.2/45　集部/曲類/彈詞之屬

新刻玉釧緣全傳三十二卷 （清）西湖居士撰　清道光二十二年(1842)學庫山房刻本　八册　存八卷(一至八)

330000－1710－0007323　814.3/2　子部/小說家類/雜事之屬

世說新語三卷釋名一卷佚文一卷攷證一卷 （南朝宋）劉義慶撰　（南朝梁）劉孝標注　**引用書目一卷** 葉德輝輯　**校勘小識二卷** 王先謙撰　清光緒十七年至十九年(1891－1893)思賢講舍刻本　六册

330000－1710－0007324　814.3/16　類叢部/叢書類/彙編之屬

嘯園叢書五十七種 (清)葛元煦編 清光緒二年至七年(1876－1881)仁和葛氏刻本 一冊 存一種

330000－1710－0007325 814.3/29 史部/雜史類/斷代之屬
歸潛志十四卷首一卷 (元)劉祁撰 清光緒十年(1884)湘遠堂刻本 二冊

330000－1710－0007326 814.3/25 子部/小說家類/異聞之屬
夷堅志五十卷 (宋)洪邁撰 清宣統三年(1911)上海黎光社石印本 七冊 存二十二卷(三至十五、四十二至五十)

330000－1710－0007327 814.3/27 類叢部/叢書類/彙編之屬
求是齋叢書□□種 清末刻本 二冊 存一種

330000－1710－0007328 814.3/28 類叢部/叢書類/郡邑之屬
武林往哲遺箸五十六種後編十種 (清)丁丙編 清光緒三年至二十六年(1877－1900)錢塘丁氏嘉惠堂刻本([乾道]臨安志卷四至十五、南宋館閣錄卷一原缺) 一冊 存一種

330000－1710－0007329 814.3/34 子部/小說家類/雜事之屬
重刻世說新語補二十卷 (南朝宋)劉義慶撰 (南朝梁)劉孝標注 (明)何良俊增補 (明)王世貞定 (明)王世懋批釋 (明)張文柱校注 清葛氏嘯園刻本 十冊

330000－1710－0007330 普0000521 子部/儒家類/儒學之屬/經濟
揚子法言十三卷音義一卷 (漢)揚雄撰 (晉)李軌注 **附攷一卷攷異一卷音義一卷** (清)徐養源撰 清嘉慶十二年(1807)稻香吟館刻本 一冊 存十四卷(一至十三、音義)

330000－1710－0007331 814.3/31 子部/雜著類/雜考之屬
野記四卷 (明)祝允明撰 清同治十三年(1874)元和祝氏刻本 二冊

330000－1710－0007332 普0000522 子部/儒家類/儒學之屬/禮教/家訓
牛氏家言二卷 清道光三十年(1850)刻本 一冊

330000－1710－0007333 814.3/36 類叢部/叢書類/彙編之屬
紀載彙編十種 清都城琉璃廠鉛印本 三冊 存七種

330000－1710－0007334 普0000523 子部/雜著類/雜考之屬
東塾讀書記二十五卷 (清)陳澧撰 清光緒刻本 四冊 缺二卷(十三至十四)

330000－1710－0007335 814.3/20 類叢部/叢書類/自著之屬
石林遺書十三種 (宋)葉夢得撰 清光緒至宣統長沙葉德輝觀古堂刻本 二冊 存二種

330000－1710－0007336 814.3/37 類叢部/叢書類/彙編之屬
古今說部叢書二百七十二種 國學扶輪社編 清宣統二年至民國二年(1910－1913)上海國學扶輪社鉛印本 二冊 存二十九種

330000－1710－0007337 814.3/22 史部/紀傳類/別史之屬
南唐近事三卷 (宋)鄭文寶編 (明)陳繼儒訂 明刻本 一冊

330000－1710－0007338 814.3/38 子部/小說家類/異聞之屬
續太平廣記八卷 (清)陸壽名輯 清嘉慶五年(1800)懷德堂刻本 五冊 存五卷(三、五至八)

330000－1710－0007339 814.3/49 子部/雜著類/雜說之屬
香祖筆記十二卷 (清)王士禛撰 清康熙刻本 三冊 缺五卷(四至八)

330000－1710－0007340 814.3/50 類叢部/叢書類/彙編之屬
嘯園叢書五十七種 (清)葛元煦編 清光緒二年至七年(1876－1881)仁和葛氏刻本 四

冊　存一種

330000－1710－0007341　814.3/55　子部/小説家類/異聞之屬

閱微草堂筆記二十四卷　(清)紀昀撰　清道光十五年(1835)北平盛氏刻本　十冊

330000－1710－0007342　814.3/56　子部/小説家類/異聞之屬

閱微草堂筆記擇要二卷　(清)紀昀撰　(清)籜園居士選訂　清光緒十五年(1889)泉唐沈氏刻本　二冊

330000－1710－0007343　普0000524　子部/儒家類/儒家之屬

孔氏家語十卷　(三國魏)王肅注　清光緒上海同文書局石印本　五冊

330000－1710－0007344　普0000525　史部/金石類/玉之屬

古玉圖攷不分卷　(清)吳大澂撰　清光緒十五年(1889)上海同文書局石印本　二冊

330000－1710－0007345　普0000526　子部/叢編類

二十二子(二十二子彙函)　(清)浙江書局編　清光緒元年至三年(1875－1877)浙江書局刻本　六冊　存一種

330000－1710－0007346　普0000527　子部/儒家類/儒學之屬/性理

近思錄集注十四卷考訂朱子世家一卷　(清)江永撰　**校勘記一卷**　(清)王炳錄　清同治八年(1869)江蘇書局刻本　四冊

330000－1710－0007347　814.3/23　史部/雜史類/斷代之屬

唐語林八卷　(宋)王讜撰　**附校勘記一卷**　(清)錢熙祚撰　清光緒十九年(1893)湖北官書處刻本　四冊

330000－1710－0007348　814.3/57　子部/小説家類/異聞之屬

閱微草堂筆記二十四卷　(清)紀昀撰　清光緒上海圖書集成局鉛印本　四冊

330000－1710－0007349　814.3/59　類叢部/叢書類/彙編之屬

嘯園叢書五十七種　(清)葛元煦編　清光緒二年至七年(1876－1881)仁和葛氏刻本　二冊　存一種

330000－1710－0007350　普0000528　集部/總集類/選集之屬/斷代

皇朝經世文編一百二十卷姓名總目二卷　(清)賀長齡輯　清光緒十五年(1889)上海廣百宋齋鉛印本　二十四冊

330000－1710－0007351　普0000529　集部/總集類/選集之屬/斷代

皇朝經世文編一百二十卷姓名總目二卷　(清)賀長齡輯　清鉛印本　二十四冊

330000－1710－0007352　普0000530　集部/總集類/選集之屬/斷代

皇朝經世文新增續編一百二十卷　(清)葛士濬輯　**皇朝經世文新增時務續編四十卷洋務續編八卷**　(清)甘韓輯　清光緒二十三年(1897)上海掃葉山房鉛印本　三十冊

330000－1710－0007355　814.3/60　子部/工藝類/日用器物之屬/香料

青煙錄八卷　(清)王訢編　清嘉慶十年(1805)百尺樓刻本　四冊

330000－1710－0007356　814.3/41　集部/別集類/清別集

白茅堂集四十六卷　(清)顧景星撰　**耳提錄一卷**　(清)顧昌輯　清康熙四十三年(1704)刻乾隆二十年(1755)白茅堂續刻光緒二十八年(1902)補刻本　一冊　存一卷(耳提錄)

330000－1710－0007357　814.3/61　子部/雜著類/雜考之屬

榆巢雜識二卷　(清)趙慎畛撰　清光緒浙江官紙總局鉛印本　一冊

330000－1710－0007358　814.3/80　子部/小説家類/雜事之屬

堅瓠集六十六卷　(清)褚人獲撰　清刻本　二十二冊　缺十六卷(甲集一至四、乙集一至

四、丙集一至四、丁集一至四)

330000－1710－0007359　814.3/48　類叢部/叢書類/彙編之屬
嘯園叢書五十七種　(清)葛元煦編　清光緒二年至七年(1876－1881)仁和葛氏刻本　二冊　存一種

330000－1710－0007360　814.3/65　類叢部/叢書類/彙編之屬
文選樓叢書三十三種　(清)阮亨編　清嘉慶至道光儀徵阮氏刻本　四冊　存一種

330000－1710－0007361　814.3/66　類叢部/叢書類/彙編之屬
文選樓叢書三十三種　(清)阮亨編　清嘉慶至道光儀徵阮氏刻本　二冊　存一種

330000－1710－0007362　814.3/67　子部/雜著類/雜說之屬
瀛舟筆談十二卷首一卷　(清)阮亨仲撰　清嘉慶二十五年(1820)刻本　六冊

330000－1710－0007363　814.3/68　子部/雜著類/雜記之屬
梅簃隨筆四卷　(清)張作楠撰　清嘉慶二十四年(1819)麗水俞氏刻本　二冊

330000－1710－0007364　普0000533　集部/別集類/清別集
胡文忠公遺集十卷　(清)胡林翼撰　(清)閻敬銘　(清)厲雲官　(清)盛康輯　清同治六年(1867)刻本　七冊

330000－1710－0007365　普0000534　集部/總集類/選集之屬/通代
古文觀止十二卷　(清)吳乘權　(清)吳大職輯　清永言堂刻本　一冊　存二卷(一至二)

330000－1710－0007366　814.3/69　集部/別集類/清別集
莘民雜著不分卷　(清)王廷佐撰　(清)陳師濂輯　清嘉慶十一年(1806)陳師濂聰訓堂刻本　一冊

330000－1710－0007368　普0000535　集部/總集類/選集之屬/斷代
初唐四傑文集二十一卷　(清)□□編　清光緒五年(1879)淮南書局刻本　四冊

330000－1710－0007369　普0000536　集部/總集類/選集之屬/斷代
初唐四傑文集二十一卷　(清)□□編　清光緒五年(1879)淮南書局刻本　四冊

330000－1710－0007371　善0115　經部/書類/分篇之屬
禹貢要註一卷　(明)鄭曉編　清光緒十年(1884)古虞朱氏刻朱墨套印本　一冊

330000－1710－0007372　普0000537　子部/叢編類
二十二子(二十二子彙函)　(清)浙江書局編　清光緒元年至三年(1875－1877)浙江書局刻本　一冊　存一種

330000－1710－0007373　普0000538　集部/別集類/清別集
退思草堂詩鈔二卷　(清)李懋勳撰　清光緒三十二年(1906)永嘉刻本　一冊　存一卷(一)

330000－1710－0007375　814.3/81　集部/詩文評類/詩評之屬
昭昧詹言十卷續八卷續錄二卷坿錄一卷坿攷一卷　(清)方東樹撰　清宣統元年(1909)安徽官紙印刷局鉛印本　四冊

330000－1710－0007376　814.3/71　子部/雜著類/雜說之屬
隨園隨筆十二卷　(清)袁枚撰　清嘉慶十年(1805)刻本　十冊

330000－1710－0007377　814.3/72　史部/地理類/雜志之屬
藤陰雜記十二卷　(清)戴璐撰　清嘉慶元年(1796)刻本　二冊

330000－1710－0007378　普0000540　子部/醫家類/類編之屬
陳修園醫書□□種　(清)陳念祖等撰　清石印本　一冊　存一種

330000－1710－0007379　814.3/75　子部/雜著類/雜說之屬

歸田瑣記八卷　(清)梁章鉅撰　清道光二十五年(1845)北東園刻本　二冊

330000－1710－0007381　814.3/77　子部/雜著類/雜纂之屬

兩般秋雨盦隨筆八卷　(清)梁紹壬撰　清刻本　六冊　存六卷(二至七)

330000－1710－0007382　814.3/76　子部/小說家類/異聞之屬

池上草堂筆記十二卷　(清)梁恭辰撰　清刻本　三冊　存三卷(二、五、七)

330000－1710－0007383　814.3/82　子部/小說家類/雜事之屬

耐冷譚十六卷　(清)宋咸熙撰　清刻本　三冊

330000－1710－0007384　善0116　類叢部/叢書類/彙編之屬

清風室叢刊二十種　(清)錢保塘輯　清同治十年至民國二十五年(1871－1936)海寧錢氏清風室刻本　一冊　存一種

330000－1710－0007386　814.3/73　史部/地理類/雜志之屬

藤陰雜記十二卷　(清)戴璐撰　清光緒三年(1877)浙江吳興會館刻本　二冊

330000－1710－0007387　814.3/83　子部/雜著類/雜說之屬

牧菴雜紀六卷　(清)徐一麟撰　清同治七年(1868)居易山房刻本　四冊

330000－1710－0007390　普0000542　子部/醫家類/類編之屬

增註醫宗己任編八卷　(清)楊乘六編　(清)王汝謙補注　清光緒十七年(1891)南京李光明莊刻本　四冊

330000－1710－0007391　普0000543　集部/別集類/金別集

元遺山詩集箋注十四卷首一卷末一卷　(金)元好問撰　(元)張德輝類次　(清)施國祁箋注　清道光二年(1822)南潯蔣氏瑞松堂刻本　六冊

330000－1710－0007393　814.3/89　子部/儒家類/儒學之屬/性理

讀書隨筆一卷　(清)費熙撰　清光緒二十二年(1896)刻本　一冊

330000－1710－0007394　善0119　集部/別集類/清別集

小鏡湖莊詩集三卷　(清)錢青撰　清嘉慶刻本　一冊

330000－1710－0007395　814.3/84　集部/詩文評類

鐙窗瑣話八卷　(清)于源撰　清道光二十七年(1847)刻本　清鄭文□題記　四冊

330000－1710－0007396　814.3/90　子部/儒家類/儒學之屬

書札雜箸一卷　(清)費熙撰　清光緒二十二年(1896)歸安周氏刻本　一冊

330000－1710－0007397　814.3/91　史部/雜史類/斷代之屬

談浙四卷　(清)許瑤光撰　清光緒十四年(1888)刻本　二冊

330000－1710－0007398　814.3/92　史部/地理類/雜志之屬

黔語二卷　(清)吳振棫撰　清光緒貴陽陳氏刻靈峯草堂叢書本　祝廷錫跋　一冊

330000－1710－0007399　814.3/94　子部/雜著類/雜說之屬

忍齋叢說一卷　(清)李佳繼昌撰　清光緒刻本　一冊

330000－1710－0007400　善0120　類叢部/叢書類/彙編之屬

靜園叢書　沈光瑩編　清木活字印本　一冊　存一種

330000－1710－0007401　814.3/85　子部/雜著類/雜編之屬

莧園雜說二卷　(清)沈起潛撰　清道光七年

(1827)於斯堂刻本　一册

330000－1710－0007402　814.3/95　子部/雜著類/雜說之屬
柏垣瑣志一卷　(清)李佳繼昌撰　清光緒刻本　一册

330000－1710－0007403　814.3/96　子部/雜著類/雜說之屬
左庵瑣語一卷　(清)李佳繼昌撰　清光緒二十七年(1901)刻朱印本　一册

330000－1710－0007405　814.3/86　子部/雜著類/雜說之屬
容膝居雜錄六卷　(清)葛芝撰　清康熙葛氏東籬別業刻本　清貝墉識　一册

330000－1710－0007407　814.3/97　子部/雜著類/雜說之屬
媿生叢錄二卷　李詳撰　清宣統元年(1909)江寧刻本　一册

330000－1710－0007408　814.3/98　子部/雜著類
丹泉海島錄四卷　(清)徐景福撰　清光緒五年(1879)刻本　二册

330000－1710－0007409　普0000544　經部/小學類/文字之屬/字書/通論
增補字學舉隅不分卷　(清)黄本驥　(清)龍啓瑞　(清)龍光甸輯　清光緒二年(1876)刻本　一册

330000－1710－0007410　814.3/99　史部/雜史類/斷代之屬
行素齋雜記二卷　(清)李佳繼昌撰　清光緒二十七年(1901)湖南臬署刻本　金蓉鏡題記　二册

330000－1710－0007411　普0000545　經部/小學類/文字之屬/字書/字典
字彙十二集首一卷末一卷韻法直圖一卷　(明)梅膺祚撰　**韻法横圖一卷**　(明)李世澤撰　明萬曆四十三年(1615)刻本　十三册　缺一卷(末)

330000－1710－0007412　814.3/101　子部/雜著類/雜編之屬
女世說四卷　(清)李清撰　清刻本　四册

330000－1710－0007413　普000546　子部/術數類/相宅相墓之屬
葉註青囊會序二卷　(清)唐曾求撰　清同治二年(1863)本衙刻本　一册

330000－1710－0007414　善0123　子部/宗教類/佛教之屬/論
瑜伽師地論一百卷　(唐)釋玄奘譯　清刻本　一册　存三卷(三十五至三十七)

330000－1710－0007416　普0000547　集部/詞類/別集之屬
白石道人歌曲六卷別集一卷　(宋)姜夔撰　清宣統二年(1910)沈曾植石印本　一册

330000－1710－0007417　普0000548　子部/醫家類/類編之屬
陳修園醫書十六種　(清)陳念祖等撰　清光緒十五年(1889)江左書林刻本　五册　存二種

330000－1710－0007418　善0124　史部/金石類/金之屬/圖像
攀古廔彝器款識二卷　(清)潘祖蔭撰　清同治十一年(1872)京師潘氏滂喜齋刻本　二册

330000－1710－0007419　普0000549　子部/醫家類/婦科之屬/產科
產後編二卷　(清)傅山撰　清省城學院前壁堂刻本　一册

330000－1710－0007420　善0125　集部/別集類/清別集
田硯齋詩集六卷　(清)褚榮槐撰　褚源深編　清宣統二年(1910)嘉興褚覺鈴鉛印本　一册　存三卷(四至六)

330000－1710－0007421　814.3/110　類叢部/叢書類/自著之屬
陶樓雜著四種　(清)黄彭年撰　清光緒十五年(1889)貴筑黄氏刻本　二册

330000－1710－0007422　814.3/104　子部/小說家類/雜事之屬

秦淮畫舫錄二卷畫舫餘譚一卷三十六春小譜四卷　（清）捧花生撰　清嘉慶捧花樓刻本　二冊　存二卷（畫舫錄一至二）

330000－1710－0007424　善0126　史部/詔令奏議類/奏議之屬

許竹篔先生出使函稿十四卷　（清）許景澄撰　清光緒鉛印本　四冊

330000－1710－0007425　善0127　史部/詔令奏議類/奏議之屬

許竹篔先生奏疏錄存二卷　（清）許景澄撰　清末鉛印本　一冊

330000－1710－0007426　814.3/114　集部/別集類/清別集

食舊德齋雜著不分卷　（清）劉嶽雲撰　清光緒八年（1882）刻本　一冊

330000－1710－0007427　善0128　類叢部/叢書類/彙編之屬

式訓堂叢書四十一種　（清）章壽康編　清光緒會稽章氏刻本　一冊　存一種

330000－1710－0007428　814.3/115　類叢部/叢書類/彙編之屬

小萬卷樓叢書十七種　（清）錢培名輯　清光緒四年（1878）金山錢氏刻本　一冊　存一種

330000－1710－0007430　814.3/105　子部/小說家類/雜事之屬

豔史叢鈔十二種　（清）王韜編　清光緒四年（1878）弢園鉛印本　一冊　存二種

330000－1710－0007431　814.3/106　子部/小說家類/雜事之屬

吳門畫舫錄二卷　（清）西溪山人撰　清嘉慶紅樹山房刻本　二冊

330000－1710－0007432　814.3/116　類叢部/叢書類/自著之屬

求是齋雜存六種　（清）彭崧毓撰　清同治刻本　三冊　存二種

330000－1710－0007433　814.3/107　史部/地理類/雜志之屬

揚州畫舫錄十八卷　（清）李斗撰　清乾隆六十年（1795）自然盦刻嘉慶二年（1797）重修本　十四冊

330000－1710－0007434　814.3/108　子部/小說家類/異聞之屬

情史類畧二十四卷　（明）馮夢龍輯　清道光二十八年（1848）經綸堂刻本　十二冊

330000－1710－0007435　普0000550　子部/儒家類/儒學之屬/蒙學

小學六卷附文公朱夫子年譜一卷小學總論一卷　（清）高愈注　清光緒十二年（1886）上海寶賢堂刻本　四冊　缺一卷（總論）

330000－1710－0007436　普0000551　集部/楚辭類

楚辭章句十七卷　（漢）王逸撰　（宋）洪興祖補注　清初海虞毛氏汲古閣刻本　四冊

330000－1710－0007440　814.3/122　子部/雜著類/雜說之屬

夢園叢說內篇八卷外篇八卷　（清）方濬頤撰　清同治十三年（1874）揚州刻本　一冊　存二卷（七至八）

330000－1710－0007441　814.3/129　子部/雜著類/雜纂之屬

平等閣筆記四卷　狄葆賢撰　清末有正書局鉛印本　四冊

330000－1710－0007445　普0000556　集部/別集類/清別集

省吾齋古文集十二卷　（清）竇光鼐撰　（清）竇汝瑄輯　清嘉慶六年（1801）竇氏慎德堂刻本　一冊　存五卷（八至十二）

330000－1710－0007446　普0000554　集部/總集類/選集之屬/通代

桐城吳氏古文讀本十三卷　（清）吳汝綸評選　清光緒三十四年（1908）上海文明書局鉛印本　四冊

330000－1710－0007448　普0000557　集部/

別集類/清別集
省吾齋詩賦集十二卷 （清）竇光鼐撰 （清）竇汝瑄輯 清刻本 二冊

330000－1710－0007449 814.3/118 子部/小說家類/雜事之屬
庸閒齋筆記八卷 （清）陳其元撰 清同治十三年（1874）吳下刻本 六冊

330000－1710－0007461 普0000558 集部/別集類/清別集
有正味齋駢體文二十四卷 （清）吳錫麒撰（清）王廣業箋 清咸豐九年（1859）青箱塾刻本 十二冊

330000－1710－0007469 普0000559 類叢部/叢書類/自著之屬
小西腴山館集五種 （清）吳大廷撰 清同治元年至十二年（1862－1873）刻本 一冊 存（小西腴山館集外文一至二）

330000－1710－0007477 普0000561 集部/總集類/選集之屬/斷代
宋四名家詩 （清）周之鱗 （清）柴升編 清刻本 三冊 缺五卷（東坡先生詩鈔五言律、七言律，放翁先生詩鈔五言絕、六言絕、七言絕）

330000－1710－0007480 普0000562 史部/紀傳類/正史之屬
漢書評林一百卷引用書目一卷 （明）凌稚隆輯 清光緒十年（1884）湘鄉劉鴻年耕雲讀月之室刻本 二十冊

330000－1710－0007484 普0000566 子部/儒家類/儒家之屬
孔氏家語十卷 （三國魏）王肅注 清光緒上海同文書局石印本 二冊 存四卷（三至六）

330000－1710－0007486 普0000568 子部/醫家類/類編之屬
徐氏醫書八種 （清）徐大椿撰 清刻本 一冊 存二種

330000－1710－0007487 814.3/183 子部/小說家類/諧謔之屬
增補一夕話六卷 （清）咄咄夫撰 清道光十二年（1832）刻本 四冊

330000－1710－0007489 814.3/184 子部/小說家類/諧謔之屬
新刻笑林廣記十二卷 （清）遊戲主人輯 清光緒元年（1875）刻本 四冊

330000－1710－0007490 普0000570 經部/四書類/孟子之屬/傳說
增補蘇批孟子二卷孟子年譜一卷 （宋）蘇洵撰 （清）趙大浣增補 清同治四年（1865）芸居樓刻朱墨套印本 一冊 存一卷（下孟一）

330000－1710－0007491 普0000571 集部/總集類/選集之屬/通代
古唐詩合解古詩四卷唐詩十二卷 （清）王堯衢注 清容德堂刻本 五冊 存十二卷（唐詩一至十二）

330000－1710－0007493 814.3/186 類叢部/叢書類/彙編之屬
煙霞小說十三種 （明）□□輯 清光緒二十七年（1901）上海文賢閣石印本 六冊

330000－1710－0007494 善0147 集部/別集類/清別集
頤綵堂文集十六卷劍舟律賦二卷駢體文鈔二卷 （清）沈叔埏撰 清嘉慶二十三年（1818）沈維鐈武昌刻本 三冊 存十六卷（文集一至十六）

330000－1710－0007496 814.3/189 史部/雜史類/斷代之屬
熙朝新語十六卷 （清）余金輯 清嘉慶二十三年（1818）刻本 四冊

330000－1710－0007497 814.3/190 史部/職官類/官制之屬
南省公餘錄八卷 （清）梁章鉅撰 清乾隆刻本 一冊 存四卷（五至八）

330000－1710－0007498 814.3/191 類叢部/叢書類/彙編之屬
振綺堂叢刊八種 （清）□□輯 清嘉慶至光緒汪氏振綺堂刻本 一冊 存一種

330000－1710－0007499　814.3/192　史部/政書類/通制之屬

石渠餘紀六卷　(清)王慶雲撰　清光緒三十三年(1907)刻民國二十三年(1934)印本　六冊

330000－1710－0007500　814.3/193　子部/雜著類/雜說之屬

水東日記三十八卷　(明)葉盛撰　明葉重華賜書樓刻清康熙十九年(1680)葉方蔚重修本　二冊　存二十卷(一至十、二十一至三十)

330000－1710－0007501　善0148　子部/儒家類/儒學之屬/經濟

時務論等二卷　金蓉鏡撰　清宣統刻本　一冊

330000－1710－0007502　善0149　子部/儒家類/儒學之屬/經濟

時務論等二卷　金蓉鏡撰　清宣統刻本　一冊

330000－1710－0007503　善0150　子部/儒家類/儒學之屬/經濟

時務論等二卷　金蓉鏡撰　清宣統刻本　一冊

330000－1710－0007504　善0151　子部/雜著類/雜說之屬

潛書一卷　金蓉鏡撰　清末鉛印本　一冊

330000－1710－0007505　普0000572　集部/總集類

南社叢刻　南社編輯　清宣統至民國鉛印本　七冊　存七種

330000－1710－0007506　普0000573　集部/別集類/唐五代別集

白香山詩長慶集二十卷後集十七卷別集一卷補遺二卷　(唐)白居易撰　(清)汪立名編　**白香山年譜舊本一卷**　(宋)陳振孫撰　**白香山年譜一卷**　(清)汪立名撰　清宣統三年(1911)石印本　六冊　缺二十卷(長慶集一至二十)

330000－1710－0007508　善0152　史部/政書類/公牘檔冊之屬

痰氣集三卷　金蓉鏡撰　清光緒學務處鉛印本　一冊

330000－1710－0007509　普0000574　集部/小說類/長篇之屬

續七俠五義傳十六卷八十回　(清)香草館主人編　清光緒三十一年(1905)上海書局石印本　八冊

330000－1710－0007510　814.3/194　子部/雜著類/雜纂之屬

兩般秋雨盦隨筆八卷　(清)梁紹壬撰　清刻本　五冊　存五卷(一、三、六至八)

330000－1710－0007511　814.3/195　子部/小說家類/異聞之屬

對山書屋墨餘錄十六卷　(清)毛祥麟撰　清同治九年(1870)湖州吳氏醉六堂刻本　七冊　缺二卷(九至十)

330000－1710－0007512　善0153　史部/政書類/公牘檔冊之屬

痰氣集三卷　金蓉鏡撰　清光緒三十四年(1908)刻本　一冊

330000－1710－0007513　善0154　史部/政書類/公牘檔冊之屬

痰氣集三卷　金蓉鏡撰　清光緒三十四年(1908)刻本　一冊

330000－1710－0007514　814.3/204　集部/曲類/寶卷之屬

欲覺聞鐘四卷末一卷　(唐)張果　(唐)李亞撰　**墨鸞書畫一卷**　(清)允明三教宗壇弟子等錄　清光緒八年(1882)汾東雀歸來刻本　四冊

330000－1710－0007515　814.3/198　史部/雜史類/斷代之屬

海上見聞錄十二卷　(清)袁祖志撰　清光緒新聞報館石印本　芥塵志　四冊

330000－1710－0007516　善0155　集部/總集類/氏族之屬

三朱遺編　(清)楊伯潤輯　清光緒十五年

(1889)嘉興楊氏刻本　一册

330000－1710－0007518　善 0157　類叢部/叢書類/自著之屬
蘐莳山莊遺著四種　(清)吳修祜撰　清光緒十年至十五年(1884－1889)木活字印本　二册　存二種

330000－1710－0007520　普 0000576　集部/別集類/清別集
瑞芍軒詩鈔四卷　(清)許乃穀撰　清同治七年(1868)刻本　一册　存二卷(一至二)

330000－1710－0007525　814.3/199　子部/小說家類/諧謔之屬
笑林擇雅四卷　(清)漚醒道人輯　清光緒二十二年(1896)鴻文書局石印本　四册

330000－1710－0007526　814.3/200　史部/地理類/外紀之屬
五大洲述異錄四卷　(清)藜床舊主輯　清光緒二十二年(1896)上海書局石印本　四册

330000－1710－0007528　814.3/201　新學/史志/臣民傳記
世界豪傑譚一卷　(清)鴻文編譯圖書館編譯　清光緒三十年(1904)石印本　一册

330000－1710－0007530　814.3/219　史部/雜史類/斷代之屬
張文襄幕府紀聞二卷　辜鴻銘撰　清宣統二年(1910)鉛印本　二册

330000－1710－0007532　814.3/206　子部/雜著類/雜說之屬
吹綱錄六卷　(清)葉廷琯撰　清同治八年至九年(1869－1870)刻本　二册

330000－1710－0007534　814.3/207　子部/雜著類/雜說之屬
吹綱錄六卷鷗陂漁話六卷　(清)葉廷琯撰　清同治八年至九年(1869－1870)刻本　二册　存六卷(鷗陂漁話一至六)

330000－1710－0007537　814.3/222　子部/小說家類/異聞之屬
翼駉稗編八卷　(清)湯用中撰　清道光二十九年(1849)刻本　七册　存七卷(一至二、四至八)

330000－1710－0007539　814.3/223　子部/小說家類/異聞之屬
螢窗異草初編四卷二編四卷三編四卷四編四卷　(清)長白浩歌子撰　(清)隨園老人評　清光緒三十年(1904)石印本　八册

330000－1710－0007541　善 0160　類叢部/叢書類/彙編之屬
知不足齋叢書一百九十六種　(清)鮑廷博編　(清)鮑士恭續編　清乾隆三十七年至道光三年(1772－1823)長塘鮑氏刻彙印本　一册　存一種

330000－1710－0007542　814.3/213　類叢部/叢書類/自著之屬
惕園全集十一種二十九卷首一卷　(清)陳庚煥撰　清咸豐元年(1851)有有齋刻本　一册　存六種

330000－1710－0007543　814.3/214　集部/小說類/短篇之屬
詳註聊齋志異圖詠十六卷首一卷　(清)蒲松齡撰　(清)呂湛恩注　(清)徐潤編　清光緒三十二年(1906)上海陳文興書局石印本　三册　存七卷(首、一至二、十一至十四)

330000－1710－0007544　普 0000581　集部/別集類/漢魏六朝別集
徐孝穆全集六卷　(陳)徐陵撰　(清)吳兆宜箋注　**備考一卷**　(清)徐文炳撰　清揚州藝古堂刻本　六册

330000－1710－0007545　善 0161　類叢部/叢書類/彙編之屬
知不足齋叢書一百九十六種　(清)鮑廷博編　(清)鮑士恭續編　清乾隆三十七年至道光三年(1772－1823)長塘鮑氏刻彙印本　六册　存八種

330000－1710－0007546　普 0000582　史部/史評類/史論之屬

歷代史論十二卷宋史論三卷元史論一卷歷代史論一編四卷 （明）張溥撰 **明史論四卷** （清）谷應泰撰 **左傳史論二卷** （清）高士奇撰 清光緒二十年（1894）上海袖海山房書局石印本 六册

330000－1710－0007549 普0000583 類叢部/叢書類/彙編之屬

古香齋袖珍十種 清同治至光緒南海孔氏刻本 二十册 存一種

330000－1710－0007552 普0000584 集部/曲類/彈詞之屬

新刻玉釧緣全傳三十二卷 （清）西湖居士撰 清道光二十二年（1842）大文堂刻本 三十二册

330000－1710－0007553 普0000585 經部/群經總義類/傳說之屬

皇朝五經彙解二百七十卷 （清）朱鏡清輯 清光緒十四年（1888）上海鴻文書局石印本 三十二册

330000－1710－0007554 普0000586 史部/編年類/通代之屬

御批歷代通鑑輯覽一百二十卷 （清）傅恒等撰 （清）楊述曾等纂修 清光緒二十七年（1901）石印本 十六册

330000－1710－0007555 814.3/224 子部/小說家類/瑣語之屬

客窗閒話初集四卷續集四卷 （清）吳熾昌撰 清光緒二十七年（1901）上海文宜書局石印本 四册

330000－1710－0007561 814.3/231 子部/小說家類/瑣語之屬

耕石齋瑣錄不分卷 清抄本 一册

330000－1710－0007562 814.3/232 子部/雜著類/雜說之屬

戢影述錄四卷 （清）袁自超撰 清光緒十二年（1886）刻本 二册

330000－1710－0007566 814.3/235 類叢部/叢書類/彙編之屬

張氏適園叢書七種 張鈞衡編 清宣統三年（1911）上海國學扶輪社鉛印本 春暉氏題記 一册 存一種

330000－1710－0007567 814.3/238 子部/雜著類/雜說之屬

嗇菴隨筆六卷末一卷 （清）陸文衡撰 清光緒二十三年（1897）吳江陸同壽木活字印本 二册

330000－1710－0007568 普0000588 史部/史抄類

二十一史約編八卷首一卷 （清）鄭元慶撰 清光緒六年（1880）得月樓刻本 八册

330000－1710－0007570 普0000589 新學/史志/政記

新譯列國歲計政要三卷 （清）白作霖譯 傅運森譯 清光緒二十七年（1901）海上譯社鉛印本 八册

330000－1710－0007571 普0000590 集部/小說類/長篇之屬

評註圖像水滸傳七十五卷七十回首一卷 （元）施耐庵撰 （清）金人瑞評 清光緒十二年（1886）上海同文書局石印本 十册

330000－1710－0007572 814.3/237 集部/詩文評類

煮藥漫抄二卷 （清）葉煒撰 清光緒十七年（1891）金陵刻本 一册

330000－1710－0007573 普0000591 集部/小說類/短篇之屬

繪圖今古奇觀六卷四十回 （明）抱甕老人輯 清末天寶書局石印本 一册

330000－1710－0007574 普0000593 集部/小說類/長篇之屬

綠野仙蹤八十回 （清）李百川撰 清道光十年（1830）刻本 二十册

330000－1710－0007578 814.3/241 子部/小說家類/瑣語之屬

邱園隨筆一卷 （清）邱諧桐撰 清光緒二十年（1894）刻本 一册

330000－1710－0007582　善 0162　類叢部/叢書類/彙編之屬

知不足齋叢書一百九十六種　（清）鮑廷博編　（清）鮑士恭續編　清乾隆三十七年至道光三年（1772－1823）長塘鮑氏刻彙印本　一册　存三種

330000－1710－0007585　814.3/247　子部/藝術類/書畫之屬/畫譜

點石齋畫報初集十卷二集十二卷三集八卷四集六卷五集四卷六集四卷後附淞隱漫錄十二卷續錄五卷漫遊隨錄三卷風箏誤一卷閨媛叢錄一卷點石齋叢鈔一卷乘龍佳話一卷藹園謎賸一卷　（清）尊聞閣主人輯　清光緒二十三年（1897）石印本　二册　存八卷（漫遊隨錄一至三、淞隱續錄一至五）

330000－1710－0007588　814.3/249　子部/雜著類/雜編之屬

蒔古齋輯著七卷　（清）楊城書輯　清道光十三年（1833）刻本　一册

330000－1710－0007589　善 0163　類叢部/叢書類/彙編之屬

知不足齋叢書一百九十六種　（清）鮑廷博編　（清）鮑士恭續編　清乾隆三十七年至道光三年（1772－1823）長塘鮑氏刻彙印本　十五册　存十二種

330000－1710－0007596　815/8　集部/別集類/清別集

錢牧齋尺牘三卷補遺一卷　（清）錢謙益撰　清宣統二年（1910）上海商務印書館鉛印本　三册

330000－1710－0007598　普 0000598　集部/總集類/選集之屬/通代

增批古文觀止十二卷　（清）吳乘權　（清）吳大職輯　清光緒二十七年（1901）浙紹墨潤堂石印本　四册　存十卷（三至十二）

330000－1710－0007600　普 0000600　集部/總集類/選集之屬/通代

阮亭選古詩三十二卷　（清）王士禛選　清刻本　二册　存十五卷（七言詩歌行鈔一至十五）

330000－1710－0007602　普 0000602　集部/別集類/清別集

章實齋先生遺書六卷附錄一卷　（清）章學誠撰　清宣統二年（1910）霍邱王潛剛鉛印本　四册

330000－1710－0007603　815/9　集部/別集類/清別集

吳摯甫尺牘五卷補遺一卷論兒書一卷　（清）吳汝綸撰　清宣統三年（1911）上海國學扶輪社石印本　十二册

330000－1710－0007606　普 0000603　類叢部/叢書類/彙編之屬

張氏適園叢書七種　張鈞衡編　清宣統三年（1911）上海國學扶輪社鉛印本　一册　存一種

330000－1710－0007607　815/10　史部/政書類/公牘檔册之屬

樊山公牘四卷　樊增祥撰　清石印本　一册

330000－1710－0007608　815/3　集部/總集類/尺牘之屬

國朝名人書札二卷　吳曾祺輯　清宣統元年（1909）上海商務印書館鉛印本　三册

330000－1710－0007611　815/32　子部/儒家類/儒學之屬/勸學

義烏朱鼎甫先生示兒書一卷　（清）朱一新撰　清光緒二十五年（1899）蘭州官書局石印本　一册

330000－1710－0007612　善 0164　類叢部/叢書類/彙編之屬

知不足齋叢書一百九十六種　（清）鮑廷博編　（清）鮑士恭續編　清乾隆三十七年至道光三年（1772－1823）長塘鮑氏刻彙印本　二册　存一種

330000－1710－0007613　普 0000607　史部/地理類/專志之屬/寺觀

洛陽伽藍記五卷　（北魏）楊衒之撰　清光緒二年（1876）洛陽西華禪院刻本　一册

330000－1710－0007615　815/22　集部/別集類/清別集

培遠堂偶存稿手札節要三卷　（清）陳弘謀撰　清道光十九年（1839）靈石何氏刻本　一册

330000－1710－0007616　815/11　集部/總集類/選集之屬/斷代

詳註嚶求集二卷　（清）繆艮撰　（清）倪照注　清光緒三十四年（1908）文盛堂石印本　一册

330000－1710－0007617　普0000609　子部/叢編

子書百家一百一種　（清）崇文書局編　清光緒元年（1875）湖北崇文書局刻本　一册　存二種

330000－1710－0007622　815/15　集部/別集類/清別集

尺牘偶存二卷　（清）陸隴其撰　清光緒十七年（1891）上海書局刻本　二册

330000－1710－0007623　815/16　集部/總集類/尺牘之屬

蘇東坡尺牘八卷　（宋）蘇軾撰　**黄山谷尺牘十卷**　（宋）黄庭堅撰　清刻本　十五册　存八卷（蘇東坡尺牘一至八）

330000－1710－0007624　815/17　集部/別集類/清別集

適軒尺牘八卷　（清）徐菊生撰　清光緒二年（1876）金陵存古堂刻本　四册

330000－1710－0007625　815/21　集部/別集類

湘綺樓全書十八種　王闓運撰　清光緒三十三年（1907）墨莊劉氏長沙刻本　四册　存一種

330000－1710－0007627　815/23　集部/別集類/清別集

陳文恭公手劄節要一卷　（清）陳弘謀撰　清同治三年（1864）四川藩署刻本　一册

330000－1710－0007630　815/29　類叢部/叢書類/彙編之屬

觀古堂彙刻書□□種　葉德輝編　清光緒至民國長沙葉氏刻本　一册　存一種

330000－1710－0007632　815/30　子部/儒家類/儒學之屬

書札雜箸一卷　（清）費熙撰　清光緒二十二年（1896）歸安周氏刻本　一册

330000－1710－0007633　815/31　類叢部/叢書類/自著之屬

觀古堂所著書二十種　葉德輝編　清光緒長沙葉氏刻民國八年（1919）重編印本　一册　存一種

330000－1710－0007636　普0000606　類叢部/叢書類/自著之屬

顧亭林先生遺書彙輯二十三種附錄三種　（清）顧炎武撰　（清）席威　（清）朱記榮編　清光緒十一年（1885）吳縣孫谿朱氏槐廬家塾刻本　三册　存六種

330000－1710－0007639　815/27　集部/別集類/清別集

周文忠公尺牘二卷雜文附錄一卷　（清）周天爵撰　清同治七年（1868）蘇松太道署刻本　一册

330000－1710－0007642　815/34　子部/藝術類/書畫之屬/法帖

翁相國手札第二集不分卷　（清）翁同龢書　清光緒三十四年（1908）上海有正書局石印本　一册

330000－1710－0007644　普0000611　史部/叢編

痛史二十一種附九種　樂天居士輯　清宣統三年（1911）上海商務印書館鉛印本　一册　存一種

330000－1710－0007646　815/35　集部/總集類/尺牘之屬

黄山谷尺牘十卷　（宋）黄庭堅撰　清刻本　十二册

330000－1710－0007647　普0000612　類叢部/類書類/通類之屬

角山樓增補類腋六十七卷　(清)姚培謙輯　(清)趙克宜增輯　清光緒十二年(1886)上海同文書局石印本　六冊

330000－1710－0007668　815/36　集部/總集類/尺牘之屬
尺牘青蓮四卷　(明)何偉然輯　明刻本　二冊

330000－1710－0007669　815/37　史部/雜史類/斷代之屬
求全之毀一卷　(清)味閑老人撰　清光緒三十三年(1907)鉛印本　一冊

330000－1710－0007670　普0000614　類叢部/類書類/專類之屬
重編留青新集二十四卷　(清)馮善長輯　清光緒十六年(1890)上海鉛印本　七冊　存十七卷(一至六、九至十、十五、十七至二十四)

330000－1710－0007671　普0000615　類叢部/叢書類/彙編之屬
士禮居黃氏叢書十九種附四種　(清)黃丕烈編　清嘉慶至道光吳縣黃氏刻本　一冊　存四種

330000－1710－0007674　816/1　類叢部/叢書類/彙編之屬
武英殿聚珍版書(武英殿聚珍版叢書)一百三十八種　清乾隆武英殿木活字印本　一冊　存一種

330000－1710－0007676　815/40　子部/藝術類/書畫之屬/法帖
許竹篔侍郎尺牘真跡二卷　(清)許景澄撰　(清)盛沅輯　清光緒三十三年(1907)影印本　一冊

330000－1710－0007679　普0000619　集部/小說類/短篇之屬
淞隱漫錄十二卷　(清)王韜撰　清光緒十年(1884)上海點石齋石印本　一冊　存七卷(一至七)

330000－1710－0007680　普0000620　類叢部/叢書類/郡邑之屬
武林往哲遺箸五十六種後編十種　(清)丁丙編　清光緒三年至二十六年(1877－1900)錢塘丁氏嘉惠堂刻本([乾道]臨安志卷四至十五、南宋館閣錄卷一原缺)　一冊　存一種

330000－1710－0007681　普0000621　集部/別集類/清別集
嫏嬛小築詩存三卷文存一卷　(清)龔汝霖撰　清同治十一年至十三年(1872－1874)刻本　一冊

330000－1710－0007684　普0000623　子部/宗教類/道教之屬/戒律
暗室燈二卷　(清)深山居士輯　清道光二十二年(1842)刻本　二冊

330000－1710－0007686　普0000625　史部/史抄類
史記菁華錄六卷　(清)姚祖恩輯　清光緒十九年(1893)上海書局石印本　六冊

330000－1710－0007689　815/41　集部/總集類/尺牘之屬
名賢手札八種　(清)郭慶藩輯　清光緒十年(1884)湘陰郭氏岵瞻堂刻本　三冊　存四種

330000－1710－0007690　普0000627　子部/小說家類/異聞之屬
瓊林霏屑八卷　(清)望海樓主人輯　清光緒三十二年(1906)上海鴻文書局石印本　一冊　存二卷(一至二)

330000－1710－0007691　普0000628　集部/曲類/曲選之屬
奢摩他室曲叢第一集三種　吳梅輯　清宣統二年(1910)長洲吳氏靈鳼刻本　二冊

330000－1710－0007692　816/8　史部/地理類/遊記之屬/紀行
東遊日記一卷(清光緒二十五年六月初二至十一月十一日)　(清)沈翊清撰　清光緒二十六年(1900)福州刻本　一冊

330000－1710－0007693　815/42　集部/別集類/清別集
倦圃集二卷　清刻本　二冊

330000－1710－0007697　816/9　史部/地理類/遊記之屬/紀行

使粵日記二卷(清道光八年)　(清)李鈞撰　清道光十四年(1834)刻本　一册

330000－1710－0007698　816/10　史部/傳記類/日記之屬

虎口日記一卷(清咸豐十一年)　(清)魯叔容撰　清光緒二十二年(1896)福州刻本　一册

330000－1710－0007700　善 0192　史部/地理類/方志之屬/郡縣志

[光緒]重修嘉善縣志三十六卷首一卷　(清)江峯青修　(清)顧福仁纂　清光緒二十年(1894)刻本　十六册

330000－1710－0007701　816/11　史部/傳記類/日記之屬

秦輶日記一卷(清咸豐八年)　(清)潘祖蔭撰　清末刻本　一册

330000－1710－0007702　816/12　類叢部/叢書類/自著之屬

鄂中叢刻　易順鼎撰　清光緒三十年(1904)鉛印本　一册　存一種

330000－1710－0007703　816/15　史部/地理類/遊記之屬/紀行

出使美日祕國日記十六卷(清光緒十五年九月初一至十九年八月初二)　(清)崔國因撰　清光緒二十年(1894)鉛印本　十二册　缺三卷(六、十五至十六)

330000－1710－0007705　816/17　史部/地理類/外紀之屬

三洲日記八卷(清光緒十二年至十五年)　(清)張蔭桓撰　清光緒三十二年(1906)上海石印本　八册

330000－1710－0007707　816/19　類叢部/叢書類/彙編之屬

申報館叢書正集五十七種附錄三種　(清)尊聞閣主編　**續集一百四十二種**　(清)蔡爾康編　清同治至光緒上海申報館鉛印本　一册　存一種

330000－1710－0007709　816/20　史部/傳記類/日記之屬

癸卯東游日記一卷(清光緒二十九年)　(清)張謇撰　清光緒二十九年(1903)江蘇通州翰墨林書局鉛印本　一册

330000－1710－0007712　善 0197　類叢部/叢書類/自著之屬

寒松閣集五種　(清)張鳴珂撰　清光緒十年至二十四年(1884－1898)嘉興張氏刻本　六册

330000－1710－0007713　816/21　史部/政書類/邦交之屬

使俄日記八卷(清光緒二十年至二十一年)　(清)王之春撰　清光緒二十二年(1896)上海石印本　四册　缺三卷(一至三)

330000－1710－0007714　善 0198　集部/別集類/清別集

甘泉鄉人稿二十四卷　(清)錢泰吉撰　**皇清敕授修職郎誥封朝議大夫顯考警石府君年譜一卷**　(清)錢應溥撰　**四水子遺著一卷**　(清)錢友泗撰　**邠農偶吟稿一卷**　(清)錢炳森撰　清同治七年(1868)十一年(1872)嘉興錢氏刻本　錢振聲題記　六册

330000－1710－0007719　普 0000631　子部/小說家類/雜事之屬

庸盦筆記六卷　(清)薛福成撰　清宣統二年(1910)上海掃葉山房石印本　三册

330000－1710－0007721　善 0200　子部/天文曆算類/算書之屬

游藝齋算學課藝初集一卷　(清)朱仁積編　清光緒二十六年至二十七年(1900－1901)刻本　一册

330000－1710－0007722　善 0201　子部/天文曆算類/算書之屬

游藝齋算學課藝初集一卷　(清)朱仁積編　清光緒二十六年至二十七年(1900－1901)刻本　一册

330000－1710－0007723　816/26　史部/傳

記類/日記之屬

道西齋日記不分卷(清光緒十三年三月初四至五月二十四日) (清)王詠霓撰 清光緒十三年(1887)安徽休屯鎮同文堂刻本 一冊

330000－1710－0007725 816/28 史部/傳記類/日記之屬

供事石汝鈞陸路赴俄日記(清光緒九年)不分卷 (清)石汝鈞撰 清光緒九年(1883)抄本 一冊

330000－1710－0007726 善0203 集部/別集類/清別集

潄芳閣集十卷 (清)徐士芬撰 清咸豐二年(1852)刻本 二冊

330000－1710－0007727 816/29 史部/傳記類/日記之屬

北行日記一卷(清光緒六年七月十三日至十月二十一日) (清)薛寶田撰 清光緒六年(1880)刻本 一冊

330000－1710－0007729 821/2 子部/藝術類/總論之屬

清秘藏二卷 (明)張應文撰 清藏修書屋刻本 一冊

330000－1710－0007730 821/6 子部/藝術類/書畫之屬/總論

佩文齋書畫譜一百卷 (清)孫岳頒等輯 清光緒九年(1883)上海同文書局石印本 十六冊

330000－1710－0007732 821/8 子部/藝術類/書畫之屬/總論

愛日吟廬書畫錄四卷 (清)葛金烺撰 **補錄一卷續錄八卷別錄四卷** 葛嗣浵撰 清宣統二年至民國二年(1910－1913)當湖葛氏上海刻朱印本 二冊

330000－1710－0007734 善0204 集部/別集類/清別集

思詒堂詩稿十二卷文稿一卷 (清)金衍宗撰 清同治五年(1866)刻本 一冊 存一卷(文稿)

330000－1710－0007735 善0205 集部/別集類/清別集

甌隱芻言二卷 (清)金衍宗撰 清咸豐五年(1855)金衍宗刻本 一冊

330000－1710－0007740 善0206 類叢部/叢書類/自著之屬

潛廬全集五種附一種 金蓉鏡撰 清光緒三十四年(1908)宣統二年(1910)刻本 一冊 存一種

330000－1710－0007741 普0000634 集部/總集類/尺牘之屬

潛園友朋書問十二卷 (清)陸心源輯 清末石印本 一冊

330000－1710－0007742 822/1 子部/藝術類/書畫之屬/法帖

淳化秘閣法帖考正十卷附二卷 (清)王澍撰 **淳化閣帖釋文二卷** (清)沈宗騫校定 清乾隆三十三年(1768)刻本 四冊

330000－1710－0007743 善0207 類叢部/叢書類/自著之屬

潛廬全集五種附一種 金蓉鏡撰 清光緒三十四年(1908)宣統二年(1910)刻本 一冊 存一種

330000－1710－0007744 普0000635 集部/別集類/清別集

繡墨軒詩稿一卷詞稿一卷 (清)俞慶曾撰 **慧福樓幸草一卷** (清)俞繡孫撰 **緗雲館詩鈔一卷** (清)許之雯撰 清光緒二十三年(1897)刻本 一冊

330000－1710－0007747 普0000637 集部/小說類/長篇之屬

四大奇書第一種十九卷首一卷一百二十回 (明)羅本撰 (清)毛宗崗評 清刻本 十冊 存十卷(一至二、八至十、十四至十六、十八至十九)

330000－1710－0007749 普0000638 史部/政書類/通制之屬

三通考輯要 湯壽潛輯 清光緒二十五年

(1899)上海圖書集成局鉛印本　三十册

330000－1710－0007750　普0000639　史部/傳記類/總傳之屬/斷代

國朝先正事略六十卷　(清)李元度撰　清同治五年至八年(1866－1869)循陔草堂刻本　三十册　存五十三卷(一至五十三)

330000－1710－0007751　善0210　集部/別集類/清別集

朱強甫集三卷　(清)朱克柔撰　清光緒三十二年(1906)心不滅齋武昌刻本　一册

330000－1710－0007752　822/3　經部/小學類/文字之屬/字書/字體

楷法溯源十四卷帖目一卷古碑目一卷　(清)潘存孺輯　(清)楊守敬編　清光緒三年至四年(1877－1878)刻本　十册

330000－1710－0007753　善0211　集部/別集類/清別集

石鐘山人遺稿二卷附誥授奉政大夫湖南辰州府分防乾州同知吳公年譜一卷　(清)吳鐄撰　清光緒二十一年(1895)小種字林刻本　一册

330000－1710－0007756　823.1/16　子部/藝術類/書畫之屬/題跋

書畫跋跋三卷續三卷　(明)孫鑛撰　清乾隆五年(1740)仁和孫宗濂　孫宗溥刻本　一册　存四卷(三、續一至三)

330000－1710－0007757　822/6　子部/藝術類/書畫之屬/總論

藝舟雙楫六卷附錄三卷　(清)包世臣撰　清光緒九年(1883)刻本　二册　存六卷(一至六)

330000－1710－0007758　善0212　類叢部/叢書類/自著之屬

高陶堂遺集四種　(清)高心夔撰　清光緒八年(1882)平湖朱氏經注經齋刻本　四册

330000－1710－0007760　823.1/2　史部/傳記類/總傳之屬/技藝

歷代畫史彙傳七十二卷首一卷總目三卷附錄二卷　(清)彭蘊璨輯　清道光五年(1825)吳門彭氏尚志堂刻本　二十册　缺十四卷(三十九至四十一、四十五至四十九、五十二至五十四、五十八至六十)

330000－1710－0007761　822/7　子部/藝術類/書畫之屬/書法書品

分隸偶存二卷　(清)萬經撰　清抄本　一册

330000－1710－0007766　普0000640　集部/小說類/長篇之屬

後紅樓夢三十回附二回　(清)逍遙子撰　清刻本　十二册

330000－1710－0007768　普0000641　集部/小說類/長篇之屬

紅樓夢一百二十回　(清)曹霑　(清)高鶚撰　清經元升刻本　二十三册　缺十回(四至十三)

330000－1710－0007769　普0000642　史部/編年類/斷代之屬

皇朝政典挈要八卷　(日本)增田貢撰　(清)毛淦補編　清光緒二十八年(1902)上海書局石印本　四册

330000－1710－0007775　823.1/14　史部/傳記類/總傳之屬/技藝

墨林今話十八卷　(清)蔣寶齡撰　**墨林今話續編一卷**　(清)蔣茝生撰　清咸豐二年(1852)刻本　六册

330000－1710－0007776　普000646　史部/地理類/遊記之屬/紀行

出使英法義比四國日記六卷(清光緒十六年正月十一日至十七年二月三十日)　(清)薛福成撰　清光緒二十年(1894)孫谿校經堂刻本　一册　存四卷(一至四)

330000－1710－0007778　普0000648　類叢部/叢書類/彙編之屬

正誼堂全書六十三種續刻五種　(清)張伯行編　(清)楊浚重編　清同治五年(1866)福州正誼書院刻同治八年至光緒十三年(1869－1887)續刻本　三册　存一種

330000－1710－0007781　普 0000651　史部/地理類/總志之屬/斷代

太平寰宇記二百卷目錄二卷　(宋)樂史撰　(清)陳蘭森補闕　清刻本　六冊　存三十四卷(一百六十七至二百)

330000－1710－0007782　普 000654　類叢部/叢書類/彙編之屬

申報館叢書正集五十七種附錄三種續集一百四十二種　(清)尊聞閣主編　蔡爾康編續集　清同治至光緒上海申報館鉛印本　一冊　存一種

330000－1710－0007784　善 0217　子部/藝術類/書畫之屬/畫譜

太平歡樂圖一卷　(清)方薰繪　清光緒十四年(1888)積山書局石印本　一冊

330000－1710－0007785　善 0218　史部/地理類/遊記之屬/紀行

辛卯侍行記六卷　(清)陶保廉撰　清光緒二十三年(1897)養樹山房刻本　六冊

330000－1710－0007787　823.1/8　子部/藝術類/書畫之屬/總論

辛丑銷夏記五卷　(清)吳榮光撰　清光緒三十一年(1905)長沙葉德輝郎園刻本　五冊

330000－1710－0007788　823.1/9　史部/傳記類/總傳之屬/技藝

無聲詩史七卷　(清)姜紹書撰　清錦江葉氏刻本　三冊

330000－1710－0007789　善 0219　史部/地理類/遊記之屬/紀行

辛卯侍行記六卷　(清)陶保廉撰　清光緒二十三年(1897)養樹山房刻本　三冊

330000－1710－0007793　823.1/10　類叢部/叢書類/彙編之屬

春暉堂叢書十二種　(清)徐渭仁編　清道光至咸豐上海徐渭仁刻同治九年至十年(1870－1871)徐允臨補刻彙印本　二冊　存一種

330000－1710－0007794　823.1/11　子部/藝術類/書畫之屬/畫録

國朝畫識十七卷墨香居畫識十卷　(清)馮金伯撰　清乾隆刻道光十一年(1831)江左書林增修本　八冊　存十七卷(國朝畫識一至十七)

330000－1710－0007796　823.1/12　子部/藝術類/書畫之屬/畫法畫品

墨香居畫識十卷　(清)馮金伯撰　清江左書林刻本　四冊

330000－1710－0007797　823.1/13　子部/藝術類/書畫之屬/總論

清河書畫舫十二卷鑒古百一詩一卷　(明)張丑輯　清乾隆二十八年(1763)仁和吳氏池北草堂刻本　十二冊

330000－1710－0007798　善 0221　子部/醫家類/綜合之屬/合刻、合抄

景岳全書六十四卷　(明)張介賓撰　清嘉興九思堂刻本　二十四冊

330000－1710－0007799　823.1/21　子部/藝術類/書畫之屬

桐陰論畫三卷附錄一卷桐陰畫訣一卷續桐陰論畫一卷　(清)秦祖永撰　清同治三年至六年(1864－1867)刻朱墨套印本　一冊　存二卷(桐陰畫訣、續桐陰畫訣)

330000－1710－0007800　823.1/31　類叢部/叢書類/彙編之屬

埽葉山房叢鈔二十六種　(清)席威編　清同治至光緒刻光緒九年(1883)彙印本　二十八冊　存一種

330000－1710－0007802　823.1/23　類叢部/叢書類/彙編之屬

嘯園叢書五十七種　(清)葛元煦編　清光緒二年至七年(1876－1881)仁和葛氏刻本　二冊　存一種

330000－1710－0007803　823.1/33　類叢部/叢書類/彙編之屬

小石山房叢書三十八種　(清)顧湘編　清道光刻同治十三年(1874)虞山顧氏補刻本　一冊　存二種

330000－1710－0007804　普 0000644　子部/小說家類/異聞之屬
閱微草堂筆記二十四卷　(清)紀昀撰　清道光二十七年(1847)小蓬萊山館刻本　十册

330000－1710－0007805　823.1/24　子部/藝術類/書畫之屬/畫譜
唐六如先生畫譜三卷　(明)唐寅輯　清石室山人刻本　一册

330000－1710－0007806　823.1/34　子部/藝術類/書畫之屬/畫録
虚齋名畫録十六卷續録四卷補遺一卷　龐元濟輯　清宣統元年至民國十四年(1909－1925)烏程龐氏申江刻本　二十册

330000－1710－0007807　善 0222　子部/宗教類/其他宗教之屬/基督教
不得已辯一卷　(意大利)利類思撰　清道光二十七年(1847)刻本　一册

330000－1710－0007809　823.1/26　子部/藝術類/書畫之屬/畫法畫品
畫筌一卷　(清)笪重光撰　**龔安節先生畫訣一卷**　(清)龔賢撰　**繪事微言一卷**　(清)唐志契撰　清抄本　一册

330000－1710－0007812　823.1/27　子部/藝術類/書畫之屬/畫法畫品
畫筌一卷　(清)笪重光撰　清抄本　一册

330000－1710－0007814　823.1/29　子部/藝術類/書畫之屬/畫録
桐園卧游録一卷　(清)金鳳清撰　清同治十一年(1872)刻本　一册

330000－1710－0007817　普 000653　新學/史志/别國史
東洋史要二卷　(日本)桑元隲藏撰　樊炳清譯　清光緒二十五年(1899)東文學社石印本　四册

330000－1710－0007820　普 0000656　集部/别集類/清别集
春星草堂詩集二卷　(清)唐際虞撰　清光緒二十一年(1895)刻本　一册

330000－1710－0007824　普 0000660　集部/别集類/清别集
泰雲堂文集二卷駢體文集二卷詩集十八卷詞集三卷　(清)孫爾準撰　清道光十三年(1833)刻本　一册　存四卷(文集一至二、駢體文集一至二)

330000－1710－0007826　823.1/38　史部/傳記類/總傳之屬/技藝
國朝畫徵録三卷續録二卷　(清)張庚撰　**明人附録一卷**　(明)黎遂球　(明)袁樞撰　清宣統二年(1910)上海中國書畫會石印本　二册　缺一卷(明人附録)

330000－1710－0007830　823.1/42　子部/藝術類/書畫之屬/題跋
習苦齋畫絮十卷　(清)戴熙撰　清光緒十九年(1893)刻本　四册

330000－1710－0007831　善 0229　集部/别集類/清别集
小謨觴居詩存一卷　(清)孫成彦著　清光緒六年(1880)刻本　一册

330000－1710－0007832　善 0230　集部/總集類/題詠之屬
采菊思親圖題辭一卷　(清)曹咸熙編　清光緒二年(1876)刻本　一册

330000－1710－0007833　823.1/43　史部/傳記類/總傳之屬/技藝
國朝書畫家筆録四卷　(清)竇鎮輯　清宣統三年(1911)文學山房木活字印本　四册

330000－1710－0007839　普 0000661　史部/編年類/通代之屬
御批歷代通鑑輯覽一百二十卷　(清)傅恒等撰　(清)楊述曾等纂修　清光緒九年(1883)上海同文書局石印本　十六册

330000－1710－0007840　善 0231　集部/總集類/郡邑之屬
續檇李詩繫四十卷　(清)胡昌基輯　清宣統三年(1911)刻本　二十册

330000－1710－0007841　823.2/2　子部/藝

術類/書畫之屬/畫譜
芥子園四集續畫傳六卷 (清)巢勳輯 清光緒石印本 四册

330000-1710-0007842 823.2/10 子部/藝術類/書畫之屬/畫譜
吴友如畫寶十二集不分卷 (清)吴嘉猷繪 清宣統元年(1909)上海璧園會社石印本 一册 存一集

330000-1710-0007843 823.2/7 史部/傳記類/總傳之屬/郡邑
練川名人畫像四卷附二卷續編三卷 (清)程祖慶編 清道光二十九年至三十年(1849-1850)嘉定程氏刻本 二册

330000-1710-0007845 善0232 史部/政書類/儀制之屬/專志/科舉校規
秀水縣學堂章程一卷 (清)秀水縣學堂編 清光緒刻本 一册

330000-1710-0007847 普0000662 集部/詩文評類/詩評之屬
緝雅堂詩話二卷 (清)潘衍桐撰 清光緒十七年(1891)杭州刻本 一册

330000-1710-0007849 善0233 集部/詞類/别集之屬
曝書亭集詞註七卷 (清)朱彝尊撰 (清)李富孫注 清嘉慶十九年(1814)嘉興李氏校經廎刻道光九年(1829)補刻本 七册

330000-1710-0007851 823.2/4 子部/藝術類/書畫之屬/畫譜
芥子園畫傳四集四卷 (清)丁臯等撰輯 **芥子園圖章會纂一卷** (清)李漁撰 清嘉慶二十三年(1818)刻本 二册

330000-1710-0007853 普0000664 史部/編年類/通代之屬
尺木堂綱鑑易知録九十二卷明鑑易知録十五卷 (清)吴乘權等輯 清光緒十四年(1888)廣百宋齋鉛印本 十六册

330000-1710-0007856 普0000665 史部/編年類/通代之屬
尺木堂綱鑑易知録九十二卷 (清)吴乘權等輯 **御撰資治通鑑綱目三編二十卷** (清)張廷玉等撰 清尺木堂刻本 四十八册

330000-1710-0007857 善0235 集部/别集類/清别集
三魚堂文集十二卷外集六卷賸言十二卷 (清)陸隴其撰 清宣統三年(1911)上海掃葉山房石印本 八册

330000-1710-0007858 823.2/20 子部/藝術類/書畫之屬/畫録
趙氏可畊可讀圖一卷 (清)趙氏撰 清光緒二十四年(1898)石印本 一册

330000-1710-0007859 善0236 子部/藝術類/書畫之屬/法帖
許竹篔侍郎尺牘真跡二卷 (清)許景澄撰 (清)盛沅輯 清光緒三十三年(1907)影印本 二册

330000-1710-0007861 823.2/23 子部/雜著類/雜纂之屬
鴻雪因緣圖記一集二卷二集二卷三集二卷 (清)麟慶撰 清石印本 一册 存二卷(二集一至二)

330000-1710-0007862 823.2/24 子部/雜著類/雜纂之屬
鴻雪因緣圖記一集二卷二集二卷三集二卷 (清)麟慶撰 清光緒二十二年(1896)上海點石齋石印本 二册 缺二卷(三集一至二)

330000-1710-0007864 普0000667 史部/傳記類/總傳之屬/技藝
墨林今話十八卷 (清)蔣寶齡撰 **墨林今話續編一卷** (清)蔣茝生撰 清咸豐二年(1852)刻本 六册

330000-1710-0007867 善0238 集部/别集類/清别集
朱強甫集三卷 (清)朱克柔撰 清光緒三十二年(1906)心不滅齋武昌刻本 一册

330000-1710-0007868 普0000669 經部/春秋總義類/傳說之屬

春秋胡傳三十卷總目一卷　(宋)胡安國撰　(宋)林堯叟音註　清恕堂刻本　六册

330000－1710－0007869　善 0239　集部/别集類/清别集
攬青閣詩鈔二卷　(清)李貽德撰　清同治六年(1867)刻本　一册

330000－1710－0007870　普 0000670　史部/編年類/通代之屬
御批歷代通鑑輯覽一百二十卷　(清)傅恒等撰　(清)楊述曾等纂修　清光緒二十年(1894)上海書局石印本　十八册　存九十卷(十六至七十、八十六至一百二十)

330000－1710－0007871　普 0000671　集部/總集類/選集之屬/通代
文選六十卷　(南朝梁)蕭統輯　(唐)李善注　**文選考異十卷**　(清)胡克家撰　清光緒六年(1880)四明林植梅刻本　二十四册

330000－1710－0007874　善 0240　集部/别集類/清别集
思貽堂詩集六卷　(清)金衍宗撰　清光緒至宣統鉛印本　二册

330000－1710－0007875　普 0000673　史部/編年類/通代之屬
尺木堂綱鑑易知録九十二卷明鑑易知録十五卷　(清)吴乘權等輯　清光緒三十一年(1905)上海廣益書局鉛印本　十六册

330000－1710－0007876　823.2/13　子部/藝術類/書畫之屬/畫譜
海上名人畫稿二卷　(清)張熊等繪　清光緒十一年(1885)上海同文書局石印本　一册

330000－1710－0007879　823.2/16　子部/藝術類/書畫之屬/畫譜
梅花喜神譜二卷　(宋)宋伯仁繪並輯　清嘉慶十六年(1811)沈氏古倪園影宋景定二年(1261)刻本　一册

330000－1710－0007880　823.2/17　子部/藝術類/書畫之屬
賞奇軒合編五種　清光緒十二年(1886)上海同文書局石印本　一册　存一種

330000－1710－0007882　普 0000674　集部/總集類/選集之屬/通代
文選十卷　(南朝梁)蕭統輯　(唐)李善注
文選考異十卷　(清)胡克家撰　清光緒六年(1880)四明林植梅刻本　四册　存十卷(考異一至十)

330000－1710－0007883　823.2/21　子部/藝術類/書畫之屬/畫録
海上青樓圖記四卷　(清)沁園主人繪　(清)惠蘭沅主輯　清光緒十八年(1892)上海華雨小築石印本　四册

330000－1710－0007885　823.2/27　子部/藝術類/書畫之屬/畫譜
吴友如畫寶十二集不分卷　(清)吴嘉猷繪　清宣統元年(1909)上海璧園會社石印本　十三册　存十二集

330000－1710－0007887　823.2/28　子部/藝術類/書畫之屬/畫譜
葉氏息園畫譜不分卷　葉鴻業繪　清光緒十二年(1886)石印本　一册

330000－1710－0007893　824/2　史部/金石類/璽印之屬
齊魯古印攈四卷　(清)高慶齡　(清)高嘉鈺輯　清光緒七年至九年(1881－1883)濰縣高氏古雪書莊鈐印本　一册　存一卷(四)

330000－1710－0007895　824/3　子部/藝術類/篆刻之屬/印譜
西泠四家印譜附存四家　(清)丁丙輯　清末百石齋鈐刻藍印本　董巽觀題記　十册

330000－1710－0007896　善 0241　集部/别集類/清别集
南湖草堂詩集六卷　(清)楊伯潤撰　清光緒八年(1882)滬上語石齋刻本　二册

330000－1710－0007898　善 0242　集部/别集類/清别集
補讀書齋遺稾十卷　(清)沈維鐈撰　清光緒元年(1875)廣州刻本　四册

330000－1710－0007899　善 0243　集部/别集類/清别集
補讀書齋遺稾十卷　(清)沈維鐈撰　清光緒元年(1875)廣州刻本　四册

330000－1710－0007900　善 0244　集部/别集類/清别集
補讀書齋遺稾十卷　(清)沈維鐈撰　清光緒元年(1875)廣州刻本　四册

330000－1710－0007902　善 0245　集部/别集類/清别集
寄廬梅花詩一卷　(清)施洪烈撰　清宣統二年(1910)華雲閣鉛印本　一册

330000－1710－0007903　普 0000676　集部/總集類/課藝之屬
館律分韻初編六卷　(清)春暉閣主人輯　清光緒十八年(1892)延氏錦官堂石印本　六册

330000－1710－0007904　善 0246　集部/别集類/清别集
味琴室詩鈔不分卷　(清)時元熙撰　清宣統三年(1911)華雲閣木活字印本　一册

330000－1710－0007905　善 0247　集部/别集類/清别集
復齋詩鈔一卷　(清)高登奎撰　清光緒二十九年(1903)華雲閣鉛印本　一册

330000－1710－0007906　善 0248　集部/别集類/清别集
復齋詩鈔一卷　(清)高登奎撰　清光緒二十九年(1903)華雲閣鉛印本　一册

330000－1710－0007907　普 000677　經部/小學類/文字之屬/字書/字體
鐘鼎字源五卷附錄一卷　(清)汪立名撰　清光緒二年至五年(1876－1879)洞庭秦氏麟慶堂刻本　二册

330000－1710－0007908　普 0000678　史部/編年類/通代之屬
御批歷代通鑑輯覽一百二十卷　(清)傅恒等撰　(清)楊述曾等纂修　清光緒二十年(1894)上海書局石印本　六册　存三十卷(一至十五、七十一至八十五)

330000－1710－0007913　普 0000681　史部/傳記類/總傳之屬/技藝
墨林今話十八卷　(清)蔣寶齡撰　**墨林今話續編一卷**　(清)蔣茝生撰　清咸豐二年(1852)刻本　一册　存六卷(一至六)

330000－1710－0007916　普 0000683　子部/儒家類/儒學之屬/蒙學
小學韻語一卷　(清)羅澤南撰　清咸豐六年(1856)浙江書局刻本　一册

330000－1710－0007917　普 0000684　經部/孝經類/傳說之屬
孝經一卷　題(漢)孔安國傳　(日本)太宰純音　清道光二十七年(1847)刻本　一册

330000－1710－0007922　善 0249　類叢部/叢書類/彙編之屬
小穜字林叢刻七種　(清)吳受福編　清光緒刻本　一册　存一種

330000－1710－0007923　善 0250　集部/别集類/清别集
頤園詩存二卷　(清)徐煥藻撰　清光緒二十五年(1899)刻本　一册

330000－1710－0007924　善 0251　集部/别集類/清别集
真息齋詩鈔四卷續鈔一卷　(清)陸費瑔撰　清同治九年(1870)陸費氏履厚堂刻本　二册

330000－1710－0007925　824/9　子部/藝術類/篆刻之屬/印譜
西泠四家印譜附存四家　(清)丁丙輯　清末鈐印本　一册　存一種

330000－1710－0007929　善 0252　集部/别集類/清别集
真息齋詩鈔四卷續鈔一卷　(清)陸費瑔撰　清同治九年(1870)陸費氏履厚堂刻本　一册　存三卷(一至三)

330000－1710－0007930　善 0253　集部/别集類/清别集

真息齋詩鈔四卷續鈔一卷　(清)陸費瑔撰　清同治九年(1870)陸費氏履厚堂刻本　一冊　存三卷(一至三)

330000－1710－0007931　824/17　子部/藝術類/篆刻之屬/印譜
清儀閣印存四卷　(清)張廷濟藏　清鈐拓本　三冊　缺一卷(三)

330000－1710－0007932　善 0254　集部/別集類/清別集
真息齋詩鈔四卷續鈔一卷　(清)陸費瑔撰　清同治九年(1870)陸費氏履厚堂刻本　一冊　缺二卷(一至二)

330000－1710－0007933　824/18　史部/金石類/璽印之屬
靈芬館印存二卷　(清)郭麐篆刻　清光緒二十年(1894)昌羊室刻鈐印本　二冊　存一卷(上)

330000－1710－0007935　善 0255　集部/別集類/清別集
真息齋詩鈔四卷續鈔一卷　(清)陸費瑔撰　清同治九年(1870)陸費氏履厚堂刻本　一冊　存三卷(三至五)

330000－1710－0007936　善 0256　集部/別集類/清別集
真息齋詩鈔四卷續鈔一卷　(清)陸費瑔撰　清同治九年(1870)陸費氏履厚堂刻本　一冊　存二卷(一至二)

330000－1710－0007937　824/19　子部/藝術類/篆刻之屬/印譜
昌羊室印模不分卷　(清)張廷濟藏　(清)楊龍石刻　清鈐拓本　一冊

330000－1710－0007939　824/21　子部/藝術類/篆刻之屬/印譜
恒盦印存不分卷　清末補闕齋鈐印本　清恒盦題記　一冊

330000－1710－0007940　824/22　子部/藝術類/篆刻之屬/印譜
適園印存不分卷　(清)吳咨篆　清鈐印本　一冊

330000－1710－0007941　824/23　子部/藝術類/篆刻之屬/印譜
春暉閣印存不分卷　清末鈐印本　一冊

330000－1710－0007944　普 0000685　史部/金石類/錢幣之屬
古泉叢話三卷又一卷　(清)戴熙撰　清同治十一年(1872)潘氏滂喜齋刻本　一冊　存三卷(一至三)

330000－1710－0007946　824/32　子部/藝術類/篆刻之屬/印論
印旨一卷　(清)程遠纂撰　清抄本　一冊

330000－1710－0007951　普 0000686　史部/金石類/金之屬/文字
歷代鐘鼎彝器款識法帖二十卷　(宋)薛尚功輯　**歷代鐘鼎彝器款識法帖札記一卷**　劉世珩撰　清光緒二十九年(1903)貴池劉氏玉海堂武昌刻三十三年(1907)增刻本　一冊　存三卷(一至三)

330000－1710－0007952　善 0257　集部/別集類/清別集
味某華館詩初集六卷詩二集四卷　(清)陳鴻誥撰　清刻本　二冊

330000－1710－0007953　824/34　類叢部/叢書類/彙編之屬
嘯園叢書五十七種　(清)葛元煦編　清光緒二年至七年(1876－1881)仁和葛氏刻本　一冊　存一種

330000－1710－0007954　善 0258　集部/別集類/清別集
綠蕉館詩鈔四卷　(清)陳景高撰　清同治十三年(1874)刻本　二冊

330000－1710－0007957　824/36　子部/工藝類/日用器物之屬/雕刻
竹刻集搨不分卷　(清)徐熊飛拓　清徐熊飛拓印本　陳澹如題簽　一冊

330000－1710－0007958　824/38　史部/目

録類/總録之屬/彙刻

葉氏存古叢書四種　葉銘輯　清宣統二年(1910)西泠印社鉛印本　一冊　存一種

330000－1710－0007960　善 0260　子部/農家農學類

農學叢書□□種　(清)上海農學會　(清)江南總農會輯　清光緒上海農學會　江南總農會石印本　一冊　存一種

330000－1710－0007962　善 0261　集部/別集類/清別集

曝書亭集詩註二十四卷　(清)朱彝尊撰　(清)楊謙注　**年譜一卷**　(清)楊謙撰　清楊氏木山閣刻本(卷二十三、二十四原缺)　七冊　存二十二卷(一至二十二)

330000－1710－0007964　善 0262　子部/醫家類/醫案之屬

臨證指南醫案十卷　(清)葉桂撰　(清)徐大椿評　清乾隆三十三年(1768)衛生堂刻本　十冊

330000－1710－0007967　善 0263　集部/別集類/唐五代別集

昌黎先生全集四十卷外集十卷遺文一卷傳一卷　(唐)韓愈撰　(明)葛鼒校　明末東吳葛鼒永懷堂刻清乾隆葛正笏重修本　六冊

330000－1710－0007970　824/52　子部/藝術類/篆刻之屬/印譜

鴛湖四山印集不分卷　錢善揚等篆　吳隱輯　清宣統二年(1910)西泠印社潛泉印叢鈐印本　二冊

330000－1710－0007975　824/58　子部/藝術類/篆刻之屬/印譜

名人印譜一卷　清光緒元年(1875)鐵如意室鈐印本　一冊

330000－1710－0007976　824/59　子部/藝術類/篆刻之屬/印譜

印存初集不分卷　(清)郭容光篆　清光緒十一年(1885)鐵如意室鈐印本　一冊

330000－1710－0007977　普 0000688　類叢部/叢書類/彙編之屬

後知不足齋叢書四十七種　(清)鮑廷爵編　清同治至光緒常熟鮑氏刻本　四冊　存一種

330000－1710－0007978　善 0264　集部/別集類/清別集

陳檢討集二十卷　(清)陳維崧撰　(清)程師恭注　清康熙三十二年(1693)有美堂刻本　四冊

330000－1710－0007979　824/60　子部/藝術類/篆刻之屬/印譜

焚餘印存不分卷　(清)郭容光篆　清光緒鈐印本　二冊

330000－1710－0007980　普 000689　新學/學校

初級古文選本三編二卷　陸基編　清宣統元年(1909)中國圖書公司鉛印本　二冊

330000－1710－0007981　824/61　子部/藝術類/篆刻之屬/印譜

印譜不分卷　清末鈐印本　二冊

330000－1710－0007982　善 0265　經部/四書類/總義之屬/傳說

四書朱子語類三十八卷　(清)張履祥　(清)呂留良摘抄　清康熙四十年(1701)呂氏南陽講習堂刻本　八冊

330000－1710－0007983　824/62　子部/藝術類/篆刻之屬/印譜

胡匊鄰印譜不分卷　(清)胡匊鄰篆刻　清末鈐印本　二冊

330000－1710－0007986　善 0266　史部/地理類/方志之屬/郡縣志

[光緒]嘉興府志八十八卷首二卷　(清)許瑤光修　(清)吳仰賢等纂　清光緒三年至四年(1877－1878)嘉興鴛湖書院刻本　四十八冊

330000－1710－0007997　普 0000693　史部/地理類/專志之屬/古跡

平山堂圖志十卷　(清)趙之壁纂　清光緒九年(1883)歐陽利見刻本　三冊

330000－1710－0007998　824/51　子部/藝術類/篆刻之屬/印譜

浪仙印存不分卷　熊燾篆　清光緒十九年(1893)鈐印本　一冊

330000－1710－0008005　普0000697　子部/儒家類/儒家之屬

新刻註釋孔子家語憲四卷　(明)陳際泰釋　明末渾陽劉舜臣刻本　二冊

330000－1710－0008007　普0000698　集部/總集類/彙編之屬

簡學齋清夜齋手書詩稿合印不分卷　(清)陳沆　(清)魏源撰　清宣統三年(1911)影印本　一冊

330000－1710－0008008　普0000699　集部/詩文評類/詩評之屬

甌北詩話十卷續詩話二卷　(清)趙翼撰　清同治十三年(1874)舊學山房刻本　二冊

330000－1710－0008026　普0000702　經部/易類/傳說之屬

御纂周易折中二十二卷首一卷　(清)李光地等纂　清同治六年(1867)浙江書局刻本　十冊

330000－1710－0008030　普0000705　集部/別集類/明別集

疑雨集四卷　(明)王彥泓撰　清宣統二年(1910)上海掃葉山房石印本　一冊　存二卷(一至二)

330000－1710－0008035　普0000708　集部/總集類/彙編之屬

漢魏六朝名家集初刻四十種附一種　丁福保編　清宣統三年(1911)無錫丁氏鉛印本　一冊　存一種

330000－1710－0008041　826/34　子部/藝術類/書畫之屬/法帖

集字楹帖不分卷坿集古鏡銘一卷　吳受福書　清摹本　一冊

330000－1710－0008042　826/28　史部/金石類/石之屬/文字

史蘭臨漢碑不分卷　(清)史蘭臨摹　清乾隆五十二年(1787)史蘭摹本　清史蘭題記　二冊

330000－1710－0008049　普0000709　集部/別集類/明別集

震川大全集三十卷別集十卷補集八卷餘集八卷先太僕評點史記例意一卷歸震川先生論文章體則一卷　(明)歸有光撰　清宣統二年(1910)國學扶輪社石印本　十二冊

330000－1710－0008053　善0494　集部/別集類/清別集

吳江周意庭先生文集不分卷　(清)周意庭著　清抄本　四冊

330000－1710－0008057　普0000714　集部/總集類/尺牘之屬

國朝名人書札二卷　吳增祺編　清宣統二年(1910)上海商務印書館鉛印本　四冊

330000－1710－0008058　普0000715　集部/總集類/尺牘之屬

國朝名人書札二卷　吳增祺編纂　清宣統元年(1909)上海商務印書館鉛印本　四冊

330000－1710－0008060　普0000717　集部/總集類/選集之屬/斷代

八家四六文註八卷首一卷　(清)吳鼒輯　(清)許貞幹注　**補註一卷**　陳衍撰　清光緒十八年(1892)上海圖書集成印書局鉛印本　八冊

330000－1710－0008061　善0267　集部/別集類/明別集

青邱高季迪先生詩集十八卷遺詩一卷扣舷集一卷鳧藻集五卷首一卷附錄一卷　(明)高啟撰　(清)金檀輯注　清雍正六年至七年(1728－1729)桐鄉金氏文瑞樓刻清平湖寶芸堂重修本　八冊

330000－1710－0008062　善0268　集部/小說類/長篇之屬

四大奇書第一種五十一卷一百二十回　(明)羅本撰　(清)金人瑞批　(清)毛宗崗評　清

經綸堂刻本　清俞鎮清題記　二十册

330000－1710－0008078　善0269　子部/宗教類/佛教之屬/論

金剛般若波羅蜜經破空論一卷附心經釋要一卷觀心釋一卷　(明)釋智旭撰　明末刻本　一册

330000－1710－0008079　善0270　子部/宗教類/佛教之屬/諸宗

龍湖覺浪禪師語錄六卷　(清)釋道盛說　(清)釋大呈錄　明崇禎刻本　一册

330000－1710－0008080　善0271　子部/宗教類/佛教之屬/律

沙彌律儀要略一卷　(明)釋袾宏輯　明刻本　一册

330000－1710－0008082　善0272　子部/宗教類/佛教之屬/律

四分律刪鋪隨機羯磨徵文鈔十二卷　(唐)釋道宣注　(清)釋德成述　清康熙刻本　二册　存六卷(一至六)

330000－1710－0008083　善0273　子部/宗教類/佛教之屬/經疏

佛說梵網經菩薩心地品合註七卷附玄義一卷　(後秦)釋鳩摩羅什譯　(明)釋智旭註　(清)釋道昉訂　清康熙十五年(1676)刻本　八册

330000－1710－0008090　826/74　子部/小說家類/瑣語之屬

樂郊私語一卷　(元)姚桐寿撰　(清)吴之振錄　清康熙抄本　一册

330000－1710－0008091　普0000718　集部/總集類/尺牘之屬

明人尺牘二卷國朝尺牘四卷　清石印本　六册

330000－1710－0008095　善0274　類叢部/類書類/專類之屬

子史精華一百六十卷　(清)吴士玉　(清)吴襄等輯　清乾隆五十五年(1790)張松孫刻蘇城亦西齋印本　四十八册

330000－1710－0008096　普0000722　集部/別集類/清別集

定盦文集三卷續集四卷文集補編四卷續錄一卷古今體詩二卷己亥雜詩一卷詞選一卷詞錄一卷　(清)龔自珍撰　清光緒二十九年(1903)文瑞樓石印本　四册

330000－1710－0008098　普0000723　經部/小學類/訓詁之屬/爾雅

爾雅直音二卷　(清)孙偘輯　清光緒六年(1880)常熟抱芳閣刻本　二册

330000－1710－0008099　善0275　子部/藝術類/書畫之屬/畫録

國朝畫識十七卷墨香居畫識十卷　(清)馮金伯撰　清乾隆至嘉慶墨香居刻本　六册　存十七卷(國朝畫識一至十七)

330000－1710－0008101　善0276　經部/小學類/文字之屬/字書/字體

鐘鼎字源五卷附錄一卷　(清)汪立名撰　清康熙五十五年(1716)錢塘汪立名一隅草堂刻本　一册

330000－1710－0008103　普0000726　類叢部/叢書類/彙編之屬

嘯園叢書五十七種　(清)葛元煦編　清光緒二年至七年(1876－1881)仁和葛氏刻本　一册　存一種

330000－1710－0008104　普0000727　子部/藝術類/書畫之屬/畫法畫品

墨香居畫識十卷　(清)馮金伯撰　清刻本　二册　存七卷(一至七)

330000－1710－0008105　善0277　子部/醫家類/傷寒金匱之屬/傷寒論

傷寒論類方一卷　(清)徐大椿撰　清石印本　一册

330000－1710－0008108　普0000730　經部/四書類/總義之屬/傳説

四書考異七十二卷　(清)翟灝撰　清乾隆三十四年(1769)無不宜齋刻本　四册　存二十七卷(總考十八至三十六、條考一至八)

330000－1710－0008109　普 000731　集部/別集類/明別集
楊升菴先生詩集不分卷　清抄本　一冊

330000－1710－0008112　普 0000733　子部/小說家類/異聞之屬
山海經箋疏十八卷圖讚一卷訂譌一卷敘錄一卷　(清)郝懿行撰　清刻本　一冊　缺十八卷(一至十八)

330000－1710－0008115　善 0278　集部/總集類/彙編之屬
律賦彙鈔四卷　(清)顧我鈞輯　(清)顧陶元選註　清乾隆二十三年(1758)勤補堂刻本　四冊

330000－1710－0008117　善 0279　子部/儒家類/儒家之屬
清獻堂稿一卷　(清)趙佑撰　清乾隆刻本　二冊

330000－1710－0008118　善 0280　子部/宗教類/佛教之屬/律
沙彌律儀要略一卷　(明)釋袾宏輯　清山西太原府瓜廠千壽寺重刻本　一冊

330000－1710－0008119　善 0281　集部/別集類/清別集
漁洋山人精華錄十卷　(清)王士禛撰　(清)林佶編　清康熙三十九年(1700)林佶寫刻本　四冊

330000－1710－0008121　827.1/8　類叢部/叢書類/彙編之屬
藝苑捃華四十八種　(清)顧之逵編　清同治七年(1868)序刻本　一冊　存一種

330000－1710－0008123　827.2/2　子部/藝術類/音樂之屬/樂譜
自遠堂琴譜十二卷　(清)吳灴輯　清嘉慶七年(1802)廣陵吳灴自遠堂吳中刻本　八冊

330000－1710－0008126　善 0282　集部/別集類/宋別集
蘇文忠詩合註五十卷首一卷目錄一卷　(宋)蘇軾撰　(清)馮應榴輯　清乾隆六十年(1795)桐鄉馮氏踵息齋刻本　十三冊

330000－1710－0008127　829/18　類叢部/叢書類/彙編之屬
宜稼堂叢書七種　(清)郁松年編　清道光二十年至二十二年(1840－1842)上海郁氏刻本　清閑園居士題記　二冊　存一種

330000－1710－0008129　827.2/7　子部/藝術類/音樂之屬/琴學
琴學入門二卷　(清)張鶴輯　清同治十三年(1874)心響往齋刻本　二冊

330000－1710－0008130　普 0000735　子部/藝術類/書畫之屬/題跋
蘇黃題跋五卷　(清)溫一貞錄　清光緒二十年(1894)望三益齋石印本　五冊

330000－1710－0008131　827.2/9　子部/藝術類/音樂之屬/樂譜
大還閣琴譜六卷谿山琴况一卷　(清)徐谼撰　清康熙十二年(1673)徐氏大還閣刻本　一冊　存一卷(谿山琴况)

330000－1710－0008132　善 0283　類叢部/叢書類/彙編之屬
古文七種附一種　(清)儲欣選評　清雍正元年(1723)受祉堂刻本　二冊　存一種

330000－1710－0008133　828/2　子部/藝術類/遊藝之屬/棋弈
弈萃一卷官子一卷　(清)卞文恒撰　清嘉慶二十一年(1816)邗江卞惟賢味書堂刻本　一冊　存一卷(弈萃)

330000－1710－0008134　普 0000738　史部/目録類/總録之屬/私撰
書目答問五卷別錄一卷國朝著述諸家姓名略一卷　(清)張之洞撰　清光緒四年(1878)四明味海閣刻本　四冊

330000－1710－0008135　普 0000739　史部/編年類/通代之屬
尺木堂綱鑑易知錄二十卷　(清)吳乘權等輯　清光緒十三年(1887)上海點石齋石印本　十冊

330000－1710－0008136　善 0284　經部/周禮類/傳說之屬

宋葉文康公禮經會元節本四卷　(宋)葉時撰　(清)陸隴其點定　(清)許元淮删節並評　清乾隆五十年(1785)桐柏山房刻本　二册

330000－1710－0008137　828/4　子部/藝術類/遊藝之屬/棋弈

兼山堂譜□□卷　清抄本　一册　存一卷(上)

330000－1710－0008138　普 0000740　史部/編年類/通代之屬

御撰資治通鑑綱目三編四卷　(清)張廷玉等撰　清光緒十三年(1887)上海點石齋石印本　二册

330000－1710－0008139　828/7　子部/藝術類/遊藝之屬/棋弈

弈潛齋集譜初編十五種二編三種三編五種　(清)鄧元鏸輯　清光緒弈潛齋刻本　二册　存一種

330000－1710－0008140　善 0285　經部/禮記類/傳說之屬

禮記省度四卷　(清)彭頤撰　清乾隆二十四年(1759)芸經堂刻朱墨套印本　四册

330000－1710－0008142　善 0286　經部/三禮總義類/通禮雜禮之屬

司馬氏書儀十卷　(宋)司馬光撰　清雍正元年(1723)汪亮采刻本　四册

330000－1710－0008143　828/9　子部/藝術類/遊藝之屬/棋弈

周嬾予先生圍棋譜一卷　(清)周嘉錫編　清同治十二年(1873)上海文瑞樓石印本　一册

330000－1710－0008146　828/12　子部/藝術類/遊藝之屬/棋弈

桃花泉奕譜二卷　(清)范世勳撰　清乾隆三十年(1765)錫山浦氏靜寄東軒刻本　二册

330000－1710－0008149　828/14　子部/藝術類/遊藝之屬/棋弈

橘中秘四卷　(明)朱晉楨撰　清末刻本　二册　存二卷(一至二)

330000－1710－0008151　829/1　集部/别集類/清别集

衲蘇集二卷　(清)何栻撰　清同治元年(1862)章門刻本　二册

330000－1710－0008153　829/3　類叢部/叢書類/彙編之屬

小種字林叢刻七種　(清)吳受福編　清光緒刻本　一册　存一種

330000－1710－0008156　善 0287　子部/儒家類/儒學之屬/經濟

大學衍義四十三卷　(宋)真德秀撰　清乾隆刻本　十册

330000－1710－0008157　善 0288　集部/别集類/宋别集

劍南詩鈔六卷　(宋)陸游撰　(清)楊大鶴選　清康熙二十四年(1685)毗陵楊氏刻本　八册

330000－1710－0008158　善 0289　經部/叢編

通志堂經解一百三十九種　(清)納蘭成德輯　清同治十二年(1873)粵東書局刻本　八册　存一種

330000－1710－0008161　善 0290　集部/别集類/明别集

倪文貞公文集二十卷首一卷詩集二卷奏疏十二卷講編四卷　(明)倪元璐撰　(清)倪會鼎訂正　(清)倪安世輯　清乾隆三十七年(1772)倪安世刻本　六册　存十六卷(奏疏一至十二、講編一至四)

330000－1710－0008162　829/6　子部/藝術類/遊藝之屬/聯語

聽雪齋秘鈔叢話一卷　清抄本　一册

330000－1710－0008164　普 0000741　經部/叢編

重刊宋本十三經注疏四百十六卷附十三經注疏校勘記四百十六卷　(清)阮元撰　(清)盧宣旬摘錄　**校勘記識語四卷**　(清)汪文臺撰

清光緒十三年(1887)上海脈望仙館石印本 四冊 存一種

330000－1710－0008165 829/8 集部/總集類/選集之屬/通代
回文類聚四卷首一卷 (宋)桑世昌輯 **織錦回文圖一卷回文類聚續編十卷首一卷** (清)朱象賢輯並繪 清江南朱象賢刻本 一冊 存四卷(續編首、一至三)

330000－1710－0008168 普0000742 經部/四書類/孟子之屬/傳說
孟子七卷 (宋)朱熹集注 清刻本 七冊

330000－1710－0008169 829/11 子部/藝術類/遊藝之屬/雜藝
七巧八分圖十六卷補遺一卷 (清)錢芸吉撰 (清)王念慈編繪 清同治十三年至光緒元年(1874－1875)廬陵王氏求是齋刻藍印本 八冊

330000－1710－0008170 普0000743 史部/地理類/山川之屬/水志
莫愁湖志六卷首一卷 (清)馬士圖撰 清光緒八年(1882)刻本 一冊

330000－1710－0008171 普0000736 經部/孝經類/正文之屬
宋刻孝經一卷附二十四孝圖說 清刻本 一冊

330000－1710－0008173 普0000745 經部/春秋左傳類/傳說之屬
東萊先生左氏博議二十五卷 (宋)呂祖謙撰 **虛字註釋備考六卷** (清)張文炳點定 清光緒二十三年(1897)掃葉山房刻本 六冊

330000－1710－0008174 830/1 子部/藝術類/書畫之屬/題跋
東坡題跋二卷 (宋)蘇軾撰 (清)溫一貞輯 清同治十一年(1872)又賞齋刻本 二冊

330000－1710－0008175 普0000746 集部/別集類/清別集
月壺題畫詩一卷 (清)瞿應紹撰 清道光三十年(1850)刻本 一冊

330000－1710－0008176 善0291 子部/藝術類/書畫之屬/畫譜
晚笑堂畫傳一卷明太祖功臣圖一卷 (清)上官周繪 清光緒影印本 一冊

330000－1710－0008177 善0292 子部/醫家類/方書之屬/歷代方書
醫方集解三卷 (清)汪昂撰 清康熙翼經堂刻本 三冊

330000－1710－0008179 830/2 子部/藝術類/書畫之屬/題跋
山谷題跋三卷 (宋)黃庭堅撰 (清)溫一貞輯 清同治十一年(1872)又賞齋刻本 三冊

330000－1710－0008180 善0293 集部/別集類/唐五代別集
李義山文集十卷 (唐)李商隱撰 (清)徐樹穀箋 (清)徐炯注 清康熙四十七年(1708)崑山徐氏花谿草堂刻本 清陸氏題記 六冊

330000－1710－0008181 830/3 史部/金石類/總志之屬/題跋
竹雲題跋四卷 (清)王澍著 清乾隆刻本 一冊 存二卷(三至四)

330000－1710－0008182 829/12 子部/藝術類/遊藝之屬/雜藝
益智圖二卷 (清)童葉庚撰 清光緒四年(1878)童葉庚刻本 二冊

330000－1710－0008183 830/4 子部/藝術類/書畫之屬/題跋
虛舟題跋十卷 (清)王澍撰 清乾隆三十五年(1770)刻本 一冊 存四卷(四至七)

330000－1710－0008184 829/13 子部/藝術類/遊藝之屬/聯語
應酬名聯彙選不分卷 清刻本 一冊

330000－1710－0008187 829/16 史部/地理類/外紀
環瀛論略二千字文一卷 (清)劉鯤撰 清光緒二十七年(1901)刻本 一冊

330000－1710－0008188 441/100－2 史

部/傳記類/别傳之屬/事狀

皇清誥授光禄大夫贈太子少保予謚勤肅頭品頂戴兵部尚書都察院右都御史兩廣總督顯考方之府君行述一卷 陶葆廉 陶保霖撰 清光緒刻本 一册

330000－1710－0008189 善0294 史部/編年類/通代之屬

通鑑擥要前編二卷正編十九卷續編八卷附録一卷明史擥要八卷 (清)姚培謙 (清)張景星輯録 清乾隆二十三年至二十六年(1758－1761)飛鴻堂刻本 二十册

330000－1710－0008190 830/8 類叢部/叢書類/彙編之屬

嘯園叢書五十七種 (清)葛元煦編 清光緒二年至七年(1876－1881)仁和葛氏刻本 一册 存一種

330000－1710－0008191 善0295 子部/藝術類/書畫之屬/題跋

東坡題跋二卷 (宋)蘇軾撰 (清)溫一貞輯 清乾隆五十年(1785)又賞齋刻本 二册

330000－1710－0008193 普0000748 史部/傳記類/總傳之屬/斷代

國朝先正事略六十卷 (清)李元度撰 清光緒二十五年(1899)石印本 五册 存二十五卷(一至二十五)

330000－1710－0008194 善0296 子部/藝術類/書畫之屬/題跋

山谷題跋三卷 (宋)黄庭堅撰 (清)溫一貞輯 清乾隆五十年(1785)又賞齋刻本 三册

330000－1710－0008195 普0000747 經部/禮記類/傳説之屬

禮記集説十卷 (元)陳澔撰 清刻本 七册 缺三卷(一至三)

330000－1710－0008196 830/11 類叢部/叢書類/彙編之屬

風雨樓叢書二十三種 鄧實編 清宣統順德鄧氏鉛印本 四册 存一種

330000－1710－0008197 普0000749 史部/紀傳類/正史之屬

二十四史附考證 清光緒史學會社石印本 二册 存一種

330000－1710－0008198 普0000753 史部/史評類/史論之屬

讀史大畧六十卷首一卷 (清)沙張白撰 **小沙子史畧一卷** (清)沙晉撰 清光緒二十六年(1900)石印本 五册 缺十二卷(一至十二)

330000－1710－0008199 普0000750 史部/紀傳類/正史之屬

二十四史 清光緒石印本 十三册 存二種

330000－1710－0008201 普0000755 史部/編年類/通代之屬

御批歷代通鑑輯覽一百二十卷 (清)傅恒等撰 (清)楊述曾等纂修 清光緒十三年(1887)上海同文書局石印本 二十册

330000－1710－0008203 普0000751 史部/紀事本末類/斷代之屬

宋史紀事本末一百九卷 (明)馮琦撰 (明)陳邦瞻補 (明)張溥論正 清同治十三年(1874)江西書局刻本 二十册

330000－1710－0008204 善0298 集部/總集類/選集之屬/通代

紫陽方先生瀛奎律髓四十九卷 (元)方回編 清康熙四十九年(1710)吳郡陳士泰刻本 清許士模 清錢辛禪識 十四册

330000－1710－0008205 普0000752 史部/編年類/通代之屬

資治通鑑二百九十四卷 (宋)司馬光撰 (元)胡三省音注 **通鑑釋文辯誤十二卷** (元)胡三省撰 清嘉慶二十一年(1816)鄱陽胡克家影元刻本 一百册

330000－1710－0008207 普0000756 史部/編年類/通代之屬

資治通鑑二百九十四卷目録三十卷 (宋)司馬光撰 (元)胡三省音注 清光緒二十六年(1900)上海圖書集成印書局鉛印本 四十

四册

330000－1710－0008208　普0000757　史部/編年類/通代之屬
續資治通鑑二百二十卷　（清）畢沅撰　清光緒二十六年（1900）圖書集成局鉛印本　二十八册

330000－1710－0008213　善0299　集部/别集類/清别集
吴詩集覽二十卷補註二十卷吴詩談藪二卷拾遺一卷　（清）吴偉業撰　（清）靳榮藩注並輯　清乾隆四十年（1775）淩雲亭刻本　十六册

330000－1710－0008214　善0300　集部/别集類/清别集
曝書亭集詩註二十四卷　（清）朱彝尊撰　（清）楊謙注　**年譜一卷**　（清）楊謙撰　**曝書亭集詞註七卷**　（清）李富孫撰　清楊氏木山閣刻民國十年（1921）陸祖穀補刻本（卷二十三到二十四原缺　詞註配清嘉慶刻本）　十册

330000－1710－0008216　普0000763　史部/紀事本末類/斷代之屬
聖武記十四卷　（清）魏源撰　清道光二十四年（1844）抱芳閣刻本　十二册

330000－1710－0008217　善0301　集部/别集類/清别集
曝書亭集詩註二十四卷　（清）朱彝尊撰　（清）楊謙注　**年譜一卷**　（清）楊謙撰　清楊氏木山閣刻本（卷二十三至二十四原缺）　八册

330000－1710－0008218　善0302　集部/别集類/清别集
曝書亭集詩註二十四卷　（清）朱彝尊撰　（清）楊謙注　**年譜一卷**　（清）楊謙撰　清楊氏木山閣刻本（卷二十三至二十四原缺）　七册　存二十二卷（一至二十二）

330000－1710－0008220　普0000766、普0000765　史部/紀傳類/正史之屬
二十四史附考證　清光緒十八年（1892）武林竹簡齋石印本　十八册　存二種

330000－1710－0008221　普0000767　史部/紀傳類/正史之屬
二十四史　清同治至光緒五省官書局據汲古閣本等合刻光緒五年（1879）湖北書局彙印本　十六册　存一種

330000－1710－0008226　普0000772　類叢部/叢書類/彙編之屬
述古叢鈔二十八種　（清）劉晚榮編　清同治至光緒古岡劉氏藏修書屋刻本　二册　存一種

330000－1710－0008227　普0000773　集部/别集類/宋别集
舒文靖集二卷事實擬册一卷　（宋）舒璘撰　**附錄三卷**　（清）徐時棟輯　**校勘記三卷**　（清）孫鏘撰　清光緒二十二年（1896）四明七千卷樓刻本　一册　缺一卷（舒文靖集一）

330000－1710－0008230　普0000781　子部/小説家類/異聞之屬
拾遺記十卷　（晉）王嘉撰　（南朝梁）蕭綺錄　清刻本　一册

330000－1710－0008232　普0000782　子部/農家農學類/農藝之屬/茶酒
茶書十三種　明末刻本　一册　存三種

330000－1710－0008234　普0000779　子部/農家農學類/總論之屬
御製耕織圖二卷　（清）焦秉貞繪　（清）聖祖玄燁題詩　清光緒十二年（1886）上海點石齋石印本　二册

330000－1710－0008236　普0000783　類叢部/叢書類/彙編之屬
津逮祕書十五集一百四十種　（明）毛晉編　明崇禎虞山毛氏汲古閣刻本　一册　存一種

330000－1710－0008237　普0000780　史部/紀傳類/正史之屬
前漢書一百卷　（漢）班固撰　（唐）顔師古注　清刻本　二册　存五卷（二十五至二十七、九十八至九十九）

330000－1710－0008238　普0000784　子部/藝術類/音樂之屬/琴學
琴學入門二卷　（清）張鶴輯　清同治十三年（1874）心響往齋刻本　一册　存一卷（卷下）

330000－1710－0008239　普0000764　史部/紀傳類/正史之屬
二十四史　清光緒十八年（1892）竹簡齋石印本　十九册　存五種

330000－1710－0008240　善0303　類叢部/叢書類/彙編之屬
廣百川學海　（明）馮可賓編　明刻本　一册　存五種

330000－1710－0008241　善0304　史部/政書類/通制之屬
續文獻通考二百五十四卷　（明）王圻撰　明萬曆三十一年（1603）曹時聘　許維新刻本　一册　存四卷（三十七至四十）

330000－1710－0008242　善0305　類叢部/叢書類/自著之屬
孫夏峯全集十二種附一種　（清）孫奇逢撰　清康熙刻道光至光緒遞刻本　十二册　存一種

330000－1710－0008244　善0306　子部/儒家類/儒學之屬/性理
御纂性理精義十二卷　（清）李光地等纂修　清康熙五十六年（1717）内府刻本　六册

330000－1710－0008245　善0307　經部/叢編
九經補注八種　（清）姜兆錫撰　清雍正至乾隆寅清樓刻本　五册　存一種

330000－1710－0008246　普0000792　子部/醫家類/本草之屬/歷代綜合本草
本草綱目五十二卷圖三卷瀕湖脉學一卷（明）李時珍撰　**本草萬方鍼線八卷**　（清）蔡烈先輯　清同文堂刻本　三十九册　存四十八卷（一至二十九、三十四至四十三，本草萬方鍼線一至八，瀕湖脉學）

330000－1710－0008247　普0000794　子部/醫家類/方書之屬/單方驗方
新刊良朋彙集五卷補遺一卷　（清）孫偉輯　清善成堂刻本　二册

330000－1710－0008250　普0000797　史部/地理類/方志之屬/通志
各省府州廳縣異名錄一卷　（清）管斯駿撰　清光緒十二年（1886）管可壽齋刻本　一册

330000－1710－0008252　普0000799　子部/醫家類/本草之屬/歷代綜合本草
本草從新十八卷　（清）吳儀洛輯　清光緒六年（1880）紫文閣刻本　一册　存一卷（一）

330000－1710－0008253　普0000800　子部/醫家類/類編之屬
世補齋醫書□□種　（清）陸懋修撰輯　清宣統二年（1910）陸潤庠刻本　七册　存七種

330000－1710－0008254　普0000785　子部/醫家類/兒科之屬/痘疹
新刻痘疹金鏡玉髓二卷痘疹圖一卷　（清）翁仲仁輯　清刻本　一册

330000－1710－0008255　善0308　子部/醫家類/醫理之屬/綜合
保命括要一卷　（明）萬全撰　清抄本　清周公許跋　一册

330000－1710－0008256　普0000801　經部/小學類/文字之屬/字書/字體
佩觿三卷　（宋）郭忠恕撰　清刻本　一册

330000－1710－0008257　普0000802　子部/醫家類/醫案之屬
三家醫案合刻　（清）吳金壽編　清誠德堂刻本　二册

330000－1710－0008258　善0309　子部/藝術類/書畫之屬
桐陰論畫三卷附錄一卷桐陰畫訣一卷續桐陰論畫一卷二編二卷三編二卷　（清）秦祖永撰　清同治三年至光緒八年（1864－1882）刻朱墨套印本　二册　存四卷（二編一至二、三編一至二）

330000－1710－0008259　善 0310　集部/總集類/選集之屬/斷代

元詩選六卷補遺一卷　(清)顧奎光輯　(清)陶瀚　(清)陶玉禾評　清乾隆十六年(1751)刻本　四册

330000－1710－0008260　普 0000786　子部/醫家類/喉科口齒之屬/通論

喉科指掌六卷　(清)張宗良撰　清抄本　一册

330000－1710－0008261　善 0311　集部/總集類/選集之屬/斷代

元詩選十集一百十卷首一卷　(清)顧嗣立輯　清康熙三十三年(1694)顧氏秀野草堂刻本　五册　存初集三十種

330000－1710－0008262　普 0000817　史部/紀傳類/正史之屬

二十四史　清同治至光緒五省官書局據汲古閣本等合刻光緒五年(1879)湖北書局彙印本　十六册　存一種

330000－1710－0008263　普 0000787　新學/工藝/工學/塘工河工路工

西比利亞鐵路考一卷　(美國)勒芬邇撰　(清)徐兆熊　(清)王建極　(清)朱煌譯　清光緒二十八年(1902)南洋公學鉛印本　一册

330000－1710－0008264　普 0000818　史部/傳記類/總傳之屬/姓名

史姓韻編六十四卷　(清)汪輝祖撰　清光緒十年(1884)慈溪馮氏耕餘樓鉛印本　十六册

330000－1710－0008265　普 0000819　類叢部/類書類/專類之屬

子史精華一百六十卷　(清)吳士玉　(清)吳襄等輯　清光緒十年(1884)上海同文書局石印本　八册

330000－1710－0008269　普 0000805　子部/醫家類/外科之屬/外科方

秘製外科諸方一卷　(清)汪幼選　清抄本　一册

330000－1710－0008270　普 0312　類叢部/叢書類/彙編之屬

西麟湖浮萍生雜鈔四種　(清)西麟湖浮萍生輯　清抄本　四册

330000－1710－0008271　普 0000806　子部/醫家類/類編之屬

潛齋醫書五種　(清)王世雄撰　清光緒二十二年(1896)上海圖書集成局鉛印本　張誦仁題記　四册　存一種

330000－1710－0008272　普 0000807　子部/醫家類/溫病之屬/其他溫疫病證

溫病條辨六卷首一卷　(清)吳瑭撰　清光緒十九年(1893)上海圖書集成印書局鉛印本　四册

330000－1710－0008274　普 0000809　子部/醫家類/類編之屬

潛齋醫書五種　(清)王士雄撰　清光緒十八年(1892)上海醉六堂　光緒二十六年(1900)蘇州交通益記圖書館刻本　一册　存一種

330000－1710－0008275　普 0000810　子部/醫家類/溫病之屬/其他溫疫病證

溫熱贅言一卷　(清)寄瓢子撰　清吳氏靈鶴山房刻本　一册

330000－1710－0008278　普 0000789　子部/儒家類/儒學之屬/蒙學

蒙師箴言不分卷　(清)方瀏生撰　清光緒三十一年(1905)鉛印本　一册

330000－1710－0008279　普 0000821　類叢部/類書類/專類之屬

韻府拾遺一百六卷　(清)汪灝　(清)何焯等輯　清刻本　二十四册

330000－1710－0008280　普 0000822　史部/地理類

李氏五種　(清)李兆洛撰　清光緒十四年(1888)掃葉山房刻本　十二册

330000－1710－0008281　普 0000811　子部/醫家類/方書之屬/歷代方書

千金翼方三十卷　(唐)孫思邈撰　清同治七

年(1868)姑蘇掃葉山房刻本　五冊　存十卷(八至九、十八至二十三、二十六至二十七)

330000－1710－0008282　普0000790　類叢部/叢書類/自著之屬
汪雙池先生叢書二十種附浙刻雙池遺書十二種　(清)汪紱撰　清道光至光緒刻光緒二十三年(1897)長安趙舒翹等彙印本　二冊　存一種

330000－1710－0008283　普0000812　子部/天文曆算類/算書之屬
增刪算法統宗十一卷首一卷　(明)程大位撰　(清)梅穀成增刪　**重刊梅文穆公增刪算法統宗校算記一卷**　(清)賈步緯撰　清光緒三年(1877)江南製造局刻本　四冊

330000－1710－0008285　普0000823　類叢部/叢書類/自著之屬
沈蓮溪全集六種　(清)沈濂撰　清道光至咸豐秀水沈氏始言堂刻本　一冊　存一種

330000－1710－0008286　普0000814　新學/算學/數學
筆算數學三卷　(美國)狄考文輯　(清)鄒立文述　清末鉛印本　二冊　缺一卷(一)

330000－1710－0008287　普0000824　類叢部/叢書類/彙編之屬
增訂漢魏叢書九十六種　(清)王謨編　清宣統三年(1911)上海大通書局石印本　八冊　存二十八種

330000－1710－0008288　普0000791　史部/紀傳類/正史之屬
二十四史　清同治至光緒五省官書局據汲古閣本等合刻光緒五年(1879)湖北書局彙印本　六冊　存一種

330000－1710－0008289　普0000825　子部/叢編類
二十二子(二十二子彙函)　(清)浙江書局編　清光緒元年至三年(1875－1877)浙江書局刻本　六冊　存一種

330000－1710－0008291　普0000816　子部/醫家類/方書之屬/歷代方書
唐王燾先生外臺秘要方四十卷　(唐)王燾撰　清同治十三年(1874)廣東翰墨園刻本　二十五冊　存二十五卷(一至二十五)

330000－1710－0008298　普0000833　集部/別集類/清別集
曝書亭集詩註二十四卷　(清)朱彝尊撰　(清)楊謙注　**年譜一卷**　(清)楊謙撰　清楊氏木山閣刻本(卷二十三至二十四原缺)　一冊　存二卷(一、年譜)

330000－1710－0008299　普0000831　子部/醫家類/方書之屬/單方驗方
四科簡效方四卷　(清)王士雄撰　清光緒十一年(1885)越州徐氏刻本　二冊

330000－1710－0008301　普0000834　子部/藝術類/書畫之屬/題跋
廣川畫跋六卷　(宋)董逌撰　清刻本　三冊

330000－1710－0008302　普0000835　經部/禮記類/傳說之屬
禮記增訂旁訓六卷　(清)徐立綱撰　清光緒二十二年(1896)常熟抱芳閣刻本　錢志雲題記　五冊

330000－1710－0008303　普0000836　子部/儒家類/儒學之屬/經濟
躬恥齋經世十八篇一卷　(清)宗稷辰撰　清光緒二十七年(1901)會稽宗能述鉛印本　一冊

330000－1710－0008304　普0000837　類叢部/叢書類/彙編之屬
後知不足齋叢書四十七種　(清)鮑廷爵編　清同治至光緒常熟鮑氏刻本　十二冊　存一種

330000－1710－0008305　普0000847　史部/地理類/輿圖之屬/全國
歷代地理沿革圖一卷　(清)六嚴繪　(清)馬徵麟增輯　清同治十年(1871)金陵刻本　一冊

330000－1710－0008308　普0000839　子部/

儒家類/儒學之屬/性理

藥言四卷賸稿四卷冰言十卷補録十卷 （清）李惺撰 清光緒三十三年(1907)江蘇提學署刻本 一册 存四卷(一至四)

330000－1710－0008309 普0000849 子部/藝術類/篆刻之屬/印論

篆學瑣著二十七種 （清）顧湘輯 清道光二十年(1840)海虞顧氏刻本 一册 存一種

330000－1710－0008312 普0000852 史部/史評類/史論之屬

讀史論畧二卷 （清）杜詔撰 清光緒二十七年(1901)武林載記刻本 一册

330000－1710－0008313 普0000853 集部/總集類/氏族之屬

慎行堂三世詩存三種 徐寶炘 徐寶華輯 清咸豐至民國刻本 一册 存一種

330000－1710－0008314 普0000854 子部/藝術類/書畫之屬/畫譜

列仙酒牌一卷 （清）任熊繪 清咸豐四年(1854)蔡照初刻本 一册

330000－1710－0008315 普0000855 經部/禮記類/傳說之屬

禮記增訂旁訓六卷 （清）徐立綱撰 清珍藝堂刻本 一册 存一卷(四)

330000－1710－0008317 普0000857 集部/別集類/清別集

武庭詩草六集 （清）方乾武撰 清光緒二十八年(1902)鈊芳齋刻本 一册

330000－1710－0008318 普0000840 史部/地理類/山川之屬/水志

太湖備考十六卷首一卷 （清）金友理撰 **湖程紀略一卷** （清）吳曾撰 清乾隆十五年(1750)藝蘭圃刻本 一册 存二卷(八至九)

330000－1710－0008319 普0000841 集部/詞類/別集之屬

願為明鏡室詞稿九卷 （清）江順詒撰 清同治八年(1869)武林江順詒刻本 一册

330000－1710－0008320 普0000842 集部/別集類/明別集

陶菴文集七卷陶菴詩集八卷補遺三卷吾師録一卷陶菴自監録四卷首一卷末一卷 （明）黄淳燿撰 （清）陶應鯤輯 清乾隆二十六年(1761)寶山縣學刻本 一册 存六卷(補遺一、吾師録、自監録一至四)

330000－1710－0008322 普0000844 集部/別集類/清別集

徐烈婦詩鈔二卷附報素聞書并回文一卷 （清）吳宗愛撰 （清）楊晉藩 （清）許楣評 **同心梔子圖續編一卷** （清）應瑩撰 **吳絳雪年譜一卷** （清）俞樾撰 清同治十三年(1874)桐城吳氏雲鶴仙館刻光緒元年(1875)印本 一册 缺一卷(年譜)

330000－1710－0008324 普0000846 子部/醫家類/綜合之屬/通論

醫醇賸義四卷醫方論四卷 （清）費伯雄撰 清光緒十四年(1888)刻本 四册 存四卷(醫醇賸義一至四)

330000－1710－0008325 普0000858 子部/宗教類/道教之屬/靈圖

太初圖□□卷 （清）沈普校正 清刻本 一册 存一卷(□)

330000－1710－0008327 普0000868 史部/傳記類/總傳之屬/技藝

墨林今話十八卷 （清）蔣寶齡撰 **墨林今話續編一卷** （清）蔣茝生撰 清宣統三年(1911)掃葉山房石印本 六册

330000－1710－0008328 普0000869 類叢部/類書類/通類之屬

子史精華三十卷 （清）吳士玉 （清）吳襄等輯 清光緒九年(1883)上海點石齋石印本 二册

330000－1710－0008329 普0000870 類叢部/類書類/專類之屬

子史精華一百六十卷 （清）吳士玉 （清）吳襄等輯 清光緒二十二年(1896)上海寶文書局石印本 八册

330000－1710－0008330　普0000871　集部/小說類/長篇之屬

四大奇書第一種五十一卷一百二十回　(明)羅本撰　(清)金人瑞批　(清)毛宗崗評　清經綸堂刻本　二十四冊

330000－1710－0008331　普0000872　史部/職官類/官箴之屬

為政忠告四卷　(元)張養浩撰　清光緒三十二年(1906)騆山顧氏石印本　一冊　存一卷(一)

330000－1710－0008332　普0000879　子部/雜著類/雜說之屬

桐陰清話八卷　(清)倪鴻撰　清同治十三年(1874)申江刻本　四冊

330000－1710－0008334　普0000873　子部/藝術類/書畫之屬

桐陰論畫三卷附錄一卷桐陰畫訣一卷續桐陰論畫一卷　(清)秦祖永撰　清同治三年至六年(1864－1867)刻朱墨套印本　一冊　存二卷(桐陰畫訣、續桐陰畫訣)

330000－1710－0008335　普0000881　子部/小說家類/雜事之屬

今世說八卷　(清)王晫撰　清刻本　一冊

330000－1710－0008336　普0000874　子部/儒家類/儒學之屬/俗訓

人譜一卷人譜類記二卷　(明)劉宗周撰　清同治七年(1868)蕺山書院刻紹興裘氏印本　二冊

330000－1710－0008337　普0000875　史部/地理類/雜志之屬

浙江全省輿圖並水陸道里記不分卷　(清)宗源瀚等纂　清光緒二十年(1894)石印本　三冊

330000－1710－0008338　普0000876　史部/史抄類

路史節讀十卷　(宋)羅泌撰　(清)廖文錦節訂　清光緒二十七年(1901)刻本　四冊

330000－1710－0008339　普0000877　類叢部/類書類/通類之屬

三才畧三卷　(清)蔣德鈞輯　**讀史論略一卷**　(清)杜詔撰　清刻本　清惕若題簽　一冊

330000－1710－0008341　普0000882　類叢部/叢書類/彙編之屬

申報館叢書正集五十七種附錄三種　(清)尊聞閣主編　**續集一百四十二種**　(清)蔡爾康編　清同治至光緒上海申報館鉛印本　二冊　存一種

330000－1710－0008343　普0000883　經部/叢編

遵阮本重校印十三經注疏并校勘記　(清)阮元撰　(清)盧宣旬摘錄　清光緒十三年(1887)上海點石齋石印本　八冊　存三種

330000－1710－0008344　普0000860　集部/戲劇類/傳奇之屬

懷永堂繪像第六才子書八卷　(元)王德信(元)關漢卿撰　(清)金人瑞評　清光緒九年(1883)映紅仙館刻朱墨套印本　六冊

330000－1710－0008345　普0000861　子部/雜著類/雜說之屬

歸田瑣記八卷　(清)梁章鉅撰　清同治八年(1869)立文堂刻本　一冊

330000－1710－0008346　普0000884　類叢部/類書類/通類之屬

子史精華三十卷　(清)吳士玉　(清)吳襄等輯　清光緒九年(1883)上海點石齋石印本　二冊

330000－1710－0008347　普0000885　子部/叢編

二十二子(二十二子彙函)　(清)浙江書局編　清光緒元年至三年(1875－1877)浙江書局刻本　四冊　存一種

330000－1710－0008348　普0000886　類叢部/叢書類/彙編之屬

文選樓叢書三十三種　(清)阮亨編　清嘉慶至道光阮元刻道光二十二年(1842)阮亨彙印本　十冊　存一種

330000－1710－0008351　普0000864　經部/群經總義類/文字音義之屬

十三經集字音釋四卷照畫檢字一卷　(清)黄蕙田撰　清同治九年(1870)蔣存誠刻本　清許大銓題記　五册

330000－1710－0008354　普0000896　子部/雜著類/雜纂之屬

鴻雪因緣圖記一集二卷二集二卷三集二卷　(清)麟慶撰　清光緒十年(1884)上海點石齋石印本　六册

330000－1710－0008355　普0000897　集部/小説類/長篇之屬

東周列國全志二十三卷一百八回　(清)蔡奡評點　清咸豐元年(1851)愛日堂刻本　二十四册

330000－1710－0008357　普0000898　集部/總集類/選集之屬/通代

續古文辭類纂三十四卷　王先謙輯　清光緒八年(1882)長沙王氏虚受堂刻本　八册

330000－1710－0008358　善0316　集部/别集類/清别集

南游詩草一卷　(清)龔福撰　清光緒二十年(1894)稿本　倪禹功題記　一册

330000－1710－0008359　善0317　集部/别集類/清别集

小謨觴館文集二卷　(清)彭兆蓀撰　清咸豐閶峰僊客抄本　一册

330000－1710－0008360　善0318　類叢部/叢書類/自著之屬

亭林遺書十種　(清)顧炎武撰　清康熙吴江潘氏遂初堂刻本　一册　存三種

330000－1710－0008361　普0000906　子部/雜著類/雜説之屬

定香亭筆談四卷　(清)阮元撰　清光緒二十五年(1899)浙江書局刻本　四册

330000－1710－0008362　善0319　類叢部/叢書類/彙編之屬

稗海四十六種續稗海二十四種　(明)商濬編　明萬曆商氏半埜堂刻本　一册　存二種

330000－1710－0008363　普0000887　集部/小説類/長篇之屬

新刻天花藏批評玉嬌梨四卷二十回　(清)荑荻散人編次　清聚盛堂刻本　四册

330000－1710－0008364　普0000899　史部/政書類/通制之屬

廣治平畧三十六卷　(清)蔡方炳撰　清刻本　八册　存三十三卷(一至三十三)

330000－1710－0008365　普0000888　集部/小説類/長篇之屬

精訂綱鑑廿四史通俗衍義二十六卷四十四回首一卷　(清)吕撫撰　清光緒三十二年(1906)上海嘉惠書林石印本　六册

330000－1710－0008367　普0000889　子部/小説家類/雜事之屬

白門新柳記一卷　(清)許豫撰　**白門新柳補記一卷**　(清)楊亨輯　**白門衰柳附記一卷**　(清)盋嬾雲撰　清光緒元年(1875)滬上刻本　一册　存一卷(白門新柳記)

330000－1710－0008370　普0000890　集部/總集類/選集之屬/斷代

南宋羣賢小集　(宋)陳起編　(清)顧修重輯　清嘉慶六年(1801)石門顧氏讀畫齋刻本　一册　存二種

330000－1710－0008371　普0000903　史部/政書類/通制之屬

文獻通考詳節二十四卷　(元)馬端臨撰　(清)嚴虞惇輯　清光緒元年(1875)清來堂刻本　十二册

330000－1710－0008372　普0000904　史部/雜史類/斷代之屬

明季稗史彙編十六種　(清)留雲居士輯　清都城琉璃廠刻本　一册　存二種

330000－1710－0008373　普0000905　經部/小學類/文字之屬/説文/專著

説文辨字正俗八卷　(清)李富孫撰　清同治九年(1870)校經廎刻本　二册

330000－1710－0008374　普0000907　類叢部/叢書類/彙編之屬
榆園叢刻十五種附一種　(清)許增編　清同治至光緒刻本　二册　存一種

330000－1710－0008375　普0320　史部/金石類/錢幣之屬/文字
泉貨珍奇錄六卷　(清)高煥文輯　清光緒三十一年(1905)稿本　一册　存三卷(一至三)

330000－1710－0008379　普0000891　子部/醫家類/醫經之屬/内經
素問靈樞類纂約註三卷　(清)汪昂撰　清光緒二十二年(1896)上海圖書集成印書局鉛印本　三册

330000－1710－0008380　普0000892　子部/小説家類/雜事之屬
更豈有此理四卷　(清)半軒主人撰　清道光四年(1824)刻本　四册

330000－1710－0008381　普0000911　子部/醫家類/類編之屬
黄氏醫書八種　(清)黄元御撰　清咸豐十年(1860)徐樹銘燮龢精舍刻本　二册　存一種

330000－1710－0008382　普0321　集部/總集類/選集之屬/通代
謝疊山先生文章軌範七卷　(宋)謝枋得輯　清刻朱墨套印本　四册

330000－1710－0008383　普0000912　子部/醫家類/醫經之屬/内經
内經知要二卷　(清)李中梓輯並注　清光緒九年(1883)上洋江左書林刻本　二册

330000－1710－0008384　普0000893　集部/小説類/長篇之屬
花月痕全書十六卷五十二回　(清)魏秀仁撰　(清)棲霞居士評　清光緒三十一年(1905)育文書局石印本　六册

330000－1710－0008385　普0000913　子部/醫家類/溫病之屬
溫熱暑疫全書四卷　(清)周揚俊輯　清刻本　一册

330000－1710－0008388　普0324　集部/小説類/短篇之屬
聊齋志異新評十六卷　(清)蒲松齡撰　(清)王士禛評　(清)吕湛恩注　(清)但明論批　清道光二十二年(1842)廣順但氏刻朱墨套印本　十六册

330000－1710－0008390　普0000914　類叢部/叢書類/彙編之屬
荔牆叢刻十三種　(清)汪曰楨編　清同治至光緒烏程汪氏刻本　一册　存五種

330000－1710－0008392　普0000932　史部/地理類/山川之屬/山志
廣雁蕩山誌二十八首一卷末一卷　(清)曾唯輯　清乾隆五十五年(1790)曾唯依綠園刻嘉慶十三年(1808)增刻本　八册

330000－1710－0008393　普0000915　子部/醫家類/方書之屬/單方驗方
良方集腋合璧一卷　(清)謝元慶輯　清刻本　清丁鳳岡題記　一册

330000－1710－0008394　普0000916　子部/醫家類/兒科之屬/通論
保赤要言五卷首一卷　王德森輯　清宣統二年(1910)刻民國八年(1919)印本　一册

330000－1710－0008395　普0000933　史部/紀傳類/正史之屬
二十四史附考證　清光緒二十八年(1902)竢實齋石印本　六册　存一種

330000－1710－0008396　普0000944　新學/醫學/方書
醫方彙編四卷首一卷　(英國)偉倫忽塔撰　(英國)梅滕更口譯　(清)劉廷楨筆述　清光緒三十二年(1906)上海廣學會鉛印本　五册

330000－1710－0008397　普0000945　子部/醫家類/傷寒金匱之屬/傷寒論
傷寒論十卷　(漢)張機撰　(晉)王叔和輯　清抄本　六册

330000－1710－0008398　普0000946　集部/總集類/選集之屬/通代

文選六十卷　(南朝梁)蕭統輯　(唐)李善注　(清)何焯評　清學庫山房刻本　十二冊

330000－1710－0008399　普0000934　子部/醫家類/綜合之屬/通論
醫學十書　(清)陳璞撰　清光緒刻本　二冊　存一種

330000－1710－0008400　普0000917　子部/醫家類/兒科之屬/通論
保赤要言五卷首一卷　王德森輯　清宣統二年(1910)刻民國八年(1919)印本　一冊

330000－1710－0008401　普0000918　子部/醫家類/兒科之屬/通論
保赤要言五卷首一卷　王德森輯　清宣統二年(1910)刻民國八年(1919)印本　一冊

330000－1710－0008402　普0000947　子部/醫家類/綜合之屬/合刻、合抄
景岳全書六十四卷　(明)張介賓撰　清經元堂刻本　十七冊　存四十四卷(一至十四、十七至四十二、五十五至五十八)

330000－1710－0008403　普0000948　子部/醫家類/傷寒金匱之屬/傷寒論
傷寒論註四卷傷寒附翼二卷　(清)柯琴撰　清末上海文瑞樓石印本　五冊

330000－1710－0008404　普000919　子部/醫家類/兒科之屬/通論
保赤要言五卷首一卷　王德森輯　清宣統二年(1910)刻民國八年(1919)印本　一冊

330000－1710－0008405　普0000949　子部/醫家類/婦科之屬/產科
胎產心法三卷　(清)閻純璽撰　清宣統三年(1911)上海緯文閣石印本　四冊

330000－1710－0008406　普0000920　子部/醫家類/兒科之屬/通論
保赤要言五卷首一卷　王德森輯　清宣統二年(1910)刻民國八年(1919)印本　一冊

330000－1710－0008407　普0000950　子部/醫家類/婦科之屬/產科
胎產心法三卷　(清)閻純璽撰　清末石印本　二冊　存一卷(三)

330000－1710－0008408　普0000935　集部/別集類/清別集
漸西村人初集十三卷　(清)袁昶撰　清光緒十六年(1890)刻二十年(1894)印本　三冊

330000－1710－0008410　普0000921　子部/醫家類/兒科之屬/通論
保赤要言五卷首一卷　王德森輯　清宣統二年(1910)刻民國八年(1919)印本　一冊

330000－1710－0008411　普0000922　子部/醫家類/兒科之屬/通論
保赤要言五卷首一卷　王德森輯　清宣統二年(1910)刻民國八年(1919)印本　一冊

330000－1710－0008413　普0000923　子部/醫家類/兒科之屬/通論
保赤要言五卷首一卷　王德森輯　清宣統二年(1910)刻民國八年(1919)印本　一冊

330000－1710－0008414　普0000924　子部/醫家類/兒科之屬/通論
保赤要言五卷首一卷　王德森輯　清宣統二年(1910)刻民國八年(1919)印本　一冊

330000－1710－0008415　普0000937　集部/戲劇類/傳奇之屬
成裕堂繪像第七才子書六卷四十二齣　(元)高明撰　清經綸堂刻本　六冊

330000－1710－0008416　普0000925　子部/醫家類/兒科之屬/通論
保赤要言五卷首一卷　王德森輯　清宣統二年(1910)刻民國八年(1919)印本　一冊

330000－1710－0008417　普0000926　子部/醫家類/兒科之屬/通論
保赤要言五卷首一卷　王德森輯　清宣統二年(1910)刻民國八年(1919)印本　一冊

330000－1710－0008418　普0000951、普0000952　子部/醫家類/類編之屬
陳修園醫書七十種　(清)陳念祖等撰　清宣

統元年(1909)上海廣雅啓新書局石印本　二冊　存二種

330000－1710－0008419　普0000927　子部/醫家類/兒科之屬/通論
保赤要言五卷首一卷　王德森輯　清宣統二年(1910)刻民國八年(1919)印本　一冊

330000－1710－0008421　普0000928　子部/醫家類/兒科之屬/通論
保赤要言五卷首一卷　王德森輯　清宣統二年(1910)刻民國八年(1919)印本　一冊

330000－1710－0008423　普0000939　子部/道家類
莊子集解八卷　王先謙撰　清宣統元年(1909)上海埽葉山房石印本　二冊

330000－1710－0008429　普0000956　子部/醫家類/類編之屬
本草醫方合編二種附湯頭歌訣一卷　(清)汪昂編　清光緒三十三年(1907)上海同文書局石印本　四冊　存一種(增評醫方集解)

330000－1710－0008430　普0000963　史部/傳記類/總傳之屬/斷代
國朝先正事略六十卷　(清)李元度撰　**續編三十卷**　(清)朱孔彰撰　清光緒二十五年(1899)石印本　八冊　缺二十六卷(續編五至三十)

330000－1710－0008432　普0000959　子部/醫家類/兒科之屬/通論
幼科三種　清宣統元年(1909)上海文元書莊石印本　二冊　存一種

330000－1710－0008433　普0000960　子部/醫家類/綜合之屬/雜著
筆花醫鏡四卷　(清)江涵暾撰　清光緒二十七年(1901)上海文宜書局石印本　二冊

330000－1710－0008434　普0000929　子部/醫家類/兒科之屬/通論
保赤要言五卷首一卷　王德森輯　清宣統二年(1910)刻民國八年(1919)印本　一冊

330000－1710－0008436　普0000930　子部/醫家類/兒科之屬/通論
保赤要言五卷首一卷　王德森輯　清宣統二年(1910)刻民國八年(1919)印本　一冊

330000－1710－0008437　普0000961　史部/史評類/史論之屬
讀史論畧一卷　(清)杜詔撰　清同治五年(1866)刻本　一冊

330000－1710－0008440　普0000966　集部/别集類/清别集
賴古堂集二十四卷　(清)周亮工撰　清道光汝南家塾刻本　二冊　存四卷(賴古堂集一至四)

330000－1710－0008441　普0000967　經部/叢編
蜚雲閣凌氏叢書六種四十卷　(清)凌曙撰　清嘉慶至道光江都凌氏蜚雲閣刻本　一冊　存一種

330000－1710－0008442　普0000968　集部/别集類/清别集
夢影盦遺集四卷詩補一卷附一卷　(清)嚴以盛撰　清宣統元年(1909)鉛印本　一冊

330000－1710－0008443　普0000969　子部/儒家類/儒學之屬/性理
儒門法語輯要一卷　(清)彭定求撰　(清)湯金釗輯　清光緒十六年(1890)浙江書局刻本　一冊

330000－1710－0008444　普0000970　集部/總集類/課藝之屬
小題正鵠初集不分卷二集不分卷三集不分卷四集不分卷　(清)李元度輯　清光緒二十三年(1897)溧陽聚寶齋刻本　八冊

330000－1710－0008445　普0000971　集部/别集類/漢魏六朝别集
陶淵明文集十卷　(晉)陶潛撰　清光緒五年(1879)會稽陶濬宣稷山樓影宋刻本　一冊

330000－1710－0008446　普0000972　史部/傳記類/總傳之屬/家乘

[浙江]富陽長春章氏宗譜不分卷 (清)章廷鑑纂修 清光緒二十三年(1897)民國五年(1916)民國二十六年(1937)修木活字印本 五冊

330000－1710－0008447 善0325 子部/宗教類/佛教之屬/經疏
釋禪波羅密次第法門表解一卷 (唐)釋智者大師說 清抄本 一冊

330000－1710－0008449 善0327 集部/別集類/唐五代別集
柳州之文一卷 (唐)柳宗元撰 清抄本 一冊

330000－1710－0008450 普0000973 子部/醫家類/醫經之屬/内經
黃帝内經素問二十四卷 (明)吳崐注 清刻本 七冊 存二十卷(五至二十四)

330000－1710－0008451 普0000974 子部/醫家類/方書之屬/歷代方書
醫方集解六卷 (清)汪昂撰 清刻本 三冊

330000－1710－0008452 普0000980 子部/醫家類/醫案之屬
三家醫案合刻 (清)吳金壽編 清道光十一年(1831)刻本 二冊

330000－1710－0008453 普0000981 子部/醫家類/溫病之屬/其他溫疫病證
溫熱贅言一卷 (清)寄瓢子撰 清吳氏靈鶴山房刻本 一冊

330000－1710－0008455 普0000975 子部/醫家類/醫話議論之屬
醫貫砭二卷 (清)徐大椿撰 清乾隆半松齋刻徐氏一書六種本 清宋晴川題記 一冊

330000－1710－0008457 普0000983 子部/醫家類/類編之屬
周氏醫學叢書(周澂之評注醫書 周氏彙刻醫學叢書)初集十二種二集十一種三集六種 (清)周學海編 清光緒至宣統池陽周氏刻宣統三年(1911)福慧雙修館彙印本 一冊 存二集一種

330000－1710－0008458 善0329 史部/史評類/史論之屬
史通削繁四卷 (清)紀昀撰 清道光十三年(1833)涿州盧坤兩廣節署刻朱墨套印本 四冊

330000－1710－0008459 普0000976 子部/醫家類/類編之屬
徐氏醫書六種 (清)徐大椿撰 清同治十二年(1873)湖北崇文書局刻本 四冊 存一種

330000－1710－0008460 普0000977 子部/醫家類/方書之屬/單方驗方
絳雪園古方選註不分卷得宜本草一卷 (清)王子接輯 清埽葉山房刻本 三冊

330000－1710－0008461 普0000978 子部/醫家類/方書之屬/單方驗方
絳雪園古方選註不分卷 (清)王子接輯 清刻本 一冊

330000－1710－0008462 普0000979 子部/醫家類/診法之屬/其他診法
傷寒舌鑑一卷 (清)張登輯 清光緒十一年(1885)埽葉山房刻本 一冊

330000－1710－0008464 善0330 史部/史評類/史論之屬
歷代史論十二卷宋史論三卷元史論一卷 (明)張溥撰 **明史論四卷** (清)谷應泰撰 **左傳史論二卷** (清)高士奇撰 清光緒九年(1883)都城蒼松山房刻朱墨套印本 八冊

330000－1710－0008465 普0000985 子部/醫家類/外科之屬/外科方
瘍科選粹六卷 清抄本 六冊

330000－1710－0008466 普0000986 子部/醫家類/類編之屬
圖註難經脈訣二種六卷 清刻本 二冊 存一種

330000－1710－0008467 普0000987 子部/醫家類/婦科之屬/產科
重刻產科心法二卷 汪喆著 **福幼編摘刻一卷** (清)莊一夔撰 清同治八年(1869)刻本

一冊

330000－1710－0008468　普0000988　子部/醫家類/類編之屬
柳選四家醫案　(清)柳寶詒編　清光緒三十一年(1905)惜餘小舍刻本　一冊　存一種

330000－1710－0008469　普0000989　子部/醫家類/方書之屬/歷代方書
醫方集解二十一卷　(清)汪昂撰　清光緒五年(1879)掃葉山房刻本　六冊

330000－1710－0008470　普0000990　子部/醫家類/方書之屬/歷代方書
醫方集解二十一卷　(清)汪昂撰　清光緒十三年(1887)掃葉山房刻本　六冊

330000－1710－0008471　普0000991　子部/醫家類/綜合之屬/通論
醫學心悟五卷附外科十法一卷　(清)程國彭撰　清光緒六年(1880)校經山房刻本　六冊

330000－1710－0008472　普0000992　子部/醫家類/婦科之屬/產科
重刻產科心法二卷　汪喆著　**福幼編摘刻一卷**　(清)莊一夔撰　清同治八年(1869)刻本　一冊

330000－1710－0008473　普0000993　子部/醫家類/方書之屬/歷代方書
景岳新方歌不分卷　(清)吳辰燦　(清)高秉鈞　(清)姚志仁撰　清嘉慶十四年(1809)刻本　二冊

330000－1710－0008477　普0000996　集部/別集類/清別集
映綠草堂詩鈔不分卷　(清)郭墨英撰　稿本　一冊

330000－1710－0008480　普0000999　類叢部/叢書類/自著之屬
小酉腴山館集五種　(清)吳大廷撰　清同治元年至十二年(1862－1873)刻本　一冊　存一種

330000－1710－0008483　普0001001　集部/戲劇類/傳奇之屬
牡丹亭還魂記二卷五十五齣　(明)湯顯祖撰　清光緒三十四年(1908)上海同文詠記石印本　一冊

330000－1710－0008484　善0331　經部/四書類/總義之屬/傳說
四書題鏡不分卷　(清)汪鯉翔撰　清乾隆九年(1744)刻本　十冊

330000－1710－0008485　普0001002　類叢部/叢書類/彙編之屬
嘯園叢書五十七種　(清)葛元煦編　清光緒二年至七年(1876－1881)仁和葛氏刻本　一冊　存一種

330000－1710－0008486　普0001003　子部/叢編類
二十五子彙函　(清)鴻文書局編　清光緒十九年(1893)上海鴻文書局石印本　一冊　存一種

330000－1710－0008488　善0333　集部/別集類/清別集
吳詩集覽二十卷補註二十卷吳詩談藪二卷拾遺一卷　(清)吳偉業撰　(清)靳榮藩注並輯　清乾隆四十年(1775)凌雲亭刻本　十六冊　存二十二卷(吳詩集覽一至二十、吳詩談藪一至二)

330000－1710－0008489　普0001004　子部/叢編類
二十二子(二十二子彙函)　(清)浙江書局編　清光緒元年至三年(1875－1877)浙江書局刻本　一冊　存一種

330000－1710－0008490　普0001017　子部/醫家類/綜合之屬/通論
醫醇賸義四卷醫方論四卷　(清)費伯雄撰　清光緒三年(1877)刻本　四冊　存四卷(醫醇賸義一至四)

330000－1710－0008492　善0334　子部/宗教類/佛教之屬
地藏菩薩本願經開蒙三卷品題一卷科判一卷

（清）釋品珇集　清雍正元年（1723）刻本　四冊

330000－1710－0008493　普 0001011　子部/醫家類/本草之屬/本草藥性

珍珠囊指掌補遺藥性賦四卷　（金）李杲輯

雷公炮製藥性解六卷　（明）李中梓輯　清光緒三十四年（1908）蘇州振新書社石印本　一冊　存四卷（雷公炮制藥性賦一至四）

330000－1710－0008494　普 0001019　子部/醫家類/婦科之屬/通論

婦科精微錄不分卷　（清）□□撰　稿本　三冊

330000－1710－0008495　普 0001012　子部/醫家類/傷寒金匱之屬/金匱要略

金匱心典三卷　（清）尤怡撰　清末上海文瑞樓石印本　三冊

330000－1710－0008497　普 0335　經部/易類/傳說之屬

周易本義四卷附圖說一卷卦歌一卷筮儀一卷　（宋）朱熹撰　清刻本　二冊

330000－1710－0008498　普 0001014　子部/醫家類/綜合之屬/通論

增訂醫宗金鑑九十卷首一卷　（清）吳謙等纂修　清光緒三十一年（1905）上海錦章書局石印本　二十三冊　缺六卷（四十五至五十）

330000－1710－0008499　普 0001015　子部/醫家類/兒科之屬/痘疹

活幼心法大全八卷末一卷　（明）聶尚恒撰　清同治八年（1869）刻本　一冊

330000－1710－0008500　普 0001016　子部/醫家類/外科之屬

金鑑外科不分卷　清光緒八年（1882）樂安裕德堂雲記抄本　一冊

330000－1710－0008501　普 0001023　經部/四書類/總義之屬/傳說

四書題鏡味根合編三十九卷　（清）金瀓（清）汪鯉翔撰　清光緒十九年（1893）申江袖海山房石印本　八冊

330000－1710－0008502　普 0001024　經部/四書類/總義之屬/傳說

四書朱子本義匯參四十三卷首四卷　（清）王步青輯　清光緒十三年（1887）上海同文書局石印本　七冊

330000－1710－0008503　普 0001025　經部/四書類/總義之屬/傳說

四書體註合講十九卷　（清）翁復編　清四明茹古書局鉛印本　二冊

330000－1710－0008504　普 0001026　經部/叢編

五經體注大全　（清）嚴氏家塾主人輯　清光緒二十年（1894）鴻寶齋石印本　八冊　存四種

330000－1710－0008505　普 0001027　集部/總集類

五經文府不分卷　（清）鴻寶齋輯　清末石印本　十冊　存三種

330000－1710－0008506　普 0001006　集部/戲劇類/傳奇之屬

倚晴樓七種曲十二卷　（清）黃燮清撰　清道光馴雲閣刻本　一冊　存一種

330000－1710－0008507　普 0001007　集部/戲劇類/雜劇之屬

韻珊外集（倚晴樓七種曲）十二卷　（清）黃燮清撰　清同治刻本　一冊　存一種

330000－1710－0008508　普 0001008　類叢部/叢書類/自著之屬

西堂全集四種附一種　（清）尤侗撰　清刻本　一冊　存一種

330000－1710－0008509　普 0001009　集部/戲劇類/總集之屬/傳奇

紅雪樓九種曲　（清）蔣士銓撰　清乾隆蔣氏紅雪樓刻本　一冊　存一種

330000－1710－0008510　善 0336　集部/總集類/選集之屬/斷代

明詩別裁集十二卷　（清）沈德潛　（清）周準輯　清乾隆四年（1739）刻本　四冊

330000－1710－0008511　普 0001010　經部/小學類/文字之屬/字書/字體

選集漢印分韻二卷　（清）袁日省輯　（清）謝雲生臨摹　**續集漢印分韻二卷**　（清）謝景卿輯並臨摹　清嘉慶二年（1797）漱藝堂刻本　八册

330000－1710－0008512　普 0001005　新學/醫學/方書

醫書歌訣一卷　清抄本　一册

330000－1710－0008513　善 0337　集部/總集類/選集之屬/斷代

明詩别裁集十二卷　（清）沈德潛　（清）周準輯　清乾隆四年（1739）刻本　四册

330000－1710－0008514　普 0001020　子部/醫家類/傷寒金匱之屬/金匱要略

金匱要畧不分卷　（漢）張機撰　清抄本　一册

330000－1710－0008515　普 0001021　子部/醫家類/喉科口齒之屬/通論

喉科指掌六卷　（清）張宗良撰　清刻本　一册

330000－1710－0008516　普 0001028　集部/總集類/氏族之屬

井眉居詩録四卷附懺情庵詞一卷　（清）姚前機撰　清咸豐刻本　一册

330000－1710－0008519　善 0338　集部/别集類/清别集

陳檢討集二十卷　（清）陳維崧撰　（清）程師恭注　清康熙三十二年（1693）有美堂刻本　四册

330000－1710－0008520　普 0001031　集部/别集類/清别集

養一齋詩集四卷　（清）李兆洛撰　清刻本　一册

330000－1710－0008522　普 0001032　類叢部/叢書類/自著之屬

仙心閣集四種　（清）彭慰高撰　清光緒刻本　一册　存一種

330000－1710－0008523　普 0001033　集部/别集類/清别集

鮚埼亭詩集十卷　（清）全祖望撰　清光緒十六年（1890）慈谿童氏大鄮山館刻本　一册

330000－1710－0008524　善 0339　集部/别集類/明别集

呂新吾先生去偽齋文集十卷　（明）呂坤撰　清康熙十三年（1674）呂慎多刻清印本　十二册

330000－1710－0008525　普 0001034　集部/别集類/清别集

淵雅堂全集五十六卷附録二種六卷　（清）王芑孫撰　清嘉慶八年至二十五年（1803－1820）王氏刻本　一册　存一種

330000－1710－0008526　普 0001038　類叢部/叢書類/彙編之屬

張氏適園叢書七種　張鈞衡編　清宣統三年（1911）上海國學扶輪社鉛印本　一册　存一種

330000－1710－0008528　普 0001040　集部/别集類/清别集

安蹇劣齋詩鈔二卷　（清）蔣節撰　清同治十二年（1873）揚州刻本　一册

330000－1710－0008529　普 0001041　集部/别集類/清别集

齊莊中正堂律賦六卷　（清）殷兆鏞撰　清刻本　二册

330000－1710－0008531　普 0001043　史部/傳記類/别傳之屬/事狀

韜厂蹈海録四卷　徐良弼等撰　清宣統二年（1910）蘇州鉛印本　一册　存一卷（四）

330000－1710－0008532　普 0001035　集部/别集類/清别集

念香舘遺稿一卷試帖一卷　（清）李恩樹撰　清光緒十四年（1888）刻本　一册　存一卷（念香舘遺稿）

330000－1710－0008533　普 0001036　子部/雜著類/雜説之屬

求己錄三卷　陶葆廉編　清光緒二十六年(1900)刻本　一册

330000－1710－0008534　普0001037　類叢部/叢書類/彙編之屬

申報館叢書正集五十七種附錄三種　(清)尊聞閣主編　**續集一百四十二種**　(清)蔡爾康編　清同治至光緒申報館鉛印本　一册　存一種

330000－1710－0008536　普0001057　子部/藝術類/書畫之屬/畫譜

點石齋畫報初集十卷二集十二卷三集八卷四集六卷五集四卷六集四卷後附淞隱漫錄十二卷續錄五卷漫遊隨錄三卷風箏誤一卷閨媛叢錄一卷點石齋叢鈔一卷乘龍佳話一卷藹園謎賸一卷　(清)尊聞閣主人輯　清光緒二十三年(1897)石印本　一册　存二卷(漫遊隨錄一至二)

330000－1710－0008537　普0001058　集部/小說類/短篇之屬

淞隱漫錄十二卷　(清)王韜撰　清光緒十年(1884)上海點石齋石印本　四册

330000－1710－0008538　普0001059　集部/總集類/選集之屬/斷代

雪鴻偶鈔詩四卷詞一卷　(清)倪世珍錄　清光緒四年(1878)吴縣倪氏刻本　二册

330000－1710－0008539　普0001060　集部/總集類/郡邑之屬

桐溪耆隱集一卷補錄一卷　(清)袁炯輯　**榆園雜興詩一卷**　(清)袁振業撰　清光緒十六年(1890)春藻堂刻本　一册

330000－1710－0008540　普0001061　子部/農家農學類/農藝之屬/災害防治

捕蝗要訣一卷除蝻八要一卷　(清)錢炘和撰　清同治八年(1869)楚北崇文書局刻本　一册

330000－1710－0008542　普0001063　子部/天文曆算類/算書之屬

梅氏叢書輯要三十種六十二卷首一卷　(清)梅文鼎撰　(清)梅穀成重編　清同治十三年(1874)梅纘高頤園刻本　十九册　存二十一種

330000－1710－0008544　普0001065　子部/雜著類/雜考之屬

日知錄集釋三十二卷刊誤二卷續刊誤二卷　(清)黄汝成撰　清同治八年(1869)廣州述古堂刻本　一册　存二卷(續栞誤一至二)

330000－1710－0008547　普0001046　集部/別集類/清別集

湖唐林館駢體文二卷　(清)李慈銘撰　清光緒十年(1884)刻本　二册

330000－1710－0008549　普0001048　類叢部/叢書類/自著之屬

紫薇花館集七種　(清)王廷鼎撰　清光緒十年(1884)刻本　一册　存二種

330000－1710－0008550　普0340　集部/總集類/選集之屬/通代

古文眉詮七十九卷首一卷　(清)浦起龍輯　清乾隆九年(1744)蘇州三吳書院刻本　二十三册　缺二卷(十六至十七)

330000－1710－0008552　普0001051　集部/別集類/清別集

鮚埼亭集三十八卷全氏世譜一卷年譜一卷經史問答十卷　(清)全祖望撰　清嘉慶九年(1804)餘姚史夢蛟借樹山房刻本　十二册

330000－1710－0008553　普0001050　集部/別集類

文莫室詩集八卷　王樹枏撰　清光緒至民國新城王氏刻陶廬叢刻本　許大廬題記　一册

330000－1710－0008554　普0001052　集部/總集類/郡邑之屬

續檇李詩繫四十卷　(清)胡昌基輯　清宣統三年(1911)刻本　曹博文題記　三册　存七卷(一至七)

330000－1710－0008557　普0001055　類叢部/叢書類/自著之屬

章氏遺書二種　(清)章學誠撰　清道光十二

年至十三年(1832－1833)章華紱刻本　五冊

330000－1710－0008558　善0341　經部/春秋總義類/傳說之屬

欽定春秋傳說彙纂三十八卷首二卷　(清)王掞等撰　清康熙六十年(1721)武英殿刻本　三十二冊

330000－1710－0008559　普0001066　子部/小說家類/雜事之屬

世說補一卷　(宋)劉義慶撰　(明)何良俊補　清抄本　一冊

330000－1710－0008561　普0001068　經部/四書類/孟子之屬/傳說

增補蘇批孟子二卷孟子年譜一卷　(宋)蘇洵撰　(清)趙大浣增補　清同治四年(1865)芸居樓刻朱墨套印本　一冊

330000－1710－0008562　普0001069　經部/周禮類/傳說之屬

周官精義十二卷　(清)連斗山輯　清嘉慶六年(1801)刻本　六冊

330000－1710－0008563　普0001070　集部/別集類/清別集

慎餘書屋詩鈔四卷　(清)陳池養撰　清咸豐五年(1855)刻本　二冊

330000－1710－0008564　普0001076　類叢部/叢書類/彙編之屬

申報館叢書正集五十七種附錄三種續集一百四十二種　(清)尊聞閣主編　清同治至光緒申報館鉛印本　一冊　存一種

330000－1710－0008567　普0001072　集部/別集類/清別集

缾水齋詩集十七卷別集二卷詩話一卷附錄一卷　(清)舒位撰　清光緒十二年(1886)邊保樞刻十七年(1891)增修本　六冊　存十五卷(詩集一至十二、別集一至二、附錄)

330000－1710－0008568　普0001073　子部/小說家類/異聞之屬

燕山外史註釋八卷　(清)陳球撰　(清)傅聲谷注　清末上海廣益書局石印本　四冊

330000－1710－0008570　普0001074　子部/醫家類/綜合之屬/通論

御纂醫宗金鑑九十卷首一卷　(清)吳謙等纂修　清刻本　八冊　存十一卷(外科心法要訣一至十一)

330000－1710－0008571　普0001075　類叢部/類書類/通類之屬

增補事類統編九十三卷首一卷　(清)黃葆真輯　清道光二十九年(1849)丹陽黃葆真粵東敦好堂刻本　四十冊　存七十五卷(十至五十七、六十七至九十三)

330000－1710－0008573　普0001091　集部/小說類/長篇之屬

第一才子書六十卷首一卷一百二十回　(明)羅本撰　(清)毛宗岡評　清咸豐三年(1853)常熟珍藝堂刻本　二十四冊

330000－1710－0008576　普0001079　子部/醫家類/喉科口齒之屬/通論

喉科四卷　(清)包永泰撰　清刻本　一冊　存二卷(三至四)

330000－1710－0008577　普0001090　子部/醫家類/方書之屬/歷代方書

千金翼方三十卷　(唐)孫思邈撰　清乾隆二十八年(1763)金匱華希閎刻本　三冊　存七卷(一至七)

330000－1710－0008579　普0001093　子部/醫家類/溫病之屬/其他溫疫病證

溫病條辨六卷首一卷　(清)吳瑭撰　清寧波羣玉山房刻本　四冊

330000－1710－0008580　普0001080　子部/醫家類/綜合之屬/通論

訂正東醫寶鑑二十三卷目錄二卷　(朝鮮)許浚撰　清光緒上海校經山房石印本　一冊　存二卷(一至二)

330000－1710－0008582　普0001094　集部/別集類/清別集

劫餘存稿二卷　(清)吳受藻　(清)王鼎詩撰　(清)吳積鑑　(清)朱世篁編　清同治七年

(1868)錢塘汪氏振綺堂刻本　一册

330000－1710－0008584　普0001081　子部/醫家類/傷寒金匱之屬/傷寒論
傷寒補天石二卷續二卷　(明)戈維城撰　清嘉慶十六年(1811)汲綆齋刻本　一册　存二卷(一至二)

330000－1710－0008586　普0001108　子部/雜著類/雜纂之屬
寄園寄所寄十二卷　(清)趙吉士輯　清三益堂刻本　十二册　存十卷(一至十)

330000－1710－0008588　普0001097　類叢部/叢書類/彙編之屬
嘯園叢書五十七種　(清)葛元煦編　清光緒二年至七年(1876－1881)仁和葛氏刻本　二册　存一種

330000－1710－0008589　普0001098　集部/詞類/別集之屬
紅蕉吟館詩餘一卷　(清)嚴廷中撰　清道光二十年(1840)刻本　一册

330000－1710－0008592　普0001109　子部/藝術類/篆刻之屬/印譜
適園印存不分卷　(清)吳咨篆　清宣統三年(1911)石印本　一册

330000－1710－0008594　普0001110　子部/醫家類/方書之屬/歷代方書
醫方集解三卷　(清)汪昂撰　清刻本　六册

330000－1710－0008596　普0001112　子部/醫家類/外科之屬/外科方
新刊外科正宗六卷　(明)陳實功撰　清永言堂刻本　五册　缺一卷(四)

330000－1710－0008597　普0001113　子部/醫家類/方書之屬/歷代方書
醫方捷徑一卷　(明)羅必煒撰　清刻本　一册

330000－1710－0008598　普0001114　集部/詩文評類/文法之屬/函牘格式
商賈尺牘二卷　(清)管秋初撰　清光緒八年(1882)刻本　一册　存一卷(下)

330000－1710－0008600　普0001082　集部/總集類/選集之屬/斷代
唐詩三百首註疏六卷　(清)孫洙編　(清)章燮注　清刻本　一册　存一卷(二)

330000－1710－0008602　普0001116　子部/醫家類/醫案之屬/溫病之屬
種福堂公選溫熱論醫案四卷　(清)葉桂撰　清敦仁堂刻本　二册

330000－1710－0008603　普0001103　子部/醫家類/類編之屬
徐靈胎醫學全書　(清)徐大椿撰　清光緒三十三年(1907)上海六藝書局石印本　一册　存二種

330000－1710－0008605　善0349　子部/醫家類/傷寒金匱之屬/傷寒論
劉河間傷寒三書二十卷　(金)劉完素撰　清懷德堂刻本　三册　存一種

330000－1710－0008606　普0001117、普0001118　史部/史評類/史論之屬
史通通釋二十卷　(清)浦起龍撰　清刻本　二册　存三卷(一、五至六)

330000－1710－0008608　普0001083　類叢部/類書類/專類之屬
縮本精選經藝淵海不分卷　(清)常安室主人輯　清光緒十一年(1885)上海點石齋石印本　一册

330000－1710－0008610　普0001119　子部/小說家類/異聞之屬
夜譚隨錄十二卷　(清)和邦額撰　清乾隆四十四年(1779)聖經堂刻本　十一册　存十一卷(一至二、四至十二)

330000－1710－0008612　普0001121　集部/總集類/選集之屬/通代
漁洋山人古詩選三十二卷　(清)王士禛選　清同治七年(1868)湘鄉曾氏刻本　二册　存十七卷(五言詩一至十七)

330000－1710－0008614　普 0001115　子部/醫家類/方書之屬/歷代方書
千金翼方三十卷　(唐)孫思邈撰　清同治七年(1868)姑蘇掃葉山房刻本　一册　存三卷(五至七)

330000－1710－0008616　普 0001122　集部/別集類/清別集
胡文忠公遺集十卷　(清)胡林翼撰　(清)閻敬銘　(清)厲雲官　(清)盛康輯　清同治六年(1867)刻本　四册　缺四卷(二至五)

330000－1710－0008619　善 0351　子部/雜著類/雜纂之屬
癖顛小史一卷　(明)華淑撰　(明)袁宏道評　明刻朱墨套印本　一册

330000－1710－0008622　普 0001087　集部/總集類/選集之屬/斷代
七家詩選七卷　(清)張熙宇輯評　清末李光明莊刻朱墨套印本　三册　存五種

330000－1710－0008623　普 0001088　集部/別集類/清別集
佚名集一卷　(清)□□撰　稿本　一册

330000－1710－0008624　善 0350　子部/藝術類/篆刻之屬/印譜
稽古印鑑不分卷　(明)程齊篆刻　明崇禎鈐印本　一册

330000－1710－0008625　普 0001089　子部/宗教類/道教之屬/戒律
戒淫集腋不分卷　(清)了悟道人輯　稿本　一册

330000－1710－0008626　善 0352　子部/儒家類/儒學之屬/性理
性理標題綜要二十二卷　(明)詹淮撰　(明)陳仁錫訂正　明崇禎刻本　清鴻緒修題記　十六册　缺四卷(十八至十九、二十一至二十二)

330000－1710－0008627　普 0001124　集部/曲類/寶卷之屬
河南開封府花枷良愿龍圖寶卷全集二卷　清光緒三十三年(1907)刻本　二册

330000－1710－0008628　普 0001125　集部/別集類/唐五代別集
玉谿生詩箋註三卷首一卷樊南文集箋註八卷　(唐)李商隱撰　(清)馮浩箋注　**年譜一卷**　(清)馮浩輯　清乾隆四十五年(1780)德聚堂刻嘉慶元年(1796)增刻本　四册　存四卷(玉谿生詩箋註一至三、首)

330000－1710－0008633　普 0001138　子部/醫家類/綜合之屬/通論
醫學實在易八卷　(清)陳念祖撰　清光緒二年(1876)懿惠堂刻本　三册　存六卷(一至六)

330000－1710－0008635　普 0001140　子部/醫家類/醫經之屬/難經
校正圖註八十一難經四卷　(明)張世賢注　清光緒二十七年(1901)上海煥文書局石印本　二册

330000－1710－0008636　普 0001129　集部/別集類/清別集
自怡軒遺稾一卷　(清)朱清撰　**知止軒吟草一卷**　(清)朱鎮撰　**片玉山莊詩存一卷**　(清)朱彥臣撰　清光緒二十二年(1896)刻本　一册

330000－1710－0008637　普 0001130　集部/別集類/清別集
培遠堂手札節存三卷　(清)陳弘謀撰　清同治十一年(1872)江蘇書局刻本　一册

330000－1710－0008638　普 0001131　經部/詩類/傳說之屬
詩經集傳八卷　(宋)朱熹撰　清光緒十年(1884)夏序記刻本　四册

330000－1710－0008639　普 0001132　集部/總集類/彙編之屬
陳太僕批選八家文鈔　(清)陳兆崙編　清光緒二十六年(1900)天津文美齋石印本　六册

330000－1710－0008641　普 0001142　子部/醫家類/兒科之屬/痘疹

痘疹詩賦二卷　(清)張鑾撰　清上海校經山房石印本　一冊

330000－1710－0008642　普 0001133　類叢部/叢書類/彙編之屬
當歸草堂叢書八種　(清)丁丙編　清同治二年至五年(1863－1866)錢塘丁氏刻本　二冊　存一種

330000－1710－0008645　普 0001143　子部/醫家類/溫病之屬/瘟疫
瘟疫論補注二卷　(明)吳有性撰　(清)鄭重光補注　清光緒三十三年(1907)上海校經山房石印本　二冊

330000－1710－0008646　善 0353　史部/政書類/通制之屬
續文獻通考二百五十四卷　(明)王圻撰　明萬曆三十一年(1603)曹時聘　許維新刻本　十冊　存三十八卷(二十七至三十、三十四至三十六、四十一至五十二、一百二十五至一百三十二、一百三十七至一百四十七)

330000－1710－0008647　普 0001144　子部/醫家類/溫病之屬/瘟疫
瘟疫論補注二卷　(明)吳有性撰　(清)鄭重光補注　清光緒三十三年(1907)上海校經山房石印本　二冊

330000－1710－0008648　普 0001136　集部/總集類/選集之屬/斷代
宋四名家詩選六卷　(清)周之鱗　(清)柴升編　清同治五年(1866)長沙經濟堂刻本　五冊

330000－1710－0008650　普 0001146　子部/醫家類/醫案之屬
三家醫案合刻　(清)吳金壽編　清光緒二十七年(1901)上海漢讀樓石印本　一冊

330000－1710－0008651　普 0001147　子部/儒家類/儒家之屬
孔氏家語十卷　(三國魏)王肅注　清刻本　一冊　存二卷(五至六)

330000－1710－0008652　善 0354　史部/詔令奏議類/奏議之屬
籌議約束鼓勵遊學生章程折并清單一卷　(清)張之洞撰　清刻本　一冊

330000－1710－0008653　善 0355　集部/總集類/酬唱之屬
龍沙唱和集一卷　(清)鴛水書癡輯　清抄本　一冊

330000－1710－0008655　普 0001148　集部/詞類/別集之屬
乘桴散客詞七卷　清光緒三年(1877)幽篁書館刻本　二冊

330000－1710－0008656　普 0001149　集部/總集類/彙編之屬
無雙詩合刻二種　(清)陶然　(清)淩泗撰　清同治十一年(1872)亦吾廬刻本　一冊

330000－1710－0008658　普 0001150　類叢部/叢書類/彙編之屬
函海一百五十二種　(清)李調元編　清乾隆綿州李氏萬卷樓刻嘉慶十四年(1809)李鼎元重校印本　一冊　存一種

330000－1710－0008659　善 0357　子部/藝術類/書畫之屬/書法書品
草聖彙辨不分卷　(清)朱宗文摹輯　清順治九年(1652)刻本　四冊

330000－1710－0008660　普 0001167　類叢部/叢書類/自著之屬
隨園三十種　(清)袁枚撰　清同治七年(1868)刻本　十二冊　存一種

330000－1710－0008664　普 0001151　子部/醫家類/綜合之屬/通論
醫學從眾錄八卷　(清)陳念祖撰　清末石印本　二冊

330000－1710－0008667　普 0001152　子部/醫家類/本草之屬/歷代綜合本草
本草綱目五十二卷圖一卷瀕湖脈學一卷奇經八脈攷一卷　(明)李時珍撰　**本草綱目拾遺十卷**　(清)趙學敏輯　**本草萬方鍼線八卷藥品總目一卷**　(清)蔡烈先輯　清光緒三十年

(1904)上海經香閣書莊石印本　十冊　存五十五卷(一至五十二、圖、瀕湖脈學、奇經八脈攷)

330000－1710－0008668　普0001171　集部/別集類/清別集

石笥山房集二十四卷　(清)胡天游撰　清宣統二年(1910)上海國學扶輪社石印本　十冊

330000－1710－0008670　普0001154　子部/醫家類/醫案之屬

臨證指南醫案八卷　(清)葉桂撰　(清)徐大椿評　清光緒三十二年(1906)微經書局石印本　八冊

330000－1710－0008672　善0358　史部/史抄類

廿一史約編八卷首一卷　(清)鄭元慶撰　清漁古山房刻本　八冊　存七卷(首、絲、竹、匏、土、革、木)

330000－1710－0008675　善0359　集部/總集類/選集之屬/斷代

小瀛洲十老社詩六卷　(明)錢孺穀　(明)鍾祖述輯　**瀛洲社十老小傳一卷**　(明)錢孺穀撰　清乾隆三十五年(1770)刻本　一冊　缺四卷(三至六)

330000－1710－0008676　普0001164　集部/小說類/長篇之屬

異說後唐傳三集薛丁山征西樊梨花全傳十卷八十八回　(清)中都逸叟編次　清刻本　十冊

330000－1710－0008678　普0001165　集部/小說類/長篇之屬

重刻繡像說唐演義全傳六十八回　清道光九年(1829)刻本　十冊

330000－1710－0008679　普0001166　集部/別集類/清別集

胡文忠公遺集十卷首一卷　(清)胡林翼撰　(清)閻敬銘　(清)厲雲官　(清)盛康輯　清同治五年(1866)刻本　一冊　存一卷(首)

330000－1710－0008680　普0001173　類叢部/叢書類/自著之屬

隨園三十種　(清)袁枚撰　清末刻本　十一冊　存一種

330000－1710－0008682　普0001175　史部/目録類/總録之屬/官修

欽定四庫全書簡明目錄二十卷　(清)紀昀等撰　清刻本　八冊

330000－1710－0008684　普0001159　史部/金石類/石之屬/文字

張溫夫書金剛經一卷　(清)張溫夫書　清末石印本　一冊

330000－1710－0008688　善0360　集部/別集類/清別集

百尺梧桐閣詩集十六卷文一卷錦瑟詞三卷詞話一卷　(清)汪懋麟撰　清康熙十七年(1678)刻本　四冊

330000－1710－0008689　普0001185　子部/醫家類/溫病之屬

時病論八卷　(清)雷豐撰　清石印本　三冊　存六卷(三至八)

330000－1710－0008691　普0001186　子部/雜著類/雜考之屬

札樸十卷　(清)桂馥撰　清嘉慶十八年(1813)山陰李宏信小李山房刻本　一冊　存二卷(四至五)

330000－1710－0008692　普0001187　子部/雜著類/雜考之屬

羣書疑辨十二卷　(清)萬斯同撰　清嘉慶二十一年(1816)供石亭刻本　一冊　存三卷(十至十二)

330000－1710－0008694　普0001188　子部/雜著類/雜說之屬

容齋隨筆十六卷續筆十六卷三筆十六卷四筆十六卷五筆十卷　(宋)洪邁撰　清刻本　一冊　存五卷(續筆一至五)

330000－1710－0008695　普0001189　經部/春秋左傳類/傳說之屬

春秋左傳杜注三十卷首一卷　(清)姚培謙撰

清光緒十九年(1893)浙江書局刻本　九册　存二十六卷(一至二十六)

330000－1710－0008696　善0361　類叢部/叢書類/彙編之屬
雅雨堂藏書十三種　(清)盧見曾編　清乾隆二十一年(1756)德州盧氏雅雨堂刻增修本　三册　存三種

330000－1710－0008697　善0362　史部/編年類/斷代之屬
東華錄十六卷　(清)蔣良騏撰　清抄本　七册　缺二卷(一至二)

330000－1710－0008700　普0001192　集部/别集類/明别集
楊椒山先生遺集一卷　(明)楊繼盛撰　清光緒十六年(1890)刻本　一册

330000－1710－0008703　普0001195　集部/别集類/宋别集
王臨川文集四卷　(宋)王安石撰　清宣統二年(1910)上海會文堂書局石印本　四册

330000－1710－0008706　普0001198　新學/政治法律/律例
日本法規解字一卷　錢恂　董鴻禕撰　清光緒三十四年(1908)上海商務印書館鉛印本　一册

330000－1710－0008707　普0001199　集部/别集類/清别集
胡文忠公遺集十卷首一卷　(清)胡林翼撰　(清)閻敬銘　(清)厲雲官　(清)盛康輯　清同治七年(1868)醉六堂刻本　三册　存四卷(二至五)

330000－1710－0008708　普0001200　史部/紀事本末類/斷代之屬
通鑑紀事本末八十卷　(清)谷應泰編　清順治十五年(1658)刻本　二册　存十一卷(四十一至四十五、五十五至六十)

330000－1710－0008711　普0001182　類叢部/叢書類/彙編之屬
潘刻五種　(清)恩壽編　清光緒二十九年(1903)北京瀚文齋重編彙印吳縣潘氏刻本　一册　存一種

330000－1710－0008713　普0001183　類叢部/叢書類/彙編之屬
邵武徐氏叢書二十三種　(清)徐榦編　清光緒邵武徐氏刻本　一册　存一種

330000－1710－0008714　普0001184　集部/總集類/尺牘之屬
東帖便覽一卷　清抄本　一册

330000－1710－0008716　善0363　集部/曲類/曲韻曲譜曲律之屬
納書楹西廂全譜二卷續一卷　(清)葉堂撰　清乾隆六十年(1795)長洲葉氏納書楹刻本　四册

330000－1710－0008719　普0001205　子部/小説家類/雜事之屬
屑玉叢談初集二十種　(清)錢徵　(清)蔡爾康輯　清光緒上海中華圖書館石印本　六册

330000－1710－0008720　善0364　經部/叢編
九經補注八種　(清)姜兆錫撰　清雍正至乾隆寅清樓刻本　二册　存一種

330000－1710－0008723　普0001208　子部/術數類/相宅相墓之屬
天元五歌闡義五卷　(清)蔣平階撰　(清)無心道人注　**附元空秘旨一卷**　目講禪師撰　(清)無心道人解　**心眼指要四卷**　(清)無心道人輯　清道光可久堂刻本　二册　缺四卷(心眼提要一至四)

330000－1710－0008725　善0365　類叢部/叢書類/彙編之屬
説鈴前集三十三種後集十九種續集七種　(清)吳震方編　清康熙刻本　十一册　存四十一種

330000－1710－0008726　善0366　類叢部/叢書類/自著之屬
王漁洋遺書三十八種　(清)王士禛撰　清刻本　二册　存一種

330000－1710－0008727　善 0367　集部/別集類/明別集

重刊宋文憲公集三十卷首一卷新刊宋文憲公詩集二卷浦江詩錄一卷潛溪燕書一卷　（明）宋濂撰　清康熙四十九年(1710)刻本　三冊　缺二十七卷(首、一至十七、二十二至三十)

330000－1710－0008728　普 0001210　類叢部/叢書類/彙編之屬

祕書廿一種　（清）汪士漢編　清康熙七年(1668)汪士漢據明刻古今逸史板重編印本　一冊　存一種

330000－1710－0008729　普 0001211　集部/總集類/課藝之屬

青雲集分韻試帖詳註四卷　（清）楊逢春（清）蕭應櫆輯　（清）沈品華等注　清刻本　三冊　存三卷(二至四)

330000－1710－0008730　普 0001216　集部/總集類/彙編之屬

漢魏六朝名家集初刻四十一種　丁福保輯　清宣統三年(1911)上海文明書局鉛印本　一冊　存一種

330000－1710－0008731　普 0001217　集部/總集類/彙編之屬

漢魏六朝名家集初刻四十一種　丁福保輯　清宣統三年(1911)上海文明書局鉛印本　一冊　存一種

330000－1710－0008732　普 0001218　集部/總集類/彙編之屬

漢魏六朝名家集初刻四十一種　丁福保輯　清宣統三年(1911)上海文明書局鉛印本　一冊　存一種

330000－1710－0008733　普 0001219　史部/雜史類/斷代之屬

明季續聞一卷　（清）汪光復撰　清宣統三年(1911)上海商務印書館鉛印本　一冊

330000－1710－0008734　普 0001212　子部/小說家類/異聞之屬

音釋坐花誌果八卷　（清）汪道鼎　（清）鶩峰樵者撰　清光緒十四年(1888)廣百宋齋刻本　四冊

330000－1710－0008736　普 0001221　子部/雜著類/雜說之屬

藝香圃稿一卷　（清）瞿鴻裁撰　清光緒十二年(1886)蓬萊僊館刻本　一冊

330000－1710－0008737　普 0001222　集部/總集類/選集之屬/斷代

國朝八家四六文鈔(八家四六文鈔)八種　（清）吳鼒編　清會文堂刻本　三冊　存六種

330000－1710－0008738　普 0001223　子部/醫家類/綜合之屬/合刻、合抄

三家醫案合刻附二種　（清）吳金壽編　清道光十一年(1831)吳氏貯春仙館刻本　一冊　存附一種

330000－1710－0008739　普 0001224　子部/醫家類/方書之屬/單方驗方

鴉片指迷一卷　（清）積善堂編　清道光九年(1829)積善堂刻本　一冊

330000－1710－0008741　普 0001226　經部/小學類/文字之屬/說文/傳說

繫傳四十卷　（五代）徐鍇撰　（五代）朱翺反切　清光緒九年(1883)江蘇書局刻本　七冊　存三十卷(一至三十)

330000－1710－0008742　普 0001228　史部/史評類

二十四史策案十二卷　（清）王鋆輯　清光緒十三年(1887)上海大同書局石印本　二冊

330000－1710－0008743　普 0001229　史部/地理類/外紀之屬

瀛環志略十卷　（清）徐繼畬撰　清光緒二十一年(1895)上海實文局石印本　四冊

330000－1710－0008744　普 0001230　史部/編年類/通代之屬

御撰資治通鑑綱目三編四卷　（清）張廷玉等撰　清光緒十三年(1887)上海點石齋石印本　二冊

330000－1710－0008745　普0001231　史部/編年類/通代之屬

尺木堂綱鑑易知錄二十卷　（清）吴乘權等輯　清光緒十三年（1887）上海點石齋石印本　十冊

330000－1710－0008746　普0003677　史部/編年類/通代之屬

尺木堂綱鑑易知錄二十卷　（清）吴乘權等輯　清光緒十三年（1887）上海點石齋石印本　十冊

330000－1710－0008747　善0368　集部/別集類/清別集

吳詩集覽二十卷補註二十卷吳詩談藪二卷拾遺一卷　（清）吳偉業撰　（清）靳榮藩注並輯　清乾隆四十年（1775）淩雲亭刻後印本　十四冊　缺二卷（七、十）

330000－1710－0008749　普0001213　子部/醫家類/類編之屬

東垣十書附二種　清末石印本　一冊　存三種

330000－1710－0008750　善0369　子部/雜家類

顔氏家訓二卷　（北齊）顔之推撰　清康熙五十八年（1719）刻本　二冊

330000－1710－0008752　普0001233　集部/小説類/長篇之屬

東周列國志二十三卷一百八回　（清）蔡奡評點　清光緒九年（1883）上海筑墅書屋鉛印本　十二冊

330000－1710－0008754　普0001234　史部/編年類/通代之屬

尺木堂綱鑑易知錄九十二卷明鑑易知錄十五卷　（清）吴乘權等輯　清光緒二十四年（1898）上海宏文閣鉛印本　十六冊

330000－1710－0008755　善0370　類叢部/叢書類/彙編之屬

增訂漢魏叢書八十六種　（清）王謨編　清乾隆五十六年（1791）金谿王氏刻本　八冊　存一種

330000－1710－0008757　普0001245　子部/小説家類/異聞之屬

閱微草堂筆記擇要二卷　（清）紀昀撰　（清）籜園居士選訂　清光緒十五年（1889）泉唐沈氏刻本　二冊

330000－1710－0008758　普0001246　子部/儒家類/儒學之屬/蒙學

小學六卷附文公朱夫子年譜一卷小學總論一卷　（清）高愈注　清光緒十四年（1888）蘇州掃葉山房刻本　四冊

330000－1710－0008759　普0001247　集部/別集類/清別集

六半樓詩鈔四卷　（清）蔡鵬飛撰　**文杏堂詩賸一卷**　（清）趙青士撰　清光緒十年（1884）刻本　一冊

330000－1710－0008760　普0001214　集部/總集類/彙編之屬

漢魏六朝名家集初刻四十一種　丁福保編　清宣統三年（1911）無錫丁氏鉛印本　一冊　存二種

330000－1710－0008761　普0001248　類叢部/叢書類/彙編之屬

正誼堂全書六十三種續刻五種　（清）張伯行編　（清）楊浚重編　清同治五年（1866）福州正誼書院刻同治八年至光緒十三年（1869－1887）續刻本　一冊　存一種

330000－1710－0008762　善0371　子部/道家類

莊子因六卷　（清）林雲銘撰　清康熙五十五年（1716）文盛堂刻本　六冊

330000－1710－0008771　普0001235　史部/史評類/史論之屬

史論正鵠初集四卷二集四卷三集八卷　（清）王樹敏評點　清光緒二十七年（1901）上海久敬齋石印本　十六冊

330000－1710－0008772　善0372　史部/目録類/總録之屬/官修

浙江採集遺書總錄十一卷　(清)沈初等輯　清乾隆三十九年(1774)浙江布政使王亶望刻本(閏集原缺)　三冊　存四卷(乙集至丙集、己集、癸集)

330000－1710－0008773　善0373　子部/天文曆算類

御製律曆淵源五種　(清)允祿　(清)允祉等纂修　清雍正二年(1724)武英殿刻乾隆七年(1742)續刻本　九冊　存一種

330000－1710－0008774　普0001236　集部/小說類/長篇之屬

東周列國志二十三卷一百八回　(清)蔡奡評點　清三讓堂刻本　十二冊

330000－1710－0008775　普0001250　經部/小學類/訓詁之屬/爾雅

爾雅三卷　(晉)郭璞注　(唐)陸德明音義　清嘉慶二十二年(1817)順德張青選清芬閣刻本　二冊　缺一卷(上)

330000－1710－0008776　普0001259　經部/春秋左傳類/傳說之屬

東萊先生左氏博議二十五卷　(宋)呂祖謙撰　**虛字註釋備考六卷**　(清)張文炳點定　清光緒十四年(1888)雲陽義秀書屋刻本　六冊

330000－1710－0008777　普0001260　經部/群經總義類/文字音義之屬

十三經集字音釋四卷照畫檢字一卷　(清)黃蕙田撰　清同治九年(1870)蔣存誠刻本　六冊

330000－1710－0008778　普0001263　史部/紀傳類/正史之屬

二十四史　清光緒二十八年(1902)竢實齋石印本　八冊　存一種

330000－1710－0008779　普0001215　經部/禮記類/傳說之屬

禮記集說十卷　(元)陳澔撰　清光緒刻本　十冊

330000－1710－0008781　普0001265　新學/史志/別國史

日本新史攬要七卷　(日本)石村貞一編輯　(清)游瀛主人譯　清光緒二十七年(1901)時學廬石印本　六冊

330000－1710－0008782　普0001262　類叢部/叢書類/彙編之屬

峭帆樓叢書十八種　趙詒琛編　清宣統三年至民國八年(1911－1919)新陽趙氏峭帆樓刻本　一冊　存一種

330000－1710－0008783　普0001264　史部

二十四史提綱二十卷　(清)蔡麟編　清光緒二十九年(1903)上海普學書莊石印本　八冊

330000－1710－0008786　普0001268　史部/政書類/掌故瑣記之屬

記佐幕時事一卷良方偶錄一卷　清抄本　一冊

330000－1710－0008787　普0001269　史部/史抄類

路史筆讀一卷　清抄本　一冊

330000－1710－0008789　善0374　子部/醫家類/綜合之屬/通論

辨證錄十四卷洞垣全書脈訣闡微一卷　(清)陳士鐸撰　清光緒六年(1880)文奎堂刻本　十一冊　缺一卷(五)

330000－1710－0008790　普0001249　史部/政書類/律令之屬/法驗

重刊補註洗冤錄集證六卷　(清)王又槐輯　(清)李觀瀾補輯　(清)阮其新補註　(清)張錫蕃重訂　(清)文晟續輯　清光緒三年至五年(1877－1879)浙江書局刻四色套印本　五冊

330000－1710－0008791　善0375　集部/總集類/選集之屬/通代

古詩源十四卷　(清)沈德潛輯　清康熙五十八年(1719)竹嘯軒刻本　四冊

330000－1710－0008792　善0376　類叢部/類書類/通類之屬

御定駢字類編二百四十卷　(清)吳士玉　(清)沈宗敬等輯　清雍正刻本　一冊　存二

卷(七至八)

330000－1710－0008793　普0001237　集部/小說類/長篇之屬

鏡花緣二十卷一百回　(清)李汝珍撰　清嘉慶二十二年(1817)刻本　二十冊

330000－1710－0008794　善0377　子部/術數類/陰陽五行之屬

欽定協紀辨方書三十六卷　(清)允祿　(清)張照等纂修　清乾隆六年(1741)武英殿刻朱墨套印本　十二冊　存二十七卷(一至十九、二十三至二十五、三十二至三十六)

330000－1710－0008795　普0001271　子部/藝術類/遊藝之屬/雜藝

中西益智圖前編二卷後編二卷外編二卷　(清)張濟模輯　清宣統三年(1911)上海森森社石印本　五冊

330000－1710－0008797　普0001273　集部/戲劇類/傳奇之屬

繪像第七才子琵琶記六卷　(元)高明撰　(清)毛聲山評　清光緒三十二年(1906)石印本　六冊

330000－1710－0008798　善0382　子部/天文曆算類

御製律曆淵源五種　(清)允祿　(清)允祉等纂修　清雍正二年(1724)武英殿刻乾隆七年(1742)續刻印本　一冊　存一種

330000－1710－0008799　普0001274　集部/曲類/彈詞之屬

繪圖續再生緣十六卷十六回　清宣統元年(1909)上海章福記石印本　八冊

330000－1710－0008800　普0001275　史部/傳記類/總傳之屬/通代

校正尚友錄二十二卷補遺一卷　(明)廖用賢纂　(清)張伯琮補輯　清光緒二十五年(1899)石印本　六冊

330000－1710－0008802　普0001278　集部/總集類/選集之屬/通代

忠雅堂評選四六法海八卷　(清)蔣士銓評選　清光緒八年(1882)刻本　八冊

330000－1710－0008804　善0378　史部/目録類/專録之屬

經義考三百卷　(清)朱彝尊撰　**經義考總目二卷**　(清)盧見曾編　清康熙秀水朱氏曝書亭刻乾隆十九至二十年(1754－1755)盧見曾續刻本(卷二八六、二九九至三百原缺)　十七冊　存一百十六卷(六至十四、三十一至三十八、五十四至六十一、九十八至一百十二、一百二十七至一百三十五、一百五十一至一百六十五、一百八十一至一百八十九、二百六至二百二十二、二百三十三至二百三十九、二百六十三至二百六十八、二百七十五至二百八十五、二百八十七至二百九十八)

330000－1710－0008809　普0001285　子部/醫家類/婦科之屬/產科

醫書雜錄一卷　清抄本　一冊

330000－1710－0008811　普0001287　子部/醫家類/綜合之屬/通論

掃葉山房重校醫宗必讀十卷　(明)李中梓撰　清光緒十四年(1888)掃葉山房刻本　六冊

330000－1710－0008814　普0001288　子部/醫家類/外科之屬/通論

瘍科臨證心得集三卷瘍科心得集方彙三卷補遺一卷家用膏丹丸散方一卷　(清)高秉鈞撰輯　**景岳新方歌不分卷**　(清)吳辰燦　(清)高秉鈞等撰　清嘉慶十四年(1809)刻本　一冊　存四卷(臨證心得集一至三、方彙一)

330000－1710－0008816　普0001238　子部/雜著類/雜說之屬

菰中隨筆一卷　(清)顧炎武撰　清宣統三年(1911)上海文瑞樓石印本　二冊

330000－1710－0008817　普0001290　子部/醫家類/綜合之屬/通論

醫方論四卷醫醇賸義四卷　(清)費伯雄撰　清光緒十四年(1888)上洋掃葉山房刻本　二冊　存四卷(醫方論一至四)

330000－1710－0008819　普0001300　子部/

儒家類/儒家之屬

孔氏家語十卷　（三國魏）王肅注　清光緒上海同文書局石印本　四册

330000－1710－0008821　普0001302　子部/醫家類/醫經之屬/内經

黄帝逸典十三卷　清欣賞書屋刻本　一册　存七卷（一至七）

330000－1710－0008824　普0001306　經部/小學類/文字之屬/字書

字學舉隅不分卷　（清）黄本驥　（清）龍啟瑞撰　清同治十年（1871）刻本　一册

330000－1710－0008826　普0001307　集部/總集類/選集之屬/通代

古文辭類纂七十五卷　（清）姚鼐輯　清同治八年（1869）問竹軒刻本　十二册

330000－1710－0008827　善0379　子部/天文曆算類

兼濟堂纂刻梅勿庵先生曆算全書二十八種　（清）梅文鼎著　（清）魏荔彤輯　（清）楊作枚訂補　清雍正元年（1723）栢鄉魏荔彤刻乾隆十四年（1749）梅汝培咸豐九年（1859）梅體萱遞修本　七册　存七種

330000－1710－0008828　善0380　經部/易類/易占之屬

焦氏易林四卷筮儀一卷　（漢）焦延壽撰　明光裕堂刻本　六册

330000－1710－0008829　普0001239　集部/總集類/選集之屬/斷代

李氏倡隨集四卷　（清）李嶽生撰　清光緒三十一年（1905）邵陽魏氏石印本　一册　存一卷（小元池仙館詩）

330000－1710－0008830　善0381　子部/術數類/陰陽五行之屬

陰陽五要奇書六種　（明）江之棟輯　清乾隆五十五年（1790）姑蘇顧氏樂真堂刻本　七册　存五種

330000－1710－0008831　普0001291　子部/醫家類/兒科之屬/通論

幼科要略一卷　（清）葉桂撰　清抄本　一册

330000－1710－0008833　善0384　經部/叢編

皇清經解一百九十卷首一卷正訛記一卷　（清）阮元輯　清光緒十一年（1885）上海點石齋石印本　十六册　存一百十五卷（一至十六、三十三至七十八、八十八至一百四十）

330000－1710－0008834　普0001292　子部/醫家類/溫病之屬/瘟疫

霍亂論一卷　（清）王士雄撰　清抄本　一册

330000－1710－0008835　普0001294　子部/醫家類/本草之屬/神農本草經

神農本草經百種錄一卷　（清）徐大椿撰　清刻本　一册

330000－1710－0008836　普0001293　子部/醫家類/醫案之屬

三家醫案合刻　（清）吳金壽編　清道光十一年（1831）笠澤吳金壽刻誠德堂印本　二册

330000－1710－0008837　普0001240　史部/叢編

欽定二十四史　清光緒二十八年（1902）竢實齋石印本　三册　存一種

330000－1710－0008838　普0001241　史部/地理類

李氏五種　（清）李兆洛撰　清光緒十四年（1888）掃葉山房刻本　八册

330000－1710－0008839　普0001295　史部/目録類/總録之屬/私撰

書目答問五卷别録一卷國朝著述諸家姓名略一卷　（清）張之洞撰　清光緒二十一年（1895）上海蜚英館石印本　一册

330000－1710－0008840　普0001242　類叢部/類書類/專類之屬

子史精華一百六十卷　（清）吳士玉　（清）吳襄等輯　清光緒十三年（1887）上海積山書局石印本　八册

330000－1710－0008841　普0001297　類叢

部/叢書類/彙編之屬

榆園叢刻十五種附一種 (清)許增編 清同治至光緒刻本 一册 存一種

330000－1710－0008843 善0385 子部/術數類/相宅相墓之屬

陽宅集成八卷 (清)姚廷鑾輯 清乾隆十六年(1751)刻本 八册

330000－1710－0008844 普0001308 子部/醫家類/綜合之屬/通論

醫學心悟六卷 (清)程國彭撰 清宣統三年(1911)上海會文堂石印本 四册

330000－1710－0008845 善0386 子部/儒家類/儒學之屬/禮教

新增願體集四卷 (清)史典輯 (清)李仲麟重輯 清光緒二年(1876)嘉興嚴氏刻本 一册 存二卷(三至四)

330000－1710－0008846 善0387 集部/别集類/清别集

陳檢討集二十卷 (清)陳維崧撰 (清)程師恭注 清康熙三十三年(1694)刻本 四册 缺一卷(十五)

330000－1710－0008847 普0001309 子部/醫家類/綜合之屬/通論

御纂醫宗金鑑九十卷首一卷 (清)吴謙等纂修 清宣統元年(1909)上海久敬齋石印本 四册 存二卷(外科一至二)

330000－1710－0008850 普0001312 子部/醫家類/類編之屬

中西匯通醫書五種 (清)唐宗海撰 清光緒石印本 四册 存一種

330000－1710－0008851 普0001313 子部/醫家類/溫病之屬/其他溫疫病證

溫熱經緯五卷 (清)王士雄撰 清光緒三十年(1904)石印本 二册

330000－1710－0008852 普0001314 子部/醫家類/醫經之屬/内經

素問靈樞類纂約註三卷 (清)汪昂撰 清光緒二十二年(1896)上海圖書集成印書局鉛印本 一册

330000－1710－0008853 普0001315 子部/醫家類/醫案之屬

三家醫案合刻 (清)吴金壽編 清光緒三十三年(1907)上洋海左書局石印本 一册

330000－1710－0008854 普0388 集部/總集類/選集之屬/通代

三家詠物詩三卷 (清)賀光烈編 清康熙刻本 一册

330000－1710－0008855 普0001316 子部/醫家類/綜合之屬/通論

醫醇賸義四卷醫方論四卷 (清)費伯雄撰 清光緒三十四年(1908)上海廣益書局石印本 一册 存四卷(醫醇賸義一至四)

330000－1710－0008856 普0001317 史部/雜史類/斷代之屬

國語韋解補正二十一卷 (三國吴)韋昭解 吴曾祺補正 朱元善校訂 清宣統三年(1911)上海商務印書館鉛印本 四册

330000－1710－0008858 普0001319 子部/儒家類/儒學之屬/性理

呂語集粹四卷首一卷 (清)陳宏謀評輯 清宣統元年(1909)上海文瑞樓石印本 二册

330000－1710－0008860 普0001321 子部/儒家類/儒學之屬/俗訓

人譜一卷人譜類記二卷 (明)劉宗周撰 清光緒三十年(1904)上海支那新書局石印本 三册

330000－1710－0008861 善0389 集部/别集類/明别集

震川先生集三十卷别集十卷附録一卷補編一卷 (明)歸有光撰 (清)歸莊校勘 (清)錢謙益選定 (清)歸玠編輯 清康熙十年至十四年(1671－1675)常熟歸莊 歸玠等刻本 一册 存四卷(别集一至四)

330000－1710－0008862 普0001296 子部/醫家類/醫案之屬

仙方遺跡一卷 (清)程正通撰 (清)程曦輯

清光緒九年(1883)抄本　一冊

330000－1710－0008863　善 0390　集部/别集類/清别集
吉雲草堂集十卷　(清)徐志鼎撰　清乾隆五十一年(1786)刻本　清缽菴題記　一冊　存二卷(七至八)

330000－1710－0008864　善 0391　類叢部/類書類/專類之屬
王先生十七史蒙求十六卷　(宋)王令撰　清康熙四十九年(1710)海陽程宗璜刻本　四冊

330000－1710－0008865　普 0001328　子部/醫家類/醫案之屬
增補臨證指南醫案八卷　(清)葉桂撰　清光緒三十二年(1906)上海龍文書局石印本　四冊　存四卷(一至四)

330000－1710－0008868　善 0392　類叢部/類書類/通類之屬
廣事類賦四十卷　(清)華希閔撰　清乾隆劍光閣刻本　徐來庭題記　十二冊

330000－1710－0008870　普 0001329　子部/醫家類/傷寒金匱之屬/傷寒論
傷寒論註四卷附翼二卷　(清)柯琴撰　清光緒三十二年(1906)上海玉麟局石印本　六冊

330000－1710－0008871　普 0001325　子部/醫家類/類編之屬
陳修園醫書二十八種　(清)陳念祖等撰　清末石印本　二冊　存一種

330000－1710－0008872　普 0001326　新學/學校
初級古文選本二編二卷　陸基編　清光緒三十四年(1908)中國圖書公司鉛印本　二冊

330000－1710－0008873　普 0001327　集部/詩文評類/詩評之屬
西河詩話一卷詞话一卷襍箋一卷　(清)毛奇齡撰　清宣統三年(1911)上海文瑞樓石印本　二冊

330000－1710－0008876　普 0001341　子部/醫家類/醫話醫論之屬
治急改良易簡錄一卷　(清)宓蓮君撰　清光緒二十八年(1902)鉛印本　一冊

330000－1710－0008877　普 0001357　史部/詔令奏議類/奏議之屬
註陸宣公奏議十五卷　(唐)陸贄撰　(宋)郎曄註　清光緒四年(1878)刻本　四冊

330000－1710－0008883　善 0393　類叢部/叢書類/彙編之屬
說鈴前集三十三種後集十九種續集七種　(清)吳震方編　清康熙刻本　三冊　存三種

330000－1710－0008884　善 0394　史部/詔令奏議類/詔令之屬
雍正上諭不分卷(存四年五月至七月)　(清)世宗胤禛撰　(清)允祿等編　清雍正至乾隆刻本　一冊

330000－1710－0008885　普 0001358　集部/别集類/清别集
樊榭山房集十卷文集八卷續集十卷　(清)厲鶚撰　清光緒七年(1881)領南述軒刻本　八冊

330000－1710－0008886　善 0395　集部/别集類/宋别集
晦庵先生朱文公文集一百卷續集五卷别集七卷目錄二卷　(宋)朱熹撰　(清)臧眉錫等訂　清康熙二十七年(1688)蔡方炳刻本　十一冊　存四十九卷(文集一至九、五十六至八十三、九十一至九十五,别集二至七、目錄二)

330000－1710－0008887　普 0001359　類叢部/叢書類/彙編之屬
漸西村舍彙刊(漸西村舍叢刻)四十四種　(清)龍起瑞撰　清光緒十六年至二十四年(1890－1898)桐廬袁氏刻本　一冊　存一種

330000－1710－0008888　普 0001360　集部/别集類/宋别集
心史二卷　(宋)鄭思肖撰　清光緒二十年(1894)種竹書屋刻本　四冊

330000－1710－0008889　普 0001361　子部/

雜著類/雜考之屬
困學紀聞二十卷 (宋)王應麟撰 清同治九年(1870)揚州書局刻本 四冊

330000－1710－0008890 普0001354 集部/小說類/長篇之屬
繡像七俠五義傳二十四卷一百二十回 (清)石玉崑述 (清)俞樾重編 清光緒十八年(1892)上洋珍藝書局石印本 六冊

330000－1710－0008891 普0001355 子部/小說家類/雜事之屬
虞初新志二十卷 (清)張潮輯 清詒清堂刻本 七冊 存十四卷(一至十、十三至十六)

330000－1710－0008892 普0001356 類叢部/叢書類/彙編之屬
說鈴前集三十七種後集十六種 (清)吳震方編 清刻本 十二冊 存三十八種

330000－1710－0008894 善0397 子部/宗教類/佛教之屬/經疏
妙法蓮華經音義七卷 (後秦)釋鳩摩羅什譯 清光緒十年(1884)鈔本 一冊

330000－1710－0008895 普0001331 子部/醫家類/綜合之屬/通論
訂補明醫指掌十卷 (明)皇甫中撰 (明)王肯堂等訂補 **附刻診家樞要一卷** (明)滑壽編纂 清宣統三年(1911)上海掃葉山房石印本 四冊

330000－1710－0008897 善0400 集部/總集類/課藝之屬
杏林書屋試藝一卷 (清)陳學文撰 清光緒三十年(1904)刻本 一冊

330000－1710－0008899 善0401 史部/政書類/公牘檔冊之屬
補用道署湖州府正堂宗告示一卷 (清)宗□□撰 清刻本 一冊

330000－1710－0008903 善0403 史部/傳記類/總傳之屬/家乘
郭氏家乘三卷 清光緒郭氏鐵如意室鈔本 清郭照題記 一冊

330000－1710－0008905 普0001336 子部/醫家類/綜合之屬/通論
醫學心悟五卷附外科十法一卷 (清)程國彭撰 清光緒二十年(1894)上海圖書集成印書局石印本 三冊

330000－1710－0008907 普0001337 子部/醫家類/類編之屬
沈氏尊生書五種 (清)沈金鰲撰輯 清宣統元年(1909)石印本 七冊 存一種

330000－1710－0008911 普0001362 子部/雜著類/雜考之屬
困學紀聞注二十卷 (清)翁元圻撰 清道光五年(1825)餘姚翁氏守福堂刻本 十四冊

330000－1710－0008914 普0001364 子部/小說家類/雜事之屬
畫舫餘譚一卷三十六春小譜四卷 (清)捧花生撰 清同治十三年(1874)捧花樓鉛印本 一冊

330000－1710－0008915 普0001363 類叢部/叢書類/彙編之屬
申報館叢書正集五十七種附錄三種 (清)尊聞閣主編 清同治至光緒申報館鉛印本 二冊 存一種

330000－1710－0008916 普0001365 集部/總集類/選集之屬/通代
六朝唐賦讀本二卷 (清)馬傳庚選註 清光緒十三年(1887)點石齋石印本 二冊

330000－1710－0008918 普0001366 集部/詩文評類/詩評之屬
隨園詩話十六卷補遺四卷 (清)袁枚撰 清同治十年(1871)刻本 五冊

330000－1710－0008920 普0001368 子部/醫家類/類編之屬
陳修園醫書四十八種 (清)陳念祖等撰 清末石印本 一冊 存四種

330000－1710－0008923 普0001338 子部/醫家類/類編之屬
喻氏醫書三種 (清)喻昌撰 清光緒二十年

(1894)上海圖書集成書局石印本　八册

330000－1710－0008924　普0411　類叢部/類書類/專類之屬
格致鏡原一百卷　(清)陳元龍撰　清康熙五十六年(1717)刻雍正十三年(1735)印本　九册　存三十九卷(一至三十九)

330000－1710－0008925　普0001375　經部/小學類/文字之屬/字書/字典
康熙字典十二集三十六卷總目一卷檢字一卷辨似一卷等韻一卷補遺一卷備考一卷　(清)張玉書等纂修　清光緒三十年(1904)上海錦章書局石印本　六册

330000－1710－0008926　普0412　類叢部/類書類/通類之屬
省軒考古類編十二卷　(清)柴紹炳撰　(清)姚廷謙評　清雍正四年(1726)澹成堂雲間刻本　四册

330000－1710－0008931　普0001372　集部/別集類/清別集
越雪盦集三卷　(清)李嶽生撰　清光緒三十一年(1905)邵陽魏氏上海文寶書局石印本　一册　存一卷(三)

330000－1710－0008933　普0001373　子部/醫家類/本草之屬/本草藥性
珍珠囊指掌補遺藥性賦四卷　(金)李杲輯　**雷公炮製藥性解六卷**　(明)李中梓輯　清光緒上海廣益書局石印本　一册　存三卷(藥性解一至三)

330000－1710－0008934　普0001378　子部/醫家類/喉科口齒之屬/白喉
時疫白喉捷要一卷附各種經驗良方一卷　(清)張紹修撰　清光緒二十七年(1901)鉛印本　一册

330000－1710－0008935　普0001379　史部/金石類/總志之屬
金石續編二十一卷首一卷　(清)陸耀遹撰　(清)陸增祥校訂　清光緒十九年(1893)上海醉六堂石印本　六册

330000－1710－0008936　普0001380　經部/小學類/文字之屬/字書/字典
康熙字典十二集三十六卷總目一卷檢字一卷辨似一卷等韻一卷補遺一卷備考一卷　(清)張玉書等纂修　清光緒二十年(1894)上海點石齋石印本　六册

330000－1710－0008937　普0413　類叢部/類書類/通類之屬
省軒考古類編十二卷　(清)柴紹炳撰　(清)姚廷謙評　清雍正四年(1726)澹成堂雲間刻本　四册

330000－1710－0008938　普0001408　經部/小學類/文字之屬/字書/字體
六書通十卷　(清)閔齊伋撰　(清)畢弘述篆訂　清光緒四年(1878)繡谷留耕堂刻本　四册　存八卷(三至十)

330000－1710－0008939　普0001348　經部/春秋總義類/傳說之屬
春秋新義十三卷　(清)朱兆熊撰　清刻本　二册

330000－1710－0008940　普0001409　集部/別集類/清別集
定盦文集三卷續集四卷文集補編四卷文集補續錄一卷古今體詩二卷雜詩一卷詞選一卷詞錄一卷附龔孝珙手抄本一卷文拾遺一卷　(清)龔自珍撰　**定盦先生年譜一卷**　吳昌綬編　清宣統元年(1909)上海國學扶輪社鉛印本　一册　存三卷(文集一至三)

330000－1710－0008941　普0414　經部/小學類/文字之屬/字書/字體
隸辨八卷　(清)顧藹吉撰　清乾隆八年(1743)天都黃晟刻本　三册　存三卷(三、六、八)

330000－1710－0008942　普0001349　類叢部/叢書類/自著之屬
養晦堂集五種　(清)劉蓉撰　清光緒三年(1877)十一年(1885)思賢講舍刻本　五册　存二種

330000－1710－0008943　善 0415　經部/小學類/音韻之屬/古今韻說
古今韻略五卷　(清)邵長蘅撰　清康熙三十五年(1696)商丘宋犖刻本　五冊

330000－1710－0008944　普 0001350　史部/傳記類/總傳之屬/通代
安危注四卷　(清)吳甡輯　清康熙吳氏刻本　六冊

330000－1710－0008945　善 0416　經部/叢編
曹楝亭五種六十五卷　(清)曹寅輯　清康熙四十五年(1706)揚州使院刻本　九冊　存一種

330000－1710－0008946　普 0001411　史部/地理類/方志之屬/通志
[光緒]湖南通志二百八十八卷首八卷末十九卷　(清)李翰章等修　(清)曾國荃等纂　清光緒十一年(1885)刻本　一冊　存一卷(一)

330000－1710－0008947　普 0001410　史部/地理類/方志之屬/通志
[道光]安徽通志二百六十卷首六卷　(清)陶澍　(清)鄧廷楨等修　(清)李振庸　(清)韓玖纂　清道光十年(1830)刻本　一冊　存二卷(二百十三至二百十四)

330000－1710－0008948　普 0001351、普 0001352、普 0001353　史部/紀傳類/正史之屬
二十四史　清光緒十八年(1892)武林竹簡齋石印本　二十二冊　存三種

330000－1710－0008950　普 0001413　子部/醫家類/醫案之屬
臨證指南醫案十卷種福堂公選溫熱論醫案四卷　(清)葉桂撰　(清)徐大椿評　清道光二十四年(1844)蘇州經鉏堂刻朱墨套印本　一冊　存一卷(一)

330000－1710－0008953　普 0001394　子部/藝術類/書畫之屬/總論
甌鉢羅室書畫過目攷四卷首一卷附一卷　(清)李玉棻撰　清光緒上海鴻文齋石印本　四冊

330000－1710－0008954　普 0001395　子部/醫家類/類編之屬
陳修園醫書二十八種　(清)陳念祖等撰　清光緒二十九年(1903)錦章書局石印本　一冊　存一種

330000－1710－0008957　普 0001398　新學/幼學
初級蒙學修身教科書一卷　(清)文明書局編　清光緒三十四年(1908)上海文明書局鉛印本　一冊

330000－1710－0008958　普 0001399　史部/史評類/史論之屬
讀史大畧六十卷首一卷　(清)沙張白撰　清光緒二十六年(1900)石印本　一冊　存十二卷(一至十二)

330000－1710－0008959　普 0001400　新學/學校
簡易地理課本不分卷　童振藻編　清光緒三十二年(1906)上海商務印書館鉛印本　一冊

330000－1710－0008960　普 0001401　史部/地理類/雜志之屬
高等小學地理教科書不分卷　張國維撰　清光緒三十二年(1906)上海文明書局鉛印本　一冊

330000－1710－0008962　普 0001407　類叢部/叢書類/彙編之屬
經策通纂二種　(清)吳熲炎　(清)陳通聲等纂　清光緒十四年(1888)上海點石齋石印本　十八冊　存一種

330000－1710－0008964　普 0001416　史部/編年類/通代之屬
御批歷代通鑑輯覽一百二十卷　(清)傅恒等撰　(清)楊述曾等纂修　清光緒二十五年(1899)美華賓記石印本　二十冊

330000－1710－0008966　普 0001417　史部/編年類/通代之屬

御批歷代通鑑輯覽一百二十卷　(清)傅恒等撰　(清)楊述曾等纂修　清光緒二十五年(1899)美華賓記石印本　十九冊　存一百十二卷(一至一百十二)

330000－1710－0008968　普0001418　史部/紀事本末類/斷代之屬
聖武記十四卷　(清)魏源撰　清光緒二十四年(1898)上海書局石印本　四冊

330000－1710－0008970　普0001420　新學/雜著/叢編
西學大成五十六種　(清)王西清　(清)盧梯青編　清光緒十四年(1888)上海大同書局石印本　一冊　存二種

330000－1710－0008971　普0001421　經部/四書類/總義之屬/專著
四書典林三十卷四書古人典林十二卷　(清)江永輯　清崇德書院刻本　一冊　存四卷(二十七至三十)

330000－1710－0008972　普0001422　集部/別集類/唐五代別集
唐陸宣公集二十二卷　(唐)陸贄撰　清光緒十三年(1887)上海積山書局石印本　二冊　存八卷(九至十六)

330000－1710－0008973　普0001423　類叢部/類書類/通類之屬
編珠二卷　(隋)杜公瞻撰　**編珠補遺二卷續編珠二卷**　(清)高士奇輯　清刻本　一冊　存二卷(編珠一至二)

330000－1710－0008974　普0001424　集部/總集類/選集之屬/斷代
普天忠憤全集十四卷首一卷　(清)孔廣德編　清光緒二十一年(1895)石印本　一冊　存一卷(一)

330000－1710－0008975　普0001425　史部/政書類/軍政之屬/邊政
朔方備乘六十八卷首十二卷　(清)何秋濤撰　清光緒七年(1881)刻本　一冊　存一卷(六十八)

330000－1710－0008977　普0001427　類叢部/叢書類/彙編之屬
粵雅堂叢書一百八十四種　(清)伍崇曜編　清道光二十九年至光緒十一年(1849－1885)南海伍氏刻彙印本　二冊　存一種

330000－1710－0008978　普0001381　集部/總集類/課藝之屬
江漢炳靈集二卷　(清)張之洞輯　清同治刻本　一冊　存一卷(二)

330000－1710－0008980　普0001429　經部/群經總義類/文字音義之屬
經籍籑詁一百六卷補遺一百六卷首一卷　(清)阮元撰　清嘉慶十七年(1812)揚州阮元琅嬛仙館刻同治十二年(1873)淮南書局補刻本(卷二配清抄本)　一冊　存三卷(首,補遺一至二)

330000－1710－0008981　普0001382　集部/總集類/課藝之屬
映雪軒墨醇不分卷　(清)孫世芬輯　清同治四年(1865)四明映雪軒刻本　三冊

330000－1710－0008982　善0417　史部/史抄類
江左興革事宜畧四卷　(清)盛符生輯　清康熙刻本　一冊

330000－1710－0008983　普0001383　子部/小說家類/異聞之屬
奇聞隨筆四卷　(清)梁章鉅撰　清光緒二十六年(1900)石印本　四冊

330000－1710－0008984　善0418　史部/紀傳類/正史之屬
史記一百三十卷　(漢)司馬遷撰　(明)陳仁錫等評　明末刻本　二冊　存二十一卷(六十六至七十六、一百二至一百十一)

330000－1710－0008985　普0001384　集部/總集類/課藝之屬
格局一新一卷　清光緒十三年(1887)上海點石齋石印本　二冊

330000－1710－0008986　善0419　史部/紀

傳類/正史之屬

史記一百三十卷 (漢)司馬遷撰 (明)鍾惺批評 明天啟五年(1625)沈國元大來堂刻本(原缺卷二十二至二十三、九十八、一百二十七至一百二十八) 二十冊

330000－1710－0008987 普 0001385 集部/詞類/詞譜之屬

制藝聲調譜不分卷 (清)張騫等撰 清光緒十三年(1887)上海點石齋石印本 二冊

330000－1710－0008989 善 0420 集部/總集類/選集之屬/通代

御選唐宋文醇五十八卷 (清)高宗弘曆輯 清乾隆二十四年(1759)江蘇巡撫陳弘謀刻本 十二冊

330000－1710－0008990 善 0421 集部/總集類/選集之屬/通代

御選唐宋文醇五十八卷 (清)高宗弘曆輯 清乾隆二十四年(1759)江蘇巡撫陳弘謀刻本 十六冊

330000－1710－0008992 普 0001430 子部/宗教類/佛教之屬/經

大佛頂如來密因修證了義諸菩薩萬行首楞嚴經十卷 (唐)釋般剌密帝譯 (唐)釋彌伽釋迦譯語 (唐)房融筆受 清光緒十九年(1893)刻本 七冊 缺三卷(四至六)

330000－1710－0008994 普 0001432 子部/雜著類/雜考之屬

義門讀書記五十八卷 (清)何焯撰 (清)蔣維鈞輯 清乾隆三十四年(1769)蔣維鈞刻光緒六年(1880)苕溪吳氏重修本 十二冊

330000－1710－0008996 普 0001448 新學/議論/論政

新政真詮六卷 (清)何啟 (清)胡禮垣撰 清光緒二十七年(1901)格致新報鉛印本 一冊 存一卷(五)

330000－1710－0008997 普 0001449 子部/宗教類/道教之屬

太乙總真度仙道經四卷 清刻本 一冊 存二卷(三至四)

330000－1710－0008998 普 0001450 集部/總集類/選集之屬/斷代

蝶仙小史彙編六卷錢樓楹帖一卷 (清)延清輯 清光緒三十三年(1907)刻本 三冊 存五卷(三至七)

330000－1710－0008999 普 0001434 集部/別集類/清別集

微尚齋詩集初編四卷續集一卷 (清)馮志沂撰 清同治三年(1864)廬州郡齋刻本 一冊

330000－1710－0009000 普 0001451 類叢部/叢書類/自著之屬

郝氏遺書三十三種 (清)郝懿行撰 清嘉慶至光緒刻彙印本 一冊 存一種

330000－1710－0009001 普 0001435 史部/傳記類/總傳之屬/儒林

學案小識十四卷首一卷末一卷 (清)唐鑑撰 清光緒十年(1884)刻本 十二冊

330000－1710－0009002 普 0001452 史部/詔令奏議類/奏議之屬

三公奏議 盛宣懷編 清光緒二年(1876)思補樓木活字印本 二冊 存一種

330000－1710－0009004 普 0001453 史部/地理類/山川之屬/山志

虎邱山志十卷首一卷 (清)顧湄撰 清宣統三年(1911)集羣圖書館鉛印本 一冊 缺六卷(五至十)

330000－1710－0009005 普 0001441 史部/政書類/儀制之屬/專志/科舉校規

奏定學堂章程不分卷 (清)張百熙 (清)榮慶 (清)張之洞纂 清光緒湖北學務處刻本 四冊

330000－1710－0009008 普 0001438 集部/別集類/清別集

曝書亭集詩註二十四卷 (清)朱彝尊撰 (清)楊謙注 **年譜一卷** (清)楊謙撰 清楊氏木山閣刻本(卷二十三至二十四原缺) 六冊 存二十三卷(年譜、詩註一至二十二)

330000－1710－0009009　普 0001439　史部/傳記類/别傳之屬/年譜

文端公年譜三卷　（清）錢儀吉編　（清）錢志澄增訂　清光緒二十年（1894）錢志澄刻本　二册　存二卷（一至二）

330000－1710－0009010　普 0001440　史部/地理類/山川之屬/水志

西湖志四十八卷　（清）李衛　（清）程元章修（清）傅王露撰　清雍正十二年（1734）刻本　二册　存五卷（五至九）

330000－1710－0009011　普 0001462　子部/雜著類/雜考之屬

十駕齋養新録二十卷餘録三卷　（清）錢大昕撰　**錢辛楣先生年譜一卷續編一卷**　（清）錢慶曾撰　清光緒二年（1876）浙江書局刻本　五册　存十四卷（一至十四）

330000－1710－0009013　善 0422　子部/醫家類/方書之屬/單方驗方

丹方一卷　清嘉慶二十四年（1819）抄本　一册

330000－1710－0009014　普 0001442　子部/天文曆算類/算書之屬

兩湖書院算學課程二卷附一卷附表一卷　（清）兩湖書院編　清光緒二十四年（1898）兩湖書院刻本　二册　存二卷（一至二）

330000－1710－0009015　普 0001456　經部/小學類

雷刻四種　（清）雷浚輯　清光緒二年至十年（1876－1884）吴縣雷氏刻本　二册　存一種

330000－1710－0009016　普 0001457　集部/總集類/課藝之屬

雲間小課三卷　清光緒七年（1881）琴雀軒刻本　一册　存一卷（上）

330000－1710－0009017　普 0001458　史部/政書類/公牘檔册之屬

樊山政書二十卷　樊增祥撰　清宣統二年（1910）金陵湯明林聚珍書局鉛印本　一册　存二卷（一至二）

330000－1710－0009018　普 0001463　史部/傳記類/總傳之屬/儒林

台學源流七卷　（明）金賁亨撰　清道光金文煒刻同治八年（1869）同善會補刻本　一册

330000－1710－0009019　普 0001459　子部/叢編

二十二子（二十二子彙函）　（清）浙江書局編　清光緒元年至三年（1875－1877）浙江書局刻本　二册　存一種

330000－1710－0009020　普 0001464　新學/史志/諸國史

西洋歷史教科書二卷　（英國）默爾化撰（清）出洋學生編輯所譯　清光緒二十八年（1902）商務印書館鉛印本　二册

330000－1710－0009021　普 0001460　史部/地理類/方志之屬/郡縣志

［光緒］處州府志三十卷首一卷末一卷　（清）潘紹詒修　（清）周榮椿纂　清光緒三年（1877）刻本　一册　存一卷（二十一）

330000－1710－0009022　普 0001465　集部/别集類/清别集

曾文正公文鈔四卷附刻一卷　（清）曾國藩撰　清同治十一年（1872）蘇郡刻本　二册　存二卷（二至三）

330000－1710－0009024　普 0001443　集部/别集類/清别集

忠雅堂詩集二十七卷補遺二卷銅絃詞附南北曲二卷　（清）蔣士銓撰　清嘉慶藏園刻本　八册

330000－1710－0009025　普 0001466　集部/别集類/清别集

傳硯堂詩録八卷　（清）張鴻基撰　清同治七年（1868）刻本　一册　存四卷（五至八）

330000－1710－0009026　普 0001467　史部/政書類/律令之屬/律例

審看擬式四卷首一卷末一卷　（清）剛毅輯　清光緒十八年（1892）浙江書局刻本　一册　存三卷（三至四、末）

330000－1710－0009027　普 0001468　新學/理學/理學

論理學綱要一卷附錄一卷　（日本）十時彌撰　（清）田吳炤譯　清光緒三十二年(1906)上海商務印書館鉛印本　一册

330000－1710－0009028　普 0001469　新學/學校

教育心理學一卷　（日本）高島平三郎撰　（清）田吳照譯　清光緒三十一年(1905)上海商務印書館鉛印本　一册

330000－1710－0009029　普 0001470　類叢部/叢書類/自著之屬

亭林遺書十種　（清）顧炎武撰　清康熙吳江潘氏遂初堂刻本　二册　存二種

330000－1710－0009030　善 0423　集部/總集類/選集之屬/斷代

御定全唐詩錄一百卷詩人年表一卷　（清）徐倬等輯　清康熙四十五年揚州詩局(1706)刻本　二十四册　缺一卷(詩人年表)

330000－1710－0009032　普 0001444　類叢部/叢書類/自著之屬

真西山全集(西山真文忠公全集　真文忠公全集)七種　（宋）真德秀撰　清康熙真氏家祠刻乾隆至同治三年(1864)遞修本　一册　存二種

330000－1710－0009033　善 0425　集部/總集類/選集之屬/通代

唐宋八家文讀本三十卷　（清）沈德潛輯　清乾隆十五年(1750)小鬱林刻本　十一册　存二十六卷(一至二十六)

330000－1710－0009034　普 0001445　子部/宗教類/道教之屬/戒律

太上感應篇箋注一卷　（清）惠棟注　清同治十年(1871)廣州寶翰樓刻本　一册

330000－1710－0009035　善 0426　集部/總集類/選集之屬/通代

唐宋八家文讀本三十卷　（清）沈德潛輯　清乾隆十五年(1750)小鬱林刻本　六册

330000－1710－0009036　普 0001446　子部/儒家類/儒學之屬/禮教

聖諭廣訓一卷　（清）世宗胤禛撰　清光緒三年(1877)松竹齋刻本　一册

330000－1710－0009037　普 0001447　史部/政書類/邦計之屬/賦稅

江蘇省減賦全案八卷　（清）曾國藩等撰　清同治五年(1866)刻本　一册　存一卷(六)

330000－1710－0009038　善 0427　集部/別集類/清別集

樂善堂全集四十卷目錄四卷　（清）高宗弘曆撰　清乾隆刻本　十四册

330000－1710－0009039　普 0001472　集部/總集類/選集之屬/斷代

國朝文錄八十二卷　（清）姚椿輯　清咸豐元年(1851)張祥河終南山館刻本　八册　存二十六卷(五至六、九至十三、十八至二十一、三十八至四十三、六十至六十八)

330000－1710－0009040　普 0001473　集部/總集類/選集之屬/通代

駢體文鈔三十一卷　（清）李兆洛輯　清光緒八年(1882)上海刻本　四册　存十五卷(四至十二、十九至二十、二十四至二十七)

330000－1710－0009041　普 0001474　集部/總集類/選集之屬/斷代

國朝駢體正宗十二卷　（清）曾燠輯　清嘉慶十一年(1806)南城曾氏賞雨茅屋刻本　二册　存四卷(一至二、七至八)

330000－1710－0009042　善 0428　集部/總集類/郡邑之屬

國朝山左詩鈔六十卷　（清）盧見曾輯　清乾隆二十三年(1758)德州盧見曾雅雨堂刻本　十五册　存四十四卷(一至四十四)

330000－1710－0009043　善 0430　子部/藝術類/篆刻之屬/印譜

隨所見印存不分卷　（清）薄生訂　清鈐印本　一册

330000－1710－0009044　善 0429　子部/藝

術類/篆刻之屬/印譜
錢曉廷印譜不分卷 (清)錢曉廷篆 清鈐印本 三冊

330000－1710－0009045 普0001475 集部/別集類/清別集
示樸齋駢體文六卷 (清)錢振倫撰 清同治六年(1867)袁浦崇實書院刻本 一冊 存三卷(一至三)

330000－1710－0009046 普0001476 新學/格致總
工程致富論略十三卷首一卷圖一卷 (英國)瑪體生撰 (英國)傅蘭雅 (清)鍾天緯譯 清光緒四年(1878)江南製造局鉛印本 八冊

330000－1710－0009047 普0001477 子部/雜著類/雜說之屬
柏垣瑣志一卷 (清)李佳繼昌撰 清光緒二十九年(1903)刻本 一冊

330000－1710－0009048 普0001478 子部/雜著類/雜纂之屬
好生救劫編五卷 (清)常存敬畏齋主人輯 清光緒二十二年(1896)胡鋆等刻本 一冊

330000－1710－0009049 普0001479 子部/儒家類/儒學之屬/蒙學
育英源一卷 (清)石成金撰 清同治十二年(1873)刻本 一冊

330000－1710－0009050 善0431 史部/傳記類/科舉録之屬/歷科登科録
同年錄四卷 清馮登府抄本 一冊

330000－1710－0009051 普0001480 類叢部/叢書類/自著之屬
春在堂全書三十六種 (清)俞樾撰 清同治至光緒刻光緒末彙印本 一冊 存一種

330000－1710－0009052 善0432 子部/藝術類/遊藝之屬/棋弈
棋譜一卷 清鈔暨鈐印本 一冊

330000－1710－0009053 普0001481 類叢部/叢書類/自著之屬
王漁洋遺書三十八種 (清)王士禛撰 清刻本 一冊 存一種

330000－1710－0009055 普0001482 經部/叢編
通志堂經解一百三十九種 (清)納蘭成德輯 清同治十二年(1873)粵東書局刻本 一冊 存一種

330000－1710－0009056 普0001483 史部/政書類/儀制之屬/專志/謚法
皇朝謚法考五卷續編一卷補編一卷 (清)鮑康輯 清同治三年至五年(1864－1866)刻本 一冊

330000－1710－0009057 普0001485 子部/宗教類/道教之屬/戒律
萬善先資集四卷 (清)周思仁撰 清光緒十三年(1887)曲阜鄭吳氏刻本 一冊

330000－1710－0009059 普0001487 集部/總集類/課藝之屬
續刻時藝軼存不分卷 (清)陳錦撰 清光緒二年(1876)刻本 一冊

330000－1710－0009060 普0001488 類叢部/叢書類/彙編之屬
十萬卷樓叢書五十一種 (清)陸心源編 清光緒歸安陸氏刻本 一冊 存三種

330000－1710－0009061 普0001489 史部/政書類/公牘檔冊之屬
慈谿嚴氏壽芝山莊公牘章程彙錄一卷 嚴義彬輯 清宣統元年(1909)鉛印本 一冊

330000－1710－0009062 善0433 集部/總集類/選集之屬/斷代
元詩選六卷補遺一卷 (清)顧奎光輯 (清)陶瀚 (清)陶玉禾評 清乾隆十六年(1751)刻本 二冊 存三卷(一至三)

330000－1710－0009063 普0001493 經部/四書類/總義之屬
四書典林三十卷四書古人典林十二卷 (清)江永輯 清崇德書院刻本 十五冊 缺四卷(二十七至三十)

330000－1710－0009064　善 0434　集部/總集類/選集之屬/斷代
元詩選六卷補遺一卷　(清)顧奎光輯　(清)陶瀚　(清)陶玉禾評　清乾隆十六年(1751)刻本　二册　缺四卷(二至五)

330000－1710－0009065　普 0001494　經部/群經總義類/傳說之屬
十三經策案二十二卷　(清)王謨輯　清光緒十三年(1887)上海大同書局石印本　四册

330000－1710－0009066　普 0001495　子部/雜著類/雜考之屬
翁注困學紀聞二十卷首一卷　(宋)王應麟撰　(清)翁元圻輯　清光緒十五年(1889)上海點石齋石印本　六册

330000－1710－0009067　普 0001496　經部/小學類/訓詁之屬/爾雅
爾雅郭注義疏三卷　(清)郝懿行撰　清光緒十四年(1888)上海鴻文書局石印本　四册

330000－1710－0009068　普 0001497　經部/小學類/訓詁之屬/群雅
廣雅疏證十卷博雅音十卷　(清)王念孫撰　清光緒十四年(1888)上海鴻文書局石印本　四册

330000－1710－0009069　普 0001490　史部/詔令奏議類/詔令之屬
十朝聖訓九百二十二卷　清刻本　一册　存六卷(大清太宗文皇帝聖訓一至六)

330000－1710－0009070　普 0001491　史部/詔令奏議類/詔令之屬
十朝聖訓九百二十二卷　清刻本　一册　存四卷(大清太祖高皇帝聖訓一至四)

330000－1710－0009071　善 0435　集部/總集類/選集之屬/斷代
元詩選十集一百十卷首一卷　(清)顧嗣立輯　清康熙三十三年(1694)顧氏秀野草堂刻本　三十七册　存二百八十八種

330000－1710－0009072　普 0001492　史部/詔令奏議類/詔令之屬
十朝聖訓九百二十二卷　清刻本　一册　存六卷(大清世祖章皇帝聖訓一至六)

330000－1710－0009073　普 0001498　類叢部/類書類/專類之屬
子史精華一百六十卷　(清)吴士玉　(清)吴襄等輯　清光緒十三年(1887)上海積山書局石印本　十册

330000－1710－0009074　普 0001518　史部/地理類/遊記之屬/紀行
辛卯侍行記六卷　(清)陶保廉撰　清光緒二十三年(1897)養樹山房刻本　二册　存二卷(四、六)

330000－1710－0009075　普 0001499　史部/地理類/山川之屬/山志
靈巖志略一卷　(清)王鎬撰　清石印本　一册

330000－1710－0009077　普 0001501　類叢部/叢書類/自著之屬
黄梨洲先生遺書二種　(清)黄宗羲撰　清光緒二十四年(1898)石印本　二册　存一種

330000－1710－0009079　普 0001519　經部/小學類/文字之屬/說文/傳說
段氏說文注訂八卷　(清)鈕樹玉撰　清同治十三年(1874)湖北崇文書局刻本　一册　存四卷(五至八)

330000－1710－0009080　普 0001503　經部/四書類/總義之屬/傳說
四書圖考十三卷　(清)杜炳撰　清光緒十三年(1887)鴻文書局石印本　四册

330000－1710－0009081　普 0001520　經部/小學類/文字之屬/說文
說文新附攷六卷續攷一卷　(清)鈕樹玉撰　清同治十三年(1874)湖北崇文書局刻本　一册　存三卷(一至三)

330000－1710－0009083　普 0001505　子部/小說家類/異聞之屬
燕山外史註釋八卷補註一卷　(清)陳球撰　(清)傅聲谷注　清光緒五年(1879)刻本

一冊

330000－1710－0009084　普0001506　子部/農家農學類
農學叢書□□種　(清)上海農學會　(清)江南總農會輯　清光緒上海農學會　江南總農會石印本　一冊　存一種

330000－1710－0009085　普0001507　子部/農家農學類
農學叢書□□種　(清)上海農學會　(清)江南總農會輯　清光緒上海農學會　江南總農會石印本　一冊　存一種

330000－1710－0009087　普0001525　經部/春秋總義類/專著之屬
春秋繁露十七卷附錄二卷　(漢)董仲舒撰　(明)孫鑛評　清康熙董文昌刻乾隆董氏補刻本　五冊　缺二卷(一至二)

330000－1710－0009088　普0001521　經部/叢編
皇清經解一千四百八卷首一卷　(清)阮元輯　清道光九年(1829)廣東學海堂刻咸豐十一年(1861)補刻本　一冊　存三卷(尚書集註音疏一至三)

330000－1710－0009089　普0001526　經部/春秋左傳類/傳說之屬
春秋左傳五十卷　(晉)杜預　(宋)林堯叟註釋　(明)韓范評閱　清光緒十一年(1885)八杉齋刻本　一冊　存四卷(三至六)

330000－1710－0009090　普0001509　經部/小學類/訓詁之屬/爾雅
爾雅直音二卷　(清)孫偘輯　清光緒十八年(1892)上海簡玉山房刻本　二冊

330000－1710－0009094　普0001522　集部/總集類/選集之屬/通代
古文翼八卷　(清)唐德宜輯並評　(清)季福襄重訂　清同治十二年(1873)常熟黃氏菽文堂刻本　三冊　存三卷(一至二、七)

330000－1710－0009097　普0001515　集部/總集類/氏族之屬
慎行堂三世詩存三種　徐寶炘　徐寶華輯　清咸豐九年(1859)民國九年(1920)刻民國九年(1920)彙印本　一冊　存一種

330000－1710－0009098　普0001516　集部/總集類/氏族之屬
慎行堂三世詩存三種　徐寶炘　徐寶華輯　清咸豐九年(1859)民國九年(1920)刻民國九年(1920)彙印本　一冊　存一種

330000－1710－0009099　普0001517　集部/總集類/氏族之屬
慎行堂三世詩存三種　徐寶炘　徐寶華輯　清咸豐九年(1859)民國九年(1920)刻民國九年(1920)彙印本　一冊　存一種

330000－1710－0009100　普0001527　經部/小學類/訓詁之屬/爾雅
爾雅三卷　(晉)郭璞注　(唐)陸德明音義　清嘉慶二十二年(1817)順德張青選清芬閣刻本　三冊

330000－1710－0009101　普0001528　集部/總集類/選集之屬/通代
續古文辭類纂二十八卷　(清)黎庶昌輯　清光緒二十一年(1895)金陵狀元閣刻本　二冊　存六卷(十三至十八)

330000－1710－0009102　普0001531　集部/詞類/別集之屬
吳梅村詞一卷　(清)吳偉業撰　清宣統元年(1909)上海掃葉山房石印本　一冊

330000－1710－0009103　普0001532　集部/總集類/選集之屬/通代
文選六十卷　(南朝梁)蕭統輯　(唐)李善注　**文選考異十卷**　(清)胡克家撰　清光緒上海鴻文書局石印本　十冊

330000－1710－0009104　普0001533　史部/編年類/斷代之屬
皇朝政典挈要八卷　(日本)增田貢撰　(清)毛淦補編　清光緒二十八年(1902)五彩公司朱墨石印本　四冊

330000－1710－0009105　普0001529　史部/

紀傳類/正史之屬
史記一百三十卷 (漢)司馬遷撰 (南朝宋)裴駰集解 (唐)司馬貞索隱 (唐)張守節正義 清同治五年至九年(1866－1870)金陵書局刻本 一冊 存七卷(三十三至三十九)

330000－1710－0009106 普0001534 史部/編年類/斷代之屬
皇朝大事紀年二卷 (清)黃壽袞定 (清)黃之焱編 清光緒二十八年(1902)石印本 二冊

330000－1710－0009107 普0001530 類叢部/叢書類/自著之屬
李文恭公遺集三種 (清)李星沅撰 清同治四年(1865)芋香山館刻本 三冊 存一種

330000－1710－0009108 普0001523 子部/雜著類/雜考之屬
讀書雜志八十二卷餘編二卷 (清)王念孫撰 清同治九年(1870)金陵書局刻本 二冊 存一種

330000－1710－0009109 普0001535 史部/編年類/通代之屬
尺木堂綱鑑易知錄二十卷 (清)吳乘權等輯 清光緒二十一年(1895)上海文盛堂石印本 八冊

330000－1710－0009110 普0001536 集部/別集類/清別集
缾水齋詩集十七卷別集二卷詩話一卷附錄一卷 (清)舒位撰 清光緒十二年(1886)邊保樞刻十七年(1891)增修本 八冊

330000－1710－0009111 普0001537 集部/別集類/唐五代別集
昌黎先生集四十卷 (唐)韓愈撰 (宋)廖瑩中校正 清同治八年(1869)江蘇書局刻本 九冊

330000－1710－0009112 善0436 集部/詞類/詞譜之屬
詞律二十卷 (清)萬樹撰 清康熙二十六年(1687)萬氏堆絮園刻本 十二冊

330000－1710－0009113 善0437 集部/別集類/清別集
陳學士文集十八卷 (清)陳儀撰 清乾隆十八年(1753)陳氏蘭雪齋刻本 八冊

330000－1710－0009114 普0001524 子部/宗教類/道教之屬
彙纂功過格十二卷首一卷末一卷 清同治六年(1867)刻本 三冊 存四卷(首、一、四、六)

330000－1710－0009115 普0001538 集部/總集類/選集之屬/斷代
皇朝經世文編一百二十卷姓名總目二卷 (清)賀長齡輯 清光緒十三年(1887)上海點石齋石印本 十二冊

330000－1710－0009116 普0001539 集部/詞類/別集之屬
冰壺詞六卷 (清)張雲驤撰 清光緒十二年(1886)刻本 二冊

330000－1710－0009117 普0001540 集部/別集類/清別集
曝書亭集詩註二十四卷 (清)朱彝尊撰 (清)楊謙注 **年譜一卷** (清)楊謙撰 **曝書亭集詞註七卷** (清)李富孫撰 清楊氏木山閣刻民國十年(1921)陸祖穀補刻本(卷二十三至二十四原缺 詞註配清嘉慶刻本) 十冊 存二十五卷(一至十五、十九至二十二、年譜、詞註一至五)

330000－1710－0009118 普0001549 史部/目録類/總録之屬/官修
欽定四庫全書簡明目錄二十卷 (清)紀昀等撰 清光緒十四年(1888)暢懷書屋鉛印本 四冊

330000－1710－0009119 普0001550 經部/四書類/孟子之屬/傳說
篆文孟子不分卷 (宋)朱熹集註 清石印本 一冊

330000－1710－0009121 普0001552 集部/詩文評類/文評之屬

增刻紅樓夢圖詠一卷 (清)王芸階繪並輯 **附紅樓紀畧一卷廣義二卷** (清)青山山農撰 **紅樓夢論贊** (清)讀花人撰 清石印本 一册 存四卷(紀畧、廣義一至二、論贊)

330000－1710－0009122 普0001553 經部/小學類/音韻之屬/等韻
切韻指掌圖一卷 (宋)司馬光撰 清光緒九年(1883)上海同文書局石印本 一册

330000－1710－0009123 普0001554 史部/傳記類/別傳之屬/墓誌
誄筆晉錄(劉鏞)一卷 清石印本 一册

330000－1710－0009124 善0438 集部/別集類/明別集
震川先生集三十卷別集十卷附録一卷補編一卷 (明)歸有光撰 (清)歸莊校勘 (清)錢謙益選定 (清)歸玠編輯 清康熙十年至十四年(1671－1675)常熟歸莊 歸玠等刻本 一册 存五卷(十九至二十三)

330000－1710－0009126 普0001556 史部/政書類
九通序九卷 清光緒二十八年(1902)新學書社石印本 三册

330000－1710－0009127 普0001557 子部/醫家類/傷寒金匱之屬/傷寒論
劉河間傷寒六書附二種 (金)劉完素等撰 清宣統元年(1909)千頃堂石印本 四册 存六種

330000－1710－0009128 普0001541 集部/總集類/彙編之屬
唐宋大家全集錄十種 (清)儲欣編 清康熙刻本 一册 存一種

330000－1710－0009129 普0001542 集部/總集類/選集之屬/通代
古文眉詮七十九卷首一卷 (清)浦起龍輯 清乾隆九年(1744)蘇州三吳書院刻本 二十册

330000－1710－0009130 普0001543 史部/目録類/版本之屬/書影
因樹屋書影十卷 (清)周亮工撰 清末士林精舍石印本 六册

330000－1710－0009131 普0001544 集部/別集類/宋別集
劍南詩鈔六卷 (宋)陸游撰 (清)楊大鶴選 清康熙二十四年(1685)毗陵楊氏刻本 六册

330000－1710－0009132 普0001545 子部/醫家類/方書之屬/單方驗方
絳雪園古方選註不分卷得宜本草一卷 (清)王子接輯 清掃葉山房刻本 一册

330000－1710－0009133 普0001546 子部/儒家類/儒學之屬/性理
潛室陳先生木鍾集十一卷 (宋)陳埴撰 清同治六年(1867)陳思燏東甌郡齋刻本 四册

330000－1710－0009135 普0001558 史部/傳記類/總傳之屬/斷代
國朝先正事略六十卷 (清)李元度撰 清同治五年至八年(1866－1869)步月山房刻本 二十二册

330000－1710－0009136 普0001547 新學/醫學/内科
内科新說二卷 (英國)合信氏 (清)管茂材撰 清咸豐八年(1858)上海仁濟醫館刻本 一册

330000－1710－0009138 普0001559 類叢部/叢書類/自著之屬
惜抱軒全集十種 (清)姚鼐撰 清嘉慶刻本 一册 存一種

330000－1710－0009139 普0001569 子部/醫家類/綜合之屬/通論
御纂醫宗金鑑九十卷首一卷 (清)吳謙等纂修 清刻本 三册 存五卷(外科心法要訣十二至十六)

330000－1710－0009140 善0440 集部/總集類/選集之屬/通代
詩林韶濩選二十卷 (清)顧嗣立輯 (清)周煌重輯 清乾隆二十九年(1764)漱潤堂刻本

五冊

330000－1710－0009141　普 0001570　類叢部/叢書類/自著之屬

隨園三十種　(清)袁枚撰　清刻本　一冊　存一種

330000－1710－0009142　善 0441　集部/別集類/清別集

陳檢討集二十卷　(清)陳維崧撰　(清)程師恭注　清康熙三十二年(1693)有美堂刻本　五冊　存十八卷(三至二十)

330000－1710－0009143　普 0001560　子部/兵家類/兵法之屬

兵法史略學八卷　陳慶年編　清光緒兩湖書院木活字印本　一冊　存一卷(六)

330000－1710－0009145　普 0001561　子部/醫家類/診法之屬/脈經脈訣

圖註脈訣辨真四卷脈訣附方一卷　題(晉)王叔和撰　(明)張世賢注　清刻本　二冊　缺一卷(脈訣附方)

330000－1710－0009146　普 0001572　史部/傳記類/總傳之屬

圖繪寶鑑八卷補遺一卷　(元)夏文彥撰　(明)毛大倫增補　清怡堂刻本　二冊　存四卷(一至四)

330000－1710－0009147　善 0442　集部/總集類/選集之屬/通代

古詩源十四卷　(清)沈德潛輯　清刻本　清守堅白齋主人題記　二冊

330000－1710－0009148　普 0001455　子部/醫家類/傷寒金匱之屬/傷寒論

劉河間傷寒三書二十卷　(金)劉完素撰　清宣統元年(1909)上海千頃堂石印本　四冊

330000－1710－0009149　善 0443　集部/總集類/選集之屬/通代

文選音義八卷　(清)余蕭客撰　清乾隆二十三年(1758)靜勝堂刻本　二冊

330000－1710－0009151　普 0001573　集部/小說類/短篇之屬

繪圖情史二十四卷　(清)詹詹外史評輯　清末石印本　一冊　存二卷(十九至二十)

330000－1710－0009153　善 0444　集部/總集類/選集之屬/通代

文選補遺四十卷　(元)陳仁子輯　清乾隆二年(1737)陳文煜刻本　十五冊　存三十七卷(一至三十七)

330000－1710－0009154　普 0001562　子部/醫家類/方書之屬/單方驗方

絳雪園古方選注不分卷　(清)王子接輯　清刻本　一冊

330000－1710－0009157　普 0001578　集部/小說類/長篇之屬

海天鴻雪記二十回　(清)二春居士撰　(清)李伯元評　清末鉛印本　三冊　存十五回(六至二十)

330000－1710－0009158　普 0001579　子部/小說家類/雜事之屬

蘭苕館外史十卷　(清)許奉恩撰　清光緒五年(1879)常熟抱芳閣刻本　四冊　存四卷(四、七至九)

330000－1710－0009160　普 0001563　史部/政書類/通制之屬

吾學錄初編二十四卷　(清)吳榮光撰　清道光十二年(1832)南海吳氏筠清館刻本　一冊　存三卷(十一至十三)

330000－1710－0009165　善 0446　集部/總集類/選集之屬/斷代

律賦揀金錄四卷　(清)朱一飛輯　清乾隆刻本　二冊

330000－1710－0009167　普 0001597　經部/群經總義類/傳說之屬

皇朝五經彙解二百七十卷附五經正文五卷　(清)朱鏡清輯　**經解入門一卷**　(清)江藩纂　清光緒十九年(1893)上海積山書局石印本　三十二冊

330000－1710－0009168　善 0447　子部/術

數類/陰陽五行之屬

陰陽五要奇書六種 （明）江之棟輯 清乾隆五十五年(1790)姑蘇顧氏樂真堂刻本 一册 存一種

330000－1710－0009169 普0001585 集部/別集類/清別集

懷芬館賦鈔一卷 （清）姚仁瑛撰 清光緒刻本 一册

330000－1710－0009170 普0001586 子部/醫家類/綜合之屬/雜著

筆花醫鏡四卷 （清）江涵暾撰 清光緒刻本 一册 存二卷(三至四)

330000－1710－0009172 普0001587 子部/醫家類/傷寒金匱之屬/傷寒論

醫效秘傳三卷 （清）程林撰 清刻本 二册 存二卷(二至三)

330000－1710－0009173 普0001588 集部/別集類/清別集

葆淳閣集二十四卷附易說二卷 （清）王杰撰 **王文端公[王杰]年譜一卷** （清）阮元編 清嘉慶二十年(1815)阮元刻本 三册 存十一卷(十一至二十一)

330000－1710－0009174 240/24 史部/地理類/水利之屬

浙西水利備考不分卷 （清）王鳳生撰 清光緒四年(1878)浙江書局刻本 三册

330000－1710－0009175 普0001589 集部/別集類/明別集

宋文憲公全集五十三卷首四卷 （明）宋濂撰 清嘉慶十五年(1810)金華府學刻本 三册 存九卷(二十四至二十六、三十至三十五)

330000－1710－0009176 普0001592 集部/總集類/選集之屬/通代

古詩源十四卷 （清）沈德潛輯 清霽月山房刻本 一册 存七卷(一至七)

330000－1710－0009177 普0001590 集部/別集類/清別集

慎餘書屋詩鈔九卷 （清）陳池養撰 清刻本 一册 存一卷(五)

330000－1710－0009178 普0001591 集部/詞類/詞話之屬

白雨齋詞話八卷詩鈔一卷詞存一卷 （清）陳廷焯撰 清光緒二十年(1894)海寧許正詩等刻本 一册 存三卷(一至三)

330000－1710－0009179 普0001593 經部/叢編

五經四書 （清）□□輯 明俞意刻本 四册 存一種

330000－1710－0009181 普0001595 集部/別集類/清別集

望溪先生文集十八卷集外文十卷集外文補遺二卷 （清）方苞撰 **方望溪先生年譜一卷年譜附錄一卷** （清）蘇惇元輯 清咸豐元年(1851)戴鈞衡刻二年(1852)增刻本 七册 存十卷(文集三至十、補遺一至二)

330000－1710－0009182 普0001596 史部/傳記類/總傳之屬/儒林

宋元學案一百卷首一卷考略一卷 （清）黄宗羲撰 （清）全祖望修定 （清）王梓材 （清）馮雲濠校並考 清光緒五年(1879)長沙寄廬刻本 十三册 存三十卷(三至三十二)

330000－1710－0009183 普0001598 經部/春秋左傳類/傳說之屬

左傳博議三編二卷 （清）朱元英撰 **東萊博議四卷** **左傳博議續編二卷** 清光緒二十四年(1898)掃葉山房鉛印本 四册

330000－1710－0009185 普0001600、普0001601 史部/紀傳類/正史之屬

二十四史 清光緒十八年(1892)武林竹簡齋石印本 十二册 存二種

330000－1710－0009186 善0448 史部/地理類/專志之屬/寺觀

敕賜慈泰寺誌書一卷 （明）馮夢禎等撰 明崇禎刻本 一册

330000－1710－0009187 善0449 子部/宗教類/佛教之屬/論疏

相宗八要解八種八卷　（明）釋明昱撰　明刻本　三冊

330000－1710－0009188　普 0001602　史部/金石類/總志之屬
金石索十二卷首一卷　（清）馮雲鵬　（清）馮雲鵷輯　清光緒十九年(1893)上海積山書局石印本　二十四冊

330000－1710－0009189　普 0001603　集部/別集類/清別集
夢鷗閣詩鈔一卷　（清）許銓撰　**夢鷗閣題詞一卷**　（清）吳家騏等撰　清道光二十六年(1846)刻民國九年(1920)印本　一冊

330000－1710－0009191　普 0001605　集部/總集類/酬唱之屬
峯泖去思集一卷　（清）顧鍾泰等撰　清光緒二十六年(1900)刻本　一冊

330000－1710－0009192　善 0450　類叢部/叢書類/彙編之屬
借月山房彙鈔十六集一百三十九種　（清）張海鵬編　清嘉慶十一年至十七年(1806－1812)虞山張氏刻增修本　一冊　存三種

330000－1710－0009193　普 0001614　集部/總集類/選集之屬/通代
文選六十卷　（南朝梁）蕭統輯　（唐）李善注　明末海虞毛氏汲古閣刻清素位堂重修本　一冊　存六卷(一至六)

330000－1710－0009194　善 0451　經部/四書類/總義之屬/專著
四書典林三十卷四書古人典林十二卷　（清）江永輯　清崇德書院刻本　四冊　存十二卷(八至九、古人典林三至十二)

330000－1710－0009196　普 0001616　史部/紀傳類/正史之屬
二十四史　清光緒十八年(1892)武林竹簡齋石印本　一冊　存一種

330000－1710－0009197　善 0452　子部/藝術類/遊藝之屬/酒令
唐詩酒底二卷　（清）張潮輯　清張氏心齋刻本　一冊

330000－1710－0009198　普 0001617　史部/目録類/通論之屬/掌故瑣記
藏書紀事詩七卷　葉昌熾撰　清宣統二年(1910)刻朱印本　一冊　存一卷(三)

330000－1710－0009199　普 0001606　經部/書類/分篇之屬
禹貢不分卷　清末抄本　一冊

330000－1710－0009200　普 0001618　類叢部/叢書類/自著之屬
章氏遺書二種　（清）章學誠撰　清道光十二年至十三年(1832－1833)章華紱刻本　二冊　存一種

330000－1710－0009201　普 0001607　集部/別集類/清別集
曼陀羅盦詩五卷　（清）孫晉灝撰　清道光六年(1826)刻本　一冊

330000－1710－0009202　普 0001619　史部/傳記類/總傳之屬/仕宦
歷代名臣言行錄二十四卷　（清）朱桓輯　清光緒二十九年(1903)上海吳雲記鉛印本　十二冊

330000－1710－0009204　普 0001564　子部/醫家類/醫經之屬/内經
黄帝内經素問二十四卷　（明）吳崐注　清刻本　一冊　存四卷(一至四)

330000－1710－0009205　普 0001609　集部/總集類/氏族之屬
慎行堂三世詩存三種　徐寶炘　徐寶華輯　清咸豐九年(1859)民國九年(1920)刻民國九年(1920)彙印本　一冊　存一種

330000－1710－0009206　善 0453　類叢部/叢書類/彙編之屬
嘯園叢書五十七種　（清）葛元煦編　清光緒二年至七年(1876－1881)仁和葛氏刻本　一冊　存一種

330000－1710－0009207　普 0001610　子部/

宗教類/佛教之屬/經
妙法蓮華經七卷 （後秦）釋鳩摩羅什譯 明刻本 三册 存三卷（一至二、五）

330000－1710－0009208 善 0454 經部/周禮類/傳說之屬
周禮政要二卷 （清）孫詒讓撰 清光緒三十年（1904）上海書局石印本 一册 存一卷（上）

330000－1710－0009210 善 0455 經部/小學類/音韻之屬/韻書
增註字類標韻六卷 （清）華綱撰 （清）范多珏重訂 清末鉛印本 一册 存三卷（四至六）

330000－1710－0009212 普 0001565 子部/儒家類/儒學之屬
上諭一卷 清刻本 一册

330000－1710－0009214 普 0001620 集部/總集類/尺牘之屬
昭代名人尺牘續集二十四卷 陶湘輯 清宣統三年（1911）天寶石印局影印本 二十四册

330000－1710－0009215 普 0001622 子部/醫家類/綜合之屬/通論
詳校醫宗必讀十卷 （明）李中梓撰 清光緒二十年（1894）掃葉山房刻本 六册

330000－1710－0009217 普 0001623 子部/醫家類/綜合之屬/通論
醫學心悟六卷 （清）程國彭撰 清光緒六年（1880）上海掃葉山房刻本 四册

330000－1710－0009221 普 0001629 新學/史志/諸國史
西洋史要四卷 （日本）小川銀次郎撰 （清）薩端等譯 清光緒二十七年（1901）上海金粟齋鉛印本 二册

330000－1710－0009222 普 0001627 子部/醫家類/方書之屬/單方驗方
名醫方論四卷 （清）羅美 （清）柯琴輯並評 清嘉禾存雅堂刻本 二册

330000－1710－0009223 普 0001630 經部/叢編
十三經古注二百九十卷 （明）金蟠 （明）葛鼒校 明崇禎十二年（1639）永懷堂刻清同治八年（1869）浙江書局校修本 四册 存一種

330000－1710－0009224 普 0001631 經部/春秋左傳類/傳說之屬
東萊先生左氏博議二十五卷 （宋）呂祖謙撰 **虛字註釋備考六卷** （清）張文炳點定 清光緒二十三年（1897）掃葉山房刻本 六册

330000－1710－0009225 普 0001628 類叢部/叢書類/自著之屬
陸子全書十八種 （清）陸隴其撰 清光緒刻本 四册 存一種

330000－1710－0009226 普 0001632 子部/叢編
二十二子（二十二子彙函） （清）浙江書局編 清光緒元年至三年（1875－1877）浙江書局刻本 六册 存一種

330000－1710－0009227 善 0456 新學/雜著/叢編
西學大成五十六種 （清）王西清 （清）盧梯青編 清光緒二十一年（1895）上海醉六堂書坊石印本 二册 存十二種

330000－1710－0009228 普 0001633 史部/金石類/總志之屬
金石摘十卷 （清）陳善墀輯 清同治十年至光緒二年（1871－1876）瀏陽縣學之不求甚解齋刻本 十三册 本書原本二十册，現存四、五、七、十一至二十

330000－1710－0009229 普 0001566 經部/叢編
十三經註疏三百三十三卷 （明）□□輯 明崇禎元年至十二年（1628－1639）古虞毛氏汲古閣刻本 四册 存一種

330000－1710－0009230 善 0457 史部/目録類/總録之屬/私撰
書目□□卷 清刻本 一册

330000－1710－0009231　普0001567　集部/總集類/選集之屬/通代

古文觀止十二卷　(清)吳乘權　(清)吳大職輯　清刻本　五冊　存十卷(三至十二)

330000－1710－0009232　普0458　新學/學校

日本教育大旨一卷學制私議一卷　羅振玉撰　清木活字印本　一冊

330000－1710－0009233　普0001568　經部/四書類/總義之屬/傳說

四書朱子本義匯參四十三卷首四卷　(清)王步青輯　清乾隆十年(1745)敦復堂刻本　六冊　存九卷(論語十至十八)

330000－1710－0009234　普0001634　史部/雜史類

時事新編初集六卷　(清)陳耀卿輯　清光緒鉛印本　六冊

330000－1710－0009235　普0001635　子部/藝術類/書畫之屬

詩畫舫六卷　(清)點石齋輯　清上海點石齋石印本　一冊　存一卷(二)

330000－1710－0009236　普0459　史部/傳記類/職官録之屬/歷朝

蘇省同官錄一卷　(清)郭柏蔭輯　清同治五年(1866)刻本　一冊

330000－1710－0009237　普0460　經部/易類/傳說之屬

易憲四卷卦歌一卷圖說一卷　(明)沈泓撰　清乾隆八年至九年(1743－1744)補堂刻本　一冊　存二卷(三至四)

330000－1710－0009238　普0001637　類叢部/叢書類/彙編之屬

嘯園叢書五十七種　(清)葛元煦編　清光緒二年至七年(1876－1881)仁和葛氏刻本　一冊　存一種

330000－1710－0009239　普0001638　史部/編年類/通代之屬

資治通鑑二百九十四卷　(宋)司馬光撰　(元)胡三省音注　**通鑑釋文辯誤十二卷**　(元)胡三省撰　清光緒十六年(1890)上海積山書局刻本　一冊　存十二卷(釋文辯誤一至十二)

330000－1710－0009241　普0001650、普0001651、普0001652、普0001653、普0001654　集部/總集類/彙編之屬

漢魏六朝名家集初刻四十一種　丁福保編　清宣統三年(1911)無錫丁氏鉛印本　五冊　存六匯總

330000－1710－0009243　普0001639　史部/編年類/斷代之屬

明紀六十卷　(清)陳鶴輯　(清)陳克家補　清光緒十六年(1890)上海積山書局石印本　六冊

330000－1710－0009247　普0001662　經部/小學類/文字之屬/字書/字典

正字通十二卷　(明)張自烈撰　(清)廖文英輯　**字彙舊本首一卷**　(明)梅膺祚音釋　清康熙刻本　二十五冊　缺二卷(未集上、亥集上中下)

330000－1710－0009249　普0462　集部/別集類/清別集

傳樸堂詩稿四卷　(清)葛金烺撰　**弢華館詩稿一卷**　(清)葛嗣濚撰　清光緒二十一年(1895)刻本　二冊

330000－1710－0009250　普0001658、普0001660　子部/藝術類/書畫之屬

桐陰論畫三卷附錄一卷桐陰畫訣一卷續桐陰論畫一卷二編二卷三編二卷　(清)秦祖永撰　清同治三年至光緒八年(1864－1882)刻朱墨套印本　三冊　存三卷(桐陰論畫一、二編一至二)

330000－1710－0009251　普0463　類叢部/叢書類/自著之屬

杭大宗七種叢書　(清)杭世駿撰　清乾隆杭賓仁羊城刻本　一冊　存一種

330000－1710－0009252　普0001659　子部/

藝術類/書畫之屬

桐陰論畫三卷附録一卷桐陰畫訣一卷續桐陰論畫一卷　(清)秦祖永撰　清同治三年至六年(1864－1867)刻朱墨套印本　二册

330000－1710－0009253　善 0464　史部/金石類/石之屬/文字

大明皇陵碑文一卷　(明)太祖朱元璋撰　清光緒九年(1883)蚌埠文華閣石印本　一册

330000－1710－0009254　善 0465　史部/傳記類/科舉録之屬/歷科登科録

朝考卷一卷　(清)張寅夔撰　清宣統石印本　一册

330000－1710－0009255　善 0466　子部/儒家類/儒學之屬/勸學

鄉塾正誤一卷　(清)李江撰　清光緒二十二年(1896)惜分陰齋刻本　一册

330000－1710－0009256　普 0001677　集部/總集類/課藝之屬

增補近科館閣分韻詩鈔彙編不分卷　王先謙編　(清)心居主人改編　清光緒十三年(1887)上海點石齋石印本　三册

330000－1710－0009257　善 0467　類叢部/叢書類/自著之屬

武陵山人遺書十種續刊二種　(清)顧觀光撰　清光緒九年(1883)獨山莫祥芝上海刻高桂續刻民國十四年(1925)印本　一册　存一種

330000－1710－0009258　普 0001678　集部/小說類/長篇之屬

繡像綠野仙蹤八卷八十回　(清)李百川撰　清光緒二十二年(1896)上海書局石印本　一册　存一卷(一)

330000－1710－0009259　普 0001679　集部/總集類/課藝之屬

長搭正軌一卷　清光緒二年(1876)刻本　一册

330000－1710－0009260　普 0001680　集部/總集類/課藝之屬

還讀軒墨選不分卷　(清)馮可鋑　(清)馮可鏞評輯　清同治七年(1868)慈谿馮氏刻本　一册

330000－1710－0009262　普 0001682　集部/戲劇類/傳奇之屬

桃花夢傳奇四卷　陳栩填詞　(清)華痴石評文　清大觀報館鉛印本　一册　存一卷(二)

330000－1710－0009263　普 0001683　集部/戲劇類/傳奇之屬

梨花雪十四折　(清)徐鄂撰　(清)秦本楨評　清石印本　一册　存六折(七至十二)

330000－1710－0009267　普 0001642　史部/政書類/邦計之屬

兩浙宦游紀畧四種　(清)戴槃撰　清同治七年(1868)刻本　一册　存一種

330000－1710－0009268　善 0468　史部/傳記類/總傳之屬/郡邑

闡揚德政錄二卷　(清)程夢麟輯　清道光十三年(1833)程夢麟刻本　一册　存一卷(一)

330000－1710－0009272　善 0469　類叢部/叢書類/彙編之屬

性海淵源　(德國)花之安編　清光緒十九年(1893)上海美華書館鉛印本　一册　存三十種

330000－1710－0009278　普 0001685　經部/群經總義類/傳說之屬

經義述聞三十二卷　(清)王引之撰　清光緒七年(1881)上海文瑞樓鉛印本　九册　存十八卷(一至十八)

330000－1710－0009282　普 0001686　新學/格致總

西學通考三十六卷　(清)胡兆鸞輯　清光緒二十四年(1898)上海石印本　十二册

330000－1710－0009283　普 0001676　子部/雜著類/雜說之屬

容齋隨筆十六卷續筆十六卷三筆十六卷四筆十六卷五筆十卷　(宋)洪邁撰　清同治十一年(1872)刻光緒元年(1875)印本　十册　缺十五卷(續一至五、三筆十二至十六、四筆六

至十）

330000－1710－0009284　普0001664　經部/小學類/文字之屬/説文
王氏説文三種一百三卷　（清）王筠撰　清道光至咸豐刻同治四年（1865）彙印本　十册　存一種

330000－1710－0009285　普0001675　史部/政書類/邦交之屬
約章分類輯要三十八卷首一卷　（清）蔡乃煌輯　清光緒二十六年（1900）刻本　九册　存十卷（一、十至十一、十九、二十八至三十、三十二、三十七至三十八）

330000－1710－0009286　普0001663　經部/小學類/文字之屬/説文
王氏説文三種一百三卷　（清）王筠撰　清道光至咸豐刻同治四年（1865）彙印本　五册　存一種

330000－1710－0009287　善0475　新學/學校
日本各學校章程一卷　姚錫光輯　清光緒二十四年（1898）浙江書局刻本　一册

330000－1710－0009292　善0470　史部/傳記類/職官録之屬/總録
浙江宦鄂同鄉錄不分卷　（清）湖北浙江會館編　清光緒刻本　一册

330000－1710－0009295　普0001705　史部/地理類/專志之屬/園林
竹垞小志五卷　（清）阮元訂　（清）楊蟠等輯　清嘉慶三年（1798）七錄書閣刻本　一册

330000－1710－0009298　善0471　類叢部/叢書類/彙編之屬
張氏適園叢書七種　張鈞衡編　清宣統三年（1911）上海國學扶輪社鉛印本　一册　存一種

330000－1710－0009299　普0001707　集部/別集類/清別集
自得齋吟草一卷　（清）徐槐廷撰　清光緒六年（1880）刻本　一册

330000－1710－0009302　善0473　類叢部/叢書類/彙編之屬
漸西村舍彙刊（漸西村舍叢刻）四十四種　（清）袁昶編　清光緒十六年至二十四年（1890－1898）桐廬袁氏刻本　一册　存一種

330000－1710－0009304　普0001722　子部/小説家類/異聞之屬
見聞隨筆二十六卷　（清）齊學裘撰　清刻本　一册　存三卷（六至八）

330000－1710－0009305　善0476　集部/別集類/清別集
倚晴樓集五種　（清）黄燮清撰　清咸豐至同治海鹽黄氏拙宜園刻本　四册　存三種

330000－1710－0009307　普0001648　經部/叢編
五經體註大全四十卷　（清）嚴氏家塾主人輯　清光緒十年（1884）上海點石齋石印本　十五册　缺二卷（書經體註大全合衆一至二）

330000－1710－0009310　普0001661　經部/叢編
五經合纂大成　（清）同文書局主人輯　清光緒十一年（1885）上海同文書局石印本　二十册　缺二卷（書經合纂大成一至二）

330000－1710－0009314　善0478　子部/雜著類/雜説之屬
夢溪筆談二十六卷補筆談三卷續筆談一卷　（宋）沈括撰　明崇禎四年（1631）馬元調刻本　三册　缺八卷（十九至二十六）

330000－1710－0009315　善0479　集部/總集類/選集之屬/通代
佩文齋詠物詩選四百八十六卷　（清）汪霦等輯　清康熙四十六年（1707）内府刻本　十四册　存一百八卷（農類、圃類、樵類、漁類、牧類、織類、女紅類、佛寺類、仙觀類、仙類、道士類、步虛詞類、道家雜類、食物總類、酒類、茶類、飯類、粥類、麫類、糕類、餅類、饌類、酥類、乳類、羹類、湯類、糖霜類、食物雜類、穀類、麥類、蔬菜類、雜蔬類、瓜類、豆花類、蓴菜類、菌類、瓠類、韭薤類、山藥類、芋類、蕈菜類、蘆菔類、蕨類、椒薑類、薺類、菱芡類、總樹類、總花類、松類、柏類、檜類、杉類、榆類、槐類、梧桐類、榕類、椿類、楠類、桑類、楸類、梨花類、栗類、棗類、柰類、柑類、橘類、橙類、榴花類、柿類、楊梅類、核桃類、枇杷花類、櫻桃類、林檎花類、荔枝類、龍眼類、橄欖類、葡萄類、燕類、白鷳類、鸚鵡類、鸜鵒類、雀類、畫眉類、戴勝類、布穀類、提壺類、啄木類、鴛鴦類、鸂(氵鶒)類、鵁鶄類、鷗類、鷺類、百舌類、杜鵑類、鵾鳩類、白頭公類、白鳥類、翠鳥類、鸕鷀類、(畣鳥)鶉類、天鵝類、梟類、竹雞類、鶩類、鴨類、雞類、雜鳥類)

330000－1710－0009316　普0001687　集部/總集類/選集之屬/通代

千家詩二卷　清光緒十一年(1885)刻本　俞發祥題記　一冊　存一卷(下)

330000－1710－0009321　普0001692　子部/藝術類/書畫之屬/畫譜

芥子園畫傳初集六卷二集九卷三集六卷　(清)王槩　(清)王蓍　(清)王臬輯　清末石印本　一冊　存二卷(三集一至二)

330000－1710－0009322　普0001693　集部/小說類/長篇之屬

增評加批金玉緣圖說十二卷一百二十回首一卷　(清)曹霑　(清)高鶚撰　(清)蝶薌仙史評訂　清末石印本　一冊　存四卷(五至八)

330000－1710－0009323　普0001729　子部/醫家類/兒科之屬/痘疹

增補秘傳痘疹玉髓金鏡録真本四卷首一卷　(明)翁仲仁撰　清光緒三十年(1904)上海書局石印本　一冊　存三卷(首、一至二)

330000－1710－0009324　普0001730　子部/醫家類/綜合之屬/通論

古吴童氏重校醫宗必讀十卷　(明)李中梓撰　清光緒二十四年(1898)石印本　一冊　存二卷(一至二)

330000－1710－0009327　普0001732　子部/醫家類/類編之屬

張氏醫書七種　(清)張璐等撰　清末石印本　一冊　存一種

330000－1710－0009328　普0001733　子部/醫家類/傷寒金匱之屬/金匱要略

金匱要略淺注十卷　(漢)張機撰　(清)陳念祖注　清末石印本　二冊

330000－1710－0009329　普0001734　子部/醫家類/本草之屬/本草藥性

珍珠囊指掌補遺藥性賦四卷　(金)李杲輯

雷公炮製藥性解六卷　(明)李中梓輯　清光緒三十一年(1905)福記書局石印本　一冊　存四卷(珍珠囊指掌補遺药性賦一至四)

330000－1710－0009330　普0001735　子部/醫家類/本草之屬/歷代綜合本草

本草從新十八卷　(清)吳儀洛輯　清石印本　二冊　存十一卷(四至九、十四至十八)

330000－1710－0009333　普0001737　子部/醫家類/外科之屬/外科方

外科證治全生不分卷　(清)王維德撰　清刻本　一冊

330000－1710－0009335　普0001741　子部/醫家類/傷寒金匱之屬/傷寒論

張仲景傷寒論原文淺註六卷　(清)陳念祖集注　清石印本　一冊　存三卷(一至三)

330000－1710－0009338　普0001738　子部/醫家類/類編之屬

陳修園醫書二十一種　(清)陳念祖等撰　清末石印本　一冊　存一種

330000－1710－0009343　普0001700　集部/詞類/總集之屬

國朝詞綜續編二十四卷　(清)黃燮清輯　清刻本　一冊　存四卷(十三至十六)

330000－1710－0009347　普0001703　史部/編年類/通代之屬

紀元通攷十二卷　(清)葉維庚撰　清同治十一年(1872)刻本　一冊　存三卷(八至十)

330000－1710－0009349　普0001751　集部/

別集類/清别集
爭春舍詩稿一卷　(清)炳齋氏抄　清宣統二年(1910)稿本　一册

330000－1710－0009350　普 0001743　新學/兵制/海軍
中外時務海防策要四卷首一卷　(清)薛培榕輯　清光緒二十年(1894)上海書局石印本　二册

330000－1710－0009351　普 0001744　子部/天文曆算類/算書之屬
詳註全圖算法大成八卷　(明)程大位撰　清末石印本　一册

330000－1710－0009353　善 0481　史部/地理類/方志之屬/郡縣志
[光緒]梅里志十八卷　(清)楊謙纂　(清)李富孫補輯　(清)余楙續補　清光緒三年(1877)仁濟堂刻本　五册　存十五卷(一至十五)

330000－1710－0009355　普 0001746　類叢部/類書類/專類之屬
通天秘書要覽五卷附致富奇書一卷　(清)王纕堂編　清末上海錦章圖書局石印本　一册　存六卷(要覽一至五、致富奇書)

330000－1710－0009356　善 0482　子部/醫家類/方書之屬/單方驗方
四科簡效方四卷　(清)王士雄撰　清光緒十一年(1885)越州徐氏刻本　一册　存一卷(一)

330000－1710－0009357　普 0001747　集部/別集類/清别集
秋水軒詳註四卷　(清)許思湄撰　清光緒七年(1881)紫石山房刻朱墨套印本　一册　存一卷(一)

330000－1710－0009358　善 0483　子部/雜著類/雜品之屬
雅尚齋遵生八牋十九卷　(明)高濂撰　明萬曆十九年(1591)高濂刻本　一册　存一卷(十六)

330000－1710－0009359　普 0001748　新學/議論/通論
中外時務經濟統宗十八卷　清光緒鉛印本　一册　存一卷(五)

330000－1710－0009360　普 0001749　史部/編年類/斷代之屬
清史攬要六卷　(日本)增田貢撰　清光緒石印本　二册　存二卷(三、六)

330000－1710－0009361　善 0484　子部/醫家類/溫病之屬/其他溫疫病證
溫熱經緯五卷　(清)王士雄撰　清刻本　三册　存三卷(三至五)

330000－1710－0009362　普 0001755　集部/詩文評類/文法之屬/文法
增訂臨文便覽不分卷　(清)張啓泰輯　(清)怡雲仙館主人重訂　清光緒二年(1876)怡雲僊館刻本　二册

330000－1710－0009363　普 0001753　類叢部/類書類/專類之屬
重編留青新集二十四卷　(清)馮善長輯　清光緒十六年(1890)上海鉛印本　十二册　存二卷(一、五)

330000－1710－0009364　普 0001756　集部/別集類/清别集
得月軒尺牘八卷　(清)孫方增著　清光緒元年(1875)刻本　八册

330000－1710－0009366　普 0001757　子部/醫家類/方書之屬/單方驗方
驗方續編二卷咽喉秘集一卷　(清)海山仙館編　清刻本　一册　存一卷(咽喉秘集)

330000－1710－0009367　普 0001758　子部/醫家類/喉科口齒之屬/通論
咽喉秘集二卷　(清)海山仙館輯　清刻本　一册　存一卷(上)

330000－1710－0009368　普 0001759　集部/詩文評類/文法之屬/函牘格式
商賈尺牘二卷　(清)管秋初撰　清刻本　二册

330000－1710－0009369　普0001760　集部/詩文評類/文法之屬/函牘格式

商賈尺牘二卷　(清)管秋初撰　清光緒七年(1881)墨海堂刻本　一册　存一卷(上)

330000－1710－0009370　普0001766　類叢部/叢書類/彙編之屬

澤古齋重鈔十二集一百十四種　(清)陳璜輯　清道光三年(1823)上海陳氏據借月山房彙鈔刊版重編本　二册　存一種

330000－1710－0009371　普0001761　史部/史抄類

廿一史約編八卷首一卷　(清)鄭元慶撰　清光緒席氏埽葉山房刻本　二册　存二卷(革、木)

330000－1710－0009372　普0001762　類叢部/類書類/通類之屬

策學備纂三十二卷首一卷　(清)蔡啟盛　(清)吴潁炎等輯　清光緒十三年(1887)上海點石齋石印本　一册　存一卷(二)

330000－1710－0009373　普0001763　經部/小學類/文字之屬/字書/字典

康熙字典十二集三十六卷總目一卷檢字一卷辨似一卷等韻一卷補遺一卷備考一卷　(清)張玉書等纂修　清末石印本　一册　存六卷(巳集上中下、午集上中下)

330000－1710－0009374　普0001767　子部/術數類/相宅相墓之屬

地理辨正五卷　(清)蔣平階補傳　(清)姜垚辨正　(清)章仲山增補直解　清可久堂刻本　三册

330000－1710－0009375　普0001764　經部/小學類/文字之屬/字書/字典

康熙字典十二集三十六卷總目一卷檢字一卷辨似一卷等韻一卷補遺一卷備考一卷　(清)張玉書等纂修　清刻本　二册　存二卷(子集中下)

330000－1710－0009376　普0001765　經部/小學類/文字之屬/字書/字典

康熙字典十二集三十六卷總目一卷檢字一卷辨似一卷等韻一卷補遺一卷備考一卷　(清)張玉書等纂修　清刻本　三册　存三卷(午集上中下)

330000－1710－0009377　普0001787　經部/四書類/總義之屬/傳說

新訂四書補註備旨十卷　(明)鄧林撰　(清)杜定基增訂　清末石印本　一册　存一卷(孟子三)

330000－1710－0009378　普0001788　經部/四書類/總義之屬/傳說

加批增補四書味根錄三十七卷首二卷附疑題解　(清)金澂撰　清末石印本　一册　存十卷(論語一至十)

330000－1710－0009379　普0001789　集部/詩文評類/文法之屬/文法

繩正堂墨繩新編不分卷　(清)傅梅卿評選　清同治十年(1871)刻本　一册

330000－1710－0009380　普0001768　子部/宗教類/道教之屬

古書隱樓藏書三十八種　(清)閔一得輯　清吴興金蓋山純陽宫刻本　二册　存二種

330000－1710－0009382　普0001790　集部/總集類/課藝之屬

還讀軒墨選不分卷　(清)馮可鋑　(清)馮可鏞評輯　清同治七年(1868)慈谿馮氏刻本　一册

330000－1710－0009383　普0001791　集部/總集類/課藝之屬

曠視山房制藝四卷　(清)丁守存撰　清同治刻本　二册

330000－1710－0009386　普0001772　子部/醫家類/醫案之屬

三家醫案合刻　(清)吴金壽編　清道光十一年(1831)吴氏貯春僊館刻本　一册　存二種

330000－1710－0009387　普0001773　子部/醫家類/醫經之屬/難經

圖註八十一難經辨真四卷　(明)張世賢撰

清刻本　一冊　存二卷(三至四)

330000－1710－0009388　普0001810　史部/編年類/通代之屬

尺木堂綱鑑易知錄九十二卷　(清)吳乘權等輯　清末石印本　一冊　存三卷(九至十一)

330000－1710－0009389　普0001774　子部/藝術類/遊藝之屬/聯語

對類便讀六卷首一卷　(清)程錫類編輯　(清)葉良儀删訂　(清)汪熙珙等音註　清小酉山房刻本　四冊

330000－1710－0009392　普0001792　經部/春秋總義類/傳說之屬

春秋胡傳三十卷總目一卷　(宋)胡安國撰　清乾隆十五年(1750)亦政堂刻本　一冊　存五卷(總目、一至四)

330000－1710－0009393　普0001793　經部/四書類

袖珍四書□□卷　清乾隆十五年(1750)亦政堂刻本　一冊　存四卷(四書字辨、句辨、大學、中庸)

330000－1710－0009396　普0001776　子部/術數類/相宅相墓之屬

雪心賦正解四卷　(唐)卜應天撰　(清)孟浩註　**辯論三十篇一卷**　(清)孟浩撰　清掃葉山房刻本　清夢日樓主題記　一冊　存一卷(二)

330000－1710－0009399　普0001794　集部/詩文評類/制藝之屬

宣南鴻雪集輯註四卷　(清)潘星齋鑒定　清同治十二年(1873)京都琉璃廠榮文書坊刻本　四冊

330000－1710－0009402　普0001777　集部/總集類/選集之屬/斷代

唐詩近體四卷　(清)胡本淵評選　清光緒金陵李光明莊刻本　一冊　存二卷(三至四)

330000－1710－0009403　普0001778　集部/總集類/郡邑之屬

金華文萃(金華叢書)六十八種　(清)胡鳳丹編　清同治七年至光緒八年(1868－1882)永康胡氏退補齋刻民國補刻本　一冊　存一種

330000－1710－0009404　普0001779　經部/春秋左傳類/傳說之屬

評點春秋綱目左傳句解彙雋六卷　(清)韓菼重訂　清刻本　一冊　存一卷(五)

330000－1710－0009407　普0001780　集部/總集類/選集之屬/通代

古文析義六卷　(清)林雲銘輯注　清金閶小酉山房刻本　一冊　存三卷(一至三)

330000－1710－0009408　普0001819　史部/編年類/通代之屬

御批歷代通鑑輯覽一百二十卷　(清)傅恒等撰　(清)楊述曾等纂修　清光緒石印本　四冊　存二十三卷(六十一至六十六、七十八至八十二、八十九至九十四、一百七至一百十二)

330000－1710－0009409　普0001820　史部/編年類/通代之屬

御批歷代通鑑輯覽一百二十卷　(清)傅恒等撰　(清)楊述曾等纂修　清光緒通文書局石印本　六冊　存二十四卷(十九至四十二)

330000－1710－0009410　普0001781　集部/總集類/選集之屬/通代

疊山謝先生文章軌範七卷　(宋)謝枋得輯　清同治七年(1868)湘鄉曾氏刻本　一冊　存三卷(一至三)

330000－1710－0009411　普0001821　子部/醫家類/溫病之屬/其他溫疫病證

溫熱贅言一卷　(清)寄瓢子撰　清吳氏靈鶴山房刻本　一冊

330000－1710－0009412　普0001822　史部/雜史類/斷代之屬

明季北略二十四卷　(清)計六奇撰　清都城琉璃廠半松居士木活字印本　八冊

330000－1710－0009413　普0001782　集部/總集類/選集之屬/通代

御選唐宋詩醇四十七卷目錄二卷　(清)高宗

弘曆輯　清光緒七年(1881)浙江書局刻本　一冊　存三卷(十六至十八)

330000－1710－0009417　普0001799　集部/詩文評類/詩評之屬
西河詩話一卷詞话一卷襍箋一卷　(清)毛奇齡撰　清宣統三年(1911)上海文瑞樓石印本　一冊

330000－1710－0009421　普0001802　子部/儒家類/儒學之屬/蒙學
龍文鞭影四卷　(明)蕭良有纂輯　(清)楊臣諍增訂　(清)李恩綬校補　清光緒十三年(1887)江南掃葉山房刻本　一冊　存二卷(一至二)

330000－1710－0009423　普0001824　集部/別集類/清別集
求有益齋詩鈔八卷　(清)李道悠撰　清光緒二十六年(1900)刻本　四冊

330000－1710－0009425　普0001825　集部/別集類/清別集
伏敔堂詩錄十五卷續錄一卷首一卷附錄一卷　(清)江湜撰　清同治元年至二年(1862－1863)刻本　四冊

330000－1710－0009428　普0001827　類叢部/叢書類/彙編之屬
振綺堂叢刊八種　(清)□□輯　清嘉慶至光緒汪氏振綺堂刻本　二冊　存二種

330000－1710－0009429　普0001828　集部/別集類/清別集
三畝草堂詩鈔五卷　(清)邱光華撰　清嘉慶二十年(1815)刻本　一冊

330000－1710－0009430　普0001829　集部/別集類/清別集
小匏庵詩存六卷末一卷　(清)吳仰賢撰　清光緒四年(1878)刻本　清謙齋題記　三冊

330000－1710－0009431　普0001785　經部/群經總義類/文字音義之屬
十三經集字音釋四卷　(清)黃蕙田撰　清同治九年(1870)西山真夫子祠之衍義所刻本　三冊　存三卷(一至二、四)

330000－1710－0009432　普0001786　集部/別集類/明別集
明夏赤城先生文集二十三卷首一卷　(明)夏塤撰　清乾隆三十七年(1772)夏名賢映南軒木活字印本　一冊　存五卷(六至十)

330000－1710－0009433　普0001830　集部/別集類/清別集
又希齋集四卷　(清)沈范孫撰　清咸豐三年(1853)刻本　一冊

330000－1710－0009434　普0001831　集部/別集類/清別集
柏井集六卷　(清)汪昶撰　清同治九年(1870)菜根書屋刻本　二冊

330000－1710－0009435　普0001832　集部/別集類/清別集
澹退齋古今體詩一卷組齋試帖一卷　(清)沈琮寶撰　清光緒三十一年(1905)刻本　一冊

330000－1710－0009437　普0001807　子部/醫家類/婦科之屬/通論
女科經綸八卷　(清)蕭壎撰　清抄本　二冊　存二卷(三、七)

330000－1710－0009438　普0001808　子部/醫家類/婦科之屬/通論
女科方脈一卷　(清)陸月山訂　清光緒二十七年(1901)抄本　一冊

330000－1710－0009440　普0001833　集部/別集類/清別集
青琅玕館詩鈔一卷　(清)何之鼎撰　清宣統華雲閣鉛印本　一冊

330000－1710－0009441　普0001834　集部/別集類/清別集
青琅玕館詩鈔一卷　(清)何之鼎撰　清宣統華雲閣鉛印本　一冊

330000－1710－0009442　普0001835　集部/別集類/清別集
桐石草堂集九卷　(清)汪仲鈖撰　清乾隆二

十年(1755)刻本　一冊

330000－1710－0009443　普 0001836　集部/別集類/清別集
桐石草堂集九卷　(清)汪仲鈖撰　清乾隆二十年(1755)刻本　三冊

330000－1710－0009445　普 0001709　史部/編年類/斷代之屬
甲子紀年表一卷　(清)郭容光編　清光緒十年(1884)寶鏡齋刻本　一冊

330000－1710－0009446　普 0001711　集部/別集類/清別集
韻篁樓吟稾二卷　(清)王文瑞撰　清刻本　二冊

330000－1710－0009448　普 0001712　集部/別集類/清別集
思貽堂詩集六卷　(清)金衍宗撰　清光緒至宣統鉛印本　一冊　存三卷(一至三)

330000－1710－0009450　普 0001714　集部/詞類/別集之屬
雙柏詞一卷　(清)金鴻佺撰　清宣統元年(1909)上海商務印書館鉛印本　一冊

330000－1710－0009451　普 0001715　集部/詞類/別集之屬
雙柏詞一卷　(清)金鴻佺撰　清宣統元年(1909)上海商務印書館鉛印本　一冊

330000－1710－0009452　普 0001716　集部/別集類/清別集
嬾雲樓詩鈔四卷　(清)嚴錦撰　清光緒二十五年(1899)桐谿嚴氏梧州刻本　吳乃琛　吳寅清　吳鴻濟題記　二冊

330000－1710－0009453　普 0001846　集部/別集類/唐五代別集
杜詩會粹二十四卷首一卷　(唐)杜甫撰　(清)張遠箋　清康熙刻本　一冊　存三卷(三至五)

330000－1710－0009454　普 0001847　集部/別集類/唐五代別集
白香山詩長慶集二十卷後集十七卷別集一卷補遺二卷　(唐)白居易撰　(清)汪立名編訂　**白香山年譜舊本一卷**　(宋)陳振孫撰　**白香山年譜一卷**　(清)汪立名撰　清康熙四十一年至四十二年(1702－1703)汪立名一隅草堂刻本　五冊　存二十五卷(長慶集十六至二十、後集一至十七、別集、補遺一至二)

330000－1710－0009455　普 0001848　史部/地理類/雜志之屬
揚州畫舫錄十八卷　(清)李斗撰　清乾隆六十年(1795)自然盦刻本　三冊　存八卷(一至四、十五至十八)

330000－1710－0009456　普 0003680　集部/別集類/清別集
嬾雲樓詩鈔四卷　(清)嚴錦撰　清光緒二十五年(1899)桐谿嚴氏梧州刻本　一冊　存二卷(三至四)

330000－1710－0009459　普 0001850　集部/別集類/唐五代別集
杜工部集二十卷附錄一卷　(唐)杜甫撰　(清)錢謙益箋註　清刻本　二冊　存四卷(四至六、附錄)

330000－1710－0009460　普 0001849　類叢部/叢書類/自著之屬
春在堂全書三十六種　(清)俞樾撰　清同治至光緒刻光緒末彙印本　一冊　存一種

330000－1710－0009462　普 0001719　集部/別集類/清別集
澹退齋古今體詩一卷組齋試帖一卷　(清)沈琮寶撰　清光緒三十一年(1905)刻本　一冊

330000－1710－0009465　普 0003682　集部/別集類/唐五代別集
杜工部集二十卷附錄一卷　(唐)杜甫撰　(清)錢謙益箋註　清刻本　四冊　存十卷(十二至二十、附錄)

330000－1710－0009466　普 0001851　子部/雜著類/雜說之屬
忍齋叢說一卷　(清)李佳繼昌撰　清光緒刻

本　一册

330000－1710－0009467　普0001852　新學/學校
教育學一卷　蔣維喬編纂　清光緒三十二年(1906)上海商務印書館鉛印本　一册

330000－1710－0009468　普0001853　子部/小説家類/雜事之屬
庸閒齋筆記八卷　(清)陳其元撰　清同治十三年(1874)吳下刻本　二册　存六卷(一至四、七至八)

330000－1710－0009469　普0001854　史部/傳記類/職官録之屬
同官錄不分卷　清刻本　一册

330000－1710－0009470　普0001855　經部/四書類/總義之屬/傳説
三魚堂四書大全三十九卷　(清)陸隴其輯
論語考異孟子考異　(宋)王應麟撰　清康熙四十一年(1702)當湖陸氏刻本　一册　存一卷(大學一)

330000－1710－0009471　普0001856　經部/四書類/總義之屬/傳説
四書體註合講十九卷　(清)翁復編　清光緒十四年(1888)蘇州掃葉山房刻本　一册　存二卷(大學、中庸)

330000－1710－0009472　普0001857　集部/别集類/唐五代别集
杜工部集二十卷附錄一卷　(唐)杜甫撰　(清)錢謙益箋註　清刻本　二册　存六卷(七至九、十五至十七)

330000－1710－0009474　普0001859　集部/别集類/清别集
印雪軒詩鈔十六卷　(清)俞鴻漸撰　清同治十三年(1874)刻本　一册　存八卷(一至八)

330000－1710－0009475　普0001861　集部/别集類/清别集
印雪軒詩鈔十六卷　(清)俞鴻漸撰　清同治十三年(1874)刻本　一册　存四卷(五至八)

330000－1710－0009476　普0001862　集部/别集類/清别集
閩南遊草一卷　(清)范鴻書撰　清光緒二十四年(1898)刻本　一册

330000－1710－0009477　普0001860　新學/醫學/内科
内科新説二卷　(英國)合信氏　(清)管茂材撰　清咸豐八年(1858)上海仁濟醫館刻本　一册

330000－1710－0009479　普0001864　類叢部/叢書類/彙編之屬
饗喜廬叢書五種　(清)傅雲龍編　清光緒十五年(1889)德清傅氏日本東京刻本　一册　存一種

330000－1710－0009480　普0001865　集部/别集類/宋别集
范石湖詩集二十卷　(宋)范成大撰　清康熙二十七年(1688)黄昌衢藜照樓刻本　二册　缺十一卷(五至十五)

330000－1710－0009481　普0001872　集部/别集類/清别集
憶雲集試帖一卷籲雲集試帖一卷　(清)嚴辰撰　清光緒刻本　一册

330000－1710－0009482　普0001837　子部/儒家類/儒學之屬/禮教/家訓
曾文正公家書節錄一卷附家訓一卷　(清)曾國藩撰　(清)凌鶚錄　清光緒二十六年(1900)刻本　一册

330000－1710－0009483　普0001838　集部/别集類/清别集
歸愚詩鈔二十卷　(清)沈德潛撰　清乾隆刻本　二册　存十一卷(十至二十)

330000－1710－0009485　普0001874　集部/别集類/明别集
雪溪漁唱集鈔三卷附錄一卷　(明)蘇平撰　清道光十八年(1838)刻本　一册　存三卷(一至三)

330000－1710－0009486　普0001875　集部/

別集類/清別集
養心光室詩槀八卷　(清)顧福仁撰　清光緒十四年(1888)刻本　二冊

330000－1710－0009487　普0001840　類叢部/叢書類/彙編之屬
小穜字林叢刻七種　(清)吳受福編　清光緒刻本　一冊　存一種

330000－1710－0009488　普0001876　集部/別集類/清別集
顧亭林先生詩箋注十七卷首一卷　(清)顧炎武撰　(清)徐嘉箋注　**顧亭箋注校補一卷**　(清)李詳等撰　清光緒二十三年(1897)徐氏味靜齋刻本　六冊

330000－1710－0009490　普0001873　集部/別集類/清別集
墨花吟館詩鈔十六卷　(清)嚴辰撰　清刻本　三冊　存十二卷(五至十六)

330000－1710－0009494　普0001879　集部/別集類/清別集
飛鴻延年紀事詩一卷　(清)觀海對潮樓主人撰　清宣統二年(1910)鉛印本　一冊

330000－1710－0009495　普0001844　集部/總集類/選集之屬/斷代
二家詩鈔二十卷　(清)邵長蘅編　清康熙三十四年(1695)刻本　一冊　存一種

330000－1710－0009496　普0001843　類叢部/叢書類/自著之屬
沈蓮溪全集六種　(清)沈濂撰　清道光至咸豐秀水沈氏始言堂刻本　二冊　存一種

330000－1710－0009498　普0001880　集部/總集類/彙編之屬
唐宋八家詩八種　(清)姚培謙編　清雍正六年(1728)遂安堂刻本　一冊　存一種

330000－1710－0009499　普0001882　集部/別集類/金別集
元遺山詩集箋注十四卷首一卷末一卷　(金)元好問撰　(元)張德輝類次　(清)施國祁箋注　清道光二年(1822)南潯蔣氏瑞松堂刻本　四冊　缺四卷(新樂府一至四)

330000－1710－0009501　普0001883　集部/別集類/宋別集
山谷詩内集注二十卷外集注十七卷外集補四卷別集注二卷別集補一卷　(宋)黄庭堅撰　(宋)任淵　(宋)史容　(宋)史季溫注　**重刻山谷先生年譜十四卷**　(宋)黄㽦編　清乾隆五十四年(1789)南康謝氏樹經堂刻本　一冊　存一卷(内集注一)

330000－1710－0009503　普0001867　類叢部/叢書類/彙編之屬
武英殿聚珍版書(武英殿聚珍版叢書)一百三十八種　清乾隆武英殿木活字印本　五冊　存一種

330000－1710－0009505　普0001869　集部/別集類/清別集
安般簃詩續鈔十卷　(清)袁昶撰　清光緒十六年(1890)鉛印本　二冊　存七卷(一至七)

330000－1710－0009506　普0001884　集部/別集類/宋別集
蘇文忠詩合註五十卷首一卷目錄一卷　(宋)蘇軾撰　(清)馮應榴輯　清乾隆刻本　十一冊　存三十卷(首、四至十、二十七至三十五、三十九至五十、目錄)

330000－1710－0009507　普0001870　集部/別集類/清別集
安般簃詩續鈔(安般簃集)十卷　(清)袁昶撰　清光緒袁氏小漚巢刻本　一冊　存三卷(一至三)

330000－1710－0009508　普0001871　集部/別集類/清別集
漸西村人詩十三卷　(清)袁昶撰　(清)瀨鄉樵隱編次　清光緒十六年(1890)鉛印本　三冊

330000－1710－0009509　普0001896　集部/總集類/選集之屬/通代
文選六十卷　(南朝梁)蕭統輯　(唐)李善注　**文選考異十卷**　(清)胡克家撰　清宣統三

年(1911)上海會文堂粹記石印本　二册　存九卷(二十三至三十一)

330000－1710－0009510　普0001886　集部/别集類/清别集

懷芬館詩鈔四卷　(清)姚仁瑛撰　清光緒元年(1875)刻本　一册

330000－1710－0009516　普0001901　集部/總集類/郡邑之屬

嶺南三大家詩選二十四卷　(清)王隼編　清同治七年(1868)南海陳氏刻本　三册　缺九卷(十至十八)

330000－1710－0009518　普0001903　集部/别集類/清别集

青琅玕館詩鈔一卷　(清)何之鼎撰　清宣統華雲閣鉛印本　一册

330000－1710－0009520　普0001893　集部/别集類/清别集

求聞過齋詩集六卷文集四卷　(清)朱方增撰　清光緒二十年(1894)刻本　一册　存二卷(文集一至二)

330000－1710－0009522　普0001905　類叢部/叢書類/彙編之屬

振綺堂叢刊八種　(清)□□輯　清嘉慶至光緒汪氏振綺堂刻民國十二年(1923)浙江省立圖書館重印本　二册　存一種

330000－1710－0009523　普0001895　集部/戲劇類/雜劇之屬

倚晴樓七種曲　(清)黄燮清撰　清光緒七年(1881)海鹽馮肇曾刻本　二册　存一種

330000－1710－0009525　普0001906　類叢部/叢書類/彙編之屬

風雨樓叢書二十三種　鄧實編　清宣統順德鄧氏鉛印本　四册　存一種

330000－1710－0009528　普0001908　集部/總集類/題詠之屬

曝書亭著書硯題辭不分卷　(清)方惟祺編　清咸豐刻本　一册

330000－1710－0009530　普0001911　史部/目録類/書志之屬/提要

開有益齋讀書志六卷金石文字記一卷續志一卷　(清)朱緒曾撰　清光緒六年(1880)金陵翁氏茹古閣刻本　一册　存一卷(續志)

330000－1710－0009531　普0001900　集部/别集類/清别集

曝書亭集詩註二十四卷　(清)朱彝尊撰　(清)楊謙注　**年譜一卷**　(清)楊謙撰　**曝書亭集詞註七卷**　(清)李富孫撰　清楊氏木山閣刻民國十年(1921)陸祖穀補刻本(卷二十三至二十四原缺　詞註配清嘉慶刻本)　八册　存二十五卷(一至十五、十九至二十二、年譜、詞註一至五)

330000－1710－0009532　普0001899　子部/儒家類/儒學之屬/性理

近思録集解十四卷　(宋)葉采撰　清初吴郡邵仁泓刻本　二册

330000－1710－0009533　普0001910　集部/别集類/清别集

思貽堂詩集六卷　(清)金衍宗撰　清光緒至宣統鉛印本　二册

330000－1710－0009534　普0001912　集部/總集類/氏族之屬

三朱遺編　(清)楊伯潤輯　清光緒十五年(1889)嘉興楊氏刻本　一册

330000－1710－0009535　普0001940　史部/地理類/水利之屬

浙江通志水利海防十四卷　(清)李衛　(清)沈翼機等纂修　清光緒五年(1879)墨潤堂刻本　一册　存二卷(十三至十四)

330000－1710－0009536　普0001885　類叢部/類書類/通類之屬

玉海二百四卷附刻十三種　(宋)王應麟撰　**校補玉海瑣記二卷王深甯先生年譜一卷**　(清)張大昌撰　清光緒九年至十六年(1883－1890)浙江書局刻本　一册　存四卷(漢制攷一至四)

330000－1710－0009537　普0001891　類叢部/類書類/通類之屬
玉海二百四卷附刻十三種　(宋)王應麟撰　**校補玉海瑣記二卷王深甯先生年譜一卷**　(清)張大昌撰　清光緒九年至十六年(1883－1890)浙江書局刻本　三冊　存七卷(小學紺珠四至十)

330000－1710－0009538　普0001941　類叢部/類書類/通類之屬
玉海二百四卷附刻十三種　(宋)王應麟撰　**校補玉海瑣記二卷王深甯先生年譜一卷**　(清)張大昌撰　清光緒九年至十六年(1883－1890)浙江書局刻本　三冊　存十四卷(通鑒地理通釋一至十四)

330000－1710－0009539　普0001952　類叢部/類書類/通類之屬
太平御覽一千卷　(宋)李昉等輯　清刻本　一冊　存十五卷(九百八十六至一千)

330000－1710－0009540　普0001942　集部/別集類/清別集
小鏡湖莊詩集三卷　(清)錢青撰　清嘉慶刻本　一冊

330000－1710－0009542　普0001944　子部/宗教類/其他宗教之屬/基督教
代疑編一卷　(明)楊廷筠撰　**楊淇園先生超性事蹟一卷**　(清)丁志麟撰　清刻本　一冊

330000－1710－0009544　普0001946　史部/地理類/雜志之屬
城南樵唱一卷　(清)顧福仁撰　清光緒十七年(1891)養心光室刻本　一冊

330000－1710－0009549　普0001949　集部/總集類/選集之屬/通代
續古文辭類纂三十四卷　王先謙輯　清光緒八年(1882)鉛印本　四冊　存十卷(一至十)

330000－1710－0009550　普0001950　集部/總集類/選集之屬/通代
經史百家雜鈔二十六卷　(清)曾國藩輯　清光緒三十二年(1906)上海商務印書館鉛印本　四冊　存八卷(五至十二)

330000－1710－0009551　普0001923　集部/別集類/清別集
綠野草堂詩鈔一卷　(清)張文鰲撰　清光緒五年(1879)刻本　一冊

330000－1710－0009552　普0001951　經部/小學類/訓詁之屬/方言
越言釋二卷　(清)茹敦和撰　清光緒四年(1878)仁和葛元煦嘯園刻本　一冊　存一卷(上)

330000－1710－0009553　普0001924　史部/傳記類/職官録之屬/總録
浙江宦鄂同鄉錄不分卷　(清)湖北浙江會館編　清光緒十一年(1885)刻本　二冊

330000－1710－0009554　普0001925　集部/別集類/清別集
澹退齋古今體詩一卷組齋試帖一卷澹退楹聯一卷　(清)沈琮寶撰　清光緒三十一年(1905)刻本　一冊

330000－1710－0009557　普0001913　子部/雜著類/雜說之屬
履園叢話二十四卷　(清)錢泳撰　清道光十八年(1838)刻同治九年(1870)重修本　一冊　存二卷(二十三至二十四)

330000－1710－0009558　普0001954　經部/叢編
漢魏二十一家易注三十三卷　(清)孫堂輯　清嘉慶四年(1799)平湖孫堂映雪草堂刻本　一冊　存一種

330000－1710－0009559　普0001927　集部/別集類/清別集
田硯齋詩集六卷　(清)褚榮槐撰　褚源深編　清宣統二年(1910)嘉興褚覺鈴鉛印本　一冊　存三卷(四至六)

330000－1710－0009560　普0001955　類叢部/叢書類/彙編之屬
雅雨堂藏書十三種　(清)盧見曾編　清乾隆二十一年(1756)德州盧氏雅雨堂刻增修本

一册　存一種

330000－1710－0009563　普 0001930　集部/曲類/寶卷之屬

鸚歌寶卷一卷附歎五更一卷　清光緒七年(1881)鎮江寶善堂刻本　一册　存一卷(鸚歌寶卷)

330000－1710－0009564　普 0001914　集部/别集類/唐五代别集

杜詩偶評四卷　(唐)杜甫撰　(清)沈德潛評　清乾隆十二年(1747)潘承松賦閒草堂刻本　一册　存一卷(一)

330000－1710－0009566　普 0001956　子部/雜著類/雜考之屬

羣書校補一百卷　(清)陸心源輯　清光緒歸安陸氏刻本(卷十七、二十七至三十三原缺)　一册　存一卷(萬本文選考異補)

330000－1710－0009567　普 0001915　集部/總集類/郡邑之屬

浙西六家詩鈔六卷　(清)吴應和等撰　清道光七年(1827)紫薇山館刻本　三册　存四卷(一至四)

330000－1710－0009568　普 0001931　集部/别集類/宋别集

方泉先生詩集三卷　(宋)周文璞撰　清宣統元年(1909)國光社石印本　一册

330000－1710－0009572　普 0001957　類叢部/類書類/通類之屬

玉海二百四卷附刻十三種　(宋)王應麟撰　**校補玉海瑣記二卷王深甯先生年譜一卷**　(清)張大昌撰　清光緒九年至十六年(1883－1890)浙江書局刻本　二十五册　存五十八卷(玉海一百五十至一百五十八、一百六十一至一百六十二、一百七十六至一百七十九、一百八十四至二百四、詩考一、詩地理考一至六、漢藝文志考證六至十、踐祚篇集解一、急就篇一至四、周書王會補注一、六經天文編下、周易鄭康成注一、通鑒答問四至五)

330000－1710－0009576　普 0001938　集部/曲類/寶卷之屬

觀世音菩薩本行經二卷　題(宋)釋普明撰　江西寶峯禪師流行　梅江智公禪師重修　大源文公法師傳錄　清光緒刻本　二册

330000－1710－0009577　普 0001960　類叢部/類書類/通類之屬

玉海二百四卷附刻十三種　(宋)王應麟撰　**校補玉海瑣記二卷王深甯先生年譜一卷**　(清)張大昌撰　清光緒九年至十六年(1883－1890)浙江書局刻本　一册　存二卷(小學紺珠九至十)

330000－1710－0009579　普 0001917　集部/别集類/明别集

楊忠愍公集四卷附靈驗記一卷　(明)楊繼盛撰　清光緒十一年(1885)刻本　一册　存四卷(一至四)

330000－1710－0009580　普 0001918　集部/總集類/課藝之屬

顧學齋試藝一卷　(清)沈文華撰　**銘新書屋試藝一卷**　(清)朱福謙撰　**目耕書屋試藝一卷**　(清)褚元仁撰　**玉硯樓試藝一卷**　(清)敖嘉熊撰　**三餘書屋試藝一卷**　(清)凌翔漢撰　**同懷試藝一卷**　(清)申鴻藻撰　**玉山草堂試藝一卷**　(清)夏甲先撰　**餐香館試藝一卷**　(清)蔣世長撰　清刻本　一册

330000－1710－0009581　普 0001961　類叢部/類書類/通類之屬

淵鑑類函四百五十卷目錄四卷　(清)張英　(清)王士禛等輯　清康熙刻雍正印本　十九册　存七十一卷(二百八十五至三百一、三百二十六至三百三十、三百六十二至三百六十五、三百七十六至三百八十九、四百五至四百三十五)

330000－1710－0009582　普 0001959　類叢部/類書類/通類之屬

太平御覽一千卷目錄十五卷　(宋)李昉等輯　清嘉慶十二年至十七年(1807－1812)歙縣鮑崇城刻本　四十一册　存六百九十六卷(一至九、十六至三十五、五十三至一百四十

五、一百五十五至一百九十七、二百三十三至二百五十、三百十至三百十四、三百二十九至三百四十四、三百六十至四百四十一、四百七十至五百八十四、六百二十至七百七十六、八百三十七至八百六十七、八百七十四至九百六十三、九百八十四至一千)

330000－1710－0009584　普0001920　史部/政書類/公牘檔冊之屬
同善堂徵信錄不分卷　(清)同善堂編　清光緒同善堂刻本　一冊

330000－1710－0009585　普0001958　子部/雜著類/雜考之屬
羣書校補一百卷　(清)陸心源輯　清光緒歸安陸氏刻本(卷十七、二十七至三十三原缺)　二十四冊　缺二卷(一至二)

330000－1710－0009586　普0001962　類叢部/類書類/專類之屬
佩文韻府一百六卷　(清)張玉書　(清)蔡升元等輯　**韻府拾遺一百六卷**　(清)汪灝　(清)何焯等輯　清康熙至雍正刻本　四十八冊　存四十九卷(佩文韻府一至二十四上、五十至六十五、六十八至七十六上)

330000－1710－0009587　普0001965　類叢部/類書類/通類之屬
玉海二百卷附刻辭學指南四卷詩考一卷詩地理考六卷漢藝文志考證十卷通鑑地理通釋十四卷漢制考四卷踐阼篇一卷周易鄭康成注一卷姓氏急就篇二卷急就篇補注四卷周書王會補注一卷小學紺珠十卷六經天文編二卷通鑑荅問五卷　(宋)王應麟撰　清嘉慶十一年(1806)江寧藩署刻本　一百二十冊

330000－1710－0009588　普0001963　子部/雜著類/雜考之屬
羣書校補一百卷　(清)陸心源輯　清刻本　一冊　存二卷(一至二)

330000－1710－0009589　普0001964　子部/雜著類/雜纂之屬
宋稗類鈔八卷　(清)潘永因輯　清康熙刻本　五冊　存五卷(二至六)

330000－1710－0009590　普0001966　類叢部/類書類/通類之屬
玉海二百四卷附刻十三種　(宋)王應麟撰　**校補玉海瑣記二卷王深甯先生年譜一卷**　(清)張大昌撰　清光緒九年至十六年(1883－1890)浙江書局刻本　一冊　存二卷(校補玉海瑣記一至二)

330000－1710－0009591　普0001967　類叢部/類書類/通類之屬
玉海二百四卷附刻十三種　(宋)王應麟撰　**校補玉海瑣記二卷王深甯先生年譜一卷**　(清)張大昌撰　清光緒九年至十六年(1883－1890)浙江書局刻本　一百二十冊

330000－1710－0009592　普0001969　子部/叢編
子書百家一百一種　(清)崇文書局編　清光緒元年(1875)湖北崇文書局刻本　三十四冊　存八十一種

330000－1710－0009593　普0001970　經部/叢編
通志堂經解一百三十九種　(清)納蘭成德輯　清同治十二年(1873)粵東書局刻本　一百三十冊　存三十六種

330000－1710－0009594　普0003683　類叢部/叢書類/彙編之屬
崇文書局彙刻書三十一種　(清)崇文書局編　清光緒元年至三年(1875－1877)湖北崇文書局刻本　二冊　存一種

330000－1710－0009595　普0001971　類叢部/叢書類/彙編之屬
咫進齋叢書三十五種　(清)姚覲元編　清光緒九年(1883)歸安姚氏刻本　十五冊　存二十六種

330000－1710－0009596　普0001968　子部/叢編
子書百家一百一種　(清)崇文書局編　清光緒元年(1875)湖北崇文書局刻民國元年(1912)鄂官書處重印本　四十二冊　存三十三種

330000－1710－0009597　普0003684　類叢部/叢書類/彙編之屬
崇文書局彙刻書三十一種　(清)崇文書局編　清光緒元年至三年(1875－1877)湖北崇文書局刻本　三册　存一種

330000－1710－0009598　普0001972　類叢部/叢書類/彙編之屬
湖海樓叢書十二種　(清)陳春編　清嘉慶蕭山陳氏刻二十四年(1819)彙印本　二十二册　存十種

330000－1710－0009599　普0001974　類叢部/叢書類/彙編之屬
龍威祕書一百六十九種　(清)馬俊良編　清刻本　一册　存二種

330000－1710－0009600　普0001975　類叢部/叢書類/彙編之屬
祕書廿一種　(清)汪士漢編　清刻本　一册　存二種

330000－1710－0009601　普0001977　類叢部/叢書類/彙編之屬
湖海樓叢書十二種　(清)陳春編　清嘉慶蕭山陳氏刻二十四年(1819)彙印本　十一册　存三種

330000－1710－0009602　普0003685　子部/叢編
子書百家一百一種　(清)崇文書局編　清光緒元年(1875)湖北崇文書局刻本　六册　存三種

330000－1710－0009603　普0001978　類叢部/叢書類/彙編之屬
海山仙館叢書五十六種　(清)潘仕成編　清道光二十五年至咸豐元年(1845－1851)番禺潘氏刻光緒十一年(1885)增刻彙印本　四十二册　存十五種

330000－1710－0009604　普0001979　類叢部/叢書類/彙編之屬
海山仙館叢書五十六種　(清)潘仕成編　清道光二十五年至咸豐元年(1845－1851)番禺潘氏刻光緒十一年(1885)增刻彙印本　五册　存五種

330000－1710－0009605　普0001973　類叢部/叢書類/彙編之屬
匯解經藝羣元□□種　清石印本　八册　存八卷(易經六、書經一、四,詩經二、三、六,春秋四、禮記一)

330000－1710－0009606　普0001976　類叢部/叢書類/彙編之屬
當歸草堂叢書八種　(清)丁丙編　清同治二年至五年(1863－1866)錢塘丁氏刻本　八册

330000－1710－0009607　普0001983　類叢部/叢書類/彙編之屬
申報館叢書正集五十七種附錄三種　(清)尊聞閣主編　**續集一百四十二種**　(清)蔡爾康編　清同治至光緒申報館鉛印本　十二册　存二種

330000－1710－0009608　普0001984　類叢部/叢書類/彙編之屬
海山仙館叢書五十六種　(清)潘仕成編　清道光二十五年至咸豐元年(1845－1851)番禺潘氏刻光緒十一年(1885)增刻彙印本　三册　存一種

330000－1710－0009610　普0001980　類叢部/叢書類/彙編之屬
知不足齋叢書一百九十六種　(清)鮑廷博編　(清)鮑士恭續編　清乾隆三十七年至道光三年(1772－1823)長塘鮑氏刻彙印本　一册　存一種

330000－1710－0009611　普0001982　類叢部/叢書類/彙編之屬
知不足齋叢書一百九十六種　(清)鮑廷博編　(清)鮑士恭續編　清乾隆三十七年至道光三年(1772－1823)長塘鮑氏刻同治十一年(1872)嶺南蘇氏補刻本　一册　存二種

330000－1710－0009612　普0001986　類叢部/叢書類/彙編之屬
明辨齋叢書三十二種　(清)余肇鈞編　清同

治元年至九年(1862－1870)長沙余氏刻本　十二册　存十種

330000－1710－0009613　普 0001981　類叢部/叢書類/彙編之屬
知不足齋叢書一百九十六種　(清)鮑廷博編　(清)鮑士恭續編　清乾隆三十七年至道光三年(1772－1823)長塘鮑氏刻同治十一年(1872)嶺南蘇氏補刻本　一百四十册　存一百三十七種

330000－1710－0009614　普 0003686　類叢部/叢書類/彙編之屬
崇文書局彙刻三十三種　(清)崇文書局編　清光緒元年(1875)湖北崇文書局刻民國元年(1912)鄂官書處重印本　四册　存三種

330000－1710－0009615　普 0001987　類叢部/叢書類/彙編之屬
海山仙館叢書五十六種　(清)潘仕成編　清道光二十五年至咸豐元年(1845－1851)番禺潘氏刻光緒十一年(1885)增刻匯印本　十七册　存十三種

330000－1710－0009616　普 0003687　子部/叢編
子書百家一百一種　(清)崇文書局編　清光緒元年(1875)湖北崇文書局刻本　一册　存二種

330000－1710－0009617　普 0001988　類叢部/叢書類/彙編之屬
藝海珠塵二百六種　(清)吴省蘭編　清嘉慶南匯吴氏聽彝堂刻本　二册　存四種

330000－1710－0009618　普 0001989　類叢部/叢書類/彙編之屬
藝海珠塵二百六種　(清)吴省蘭編　清嘉慶南匯吴氏聽彝堂刻本　八册　存三十一種

330000－1710－0009619　普 0001996　類叢部/叢書類/自著之屬
西河合集一百十九種　(清)毛奇齡撰　清嘉慶元年(1796)蕭山陸氏凝瑞堂刻本　二十册　存五十三種

330000－1710－0009622　普 0001992　類叢部/叢書類/彙編之屬
奇晉齋叢書十六種　(清)陸烜編　清乾隆三十四年(1769)平湖陸烜奇晉齋刻本　二册　存十二種

330000－1710－0009625　普 0002001　類叢部/叢書類/彙編之屬
貸園叢書初集十二種四十九卷　(清)周永年編　清乾隆五十四年(1789)歷城周氏竹西書屋重編印益都李文藻等刻本　十六册

330000－1710－0009626　普 0002000　類叢部/叢書類/自著之屬
陸子全書十八種　(清)陸隴其撰　清光緒刻本　二十八册　存十五種

330000－1710－0009629　普 0002020　史部/地理類
李氏五種　(清)李兆洛撰　清光緒十四年(1888)掃葉山房刻本　六册　存二種

330000－1710－0009630　普 0002021　類叢部/叢書類/自著之屬
陸子全書十八種　(清)陸隴其撰　清光緒刻本　三册　存一種

330000－1710－0009631　普 0002002　類叢部/叢書類/彙編之屬
祕書廿一種　(清)汪士漢編　清文盛堂刻本　三册　存六種

330000－1710－0009636　普 0002031　類叢部/叢書類/自著之屬
陸子全書十八種　(清)陸隴其撰　清光緒刻本　二册　存一種

330000－1710－0009637　普 0002025　類叢部/叢書類/彙編之屬
別下齋叢書初集二十三種　(清)蔣光煦編　清道光海昌蔣氏別下齋刻本　二册　存一種

330000－1710－0009640　普 0001997　經部/叢編
鄭氏佚書二十三種　(漢)鄭玄撰　(清)袁鈞輯　清光緒十四年(1888)浙江書局刻本

十冊

330000－1710－0009641　普 0002007　類叢部/叢書類/自著之屬

朱氏羣書六種　(清)朱駿聲撰　清光緒八年(1882)臨嘯閣刻本　四冊

330000－1710－0009642　普 0002029　子部/儒家類/儒學之屬/經濟

說苑二十卷　(漢)劉向撰　清刻本　一冊　存六卷(一至六)

330000－1710－0009643　普 0002030　子部/儒家類/儒學之屬/經濟

說苑二十卷　(漢)劉向撰　清刻本　二冊　缺九卷(八至十六)

330000－1710－0009644　普 0002008　集部/總集類/氏族之屬

海鹽張氏涉園叢刻七種　張元濟輯　清宣統三年(1911)海鹽張氏鉛印本　八冊

330000－1710－0009646　普 0002028　類叢部/叢書類/彙編之屬

祕書廿一種　(清)汪士漢編　清嘉慶九年(1804)新安汪氏刻本　四冊　存十五種

330000－1710－0009647　普 0001998　類叢部/叢書類/彙編之屬

南菁書院叢書四十一種　王先謙　繆荃孫編　清光緒十四年(1888)江陰南菁書院刻本　五冊　存十四種

330000－1710－0009648　普 0002032　類叢部/叢書類/彙編之屬

廣漢魏叢書八十種　(明)何允中編　明刻本　一冊　存一種

330000－1710－0009649　普 0002024　類叢部/叢書類/自著之屬

陸子全書十八種　(清)陸隴其撰　清光緒刻本　三冊　存一種

330000－1710－0009653　普 0002027　類叢部/叢書類/彙編之屬

宜稼堂叢書七種　(清)郁松年編　清道光二十年至二十二年(1840－1842)上海郁氏刻本　三十六冊　存四種

330000－1710－0009657　普 0002019　類叢部/叢書類/彙編之屬

海山仙館叢書五十六種　(清)潘仕成編　清道光二十五年至咸豐元年(1845－1851)番禺潘氏刻光緒十一年(1885)增刻彙印本　三冊　存一種

330000－1710－0009658　普 0002033　類叢部/叢書類/彙編之屬

廣漢魏叢書八十種　(明)何允中編　清嘉慶刻本　五十九冊　存四十九種

330000－1710－0009659　普 0003688　類叢部/叢書類/彙編之屬

宜稼堂叢書七種　(清)郁松年編　清道光二十年至二十二年(1840－1842)上海郁氏刻本　一冊　存一種

330000－1710－0009660　普 0002035　子部/雜著類/雜纂之屬

經餘必讀二卷　(清)雷琳　(清)錢樹棠　(清)錢樹立輯　清光緒十六年(1890)上海鴻文書局石印本　二冊

330000－1710－0009661　普 0002036　子部/道家類

至寶錄四卷　清同治六年(1867)刻本　三冊　缺一卷(二)

330000－1710－0009662　普 0002037　史部/政書類

政藝叢書癸卯全書十六種　鄧實編　清光緒二十九年(1903)政藝通報館石印本　一冊　存三種

330000－1710－0009663　普 0002039　史部/傳記類/總傳之屬

大同志一卷李志一卷漢中士女志一卷梓潼士女志一卷　(晉)常璩撰　清刻本　一冊

330000－1710－0009664　普 0002040　子部/宗教類/道教之屬/雜著

新鋟葛稚川内篇四卷外篇四卷　(晉)葛洪撰

（明）盧舜治評　清刻本　一冊　存一卷（外篇一）

330000－1710－0009665　普0002041　類叢部/叢書類/彙編之屬

漢魏叢書三十八種　（明）程榮編　明萬曆二十年（1592）新安程氏刻本　一冊　存一種

330000－1710－0009666　普0002038　類叢部/叢書類/彙編之屬

海山仙館叢書五十六種　（清）潘仕成編　清道光二十五年至咸豐元年（1845－1851）番禺潘氏刻光緒十一年（1885）增刻彙印本　十七冊　存七種

330000－1710－0009667　普0002034　類叢部/叢書類/彙編之屬

廣漢魏叢書八十種　（明）何允中編　清嘉慶刻本　二十一冊　存四十三種

330000－1710－0009668　普0002042　類叢部/叢書類/彙編之屬

增訂漢魏叢書八十六種　（清）王謨編　清乾隆五十六年（1791）金谿王氏刻本　二十冊　存十八種

330000－1710－0009669　普0002043　經部/叢編

皇清經解一千四百八卷首一卷　（清）阮元輯　清道光九年（1829）廣東學海堂刻咸豐十一年（1861）補刻本　一百六十一冊　缺七十五卷（一至七十五）

330000－1710－0009670　普0002049　經部/叢編

十三經古注二百九十卷　（明）金蟠　（明）葛鼒校　明崇禎十二年（1639）永懷堂刻清同治八年（1869）浙江書局校修本　八冊　存一種

330000－1710－0009671　普0002048　經部/叢編

重刊宋本十三經注疏四百十六卷附十三經注疏校勘記四百十六卷　（清）阮元撰　（清）盧宣旬摘錄　清嘉慶二十年（1815）南昌府學刻道光六年（1826）盱江朱華臨重校同治十二年（1873）江西書局重修本　一百七冊　存十種

330000－1710－0009672　普0002044　經部/群經總義類/傳說之屬

皇清經解分經合纂十六卷　（清）船山主人輯　清光緒二十一年（1895）上洋鴻寶齋石印本　十九冊　缺四卷（五、十、十三至十四）

330000－1710－0009673　普0002050　經部/叢編

十三經古注二百九十卷　（明）金蟠　（明）葛鼒校　明崇禎十二年（1639）永懷堂刻清同治八年（1869）浙江書局校修本　四冊　存一種

330000－1710－0009674　普0002045　經部/叢編

皇清經解一百九十卷首一卷正訛記一卷　（清）阮元輯　清石印本　二冊　存十七卷（一百三十二至一百四十、一百八十三至一百九十）

330000－1710－0009675　普0002051　經部/叢編

十三經古注二百九十卷　（明）金蟠　（明）葛鼒校　明崇禎十二年（1639）永懷堂刻清同治八年（1869）浙江書局校修本　三冊　存一種

330000－1710－0009676　普0002052　經部/叢編

十三經古注二百九十卷　（明）金蟠　（明）葛鼒校　明崇禎十二年（1639）永懷堂刻清同治八年（1869）浙江書局校修本　四冊　存一種

330000－1710－0009677　普0002053　經部/叢編

十三經古注二百九十卷　（明）金蟠　（明）葛鼒校　明崇禎十二年（1639）永懷堂刻清同治八年（1869）浙江書局校修本　三冊　存一種

330000－1710－0009678　普0002072　經部/叢編

重刊宋本十三經注疏四百十六卷附十三經注疏校勘記四百十六卷　（清）阮元撰　（清）盧宣旬摘錄　清嘉慶二十年（1815）南昌府學刻本　四冊　存二種

330000－1710－0009679　普0002073　經部/叢編

重刊宋本十三經注疏四百十六卷附十三經注疏校勘記四百十六卷　(清)阮元撰　(清)盧宣旬摘錄　清嘉慶二十年(1815)南昌府學刻本　二十二册　存六種

330000－1710－0009680　普0002061　類叢部/叢書類/彙編之屬

荔牆叢刻十三種　(清)汪曰楨編　清同治至光緒烏程汪氏刻本　七册　存三種

330000－1710－0009681　普0002062　類叢部/叢書類/自著之屬

陸子全書十八種　(清)陸隴其撰　清光緒刻本　一册　存一種

330000－1710－0009682　普0002063　類叢部/叢書類/自著之屬

陸子全書十八種　(清)陸隴其撰　清光緒刻本　七册　存五種

330000－1710－0009683　普0002054　經部/叢編

十三經古注二百九十卷　(明)金蟠　(明)葛鼒校　明崇禎十二年(1639)永懷堂刻清同治八年(1869)浙江書局校修本　三册　存二種

330000－1710－0009684　普0002017　類叢部/叢書類/彙編之屬

祕書廿一種　(清)汪士漢編　清刻本　七册　存七種

330000－1710－0009685　普0002055　經部/叢編

十三經古注二百九十卷　(明)葛鼒　(明)金蟠校　明崇禎十二年(1639)永懷堂刻清同治八年(1869)浙江書局校修本　一册　存一種

330000－1710－0009686　普0002056　經部/叢編

十三經古注二百九十卷　(明)金蟠　(明)葛鼒校　明崇禎十二年(1639)永懷堂刻清同治八年(1869)浙江書局校修本　三册　存一種

330000－1710－0009687　普0002057　經部/叢編

十三經古注二百九十卷　(明)金蟠　(明)葛鼒校　明崇禎十二年(1639)永懷堂刊清同治八年(1869)浙江書局校修本　三册　存一種

330000－1710－0009688　普0002058　經部/叢編

十三經古注二百九十卷　(明)金蟠　(明)葛鼒校　明崇禎十二年(1639)永懷堂刻清同治八年(1869)浙江書局校修本　三册　存一種

330000－1710－0009689　普0002059　經部/叢編

十三經古注二百九十卷　(明)金蟠　(明)葛鼒校　明崇禎十二年(1639)永懷堂刻清同治八年(1869)浙江書局校修本　十册　存一種

330000－1710－0009690　普0002046　經部/叢編

皇清經解一百九十卷首一卷正訛記一卷　(清)阮元輯　清光緒十一年(1885)上海點石齋石印本　十五册　存一百十七卷(一至十二、二十六至三十二、五十至五十八、八十八至九十、一百五至一百九十)

330000－1710－0009691　普0002060　經部/叢編

十三經古注二百九十卷　(明)金蟠　(明)葛鼒校　明崇禎十二年(1639)永懷堂刻清同治八年(1869)浙江書局校修本　三册　存一種

330000－1710－0009692　普0002064　類叢部/叢書類/自著之屬

陸子全書十八種　(清)陸隴其撰　清光緒刻本　一册　存一種

330000－1710－0009693　普0002018　類叢部/叢書類/郡邑之屬

檇李遺書二十六種　(清)孫福清輯　清光緒四年(1878)秀水孫氏望雲仙館刻本　二十册　存二十四種

330000－1710－0009694　普0002047　經部/叢編

皇清經解續編一千四百三十卷　王先謙輯

皇清經解續編目錄十七卷　蜚英館編　清光緒十五年(1889)上海蜚英館石印本(卷三十原缺)　二十七冊　存一百六十四卷(十三至十七、十九下至二十八、四十八至至五十、五十三至一百五、一百十二至一百十四、一百二十八至一百四十八、一百五十六至二百九、目錄三至十七)

330000－1710－0009695　普0002068　新學/雜著/叢編

勵學譯編六種　(清)勵學譯社編　清光緒二十七年至二十八年(1901－1902)刻本　一冊　存一種

330000－1710－0009696　普0002069　類叢部/叢書類/彙編之屬

邵武徐氏叢書二十三種　(清)徐榦編　清光緒邵武徐榦刻本　一冊　存一種

330000－1710－0009697　普0002070　經部/小學類

雷刻四種　(清)雷浚輯　清光緒二年至十年(1876－1884)吳縣雷氏刻本　一冊　存一種

330000－1710－0009698　普0002065　經部/叢編

十三經古注二百九十卷　(明)金蟠　(明)葛鼒校　明崇禎十二年(1639)永懷堂刻清同治八年(1869)浙江書局校修本　二冊　存一種

330000－1710－0009699　普0002066　經部/叢編

十三經古注二百九十卷　(明)金蟠　(明)葛鼒校　明崇禎十二年(1639)永懷堂刻清同治八年(1869)浙江書局校修本　三冊　存一種

330000－1710－0009700　普0002067　經部/叢編

十三經古注二百九十卷　(明)金蟠　(明)葛鼒校　明崇禎十二年(1639)永懷堂刻清同治八年(1869)浙江書局校修本　九冊　存一種

330000－1710－0009701　普0002071　經部/叢編

十三經古注二百九十卷　(明)金蟠　(明)葛鼒校　明崇禎十二年(1639)永懷堂刻清同治八年(1869)浙江書局校修本　二冊　存二種

330000－1710－0009702　普0002074　經部/叢編

十三經注疏三百三十三卷　(明)□□輯　清同治十年(1871)湖南省城尊經閣刻本　一百四十九冊　存十二種

330000－1710－0009704　普0002088　經部/叢編

宋本十三經註疏併經典釋文校勘記　(清)阮元撰　清嘉慶二十一年(1816)揚州阮氏文選樓刻本　四十七冊　缺八卷(尚書註疏校勘記一至八)

330000－1710－0009705　普0002076　經部/叢編

重刊宋本十三經注疏四百十六卷附十三經注疏校勘記四百十六卷　(清)阮元撰　(清)盧宣旬摘錄　**校勘記識語四卷**　(清)汪文臺撰　清光緒十三年(1887)上海脈望仙館石印本　二十八冊　存十種

330000－1710－0009706　普0002077　經部/叢編

重刊宋本十三經注疏四百十六卷附十三經注疏校勘記四百十六卷　(清)阮元撰　(清)盧宣旬摘錄　**校勘記識語四卷**　(清)汪文臺撰　清光緒袖海山房石印本　三十二冊

330000－1710－0009707　普0002078　經部/叢編

十三經註疏三百三十三卷　(明)□□輯　明崇禎元年至十二年(1628－1639)毛氏汲古閣刻清嘉慶三年(1798)金閶書業堂重刻本　十六冊　存三種

330000－1710－0009708　普0002079　新學/商務/稅則

英國印花稅章程一卷續編一卷　(英國)馬格里撰　(清)沈鑒　(清)劉鏡人譯　清光緒二十五年(1899)吳興陸氏上海印書公會石印本　一冊　存一卷(續編)

330000－1710－0009709　普0002080　子部/儒家類/儒學之屬/經濟

黄書七卷　(清)王夫之撰　清光緒二十四年(1898)石印本　一冊

330000－1710－0009710　普0002081　類叢部/叢書類/彙編之屬

説鈴前集三十七種後集十六種　(清)吳震方編　清刻本　一冊　存一種

330000－1710－0009711　普0003997　子部/儒家類/儒家之屬

新序十卷　(漢)劉向撰　清刻本　一冊　存五卷(一至五)

330000－1710－0009713　普0002084　子部/天文曆算類/算書之屬

兩湖書院算學課程二卷附一卷附表一卷　(清)兩湖書院編　清光緒二十四年(1898)兩湖書院刻本　一冊　缺一卷(一)

330000－1710－0009714　普0002075　經部/叢編

重刊宋本十三經注疏四百十六卷附十三經注疏校勘記四百十六卷　(清)阮元撰　(清)盧宣旬摘錄　**十三經注疏校勘記識語四卷**　(清)汪文臺撰　清同治十年(1871)湖南省城尊經閣刻本　四十二冊

330000－1710－0009715　普0002085　子部/宗教類/佛教之屬/論疏

三論玄義二卷　(隋)釋吉藏撰　清光緒二十五年(1899)金陵刻經處刻本　一冊

330000－1710－0009716　普0002086　經部/易類/傳説之屬

周易廣義六卷　(清)潘元懋撰　清刻本　一冊　存一卷(繫辭下)

330000－1710－0009717　普0002087　經部/叢編

十三經註疏三百三十三卷　(明)□□輯　明崇禎元年至十二年(1628－1639)毛氏汲古閣刻清嘉慶三年(1798)金閶書業堂重刻本　一冊　存一種

330000－1710－0009718　普0002089　經部/叢編

重刊宋本十三經注疏四百十六卷附十三經注疏校勘記四百十六卷　(清)阮元撰　(清)盧宣旬摘錄　清嘉慶二十年(1815)南昌府學刻道光六年(1826)盱江朱華臨重校同治十二年(1873)江西書局重修本　四冊　存二種

330000－1710－0009719　普0002113　類叢部/叢書類/彙編之屬

正誼堂全書六十三種續刻五種　(清)張伯行編　(清)楊浚重編　清同治五年(1866)福州正誼書院刻同治八年至光緒十三年(1869－1887)續刻本　一百八十八冊

330000－1710－0009720　普0002092　經部/書類/傳説之屬

書經集傳六卷首一卷末一卷　(宋)蔡沈撰　清光緒七年(1881)金陵書局刻本　一冊　存二卷(首、一)

330000－1710－0009721　普0002110　經部/叢編

古經解彙函十六種附小學彙函十四種　(清)鍾謙鈞等輯　清刻本　一冊　存古經解彙函一種

330000－1710－0009722　普0002093　經部/四書類/總義之屬/傳説

四書集註十九卷　(宋)朱熹撰　清光緒八年(1882)金陵書局刻本　一冊　存二卷(大學、中庸)

330000－1710－0009723　普0002103、普0002103－1、普0002104、普0002105、普0002106、普0002107　經部/叢編

十三經注疏三百三十三卷　(明)□□輯　清嘉慶三年(1798)金閶書業堂刻本　三十三冊　存六種

330000－1710－0009724　普0002090　經部/叢編

遵阮本重校印十三經注疏并校勘記　(清)阮元撰　(清)盧宣旬摘錄　清光緒二十九年(1903)上海點石齋石印本　三十二冊

330000－1710－0009725　普 0002091　經部/叢编

十三經註疏三百三十三卷　(明)□□輯　明崇禎元年至十二年(1628－1639)毛氏汲古閣刻清嘉慶三年(1798)金閶書業堂重刻本　四十九册　存五種

330000－1710－0009726　普 0002114　子部/叢编

子書百家一百一種　(清)崇文書局編　清光緒元年(1875)湖北崇文書局刻民國元年(1912)鄂官書處重印本　鲁得題跋　六十九册　存七十三種

330000－1710－0009727　普 0003689　經部/叢编

十三經注疏三百三十三卷　(明)□□輯　清刻本　四册　存一種

330000－1710－0009728　普 0002108、普 0002109、普 0002111、普 0002112　經部/叢编

重刊宋本十三經注疏四百十六卷附十三經注疏校勘記四百十六卷　(清)阮元撰　(清)盧宣旬摘錄　清嘉慶二十年(1815)南昌府學刻本　三十三册　存四種

330000－1710－0009729　普 0002115　類叢部/叢書類/自著之屬

陸子全書十八種　(清)陸隴其撰　清光緒刻本　三十册　存十一種

330000－1710－0009730　普 0002094　經部/叢编

十三經古注二百九十卷　(明)金蟠　(明)葛鼒校　明崇禎十二年(1639)永懷堂刻清同治八年(1869)浙江書局校修本　三册　存一種

330000－1710－0009731　普 0002095　經部/叢编

十三經古注二百九十卷　(明)金蟠　(明)葛鼒校　明崇禎十二年(1639)永懷堂刻清同治八年(1869)浙江書局校修本　一册　存一種

330000－1710－0009732　普 0002099、普 0002100、普 0002101、普 0002096、普 0002097、普 0002102、普 0002098、普 0002100－1　子部/叢编

二十二子(二十二子彙函)　(清)浙江書局編　清光緒元年至三年(1875－1877)浙江書局刻本　三十二册　存八種

330000－1710－0009733　普 0002117　類叢部/叢書類/彙編之屬

正誼堂全書六十三種續刻五種　(清)張伯行編　(清)楊浚重編　清同治五年(1866)福州正誼書院刻同治八年至光緒十三年(1869－1887)續刻本　八十五册　存三十種

330000－1710－0009734　普 0002121　經部/叢编

古經解彙函十六種附小學彙函十四種　(清)鍾謙鈞等輯　清同治十二年(1873)粵東書局刻本　十八册　存古經解彙函六種

330000－1710－0009735　普 0002116　類叢部/叢書類/自著之屬

船山遺書五十七種　(清)王夫之撰　清同治四年(1865)湘鄉曾國荃金陵刻本　一百四册

330000－1710－0009736　普 0002118　類叢部/叢書類/彙編之屬

正誼堂全書六十三種續刻五種　(清)張伯行編　(清)楊浚重編　清同治五年(1866)福州正誼書院刻同治八年至光緒十三年(1869－1887)續刻本　十四册　存七種

330000－1710－0009737　普 0002119　經部/叢编

通志堂經解一百四十種　(清)納蘭成德輯　清康熙十九年(1680)納蘭成德刻本　一册　存一種

330000－1710－0009738　普 0002120　經部/叢编

古經解彙函十六種附小學彙函十四種　(清)鍾謙鈞等輯　清同治十二年(1873)粵東書局刻本　六册　存古經解彙函五種

330000－1710－0009739　普 0002122　經部/叢编

古經解彙函十六種附小學彙函十四種　(清)鍾謙鈞等輯　清同治十二年(1873)粤東書局刻本　三十一册　存小學彙函十四種

330000－1710－0009741　普 0002124　類叢部/叢書類/輯佚之屬

漢魏遺書鈔一百四種　(清)王謨輯　清嘉慶三年(1798)金谿王氏刻本　四册　存三十四種

330000－1710－0009742　普 0002125　類叢部/叢書類/彙編之屬

小石山房叢書三十八種　(清)顧湘編　清道光刻同治十三年(1874)虞山顧氏補刻本　三册　存十種

330000－1710－0009743　普 0002126　類叢部/叢書類/彙編之屬

小石山房叢書三十八種　(清)顧湘編　清道光刻同治十三年(1874)虞山顧氏補刻本　八册　存二十二種

330000－1710－0009744　普 0003690　類叢部/叢書類/彙編之屬

正誼堂全書六十三種續刻五種　(清)張伯行編　(清)楊浚重編　清同治五年(1866)福州正誼書院刻同治八年至光緒十三年(1869－1887)續刻本　二册　存一種

330000－1710－0009745　普 0002127　類叢部/叢書類/彙編之屬

别下齋叢書二十七種　(清)蔣光煦編　清道光海昌蔣氏别下齋刻咸豐六年(1856)續刻本　三册　存六種

330000－1710－0009746　普 0003691　類叢部/叢書類/彙編之屬

别下齋叢書初集二十三種　(清)蔣光煦編　清道光海昌蔣氏别下齋刻本　一册　存一種

330000－1710－0009747　普 0002132　經部/叢編

古經解彙函十六種附小學彙函十四種　(清)鍾謙鈞等輯　清光緒十五年(1889)湘南書局刻本　三十册　存小學彙函十三種

330000－1710－0009749　普 0002129　類叢部/叢書類/郡邑之屬

台州叢書九種　(清)宋世犖輯　清嘉慶至道光臨海宋氏刻本　五册　存三種

330000－1710－0009750　普 0002133　類叢部/叢書類/彙編之屬

文選樓叢書十五種　(清)萩林山房編　清光緒七年(1881)萩林山房刻本　二册　存五種

330000－1710－0009752　普 0002130　類叢部/叢書類/彙編之屬

青照堂叢書八十五種　(清)李元春輯　清道光十五年(1835)朝邑劉際清等刻本　三册　存七種

330000－1710－0009753　普 0002139　經部/叢編

通志堂經解一百三十九種　(清)納蘭成德輯　清同治十二年(1873)粤東書局刻本　一百三十五册　存五十二種

330000－1710－0009754　普 0002134　類叢部/叢書類/自著之屬

春在堂全書三十六種　(清)俞樾撰　清同治至光緒刻光緒末彙印本　六册　存三種

330000－1710－0009755　普 0002140　經部/叢編

皇清經解一千四百八卷首一卷　(清)阮元輯　清道光九年(1829)廣東學海堂刻咸豐十一年(1861)補刻本　一百九十三册　存八百三十四卷(一至三、五至八百二十九、八百四十至八百四十五)

330000－1710－0009756　普 0002141　經部/叢編

皇清經解一千四百八卷首一卷　(清)阮元輯　清道光九年(1829)廣東學海堂刻咸豐十一年(1861)補刻本　一百十四册　存四百八十卷(八百二十三至一千三百二)

330000－1710－0009757　普 0002135　經部/叢編

古經解彙函十六種附小學彙函十四種　(清)

鍾謙鈞等輯　清刻本　十册　存小學彙函九種

330000－1710－0009758　普0002136　類叢部/叢書類/自著之屬

甌北全集八種　（清）趙翼撰　清光緒三年（1877）滇南唐氏刻本　五册　存三種

330000－1710－0009759　普0002155　經部/小學類/文字之屬/字書/字典

康熙字典十二集三十六卷總目一卷檢字一卷辨似一卷等韻一卷補遺一卷備考一卷　（清）張玉書等纂修　清康熙刻本　清輪香題記　四十册

330000－1710－0009761　普0002143　經部/小學類/文字之屬/字體

增訂合聲簡字譜一卷　勞乃宣撰　清光緒三十二年（1906）江寧刻本　一册

330000－1710－0009762　普0002156　經部/小學類/文字之屬/字書/字典

康熙字典十二集三十六卷總目一卷檢字一卷辨似一卷等韻一卷補遺一卷備考一卷　（清）張玉書等纂修　清康熙刻本　二十九册　缺十一卷（子集上、卯集上、巳集中下、午集下、未集上中下、申集下、補遺、備考）

330000－1710－0009763　普0002144　經部/叢編

皇清經解一千四百八卷首一卷　（清）阮元輯　清道光九年（1829）廣東學海堂刻咸豐十一年（1861）補刻本　一册　存一卷（經義知新記）

330000－1710－0009764　普0002145　經部/小學類/音韻之屬/韻書

字類標韻六卷補遺一卷　（清）華綱輯　（清）何承錕重訂　清刻本　一册　存四卷（四至六、補遺一）

330000－1710－0009765　普0002158　經部/小學類/文字之屬/字書/字典

康熙字典十二集三十六卷總目一卷檢字一卷辨似一卷等韻一卷補遺一卷備考一卷　（清）張玉書等纂修　清末石印本　五册　存三十二卷（寅集上中下、卯集上中下、辰集上中下、巳集上中下、午集上中下、未集上中下、申集上中下、酉集上中下、戌集上中下、亥集上中下、補遺、備考）

330000－1710－0009766　普0002146　經部/小學類/音韻之屬/古今韻說

古今韻略五卷　（清）邵長蘅撰　清康熙三十五年（1696）商丘宋犖刻本　一册　存目錄、序言

330000－1710－0009767　普0002147　經部/叢編

皇清經解一千四百八卷首一卷　（清）阮元輯　清道光九年（1829）廣東學海堂刻咸豐十一年（1861）補刻本　一册　存六卷（八百八至八百十三）

330000－1710－0009768　普0002148　經部/小學類/文字之屬/說文

說文解字注十五卷附六書音韻表五卷　（清）段玉裁撰　**說文部目分韻一卷**　（清）陳焕編　清乾隆至嘉慶段氏經韻樓刻同治六年至十一年（1867－1872）蘇州保息局補刻本　一册　存五卷（六書音韻表一至五）

330000－1710－0009769　普0002149　經部/叢編

皇清經解一千四百八卷首一卷　（清）阮元輯　清道光九年（1829）廣東學海堂刻咸豐十一年（1861）補刻本　五册　存十七卷（八百三十三至八百四十六、八百七十三至八百七十五）

330000－1710－0009770　普0002150　經部/小學類/訓詁之屬/爾雅

爾雅三卷　（晉）郭璞注　（唐）陸德明音義　清嘉慶二十二年（1817）順德張青選清芬閣刻本　三册

330000－1710－0009771　普0002157　經部/小學類/文字之屬/字書/字典

康熙字典十二集三十六卷總目一卷檢字一卷辨似一卷等韻一卷補遺一卷備考一卷　（清）

張玉書等纂修　清光緒二十年(1894)上海寶善書局石印本　六册　缺二卷(補遺、備考)

330000－1710－0009772　普 0002137　史部/雜史類/斷代之屬

明季稗史彙編十六種　(清)留雲居士輯　清都城琉璃廠刻本　一册　存五種

330000－1710－0009773　普 0002159　經部/小學類/文字之屬/字書/字典

康熙字典十二集三十六卷總目一卷檢字一卷辨似一卷等韻一卷補遺一卷備考一卷　(清)張玉書等纂修　清末石印本　二册　存二十三卷(巳集上中下、午集上中下、未集上中下、申集上中下、酉集上中下、戌集上中下、亥集上中下、補遺、備考)

330000－1710－0009774　普 0002138　類叢部/叢書類/彙編之屬

結一廬朱氏賸餘叢書四種　(清)朱澂編　清光緒三十一年(1905)仁和朱氏刻本　三册　存一種

330000－1710－0009775　普 0002171　經部/小學類/文字之屬/說文

說文解字義證五十卷　(清)桂馥撰　清同治九年(1870)湖北崇文書局刻本　三十二册

330000－1710－0009776　普 0002160　經部/小學類/文字之屬/字書/字典

康熙字典十二集三十六卷總目一卷檢字一卷辨似一卷等韻一卷補遺一卷備考一卷　(清)張玉書等纂修　清刻本　三册　存三卷(午集上中下)

330000－1710－0009777　普 0002161　經部/小學類/音韻之屬/韻書

廣韻五卷　(宋)陳彭年等重修　清刻本　一册　存一卷(二)

330000－1710－0009778　普 0002162　經部/小學類/文字之屬/字書/字典

康熙字典十二集三十六卷總目一卷檢字一卷辨似一卷等韻一卷補遺一卷備考一卷　(清)張玉書等纂修　清刻本　六册　存六卷(酉集上中下、亥集上中下)

330000－1710－0009779　普 0002151、普 0002152　經部/小學類/訓詁之屬/爾雅

爾雅郭注義疏二十卷　(清)郝懿行撰　清光緒十年(1884)榮縣屬南閣刻本　十册

330000－1710－0009780　普 0003996　集部/總集類/選集之屬/通代

駢體文鈔三十一卷　(清)李兆洛輯　清道光元年(1821)合河康氏家塾刻同治六年(1867)婁江徐氏補刻本　一册　存四卷(二十八至三十一)

330000－1710－0009781　普 0002166　經部/小學類/文字之屬/說文/傳說

段氏說文注訂八卷　(清)鈕樹玉撰　清同治十三年(1874)湖北崇文書局刻本　二册

330000－1710－0009782　普 0002164　經部/小學類/文字之屬/字書/字典

康熙字典十二集三十六卷總目一卷檢字一卷辨似一卷等韻一卷補遺一卷備考一卷　(清)張玉書等纂修　清刻本　十册　存十卷(子集上下、辰集下、巳集上下、未集上、申集下、等韻、補遺、備考)

330000－1710－0009783　普 0002165　經部/小學類/文字之屬/字書/字典

康熙字典十二集三十六卷總目一卷檢字一卷辨似一卷等韻一卷補遺一卷備考一卷　(清)張玉書等纂修　清刻本　三十九册

330000－1710－0009784　普 0002153　經部/小學類/訓詁之屬/群雅

駢雅訓纂十六卷首一卷　(明)朱謀㙔撰　(清)魏茂林訓纂　清光緒七年(1881)成都瀹雅齋刻本　八册

330000－1710－0009785　普 0002167　經部/小學類/文字之屬/字書/字典

康熙字典十二集三十六卷總目一卷檢字一卷辨似一卷等韻一卷補遺一卷備考一卷　(清)張玉書等纂修　清刻本　三册　存三卷(丑集上中下)

330000－1710－0009786　普0002168　經部/小學類/文字之屬/說文

說文通檢十四卷首一卷末一卷　(清)黎永椿撰　清光緒二年(1876)湖北崇文書局刻本　二冊

330000－1710－0009787　普0002169　經部/小學類/文字之屬/說文

說文通檢十四卷首一卷末一卷　(清)黎永椿撰　清光緒二年(1876)湖北崇文書局刻本　二冊

330000－1710－0009788　普0002170　經部/小學類/文字之屬/字書/字典

康熙字典十二集三十六卷總目一卷檢字一卷辨似一卷等韻一卷補遺一卷備考一卷　(清)張玉書等纂修　清刻本　十一冊　存十一卷(寅集上中下、卯集上、巳集上、午集上中、未集上中、酉集上下)

330000－1710－0009789　普0002178　經部/小學類

雷刻四種　(清)雷浚輯　清光緒二年至十年(1876－1884)吳縣雷氏刻本　五冊　缺三卷(說文外編一至三)

330000－1710－0009790　普0002172　經部/小學類/文字之屬/說文

說文解字注十五卷附六書音韻表五卷　(清)段玉裁撰　**說文部目分韻一卷**　(清)陳煥編　清光緒七年(1881)查燕緒木漸齋刻本　二十二冊

330000－1710－0009791　普0002179　類叢部/叢書類/自著之屬

王菉友著述九種　(清)王筠撰　清道光至咸豐刻本　三冊　存一種

330000－1710－0009792　普0002173　經部/小學類/文字之屬/說文

說文解字注十五卷附六書音韻表五卷　(清)段玉裁撰　**說文部目分韻一卷**　(清)陳煥編　清光緒七年(1881)查燕緒木漸齋刻本　三冊　存四卷(二、九,六書音韻表四至五)

330000－1710－0009793　普0002154　類叢部/叢書類/彙編之屬

廣雅書局叢書一百五十九種　徐紹棨編　清光緒廣雅書局刻民國九年(1920)番禺徐紹棨彙編重印本　三冊　存一種

330000－1710－0009794　普0002174　經部/小學類/文字之屬/說文

說文新附攷六卷　(清)鄭珍撰　清光緒七年(1881)刻本　三冊

330000－1710－0009796　普0002181　經部/小學類/文字之屬/說文

說文新附攷六卷續攷一卷　(清)鈕樹玉撰　清嘉慶六年(1801)非石居刻同治七年(1868)碧螺山館補刻本　清右軒　清藕江題記　二冊

330000－1710－0009799　普0002177　經部/小學類/文字之屬/說文

說文解字注十五卷附六書音韻表五卷　(清)段玉裁撰　**說文通檢十四卷首一卷末一卷**　(清)黎永椿編　**說文解字注匡謬八卷**　(清)徐承慶撰　清光緒十四年(1888)上海蜚英館石印本　六冊

330000－1710－0009800　普0002182　經部/小學類/文字之屬/說文

說文新附攷六卷續攷一卷　(清)鈕樹玉撰　清同治十三年(1874)湖北崇文書局刻本　二冊

330000－1710－0009801　普0002183　經部/小學類/文字之屬/說文

說文解字注十五卷附六書音韻表五卷　(清)段玉裁撰　**說文部目分韻一卷**　(清)陳煥編　清乾隆至嘉慶段氏經韻樓刻同治六年至十一年(1867－1872)蘇州保息局補刻本　十五冊　存十五卷(一至十五)

330000－1710－0009803　普0002186　經部/小學類/文字之屬/說文/傳說

說文解字十五卷標目一卷　(漢)許慎撰　(宋)徐鉉等校定　清嘉慶十二年(1807)額勒布藤花榭刻本　一冊　存五卷(十一至十五)

330000－1710－0009804　普0002180　經部/小學類/文字之屬/說文
說文引經攷證七卷說文引經互異說一卷　(清)陳瑑撰　清同治十三年(1874)湖北崇文書局刻本　二冊

330000－1710－0009805　普0002187　經部/小學類/文字之屬/說文
說文通訓定聲十八卷分部檢韻一卷說雅一卷古今韻準一卷　(清)朱駿聲撰　(清)朱鏡蓉參訂　**行述一卷**　(清)朱孔彰撰　清道光二十九年(1849)刻咸豐元年(1851)朱孔彰臨嘯閣補刻本　一冊　存一卷(十四)

330000－1710－0009806　普0002188　經部/小學類
雷刻四種　(清)雷浚輯　清光緒二年至十年(1876－1884)吳縣雷氏刻本　一冊　存二種

330000－1710－0009807　普0002189　經部/小學類/文字之屬/說文
說文通檢十四卷首一卷末一卷　(清)黎永椿撰　清光緒二年(1876)湖北崇文書局刻本　一冊

330000－1710－0009808　普0002190　經部/小學類/文字之屬/說文
說文通訓定聲十八卷分部檢韻一卷說雅一卷古今韻準一卷　(清)朱駿聲撰　(清)朱鏡蓉參訂　**行述一卷**　(清)朱孔彰撰　清道光二十九年(1849)刻咸豐元年(1851)朱孔彰臨嘯閣補刻本　一冊　存一卷(分部柬韻)

330000－1710－0009809　普0002191　經部/小學類/文字之屬/說文/傳說
說文發疑六卷　(清)張行孚撰　清光緒九年(1883)安吉張氏邗上寓廬刻本　三冊

330000－1710－0009810　普0002192　經部/小學類/文字之屬/說文
說文通訓定聲十八卷分部檢韻一卷說雅一卷古今韻準一卷　(清)朱駿聲撰　(清)朱鏡蓉參訂　**行述一卷**　(清)朱孔彰撰　清道光二十九年(1849)刻咸豐元年(1851)朱孔彰臨嘯閣補刻本　一冊　存一卷(說雅)

330000－1710－0009811　普0002193　經部/小學類/文字之屬/字書/訓蒙
文字蒙求四卷　(清)王筠撰　清光緒五年(1879)會稽章氏刻本　一冊

330000－1710－0009812　普0002194　經部/小學類/文字之屬/說文
說文解字注十五卷附六書音韻表五卷　(清)段玉裁撰　**說文部目分韻一卷**　(清)陳煥編　清刻本　一冊　存一卷(十五)

330000－1710－0009813　普0002195　經部/小學類/文字之屬/字書/字體
隸辨八卷　(清)顧藹吉撰　清乾隆八年(1743)天都黄晟刻本　一冊　存一卷(三)

330000－1710－0009814　普0002196　經部/小學類/文字之屬/字書/字體
隸辨八卷　(清)顧藹吉撰　清乾隆八年(1743)天都黄晟刻本　一冊　存一卷(八)

330000－1710－0009815　普0002197　經部/小學類/文字之屬/說文
說文通訓定聲十八卷分部檢韻一卷說雅一卷古今韻準一卷　(清)朱駿聲撰　(清)朱鏡蓉參訂　**行述一卷**　(清)朱孔彰撰　清道光二十九年(1849)刻咸豐元年(1851)朱孔彰臨嘯閣補刻本　一冊　存一卷(十二)

330000－1710－0009816　普0002200　經部/小學類/文字之屬/說文
說文解字注十五卷附六書音韻表五卷　(清)段玉裁撰　**說文部目分韻一卷**　(清)陳煥編　清乾隆至嘉慶段氏經韻樓刻本　十四冊　存十四卷(一至十四)

330000－1710－0009817　普0002201　類叢部/叢書類/彙編之屬
經策通纂二種　(清)吳潁炎　(清)陳通聲等纂　清光緒十三年(1887)上海點石齋石印本　二十五冊　存一種

330000－1710－0009818　普0002198　經部/小學類/文字之屬/說文
說文通訓定聲十八卷分部檢韻一卷說雅一卷

古今韻準一卷　(清)朱駿聲撰　(清)朱鏡蓉參訂　**行述一卷**　(清)朱孔彰撰　清道光二十九年(1849)刻咸豐元年(1851)朱孔彰臨嘯閣補刻本　五册　存九卷(十至十八)

330000－1710－0009819　普0002205　史部/史抄類
前漢書菁華錄四卷後漢書菁華錄二卷　(清)高嵣撰　清光緒二十六年(1900)上海書局石印本　六册

330000－1710－0009821　普0002207　史部/史抄類
史記菁華錄六卷　(清)姚祖恩輯　清光緒二十二年(1896)上海書局石印本　六册

330000－1710－0009822　普0002209　史部/紀傳類/正史之屬
二十四史　清光緒十四年(1888)上海圖書集成印書局鉛印本　十三册　存一種

330000－1710－0009823　普0002208　史部/紀傳類/正史之屬
二十四史　清光緒慎記書莊石印本　十六册　存四種

330000－1710－0009824　普0002202　史部/紀傳類/正史之屬
二十四史　清同治至光緒五省官書局據汲古閣本等合刻光緒五年(1879)湖北書局彙印本　三册　存一種

330000－1710－0009825　普0002199　史部/紀傳類/正史之屬
史記一百三十卷　(漢)司馬遷撰　清刻本　七册　存二十三卷(五至二十七)

330000－1710－0009826　普0002203　史部/紀傳類/正史之屬
二十四史　清同治至光緒五省官書局據汲古閣本等合刻光緒五年(1879)湖北書局彙印本　三册　存一種

330000－1710－0009827　普0002204　史部/紀傳類/正史之屬
史記一百三十卷　(漢)司馬遷撰　清刻本　十二册　缺二十七卷(一至二十七)

330000－1710－0009828　普0002214　史部/紀傳類/正史之屬
二十四史　清同治至光緒五省官書局據汲古閣本等合刻光緒五年(1879)湖北書局彙印本　一百册　存一種

330000－1710－0009829　普0002218　史部/紀傳類/正史之屬
舊唐書二百卷　(五代)劉昫撰　清同治十一年(1872)浙江書局刻本　四十册　存六十八卷(舊唐書九十至一百五十七)

330000－1710－0009830　普0002219　史部/紀傳類/正史之屬
二十四史　清刻本　十五册　存一種

330000－1710－0009831　普0002227　史部/紀傳類/正史之屬
二十四史　清同治至光緒五省官書局據汲古閣本等合刻光緒五年(1879)湖北書局彙印本　三十七册　存一種

330000－1710－0009832　普0002210　史部/紀傳類/正史之屬
二十四史　清光緒九年(1883)上海點石齋石印本　四册　存一種

330000－1710－0009833　普0002228　史部/紀傳類/正史之屬
唐書二百二十五卷　(宋)歐陽修　(宋)宋祁等撰　清同治十二年(1873)浙江書局刻本　三十七册　存二百二卷(一至一百十四、一百三十八至二百二十五)

330000－1710－0009834　普0002215　類叢部/叢書類/自著之屬
甌北全集八種　(清)趙翼撰　清光緒三年(1877)滇南唐氏刻本　四十五册　存五種

330000－1710－0009835　普0002220　史部/紀傳類/正史之屬
二十四史　清同治至光緒五省官書局據汲古閣本等合刻光緒五年(1879)湖北書局彙印本　二十册　存一種

330000－1710－0009836　普 0002211　史部/紀傳類/正史之屬

二十四史　清光緒九年（1883）上海點石齋石印本　三冊　存一種

330000－1710－0009837　普 0002221　史部/紀傳類/正史之屬

二十四史　清同治至光緒五省官書局據汲古閣本等合刻光緒五年（1879）湖北書局彙印本　一冊　存一種

330000－1710－0009838　普 0002222　史部/紀傳類/正史之屬

二十四史　清同治至光緒五省官書局據汲古閣本等合刻光緒五年（1879）湖北書局彙印本　一冊　存一種

330000－1710－0009839　普 0002223　史部/紀傳類/正史之屬

二十四史　清同治至光緒五省官書局據汲古閣本等合刻光緒五年（1879）湖北書局彙印本　四冊　存一種

330000－1710－0009840　普 0002212　史部/紀傳類/正史之屬

二十四史　清同治至光緒五省官書局據汲古閣本等合刻光緒五年（1879）湖北書局彙印本　十六冊　存一種

330000－1710－0009841　普 0002224　史部/紀傳類/正史之屬

二十四史　清同治至光緒五省官書局據汲古閣本等合刻光緒五年（1879）湖北書局彙印本　二冊　存一種

330000－1710－0009842　普 0002213　史部/紀傳類/正史之屬

二十四史　清同治至光緒五省官書局據汲古閣本等合刻光緒五年（1879）湖北書局彙印本　十六冊　存一種

330000－1710－0009843　普 0002225　史部/紀傳類/正史之屬

二十四史　清同治至光緒五省官書局據汲古閣本等合刻光緒五年（1879）湖北書局彙印本　四冊　存一種

330000－1710－0009844　普 0002226　史部/紀傳類/正史之屬

二十四史　清同治至光緒五省官書局據汲古閣本等合刻光緒五年（1879）湖北書局彙印本　三十五冊　存一種

330000－1710－0009845　普 0002229　史部/紀傳類/正史之屬

唐書釋音二卷　（宋）董衝撰　清同治十二年（1873）浙江書局刻本　一冊

330000－1710－0009846　普 0002216　史部/紀傳類/正史之屬

二十四史　清同治至光緒五省官書局據汲古閣本等合刻光緒五年（1879）湖北書局彙印本　四冊　存一種

330000－1710－0009847　普 0002217　史部/紀傳類/正史之屬

二十四史　清同治至光緒五省官書局據汲古閣本等合刻光緒五年（1879）湖北書局彙印本　十六冊　存一種

330000－1710－0009848　普 0002230　史部/紀傳類/正史之屬

二十四史　清同治至光緒五省官書局據汲古閣本等合刻光緒五年（1879）湖北書局彙印本　十三冊　存一種

330000－1710－0009849　普 0002248　史部/紀傳類/正史之屬

二十四史　清同治至光緒五省官書局據汲古閣本等合刻光緒五年（1879）湖北書局彙印本　十七冊　存一種

330000－1710－0009850　普 0002249　史部/紀傳類/正史之屬

二十四史　清同治至光緒五省官書局據汲古閣本等合刻光緒五年（1879）湖北書局彙印本　一冊　存一種

330000－1710－0009851　普 0002250　史部/紀傳類/正史之屬

二十四史　清同治至光緒五省官書局據汲古

閣本等合刻光緒五年(1879)湖北書局彙印本　一冊　存一種

330000－1710－0009852　普0002251　史部/紀傳類/正史之屬
二十四史　清同治至光緒五省官書局據汲古閣本等合刻光緒五年(1879)湖北書局彙印本　十六冊　存一種

330000－1710－0009853　普0002252　史部/紀傳類/正史之屬
二十四史　清同治至光緒五省官書局據汲古閣本等合刻光緒五年(1879)湖北書局彙印本　十四冊　存一種

330000－1710－0009854　普0002261　史部/史抄類
廿四史約編八卷首一卷　(清)鄭元慶撰　清光緒二十二年(1896)煥文書局石印本　六冊　存七卷(首、金、石、絲、竹、匏、木)

330000－1710－0009855　普0002253　史部/編年類/斷代之屬
東華續錄(嘉慶朝)五十卷　王先謙編　清刻本　二冊　存四卷(十七至二十)

330000－1710－0009856　普0002254　史部/編年類/斷代之屬
東華續錄(嘉慶朝)五十卷　王先謙編　清刻本　十冊　存二十八卷(二十三至五十)

330000－1710－0009857　普0002255　史部/編年類/通代之屬
續資治通鑑二百二十卷　(清)畢源撰　清刻本　十一冊　存四十卷(四至七、二十六至三十、九十五至九十七、一百三十五至一百四十三、一百四十七至一百五十、一百六十六至一百六十八、一百八十七至一百九十四、一百九十八至二百一)

330000－1710－0009858　普0002262　史部/編年類/斷代之屬
東華續錄(光緒朝)二百二十卷　(清)朱壽朋編　清宣統元年(1909)上海集成圖書公司鉛印本　一冊　存四卷(一百二十八至一百三十一)

330000－1710－0009859　普0002263　史部/編年類/斷代之屬
東華錄三十二卷　(清)蔣良騏撰　清京都琉璃廠刻本　三冊　缺八卷(九至十六)

330000－1710－0009860　普0002264　史部/編年類/斷代之屬
東華錄三十二卷　(清)蔣良騏撰　清京都琉璃廠刻本　四冊

330000－1710－0009861　普0002231　史部/紀傳類/正史之屬
二十四史　清同治至光緒五省官書局據汲古閣本等合刻光緒五年(1879)湖北書局彙印本　十六冊　存一種

330000－1710－0009862　普0002232　史部/紀傳類/正史之屬
二十四史　清同治至光緒五省官書局據汲古閣本等合刻光緒五年(1879)湖北書局彙印本　四冊　存一種

330000－1710－0009863　普0002266　史部/編年類/通代之屬
御批歷代通鑑輯覽一百二十卷　(清)傅恒等撰　(清)楊述曾等纂修　清同治十年(1871)浙江書局刻朱墨套印本　十二冊　存二十五卷(六十五至八十九)

330000－1710－0009864　普0002265　史部/編年類/通代之屬
御批歷代通鑑輯覽一百二十卷　(清)傅恒等撰　(清)楊述曾等纂修　清刻本　二冊　存五卷(十八至二十、三十七至三十八)

330000－1710－0009865　普0002233　史部/紀傳類/正史之屬
二十四史　清同治至光緒五省官書局據汲古閣本等合刻光緒五年(1879)湖北書局彙印本　十冊　存一種

330000－1710－0009867　普0002257　類叢部/叢書類/自著之屬
甌北全集八種　(清)趙翼撰　清光緒三年

(1877)滇南唐氏刻本　四冊　存一種

330000－1710－0009868　普0002271　史部/紀傳類/正史之屬
元史譯文證補三十卷　(清)洪鈞撰　清光緒二十三年(1897)元和陸氏刻本(卷七至八、十三、十六至至十七、十九至二十一、二十五、二十八原缺)　四冊

330000－1710－0009869　普0002238　史部/紀傳類/正史之屬
二十四史　清光緒二十八年(1902)史學會社石印本　八冊　存一種

330000－1710－0009870　普0002258　史部/紀傳類/正史之屬
二十四史　清同治至光緒五省官書局據汲古閣本等合刻光緒五年(1879)湖北書局彙印本　九冊　存一種

330000－1710－0009871　普0002259　史部/紀傳類/正史之屬
二十四史　清同治至光緒五省官書局據汲古閣本等合刻光緒五年(1879)湖北書局彙印本　二冊　存一種

330000－1710－0009872　普0002272　史部/紀傳類/正史之屬
二十四史　清同治至光緒五省官書局據汲古閣本等合刻光緒五年(1879)湖北書局彙印本　一冊　存一種

330000－1710－0009873　普0002260　史部/紀傳類/正史之屬
二十四史　清同治八年(1869)金陵書局刻本　一冊　存一種

330000－1710－0009874　普0002268　類叢部/叢書類/自著之屬
潛園總集十七種　(清)陸心源撰　清同治光緒刻本　十冊　存一種

330000－1710－0009875　普0002273　史部/紀傳類/正史之屬
二十四史　明崇禎至清刻本　二十四冊　存一種

330000－1710－0009876　普0002269　類叢部/叢書類/自著之屬
潛園總集十七種　(清)陸心源撰　清同治光緒刻本　九冊　存一種

330000－1710－0009877　普0002270　類叢部/叢書類/自著之屬
甌北全集八種　(清)趙翼撰　清光緒三年(1877)滇南唐氏刻本　五冊　存一種

330000－1710－0009878　普0002239、普0002240　史部/紀傳類/正史之屬
二十四史　清光緒二十九年(1903)五洲同文局石印本　四冊　存二種

330000－1710－0009879　普0002241、普0002242　史部/紀傳類/正史之屬
二十四史　清光緒十八年(1892)竹簡齋石印本　十六冊　存三種

330000－1710－0009880　普0003692　史部/紀傳類/正史之屬
二十四史　清石印本　二冊　存一種

330000－1710－0009881　普0002267　史部/編年類/通代之屬
御批歷代通鑑輯覽一百二十卷　(清)傅恒等撰　(清)楊述曾等纂修　清同治十年(1871)浙江書局刻朱墨套印本　二十四冊　存六十四卷(一至六十四)

330000－1710－0009882　普0002243　史部/紀傳類/正史之屬
二十四史　清同治至光緒五省官書局據汲古閣本等合刻光緒五年(1879)湖北書局彙印本　四十八冊　存一種

330000－1710－0009883　普0002285　史部/傳記類/總傳之屬/斷代
昭代名人尺牘小傳二十四卷　(清)吳修撰　清道光六年(1826)刻本　一冊　存九卷(一至九)

330000－1710－0009884　普0002286　史部/傳記類/總傳之屬/斷代
昭代名人尺牘小傳二十四卷　(清)吳修撰

清刻本　一册　缺十卷(一至十)

330000－1710－0009885　普 0002287　史部/傳記類/別傳之屬/事狀

盧陵劉乙徵先生家傳一卷　(清)劉人駿等撰　清光緒二十八年(1902)刻本　一册

330000－1710－0009887　普 0002244　史部/紀傳類/正史之屬

二十四史　清同治至光緒五省官書局據汲古閣本等合刻光緒五年(1879)湖北書局彙印本　九册　存一種

330000－1710－0009888　普 0002281　史部/編年類/通代之屬

尺木堂綱鑑易知錄九十二卷明鑑易知錄十五卷　(清)吳乘權等輯　清光緒二十七年(1901)上海鑄史齋鉛印本　二册　缺四十七卷(綱鑑易知錄二十至四十、四十八至五十四、六十一至六十七、七十五至八十一、八十八至九十二)

330000－1710－0009889　普 0002274　史部/紀傳類/正史之屬

二十四史　清同治至光緒五省官書局據汲古閣本等合刻光緒五年(1879)湖北書局彙印本　三十四册　存一種

330000－1710－0009890　普 0002282　史部/編年類/通代之屬

可櫻綱鑑易知錄九十二卷　(清)吳乘權(清)周之炯　(清)周之燦輯　清刻本　三册　存十卷(三至五、十二至十四、四十至四十三)

330000－1710－0009891　普 0002245　史部/紀傳類/正史之屬

二十四史　清刻本　十五册　存一種

330000－1710－0009892　普 0002275　史部/編年類/通代之屬

尺木堂綱鑑易知錄二十卷　(清)吳乘權等輯　清光緒十三年(1887)上海點石齋石印本　十册

330000－1710－0009893　普 0002276　史部/傳記類/總傳之屬/仕宦

貳臣傳八卷　(清)國史館撰　清京都琉璃廠榮錦書坊刻本　五册　存六卷(二至七)

330000－1710－0009894　普 0002277　史部/紀事本末類/斷代之屬

聖武記十四卷　(清)魏源撰　清光緒二十八年(1902)上海書局石印本　三册　存十一卷(一至六、十至十四)

330000－1710－0009895　普 0002278　新學/史志/諸國史

萬國史記二十卷　(日本)岡本監輔撰　清光緒二十三年(1897)上海六先書局鉛印本　三册　存八卷(六至十、十八至二十)

330000－1710－0009896　普 0002283　史部/編年類/斷代之屬

御撰資治通鑑綱目三編二十卷　(清)張廷玉等撰　清刻本　五册　存十八卷(一至十八)

330000－1710－0009897　普 0002284　史部/編年類/通代之屬

尺木堂綱鑑易知錄九十二卷　(清)吳乘權等輯　清光緒三十年(1904)上海商務印書館鉛印本　九册　存六十六卷(一至六十六)

330000－1710－0009898　普 0002289　史部/編年類/通代之屬

尺木堂綱鑑易知錄九十二卷　(清)吳乘權等輯　清末鉛印本　四册　存三十八卷(五十五至九十二)

330000－1710－0009899　普 0002247　史部/紀傳類/正史之屬

二十四史　清同治至光緒五省官書局據汲古閣本等合刻光緒五年(1879)湖北書局彙印本　十四册　存一種

330000－1710－0009900　普 0002246　史部/紀傳類/正史之屬

二十四史　清同治至光緒五省官書局據汲古閣本等合刻光緒五年(1879)湖北書局彙印本　二十三册　存一種

330000－1710－0009901　普 0002279　史部/

編年類/通代之屬

尺木堂綱鑑易知錄九十二卷 (清)吳乘權等輯 清末鉛印本 六冊 存四十二卷(六至十二、五十八至九十二)

330000－1710－0009902 普0002297 史部/編年類/通代之屬

綱鑑正史約三十六卷 (明)顧錫疇撰 (清)陳弘謀增訂 **甲子紀元一卷** (清)陳弘謀撰 清同治八年(1869)浙江書局刻本 二十冊

330000－1710－0009903 普0002290 史部/傳記類/總傳之屬/斷代

國朝先正事略六十卷 (清)李元度撰 清同治五年至八年(1866－1869)循陔草堂刻本 五冊 存九卷(一至九)

330000－1710－0009904 普0002280 史部/紀事本末類/通代之屬

通鑑紀事本末二百三十九卷 (宋)袁樞撰 (明)張溥論正 清石印本 十五冊 存一百五十七卷(四十三至一百九十九)

330000－1710－0009905 普0002302 史部/編年類/通代之屬

御批歷代通鑑輯覽一百二十卷 (清)傅恒等撰 (清)楊述曾等纂修 清光緒二十五年(1899)美華賓記石印本 二十冊

330000－1710－0009906 普0002303 史部/編年類/通代之屬

御批歷代通鑑輯覽一百二十卷 (清)傅恒等撰 (清)楊述曾等纂修 清光緒二十八年(1902)上海寶文書局石印本 二十冊

330000－1710－0009907 普0002234 史部/紀傳類/正史之屬

二十四史 清同治至光緒五省官書局據汲古閣本等合刻光緒五年(1879)湖北書局彙印本 十冊 存一種

330000－1710－0009908 普0002304 史部/編年類/通代之屬

御批歷代通鑑輯覽一百二十卷 (清)傅恒等撰 (清)楊述曾等纂修 清光緒二十八年(1902)上海文林書局石印本 二十冊

330000－1710－0009909 普0002291 史部/傳記類/總傳之屬/斷代

國朝先正事略六十卷 (清)李元度撰 清同治五年至八年(1866－1869)循陔草堂刻本 二冊 存四卷(十四至十七)

330000－1710－0009910 普0002235 史部/紀傳類/正史之屬

二十四史 清同治至光緒五省官書局據汲古閣本等合刻光緒五年(1879)湖北書局彙印本 二冊 存一種

330000－1710－0009911 普0002292 史部/傳記類/總傳之屬/斷代

國朝先正事略六十卷 (清)李元度撰 清同治五年至八年(1866－1869)循陔草堂刻本 九冊 存二十卷(二十至三十九)

330000－1710－0009912 普0002298 史部/紀事本末類/斷代之屬

聖武記十四卷 (清)魏源撰 清刻本 五冊 缺二卷(一至二)

330000－1710－0009913 普0002236 史部/紀傳類/正史之屬

金史一百三十五卷 (元)脫脫等撰 清刻本 六冊 存四十一卷(六至十一、二十至三十、六十三至七十一、八十至八十七、一百二至一百八)

330000－1710－0009914 普0002305 史部/雜史類/斷代之屬

明季北略二十四卷 (清)計六奇撰 清都城琉璃廠半松居士木活字印本 十四冊

330000－1710－0009915 普0002299 史部/紀事本末類/斷代之屬

聖武記十四卷 (清)魏源撰 清道光二十六年(1846)刻本 九冊 存九卷(一至六、八至十)

330000－1710－0009916 普0002293 史部/傳記類/總傳之屬/斷代

國朝先正事略六十卷 (清)李元度撰 清同

治五年至八年(1866－1869)偱陔草堂刻本　四册　存十四卷(四十一至五十四)

330000－1710－0009917　普0002306　史部/史抄類
讀史鏡古編三十二卷　(清)潘世恩輯　清道光鳳池園刻本　二册　存十一卷(六至十六)

330000－1710－0009918　普0002307　類叢部/叢書類/彙編之屬
清風室叢書二十種　(清)錢保塘編　清同治十年至民國二十五年(1871－1936)海寧錢氏清風室刻本　一册　存一種

330000－1710－0009919　普0002295　史部/傳記類/别傳之屬/事狀
陶模行述一卷　(清)陶葆廉　(清)陶保霖撰　清光緒刻本　一册

330000－1710－0009920　普0002300　史部/紀事本末類/斷代之屬
平定粵匪紀略十八卷附記四卷　(清)杜文瀾撰　清同治八年(1869)羣玉齋木活字印本　八册　存十八卷(一至六、九至十二、十五至十八、附記一至四)

330000－1710－0009921　普0002237　史部/紀傳類/正史之屬
二十四史　清同治至光緒五省官書局據汲古閣本等合刻光緒五年(1879)湖北書局彙印本　三册　存一種

330000－1710－0009924　普0002301　史部/編年類/通代之屬
綱鑑正史約三十六卷　(明)顧錫疇撰　明崇禎刻本　八册　存十六卷(七至十、十九至二十二、二十五至三十二)

330000－1710－0009925　普0002317　類叢部/叢書類/自著之屬
振綺堂遺書五種　(清)汪遠孫撰　清道光刻民國十一年(1922)錢唐汪氏彙印本　六册　存一種

330000－1710－0009927　普0002311　類叢部/叢書類/自著之屬
藤花亭十七種　(清)梁廷枏撰　清道光八年至十三年(1828－1833)刻本　七册　存四種

330000－1710－0009928　普0002327　史部/傳記類/總傳之屬
泰西各國名人言行錄十六卷　(清)張兆蓉輯　清光緒二十九年(1903)明達聖教會石印本　一册　存二卷(一至二)

330000－1710－0009929　普0002318　史部/雜史類/斷代之屬
國語二十一卷　(三國吳)韋昭注　**校刊明道本韋氏解國語札記一卷**　(清)黄丕烈撰　**明道本考異四卷**　(清)汪遠孫撰　清同治八年(1869)湖北崇文書局刻本　四册

330000－1710－0009930　普0002328　史部/傳記類/總傳之屬
泰西各國名人言行錄十六卷　(清)張兆蓉輯　清光緒二十九年(1903)明達聖教會石印本　六册

330000－1710－0009931　普0002294　史部/金石類/郡邑之屬/文字
兩浙金石志十八卷補遺一卷　(清)阮元撰　清光緒十六年(1890)浙江書局刻本　四册　存七卷(五至十一)

330000－1710－0009932　普0002336　史部/金石類/郡邑之屬/文字
兩浙金石志十八卷補遺一卷　(清)阮元撰　清光緒十六年(1890)浙江書局刻本　四册　存四卷(十四至十七)

330000－1710－0009933　普0002339　類叢部/叢書類/自著之屬
潛園總集十七種　(清)陸心源撰　清同治光緒刻本　二册　存一種

330000－1710－0009935　普0003693　類叢部/叢書類/自著之屬
振綺堂遺書五種　(清)汪遠孫撰　清道光刻民國十一年(1922)錢唐汪氏彙印本　一册　存一種

330000－1710－0009937　普0002314　史部/

史評類/史論之屬
史通削繁四卷 (清)紀昀撰 清道光十三年(1833)涿州盧坤兩廣節署刻朱墨套印本 四册

330000－1710－0009938 普0002315 史部/政書類/邦交之屬
中外交涉類要表四卷光緒通商綜覈表十六卷附中西紀年周始表一卷 (清)錢學嘉撰 清光緒二十年(1894)刻本 二册

330000－1710－0009939 普0002316 史部/史表類/通代之屬
廿一史四譜五十四卷 (清)沈炳震撰 清同治十年(1871)武林吳氏清來堂刻本 三册 存十二卷(四十三至五十四)

330000－1710－0009940 普0002320 類叢部/叢書類/彙編之屬
祕書廿一種 (清)汪士漢編 清康熙七年(1668)新安汪氏據古今逸史刊版重編刻本 一册 存一種

330000－1710－0009941 普0002338 史部/金石類/郡邑之屬/文字
兩浙金石志十八卷補遺一卷 (清)阮元撰 清光緒十六年(1890)浙江書局刻本 一册 存二卷(一至二)

330000－1710－0009942 普0002340 類叢部/叢書類/自著之屬
潛園總集十七種 (清)陸心源撰 清同治光緒刻本 一册 存一種

330000－1710－0009943 普0002329 新學/史志/諸國史
萬國史記二十卷 (日本)岡本監輔撰 清末石印本 九册 存十八卷(三至二十)

330000－1710－0009945 普0002331 史部/雜史類/斷代之屬
元朝祕史十五卷 (清)李文田注 清光緒石印本 二册

330000－1710－0009947 普0002333 史部/紀傳類/正史之屬
四史 清光緒二十八年(1902)武林竹簡齋石印本 八册 存一種

330000－1710－0009948 普0002334 史部/紀傳類/正史之屬
前漢書一百卷 (漢)班固撰 (唐)顏師古注 清光緒二十九年(1903)上海點石齋石印本 八册

330000－1710－0009949 普0002319 史部/雜史類/斷代之屬
戰國策三十三卷 (漢)高誘注 **重刻剡川姚氏本戰國策札記三卷** (清)黄丕烈撰 清同治八年(1869)湖北崇文書局刻本 四册

330000－1710－0009950 普0002335 史部/叢編
欽定二十四史 清光緒十四年(1888)上海圖書集成印書局鉛印本 八册 存一種

330000－1710－0009951 普0002321 史部/傳記類/總傳之屬/仕宦
歷代名臣言行錄二十四卷首一卷 (清)朱桓輯 清光緒三十年(1904)上海商務印書館鉛印本 七册 缺三卷(十七至十九)

330000－1710－0009952 普0002341 史部/金石類/總志之屬
金石萃編一百六十卷 (清)王昶撰 清嘉慶十年(1805)青浦王氏經訓堂刻本 五十册 存一百二十八卷(一至十四、十九至四十一、四十七至五十七、六十一至六十五、七十一至七十二、七十六至一百六、一百九、一百十二、一百十六至一百三十五、一百三十九至一百五十八)

330000－1710－0009953 普0002322 新學/史志/别國史
列國變通興盛記四卷 (英國)李提摩太撰 清光緒二十年(1894)上海廣學會鉛印本 一册

330000－1710－0009954 普0002323 新學/史志/别國史
列國變通興盛記四卷 (英國)李提摩太撰

清光緒二十年(1894)上海廣學會鉛印本　一冊

330000－1710－0009955　普0002342　史部/金石類/總志之屬
金石萃編一百六十卷　(清)王昶撰　清光緒十九年(1893)上海醉六堂石印本　二十三冊

330000－1710－0009956　普0002358　史部/政書類
九通　清光緒八年至二十二年(1882－1896)浙江書局刻本　五十冊　存一種

330000－1710－0009960　普0002355　史部/金石類/總志之屬
金石萃編一百六十卷　(清)王昶撰　清刻本　四冊　存十二卷(二至十三)

330000－1710－0009961　普0002356　史部/金石類/石之屬/文字
金薤琳琅二十卷　(明)都穆撰　**金薤琳琅補遺一卷**　(清)宋振譽撰　清乾隆四十三年(1778)汪荻洲刻本　一冊　存四卷(十四至十七)

330000－1710－0009963　普0002365　史部/地理類/方志之屬/郡縣志
[光緒]海鹽縣志二十二卷首一卷末一卷　(清)王彬修　(清)徐用儀纂　清光緒三年(1877)蔚文書院刻本　七冊　存十三卷(首、一至十、十三至十四)

330000－1710－0009964　普0002363　史部/地理類/方志之屬/郡縣志
[光緒]海鹽縣志二十二卷首一卷末一卷　(清)王彬修　(清)徐用儀纂　清光緒刻本　一冊　存五卷(四至五、十一至十三)

330000－1710－0009965　普0002360　史部/地理類/方志之屬/郡縣志
[光緒]鎮海縣志四十卷　(清)于萬川修　(清)俞樾等纂　清光緒五年(1879)鯤池書院刻本　七冊　存十六卷(一至十六)

330000－1710－0009966　普0002359　史部/地理類/方志之屬/郡縣志
[光緒]歸安縣志五十二卷首一卷　(清)李昱修　(清)陸心源纂　清光緒八年(1882)刻本　七冊　存二十四卷(一至十一、十六至二十六、三十一至三十二)

330000－1710－0009968　普0002361　史部/地理類/方志之屬/郡縣志
[同治]江山縣志十二卷首一卷末一卷　(清)王彬　(清)孫晉梓修　(清)朱寶慈等纂　清同治十二年(1873)文溪書院刻本　四冊　存八卷(首、一至七)

330000－1710－0009969　普0002362　史部/地理類/方志之屬/郡縣志
[同治]江山縣志十二卷首一卷末一卷　(清)王彬　(清)孫晉梓修　(清)朱寶慈等纂　清同治十二年(1873)文溪書院刻本　三冊　存四卷(十至十二、末)

330000－1710－0009970　普0002326　經部/春秋左傳類/專著之屬
增批輯註東萊博議四卷　(宋)呂祖謙撰　(清)劉鍾英輯注　清宣統二年(1910)潤德堂鉛印本　四冊

330000－1710－0009971　普0002364　史部/地理類/方志之屬/郡縣志
[光緒]烏程縣志三十六卷　(清)郭式昌　(清)潘玉璿　(清)馮健修　(清)周學濬　(清)汪曰楨纂　清光緒六年至七年(1880－1881)刻本　十三冊　存二十九卷(一至十一、十九至三十六)

330000－1710－0009972　普0002388　史部/傳記類/別傳之屬/事狀
庸閒老人自敘一卷　(清)陳其元撰　清光緒刻本　一冊

330000－1710－0009975　普0002369　史部/傳記類/別傳之屬/年譜
紫雲先生[錢汝霖]年譜一卷　(清)錢聚仁輯　清光緒十三年(1887)海鹽錢發榮刻民國七年(1918)重印本　一冊

330000－1710－0009976　普0002390　史部/

詔令奏議類/奏議之屬

榮慶等奏疏不分卷 （清）榮慶等撰 清刻本 一冊

330000－1710－0009978 普0002371 類叢部/叢書類/彙編之屬

小種字林叢刻七種 （清）吳受福編 清光緒刻本 一冊 存一種

330000－1710－0009979 普0002391 史部/金石類/金之屬/圖像

兩罍軒彝器圖釋十二卷 （清）吳雲撰 清同治十一年(1872)刻本 四冊

330000－1710－0009980 普0002392 集部/總集類/選集之屬/通代

賦彙錄要二十八卷補遺二卷 （清）吳光昭箋畧 （清）陳書輯 清刻本 十冊 缺四卷(一至四)

330000－1710－0009981 普0002372 集部/總集類/選集之屬/通代

文選六十卷 （南朝梁）蕭統輯 （唐）李善注 清刻本 二冊 存十二卷(三十七至四十八)

330000－1710－0009982 普0002393 子部/醫家類/針灸之屬/通論

鍼灸大成十卷 （明）楊繼洲撰 清刻本 二冊 存二卷(一、十)

330000－1710－0009983 普0002394 子部/醫家類/方書之屬/單方驗方

丹方不分卷 清嘉慶二十四年(1819)抄本 一冊

330000－1710－0009984 普0002343 史部/編年類/通代之屬

尺木堂綱鑑易知錄九十二卷 （清）吳乘權等輯 清刻本 二十一冊 存四十五卷(四至二十二、二十五至二十六、三十四至三十六、四十四至四十七、五十四至五十五、五十八至六十、六十四至六十七、七十三至七十五、七十八至八十、八十九至九十)

330000－1710－0009985 普0002366 史部/地理類/方志之屬/郡縣志

光緒桐鄉縣志二十四卷首四卷 （清）嚴辰纂 **楊園淵源錄四卷** （清）沈曰富輯 清光緒十三年(1887)蘇州陶漱藝齋刻本 十四冊 存二十六卷(首一至四、一至十一、十七至十八、二十至二十四,楊園淵源錄一至四)

330000－1710－0009986 普0002395 史部/政書類/通制之屬

皇朝續文獻通考三百二十卷 劉錦藻撰 清光緒三十一年(1905)烏程劉錦藻堅匏盦鉛印本 八十八冊

330000－1710－0009987 普0002367 史部/地理類/方志之屬/通志

[雍正]陝西通志一百卷首一卷 （清）劉於義等修 （清）沈青崖纂 清雍正十三年(1735)刻本 七冊 存七卷(七十一至七十四、七十六至七十八)

330000－1710－0009988 普0002373 史部/金石類/總志之屬

金石萃編一百六十卷 （清）王昶撰 清刻本 十冊 存二十九卷(十八至四十六)

330000－1710－0009989 普0002374 史部/金石類/總志之屬

金石萃編一百六十卷 （清）王昶撰 清刻本 一冊 存四卷(四十九至五十二)

330000－1710－0009990 普0002396 史部/政書類

九通 清光緒八年至二十二年(1882－1896)浙江書局刻本 三十冊 存一種

330000－1710－0009991 普0002344 史部/政書類/通制之屬

皇朝文獻通考三百卷 （清）嵇璜 （清）曹仁虎等纂修 清刻本 一冊 存二十二卷(二百六十四至二百八十五)

330000－1710－0009992 普0002397 史部/政書類/通制之屬

文獻通考二十四卷首一卷 （元）馬端臨撰 清光緒二十年(1894)上海點石齋石印本 三

冊　缺十八卷(五至十七、十九至二十三)

330000－1710－0009993　普0002398　史部/政書類
九通全書　清光緒二十七年至二十八年(1901－1902)貫吾齋石印本　十四冊　存一種

330000－1710－0009994　普0002399　史部/政書類
九通全書　清光緒二十七年至二十八年(1901－1902)貫吾齋石印本　十八冊　存一種

330000－1710－0009995　普0002400　史部/政書類/通制之屬
文獻通考二十四卷首一卷　(元)馬端臨撰　清光緒二十年(1894)上海點石齋石印本　二十冊

330000－1710－0009997　普0002375　集部/總集類/選集之屬/通代
古詩源十四卷　(清)沈德潛輯　清藜照山館刻本　三冊　存十一卷(一至十一)

330000－1710－0009999　普0002377　集部/別集類/清別集
紅樹山莊詩草四卷黔游草一卷　(清)刘家逵撰　清同治十三年(1874)刻本　二冊

330000－1710－0010000　普0002378　集部/別集類/唐五代別集
羅昭諫集八卷　(唐)羅隱撰　清康熙九年(1670)渤海張瓚瑞榴堂刻道光四年(1824)平江吳墉補刻本　二冊

330000－1710－0010001　普0002401　史部/政書類
九通　清光緒二十七年(1901)上海圖書集成局石印本　二十冊　存一種

330000－1710－0010002　普0002380　史部/地理類/方志之屬/郡縣志
[光緒]歸安縣志五十二卷首一卷　(清)李昱修　(清)陸心源纂　清光緒八年(1882)刻本　四冊　存九卷(四十四至五十二)

330000－1710－0010003　普0002409　史部/政書類
九通　清光緒八年至二十二年(1882－1896)浙江書局刻本　四十冊　存一種

330000－1710－0010004　普0002402　史部/政書類
三通　清刻本　三十九冊　存一種

330000－1710－0010005　普0002408　史部/政書類
九通　清光緒二十七年(1901)上海圖書集成局鉛印本　四十三冊　存一種

330000－1710－0010006　普0002412　史部/政書類
九通　清光緒八年至二十二年(1882－1896)浙江書局刻本　四十冊　存一種

330000－1710－0010007　普0002403　史部/政書類
九通　清光緒二十七年(1901)上海圖書集成印書局鉛印本　五十八冊　存一種

330000－1710－0010008　普0002410　史部/政書類
九通　清光緒八年至二十二年(1882－1896)浙江書局刻本　四十冊　存一種

330000－1710－0010009　普0002413　史部/政書類
九通　清光緒八年至二十二年(1882－1896)浙江書局刻本　二十二冊　存一種

330000－1710－0010010　普0002379　類叢部/叢書類/自著之屬
潛園總集十七種　(清)陸心源撰　清同治光緒刻本　一冊　存一種

330000－1710－0010011　普0002346　經部/周禮類/傳說之屬
周禮政要二卷　(清)孫詒讓撰　清光緒二十八年(1902)瑞安普通學堂刻本　一冊　存一卷(上)

330000－1710－0010012　普0002414　史部/

政書類

九通　清光緒八年至二十二年(1882－1896)浙江書局刻本　四十冊　存一種

330000－1710－0010013　普0002347　經部/叢編

十三經古注二百九十卷　(明)金蟠　(明)葛鼒校　明崇禎十二年(1639)永懷堂刻清同治八年(1869)浙江書局校修本　三冊　存一種

330000－1710－0010014　普0002348　經部/叢編

十三經讀本一百五十二卷　(清)□□編　清同治金陵書局刻本　三冊　存一種

330000－1710－0010015　普0002404　類叢部/叢書類/自著之屬

平湖顧氏遺書五種　(清)顧廣譽撰　清光緒三年(1877)顧鴻昇刻本　二冊　存一種

330000－1710－0010016　普0002415　史部/政書類/通制之屬

三通　清乾隆十二年至十四年(1747－1749)武英殿刻本　二十二冊　存一種

330000－1710－0010017　普0002417　史部/政書類

九通　清光緒八年至二十二年(1882－1896)浙江書局刻本　十冊　存一種

330000－1710－0010018　普0002405　史部/政書類

九通　清光緒八年至二十二年(1882－1896)浙江書局刻本　三十一冊　存一種

330000－1710－0010019　普0002418　史部/政書類

九通　清光緒八年至二十二年(1882－1896)浙江書局刻本　八冊　存一種

330000－1710－0010020　普0002349　經部/四書類/孟子之屬/傳說

孟子集註七卷　(宋)朱熹撰　清刻本　三冊

330000－1710－0010021　普0002416　史部/政書類

九通　清光緒二十七年(1901)上海圖書集成局鉛印本　三十六冊　存一種

330000－1710－0010022　普0002350　經部/叢編

九經補注八種　(清)姜兆錫撰　清雍正至乾隆寅清樓刻本　一冊　存一種

330000－1710－0010023　普0002406　史部/政書類/通制之屬

文獻通考三百四十八卷首一卷　(元)馬端臨撰　清光緒二十五年(1899)上海點石齋石印本　二十四冊　存二十四卷(一至十五、十七至二十四、首)

330000－1710－0010024　普0002419　史部/政書類

九通　清光緒八年至二十二年(1882－1896)浙江書局刻本　四十冊　存一種

330000－1710－0010025　普0002411　史部/政書類

九通　清光緒八年至二十二年(1882－1896)浙江書局刻本　一百五十八冊　存一種

330000－1710－0010026　普0002382　經部/春秋左傳類/傳說之屬

春秋左傳杜注三十卷首一卷　(清)姚培謙撰　清刻本　一冊　存三卷(十至十二)

330000－1710－0010027　普0002383　經部/春秋左傳類/傳說之屬

春秋左傳杜注三十卷首一卷　(清)姚培謙撰　清刻本　六冊　缺十二卷(一至十二)

330000－1710－0010028　普0002384　集部/總集類/選集之屬/通代

文選六十卷　(南朝梁)蕭統輯　(唐)李善注　清刻本　一冊　存六卷(五十五至六十)

330000－1710－0010029　普0002385　史部/地理類/方志之屬/郡縣志

[光緒]鎮海縣志四十卷　(清)于萬川修　(清)俞樾等纂　清光緒五年(1879)鯤池書院刻本　五冊　存十三卷(二十八至四十)

330000－1710－0010030　普0002407　史部/政書類

九通　清光緒八年至二十二年(1882－1896)浙江書局刻本　一百九十册　存一種

330000－1710－0010031　普0002420　集部/總集類/課藝之屬

館課詩鈔三十卷　(清)林召棠　(清)翁心存　(清)龍瑛輯　清道光小蓬萊山館刻本　三十册

330000－1710－0010032　普0002386　經部/叢編

十三經古注二百九十卷　(明)金蟠　(明)葛鼒校　明崇禎十二年(1639)永懷堂刻清同治八年(1869)浙江書局校修本　一册　存一種

330000－1710－0010033　普0002381　經部/叢編

九經補注八種　(清)姜兆錫撰　清雍正至乾隆寅清樓刻本　一册　存一種

330000－1710－0010034　普0002421　史部/傳記類/總傳之屬/儒林

明儒學案六十二卷師說一卷　(清)黄宗羲撰　清光緒十四年(1888)南昌縣學刻本　二十三册　存四十二卷(十九至三十二、三十五至六十二)

330000－1710－0010035　普0002387　史部/紀傳類/正史之屬

二十四史附考證　清光緒十八年(1892)武林竹簡齋石印本　八册　存一種

330000－1710－0010036　普0002351　集部/詞類/總集之屬

清綺軒詞選十三卷　(清)夏秉衡輯　清乾隆十六年(1751)華亭夏秉衡清綺軒刻本　四册　存九卷(一至五、十至十三)

330000－1710－0010037　普0002422　史部/政書類/邦計之屬/鹽法

欽定重修兩浙鹽法志三十卷首二卷　(清)馮培　(清)潘庭筠等纂修　清同治十三年(1874)楊昌濬刻本　二十三册　缺二卷(五至六)

330000－1710－0010038　普0002423　史部/政書類/通制之屬

廣治平略正集三十六卷續集八卷　(清)蔡方炳撰　清光緒十六年(1890)上海廣百宋齋鉛印本　六册

330000－1710－0010039　普0002429　新學/幼學類

文學興國策二卷　(美國)林樂知譯　清光緒二十二年(1896)圖書集成局鉛印本　二册

330000－1710－0010040　普0002424　史部/史評類/史論之屬

史論彙選甲編八卷乙編八卷丙編八卷　(清)呂景端編　清光緒二十七年(1901)上海書局石印本　四册　存十卷(甲編一至五、乙編四至六、丙編五至六)

330000－1710－0010041　普0002430　新學/政治法律/制度

治國要務一卷　(英國)韋廉臣撰　清光緒二十一年(1895)上海廣學會鉛印本　一册

330000－1710－0010042　普0002433　子部/儒家類/儒學之屬/經濟

邵氏危言二卷　(清)邵作舟撰　清光緒二十七年(1901)嶺海報館鉛印本　一册　存一卷(二)

330000－1710－0010043　普0002431　史部/政書類/律令之屬/治獄

折獄龜鑑八卷首一卷　(宋)鄭克撰　清光緒二年(1876)雙峯書屋刻本　二册　存四卷(一至二、五至六)

330000－1710－0010044　普0002434　史部/雜史類/斷代之屬

巡城瑣記一卷　(清)陸毅撰　清光緒三十一年(1905)刻本　一册

330000－1710－0010045　普0002435　史部/雜史類/斷代之屬

巡城瑣記一卷　(清)陸毅撰　清光緒三十一年(1905)刻本　一册

330000－1710－0010046　普0002432　子部/雜著類/雜說之屬
危言二卷　(清)邵作舟著　清光緒二十四年(1898)上海商務印書館鉛印本　二冊

330000－1710－0010047　普0002436、普0002437　史部/職官類/官箴之屬
牧令全書二十三卷　(清)丁日昌輯　清同治七年(1868)江蘇書局刻本　二冊　存二種

330000－1710－0010048　普0002425、普0002426　史部/政書類/通制之屬
資治新書十四卷首一卷二集二十卷　(清)李漁輯　清刻本　六冊　存十卷(資治新書二至十、二集六)

330000－1710－0010049　普0002427　新學/商務/商學
國債論一卷　(日本)織田一著　清光緒二十七年(1901)譯林編輯所鉛印本　一冊

330000－1710－0010050　普0002352　經部/周禮類/傳說之屬
周禮政要二卷　(清)孫詒讓撰　清光緒二十八年(1902)瑞安普通學堂刻本　一冊　存一卷(下)

330000－1710－0010051　普0002428　新學/商務/商學
原富八卷　(英國)斯密亞丹撰　嚴復譯　清光緒石印本　一冊　存一卷(七)

330000－1710－0010053　普0002443　集部/別集類/清別集
韞山堂時文初集一卷二集二卷三集一卷　(清)管世銘撰　清石印本　一冊

330000－1710－0010054　普0002438　史部/政書類/邦計之屬/鹽法
兩浙鹽法續纂備考十二卷　(清)楊昌濬等纂修　清同治十三年(1874)刻本　十二冊

330000－1710－0010055　普0002441　史部/政書類/通制之屬
資治新書十四卷首一卷二集二十卷　(清)李漁輯　清書業堂刻本　九冊　存十三卷(資治新書十一至十四、二集一至五、七至十)

330000－1710－0010056　普0002439　史部/政書類/律令之屬/律例
故唐律疏議三十卷　(唐)長孫無忌等撰　**律音義一卷**　(宋)孫奭等撰　**宋提刑洗冤集錄五卷**　(宋)宋慈編　清光緒十七年(1891)江蘇書局刻本　六冊　缺八卷(二十一至二十八)

330000－1710－0010057　普0002442　史部/政書類/律令之屬/律例
大清律例增修統纂集成四十卷附督捕則例附纂二卷　(清)姚潤輯　(清)陶駿　(清)陶念霖增輯　清光緒十七年(1891)上海珍藝書局鉛印本　十九冊　存三十四卷(一至十九、二十六至四十)

330000－1710－0010058　普0002444　集部/總集類/課藝之屬
目耕齋初集不分卷二集不分卷　(清)徐楷評註　(清)沈叔眉選刊　清光緒元年(1875)京都化甲堂刻本　三冊

330000－1710－0010059　普0002445　集部/總集類/課藝之屬
映雪軒墨醇不分卷　(清)孫世芬輯　清刻本　一冊

330000－1710－0010061　普0002457　史部/傳記類/科舉録之屬/諸貢録
光緒丙午科浙江優貢卷不分卷　(清)錢玠人撰　清光緒刻本　一冊

330000－1710－0010062　普0002455　新學/議論/論政
政治汎論二卷後編二卷　(美國)威爾遜撰　麥鼎華譯　清光緒二十九年(1903)上海廣智書局鉛印本　三冊　缺一卷(政治汎論下)

330000－1710－0010063　普0002446　子部/雜著類/雜說之屬
盛世危言十四卷　(清)鄭觀應輯撰　清光緒石印本　五冊　存五卷(一至五)

330000－1710－0010064　普0002456　史部/

政書類/軍政之屬/邊政
邊事彙鈔十二卷續鈔八卷　(清)朱克敬輯　清光緒六年(1880)長沙刻本　十冊

330000－1710－0010065　普0002447　新學/交涉/公法
萬國公法四卷　(美國)惠頓撰　(美國)丁韙良譯　清光緒二十四年(1898)上海新學書會石印本　四冊　存三卷(一、三至四)

330000－1710－0010066　普0003694　史部/傳記類/科舉録之屬/硃卷
浙江鄉試硃卷合本不分卷　(清)王念琛等撰　清刻本　一冊

330000－1710－0010067　普0002458　史部/傳記類/科舉録之屬
[光緒庚子辛丑科]浙江闈墨不分卷　清光緒二十八年(1902)聚奎堂刻本　一冊

330000－1710－0010068　普0002448　新學/交涉/公法
萬國公法四卷　(美國)惠頓撰　(美國)丁韙良譯　清末石印本　六冊

330000－1710－0010069　普0002459　史部/傳記類/科舉録之屬/歷科鄉試録
丁酉科江南鄉試第十三房同門錄一卷　清刻本　一冊

330000－1710－0010070　普0002460　新學/學校
日本軍事教育編不分卷　錢恂編　清光緒二十六年(1900)鉛印本　一冊

330000－1710－0010071　普0002461　新學/全體學
民種學二卷　(德國)哈伯蘭撰　(英國)魯威原譯　(清)林紓　(清)魏易譯　清光緒二十九年(1903)北京大學堂譯書局鉛印本　一冊

330000－1710－0010072　普0002462　史部/職官類/官制之屬/通志
萬國官制志三卷　(清)馮斯欒撰　清光緒二十八年(1902)上海廣智書局鉛印本　一冊

330000－1710－0010073　普0002463　新學/商務/商學
原富八卷　(英國)斯密亞丹撰　嚴復譯　清光緒二十八年(1902)上海南洋公學譯書院鉛印本　四冊　存四卷(丁上、下、戊上、下)

330000－1710－0010074　普0002464　新學/商務/商學
原富八卷　(英國)斯密亞丹撰　嚴復譯　清光緒二十八年(1902)上海南洋公學譯書院鉛印本　八冊

330000－1710－0010075　普0002450　集部/總集類/課藝之屬
藝苑菁華不分卷　(清)武林吟花講舍主人筆珊氏校編　清刻本　四冊

330000－1710－0010076　普0002465　新學/兵制/槍炮
礮法昂度子落高低遠近畫譜一卷　(清)丁乃文撰　清光緒十四年(1888)江南製造局鉛印本　一冊

330000－1710－0010077　普0002466　新學/兵制/海軍
外國師船圖表八卷雜説三卷圖一卷　(清)許景澄等編　清光緒二十二年(1896)浙江官書局石印本　四冊

330000－1710－0010078　普0002449　集部/總集類/課藝之屬
中庸文椒不分卷　清同治九年(1870)刻本　八冊

330000－1710－0010079　普0002467　新學/兵制/海軍
外國師船圖表八卷雜説三卷圖一卷　(清)許景澄等編　清光緒二十二年(1896)浙江官書局石印本　四冊

330000－1710－0010080　普0002451　集部/總集類/選集之屬/斷代
壬寅直省闈藝八卷　(清)徐少湖輯　清光緒二十八年(1902)上海書局石印本　七冊　缺一卷(三)

330000－1710－0010081　普 0002468　史部/政書類/律令之屬/刑制

大清宣統新法令不分卷　商務印書館輯　清宣統二年至三年(1910－1911)上海商務印書館鉛印本　三冊　存冊九、十一、十三

330000－1710－0010082　普 0002469　史部/政書類/律令之屬/律例

寄簃文存八卷　(清)沈家本撰　清光緒三十三年(1907)修訂法律館鉛印本　二冊

330000－1710－0010083　普 0002470　史部/政書類/律令之屬/律例

寄簃文存八卷　(清)沈家本撰　清光緒三十三年(1907)修訂法律館鉛印本　二冊

330000－1710－0010084　普 0002452　集部/總集類/氏族之屬

三蘇策論十二卷　(宋)蘇洵　(宋)蘇軾　(宋)蘇轍撰　(清)張紹齡編　清光緒二十四年(1898)石印本　六冊　存九卷(一至二、四至十)

330000－1710－0010085　普 0002482　史部/傳記類/科舉録之屬

光緒二十八年壬寅補行二十六年庚子二十七年辛丑正併科湖北闈墨一卷　(清)汪鳴鑾等撰　清光緒衡鑒堂刻本　一冊

330000－1710－0010086　普 0002483　史部/傳記類/科舉録之屬/歷科登科録

國朝兩浙科名錄不分卷　(清)黄安綬輯　清咸豐七年(1857)京師刻本　二冊

330000－1710－0010087　普 0002471　史部/政書類/邦計之屬/賦稅

增修籌餉事例條款不分卷籌餉事例一卷增修現行常例一卷　清同治刻本　二冊　存增修籌餉事例條款

330000－1710－0010090　普 0002484　新學/交涉/公法

公法會通十卷　清光緒六年(1880)同文館鉛印本　五冊

330000－1710－0010091　普 0002485　史部/政書類/邦計之屬/賦稅

江蘇省減賦全案八卷　(清)曾國藩等撰　清同治五年(1866)刻本　三冊

330000－1710－0010092　普 0002487　類叢部/叢書類/自著之屬

沈蓮溪全集六種　(清)沈濂撰　清道光至咸豐秀水沈氏始言堂刻本　一冊　存一種

330000－1710－0010093　普 0002453　新學/議論/通論

中外策問大觀二十八卷　雷瑨編輯　清光緒二十九年(1903)硯耕山莊石印本　九冊　缺一卷(十九)

330000－1710－0010094　普 0002488　集部/別集類/清別集

憶雲集試帖一卷籥雲集試帖一卷　(清)嚴辰撰　清光緒刻本　一冊

330000－1710－0010095　普 0002489　史部/政書類/邦計之屬/鹽法

兩淮鹽法志五十六卷首四卷　(清)佶山修　(清)單渠纂　(清)方濬頤等續纂　清同治九年(1870)揚州書局刻本　十六冊　存二十八卷(首一至四、一至二十四)

330000－1710－0010096　普 0002486　史部/政書類/邦計之屬/賦稅

江蘇省減賦全案八卷　(清)曾國藩等撰　清同治五年(1866)刻本　八冊

330000－1710－0010097　普 0002474　新學/政治法律/律例

新譯日本法規大全二十五卷首一卷　(清)劉崇傑譯　清光緒三十三年(1907)上海商務印書館鉛印本　三冊　存三卷(十四、十七、十九)

330000－1710－0010100　普 0002477　史部/政書類/邦計之屬/賦稅

釐定功過章程一卷　清光緒刻本　一冊

330000－1710－0010101　普 0002478　新學/兵制/營壘

營城揭要二卷附圖　(英國)儲意比撰　(英

國)傅蘭雅口譯 (清)徐壽筆述 清光緒江南機器製造局刻本 二冊

330000－1710－0010102 普0002479 新學/政治法律/政治

佐治芻言不分卷 (英國)傅蘭雅口譯 應祖錫述 清光緒江南製造局鉛印本 一冊

330000－1710－0010103 普0002480 史部/政書類/邦交之屬

各國約章纂要六卷首一卷附錄一卷 勞乃宣等輯 清光緒十七年(1891)吳橋官廨刻本 四冊

330000－1710－0010104 普0002481 史部/政書類/邦交之屬

各國約章纂要六卷首一卷附錄一卷 勞乃宣等輯 清光緒十七年(1891)吳橋官廨刻本 四冊

330000－1710－0010105 普0002490 集部/別集類/清別集

竹隱廬時文不分卷 (清)徐用儀著 清光緒三年(1877)刻本 一冊

330000－1710－0010106 普0002507 史部/政書類

九通 清光緒八年至二十二年(1882－1896)浙江書局刻本 二十九冊 存一種

330000－1710－0010107 普0002508 類叢部/叢書類/彙編之屬

劉氏傳經堂叢書十四種 (清)劉毓英編 清光緒三原劉氏刻本 四十八冊 存一種

330000－1710－0010108 普0002509 史部/傳記類/總傳之屬/儒林

宋元學案一百卷首一卷考略一卷 (清)黃宗羲撰 (清)全祖望修定 (清)王梓材 (清)馮雲濠校並考 清光緒五年(1879)長沙寄廬刻本 三十八冊 缺十八卷(七至九、五十七至五十九、十三至十四、二十二至二十六、七十一至七十二、七十五至七十七)

330000－1710－0010109 普0002511 子部/儒家類/儒學之屬/俗訓

人譜一卷人譜類記二卷 (明)劉宗周撰 清光緒三十年(1904)上海支那新書局石印本 二冊 存二卷(人譜類記一至二)

330000－1710－0010110 普0002510 子部/儒家類/儒學之屬/性理

朱子語類一百四十卷 (宋)朱熹撰 (宋)黎靖德輯 清刻本 三十冊 缺十卷(一百三十一至一百四十)

330000－1710－0010111 普0002515 經部/三禮總義類/通禮雜禮之屬

朱子家禮五卷首一卷附錄一卷 (宋)朱熹撰 清西安省城重刻本 三冊

330000－1710－0010112 普0002491 史部/傳記類/科舉録之屬/歷科鄉試録

湖北鄉試行卷不分卷 清光緒二十八年(1902)刻本 一冊

330000－1710－0010113 普0002512 子部/儒家類/儒學之屬/俗訓

人譜一卷人譜類記二卷 (明)劉宗周撰 (清)洪正治校編 清光緒教忠堂刻本 二冊

330000－1710－0010114 普0002513 子部/儒家類/儒學之屬/蒙學

人範六卷首一卷滄村文存一卷 (清)蔣元輯 (清)顧廣譽增輯 清光緒十六年(1890)平湖學署刻本 二冊

330000－1710－0010115 普0002514 子部/儒家類/儒學之屬/蒙學

人範六卷首一卷滄村文存一卷 (清)蔣元輯 (清)顧廣譽增輯 清光緒十六年(1890)平湖學署刻本 二冊

330000－1710－0010116 普0002518 子部/雜著類/雜考之屬

讀書雜誌八十二卷餘編二卷 (清)王念孫撰 清刻本 二十三冊

330000－1710－0010118 普0002520 子部/儒家類/儒學之屬/蒙學

小學集註六卷 (明)陳選集注 清光緒二十五年(1899)上海書局石印本 四冊

330000－1710－0010119　普 0002521　子部/儒家類/儒學之屬/蒙學

小學集註六卷　（明）陳選集注　清同治六年(1867)金陵書局刻本　二冊

330000－1710－0010120　普 0002522　子部/儒家類/儒學之屬/經濟

繹志十九卷　（清）胡承諾撰　清同治十一年(1872)浙江書局刻本　八冊

330000－1710－0010121　普 0002516　史部/傳記類/總傳之屬/儒林

學案小識十四卷首一卷末一卷　（清）唐鑑撰　清光緒十年(1884)刻本　金蓉鏡批並注　十二冊

330000－1710－0010122　普 0002517　子部/儒家類/儒學之屬/經濟

繹志十九卷　（清）胡承諾撰　清同治十一年(1872)浙江書局刻本　八冊

330000－1710－0010123　普 0002523　子部/儒家類/儒學之屬/經濟

繹志十九卷　（清）胡承諾撰　清同治十一年(1872)浙江書局刻本　八冊

330000－1710－0010125　普 0002524　子部/儒家類/儒學之屬/俗訓

人譜一卷人譜類記二卷　（明）劉宗周撰　清嘉慶十九年(1814)蕺山書院刻本　一冊

330000－1710－0010126　普 0002526　子部/儒家類/儒學之屬/蒙學

小學集註六卷　（明）陳選集注　清同治六年(1867)金陵書局刻本　一冊　存二卷（五至六）

330000－1710－0010128　普 0002525　子部/儒家類/儒學之屬/蒙學

小學六卷　（清）高愈注　**文公朱夫子年譜一卷**　題（宋）李方子撰　清同治十一年(1872)浙江書局刻本　二冊

330000－1710－0010130　普 0002496　集部/別集類/清別集

不薄今齋時文不分卷　（清）戴錫鈞撰　清刻本　一冊

330000－1710－0010133　普 0002527　子部/儒家類/儒學之屬/性理

北溪先生字義二卷補遺一卷附嚴陵講義一卷　（宋）陳淳撰　清康熙五十三年(1714)戴嘉禧愛荆堂刻本　一冊

330000－1710－0010134　普 0002493　新學/商務/稅則

列國歲計政要十二卷首一卷　（英國）麥丁富得力撰　（美國）林樂知譯　（清）鄭昌棪筆述　清光緒刻本　六冊

330000－1710－0010135　普 0002528　史部/政書類/通制之屬

皇朝續文獻通考三百二十卷　劉錦藻撰　清光緒三十一年(1905)烏程劉錦藻堅匏盦鉛印本　七冊　存二十五卷（六十三至六十六、七十四至七十七、一百二至一百三、一百十二至一百十五、二百八十六至二百九十六）

330000－1710－0010136　普 0002529　類叢部/叢書類/彙編之屬

廣雅書局叢書一百五十九種　徐紹棨編　清光緒廣雅書局刻民國九年(1920)番禺徐紹棨彙編重印本　二冊　存一種

330000－1710－0010137　普 0002530　類叢部/叢書類/彙編之屬

廣雅書局叢書一百五十九種　徐紹棨編　清光緒廣雅書局刻民國九年(1920)番禺徐紹棨彙編重印本　四冊　存一種

330000－1710－0010139　普 0002531　子部/儒家類/儒學之屬/蒙學

小學集註六卷首一卷末一卷　（明）陳選集注　**小學校語一卷**　（清）孫崇晉等撰　清同治二年(1863)吳棠刻本　三冊　存四卷（一至三、六）

330000－1710－0010145　普 0002504　集部/總集類/課藝之屬

桐溪課藝不分卷　清光緒十七年(1891)刻本　二冊

330000－1710－0010147　普 0002537　子部/儒家類/儒學之屬/經濟

繹志十九卷　（清）胡承諾撰　清同治十一年(1872)浙江書局刻本　八册

330000－1710－0010149　普 0002505　史部/傳記類/科舉録之屬/歷科鄉試録

光緒丙子科江南鄉試同年履歷不分卷　清光緒刻本　三册

330000－1710－0010150　普 0002560　子部/雜著類/雜考之屬

癸巳類稿十五卷　（清）俞正燮撰　清光緒五年(1879)會稽章氏刻本　六册　存九卷(一至七、十至十一)

330000－1710－0010151　普 0002506　集部/總集類/課藝之屬

辛未壬申試藝彙訂不分卷　清刻本　二册

330000－1710－0010153　普 0002555　子部/儒家類/儒學之屬/性理

讀書記八卷　（清）郝懿行輯　清光緒三十四年(1908)湖北洪江分州署刻本　四册

330000－1710－0010154　普 0002538　子部/儒家類/儒學之屬/勸學

勸學篇二卷　（清）張之洞撰　清光緒廣雅書局刻本　一册

330000－1710－0010155　普 0002539　子部/儒家類/儒學之屬/勸學

勸學篇二卷　（清）張之洞撰　清光緒廣雅書局刻本　一册

330000－1710－0010156　普 0002556　子部/雜著類/雜考之屬

十駕齋養新錄二十卷餘錄三卷　（清）錢大昕撰　**錢辛楣先生年譜一卷續編一卷**　（清）錢慶曾撰　清光緒二年(1876)浙江書局刻本　八册

330000－1710－0010157　普 0002540　子部/儒家類/儒學之屬/性理

御纂性理精義十二卷　（清）李光地等纂修　清康熙五十六年(1717)内府刻本　五册

330000－1710－0010160　普 0002558　子部/雜著類/雜考之屬

讀書脞錄七卷　（清）孫志祖撰　清光緒十三年(1887)醉六堂刻本　一册　存二卷(六至七)

330000－1710－0010161　普 0002559　子部/雜著類/雜考之屬

濼源問答十二卷　（清）沈可培撰　清嘉慶二十年(1815)嘉興沈銘彝雪浪齋刻道光七年(1827)重印本　六册

330000－1710－0010162　普 0002561　子部/雜著類/雜考之屬

癸巳類稿十五卷　（清）俞正燮撰　清光緒十四年(1888)枕碧山館刻本　五册　存八卷(六至九、十二至十五)

330000－1710－0010163　普 0002495　史部/政書類/邦計之屬/鹽法

淮南鹽法紀畧十卷　（清）龐際雲等纂　清同治十二年(1873)淮南書局刻本　七册　缺二卷(四至五)

330000－1710－0010164　普 0002542　子部/儒家類/儒學之屬/禮教/鑑戒

鐸語一卷　（清）柯汝霖撰　清光緒二十八年(1902)鉛印本　一册

330000－1710－0010165　普 0002567　子部/儒家類/儒學之屬/禮教/家訓

楊椒山公家訓一卷　（明）楊繼盛撰　清刻本　一册

330000－1710－0010168　普 0002541　子部/兵家類/兵法之屬

讀史兵略四十六卷　（清）胡林翼撰　清咸豐十一年(1861)武昌節署刻本　十六册

330000－1710－0010169　普 0002565　子部/儒家類/儒學之屬/性理

呻吟語六卷　（明）呂坤撰　清乾隆五十九年(1794)呂燕昭江寧刻本　四册　存四卷(一至二、四至五)

330000－1710－0010170　普 0002566　類叢

部/叢書類/郡邑之屬

湖北叢書三十種　(清)趙尚輔編　清光緒十七年(1891)三餘草堂刻本　一冊　存一種

330000-1710-0010171　普0002568　子部/雜著類/雜考之屬

十駕齋養新録二十卷餘録三卷　(清)錢大昕撰　**錢辛楣先生年譜一卷續編一卷**　(清)錢慶曾撰　清光緒二年(1876)浙江書局刻本　一冊　存三卷(十八至二十)

330000-1710-0010172　普0002570　子部/雜著類/雜考之屬

灤源問答十二卷　(清)沈可培撰　清嘉慶二十年(1815)嘉興沈銘彝雪浪齋刻道光七年(1827)重印本　一冊　存二卷(七、十)

330000-1710-0010173　普0002569　子部/雜著類/雜考之屬

義門讀書記五十八卷　(清)何焯撰　(清)蔣維鈞輯　清乾隆三十四年(1769)刻本　一冊　存四卷(前漢書三至六)

330000-1710-0010174　普0002543　子部/儒家類/儒學之屬/性理

近思錄集解二卷　(宋)葉采撰　(宋)朱熹編　清初刻本　一冊

330000-1710-0010175　普0002571　類叢部/叢書類/彙編之屬

新斠平津館叢書十集三十四種　(清)孫星衍編　清光緒十年至十五年(1884-1889)吴縣朱氏槐廬家塾刻本　一冊　存一種

330000-1710-0010177　普0002545　史部/職官類/官箴之屬

在官法戒錄四卷　(清)陳弘謀撰　清同治十二年(1873)杭州刻本　二冊

330000-1710-0010178　普0002546　子部/儒家類/儒學之屬/性理

二曲擇要一卷　(清)李顒撰　清光緒十八年(1892)馬忠信堂刻本　一冊

330000-1710-0010179　普0002572　子部/道家類

文子纘義十二卷　(宋)杜道堅撰　清光緒九年(1883)湖南傳忠書局刻本　一冊　存二卷(七至八)

330000-1710-0010181　普0002573　子部/道家類

南華真經影史九卷　(清)周拱辰撰　清嘉慶八年(1803)檇李周氏聖雨齋刻本　一冊　存四卷(一至四)

330000-1710-0010182　普0002548　子部/儒家類/儒學之屬/勸學

教諭語一卷　(清)謝金鑾撰　清光緒二十二年(1896)寧郡學刻二十四年(1898)孫補三印本　一冊

330000-1710-0010183　普0002549　子部/儒家類/儒學之屬/禮教/家訓

治家格言衍義一卷　(清)朱用純注　清光緒十三年(1887)嚴江余澤春蓴溪山館刻本　一冊

330000-1710-0010184　普0002553　類叢部/叢書類/家集之屬

長洲彭氏家集九種　(清)彭祖賢編　清同治至光緒刻本　一冊　存一種

330000-1710-0010185　普002554　子部/儒家類/儒學之屬/禮教

五種遺規　(清)陳弘謀輯並撰　清培遠堂刻本　八冊

330000-1710-0010186　普0002574　史部/目録類/書志之屬/提要

昭德先生郡齋讀書志四卷後志二卷　(宋)晁公武撰　**附志一卷考異一卷**　(宋)趙希弁撰　清康熙六十一年(1722)陳師曾刻本　二冊　存四卷(二下、三上、後志一至二)

330000-1710-0010187　普0002584　子部/小説家類/異聞之屬

山海經箋疏十八卷圖讚一卷訂譌一卷敘錄一卷　(清)郝懿行撰　清光緒七年(1881)郝聯薇順天府東路廳署刻本　四冊

330000-1710-0010188　普0002575　經部/

群經總義類/傳說之屬
新學偽經考十四卷　康有為撰　清石印本　一册　存二卷(十三下、十四)

330000－1710－0010189　普 0002609　經部/叢編
十三經古注二百九十卷　(明)金蟠　(明)葛鼒校　明崇禎十二年(1639)永懷堂刊清同治八年(1869)浙江書局校修本　三册　存一種

330000－1710－0010190　普 0002550　子部/儒家類/儒學之屬/性理
儒門法語輯要一卷　(清)彭定求撰　(清)湯金釗輯　清光緒十六年(1890)浙江書局刻本　一册

330000－1710－0010191　普 0002576　子部/法家類
管子二十四卷　(唐)房玄齡注　清光緒二十九年(1903)六藝書局石印本　四册

330000－1710－0010192　普 0002551　子部/儒家類/儒學之屬/性理
儒門法語輯要一卷　(清)彭定求撰　(清)湯金釗輯　清光緒十六年(1890)浙江書局刻本　一册

330000－1710－0010193　普 0002552　子部/雜著類/雜纂之屬
身世準繩二卷　(清)李迪光輯　清咸豐二年(1852)刻本　二册

330000－1710－0010194　普 0002585　子部/叢編
二十二子(二十二子彙函)　(清)浙江書局編　清光緒元年至三年(1875－1877)浙江書局刻本　二册　存一種

330000－1710－0010195　普 0002611　經部/春秋左傳類/傳說之屬
欽定春秋左傳讀本三十卷　(清)英和等撰　清同治八年(1869)江蘇書局刻本　五册　存十五卷(七至九、十三至二十四)

330000－1710－0010196　普 0002610　經部/春秋左傳類/傳說之屬
欽定春秋左傳讀本三十卷　(清)英和等撰　清同治八年(1869)江蘇書局刻本　清吳舒惟批閱　清顧我錡圈點　一册　存三卷(一至三)

330000－1710－0010198　普 0002612　經部/易類/傳說之屬
御纂周易折中二十二卷首一卷　(清)李光地等纂　清同治六年(1867)浙江書局刻本　十册

330000－1710－0010202　普 0002579　子部/兵家類/操練之屬
練兵實紀九卷雜集六卷　(明)戚繼光撰　清光緒京都琉璃廠刻本　五册　缺二卷(雜集一至二)

330000－1710－0010203　普 0002580　類叢部/叢書類/彙編之屬
岱南閣叢書二十種　(清)孫星衍編　清乾隆至嘉慶蘭陵孫氏刻本　五册　存一種

330000－1710－0010204　普 0002581　類叢部/叢書類/彙編之屬
敏果齋七種　(清)許乃釗編　清道光十二年至二十九年(1832－1849)錢塘許氏刻彙印本　四册　存一種

330000－1710－0010210　普 0002586　類叢部/叢書類/自著之屬
真西山全集(西山真文忠公全集　真文忠公全集)七種　(宋)真德秀撰　清康熙真氏家祠刻乾隆至同治三年(1864)遞修本　七册　存一種

330000－1710－0010211　普 0002582　子部/儒家類/儒學之屬/性理
讀書記八卷　(清)郝懿行輯　清光緒三十四年(1908)湖北洪江分州署刻本　四册

330000－1710－0010212　普 0002583　史部/目録類/書志之屬/提要
開有益齋讀書志六卷金石文字記一卷續志一卷　(清)朱緒曾撰　清光緒六年(1880)金陵翁氏茹古閣刻本　二册

330000－1710－0010213　普0002590　子部/雜著類/雜考之屬

無邪堂答問五卷　（清）朱一新撰　清光緒二十二年（1896）上海鴻寶齋石印本　五冊

330000－1710－0010214　普0002591　新學/議論/通論

羣學肄言十六卷　（英國）斯賓塞爾撰　嚴復譯　清石印本　三冊　存四卷（十一至十四）

330000－1710－0010215　普0002592　新學/理學/理學

天演論二卷　（英國）赫胥黎撰　嚴復譯　清光緒二十四年（1898）鉛印本　二冊

330000－1710－0010216　普0002593　子部/雜著類/雜考之屬

癸巳存稿十五卷　（清）俞正爕撰　清光緒十年（1884）李宗煝武林刻本　六冊

330000－1710－0010217　普0002594　子部/儒家類/儒學之屬/性理

漢學商兑三卷　（清）方東樹撰　清光緒二十六年（1900）浙江書局刻本　四冊

330000－1710－0010218　普0002595　子部/雜著類/雜考之屬

困學紀聞注二十卷　（清）翁元圻撰　清道光五年（1825）餘姚翁氏守福堂刻本　十一冊　缺二卷（十七至十八）

330000－1710－0010219　普0002587　子部/叢編

二十二子（二十二子彙函）　（清）浙江書局編　清光緒元年至三年（1875－1877）浙江書局刻本　一冊　存一種

330000－1710－0010220　普0002588　類叢部/叢書類/彙編之屬

鐵華館叢書六種　（清）蔣鳳藻編　清光緒九年至十年（1883－1884）長洲蔣氏刻本　一冊　存六卷（一至六）

330000－1710－0010221　普0002627　經部/叢編

御纂七經二百八十卷首十一卷序三卷　（清）李光地等撰　清同治六年至九年（1867－1870）浙江書局刻本　十二冊　存一種

330000－1710－0010222　普0002628　經部/叢編

御纂七經二百八十卷首十一卷序三卷　（清）李光地等撰　清同治六年至九年（1867－1870）浙江書局刻本　十六冊　存一種

330000－1710－0010223　普0002620　經部/春秋左傳類/傳說之屬

春秋經傳集解三十卷　（晉）杜預撰　**春秋名號歸一圖二卷**　（五代）馮繼先撰　**春秋年表一卷**　（宋）岳珂刊補　清光緒三年（1877）永康胡氏退補齋刻本　十二冊

330000－1710－0010224　普0002629　經部/叢編

十三經古注二百九十卷　（明）金蟠　（明）葛鼒校　明崇禎十二年（1639）永懷堂刻清同治八年（1869）浙江書局校修本　三冊　存一種

330000－1710－0010225　普0002621　經部/春秋左傳類/傳說之屬

春秋左傳杜注三十卷首一卷　（清）姚培謙撰　清刻本　八冊　存二十五卷（三至九、十三至三十）

330000－1710－0010226　普0002622　經部/詩類/傳說之屬

詩集傳音釋二十卷詩圖一卷詩傳綱領一卷詩序一卷　（宋）朱熹撰　（元）許謙音釋　（元）羅復纂輯　**校刻札記一卷**　（清）蔣光煦撰　清咸豐五年至七年（1855－1857）海昌蔣氏衍芬草堂刻本　二冊　存八卷（十三至二十）

330000－1710－0010227　普0002623　經部/詩類/傳說之屬

詩經集傳八卷　（宋）朱熹撰　清光緒二十三年（1897）上海文瑞樓刻本　四冊

330000－1710－0010228　普0002624　經部/叢編

十三經讀本一百五十二卷　（清）□□編　清

光緒三年(1877)永康退補齋胡氏刻本　四冊　存一種

330000－1710－0010229　普0002630　經部/群經總義類/文字音義之屬
經典釋文三十卷　(唐)陸德明撰　**經典釋文攷證三十卷**　(清)盧文弨撰　清同治八年(1869)湖北崇文書局刻本　二冊　存六卷(經典釋文一至六)

330000－1710－0010230　普0002632　經部/群經總義類/文字音義之屬
經典釋文三十卷　(唐)陸德明撰　**經典釋文攷證三十卷**　(清)盧文弨撰　清同治十年(1871)粵秀山文瀾閣刻本　十一冊　存二十卷(一至五、七至十二、十五至十六、二十一至二十二、二十六至三十)

330000－1710－0010231　普00010231　經部/春秋左傳類/傳說之屬
春秋左傳杜注三十卷首一卷　(清)姚培謙撰　清刻本　四冊　存十二卷(七至九、十九至二十四、二十八至三十)

330000－1710－0010232　普0002625　經部/叢編
五經四書　(清)□□輯　清紫陽朱氏崇道堂刻本　一冊　存一種

330000－1710－0010233　普0002635　經部/群經總義類/文字音義之屬
經籍籑詁一百六卷補遺一百六卷首一卷　(清)阮元撰　**新輯經籍籑詁檢韻一卷**　清光緒二十年(1894)上海點石齋石印本　十二冊

330000－1710－0010234　普0002634　經部/群經總義類/文字音義之屬
經籍籑詁一百六卷補遺一百六卷首一卷　(清)阮元撰　**新輯經籍籑詁檢韻一卷**　清石印本　三冊　存三十一卷(五十四至七十六、九十九至一百六)

330000－1710－0010236　普0002626　類叢部/叢書類/自著之屬
平湖顧氏遺書五種　(清)顧廣譽撰　清光緒三年(1877)顧鴻昇刻本　九冊　存二種

330000－1710－0010237　普0002597　子部/儒家類/儒學之屬/禮教
五種遺規摘鈔　(清)陳弘謀輯並撰　(清)劉肇紳摘抄　清光緒二十八年(1902)上海古香閣石印本　二冊　存二種

330000－1710－0010238　普0002589　類叢部/叢書類/彙編之屬
鐵華館叢書六種　(清)蔣鳳藻編　清光緒九年至十年(1883－1884)長洲蔣氏刻本　一冊

330000－1710－0010239　普0002636　類叢部/類書類/專類之屬
錦字箋四卷　(清)黃澐撰　清雍正九年(1731)刻本　一冊　存一卷(二)

330000－1710－0010240　普0002598　史部/傳記類/總傳之屬/儒林
明儒學案六十二卷師說一卷　(清)黃宗羲撰　清光緒十四年(1888)南昌縣學刻本　八冊　存十八卷(一至十八)

330000－1710－0010241　普0002637　經部/群經總義類/傳說之屬
皇朝五經彙解二百七十卷　(清)朱鏡清輯　清光緒十四年(1888)上海鴻文書局石印本　十五冊　存一百二十六卷(一至三十一、四十九至七十、一百十七至一百二十六、一百六十一至一百六十九、一百九十三至二百三十三、二百五十八至二百七十)

330000－1710－0010242　普0002599　子部/儒家類/儒學之屬/蒙學
養蒙金鑑二卷首一卷　(清)林之望編　清光緒元年(1875)鄂垣藩署刻本　二冊

330000－1710－0010243　普0002600　類叢部/叢書類/彙編之屬
津河廣仁堂叢書八十四種　(清)□□編　清光緒津河廣仁堂刻本　一冊　存一種

330000－1710－0010244　普0002648　類叢部/叢書類/家集之屬
高郵王氏著書五種　(清)王念孫　(清)王引

之撰　清嘉慶至道光王氏家刻本　十三冊　存一種

330000－1710－0010245　普 00002649　經部/叢編

十三經古注二百九十卷　(明)金蟠　(明)葛鼒校　明崇禎十二年(1639)永懷堂刻清同治八年(1869)浙江書局校修本　八冊　存一種

330000－1710－0010246　普 0002601　子部/儒家類/儒學之屬/性理

朱子語類五十二卷　(宋)朱熹撰　(宋)黎靖德編　清康熙十七年(1678)金陵四留堂刻本　一冊　存二卷(一至二)

330000－1710－0010247　普 0002650　類叢部/叢書類/自著之屬

焦氏叢書九種附一種　(清)焦循撰　清嘉慶至道光江都焦氏雕菰樓刻本　一冊　存一種

330000－1710－0010248　普 0002602　子部/宗教類/道教之屬

彙纂功過格十二卷首一卷末一卷　清同治六年(1867)吳門章雨田刻本　三冊　存四卷(二至三、十至十一)

330000－1710－0010249　普 0002604　子部/儒家類/儒學之屬/勸學

勸學篇二卷　(清)張之洞撰　清光緒二十四年(1898)中江書院刻本　一冊

330000－1710－0010250　普 0002603　子部/儒家類/儒學之屬/性理

勵志錄二卷　(清)沈近思撰　清道光二十九年(1849)矧汝軒刻本　一冊

330000－1710－0010251　普 0002605　子部/儒家類/儒學之屬/勸學

勸學篇二卷　(清)張之洞撰　清光緒二十四年(1898)中江書院刻本　一冊

330000－1710－0010252　普 0002606　類叢部/叢書類/彙編之屬

漸西村舍彙刊(漸西村舍叢刻)四十四種　(清)袁昶編　清光緒十六年至二十四年(1890－1898)桐廬袁氏刻本　一冊　存一種

330000－1710－0010253　普 0002631　經部/春秋穀梁傳類/傳說之屬

穀梁註疏鈔十二卷　(漢)何休等註疏　明玉津園刻本　一冊　存二卷(一至二)

330000－1710－0010254　普 0002654　經部/叢編

御纂七經二百八十卷首十一卷序三卷　(清)李光地等撰　清刻本　二十二冊　存一種

330000－1710－0010255　普 0002651　類叢部/叢書類/家集之屬

高郵王氏著書五種　(清)王念孫　(清)王引之撰　清嘉慶至道光王氏家刻本　一冊　存一種

330000－1710－0010256　普 0002652　經部/群經總義類/圖說之屬

六經圖二十四卷　(清)鄭之僑編　清乾隆九年(1744)潮陽鄭之僑述堂刻本　三冊　存六卷(一至四、九至十)

330000－1710－0010257　普 0002653　經部/讖緯類/總義之屬

古微書三十六卷　(明)孫瑴輯　清嘉慶十七年(1812)禹航陳世望對山問月樓刻本　一冊　存六卷(十四至十九)

330000－1710－0010258　普 0002607　子部/儒家類/儒家之屬

孔子家語十卷　(三國魏)王肅注　明崇禎永懷堂刻本　一冊　存五卷(一至五)

330000－1710－0010259　普 0002645　經部/叢編

十三經古注二百九十卷　(明)金蟠　(明)葛鼒校　明崇禎十二年(1639)永懷堂刻清同治八年(1869)浙江書局校修本　十冊　存一種

330000－1710－0010260　普 0002646　經部/春秋左傳類/傳說之屬

春秋左傳杜注三十卷首一卷　(清)姚培謙撰　清乾隆十一年(1746)吳郡小鬱林陸氏刻本　二冊　存五卷(十三至十七)

330000－1710－0010261　普 0002638　經部/

叢編

九經補注八種 (清)姜兆錫撰 清雍正至乾隆寅清樓刻本 一册 存一種

330000－1710－0010262 普0002639 類叢部/叢書類/彙編之屬

邵武徐氏叢書二十三種 (清)徐榦編 清光緒邵武徐榦刻本 一册 存一種

330000－1710－0010263 普0002640 經部/春秋公羊傳類/傳說之屬

春秋公羊傳十一卷 (漢)何休注 (唐)陸德明音義 清光緒三年(1877)永康胡氏退補齋刻本 四册

330000－1710－0010264 普0002647 經部/春秋穀梁傳類/傳說之屬

春秋穀梁經傳補注二十四卷首一卷末一卷 (清)鍾文烝補注 清光緒二年(1876)嘉善鍾氏信美室刻本 八册

330000－1710－0010265 普0002641 經部/春秋公羊傳類/傳說之屬

春秋公羊經傳解詁十二卷 (漢)何休撰 (唐)陸德明音義 **重刊宋紹熙公羊傳注附音本校記一卷** (清)魏彥撰 清道光四年(1824)揚州汪氏問禮堂影刻宋紹熙本 二册 缺一卷(十)

330000－1710－0010266 普0002642 經部/春秋公羊傳類/傳說之屬

春秋公羊傳十一卷 (漢)何休注 (唐)陸德明音義 清同治七年(1868)湖北崇文書局刻本 二册

330000－1710－0010267 普0002643 經部/春秋穀梁傳類/傳說之屬

春秋穀梁經傳補注二十四卷首一卷末一卷 (清)鍾文烝補注 清光緒二年(1876)嘉善鍾氏信美室刻本 八册

330000－1710－0010268 普0002644 新學/學校

最新高等小學理科教科書教授法四册 謝洪賚編輯 清光緒三十二年至三十三年(1906－1907)上海商務印書館鉛印本 四册

330000－1710－0010269 普0002657 經部/叢編

十三經古注二百九十卷 (明)金蟠 (明)葛鼒校 明崇禎十二年(1639)永懷堂刊清同治八年(1869)浙江書局校修本 四册 存一種

330000－1710－0010270 普0002608 子部/儒家類/儒學之屬/經濟

大學衍義四十三卷 (宋)真德秀撰 清刻本 十二册

330000－1710－0010271 普0002658 經部/群經總義類/傳說之屬

經義述聞三十二卷 (清)王引之撰 清道光七年(1827)京師西江米巷壽藤書屋刻本 十五册 存十九卷(一、三至八、十、十六至十九、二十二至二十六、三十一至三十二)

330000－1710－0010272 普0002659 經部/儀禮類/傳說之屬

儀禮經集註十七卷 (清)張鳳翔撰 清刻本 一册 存四卷(十二至十五)

330000－1710－0010273 普0002660 經部/三禮總義類/通禮雜禮之屬

讀禮通考一百二十卷 (清)徐乾學撰 清康熙三十五年(1696)崑山徐氏冠山堂刻本 二册 存十卷(五十至五十四、六十六至七十)

330000－1710－0010274 普0002670 類叢部/叢書類/彙編之屬

望三益齋叢書十種 (清)吳棠編 清咸豐至光緒吳氏望三益齋刻本 八册 存一種

330000－1710－0010275 普0002671 經部/叢編

十三經古注二百九十卷 (明)金蟠 (明)葛鼒校 明崇禎十二年(1639)永懷堂刻清同治八年(1869)浙江書局校修本 一册 存一種

330000－1710－0010276 普0002661 經部/叢編

通志堂經解一百四十種一千八百六十卷 (清)納蘭成德輯 清康熙十九年(1680)納蘭

成德刻本　一冊　存一種

330000－1710－0010277　普0002662　類叢部/叢書類/自著之屬

春在堂全書三十六種　（清）俞樾撰　清同治至光緒刻光緒末彙印本　四冊　存一種

330000－1710－0010278　普0002663　經部/叢編

省吾堂四種二十五卷　（清）蔣光弼輯　清常熟蔣氏省吾堂刻本　三冊　存一種

330000－1710－0010279　普0002664　經部/三禮總義類/通禮雜禮之屬

五禮通考二百六十二卷首四卷總目二卷　（清）秦蕙田撰　清乾隆二十六年（1761）金匱秦蕙田味經窩刻本　一冊　存六卷（二十八至三十三）

330000－1710－0010280　普0002672　經部/書類/傳說之屬

書經集傳六卷　（宋）蔡沈撰　清同治三年（1864）浙江撫署刻本　四冊　缺一卷（四）

330000－1710－0010281　普0002665　類叢部/叢書類/自著之屬

平湖顧氏遺書五種　（清）顧廣譽撰　清光緒三年（1877）顧鴻昇刻本　八冊　存一種

330000－1710－0010282　普0002666　經部/四書類/論語之屬/傳說

論語集註十卷　（宋）朱熹撰　清刻本　一冊　存五卷（六至十）

330000－1710－0010283　普0002667　經部/詩類/傳說之屬

詩經集傳八卷　（宋）朱熹撰　清刻本　一冊　存一卷（五）

330000－1710－0010284　普0002668　類叢部/叢書類/自著之屬

平湖顧氏遺書五種　（清）顧廣譽撰　清光緒三年（1877）顧鴻昇刻本　一冊　存一種

330000－1710－0010285　普0002669　經部/三禮總義類/通禮雜禮之屬

五禮通考二百六十二卷首四卷總目二卷　（清）秦蕙田撰　清乾隆二十六年（1761）金匱秦蕙田味經窩刻本　五冊　存二十六卷（七十六至七十九、八十二至八十六、一百九至一百十九、二百二十五至二百三十）

330000－1710－0010286　普0002655　經部/春秋總義類/傳說之屬

欽定春秋傳說彙纂三十八卷首二卷　（清）王掞總裁　清同治九年（1870）浙江撫署刻本　二十冊

330000－1710－0010287　普0002656　經部/禮記類/傳說之屬

欽定禮記義疏八十二卷首一卷　（清）聖祖玄燁撰　清刻本　三十二冊　刪

330000－1710－0010288　普0002691　子部/醫家類/喉科口齒之屬/喉痧

疫痧草三卷　（清）陳耕道撰　清光緒三十年（1904）魏塘紫陽氏鉛印本　一冊

330000－1710－0010289　普0002692　子部/醫家類/類編之屬

潛齋醫書五種　（清）王士雄撰　清光緒三十年（1904）石印本　二冊　存一種

330000－1710－0010290　普0002693　子部/醫家類/綜合之屬/通論

御纂醫宗金鑑九十卷首一卷　（清）吳謙等纂修　清光緒鉛印本　二冊　存八卷（六十三至七十）

330000－1710－0010291　普0002676　經部/叢編

九經五十一卷附四卷　（明）秦鏷訂正　清刻本　一冊　存三卷（禮記六、周禮一至二）

330000－1710－0010292　普0002677　經部/叢編

十三經古注二百九十卷　（明）金蟠　（明）葛鼒校　明崇禎十二年（1639）永懷堂刻清同治八年（1869）浙江書局校修本　三冊　存一種

330000－1710－0010293　普0002678　經部/書類/分篇之屬

禹貢正解一卷圖表一卷　(清)朱鎮撰　清光緒三十年(1904)知止軒家塾刻本　一册

330000－1710－0010294　普0002686　子部/醫家類/方書之屬/單方驗方

校正增廣驗方新編二十四卷　(清)鮑相璈輯　清鉛印本　三册　存四卷(十一、十八、二十至二十一)

330000－1710－0010296　普0002680　經部/儀禮類/傳説之屬

儀禮經集註十七卷　(清)張鳳翔撰　清刻本　一册　存二卷(十至十一)

330000－1710－0010297　普0002681　經部/儀禮類/傳説之屬

儀禮章句十七卷　(清)吳廷華撰　清嘉慶三年(1798)刻本　一册　存二卷(七至八)

330000－1710－0010298　普0002682　經部/三禮總義類/通禮雜禮之屬

司馬氏書儀十卷　(宋)司馬光撰　清同治七年(1868)江蘇書局刻本　一册

330000－1710－0010299　普0002683　經部/儀禮類/傳説之屬

儀禮章句十七卷　(清)吳廷華撰　清嘉慶三年(1798)刻本　一册　存三卷(十五至十七)

330000－1710－0010300　普0002684　經部/書類/傳説之屬

書經集傳六卷　(宋)蔡沈撰　清同治三年(1864)浙江撫署刻本　四册

330000－1710－0010301　普0002687　子部/醫家類/類編之屬

白嶽盦雜綴醫書五種　(清)余楙撰　清光緒刻本　一册　存三種

330000－1710－0010303　普0002685　經部/書類/傳説之屬

書經集傳六卷　(宋)蔡沈撰　清光緒三年(1877)永康胡氏退補齋刻本　四册

330000－1710－0010304　普0002695　子部/醫家類/喉科口齒之屬/白喉

喉症靈驗方一卷　清光緒十七年(1891)鉛印本　一册

330000－1710－0010305　普0003695　子部/醫家類/喉科口齒之屬/白喉

喉症靈驗方一卷　清光緒十七年(1891)鉛印本　一册

330000－1710－0010306　普0003696　子部/醫家類/喉科口齒之屬/白喉

喉症靈驗方一卷　清光緒十七年(1891)鉛印本　一册

330000－1710－0010307　普0003697　子部/醫家類/喉科口齒之屬/白喉

喉症靈驗方一卷　清光緒十七年(1891)鉛印本　一册

330000－1710－0010308　普0003698　子部/醫家類/喉科口齒之屬/白喉

喉症靈驗方一卷　清光緒十七年(1891)鉛印本　一册

330000－1710－0010309　普0003699　子部/醫家類/喉科口齒之屬/白喉

喉症靈驗方一卷　清光緒十七年(1891)鉛印本　一册

330000－1710－0010310　普0003700　子部/醫家類/喉科口齒之屬/白喉

喉症靈驗方一卷　清光緒十七年(1891)鉛印本　一册

330000－1710－0010311　普0003701　子部/醫家類/喉科口齒之屬/白喉

喉症靈驗方一卷　清光緒十七年(1891)鉛印本　一册

330000－1710－0010312　普0003702　子部/醫家類/喉科口齒之屬/白喉

喉症靈驗方一卷　清光緒十七年(1891)鉛印本　一册

330000－1710－0010313　普0003703　子部/醫家類/喉科口齒之屬/白喉

喉症靈驗方一卷　清光緒十七年(1891)鉛印

本　一冊

330000－1710－0010314　普 0003704　子部/醫家類/喉科口齒之屬/白喉

喉症靈驗方一卷　清光緒十七年(1891)鉛印本　一冊

330000－1710－0010315　普 0003705　子部/醫家類/喉科口齒之屬/白喉

喉症靈驗方一卷　清光緒十七年(1891)鉛印本　一冊

330000－1710－0010316　普 0002688　子部/醫家類/類編之屬

白嶽盦雜綴醫書五種　(清)余楙撰　清光緒刻本　一冊　存三種

330000－1710－0010318　普 0002690　史部/地理類/山川之屬/水志

水經注四十卷　(北魏)酈道元撰　清刻本　十三冊　存三十四卷(七至四十)

330000－1710－0010319　普 0002710　子部/醫家類/本草之屬/歷代綜合本草

脈學攷證一卷瀕湖脈學一卷奇經八脈考一卷　(明)李時珍撰　清刻本　一冊　存一卷(瀕湖脈學)

330000－1710－0010320　普 0002711　子部/醫家類/傷寒金匱之屬/金匱要略

金匱心典三卷　(清)尤怡撰　清雍正十年(1732)遂初堂刻本　三冊

330000－1710－0010321　普 0002712　子部/醫家類/類編之屬

己任編八卷　(清)楊乘六編　清銜三堂刻本　二冊　存三卷(四明心法一至三)

330000－1710－0010322　普 0002713　子部/醫家類/兒科之屬/通論

保嬰易知錄二卷補編一卷　(清)吴寧瀾撰　清嘉慶十七年(1812)刻本　一冊　缺一卷(補編)

330000－1710－0010323　普 0002673　經部/書類/傳說之屬

書經集傳六卷　(宋)蔡沈撰　清刻本　三冊　缺一卷(三)

330000－1710－0010324　普 0002714　子部/農家農學類/蠶桑之屬

蠶桑輯要一卷　(清)鄭文同撰　清光緒刻本　一冊

330000－1710－0010325　普 0003706　經部/書類/傳說之屬

書經集傳六卷　(宋)蔡沈撰　清刻本　二冊　存二卷(四至五)

330000－1710－0010326　普 0002715　新學/雜著/叢編

西學大成五十六種　(清)王西清　(清)盧梯青編　清光緒二十二年(1896)石印本　一冊　存一種

330000－1710－0010327　普 0002716　新學/醫學/衛生學

人與微生物爭戰論一卷　(英國)禮敦根講述　清鉛印本　一冊

330000－1710－0010328　普 0002675　經部/書類/分篇之屬

禹貢錐指二十卷略例一卷圖一卷　(清)胡渭撰　清康熙漱六軒刻本　九冊　存十三卷(一至二、六至十四、十八至十九)

330000－1710－0010329　普 0002717　新學/雜著/叢編

江南製造局譯書　(清)江南製造局編　清光緒江南製造局刻本暨鉛印本　一冊　存一種

330000－1710－0010330　普 0002718　新學/雜著/叢編

江南製造局譯書　(清)江南製造局編　清光緒江南製造局刻本暨鉛印本　二冊　存一種

330000－1710－0010331　普 0002674　類叢部/叢書類/自著之屬

焦氏叢書九種附一種　(清)焦循撰　清嘉慶至道光江都焦氏雕菰樓刻本　一冊　存一種

330000－1710－0010332　普0002719　新學/雜著/叢編

江南製造局譯書　(清)江南製造局編　清光緒江南製造局刻本暨鉛印本　四冊　存一種

330000－1710－0010333　普0002720　新學/雜著/叢編

江南製造局譯書　(清)江南製造局編　清光緒江南製造局刻本暨鉛印本　一冊　存一種

330000－1710－0010334　普0002700　子部/醫家類/溫病之屬/其他溫疫病證

溫熱經緯五卷　(清)王士雄撰　清刻本　一冊　存二卷(四至五)

330000－1710－0010335　普0002721　新學/雜著/叢編

江南製造局譯書　(清)江南製造局編　清光緒江南製造局刻本暨鉛印本　二冊　存一種

330000－1710－0010336　普0002722　子部/藝術類/書畫之屬/法帖

淳化閣帖釋文十卷　(清)朱家標輯　清抄本　一冊

330000－1710－0010337　普0002723　集部/總集類/尺牘之屬

書稿類誌不分卷　(清)朱鼎勲鈔　清光緒抄本　一冊

330000－1710－0010338　普0002724　史部/傳記類/日記之屬

許鼐龢日記不分卷(清光緒十二年至十六年　(清)許鼐龢撰　稿本　一冊

330000－1710－0010339　普0002701　子部/醫家類/綜合之屬/通論

東醫寶鑑二十三卷目錄二卷　(朝鮮)許浚撰　清刻本　二冊　存二卷(湯液篇二、鍼灸篇一)

330000－1710－0010340　普0002702　子部/醫家類/類編之屬

周氏醫學叢書(周澂之評注醫書　周氏彙刻醫學叢書)初集十二種二集十一種三集六種　(清)周學海編　清光緒至宣統池陽周氏刻宣統三年(1911)福慧雙脩館彙印本　一冊　存初集一種

330000－1710－0010341　普0002696　子部/醫家類/綜合之屬/通論

御纂醫宗金鑑十六卷　(清)吳謙等纂修　清石印本　二冊　存十卷(七至十六)

330000－1710－0010344　普0002698　子部/醫家類/外科之屬/通論

外科正宗十二卷　(明)陳實功撰　(清)徐大椿評　清刻本　一冊　存二卷(七至八)

330000－1710－0010345　普0002703　史部/地理類/水利之屬

浙西水利備考不分卷　(清)王鳳生撰　清道光四年(1824)江聲帆影閣刻本　四冊

330000－1710－0010346　普0002777　類叢部/類書類/通類之屬

淵鑑類函四百五十卷目錄四卷　(清)張英(清)王士禛等輯　清康熙刻本　二十一冊　存七十五卷(十一至十五、二十至四十六、五十三至五十八、一百一至一百四、一百九至一百十四、一百三十一至一百三十三、一百七十六至一百八十九、二百六十四至二百六十六、二百七十至二百七十六)

330000－1710－0010347　普0002704　史部/地理類/水利之屬

橫橋堰水利記一卷　(清)徐用福輯　清光緒二十五年(1899)刻本　一冊

330000－1710－0010348　普0002699　子部/醫家類/綜合之屬/合刻、合抄

景岳全書六十四卷　(明)張介賓撰　清刻本　十一冊　存二十三卷(三至五、十一至十二、十五至十六、二十三至二十五、三十一至三十三、三十七至三十八、四十六、五十三至五十四、五十五至五十九)

330000－1710－0010349　普0002778　類叢

部/類書類/通類之屬

淵鑑類函四百五十卷目錄四卷 （清）張英（清）王士禛等輯 清康熙刻本 三十七册 存五十七卷（十一至十三、十七至十九、二十七至二十九、五十九至六十、六十八至七十二、九十九至一百八、一百二十四至一百三十一、一百三十五至一百四十一、一百四十六至一百四十九、一百五十四至一百五十八、一百七十七至一百八十三）

330000－1710－0010350 普0002748 集部/總集類/選集之屬/通代

文選六十卷 （南朝梁）蕭統輯 （唐）李善注 **文選考異十卷** （清）胡克家撰 清同治八年（1869）湖北崇文書局刻本 十七册 缺十九卷（二十七至二十九、三十九至四十四，考異一至十）

330000－1710－0010351 普0002759 類叢部/叢書類/自著之屬

曾文正公全集十六種 （清）曾國藩撰 清同治至光緒傳忠書局刻本 九十三册 存十三種

330000－1710－0010352 普0002746 子部/雜著類/雜考之屬

讀書雜誌八十二卷餘編二卷 （清）王念孫撰 清同治九年（1870）金陵書局刻本 十七册 缺十三卷（逸周書雜誌一至四、漢書雜誌五至十、淮南子内篇四至六）

330000－1710－0010353 普0002705 史部/地理類/水利之屬

河工器具圖説四卷 （清）麟慶撰 清道光十六年（1836）南河節署刻本 二册

330000－1710－0010354 普0002783 史部/詔令奏議類/奏議之屬

林文忠公政書三集三十七卷 （清）林則徐撰 清光緒二年（1876）鉛印本 八册

330000－1710－0010355 普0002747 集部/總集類/選集之屬/通代

文選六十卷 （南朝梁）蕭統輯 （唐）李善注 **文選考異十卷** （清）胡克家撰 清光緒六年（1880）四明林植梅刻本 二十三册 缺三卷（考異八至十）

330000－1710－0010356 普0002749 類叢部/叢書類/自著之屬

楊園先生全集十九種附一種 （清）張履祥撰 清經正堂刻本 一册 存二種

330000－1710－0010357 普0002750 集部/別集類/清別集

濂亭文集八卷 （清）張裕釗撰 （清）查燕緒編 清光緒八年（1882）查氏木漸齋蘇州刻本 二册

330000－1710－0010358 普0002751 集部/別集類/清別集

思綺堂文集十卷 （清）章藻功撰 清康熙刻本 一册 存三卷（三至五）

330000－1710－0010359 普0002752 集部/別集類/清別集

蔬原堂初集十卷 （清）查初揆撰 清嘉慶八年（1803）刻本 一册 存五卷（一至五）

330000－1710－0010360 普0002760 史部/傳記類/職官録之屬/歷朝

蘇省同官錄一卷 （清）郭柏蔭輯 清同治五年（1866）刻本 三册

330000－1710－0010361 普0002754 集部/別集類/清別集

有正味齋駢體文二十四卷續集八卷詩集十六卷詩續集八卷詞集八卷詞續集二卷詞外集二卷外集五卷 （清）吳錫麟撰 清嘉慶十三年（1808）刻本 二册 存七卷（駢體文續集一至三、詩續集一至四）

330000－1710－0010363 普0002753 集部/別集類/清別集

忠雅堂詩集二十七卷補遺二卷銅絃詞附南北曲二卷 （清）蔣士銓撰 清嘉慶藏園刻本 一册 缺二十五卷（詩集一至二十五）

330000－1710－0010364 普0002755 集部/別集類/清別集

有正味齋集十六卷 （清）吳錫麒撰 清刻本

一冊　存四卷（五至八）

330000－1710－0010365　普0002784　史部/詔令奏議類/奏議之屬
林文忠公政書三集三十七卷　（清）林則徐撰　清光緒二年（1876）鉛印本　八冊

330000－1710－0010366　普0002785　史部/詔令奏議類/奏議之屬
林文忠公政書三集三十七卷　（清）林則徐撰　清光緒二年（1876）鉛印本　八冊

330000－1710－0010367　普0002756　類叢部/叢書類/自著之屬
施愚山先生全集五種附一種　（清）施閏章撰　清康熙至乾隆刻彙印本　一冊　存一種

330000－1710－0010369　普0002757　集部/別集類/宋別集
廬陵宋丞相信國公文忠烈先生全集十六卷　（宋）文天祥撰　（清）文攀舟等編輯　清道光十七年（1837）廬陵文氏刻本　三冊　存六卷（二至三、六至七、九至十）

330000－1710－0010370　普0002708　史部/地理類/水利之屬
浙西水利備考不分卷　（清）王鳳生撰　清光緒四年（1878）浙江書局刻本　四冊

330000－1710－0010371　普0002758　集部/別集類/清別集
曝書亭集外稿八卷　（清）朱彝尊撰　（清）馮登府　（清）朱墨林輯　清嘉慶二十二年（1817）刻道光二年（1822）印本　二冊

330000－1710－0010372　普0002709　史部/地理類/水利之屬
行水金鑑一百七十五卷首一卷　（清）傅澤洪撰　清雍正三年（1725）淮陽官舍刻本　一冊　存五卷（一百七十一至一百七十五）

330000－1710－0010373　普0002761　史部/政書類
九通　清光緒八年至二十二年（1882－1896）浙江書局刻本　十八冊　存一種

330000－1710－0010374　普0002779/2780　類叢部/類書類/專類之屬
佩文韻府一百六卷　（清）張玉書　（清）蔡升元等輯　**韻府拾遺一百六卷**　（清）汪灝　（清）何焯等輯　清康熙至雍正刻本　十五冊　存五十一卷（佩文韻府十七、二十七、三十四下、八十二、一百下，韻府拾遺一至七、十六至十九、二十至二十六、四十三至五十九、九十六至一百六）

330000－1710－0010375　普0002762　史部/政書類
九通　清光緒八年至二十二年（1882－1896）浙江書局刻本　三十三冊　存一種

330000－1710－0010376　普0002763　類叢部/叢書類/自著之屬
曾惠敏公遺集四種　（清）曾紀澤撰　清光緒十九年（1893）江南製造總局鉛印本　三冊　存一種

330000－1710－0010377　普0002764　史部/詔令奏議類/奏議之屬
曾文正公奏議十卷首一卷末一卷補編四卷　（清）曾國藩撰　（清）薛福成編　清同治十三年（1874）蘇郡刻本　十冊　存十二卷（奏議一至十、首、末）

330000－1710－0010378　普0002765　史部/詔令奏議類/奏議之屬
沈文肅公政書七卷首一卷　（清）沈保楨撰　清光緒六年（1880）吳門節署刻本　四冊　存四卷（二至三、五至六）

330000－1710－0010380　普0002796、普0002798、普0002799　史部/紀傳類/正史之屬
二十四史　清同治至光緒五省官書局據汲古閣本等合刻光緒五年（1879）湖北書局彙印本　十九冊　存三種

330000－1710－0010381　普0002797　史部/紀傳類/正史之屬
二十四史　清同治至光緒五省官書局據汲古閣本等合刻光緒五年（1879）湖北書局彙印本

一册　存一種

330000－1710－0010382　普0003947　新學/政治法律

新政策一卷　(英國)李提摩太撰　清光緒二十二年(1896)上海廣學會鉛印本　一册

330000－1710－0010383　普0003948　新學/學校

初級師範學校教科書　商務印書館編譯所編纂　清光緒至民國上海商務印書館鉛印本　一册　存一種

330000－1710－0010384　普0002800　史部/紀傳類/正史之屬

四史四百十五卷　清光緒金陵書局　江南書局刻本　四册　存一種

330000－1710－0010385　普0002801、普0002802、普0002803　史部/紀傳類/正史之屬

四史四百十五卷　清光緒金陵書局　江南書局刻本　六册　存一種

330000－1710－0010386　普0003949　新學/政治法律/政治

英國憲法史不分卷　(日本)松平康國編　麥孟華譯　清光緒二十九年(1903)上海廣智書局鉛印本　三册

330000－1710－0010387　普0002767　史部/政書類/邦計之屬/荒政

欽定康濟錄四卷　(清)陸曾禹撰　(清)倪國璉釐正　清同治三年(1864)浙江撫署刻本　三册

330000－1710－0010389　普0002781　類叢部/類書類/專類之屬

佩文韻府一百六卷　(清)張玉書　(清)蔡升元等輯　**韻府拾遺一百六卷**　(清)汪灝　(清)何焯等輯　清刻本　二十册　存一百六卷(佩文韻府一至一百六)

330000－1710－0010390　普0002804　史部/紀傳類/正史之屬

二十四史　清同治至光緒五省官書局據汲古閣本等合刻光緒五年(1879)湖北書局彙印本　九册　存一種

330000－1710－0010391　普0002768　史部/政書類/通制之屬

吾學錄初編二十四卷　(清)吳榮光撰　清同治九年(1870)江蘇書局刻本　三册　存十二卷(一至九、十四至十六)

330000－1710－0010392　普0002782　史部/政書類/通制之屬

欽定大清會典一百卷　(清)允祹等總裁　清刻本　十册　存九十三卷(一至四十九、五十四、五十八至一百)

330000－1710－0010393　普0002786　集部/總集類/彙編之屬

增廣詩句題解彙編四卷　(清)同文書局編　清光緒石印本　一册　存一卷(三)

330000－1710－0010394　普0002769　史部/政書類/邦計之屬/荒政

欽定康濟錄四卷　(清)陸曾禹撰　(清)倪國璉重刊　清刻本　一册　存一卷(二)

330000－1710－0010395　普0002787　集部/别集類/清别集

小萬卷樓試藝不分卷　(清)錢潤𢢲著　清刻本　一册

330000－1710－0010396　普0002770　史部/傳記類/職官録之屬/總録

江蘇同官錄不分卷　(清)許廷鑅輯　清光緒六年(1880)刻本　一册

330000－1710－0010397　普0002788　史部/政書類/邦交之屬

約章分類輯要三十八卷首一卷　(清)蔡乃煌輯　清光緒二十六年(1900)刻本　三册　存五卷(四至五、二十至二十一、三十五)

330000－1710－0010398　普0002789　子部/醫家類/婦科之屬/通論

女科輯要二卷　(清)沈又彭撰　清同治元年(1862)刻本　一册　存一卷(下)

330000－1710－0010399　普0002805　集部/總集類/選集之屬/斷代

皇朝經世文編一百二十卷姓名總目二卷生存姓名一卷　(清)賀長齡輯　清道光七年(1827)刻本　十九册　存三十一卷(五十八至五十九、六十二、六十五至六十八、九十四至一百十三、一百十七至一百二十)

330000－1710－0010400　普0002806　史部/紀傳類/正史之屬

二十四史　清同治至光緒五省官書局據汲古閣本等合刻光緒五年(1879)湖北書局彙印本　七册　存一種

330000－1710－0010401　普0002807　類叢部/類書類/通類之屬

玉海二百四卷附刻十三種　(宋)王應麟撰　**校補玉海瑣記二卷王深甯先生年譜一卷**　(清)張大昌撰　清光緒九年至十六年(1883－1890)浙江書局刻本　四十三册　存八十八卷(八至十七、二十六至二十七、三十至三十一、六十二至一百三十二、一百四十至一百四十二)

330000－1710－0010402　普0002790　集部/别集類/清别集

曾文正公文鈔四卷附刻一卷　(清)曾國藩撰　清同治十二年(1873)上海醉六堂刻本　一册　缺三卷(一至三)

330000－1710－0010403　普0002808　史部/編年類/通代之屬

資治通鑑二百九十四卷　(宋)司馬光撰　(元)胡三省音注　**通鑑釋文辯誤十二卷**　(元)胡三省撰　清嘉慶二十一年(1816)胡克家影元刻本　三十一册　存九十三卷(六十七至六十九、七十三至八十四、一百三至一百十一、一百二十一至一百二十三、一百二十七至一百三十八、一百五十四至一百五十六、一百六十至一百六十五、一百六十九至一百七十一、一百九十三至二百七、二百十一至二百十三、二百二十至二百二十五、二百三十二至二百三十四、二百六十二至二百七十、二百八十至二百八十二、二百八十九至二百九十一)

330000－1710－0010404　普0002791　集部/别集類/清别集

示樸齋駢體文六卷　(清)錢振倫撰　清同治六年(1867)袁浦崇實書院刻本　一册　存三卷(四至六)

330000－1710－0010405　普0002809　類叢部/類書類/專類之屬

佩文韻府一百六卷　(清)張玉書　(清)蔡升元等輯　**韻府拾遺一百六卷**　(清)汪灝　(清)何焯等輯　清刻本　四十九册　存五十五卷(佩文韻府二十四下至二十六、二十八至四十九、六十六至六十七、七十六下至九十五、九十九下至一百六)

330000－1710－0010406　普0002810　類叢部/類書類/專類之屬

佩文韻府一百六卷　(清)張玉書　(清)蔡升元等輯　**韻府拾遺一百六卷**　(清)汪灝　(清)何焯等輯　清刻本　一百一册　存一百四卷(佩文韻府一至一百四)

330000－1710－0010407　普0002792　集部/别集類/清别集

石笥山房文集六卷　(清)胡天游撰　清嘉慶刻本　清王慶麟題記　一册　存三卷(四至六)

330000－1710－0010409　普0002794　子部/藝術類/書畫之屬/畫譜

晚笑堂畫傳一卷明太祖功臣圖一卷　(清)上官周繪　清光緒影印本　一册　存一卷(晚笑堂畫傳)

330000－1710－0010410　普0002811　史部/編年類/通代之屬

續資治通鑑二百二十卷　(清)畢源撰　清刻本　五十六册　存一百八十六卷(三十五至二百二十)

330000－1710－0010411　普0002815　史部/地理類/總志之屬/斷代

皇朝輿地畧一卷　(清)六承如輯　**皇朝輿地韻編一卷**　(清)李兆洛撰　**皇朝内府輿地圖縮摹本一卷**　(清)六嚴繪　清同治四年

(1865)四知堂刻本　一冊　缺一卷(皇朝輿地畧)

330000－1710－0010412　普0002812　史部/地理類/方志之屬/郡縣志
嘉慶太平縣志十八卷首一卷　(清)慶霖修　(清)戚學標等纂　清光緒二十二年(1896)刻本　八冊

330000－1710－0010414　普0002771　子部/儒家類/儒學之屬/禮教/鑑戒
聖祖仁皇帝庭訓格言一卷　(清)世宗胤禛錄　清刻本　一冊

330000－1710－0010415　普0002817　史部/地理類/方志之屬/郡縣志
[同治]湖州府志九十六卷首一卷　(清)宗源瀚　(清)楊榮緒　(清)郭式昌修　(清)周學濬　(清)陸心源　(清)汪曰楨纂　清同治十一年至十三年(1872－1874)愛山書院刻本　四冊　存九卷(五十至五十一、五十四至六十)

330000－1710－0010417　普0002819　史部/地理類/方志之屬/郡縣志
[光緒]處州府志三十卷首一卷末一卷　(清)潘紹詒修　(清)周榮椿纂　清光緒三年(1877)刻本　九冊　存九卷(十至十二、十五至十六、十八、二十、二十六、二十八)

330000－1710－0010418　普0002814　史部/編年類/通代之屬
資治通鑑二百九十四卷　(宋)司馬光撰　(元)胡三省音注　清刻本　十二冊　存三十六卷(一百六十三至一百六十八、二百十一至二百十三、二百二十六至二百二十八、二百三十二至二百三十四、二百五十三至二百五十五、二百五十九至二百六十七、二百七十七至二百八十五)

330000－1710－0010419　普0002825　史部/目録類/總録之屬/官修
欽定四庫全書總目二百卷首一卷　(清)紀昀等撰　清同治七年(1868)廣東書局刻本　十六冊　存三十二卷(九至十、四十三、四十七至五十、六十七至七十、七十九至八十六、九十三至九十六、一百四至一百八、一百十八至一百二十一)

330000－1710－0010420　普0002836　子部/天文曆算類/算書之屬
梅氏籌算三卷　(清)梅文鼎撰　(清)梅瑴成　(清)梅玕成輯　清光緒十三年(1887)陝西求友齋刻本　二冊

330000－1710－0010421　普0002837　子部/天文曆算類/算書之屬
崧緯瑣言一卷　(清)厲之鍔撰　清嘉慶五年(1800)邢壽恭刻本　一冊

330000－1710－0010423　普0002820　史部/地理類/方志之屬/郡縣志
[光緒]處州府志三十卷首一卷末一卷　(清)潘紹詒修　(清)周榮椿纂　清光緒三年(1877)刻本　一冊　存一卷(十一)

330000－1710－0010424　普0002821　史部/地理類/水利之屬
荆州萬城隄志十卷首一卷末一卷　(清)倪文蔚纂　清光緒二年(1876)刻二十一年(1895)舒惠補刻本　一冊　存一卷(末)

330000－1710－0010425　普0002818　史部/地理類/方志之屬/郡縣志
[同治]湖州府志九十六卷首一卷　(清)宗源瀚　(清)楊榮緒　(清)郭式昌修　(清)周學濬　(清)陸心源　(清)汪曰楨纂　清同治十一年至十三年(1872－1874)愛山書院刻本　二冊　存三卷(五十五至五十七)

330000－1710－0010426　普0002839　類叢部/叢書類/自著之屬
潛園總集十七種　(清)陸心源撰　清同治光緒刻本　十五冊　存一種

330000－1710－0010428　普0002823　類叢部/類書類/通類之屬
事類賦補遺十四卷　(清)張均編　清嘉慶十六年(1811)刻本　三冊　存六卷(三至七、九)

330000－1710－0010429　普 0002824　類叢部/類書類/通類之屬

增補事類統編九十三卷首一卷　(清)黄葆真輯　清光緒刻本　十四册　存二十三卷(九至十五、十八至三十三)

330000－1710－0010430　普 0002826　類叢部/類書類/通類之屬

類腋五十五卷　(清)姚培謙　(清)張卿雲輯　**類腋補遺一卷**　(清)張隆孫輯　清刻本　十一册　存三十卷(天部五至八,地部八至十六,人部五至十,物部一至三、六至十一、十三至十四)

330000－1710－0010431　普 0002827　類叢部/類書類/通類之屬

讀書紀數略五十四卷　(清)宫夢仁輯　清康熙四十六年至四十七年(1707－1708)維揚宫夢仁刻本　七册　存三十七卷(六至十二、二十一至三十七、四十二至五十四)

330000－1710－0010432　普 0002828　類叢部/類書類/專類之屬

錦字箋四卷　(清)黄澐撰　清雍正刻本　一册　存一卷(一)

330000－1710－0010433　普 0002829　類叢部/類書類/專類之屬

子史精華一百六十卷　(清)吴士玉　(清)吴襄等輯　清刻本　一册　存四卷(十八至二十一)

330000－1710－0010434　普 0002830　類叢部/類書類/專類之屬

子史精華一百六十卷　(清)吴士玉　(清)吴襄等輯　清刻本　一册　存四卷(一百五十一至一百五十四)

330000－1710－0010435　普 0002831　史部/目録類/總録之屬/私撰

書目答問五卷别録一卷國朝著述諸家姓名略一卷　(清)張之洞撰　清宣統元年(1909)石印本　二册

330000－1710－0010436　普 0002832　史部/傳記類/職官録之屬/歷朝

蘇省同官錄一卷　(清)郭柏蔭輯　清同治五年(1866)刻本　一册

330000－1710－0010437　普 0002833　史部/目録類/總録之屬/官修

欽定四庫全書簡明目錄二十卷首一卷　(清)紀昀等撰　清同治七年(1868)廣東書局刻本　四册　存五卷(一至二、十四至十五、十八)

330000－1710－0010438　普 0002834　史部/政書類

九通全書　清光緒二十七年至二十八年(1901－1902)貫吾齋石印本　二十册　存一種

330000－1710－0010439　普 0002835　史部/政書類/通制之屬

欽定大清會典一百卷　(清)允祹等撰　清嘉慶刻本　二十三册　存八十九卷(一至十、二十一至三十、三十二至一百)

330000－1710－0010440　普 0002844、普 0002893　史部/政書類

九通　清光緒八年至二十二年(1882－1896)浙江書局刻本　一百十二册　存一種

330000－1710－0010441　普 0002840　史部/目録類/通論之屬/掌故瑣記

皕宋樓藏書源流考一卷　(日本)島田翰撰　清光緒三十三年(1907)武進董康京師刻本　一册

330000－1710－0010442　普 0002841　新學/雜著/叢編

江南製造局譯書　(清)江南製造局編　清光緒江南製造局刻本暨鉛印本　四册　存二種

330000－1710－0010443　普 0002843　子部/天文曆算類/算書之屬

謝穀堂算學三種　(清)謝家禾撰　清光緒江南機器製造總局刻本　一册

330000－1710－0010444　普 0002772　史部/職官類/官箴之屬

牧令全書二十三卷　(清)丁日昌輯　清同治

七年(1868)江蘇書局刻本　一冊　存一種

330000－1710－0010445　普0002773　史部/詔令奏議類/詔令之屬

聖諭十六條附律易解一卷　(清)聖祖玄燁撰　(清)夏炘注　清同治九年(1870)江蘇書局刻本　一冊

330000－1710－0010446　普0002774　史部/傳記類/職官録之屬

同官錄不分卷　清同治刻本　一冊

330000－1710－0010447　普0002775　史部/詔令奏議類/奏議之屬

林文忠公政書三集三十七卷　(清)林則徐撰　清光緒刻本　九冊　存三十六卷(東河奏稿一、江蘇奏稿一至八、湖廣奏稿一至五、使粵奏稿一至八、兩廣奏稿一至四、雲貴奏稿一至十)

330000－1710－0010448　普0002846　集部/別集類/清別集

胡文忠公遺集十卷首一卷　(清)胡林翼撰　(清)閻敬銘　(清)厲雲官　(清)盛康輯　清同治五年(1866)刻本　八冊

330000－1710－0010449　普0003965　史部/地理類/雜志之屬

南中志一卷　(晉)常璩撰　清順治刻本　一冊

330000－1710－0010450　普0002845　史部/傳記類/職官録之屬

同官錄不分卷　清光緒刻本　一冊

330000－1710－0010451　普0002848、普0002847　類叢部/叢書類/自著之屬

沈子愚書四種　(清)沈祖燕撰　清光緒三十二年至宣統元年(1906－1909)刻本　二冊　存二種

330000－1710－0010452　普0002849　類叢部/叢書類/自著之屬

沈子愚書四種　(清)沈祖燕撰　清光緒三十二年至宣統元年(1906－1909)刻本　一冊　存二種

330000－1710－0010453　普0002850　類叢部/叢書類/自著之屬

沈子愚書四種　(清)沈祖燕撰　清光緒三十二年至宣統元年(1906－1909)刻本　一冊　存二種

330000－1710－0010454　普0002852　史部/雜史類/斷代之屬

吳中平寇記八卷　(清)錢勖撰　清同治刻本　二冊

330000－1710－0010455　普0002853　史部/雜史類/斷代之屬

中西紀事二十四卷　(清)夏燮撰　清同治四年(1865)刻本　五冊　存十九卷(一至十七、二十三至二十四)

330000－1710－0010456　普0002854　史部/編年類/斷代之屬

欽定明鑑二十四卷首一卷　(清)胡敬等輯　清同治九年(1870)湖北崇文書局刻本　五冊　存十二卷(一至八、二十一至二十四)

330000－1710－0010457　普0002855　史部/紀傳類/正史之屬

二十四史　清同治至光緒五省官書局據汲古閣本等合刻光緒五年(1879)湖北書局彙印本　五冊　存一種

330000－1710－0010458　普0002877　史部/目録類/總録之屬/彙刻

彙刻書目初編十卷　(清)顧修輯　**續編五卷新編一卷補編一卷**　(清)陳光照輯　清光緒元年(1875)長洲陳氏無夢園刻本　十冊　存十卷(一至十)

330000－1710－0010459　普0002856　集部/總集類/選集之屬/斷代

皇朝經世文三編八十卷　(清)陳忠倚輯　清光緒二十四年(1898)石印本　十六冊

330000－1710－0010460　普0002857　集部/總集類/選集之屬/斷代

皇朝經世文編一百二十卷姓名總目二卷　(清)賀長齡輯　清光緒石印本　十冊　存一

百卷(十一至一百十)

330000－1710－0010462　普0002851　史部/傳記類/職官録之屬/歷朝

蘇省同官錄一卷　(清)郭柏蔭輯　清同治五年(1866)刻本　一冊

330000－1710－0010467　普0002858　集部/總集類/選集之屬/斷代

皇朝經世文編一百二十卷姓名總目二卷　(清)賀長齡輯　清光緒二十二年(1896)上海掃葉山房鉛印本　二十四冊

330000－1710－0010468　普0002882　史部/目録類/總録之屬/彙刻

彙刻書目二十卷　(清)顧修輯　(清)朱學勤補　清光緒十二年至十五年(1886－1889)上海福瀛書局刻本　三冊　存三卷(五、十二、十六)

330000－1710－0010469　普0002866　子部/雜家類

廣東新語二十六卷　(清)屈大均撰　清康熙三十九年(1700)木天閣刻本　二冊　存十一卷(八至十八)

330000－1710－0010470　普0002867　史部/紀傳類/正史之屬

二十四史　清同治至光緒五省官書局據汲古閣本等合刻光緒五年(1879)湖北書局彙印本　四冊　存一種

330000－1710－0010472　普0002870　史部/目録類/書志之屬/題跋

士禮居藏書題跋記六卷　(清)黄丕烈撰　清光緒十年(1884)吳縣潘祖蔭滂喜齋刻本　一冊　存一卷(六)

330000－1710－0010473　普0002871　子部/儒家類/儒學之屬/勸學

輶軒語六卷　(清)張之洞撰　清光緒九年(1883)信述堂刻本　一冊　存一卷(一)

330000－1710－0010474　普0002872　子部/儒家類/儒學之屬/經濟

朱子議政錄一卷　(清)刑廷莢輯　清光緒二十五年(1899)涇上刻本　一冊

330000－1710－0010475　普0002873　子部/雜著類/雜說之屬

危言四卷　湯震撰　清光緒十六年(1890)上海刻本　二冊

330000－1710－0010476　普0002874　史部/目録類/總録之屬/私撰

書目答問五卷別錄一卷國朝著述諸家姓名略一卷　(清)張之洞撰　清光緒二十一年(1895)上海蜚英館石印本　二冊

330000－1710－0010477　普0002876、普0002875　史部/目録類/總録之屬/私撰

書目答問五卷別錄一卷國朝著述諸家姓名略一卷輶軒錄一卷　(清)張之洞撰　清光緒刻本　二冊　存二卷(書目一、輶軒錄一)

330000－1710－0010479　普0002886　子部/天文曆算類/算書之屬

九章算術細草圖說九卷海島算經細草圖說一卷　(三國魏)劉徽注　(唐)李淳風等注釋　(清)李潢細草　(清)沈欽裴補草　清光緒二十二年(1896)文盛堂石印本　二冊　缺六卷(四至九)

330000－1710－0010480　普0002887　新學/算學/代數

代數通藝錄十六卷　(清)方愷撰　清光緒二十二年(1896)時務報館石印本　三冊　存十二卷(一至十二)

330000－1710－0010482　普0002889、普0002891、普0002892　史部/詔令奏議類/奏議之屬

三公奏議　盛宣懷編　清光緒二年(1876)思補樓木活字印本　八冊　缺八卷(曾文正公奏議六至八、林文忠公奏議一至五)

330000－1710－0010484　普0002860　集部/總集類/選集之屬/斷代

皇朝經世文三編八十卷　(清)陳忠倚輯　清光緒石印本　一冊　存五卷(七十六至八十)

330000－1710－0010485　普0002861　集部/

總集類/選集之屬/斷代

皇朝經世文續編一百二十卷姓名總目二卷　(清)盛康輯　盛宣懷編次　清光緒二十三年(1897)武進盛氏思補樓刻本　二冊　存三卷(五十三至五十五)

330000－1710－0010486　普0002904　史部/紀傳類/正史之屬

二十四史　清同治至光緒五省官書局據汲古閣本等合刻光緒五年(1879)湖北書局彙印本　十六冊　存一種

330000－1710－0010487　普0002862　新學/議論/論政

新政真詮六卷　(清)何啟　(清)胡禮垣撰　清光緒二十七年(1901)格致新報鉛印本　三冊　存二卷(四至五)

330000－1710－0010488　普0002905　史部/目録類/總録之屬/官修

欽定四庫全書總目二百卷首一卷　(清)紀昀等撰　清同治七年(1868)廣東書局刻本　三十九冊　存九十卷(首、一至六、十一至十二、十五至十六、二十八至五十、五十三至五十四、五十九至六十四、六十九至七十七、一百八至一百三十、一百五十四至一百六十七、一百八十九至一百九十)

330000－1710－0010489　普0002907、普0002776　史部/政書類

九通　清光緒八年至二十二年(1882－1896)浙江書局刻本　一百十九冊　存一種

330000－1710－0010490　普0002863　新學/雜著

時事新論十二卷圖說一卷　(英國)李提摩太撰　清光緒二十年(1894)上海廣學會鉛印本　二冊

330000－1710－0010491　普0002908　集部/總集類/選集之屬/斷代

皇朝經世文編一百二十卷姓名總目二卷　(清)賀長齡輯　清光緒十五年(1889)上海廣百宋齋鉛印本　二十四冊

330000－1710－0010492　普0002909　集部/總集類/選集之屬/斷代

皇朝經世文續編一百二十卷　(清)葛士濬輯　清光緒十四年(1888)上海圖書集成局鉛印本　三十二冊

330000－1710－0010493　普0002864　子部/儒家類/儒學之屬/經濟

朱子議政錄一卷　(清)刑廷莢輯　清光緒二十九年(1903)桐鄉勞乃宣鉛印本　一冊

330000－1710－0010494　普0002910　史部/紀傳類/正史之屬

二十四史　清光緒三十三年(1907)上海華商集成圖書公司鉛印本　三十冊　存一種

330000－1710－0010495　普0002911　子部/術數類/陰陽五行之屬

欽定協紀辨方書三十六卷　(清)允祿　(清)張照等纂修　清刻本　九冊　存二十二卷(一、六至二十六)

330000－1710－0010496　普0002883　史部/傳記類/總傳之屬/通代

尚友錄二十二卷補遺一卷　(明)廖用賢輯　(清)張伯琮補輯　清刻本　十二冊　存十三卷(一、三至五、七、十、十二至十三、十六至十七、十九、二十二、補遺)

330000－1710－0010497　普0002865　史部/地理類/總志之屬/通代

讀史方輿紀要一百三十卷　(清)顧祖禹撰　清光緒二十七年(1901)石印本　十二冊　存六十七卷(六十至一百十九、一百二十四至一百三十)

330000－1710－0010498　普0002912　類叢部/叢書類/彙編之屬

十萬卷樓叢書五十一種　(清)陸心源編　清光緒歸安陸氏刻本　二冊　存一種

330000－1710－0010499　普0002884　史部/傳記類/總傳之屬/通代

尚友錄二十二卷補遺一卷　(明)廖用賢輯　(清)張伯琮補輯　清刻本　二冊　存二卷

（十二至十三）

330000－1710－0010500　普0002885　子部/術數類

中西星要十二卷　（清）倪榮桂輯　清嘉慶八年（1803）樹滋堂刻道光印本　六冊

330000－1710－0010501　普0002913　史部/目録類/總録之屬/官修

欽定四庫全書總目二百卷首一卷　（清）紀昀等撰　清同治七年（1868）廣東書局刻本　二十冊　存三十二卷（七十四至八十六、九十五、一百五至一百七、一百十七至一百十八、一百二十一至一百二十四、一百四十三至一百五十一）

330000－1710－0010503　普0002914　史部/雜史類

皇朝掌故彙編内編六十卷首一卷外編四十卷首一卷　張壽鏞等輯　清光緒二十八年（1902）求實書社鉛印本　二十一冊　存三十八卷（首、外編一至九、十二至十五、十七至四十）

330000－1710－0010507　普0002922　集部/别集類/清别集

望溪先生文集十八卷集外文十卷集外文補遺二卷　（清）方苞撰　**方望溪先生年譜一卷年譜附錄一卷**　（清）蘇惇元輯　清咸豐元年（1851）戴鈞衡刻二年（1852）增刻本　十二幅

330000－1710－0010508　普0002896　類叢部/叢書類/自著之屬

中復堂全集九種附一種　（清）姚瑩撰　清同治六年（1867）姚濬昌安福縣署刻本　十四冊　存七種

330000－1710－0010509　普0002915　集部/别集類/清别集

柏梘山房文集十六卷文續集一卷詩集十卷詩續集二卷駢體文二卷　（清）梅曾亮撰　清咸豐六年（1856）楊以增　楊紹穀等慎修書屋刻本　六冊　缺一卷（文續集）

330000－1710－0010510　普0002897　子部/雜著類/雜說之屬

容齋隨筆十六卷續筆十六卷三筆十六卷四筆十六卷五筆十卷　（宋）洪邁撰　清刻本　一冊　存五卷（續筆十二至十六）

330000－1710－0010516　普0002916　集部/别集類/清别集

續東軒遺集四卷　（清）高均儒撰　清光緒七年（1881）刻本　一冊　存一卷（策問）

330000－1710－0010517　普0002900　類叢部/叢書類/自著之屬

亭林遺書十種　（清）顧炎武撰　清康熙吴江潘氏遂初堂刻本　一冊　存一種

330000－1710－0010518　普0002920　史部/雜史類

皇朝掌故彙編内編六十卷首一卷外編四十卷首一卷　張壽鏞等輯　清光緒二十八年（1902）求實書社鉛印本　三十四冊　存五十八卷（首、内編一、三至四、七至六十）

330000－1710－0010519　普0002917　集部/别集類/清别集

養一齋文集二十卷　（清）李兆洛撰　清光緒四年（1878）刻本　八冊

330000－1710－0010520　普0002940　集部/别集類/清别集

壯悔堂文集十卷遺稿一卷四憶堂詩集六卷遺稿一卷　（清）侯方域撰　（清）賈開宗等評點　清宣統二年（1910）上海掃葉山房石印本　四冊

330000－1710－0010521　普0002901　經部/小學類/文字之屬/說文/傳說

段氏說文注訂八卷　（清）鈕樹玉撰　清同治十三年（1874）湖北崇文書局刻本　一冊　存四卷（一至四）

330000－1710－0010523　普0002902　集部/别集類/清别集

石笥山房文集六卷詩集四卷　（清）胡天游撰　清嘉慶三年（1798）浦陽戴殿海刻本　一冊　存三卷（一至三）

330000－1710－0010524　普 0002942　新學/史志/諸國史
歐羅巴通史不分卷　（日本）箕作元八　（日本）峰岸米撰　（清）胡景伊等譯　清光緒二十六年（1900）東亞譯書會鉛印本　四冊

330000－1710－0010525　普 0002943　新學/史志/别國史
節本泰西新史攬要八卷　（英國）李提摩太譯　周慶雲節錄　清光緒二十七年（1901）周慶雲夢坡室刻本　二冊

330000－1710－0010526　普 0002944　史部/地理類/外紀之屬
五洲圖考不分卷　（清）龔柴　（清）許彬撰　清光緒二十八年（1902）上海徐家滙印書館鉛印本　四冊

330000－1710－0010527　普 0002945　類叢部/叢書類/家集之屬
沈端恪公遺書二種　（清）沈曰富編　清同治十二年（1873）浙江書局刻本　二冊

330000－1710－0010528　普 0002906　史部/目録類/總録之屬/官修
欽定四庫全書總目二百卷首一卷　（清）紀昀等撰　清同治七年（1868）廣東書局刻本　四十五冊　存八十二卷（卷首、總目、一至八、十一至十四、二十六至三十五、四十至四十二、五十九至六十一、一百二十二至一百二十五、一百三十至一百三十七、一百四十至一百四十一、一百四十四至一百四十五、一百四十七至一百四十八、一百五十三至一百五十六、一百六十一至一百六十九、一百七十二至一百七十三、一百七十六、一百七十八至一百八十八、一百九十一至一百九十二、一百九十五至一百九十七、一百九十九至二百）

330000－1710－0010529　普 0002918　集部/别集類/清别集
笠翁一家言全集十六卷　（清）李漁撰　清刻本　九冊　存九卷（文集二至四、詩集一至三、别集二、偶集四至五）

330000－1710－0010531　普 0002931　史部/傳記類/總傳之屬/忠孝
中興蘇浙表忠錄三十六卷續錄八卷　（清）王希曾輯　清光緒二十九年（1903）刻本　一冊　存八卷（十一至十八）

330000－1710－0010532　普 0002932、普 0002935　類叢部/叢書類/自著之屬
崧岱山館叢鈔　清宣統三年（1911）鉛印本　三冊　存一種

330000－1710－0010533　普 0002933　史部/傳記類/總傳之屬/斷代
昭代名人尺牘小傳二十四卷　（清）吳修撰　清刻本　一冊　存十五卷（十至二十四）

330000－1710－0010535　普 0003978　史部/政書類/公牘檔冊之屬
松江全節堂田產總目一卷　清光緒二十九年（1903）刻本　一冊

330000－1710－0010536　普 0002936　集部/别集類/清别集
大雲山房文稿初集四卷二集四卷　（清）惲敬撰　清光緒十四年（1888）刻本　二冊　存二卷（三至四）

330000－1710－0010537　普 0002937　集部/總集類/選集之屬/斷代
欽定熙朝雅頌集一百六卷首集二十六卷餘集二卷　（清）鐵保等輯　清嘉慶九年（1804）刻本　十一冊　存六十三卷（首集一至五、二十二至二十六、頌集一至五、十二至三十一、五十六至六十一、八十一至一百二）

330000－1710－0010538　普 0002938　集部/别集類/清别集
大雲山房文稿初集四卷二集四卷　（清）惲敬撰　清光緒十四年（1888）刻本　一冊　存一卷（四）

330000－1710－0010539　普 0002939　經部/三禮總義類
欽定三禮義疏　（清）允祿等撰　清同治七年（1868）李瀚章刻本　二十四冊　存一種

330000－1710－0010540　普 0002947　集部/

别集類/清別集

鮚埼亭集外編五十卷　(清)全祖望撰　(清)董秉純編　(清)蔣學鏞審訂　(清)汪繼培重編　清嘉慶十六年(1811)刻本　二册　存八卷(十三至二十)

330000－1710－0010541　普0002946　類叢部/叢書類/家集之屬

沈端恪公遺書二種　(清)沈曰富編　清同治十二年(1873)浙江書局刻本　二册

330000－1710－0010543　普0002919　集部/別集類/清別集

江忠烈公遺集二卷附錄一卷首一卷　(清)江忠源撰　**江忠烈公行狀一卷附江狀節公行狀一卷**　(清)左宗棠　(清)郭嵩燾撰　清同治十二年(1873)刻本　三册

330000－1710－0010544　普0002928　類叢部/叢書類/自著之屬

中復堂全集九種附一種　(清)姚瑩撰　清同治六年(1867)姚濬昌安福縣署刻本　十四册　存八種

330000－1710－0010545　普0002929　集部/別集類/清別集

半巖廬遺集二卷　(清)邵懿辰撰　清光緒三十四年(1908)邵章等刻本　一册

330000－1710－0010549　普0002950　集部/別集類/清別集

愼其餘齋文集二十卷　(清)王贈芳撰　清咸豐四年(1854)吉安王氏留香書屋刻本　五册　存十七卷(一至三、七至二十)

330000－1710－0010550　普0002951　集部/別集類/清別集

愼其餘齋文集二十卷　(清)王贈芳撰　清咸豐四年(1854)吉安王氏留香書屋刻本　五册　存十六卷(一至九、十四至二十)

330000－1710－0010551　普0002952　集部/別集類/清別集

徧行堂集十六卷　(清)釋今釋撰　清宣統三年(1911)上海國學扶輪社鉛印本　八册

330000－1710－0010552　普0002961　史部/傳記類/總傳之屬/斷代

國朝先正事略六十卷　(清)李元度撰　清光緒二十四年(1898)石印本　八册

330000－1710－0010553　普0002962　類叢部/叢書類/彙編之屬

藝苑捃華四十八種　(清)顧之逵編　清同治刻本　二册　存一種

330000－1710－0010554　普0002953　史部/地理類/總志之屬/通代

天下郡國利病書一百二十卷　(清)顧炎武撰　清末石印本　七册　存三十四卷(六至十、十五至十八、六十九至八十三、一百十一至一百二十)

330000－1710－0010555　普0002963　集部/總集類/尺牘之屬

昭代名人尺牘二十四卷小傳二十四卷　(清)吳修輯　清光緒三十四年(1908)西泠印社影印本　一册　存十四卷(小傳十一至二十四)

330000－1710－0010556　普0002964　類叢部/叢書類/自著之屬

潛園總集十七種　(清)陸心源撰　清同治光緒刻本　四册　存一種

330000－1710－0010557　普0002965　史部/傳記類/別傳之屬/年譜

紫雲先生[錢汝霖]年譜一卷　(清)錢聚仁輯　清光緒十三年(1887)海鹽錢發棨刻民國七年(1918)重印本　一册

330000－1710－0010559　普0002967　史部/雜史類/外紀之屬

皇朝藩部要略十八卷世系表四卷　(清)祁韻士撰　清光緒十年(1884)浙江書局刻本　八册

330000－1710－0010560　普0002954　新學/史志/諸國史

泰西新史攬要二十四卷　(英國)馬懇西撰　(英國)李提摩太釋　清光緒二十一年(1895)上海美華書館鉛印本　八册

330000－1710－0010561　普 0004037　史部/職官類/官箴之屬

公門修行錄一卷　清光緒三十三年(1907)刻本　一冊

330000－1710－0010562　普 0002957　子部/儒家類/儒學之屬/禮教/家訓

楊椒山公遺訓十九條不分卷　(明)楊繼盛撰　清光緒十六年(1890)存心堂刻本　一冊

330000－1710－0010563　普 0002958　類叢部/叢書類/彙編之屬

津河廣仁堂叢書八十四種　(清)□□編　清光緒津河廣仁堂刻本　四冊　存一種

330000－1710－0010564　普 0002959　史部/紀事本末類/通代之屬

繹史一百六十卷附世系圖一卷年表一卷　(清)馬驌撰　清光緒十五年(1889)金匱浦氏刻本　九冊　存四十一卷(一至二十六、二十九至三十八、四十四至四十八)

330000－1710－0010565　普 0002955　新學/史志/諸國史

泰西新史攬要二十四卷　(英國)馬懇西撰　(英國)李提摩太譯　清光緒二十一年(1895)上海美華書館鉛印本　八冊

330000－1710－0010566　普 0002898　史部/紀事本末類/通代之屬

繹史一百六十卷附世系圖一卷年表一卷　(清)馬驌撰　清光緒十五年(1889)金匱浦氏刻本　一冊　存一卷(年表)

330000－1710－0010567　普 0002960、普 0002971、普 0002972、　史部/紀事本末類/通代之屬

繹史一百六十卷附世系圖一卷年表一卷　(清)馬驌撰　清光緒三十年(1904)浙江書局刻本　十冊　存三十九卷(一至十八、二十三至四十三)

330000－1710－0010568　普 0002968　史部/紀傳類/正史之屬

二十四史　清同治至光緒五省官書局據汲古閣本等合刻光緒五年(1879)湖北書局彙印本　十二冊　存一種

330000－1710－0010569　普 0002973　經部/易類/傳說之屬

周易本義四卷附圖說一卷卦歌一卷筮儀一卷　(宋)朱熹撰　清光緒四年(1878)姑蘇埽葉山房刻本　二冊　存四卷(一至四)

330000－1710－0010570　普 0003973　史部/職官類/官箴之屬

宦鄉要則七卷首一卷　(清)張鑒瀛輯　清光緒二十年(1894)上海凌雲閣石印本　一冊　卷四卷(四至七)

330000－1710－0010571　普 0003975　經部/叢編

皇清經解一千四百卷首一卷　(清)阮元輯　清道光九年(1829)廣東學海堂刻本　二冊　存八卷(四百十六至四百十九、四百八十八至四百九十一)

330000－1710－0010572　普 0002974　經部/易類/傳說之屬

周易本義四卷附圖說一卷卦歌一卷筮儀一卷　(宋)朱熹撰　清光緒七年(1881)浙湖王文光齋刻本　一冊　缺三卷(二至四)

330000－1710－0010573　普 0002975　經部/詩類/傳說之屬

欽定詩經傳說彙纂二十一卷首二卷詩序二卷　(清)聖祖玄燁定　(清)王鴻緒　(清)揆敘纂　清同治七年(1868)馬新貽刻本　十六冊

330000－1710－0010574　普 0002956　新學/史志/諸國史

泰西十八周史攬要十八卷　(英國)雅各偉德元本　(英國)季理斐成章譯　(清)李鼎星述稿　清光緒二十七年(1901)上海廣學會鉛印本　六冊

330000－1710－0010575　普 0002969　經部/周禮類/傳說之屬

欽定周官義疏四十八卷首一卷　(清)李光地

等纂修　清刻本　十三冊　存二十八卷(一至六、十五至十六、十九至二十一、二十四至二十八、三十三至三十八、四十一至四十四、四十七至四十八)

330000－1710－0010576　普0002970　史部/雜史類/斷代之屬

小腆紀傳六十五卷　(清)徐鼒撰　**小腆紀傳補遺六卷**　(清)徐承禮撰　清光緒十三年至十四年(1887－1888)六合徐氏金陵刻本　十五冊　缺六卷(二十九至三十四)

330000－1710－0010580　普0002976　子部/小說家類/異聞之屬

音釋坐花誌果八卷　(清)汪道鼎　(清)鶩峰樵者撰　清光緒十七年(1891)武林竹簡齋石印本　四冊

330000－1710－0010583　普0002987　子部/雜著類/雜說之屬

野獲編三十卷補遺四卷　(明)沈德符撰　清道光七年(1827)錢塘姚祖恩扶荔山房刻同治八年(1869)補刻本　十四冊　存二十四卷(十一至三十、補遺一至四)

330000－1710－0010586　普0002990　史部/傳記類/別傳之屬/年譜

皇清敕授修職郎誥封朝議大夫顯考警石府君年譜一卷　(清)錢應溥撰　清同治三年(1864)嘉興錢氏刻本　一冊

330000－1710－0010587　普0002999　史部/地理類/方志之屬/郡縣志

光緒桐鄉縣志二十四卷首四卷　(清)嚴辰纂　**楊園淵源錄四卷**　(清)沈曰富輯　清光緒十三年(1887)蘇州陶漱藝齋刻本　二十三冊

330000－1710－0010588　普0002998　史部/地理類/方志之屬/郡縣志

[光緒]平湖縣志二十五卷首一卷末一卷　(清)彭潤章等修　(清)葉廉鍔等纂　**平湖殉難錄一卷**　(清)彭潤章輯　清光緒十二年(1886)刻本　一冊　存三卷(七至九)

330000－1710－0010590　普0002992　史部/雜史類

十六國春秋一百卷　(北魏)崔鴻撰　明萬曆三十七年(1609)屠氏蘭暉堂刻本　四冊　存三十四卷(三十三至三十八、四十五至五十二、八十一至一百)

330000－1710－0010591　普0003994　史部/地理類/總志之屬/斷代

皇朝輿地畧一卷　(清)六承如輯　(清)馮焌光增補　清刻本　一冊

330000－1710－0010592　普0002994　子部/雜著類/雜說之屬

野獲編三十卷補遺四卷　(明)沈德符撰　清道光七年(1827)錢塘姚祖恩扶荔山房刻同治八年(1869)補刻本　十冊　存十七卷(二、七至八、十一至十二、十五至十六、十九至二十、二十三至二十四、二十七至三十,補遺一、四)

330000－1710－0010596　普0002997　史部/傳記類/總傳之屬/斷代

碑傳集一百六十卷首二卷末二卷　(清)錢儀吉輯　清光緒十九年(1893)江蘇書局刻本　六十冊

330000－1710－0010597　普0003023　史部/地理類/方志之屬/郡縣志

[光緒]嘉興府志八十八卷首二卷　(清)許瑤光修　(清)吳仰賢等纂　清光緒三年至四年(1877－1878)嘉興鴛湖書院刻五年(1879)重印本　四十三冊　存八十卷(首一至二、一至八、十至十四、二十一至五十二、五十四至七十三、七十六至八十八)

330000－1710－0010598　普0003024　史部/地理類/方志之屬/郡縣志

[光緒]嘉興府志八十八卷首二卷　(清)許瑤光修　(清)吳仰賢等纂　清光緒三年至四年(1877－1878)嘉興鴛湖書院刻本　二十六冊　存四十六卷(六至七、二十六至五十二、五十四至五十五、五十七至五十八、六十一、六十四、七十至七十三、八十二至八十八)

330000－1710－0010599　普0003000　史部/地理類/方志之屬/郡縣志

光緒桐鄉縣志二十四卷首四卷　(清)嚴辰纂　**楊園淵源録四卷**　(清)沈曰富輯　清光緒十三年(1887)蘇州陶漱藝齋刻本(卷十四配民國抄本)　祝廷錫題記　二十二冊

330000 – 1710 – 0010600　普 0003002、普 0003003　史部/地理類/方志之屬/郡縣志
[光緒]嘉興府志八十八卷首二卷　(清)許瑤光修　(清)吳仰賢等纂　清光緒三年至四年(1877 – 1878)嘉興鴛湖書院刻本　二十七冊　存四十四卷(首一至二、三十至三十一、三十六至四十九、五十四至七十九)

330000 – 1710 – 0010602　普 0003025　史部/地理類/方志之屬/郡縣志
[光緒]嘉興府志八十八卷首二卷　(清)許瑤光修　(清)吳仰賢等纂　清光緒三年至四年(1877 – 1878)嘉興鴛湖書院刻本　十七冊　存三十二卷(六至七、二十一至二十五、三十至三十一、三十三至四十九、六十一、七十至七十一、八十二、八十七至八十八)

330000 – 1710 – 0010603　普 0003026　史部/地理類/方志之屬/郡縣志
[光緒]嘉興府志八十八卷首二卷　(清)許瑤光修　(清)吳仰賢等纂　清光緒三年至四年(1877 – 1878)嘉興鴛湖書院刻本　十一冊　存二十二卷(二十一至二十二、三十至四十七、八十七至八十八)

330000 – 1710 – 0010604　普 0003004　史部/傳記類/别傳之屬/事狀
曾文正公大事記四卷　(清)王定安撰　清同治十三年(1874)錢寶忠齋刻本　三冊　存三卷(一至三)

330000 – 1710 – 0010605　普 0003027　集部/别集類/唐五代别集
白香山詩長慶集二十卷後集十七卷别集一卷補遺二卷　(唐)白居易撰　(清)汪立名編訂　**白香山年譜舊本一卷**　(宋)陳振孫撰　**白香山年譜一卷**　(清)汪立名撰　清康熙四十一年至四十二年(1702 – 1703)汪立名一隅草堂刻本　十冊

330000 – 1710 – 0010606　普 0003005　史部/編年類/通代之屬
紀元通攷十二卷　(清)葉維庚撰　清同治十一年(1872)刻本　四冊

330000 – 1710 – 0010607　普 0003028　集部/别集類/唐五代别集
白香山詩長慶集二十卷後集十七卷别集一卷補遺二卷　(唐)白居易撰　(清)汪立名編訂　**白香山年譜舊本一卷**　(宋)陳振孫撰　**白香山年譜一卷**　(清)汪立名撰　清康熙四十一年至四十二年(1702 – 1703)汪立名一隅草堂刻本　十冊　缺一卷(長慶集二十)

330000 – 1710 – 0010608　普 0003006　集部/總集類/氏族之屬
寧都三魏集　(清)林時益編　清康熙易堂刻本　四冊　存一種

330000 – 1710 – 0010610　普 0003007　集部/别集類/清别集
詩存四卷觀劇絶句一卷附鄉賢崇祀録一卷　(清)金德瑛撰　清光緒二十五年(1899)刻本　二冊

330000 – 1710 – 0010611　普 0003008　集部/别集類/清别集
南湖草堂詩集八卷外集一卷掃紅詞鈔一卷語石齋畫識一卷　(清)楊伯潤撰　清光緒二十一年(1895)刻本　一冊　存六卷(六至八、外集、掃紅詞鈔、語石齋畫識)

330000 – 1710 – 0010612　普 0003009　集部/别集類/清别集
吟香閣詩草一卷　(清)姚僊霞撰　清光緒九年(1883)刻本　一冊

330000 – 1710 – 0010613　普 0003010　集部/别集類/清别集
伏敔堂詩録十五卷續録一卷首一卷附録一卷　(清)江湜撰　清同治元年至二年(1862 – 1863)刻本　一冊　存三卷(十四至十五、續一)

330000 – 1710 – 0010618　普 0003014　集部/

詞類/詞韻之屬

榕園詞韻一卷發凡一卷　(清)吳寧撰　清乾隆四十九年(1784)冬青山館刻本　一冊

330000－1710－0010619　普 0003015　集部/詞類/詞韻之屬

榕園詞韻一卷發凡一卷　(清)吳寧撰　清乾隆四十九年(1784)刻本　一冊

330000－1710－0010620　普 0003033　子部/宗教類/佛教之屬/諸宗

蓮宗必讀二十二卷　(清)釋古崑輯　清同治七年(1868)杭州昭慶慧空經房刻本　一冊

330000－1710－0010621　普 0003016　經部/小學類/文字之屬/說文/專著

說文辨字正俗八卷　(清)李富孫撰　清嘉慶二十一年(1816)校經廎刻本　二冊

330000－1710－0010622　普 0003029　史部/地理類/方志之屬/郡縣志

[光緒]嘉興縣志三十七卷首二卷末一卷　(清)趙惟崳修　(清)石中玉　(清)吳受福纂　清光緒十八年至三十二年(1892－1906)刻本　十七冊　存二十六卷(首一、一至六、十一至二十九)

330000－1710－0010623　普 0003034　子部/宗教類/佛教之屬/諸宗

西歸行儀一卷　(清)釋古崑輯　清同治刻本　一冊

330000－1710－0010624　普 0003017　集部/總集類/酬唱之屬

赴湘贈答一卷　(清)繼昌輯　清光緒二十七年(1901)刻朱印本　一冊

330000－1710－0010625　普 0003018　集部/別集類/清別集

放鷴亭稿二卷　(清)李廷昰撰　清宣統三年(1911)華雲閣鉛印本　一冊

330000－1710－0010626　普 0003035　子部/宗教類/佛教之屬/諸宗

淨土神珠一卷附往生要關一卷　(清)釋古崑輯　清同治刻本　一冊

330000－1710－0010627　普 0003036　子部/宗教類/佛教之屬/諸宗

龍舒增廣淨土文十二卷　(宋)王日休撰　清同治八年(1869)刻本　二冊

330000－1710－0010628　普 0003038　史部/地理類/方志之屬/郡縣志

[光緒]重修嘉善縣志三十六卷首一卷　(清)江峯青修　(清)顧福仁纂　清光緒二十年(1894)刻本　三冊　存八卷(三十至三十七)

330000－1710－0010630　普 0003041　經部/小學類/音韻之屬/韻書

詩韻全璧五卷　(清)湯祥瑟輯　**初學檢韻袖珍一卷**　(清)姚文登撰　清光緒十七年(1891)上海錦章圖書局石印本　五冊

330000－1710－0010632　普 0003043　經部/小學類/文字之屬/字書/字體

六書通十卷　(清)閔齊伋撰　(清)畢宏述篆訂　清乾隆六十年(1795)刻本　五冊

330000－1710－0010633　普 0003044　史部/地理類/方志之屬/郡縣志

[嘉慶]重修嘉善縣志二十卷首一卷　(清)萬相賓纂修　清嘉慶五年(1800)刻本　六冊　存十卷(一至十)

330000－1710－0010635　普 0003069　集部/別集類/清別集

紫竹山房詩集十二卷文集二十卷　(清)陳兆崙撰　**年譜一卷**　(清)陳玉繩撰　清乾隆刻本　一冊　存三卷(三至五)

330000－1710－0010636　普 0003045　史部/地理類/方志之屬/郡縣志

[光緒]重修嘉善縣志三十六卷首一卷　(清)江峯青修　(清)顧福仁纂　清光緒二十年(1894)刻本　三冊　存六卷(一至六)

330000－1710－0010637　普 0003046　史部/地理類/方志之屬/郡縣志

[光緒]重修嘉善縣志三十六卷首一卷　(清)江峯青修　(清)顧福仁纂　清光緒二十年(1894)刻本　十冊　存二十三卷(五至八、十

六至二十九、三十二至三十六）

330000－1710－0010638　普 0003047　史部/地理類/方志之屬/郡縣志
［嘉慶］重修嘉善縣志二十卷首一卷　（清）萬相賓纂修　清嘉慶五年（1800）刻本　六冊　存十卷（二至十、十三）

330000－1710－0010639　普 0003019　子部/儒家類/儒學之屬/禮教
心影集四卷　（清）李士麟輯　清同治五年（1866）海寧則友堂刻本　一冊

330000－1710－0010640　普 0003020　集部/曲類/寶卷之屬
妙英寶卷全集一卷　清瑪瑙經房刻本　一冊

330000－1710－0010641　普 0003070　集部/總集類/酬唱之屬
清尊集十六卷　（清）汪遠孫輯　清道光十九年（1839）錢塘汪氏振綺堂刻本　二冊　存八卷（一至八）

330000－1710－0010642　普 0003048、普 0003049　史部/地理類/方志之屬/郡縣志
［光緒］嘉興府志八十八卷首二卷　（清）許瑤光修　（清）吳仰賢等纂　清光緒三年至四年（1877－1878）嘉興鴛湖書院刻本　三十五冊　存七十八卷（九至八十六）

330000－1710－0010643　普 0003030　史部/地理類/方志之屬/郡縣志
［光緒］嘉興縣志三十七卷首二卷末一卷　（清）趙惟崳修　（清）石中玉　（清）吳受福纂　清光緒三十四年（1908）刻本　七冊　存九卷（四、十二至十九）

330000－1710－0010644　普 0003021　集部/曲類/寶卷之屬
妙英寶卷全集一卷　清昭慶慧空經房刻本　一冊

330000－1710－0010648　普 0003051　子部/術數類/相宅相墓之屬
地理辨正五卷　（清）蔣平階補傳　（清）姜垚辨正　（清）章仲山增補直解　清可久堂刻本　二冊

330000－1710－0010649　普 0003126　集部/別集類/清別集
小種字林隨筆不分卷　吳受福撰　稿本　一冊

330000－1710－0010650　普 0003052　新學/學校
京師大學堂講義初編七種二編七種　（清）京師大學堂輯　清末鉛印本　一冊　存二種

330000－1710－0010651　普 0003053　子部/天文曆算類/算書之屬
行素軒算稿九種　（清）華蘅芳撰　清光緒金匱華氏行素軒刻本　三冊　存一種

330000－1710－0010653　普 0003054　子部/天文曆算類/算書之屬
算學十書　（清）賈步緯輯　清同治至光緒江南機器製造總局刻本暨鉛印本　一冊　存一種

330000－1710－0010656　普 0003130　子部/農家農學類/蠶桑之屬
泰西育蠶新法十卷附一卷　（清）張坤德譯　清光緒二十四年（1898）強齋石印本　一冊

330000－1710－0010657　普 0003131　集部/別集類/清別集
松桂堂全集三十七卷南淮集三卷延露詞三卷　（清）彭孫遹撰　清乾隆八年（1743）彭景曾等刻本　一冊　存九卷（十五至二十三）

330000－1710－0010658　普 0003132　經部/小學類/文字之屬/字書/字典
通俗字林辨證五卷　（清）唐壎輯　清咸豐六年（1856）錫山丁氏刻本　一冊　存三卷（三至五）

330000－1710－0010662　普 0003136　史部/傳記類/總傳之屬/釋道
敕賜精嚴禪寺萬壽戒壇不分卷　清光緒二十年（1894）刻本　一冊

330000－1710－0010664　普 0003055　子部/

天文曆算類/算書之屬
筆算便覽五卷 (清)紀大奎撰 (清)紀大畢等輯 清嘉慶十九年(1814)臨川紀氏刻本 二冊

330000－1710－0010665 普0003056 類叢部/叢書類/郡邑之屬
台州叢書九種 (清)宋世犖輯 清嘉慶至道光臨海宋氏刻本 一冊 存一種

330000－1710－0010667 普0003058 史部/目録類/總録之屬/官修
欽定古今圖書集成目錄四十卷 (清)蔣廷錫 (清)陳夢雷等輯 清光緒十年(1884)上海圖書集成印書局鉛印本 一冊 存六卷(二十二至二十七)

330000－1710－0010668 普0003138 集部/總集類/選集之屬/通代
咏物詩選註釋八卷 (清)俞琰輯 (清)易開縉 (清)孫洊鳴注 清嘉慶十五年(1810)聚盛堂刻本 一冊 存四卷(一至四)

330000－1710－0010670 普0003059 集部/總集類/選集之屬/通代
駢體文鈔三十一卷 (清)李兆洛輯 清道光元年(1821)合河康氏家塾刻同治六年(1867)婁江徐氏補刻本 一冊 存三卷(一至三)

330000－1710－0010671 普0003140 經部/小學類/文字之屬/字書/古文
集篆四種 吳受福編 清光緒石印本 一冊 存二種

330000－1710－0010672 普0003141 集部/別集類/清別集
養心光室詩稾八卷 (清)顧福仁撰 清光緒十四年(1888)刻本 徐謷銘題記 二冊

330000－1710－0010673 普0003060 經部/小學類/文字之屬/說文
說文新附攷六卷續攷一卷 (清)鈕樹玉撰 清同治十三年(1874)湖北崇文書局刻本 一冊 缺三卷(一至三)

330000－1710－0010674 普0003061 新學/算學/形學
形學備旨十卷開端一卷 (美國)狄考文選譯 (清)鄒立文筆述 清光緒三十二年(1906)上海美華書館鉛印本 二冊

330000－1710－0010677 普0003063 新學/算學/三角八綫
八線備旨四卷八線學總習問一卷 (美國)羅密士撰 (美國)潘慎文選譯 清光緒三十年(1904)上海美華書館鉛印本 一冊

330000－1710－0010683 普0003995 類叢部/叢書類/彙編之屬
增訂漢魏叢書八十六種 (清)王謨編 清乾隆五十六年(1791)金谿王氏刻本 一冊 存一種

330000－1710－0010690 普0003065 類叢部/叢書類/彙編之屬
正誼堂全書六十三種續刻五種 (清)張伯行編 (清)楊浚重編 清同治五年(1866)福州正誼書院刻同治八年至光緒十三年(1869－1887)續刻本 四冊 存一種

330000－1710－0010691 普0003067 集部/楚辭類
離騷九歌釋不分卷 (清)畢大琛集注 清光緒十八年(1892)補學齋刻本 一冊

330000－1710－0010692 普0003066 子部/天文曆算類/算書之屬
矩齋籌算六種附一種 勞乃宣撰 清光緒刻本 二冊 存附一種

330000－1710－0010693 普0003068 集部/別集類/清別集
曾文正公文鈔四卷附刻一卷 (清)曾國藩撰 清同治十一年(1872)蘇郡刻本 一冊 存一卷(四)

330000－1710－0010694 普0003073 史部/傳記類/總傳之屬/郡邑
江震人物續志十卷 (清)趙蘭佩輯 清道光二十年(1840)秀水計光炘刻本 二冊 缺三卷(五至七)

330000－1710－0010697　普0003168　集部/別集類/清別集
寒松閣詩一卷　(清)張鳴珂撰　清光緒三十年(1904)石印本　一册

330000－1710－0010698　普0003173　史部/地理類/雜志之屬
鸚鵡湖櫂歌一卷　(清)陸增撰　清宣統二年(1910)華雲閣鉛印本　一册

330000－1710－0010699　普0003071　集部/總集類/酬唱之屬
清尊集十六卷　(清)汪遠孫輯　清道光十九年(1839)錢塘汪氏振綺堂刻本　四册

330000－1710－0010700　普0003170、普0003179　史部/雜史類/斷代之屬
談浙四卷　(清)許瑤光撰　清光緒十四年(1888)刻本　二册

330000－1710－0010701　普0003076　史部/地理類/總志之屬
歷代輿地沿革險要圖説一卷　楊守敬　饒敦秩撰　王尚德繪　清光緒二十四年(1898)上海文賢閣石印本　一册

330000－1710－0010702　普0003169　集部/別集類/清別集
求有益齋詩鈔八卷　(清)李道悠撰　清光緒二十六年(1900)刻本　一册　存二卷(五至六)

330000－1710－0010703　普0003077　史部/傳記類/總傳之屬/技藝
國朝畫徵錄三卷續錄二卷　(清)張庚撰　**明人附錄一卷**　(明)黎遂球　(明)袁樞撰　清乾隆四年(1739)雎州蔣泰　湯之昱刻本　二册　缺一卷(明人附錄)

330000－1710－0010704　普0003171　集部/別集類/清別集
思貽堂詩集六卷　(清)金衍宗撰　清光緒至宣統鉛印本　一册　存三卷(四至六)

330000－1710－0010706　普0003072　集部/總集類/氏族之屬
新安先集二十卷　(清)朱之榛輯　清同治十三年(1874)蘇州刻本　八册

330000－1710－0010708　普0003172　集部/別集類/清別集
蔣石林先生遺詩三卷　(清)蔣之翹撰　(清)李道悠　(清)沈景脩編　清光緒二十二年(1896)刻本　一册　存一卷(三)

330000－1710－0010709　普0003174　集部/別集類/唐五代別集
李太白文集三十六卷　(唐)李白撰　(清)王琦輯注　清刻本　一册　存二卷(二至三)

330000－1710－0010710　普0003080　經部/小學類/文字之屬/字書/字體
六書通十卷　(清)閔齊伋撰　(清)畢弘述篆訂　清康熙刻本　一册　存二卷(三至四)

330000－1710－0010714　普0003177　子部/雜著類/雜説之屬
瀛舟筆談十二卷首一卷　(清)阮亨仲撰　清嘉慶二十五年(1820)刻本　五册　存十卷(一至八、十二至十三)

330000－1710－0010715　普0003082　子部/宗教類/佛教之屬/經疏
大佛頂如來密因修證了義諸菩薩萬行首楞嚴經文句十卷　(清)釋智旭撰　清光緒元年(1875)慧空經房刻本　六册　存六卷(一至六)

330000－1710－0010716　普0003093　史部/地理類/雜志之屬
南湖百詠一卷　(清)吳萃恩撰　清同治五年(1866)嘉興吳氏小匏庵刻本　一册

330000－1710－0010717　普0003094　集部/別集類/唐五代別集
李太白文集三十六卷　(唐)李白撰　(清)王琦輯注　清乾隆聚錦堂刻本　一册　存一卷(一)

330000－1710－0010718　普0003095　集部/別集類/明別集
陶元暉中丞遺集二卷首一卷　(明)陶朗先撰

清光緒二十四年(1898)蘭州書局鉛印本　一册

330000－1710－0010719　普0003096　集部/別集類/明別集

陶元暉中丞遺集二卷首一卷　(明)陶朗先撰　清光緒二十四年(1898)蘭州書局鉛印本　一册

330000－1710－0010720　普0003097　集部/別集類/明別集

陶元暉中丞遺集二卷首一卷　(明)陶朗先撰　清光緒二十四年(1898)蘭州書局鉛印本　一册

330000－1710－0010721　普0003098　集部/別集類/清別集

笛漁小稿十卷　(清)朱昆田撰　清康熙五十三年(1714)朱稻孫刻本　一册

330000－1710－0010722　普0003083　集部/總集類/選集之屬/斷代

唐詩三百首註疏六卷　(清)孫洙編　(清)章燮注　清道光十五年(1835)建德章燮刻本　二册　存二卷(一至二)

330000－1710－0010723　普0003084　集部/總集類/選集之屬/斷代

瀛海探驪集八卷　(清)朱埏之輯　清嘉慶十九年(1814)萼怡山館刻本　六册　存六卷(一、二、四至六、八)

330000－1710－0010725　普0003086　子部/醫家類/方書之屬/單方驗方

四科簡效方四卷　(清)王士雄撰　清光緒十一年(1885)越州徐氏刻本　一册　存二卷(二至三)

330000－1710－0010727　普0003087　子部/儒家類/儒學之屬/禮教

新增願體集四卷　(清)史典輯　(清)李仲麟重輯　清光緒二年(1876)嘉興嚴氏刻本　一册　存二卷(一至二)

330000－1710－0010729　普0003100　集部/詞類/總集之屬

詞綜三十八卷　(清)朱彝尊輯　(清)汪森增定　(清)柯崇樸編次　(清)周篔辨譌　(清)王昶補纂　清嘉慶七年(1802)青浦王氏三泖漁莊刻本　四册　存三十二卷(一至十四、三十一至四十八)

330000－1710－0010730　普0003089　史部/地理類/方志之屬/郡縣志

[光緒]重修嘉善縣志三十六卷首一卷　(清)江峯青修　(清)顧福仁纂　清光緒二十年(1894)刻本　一册　存二卷(十六至十七)

330000－1710－0010732　普0003101　集部/總集類/選集之屬/通代

文選六十卷　(南朝梁)蕭統輯　(唐)李善注　明末海虞毛氏汲古閣刻清素位堂重修本　一册　存九卷(四十四至五十二)

330000－1710－0010734　普0003092　類叢部/叢書類/自著之屬

曾惠敏公遺集四種　(清)曾紀澤撰　清光緒十九年(1893)江南製造總局鉛印本　三册　存二種

330000－1710－0010735　普0003102　集部/總集類/選集之屬/斷代

列朝詩集乾集二卷甲集前編十一卷甲集二十二卷乙集八卷丙集十六卷丁集十六卷閏集六卷　(清)錢謙益輯　清順治九年(1652)毛氏汲古閣刻本　一册　存三卷(閏集一至三)

330000－1710－0010736　普0003103　集部/總集類/選集之屬/斷代

金詩選四卷　(清)顧奎光輯　(清)陶玉禾評　清乾隆十六年(1751)刻本　一册　存二卷(一至二)

330000－1710－0010737　普0003104　子部/藝術類/書畫之屬/書法書品

錢志澄臨文不分卷　(清)錢志澄書　清光緒十三年(1887)抄本　二册

330000－1710－0010738　普0003105　集部/總集類/課藝之屬

試卷彙存不分卷　清刻本　一册

330000－1710－0010739　普0003106　子部/農家農學類/總論之屬

補農書二卷　(明)沈□撰　(清)張履祥補　清光緒二十三年(1897)然藜閣木活字印本　一冊

330000－1710－0010742　普0003155　集部/總集類/氏族之屬

三朱遺編　(清)楊伯潤輯　清光緒十五年(1889)嘉興楊氏刻本　一冊　存一種

330000－1710－0010743　普0003156　集部/總集類/氏族之屬

三朱遺編　(清)楊伯潤輯　清光緒十五年(1889)嘉興楊氏刻本　一冊　存一種

330000－1710－0010744　普0003157　集部/總集類/選集之屬/斷代

本朝五言近體瓣香集十六卷　(清)許英輯並注　清乾隆二十八年(1763)心逸堂刻本　三冊　存十二卷(一至二、七至十六)

330000－1710－0010745　普0003108　史部/地理類/山川之屬/水志

南湖考一卷　(明)陳幼學撰　**節錄餘杭縣南湖事略一卷南湖誌考一卷**　(清)陳善撰　清光緒五年(1879)浙江官書局刻本　一冊

330000－1710－0010748　普0003166　經部/春秋左傳類/傳說之屬

左傳事緯十二卷　(清)馬驌撰　清光緒三十四年(1908)上海文瑞樓石印本　一冊　存二卷(一至二)

330000－1710－0010749　普0003160　集部/別集類/宋別集

水心文集二十九卷　(宋)葉適撰　清乾隆二十年(1755)溫州府學刻本　四冊　存十三卷(十至二十二)

330000－1710－0010750　普0003161　集部/總集類/選集之屬/通代

唐宋八家文讀本三十卷　(清)沈德潛輯　清光緒二十四年(1898)煥文書局石印本　六冊

330000－1710－0010753　普0003116　類叢部/叢書類/彙編之屬

正誼堂全書六十三種續刻五種　(清)張伯行編　(清)楊浚重編　清同治五年(1866)福州正誼書院刻同治八年至光緒十三年(1869－1887)續刻本　二冊　存一種

330000－1710－0010754　普0003163　集部/總集類/氏族之屬

藤溪朱氏文略八卷　朱承業輯　清宣統三年(1911)刻本　一冊　存一卷(四)

330000－1710－0010755　普0003117　集部/總集類/選集之屬/斷代

唐騈體文鈔十七卷　(清)陳均纂　清嘉慶二十五年(1820)海昌陳氏刻本　四冊

330000－1710－0010757　普0003164　集部/總集類/氏族之屬

藤溪朱氏文略八卷　朱承業輯　清宣統三年(1911)刻本　二冊　存三卷(四、七至八)

330000－1710－0010759　普0003120　集部/詞類/別集之屬

雙柏詞一卷　(清)金鴻佺撰　清宣統元年(1909)鉛印本　一冊

330000－1710－0010760　普0003165　集部/總集類/氏族之屬

藤溪朱氏文略八卷　朱承業輯　清宣統三年(1911)刻本　三冊　存五卷(四至八)

330000－1710－0010761　普0003121　集部/總集類/選集之屬/通代

漢魏六朝女子文選二卷　張維輯　清宣統三年(1911)海鹽朱是刻本　一冊

330000－1710－0010766　普0003110　史部/地理類/雜志之屬

泖水鄉歌一卷　俞金鼎撰　清宣統三年(1911)華雲閣鉛印本　一冊

330000－1710－0010767　普0003111　史部/地理類/雜志之屬

南湖百詠一卷　(清)吳萃恩撰　清同治五年(1866)嘉興吳氏小匏庵刻本　一冊

330000 - 1710 - 0010769　普 0002727、普 0002737　集部/總集類/選集之屬/斷代

國朝文錄八十二卷　(清)姚椿輯　清咸豐元年(1851)張祥河終南山館刻本　二冊　存六卷(二至四、七至九)

330000 - 1710 - 0010770　普 0003124　子部/醫家類/類編之屬

徐氏醫書八種　(清)徐大椿撰　清光緒十五年至二十三年(1889 - 1897)江左書林刻本　五冊　存一種

330000 - 1710 - 0010771　普 0002728　經部/詩類/傳說之屬

詩集傳音釋二十卷詩圖一卷詩傳綱領一卷詩序一卷　(宋)朱熹撰　(元)許謙音釋　(元)羅復纂輯　清咸豐五年至七年(1855 - 1857)海昌蔣氏衍芬草堂刻本　一冊　存四卷(一、詩圖、詩傳綱領、詩序)

330000 - 1710 - 0010773　普 0003113　史部/傳記類/總傳之屬/仕宦

鶴徵錄八卷首一卷　(清)李集輯　(清)李富孫　(清)李遇孫續輯　**鶴徵後錄十二卷首一卷**　(清)李富孫輯　清嘉慶十五年(1810)李氏漾葭老屋刻同治十一年(1872)桐鄉沈德溥補刻本　清森玉題記　二冊　存九卷(首、鶴徵錄一至八)

330000 - 1710 - 0010775　普 0003123　類叢部/叢書類/自著之屬

寒松閣集五種　(清)張鳴珂撰　清光緒十年至二十四年(1884 - 1898)嘉興張氏刻本　一冊　存一種

330000 - 1710 - 0010776　普 0003114　史部/傳記類/總傳之屬/家乘

[浙江海鹽]朱氏家乘六卷　清刻本　三冊　存五卷(二至六)

330000 - 1710 - 0010779　普 0002731　經部/三禮總義類/通禮雜禮之屬

讀禮通考一百二十卷　(清)徐乾學撰　清康熙三十五年(1696)崑山徐氏冠山堂刻本　一冊　存六卷(八十二至八十七)

330000 - 1710 - 0010780　普 0002730　史部/編年類/通代之屬

司馬溫公稽古錄二十卷附校勘記一卷　(宋)司馬光撰　清光緒五年(1879)江蘇書局刻本　四冊

330000 - 1710 - 0010782　普 0002733　經部/叢編

九經五十一卷附四卷　(明)秦鏷訂正　清刻本　一冊　存一種

330000 - 1710 - 0010784　普 0003191　集部/總集類/選集之屬/通代

古文觀止十二卷　(清)吳乘權　(清)吳大職輯　清浙蘭慎言堂刻本　陳季章題記　六冊

330000 - 1710 - 0010785　普 0003192、普 0003196　子部/醫家類/綜合之屬/通論

醫醇賸義四卷醫方論四卷　(清)費伯雄撰　清同治二年(1863)耕心堂刻本　四冊　存四卷(醫醇賸義一至四)

330000 - 1710 - 0010786　普 0002734　類叢部/叢書類/彙編之屬

嘯園叢書五十七種　(清)葛元煦編　清光緒二年至七年(1876 - 1881)仁和葛氏刻本　一冊　存一種

330000 - 1710 - 0010787　普 0003193　子部/醫家類/類編之屬

黃氏醫書八種　(清)黃元御撰　清咸豐十年(1860)徐樹銘燮龢精舍刻本　四冊　存一種

330000 - 1710 - 0010788　普 0003178　集部/別集類/清別集

松桂堂全集三十七卷南洴集三卷延露詞三卷　(清)彭孫遹撰　清乾隆八年(1743)彭景曾等刻本　一冊　存十卷(二十四至三十三)

330000 - 1710 - 0010790　普 0002736　集部/別集類/清別集

寶鏡齋詩文襍稿一卷　清光緒十八年(1892)稿本　一冊

330000 - 1710 - 0010791　普 0004003　史部/政書類/儀制之屬/專志/科舉校規

張宮保奏約束山洋游學生章程並鼓勵游學生章程摺不分卷　(清)張之洞撰　清刻本　一册

330000－1710－0010792　普 0003194　子部/醫家類/類編之屬
古今醫統正脈全書四十五種　(明)王肯堂編　清江陰朱文震刻本　一册　存二種

330000－1710－0010793　普 0002738　集部/別集類/明別集
紫栢老人集二十九卷首一卷　(明)釋真可撰　清刻本　一册　存三卷(卷首、一至二)

330000－1710－0010794　普 0004050　經部/四書類/孟子之屬/傳說
孟子章句七卷　(宋)朱熹撰　清刻本　三册

330000－1710－0010795　普 0002739　子部/小說家類/異聞之屬
穆天子傳六卷　(晉)郭璞注　(清)郝懿行補注　清光緒三十四年(1908)濳廬刻本　一册

330000－1710－0010796　普 0002740　集部/總集類/郡邑之屬
光緒二十八年壬寅補行二十六年庚子二十七年辛丑正併科湖北闈墨一卷　清光緒衡鑒堂刻本　一册

330000－1710－0010797　普 0002741　史部/金石類/錢幣之屬/雜著
癖泉臆說六卷　高煥文撰　清宣統三年(1911)高氏泉壽山房石印本　二册

330000－1710－0010798　普 0002742　集部/總集類/選集之屬/斷代
國朝文錄八十二卷　(清)姚椿輯　清咸豐元年(1851)張祥河終南山館刻本　四册　存十一卷(三十二至三十七、七十二至七十六)

330000－1710－0010799　普 0002743　經部/小學類/文字之屬/說文/傳說
段氏說文注訂八卷　(清)鈕樹玉撰　清道光三年(1823)吳縣鈕樹玉非石居刻同治五年(1866)碧螺山館補刻本　清右軒題記　二册

330000－1710－0010800　普 0002744　子部/醫家類/外科之屬/通論
外科摘要不分卷　清抄本　一册

330000－1710－0010801　普 0003180　集部/別集類/清別集
秋錦山房集十卷　(清)李良年撰　(清)李潮偕編　清康熙三十五年(1696)李潮偕刻本　一册　存二卷(一至二)

330000－1710－0010803　普 0003195　子部/醫家類/類編之屬
古今醫統正脈全書四十五種　(明)王肯堂編　清江陰朱氏刻本　一册　存一種

330000－1710－0010806　普 0003198　子部/醫家類/醫案之屬
洄溪醫案一卷　(清)徐大椿撰　清咸豐七年(1857)海昌蔣氏衍芬草堂刻本　一册

330000－1710－0010807　普 0003182　經部/小學類/文字之屬/字書/字典
通俗字林辨證五卷　(清)唐壎輯　清咸豐六年(1856)錫山丁氏刻本　一册　存二卷(一至二)

330000－1710－0010808　普 0003199　類叢部/叢書類/彙編之屬
邵武徐氏叢書二十三種　(清)徐榦編　清光緒邵武徐氏刻本　二册　存一種

330000－1710－0010810　普 0003200　子部/醫家類/醫理之屬/病源病機
諸症源流不分卷　清抄本　一册

330000－1710－0010811　普 0003184　子部/雜著類/雜說之屬
瀛舟筆談十二卷首一卷　(清)阮亨仲撰　清刻本　一册　存三卷(九至十一)

330000－1710－0010812　普 0003185　集部/別集類/清別集
閩嶠游草二卷　(清)王成瑞撰　清光緒三十一年(1905)華雲閣鉛印本　一册

330000－1710－0010813　普 0003201　子部/

醫家類/類編之屬

潛齋醫書五種　(清)王士雄撰　清光緒十八年(1892)上海醉六堂刻本　三冊　存一種

330000－1710－0010814　普0003202　子部/醫家類/本草之屬/歷代綜合本草

本草從新十八卷　(清)吳儀洛輯　清光緒七年(1881)恒德堂刻本　六冊

330000－1710－0010815　普0003203　子部/醫家類/類編之屬

古今醫統正脈全書四十五種　(明)王肯堂編　清江陰朱氏刻本　一冊　存一種

330000－1710－0010816　普0003186　集部/別集類/清別集

閩嶠游草二卷　(清)王成瑞撰　清光緒三十一年(1905)華雲閣鉛印本　一冊

330000－1710－0010817　普0003204　經部/小學類/文字之屬/說文/專著

席氏讀說文記十二卷　(清)席世昌撰　清嘉慶二十年(1815)刻本　四冊

330000－1710－0010818　普0003187　集部/別集類/清別集

煙霞萬古樓詩殘藁一卷　(清)王曇撰　清光緒二十六年(1900)寒松閣刻本　一冊

330000－1710－0010821　普0003222　類叢部/叢書類/自著之屬

沈蓮溪全集六種　(清)沈濂撰　清道光至咸豐秀水沈氏始言堂刻本　二冊　存一種

330000－1710－0010822　普0003207　類叢部/叢書類/彙編之屬

正誼堂全書六十三種續刻五種　(清)張伯行編　(清)楊浚重編　清同治五年(1866)福州正誼書院刻同治八年至光緒十三年(1869－1887)續刻本　三冊　存一種

330000－1710－0010823　普0003223　集部/別集類/明別集

陶元暉中丞遺集二卷首一卷　(明)陶朗先撰　清光緒二十四年(1898)蘭州書局鉛印本　一冊

330000－1710－0010824　普0003224　子部/醫家類/溫病之屬/其他溫疫病證

溫熱經緯五卷　(清)王士雄撰　清光緒二十三年(1897)刻本　一冊　存一卷(一)

330000－1710－0010826　普0003208　類叢部/叢書類/自著之屬

唱經堂才子書彙稿十六種　(清)金人瑞撰　清乾隆刻本　一冊　存八種

330000－1710－0010827　普0003225　類叢部/叢書類/自著之屬

楊園先生全集十三種　(清)張履祥撰　清道光二十一年(1841)莫氏影山草堂刻同治十一年(1872)補刻本　二冊　存三種

330000－1710－0010829　普0003210　集部/別集類/清別集

譜華吟館詩鈔一卷　(清)崔廷琛撰　清光緒七年(1881)刻本　一冊

330000－1710－0010830　普0003211　集部/別集類/清別集

小論指蒙初集二卷　(清)徐元福撰　清光緒二十八年(1902)刻本　二冊

330000－1710－0010831　普0003189　集部/別集類/清別集

松桂堂全集三十七卷南洭集三卷延露詞三卷　(清)彭孫遹撰　清乾隆八年(1743)彭景曾等刻本　二冊　存六卷(一至六)

330000－1710－0010834　普0003228　史部/編年類/斷代之屬

甲子紀年表一卷　(清)郭容光編　清光緒十年(1884)寶鏡齋刻本　一冊

330000－1710－0010835　普0003229　子部/雜著類/雜說之屬

履園叢話二十四卷　(清)錢泳撰　清道光十八年(1838)述德堂刻同治九年(1870)重修本　一冊　存三卷(七至九)

330000－1710－0010836　普0003230　集部/別集類/清別集

梅花百詠一卷　(清)李確撰　清宣統二年

(1910)華雲閣鉛印本　一册

330000－1710－0010837　普0003231　史部/地理類/方志之屬/郡縣志

[光緒]嘉興府志八十八卷首二卷　(清)許瑤光修　(清)吴仰賢等纂　清光緒三年至四年(1877－1878)嘉興鴛湖書院刻五年(1879)重印本　十一册　存二十五卷(首一至二、一至八、三十二至三十五、五十四至五十九、六十九至七十一、七十八至七十九)

330000－1710－0010838　普0003212　集部/別集類/明別集

楊椒山先生集四卷椒山先生自著年譜一卷　(明)楊繼盛撰　清康熙三十七年(1698)胡范刻本　二册

330000－1710－0010839　普0003213　集部/別集類/清別集

自怡軒遺稾一卷　(清)朱清撰　**知止軒吟草一卷**　(清)朱鎮撰　**片玉山莊詩存一卷**　(清)朱彦臣錄　清光緒二十二年(1896)刻本　一册

330000－1710－0010840　普0003214　集部/別集類/清別集

養素居詩初編一卷二編一卷　(清)董燿撰　清光緒十八年(1892)家刻本　二册

330000－1710－0010842　普0003216　子部/醫家類/傷寒金匱之屬/傷寒論

傷寒來蘇集三種　(清)柯琴撰　清乾隆二十年(1755)崑山馬中驊綏福堂刻本　一册　存一種

330000－1710－0010845　普0003219　類叢部/叢書類/自著之屬

曾惠敏公遺集四種　(清)曾紀澤撰　清光緒十九年(1893)江南製造總局鉛印本　一册　存一種

330000－1710－0010846　普0003232　史部/政書類/儀制之屬/專志/科舉校規

秀水高等小學堂章程一卷　(清)秀水高等小學堂編　清光緒三十三年(1907)刻本　一册

330000－1710－0010848　普0003221　集部/別集類/清別集

錢牧齋文鈔不分卷　(清)錢謙益撰　清宣統元年(1909)國學扶輪社鉛印本　二册

330000－1710－0010849　普0004004　史部/詔令奏議類/奏議之屬

籌辦湖北各學堂摺一卷　(清)張之洞　(清)端方撰　清末鉛印本　一册

330000－1710－0010850　普0003234　史部/編年類/斷代之屬

甲子紀年表一卷　(清)郭容光編　清光緒十年(1884)寶鏡齋刻本　一册

330000－1710－0010851　普0003235、普0003233　類叢部/叢書類/自著之屬

楊園先生全集十三種　(清)張履祥撰　清道光二十一年(1841)莫氏影山草堂刻同治十一年(1872)補刻本　四册　存十二種

330000－1710－0010852　普0003236　史部/傳記類/總傳之屬/仕宦

鶴徵錄八卷首一卷　(清)李集輯　(清)李富孫　(清)李遇孫續輯　**鶴徵後錄十二卷首一卷**　(清)李富孫輯　清嘉慶十五年(1810)李氏漾葭老屋刻同治十一年(1872)桐鄉沈德溥補刻本　六册

330000－1710－0010853　普0003237　史部/政書類/邦計之屬

浙江桐鄉縣重創育嬰堂條規一卷　清同治刻本　一册

330000－1710－0010854　普0003238　集部/詞類/別集之屬

曝書亭集詞註七卷　(清)朱彝尊撰　(清)李富孫注　清嘉慶十九年(1814)嘉興李氏校經廎刻道光九年(1829)補刻本　四册

330000－1710－0010855　普0003240　集部/總集類/郡邑之屬

聞湖詩三鈔八卷　(清)李道悠輯　清光緒十九年(1893)刻本　二册

330000－1710－0010856　普0003241　集部/

總集類/郡邑之屬
聞湖詩三鈔八卷續編一卷　(清)李道悠輯　清光緒十九年(1893)刻本　二冊

330000－1710－0010857　普0003242　集部/別集類/清別集
滄洲近詩十卷　(清)陳鵬年撰　清乾隆二十七年(1762)刻本　五冊

330000－1710－0010859　普0003709　史部/地理類/方志之屬/郡縣志
[光緒]梅里志十八卷　(清)楊謙纂　(清)李富孫補輯　(清)余楙續補　清光緒三年(1877)仁濟堂刻本　一冊　存三卷(十六至十八)

330000－1710－0010860　普0003244　集部/別集類/清別集
味雪齋詩鈔二卷　(清)郁載瑛撰　清刻本　一冊

330000－1710－0010861　普0003245　集部/別集類/清別集
續東軒遺集四卷　(清)高均儒撰　清光緒七年(1881)刻本　一冊　存二卷(文、詩)

330000－1710－0010862　普0003246　類叢部/叢書類/彙編之屬
小穜字林叢刻七種　(清)吳受福編　清光緒刻本　一冊　存一種

330000－1710－0010863　普0003247　五經旁訓十九卷
春秋旁訓四卷　(元)李恕撰　明萬曆二十三年(1595)鄭汝璧、田疇等刻本　二冊　存一種

330000－1710－0010865　普0003256　子部/藝術類/書畫之屬/題跋
竹懶畫媵一卷續畫媵一卷　(明)李日華撰　清光緒八年(1882)刻本　二冊

330000－1710－0010866　普0003257　類叢部/叢書類/彙編之屬
小穜字林叢刻七種　(清)吳受福編　清光緒刻本　一冊　存一種

330000－1710－0010867　普0003258　集部/別集類/清別集
滋蘭室遺稿一卷　(清)王嗣暉撰　清宣統鉛印本　一冊

330000－1710－0010868　普0003259　集部/別集類/清別集
安雅堂遺稾一卷　(清)謝沂撰　清光緒十六年(1890)刻本　一冊

330000－1710－0010870　普0003261　集部/總集類/題詠之屬
迎旭齋圖題辭一卷　(清)曹咸熙編　清光緒七年(1881)桂林刻本　一冊

330000－1710－0010872　普0003263　子部/藝術類/書畫之屬/法帖
許竹篔侍郎尺牘真跡二卷　(清)許景澄撰　(清)盛沅輯　清光緒三十三年(1907)影印本　一冊

330000－1710－0010874　普0003283　集部/總集類/氏族之屬
三蘇文集　(清)邵希雍輯　清宣統元年(1909)上海會文學社石印本　二冊　存一種

330000－1710－0010875　普0003266　集部/總集類/選集之屬/斷代
御定全唐詩錄一百卷詩人年表一卷　(清)徐倬等輯　清康熙四十五年(1706)揚州詩局刻本　一冊　存五卷(二十四至二十八)

330000－1710－0010876　普0003267　集部/別集類/清別集
韻篁樓吟稾二卷　(清)王文瑞撰　清末刻本　一冊　存一卷(下)

330000－1710－0010877　普0003268　集部/別集類/清別集
懷亭詩錄六卷詞錄二卷　(清)蔣學堅撰　清光緒二十一年(1895)刻本　一冊　存三卷(一至三)

330000－1710－0010878　普0003269　集部/別集類/明別集
震川先生集三十卷別集十卷附錄一卷補編一

卷　（明）歸有光撰　（清）歸莊校勘　（清）錢謙益選定　（清）歸玠編輯　清康熙十年至十四年（1671－1675）常熟歸莊　歸玠等刻本　三冊　存十二卷（一至七、二十六至三十）

330000－1710－0010879　普0003270　集部/總集類/郡邑之屬
兩浙輶軒續錄五十四卷補遺六卷姓氏韻編二卷　（清）潘衍桐輯　清光緒十七年（1891）浙江書局刻本　九冊　存十二卷（二至三、十八至二十三、二十七、三十至三十二）

330000－1710－0010880　普0003271　集部/總集類/選集之屬/斷代
國朝詩鐸二十六卷首一卷　（清）張應昌輯　清同治八年（1869）永康應氏秀芝堂刻本　一冊　存二卷（一至二）

330000－1710－0010881　普0003272　集部/總集類/選集之屬/斷代
言志詩輯六卷論詩囈語一卷　（清）汪昶輯　清同治十三年（1874）元雨書屋刻本　四冊

330000－1710－0010882　普0003273　集部/別集類/宋別集
節孝先生文集三十卷事實一卷附載一卷語錄一卷　（宋）徐積撰　清康熙六十年（1721）刻本　一冊　存十卷（二十一至三十）

330000－1710－0010883　普0003274　集部/總集類/彙編之屬
漢魏六朝一百三家集（漢魏六朝百三名家集）　（明）張溥編　清光緒三年（1877）滇南唐氏壽考堂刻本　三冊　存三種

330000－1710－0010884　普0003275　類叢部/叢書類/彙編之屬
函海一百五十二種　（清）李調元編　清乾隆綿州李氏萬卷樓刻嘉慶十四年（1809）李鼎元道光五年（1825）李朝夔重校補刻本　一冊　存一種

330000－1710－0010886　普0003265　史部/傳記類/別傳之屬/事狀
鄂國金陀稡編二十八卷續編三十卷　（宋）岳珂編　清光緒九年（1883）浙江書局刻本　十二冊

330000－1710－0010887　普0003277　史部/地理類/方志之屬/郡縣志
［光緒］嘉興府志八十八卷首二卷　（清）許瑤光修　（清）吳仰賢等纂　清光緒三年至四年（1877－1878）嘉興鴛湖書院刻五年（1879）重印本　四十八冊

330000－1710－0010888　普0003248　集部/總集類/選集之屬/斷代
唐百家詩一百七十一卷　（明）朱警編　**唐詩品一卷**　（明）徐獻忠撰　明嘉靖十九年（1540）刻本　一冊　存一種

330000－1710－0010889　普0003249　集部/總集類/彙編之屬
唐詩百名家全集　（清）席啓寓輯　清康熙四十一年（1702）洞庭席氏琴川書屋刻本　一冊　存一種

330000－1710－0010890　普0003250　集部/別集類/清別集
惺諟齋初稿十卷　喻長霖撰　清宣統三年（1911）鉛印本　二冊　存四卷（七至十）

330000－1710－0010891　普0003251　集部/別集類/清別集
曾文正公文鈔四卷附刻一卷　（清）曾國藩撰　清同治十二年（1873）刻本　六冊

330000－1710－0010892　普0003252　集部/別集類/清別集
嬰山小園詩集十六卷晚年手定藁五卷　（清）張誠撰　清光緒元年（1875）刻本　一冊　存五卷（手定藁一至五）

330000－1710－0010893　普0003284　類叢部/叢書類/自著之屬
曾文正公全集十六種　（清）曾國藩撰　清石印本　七冊　存一種

330000－1710－0010894　普0003285　集部/總集類/選集之屬/通代
經史百家雜鈔二十六卷　（清）曾國藩輯　清

光緒三十二年(1906)上海商務印書館鉛印本　六冊　存十四卷(十三至二十六)

330000－1710－0010895　普0003286　集部/總集類/選集之屬/通代
古文辭類纂十五卷　(清)姚鼐輯　清光緒十六年(1890)上海文瑞樓鉛印本　六冊

330000－1710－0010896　普0003287　集部/總集類/選集之屬/通代
古文苑二十一卷　(宋)章樵注　清光緒十二年(1886)江蘇書局刻本　四冊

330000－1710－0010897　普0003278　類叢部/叢書類/家集之屬
繡水王氏家藏集十四種　(清)王相輯　清咸豐五年(1855)王褩之刻本　一冊　存六種

330000－1710－0010899　普0003289　集部/總集類/選集之屬/通代
古文詞畧二十四卷　(清)梅曾亮輯　清同治六年(1867)合肥李氏刻本　五冊

330000－1710－0010900　普0003279　類叢部/叢書類/自著之屬
潛園總集十七種　(清)陸心源撰　清同治光緒刻本　四冊　存一種

330000－1710－0010901　普0003280　類叢部/叢書類/自著之屬
潛園總集十七種　(清)陸心源撰　清同治光緒刻本　五冊　存一種

330000－1710－0010902　普0003281　集部/總集類/郡邑之屬
松陵文錄二十四卷　(清)淩淦輯　清同治十三年(1874)刻本　十二冊

330000－1710－0010903　普0003282　集部/總集類/選集之屬/斷代
唐文粹一百卷　(宋)姚鉉輯　清光緒九年(1883)江蘇書局刻本　八冊　存五十一卷(十五至四十七、五十六至七十三)

330000－1710－0010904　普0003290　集部/總集類/選集之屬/斷代
湖海詩傳四十六卷　(清)王昶輯　清嘉慶八年(1803)青浦王氏三泖漁莊刻本　五冊　存十七卷(一至五、三十五至四十六)

330000－1710－0010905　普0003291　集部/總集類/選集之屬/斷代
湖海詩傳四十六卷　(清)王昶輯　清嘉慶八年(1803)青浦王氏三泖漁莊刻本　六冊　存二十三卷(一至五、十至十七、二十二至二十五、三十三至三十八)

330000－1710－0010906　普0003296　集部/總集類/選集之屬/通代
文選六十卷　(南朝梁)蕭統輯　(唐)李善注　清光緒二十一年(1895)上海古香閣石印本　十二冊

330000－1710－0010907　普0003292　集部/總集類/郡邑之屬
續檇李詩繫四十卷　(清)胡昌基輯　清宣統三年(1911)刻本　十二冊　存二十四卷(四至十、十三至十四、二十二至二十三、二十八至四十)

330000－1710－0010908　普0003294　史部/目録類/總録之屬/彙刻
續彙刻書目十二卷　(清)傅雲龍輯　**補遺一卷**　(清)胡俊章補　清光緒二年至四年(1876－1878)味腴藝圃刻本　五冊　存八卷(一至八)

330000－1710－0010909　普0003293　集部/總集類/選集之屬/斷代
國朝八家四六文鈔(八家四六文鈔)八種　(清)吴鼒編　清較經堂刻本　八冊

330000－1710－0010910　普0003295　集部/總集類/選集之屬/斷代
國朝六家詩鈔八卷　(清)劉執玉選編　清嘉慶八年(1803)埽葉山房刻本　六冊

330000－1710－0010913　普0003299　集部/總集類/選集之屬/斷代
國朝文匯甲前集二十卷甲集六十卷乙集七十卷丙集三十卷丁集二十卷　(清)上海國學扶

輪社輯　清宣統元年(1909)上海國學扶輪社石印本　三冊　存六卷(甲前集七至八,甲集七至八、十九至二十)

330000－1710－0010914　普0003301　集部/別集類/明別集

震川先生集三十卷別集十卷附録一卷補編一卷　(明)歸有光撰　(清)歸莊校勘　(清)錢謙益選定　(清)歸玠編輯　清康熙十年至十四年(1671－1675)常熟歸莊　歸玠等刻本　十冊　存三十七卷(一至十一、十五至三十,別集一至十)

330000－1710－0010916　普0003302　集部/詞類/總集之屬

詞綜三十六卷　(清)朱彝尊輯　(清)汪森增定　(清)柯崇樸編次　(清)周篔辨譌　清康熙十七年(1678)汪氏求杼樓刻三十年(1691)增刻本　二冊　存十二卷(二十五至三十六)

330000－1710－0010918　普0003303　集部/詩文評類/詩評之屬

唐音癸籤三十三卷　(明)胡震亨輯　清康熙刻本　二冊　存十七卷(一至八、十七至二十五)

330000－1710－0010919　普0003710　集部/總集類/選集之屬/斷代

唐音統籤一千三十三卷　(明)胡震亨輯　清康熙刻本　三冊　存四十二卷(五百九十八至六百十二、七百二十三至七百三十四、七百六十四至七百七十八)

330000－1710－0010921　普0003319　集部/總集類/選集之屬/通代

文選六十卷　(南朝梁)蕭統輯　(唐)李善注　**文選考異十卷**　(清)胡克家撰　清光緒上海鴻文書局石印本　四冊　存三十三卷(七至三十九)

330000－1710－0010923　普0003321　集部/總集類/選集之屬/斷代

湖海文傳七十五卷　(清)王昶輯　清道光十七年(1837)經訓堂刻同治五年(1866)印本　十六冊

330000－1710－0010924　普0003322　集部/總集類/氏族之屬

慎行堂三世詩存三種　徐寶炘　徐寶華輯　清咸豐九年(1859)民國九年(1920)刻民國九年(1920)匯印本　三冊

330000－1710－0010926　普0003324　集部/別集類/清別集

默齋詩草二卷　(清)左賡虞撰　(清)左兆薇　(清)左元履編　清光緒十一年(1885)刻本　一冊　存一卷(一)

330000－1710－0010927　普0003325　類叢部/類書類/專類之屬

駢文類纂四十六卷　王先謙輯　清光緒二十八年(1902)思賢書局刻本　一冊　存零卷(序目姓氏)

330000－1710－0010929　普0003329　集部/別集類/清別集

儀顧堂集十六卷　(清)陸心源撰　清同治十三年(1874)福州刻本　三冊　存十一卷(一至十一)

330000－1710－0010930　普0003330　集部/別集類/清別集

寶奎堂集十二卷　(清)陸錫熊撰　清嘉慶十五年(1810)無求安居刻本　四冊

330000－1710－0010933　普0003304　集部/別集類/宋別集

節孝先生文集三十卷事實一卷附載一卷語錄一卷　(宋)徐積撰　清宣統三年(1911)山陽徐氏刻本　五冊　缺六卷(二十五至三十)

330000－1710－0010939　普0003253　類叢部/叢書類/家集之屬

頤綵堂文集十六卷劍舟律賦二卷詩鈔十卷文藳一卷駢文二卷聖禾鄉農詩鈔四卷　(清)沈叔埏撰　清光緒九年(1883)刻本　六冊

330000－1710－0010942　普0003254　集部/別集類/清別集

求聞過齋詩集六卷文集四卷　(清)朱方增撰　清光緒十九年至二十年(1893－1894)刻本

三冊　缺二卷(文集三至四)

330000－1710－0010943　普0003311　集部/總集類/彙編之屬
唐宋八大家文鈔　(明)茅坤編　明崇禎四年(1631)茅著刻本　一冊　存一種

330000－1710－0010944　普0003312　集部/别集類/明别集
太師誠意伯劉文成公集二十卷首一卷　(明)劉基撰　清光緒二十六年(1900)浙江書局刻本　十冊

330000－1710－0010945　普0003327　集部/别集類/明别集
懷麓堂全集五種　(明)李東陽撰　**年譜一卷**　(清)朱景英編　清嘉慶八年(1803)茶陵李氏刻龍下學易堂印本　十五冊

330000－1710－0010946　普0003328　集部/總集類/選集之屬/通代
御選唐宋詩醇四十七卷目錄二卷　(清)高宗弘曆輯　清光緒七年(1881)江蘇書局刻本　五冊　存十二卷(三十六至四十七)

330000－1710－0010947　普0003341　集部/總集類/郡邑之屬
嶺南三大家詩選二十四卷　(清)王隼編　清同治七年(1868)南海陳氏刻本　五冊

330000－1710－0010948　普0003314、普0003313　集部/詞類/詞譜之屬
詞律二十卷　(清)萬樹撰　**詞律拾遺八卷**　(清)徐本立撰　**詞律補遺一卷**　(清)杜文瀾撰　清光緒二年(1876)石印本　八冊　缺九卷(五至六、十三至十五,詞律拾遺一至四)

330000－1710－0010950　普0003340　集部/總集類/選集之屬/通代
御選唐宋詩醇四十七卷目錄二卷　(清)高宗弘曆輯　清光緒七年(1881)浙江書局刻本　六冊　存十卷(一至十)

330000－1710－0010952　普0003354　集部/總集類/彙編之屬
唐詩百名家全集　(清)席啓寓輯　清康熙四十一年(1702)洞庭席氏琴川書屋刻本　三冊　存四種

330000－1710－0010955　普0003355　集部/詞類/詞譜之屬
詞律拾遺八卷　(清)徐本立纂　清同治十二年(1873)吳下刻本　一冊　存二卷(五至六)

330000－1710－0010956　普0003337　集部/總集類/選集之屬/斷代
國朝詩鐸二十六卷首一卷　(清)張應昌輯　清同治八年(1869)永康應氏秀芝堂刻本　十三冊　存二十六卷(一至二十六)

330000－1710－0010957　普0003338　集部/總集類/選集之屬/通代
五七言今體詩鈔十八卷　(清)姚鼐輯　清同治七年(1868)湘鄉曾氏刻本　一冊　存五卷(五言今體詩鈔一至五)

330000－1710－0010958　普0003339　集部/總集類/選集之屬/通代
五七言今體詩鈔十八卷　(清)姚鼐輯　清同治五年(1866)金陵書局刻本　二冊

330000－1710－0010961　普0003356　集部/總集類/選集之屬/通代
漁洋山人古詩選三十二卷　(清)王士禎(王士禛)選　清同治五年(1866)金陵書局刻本　八冊

330000－1710－0010964　普0003357　集部/總集類/選集之屬/通代
五七言今體詩鈔十八卷　(清)姚鼐輯　清同治五年(1866)金陵書局刻本　二冊

330000－1710－0010965　普0003358　集部/總集類/氏族之屬
新安先集二十卷　(清)朱之榛輯　清同治十三年(1874)蘇州刻本　八冊

330000－1710－0010967　普0003346　集部/總集類/氏族之屬
三蘇文集　(清)邵希雍輯　清宣統元年(1909)上海會文學社石印本　三冊　存一種

330000－1710－0010971　普0003350　集部/別集類/唐五代別集
樊南文集詳註八卷　（唐）李商隱撰　（清）馮浩編訂　清刻本　一册　存三卷（一至三）

330000－1710－0010972　普0003359　集部/總集類/選集之屬/通代
古文淵鑒六十四卷　（清）徐乾學等輯注　清同治十二年（1873）浙江書局刻本　三十二册

330000－1710－0010973　普0003383　新學/兵制/槍炮
礮法昂度子落高低遠近畫譜一卷　（清）丁乃文撰　清光緒十四年（1888）江南製造局鉛印本　一册

330000－1710－0010975　普0003351　集部/別集類/唐五代別集
五百家註音辯昌黎先生文集四十卷　（唐）韓愈撰　（宋）魏仲舉輯注　清刻本　一册　存六卷（二十九至三十四）

330000－1710－0010976　普0003352　集部/別集類/唐五代別集
新刊五百家註音辯昌黎先生文集四十卷　（唐）韓愈撰　（宋）魏仲舉輯注　清刻本　四册　存十六卷（八至二十三）

330000－1710－0010977　普0003353　集部/別集類/宋別集
廬陵宋丞相信國公文忠烈先生全集十六卷　（宋）文天祥撰　（清）文攀舟等編輯　清道光十七年（1837）廬陵文氏刻本　五册　存六卷（五、八、十二至十四、十六）

330000－1710－0010978　普0003711　集部/總集類/選集之屬/通代
文選補遺四十卷　（元）陳仁子輯　清乾隆二年（1737）陳文煜刻本　一册　存三卷（三十八至四十）

330000－1710－0010979　普0003362　集部/總集類/選集之屬/通代
御選唐宋詩醇四十七卷目錄二卷　（清）高宗弘曆輯　清光緒七年（1881）江蘇書局刻本　二册　存二十九卷（二十三至四十七、三十三至三十六）

330000－1710－0010980　普0003360　集部/別集類/漢魏六朝別集
庾子山集十六卷總釋一卷　（北周）庾信撰　（清）倪璠註　**年譜一卷**　（清）倪璠撰　清光緒二十年（1894）粵東儒雅堂刻本　十二册

330000－1710－0010981　普0003363　類叢部/叢書類/自著之屬
王漁洋遺書三十八種　（清）王士禛撰　清刻本　十六册　存一種

330000－1710－0010982　普0003364　集部/總集類/選集之屬/通代
文選六十卷　（南朝梁）蕭統輯　（唐）李善注　清同治八年（1869）金陵書局刻本　六册　存三十五卷（十三至十八、二十五至四十七、五十五至六十）

330000－1710－0010984　普0003386　集部/總集類/選集之屬/斷代
欽定國朝詩別裁集三十二卷　（清）沈德潛纂評　清乾隆二十六年（1761）刻本　一册　存三卷（三至五）

330000－1710－0010985　普0003387　集部/總集類/氏族之屬
金陵朱氏家集三十種　（清）朱緒曾輯　清道光二十年（1840）刻本　四册

330000－1710－0010987　普0003389　集部/總集類/酬唱之屬
池陽唱和集二卷　王詠霓輯　清光緒三十三年（1907）鉛印本　一册

330000－1710－0010989　普0003391　類叢部/叢書類/自著之屬
唱經堂才子書彙稿十種　（清）金人瑞撰　清初刻本　一册　存一種

330000－1710－0010990　普0003392　集部/總集類/題詠之屬
檇李曹氏圖册合刻不分卷　（清）曹咸熙編　清光緒九年（1883）曹維城桂林迎旭齋刻本

一册

330000－1710－0010991　普0003393　集部/總集類/選集之屬/通代
瀛奎律髓四十九卷　(元)方回輯　清康熙五十年至五十一年(1711－1712)吳寶芝黄葉邨莊刻本　一册　存十卷(三十至三十九)

330000－1710－0010992　普0003361　集部/别集類/漢魏六朝别集
庾子山集十六卷總釋一卷　(北周)庾信撰　(清)倪璠註　**年譜一卷**　(清)倪璠撰　清刻本　十册

330000－1710－0010993　普0003365　集部/總集類/選集之屬/通代
漢魏六朝女子文選二卷　張維輯　清宣統三年(1911)海鹽朱是刻本　一册

330000－1710－0010994　普0003394　集部/總集類/選集之屬/通代
古文辭類纂七十四卷　(清)姚鼐輯　清同治八年(1869)江蘇書局刻本　十二册

330000－1710－0010995　普0003712　集部/總集類/選集之屬/斷代
欽定國朝詩别裁集三十二卷　(清)沈德潛纂評　清乾隆二十六年(1761)刻本　二册　存五卷(六至八、二十八至二十九)

330000－1710－0010996　普0003366　集部/總集類/選集之屬/斷代
切問齋文鈔三十卷　(清)陸燿輯　清刻本　三册　存七卷(二十一至二十四、二十八至三十)

330000－1710－0010997　普0003367　集部/總集類/選集之屬/斷代
湖海文傳七十五卷目録一卷　(清)王昶輯　清道光十七年(1837)經訓堂刻本　十六册

330000－1710－0010998　普0003368　集部/别集類/清别集
樊榭山房全集四十二卷　(清)厲鶚撰　清光緒十年(1884)錢塘汪氏振綺堂刻本　九册　缺六卷(集外曲一至二、集外詞、集外文、輓辭、軼事)

330000－1710－0010999　普0003369　集部/别集類/清别集
揅經室一集十四卷二集八卷三集五卷四集二卷四集詩十一卷外集五卷　(清)阮元撰　(清)阮亨輯　清道光三年(1823)儀徵阮氏文選樓刻本　十二册　存十七卷(一集一、五、六、九、十、十三,二集四、七、八,續集一至五、九、十,外集一)

330000－1710－0011000　普0003370　集部/别集類/清别集
望溪先生文集十八卷集外文十卷集外文補遺二卷　(清)方苞撰　**方望溪先生年譜一卷年譜附録一卷**　(清)蘇惇元輯　清咸豐元年(1851)戴鈞衡刻二年(1852)增刻本　二册　存四卷(文集二至三、集外文六至七)

330000－1710－0011001　普0003371　類叢部/叢書類/自著之屬
方學博全集五種　(清)方坰撰　清光緒元年(1875)武昌藩署刻本　五册　缺四卷(詩稿一至四)

330000－1710－0011002　普0003372　集部/别集類/清别集
鮚埼亭集三十八卷首一卷外編五十卷全謝山先生經史問答十卷　(清)全祖望撰　清嘉慶九年(1804)餘姚史夢蛟借樹山房刻本　十五册　存六十三卷(文集三至十、十九至二十二、二十七至三十八,外編四至三十四、四十至四十二,全謝山先生經史問答一至五)

330000－1710－0011004　普0003377　集部/總集類/選集之屬/斷代
湖海文傳七十五卷　(清)王昶輯　清道光十七年(1837)經訓堂刻本　十六册

330000－1710－0011005　普0003373　集部/别集類/清别集
樊榭山房全集四十二卷　(清)厲鶚撰　清光緒十年(1884)錢塘汪氏振綺堂刻本　十册　缺二卷(集外詞、輓辭)

330000－1710－0011006　普0003378　集部/楚辭類

楚辭燈四卷　(清)林雲銘撰　清康熙刻本　三冊　缺一卷(一)

330000－1710－0011009　普0003381　集部/別集類/漢魏六朝別集

庾子山集十六卷總釋一卷　(北周)庾信撰　(清)倪璠注　清刻本　五冊　缺十卷(一、六至十四)

330000－1710－0011010　普0003382　史部/政書類/律令之屬/刑制

大清現行刑律案語不分卷　沈家本　俞廉三輯　清宣統元年(1909)北京法律館鉛印本　十六冊

330000－1710－0011013　普0003401　集部/別集類/清別集

懷亭詩錄六卷　(清)蔣學堅撰　清光緒二十一年(1895)刻本　一冊　存三卷(一至三)

330000－1710－0011015　普0003403　集部/總集類/郡邑之屬

竹里詩萃十六卷　(清)李道悠編　清光緒二十一年(1895)蔣十詠廬刻本　三冊　缺四卷(九至十二)

330000－1710－0011016　普0003404　集部/總集類/郡邑之屬

濮川詩鈔四十三卷　(清)沈堯咨輯　清乾隆五年(1740)刻本　一冊　存一種

330000－1710－0011017　普0003405　史部/地理類/方志之屬/郡縣志

光緒桐鄉縣志二十四卷首四卷　(清)嚴辰纂　**楊園淵源錄四卷**　(清)沈曰富輯　清光緒十三年(1887)蘇州陶漱藝齋刻本　十冊　存十四卷(首、五至七、十七、二十至二十四,楊園淵源錄一至四)

330000－1710－0011018　普0003406　集部/別集類/清別集

倚晴樓集五種　(清)黃燮清撰　清咸豐至同治海鹽黃氏拙宜園刻本　二冊　存一種

330000－1710－0011019　普0003407　集部/總集類/選集之屬/通代

六朝文絜四卷　(清)許槤評選　清刻朱墨套印本　一冊

330000－1710－0011021　普0003374　集部/別集類/清別集

養一齋集二十六卷首一卷劄記九卷詞三卷詩話十卷李杜詩話三卷四書文不分卷試帖一卷　(清)潘德輿撰　清道光至同治刻本　六冊　存二十七卷(首、一至二十六)

330000－1710－0011025　普0003412　集部/總集類/郡邑之屬

梅里詩輯二十八卷　(清)許燦輯　清道光三十年(1850)嘉興縣齋刻本　二冊　存十卷(十九至二十八)

330000－1710－0011026　普0003375　集部/總集類/選集之屬/斷代

元文類七十卷目錄三卷　(元)蘇天爵編　清光緒十五年(1889)江蘇書局刻本　四冊　存三十二卷(一至三十二)

330000－1710－0011027　普0003395　史部/目録類/專録之屬

全上古三代秦漢三國晉南北朝文編目一百三卷　(清)嚴可均輯　(清)蔣壑編　清光緒五年(1879)刻本　二冊　存十一卷(四十二至五十二)

330000－1710－0011028　普0003397　子部/藝術類/書畫之屬/題跋

讀畫齋題畫詩初稿十九卷　(清)顔修輯　清嘉慶元年(1796)東山草堂刻本　三冊　缺五卷(十至十四)

330000－1710－0011029　普0003398　集部/戲劇類/雜劇之屬

倚晴樓七種曲　(清)黃燮清撰　清光緒七年(1881)海鹽馮肇曾刻本　六冊　存六種

330000－1710－0011030　普0003713　集部/戲劇類/雜劇之屬

倚晴樓七種曲　(清)黃燮清撰　清光緒七年

(1881)海鹽馮肇曾刻本　四册　存四種

330000－1710－0011031　普0003714　集部/戲劇類/雜劇之屬
倚晴樓七種曲　(清)黄燮清撰　清光緒七年(1881)海鹽馮肇曾刻本　四册　存四種

330000－1710－0011032　普0003396　集部/總集類/選集之屬/通代
全上古三代秦漢三國六朝文七百四十一卷　(清)嚴可均輯　清光緒十三年至十九年(1887－1893)黄岡王氏廣州刻本　十四册　存九十四卷(全宋文九至十七,全齊文十四至十六,全梁文一至六,全陳文十三至十八,后後魏文一至七、十七至二十六、三十六至四十四,全北齊文五至十,全後周文九至十七,全隋文一至二十九)

330000－1710－0011033　普0003715　集部/戲劇類/雜劇之屬
倚晴樓七種曲　(清)黄燮清撰　清光緒七年(1881)海鹽馮肇曾刻本　一册　存二種

330000－1710－0011034　普0003716　集部/戲劇類/雜劇之屬
倚晴樓七種曲　(清)黄燮清撰　清光緒七年(1881)海鹽馮肇曾刻本　一册　存二種

330000－1710－0011035　普0003717　集部/戲劇類/雜劇之屬
倚晴樓七種曲　(清)黄燮清撰　清光緒七年(1881)海鹽馮肇曾刻本　一册　存二種

330000－1710－0011036　普0003718　集部/戲劇類/雜劇之屬
倚晴樓七種曲　(清)黄燮清撰　清光緒七年(1881)海鹽馮肇曾刻本　一册　存二種

330000－1710－0011037　普0003719　集部/戲劇類/雜劇之屬
倚晴樓七種曲　(清)黄燮清撰　清光緒七年(1881)海鹽馮肇曾刻本　一册　存二種

330000－1710－0011038　普0003720　集部/戲劇類/雜劇之屬
倚晴樓七種曲　(清)黄燮清撰　清光緒七年(1881)海鹽馮肇曾刻本　一册　存二種

330000－1710－0011039　普0003721　集部/戲劇類/雜劇之屬
倚晴樓七種曲　(清)黄燮清撰　清光緒七年(1881)海鹽馮肇曾刻本　一册　存二種

330000－1710－0011040　普0003722　集部/戲劇類/雜劇之屬
倚晴樓七種曲　(清)黄燮清撰　清光緒七年(1881)海鹽馮肇曾刻本　一册　存二種

330000－1710－0011041　普0003723　集部/戲劇類/雜劇之屬
倚晴樓七種曲　(清)黄燮清撰　清光緒七年(1881)海鹽馮肇曾刻本　一册　存四種

330000－1710－0011042　普0003419　集部/别集類/清别集
錢牧齋文鈔不分卷　(清)錢謙益撰　清宣統元年(1909)國學扶輪社鉛印本　一册

330000－1710－0011044　普0003421　集部/别集類/清别集
劉禮部集十二卷　(清)劉逢禄撰　清道光十年(1830)思誤齋刻本　四册

330000－1710－0011045　普0003422　集部/别集類/清别集
甘泉鄉人稿二十四卷餘稿二卷　(清)錢泰吉撰　清同治十一年(1872)鍾氏刻光緒七年(1881)十一年(1885)錢氏青溪官舍增刻本　四册　存十五卷(十至二十四)

330000－1710－0011046　普0003423　集部/别集類/清别集
庸盦海外文編四卷　(清)薛福成撰　清光緒二十一年(1895)蕭山陳氏刻本　三册　存三卷(二至四)

330000－1710－0011047　普0003424　類叢部/叢書類/自著之屬
庸庵全集七種　(清)薛福成撰　清光緒十年至二十四年(1884－1898)無錫薛氏刻本　一册　存一種

330000－1710－0011048　普0003425　集部/別集類/明別集

劉忠宣公遺集　（明）劉大夏撰　清光緒元年（1875）刻本　六冊

330000－1710－0011049　普0003426　集部/別集類/清別集

甘泉鄉人稿二十四卷餘稿二卷　（清）錢泰吉撰　**年譜一卷**　（清）錢應溥撰　**郊農偶吟稿一卷四水子遺著一卷**　（清）錢炳森撰　清同治十一年（1872）鍾氏刻光緒七年（1881）十一年（1885）錢氏青溪官舍增刻本　六冊

330000－1710－0011050　普0003427　集部/別集類/清別集

一行居集八卷附儒門公案拈題一卷　（清）彭紹升撰　清同治十二年（1873）常熟刻經處刻本　四冊

330000－1710－0011051　普0003428　集部/別集類/清別集

一行居集八卷附儒門公案拈題一卷　（清）彭紹升撰　清同治十二年（1873）常熟刻經處刻本　四冊

330000－1710－0011078　普0003417　集部/別集類/清別集

香樹齋詩集十八卷詩續集三十六卷文集二十八卷文續鈔五卷　（清）錢陳羣撰　清乾隆十六年（1751）刻本　三冊　存十三卷（詩集一至二、四至十四）

330000－1710－0011087　普0003418　集部/別集類/清別集

香樹齋詩集十八卷詩續集三十六卷文集二十八卷文續鈔五卷　（清）錢陳羣撰　清乾隆十六年（1751）刻同治九年（1870）唐翰題　光緒十一年（1885）錢志澄補修本　十一冊　存三十九卷（文集一至二十八、續鈔一至五、詩集一至六）

330000－1710－0011122　普0003413　集部/別集類/清別集

香樹齋詩集十八卷詩續集三十六卷文集二十八卷文續鈔五卷　（清）錢陳羣撰　清乾隆十六年（1751）刻同治九年（1870）唐翰題　光緒十一年（1885）錢志澄補修本　二十四冊

330000－1710－0011137　普0003518　類叢部/叢書類/彙編之屬

龍威秘書一百六十九種　（清）馬俊良編　清乾隆五十九年至嘉慶元年（1794－1796）浙江石門馬氏大酉山房刻本　一冊　存一種

330000－1710－0011138　普0003519　類叢部/叢書類/彙編之屬

粵雅堂叢書一百八十四種　（清）伍崇曜編　清道光二十九年至光緒十一年（1849－1885）南海伍氏刻彙印本　二冊　存一種

330000－1710－0011139　普0003520　類叢部/叢書類/彙編之屬

粵雅堂叢書一百八十四種　（清）伍崇曜編　清道光二十九年至光緒十一年（1849－1885）南海伍氏刻彙印本　二冊　存一種

330000－1710－0011140　普0003521、普0003522　類叢部/叢書類/彙編之屬

粵雅堂叢書一百八十四種　（清）伍崇曜編　清道光二十九年至光緒十一年（1849－1885）南海伍氏刻彙印本　二冊　存一種

330000－1710－0011141　普0004021　類叢部/叢書類/自著之屬

順德李氏遺書四種　（清）李文田撰　清光緒二十三年（1897）石印本　一冊

330000－1710－0011142　普0003523　類叢部/叢書類/彙編之屬

粵雅堂叢書一百八十四種　（清）伍崇曜編　清道光二十九年至光緒十一年（1849－1885）南海伍氏刻彙印本　二冊　存一種

330000－1710－0011143　普0003524　類叢部/叢書類/彙編之屬

粵雅堂叢書一百八十四種　（清）伍崇曜編　清道光二十九年至光緒十一年（1849－1885）南海伍氏刻彙印本　一冊　存一種

330000－1710－0011144　普0003525　類叢部/叢書類/彙編之屬

粵雅堂叢書一百八十四種　(清)伍崇曜編　清道光二十九年至光緒十一年(1849－1885)南海伍氏刻彙印本　三册　存一種

330000－1710－0011145　普 0003526　類叢部/叢書類/彙編之屬

粵雅堂叢書一百八十四種　(清)伍崇曜編　清道光二十九年至光緒十一年(1849－1885)南海伍氏刻彙印本　一册　存一種

330000－1710－0011146　普 0003527　類叢部/叢書類/彙編之屬

粵雅堂叢書續編四十九種　(清)伍崇曜編　清道光至光緒南海伍氏刻彙印本　二册　存一種

330000－1710－0011147　普 0003528　類叢部/叢書類/彙編之屬

粵雅堂叢書一百八十四種　(清)伍崇曜編　清道光二十九年至光緒十一年(1849－1885)南海伍氏刻彙印本(春秋五禮例宗卷四至六,乾道臨安志卷四至十五,群書治要卷四、十三、二十原缺)　一册　存一種

330000－1710－0011148　普 0003529　類叢部/叢書類/彙編之屬

粵雅堂叢書一百八十四種　(清)伍崇曜編　清道光二十九年至光緒十一年(1849－1885)南海伍氏刻彙印本　二册　存一種

330000－1710－0011150　普 0003530　集部/總集類/尺牘之屬

國朝名人小簡二卷　吴曾祺輯　清宣統二年(1910)上海商務印書館鉛印本　一册　存一卷(二)

330000－1710－0011158　普 0003725　集部/別集類/清別集

倚晴樓集五種　(清)黄燮清撰　清咸豐至同治海鹽黄氏拙宜園刻本　一册　存一種

330000－1710－0011160　普 0003724　集部/別集類/清別集

倚晴樓集五種　(清)黄燮清撰　清咸豐至同治海鹽黄氏拙宜園刻本　二册　存二種

330000－1710－0011162　普 0003547　集部/別集類/清別集

錢牧齋尺牘三卷補遺一卷　(清)錢謙益撰　清宣統二年(1910)上海商務印書館鉛印本　三册

330000－1710－0011163　普 0003546　經部/小學類/文字之屬/字書

馬氏文通十卷　(清)馬建忠撰　清光緒二十四年(1898)上海商務印書館鉛印本　十册

330000－1710－0011171　普 0003551　史部/史評類/史論之屬

讀通鑑論十六卷附宋論十五卷　(清)王夫之撰　清光緒三十年(1904)上海商務印書館鉛印本　十册

330000－1710－0011178　普 0003555　集部/總集類/彙編之屬

故友詩錄十四種附一種　(清)蔡壽祺編　清同治八年至九年(1869－1870)京師瑯嬛別館刻本　一册　存四種

330000－1710－0011191　普 0003567　類叢部/叢書類/郡邑之屬

檇李遺書二十六種　(清)孫福清編　清光緒四年(1878)秀水孫氏望雲仙館刻本　二册　存一種

330000－1710－0011192　普 0003568　史部/目録類/總録之屬/彙刻

葉氏存古叢書四種　葉銘輯　清宣統二年(1910)西泠印社鉛印本　八册　存三種

330000－1710－0011193　普 0003516　集部/總集類/選集之屬/通代

古文辭類纂七十四卷　(清)姚鼐輯　**續古文辭類纂三十四卷**　王先謙輯　清光緒三十三年(1907)上海商務印書館鉛印本　十一册　缺十一卷(續古文辭類纂二十四至三十四)

330000－1710－0011194　普 0003517　集部/總集類/選集之屬/通代

古文辭類纂七十四卷　(清)姚鼐輯　**續古文辭類纂三十四卷**　王先謙輯　清光緒三十三

年(1907)上海商務印書館鉛印本　十二冊

330000－1710－0011195　普0003569　子部/醫家類/類編之屬
世補齋醫書□□種　(清)陸懋修撰輯　清光緒十二年(1886)山左書局刻本　一冊　存一種

330000－1710－0011200　普0003581　史部/金石類/總志之屬
學古齋金石叢書四集　(清)葛元煦輯　清光緒崇川葛氏學古齋刻本　一冊　存一種

330000－1710－0011201　普0003582　子部/醫家類/類編之屬
陳修園醫書四十八種　(清)陳念祖等撰　清光緒三十一年(1905)上海文盛堂書局石印本　一冊　存六種

330000－1710－0011202　普0003570　子部/叢編
子書百家一百一種　(清)崇文書局編　清光緒元年(1875)湖北崇文書局刻本　四冊　存一種

330000－1710－0011203　普0003583　類叢部/叢書類/彙編之屬
讀畫齋叢書四十六種　(清)顧修編　清嘉慶四年至十六年(1799－1811)桐川顧氏刻本　四冊　存一種

330000－1710－0011205　普0003572　經部/小學類/文字之屬/說文/傳說
汲古閣說文訂一卷　(清)段玉裁撰　清同治十一年(1872)湖北崇文書局刻本　一冊

330000－1710－0011206　普0003584　集部/總集類/選集之屬/斷代
國朝八家四六文鈔(八家四六文鈔)八種　(清)吳鼒編　清較經堂刻本　一冊　存二種

330000－1710－0011207　普0003585　集部/別集類/清別集
江忠烈公遺集四卷　(清)江忠源撰　清光緒十二年(1886)吳縣行素草堂槐廬叢刻本　一冊　存二卷(詩錄、詩錄補遺)

330000－1710－0011209　普0003573　類叢部/叢書類/彙編之屬
實學叢書□□種　清光緒二十一年(1895)石印本　一冊　存二種

330000－1710－0011210　普0003574　集部/戲劇類/傳奇之屬
儒酸福傳奇二卷　(清)魏熙元撰　(清)汪繩武正譜　(清)倪星垣評文　清光緒十年(1884)杭州魏氏玉玲瓏館刻本　一冊

330000－1710－0011211　普0003575　類叢部/叢書類/彙編之屬
藏修堂叢書三十六種　(清)劉晚榮編　清光緒十六年(1890)新會劉氏藏修書屋刻本　一冊　存一種

330000－1710－0011214　普0003576、普0003577、普0003578、普0003579　集部/總集類/彙編之屬
漢魏六朝一百三家集(漢魏六朝百三名家集)　(明)張溥編　明婁東張氏刻本　五冊　存六種

330000－1710－0011215　普0004025　史部/叢編類
北徼彙編十九種　(清)何秋濤輯　清刻本　一冊　存四種

330000－1710－0011216　普0003999　經部/四書類/論語之屬/傳說
論語十卷　(宋)朱熹集注　清刻本　二冊

330000－1710－0011217　普0004000　經部/四書類/論語之屬/傳說
論語十卷　(宋)朱熹集注　清刻本　一冊　存五卷(六至十)

330000－1710－0011218　普0003601　集部/戲劇類/總集之屬/雜劇
清容外集九種　(清)蔣士銓撰　清乾隆蔣氏紅雪樓刻本　一冊　存一種

330000－1710－0011220　普0003602　集部/戲劇類/總集之屬/雜劇
清容外集九種　(清)蔣士銓撰　清乾隆蔣氏

紅雪樓刻本　二册　存一種

330000－1710－0011221　普0003603　類叢部/叢書類/郡邑之屬
武林掌故叢編一百九十種　(清)丁丙編　清光緒三年至二十六年(1877－1900)錢塘丁氏嘉惠堂刻本([乾道]臨安志卷四至十五、南宋館閣録卷一原缺)　一册　存一種

330000－1710－0011222　普0003604　類叢部/叢書類/彙編之屬
南菁書院叢書四十一種　王先謙　繆荃孫編　清光緒十四年(1888)江陰南菁書院刻本　一册　存一種

330000－1710－0011225　普0003607　類叢部/叢書類/彙編之屬
漸西村舍彙刊(漸西村舍叢刻)四十四種　(清)袁昶輯　清光緒十六年至二十四年(1890－1898)桐廬袁氏刻本　四册　存一種

330000－1710－0011226　普0003608　類叢部/叢書類/彙編之屬
峭帆樓叢書十八種　趙詒琛編　清宣統三年至民國八年(1911－1919)新陽趙氏峭帆樓刻本　二册　存一種

330000－1710－0011230　普0003609　集部/總集類/選集之屬/斷代
唐人萬首絕句選七卷　(清)王士禛輯　清刻本　一册　存三卷(一至三)

330000－1710－0011233　普0003610　類叢部/叢書類/彙編之屬
清風室叢書二十種　(清)錢保塘編　清同治十年至民國二十五年(1871－1936)海寧錢氏清風室刻本　四册　存一種

330000－1710－0011234　普0003611　類叢部/叢書類/彙編之屬
張氏適園叢書七種　張鈞衡編　清宣統三年(1911)上海國學扶輪社鉛印本　一册　存一種

330000－1710－0011235　普0003612　類叢部/叢書類/彙編之屬
津河廣仁堂叢書八十四種　(清)□□編　清光緒津河廣仁堂刻本　一册　存一種

330000－1710－0011237　普0003614　類叢部/叢書類/彙編之屬
稗海四十六種續稗海二十四種　(明)商濬編　明萬曆商氏半埜堂刻本　一册　存一種

330000－1710－0011238　普0003615　子部/雜著類/雜說之屬
居易録三十四卷　(清)王士禛撰　清康熙刻本　一册　存四卷(十八至二十一)

330000－1710－0011240　普0003596　類叢部/叢書類/彙編之屬
讀畫齋叢書四十六種　(清)顧修編　清嘉慶四年至十六年(1799－1811)桐川顧氏刻本　一册　存一種

330000－1710－0011241　普0003617　子部/雜著類/雜說之屬
池北偶談二十六卷　(清)王士禛撰　清康熙文粹堂刻本　三册　存十三卷(十四至二十六)

330000－1710－0011242　普0003597　類叢部/叢書類/彙編之屬
藝苑捃華四十八種　(清)顧之逵編　清同治七年(1868)刻本　一册　存一種

330000－1710－0011243　普0003618　集部/總集類/選集之屬/斷代
唐賢三昧集三卷　(清)王士禛輯　清康熙刻本　一册　存一卷(二)

330000－1710－0011244　普0003598　類叢部/叢書類/彙編之屬
海山仙館叢書五十六種　(清)潘仕成編　清道光二十五年至咸豐元年(1845－1851)番禺潘氏刻光緒十一年(1885)增刻彙印本　五册　存一種

330000－1710－0011245　普0003599　類叢部/叢書類/彙編之屬
知不足齋叢書一百九十六種　(清)鮑廷博編　(清)鮑士恭續編　清乾隆三十七年至道光

三年(1772－1823)長塘鮑氏刻彙印本　四冊　存二種

330000－1710－0011246　普0003619、普0003620、普0003621、普0003622、普0003623、普0003624、普0003626　類叢部/叢書類/彙編之屬

嘯園叢書五十七種　(清)葛元煦編　清光緒二年至七年(1876－1881)仁和葛氏刻本　十冊　存七種

330000－1710－0011248　普0003625　類叢部/叢書類/彙編之屬

嘯園叢書五十七種　(清)葛元煦編　清光緒二年至七年(1876－1881)仁和葛氏刻本　二冊　存一種

330000－1710－0011249　普0003629、普0003630、普0003631、普0003632、普0003633　類叢部/叢書類/自著之屬

隨園三十種　(清)袁枚撰　清刻本　十二冊　存六種

330000－1710－0011251　普0003646　子部/天文曆算類/天文之屬

高厚蒙求九種　(清)徐朝俊撰　清嘉慶雲間徐氏刻本　二冊　存八種

330000－1710－0011253　普0003665　集部/總集類/彙編之屬

漢魏六朝一百三家集(漢魏六朝百三名家集)　(明)張溥編　清光緒三年(1877)滇南唐氏壽考堂刻本　一冊　存一種

330000－1710－0011256　普0003650　類叢部/叢書類/自著之屬

甌北全集八種　(清)趙翼撰　清光緒三年(1877)滇南唐氏刻本　一冊　存一種

330000－1710－0011257　普0003666　史部/地理類/水利之屬

畿輔水利議一卷　(清)林則徐撰　清廣仁堂刻本　一冊

330000－1710－0011258　普0003651　經部/小學類

雷刻八種　(清)雷浚撰　清同治至光緒吳縣雷氏刻本　一冊　存三種

330000－1710－0011259　普0003652　類叢部/叢書類/彙編之屬

津河廣仁堂叢書八十四種　(清)□□編　清光緒津河廣仁堂刻本　一冊　存一種

330000－1710－0011261　普0003627　類叢部/叢書類/彙編之屬

嘯園叢書五十七種　(清)葛元煦編　清光緒二年至七年(1876－1881)仁和葛氏刻本　一冊　存一種

330000－1710－0011262　普0003667　子部/醫家類/類編之屬

當歸草堂醫學叢書初編十種　(清)丁丙編　清光緒四年(1878)當歸草堂刻本　三冊　存二種

330000－1710－0011263　普0003668　子部/醫家類/類編之屬

當歸草堂醫學叢書初編十種　(清)丁丙編　清光緒四年(1878)錢塘丁氏當歸草堂刻本　一冊　存一種

330000－1710－0011264　普0003628　類叢部/叢書類/自著之屬

隨園三十種　(清)袁枚撰　清刻本　一冊　存一種

330000－1710－0011266　普0003655　類叢部/叢書類/彙編之屬

受經堂叢書□□種　張選青輯　清嘉慶漢州張氏刻本　二冊　存一種

330000－1710－0011267　普0003656　類叢部/叢書類/彙編之屬

邵武徐氏叢書二十三種　(清)徐榦編　清光緒邵武徐氏刻本　一冊　存一種

330000－1710－0011268　普0003657　類叢部/叢書類/彙編之屬

邵武徐氏叢書二十三種　(清)徐榦編　清光緒邵武徐氏刻本　一冊　存一種

330000－1710－0011269　普 0003658　類叢部/叢書類/彙編之屬

正誼堂全書六十三種續刻五種　(清)張伯行編　(清)楊浚重編　清同治五年(1866)福州正誼書院刻同治八年至光緒十三年(1869－1887)續刻本　六冊　存一種

330000－1710－0011270　普 0003669、普 0003670　類叢部/叢書類/彙編之屬

廣漢魏叢書八十種　(明)何允中編　清嘉慶刻本　三冊　存二種

330000－1710－0011272　普 0003660　類叢部/叢書類/自著之屬

存齋雜纂□□種　(清)陸心源撰　清光緒吳興陸氏十萬卷樓刻本　一冊　存一種

330000－1710－0011273　普 0003661　類叢部/叢書類/彙編之屬

風雨樓叢書二十三種　鄧實編　清宣統順德鄧氏鉛印本　一冊　存一種

330000－1710－0011274　普 0003671、普 0003672　子部/叢編

二十二子(二十二子彙函)　(清)浙江書局編　清光緒元年至三年(1875－1877)浙江書局刻本　三冊　存二種

330000－1710－0011275　普 0003663　類叢部/叢書類/彙編之屬

榆園叢刻十五種附一種　(清)許增編　清同治至光緒刻本　一冊　存二種

330000－1710－0011276　普 0003662　類叢部/叢書類/彙編之屬

擇是居叢書初集十九種　張鈞衡編　清光緒至民國刻民國十五年(1926)吳興張氏彙印本　二冊　存一種

330000－1710－0011277　普 0003664　類叢部/叢書類/彙編之屬

擇是居叢書初集十九種　張鈞衡編　清光緒至民國刻民國十五年(1926)吳興張氏彙印本　十三冊　存五種

330000－1710－0011278　普 0003673　子部/儒家類/儒學之屬/性理

朱子原訂近思錄集注十四卷考訂朱子世家一卷　(清)江永撰　清同治四年至五年(1865－1866)吳棠望三益齋刻本　六冊　缺一卷(考訂朱子世家)

330000－1710－0011279　普 0003674　類叢部/叢書類/彙編之屬

嘯園叢書五十七種　(清)葛元煦編　清光緒二年至七年(1876－1881)仁和葛氏刻本　二冊　存一種

330000－1710－0011280　普 0003675　集部/總集類/彙編之屬

漢魏六朝一百三家集(漢魏六朝百三名家集)　(明)張溥編　清光緒三年(1877)滇南唐氏壽考堂刻本　一冊　存一種

330000－1710－0011281　普 0003676　集部/别集類/明别集

方正學先生遜志齋集二十四卷拾補一卷外紀一卷校勘記一卷　(明)方孝孺撰　(清)張紹謙纂定　清同治十二年(1873)吳縣孫熹刻本　十六冊

330000－1710－0011282　411/1　史部/紀傳類/正史之屬

二十四史　清光緒三十三年(1907)上海華商集成圖書公司鉛印本　三百八十四冊　缺四十二卷(舊唐書二十至六十一)

330000－1710－0011284　普 0003636　類叢部/叢書類/自著之屬

春在堂全書三十六種　(清)俞樾撰　清同治至光緒刻光緒末彙印本　三冊　存二種

330000－1710－0011285　普 0003638、普 0003637　類叢部/叢書類/彙編之屬

藝海珠塵二百六種　(清)吳省蘭編　清嘉慶南匯吳氏聽彝堂刻本　二冊　存七種

330000－1710－0011286　普 0003639　類叢部/叢書類/郡邑之屬

武林往哲遺箸五十六種後編十種　(清)丁丙編　清光緒三年至二十六年(1877－1900)錢

塘丁氏嘉惠堂刻本([乾道]臨安志卷四至十五、南宋館閣錄卷一原缺) 一册 存二種

330000－1710－0011287 普0003640 類叢部/叢書類/彙編之屬

當歸草堂叢書八種 (清)丁丙編 清同治二年至五年(1863－1866)錢塘丁氏刻本 一册 存一種

330000－1710－0011288 普0003641 類叢部/叢書類/彙編之屬

觀自得齋叢書二十三種別集六種 (清)徐士愷編 清光緒十三年至二十年(1887－1894)石埭徐氏刻本 一册 存一種

330000－1710－0011289 普0003642 類叢部/叢書類/彙編之屬

當歸草堂叢書八種 (清)丁丙編 清同治二年至五年(1863－1866)錢塘丁氏刻本 一册 存一種

330000－1710－0011290 普0003643 類叢部/叢書類/彙編之屬

張氏適園叢書七種 張鈞衡編 清宣統三年(1911)上海國學扶輪社鉛印本 一册 存一種

330000－1710－0011291 普0003644 經部/叢編

古經解彙函十六種附小學彙函十四種 (清)鍾謙鈞等輯 清同治十二年(1873)粵東書局刻本 七册 存(小學彙函一種)

330000－1710－0011294 善0480 集部/總集類/尺牘之屬

信札不分卷 清抄本 三册

330000－1710－0011296 善0511 子部/宗教類/佛教之屬/經

一切如來心經密全息全利寶篋印陁羅尼經不分卷 清抄本 一册

330000－1710－0011297 善0514 子部/宗教類/佛教之屬/經咒

大梵玄真斗科不分卷 清同治四年(1865)刻本 一册

330000－1710－0011298 普0004029 經部/四書類/孟子之屬/傳說

孟子七卷 (宋)朱熹集注 清刻本 一册

330000－1710－0011300 411/8 史部/紀傳類/正史之屬

二十四史附考證 清光緒十四年(1888)上海圖書集成印書局鉛印本 十五册 存一種

330000－1710－0011301 善0513 子部/宗教類/佛教之屬/經咒

修禮決疑淨土懺法不分卷 (宋)懺主大師撰 清光緒二十三年(1897)蘇城瑪瑙經房刻本 一册

330000－1710－0011302 善0485 子部/宗教類/佛教之屬/經咒

修禮決疑淨土懺法不分卷 (宋)懺主大師撰 清光緒二十三年(1897)蘇城瑪瑙經房刻本 一册

330000－1710－0011303 善0486 子部/宗教類/佛教之屬/經咒

修禮決疑淨土懺法不分卷 (宋)懺主大師撰 清光緒二十三年(1897)蘇城瑪瑙經房刻本 一册

330000－1710－0011304 善0487 子部/宗教類/佛教之屬/經咒

修禮決疑淨土懺法不分卷 (宋)懺主大師撰 清光緒二十三年(1897)蘇城瑪瑙經房刻本 一册

330000－1710－0011313 善0493 集部/別集類/明別集

震川先生集三十卷別集十卷附錄一卷補編一卷 (明)歸有光撰 (清)歸莊校勘 (清)錢謙益選定 (清)歸玠編輯 清康熙十年至十四年(1671－1675)常熟歸莊 歸玠等刻本 八册 存三十三卷(一、三至三十,別集二下至五)

330000－1710－0011333 普0003744 子部/藝術類/書畫之屬/法帖

大佛頂如來密因修證了義諸菩薩萬行首楞嚴

經十卷　吳芝瑛書　清光緒三十四年至宣統元年(1908－1909)杭州小萬柳堂影印本　一冊　存五卷(一至五)

330000－1710－0011336　515/67　史部/詔令奏議類/奏議之屬
曾文正公奏疏二卷　(清)曾國藩撰　清同治十二年(1873)金陵書局刻本　一冊

330000－1710－0011415　普0003827　子部/藝術類/書畫之屬/法帖
筠清館法帖六卷　(清)吳榮光輯　清宣統元年(1909)上海文明書局影印本　七冊

330000－1710－0011421　普0003834　子部/藝術類/書畫之屬/法帖
涿拓米元章行書帖一卷　(宋)米芾書　清光緒三十三年(1907)上海國學叢書社影印拓本　一冊

330000－1710－0011484　普0003858　子部/藝術類/書畫之屬/法帖
停雲館叢帖十二卷　(明)文徵明撰　清拓本　一冊　存一卷(二)

330000－1710－0011487　普0003861　子部/藝術類/書畫之屬/法帖
唐孫過庭草書書譜一卷　(唐)孫過庭撰　清拓本　一冊

330000－1710－0011510　子/佛家/1021　子部/宗教類/佛教之屬/大藏
徑山藏　明萬曆十七年(1589)至清嘉慶五臺、嘉興、徑山等地刻本　一冊　存一種

330000－1710－0011511　子/佛家/1020　子部/宗教類/佛教之屬/大藏
徑山藏　明萬曆十七年(1589)至清嘉慶五臺、嘉興、徑山等地刻本　一冊　存一種

330000－1710－0011512　子/佛家/1019　子部/宗教類/佛教之屬/大藏
徑山藏　明萬曆十七年(1589)至清嘉慶五臺、嘉興、徑山等地刻本　一冊　存一種

330000－1710－0011513　子/佛家/1018　子部/宗教類/佛教之屬/大藏
徑山藏　明萬曆十七年(1589)至清嘉慶五臺、嘉興、徑山等地刻本　一冊　存三種

330000－1710－0011514　子/佛家/1017　子部/宗教類/佛教之屬/大藏
徑山藏　明萬曆十七年(1589)至清嘉慶五臺、嘉興、徑山等地刻本　一冊　存一種

330000－1710－0011515　子/佛家/1042　子部/宗教類/佛教之屬/大藏
徑山藏　明萬曆十七年(1589)至清嘉慶五臺、嘉興、徑山等地刻本　一冊　存一種

330000－1710－0011516　子/佛家/1022　子部/宗教類/佛教之屬/大藏
徑山藏　明萬曆十七年(1589)至清嘉慶五臺、嘉興、徑山等地刻本　十三冊　存二種

330000－1710－0011517　子/佛家/1041　子部/宗教類/佛教之屬/大藏
徑山藏　明萬曆十七年(1589)至清嘉慶五臺、嘉興、徑山等地刻本　一冊　存一種

330000－1710－0011518　子/佛家/1043　子部/宗教類/佛教之屬
列祖提綱錄四十二卷首一卷　(清)釋行悅輯　清刻本　清釋覺樂題記　十冊

330000－1710－0011519　子/佛家/1044　子部/宗教類/佛教之屬/大藏
徑山藏　明萬曆十七年(1589)至清嘉慶五臺、嘉興、徑山等地刻本　一冊　存三種

330000－1710－0011520　子/佛家/1045　子部/宗教類/佛教之屬/大藏
徑山藏　明萬曆十七年(1589)至清嘉慶五臺、嘉興、徑山等地刻本　一冊　存四種

330000－1710－0011521　子/佛家/1046　子部/宗教類/佛教之屬/大藏
徑山藏　明萬曆十七年(1589)至清嘉慶五臺、嘉興、徑山等地刻本　一冊　存一種

330000－1710－0011522　子/佛家/1047　子部/宗教類/佛教之屬/大藏

徑山藏　明萬曆十七年(1589)至清嘉慶五臺、嘉興、徑山等地刻本　一冊　存二種

330000－1710－0011523　子/佛家/1048　子部/宗教類/佛教之屬/大藏
徑山藏　明萬曆十七年(1589)至清嘉慶五臺、嘉興、徑山等地刻本　一冊　存一種

330000－1710－0011524　子/佛家/1040　子部/宗教類/佛教之屬/大藏
徑山藏　明萬曆十七年(1589)至清嘉慶五臺、嘉興、徑山等地刻本　二冊　存一種

330000－1710－0011525　子/佛家/1049　子部/宗教類/佛教之屬/大藏
徑山藏　明萬曆十七年(1589)至清嘉慶五臺、嘉興、徑山等地刻本　二冊　存一種

330000－1710－0011526　子/佛家/1050　子部/宗教類/佛教之屬/大藏
徑山藏　明萬曆十七年(1589)至清嘉慶五臺、嘉興、徑山等地刻本　一冊　存一種

330000－1710－0011527　子/佛家/1051　子部/宗教類/佛教之屬/大藏
徑山藏　明萬曆十七年(1589)至清嘉慶五臺、嘉興、徑山等地刻本　二冊　存一種

330000－1710－0011528　子/佛家/1052　子部/宗教類/佛教之屬/大藏
徑山藏　明萬曆十七年(1589)至清嘉慶五臺、嘉興、徑山等地刻本　一冊　存一種

330000－1710－0011529　子/佛家/1053　子部/宗教類/佛教之屬/大藏
徑山藏　明萬曆十七年(1589)至清嘉慶五臺、嘉興、徑山等地刻本　一冊　存一種

330000－1710－0011530　子/佛家/1023　子部/宗教類/佛教之屬/大藏
徑山藏　明萬曆十七年(1589)至清嘉慶五臺、嘉興、徑山等地刻本　四冊　存一種

330000－1710－0011531　子/佛家/1054　子部/宗教類/佛教之屬/大藏
徑山藏　明萬曆十七年(1589)至清嘉慶五臺、嘉興、徑山等地刻本　十三冊　存一種

330000－1710－0011532　子/佛家/1024　子部/宗教類/佛教之屬/大藏
徑山藏　明萬曆十七年(1589)至清嘉慶五臺、嘉興、徑山等地刻本　一冊　存一種

330000－1710－0011533　子/佛家/1025　子部/宗教類/佛教之屬/大藏
徑山藏　明萬曆十七年(1589)至清嘉慶五臺、嘉興、徑山等地刻本　一冊　存三種

330000－1710－0011534　子/佛家/1026　子部/宗教類/佛教之屬/諸宗
禪林重刻寶訓筆說三卷　(清)釋智祥撰　清同治八年(1869)刻本　三冊

330000－1710－0011535　子/佛家/1027　子部/宗教類/佛教之屬/諸宗
淨土津梁十三種　(清)釋了慰輯　清乾隆四十九年至五十年(1784－1785)京都衍法寺刻本　九冊

330000－1710－0011536　子/佛家/1028　子部/宗教類/佛教之屬/經咒
千手眼大悲心咒行法一卷　(宋)釋知禮輯
禮法華經儀式一卷　往生淨土決疑行願二門一卷　(宋)釋遵式撰　清華山律堂刻本　一冊

330000－1710－0011537　子/佛家/1068　子部/宗教類/佛教之屬/大藏
徑山藏　明萬曆十七年(1589)至清嘉慶五臺、嘉興、徑山等地刻本　二冊　存一種

330000－1710－0011538　子/佛家/1029　子部/宗教類/佛教之屬
高峯語錄佛事要畧二卷博山大師宗說等錫一卷　(清)蔡善道集　清初刻本　一冊

330000－1710－0011539　子/佛家/1055　子部/宗教類/佛教之屬/經疏
仁王護國般若波羅密多經科疏五卷附科文一卷懸譚一卷　(清)釋不空譯　(明)釋真貴述　明崇禎刻本　六冊

330000－1710－0011540　子/佛家/1067　子部/宗教類/佛教之屬/大藏

徑山藏　明萬曆十七年(1589)至清嘉慶五臺、嘉興、徑山等地刻本　六册　存一種

330000－1710－0011541　子/佛家/1036　子部/宗教類/佛教之屬/大藏

徑山藏　明萬曆十七年(1589)至清嘉慶五臺、嘉興、徑山等地刻本　二册　存一種

330000－1710－0011542　子/佛家/1056　子部/宗教類/佛教之屬/律

毘尼日用切要香乳記二卷　(清)釋書玉箋記　清乾隆二十四年(1759)刻本　二册

330000－1710－0011543　子/佛家/1037　子部/宗教類/佛教之屬/大藏

徑山藏　明萬曆十七年(1589)至清嘉慶五臺、嘉興、徑山等地刻本　一册　存一種

330000－1710－0011544　子/佛家/1038　子部/宗教類/佛教之屬/大藏

徑山藏　明萬曆十七年(1589)至清嘉慶五臺、嘉興、徑山等地刻本　一册　存一種

330000－1710－0011545　子/佛家/1057－2　子部/宗教類/佛教之屬/諸宗

指月錄二卷　(明)瞿汝稷輯　明崇禎四年(1631)刻本　一册　存一卷(下)

330000－1710－0011546　子/佛家/1039　子部/宗教類/佛教之屬/大藏

徑山藏　明萬曆十七年(1589)至清嘉慶五臺、嘉興、徑山等地刻本　一册　存一種

330000－1710－0011547　子/佛家/1059　子部/宗教類/佛教之屬/總録

雨青禪師住天台通玄智真禪院語錄一卷　(清)釋自謨等錄　**雨青禪師源流頌一卷**　(清)釋自慧錄　清中期刻本　一册

330000－1710－0011548　子/佛家/1055－2　子部/宗教類/佛教之屬/大藏

徑山藏　明萬曆十七年(1589)至清嘉慶五臺、嘉興、徑山等地刻本　一册　存一種

330000－1710－0011549　子/佛家/1057　子部/宗教類/佛教之屬/大藏

徑山藏　明萬曆十七年(1589)至清嘉慶五臺、嘉興、徑山等地刻本　一册　存一種

330000－1710－0011550　子/佛家/1058　子部/宗教類/佛教之屬/大藏

徑山藏　明萬曆十七年(1589)至清嘉慶五臺、嘉興、徑山等地刻本　一册　存一種

330000－1710－0011551　子/佛家/1061　子部/宗教類/佛教之屬/大藏

徑山藏　明萬曆十七年(1589)至清嘉慶五臺、嘉興、徑山等地刻本　一册　存一種

330000－1710－0011552　子/佛家/1062　子部/宗教類/佛教之屬/大藏

徑山藏　明萬曆十七年(1589)至清嘉慶五臺、嘉興、徑山等地刻本　一册　存一種

330000－1710－0011553　子/佛家/1063　子部/宗教類/佛教之屬/大藏

徑山藏　明萬曆十七年(1589)至清嘉慶五臺、嘉興、徑山等地刻本　二册　存一種

330000－1710－0011554　子/佛家/1064　子部/宗教類/佛教之屬/大藏

徑山藏　明萬曆十七年(1589)至清嘉慶五臺、嘉興、徑山等地刻本　一册　存一種

330000－1710－0011555　子/佛家/1065　子部/宗教類/佛教之屬/大藏

徑山藏　明萬曆十七年(1589)至清嘉慶五臺、嘉興、徑山等地刻本　一册　存九種

330000－1710－0011556　子/佛家/1066　子部/宗教類/佛教之屬/大藏

徑山藏　明萬曆十七年(1589)至清嘉慶五臺、嘉興、徑山等地刻本　一册　存二種

330000－1710－0011557　子/佛家/1069　子部/宗教類/佛教之屬/大藏

徑山藏　明萬曆十七年(1589)至清嘉慶五臺、嘉興、徑山等地刻本　一册　存一種

330000－1710－0011558　子/佛家/1070　子

部/宗教類/佛教之屬/大藏

徑山藏　明萬曆十七年(1589)至清嘉慶五臺、嘉興、徑山等地刻本　二冊　存一種

330000－1710－0011559　子/佛家/1071　子部/宗教類/佛教之屬/大藏

徑山藏　明萬曆十七年(1589)至清嘉慶五臺、嘉興、徑山等地刻本　一冊　存一種

330000－1710－0011560　子/佛家/1072　子部/宗教類/佛教之屬/大藏

徑山藏　明萬曆十七年(1589)至清嘉慶五臺、嘉興、徑山等地刻本　一冊　存一種

330000－1710－0011561　子/佛家/1073　子部/宗教類/佛教之屬/大藏

徑山藏　明萬曆十七年(1589)至清嘉慶五臺、嘉興、徑山等地刻本　一冊　存一種

330000－1710－0011562　子/佛家/1074　子部/宗教類/佛教之屬/大藏

徑山藏　明萬曆十七年(1589)至清嘉慶五臺、嘉興、徑山等地刻本　一冊　存一種

330000－1710－0011563　子/佛家/1075　子部/宗教類/佛教之屬/大藏

徑山藏　明萬曆十七年(1589)至清嘉慶五臺、嘉興、徑山等地刻本　二冊　存一種

330000－1710－0011564　子/佛家/1060　子部/宗教類/佛教之屬/律

傳戒正範四卷　(清)釋讀體撰　清順治十七年(1660)刻本　一冊　存一卷(一)

330000－1710－0011565　子/佛家/1030　子部/宗教類/佛教之屬

宗鑑語要二卷　(清)釋性音說　(清)釋如綍輯　清中期刻本　一冊

330000－1710－0011566　子/佛家/1073　子部/宗教類/佛教之屬/律

毘尼日用切要香乳記二卷　(清)釋書玉箋記　清康熙四十五年(1706)刻本　一冊

330000－1710－0011567　子/佛家/1077　子部/宗教類/佛教之屬/律

歸戒要集三卷　(清)釋弘贊輯　清康熙三十六年(1697)心安律院刻本　一冊

330000－1710－0011568　子/佛家/1078　子部/宗教類/佛教之屬

憨山老人年譜自敘實錄二卷附曹溪中興憨山肉祖後事因緣一卷附東遊集法語三則一卷　(明)釋德清撰　(明)釋福善記　(清)釋福徵注　清光緒十七年(1891)刻本　二冊

330000－1710－0011569　子/佛家/1079　子部/宗教類/佛教之屬/大藏

徑山藏　明萬曆十七年(1589)至清嘉慶五臺、嘉興、徑山等地刻本　二冊　存一種

330000－1710－0011570　子/佛家/1080　子部/宗教類/佛教之屬/總録

袁州仰山煦杲照禪師行述一卷　(清)李鶴鳴撰　明刻本　一冊

330000－1710－0011571　子/佛家/1081　子部/宗教類/佛教之屬/大藏

徑山藏　明萬曆十七年(1589)至清嘉慶五臺、嘉興、徑山等地刻本　一冊　存一種

330000－1710－0011572　子/佛家/1076　子部/宗教類/佛教之屬/大藏

徑山藏　明萬曆十七年(1589)至清嘉慶五臺、嘉興、徑山等地刻本　一冊　存一種

330000－1710－0011573　子/佛家/1082　子部/宗教類/佛教之屬/經疏

佛說觀無量壽佛經直指疏二卷　(清)釋續法輯　清康熙二十二年(1683)刻本　一冊

330000－1710－0011574　子/佛家/1083　子部/宗教類/佛教之屬/經疏

法華指掌疏七卷懸示一卷科判一卷事義一卷　(清)釋通理撰　清康熙刻本　二冊　存一卷(一)

330000－1710－0011575　子/佛家/1084　子部/宗教類/佛教之屬/總録

大藏妙珍集八卷　(清)釋心興集錄　清嘉慶二十一年(1816)刻本　八冊

330000－1710－0011576　子/佛家/1086　子部/雜著類/雜編之屬

初學辨體不分卷　(清)徐與喬輯評　清康熙刻本　一册

330000－1710－0011577　子/佛家/1087　子部/宗教類/佛教之屬/論疏

楞嚴正脈事義十卷懸示事義一卷　清康熙五十年(1711)刻本　一册

330000－1710－0011582　捐0801　史部/史評類/史論之屬

歷代史論十二卷宋史論三卷元史論一卷歷代史論正編四卷　(明)張溥撰　**左傳史論二卷**　(清)高士奇撰　**明史論四卷**　(清)谷應泰撰　清光緒二十四年(1898)煥文書局石印本　七册　缺五卷(歷代史論一至五)

330000－1710－0011583　子/佛家/1088　子部/宗教類/佛教之屬/大藏

徑山藏　明萬曆十七年(1589)至清嘉慶五臺、嘉興、徑山等地刻本　五册　存一種

330000－1710－0011585　子/佛家/1089　子部/宗教類/佛教之屬/諸宗

禪林寶訓筆說三卷　(清)釋智祥撰　清乾隆十五年(1750)北京潭柘寺刻本　三册

330000－1710－0011587　捐0407　子部/醫家類/類編之屬

張氏醫書七種　(清)張璐等撰　清光緒三十三年(1907)上海書局石印本　二册　存一種

330000－1710－0011588　捐0802　集部/總集類/課藝之屬

格致課藝彙編十三卷　(清)王韜編　清光緒二十三年(1897)上海書局石印本　十三册

330000－1710－0011589　捐0408　子部/醫家類/類編之屬

薛氏醫案二十四種　(明)吳琯編　清末至民國初上海朱氏煥文書局石印本　二十四册

330000－1710－0011590　捐0804　史部/政書類/通制之屬

文獻通考二十四卷首一卷　(元)馬端臨撰　清光緒二十年(1894)上海點石齋石印本　二十册

330000－1710－0011591　捐0409　子部/醫家類/溫病之屬/瘟疫

鼠疫抉微四卷　(清)余德壎輯　清宣統二年(1910)滬瀆素盦鉛印本　一册

330000－1710－0011594　捐0803　經部/群經總義類/文字音義之屬

經籍籑詁五卷首一卷　(清)阮元撰　清光緒九年(1883)上海點石齋石印本　五册

330000－1710－0011597　捐0414　子部/醫家類/方書之屬/成方藥目

胡慶餘堂丸散膏丹全集十四卷續增一卷　(清)胡光墉編　清光緒三年(1877)杭州胡慶餘堂刻本　一册

330000－1710－0011598　捐0415　子部/兵家類/武術技巧之屬

射書四卷首一卷　(明)顧煜撰　清光緒十四年(1888)貽經書屋刻本　四册

330000－1710－0011599　捐0416　子部/醫家類/類編之屬

中西匯通醫書五種　唐宗海撰　清光緒三十四年(1908)上海千頃堂書局石印本　四册　存一種

330000－1710－0011600　捐0417　子部/醫家類/類編之屬

中西匯通醫書五種　唐宗海撰　清光緒三十四年(1908)上海千頃堂書局石印本　二册　存一種

330000－1710－0011601　捐0418　子部/醫家類/類編之屬

中西匯通醫書五種　唐宗海撰　清光緒三十三年(1907)上海千頃堂書局石印本　一册　存一種

330000－1710－0011602　捐0419　子部/醫家類/類編之屬

中西匯通醫書五種　唐宗海撰　清光緒三十三年(1907)上海千頃堂書局石印本　三册

存一種

330000－1710－0011603　捐0420　子部/醫家類/類編之屬

中西匯通醫書五種　唐宗海撰　清光緒三十三年(1907)上海千頃堂書局石印本　二冊　存一種

330000－1710－0011604　捐0805　史部/編年類/通代之屬

分類歷代通鑑輯覽六十四卷　(清)陳善纂　清光緒二十九年(1903)點石齋書局石印本　七冊　存十四卷(一至三、五十三至五十四、五十六至六十四)

330000－1710－0011610　捐0809　集部/別集類/清別集

曠觀樓詩存八卷題詞一卷　(清)朱霖撰　清光緒六年(1880)刻十六年(1890)補刻本　二冊　缺四卷(一至四)

330000－1710－0011612　捐0812　史部/政書類/通制之屬

五洲各國政治考十四卷　錢恂輯　清光緒二十七年(1901)石印本　三冊　存九卷(一至二、五至十一)

330000－1710－0011613　捐0811　新學/史志/別國史

支那通史七卷　(日本)那珂通世編　清石印本　一冊　存一卷(三)

330000－1710－0011616　捐0425　子部/醫家類/本草之屬/神農本草經

本草三家合註三卷　(清)郭汝驄撰　**神農本草經百種錄一卷**　(清)徐大椿撰　清光緒三十四年(1908)上海理文軒書莊石印本　一冊

330000－1710－0011619　捐0813　集部/總集類/選集之屬/通代

續古文辭類纂二十八卷　(清)黎庶昌輯　清光緒十五年(1889)上海商務印書館鉛印本　九冊

330000－1710－0011620　捐0428　子部/醫家類/方書之屬/單方驗方

醫方湯頭歌訣一卷經絡歌訣一卷　(清)汪昂撰　清光緒二十三年(1897)鴻潤書林刻本　一冊

330000－1710－0011622　捐0430　子部/醫家類/方書之屬/單方驗方

戒煙善後策一卷　(清)張和棻輯　清光緒三十三年(1907)張存存石印本　一冊

330000－1710－0011626　捐0434　子部/醫家類/傷寒金匱之屬/傷寒論

劉河間傷寒三書二十卷　(金)劉完素撰　清宣統元年(1909)上海千頃堂石印本　八冊

330000－1710－0011627　捐0814　史部/地理類/外紀之屬

海國圖志一百卷首一卷　(清)魏源撰　**續集二十五卷卷首一卷**　(英國)麥高爾撰　(美國)林樂知　(清)瞿昂來譯　清光緒二十一年(1895)上海書局石印本　十五冊　缺三卷(一至三)

330000－1710－0011628　捐0815　史部/政書類/通制之屬

皇朝通志輯要三十二卷續集二十八卷　(清)蔣麟振輯　清末上海編譯局石印本　十一冊　缺四卷(皇朝通志輯要一至四)

330000－1710－0011629　捐0816　史部/政書類

三通典輯要七十六卷　(清)蔣麟振輯　清末上海編譯局石印本　十三冊　存四十八卷(續通典輯要五至二十六、皇朝通典輯要一至二十六)

330000－1710－0011630　捐0817　史部/政書類/通制之屬

欽定大清會典一百卷　(清)崑岡等撰　清石印本　一冊　存十一卷(三十二至四十二)

330000－1710－0011632　捐0819　集部/別集類/清別集

蠡城吟草四卷　傅崇黻撰　清宣統元年(1909)鉛印本　一冊

330000－1710－0011633　捐0820　集部/別

集類/清別集
蠡城吟草四卷 傅崇黻撰 清宣統元年(1909)鉛印本 一册

330000－1710－0011635 捐0822 經部/書類/分篇之屬
禹貢因一卷 (清)沈練撰 清光緒十八年(1892)溧陽沈氏歸安縣署刻本 一册

330000－1710－0011637 捐0436 子部/醫家類/綜合之屬/通論
醫說十卷 (宋)張杲撰 **續醫說十卷** (明)俞弁撰 清宣統三年(1911)上海文明書局鉛印本 六册

330000－1710－0011638 捐0823 經部/小學類/文字之屬/字書/字體
漢隸分韻七卷 (元)□□撰 清刻本 一册 存三卷(五至七)

330000－1710－0011640 捐0824 史部/地理類/雜志之屬
浙江沿海圖說一卷附海島表一卷 (清)朱正元撰 清光緒二十五年(1899)上海鉛印本 一册

330000－1710－0011641 捐0825 經部/小學類/文字之屬/字書/訓蒙
澄衷蒙學堂字課圖說四卷檢字一卷類字一卷 (清)劉樹屏撰 (清)吳子城繪圖 清光緒三十年(1904)澄衷蒙學堂印書處石印本 八册

330000－1710－0011642 捐0601 經部/四書類/總義之屬/傳說
四書典林三十卷四書古人典林十二卷 (清)江永輯 清寧波汲綆齋刻本 四册 存十二卷(古人典林一至十二)

330000－1710－0011643 捐0602 經部/四書類/總義之屬/傳說
四書典林三十卷四書古人典林十二卷 (清)江永輯 清寧波汲綆齋刻本 十二册 缺十二卷(古人典林一至十二)

330000－1710－0011644 捐0603 史部/目録類/總録之屬/官修
欽定四庫全書簡明目錄二十卷首一卷 (清)紀昀等撰 清同治七年(1868)廣東書局刻本 十二册

330000－1710－0011646 捐0604 子部/小說家類/異聞之屬
山海經廣注十八卷讀山海經語一卷山海經雜述一卷圖五卷 (清)吳任臣撰 清乾隆五十一年(1786)金閶書業堂刻本 五册 缺五卷(圖一至五)

330000－1710－0011647 捐0902 新學/格致總
時務通考三十一卷首一卷 (清)王奇英等編 清光緒二十三年(1897)點石齋石印本 二十一册 存二十八卷(一至二十二、二十四至二十八、三十一)

330000－1710－0011648 捐0605 子部/小說家類/異聞之屬
山海經廣注十八卷讀山海經語一卷山海經雜述一卷圖五卷 (清)吳任臣撰 清乾隆五十一年(1786)金閶書業堂刻本 一册 存五卷(圖一至五)

330000－1710－0011649 捐0903 子部/兵家類/兵法之屬
揭子宣先生兵法百言三卷 (清)揭暄撰 清光緒三十四年(1908)鉛印本 一册

330000－1710－0011650 捐0606 經部/易類/傳說之屬
周易本義正解二十二卷首一卷 (清)丁鼎時 (清)吳瑞麟輯 清賜書堂刻本 九册 存十一卷(一至十一)

330000－1710－0011651 捐0607 經部/春秋左傳類/傳說之屬
左傳事緯十二卷左傳字釋一卷 (清)馬驌撰 清乾隆四十九年(1784)仁和黃暹懷澄堂刻本 十册

330000－1710－0011652 捐0904 新學/格致總

時務通考續編三十一卷 （清）王奇英等編 清光緒二十七年(1901)上海點石齋石印本 十二冊 缺五卷(一至五)

330000－1710－0011653 卷0905 新學/報章

壬寅新民叢報全編二十五卷 （清）梁啟超編 清光緒二十九年(1903)石印本 六冊 存十卷(一、三至五、八、十五、十八至二十、二十五)

330000－1710－0011654 捐0906 經部/群經總義類/傳說之屬

皇朝五經彙解二百七十卷 （清）朱鏡清輯 清光緒十四年(1888)上海鴻文書局石印本 三十二冊

330000－1710－0011655 捐0608 子部/雜著類/雜說之屬

淮南鴻烈解二十一卷 （漢）劉安撰 （漢）高誘注 （清）黃錫禧校勘 清初黃錫禧刻本 六冊

330000－1710－0011656 捐0609 子部/小說家類/異聞之屬

拾遺記十卷 （晉）王嘉撰 （南朝梁）蕭綺錄 清刻本 一冊

330000－1710－0011657 捐0610 子部/道家類

莊子因六卷 （清）林雲銘撰 清康熙二十七年(1688)刻本 一冊 存一卷(六)

330000－1710－0011658 捐0611 經部/春秋左傳類/傳說之屬

左繡三十卷首一卷 （清）馮李驊 （清）陸浩評輯 **春秋經傳集解三十卷** （晉）杜預原本 （唐）陸德明音釋 （宋）林堯叟附註 （清）馮李驊增訂 清刻本 一冊 存十二卷(左繡二十三至三十四)

330000－1710－0011659 捐0612 子部/小說家類/雜事之屬

世說新語補二十卷附釋名一卷 （南朝宋）劉義慶撰 （南朝梁）劉孝標注 （明）何良俊增補 （明）王世貞定 （明）王世懋批釋 （明）張文柱校注 清乾隆二十七年(1762)黃汝琳茂清書屋刻本 一冊 存三卷(十八至二十)

330000－1710－0011660 捐0613 類叢部/叢書類/彙編之屬

增訂漢魏叢書八十六種 （清）王謨編 清光緒二十年(1894)湖南藝文書局刻本 一冊 存一種

330000－1710－0011661 捐0614 經部/小學類/音韻之屬/古今韻說

六書音均表五卷 （清）段玉裁撰 清乾隆四十一年(1776)富順官廨刻本 一冊

330000－1710－0011662 捐0615 經部/小學類/文字之屬/說文

說文解字注十五卷附六書音韻表五卷 （清）段玉裁撰 **說文部目分韻一卷** （清）陳煥編 清刻本 八冊 存五卷(八、十至十三)

330000－1710－0011663 捐0616 經部/周禮類/傳說之屬

周官心解二十八卷 （清）蔣載康撰 清嘉慶十一年(1806)經饋堂刻本 六冊

330000－1710－0011664 捐0617 經部/四書類/論語之屬/專著

鄉黨圖考十卷 （清）江永撰 清刻本 三冊 存八卷(三至十)

330000－1710－0011665 捐0618 子部/雜著類/雜考之屬

經義聯珠二十卷 （清）郭櫄撰 清嘉慶十九年(1814)刻本 九冊 缺二卷(十九至二十)

330000－1710－0011667 捐0701 經部/群經總義類/傳說之屬

經傳繹義五十卷 （清）陳焯撰 清嘉慶九年(1804)校字齋刻本 七冊 存十二卷(十八至二十九)

330000－1710－0011668 捐0702 類叢部/叢書類/彙編之屬

祕書廿一種 （清）汪士漢編 清康熙七年

(1668)新安汪氏據明刻古今逸史板重編印本　二冊　存一種

330000－1710－0011669　捐0703　類叢部/叢書類/彙編之屬
增訂漢魏叢書八十六種　(清)王謨編　清乾隆五十六年(1791)金谿王氏刻本　九冊　存八種

330000－1710－0011670　捐0704　類叢部/類書類/通類之屬
省軒考古類編十二卷　(清)柴紹炳撰　(清)姚廷謙評　清雍正四年(1726)澹成堂雲間刻本　四冊

330000－1710－0011671　捐0705　子部/雜著類/雜說之屬
牧菴雜紀六卷　(清)徐一麟撰　清同治七年(1868)居易山房刻本　四冊

330000－1710－0011673　捐0707　史部/地理類/雜志之屬
朝市叢載八卷　(清)楊靜亭原編　(清)李虹若重編　清光緒十七年(1891)京都榮祿堂刻本　二冊　存二卷(四、六)

330000－1710－0011674　捐0708　類叢部/類書類/通類之屬
類腋五十五卷　(清)姚培謙　(清)張卿雲輯　清刻本　六冊　存九卷(地部一、三至六、八至十一)

330000－1710－0011675　捐0709　經部/四書類/總義之屬/傳說
四書人物類典串珠四十卷　(清)臧志仁輯　清嘉慶六年(1801)刻本　九冊　存三十七卷(一至二、六至四十)

330000－1710－0011676　捐0710　經部/四書類/總義之屬/傳說
四書疏註撮言大全三十七卷　(清)胡斐才輯　清刻本　十九冊　缺二卷(三至四)

330000－1710－0011683　捐0620　子部/醫家類/本草之屬/歷代綜合本草
本經逢原四卷　(清)張璐撰　清光緒三十三年(1907)上海書局石印本　三冊　存三卷(二至四)

330000－1710－0011684　捐0309　子部/醫家類/針灸之屬/針法灸法
灸法集驗一卷　(清)姚襄撰　清宣統元年(1909)杭州中合印書公司鉛印本　一冊

330000－1710－0011685　捐0310　子部/醫家類/針灸之屬/針法灸法
灸法集驗一卷　(清)姚襄撰　清宣統元年(1909)杭州中合印書公司鉛印本　一冊

330000－1710－0011686　捐0311　子部/醫家類/醫話醫論之屬
治急改良易簡錄一卷　(清)宓蓮君撰　清光緒二十八年(1902)鉛印本　一冊

330000－1710－0011696　捐0711　經部/叢編
重刊宋本十三經注疏七十五卷附十三經注疏校勘記七十五卷　(清)阮元撰　(清)盧宣旬摘錄　**校勘記識語四卷**　(清)汪文臺撰　清光緒十三年(1887)上海點石齋石印本　十三冊　存八種

330000－1710－0011701　捐0325　子部/醫家類/類編之屬
張氏醫書七種　(清)張璐等撰　清光緒三十三年(1907)上海書局石印本　十冊　存一種

330000－1710－0011703　捐0101　子部/醫家類/醫經之屬/内經
類經三十二卷　(明)張介賓類注　**類經圖翼十一卷附翼四卷**　(明)張介賓撰　明天啓四年(1624)會稽張介賓刻本　三十二冊

330000－1710－0011704　捐0102　子部/醫家類/診法之屬/脈經脈訣
脉經十卷　題(晉)王叔和撰　清日本刻本　五冊

330000－1710－0011707　捐0105　子部/醫家類/溫病之屬
溫熱暑疫全書四卷　(清)周揚俊輯　清刻本　四冊

330000－1710－0011708　捐 0106　子部/醫家類/本草之屬/歷代綜合本草
本草原始十二卷　(明)李中立撰　清雍正翠筠山房刻本　六册

330000－1710－0011709　捐 0107　子部/醫家類/傷寒金匱之屬/金匱要略
金匱要畧方論本義二十二卷　(清)魏荔彤撰　清乾隆金閶綠蔭堂刻本　八册

330000－1710－0011710　捐 0108　子部/醫家類/醫經之屬/内經
類經三十二卷　(明)張介賓類注　**類經圖翼十一卷附翼四卷**　(明)張介賓撰　清刻本　四册　存四卷(附翼一至四)

330000－1710－0011712　捐 0328　子部/醫家類/類編之屬
徐靈胎醫學全書　(清)徐大椿撰　清光緒三十三年(1907)上海六藝書局石印本　六册

330000－1710－0011715　捐 0201　子部/醫家類/醫經之屬/内經
醫經原旨六卷　(清)薛雪撰　清乾隆十九年(1754)薛氏掃葉莊刻本　六册

330000－1710－0011716　捐 0202　子部/醫家類/醫理之屬/綜合
中藏經八卷附華佗内照法一卷　(漢)華佗撰　清光緒六年(1880)上虞徐氏蘭蘭山房刻本　二册

330000－1710－0011717　捐 0203　子部/叢編
二十二子(二十二子彙函)　(清)浙江書局編　清光緒元年至三年(1875－1877)浙江書局刻本　二册　存一種

330000－1710－0011718　捐 0204　子部/醫家類/醫經之屬/内經
類經三十二卷　(明)張介賓類注　**類經圖翼十一卷附翼四卷**　(明)張介賓撰　清刻本　十二册　存十一卷(圖翼一至十一)

330000－1710－0011719　捐 0205　子部/醫家類/醫經之屬/内經
黄帝内經素問九卷　(清)高世栻注　清光緒十三年(1887)浙江書局刻本　八册

330000－1710－0011720　捐 0206　子部/醫家類/兒科之屬/通論
幼科鍼鏡六卷　(清)夏鼎撰　清道光十年(1830)緑蔭堂刻本　二册

330000－1710－0011721　捐 0207　子部/醫家類/方書之屬/歷代方書
醫方集解三卷　(清)汪昂撰　清康熙二十一年(1682)還讀齋刻本　二册

330000－1710－0011722　捐 0208　子部/醫家類/傷寒金匱之屬/傷寒論
陶節菴傷寒全生集四卷　(明)陶華撰　清乾隆刻本　十册

330000－1710－0011723　捐 0209　子部/醫家類/方書之屬/單方驗方
葛仙翁肘後備急方八卷　(晉)葛洪撰　(南朝梁)陶弘景增補　清光緒十一年(1885)湖州王文光齋刻本　八册

330000－1710－0011724　捐 0210　子部/醫家類/類編之屬
婦嬰至寶三種六卷　(清)徐尚慧編　清同治五年(1866)刻本　一册

330000－1710－0011725　捐 0211　子部/醫家類/類編之屬
婦嬰至寶三種六卷　(清)徐尚慧編　清同治五年(1866)刻本　一册

330000－1710－0011726　捐 0212　子部/醫家類/類編之屬
婦嬰至寶三種六卷　(清)徐尚慧編　清同治五年(1866)刻本　一册

330000－1710－0011727　捐 0213　子部/醫家類/婦科之屬/產科
胎產秘書三卷附保嬰要訣一卷經驗各方一卷　(清)錢□□撰　清刻本　一册　缺二卷(一至二)

330000－1710－0011728　捐 0501　集部/別

集類/唐五代別集

杜詩詳註二十五卷首一卷附編二卷　(唐)杜甫撰　(清)仇兆鰲輯註　清康熙三十二年(1693)刻本　十七冊　存十六卷(一至八、十一至十八)

330000－1710－0011729　捐0502　類叢部/類書類/專類之屬

子史精華一百六十卷　(清)吳士玉　(清)吳襄等輯　清刻本　三十一冊　存一百十九卷(十五至十九、三十八至四十、四十五至四十八、五十四至一百六十)

330000－1710－0011730　捐0503　集部/別集類/清別集

有正味齋駢體文二十四卷續集八卷詩集十六卷續集八卷詞集八卷續集二卷外集五卷續集二卷　(清)吳錫麒撰　清嘉慶十三年(1808)刻本　十六冊

330000－1710－0011731　捐0504　集部/總集類/彙編之屬

七種古文選　(清)儲欣選評　清尺木堂刻本　十六冊　存六種

330000－1710－0011732　捐0505　史部/政書類/邦計之屬

兩浙宦游紀畧四種　(清)戴槃撰　清同治七年(1868)刻本　一冊　存一種

330000－1710－0011733　捐0506　史部/雜史類/斷代之屬

越絕書十五卷　(漢)袁康撰　清刻本　一冊　存十二卷(四至十五)

330000－1710－0011734　捐0507　類叢部/叢書類/自著之屬

隨園三十種　(清)袁枚撰　清乾隆至嘉慶刻本　二十八冊　存三種

330000－1710－0011735　捐0508　集部/別集類/清別集

曝書亭集箋注二十三卷　(清)朱彝尊撰　(清)孫銀槎輯注　清嘉慶五年(1800)三有堂刻九年(1804)補刻本　八冊

330000－1710－0011738　捐0214　子部/醫家類/綜合之屬/通論

慎疾芻言一卷　(清)徐大椿撰　清光緒十四年(1888)江寧翁氏刻本　一冊

330000－1710－0011739　捐0215　子部/醫家類/傷寒金匱之屬/傷寒論

醫效秘傳三卷　(清)程林撰　清道光十一年(1831)吳氏貯春仙館刻本　三冊

330000－1710－0011740　捐0216　子部/醫家類/婦科之屬/產科

小蓬萊山館方鈔二卷附錄一卷　(清)馬二泉輯　清光緒十五年(1889)永康胡氏退補齋刻本　一冊　存一卷(一)

330000－1710－0011741　捐0217　子部/醫家類/類編之屬

薛氏醫按二十四種　(明)吳琯編　明萬曆刻本　三冊　存一種

330000－1710－0011742　捐0218　子部/醫家類/本草之屬/食療本草

食鑑本草四卷　柴竹蹊編　柴世錦編　清翠蔭堂刻本　六冊

330000－1710－0011743　捐0219　子部/醫家類/本草之屬/歷代綜合本草

本草綱目拾遺十卷　(清)趙學敏輯　清同治十年(1871)張應昌吉心堂刻本　六冊

330000－1710－0011744　捐0220　子部/醫家類/傷寒金匱之屬/金匱要略

金匱心典三卷　(清)尤怡撰　清同治八年(1869)陸氏雙白燕堂刻本　六冊

330000－1710－0011745　捐0221　子部/醫家類/方書之屬/成方藥目

孫真人備急千金要方九十三卷目錄二卷　(唐)孫思邈撰　明萬曆三十一年(1603)刻本　三十四冊

330000－1710－0011746　捐0222　子部/醫家類/綜合之屬/通論

研經言四卷　(清)莫文泉撰　清光緒五年(1879)月河莫氏刻本　四冊

330000－1710－0011747　捐 0223　子部/醫家類/婦科之屬/產科

產孕集二卷　(清)張曜孫撰　**補遺一卷**　(清)包誠纂輯　清同治七年(1868)蘊璞齋刻本　二冊

330000－1710－0011750　捐 0224　子部/醫家類/綜合之屬/通論

赤水玄珠三十卷醫案五卷醫旨緒餘二卷　(明)孫一奎撰　明萬曆二十四年(1596)孫泰來　孫朋來刻本　六冊　存二卷(醫旨緒餘一至二)

330000－1710－0011751　捐 0225　子部/醫家類/婦科之屬/產科

達生編三卷　(清)亟齋居士撰　清光緒四年(1878)杭城聚文齋刻本　一冊

330000－1710－0011753　捐 0227　子部/醫家類/醫話醫論之屬

醫學辨正四卷　(清)張學醇撰　清光緒二十二年(1896)刻本　六冊

330000－1710－0011754　捐 0228　子部/醫家類/本草之屬/神農本草經

神農本草經疏三十卷　(明)繆希雍撰　明天啓五年(1625)毛晉綠君亭刻本　三十二冊

330000－1710－0011755　捐 0229　子部/醫家類/本草之屬/本草藥性

增訂本草備要六卷　(清)汪昂撰　清刻本　六冊

330000－1710－0011756　善 0495　集部/別集類/元別集

梧溪集七卷　(元)王逢撰　清抄本　四冊

330000－1710－0011757　善 0496　集部/別集類/清別集

三十六硯齋唫稿不分卷　(清)陶鵠元撰　稿本　一冊

330000－1710－0011758　善 0497　集部/別集類/清別集

吳江周意庭先生詩稿不分卷　(清)周意庭著　清抄本　二冊

330000－1710－0011759　善 0498　集部/別集類/清別集

侯朝宗壯悔堂集不分卷　(清)侯方域撰　清抄本　一冊

330000－1710－0011760　善 0499　集部/別集類/宋別集

玉楮詩藁八卷　(宋)岳珂撰　清抄本　二冊

330000－1710－0011761　善 0500　集部/別集類/清別集

苞溪唫稿二卷附醉月樓詩鈔一卷題詞一卷　(清)李慕蘐撰　清抄本　一冊

330000－1710－0011763　善 0502　子部/宗教類/佛教之屬

達摩像不分卷　清抄本　二冊

330000－1710－0011764　善 0503　集部/別集類/明別集

碧山學士集二十卷　(明)黃洪憲撰　清抄本　十二冊

330000－1710－0011765　善 0504　史部/史評類/史論之屬

閱史郄視四卷　(清)張堪撰　清抄本　一冊

330000－1710－0011766　善 0505　史部/職官類/官制之屬/通志

官爵志三卷　(明)徐石麒撰　清抄本　一冊

330000－1710－0011767　善 0506　類叢部/叢書類/彙編之屬

春暉堂叢書十二種　(清)徐渭仁編　清道光至咸豐上海徐渭仁刻同治九年至十年(1870－1871)徐允臨補刻彙印本　一冊　存三種

330000－1710－0011769　910/3　史部/地理類/總志之屬/斷代

廣輿記二十四卷圖一卷　(明)陸應陽輯　清康熙刻本　一冊　存二卷(一、圖)

330000－1710－0011770　善 0509　集部/別集類

半間偶錄不分卷　稿本　一冊

330000－1710－0011771　善 0510　集部/別

集類/清別集
碧漪坊人遺詩不分卷　(清)陸惟燦撰　稿本　吳憲奎題記　一冊

330000－1710－0011773　善0512　史部/地理類/水利之屬
河漕通考二卷　(明)黃承元撰　(清)黃浩錄　清抄本　一冊

330000－1710－0011775　921/18　類叢部/叢書類/彙編之屬
觀自得齋叢書二十三種別集六種　(清)徐士愷編　清光緒十三年至二十年(1887－1894)石埭徐氏刻本　一冊　存一種

330000－1710－0011776　910/2－2　史部/地理類/總志之屬/斷代
太平寰宇記二百卷目錄二卷　(宋)樂史撰　清乾隆五十八年(1793)化龍池刻本　一冊　存五卷(一百一至一百五)

330000－1710－0011779　922/1　類叢部/叢書類/彙編之屬
式訓堂叢書四十一種　(清)章壽康編　清光緒會稽章氏刻本　一冊　存一種

330000－1710－0011780　811.2/206　集部/總集類/酬唱之屬
粵闈餘事三編　(清)孫福清輯　清同治九年(1870)廣州寶翰樓刻本　清許瑤光題記　一冊

330000－1710－0011781　子/佛家/1090　子部/宗教類/佛教之屬
夢耕聽經錄一卷　范古農撰　清宣統三年(1911)稿本　一冊

330000－1710－0011783　481.3/9　史部/金石類/總志之屬
九鐘精舍金石跋尾甲編一卷乙編一卷　吳士鑑撰　清宣統二年(1910)刻本　二冊　存一卷(甲編)

330000－1710－0011784　823.1/28　子部/藝術類/書畫之屬/畫譜
晚笑堂畫傳一卷明太祖功臣圖一卷　(清)上官周繪　清光緒影印本　二冊

330000－1710－0011785　927/23　史部/地理類/方志之屬/通志
[光緒]湖南通志二百八十八卷首八卷末十九卷　(清)李瀚章等修　(清)曾國荃等纂　清光緒十一年(1885)刻本　一冊　存目次

330000－1710－0011786　562/12　新學/雜著/叢編
江南製造局譯書　(清)江南製造局編　清光緒江南製造局刻本暨鉛印本　一冊　存一種

330000－1710－0011787　561/20　新學/兵制/營壘
營壘圖說一卷圖一卷　(比利時)伯里牙芒撰　(美國)金楷理　(清)李鳳苞譯　清光緒刻本　一冊

330000－1710－0011788　531/16　史部/政書類/邦計之屬
財政叢書二十一種　(清)昌言報館輯　清光緒上海商務印書館鉛印本　一冊　存一種

330000－1710－0011789　215/8　新學/兵制/槍炮
毛瑟槍用法圖說五卷毛瑟槍名用圖說八卷毛瑟槍打靶法五卷新操洋兵功課冊一卷　(德國)瑞乃爾譯　清光緒十一年(1885)刻本　四冊

330000－1710－0011790　812.4/6　集部/詞類/別集之屬
山中白雲詞八卷　(宋)張炎撰　清玉玲瓏閣刻本　祝廷錫題簽並校注　一冊

330000－1710－0011791　826/24　史部/金石類/石之屬/文字
大隋故朝請大夫夷陵郡太守太僕卿元公之墓志銘一卷　清石印本　一冊

330000－1710－0011792　811.2/278　集部/總集類/選集之屬/斷代
國朝七律詩選一卷　(清)沈可培選　清乾隆稿本　一冊

330000－1710－0011793　823.2/9　子部/藝術類/書畫之屬/畫譜

列仙酒牌一卷　（清）任熊繪　清咸豐四年(1854)蔡照初刻本　一册

330000－1710－0011795　826/38　子部/藝術類/書畫之屬/書法書品

各體臨字不分卷　（清）劉石翁書　清同治抄本　一册

330000－1710－0011798　普0003913　集部/總集類/選集之屬/斷代

明詩百一抄十二卷　（清）郭其炳輯　清刻本　一册　存三卷(一至三)

330000－1710－0011800　普0003915　集部/别集類/清别集

雪映廬遺稿三卷　（清）孫祖望　（清）孫祖珍　（清）孫祖京撰　（清）孫清編　**雪映廬唱和藁存一卷**　（清）孫祖珍撰　清光緒十七年(1891)芳潤閣刻本　一册

330000－1710－0011801　普0003916　類叢部/類書類/通類之屬

增補事類統編九十三卷首一卷　（清）黄葆真輯　清光緒刻本　二册　存四卷(四十四至四十五、九十至九十一)

330000－1710－0011802　普0003917　史部/史抄類

史鑑節要便讀六卷　（清）鮑東里撰　清刻本　一册　存二卷(四至五)

330000－1710－0011803　普0003918　集部/詩文評類/詩評之屬

全閩詩話十二卷　（清）鄭方坤輯　清刻本　一册　存一卷(一)

330000－1710－0011804　普0003919　集部/總集類/選集之屬/通代

文選六十卷　（南朝梁）蕭統輯　（唐）李善注　明末海虞毛氏汲古閣刻清康熙二十五年(1686)錢士謐重修本　十二册

330000－1710－0011805　814.3/124　史部/傳記類/日記之屬

避寇日記不分卷(清咸豐十年、同治元年至三年)　（清）沈梓撰　稿本　四册

330000－1710－0011806　811.1/35　集部/總集類/選集之屬/通代

御選唐宋文醇五十八卷目錄一卷　（清）高宗弘曆輯　清乾隆刻本　二十册

330000－1710－0011808　261/19　子部/醫家類/兒科之屬

仁端錄雜症四卷　（清）徐謙編　（清）張之祖校正　清雍正十一年(1733)海鹽彭孫遹松桂堂抄本　二册

330000－1710－0011809　811.2/289　集部/總集類/選集之屬/斷代

國朝詩選五卷附錄一卷　（清）吴翌鳳輯　**附錄一卷**　（清）餘事軒主人輯　稿本　二册

330000－1710－0011810　268/3　子部/醫家類/方書之屬/歷代方書

蘇沈内翰良方十卷　（宋）蘇軾　（宋）沈括撰　清乾隆鮑廷博柳塘寓廬抄本　三册

330000－1710－0011812　普0003921　集部/别集類/宋别集

歐陽文忠公詩集十二卷　（宋）歐陽修撰　明世綵堂刻本　一册　存二卷(一至二)

330000－1710－0011814　普0005001　史部/地理類/山川之屬/水志

長江圖説十二卷首一卷　（清）馬徵麟等撰　清同治十年(1871)湖北崇文書局刻本(原缺卷一至二)　五册

330000－1710－0011815　普0003924　經部/四書類/總義之屬/傳説

四書集註十九卷　（宋）朱熹撰　清刻本　四册　存四卷(孟子四至七)

330000－1710－0011816　普0003923　經部/四書類/總義之屬/傳説

四書集註十九卷　（宋）朱熹撰　清刻本　一册　存二卷(孟子四至五)

330000－1710－0011817　普0003925　經部/

四書類/孟子之屬/傳說

孟子要略五卷 (宋)朱熹撰 (清)劉傳瑩輯 清光緒二十八年(1902)廣雅書局刻本 一冊

330000－1710－0011818 普0003926 集部/別集類/清別集

陳文恭公手札節要三卷 (清)陳弘謀撰 清光緒八年(1882)合肥張氏刻本 一冊

330000－1710－0011819 普0003927 集部/別集類/宋別集

參寥子詩集十二卷 (宋)釋道潛撰 明崇禎汪汝謙刻本 一冊 存三卷(十至十二)

330000－1710－0011820 子/佛家1091 子部/宗教類/佛教之屬/諸宗

永嘉禪宗集註二卷 (唐)釋玄覺撰 (明)釋傳燈重輯并注 清同治十年(1871)刻本 一冊

330000－1710－0011822 普0003929 子部/雜著類/雜說之屬

二十二史感應錄二卷 (清)彭希涑輯 清嵊邑童順刻本 一冊

330000－1710－0011824 子/佛家1092 子部/宗教類/佛教之屬/經疏

因明入正理論疏八卷 (唐)釋窺基撰 清光緒二十二年(1896)金陵刻經處刻本 二冊

330000－1710－0011826 子/佛家/1122 子部/宗教類/佛教之屬/經疏

佛說盂蘭盆經疏一卷 (唐)釋宗密撰 (宋)釋淨源錄疏注經 清光緒三十二年(1906)金陵刻經處刻本 一冊

330000－1710－0011831 子/佛家/1126 子部/宗教類/佛教之屬/經疏

彌陀畧解圓中鈔二卷 (明)釋大佑撰 (明)釋傳燈鈔 清同治十年(1871)刻本 二冊

330000－1710－0011832 子/佛家1094 子部/宗教類/佛教之屬/經疏

般若波羅蜜多心經註解一卷 (唐)釋玄奘譯 (明)釋宗泐 (明)釋如玘注 **金剛般若波羅蜜經註解一卷** (後秦)釋鳩摩羅什譯 (明)釋宗泐 (明)釋如玘注 清光緒二年(1876)長沙刻經處刻本 一冊

330000－1710－0011834 普0003931 新學/學校

學校管理法 商務印書館編譯所編 清光緒三十二年(1906)上海商務印書館鉛印本 一冊

330000－1710－0011840 子/佛家1095 子部/宗教類/佛教之屬

西齋淨土詩四卷 (明)釋梵琦撰 清金陵刻經處刻本 一冊

330000－1710－0011853 子/佛家1099 子部/宗教類/其他宗教之屬

醒世迷編二卷 (清)郁蓀撰 (清)劉鈖評 清同治十二年(1873)上海慈母堂刻本 一冊

330000－1710－0011854 子/佛家/1135 子部/宗教類/佛教之屬/諸宗

賢首五教儀開蒙一卷 (清)釋續法輯 清光緒二年(1876)長沙刻經處刻本 一冊

330000－1710－0011855 子/佛家/1136 子部/宗教類/佛教之屬/諸宗

賢首五教儀開蒙一卷 (清)釋續法輯 清光緒二年(1876)長沙刻經處刻本 一冊

330000－1710－0011857 普0003943 新學/學校

京師大學堂講義初編七種二編七種 (清)京師大學堂輯 清末鉛印本 一冊 存二種

330000－1710－0011858 子/佛家/1100 子部/宗教類/佛教之屬/經

千手千眼觀世音菩薩廣大圓滿無礙大悲心陀羅尼咒經一卷 (唐)釋伽梵達摩譯 清咸豐元年(1851)刻本 一冊

330000－1710－0011860 普0003944 史部/傳記類/總傳之屬/仕宦

歷代名臣言行錄二十四卷 (清)朱桓輯 清刻本 三冊 存三卷(五、九、二十二)

330000－1710－0011861　普0003945　新學/算學/數學
大代數學詳草不分卷　(日本)奥平浪太郎著　清末石印本　二冊

330000－1710－0011862　普0003946　經部/四書類/總義之屬/傳說
三魚堂四書大全三十九卷　(清)陸隴其輯
論語考異孟子考異　(宋)王應麟撰　清康熙四十一年(1702)當湖陸氏刻本　五冊　存十卷(孟子一至六、十一至十四)

330000－1710－0011863　普0003939　類叢部/叢書類/郡邑之屬
武林掌故叢編一百九十種　(清)丁丙編　清光緒三年至二十六年(1877－1900)錢塘丁氏嘉惠堂刻本([乾道]臨安志卷四至十五、南宋館閣錄卷一原缺)　一冊　存一種

330000－1710－0011865　普0003941　史部/叢編
堅瓠叢書□□種　清光緒刻本　二冊　存一種

330000－1710－0011866　子/佛家/1139　子部/宗教類/佛教之屬/經疏
藥師琉璃光如來本願功德經一卷　(唐)釋玄奘譯　清同治十一年(1872)如皋刻經處刻本　一冊

330000－1710－0011867　子/佛家/1140　子部/宗教類/佛教之屬/經疏
藥師琉璃光如來本願功德經一卷　(唐)釋玄奘譯　清同治十一年(1872)如皋刻經處刻本　一冊

330000－1710－0011869　普0003942　類叢部/叢書類/自著之屬
焦氏叢書九種附一種　(清)焦循撰　清嘉慶至道光江都焦氏雕菰樓刻本　五冊　存一種

330000－1710－0011884　普0003963　類叢部/叢書類/彙編之屬
武英殿聚珍版書(武英殿聚珍版叢書)一百三十八種　清乾隆浙江刻本　一冊　存一種

330000－1710－0011886　普0003964　經部/四書類/論語之屬/傳說
論語古訓十卷附一卷　(清)陳鱣撰　清光緒九年(1883)浙江書局刻本　二冊

330000－1710－0011889　子/佛家/1163　子部/宗教類/佛教之屬/經疏
大方廣佛華嚴經普賢行願品別行疏鈔十五卷　(唐)釋澄觀疏　(唐)釋宗密鈔　清光緒三十二年(1906)金陵刻經處刻本　二冊　存七卷(九至十五)

330000－1710－0011894　子/佛家/1148　子部/宗教類/佛教之屬/論疏
大乘起信論直解二卷　(明)釋德清撰　清光緒十六年(1890)金陵刻經處刻本　一冊

330000－1710－0011895　子/佛家/1149　子部/宗教類/佛教之屬/經
南無蓮池海會佛菩薩佛說阿彌陀經一卷　(後秦)釋鳩摩羅什譯　清光緒三十三年(1907)浙省海鹽刻本　一冊

330000－1710－0011896　子/佛家/1342　子部/宗教類/佛教之屬/經
南無蓮池海會佛菩薩佛說阿彌陀經一卷　(後秦)釋鳩摩羅什譯　清光緒三十三年(1907)浙省海鹽刻本　一冊

330000－1710－0011901　子/佛家/1153　子部/宗教類/佛教之屬
大方廣圓覺修多羅了義經二卷　(唐)釋佛陀多羅譯　清同治八年(1869)金陵刻經處刻本　一冊

330000－1710－0011902　子/佛家/1154　子部/宗教類/佛教之屬
大方廣圓覺修多羅了義經二卷　(唐)釋佛陀多羅譯　清同治八年(1869)金陵刻經處刻本　一冊

330000－1710－0011903　子/佛家/1155　子部/宗教類/佛教之屬
大方廣圓覺修多羅了義經二卷　(唐)釋佛陀多羅譯　清同治八年(1869)金陵刻經處刻本

一冊

330000－1710－0011904　子/佛家/1156　子部/宗教類/佛教之屬

大方廣圓覺修多羅了義經二卷　（唐）釋佛陀多羅譯　清同治八年（1869）金陵刻經處刻本　一冊

330000－1710－0011905　子/佛家/1157　子部/宗教類/佛教之屬/經

佛說觀無量壽佛經一卷　（南朝宋）釋畺良耶舍譯　清同治十年（1871）金陵刻經處刻本　一冊

330000－1710－0011906　子/佛家/1344　子部/宗教類/佛教之屬/經

佛說觀無量壽佛經一卷　（南朝宋）釋畺良耶舍譯　清同治十年（1871）金陵刻經處刻本　一冊

330000－1710－0011907　子/佛家/1345　子部/宗教類/佛教之屬/經

佛說觀無量壽佛經一卷　（南朝宋）釋畺良耶舍譯　清同治十年（1871）金陵刻經處刻本　一冊

330000－1710－0011908　子/佛家/1346　子部/宗教類/佛教之屬/經

佛說觀無量壽佛經一卷　（南朝宋）釋畺良耶舍譯　清同治十年（1871）金陵刻經處刻本　一冊

330000－1710－0011910　普0003966　史部/紀傳類/正史之屬

史記一百三十卷　（漢）司馬遷撰　（南朝宋）裴駰集解　（唐）司馬貞索隱　（唐）張守節正義　清同治五年至九年（1866－1870）金陵書局刻本　十七冊　存一百十卷（一至二十二、二十八至三十二、四十至六十五、七十四至一百三十）

330000－1710－0011912　普0003967　新學/學校

初級師範學校教科書　商務印書館編譯所編纂　清光緒至民國上海商務印書館鉛印本　一冊　存一種

330000－1710－0011914　普0003968　新學/學校

學校管理法　商務印書館編譯所編　清光緒三十三年（1907）上海商務印書館鉛印本　一冊

330000－1710－0011915　子/佛家/1161　子部/宗教類/佛教之屬

雲棲法彙二十八種七十四卷　（明）釋袾宏撰　（明）王宇春等輯　清光緒二十三年至二十五年（1897－1899）金陵刻經處刻本　四冊　存一種

330000－1710－0011916　普0003969　新學/學校

初等小學國文教科書教授法四卷　（清）上海春風館編　清光緒三十一年（1905）上海春風館鉛印本　一冊　存一卷（四）

330000－1710－0011917　子/佛家/1162　子部/宗教類/佛教之屬/諸宗

御選雲棲蓮池袾大師語錄□□卷　（清）世宗胤禛選　清刻本　一冊　存一卷（十三）

330000－1710－0011918　普0003970　新學/學校

最新初等小學地理教科書四卷　商務印書館編　清光緒三十二年（1906）上海商務印書館鉛印本　三冊　缺一卷（四）

330000－1710－0011925　普0003972　集部/總集類/選集之屬/通代

經史百家雜鈔二十六卷　（清）曾國藩輯　清光緒三十二年（1906）上海商務印書館鉛印本　六冊　存十二卷（八至九、十五至十七、二十至二十六）

330000－1710－0011926　普0003974　史部/地理類/方志之屬

［乾隆］西域聞見錄八卷首一卷　（清）七十一撰　清刻本　一冊　缺五卷（四至八）

330000－1710－0011928　子/佛家/1169　子部/宗教類/佛教之屬/經疏

佛說阿彌陀經疏鈔擷一卷 （後秦）釋鳩摩羅什譯 （明）釋袾宏疏鈔 （清）徐槐廷擷 清同治六年(1867)徐氏刻本 一册

330000－1710－0011929 子/佛家/1170 子部/宗教類/佛教之屬/經疏

佛說阿彌陀經疏鈔擷一卷 （後秦）釋鳩摩羅什譯 （明）釋袾宏疏鈔 （清）徐槐廷擷 清同治六年(1867)徐氏刻本 一册

330000－1710－0011930 子/佛家/1171 子部/宗教類/佛教之屬/經

佛教西來玄化應運略錄一卷 （宋）程輝編 **佛說四十二章經一卷** （漢）釋迦葉摩騰 （漢）釋竺法蘭譯 **佛遺教經一卷** （後秦）釋鳩摩羅什譯 **八大人覺經一卷** （漢）釋安世高譯 清同治九年(1870)金陵刻經處刻本 一册

330000－1710－0011931 子/佛家/1172 子部/宗教類/佛教之屬/經

佛教西來玄化應運略錄一卷 （宋）程輝編 **佛說四十二章經一卷** （漢）釋迦葉摩騰 （漢）釋竺法蘭譯 **佛遺教經一卷** （後秦）釋鳩摩羅什譯 **八大人覺經一卷** （漢）釋安世高譯 清同治九年(1870)金陵刻經處刻本 一册

330000－1710－0011932 子/佛家/1173 子部/宗教類/佛教之屬/經

佛教西來玄化應運略錄一卷 （宋）程輝編 **佛說四十二章經一卷** （漢）釋迦葉摩騰 （漢）釋竺法蘭譯 **佛遺教經一卷** （後秦）釋鳩摩羅什譯 **八大人覺經一卷** （漢）釋安世高譯 清同治九年(1870)金陵刻經處刻本 一册

330000－1710－0011933 子/佛家/1174 子部/宗教類/佛教之屬/經

佛教西來玄化應運略錄一卷 （宋）程輝編 **佛說四十二章經一卷** （漢）釋迦葉摩騰 （漢）釋竺法蘭譯 **佛遺教經一卷** （後秦）釋鳩摩羅什譯 **八大人覺經一卷** （漢）釋安世高譯 清同治九年(1870)金陵刻經處刻本 一册

330000－1710－0011935 普0003976 集部/別集類/清別集

曾文正公文鈔四卷附刻一卷 （清）曾國藩撰 清同治十二年(1873)上海醉六堂刻本 一册 存一卷(一)

330000－1710－0011936 普0003977 史部/政書類/公牘檔册之屬

痰氣集三卷 金蓉鏡撰 清光緒三十四年(1908)刻本 一册

330000－1710－0011937 子/佛家/1175 子部/宗教類/佛教之屬/經

大方廣佛華嚴經入不思議解脱境界普賢行願品一卷 （唐）釋般若譯 **佛說阿彌陀經一卷** （後秦）釋鳩摩羅什譯 **勸發菩提心文一卷** （清）釋實賢撰 清刻本 一册

330000－1710－0011939 子/佛家/1176 子部/宗教類/佛教之屬/經

大方廣佛華嚴經入不思議解脱境界普賢行願品一卷 （唐）釋般若譯 清武進劉翰清刻本 一册

330000－1710－0011940 子/佛家/1177 子部/宗教類/佛教之屬/經

大方廣佛華嚴經入不思議解脱境界普賢行願品一卷 （唐）釋般若譯 清武進劉翰清刻本 一册

330000－1710－0011941 子/佛家/1178 子部/宗教類/佛教之屬/經

大方廣佛華嚴經入不思議解脱境界普賢行願品一卷 （唐）釋般若譯 清武進劉翰清刻本 一册

330000－1710－0011943 普0003979 類叢部/叢書類/彙編之屬

正誼堂全書六十三種續刻五種 （清）張伯行編 （清）楊浚重編 清同治五年(1866)福州正誼書院刻同治八年至光緒十三年(1869－1887)續刻本 一册 存一種

330000－1710－0011944 普0003980 經部/

叢編

十三經讀本一百五十二卷　(清)□□編　清慎詒堂刻本　一冊　存一種

330000－1710－0011945　子/佛家/1179　子部/宗教類/佛教之屬/經

佛說阿彌陀經一卷　(後秦)釋鳩摩羅什譯　清刻本　一冊

330000－1710－0011946　子/佛家/1180　子部/宗教類/佛教之屬/經

佛說阿彌陀經一卷　(後秦)釋鳩摩羅什譯　清刻本　一冊

330000－1710－0011947　子/佛家/1181　子部/宗教類/佛教之屬/經

佛說阿彌陀經一卷　(後秦)釋鳩摩羅什譯　清光緒十五年(1889)金陵刻經處刻本　一冊

330000－1710－0011949　普0003981　經部/書類/傳說之屬

書經集傳六卷　(宋)蔡沈撰　清光緒二十五年(1899)友文堂刻本　一冊　存一卷(六)

330000－1710－0011950　子/佛家/1182　子部/宗教類/佛教之屬/經

佛說阿彌陀經一卷　(後秦)釋鳩摩羅什譯　清光緒十五年(1889)金陵刻經處刻本　一冊

330000－1710－0011951　普0003982　子部/雜著類/雜考之屬

札樸十卷　(清)桂馥撰　清嘉慶十八年(1813)山陰李宏信小李山房刻本　一冊　存二卷(六至七)

330000－1710－0011952　子/佛家/1183　子部/宗教類/佛教之屬

佛教初學課本一卷註一卷　(清)楊文會撰　清光緒三十二年(1906)金陵刻經處刻本　一冊

330000－1710－0011953　子/佛家/1184　子部/宗教類/佛教之屬

佛教初學課本一卷註一卷　(清)楊文會撰　清光緒三十二年(1906)金陵刻經處刻本　一冊

330000－1710－0011954　普0003983　子部/雜著類/雜纂之屬

容齋隨筆十六卷續筆十六卷三筆十六卷四筆十六卷五筆十卷　清刻本　一冊　存五卷(三筆十二至十六)

330000－1710－0011959　普0003984　集部/總集類/選集之屬/斷代

國朝文錄八十二卷　(清)姚椿輯　清咸豐元年(1851)張祥河終南山館刻本　一冊　存四卷(十四至十七)

330000－1710－0011961　子/佛家/1113　子部/宗教類/佛教之屬

大方廣圓覺修多羅了義經二卷　(唐)釋佛陀多羅譯　清同治八年(1869)金陵刻經處刻本　一冊

330000－1710－0011963　子/佛家/1114　子部/宗教類/佛教之屬

大方廣圓覺修多羅了義經二卷　(唐)釋佛陀多羅譯　清同治八年(1869)金陵刻經處刻本　一冊

330000－1710－0011969　子/佛家/1117　子部/宗教類/佛教之屬/經疏

金剛經解義二卷心經解義一卷　(清)徐槐廷撰　清咸豐八年(1858)刻本　一冊

330000－1710－0011978　子/佛家/1224　子部/宗教類/佛教之屬

慈心寶鑒四卷　(清)誦芬樓主人編輯　清乾隆二十六年(1761)刻本　一冊

330000－1710－0011979　子/佛家/1225　子部/宗教類/佛教之屬/經

龍藏般若經節要二卷　(清)釋戒香輯　清光緒三年(1877)杭州昭慶寺慧空經房刻本　一冊

330000－1710－0011980　子/佛家/1226　子部/宗教類/佛教之屬/律

四分戒本一卷　(後秦)釋佛陀耶舍　(後秦)釋竺佛念譯　清刻本　一冊

330000－1710－0011984　子/佛家/1223、子/

佛家/1228、子/佛家/1229、子/佛家/1230、子/佛家/1231　子部/宗教類/佛教之屬

雲棲法彙二十八種七十四卷　(明)釋袾宏撰　(明)王宇春等輯　清光緒二十三年至二十五年(1897－1899)金陵刻經處刻本　九冊　存七種

330000－1710－0011989　子/佛家/1196　子部/宗教類/佛教之屬/經

佛說樓炭經六卷　(晉)釋法立　(晉)釋法炬譯　清光緒刻本　二冊

330000－1710－0011992　子/佛家/1233　子部/宗教類/佛教之屬/經疏

佛說阿彌陀經要解一卷　(後秦)釋鳩摩羅什譯　(明)釋智旭解　清光緒十一年(1885)金陵刻經處刻本　一冊

330000－1710－0011993　子/佛家/1234　子部/宗教類/佛教之屬/經疏

藥師琉璃光如來本願功德經一卷　(唐)釋玄奘譯　清同治十一年(1872)如皋刻經處刻本　一冊

330000－1710－0011994　子/佛家/1235　子部/宗教類/佛教之屬/經疏

佛說四十二章經註一卷佛遺教經註一卷　(宋)釋守遂註　(明)釋了童補註　清光緒十六年(1890)金陵刻經處刻本　一冊

330000－1710－0011996　普0003992　新學/報章

國粹學報不分卷　(清)國學保存會編　清末鉛印本　一冊　存一冊

330000－1710－0011997　普0003993　經部/叢編

皇朝經解十六卷　清嘉慶十七年(1812)養心齋刻養一齋增刻本　一冊　存一種

330000－1710－0011998　子/佛家/1198　子部/宗教類/佛教之屬/經疏

因明入正理論疏八卷　(唐)釋窺基撰　清光緒二十二年(1896)金陵刻經處刻本　二冊

330000－1710－0011999　普0003998　史部/傳記類/總傳之屬/釋道

神僊傳十卷　(晉)葛洪著　清刻本　一冊

330000－1710－0012001　子/佛家/1236　子部/宗教類/佛教之屬/諸宗

賢首五教儀開蒙一卷　(清)釋續法輯　清光緒二年(1876)長沙刻經處刻本　一冊

330000－1710－0012002　子/佛家/1237　子部/宗教類/佛教之屬/經疏

水懺數畧三卷　清光緒十五年(1889)如皋刻經處刻本　一冊

330000－1710－0012003　子/佛家/1238　子部/宗教類/佛教之屬/經

佛說觀無量壽佛經一卷　(南朝宋)釋畺良耶舍譯　**佛說阿彌陀經一卷**　(後秦)釋鳩摩羅什譯　**稱讚淨土佛攝受經一卷**　(唐)釋玄奘譯　**拔一切業障根本得生淨土神咒一卷**　(南朝宋)釋求那跋陀羅重譯　**阿彌陀經不思議神力傳一卷**　**後出阿彌陀佛偈經一卷**　(漢)□□譯　**阿彌陀鼓音聲王陀羅尼經一卷**　(唐)附梁錄　**觀世音菩薩得大勢菩薩受記經一卷**　(南朝宋)釋曇無竭譯　**無量壽經優波提舍一卷**　(北魏)釋菩提留支譯　**佛說阿彌陀經疏一卷**　(唐)釋元曉述　清同治至光緒七年(1881)刻本　一冊

330000－1710－0012004　子/佛家/1239　子部/宗教類/佛教之屬

法化老和尚貪瞋癡註一卷專修淨土直說一卷山居知足歌一卷序疏一卷　(清)釋法化撰　清光緒元年(1875)杭州昭慶寺慧空經房刻本　一冊

330000－1710－0012005　子/佛家/1240　子部/宗教類/佛教之屬/律

沙彌律儀要略一卷　(明)釋袾宏輯　**毘尼日用切要一卷**　(清)釋讀體輯　清刻本　一冊

330000－1710－0012006　子/佛家/1249　子部/宗教類/佛教之屬/論疏

大宗地玄文本論略注四卷首一卷　(陳)釋真諦譯　(清)楊文會略注　清光緒三十二年(1906)金陵刻經處刻本　一冊

330000－1710－0012008　子/佛家/1242　子部/宗教類/佛教之屬/經疏

大般涅槃經玄義二卷　（唐）釋灌頂撰　清光緒八年（1882）金陵刻經處刻本　一册

330000－1710－0012009　子/佛家/1243　子部/宗教類/佛教之屬/經

思益梵天所問經四卷　（後秦）釋鳩摩羅什譯　清光緒五年（1879）金陵刻經處刻本　一册

330000－1710－0012010　子/佛家/1244　子部/宗教類/佛教之屬/經疏

華嚴法界玄鏡三卷　（唐）釋澄觀撰　**注華嚴法界觀門一卷**　（唐）釋宗密撰　清光緒二十一年（1895）金陵刻經處刻本　一册

330000－1710－0012011　子/佛家/1245　子部/宗教類/佛教之屬

護法論一卷　（宋）張商英撰　清光緒二年（1876）常熟刻經處刻本　一册

330000－1710－0012013　普0004001　經部/叢編

十三經古注二百九十卷　（明）葛鼒　（明）金蟠校　明崇禎十二年（1639）永懷堂刻清同治八年（1869）浙江書局校修本　二册　存一種

330000－1710－0012014　子/佛家/1247　子部/宗教類/佛教之屬/諸宗

淨土論三卷　（唐）釋迦才撰　清光緒金陵刻經處刻本　一册

330000－1710－0012016　子/佛家/1250　子部/宗教類/佛教之屬/經

金光明最勝王經十卷　（唐）釋義淨譯　清同治十年（1871）常熟刻經處刻本　二册

330000－1710－0012017　子/佛家/1251　子部/宗教類/佛教之屬/經

金光明最勝王經十卷　（唐）釋義淨譯　清同治十年（1871）常熟刻經處刻本　二册

330000－1710－0012023　子/佛家/1257　子部/宗教類/佛教之屬/論疏

大乘起信論直解二卷　（明）釋德清撰　清光緒十六年（1890）金陵刻經處刻本　一册

330000－1710－0012025　子/佛家/1259　史部/傳記類/總傳之屬/釋道

禪林僧寶傳三十卷　（宋）釋惠洪撰　清光緒五年至六年（1879－1880）常熟刻經處刻本　一册　存十卷（一至十）

330000－1710－0012028　子/佛家/1262　子部/宗教類/佛教之屬/經疏

仁王護國般若經疏五卷　（隋）釋智顗説　（唐）釋灌頂記　清光緒十一年（1885）江北刻經處刻本　一册

330000－1710－0012031　子/佛家/1265　子部/宗教類/佛教之屬/經

十住經六卷　（晉）鳩摩羅什　（晉）佛陀耶舍譯　清宣統元年（1909）常熟刻經處刻本　二册

330000－1710－0012032　子/佛家/1266　子部/宗教類/佛教之屬/論

菩提資糧論六卷　（印度）龍樹本　（印度）比丘自在釋　（隋）釋達摩笈多譯　清宣統三年（1911）常州天寧寺刻本　一册

330000－1710－0012033　子/佛家/1267　子部/宗教類/佛教之屬/經

大乘密嚴經三卷　（唐）釋不空譯　清光緒二十三年（1897）金陵刻經處刻本　一册

330000－1710－0012034　子/佛家/1268　子部/宗教類/佛教之屬/經

無量壽如來會二卷　（唐）釋菩提流志譯　清光緒二十二年（1896）金陵刻經處刻本　一册

330000－1710－0012035　普0004005　史部/詔令奏議類/詔令之屬

上諭奏摺不分卷（清光緒二十七年至二十八年）　清光緒刻本　一册

330000－1710－0012037　子/佛家/1270　子部/宗教類/佛教之屬/經

金光明最勝王經十卷　（唐）釋義淨譯　清同治十年（1871）常熟刻經處刻本　二册

330000－1710－0012040　普0004006　史部/政書類/儀制之屬/專志/科舉校規

欽定大學堂章程不分卷　清刻本　一冊

330000－1710－0012041　普 0004007　史部/政書類/儀制之屬/專志/科舉校規
欽定高等學堂章程不分卷　清刻本　一冊

330000－1710－0012042　普 0004008　史部/政書類/儀制之屬/專志/科舉校規
欽定中學堂章程不分卷　清刻本　一冊

330000－1710－0012043　普 0004009　集部/總集類/課藝之屬
杏林書屋試藝一卷　(清)陳學文撰　清光緒三十年(1904)刻本　一冊

330000－1710－0012044　普 0004010　集部/總集類/課藝之屬
杏林書屋試藝一卷　(清)陳學文撰　清光緒三十年(1904)刻本　一冊

330000－1710－0012045　普 0004011　史部/傳記類/別傳之屬/事狀
皇清誥授光禄大夫贈太子少保予謚勤肅頭品頂戴兵部尚書都察院右都御史兩廣總督顯考方之府君行述一卷　陶葆廉　陶保霖撰　清刻本　一冊

330000－1710－0012046　普 0004012　史部/傳記類/別傳之屬/事狀
皇清誥授光禄大夫贈太子少保予謚勤肅頭品頂戴兵部尚書都察院右都御史兩廣總督顯考方之府君行述一卷　陶葆廉　陶保霖撰　清刻本　一冊

330000－1710－0012047　普 0004054　經部/叢編
十三經註疏三百三十三卷　(明)□□輯　明崇禎元年至十二年(1628－1639)古虞毛氏汲古閣刻本　八冊　存一種

330000－1710－0012048　普 0004052　子部/雜著類/雜說之屬
居易錄三十四卷　(清)王士禛撰　清康熙刻本　三冊　存十三卷(九至十七、二十六至二十九)

330000－1710－0012054　普 0004020　經部/叢編
十三經註疏三百三十三卷　(明)□□輯　明崇禎元年至十二年(1628－1639)古虞毛氏汲古閣刻本　九冊　存一種

330000－1710－0012056　子/佛家/1274　子部/宗教類/佛教之屬/諸宗
勸修淨土切要一卷　(清)陳熙願撰　清金陵一得齋善書坊刻本　一冊

330000－1710－0012058　子/佛家 1200　子部/宗教類/佛教之屬/經
解深密經五卷　(唐)釋玄奘譯　清同治十年(1871)金陵刻經處刻本　一冊

330000－1710－0012060　子/佛家/1277　子部/宗教類/佛教之屬
無隱禪師略錄一卷　(清)釋□焘撰　(清)普願居士集校　清光緒十六年(1890)金陵刻經處刻本　一冊

330000－1710－0012069　子/佛家/1202　子部/宗教類/佛教之屬/諸宗
淨土生無生論親聞記二卷　(明)釋受教撰　清光緒二十七年(1901)揚州藏經院刻本　一冊

330000－1710－0012073　子/佛家/1288　子部/宗教類/佛教之屬/經
佛教西來玄化應運略錄一卷　(宋)程輝編　**佛說四十二章經一卷**　(漢)釋迦葉摩騰　(漢)釋竺法蘭譯　**佛遺教經一卷**　(後秦)釋鳩摩羅什譯　**八大人覺經一卷**　(漢)釋安世高譯　清同治九年(1870)金陵刻經處刻本　一冊

330000－1710－0012074　子/佛家/1289　子部/宗教類/佛教之屬/經
阿難問事佛吉凶經一卷　(漢)釋安清譯　**十二緣生祥瑞經二卷**　(宋)釋施護譯　清同治九年(1870)如皋刻經處刻本(十二緣生祥瑞經配清光緒三年(1877)江北刻經處刻本)　一冊

330000－1710－0012075　子/佛家/1290　子部/宗教類/佛教之屬

大乘三聚懺悔經一卷　(隋)釋釋闍那崛多 (隋)釋笈多等譯　**佛說迦葉禁戒經一卷**　(南朝宋)沮渠京聲譯　**佛說犯戒罪輕重經一卷**　(後漢)釋安世高譯　**佛說戒消災經一卷**　(三國吳)釋支謙譯　**佛說優婆塞五戒相經一卷**　(南朝宋)釋求那跋摩譯　清同治十年(1871)常熟刻經處刻本　一冊

330000－1710－0012078　子/佛家/1203　子部/宗教類/佛教之屬/論

十二門論宗致義記四卷　(唐)釋法藏撰　清宣統三年(1911)江西刻經處刻本　二冊

330000－1710－0012079　子/佛家/1204　子部/宗教類/佛教之屬/論

發菩提心論二卷　(天竺)天親菩薩造　(姚秦)釋鳩摩羅什譯　清光緒十四年(1888)江北刻經處刻本　一冊

330000－1710－0012080　普0004022　史部/編年類/斷代之屬

紀元編三卷末一卷　(清)李兆洛撰　(清)六承如輯　清光緒十四年(1888)上海蜚英館石印本　一冊　存一卷(上)

330000－1710－0012081　普0004023　經部/讖緯類/總義之屬

古微書三十六卷　(明)孫㲄輯　清光緒二十一年(1895)上海鴻文書局石印本　一冊　存十卷(九至十八)

330000－1710－0012082　普0004024　集部/別集類/清別集

小倉山房尺牘六卷　(清)袁枚撰　清刻本　一冊　存二卷(一至二)

330000－1710－0012083　普0004026　新學/議論/通論

中外策問大觀二十八卷　雷瑨編輯　清光緒二十九年(1903)硯耕山莊石印本　一冊　存一卷(十九)

330000－1710－0012086　子/佛家/1205　子部/宗教類/佛教之屬/諸宗

天台四教儀一卷　(高麗)釋諦觀輯　**附始終心要一卷**　(唐)釋湛然撰　(宋)釋從義注　**天台八教大意一卷**　(唐)釋灌頂撰　清宣統元年(1909)揚州藏經院刻本　一冊

330000－1710－0012087　普0004028　子部/小說家類/雜事之屬

寄蝸殘贅十六卷　(清)汪堃撰　清同治十一年(1872)不懼無悶齋刻本　一冊　存二卷(十五至十六)

330000－1710－0012090　子/佛家/1295　子部/宗教類/佛教之屬/經疏

因明入正理論疏八卷　(唐)釋窺基撰　清光緒二十二年(1896)金陵刻經處刻本　二冊

330000－1710－0012091　普0004030　經部/叢編

十三經古注二百九十卷　(明)葛鼒　(明)金蟠校　明崇禎十二年(1639)永懷堂刻清同治八年(1869)浙江書局校修本　一冊　存一種

330000－1710－0012093　普0004031　集部/別集類/清別集

飛鴻延年紀事詩一卷　(清)觀海對潮樓主人撰　清宣統二年(1910)鉛印本　一冊

330000－1710－0012094　普0004032　集部/別集類/清別集

飛鴻延年紀事詩一卷　(清)觀海對潮樓主人撰　清宣統二年(1910)鉛印本　一冊

330000－1710－0012097　子/佛家/1208　子部/宗教類/佛教之屬/經

金剛經一卷　(後秦)釋鳩摩羅什譯　**般若波羅蜜多心經一卷**　(唐)釋玄奘譯　清光緒十五年(1889)金陵刻經處刻本　一冊

330000－1710－0012099　普0002795　類叢部/類書類/通類之屬

淵鑑類函四百五十卷目錄四卷　(清)張英 (清)王士禛等輯　清康熙刻本　十四冊　存四十七卷(三百五十至三百五十五、三百五十九至三百六十二、三百七十一至三百七十三、

三百八十至三百八十七、三百九十一至三百九十六、四百一至四百十二、四百二十一至四百二十四、四百四十三至四百四十六）

330000－1710－0012100　普 0004038　新學/幼學

普通體操學教科書一卷　（日本）日本師範學校撰　（清）王肇鋐譯　清光緒三十年（1904）上海文明書局石印本　一冊

330000－1710－0012103　子/佛家/1298　子部/雜著類/雜説之屬

欲海回狂集三卷内典字義譯註一卷　（清）周思仁撰　**附刻省庵法師不淨觀頌四念處頌一卷**　（清）熊秉悳選　清同治三年（1864）邗江熊氏刻本　一冊

330000－1710－0012109　子/佛家/1304　子部/宗教類/道教之屬/戒律

太上感應篇直講一卷　清光緒十一年（1885）刻本　一冊

330000－1710－0012111　子/佛家/1306　子部/宗教類/佛教之屬/諸宗

修習止觀坐禪法要二卷六妙法門一卷　（隋）釋智顗撰　清光緒十八年（1892）二十九年（1903）金陵刻經處刻本　一冊

330000－1710－0012114　子/佛家/1213　子部/宗教類/佛教之屬/經疏

金剛般若經疏一卷　（隋）釋智顗注　（隋）釋顯宗會　**般若波羅密多心經疏一卷**　（唐）釋玄奘譯經　（唐）釋靖邁撰疏　清光緒二十三年（1897）三十三年（1907）金陵刻經處刻本　一冊

330000－1710－0012117　子/佛家/1310、子/佛家/1347　子部/宗教類/道教之屬/戒律

太上感應篇説穎四卷　（清）柯汝霖撰　清光緒五年（1879）拜善堂柯氏刻本　二冊

330000－1710－0012120　子/佛家/1214　子部/宗教類/佛教之屬

慈悲水懺法三卷　（唐）釋知玄撰　清同治十二年（1873）江北刻經處刻本　一冊

330000－1710－0012121　子/佛家/1215　子部/宗教類/佛教之屬/經

金剛般若經六譯本六卷　（後秦）釋鳩摩羅什等譯　清同治八年至十一年（1869－1872）金陵刻經處刻本　一冊

330000－1710－0012126　子/佛家/1219　子部/宗教類/佛教之屬/經

大乘本生心地觀經八卷　（唐）釋般若等譯　清刻本　一冊　存四卷（一至四）

330000－1710－0012131　子/佛家/1332　子部/宗教類/佛教之屬

樓閣叢書三十三種　（清）鄭學川編　清刻本　三冊　存一種

330000－1710－0012136　子/佛家/1338　子部/宗教類/佛教之屬

梵網戒本科注二卷　（後秦）釋鳩摩羅什譯　（唐）釋法藏疏　清刻本　一冊

330000－1710－0012137　子/佛家/1339　子部/宗教類/佛教之屬

梵網戒本科注二卷　（後秦）釋鳩摩羅什譯　（唐）釋法藏疏　清刻本　一冊

330000－1710－0012139　子/佛家/1313　子部/宗教類/佛教之屬

雲棲法彙二十八種七十四卷　（明）釋袾宏撰　（明）王宇春等輯　清光緒二十三年至二十五年（1897－1899）金陵刻經處刻本　三冊　存一種

330000－1710－0012140　普 0004034　史部/政書類/律令之屬/治獄

棠陰比事一卷　（宋）桂萬榮撰　清同治十三年（1874）海昌陳氏刻本　一冊

330000－1710－0012141　子/佛家/1340、子/佛家/1346　子部/宗教類/佛教之屬/諸宗

教觀綱宗釋義紀三卷　（明）釋智旭撰　**始終心要一卷**　（唐）釋湛然撰　（宋）釋從義注　**三千有門頌畧解一卷**　（宋）陳瓘撰　（明）釋真覺畧解　清光緒二十七年（1901）刻本　二冊　缺一卷（教觀綱宗釋義紀一）

330000－1710－0012142　子/佛家/1341　子部/宗教類/佛教之屬/經
大般涅槃經十三錄□□卷　清道光二十二年(1842)刻本　三冊　存三卷(二至四)

330000－1710－0012144　子/佛家/1343　子部/宗教類/佛教之屬/諸宗
西方徑路一卷念佛開心頌一卷　(清)釋古崑撰　清同治十三年(1874)刻本　一冊

330000－1710－0012146　普0004002　經部/四書類/總義之屬/傳說
四書經註集證十九卷　(清)吳昌宗撰　清刻本　二冊　存十卷(論語一至十)

330000－1710－0012150　子/佛家/1351　子部/宗教類/佛教之屬/經疏
佛說四十二章經解一卷佛遺教經解一卷八大人覺經略解一卷　(清)釋智旭撰　清光緒十一年(1885)金陵刻經處刻本　一冊

330000－1710－0012156　子/佛家/1316　子部/宗教類/佛教之屬
憨山大師夢遊摘要二卷　(明)釋德清撰　(明)釋福善錄　清光緒十八年(1892)紅螺山寺刻本　一冊

330000－1710－0012157　子/佛家/1317　子部/宗教類/佛教之屬/經
坐禪三昧法門經二卷　(印度)僧伽羅剎造　(後秦)鳩摩羅什譯　清光緒刻本　一冊

330000－1710－0012159　子/佛家/1318　子部/宗教類/佛教之屬/論疏
大宗地玄文本論略注四卷首一卷　(南朝陳)釋真諦譯　(清)楊文會略注　清光緒三十二年(1906)金陵刻經處刻本　一冊

330000－1710－0012160　子/佛家/1320　子部/宗教類/佛教之屬/諸宗
靈峰蕅益大師選定淨土十要十卷　(清)釋智旭輯　(清)釋成時評點節略　清同治六年(1867)刻本　四冊

330000－1710－0012163　子/佛家/1323　子部/宗教類/佛教之屬/論
唐玄奘法師八識規矩母頌一卷附八識總論頌二卷　(唐)釋玄奘撰頌　(清)釋性起論釋　(清)釋善漳等錄　清光緒三年(1877)刻本　一冊　存一卷(八識規矩母頌)

330000－1710－0012165　子/佛家/1325　子部/宗教類/佛教之屬/諸宗
徑中徑又徑徵義三卷首一卷　(清)張師誠輯　(清)徐槐廷注　清光緒二十五年(1899)陸智性刻本　一冊

330000－1710－0012167　普0004035　集部/總集類/選集之屬/斷代
八家四六文註八卷首一卷　(清)吳鼒輯　(清)許貞幹注　**補註一卷**　陳衍撰　清光緒十八年(1892)上海圖書集成印書局鉛印本　四冊

330000－1710－0012168　子/佛家/1327　子部/宗教類/佛教之屬/經咒
佛頂光明摩訶薩怛多般怛囉無上神咒一卷附密宗綱要譯釋陀羅尼九章　(清)釋續法輯　清三峯寺刻本　一冊

330000－1710－0012169　普0004036　新學/議論/論政
新政真詮六卷　(清)何啟　(清)胡禮垣撰　清光緒二十七年(1901)格致新報鉛印本　四冊　存四卷(新政真詮初編、曾論書後、康說書後、新政變通)

330000－1710－0012171　普0004040　經部/叢編
十三經註疏三百三十三卷　(明)□□輯　明崇禎元年至十二年(1628－1639)古虞毛氏汲古閣刻本　二冊　存一種

330000－1710－0012172　普0004041　經部/叢編
十三經註疏三百三十三卷　(明)□□輯　明崇禎元年至十二年(1628－1639)古虞毛氏汲古閣刻本　一冊　存一種

330000－1710－0012173　普0004042　經部/叢編

十三經註疏三百三十三卷 （明）□□輯 明崇禎元年至十二年（1628－1639）古虞毛氏汲古閣刻本 一冊 存一種

330000－1710－0012174 普0004043 經部/叢編

十三經注疏三百三十三卷 （明）□□輯 明崇禎元年至十二年（1628－1639）古虞毛氏汲古閣刻本 一冊 存一種

330000－1710－0012175 普0004044 經部/叢編

十三經注疏三百三十三卷 （明）□□輯 明崇禎元年至十二年（1628－1639）古虞毛氏汲古閣刻本 二冊 存一種

330000－1710－0012176 普0004045 經部/叢編

十三經註疏三百三十三卷 （明）□□輯 明崇禎元年至十二年（1628－1639）古虞毛氏汲古閣刻本 七冊 存一種

330000－1710－0012177 大藏經2 子部/宗教類/佛教之屬/大藏

頻伽精舍校刊大藏經 釋宗仰等輯 清宣統元年至民國二年（1909－1913）迦羅詩氏頻伽精舍上海鉛印本 六百五十一冊 存子目待定

330000－1710－0012179 普0004046 經部/叢編

十三經古注二百九十卷 （明）葛鼐 （明）金蟠校 明崇禎十二年（1639）永懷堂刻清同治八年（1869）浙江書局校修本 一冊 存一種

330000－1710－0012180 普0004047 經部/叢編

重刊宋本十三經注疏四百十六卷附十三經注疏校勘記四百十六卷 （清）阮元撰 （清）盧宣旬摘錄 **十三經注疏校勘記識語四卷** （清）汪文臺撰 清光緒十三年（1887）石印本 二冊 存一種

330000－1710－0012181 普0004048 集部/別集類/清別集

躬厚堂集二十五卷 （清）張金鏞撰 清同治三年至光緒四年（1864－1878）刻本 一冊 存三卷（詞錄一至三）

330000－1710－0012182 普0004049 類叢部/叢書類/彙編之屬

廣漢魏叢書八十種 （明）何允中編 清嘉慶刻本 一冊 存二種

330000－1710－0012183 普0004051 集部/別集類/清別集

隨園駢體文註十六卷 （清）袁枚撰 （清）黎光地註 清刻本 一冊 存四卷（十三至十六）

330000－1710－0012184 普0004053 類叢部/叢書類/彙編之屬

增訂漢魏叢書八十六種 （清）王謨編 清乾隆五十六年（1791）金谿王氏刻本 一冊 存二種

330000－1710－0012185 普0004055 新學/雜著/叢編

江南製造局譯書 （清）江南製造局編 清光緒江南製造局刻本暨鉛印本 五冊 存一種

330000－1710－0012186 普0004056 集部/總集類/選集之屬/通代

續古文辭類纂二十八卷 （清）黎庶昌輯 清光緒二十一年（1895）金陵狀元閣刻本 十冊 存二十二卷（一至十二、十九至二十八）

330000－1710－0012187 普0004057 經部/四書類/孟子之屬/傳說

孟子集註七卷 （宋）朱熹撰 清刻本 三冊

330000－1710－0012191 812.2/71 集部/總集類/彙編之屬

西江詩派韓饒二集 沈曾植編 清宣統二年（1910）姚埭沈氏刻本 沈曾植題記 一冊 存一種

330000－1710－0012194 812.2/63 集部/別集類/宋別集

蘇文忠公詩集五十卷目錄二卷 （宋）蘇軾撰 （清）紀昀評點 清刻朱墨套印本 六冊

存二十七卷(十六至四十二)

330000－1710－0012195　812.2/217　類叢部/叢書類/自著之屬

沈西雍先生遺著五種　(清)沈濤撰　清道光刻本　一冊　存一種

書名筆畫字頭索引

一畫

二畫

三畫

四畫

五畫

六畫

七畫

八畫

九畫

十畫

十一畫

十二畫

十三畫

十四畫

十五畫

十六畫

十七畫

十八畫

十九畫

二十畫

二十一畫

二十二畫

二十三畫

二十四畫

二十七畫

二十八畫

二十九畫

書名筆畫索引

一畫

二畫

三畫

四畫

五畫

六畫

七畫

八畫

九畫

十畫

十一畫

十二畫

十三畫

十四畫

十五畫

十六畫

十七畫

十八畫

十九畫

二十畫

二十一畫

二十二畫

二十三畫

二十四畫

二十七畫

二十八畫

二十九畫